*Sous la direction de*

Maryse **Aviérinos** — Denis **Labouret** — Marie-Hélène **Prat**



# Français 1 première

## Livre du professeur

Maryse **Aviérinos**
Marie-Chantal **Bardet**
Marie-Hélène **Brunet**
Caroline **Eades**
Denis **Labouret**
Marielle **Macé**
Florence **Naugrette**
Marie-Hélène **Prat**
Pierre **Servet**
Lionel **Verdier**

Avec la collaboration de

Élisabeth **Le Person**, Jean-Pierre **Longre**, Jean-Marcel **Michel**, Jean-François **Perrin**,
Corinne **Pierreville**, Catherine **Volpilhac-Auger**

**Bordas**

# AVANT-PROPOS

Ce livre du professeur n'a d'autre ambition que de vous faciliter la tâche et de vous faire gagner du temps.

• Il propose des réponses détaillées à tous les types de questions du livre de l'élève, et ce pour tous les types de pages et de parties, textes avec leurs **Perspectives**, pages de ***Méthode*** et ***Images***...

• Chaque texte, identifié par son numéro de page dans le livre de l'élève, est précédé d'APPROCHES, utilisables pour votre préparation ou pour l'analyse en classe et comportant :
– des ***Axes d'étude*** qui renvoient aux pages de Méthode et aux grandes notions en jeu dans le texte : ils permettent d'orienter la lecture analytique et peuvent faire l'objet d'un travail préparatoire, par exemple en module ;
– des ***Préalables*** qui introduisent et situent le texte dans un cadre plus large, et permettent d'en comprendre les présupposés et les enjeux ;
– éventuellement une rubrique ***Vérifier*** qui complète les notes en apportant des élucidations ou des précisions.

Viennent ensuite les réponses aux questions des **LIRE, ÉCRIRE, DIRE** et **VOIR** : elles comportent le plus souvent un relevé précis des traits de style et une interprétation, qui ne sont pas toujours rédigés, mais vont à l'essentiel. Les questions **ÉCRIRE** sont systématiquement accompagnées d'indications pédagogiques. Les questionnaires peuvent, selon les cas, être donnés aux élèves à titre de préparation à la maison, exploités en cours à titre de complément, utilisés partiellement ou en totalité – par exemple comme entraînement guidé à la pratique de la lecture analytique et documentaire, de l'étude du texte argumentatif, du commentaire composé.

Enfin, des PISTES d'exploitation du texte proposent, en complément ou en préparation de son étude :
– des ***Séquences***, les plus diverses possibles, qui associent des textes autour d'une problématique commune pour laquelle des axes sont suggérés, en relation avec les objets d'étude du programme ;
– des ***Exercices complémentaires*** concernant la langue, l'écriture, l'oral...
– des ***Textes complémentaires***, qui éclairent le texte, autorisent des confrontations ou complètent la séquence. Ils peuvent aussi constituer un vivier de sujets pour le commentaire ou l'étude littéraire ;
– éventuellement une indication bibliographique.

• Les corrigés des pages ***Méthode*** ont été regroupés, pour plus de commodité, en fin de volume.

• Deux index facilitent un travail transversal et d'autres exploitations pédagogiques :
– ***Index des textes complémentaires*** fournis dans le livre du professeur et classés par noms d'auteurs.
– ***Index des séquences*** proposées dans le livre du professeur.

Nous espérons que l'ouvrage satisfera vos attentes. Toutes vos suggestions nous seront évidemment très précieuses.

*N.B. :* Les numéros de pages sans autre indication renvoient au livre de l'élève ; précédés de *supra* ou *infra*, au livre du professeur.



ISBN 2-04-729289-1

# Les grands mouvements culturels

# SOMMAIRE

SOMMAIRE

# Récits de vie et écriture de soi



# Le texte vivant : de l'écriture au spectacle

SOMMAIRE

# 2 L'imitation créatrice

## IMITATION ET INSPIRATION



## IMITATION LUDIQUE



## LES RÉÉCRITURES DE LA BIBLE



# 3 Création et transposition

## D'UNE LANGUE À L'AUTRE



## D'UN GENRE À L'AUTRE



## D'UN ART À L'AUTRE



# 4 De la lecture à la scène

## L'ACCUEIL CRITIQUE D'UN ROMAN



## LECTURES DU THÉÂTRE



# 5 Vers le théâtre moderne

## LE DRAME ROMANTIQUE



## LE THÉÂTRE MODERNE



# Méthodes

# PROGRAMME D'ENSEIGNEMENT DU FRANÇAIS EN CLASSE DE PREMIÈRE DES SÉRIES GÉNÉRALES ET TECHNOLOGIQUES

B.O. n° 28 - 12 juillet 2001

## Annexe

### PROGRAMME D'ENSEIGNEMENT DU FRANÇAIS EN CLASSE DE PREMIÈRE DES SÉRIES GÉNÉRALES ET TECHNOLOGIQUES

### LE FRANÇAIS AU LYCÉE : PRÉAMBULE

Ce préambule indique les finalités de l'enseignement du français au lycée d'enseignement général et technologique. Il spécifie les objectifs à atteindre, les types de contenus à enseigner et les démarches à mettre en pratique pour chaque classe. Il fixe les cadres et les principes du programme ; les modalités détaillées feront l'objet de documents d'accompagnement destinés aux professeurs.

### I - FINALITÉS

L'enseignement du français participe aux finalités générales de l'éducation au lycée : l'acquisition de savoirs, la constitution d'une culture, la formation personnelle et la formation du citoyen. Ses finalités propres sont la maîtrise de la langue, la connaissance de la littérature et l'appropriation d'une culture. Ces trois finalités interdépendantes méritent une égale attention.

– Il contribue à la constitution d'une culture par la lecture de textes de toutes sortes, principalement d'œuvres littéraires significatives. Il forme l'attention aux significations de ces œuvres, aux questionnements dont elles sont porteuses et aux débats d'idées qui caractérisent chaque époque, dont elles constituent souvent la meilleure expression. Par là, il permet aux lycéens de construire une perspective historique sur l'espace culturel auquel ils appartiennent.

– Il favorise la formation personnelle de l'élève en donnant à chacun une meilleure maîtrise de la langue et en l'amenant à mieux structurer sa pensée et ses facultés de jugement et d'imagination. Il doit lui permettre, au terme de cette formation, de savoir organiser sa pensée et de présenter, par oral et par écrit, des exposés construits abordant les questions traitées selon plusieurs perspectives coordonnées.

– Il apporte à la formation du citoyen, avec la connaissance de l'héritage culturel, la réflexion sur les opinions et la capacité d'argumenter.

Cet enseignement s'inscrit dans la continuité de celui du collège, mais ses démarches sont plus réflexives, afin de permettre aux lycéens de devenir des adultes autonomes, aussi bien dans leurs études à venir que dans leur vie professionnelle et leur intégration sociale. Pour remplir ce rôle majeur dans leur formation culturelle, le français doit à la fois leur apporter des connaissances et s'attacher à former leur réflexion et leur esprit critique.

#### I.1 La formation de la pensée : les perspectives d'étude

L'étude des textes contribue à former la réflexion sur l'histoire littéraire et culturelle, sur les genres et les registres, sur les significations et la singularité des textes et sur l'argumentation et les effets de chaque discours sur ses destinataires.

**L'histoire littéraire et culturelle**

Elle doit permettre aux élèves de découvrir et de s'approprier l'héritage culturel dans lequel ils vivent. Elle les aide à comprendre le présent à la lumière de l'histoire des mentalités, des idéologies et des goûts saisie dans la lecture des textes. Elle repose avant tout sur la connaissance de la littérature française. Mais elle doit aussi donner des ouvertures sur les espaces culturels francophone et européen qui lui sont historiquement liés. Elle implique la mise en relation de textes littéraires et de textes non littéraires, ainsi que de l'écrit et d'autres langages. Au collège, les élèves ont lu des textes porteurs de références culturelles majeures. Au lycée, l'approche de l'histoire littéraire et culturelle se fait de façon plus réflexive. Elle permet de saisir les grandes scansions historiques que constituent les changements majeurs dans les façons de penser et de sentir, mais aussi dans les façons de s'exprimer.

**Les genres et les registres**

Le langage en général, et l'art littéraire en particulier, a pour propriété spécifique d'exprimer des attitudes et émotions fondamentales, communes à tous les hommes, qui prennent forme dans les genres et les registres de l'expression. Il convient donc de donner aux lycéens un accès à ce patrimoine commun de l'humanité.

**Les significations et la singularité des textes**

La lecture et l'écriture de textes variés permettent aux élèves de mieux percevoir comment tout texte s'inscrit dans des ensembles mais présente aussi des particularités liées à la situation où il est élaboré, au projet de son auteur et aux conditions de sa réception ; les élèves peuvent ainsi discerner comment la signification est influencée par la situation, mais aussi saisir l'originalité et l'apport des œuvres littéraires majeures, en ce qu'elles se distinguent des contraintes usuelles.

**L'argumentation et les effets de chaque discours sur ses destinataires**

L'examen de débats d'idées majeurs, qui ont marqué l'histoire culturelle, permet d'éclairer les rapports humains dans la confrontation d'idées, la façon dont s'élaborent les diverses sortes d'arguments et leur influence sur les interlocuteurs.

Ces quatre perspectives d'étude sont nécessaires pour accéder, de façon réfléchie, au sens des textes lus, et pour former le jugement comme l'esprit critique. Elles permettent, ensemble, une lecture variée des textes. Elles sont complémentaires ; cependant, l'enseignement du français au lycée doit permettre aux élèves de se lesapproprier progressivement. On aura soin de mettre en avant, pour chaque objet étudié, la perspective ou les perspectives les plus pertinentes.

### I.2 Les connaissances : les objets d'étude

**Les textes**

La formation d'une culture et la connaissance de la littérature demandent des lectures nombreuses et diversifiées. L'enseignement du français au lycée porte donc avant tout sur les textes, essentiellement littéraires. En effet, les œuvres littéraires, par leurs effets esthétiques et par les idées qu'elles portent, représentent à cet égard des objets d'une richesse particulière. La lecture d'œuvres majeures du passé et d'œuvres contemporaines permet aux élèves de développer leur curiosité et de nourrir leur imagination, tout en leur faisant acquérir les éléments d'une culture commune.

**La langue**

La maîtrise de la langue est la condition première de l'accès aux textes et de la formation de la pensée. Elle engage l'identité individuelle et collective. Aussi, représente-t-elle une finalité essentielle et doit-elle être enrichie sans cesse pour répondre aux besoins des lycéens. Une meilleure maîtrise du vocabulaire, de la syntaxe et des formes de discours est à la fois une spécificité de l'enseignement du français et la condition de la réussite dans les autres disciplines. Les élèves doivent donc devenir capables d'user avec pertinence, tant à l'oral qu'à l'écrit, des principales formes de discours pour confronter de manière cohérente et convaincante plusieurs types de représentations, d'analyses ou d'idées. À cette fin, on ne manquera pas d'associer à l'étude des textes et à l'expression écrite des temps d'étude de la langue, du point de vue morphologique, syntaxique, discursif et stylistique.

**La formation d'une culture**

La culture prend forme par les lectures et par la mise en relation des textes entre eux. Mais elle exige aussi de les confronter à d'autres langages, dont le discours de l'image.

D'autre part, elle se structure grâce à une mise en perspective historique. À cet égard, la richesse des savoirs pour l'étude des textes et de la littérature impose de privilégier, au cours des années de seconde et de première, les mouvements et phénomènes qui constituent les grandes scansions de l'histoire littéraire et culturelle, et les genres majeurs. La mise en perspective historique se construira donc par l'approche des moments clés de l'histoire des lettres, de la pensée et de l'esthétique.

## II - PROGRESSION D'ENSEMBLE

Le collège a donné les éléments d'une approche chronologique de l'héritage littéraire et culturel ; le lycée est le lieu propice pour approfondir celle-ci et l'étudier de façon réflexive, en faisant percevoir les liens (de continuité et de ruptures) entre passé et présent. L'accent mis sur la lecture d'œuvres complètes et de groupements de textes significatifs oblige à tenir le plus grand compte des compétences réelles des lycéens face à des écrits longs et parfois complexes. En fonction des difficultés de lecture que présentent les œuvres relevant d'un état de langue historiquement éloigné, l'attention portera davantage, sans exclusive cependant, sur des textes et mouvements littéraires et culturels antérieurs en première. En seconde, les élèves abordent la notion de mouvement littéraire ; en première, celle, plus complexe, de phénomènes littéraires et culturels. Le domaine français, et francophone en seconde, est privilégié ; en première, il est mis en relation avec des phénomènes de dimension européenne.

Les genres ont été abordés au collège ; au lycée, ils sont étudiés méthodiquement, y compris dans leurs évolutions et leurs combinaisons. Les registres (par exemple, le tragique ou le comique) sont abordés en seconde, puis approfondis en première. Leur étude permet une mise en relief des modes de connaissance de l'humain et du monde propres à la littérature, et favorisera des relations entre les lettres et la philosophie lorsqu'on abordera celle-ci en terminale.

La réflexion sur la production et la réception des textes constitue une étude en tant que telle au lycée, alors qu'au collège elle n'a fait l'objet que d'une initiation. En seconde, elle envisage le processus même de l'écriture. En première, les différentes formes de relations entre les textes, et les réécritures sont davantage analysées.

Les éléments de l'argumentation ont été abordés au collège ; au lycée, ils sont envisagés sur un mode plus analytique. La classe de seconde met surtout en lumière les façons de convaincre et persuader. En classe de première, on insiste sur les formes et pratiques liées à la délibération ; entre autres exercices, la formation à la dissertation concourt à cette fin.

## III - MISE EN ŒUVRE

Le français au lycée doit donner une culture active. Elle est nécessaire pour que se développe la curiosité des lycéens, condition première du goût de lire et de s'exprimer et du plaisir pris aux lettres et aux langages. À cette fin :

– La lecture est privilégiée : des lectures abondantes et variées sont indispensables. On fait donc lire aux élèves au moins six œuvres littéraires par an et de nombreux extraits. Pour l'étude des textes, qui est le but premier, il existe diverses démarches critiques ; le professeur les choisit en fonction des situations d'enseignement, mais ces démarches, ainsi qu'un nécessaire vocabulaire d'analyse qui doit rester limité, ne constituent pas des objets d'étude en eux-mêmes : elles sont au service de la compréhension et de la réflexion sur le sens.
– Les productions écrites et orales sont diversifiées : elles permettent en effet une meilleure compréhension des lectures en même temps qu'une amélioration de la maîtrise de la langue, des discours et des capacités d'expression. Des exercices brefs et fréquents développent l'écriture d'invention, en même temps qu'ils forment à l'écriture de commentaire et à la dissertation.
– Le travail sur la langue est réalisé à partir des textes étudiés mais aussi à partir des productions des élèves, de façon à améliorer la maîtrise de la langue par la pratique en même temps que par l'analyse.
– Afin d'assurer une intégration effective de l'étude de la langue, de l'expression orale et écrite et des lectures, le travail s'organise en ensembles cohérents de séances (ou « séquences ») organisant selon des objectifs communs ces divers aspects de la formation.
Le programme indique les objets d'étude qui sont abordés à chaque niveau, de façon à assurer le cadre d'une progression commune de la seconde à la première. Mais le choix des œuvres et des textes correspondants, ainsi que les modalités de leur étude et les exercices apropriés relèvent de la compétence des professeurs. En particulier, un objet d'étude peut être abordé à l'intérieur d'une ou plusieurs séquences ; une séquence peut aussi rassembler des éléments issus de plusieurs objets d'étude.
En alliant connaissances, capacité de réflexion personnelle et mise en place de méthodes de travail, on donne aux élèves des références solides et on les rend capables d'accéder ensuite par eux-mêmes à d'autres connaissances.

## PROGRAMME DE PREMIÈRE

### I - OBJECTIFS

L'enseignement du français en classe de première poursuit, pour les élèves de toutes les sections du lycée d'enseignement général et technologique, les objectifs fondamentaux du français au lycée : une maîtrise sans cesse accrue de la langue, la connaissance de la littérature, la constitution d'une culture et la formation d'une pensée autonome.
Pour la maîtrise de la langue, le but est que les élèves soient aptes en fin d'année à rédiger un texte composé répondant à des questions ou des consignes précises, avec une syntaxe et un vocabulaire appropriés, et à exprimer clairement leur pensée à l'oral.
Pour la connaissance de la littérature, six œuvres intégrales seront lues dans l'année (mais un nombre plus élevé est biens sûr recommandé), ainsi que des extraits. conformément aux principes indiqués dans le préambule « le français au lycée », ces textes sont étudiés en ce qu'ils représentent des formes d'expression qui mettent en jeu les propriétés des genres et des registres majeurs, qu'ils appartiennent à des périodes significatives de l'histoire littéraire et culturelle, qu'ils révèlent des enjeux de l'expérience humaine et participent de débats d'idées importants. En fin de première, les élèves doivent disposer ainsi d'un ensemble de lectures constituant des références essentielles. Pour la constitution de leur culture, les élèves sont amenés en fin d'année de première, en s'appuyant sur les textes abordés dans cette classe ou dans les années antérieures, à situer les grandes scansions de l'histoire littéraire et culturelle ainsi que les significations dont elles sont porteuses. Il ne s'agit pas à cet égard d'entrer dans tout le détail de l'histoire littéraire, mais de faire comprendre la nature et le sens des changements d'orientation esthétiques ou culturels les plus décisifs. En série L, cette mise en perspective historique fera l'objet d'une attention particulière et sera plus approfondie.
Pour la formation d'une pensée critique autonome, au terme de l'enseignement commun obligatoire du français, les lycéens doivent être en mesure de lire, comprendre et commenter par eux-mêmes un texte, en repérant les questions de langue, d'histoire, de contexte, d'argumentation et d'esthétique, qui peuvent être pertinentes à son sujet ; ils doivent être capables, à partir de leurs lectures, de formuler un jugement personnel argumenté, notamment dans un commentaire ou dans une dissertation.

### II - CONTENUS

#### II.1 Les perspectives d'étude

Dans la continuité de la classe de seconde, il s'agit avant tout d'amener les élèves à savoir construire les significations des textes et des œuvres. À cet effet, on continue de privilégier quatre perspectives d'étude :
– l'étude de l'histoire littéraire et culturelle ;
– l'étude des genres et des registres ;
– l'étude de l'argumentation et des effets sur les destinataires ;
– l'étude de l'intertextualité et de la singularité des textes.
La progression entre la classe de seconde et celle de première porte donc sur l'acquisition des connaissances et sur le développement des aptitudes suivantes :
– la mise en perspective des grandes ruptures qui scandent l'histoire littéraire et la familiarisation avec quelques grands débats ou idées qui ont marqué celle-ci ;
– la reconnaissance des principaux genres et la compréhension de leurs évolutions et combinaisons ;
– la réflexion sur les registres ;
– l'approfondissement des questions d'intertextualité et de réécritures ;
– la capacité de délibérer.

#### II.2 Les objets d'étude

La liste des objets à étudier en classe de première complète celle de la classe de seconde. Comme pour celle-ci, les objets d'étude retenus pour l'année de première seront abordés selon :
– une perspective dominante, qui constitue l'approche la plus pertinente pour chacun de ces objets d'étude ;

– une (ou des) perspective(s) complémentaire(s) permettant d'étudier les textes et les œuvres dans leur complexité.
Les objets 1 à 5 sont communs à toutes les séries d'enseignement général et technologique. Cependant, l'objet d'étude 1, « Mouvement littéraire et culturel », est facultatif dans les séries technologiques.
Pour la série littéraire, s'ajoutent les objets d'études 6 et 7. Ces objets, propres à la série littéraire ont vocation à prendre davantage en compte la composante individuelle et l'aptitude à situer l'individu par rapport à autrui, tant en matière de réception que d'expression. On s'attache, dans cet esprit, à des approches qui renvoient à des problématiques en rapport avec l'écriture ou à des questions d'ordre générique ou historique.

**1 - Mouvement littéraire et culturel**
En partant des textes, en ménageant des temps de recherche autonome et en s'appuyant sur les acquis de seconde, il s'agit d'amener les élèves à approfondir la notion de mouvement littéraire et culturel (auteurs, œuvres, contextes) pour les phénomènes majeurs dans les cultures française et européenne. La démarche de contextualisation particulièrement mise en œuvre ici est sollicitée en tant que de besoin dans les autres objets d'étude. L'élève enrichit ainsi son savoir d'histoire littéraire et culturelle au fil de ses lectures. En classe de première, on étudie en tant que tel un mouvement littéraire et culturel français et européen du XVIe au XVIIIe siècle ; d'autres mouvements le sont en liaison avec les autres objets d'étude. On construit des relations de comparaison et de chronologie entre les mouvements étudiés en seconde et en première. Corpus : un ensemble de textes littéraires, complété par des documents (y compris des images), et une œuvre littéraire au choix du professeur.
Perspective dominante : histoire littéraire et culturelle.
Perspective complémentaire : études des genres et des registres.

N.B. - Les documents d'accompagnement donnent la liste indicative de mouvements appropriés à la classe de première.

**2 - La poésie**
L'analyse des enjeux des relations entre forme et signification permet de faire saisir aux élèves la spécificité du travail poétique sur le langage. En situant une œuvre dans un mouvement littéraire, on fera discerner les continuités et les évolutions dans les conceptions de la poésie, notamment autour des représentations de la modernité.
Corpus : un recueil poétique et/ou un groupement de poèmes, choisis par le professeur.
Perspective dominante : étude des genres et des registres.
Perspectives complémentaires : approche de l'histoire littéraire et culturelle ; réflexion sur l'intertextualité et la singularité des textes.

**3 - Le théâtre : texte et représentation**
Le but est d'analyser le langage théâtral dans le texte et dans les relations entre le texte et les aspects visuels et sonores liés à la représentation. Il s'agit de faire percevoir que ces liens varient selon les genres, les registres et les époques et que la réception d'un texte de théâtre varie selon les mises en scène.
Corpus : une pièce au choix du professeur accompagnée de textes et de documents complémentaires (en particulier de caractère visuel).
Perspective dominante : étude des genres et des registres.
Perspectives complémentaires : étude de l'histoire littéraire et culturelle ; étude de l'intertextualité et de la singularité des textes.

**4 - Convaincre, persuader et délibérer : les formes et les fonctions de l'essai, du dialogue et de l'apologue**
Il s'agit de réfléchir aux différentes formes de l'argumentation (directe ou indirecte) afin de développer la maîtrise de la comparaison entre plusieurs opinions pour constituer la sienne propre.
Corpus : une œuvre littéraire et un groupement de textes, complété par des documents (pouvant inclure des articles de presse et des images) au choix du professeur.
Perspective dominante : étude de l'argumentation et des effets sur le destinataire.
Perspective complémentaire : étude des genres et des registres.

N.B. - Les documents d'accompagnement donneront à titre indicatif des problématiques appropriées à la classe de première.

**5 - Le biographique**
Les rapports entre réalité vécue, écriture et fiction, à travers diverses formes du biographique (récits de vie, mémoires, journal intime, biographie, autobiographie, roman autobiographique) sont analysés de façon à faire apparaître les enjeux de l'expression de soi ou de l'image d'une personne.
Corpus : une œuvre littéraire accompagnée de textes et de documents complémentaires ou un groupement de textes et des documents complémentaires, au choix du professeur.
Perspective dominante : étude des genres et des registres.
Perspectives complémentaires : étude de l'argumentation et des effets sur le destinataire ; étude de l'histoire littéraire et culturelle.

**6 - L'épistolaire**
Il s'agit de faire percevoir la diversité des formes de la correspondance (lettres authentiques, lettres ouvertes, romans épistolaires, correspondances d'écrivains) et leurs fonctions esthétiques et argumentatives.
Corpus : une œuvre littéraire ou un groupement de textes, au choix du professeur.
Perspective dominante : étude des genres et des registres.
Perspectives complémentaires : étude de l'argumentation et des effets sur le destinaiaire ; étude de l'histoire littéraire et culturelle.

**7 - Les réécritures**
L'analyse et la pratique des formes de réécriture par amplification, par réduction et par transposition (y compris par changements de style) font apparaître le rôle des

réécritures comme adaptation à des situations, des destinataires et des buts différents. On approfondit la réflexion sur l'usuel et l'original.
Corpus : un groupement de textes littéraires au choix du professeur.
Perspective dominante : réflexion sur l'intertextualité et la singularité des textes.
Perspectives complémentaires : étude des genres et des registres ; étude de l'argumentation et des effets sur le destinataire.

## III - DÉMARCHE

Le professeur assure la mise en œuvre du programme par des ensembles cohérents de travaux associant lectures, expression écrite et orale et étude de la langue ou séquences. Comme en classe de seconde, un objet d'étude peut être abordé à l'intérieur d'une ou plusieurs séquences et, naturellement, une séquence peut rassembler des éléments issus de plusieurs objets d'étude.
La durée des séquences peut varier en fonction du projet du professeur et des réactions des élèves ; leur durée moyenne sera d'une quinzaine d'heures.
Le professeur choisit les textes et les œuvres qu'il fait lire et étudier ; il organise son enseignement en tenant compte du niveau de ses élèves et de son projet pédagogique.

## IV - MISE EN ŒUVRE ET PRATIQUES

### IV.1 La lecture

La classe de première poursuit l'effort engagé en seconde pour assurer des lectures aussi nombreuses que possible. Il convient que les élèves lisent au moins six œuvres littéraires par an, ainsi que des textes et documents très diversifiés.
On s'attache à approfondir la maîtrise des deux formes de lecture : lecture analytique et lecture cursive.
• La lecture analytique a pour but la construction détaillée de la signification d'un texte. Elle constitue donc un travail d'interprétation. Elle vise à développer la capacité d'analyses critiques autonomes. Elle peut s'appliquer à des textes de longueurs variées :
– appliquée à des textes brefs, elle cherche à faire lire les élèves avec méthode ;
– appliquée à des textes longs, elle permet l'étude de l'œuvre intégrale. Découverte dans un premier temps grâce à une lecture cursive, l'œuvre est ensuite reprise et étudiée de façon analytique.
Les documents et extraits sont organisés en groupements de textes, étudiés en trois ou quatre semaines au maximum. De même, l'étude d'une œuvre intégrale ne s'étendra pas sur plus de trois ou quatre semaines.
• La lecture cursive est la forme libre, directe et courante de la lecture. Elle se développe dans la classe et en dehors de la classe afin de faire lire des élèves qui n'en ont pas toujours l'habitude ni le goût. Elle est avant tout une lecture personnelle et vise à développer l'autonomie des élèves. Elle n'amène pas à analyser le détail du texte mais à saisir le sens et les caractéristiques d'ensemble des textes. Elle peut s'appliquer à des documents, extraits et textes brefs, mais son objet essentiel est la lecture d'œuvres complètes. Elle constitue ainsi un moyen important pour former le goût de lire et permet aux élèves de déterminer des critères de choix. En classe, le professeur propose des textes, indique des orientations pour aider les élèves à avoir une lecture active, généralement en fonction d'un projet, et il établit des bilans.
Les lectures d'œuvres dans l'année se répartissent entre lectures cursives et lectures analytiques (dont les études d'œuvres intégrales), si possible de façon équilibrée. Les lectures documentaires (analytiques ou cursives selon les situations et les besoins) deviennent en fin de première un moyen courant d'information. On continue à utiliser les dictionnaires et encyclopédies, la presse et les bases de données. On introduit des lectures de documents longs.
La lecture s'applique aussi à l'image (fixe et mobile, y compris des fims). L'analyse s'attache à dégager les spécificités du discours de l'image et à mettre en relation le langage verbal et le langage visuel.
L'ensemble des lectures constitue le fondement du travail d'histoire littéraire et culturelle : un mouvement est étudié à partir d'une œuvre majeure, accompagnée d'extraits complémentaires ; des lectures cursives en enrichissent l'approche ; les lectures documentaires nourrissent la réflexion à son sujet. En retour, l'histoire littéraire contribue à contextualiser les lectures.

### IV.2 L'écriture

Le but est d'amener les élèves à la maîtrise de l'expression écrite autonome dans les trois domaines suivants :
– écrits d'argumentation et de délibération, en relation avec les textes et œuvres étudiés ; les exercices d'analyse, de commentaire et de dissertation concourent à cette fin ;
– écrits d'invention, en liaison notamment avec les différents genres et registres étudiés ; lecture et écriture sont associées dans des travaux de réécriture qui contribuent à une meilleure compréhension des textes ; on fait apparaître les liens entre invention et argumentation ;
– écrits fonctionnels, visant à mettre en forme et transmettre des informations et à construire et restituer les savoirs (en français et dans les autres disciplines) ; les exercices de comptes rendus, de synthèses et de résumés sont utilisés dans ce but.

### IV.3 L'oral

En classe de première, l'objectif est de compléter l'analyse des spécificités de l'oral et d'en assurer une pratique effective.
À cette fin, on associe :
– l'écoute que l'on continue à cultiver en insistant sur les exercices de reformulation des propos entendus ;
– l'oralisation des textes littéraires qui porte sur des textes plus longs qu'en seconde ;
– les pratiques de production orale, en privilégiant les comptes rendus, les exposés oraux de lectures et de points de vue personnels, les échanges et les débats.

### IV.4 L'étude de la langue

Cette étude constitue toujours en première un objectif majeur. Étroitement associée aux lectures analytiques

des textes ainsi qu'aux productions orales et écrites des élèves – notamment dans les écrits d'invention, le commentaire et la dissertation – elle doit être intégrée à chaque séquence. Le travail sur la langue privilégie en première la réflexion sur le sens et a pour objectifs essentiels :
– l'enrichissement du lexique, et plus particulièrement celui de l'abstraction et de la sensibilité ;
– la réflexion sur la subjectivité dans la langue, liée à l'étude de l'énonciation ;
– la consolidation de la structuration et de la cohérence des textes des élèves ;
– l'étude des variations historiques, sociales et culturelles de l'usage langagier.

### V - RELATIONS AVEC LES AUTRES DISCIPLINES

Discipline carrefour, le français développe les compétences indispensables dans toutes les disciplines. Des relations plus précises seront établiée et indiquées comme telles aux élèves avec les disciplines suivantes :
– les arts, notamment pour l'étude des genres et registres, de l'histoire culturelle et l'analyse de l'image ;
– les langues anciennes, pour l'étude des genres et registres, de l'histoire littéraire et culturelle, du lexique ;
– les langues vivantes, en particulier dans l'approche des mouvements culturels européens ;
– l'histoire, y compris l'histoire des sciences, pour la construction de problématiques d'histoire culturelle ;
– la philosophie, que les élèves aborderont en terminale, par la réflexion sur les registres, sur l'histoire culturelle et sur la langue, et par la formation au commentaire de textes et la dissertation. Cette liste n'est pas limitative ; chaque professeur l'enrichira en fonction du projet pédagogique de la classe et de l'établissement. Le programme accorde une grande place au dialogue. Les travaux personnels encadrés constituent un dispositif susceptible de faciliter cet apprentissage dans la mesure où ils nécessitent discussion, débat, argumentation et justification. Par ailleurs, ces travaux personnels encadrés réclament un travail sur plusieurs semaines : ils supposent de la part des élèves une aptitude à la relecture, la correction et la reformulation indispensables pour l'écriture, notamment d'invention. Enfin, les thèmes choisis permettent des articulations avec les objets d'étude imposés par le programme.

### VI - DOCUMENTATION ET RELATIONS AVEC D'AUTRES PARTENAIRES

Pour les travaux de documentation (par l'usage des fonds documentaires multimédias et pluridisciplinaires) et pour organiser les lectures et des échanges autour des lectures, le professeur de français développera la liaison avec le professeur-documentaliste, dans le cadre d'un projet pédagogique.
Il est aussi recommandé de développer l'attention des élèves à l'actualité littéraire et culturelle. Il est conseillé de solliciter, dans la mesure du possible, des interventions d'auteurs, d'acteurs, de metteurs en scène, d'éditeurs, de bibliothécaires, de journalistes et de plasticiens, qui s'inscrivent dans le cadre des projets d'établissement.

B.O. n° 26 - 28 juin 2001

# Épreuves de français applicables à compter de la session 2002 des épreuves anticipées des baccalauréats général et technologique

■ Les définitions des épreuves écrites et orales de français suivantes sont applicables à compter des épreuves anticipées de la session 2003 des examens des baccalauréats général et technologique, organisées en juin 2002.
Les épreuves anticipées de français vérifient les compétences acquises en français tout au long de la scolarité et portent sur les contenus du programme de première.
Elles évaluent les compétences et connaissances suivantes :
– maîtrise de la langue et de l'expression orale et écrite ;
– aptitude à lire, à analyser et à interpréter des textes ;
– aptitude à tisser des liens entre différents textes pour dégager une problématique ;
– aptitude à mobiliser une culture littéraire fondée sur les travaux conduits en cours de français, sur des lectures et une expérience personnelles ;
– aptitude à construire un jugement argumenté et à prendre en compte d'autres points de vue que le sien ;
– exercice raisonné de la faculté d'invention.

**Épreuve écrite :** durée 4 heures ; coefficients : 3 en série L, 2 en séries ES et S, 2 en séries STT, SMS, STL, STI, hôtellerie, techniques de la musique et de la danse.
Les sujets prennent appui sur un ensemble de textes (corpus) distribués au candidat, éventuellement accompagnés par un document iconographique si celui-ci contribue à la compréhension ou enrichit la signification de l'ensemble. Ce corpus pourra également consister en une œuvre intégrale brève ou un extrait long (n'excédant pas trois pages). Il doit être représentatif d'un ou de plusieurs objets d'étude du programme de première imposés dans la série du candidat, et ne doit pas réclamer, à celui-ci, un temps de lecture trop long.
Une ou deux questions portant sur le corpus et appelant des réponses rédigées peuvent être proposées aux candidats. Elles font appel à leurs compétences de lecture et les invitent à établir des relations entre les différents documents et à en proposer des interprétations. Ces questions peuvent être conçues de façon à aider les candidats à élaborer l'autre partie de l'épreuve écrite, la partie principale consacrée à un travail d'écriture.
Lorsque de telles questions sont proposées, le barème de notation est explicitement indiqué, le nombre de points attribué aux questions n'excède pas 4 points dans les sujets des séries générales et 6 points dans les sujets des séries technologiques.
Qu'il soit ou non accompagné de questions, le sujet offre aux candidats le choix entre trois types de travaux d'écriture, liés à la totalité ou à une partie des textes étudiés : un commentaire ou une dissertaton ou une écriture d'invention. Cette production écrite est notée au minimum

sur 16 points pour les sujets des séries générales et sur 14 points pour les sujets des séries technologiques quand elle est précédée de questions, sur vingt dans toutes les séries quand il n'y a pas de questions.
Le commentaire porte sur un texte littéraire. Il peut être également proposé au candidat de comparer deux textes. En séries générales, le candidat compose un devoir qui présente de manière organisée ce qu'il a retenu de sa lecture, et justifie son interprétation et ses jugements personnels. En séries technologiques, le sujet est formulé de manière à guider le candidat dans son travail.
La dissertation consiste à conduire une réflexion personnelle et argumentée à partir d'une problématique littéraire issue du programme de français. Pour développer son argumentation, le candidat s'appuie sur les textes dont il dispose, sur les « objets d'étude » de la classe de première, ainsi que sur ses lectures et sa culture personnelle.
L'écriture d'invention contribue, elle aussi, à tester l'aptitude du candidat à lire et comprendre un texte, à en saisir les enjeux, à percevoir les caractères singuliers de son écriture. Elle permet au candidat de mettre en œuvre d'autres formes d'écriture que celle de la dissertation ou du commentaire. Il doit écrire un texte, en liaison avec celui ou ceux du corpus, et en fonction d'un certain nombre de consignes rendues explicites par le libellé du sujet.
L'exercice se fonde, comme les deux autres, sur une lecture intelligente et sensible du corpus, et exige du candidat qu'il se soit approprié la spécificité des textes dont il dispose (langue, style, pensée), afin d'être capable de les reproduire, de les prolonger, de s'en démarquer ou de les critiquer.
En aucun cas on ne demande, le jour de l'examen, l'écriture de textes de pure imagination, libre et sans contrainte. Le document iconographique, s'il est joint au corpus, ne peut servir que de support. En aucun cas il ne sera demandé d'en faire une étude pour lui-même.
L'écriture d'ivention peut prendre des formes variées. Toutefois, comme elle se fonde sur les contraintes littéraires des genres inscrits au programme de la classe de première, et qu'elle doit se prêter à une évaluation objective des correcteurs, elle s'inscrit dans les orientations suivantes :
– article (éditorial, article polémique, article critique – éloge ou blâme –, droit de réponse...) ;
– lettre (correspondance avec un destinataire défini dans le libellé du sujet, lettre destinée au courrier des lecteurs, lettre ouverte, lettre fictive d'un des personnages présents dans un des textes du corpus...) ;
– monologue délibératif, dialogue (y compris le dialogue théâtral) ;
– discours devant une assemblée ;
– essai ;
– récit à visée argumentative sous forme de fable, d'apologue...
Pour la série littéraire, on ajoutera :
– amplification (écriture dans les marges ou les ellipses du texte), parodie et pastiche.

**Épeuve orale :** durée 20 minutes ; préparation 40 minutes ; coefficient 2. Toutes séries.
L'examen oral a pour but d'évaluer la capacité du candidat à mobiliser ses connaissances. Il doit lui permettre de manifester ses compétences de lecture, d'exprimer une sensibilité et une culture personnelles, et de manifester sa maîtrise de l'expression orale ainsi que son aptitude à dialoguer avec l'examinateur.
En vue de l'examen oral, le professeur rédige pour l'ensemble des élèves de sa classe un « descriptif des lectures et activités » réalisées pendant l'année. Ce document rend compte de l'ensemble du travail mis en œuvre dans la classe. Il mentionne explicitement les textes et les œuvres intégrales analysées, les groupements de textes étudiés, les lectures cursives effectuées, ainsi que leurs relations avec les objets d'études. Il présente toutes les précisions nécessaires pour que l'examinateur soit informé pleinement et sans équivoque du travail du candidat. Il est signé par le professeur et visé par le chef d'établissement.
L'examen oral se déroule en deux parties qui s'enchaînent, précédées d'un temps de préparation unique de 40 minutes. Chacune des deux parties, d'une durée de 10 minutes, est évaluée sur 10 points.
La première partie de l'épreuve est laissée à l'initiative du candidat qui présente librement son exposé. L'examinateur peut cependant intervenir, en fin d'exposé, pour faire préciser tel ou tel point.
La seconde partie est un entretien entre le candidat et l'examinateur, conduit par ce dernier.

Préparation
Pour la première partie de l'épreuve, l'examinateur propose au candidat un extrait choisi parmi les lectures répertoriées dans le « descriptif des lectures et activités » ainsi qu'une question qui permette au candidat d'organiser et d'orienter son étude. Cette question porte sur l'ensemble du texte. Le texte est directement rattaché à un des objets d'étude du programme de la classe de première ; sa longueur, délimitée par l'examinateur, est déterminée en fonction de sa cohérence et de sa difficulté.
Pour la seconde partie de l'épreuve, l'examinateur propose au candidat une ou deux questions qui lui permettent d'élargir et d'approfondir sa réflexion par une mise en relation du texte étudié pour la première partie de l'épreuve avec l'un des trois éléments suivants :
– une des lectures cursives faites pendant l'année et relevant du même objet d'étude ;
– l'œuvre intégrale ou le groupement de textes d'où le texte étudié pour la première partie de l'épreuve a été extrait ;
– l'objet d'étude auquel se rattache le texte étudié.
Dans ce dernier cas, pour éviter la récitation pure et simple d'une question de cours, et afin de donner un support concret à la réflexion du candidat, l'examinateur peut également accompagner les questions d'un texte très proche de ceux présentés dans le « descriptif des lectures et activités ». Ce texte peut être choisi dans une anthologie littéraire ou dans un manuel de première.

Épreuve
Dans la première partie de l'épreuve, le candidat rend compte de sa lecture du texte choisi par l'examinateur et orientée par la question initiale. Il doit s'efforcer, non de

faire une étude « complète » du passage proposé, mais de répondre à la question posée, à partir d'une observation précise du texte.
Dans la seconde partie de l'épreuve, l'entretien, guidé par l'examinateur, permet d'évaluer la capacité du candidat à dialoguer, expliciter les questions posées, réinvestir ses connaissances en établissant des rapports et des comparaisons entre le texte étudié et l'un des autres éléments proposés, sans qu'il lui soit pour autant demandé d'établir des analyses exhaustives.
Dans l'ensemble de l'épreuve, l'examinateur peut évaluer la capacité du candidat à trouver des éléments de réponse aux questions posées et à les présenter de manière claire et ordonnée. Le candidat doit analyser les questions qui lui ont été posées, comprendre le travail qui lui est demandé, chercher les éléments de réponse appropriés, faire des choix, opérer des mises en relation claires, pertinentes, argumentées. L'épreuve orale, si elle fait essentiellement appel au travail mené pendant l'année, ne se réduit pas à la simple récitation d'une analyse déjà faite en classe.
Tous les candidats scolaires doivent présenter un « descriptif des lectures et activités ». Dans le cas contraire, l'examinateur le mentionne au procès-verbal et procède tout de même à l'interrogation à partir d'un texte de son choix et après discussion avec le candidat sur le travail accompli et les lectures faites dans l'année.
Les candidats individuels ou les candidats issus des établissements scolaires hors contrat d'association avec l'État présentent l'épreuve dans les mêmes conditions que les candidats scolaires. Le « descriptif des lectures et activités » est alors constitué par le candidat lui-même.

# Les grands mouvements culturels

## Qu'est-ce qu'un mouvement culturel ? p. 12

**1** GOETHE,
*Faust.*
**2** MUSSET,
*Poésies nouvelles.*
**3** LAMARTINE,
*Destinée de la poésie.*

### 1- Le caractère universel du romantisme

L'universalité du romantisme concerne aussi bien les formes et les genres que la vision de l'homme.

L'art romantique se nourrit de **tous les genres littéraires**, mais plus particulièrement du théâtre, de la poésie et du roman (▶ Hugo, *L'Homme qui rit*, p. 102). Le texte de Goethe appartient au genre dramatique, ici un monologue de Faust qui constate, désabusé et inquiet, que rien de ce qu'il a étudié – la philosophie, la médecine, le droit, la théologie – ne l'a rendu plus sage. Il voudrait s'initier aux secrets du monde, connaître l'énergie secrète de la nature… Mais il est seul, tenant à la main un livre de prophéties de Nostradamus, et s'adresse ici à la lune, puis à lui-même avant de s'adresser aux esprits. Cette triple apostrophe est la seule marque de l'appartenance du texte au genre dramatique. Le texte de Musset appartient bien sûr au genre poétique. Celui de Lamartine ressortit à celui de l'argumentation, mais une argumentation fondée sur le lyrisme plutôt que sur une pensée rigoureusement construite : voir les phrases exclamatives et interrogatives, les structures accumulées plutôt que combinées, l'absence de connecteurs logiques, la part du *je*…

Ces trois textes évoquent **trois aspects de l'homme** : sa part affective dans le poème de Musset, son aspiration au divin et à la spiritualité chez Goethe et Lamartine, sa volonté d'être actif et utile aux autres, de vivre pleinement dans son siècle avec le texte de Lamartine. Dans tous les cas, le lyrisme s'ouvre à l'universel : *Dieu t'a créé* (l. 20) chez Goethe ; *L'homme* (v. 9) ; *nous* (v. 15), chez Musset ; *l'homme lui-même* (l. 8), chez Lamartine.

### 2- Une fonction élargie pour la poésie

Pour les romantiques, tous les domaines de la pensée et de l'affectivité peuvent concerner la poésie. Outre l'amour (l. 18), Lamartine revendique hautement sa **fonction politique et sociale** (l. 2-3) et sa **fonction spirituelle**, l. 2, 8, 15, 18. La poésie doit se faire action (l. 16) c'est-à-dire qu'elle a un rôle à jouer dans la marche du monde, en particulier parce qu'elle est l'image de la liberté (l. 18).

### 3- Une nouvelle conception de la poésie

Lamartine s'oppose à ceux qui cantonnent la poésie dans un rôle ornemental, dans une *forme artificielle* (l. 13) et dans l'expression d'une *pensée légère et superficielle*, l. 6. Il rejette ainsi une conception de la poésie préexistant au poète par tout un système de règles (versification, classification de ses genres). Après 1820, on passe à un régime où la poésie n'existe plus qu'**en fonction de l'individu** : *elle n'a presque plus de forme qu'elle-même* (l. 13-14). La poésie devient ce que le poète en fait en fonction de son être et de son action dans le monde, l. 8-10. Écrire un poème ne signifie plus seulement illustrer un genre, mais se livrer tout entier.

La volonté de rupture de Lamartine s'exprime ici notamment par le vocabulaire du changement : *cette transformation* (l. 10) ; *dépouillée* (l. 12) ; des négations (l. 5, 9, 13) ; un ton prophétique et incantatoire : anaphores (*sera*, l. 1-10) ; *Et j'en appelle à ce siècle…* (l. 16-17).

### 4- Formes et thèmes du romantisme

Au plan thématique, l'extrait de *Faust* peut apparaître comme l'expression d'une littérature, poétique ou dramatique, exprimant des aspirations philosophiques et religieuses. Faust, en proie au doute sur le savoir, aspire à une plus **grande spiritualité** et à une **communion avec les forces de l'univers** - la poésie *méditative et grave* (l. 4-5), que Lamartine appelle de ses vœux. Le poème de Musset représente un versant plus conventionnel de la poésie, le versant lyrique de l'**expression amoureuse**, mais la force incantatoire de son lyrisme, en particulier par les nombreuses anaphores, transcende les développements convenus de ce thème. Le poème et la pièce de théâtre ont encore en commun de donner l'image d'un être perdu, l'un parce que le savoir lui échappe, l'autre parce que l'amour l'emporte au-delà du monde, de la vie et de la mort. Dans les deux textes, le lyrisme romantique apparaît ainsi sensible au **poids du temps** et étroitement lié à la **force expressive du moi**.

### 5- Une allégorie romantique

Le titre même de cette gravure indique que l'on a affaire à une allégorie qui met en scène un certain nombre de **clichés romantiques**. La muse est pourvue d'une harpe qui, tout comme le cadre d'une abbaye en ruines, connote le goût du romantisme pour le Moyen Âge, ainsi que sa fascination pour les manifestations occultes. C'est en cela que l'on peut apparenter cette gravure au thème de la rencontre de Faust avec Méphistophélès au début du XVIe siècle. Ici, l'on voit, lors d'une nuit de pleine lune propice à tous les maléfices (voir l'apostrophe à la lune dans *Faust*), un sabbat de sorcières qui dansent dans un rayon de lune (arrière-plan) ; des fantômes ou des esprits dans les fumées (à droite) ; une apparition recouverte d'un drap avec, au-dessus d'elle, un démon volant ; un hibou sur l'autel de la muse ; une croix dans la lumière de la lune ; un chat noir qui traverse le rayon de lumière. Tout cela crée une ambiance « gothique » conforme à celle de *Faust*, mais aussi à celle que l'on trouve dans le roman noir (voir *Le Moine* de Lewis).

## ■ Texte complémentaire

**Novalis, *Heinrich von Ofterdingen*, 1800.**

*On comparera à celle de Lamartine cette conception d'une poésie « spiritualisée », qu'expose Novalis (1772-1801), le poète allemand des* Hymnes de la Nuit, *dans un roman resté inachevé. Des marchands s'adressent au jeune héros Heinrich, futur poète.*

[...] Il se peut bien que les astres s'en mêlent quand un poète vient au monde car c'est chose vraiment extraordinaire que la poésie ! Combien les autres arts en diffèrent et comme on les comprend mieux ! Avec un peu d'application et de patience, il est facile de saisir et d'apprendre les méthodes des peintres et des musiciens. Les sons reposent déjà dans les cordes ; il suffit d'un peu d'habileté pour faire vibrer celles-ci et en tirer un harmonieux enchaînement. Quant aux tableaux, la Nature n'est-elle pas la sublime maîtresse ? Elle crée d'innombrables figures, belles et singulières, dispose les lumières et les ombres de telle sorte qu'une main exercée, un œil juste, la science de la préparation et du mélange des couleurs permettent son imitation parfaite. Comme il est facile de comprendre l'effet produit par ces deux-arts-là et le plaisir qu'ils nous donnent ! Le chant du rossignol, le murmure du vent, la splendeur de la lumière, des couleurs et des formes charment nos sens : la nature, ayant organisé ceux-ci pour qu'ils soient charmés par elle, il s'ensuit que l'imitation que l'on fait d'elle nous enchante aussi. Oui, la nature, voulant jouir elle-même de sa grande beauté artistique, s'est incarnée dans ces hommes où elle goûte sa propre splendeur, isole ce qu'il y a d'agréable et de séduisant en toutes choses, et le reproduit de façon à s'en délecter sous tous les aspects, en tous temps et en tous lieux. Au contraire, on ne peut rien trouver, dans le monde extérieur, des éléments de la poésie... Pour elle, points d'instruments ni de travail manuel ; l'œil et l'oreille n'en perçoivent rien, car la simple audition des mots n'est pas le véritable but de cet art secret. Tout en elle est intérieur et alors que les artistes occupent agréablement nos sens externes, le poète, lui, comble le sanctuaire intime de l'âme avec des idées neuves, extraordinaires et délectables. Il sait toucher à son gré ces forces secrètes et nous révéler, à l'aide de mots, un prodigieux monde inconnu. Comme issus de grottes profondes, voici les temps passés et les temps à venir, voici les hommes innombrables et les pays fabuleux, voici les événements inouïs : ils viennent à nous, ils nous arrachent à la banalité du présent. Les paroles que nous entendons nous sont étrangères et pourtant nous les comprenons ! Ô pouvoir magique du langage des poètes ! Les mots les plus ordinaires deviennent mélodie exquise et ils ensorcellent l'auditeur enivré.

Trad. Y. Delétang-Tardif, in *Romantiques allemands*, Bibliothèque de la Pléiade © 1963.

# 1 La courtoisie Moyen Âge

## UN ART D'AIMER

### Thibaut de Champagne
### *Poésies*

p. 16

### « Je suis comme la licorne »

#### APPROCHES

■ **Axes d'étude :** La représentation de l'amour. L'image de la femme.

■ **Préalables :** Rappeler que Thibaut de Champagne est l'un des plus grands seigneurs de France (la courtoisie = divertissement de la noblesse). Évoquer la figure et le rôle d'Aliénor d'Aquitaine. Développer le mythe de la licorne (voir la tapisserie de la Dame à la Licorne).

■ **Vérifier** que la notion d'allégorie est bien comprise (= élément abstrait, idée ou sentiment, exprimé à l'aide d'une représentation concrète).

#### LIRE : Les jeux de l'allégorie

**1- L'allégorie de l'amour**

**La métaphore traditionnelle :** la représentation de l'amour comme une prison.

Faire distinguer aux élèves l'amour comme principe actif du sentiment (avatar de Cupidon) et l'amour comme sentiment éprouvé. Les deux sont dissociés, le premier sous la forme de la personnification *Amour* (v. 8) le second sous celle du cœur emprisonné (v. 9).

– **Métaphore filée du cœur emprisonné :** l'amant, ou son cœur, comme un *prisonnier*, v. 15 ; *que je ne puis reprendre*, v. 9 ; *emmené*, v. 14 ; *attraper*, v. 27 ; et de **l'amour comme une prison**, *douce geôle*, v. 15 ; *geôle*, v. 19 ; *piliers*, v. 16 ; *portes*, v. 17 ; *chaînes*, v. 18 ; *la clef*, v. 19 ; *les portiers*, v. 20-27 ; *en prison*, v. 36.

– Métaphore du cœur emprisonné reposant sur une seconde **dissociation**, celle du cœur et de l'esprit de l'amant (v. 9, 35-36). Autonomie du cœur : objet (v. 9), il devient sujet (v. 12-13).

– Système allégorique prolongé par l'évocation, strophe 3, de Beau Semblant, Beauté et Danger, **expression allégorique** des pièges de l'amour.

**2- Une relation féodale**

– Relation amoureuse pensée et décrite sur le modèle de la **relation vassalique :** Dame (*domina*) placée sur un piédestal, lointaine ; amant soumis.

– Lors de la **naissance de l'amour**, responsabilité de la dame, dominante (position grammaticale de sujet, v. 8), mais non agissante : sa seule présence suscite l'amour de l'amant, v. 10 sqq. Elle est **celle que l'on prie** (apostrophe, v. 10, 28, 37), qui inflige la souffrance. Seule peur de l'amant : manquer à son devoir d'amour (*faillir*, v. 29 ; *je suis à vous*, v. 31 : vocabulaire de la relation vassalique). Le prisonnier est *emmené sans rançon* (v. 14) : concrétisation féodale de l'emprisonnement d'amour. Amour et la dame sont plus ou moins confondus : v. 8, strophe 3, l'Amour est décrit comme un seigneur accompagné de ses séides.

Le lien qui unit l'amant courtois à sa dame est donc un lien de sujétion et non d'égalité.

**3- La dimension charnelle de l'amour**

**Deux aspects contradictoires** dans l'amour courtois : l'aspect charnel et la tendance à l'abstraction.

– **L'aspect charnel** : importance de la **vue** dans la naissance du désir, *contempler*, v. 2 ; *vis*, v. 11 ; *vision* v. 17 ; vocabulaire des **manifestations du sentiment amoureux** : *troublée*, v. 2 ; *pâmée*, v. 5 ; *battait si fort*, v. 12 ; *douce*, v. 15 ; *désir*, v. 16 ; *agréable*, v. 17 ; *tendre espoir*, v. 18. Aspect charnel lié à la naissance de l'amour.

– **La dimension abstraite** : après l'évocation de la naissance de l'amour, grande abstraction dans l'expression du sentiment amoureux : peu d'adjectifs dans les deux dernières strophes, noms et verbes abstraits, effacement des allégories.

**4- La souffrance**

La souffrance = **dimension essentielle** de l'amour courtois. D'abord exprimée par la **comparaison avec la licorne**, image de la force (perçue comme un animal plus ou moins imaginaire, mais très féroce) qui succombe devant la faiblesse (jeune vierge). L'image de la licorne permet d'introduire la soumission de l'amant à sa souffrance et même le plaisir qu'il éprouve à souffrir, *si joyeuse de son supplice* (v. 4). Dimension récurrente de **joie dans la souffrance** (v. 15), ou du moins de résignation (v. 30-31).

Avec la progression de l'amour, souffrance vécue plus difficilement, préfigurant la mort de l'amant à lui-même (v. 6 et 7), mais changeant d'objet dans la strophe 4 : peur de l'amant de manquer à son devoir : même après la fin de la relation, il ne saurait oublier cette souffrance qui lui permet de croire que son cœur est en prison, alors qu'il ne l'est plus, v. 35-36.

Complexité du sentiment amoureux courtois, source de souffrance, *lourd fardeau*, v. 39 : dans les trois derniers vers le poète demande *pitié*, c'est-à-dire d'être aimé en retour.

**Conclusion**

Amour courtois = création littéraire qui s'exprime ici par l'allégorie. Les femmes de la noblesse y reçoivent par compensation un rôle que la réalité sociale leur refusait. Caractère artificiel de l'amour courtois, mais influence considérable sur la représentation du sentiment amoureux en Occident.

## DIRE : La légende de Tristan et Iseut

• **Ressemblances :** violence et sentiment de fatalité ; nature adultère des deux amours ; rang social de la dame plus élevé que celui de l'amant ; effort, chez Tristan et l'amant courtois, pour modérer la dimension charnelle de l'amour (l'épée de chasteté dans la forêt, refus ou report de l'acte physique dans la *fin'amor*).

• **Différences :** l'amour de Tristan et d'Iseut naît d'un élément extérieur et artificiel, le philtre de Brangien, alors que l'amour courtois est toujours choisi, même si, comme le suggère Thibaut de Champagne, il peut naître de la violence d'un simple regard. La volonté, essentielle dans l'amour courtois, est absente de l'amour de Tristan et Iseut.

## *PERSPECTIVES* (p. 17)

■ **André Le Chapelain, *Traité de l'amour courtois.***

**LIRE : Discours et ambiguïté**

**1- Les principes de l'amour courtois**

– Le texte de Thibaut indique la difficulté de conquérir la dame (XIV).
– Pâmoison devant la femme aimée (XV, v. 5).
– Trouble en présence de la dame (XVI, v. 2, 12).
– Souffrance qui correspond en partie à la jalousie de l'amant (II, v. 30).
– Importance de la vue (XXX, v. 17).
– Obsession de l'amant pour la dame (XXIV, XXV, XXVI, XXX) : dans tout le poème, dépendance de l'amant à l'égard de la dame.

**2- Une argumentation ambiguë**

Dénonciation de l'amour courtois dans la 3e partie du *Traité* (ne pas prendre au pied de la lettre les affirmations des deux premières en faveur de cet amour). Le Chapelain, clerc, ne pouvait cautionner l'amour courtois. Dans ce jugement d'amour, **la rigueur et l'artifice de la démonstration** sont suspectes. Syllogisme :

– majeure : un chevalier a reçu une promesse d'amour d'une dame déjà engagée auprès d'un amant ;
– mineure : la dame épouse son amant ;
– conclusion : la dame doit accorder son amour au prétendant.

L'artifice de la démonstration repose sur l'affirmation que l'amour change de nature si l'on passe de l'état d'amant à celui d'époux, et sur le fait que le jugement est ainsi rendu au nom d'un principe (« l'amour n'a aucun pouvoir entre époux ») sans rapport avec la situation.

## PISTES

■ **Pour une séquence : L'amour courtois et ses avatars** (allégorie ; parodie ; formes poétiques et formes romanesques) : l'ensemble des textes de la section.

■ **Exercice complémentaire :** Repérez la mise en œuvre des principes de Le Chapelain dans les autres textes de la section.

■ **Lecture cursive :** *Anthologie de la poésie lyrique française des XIIe et XIIIe siècles*, éd.Gallimard, 1989, par J. Dufournet.

■ **Bibliographie :** D. de Rougemont, *L'Amour et l'Occident*, Havas Poche.

# D'ARMES ET D'AMOUR

## Chrétien de Troyes

## *Lancelot ou le Chevalier de la charrette* (p. 18)

### « Au plus mal »

## APPROCHES

■ **Axes d'étude :** Courtoisie et chevalerie. L'animation d'un récit. Le dialogue (p. 320).

■ **Préalables :** Rappeler que la cour de Champagne est à la fin du XIIe siècle le plus important foyer de culture français. Insister sur le fait que Chrétien de Troyes, le premier grand romancier français, s'inspire de légendes d'origine celtique. Préciser que le déroulement d'un tournoi est proche de celui d'une mêlée et non d'un combat le long d'une lice.

■ **Vérifier** que le nom et la situation respective des principaux personnages de la Table Ronde sont connus (Lancelot, Guenièvre, Arthur, Gauvain).

## LIRE : L'amour toute honte bue

**1- Animation du récit**

• **Dialogue** : variété : discours **direct**, l. 10-11, 14-17, 22-23 ; **indirect**, l. 24-25.

• **Variété des temps** : passage au présent de narration (l. 24-27, 29-30, 36-38) pour souligner les moments forts du tournoi ou les sentiments de la reine.

• **Réactions variées des spectateurs** : moyen de suggérer aux lecteurs leurs propres réactions vis-à-vis de Lancelot : admiration, l. 4, 8 ; curiosité, l. 10-11 ; moquerie, l. 34-35 ; joie (de la reine), l. 36-37.

• **Interventions du narrateur** : pour souligner l'aspect exceptionnel de l'aventure, *vingt parmi les meilleurs*, l. 2 ; *telle vaillance*, l. 3 ; pour valoriser des adversaires afin de faire ressortir l'excellence de Lancelot, *chevalier renommé*, l. 5 ; *de manière remarquable*, l. 8 ; pour juger la conduite de Lancelot, *alors Lancelot prit la fuite !*, l. 30 (**pas de ponctuation** sur les manuscrits). **Narrateur** omniscient **notant** les **sentiments hors du commun** des personnages (l. 31-33, 36-38).

**2- Une situation extrême**

• Dans le nord de la France, la courtoisie repose en partie sur la **valeur chevaleresque**. Pour prouver leur amour, les chevaliers sont conduits à multiplier les exploits. Dans la première partie du texte, Lancelot se conduit en parfait chevalier courtois : il maintient secret son amour et se comporte en chevalier accompli (excellence attestée uniquement par le regard des spectateurs et le jugement du narrateur, non par des actions décrites) ; dans la seconde partie, il prend le contre-pied de l'attitude courtoise en acceptant d'être dégradé dans sa qualité de chevalier (formulation exacte de l'attitude anti-courtoise, *Même au prix de sa vie…*, l. 31-32).

• Les détails qui soulignent le **contraste d'attitude** de Lancelot. Opposer les lignes 1-9 et 24-35 : entrée dans la mêlée, l. 1/fuite, l. 30 ; chevalier incomparable même face à un chevalier réputé, l. 7/mise en échec par *un jouteur* quelconque, l. 26 ; *vaillance*, l. 3/comportement *au plus mal*, l. 27 ; admiration, l. 8/moquerie, l. 34-35.

**3- « La femme et le pantin »**

La relation courtoise repose sur la **domination absolue de la dame** sur l'amant chevalier. Attitude de la reine Guenièvre illustrant cette souveraineté, même si sa demande, *a priori* anti-courtoise, d'un combat *au plus mal* repose sur la volonté de vérifier l'identité du chevalier inconnu. Attitude de Lancelot, l'**amant soumis** qui appartient *corps et âme* à sa dame (l. 25). L'amant courtois n'a en vue que le *plaisir* de sa dame (l. 28), quelles que soient les conséquences, y compris le déshonneur public (l. 32-35). Le chevalier parfait est sans peur : Lancelot feint *d'avoir peur* (l. 33). En cela, il peut apparaître comme un pantin aux mains d'une dame qui le manipule au gré de ses humeurs. Peu après, quand elle lui commande de se comporter *au mieux*, il retrouve sa valeur chevaleresque.

**Conclusion**

*A priori* une illustration et un éloge de l'amour courtois avec Lancelot. Mais Chrétien de Troyes a écrit *Yvain ou le Chevalier au lion*, *Érec et Énide*, qui sont une défense de l'amour dans le mariage. Cette situation extrême dans la relation entre Lancelot et Guenièvre pourrait être une mise en cause de l'amour courtois.

## PERSPECTIVES (p. 19)

■ **Antoine de La Sale, *Saintré*.**

**LIRE : La courtoisie en question**

**1- Mise en question du rituel courtois**

• Par la mise en scène d'un **personnage non-courtois** : *Messire l'Abbé* dont la description dévalorisante (l. 20-22), et la pratique de jongleur (bateleur médiéval), *saut périlleux* (l. 20), lutte au corps à corps (l. 40-45), tranchent avec la dignité du seigneur Saintré, (l. 22-27). Contrairement à l'amant courtois, dont la souffrance est une seconde nature (l. 26), l'Abbé rit constamment, pratique la *dérision* (l. 30), notamment à l'égard du rituel courtois qui veut que le chevalier demande à la dame de le recommander à son adversaire (l. 30-39, 46-49).

• Par l'insertion d'un **réalisme** destiné à tuer le formalisme courtois : réalisme trivial dans l'évocation des victuailles et des récipients (l. 1-2), du costume de l'Abbé (l. 14-18), de la pilosité de ses cuisses (l. 21), dans la précision de la prise de lutte qu'effectue l'Abbé (l. 41-45) ; insertion de détails insignifiants qui accentuent le réalisme du texte : parenthèse (l. 15-16) ; comparaison dépréciative (l. 21-22).

• Par le **contraste** entre ces éléments réalistes et des éléments classiques du rituel courtois. Le lieu : *un joli petit pré*, l. 7 ; Madame et ses suivantes comme spectatrices de l'affrontement, l. 8-11 ; la révérence et le costume de Saintré, l. 22-25.

**2- La position ambiguë de l'auteur**

Image négative de l'Abbé et de la dame.

• **L'Abbé**, ▸ question précédente.

• **La dame** : sentiments des suivantes condamnant intérieurement leur maîtresse, l. 11-13 ; image négative par le fait qu'elle accepte, et encourage par son rire, la dégradation du rituel courtois, l. 32-34. Rire de plus en plus accentué de madame (l. 33, 47, 50), qui perd ainsi progressivement son statut de dame courtoise, lointaine et inaccessible.

• Sur **Saintré**, image positive ou négative ? Positive par contraste avec celle des deux autres personnages, mais Saintré est figé dans un formalisme sans rapport avec la réalité : costume peu adéquat pour un combat, *avec leur somptueuse broderie de grosses perles*, l. 24-25 ; perception de la moquerie, mais incapacité de donner la réplique à l'Abbé, l. 37-39. Enfin, la simple et rapide défaite d'un grand chevalier opposé à un Abbé de basse qualité en dit long sur l'inadaptation d'une classe sociale figée dans son rituel désuet et ses modes de combat inefficaces. C'est du moins ainsi qu'Antoine de La Sale, à la fin du XVe siècle voit, avec quelque nostalgie parfois, la classe chevaleresque de son temps.

## PISTES

■ **Pour une séquence : La parodie** (les cibles ; diversité et unité ; les procédés) : Cervantès, *Don Quichotte*, p. 50 ; Voltaire, *De l'horrible danger de la lecture*, p. 76 ; Sterne, *Tristram Shandy*, p. 85 ; Flaubert, *Madame Bovary*, p. 108 ; textes p. 444-451.

■ **Lecture cursive :** Antoine de La Sale, *Saintré*, Le Livre de Poche, *Lettres Gothiques*.

■ **Bibliographie :** *La Chevalerie des sots*, trad. et prés. par R. Wolf-Bonvin, Stock, 1990.

Scève

## Délie, objet de plus haute vertu

p. 20

### « Libre vivais en l'Avril de mon âge »

## APPROCHES

■ **Axe d'étude :** La conception platonicienne de l'amour, héritée de l'amour courtois.

■ **Préalables :** Le dizain VI de *Délie* est précédé d'un emblème représentant une jeune femme tenant une licorne avec comme devise « La vie pour le voir je perds ». On fera le rapprochement avec le poème de Thibaut de Champagne, p. 16.

■ **Vérifier** la compréhension de *étonna*, v. 6 (= stupéfia, foudroya).

## LIRE : Plaisir et souffrance

### 1- Scève et Thibaut de Champagne : motifs et procédés communs

– Importance de l'œil et du regard dans la naissance de l'amour.
– Stupeur en présence de la femme aimée, Thibaut, v. 12, Scève, v. 4.
– Contraste entre la situation du poète avant et après *l'innamoramento :* comparaison avec la licorne chez Thibaut (vie sauvage), v. 1 chez Scève, *Libre vivais en l'Avril…*
– Amour personnifié, par l'allégorie chez Thibaut, en Cupidon, v. 7, chez Scève.
– Thème de l'amour prison, de la liberté asservie, v. 8.
– Plaisir dans la souffrance, antithèse : Thibaut, v. 4 ; Scève, v. 10.
– Forme très abstraite de la dame : aucune caractérisation, seulement le *vous* chez Thibaut ; réduite chez Scève à une caractérisation abstraite, *la douce présence*, v. 4 ; *sa haute, et divine excellence*, v. 5 ; *sa beauté*, v. 10.
– Éternité de l'amour : Thibaut, v. 35 ; Scève, v. 9.

### 2- *Souffrir non souffrir*

Devise exprimant une constante de l'amour courtois, le plaisir de la souffrance, comme moyen de mesurer l'amour, d'élever l'âme (néoplatonisme) et de permettre l'écriture. Le poète a le sentiment d'exister dans son oscillation douloureuse entre la vie et la mort. Voir dizain C : « Vers toy suis vif, et vers moy je suis mort », ou CCLXXX : « Je meurs toujours douloureusement sans mourir ». Ici, la devise de *Délie* est plus particulièrement reprise dans le dernier vers, fondé lui aussi sur une antithèse pétrarquiste : *En sa beauté gît ma mort, et ma vie* = la beauté de la dame a asservi l'amant, image de mort à un premier degré ; mais asservissement librement consenti : *douce présence*, v. 4 : signe de vie. Voir aussi l'antithèse entre *bellement* et *Ma liberté… asservie*, v. 7-8.

### 3- La structure du poème

● Continuité syntaxique des dix vers (faible rupture à la fin du v. 8), qui traduit l'enchaînement des deux temps, avant et après la rencontre de la femme aimée, donc la fatalité de l'amour.

● Enchaînement des temps verbaux (imparfait, v. 1 ; passé simple, v. 4, 6 ; passé composé, v. 8 ; présent, v. 10) qui exprime l'inéluctable.

● Force du coup de foudre traduite par la proposition consécutive du v. 7 et par le lien, plus faible, de la conjonction *et*, v. 9 ; par le rejet de termes significatifs (*Se vit surpris*, v. 4 ; *Ma liberté*, v. 8).

### Conclusion

Un poème où la femme aimée est désincarnée, presque absente. Force de l'héritage de la courtoisie médiévale, mais qui passe par l'intermédiaire de l'Italien Pétrarque, dont on pourra faire lire en contrepoint le sonnet III, *C'était le jour où du soleil pâlirent*. La rupture entre Moyen Âge et Renaissance n'est pas aussi forte qu'on le pense souvent.

## DIRE

● Une même **thématique :** souvenir bouleversant de la première rencontre (Pétrarque, *infra*, p. 23), souvenir ébloui de la déclaration (Ronsard, ► p. 154) ; effet prodigieux de la beauté de la femme (Desportes, ► p. 151 ; Ronsard, ► p. 150), d'origine pour ainsi dire divine (Desportes) ; échos de la *Dame*, inaccessible et altière, dans l'image de la femme *Farouche, fière… froide* (Ronsard, ► p. 150) ; souffrance du poète, qui détaille ses tourments (Ronsard, Pétrarque, ► p. 439) et prédit sa propre mort (Desportes ; Pétratque, ► p. 439).

● Un réseau de **figures** voisines : **métaphores** : *œil* de la femme, machine de guerre blessant de ses flèches le poète amoureux (Desportes) ; cœur emprisonné (*captif*, Ronsard, ► p. 439) et chaînes de l'amour (Pétrarque, *infra*, p. 23), qui conduit à son gré l'amoureux (Pétrarque, ► p. 439) ; **personnification** de l'amour, discrète chez Ronsard (► p. 154), mais présenté comme l'impitoyable archer, ou un maître capricieux chez Pétrarque (► p. 439) ; **antithèses** inlassablement modulées, chez Pétrarque et Ronsard : désarroi que provoque la passion, ambiguïté du sentiment, plaisir et douleur mêlés (► p. 150, 439).

Des prolongements manifestes, que chaque poète renouvelle suivant son génie propre : accents plus douloureux chez Pétrarque, sensualité frémissante chez Ronsard, maniérisme chez Desportes.

## PISTES

■ **Texte complémentaire**

**Pétrarque, *Canzoniere*, sonnet III (1342-1374).**

C'était le jour[1] où du soleil pâlirent
de compassion pour son faiteur[2] les rais,
quand je fus pris, et ne m'en gardai point,
car vos beaux yeux, dame, m'ont enchaîné.

Ce ne me semblait pas le temps de se parer
contre les coups d'Amour ; aussi j'allais
assuré, sans méfiance : et dès lors mes malheurs
en la douleur commune commencèrent.

Et l'Amour me trouva tout désarmé,
et ouverte la voie par les yeux vers le cœur,
qui des larmes sont faits porte et passage.

Mais, selon moi, ce ne lui fut honneur
de me frapper d'un trait en cet état,
sans qu'à vous bien armée il montrât même l'arc.

Trad. G. Genot, © 1969, Aubier.

1. Le Vendredi saint.
2. Selon les traducteurs : facteur, Créateur.

## Honoré d'Urfé
## *L'Astrée*

p. 21

### « Blessures d'Amour »

## APPROCHES

■ **Axes d'étude :** L'argumentation (p. 294). Le dialogue (p. 320).

■ **Préalables :** Partir de l'**histoire littéraire** (p. 46-47) ; évoquer les salons aristocratiques, centres de la vie culturelle, où l'activité de prédilection est la conversation, avec ses règles : des débats sont organisés sur les questions d'amour (jalousie, inconstance…), annonçant l'intérêt du siècle pour l'**analyse morale et sentimentale**.

■ **Vérifier** la compréhension de *désolé*, l. 4 (= désespéré par l'abandon).

## LIRE : Constance ou inconstance

### 1- Les phrases et l'opposition des personnages

• Les répliques et les phrases de Tircis sont longues (l. 4-8, l. 12-18, l. 19-26), celles d'Hylas brèves (l. 3-4, 8-9, 18-19).

• Les **phrases** de Tircis sont très articulées (*car si…, puisque… et ainsi… mais non pas…*, l. 4-7) ; la brièveté des phrases d'Hylas empêche une articulation complexe.

• Le **ton** de Tircis est grave et pénétré (*misérable*, l. 4 ; *honte*, l. 16 ; *miraculeusement*, l. 23 ; et le thème de l'indicible), tandis que les réponses laconiques d'Hylas sont légères, moqueuses, désinvoltes, cyniques (l. 3-4), ironiques (*vos félicités et vos contentements*, l. 30 ; *agréable compagnie de vos larmes*, l. 34).

Tout oppose donc les deux personnages, et leur façon de débattre est révélatrice de leurs caractères : Tircis plus ardent, plus offensif ; Hylas plus défensif (l. 27).

### 2- Images et tonalité

– L. 4-8 : *prix, marchander, acheter, monnaie, marchandise, paye.*
– L. 10-12 : *ouvrier, métier, profession.*
– L. 13-14 : *fourvoyés, marchent, s'éloignent de leur chemin.*
– L. 15-16 : *pierre, roule, mousse, saleté.*
– L. 17-21 : *blessures, guérissent, blesseur, blessé, plaie incurable, corps, place saine.*

Tonalité à la fois sentencieuse (par le recours aux proverbes et à l'expérience) et précieuse avant la lettre (par leur diversité ; l'ingéniosité de leur confrontation ; la subtilité de l'exploitation du lieu-commun de la blessure d'amour ou la référence au dieu Amour).

### 3- Les arguments pour (Hylas) et contre (Tircis) l'infidélité.

• HYLAS
– Trop de maîtresses à regretter.
– Mieux vaut n'en regretter aucune.
– Beaucoup de maîtresses : l'amour se perfectionne.
– L'amour doit apporter la joie, non les chagrins.

• TIRCIS
– Une seule à regretter.
– Trop de maîtresses = aucun amour.
– L'infidélité éloigne de l'amour, puisqu'elle n'en suit pas les règles.
– La guérison des blessures prouve qu'il ne s'agissait pas d'amour.

Opposition des deux personnages sur deux points essentiels du schéma courtois : progression de l'amour dans la relation avec une seule femme ; importance de la souffrance.

### Conclusion

Un débat subtil et animé qui oppose sous une forme intellectualisée deux conceptions (traditions?) incompatibles de l'amour : Tristan ou Don Juan. Corneille s'en souviendra notamment dans les brillantes joutes galantes de ses amoureux de comédie *(La Place royale…)*. Penser aussi à La Fontaine et à *Psyché*. « L'œuvre irrigue tout le XVIIe siècle, qu'elle fournit en sujets de tragi-comédies et de romans. Elle fait plus : elle affine la sensibilité, elle stimule l'imagination. Elle propose des questions, des modèles, des citations, des références. À l'école de ses bergers et de ses nymphes, hommes et femmes ont fait leur éducation sentimentale. » (S. Bertière, L. Vidal, *Anthologie de la littérature française*, L.G.F., 1993).

## ÉCRIRE

On utilisera les réponses de la question précédente pour faire rédiger les deux paragraphes aux élèves en veillant particulièrement à l'articulation des idées.

## PISTES

■ **Pour une séquence**

• **Dialogue romanesque et argumentation** (partenaires, sujets, formes ; vrais et faux échanges) : textes p. 314-319.

• **Courtoisie et relation amoureuse** (hommes et femmes ; plaisir et douleur ; d'un genre à l'autre) : textes de la section courtoisie ; Racine, *Mithridate*, p. 62.

■ **Bibliographie** : M. Lever, *Le Roman français au XVIIe siècle*, PUF, 1981.

# 2 Renaissance et humanisme
## XV$^{e}$ et XVI$^{e}$ siècles

## ÉCRIRE, LIRE, VOIR : LA RENAISSANCE

**Érasme**

*Lettre à Sadolet* p. 25

**LIRE : L'humaniste au travail**

• **Lien entre humanisme et progrès de l'imprimerie :** de nombreux humanistes, Érasme, mais aussi Rabelais et Marot, ont travaillé chez des imprimeurs illustres comme correcteurs.

• **Quête du savoir :** idée que les textes sont en perpétuel inachèvement comme les *Adages* d'Érasme, mais aussi comme les *Essais* de Montaigne (▶ p. 40, 427). La structure accumulative du texte traduit aussi la boulimie d'activités intellectuelles des humanistes.

• **Syncrétisme :** travail sur les écrivains antiques (Sénèque) et les Pères de l'Église (Augustin, Chrysostome).

• **Philologie** (mise au point des textes anciens) : *expurger mon Sénèque*.

• **Traduction :** *traduction des Grecs*.

• **Glose :** *commentaire*.

**VOIR**

**1- L'allégorie de Dürer**

L'ensemble de la gravure représente un cavalier d'allure fière qui chevauche en compagnie de son chien à travers un paysage sauvage. Deux apparitions, la Mort et le Diable, cherchent à le détourner du but de son voyage qui apparaît au loin sous la forme d'un château. L'image du manuel reproduit un détail, le visage du chevalier et celui de la mort. Deux interprétations sont possibles. Pour les uns, Dürer a représenté un **reître infernal**, à la fois victime et complice de la mort qui s'apprête à l'entraîner. La présence d'un crâne dans le coin gauche de la gravure dans son ensemble indiquerait alors que celle-ci est un *Memento mori*, une sorte de fragment d'une danse macabre. Pour les autres, le cavalier au fier visage représenterait le **chevalier chrétien** qui, vainqueur de ses deux ennemis traditionnels, le Diable et la Mort, marche avec assurance vers son salut (présence d'un S pour *Salus* à l'intérieur du monogramme de signature). La fermeté du visage de ce cavalier qui refuse de regarder la mort semble corroborer cette seconde interprétation.

**2- Peinture de Tito Lessi**

Même impression d'**intense activité** de l'atelier dans la peinture de Lessi et dans la lettre d'Érasme. On peut penser que les deux personnages de gauche en train d'examiner une feuille in-folio sont l'imprimeur et son correcteur. À l'arrière-plan, sans doute le compositeur, tandis que le jeune homme en train de tourner la presse n'est que l'apprenti à qui l'on réserve les tâches les moins nobles.

## L'ITALIE ET LES ARTS

**Balthazar Castiglione**

*Le Livre du Courtisan* p. 26

**« Rien de plus désirable ni de plus propre aux hommes que le savoir »**

**APPROCHES**

■ **Axes d'étude :** L'éloge et le blâme. Le souverain humaniste.

■ **Préalables :** Évoquer la rivalité entre la France et l'Italie sur la prééminence dans le domaine des arts (*translatio studii*) et des armes (*translatio imperii*). Rappeler l'importance des Médicis à Florence dans le domaine des arts. Préciser l'enjeu des Guerres d'Italie pour les souverains français : conquêtes territoriales (Naples, le Milanais), techniques, culturelles.

■ **Vérifier** la compréhension de : *abhorrent*, l. 6 (= haïssent).

**LIRE : Un roi idéal**

**1- Éloge du roi, critique des Français**

Texte construit sur le contraste entre l'image positive de François I$^{er}$ et l'image négative des Français. En fait, Castiglione peint François I$^{er}$ sous les traits d'un souverain humaniste italien. Le discours du Comte est chargé plus particulièrement du blâme des Français, tandis que celui de Julien de Médicis assume l'éloge du souverain.

• **Aspects négatifs des Français dans le discours du Comte**

– Gradation dans le mépris des lettres chez les Français : *n'apprécient pas* […] *abhorrent*, l. 5-6.
– Réticences vis-à-vis des lettrés, l. 7-8.
– Dispositions des Français à s'amender mises en doute : *peut-être, comme vous dites*, l. 31 ; *s'ils veulent prêter l'oreille*, l. 33.

Julien de Médicis est plus modéré dans sa condamnation des Français : *cette erreur*, l. 10 ; *si éloignés de cette profession*, l. 25-26. Face au miracle que constitue la venue d'un souverain lettré, il affiche un optimisme sans faille, l. 14-15.

• **Éloge du roi François Ier**

Par le témoignage direct (*je vis*, l. 16) ou indirect (*j'entendis*, l. 21 ; *il me fut dit*, l. 23) de Julien le Magnifique, la présentation du souverain français est accréditée, tandis que celle des Français n'est fondée que sur l'opinion du Comte qui avance ses jugements négatifs sans les justifier.

Le **blâme,** qui joue sur l'image négative que les lecteurs italiens ont des Français, rend plus crédible l'éloge du souverain : si l'image des Français, conforme à leurs attentes, est juste, celle du souverain, fondée sur des témoignages, l'est *a fortiori*. Encore Julien précise-t-il que ce souverain est plus que Français, puisque *le royaume de France devait toujours lui paraître peu de chose*, l. 20-21.

## 2- Un roi humaniste

François Ier est ici un roi lettré (« père des lettres et des arts », l. 14, 25) ; beau, l. 17-18 ; humain, l. 19-20 ; courageux, l. 13-14, l. 22-23 ; généreux (qualité médiévale du souverain), l. 23.

Qualité première du roi humaniste = l'**harmonie** entre les complémentaires, force et bienveillance, beauté du corps et de l'esprit.

## Conclusion

L'image de François Ier est assez conforme à celle que le roi voulait donner de lui-même : auteur de poèmes, il a fait venir d'Italie de nombreux artistes, en particulier ceux qui ont décoré le château de Fontainebleau. Malgré le début des dissensions religieuses qui le conduisirent à adopter une position ferme vis-à-vis des écrivains qui, comme Marot, étaient tentés par le mouvement de rénovation religieuse, il s'est réellement comporté en mécène et a largement contribué à l'introduction en France de l'humanisme philologique et artistique de l'Italie.

## *PERSPECTIVES* (p. 27)

1 **Érasme, *Le Cicéronien.***

2 **Érasme, *Lettre à Jacques Sadolet.***

### LIRE : Rome au péril des Barbares

### 1- Texte 1 : les comparaisons

Deux comparaisons opposant une histoire mythologique à une scène évangélique ⇒ mise en cause du paganisme de la ville de Rome.

• **Jupiter et Danaé/Gabriel et la Vierge** : Acrisios, grand-père de Persée, avait demandé à l'oracle comment il pourrait avoir des fils. Il lui fut répondu que sa fille, Danaé, aurait un fils qui le tuerait. Pour l'éviter, Acrisios enferma Danaé dans une chambre de bronze. Zeus, transformé en pluie d'or, pénétra par une fente du toit et obtint l'amour de la jeune fille. Cette légende est ici mise en balance avec l'Annonciation de la naissance du Christ à la Vierge. Dans les deux cas, conception miraculeuse d'un fils alors que la mère ne devrait pas pouvoir en avoir. Explication matérielle avec le mythe antique, alors que dans le cadre de la naissance du Christ aucune explication rationnelle n'est proposée ⇒ mythe = avatar concret du mystère de la naissance du Christ, voire, dans le cadre du **syncrétisme**, préfiguration de ce mystère.

• **Jupiter et Ganymède / Jésus-Christ montant au ciel** : comparaison fondée sur l'élévation des deux personnages, Ganymède sous l'impulsion de Jupiter, le Christ sous celle de Dieu. Dans un cas, élévation matérielle, dans l'autre purement spirituelle : l'aigle marque la matérialité, les anges autour du Christ la spiritualité.

### 2- Texte 2 : les procédés rhétoriques de l'indignation

• **Syntaxe :** phrase nominale, l. 1 ; énumération, l. 1-2, 11-14, 16 ; progression, l. 16 ; interrogation oratoire, l. 1-5, 14-26 ; comparaisons et oppositions, l. 15-17, 17-18, 18-20, 20-22.

• **Sémantique :** hyperboles, l. 1, 4, etc. ; métaphores, l. 11-14, 29-30 ; personnification, l. 32-34.

### 3- Comparaison avec le texte de Du Bellay

Pour les humanistes, le sac de Rome en 1527 fait écho aux invasions barbares des IVe et Ve siècles ap. J.-C, évoquées par Du Bellay. Érasme montre le résultat du saccage, alors que Du Bellay condense en 14 vers l'histoire romaine. En fait, par un retour en arrière, Érasme évoque aussi les temps heureux de Rome (l. 14-26) ⇒ confrontation d'un passé glorieux à un présent calamiteux. Dans les deux cas, **opposition entre la barbarie et la civilisation** ; les deux textes s'achèvent sur un champ de ruines, reliques antiques (Du Bellay), affaiblissement des muses et des belles-lettres (Érasme).

**Différence majeure :** la raison de la dégradation : pour Du Bellay, c'est la démesure et l'orgueil de l'empire romain, v. 9 ; pour Érasme, nulle cause n'est avancée, sauf peut-être les *querelles d'opinions* qui font chanceler la religion chrétienne, l. 29.

### ÉCRIRE

Pour faire décrire par exemple le pillage d'une bibliothèque (Érasme, l. 4-5) :
– exagération épique (nombre des barbares, amplification des coups) ;
– évocation péjorative des barbares avec identification du chef ;
– description des armes ;
– comparaison développée, dite homérique, pour montrer par exemple comment le feu se répand parmi les livres ;
– reprise d'une même phase de combat avec simplement quelques variantes ;
– répétition lyrique, déploration…

## PISTES

■ **Pour une séquence : L'image du souverain à la Renaissance** (les qualités ; rêve et réalité) : Rabelais, *Gargantua*, p. 36-37 ; La Boétie, *Discours de la servitude volontaire*, p. 37.

■ **Exercice complémentaire :** Constituez un dossier avec des reproductions d'œuvres des artistes italiens qui ont décoré Fontainebleau.

■ **Lecture cursive :** B. Castiglione, *Le Livre du Courtisan*, éd. Garnier-Flammarion, 1991.

■ **Bibliographie :** E. Bourassin, *François Ier, le roi et le mécène*, éd. Tallandier, 1997.

# PASSION DU SAVOIR, PASSION DES MOTS

## Rabelais
## *Pantagruel*

p. 28

### « Toutes disciplines sont restituées, les langues instaurées »

## APPROCHES

■ **Axe d'étude :** L'éducation humaniste.

■ **Préalables :** Évoquer le contexte politique. Le roi François Ier et sa sœur Marguerite de Navarre soutiennent les efforts des lettrés en 1520-1530, encouragent les traductions, multiplient les autorisations d'imprimer. Les humanistes ont le sentiment de vivre une époque tout entière tournée vers le savoir. La lettre est reliée de manière très lâche au récit, dont le contenu importe plus que la fonction narrative.

■ **Vérifier** la compréhension de : *précepteurs*, l. 6 (= personnes chargées de l'éducation d'un enfant en dehors de toute institution scolaire) ; *palefreniers*, l. 11.

## LIRE : Une nouvelle éducation

### 1- L'optimisme de la Renaissance

• Les humanistes ont le sentiment qu'**aucun domaine du savoir ne leur est fermé** (structures d'accumulation, l. 2-3). L'imprimerie (l. 3), offre un accès à tous les écrivains antiques dont on édite et commente les œuvres. Accès au savoir pour tous, même ceux qui en paraissent écartés, les basses classes sociales (l. 11), et les femmes (l. 13).

• Le savoir apparaît comme une **source de plaisir** (*je me délecte*, l. 16).

• Confiance dans les **capacités d'assimilation** de l'esprit humain (voir l'ensemble du programme à partir de l. 24).

• **Liaison savoir / vertu** qui sous-tend tout le programme encyclopédique d'éducation (l. 21).

### 2- L'enseignement des langues

Deux allusions à la nécessité d'apprendre les langues (l. 1-3 et 24-28), un aspect primordial du programme humaniste, parce que par les langues, mortes ou vivantes (l'italien), les savants prennent directement **connaissance du savoir antique**, sans passer par les commentaires médiévaux. Source de savoir et de sagesse (*l'atelier de Minerve*, l. 10), les langues préparent même à bien mourir (importance des *Artes moriendi*), l. 17-19.

### 3- Un enseignement équilibré entre :

– savoir **littéraire** (littérature grecque et latine) et savoir scientifique, l. 28 (géométrie, arithmétique, histoire naturelle) ;

– savoir **théorique** (connaissance des textes, *par cœur* pour *les beaux textes*, l. 35 ; lecture soigneuse des médecins antiques et arabes, l. 42-44) et savoir **pratique** (fréquentation des hommes, l. 22-23 ; connaissance du monde, l. 37-41 ; *dissections*, l. 43) ;

– savoir **profane** avec toute la littérature antique, et religieux : le grec sert d'abord à lire le *Nouveau Testament* et l'hébreu l'*Ancien Testament*, l. 26, l. 45-46 ⇒ **syncrétisme** : l. 16-19, Gargantua affirme se délecter de la lecture des auteurs antiques, donc païens, pour attendre l'heure où Dieu l'appellera à ses côtés.

Méfiance vis-à-vis de l'astrologie (l. 33-34), art de l'erreur et de l'analogie, et qui ne s'accorde pas avec un programme humaniste fondé sur la vérité et sur l'observation du monde.

### 4- Le ton de Gargantua à son fils

Fréquence des impératifs (*achève*, l. 32 ; *apprends*, l. 33 ; *laisse*, l. 33 ; *relis*, l. 42 ; *va*, l. 45), des verbes injonctifs, (*je t'engage*, l. 20 ; *j'entends et je veux*, l. 24 ; *je veux*, l. 35, 37), et des subjonctifs de souhait ou d'ordre (*qu'il n'y ait pas*, l. 28 ; *qu'il n'y ait*, l. 38 ; *que rien ne te soit*, l. 41). Modalité injonctive et ton solennel de la lettre tempérés par l'appellation *mon fils* (l. 20), la signature, *ton père* (l. 47), et l'affection que l'on pressent tout au long de la lettre : Gargantua reconnaît son ignorance passée (l. 16), et affirme le plaisir qu'il prend aujourd'hui au savoir, *je me délecte* (l. 16). Il insiste sur la continuité de l'éducation qu'il propose à son fils : *je t'en ai donné le goût quand tu étais encore jeune* (l. 31-32).

Donc le **sérieux** qu'inspire le souci de dispenser une bonne éducation, mais non dénué d'une **tendresse** un peu austère.

## Conclusion

Un ton qui contraste étonnamment avec les autres chapitres de Rabelais, en particulier dans *Pantagruel*. Cela traduit l'intérêt tout particulier que les humanistes attachent à l'éducation. On trouve ici l'attrait de Rabelais pour toutes les formes de savoir que son œuvre entière laisse transparaître de manière ludique.

## PERSPECTIVES (p. 29)

**■ Rabelais, *Le Quart Livre*.**

**LIRE : La magie des mots**

**1- L'attitude des personnages**

Conforme à leurs caractéristiques dans l'ensemble du roman :

• **Panurge** : quand il n'a pas peur, comme dans le chapitre précédent, âpre au gain et cherchant à obtenir toujours plus, l. 16-24.

• **Frère Jean** : au contraire, la témérité. Face à un phénomène qui inquiète l'équipage, il n'hésite pas à saisir une *dragée* à pleine main et il réagit au bruit qu'elle fait en fondant par une comparaison belliqueuse conforme à son caractère, l. 15.

• **Pantagruel** : la sagesse et le bon sens. Il refuse de vendre les mots à Panurge parce que la parole n'est pas à vendre (l. 20), et de faire provision des *dragées*, parce que l'on ne fait pas de réserve de ce dont on ne manque pas, l. 45.

• **Le narrateur et le reste de l'équipage** : réaction de peur tout d'abord (l. 14), d'amusement ensuite, l. 40 ⇒ réactions superficielles face au phénomène.

Face à ce phénomène étrange, seul Pantagruel manifeste une attitude raisonnable et cohérente.

**2- Un texte poétique ?**

Il y a ici une véritable poésie des mots qui :

– prennent des couleurs (l. 5-7), comme chez Rimbaud ;

– abandonnent la fonction triviale de communication et deviennent des objets sensibles, sonores (l. 30-34), des objets que l'on touche (l. 11-12), qui provoquent des émotions, de peur ou de plaisir ;

– jouent, comme ces mots de gueule qui évoquent la couleur des blasons (l. 5), mais aussi la nourriture et les paroles de banquet (l. 46) ;

– semblent étrangers à toute signification rationnelle, *barbares* (l. 10, 35), effrayants ;

On est au cœur du mystère poétique qui refuse le réel et ne garde que la suggestion. On peut voir cet épisode comme l'affirmation du mot poétique comme signifiant sonore, en dehors de tout signifié.

**3- Les significations de l'épisode**

Outre la fonction poétique, l'épisode permet de caractériser les personnages (► question 1) et de faire ressortir la sagesse de Pantagruel face à ses camarades qui ne perçoivent que la matérialité du phénomène. On peut aussi voir une interprétation plus philosophique de l'épisode : les paroles un peu profondes ne sont pas comprises immédiatement quand elles sont entendues, mais ne « dégèlent » que bien plus tard ; il faut du temps pour les comprendre. C'est le propre du discours philosophique.

## PISTES

**■ Pour une séquence : Le savoir en question** (contenus et méthodes ; la rigueur et le plaisir ; enthousiasme et distance) : Montaigne, *Essais*, p. 40 ; Descartes, *Discours de la méthode*, p. 260 ; Fontenelle, *Histoire des oracles*, p. 74 ; Yourcenar, *L'Œuvre au noir*, p. 43.

**■ Exercice complémentaire :** Comparez cette lettre aux chapitres sur l'éducation dans *Gargantua*.

**■ Lecture cursive :** *Bâtisseurs d'école*, éd. Nathan, 1994, pp. 75-134.

**■ Bibliographie :** G. Milhe Poutingon, *François Rabelais, Bilan critique*, éd. Nathan.

# RELIGION : LE RETOUR AUX SOURCES

**Marguerite de Navarre**

## *La Comédie de Mont-de-Marsan* (p. 30)

### « La Superstitieuse »

## APPROCHES

**■ Axes d'étude :** La conception religieuse des évangélistes. L'allégorie (p. 517). La satire (p. 172).

**■ Préalables :** Préciser la définition de l'allégorie (figure de style qui consiste en une métaphore prolongée et prend souvent la forme d'une personnification illustrant une idée abstraite par une représentation concrète). Rappeler le contexte historique de la critique des pratiques bigotes par les évangélistes et le rôle de protectrice qu'a joué Marguerite de Navarre.

**■ Vérifier** la compréhension de : *aggravée*, v. 7 (= causer de la douleur) ; *travaux*, v. 27 (= souffrances).

**LIRE : Allégorie et critique**

**1- Les pratiques religieuses de la Superstitieuse**

• Le voyage pèlerinage (v. 1-6), à fonction simplement guérisseuse et non rédemptrice (= pèlerinage de moindre importance). Au passage, mise en cause de l'association égalitaire de la Vierge et du Christ.

• Pèlerinage conçu comme le moyen de brider le corps (macération, v. 7-12), pour acquérir des *mérites*.

• Le nombre, excessif, des prières (v. 13-14), importe plus pour la Superstitieuse que la qualité. On passe de la prière à la neuvaine, c'est-à-dire à la réitération d'une même prière.

• Valeur rédemptrice de l'objet (le psautier) et non de la prière, v. 15-16.

• Intercession des saints qui sont chacun investis d'un pouvoir guérisseur particulier, v. 17-28 (= mise en cause du culte des saints, v. 46).

• Superstition quasi païenne avec l'observation de la fumée des cierges pour découvrir si Dieu est ou non favorable aux demandes, v. 31 sqq.

**2- Un personnage allégorique**

• Personnage très concret (qui éprouve douleurs, plaisirs, espoirs, inquiétudes), mais qui représente une idée abstraite (celle de la superstition) = définition d'un personnage allégorique.

• Accumulation des pratiques superstitieuses → le personnage symbolise le comportement religieux superstitieux d'un certain type de croyants que dénonce Marguerite de Navarre.

• La désignation même, « La Superstitieuse », suggère que le personnage n'a de réalité que par la collection de pratiques religieuses qu'il rassemble.

**3- Une satire des rites**

• Par la disqualification du personnage : la Superstitieuse incarne le **croyant sûr de lui-même** (l'expression *le vrai pèlerin*, v. 6, manière de juger et d'exclure les autres), **de sa foi et de sa pratique** (*qui n'est pas chose vaine*, v. 30 ; *je sais*, v. 35). La Superstitieuse est aussi le **croyant naïf** qui s'imagine que plus la peine est grande plus le bénéfice est important (*gros mérites*, v. 12), mais dont les actes de foi ne sont pas dénués de calcul : *Je les garde au dimanche/Dont j'espère bien mieux* (v. 39-40) ; ces deux expressions suggèrent un gain matériel plutôt que spirituel. La familiarité de l'expression finale, *bref, pour sauver mon âme*, indique aussi l'intention critique de l'auteur.

• Par l'accumulation même des rites : l'hyperbole (*De tous saints... pour toutes saisons... De tous dangers*, v. 23-26), exprime l'aspect maniaque de ce culte.

**Conclusion**

Une forme didactique proche de l'esprit des « moralités » du théâtre médiéval, qui convient aux pratiques archaïques visées par la satire. La mise en cause du formalisme religieux plaide indirectement pour une foi authentique, vivante et personnelle.

## *PERSPECTIVES* (p. 31)

■ **Rabelais, *Le Quart Livre.***

**LIRE : Un récit satirique**

**1- Une parodie d'office catholique**

– *Le minois et les gestes...*, l. 1 : attitude de componction.
– *Le son de campane*, l. 3 : les cloches d'appel à l'office.
– *Tous se rangèrent...*, l. 4 : la procession.
– *Un gras, jeune, puissant Ventru*, l. 6 : tradition de l'ecclésiastique gros et gras.
– *Portait une statue de bois...*, l. 7-8 : allusion à une procession promenant et exposant une statue.
– *Corbeilles, paniers, balles, pots...*, l. 23 : les instruments de l'Eucharistie.
– *Ne sais quels Dithyrambes...*, l. 25-26 : les chants de la messe (nuance satirique de *ne sais quels*).
– *Hippocras blanc, avec la tendre rôtie sèche*, l. 28 : le vin et le pain (l'hostie) de l'Eucharistie.

**2- Réalisme et fantaisie**

**• Réalisme**

– Description de l'effigie ancrée dans la réalité française (localisation, *à Lyon*, l. 10 ; contexte, *au carnaval*, l. 10 ; nom, *Manduce*, l. 11).
– Précision de la longue phrase accumulant les caractéristiques de *Manduce*, l. 11-20 : abondance d'adjectifs ; précision du mécanisme d'animation de la statue, l. 17-19 ; référence comparative à un fait réel (le *dragon de saint Clément*, l. 20).
– Énonciation prise en charge par le narrateur et ses compagnons et qui présente la scène comme une chose vue (*considérant*, l. 1, *Approchant les Gastrolâtres, je vis*, l. 21, et entendue, *ouïmes*, l. 3).

**• Fantaisie**

– Comme toujours chez Rabelais les noms propres sont des inventions fantaisistes, mais signifiantes : *Gastrolâtres*, adorateurs du ventre, l. 2.
– Plus généralement création lexicale : *magnigoule*, l. 2 ; *Manduce*, l. 11 ; *horrifiques*, l. 15 ; *terrifiquement*, l. 19.
– Références bibliographiques qui, produisant un faux effet de réel, accentuent au contraire l'impression fantaisiste aux yeux du lecteur averti, l. 9-10.
– Structures accumulatives et termes savants qui traduisent plus la fantaisie verbale que l'ancrage dans la réalité, l. 23-24 et surtout l. 26.

**VOIR**

On retrouve sur ce tableau dans le genre de Bosch la procession décrite par Rabelais. Au premier plan, quatre religieux, dont certains ventrus. Procession de nourriture également (voir personnage au premier plan à droite). Mais ambiance encore plus fantaisiste que chez Rabelais (danse, musique, instrument de musique gigantesque au premier plan). Il s'agit en fait d'une représentation du combat de Carnaval et de Carême. Les deux personnages traditionnels de ce combat sont le joueur de musique, à gauche, et le porteur de poissons à droite, le premier représentant le temps de Carnaval, le second celui du Carême. Voir le tableau de P. Brueghel, *Le Combat de Carnaval et de Carême*.

## PISTES

■ **Pour une séquence**

• **Religion ou superstition ?** (▶ *infra*, p. 329).

• **La religion en question** (▶ *infra*, p. 60).

• **L'expression du sentiment religieux** (lyrisme, religion et nature) : Frère Luis de León, p. 32 ; Pascal, *Pensées*, p. 278 ; Rousseau, *Émile*, p. 280 ; Claudel, *La Muse qui est la Grâce*, p. 222.

■ **Exercice complémentaire : Oral**

Identifiez les mètres et le schéma des rimes dans l'extrait de *La Comédie de Mont-de-Marsan*. Expliquez ces choix.

■ **Lecture cursive** : Marguerite de Navarre, *Poésies chrétiennes*, éd. du Cerf, 1996.

■ **Bibliographie** : L. Febvre, *Au cœur religieux du* XVI*e siècle*, EHESS, 1968.

## DIEU ET L'HARMONIE DU MONDE

**Frère Luis de León**
*Poèmes*

p. 33

### Nuit sereine

### APPROCHES

■ **Axes d'étude :** L'expression lyrique (p. 518). L'amour sacré. Le syncrétisme de la culture de la Renaissance.

■ **Préalables :** Donner aux élèves quelques notions sur le néoplatonisme (sentiment d'exil sur la terre ; aspiration des âmes à retourner au lieu d'où elles sont tombées).

■ **Vérifier** que sont compris : les planètes Mercure et Vénus, l. 22-23 ; les *siècles d'or*, l. 26 (= l'âge d'or).

### LIRE : Dire l'harmonie du monde

#### 1- Les procédés lyriques

• Expression du *je* qui se raconte dans le moment même où il parle : « le *je* lyrique est une construction qui résulte d'une « expérience » personnelle transformée en acte essentiel » (C. Fromilhague/A. Sancier) : *éveillent dans mon cœur une angoisse brûlante*, l. 3 ; *je dis*, l. 5.

• Animation des objets naturels (*la lune meut son disque argenté*…, l. 21-23 ; la marche des planètes, l. 24-27) et multiplication des images, souvent hyperboliques : *un torrent s'échappe*…, l. 4 ; le ciel conçu comme un *temple*, l. 6 ; la *marche silencieuse* du ciel, l. 10-11 ; *s'avance Mars sanglant et irrité*, l. 24 ; *Jupiter… rasséréne le ciel*, l. 25 ; *roule Saturne*…, l. 26 ; *la prison*, l. 29.

• Apostrophes : l. 6, 12, 35-36.

• Ponctuation émotive (points d'exclamation et d'interrogation), interjections (l. 12, 14, 35-36).

• Phrases de plus en plus brèves, de plus en plus nominales pour traduire l'émotion du *je* (voir la progression sur les l. 28-36).

• Figures de la répétition, par ex. l. 31.

• Surcharge adjectivale, par ex. l. 33-34.

#### 2- De la peine au bonheur ; du terrestre au divin

Les deux sentiments sont présents dès le début de la contemplation (l. 3), mais la peine et l'angoisse l'emportent par le biais d'un **sentiment néoplatonicien** de la vanité de l'existence. L'âme, exilée, enfermée au cours de son séjour sur la terre (*cette prison basse et obscure*, l. 7 ; *brise la prison qui enferme son âme*, l. 29), n'a plus accès à sa vérité qu'elle a oubliée (l. 8-9), mais seulement à *l'ombre vaine* (l. 9), de cette vérité (l. 13).

Cette vision platonicienne de la vie se combine avec une **vision chrétienne traditionnelle** qui fait de la vie terrestre un temps de séduction capable de faire perdre à l'homme le bénéfice de la vie future : il faut échapper aux *fantaisies de cette vie séduisante* (l. 15), à *cette terre basse et grossière* (l. 16), à *la bassesse de la terre* (l. 28), pour trouver le lieu du souverain bien.

Il y a donc clairement une **transition du terrestre au divin**. C'est par la contemplation des mouvements harmonieux des objets naturels que Frère Luis accède à la vision extatique des dernières lignes. **Trois temps** sont perceptibles :

1- Conscience de l'état captif de l'âme (l. 6-13).
2- Contemplation de la beauté de la nature (l. 14-30).
3- Extase mystique devant l'harmonie du monde (l. 31-36).

#### 3- L'inspiration chrétienne et la culture antique

Le néoplatonisme repose en lui-même sur le syncrétisme d'une double vision du monde, antique, par sa philosophie, et chrétienne. Tout le développement sur l'immortalité des âmes emprunte à part égale à la philosophie de Platon (*Phédon*) et à la pensée chrétienne.

• **La culture antique**
– L'allusion à Saturne et à l'âge d'or.
– L'idée que le savoir descend sur terre depuis les régions éthérées : *l'astre d'où pleut le savoir* (l. 22).
– Le séjour des âmes après la mort, en particulier l'*éternel printemps* qui y règne (l. 34), correspond à la description des Champs Élysées (l. 33-36).

• **L'inspiration chrétienne**
– Le séjour des âmes après la mort correspond en partie à la représentation iconographique du paradis terrestre (*prairies*, l. 35).
– Le ciel comme localisation du divin dans la logique chrétienne.
– L'idée que l'on peut accéder à Dieu par la contemplation des beautés de la Création (► Psaume 104).

### VOIR : Peindre l'harmonie du monde

#### 1- L'aspiration platonicienne au divin

Ce détail du tableau représente l'ermitage de saint Jérôme, mais l'arrière-plan, non réaliste parce que sans rapport avec la légende du saint, figure un paysage des bords de la Meuse. Tout traduit ici l'harmonie du monde dans une logique d'élévation vers le divin.

• **La composition horizontale** en trois plans successifs soulignés par l'étagement des couleurs (vert-brun pour la zone terrestre du premier plan, vert-bleu pour la zone intermédiaire de la terre et du ciel, blanc ou bleu intense pour le ciel), qui signifie en lui-même le passage du terrestre au céleste, de la lourdeur à la légèreté.

• **La dimension verticale assurée** par le rocher de l'ermitage et par l'arbre. Ces rochers ne correspondent à aucune réalité dans le paysage de la Meuse, mais sont l'héritage d'une symbolique chrétienne ancienne et font référence à la montagne désertique où Moïse reçut la Loi → contraste entre l'humain (le fleuve et les activités qu'il suscite), et le divin (la montagne escarpée). L'arbre revêt la même fonction d'**élévation vers Dieu**. Il permet aussi la séparation entre les deux espaces de ce fragment de tableau : à gauche le profane et les bords de la Meuse, à droite, le sacré avec l'ermitage et saint Jérôme (hors champ). Symbole de vie, l'arbre est le seul être vivant qui participe aux trois mondes, le monde terrestre par ses racines, le monde humain par son tronc à portée des hommes et le monde céleste par son branchage. Ici, la longueur du tronc fait écho à l'escarpement de la montagne pour signifier la difficulté d'accès au divin.

### 2- Convergences et divergences avec le texte de Frère Luis de León

• **Convergences**

– Aspiration au divin par l'élévation.

– Sentiment de l'harmonie du monde.

• **Divergences**

Alors que chez Frère Luis, l'harmonie n'existe que dans les sphères célestes où l'âme retrouve son lieu, chez Patinir, cette harmonie du monde est également perceptible au plan humain : l'arrière-plan de paysage traduit une vision sereine d'un monde certes arrêté sous le regard de Dieu, mais dont chaque parcelle est un **reflet de la beauté divine** : nul sentiment ici d'une terre *basse et grossière*. Les tableaux de Patinir donnent un raccourci de la beauté du monde : les fleuves y sont souvent une sorte d'invitation au voyage terrestre avant que l'âme n'entame son voyage de retour à Dieu ; la représentation chaleureuse, même dans le lointain, des personnages dans leurs activités quotidiennes exprime un univers en communion avec Dieu. On ressent chez Patinir, plus que chez Frère Luis de León, la **beauté d'un univers** dont tous les éléments se répondent (pas de solution de continuité entre les trois plans horizontaux du tableau). Le sujet religieux ne masque pas la découverte d'un univers qui invite au rêve tout autant qu'à la méditation.

## ÉCRIRE

On reprendra les caractéristiques du discours lyrique dégagées dans la réponse à la question 1 du « **Lire** » en mettant en valeur l'harmonie de l'univers sur le plan humain (▶ question **2**).

## PISTES

■ **Pour une séquence : La littérature et la beauté du monde** (quels paysages ? Dieu et la nature ; l'esthétique d'un mouvement à l'autre ; formes du lyrisme) : Ronsard, *Hymne de la Justice*, p. 34 ; Chateaubriand, *René*, p. 100 ; Walter Scott, *Le Lai du dernier ménestrel*, p. 101 ; Hugo, *L'Homme qui rit*, p. 102 ; Lamartine, *Méditations poétiques*, p. 184.

■ **Bibliographie** : Seznec, *La Survivance des dieux antiques*, éd. Flammarion, 1993 (rééd.) ; L. Febvre, *Amour sacré, amour profane*, éd. Gallimard, 1996 (rééd.).

# LA PLÉIADE

## Ronsard
## *Les Hymnes*

p. 34

### Hymne de la Justice

## APPROCHES

■ **Axes d'étude :** Syncrétisme. Formes poétiques de l'hymne. Représentation de la nature.

■ **Préalables :** Rappeler que la poétique de l'hymne est fondée sur l'expression d'idées élevées, philosophiques, religieuses ou scientifiques. Ce n'est pas une poétique de l'émotion.

■ **Vérifier** la compréhension de : *effets*, v. 31 (= actes dont Dieu est la cause).

## LIRE : Dieu et les hommes

### 1- L'expression de l'harmonie du monde

• **Temps présent** pour marquer la permanence des lois de Dieu, sauf pour le passage concernant les lois historiques (l. 21-27), mais ce retour en arrière est destiné à faire ressortir leur intemporalité.

• Un **rythme régulier** des vers pour traduire l'ordre divin : par ex. v. 9, 15, rythme 3 + 3 + 3 + 3 ; v. 9-10 : coupe à l'hémistiche.

• **Rejet ou enjambement** signifiant : v. 3, 6, 12 → rejet de syntagmes traduisant la stricte observation des lois divines.

• **Négation de l'adynaton**, figure de style évoquant quelque chose d'impossible : *on ne voit chose*, v. 3 ; *On ne voit que*, v. 7 ; *et jamais on n'a vu*, v. 9 ; *et ne se changera*, *Tant que*, v. 13-14.

• Abondance des **termes de liaison logique** qui traduisent un univers organisé : *Et pour ce*, v. 15 ; *D'autant que*, v. 16 ; *Mais*, v. 17 ; *Et bref*, v. 28 ; *Car*, v. 29. Nombreuses propositions subordonnées tout au long du passage → impression de calme et d'ordre.

• **Impression de circularité** (v. 21-27), traduisant le passage des lois de l'ordre divin à l'ordre humain, exprimée par la succession de quatre exemples historiques de législateurs adoptant des lois divines : Moïse, Minos, Solon, Lycurgue. Effet de variation dans la présentation de chaque exemple, mais structure d'ensemble identique.

### 2- Ronsard et Frère Luis de León

• **Ressemblance**

La seule ressemblance qui existe entre les deux textes repose sur l'éloge du Créateur, perceptible à travers l'**éloge de la Création**, harmonie du cosmos pour le religieux, harmonie du cosmos également pour le poète (v. 5-16), mais en vue de mieux faire percevoir l'organisation sociale.

• **Divergences**

Le poème de Frère Luis exalte Dieu dans une **vision**

**mystique d'un au-delà** du monde terrestre, tandis que le poème de Ronsard, consacré à la justice que Dieu dispense sur terre, fait l'éloge de l'harmonie sociale que le Créateur dispense.

Sur le plan stylistique, chez Ronsard, l'harmonie est traduite par une poétique fondée sur des phrases complexes, bien organisées ; on ne perçoit pas d'énonciateur particulier ; cette harmonie existe en elle-même. Chez Frère Luis, elle repose sur le regard d'un énonciateur enthousiaste, marqué par le *je* ; elle semble l'expression d'une subjectivité en accord avec le divin et s'exprime finalement par une série de phrases brèves, traduisant l'émotion par l'usage de la phrase nominale. Le poème est **réflexion** chez **Ronsard**, **contemplation** chez **Frère Luis**.

**3- La nature, Dieu et les dieux**

• Un passage révélateur de la relation que les humanistes, et les poètes en particulier, établissent entre **Dieu et la nature**. Le texte donne l'impression que Ronsard tend à confondre les deux. En fait, dans cet extrait, une répartition s'effectue entre le rôle de la nature et celui de Dieu : à la première revient l'organisation du monde naturel (v. 1-16) ; au second, tout ce qui concerne les hommes (v. 17-32). Le texte reflète une tentation que les humanistes et les poètes réfrènent avec difficulté, celle d'adorer la nature. Celle-ci est chez Ronsard majestueuse (*Nature vénérable*, v. 11), mais elle vient loin derrière Dieu, (*Mais celui qui*, v. 17 ; *le seul Dieu*, v. 30).

• Le **syncrétisme** du passage est illustré par les vers 21-32. Ronsard y présente le rôle civilisateur des dieux antiques à travers les lois qu'ils ont données aux grands peuples de la Grèce ancienne. *A priori* les dieux antiques sont mis sur le même plan que Dieu qui donne les lois à Moïse, mais en réalité, dans l'organisation même du passage, Dieu ouvre et ferme la liste et Ronsard formule explicitement la loi du syncrétisme, v. 28-32 : les dieux ne sont que des surnoms du vrai Dieu que les hommes de l'Antiquité ne pouvaient connaître sous son nom. En fait, de tels passages révèlent la difficulté des humanistes à concilier leur amour de l'Antiquité et leur christianisme.

**Conclusion**

Une vision harmonieuse de l'univers qui a une double fonction, la célébration du Créateur à travers l'excellence des lois qu'il donne aux hommes, et l'éloge de son représentant sur terre, le cardinal de Lorraine. Une vision syncrétique où l'humaniste propose, en la justifiant, l'union des deux cultures propres aux lettrés de la Renaissance, la culture chrétienne et la culture antique.

## ÉCRIRE : Ronsard et Du Bartas (▸ p. 48)

• **Ressemblance**

Au plan rhétorique, les deux poètes usent des mêmes images pour évoquer les éléments, v. 10-14 (Du Bartas), v. 9-10, mais avec des significations opposées.

• **Différences**

– Projets *a priori* radicalement opposés : exprimer le chaos d'avant la Création pour Du Bartas, harmonie de la nature et des lois, donc après la Création, pour Ronsard. En fait, cette différence masque un projet similaire : chanter la grandeur de Dieu, directement pour Ronsard, indirectement pour Du Bartas (v. 14-16).

– Rhétorique fondée sur la juxtaposition des notations chez Du Bartas, sur l'organisation complexe (subordonnées variées) chez Ronsard = avant et après l'organisation divine du monde.

On pourra conclure sur l'idée suivante : la rhétorique du désordre que tente de mettre en place Du Bartas débouche finalement sur une sorte d'harmonie qui n'est pas tout à fait étrangère à celle que décrit Ronsard.

## PERSPECTIVES (p. 35)

■ **Ronsard, *Le Premier Livre des Amours.***

**LIRE : Dire l'amour**

**1- Construction du sonnet**

• **Construction** sur quatre adynatons (figure consistant à souligner le caractère absolu d'une affirmation en comparant sa négation à une impossibilité de nature, v. 1-6). Ils marquent l'impossibilité pour le poète d'aimer une femme blonde aux yeux verts. La seconde partie du poème exprime l'amour de la dame à travers l'adoration de ses yeux bruns.

L'adynaton prend dans ce contexte poétique la valeur d'un serment amoureux.

• **Abstraction du poème**

– Adynaton = figure de pensée très intellectualisée.
– Peu d'adjectifs.
– Peu de caractérisation du monde ou de la femme aimée dont on ne connaît que la couleur des yeux.
– Abstraction renforcée par le néoplatonisme du vers 13 qui réduit la femme aimée à l'idée archétypale de la beauté.
– Préciosité de l'évocation de la première rencontre, v. 9-11.

**2- Comparaison avec Du Bellay, *L'Olive* (▸ p. 148)**

Même structure commençant par évoquer des phénomènes naturels (pour les affirmer ou pour les nier) avant l'apparition de la femme. Même préciosité pour évoquer la beauté de la dame. Mais le poème de Du Bellay est plus pittoresque dans l'évocation de la nature.

## PISTES

■ **Pour une séquence : Images de la justice** (formes et définitions ; fondements ; justice, injustice ; argumentation et genres littéraires) : Beccaria, *Des délits et des peines*, p. 77 ; Villon, *Épitaphe*, p. 162 ; Marot, *L'Enfer*, 173 ; Montaigne, *Essais*, p. 259.

■ **Exercice complémentaire : Langue**
Repérez et distinguez les différentes propositions subordonnées de l'extrait des *Hymnes*.

■ **Bibliographie** : *Autour des* Hymnes *de Ronsard*, éd. Champion, 1984.

Rabelais
## *Gargantua* (p. 36)

### « Comment Grandgousier traita humainement Touquedillon prisonnier »

## APPROCHES

■ **Axes d'étude :** Humanisme et politique. L'argumentation (p. 294).

■ **Préalables :** Insister sur l'importance de la réflexion politique à la Renaissance, en particulier par le biais d'écrivains antiques comme Cicéron ou Platon, et italiens comme Machiavel. Rappeler les événements contemporains : la capture de François Ier par Charles Quint à la bataille de Pavie et son échange ensuite contre les enfants royaux.

■ **Vérifier** la compréhension de : *embrasse*, l. 7 ; la liste de héros antiques, l. 9-10 ; *remontrez*, l. 19 (= faites reproche) ; *rhabiller*, l. 29 (= réparer).

## LIRE : Guerre ou paix ?

### 1- La sagesse de Grandgousier

• **Des formules proverbiales** empruntées à la sagesse des nations : *Qui trop embrasse, peu étreint*, l. 6-7 ; *avec le commun est aussi leur propre perdu*, l. 20-21 ;

• **des phrases gnomiques :** (*Le temps n'est plus*, l. 7 ; *Cette imitation… envahir les autres*, l. 9-13), qui marquent l'ancrage chrétien de Grandgousier, ou/et son orientation humaniste quand il s'oppose aux *Sarrasins et Barbares* du Moyen Âge (l. 13-15 ; *soi contenir… la pillant*, l. 16-17) ;

• **une argumentation soulignée** par l'abondance des connecteurs logiques : causal, *car*, l. 17, 20, 28, 31, *vu que*, l. 23 ; comparatif, *ainsi*, l. 22, *plus… que*, l. 31, *plutôt… que*, l. 33-34, *comme*, l. 24 ; concessif, *encore que*, l. 30 ;

• **des phrases complexes** (l. 16-35) ;

• **une modalité injonctive** appuyée : tours jussifs, *mieux eût-il…*, l. 16, *ainsi faut-il*, l. 22, *vous deviez*, l. 30 ; impératifs, *allez-vous-en*, *suivez*, *remontrez*, l. 18-19, *ne le conseillez*, l. 20 ;

• **des marques d'énonciation** de première et seconde personnes très présentes.

### 2- Deux types de guerre

Opposition entre des **guerres de conquête** extérieures (exemples empruntés à des héros et des peuples païens : *Hercules…*, l. 9-10 ; *Sarrasins et Barbares*, l. 14), et les **guerres dites de *sédition*** (l. 24), c'est-à-dire les guerres civiles (l. 24-35), qui sont admises, mais doivent être traitées comme des *différends* (l. 23, 33) et conduites avec modération (*modestie*, l. 26). En fait, seules sont admises les guerres défensives, comme le sous-entend le passage, *l'Évangile, par lequel nous est commandé garder, sauver, régir et administrer chacun ses pays et terres*, l. 11-13.

### 3- La clémence et le pacifisme de Grandgousier

Ils s'appuient d'abord sur les valeurs **évangéliques**, voire évangélistes : *son prochain frère chrétien*, l. 8-9 ; *contraire à la profession de l'Évangile*, l. 10-11 ; *au nom de Dieu*, l. 18 ; *Dieu*, l. 33. Ils prennent aussi appui sur la **raison**, dans les considérations sur la légèreté de la querelle : *vu que notre différence n'est point guerre proprement*, l. 23 ; *si guerre la nommez, elle n'est que superficiaire*, l. 26-27 ; *personnages querellants*, l. 31.

### Conclusion

Le discours de Grandgousier à Touquedillon remplit deux objectifs : l'un, narratif, consiste à mettre un terme à la guerre picrocholine qui occupe le cœur du *Gargantua*, l'autre, idéologique, permet à Rabelais d'exposer la morale politique des humanistes en matière de conflit.

## ÉCRIRE

Les guerres de conquête datent d'une autre époque. Il faut maintenant, en suivant les préceptes de l'Évangile, se contenter de l'administration de ses terres. En outre, si l'on s'astreint à les gérer avec soin sans convoiter celles d'autrui, elles fructifieront. Il ne s'agit d'ailleurs pas d'une guerre de conquête, mais tout au plus d'une guerre civile, ou plutôt d'une simple querelle de voisinage que l'on ne doit pas prendre trop à cœur, puisque aucun dommage irréparable ni aucune action honteuse n'ont été commis. Il convient donc que chaque parti répare la faute qu'elle a faite et veille, sous le regard de Dieu, à ne pas offenser son prochain.

## *PERSPECTIVES* (p. 37)

■ **La Boétie, *Discours de la servitude volontaire.***

### LIRE : Secouer le joug

### 1- Une rhétorique vigoureuse

• **Apostrophes et marques de l'énonciation :** voir tout au long du texte la part de la 2e personne.

• **Parallélismes et énumérations :** structures binaires, par ex. l. 1-2, l. 13-15 ; structures ternaires, l. 3-6, 9, 10, 27-29 (avec gradation) ; structure énumérative en crescendo puis decrescendo, l. 30-42.

• **Interrogations oratoires :** l. 20-29.

• **Images expressives** : *receleurs…*, l. 28 ; *à vous tenir plus courte la bride*, l. 41-42 ; *comme un grand colosse…*, l. 49 sqq.

• **Figures d'opposition : antithèses** autour de *afin de* (l. 30-42) ; **épanorthoses** (une première proposition, négative, est rectifiée par la seconde) : l. 10-11, 45-46, 47-49.

• **Tableau pathétique :** l'orateur présente une vision pitoyable de la situation (l. 30-42 : preuve pathétique de l'argumentation rhétorique).

• **Connotations affectives ou axiologiques** (laudatives ou péjoratives). Par ex., la phrase *Soyez résolus de ne servir plus, et vous voilà libres* (l. 46-47), connote positivement l'allocutaire en insistant sur sa force latente : il suffit qu'il décide de s'affranchir pour devenir libre (connexion logique et évidente entre les deux actions, marquée par un *et* de conséquence et le présentatif *vous voilà*, qui indique une action acquise).

**2- L'ironie**

Les pointes ironiques jouent sur des oppositions paradoxales : *et semblerait que meshui ce vous serait* ***grand heur*** *de tenir à ferme vos biens...*, l. 7-9 ; *pour lequel vous allez si* ***courageusement*** *à la guerre*, l. 12-13 ; litote ironique : ***vous ne refusez point*** *de présenter à la mort vos personnes*, l. 14-15 ; ***pour le mieux*** *qu'il leur saurait faire*, l. 34 ; et la série des *afin de* (l. 30-42) qui s'opposent à chaque principale.

L'ensemble du texte hésite entre le discours ironique et la dénonciation directe à la fois du tyran et de la veulerie de ses sujets. L'ironie ne vise pas ici à dévaloriser les sujets qui se soumettent au tyran, mais à les réveiller en leur faisant percevoir le scandale de leur situation.

**3- Apogée ou déclin de l'humanisme politique**

Pour La Boétie, il n'y a pas de bon régime politique ; il ne présente pas de solution de rechange au tyran dont il dénonce ici l'ignominie → **pessimisme politique** qui ne s'accorde pas avec la pensée humaniste décelable à travers les rois rabelaisiens, Grandgousier et Gargantua. Peu humaniste également sa vision de l'homme : pour lui, l'homme opprimé est un homme dénaturé qui est à l'origine de sa propre domination. Malgré l'invitation finale à secouer les chaînes, La Boétie ne se fait aucune illusion sur la capacité des hommes à opérer cette mutation politique. La seule solution qu'il propose, à la fin du livre, c'est de faire dévier la question vers l'éthique : l'homme retrouve une humanité par le biais de l'amitié (avec Montaigne), parce qu'elle suppose entre les hommes une égalité qui est le meilleur rempart contre la tyrannie. La Boétie rejoint ainsi l'éthique humaniste, mais non la conception politique humaniste.

## PISTES

■ **Pour une séquence : Images de la guerre** (la dénonciation et ses procédés ; questions et arguments) : Érasme, *Lettre à Sadolet*, p. 27 ; Giraudoux, *La guerre de Troie n'aura pas lieu*, p. 254 ; Céline, *Voyage au bout de la nuit*, p. 255 ; Caillois, *L'Homme et le Sacré*, p. 255.

■ **Exercice complémentaire :** Analysez la constitution du discours proverbial et son mode d'insertion dans le discours de Grandgousier.

■ **Bibliographie :** N. Aronson, *Les Idées politiques de Rabelais*, éd. Nizet, 1973.

# IMAGES : LA RENAISSANCE

p. 38

## APPROCHES

■ **Axe d'étude :** Les vanités.

■ **Préalables :** Holbein, portraitiste renommé, s'attache ici à la représentation en pied, grandeur nature (dimensions du tableau, 206 x 209 cm), de deux ambassadeurs français à Londres, Jean de Dinteville, âgé de 29 ans, ambassadeur de François Ier, et Georges de Selve, âgé de 25 ans, évêque et diplomate français à la cour de l'empereur Charles Quint. Le tableau relate une rencontre entre les deux hommes au printemps 1533.

## VOIR : L'ambiguïté d'une peinture

**1- Composition du tableau et mise en valeur des personnages**

• **Par leur taille** (grandeur nature) et par leur répartition selon un axe de symétrie vertical qui passe par le montant du quadrant sur l'étagère du haut et l'extrémité de la mandoline sur celle du bas. Le regard des deux hommes, dirigé vers le spectateur imaginaire, place celui-ci exactement sur cet axe de symétrie.

• **Par leurs costumes** en contraste : celui de Dinteville indique son appartenance à la diplomatie civile, tandis que celui de Selve suggère son état ecclésiastique (riche et orné, mais plus sobre).

• **Par le décor :** rideau vert ; pavement du sol reproduisant celui de l'abbaye de Westminster où sont couronnés et enterrés les rois.

Pour qu'aucun des deux personnages n'ait le sentiment d'être en position inférieure dans ce double portrait, Holbein, outre la position frontale et leur répartition selon l'axe de symétrie, dispose des ponts qui les relient : la double étagère, en particulier celle sur laquelle ils sont accoudés, la tête de mort en anamorphose qui, au premier plan, semble les concerner tous deux.

**2- Le crâne en anamorphose**

L'anamorphose suscite une **interrogation** sur le sens même du tableau : énorme, insérée dans le tableau d'un peintre réaliste renommé, au centre, où l'on attendrait les figures, en suspension dans l'air, presque en avant du tableau, malgré son ombre portée, elle place sous le signe de la mort tous les éléments d'une œuvre qui s'inscrit alors dans la logique des **Vanités**.

Les Vanités sont un thème pictural qui apparaît au XVe siècle dans les écoles du Nord. Elles ne comportent au départ qu'un petit nombre d'objets, un crâne, un livre, une bougie éteinte, et constituent souvent le revers d'un tableau, notamment quand il s'agit d'un portrait. Peu à peu, le genre a conquis son autonomie et le nombre des objets symbolisant les vanités terrestres s'est accru : sur le tableau de Simon Renard de Saint-André (► p. 39), crâne (vanité de la vie humaine), livre ouvert à la page d'un tombeau, vieux papiers et encrier (vanité du savoir), sablier et bouquet de fleurs fanées (symboles du temps qui passe). On remarquera l'équilibre de certains de ces objets en bord de table, signe de l'**universelle instabilité des choses humaines**.

En regard de la multiplicité des objets sur les étagères et de la splendeur des vêtements, l'anamorphose du crâne dénonce la vanité du savoir (étagère du haut), des arts (étagère du bas), du pouvoir temporel (Dinteville), du pouvoir spirituel (Selve). Il s'agit donc d'une double Vanité, vanité des sciences d'une part, Vanité des puissances terrestres d'autre part.

### 3- Le crâne et le crucifix

Mais le sens ne saurait se limiter à cette dénonciation des illusions humaines. Si la science et le pouvoir humains sont ainsi condamnés, c'est au nom d'une vérité supérieure, la vérité de Dieu : dans le coin supérieur gauche, **présence d'un crucifix**, à demi voilé par un rideau qui, dans les compositions du Moyen Âge et de la Renaissance, sert toujours à masquer ce qui a le plus d'importance, en particulier les révélations du sacré. Holbein a placé le Christ dans le coin le plus éloigné des sciences vaines, en relation avec le crâne qui flotte dans le registre inférieur du tableau. L'un symbolise la Mort, définitive pour peu que l'on s'attache aux vanités humaines, l'autre la Résurrection du Sauveur, source de rédemption pour ceux qui se tournent vers Lui. Le pavement de Westminster, où se trouve posé le crâne en anamorphose, prend alors tout son sens : à la fois signe des puissances, puisque c'est là que les rois sont couronnés, et rappel de leur vanité, puisqu'ils y sont enterrés. Les ambassadeurs, au regard un peu triste, sont-ils conscients d'être à la fois complices et victimes de la Mort que le réalisme d'Holbein empêche de figurer *in praesentia*, mais qui flotte, telle l'anamorphose, sur toute la composition du tableau ?

## ÉCRIRE

• **Exaltation du pouvoir et du savoir humains** : l'exposition des objets sur les étagères, les vêtements des deux personnages et les objets qu'ils tiennent évoquent le quadrivium des arts libéraux, arithmétique, géométrie, astronomie, musique. Il s'agit donc d'une allégorie des sciences et des arts qui se complètent pour donner une image de l'harmonie du monde, conformément aux théories de Pythagore et de Platon que la Renaissance italienne avait remises au goût du jour.

• **Une vanité** : les flûtes dépassent de la table, la mandoline a une corde cassée et le livre d'arithmétique est ouvert à une page sur la division, trois indices signifiant que l'harmonie est perdue (► questions précédentes).

**En conclusion,** une vanité unique dans la peinture, dans la mesure où elle est conjointe à un double portrait hyperréaliste de deux personnages bien réels. C'est cette fusion du réalisme et de l'allégorie qui fait l'originalité des *Ambassadeurs*.

## DIRE

On s'efforcera de présenter des Vanités montrant toute la palette du genre (Peeter Sion, *Vanité*, ► p. 167). En plus des vanités évoquées ci-dessus, on pourra faire remarquer les Vanités de la beauté (miroir, boîtes de fard), des voyages (globe terrestre), de la richesse (argent, bijoux)…

## PISTES

■ **Pour une séquence**

• **Le portrait** : p. 26, 60, 182, 188, 275, 316, 386, 416.
• **La nature morte** : p. 238, 272, 393.
• **Les vanités** : p. 167.

■ **Bibliographie** : St. Buck, *Hans Holbein*, Könemann, 1999 ; J. Baltrusaitis, *Anamorphoses. Les perspectives dépravées*, éd. Flammarion 1996 (rééd) ; N. Schneider, *Les Natures mortes*, Taschen, 1999.



# Montaigne
## *Essais,* III-13

p. 40

## « Il n'y a point de fin en nos inquisitions »

## APPROCHES

■ **Axes d'étude :** L'abandon de l'idéal humaniste en matière de savoir (p. 28-29). L'argumentation (p. 294).

■ **Préalables :** Replacer cet extrait dans la perspective du chapitre « De l'expérience » en indiquant son objectif, la connaissance et les moyens d'y parvenir, et en expliquant les deux voies d'accès à la connaissance, le rationnel (raison) et l'empirique (expérience). On rappellera que Montaigne s'efforce de montrer que l'un et l'autre sont entachés de vices. Introduire la notion de scepticisme afin de préparer le renversement de point de vue qu'opère cet extrait vis-à-vis de la quête de connaissance.

■ **Vérifier** que sont comprises la dimension spirituelle de *fin* et *l'autre monde* (l. 5) ; l'allusion mythologique à Apollon et aux oracles de la Pythie (l. 11-14) ; l'opposition (l. 29) entre *commentaires* (la glose qui commente) et *auteurs* (la littérature qui crée).

## LIRE : Splendeur et misère du savoir

### 1- Renversement de la perspective sur le savoir

• **Valorisation du savoir**

– **Dépréciation** de toutes les formes d'inaction de l'esprit dans la recherche de la connaissance : tournure restrictive *Ce n'est rien que*, l. 1 ; lexique péjoratif marquant l'absence de volonté, de curiosité, d'exigence (*faiblesse particulière*, l. 1 ; *raccourcement d'esprit*, l. 5-6 ; *lasseté*, l. 6 ; *contenter*, l. 1, 3, 6).

– Valorisation du **chercheur** par un vocabulaire laudatif : *un plus habile*, l. 3, *esprit généreux*, l. 6 ; de l'**obstination de sa démarche** par le vocabulaire de la progression : *ne s'arrête*, l. 6, *prétend toujours*, l. 7, *va outre*, l. 7, *élans*, l. 7, *s'avance*, l. 8, *poursuites*, l. 10, *sans terme*, l. 10 ; de la **succession** et de la **continuité** de la recherche : *toujours place…*, l. 3, *point de fin…*, l. 4.

Montaigne en vient à fonder sa définition de l'esprit humain idéal sur une quête continue du savoir.

• **Ambiguïté de ce constat**

– Abondance de **termes ou de tours négatifs** marquant l'aspect incessant de cette quête : *toujours*, l. 3, 7, 13 ; *ne s'en contentera pas*, l. 3 ; *Il n'y a point de fin*, l. 4 ; *Nul*, l. 6 ; *sans*, l. 10 ; *sans patron, et sans but*, l. 17.

– **Syllepses**, sur *généreux* (l. 6), pris à la fois dans le sens moderne et dans le sens étymologique d'engendrement (préfiguration de la multiplication des gloses et commentaires, l. 30) ; sur *prétend* (l. 7), pris dans le sens courant au XVIe siècle (tendre en avant, indication de mouvement) et dans le sens moral qui apparaît à l'époque pour marquer la prétention.

Montaigne suggère la vanité d'une recherche incessante du savoir.

• **Dépréciation de la quête du savoir**

– Verbes pronominaux suggérant une recherche qui ne se confronte qu'avec elle-même et n'a pas d'objet extérieur, l. 14, 17, 18.

– Aspect désordonné de cette recherche : *irrégulier*, l. 16 ; *sans patron, et sans but*, l. 17.

– Images négatives (► question **2**).

### 2- Images

L'écriture de Montaigne, toujours très concrète, esquisse ou développe de nombreuses **analogies.**

– **Esquissées** : la *chasse*, l. 2, 11 ; image agricole, *s'entent*, *tige*, l. 33.

– **Développées** : image militaire, l. 7 à 10 ; citation des vers de La Boétie : image de l'eau qui coule, l. 17-20 ; comparaison avec Apollon, l. 12 à 16.

Il semble que Montaigne ait relancé son propos sur la notion d'***ambiguïté*** (l. 12). Même le savoir divulgué par les dieux est ambigu, ce qui suggère que l'homme ne peut pas connaître grand chose. La structure ternaire adverbiale exprime hyperboliquement cette ambiguïté, l. 13-14 ; l'adverbe *obliquement* suggère un changement de perspective. Montaigne caractérise la parole divine comme *oblique*, c'est-à-dire ne délivrant pas son sens directement. Cela suppose une parole, et une écriture, symbolique, parabolique, voire poétique. Une définition qui ressemble à celle que donne Montaigne de sa propre écriture (► III, 9, « De la vanité » : « joint qu'a l'adventure ai je quelque obligation particulière à ne dire qu'à demy, à dire confusément, à dire discordamment », ► p. 257) → comparaison à dimension métatextuelle. On précisera que l'écriture oblique peut être une définition de l'écriture ironique, ce qui invite le lecteur à distinguer deux niveaux dans le texte (valorisation, puis critique de la quête de connaissance). « Ne nous repaissant pas, mais nous amusant et embesognant » : à rapprocher du mythe des silènes dans le prologue de *Gargantua* : les silènes présentent des vérités sur un mode comique.

### 3- Les vers de La Boétie

Exemple d'écriture oblique. On rappellera qu'Apollon était aussi le dieu de la poésie, ce qui explique la présence d'un texte poétique à ce stade de la démonstration.

**Description à valeur symbolique** (*Ainsi*, l. 20) ; **allitération** en **[l]** avec jeux paronymiques : *l'une eau… l'autre*, l. 21 ; **récurrence de termes** : *L'une suit l'autre, et l'une l'autre fuit*, l. 23, *celle-ci celle-là…celle-ci*, l. 24-25, *Toujours*, l. 26, 27, *l'eau… l'eau*, l. 26 ; **valeur durative du participe présent**, *coulant*, l. 20, *roulant*, l. 21 ; rythme coulant grâce aux **enjambements**, l. 21-22, 26-27 ; **chiasme antithétique** au dernier vers : rapprochement par position opposée et contraste de sens entre *même* et *diverse* et entre *ruisseau* et *toujours eau.*

Ces procédés suggèrent que l'eau ne s'arrête jamais, comme la quête de connaissance, et est identique à elle-même au fil du temps, comme si la connaissance ne débouchait, elle non plus, sur aucun élément nouveau et était condamnée à la répétition éternelle. Cette image annonce par anticipation les gloses qui se suivent indéfiniment.

### Conclusion

Un texte qui démythifie la quête de connaissance, dénonce les moyens d'accès au savoir et condamne la vanité de l'homme : invitation à penser par soi-même et non par l'empilement des savoirs. Complexité de Montaigne, qui a tant pratiqué le butinage des textes antiques et modernes, et qui critique ici une démarche qui le fascine. De l'humanisme au baroque ?

## VOIR

Souligner le rapprochement entre ce tableau d'Arcimboldo et le commentaire de Montaigne sur l'empilement des livres, l. 28-36. Cet empilement qui constitue l'être du bibliothécaire (équivalent pictural d'une métaphore métonymique) correspond exactement à l'idée des opinions qui *s'entent les unes sur les autres*, l. 33. On notera qu'il ne s'agit pas d'un écrivain, mais d'un bibliothécaire : à mettre en relation avec l'opinion de Montaigne sur la rareté des vrais *auteurs*, l. 30-31. La caractérisation négative de cet homme-livre est rendue par les couleurs sombres et tristes du tableau et par la dérision du livre-chapeau (ou cerveau ?) aux pages ouvertes.

## *PERSPECTIVES* (p. 41)

■ **Michel-Ange, Sonnet envoyé à Vasari.**

### LIRE : L'art en question

### Le refus d'un art artificiel

Michel-Ange se démarque ici de la tradition artistique de la Renaissance qui a fait passer la **conception de l'œuvre d'art du sacré** (au Moyen Âge) **au profane**. Voir l'importance de la mythologie dans la peinture et la poésie (► p. 27 et chez les poètes de la Pléiade en particulier). Michel-Ange assimile la passion de l'art à la passion que les peuples païens éprouvent pour leurs idoles, v. 6. Corrélation entre la passion pour l'art et la passion amoureuse (l. 9 et 12) → mise en cause du culte de la beauté assimilée à un *mal*, v. 8.

### VOIR

La dernière *Pietà* de Michel-Ange se caractérise :
– par son **inachèvement,** qui correspond au refus de la beauté de l'œuvre d'art. Il insiste sur le processus de rédemption engagé par la mort du Christ et répond ainsi au dernier vers du poème ;
– **par la position debout des personnages :** en comparaison avec la plupart des *Pietà* où la Vierge est assise et tient son fils dans ses bras, ici scène plus émouvante, moins figée dans la recherche de la beauté artistique.

L'inachèvement et la position inhabituelle rendent la beauté et le sens de cette **œuvre plus spirituelle qu'artistique**, même si, en définitive, mais aussi sans doute contre la volonté de Michel-Ange, c'est pour le spectateur moderne la beauté artistique qui finit par l'emporter.

### PISTES

■ **Pour une séquence**

• **Littérature humaniste et savoir** (l'encyclopédisme ; méthodes d'acquisition du savoir ; optimisme et doutes) : Rabelais, *Pantagruel*, p. 28 ; Yourcenar, *L'Œuvre au noir*, p. 37.

• **Poésie et religion au XVIe siècle** (visages du religieux et du spirituel ; éloges et critiques ; les formes poétiques) : Frère Luis de León, *Poèmes*, p. 32 ; Marguerite de Navarre, *La Comédie de Mont-de-Marsan*, p. 30 ; D'Aubigné, *Les Tragiques*, p. 175.

• **La mort dans la poésie jusqu'au XVIIe siècle** (la mort chrétienne ; registres ; formes du lyrisme) : Villon, *Le Testament*, p. 162 ; H. de Froidmont, *Vers de la mort*, p. 163 ; Ronsard, *Hymne de la mort*, p. 165 ; Malherbe, *Consolation à M. du Périer*, p. 167.

■ **Exercice complémentaire :** Étudiez les additions et leur signification dans le texte de Montaigne.

■ **Lectures cursives :** Montaigne, *Essais*, III-13 ; Michel-Ange, *Poèmes*, éd. Gallimard, 1996.

■ **Bibliographie :** J. Y. Pouilloux, *Montaigne, Que sais-je*, éd. Gallimard, 1988.

## L'HÉRITAGE DE L'HUMANISME

## Hugo
## *La Légende des siècles* p. 42

### Le Satyre

### APPROCHES

■ **Axes d'étude :** L'héritage de l'humanisme. Le registre épique (p. 516). La métamorphose.

■ **Préalables :**

Rappeler que le **romantisme** puise largement son inspiration dans la Renaissance (Musset, *Lorenzaccio*, Hugo, « Que la musique date du seizième siècle »...).

Définir le **satyre** : démon champêtre et forestier de la **mythologie grecque,** représenté d'abord avec le haut du corps d'un homme, le bas d'un cheval ou d'un bouc ; les représentations ultérieures insistent sur la virilité. Les satyres font partie du cortège de Dionysos, dieu du vin et de la poésie. Pan est un satyre, mais le mot signifie aussi « Tout ». Hugo va développer « le récit à partir d'un jeu de mots » (André Dumas).

■ **Vérifier** la compréhension de : *dogme*, v. 41 (= point de doctrine présenté comme vérité absolue).

### LIRE : La grandeur de l'homme

#### 1- Le passage du « récit » au « discours »

Du v. 1 au v. 27, description de la métamorphose du Satyre. La rupture du vers 28 indique l'importance de la prise de parole du Satyre, comme si toute la première partie était tendue vers ce cri : l'accession à la parole = la première étape de la libération. Le **pouvoir libérateur du verbe**, exprimé concrètement dans le récit, se trouve par ailleurs commenté et développé sur le plan abstrait par le discours.

#### 2- L'amplification épique

• **Rythmes :** majesté de l'alexandrin avec le plus souvent respect de la césure à l'hémistiche (v. 1, 3, 4, 5, etc.), mais usage non classique de discordances qui mettent en tension la phrase avec le vers (ex. : rejet du v. 1 à 2, qui isole *Démesuré* ; à la césure du v. 10, sur *forêt*) ; ampleur de la répétition de *plus grand* (v. 2 à 5) ; variation des coupes et multiplication des accents : v. 7 (1 + 5 + 6), v. 17 (4 + 2 + 6), v. 24 (2 + 2 + 2 + 2 + 4) ; mise en valeur du trimètre romantique, v. 8.

• **Images :** comparatifs de supériorité organisés suivant une gradation (v. 2-5) ; comparaison avec le *promontoire* (v. 7), qui, après la mention de *l'Athos* (v. 5), s'élargit dans la comparaison des *cornes* avec *le Caucase et l'Atlas* (v. 12) ; métaphore de l'*orient* pour la lumière (v. 9). Les métaphores cessent d'être des images pour se faire expression d'une véritable métamorphose ; hypotypose : *forêt, ondes, fleuves, lacs* (v. 10-11), *montagnes* (v. 15) ; figuration des éléments de la nature (faune, flore, mois de l'année, métonymies des saisons, v. 18-19) et de l'humanité (*peuples*, v. 20) qui ouvre sur une dimension cosmique ; personnification et amplification du chant de la lyre (v. 23) identifié aux forces élémentaires *(grondait, tonnait*, v. 24), et relativisation des ouragans comparés à des moucherons (v. 25-26), qui orchestrent la transfiguration du Satyre et préludent à sa prophétie.

Les pluriels des vers 18-19 concourent à la représentation de la métamorphose prodigieuse du Satyre devenu l'univers tout entier.

**3- Humanisme ?**

**• Aspects humanistes : la grandeur de l'homme**

Évocation de personnages mythologiques : le cyclope Polyphème, le géant Typhon, les Titans. Divinité mineure, champêtre, grotesque, proche de Dionysos, le Satyre dépasse en taille ces géants, qui, dans leur lutte contre les dieux de l'Olympe, ont été vaincus. À l'inverse, le Satyre remporte la victoire sur ceux-ci (v. 8, v. 45), figurant ainsi la libération de l'Homme qui renonce aux faux dieux et à la superstition. Le discours du Satyre vise à briser le *dogme* (v. 41), à libérer l'homme de la tyrannie des fausses croyances, des superstitions (*fantômes*, v. 34). Son discours est un hymne humaniste qui appelle à l'émancipation de l'esprit et redonne à l'homme sa juste place dans l'ordre universel.

**• Aspects non humanistes : mise en cause de la religion**

La religion remise en cause est le polythéisme, mais la critique semble viser aussi le christianisme : v. 40, *un dieu c'est de la nuit* ; l'article indéfini peut se comprendre comme « un dieu parmi d'autres », mais l'hostilité dont ont fait preuve des critiques littéraires catholiques (Veuillot, Barbey d'Aurevilly) à l'égard de Hugo ne trompe pas. Cette mise en cause du christianisme est étrangère à la pensée humaniste. De même, l'image d'une nature libérée de la présence des dieux, où il appartient à l'homme de se construire un avenir meilleur, n'appartient pas au monde de la Renaissance, mais à celui des Lumières (métaphore de la lumière, v. 9, 33, 35, 39, 42).

**Conclusion**

Souligner le caractère typiquement hugolien d'une poésie cosmique, alliant la philosophie à l'épopée, et puisant son inspiration aussi bien dans la pensée de l'humanisme que dans celle des Lumières.

## Yourcenar

## *L'Œuvre au noir*

p. 43

### « Cette rage de savoir »

**APPROCHES**

■ **Axes d'étude :** L'héritage de l'humanisme. L'humanisme et le savoir. Histoire et fiction.

■ **Préalables :** On pourra rapprocher les romans majeurs de l'écrivain, *L'Œuvre au noir* et *Les Mémoires d'Hadrien* (p. 398), qui tous deux, à la différence des romans historiques, offrent, non une reconstitution de l'Histoire, mais sa perception vivante à travers le point de vue d'un personnage réel ou fictif.

■ **Vérifier** la compréhension de : *cabinet*, l. 9 (= lieu de travail).

**LIRE : Un apprentissage**

**1- Une atmosphère « Renaissance »**

**• Détails matériels :** *dépenses d'encre et de chandelle*, l. 3 ; *les caresses des chambrières*, l. 11 (mythe de la Renaissance gaillarde ; voir image d'Henri IV, Vert Galant), *plume d'oie*, l. 14.

**• Allusions évoquant l'appétit de savoir :** *cette rage de savoir*, l. 2-3 ; apprendre *le latin, le peu qu'il savait de grec et d'alchimie… sciences à l'aide de l'*Histoire naturelle *de Pline*, l. 8-9 et 16-18 ;

**• Allusion à l'esprit de l'évangélisme** : *Ce savant usé par la prière et l'étude des bonnes lettres*, l. 6-7. On pense ici à Érasme (▶ p. 25 et 27).

Au total, les détails matériels évoquent une période de l'Ancien Régime, mais associés à l'appétit de savoir et à la prière, ils orientent l'esprit du lecteur vers l'époque de Rabelais.

**2- Point commun avec *Le Satyre***

Le texte de M. Yourcenar, comme celui de Hugo, prétend libérer l'homme des forces obscures qui l'asservissent : *Il s'y libérait… le traitaient en homme*, l. 12-13). Si les moyens divergent – accès au savoir dans *L'Œuvre au noir*, métamorphose mythique dans *Le Satyre* –, la cible est identique, l'obscurantisme des formes religieuses étriquées. Voir l. 17-20 : *Il s'aperçut* […] *que les prolixes explications du chanoine portaient souvent sur des faits qui, n'étant pas, n'avaient pas besoin d'être expliqués* (Fontenelle, ▶ p. 74).

**3- Point commun avec Montaigne**

Chez les deux auteurs, expression d'une même méfiance vis-à-vis d'un savoir qui ne serait que livresque. Montaigne s'en prend à l'empilement des savoirs qui finissent par ne plus référer à aucune réalité et à ne renvoyer qu'à eux-mêmes (▶ p. 40, l. 28-30). Zénon éprouve la même méfiance à l'égard des livres, ayant appris *que les livres divaguent et mentent comme les hommes* (l. 18).

**PISTES**

■ **Pour une séquence**

- **L'épique et ses variations** (▶ *infra*, p. 341).
- **Histoire et littérature** (▶ *infra*, p. 274).
- **Littérature humaniste et savoir** (▶ *supra*, p. 36).

■ **Exercice complémentaire : Langue**

Étudiez la forme et les valeurs de la phrase dans les v. 36-45.

■ **Lecture cursive** : pour un rapprochement d'Hadrien et de Zénon, *Les Mémoires d'Hadrien*, éd. Gallimard, 1977.

■ **Bibliographie** : C. Millet, *La Légende des siècles*, PUF, 1995.

# 3 Baroque et classicisme
## XVI^e et XVII^e siècles

## ÉCRIRE, LIRE, VOIR : LE BAROQUE ET LE CLASSICISME

### *Dictionnaire de l'Académie française*

p. 47

#### LIRE : Formes et valeurs de la définition

**1- Organisation d'un article**

Après une indication grammaticale abrégée (nature et genre), l'article du dictionnaire propose une définition du terme (*La femelle de l'homme*), immédiatement suivie par des exemples qui placent le mot en contexte syntaxique et sémantique. Viennent ensuite des définitions secondaires (*Celle qui est ou qui a été mariée*), elles aussi suivies d'exemples sans nom d'auteur. Puis l'article donne une série d'expressions proverbiales avec leur signification. Éventuellement pour finir, on trouve des locutions composées avec le terme sujet de l'article (ici, dans la partie qui n'a pas été reproduite, *sage-femme*).

On fera remarquer l'utilisation des alinéas et la répartition du romain et de l'italique pour la clarification de la présentation.

**2- L'image des femmes**

On pourra comparer avec la dernière édition du dictionnaire de l'Académie française (1932-35). On note dans l'article de la première édition une image très négative de la femme, perceptible dans :

– **la définition principale** (*femelle de l'homme*), alors même qu'à l'article *Femelle*, le dictionnaire précise que le terme ne s'emploie proprement que pour les animaux (« Animal destiné par la nature à concevoir & à produire son semblable par sa conjonction avec le masle. Il ne se dit proprement qu'en parlant des bestes. *Le masle & la femelle. dés que la femelle a conceu. la vache est la femelle du taureau. la biche est la femelle du cerf. la poule est la femelle du coq.* Il ne se dit des Femmes qu'en plaisanterie. *Ne vous fiez pas à cette femme, c'est une dangereuse femelle. c'est une fine femelle.* ») ;

– **des exemples** qui placent d'emblée la femme en position inférieure (*Dieu tira la femme de la coste d'Adam*) et donnent d'elle une image plus fréquemment négative (*adonné au vin et aux femmes* ; *femmes débauchées…*) ;

– **des proverbes** présentant exclusivement une image dévalorisante de la femme (troisième paragraphe).

**3- Orthographe et typographie**

**• Orthographe**

– S muet devant consonne non encore remplacé par un accent circonflexe : *coste*, *honneste*, *mesme*.

– Accent aigu sur *e* fermé non systématique en milieu de mot jusqu'en 1740 : *frequentation, debauchées, legitime, separée…*

– Graphie savante faussement étymologique dans *authorisée*.

**• Typographie**

– Abréviations propres à la pratique du dictionnaire : *s. f.* ; *prov.*

– Abréviation de *et* en *&*.

– Pas de majuscule au début des exemples sauf pour le premier d'une liste, mais majuscule systématique pour les proverbes.

#### PISTES

■ **Pour une séquence : L'usage du dictionnaire** (▶ *infra*, p. 213).

■ **Texte complémentaire**

***Dictionnaire de l'Académie française* (1932-1935)**

**FEMME.** (On prononce *Fame.*) n. f. Être humain du sexe féminin, la compagne de l'homme. *Un caprice de femme. Une femme mariée. Une jolie femme. Une belle femme. Une femme coquette. Une femme auteur. Une femme de lettres. Elle n'est pas femme à se laisser séduire.*

Prov. et fig., *Ce que femme veut, Dieu le veut,* Les femmes veulent ardemment ce qu'elles veulent, et elles finissent ordinairement par l'obtenir.

*Bonne femme,* outre sa signification ordinaire, veut dire aussi Femme âgée. *La bonne femme n'en peut plus.* Quelquefois même, *Bonne femme* se dit par familiarité et par hauteur en parlant à une femme du peuple ou de la campagne.

*Contes de bonne femme, Remèdes de bonne femme,* Contes, remèdes traditionnels et populaires, transmis par la mémoire des femmes.

*C'est une maîtresse femme,* se dit d'une Femme habile, ferme, et qui sait se faire obéir.

*Elle est femme, elle est bien femme,* se dit pour faire entendre que Celle dont on parle a les charmes, tous les traits caractéristiques de son sexe.

*Femme de chambre,* Celle qui est attachée au service intérieur d'une maison. On disait absolument, au pluriel, *Femmes,* en parlant de Plusieurs femmes de chambre attachées au service de la même personne. *Elle appela ses femmes. Elle envoya une de ses femmes.*

*Femme de charge,* Femme attachée au service d'une maison et ayant une certaine autorité sur la tenue et l'économie intérieure de cette maison.

*Femme de ménage,* Femme du dehors qui vient faire le ménage et qu'on paie le plus souvent à l'heure.

*Femme de journée,* Femme qu'on emploie à la maison pour un travail quelconque et qu'on paie à la journée.
*Femme publique.* Voyez Public. *Femme de mauvaise vie, femme perdue,* Femme livrée à la débauche.
*Un homme adonné aux femmes,* Un débauché. *Un homme à femmes,* Un homme recherché des femmes.
Femme se dit encore de Celle qui est nubile. *La voilà bientôt femme.*
Il se dit de même de Celle qui est ou qui a été mariée ; et, dans ce sens, il est opposé à Fille. *Les femmes et les filles. Femme en puissance de mari. Mari et femme. Avoir une femme. Femme infidèle. Femme sage. Femme de bien. Honnête femme. Femme grosse. Femme veuve. C'est sa femme légitime. Femme divorcée. Femme séparée de son mari. Votre femme vous a-t-elle accompagné ? Femme commune en biens. Femme autorisée en justice.*
*Prendre femme,* Se marier. *Ce vieux garçon a enfin pris femme.*
Prov. et fig., *Le diable bat sa femme, et marie sa fille.* Voyez Diable.

## LE BAROQUE : MÉTAMORPHOSES ET SÉDUCTION

### Du Bartas

## *La Semaine ou Création du monde*

p. 48

### « Un Chaos de Chaos »

### APPROCHES

■ **Axes d'étude :** Rhétorique et poésie. La vision baroque du monde. La métamorphose.

■ **Préalables :** Rappeler le contexte biblique de la Genèse. Préciser le sens de l'entreprise de *La Semaine* : une poésie philosophique exprimant l'ordre du monde et un commentaire biblique à la louange du Créateur, mais aussi du poète confiant dans les pouvoirs de la poésie (v. 35-36).

■ **Vérifier** la compréhension de : *règlement*, v. 21 (= ordre). Rappeler la licence poétique pour *encor*, v. 15.

### LIRE : Poésie du chaos

#### 1- La description du chaos

Du Bartas est confronté à un problème de poétique : comment dire ce qui n'est pas organisé, alors que la rhétorique, ressource première de l'écriture poétique du XVIe siècle (dans les premiers arts poétiques, la poésie s'appelle *seconde rhétorique*), tend par ses figures à produire une impression d'ordre ?

Mise en place d'une **stylistique du chaos** fondée sur :
– **une rhétorique de la négation :** *sans forme*, v. 1 ; *sans beauté… sans âme*, v. 21-22 ; *sans clarté… sans plaine*, v. 27-30 ; *n'avait encor donné*, v. 15 ; *n'était orné*, v. 16… ; *n'était point…*, v. 23-24 ; *ciel non azuré… non errant*, v. 31-32. Il s'agit de dire ce qui n'est pas et n'a donc pas encore de nom ;
– **une rhétorique de l'accumulation :** énumérations destinées à traduire l'impression de chaos, par exemple v. 6-9, 10-14, 23-24. L'accumulation est soulignée par le sémantisme des termes qui désignent le chaos (*pile, mélange*, v. 2 ; *un tas*, v. 4) ou par une structure grammaticale mimant l'empilement, (*D'abîmes un abîme*, v. 3 ; *Un Chaos de Chaos*, v. 4) ;
– **des polyptotes :** *une forme sans forme*, v. 1 ; *D'abîmes un abîme*, v. 3 ; *un tas mal entassé*, v. 4 ;
– **la disjonction du vers et de la phrase**, v. 14-20 ;
– **la métaphore** de la guerre : v. 9, 34 ; Dieu présenté comme *Grand Maréchal de camp… donné Quartier*, v. 15-16 ;
– l'expression de l'**impuissance du poète à dire le chaos :** *bref* (v. 9, 29) ; appel à l'imagination du lecteur pour qu'il pallie l'insuffisance du langage : *forge en ton esprit…* (v. 29), mais rétablissement final : le poème existe malgré tout, puisque Du Bartas parvient à *chanter d'un style bas* (v. 35).

#### 2- « Sur l'aile des Zéphyrs »

On a affaire ici à une amorce de système allégorique où les éléments sont personnifiés. Ici les Zéphyrs, vents légers, sont assimilés à des oiseaux. Par cette esquisse d'un système allégorique, Du Bartas met en place l'ordre d'un monde dont chaque élément sera représenté par une entité identifiable et nommable. On entre ainsi dans l'expression d'une mythologie semblable à celle des Grecs où les dieux représentent les forces terrestres et les forces cosmiques.

#### 3- La beauté du chaos

Le paradoxe de cette représentation du chaos tient à ce qu'en définitive Du Bartas peint une **forme d'harmonie :**
– usage systématique des procédés employés pour exprimer le chaos (► question **1**). La récurrence des négations, des enjambements (v. 16-20), finit par produire une musicalité et un rythme régulier, qui crée l'impression d'une guerre stylisée des éléments ;
– reprise, dans toutes les combinaisons, des quatre éléments (feu, air, terre, mer) qui constituent l'univers ;
– alliance des contraires (v. 6-9) ;
– tableau « en creux » d'une beauté et d'une richesse qui annonce celle du monde à venir (v. 16-20, 29-32). L'analyse peut être conduite par exemple sur les vers 6-20 : coupe à l'hémistiche, chiasme (v. 10), antithèse…

#### Conclusion

Dire le désordre, une entreprise poétique impossible qui se transforme en un éloge du pouvoir de Dieu, grand ordonnateur de ce faux chaos, et de la puissance du poète capable, malgré tout, de mettre en ordre le chaos pour en donner une image esthétique.

## VOIR

- **Altdorfer**, évoquant une bataille, crée une impression de chaos soulignant la puissance et le mouvement, et, comme Du Bartas, en jouant sur les contrastes :

– entre les montagnes hérissées et le plat de la mer ;
– entre la circularité des nuages autour du soleil et la verticalité des montagnes ;
– entre les couleurs : flamboiement du soleil, blanc du reflet, ombre des nuages.

- **Patinir** évoque un monde harmonieux par :

– la douceur du paysage ;
– la sérénité du ciel ;
– l'étagement progressif des couleurs.

- **Points communs aux deux tableaux :**

– les couleurs : même dominante dans les bleus ;
– l'absence de réalisme dans la représentation des montagnes, symbole du divin chez Patinir, expression du chaos chez Altdorfer ;
– la présence du divin : pour Patinir (« **Lire** » ▶ p. 33) ; chez Altdorfer, Dieu est présent par l'image du soleil : l'intensité de la lumière et la circularité des nuages évoquent l'idée de l'œil de Dieu.

## *PERSPECTIVES* (p. 49)

### ■ Marino, *Adonis.*

### La Fontaine d'Apollon

**LIRE : Jeux d'eaux**

**1- Procédés d'écriture**

- **Le mouvement de l'eau :**

– longue phrase et disjonction entre métrique et syntaxe pour suggérer l'ondoiement serpentin de l'eau : v. 3-8, 9-12 ;
– polysyndète : v. 9 ;
– accumulations : v. 20-24.

- **La jubilation du poète :**

– structures interrogatives (v. 1-2), et exclamatives (v. 17) ;
– reprises lyriques : *tous les jeux, toutes les formes* (v. 1) ;
– lexique euphorique, concret, varié, harmonies sonores : *au comble de l'élan*, v. 7 ; *jubilante pluie*, v. 8 ; *écume d'argent*, v. 15 ; *cascatelles*, v. 24… ;
– comparaisons laudatives (v. 12, 15, 16, 20).

**2- Marino et La Boétie**

Les deux poèmes ont pour sujet la représentation de l'eau en mouvement. Mais le poème de La Boétie, inséré dans le texte de Montaigne (▶ p. 40), exprime avec une certaine douleur la vision pessimiste d'un monde qui paraît subir et suivre le changement, alors qu'il est en réalité confronté à la permanence. Celui de Marino se complaît dans la jubilation baroque de la contemplation d'une eau qui traduit tous les chatoiements de l'existence, aussi bien les sanglots et la peine que la joie et les scintillements. De fait, le poème de La Boétie est abstrait, entièrement centré sur l'idée du mouvement, tandis que celui de Marino exprime la beauté et les charmes concrets du mouvement de l'eau (diversité du vocabulaire pour exprimer le mouvement, par exemple : vers 21-24).

## PISTES

### ■ Pour une séquence

- **Histoires d'eau** (quelles eaux ? quelle écriture ? quels symbolismes ?) : La Boétie, dans Montaigne p. 40 ; La Fontaine, *Le Songe de Vaux* (texte complémentaire) ; Hugo, *L'Homme qui rit*, p. 102 ; Valéry, *Le Cimetière marin*, p. 220.
- **Images du baroque :** l'ensemble des textes de la section.

### ■ Exercice complémentaire : Langue

Faites une étude classée du champ lexical du mouvement dans le texte de Marino, en proposant plusieurs principes de classement.

### ■ Texte complémentaire

**La Fontaine, *Le Songe de Vaux*, 1665-1671.**

*Ce fragment d'un poème inachevé évoque le château de Vaux-le-Vicomte, réalisé par Le Vau, Le Brun et Le Nôtre, qui prendront bientôt en charge la construction de Versailles. Aux jeux d'eaux de Marino, on comparera les* beautés jaillissantes *que célèbre ici la fée des jardins.*

… J'embellis les fruits et les fleurs ;
Je sais parer Pomone et Flore ;
C'est pour moi que coulent les pleurs
Qu'en se levant verse l'Aurore.
Les vergers, les parcs, les jardins,
De mon savoir et de mes mains
Tiennent leurs grâces nonpareilles ;
Là j'ai des prés, là j'ai des bois ;
Et j'ai partout tant de merveilles
Que l'on s'égare dans leur choix.

Je donne au liquide cristal
Plus de cent formes différentes,
Et le mets tantôt en canal,
Tantôt en beautés jaillissantes ;
On le voit souvent par degrés
Tomber à flots précipités ;
Sur des glacis je fais qu'il roule,
Et qu'il bouillonne en d'autres lieux ;
Parfois il dort, parfois il coule,
Et toujours il charme les yeux…

**■ Lecture cursive :** *Poètes français de l'âge baroque, Anthologie (1571-1677)*, Imprimerie nationale, 1999.

**■ Bibliographie :** J. Rousset, *La Littérature de l'âge baroque en France*, éd. José Corti, 1953.

**Cervantès**

# *Don Quichotte de la Manche*

p. 50

## Du beau succès...

### APPROCHES

■ **Axes d'étude :** La parodie (p. 438). L'homme baroque. Le dialogue (p. 320).

■ **Préalables :** Rappeler le succès des romans de chevalerie tout au long de la Renaissance et la continuation de ce succès au XVII^e siècle avec le colportage (Bibliothèque Bleue, ► p. 47). Préciser la définition de la parodie et proposer des exemples de textes sources dans la littérature chevaleresque (par exemple dans les romans de Chrétien de Troyes).

■ **Vérifier** la compréhension de : *dépouilles*, l. 6 (= ce que l'on prend à un ennemi vaincu) et dans le texte 1, p. 51, *pâtit*, v. 19 (= souffre).

### LIRE : Scène de la folie ordinaire

**1- Un roman de chevalerie**

• **Vocabulaire chevaleresque :**

– *des aventures*, l. 16 ; *il donna des éperons*, l. 18 ; la *rondache*, l. 29 ;

– expressions emphatiques telles que *en une furieuse et inégale bataille*, l. 17.

• **Motifs chevaleresques :**

– **quête des aventures** par un chevalier errant : motif de base des romans chevaleresques, mais détournement – le chevalier errant médiéval cherche la gloire tandis que don Quichotte espère s'enrichir à partir des dépouilles des géants ;

– **combat inégal contre des géants** : *une furieuse et inégale bataille*, l. 17. Motif parodié par la taille que don Quichotte attribue à certains géants (des bras d'environ *deux lieues*, l. 11) ;

– **combat au nom de Dieu** pour *ôter une si mauvaise semence de dessus la face de la terre*, l. 8-9 : motif épique et chevaleresque du combat en faveur de la chrétienté. Voir l'invitation adressée à Sancho Pança de se mettre *en oraison*, l. 17 ;

– **apostrophes des ennemis**, l. 23-24, 26-27 ;

– **le chevalier et sa dame.** L'usage chevaleresque est de combattre au nom d'une dame de cœur (Lancelot et Guenièvre, ► p. 18) et de se recommander à elle (l. 28) ;

– **le combat à la lance :** motif épique et chevaleresque : *il donna des éperons*, l. 18 ; *la lance en l'arrêt, il accourut, au grand galop*, l. 29-30 ; *le cheval et le chevalier, qui s'en furent rouler un bon espace parmi la plaine*, l. 32-33. Cette dernière notation, parodique, correspond à une étape du combat où le chevalier et son adversaire s'envoient l'un l'autre à terre. Il est rare, et peu glorieux, que seul le chevalier errant morde la poussière, avec son cheval de surcroît.

**2- La dérision de l'auteur**

• On rapprochera ce titre de ceux que l'on trouve dans *Gargantua*, ex. ch. XXIII : « Comment fut mû entre les fouaciers de Lerné et ceux du pays de Gargantua le grand débat dont furent faites grosses guerres ».

– **La longueur du titre** parodie les titres à rallonge des romans chevaleresques des XV^e et XVI^e siècles.

– **Ironie** par le caractère hyperbolique des adjectifs utilisés : *valeureux, épouvantable et jamais imaginée*. Don Quichotte fait certes preuve de courage et l'aventure est bien extraordinaire, mais l'objet et l'issue du combat rendent cette bravoure dérisoire : *Du beau succès, événements dignes d'heureuse ressouvenance*.

• La dérision s'exprime dans le texte par la parodie (► question **2**), par les rappels de Sancho au bon sens, par les commentaires amusés du narrateur (l. 20-23).

**Conclusion**

Un texte parodique qui se moque de la vogue européenne des romans de chevalerie en opposant le rêve (don Quichotte) à la réalité (Sancho Pança). Parodie de l'écriture et des idéaux ?

### ÉCRIRE

On pourra caractériser don Quichotte à partir de G. Mathieu-Castellani, préface de *Éros baroque*, 10/18 : « L'homme baroque peut se définir en effet par son imaginaire, par la manière dont il saisit mentalement l'univers qui l'entoure, et déchiffre les signes qu'il y repère. Le premier trait distinctif est sans doute l'absence de point fixe de référence : l'homme baroque est, on le sait, un être sans racine, pris de vertige devant les spectacles changeants que lui offre un monde en voie de métamorphose, instable, dépourvu d'assiette. Sans ancrage, comme sans assurance, il s'échappe tel Montaigne, constamment à lui-même ; il vacille, et tout autour de lui vacille [...]. Mais – et c'est là sans doute le paradoxe majeur de la "mentalité" baroque – cet homme instable, qui ne connaît que le contingent, ne saurait se satisfaire pleinement du monde fragmentaire, émietté, toujours en voie de dissolution, que lui renvoie une conscience "troublée" [...]. Ainsi le poète ne cesse-t-il d'opposer à un monde "réel", dont l'évanescence le déçoit, le monde fantastique de ses désirs et de ses chimères, un monde plus sûr, plus plein, plus consistant. »

L'homme baroque vit donc dans le monde des illusions (► p. 51) ; il perçoit la vie comme un combat. C'est un être tourmenté comme Macbeth (► p. 53), qui, ne sachant se satisfaire de sentiments communs, vit la relation avec autrui, qu'elle soit amoureuse comme celle de Pyrame et de Thisbé (► p. 52), ou conflictuelle comme celle de don Quichotte avec le monde environnant, comme un absolu où l'être ne peut que se dissoudre.

## PERSPECTIVES (p. 51)

1 **Calderón, *La vie est un songe.***

2 **J.-B. Chassignet, *Le Mépris de la vie et Consolation contre la mort.***

**LIRE : Un monde illusoire**

**1- Une énonciation théâtrale**

Aucune marque d'échange dialogique pour ce monologue où Sigismond ne s'adresse qu'à lui-même. Faire ressortir ce *je* du locuteur et cette absence d'interlocuteur, même fictif, pour souligner la solitude du personnage. Vers la fin du monologue cependant, trois détails réfèrent à la situation d'énonciation : *Moi je songe que je suis* ***ici****, / chargé de* ***ces*** *fers, / et j'ai songé m'être trouvé /* ***en un autre état plus flatteur*** (v. 27-30).

**2- L'emprise de l'illusion et du songe**

**• Calderón :**

– rareté des marques d'énonciation référant à la situation, preuve que l'instant présent est vécu comme une illusion ;
– récurrence du terme *songe*, en polyptote avec les variations sur le nom (v. 3, 16, 35, 36) et sur le verbe (v. 5, 7, 17, 19, 21-23, 25, 27, 29) ;
– glissement, pour le verbe *songer*, d'un emploi transitif (ex., v. 7) à un emploi absolu (v. 21-23) : l'intérêt passe de l'objet à l'acte même ;
– enchaînement du présent et du passé : *je songe… j'ai songé* (v. 27-29).

**• Chassignet :**

– interrogation rhétorique des premiers vers de chaque quatrain, appelant une réponse négative ;
– construction identique de chacun des quatrains → impression d'obsession ou d'enfermement dans le songe ;
– récurrence dans chacun des vers de chaque quatrain d'un même mot, *songe* pour le premier quatrain, *ombrage* pour le second ;
– champ sémantique des adjectifs des deux quatrains : autour de l'inconsistance et de l'insaisissable.

## PISTES

■ **Pour une séquence**

**• La parodie** (▶ *supra*, p. 21).

**• Le dialogue romanesque** (▶ *infra*, p. 299).

■ **Exercice complémentaire : Oral**

Comparez les six derniers vers de la traduction avec la version originale espagnole :

¿Qué es la vida ? Un frenesí.
¿Qué es la vida ? Una illusión,
Una sombra, una ficción,
Y el major bien es pequeño ;
Que toda la vida es sueño,
Y los sueños sueños son.

■ **Bibliographie** : S. Roubaud, *Le Roman de chevalerie en Espagne entre Arthur et don Quichotte*, éd. Champion, 2000.

# LE BAROQUE : VIOLENCE ET SURNATUREL

## Théophile de Viau
## *Pyrame et Thisbé* (p. 52)

### « Il en rougit, le traître ! »

## APPROCHES

■ **Axes d'étude :** Le monologue (p. 321). Le dénouement tragique.

■ **Préalables :** Viau enrichit la légende d'Ovide (*Les Métamorphoses*, IV, 55…) d'une intrigue secondaire (le roi amoureux de Thisbé veut faire assassiner Pyrame). Mais l'essentiel reste l'histoire d'amours contrariées : les amants fuient. Thisbé arrivée la première au rendez-vous laisse tomber son voile à la vue d'un lion dévorant sa proie ; découvrant le voile ensanglanté, Pyrame se suicide et son sang inonde le mûrier dont les fruits garderont sa couleur. Les cendres des amants seront réunies dans la même urne funéraire.

■ **Vérifier** que sont comprises les images (ex. : v. 9, 12 : anthropomorphisation de l'arbre).

**LIRE : Fureur tragique**

**1- La composition du discours**

– V. 1 à 18 : Thisbé reconnaît que la nature manifeste son deuil devant la mort de Pyrame.
– V. 19-29 : *Mais* (v. 19 et 25) cela n'adoucit pas son chagrin ; la nature connaît une résurrection annuelle, les hommes non.
– V. 29-38 : *Quand* (= même si) ; d'ailleurs, à supposer que Pyrame ressuscite, il est trop tard : Thisbé veut le rejoindre immédiatement, dans la mort.
– V. 39 à fin : *Toutefois* : argument supplémentaire en faveur d'une mort douloureuse. *Donc* (v. 45) conséquence : appel à la mort.

Tout invite Thisbé à la mort : l'exemple de la nature, le désespoir, l'impatience d'une réunion, et par-dessus tout l'exemple de la passion de Pyrame. L'argumentation progresse par opposition ou par renchérissement : Thisbé est tout entière défi.

**2- Texte théâtral et tragique**

• C'est un **monologue** théâtral par son style (apostrophe à des absents, à des objets ; lyrisme du discours) et sa structure (délibératif : il mène à la décision de suicide). Noter aussi les **didascalies** internes (v. 3, 5, 9, 16-17, 49-53) et externes (*Elle meurt*) qui évoquent décor, accessoires, action qui aboutit au **dénouement**.

• C'est un texte **tragique** : de la mort de Pyrame (fondée sur une méprise où l'on peut voir la main du destin) à la mort inéluctable de Thisbé.

**3- Les aspects baroques**

• Multitude de personnifications violemment pathétiques (éléments naturels, objets…) : le rocher : *deuil, pleurs* (v. 3-4), le ruisseau : *fuit d'horreur* (v. 5), l'aurore : *pleurs* (v. 8), la lune : *a blêmi* (v. 11), l'arbre : *désespoir, sang, vomi, cheveux, l'estomac* (v. 9-17), la terre : *sué* (v. 12).

• Ostentation du corps (v. 16, 53) ; mort sanglante sur scène (v. 10, 12, 18, 49…) que les classiques interdiront.

• Foisonnement et subtilité des figures (apostrophe, aux éléments naturels, puis à la mort et au poignard, v. 13, 19, 45-46, 51-54 ; métaphores fondées sur le double sens, critiqué par Boileau, v. 39, 50).

• L'hyperbole généralisée dans l'expression de l'amour et de la révolte (v. 47).

Ces aspects relèvent d'une esthétique baroque de l'outrance, exubérante et tourmentée, mais ils participent à une indéniable grandeur tragique : ce texte provocateur (contestation de la résurrection des morts, v. 27-28 ; volupté du suicide) est aussi un texte libertin.

**Conclusion**

On peut regretter la critique acerbe de Boileau qui traite de « pensée fausse… froide et puérile » les v. 49-50, dans une perspective toute classique. C'est en fait par ses excès mêmes que la poésie dramatique de Th. de Viau peut aujourd'hui nous séduire.

## PERSPECTIVES (p. 53)

### ■ Shakespeare, *La Tragédie de Macbeth*.

**LIRE : Une dramaturgie diabolique**

Le théâtre baroque multiplie les effets spectaculaires, n'hésitant pas à montrer sur scène des spectres et des personnages de l'autre monde. Shakespeare crée ici une atmosphère infernale.

• **Les moyens dramatiques :**

– didascalies externes, l. 25-26, 32, 38 qui suggèrent une dramaturgie spectaculaire : bruitage, apparitions / disparitions ;

– apparitions dont on peut penser (voir didascalie, l. 32), qu'elles sortent du plancher, selon la technique habituelle depuis le théâtre médiéval. Des apparitions impressionnantes : *une tête armée d'un casque, un enfant ensanglanté* ;

– ballet des sorcières qui prennent la parole à tour de rôle, puis en chœur, pour mieux envelopper Macbeth ;

– répliques comme en aparté (l. 28-29, 36-37) qui commentent les apparitions et annoncent le danger en interrompant Macbeth.

• **Les moyens stylistiques :**

– monologue initial de Macbeth, marqué par des formules magiques (*Je vous en conjure*, l. 1 ; *Au nom de vos pratiques*, l. 1-2) et des tournures incantatoires (anaphore de *dussiez, dussent*) ; par la récurrence d'un rythme binaire (*délier les vents et les lancer*, l. 3-4, *les vagues écumantes confondre et engloutir vaisseaux et marins*, l. 4-5) ; par une cadence mineure portant sur les lignes 3-11, elle-même préfigurée par une cadence mineure de moindre ampleur, l. 1-3 ; par une caractérisation hyperbolique (*tomber en un tel chaos que*, l. 9-10) ;

– formules magiques de la sorcière, exemple même du *carmen* à valeur incantatoire, en particulier la formule soigneusement rythmée que profèrent les trois sorcières ensemble, l. 23-24 ;

– dialogue sans véritable échange entre Macbeth et les apparitions qui l'apostrophent mais n'attendent pas de réponse → dramatisation de la situation scénique ;

– style oraculaire des apparitions : phrases brèves en asyndète, rythmes ternaires (l. 30-31, 43-44), formules énigmatiques (l. 44-45).

**ÉCRIRE**

Exemple de mise en scène :

• Au début de la scène, Macbeth seul au centre de l'espace scénique, tournant sur lui-même en levant les bras au ciel. C'est la nuit. On entend le vent souffler ; des éclairs zèbrent brutalement l'espace. Pas de musique.

• Entrée des sorcières qui arrivent de trois endroits différents dans un nuage de fumée qui se répand sur la scène. Elles donnent l'impression de ramper et d'arriver au milieu de la fumée qui court sur le sol. Elles se dressent quand elles arrivent aux pieds de Macbeth qu'elles entourent. Elles se tournent ensuite vers le public pour entamer leurs incantations.

• Les apparitions ont lieu sur le devant de l'espace scénique ; elles montent du plancher par un système de trappe. Macbeth, en retrait, essaie d'entrer en contact avec elles, mais les sorcières le repoussent vers l'arrière-plan. Un coup de tonnerre ponctue chaque apparition et chaque disparition. Effet d'écho pour les propos des apparitions.

**PISTES**

**■ Pour une séquence**

• **La violence des sentiments au théâtre** (quels sentiments ; formes stylistiques et dramatiques de la violence) Shakespeare, *Macbeth*, p. 53 ; Racine, *Mithridate*, p. 62 ; Hugo, *Le roi s'amuse*, p. 104 ; Koltès, *Le Retour au désert*, p. 313 ; Hugo, *Ruy Blas*, p. 505.

• **Diable et sorcières** (► *infra*, p. 70).

■ **Lecture cursive** : Jean de la Taille, *Saül le Furieux*, STFM (pour la scène de la sorcière d'Endor).

■ **Bibliographie** : R. Lebègue, *Études sur le théâtre français, I, Moyen Âge, Renaissance, Baroque*, éd. Nizet, 1977.

## IMAGES : LE BAROQUE

p. 54

### VOIR : L'art du mouvement

#### 1- Les caractéristiques baroques du tableau de Rubens

Selon Cl.-G. Dubois, l'essence du baroque repose sur la théâtralité de la composition, les jeux entre surface et profondeur dans la représentation, la psychologie des personnages et les contrastes (de lumière et de style notamment).

• **Théâtralité de la composition.** Elle est fondée sur une double mise en évidence :

– **la figure du Christ** : par la disposition circulaire des personnages qui l'entourent, et plus précisément par le jeu des bras et des regards qui convergent tous vers le corps du Christ. Celui-ci dessine une diagonale qui unifie tous les personnages de la composition ;

– **l'action des personnages** : par l'enchaînement des mouvements tout au long de la diagonale : le mouvement semble se transmettre de main en main, voire de pied en pied pour les deux personnages de droite. Étagement des personnages de bas en haut, du sacré au profane : en partant du haut, deux hommes anonymes à qui sont dévolues les rudes tâches de soutenir le poids d'un Christ à la morphologie athlétique, puis les deux dignitaires juifs qui se sont occupés de la sépulture du Christ, Nicodème et Joseph d'Arimathie, et enfin les personnages qui gravitent autour du Christ, la Vierge (en bleu), en dessous Marie-Madeleine, une autre sainte femme et saint Jean (en rouge) ;

– **profondeur de la composition** : donnée par le contraste entre la lumière du premier plan et l'ombre de l'arrière-plan, par l'inclinaison de l'échelle, ainsi que par la position en « raccourci » (c'est-à-dire « représentation selon les lois de la perspective d'un objet dont la plus grande dimension, qui se trouve en profondeur, est rendue par un espace très court sur la toile », *Dictionnaire Robert*) des personnages qui sont au sommet de la croix.

• **Psychologie des personnages** : grande expressivité des visages : soin attentif des personnages qui soutiennent le corps du Christ, saint Jean et la sainte femme qui tient le bas de sa jambe ; concentration extrême des deux personnages du haut qui tiennent le drap et le bras (muscles bandés) ; émotion de Marie-Madeleine ; douleur de la Vierge ; inquiétude du personnage de droite.

• **Contrastes**

– **Les lumières** : la diagonale dessinée par le corps du Christ est soulignée par la blancheur du drap et du corps. Effet de contraste entre le drap blanc et la couleur cadavérique du Christ (audace de Rubens à mettre ton sur ton le blanc éclatant et le blanc verdâtre), entre le blanc et le rouge éclatant du manteau de saint Jean, entre la lumière sur les visages des femmes et l'ombre sur leurs habits.

– **« les incongruités d'alliance »** : on opposera le visage des personnages aux deux extrémités de la diagonale : en haut, matérialité et attitude triviale du personnage de droite qui tient le linceul entre les dents ; réalisme de celui de gauche (prise de main sur le linceul, attitude de qui cherche son équilibre sur une échelle). En bas, au contraire, attitude spirituelle et recueillie des femmes. Alliance entre le trivial et le sublime, comme entre le sujet principal et les objets au premier plan en bas.

#### 2- Signification de la composition

Outre que les caractéristiques baroques définies à la question précédente ont pour but la **dramatisation** de la composition, la destination de la toile suggère une autre signification possible. Le tableau était destiné à orner le local de la guilde de la défense : par cette composition où domine le mouvement solidaire des personnages entre eux, Rubens montre à la garde civile le sens de l'engagement au service du bien public. De formation humaniste, Rubens était persuadé que la dignité de l'homme ne peut exister que si les intérêts particuliers s'effacent au profit de la collectivité. Cette nécessaire **action collective autour de l'idée de bien** est ainsi illustrée par la collaboration des personnages à la descente de Croix du Rédempteur.

#### 3- Apollon et Daphné

Daphné (« laurier » en grec) est une nymphe aimée d'Apollon. Poursuivie par le dieu, elle demande à son père, le fleuve Ladon, de la transformer. C'est ainsi qu'elle devint un laurier, une plante qu'aime particulièrement Apollon. Le Bernin a choisi de fixer dans le marbre le moment même de la transformation (on voit les extrémités des membres supérieurs se transformer en végétaux), alors qu'Apollon est sur le point de rejoindre la nymphe. Cette légende séduit le sculpteur par deux composantes baroques : le **mouvement** qui anime les deux personnages (la fuite de Daphné ressemble à un envol), et la **métamorphose** (► p. 48-49) de la femme en végétal.

#### 4- Comparaison des deux sculptures

• **Ressemblances**

– Accent mis sur le mouvement, sur la saisie d'une action

au moment où elle se réalise. Soin apporté à la mise en place animée des vêtements.

– Une relation étroite avec la mort, promise dans le cas de Daphné, réalisée dans le flambeau.

• **Différences**

– Éloge de la beauté des corps chez le Bernin ≠ *Memento mori* avec le flambeau, mais ambiguïté dans la mesure où la figure semble danser.

– Opposition entre le marbre blanc, immortel, correspondant bien à la nymphe qui acquiert une forme d'éternité en se métamorphosant, et le bois du flambeau, putrescible, soumis à la détérioration.

On rapprochera le flambeau de la mort de l'extrait de *Macbeth* avec les sorcières (▶ p. 53) et la sculpture du Bernin avec le poème de Marino (▶ p. 49) pour l'éloge du mouvement que contiennent ces deux œuvres.

**Conclusion**

La caractéristique de l'art baroque réside dans le mouvement et la dramatisation, mais aussi dans une certaine complaisance pour le morbide. Il s'agit, comme l'écrit Cl.-G. Dubois, de maintenir « l'esprit en état d'interrogation et d'inquiétude » et de suggérer « les dessous cachés de l'apparence ». Il y a aussi une ostentation manifeste des corps, une fascination pour la beauté des corps, même lorsque ceux-ci sont saisis par la mort.

## PISTES

■ **Exercice complémentaire : Voir**
Cherchez d'autres représentations de la légende d'Apollon et Daphné et précisez les points communs ou les divergences avec la sculpture du Bernin.

■ **Bibliographie** : *L'Art du baroque*, Cologne, Köneman, 1998.

# AU-DELÀ DU BAROQUE : LES BURLESQUES

## Régnier
## *Satires*

p. 56

### « Ces vieux contes d'honneur »

## APPROCHES

■ **Axes d'étude** : L'argumentation faussée (p. 294). La satire (p. 172). L'hypocrisie.

■ **Préalables** : Partir de la notion de **satire** ; demander aux élèves de rechercher des textes satiriques (pour les latinistes, Horace, Juvénal…), et des satires contemporaines (*Le Canard enchaîné*, les Guignols de l'Info…) ; dégager la diversité des tons et des thèmes (moraux, politiques…).

■ **Vérifier** la compréhension de : *la beauté plus grande*, v. 14 (= la plus grande) ; *le cerveau perclus*, v. 33 (= paralysé) ; *chômer un saint*, v. 34 (= fêter un saint en cessant de travailler) ; v. 43 (= une femme qui connaît la vie s'empresse de saisir les occasions).

## LIRE : Sexe, mensonge et rhétorique

### 1- L'organisation du discours

• **Les arguments et leur ordre :**

– une jolie fille devrait toujours être bien parée (v. 15-26) ;

– jouir d'une bonne réputation est inutile si cela ne rapporte rien. D'ailleurs, l'honneur est une abstraction inutile (v. 27-40) ;

– par conséquent, il faut saisir les occasions sans se préoccuper de la vertu (v. 41 à fin ; v. 50 : noter l'argument d'autorité de la mode *à Paris*).

La tentatrice sait s'y prendre avec la jeune fille naïve : elle commence par la flatter pour sa beauté, puis à la rendre mécontente de son sort ; elle prévient ensuite l'objection morale (l'honneur est un leurre démodé). La jeune fille ne doit plus avoir aucun scrupule de vertu pour « se faire une situation ». Les arguments ne font pas appel à la logique ou à la morale, mais à l'opinion et à la vanité.

• **Articulations et glissements :**

– v. 1 à 7 : vœux et protestations de vie dévote ;
– v. 8 à 14 : *À propos* (faux à-propos, coq-à-l'âne) → flatteries ;
– v. 15 à 26 : *Mais* : expression d'une désolation hypocrite, qui fait entrevoir des possibilités alléchantes (tentation de la coquetterie) ;
– v. 27 à 40 : *Mais* : dénigrement de l'honneur ;
– v. 41 à fin : *c'est par là* = conséquence ; *c'est ainsi* = conclusion.

Les appellatifs (*Ma fille*, v. 41, 50) soulignent le glissement insensible vers la corruption.

### 2- Les références à la religion

Les références religieuses encadrent le discours : invocations, bénédictions, supplications (v. 1 à 7, v. 19, v. 46) ; affirmation du renoncement au monde (v. 5 à 7).

Macette fait de ces références un usage trompeur, les détournant de leur objectif pour les utiliser à ses propres fins. En termes de rhétorique, ces références participent à la *captatio benevolentiae* de la jeune fille et à la construction d'un *ethos* (image que donne de soi le locuteur) favorable, propre à endormir d'éventuels soupçons.

### 3- Une satire de l'hypocrisie

La critique satirique du personnage de Macette repose sur le contraste entre l'image de dévote qu'elle cherche à donner d'elle-même et le contenu des arguments qu'elle utilise pour convaincre la jeune fille de devenir une courtisane. La satire est appuyée par l'usage abondant de formules proverbiales (v. 26, 34, 40, 43 à 46, 52) qui, d'ordinaire, portent des valeurs positives, alors que ce sont en fait des préceptes de corruption et de mauvaise vie → effet comique de contraste propre à susciter la satire. En outre, ces « proverbes » n'ont que la *forme* du proverbe : ils sont inventés par Macette pour impressionner et convaincre la jeune fille. On rapprochera ce portrait de Macette de celui que dresse Molière de Tartuffe (▶ p. 496 et 500).

### Conclusion

Un « morceau de bravoure » argumentatif, entre dévotion apparente et corruption réelle. Une satire morale contre l'hypocrisie religieuse, à travers le type de la vieille entremetteuse. Un exemple de la truculence burlesque dans l'évocation d'un personnage haut en couleur.

## VOIR

### 1- La scène représentée

La scène se déroule dans une maison de rencontre et de jeux. Le premier plan évoque le dépouillement d'une jeune femme par un couple de malandrins. La vieille femme est une entremetteuse, comme Macette. Les cartes présentes sur la table au premier plan symbolisent les vices et l'activité principale du lieu. Le verre de vin blanc et les fruits représentent la tentation à laquelle la jeune fille est prête à céder. Pièces et bijoux sont en train de changer de main : une pièce déjà dans la main de l'entremetteuse, d'autres près de sa bourse, posée sur la table et la montre que tient encore la jeune fille est convoitée par la main ouverte du comparse. On peut aussi imaginer que l'entremetteuse séduit la jeune fille en lui proposant des bijoux.

### 2- La composition

Tableau organisé sur deux plans. **Premier plan** : la séduction de la jeune fille. **Arrière-plan** : l'ensemble de la maison dissolue avec des personnages attablés, probablement en train de jouer, et entourés de jeunes femmes. La juxtaposition des deux plans suggère une histoire dans son déroulement chronologique : la jeune femme a joué et perdu ; le couple est en train de la dépouiller, peut-être de la circonvenir.

### 3- Visages et mains

On notera la tension des visages du couple de malfrats vers la jeune fille dont le visage est au contraire empreint de naïveté, l'attitude enveloppante, les mains à la fois déliées et captatrices, l'appât du bijou montré, l'épaule dénudée : même contraste de séduction et de violence que dans le discours de Macette.

## PERSPECTIVES (p. 57)

■ **Saint-Amant, *Œuvres*.**

**Le paresseux.**

### LIRE : Autoportrait sans majesté

**1- Dérision du poète à son propre égard**

Dérision marquée par :

– **le rythme** de la phrase et des vers, traduisant la paresse du poète. Multiplication des caractérisations et des incidentes qui ralentissent le rythme. Par exemple, quatrain 1 : les comparaisons des vers 3 et 4, négatifs par leur sémantisme, prolongent l'image du narrateur en train de rêver sur son lit ; rythme haché des vers 12 (6/1/5) et 13 (6/4/2) pour traduire la tâche insurmontable de l'écriture. Voir aussi, au vers 1, l'accumulation de termes longs pour traduire la pesanteur dans laquelle se trouve le poète ;

– **des rimes contrastées.** Par exemple, quatrain 1, opposition entre termes nobles, *mélancolie/folie,* et rimes triviales, *fagoté/pâté*. Rimes entre contraires : *royauté/oisiveté* (v. 6-7) ;

– **un lexique familier** : *fagoté* (v. 2), *pâté* (v. 3), *bedaine* (v. 11).

**2- Style héroï-comique**

Le second quatrain relève du style héroï-comique : utilisation d'un lexique noble pour évoquer une réalité basse : *oisiveté, âme en langueur* pour désigner la paresse ; *hymne* au lieu de sonnet ; allusion à des sujets de poèmes en style élevé : *guerres d'Italie, comte Palatin.*

**3- Le paradoxe du dernier vers**

Un poème qui mine sa propre réalisation : le dernier vers marque la fin de l'écriture, mais aussi la difficulté que le poète, pris de paresse, a éprouvée à écrire. Le paradoxe réside dans la contradiction qu'il y a à afficher un refus du travail, une grande langueur, et la réalisation soignée d'un texte au rythme et aux jeux lexicaux très élaborés.

## PISTES

■ **Pour une séquence**

• **La satire** (cibles, formes et genres, ironie) : Molière, *Les Précieuses ridicules*, p. 59 ; Voltaire, *De l'horrible danger de la lecture*, p. 76, *L'Ingénu*, p. 82.

• **L'autoportrait** (▶ *infra*, p. 285).

■ **Lecture cursive** : *Les Cent plus belles pages de Saint-Amant* (p. 386-387), éd. Belfond, 2001.

■ **Bibliographie** : *Poétique du burlesque*, éd. par Dominique Bertrand, Univ. de Clermont-Fd, 1998.

# AU-DELÀ DU BAROQUE : LES PRÉCIEUX

**Malleville**
## *La Guirlande de Julie*
p. 58

### Des soucis et des pensées

**Hooft**
## *Correspondance*
p. 58

### « Une vilaine distraction »

## APPROCHES

■ **Axes d'étude :** Les thèmes et les styles précieux. Caricature et satire (p. 172 et p. 505).

■ **Préalables :** Insister sur l'importance des salons dans la naissance de la préciosité et sur le rôle de celle-ci pour toute la littérature psychologique et morale du Grand Siècle. Ses excès, volontiers caricaturés par des auteurs qui, comme Molière, lui sont largement redevables, ne doivent pas faire oublier sa contribution au raffinement des mœurs et à l'analyse de la vie intérieure.

■ **Vérifier** la compréhension de : *satyre*, dans Hooft, l. 4 (= divinité secondaire champêtre caractérisée par son ardeur amoureuse).

## LIRE : Mignardises poétiques

### 1- L'analogie du madrigal

Ce poème repose sur l'analogie entre la fleur et la femme, ici à l'avantage de la femme : son teint est plus coloré que la rose et l'œillet, plus pur que le lys. Cette comparaison se rencontre déjà sous la plume des poètes au XVIe siècle, notamment chez Ronsard (*À Cassandre*, « Mignonne, allons voir… »). Voir aussi les *Sonnets pour Hélène*, I, XXXVI).

Ici, l'analogie est rendue originale par la surenchère sur plusieurs fleurs et par le calembour que permet la polysémie de *soucis* et de *pensées* (1. acception intellectuelle ; 2. fleur). La pointe finale se présente donc à la fois comme l'offrande d'un bouquet et une déclaration d'amour.

### 2- L'écriture précieuse

**L'écriture du poème** de Malleville est fondée sur l'utilisation d'une sorte de rhétorique négative de l'éloge : des images paradoxales comme celle du poète incapable de dire la beauté de la dame à cause précisément de cette beauté ; le renversement de la métaphore traditionnelle de la femme fleur : ici, ce n'est pas la femme qui est comme une fleur, mais la fleur qui perd ses couleurs et son charme devant la beauté de la dame.

**Le dernier vers :** chez Voiture, le vers 14 provoque un total retournement de situation. Chez Benserade, le vers 14 est un sous-entendu hyperbolique qui ouvre des perspectives nouvelles. Chez Malleville, les vers 13-14 constituent un calembour poétique qui achève brillamment le poème. Chaque fois, la chute du poème est inattendue, en contradiction avec ce qui précède. La **pointe** est donc un trait final rapide (un mot, un vers) qui cherche à surprendre ou même choquer pour frapper le lecteur.

### 3- Préciosité et réalité

Le refus de la réalité prosaïque s'exprime :

**• Chez Malleville :**
– par les jeux polysémiques sur les noms de fleurs qui effacent la réalité du végétal derrière le sens figuré (*soucis et pensées*) ;
– par une expression abstraite et elliptique, v. 1-8 ;
– par la négation de la réalité des fleurs : *rose sans couleur*, v. 9 ; *tulipes… effacées*, v. 11 ; *lys… plus de pureté*, v. 12.

**• Chez Hooft :**
– par la périphrase allusive : *et ce qui y est fixé*, l. 2-3 ;
– par la comparaison mythologique, l. 4-5 ;
– par la personnification des objets et des éléments concrets, l. 3-7 ;
– par la métaphore filée : de l'oubli des *mules* à la *dépouille* (l. 8) et au *cœur* (concrétisation d'un élément abstrait, l. 9-11).

### Conclusion

Exemples mêmes de la galanterie amoureuse et mondaine de la première moitié du XVIIe siècle, ces textes sont des exercices de style tout autant que l'expression du raffinement des mœurs et des sentiments. L'éthique et l'écriture se conjuguent ainsi pour porter à son point culminant un art qui déréalise les relations amoureuses.

## PERSPECTIVES (p. 59)

■ **Molière, *Les Précieuses ridicules*.**

**LIRE : Les précieuses en question**

**1- Caricature de la préciosité**

Caricature d'une conception de l'amour née de la littérature et de l'affectation du langage.

**• La conception de l'amour**
– Opposition entre l'exaltation de l'amour selon les précieuses et le mariage que défend Gorgibus.
– Une représentation romanesque de l'amour (l. 19-22 et 26-57) : l'amour selon les précieuses doit suivre une progression semblable à celle que l'on trouve dans les romans du temps ; les amants doivent subir les mêmes épreuves.

**• L'affectation du langage**

Opposition entre Gorgibus et les précieuses ; faire ressortir la simplicité du style de Gorgibus, sa manière de refuser les périphrases compliquées : *apprendre le bel air des choses* / *Je n'ai que faire ni d'air ni de chanson*,

l. 14-15 ; l. 60-61, la caractérisation méprisante du style de ses filles : *jargon, haut style*. En contraste, on montrera que l'exposé de Magdelon, fondé sur une accumulation de situations romanesques, enrobe d'un lexique précieux ou romanesque chacune d'entre elles : par exemple, *pousser le doux, le tendre et le passionné*, l. 28-29 ; *sortir de là tout rêveur et mélancolique*, l. 34 ; *cette déclaration est suivie d'un prompt courroux*, l. 41-42…

**2- L'amour précieux et l'amour courtois**

L'amour courtois et l'amour précieux sont des constructions littéraires de la classe sociale dominante, mais il ne faut pas nécessairement chercher leur application dans la réalité. Ils ont en commun d'être fondés sur des situations types que les auteurs déclinent sous toutes leurs formes. On comparera en particulier les préceptes de l'amour courtois d'A. Le Chapelain (▶ p. 17) avec l'énumération des étapes amoureuses par Magdelon :

– même refus du mariage ;
– importance de la vue pour l'amour (XVI, l. 30) ;
– *tout amant doit pâlir en présence de son amante* (XV) → *sortir de là tout rêveur et mélancolique*, l. 34 ;
– la conquête doit être difficile (XIV, l. 35-47) ;
– nécessité de la jalousie (II, l. 49-50).

On rapprochera également l'attitude de l'amante qui doit, selon Magdelon, ressentir après la déclaration *un prompt courroux* (l. 42), de la manière dont la reine Guenièvre éprouve Lancelot en lui demandant de combattre *au plus mal* lors d'un tournoi (▶ p. 18).

## PISTES

■ **Pour une séquence**

• **Amour courtois, amour précieux** (rhétorique ; formes et genres ; ressemblances et différences) : textes p. 16-21.

• **La satire du romanesque** (formes, thèmes ; ironie, parodie) : La Sale, *Saintré*, p. 19 ; Flaubert, *Madame Bovary*, p. 108-109.

■ **Exercices complémentaires**

• **Langue :** À quoi renvoie chaque pronom personnel dans le poème de Malleville ? En quoi est-ce raffiné ?

• **Écriture :** Réécrivez la tirade de Magdelon (l. 26-54) d'un point de vue ironique, celui de Gorgibus par exemple.

■ **Lectures cursives :** Molière, *Les Précieuses ridicules ; La Comtesse d'Escarbagnas ; Le thème de la préciosité*, éd. Hatier.

■ **Bibliographie :** R. Bray, *La Préciosité et les précieux de Thibaut de Champagne à Jean Giraudoux*, éd. Albin Michel, 1948.

## LE CLASSICISME : LE BEL USAGE

### Madame de La Fayette
# *La Princesse de Clèves* (p. 60)

### « Je ne vous dirai point… »

## APPROCHES

■ **Axes d'étude :** Le dit et le non-dit. Le classicisme : passion et retenue.

■ **Préalables :** On insistera sur l'expression d'un amour qui se noue, et se dénoue, dans les jeux de regards et surtout dans la rupture d'un silence d'abord dicté par le devoir de fidélité conjugale, puis devenu trop lourd à porter pour madame de Clèves (question 1). Cette ultime rencontre est le premier moment où la communication amoureuse est directe entre Nemours et madame de Clèves.

■ **Vérifier** que sont compris : *infailliblement*, l. 18 et 25 (= sans aucun doute) ; *quand*, l. 42 (= si).

## LIRE : L'aveu

**1- La parole et le silence**

La scène s'inscrit dans une dialectique du silence et de la parole : silence du narrateur qui *ne peut exprimer ce que sentirent M. de Nemours et madame de Clèves*, l. 1-2 ; silence des deux personnages qui restent *quelque temps sans rien dire*, l. 3-4. Le texte narre l'histoire d'une rupture de ce silence. Le narrateur ne parvient à exprimer ce qu'éprouvent ses personnages qu'en leur donnant la parole : la seconde partie du texte est constituée des répliques qu'échangent madame de Clèves et Nemours, l. 23-43. Quant aux personnages, ils rompent le silence avec difficulté : *Enfin, M. de Nemours, rompant le silence*, l. 4-5 ; *Madame de Clèves céda pour la première fois au penchant qu'elle avait pour M. de Nemours* (l. 20-21), c'est-à-dire qu'elle le regarde et parle, mais avec réticence : *Puisque vous voulez que je vous parle, et que je m'y résous* (l. 38) ; *Je ne vous dirai point* (l. 40). Cette parole est en fait un aveu : *je vous avoue donc* (l. 42).

**2- Les figures de style de l'aveu**

Les figures qui expriment le mieux la réticence de madame de Clèves devant l'aveu sont la prétérition et la litote : *Je ne vous dirai point que je n'ai pas vu l'attachement…* (l. 40), signifie : *je vous affirme que j'ai bien vu…* Il s'agit de la part de madame de Clèves d'amplifier l'information et non de l'atténuer. La litote participe d'un refus classique de nommer directement l'objet du discours, à savoir la passion mutuelle. L'étape qui suit la litote est l'aveu direct, mais retenu dans son expression, l'art de dire sans dire : *je l'ai vu tel que vous pouvez souhaiter qu'il m'ait paru*, l. 43. La passion des deux personnages se cache dans ce *tel* qui est aussi une forme de litote par laquelle on dit moins pour faire entendre plus.

Au plan psychologique, la litote traduit à la fois la réticence devant l'aveu direct de la passion et l'intensité de cette passion.

**3- Le style de chacun des deux personnages**

• **M. de Nemours :** l'emportement :
– phrases exclamatives et interrogatives, l. 30-37 ;
– répétitions, l. 15, 35-36 ;
– hyperboles : *où m'emporterait infailliblement une passion dont je ne suis plus le maître*, l. 18-19 ; *la plus véritable et la plus violente qui sera jamais*, l. 34-35.

• **Madame de Clèves :** la retenue :
– formules négatives et litotes, l. 9-10, 40-43 ;
– périphrases : *l'état où je suis*, l. 10 ; *les personnes de mon sexe*, l. 40 ;
– sous-entendus : *à quoi il expose ma réputation*, l. 10 ; *à moins que vous ne la cherchiez ailleurs*, l. 28-29 ;
– rejet ironique de l'hyperbole : *je me repentirai infailliblement* (l. 25), écho de la ligne 18.

**Conclusion**

Un texte qui illustre le lien entre la force et la retenue de la langue classique dans l'expression des sentiments. La connaissance du cœur humain apparaît comme la grande affaire d'une société qui se plaît à l'observation et à la description des passions de l'âme.

## ÉCRIRE : *La Princesse de Clèves* et *L'Astrée*

Dans *L'Astrée*, l'expression des sentiments amoureux repose sur des tournures imagées (► p. 21, question **2**) qui concrétisent l'amour en l'assimilant par exemple à une plaie incurable. En outre, la personnification d'Amour, qui parcourt tout le texte, donne corps au sentiment amoureux. Au contraire, le discours de madame de Clèves et, à un degré moindre, celui de Nemours ne contiennent aucune image concrète, mais reposent sur un vocabulaire convenu des sentiments : *amour, passion, extravagance, complaisance, épreuves, rigueurs, attachement* (voir par exemple la dernière phrase de madame de Clèves, l. 40-43).

## PERSPECTIVES (p. 61)

■ **Boileau, *L'Art poétique*.**

**LIRE : Poésie et clarté**

**1- Les qualités du poète selon Boileau**

Boileau attend d'un poète qu'il fasse preuve de clarté et de rigueur dans l'organisation et l'écriture de sa poésie. Voir la rime essentielle *pureté / clarté* (v. 11-12).

• Le bon poème doit être **éclairé** du *jour de la raison*, v. 19. L'écriture de la poésie devient un exercice intellectuel : *Avant donc que d'écrire apprenez à penser*, v. 20. Voir aussi les vers célèbres : *Ce que l'on conçoit bien…* v. 23-24. Le début de l'extrait insiste sur la justesse du rythme (*juste cadence*, v. 2 ; *règles du devoir*, v. 4 ; *ses lois*, v. 9). Malherbe dénonce a contrario *certains esprits dont les sombres pensées / Sont d'un nuage épais toujours embarrassées*, v. 17-18.

• La langue poétique doit aussi être **apurée** de tout ce qui peut paraître *rude* (v. 6) : les archaïsmes, les provincialismes, les vocables techniques dont la langue de la Renaissance faisait un large usage. Il rejette toute forme qui sort de la norme, la qualifiant d'impropriété ou de *tour vicieux* (v. 28), voire de *barbarisme*, et réduisant ainsi la poésie à un manuel de bonnes manières langagières.

**2- Le style du passage**

Cet éloge de la clarté s'exprime dans un style qui se veut lui-même limpide, en particulier par :
– les nombreux mots de liaison : *Enfin*, v. 1, *donc*, v. 11, 20, *Surtout*, v. 25, *en un mot*, v. 31 ;
– la rareté des images sinon pour définir le style fumeux que Boileau rejette : *nuage épais* vs *Le jour de la raison*, v. 18-19 ;
– régularité des alexandrins binaires, fréquence des tétramètres 3-3/3-3 : v. 2, 8, 10, 20, 29, 32.

**ÉCRIRE**

L'art poétique de Boileau et celui de Verlaine s'opposent sur :
– l'importance accordée à la musique : tandis que Boileau privilégie la *juste cadence*, v. 2, Verlaine prône une musicalité plus diffuse, v. 3-4 ;
– le choix des mots : *méprise* chez Verlaine, v. 6 ; refus de l'impropriété chez Boileau, v. 27 ;
– refus d'une poésie liée à la pensée chez Verlaine, v. 17-20 ; éloge de la raison chez Boileau, v. 19 ;
– refus de la pointe (v. 17), chez Verlaine ; usage de la pointe chez Boileau, v. 31-32 (rapprochement à la rime entre *l'auteur le plus divin / un méchant écrivain*), v. 31-32 ;
– l'éloquence, mise en œuvre par Boileau et refusée par Verlaine, v. 21.

## PISTES

■ **Pour une séquence** : **L'expression de la passion amoureuse** (formes de l'aveu ; le lieu, la parole, le corps ; d'un genre à l'autre) : Thibaut de Champagne, « Je suis comme la licorne », p. 16 ; Madame de La Fayette, *La Princesse de Clèves*, p. 60 ; Racine, *Mithridate*, p. 62, textes de la section « Poésie et rhétorique amoureuse », p. 143-157.

■ **Lecture cursive** : Madame de La Fayette, *La Princesse de Montpensier*, éd. Mercure de France, 2001.

■ **Bibliographie** : P. Dumonceaux, *Langue et Sensibilité au XVII^e^ siècle. L'Évolution du vocabulaire affectif*, éd. Droz, 1975.

Racine
# *Mithridate*

p. 62

## « Un plaisir funeste »

### APPROCHES

■ **Axes d'étude** : L'aveu. La lucidité. Le conflit entre héroïsme et passion.

■ **Préalables** : On rappellera que cette pièce de Racine est l'une de celles qui a eu le plus de succès en son temps, sans doute en raison de sa grandeur cornélienne, même si elle est aujourd'hui éclipsée par *Phèdre* avec qui elle présente des similitudes de situation.

■ **Vérifier** que sont compris : *démentie*, v. 22 (= désavouée) ; *complaisance*, v. 33 (= déférence envers les sentiments et les volontés d'autrui) ; *d'ailleurs*, v. 48 (= d'un autre côté) ; *vulgaires*, v. 56 (= ordinaires).

### LIRE : Passion et lucidité

#### 1- Le discours des personnages

• **La lucidité de Monime** s'exprime par :

– l'affirmation du *je* qui traduit l'effort d'analyse et de maîtrise de soi ;

– des phrases brèves, majoritairement affirmatives pour traduire la netteté de pensée et de sentiment de l'héroïne, sauf lorsqu'elle accuse le sort et le ciel de l'avoir rapprochée de Xipharès sans lui permettre d'être à lui (v. 21-24) ;

– d'abondantes structures de volition : impératif, v. 11, 13, 52, 54, 75, 76 ; impersonnel *il faut*, v. 7, 31, 73, *il n'est plus temps*, v. 4 ; tournures jussives, v. 33-34, 40 ;

– l'emploi de verbes de parole et de sentiment au présent actuel : *je me connais*, v. 57, *Je sais*, v. 59 et 63 ; *Que dis-je*, *Je me sens arrêter, Plus je vous parle, Je cherche à prolonger*, v. 69-72, qui révèlent l'acuité du regard introspectif.

• **Le désarroi de Xipharès** s'exprime par :

– des phrases ou propositions interrogatives et négatives qui traduisent l'incertitude et l'inquiétude ;

– des tournures antithétiques qui suggèrent le déchirement intérieur : l'oxymore *ce bienheureux coupable*, v. 1 ; *heureux et misérable*, v. 42 ; *De quel comble de gloire et de félicités, / Dans quel abîme affreux*, v. 43-45 ; *et cependant*, v. 46 et 50 ;

– l'usage du conditionnel (v. 1, 3), ou du futur antérieur (v. 45, 46), suggérant une action virtuelle, ou déjà périmée parce que renvoyée dans le passé, tandis que le futur n'indique qu'une action honnie (v. 47), dont il rejette l'idée.

#### 2- Le conflit intérieur de Monime

C'est un conflit cornélien entre l'héroïsme et la passion. Il y a d'un côté chez Monime le sentiment d'un *rigoureux devoir* (v. 6), sa *gloire* (v. 27, 65), sa *vertu* (v. 58) ; de l'autre la *tendresse* qu'elle éprouve pour Xipharès (v. 9), cette *sympathie* (v. 21), cette *trop parfaite union* (v. 22), ce *penchant* qui l'*attire* vers lui (v. 25), ce *tendre souvenir* que sa vue ne manquerait pas de faire naître (v. 59), ce *souvenir si doux* (v. 64). Elle reconnaît cette situation qui l'empêche d'aimer Xipharès, comme sa *misère* (v. 29), a parfaitement conscience d'avoir son *âme, en secret déchirée* (v. 61), d'éprouver un *plaisir funeste* (v. 70). Cet écartèlement ne s'exprime nulle part mieux que dans les vers 27-28 :

*Ma gloire me rappelle et m'entraîne à l'autel,*
*Où je vais vous jurer un silence éternel.*

Le premier vers suggère à la fois la force de la gloire et la réticence de Monime, donc sa passion, tandis que le second utilise les termes mêmes du serment d'amour (on attend *jurer un amour éternel*) pour montrer à quel point cette passion est sans issue (*jurer un silence éternel*). Nous sommes là dans l'expression d'un **dilemme**, forme dramatique cornélienne, mais que Racine utilise aussi volontiers pour caractériser ses héros (Andromaque, Bérénice, Bajazet, Phèdre).

Monime avoue son amour à Xipharès à la fois pour renforcer la force et le prestige de sa gloire, et pour ne donner à Xipharès aucune illusion sur les chances de son amour. Mais il y a aussi dans cet aveu le plaisir de pouvoir dire à l'être aimé, ne serait-ce qu'une fois, la force du sentiment qu'elle éprouve.

#### 3- Une lucidité illusoire ?

Dans toute la première partie de l'aveu, le sentiment de sa gloire rend Monime parfaitement lucide sur le sentiment qu'elle éprouve à l'égard de Xipharès. L'analyse qu'elle en fait prouve à la fois la force de cet amour et la capacité de raisonnement de l'héroïne (▶ question **1**). Au milieu du discours, cependant, **l'amour éclipse la raison**, lorsque Monime déplore que le sort et le ciel aient été assez cruels pour unir le cœur de deux êtres sans leur permettre de se retrouver (v. 21-24). Ce moment de faiblesse sert en fait de tremplin pour la raison lucide qui reprend le dessus (v. 25-28). La lucidité de Monime ne lui permet toutefois pas de déceler immédiatement le moment où le raisonnement ne lui sert pas tant à trouver de nouveaux arguments pour convaincre Xipharès qu'à se procurer le plaisir d'écouter son amant et de demeurer à ses côtés : on peut comprendre ainsi toute la première partie de la seconde réplique de Monime, jusqu'au vers 68. La vraie et définitive lucidité triomphe lorsque Monime prend conscience du *plaisir funeste* qu'elle éprouve à discuter avec Xipharès (voir v. 69-70 et la réduplication, *Il faut pourtant, il faut*, v. 73). La fuite (rejet du v. 75) signale le moment de faiblesse de l'héroïne en même temps qu'elle y remédie.

#### Conclusion

Par l'effort de sa lucidité et de sa volonté, Monime accède dans cette tirade à une véritable grandeur héroïque face à Xipharès ; celui-ci ne sert que de faire-valoir à l'héroïne féminine. L'analyse du cœur humain apparaît comme une des préoccupations centrales de la littérature classique en général et du théâtre de Racine en particulier.

## ÉCRIRE

Les héroïnes de la *Princesse de Clèves* et de *Mithridate* sont toutes deux confrontées à un dilemme qui oppose l'amour qu'elles éprouvent et le sentiment de leur devoir. Ce dernier n'empêche pas cependant l'aveu de la passion, mais cet aveu, clairement annoncé, constitue en même temps le point final que les héroïnes veulent mettre à leur passion (v. 26).

Madame de La Fayette et Racine insistent tous deux sur la difficulté qu'éprouvent ces femmes à parler (l. 38, v. 8). Ces difficultés donnent tout son prix à un aveu qui est fait dans des termes voilés, même s'il ne trompe pas celui à qui il est destiné (l. 40-43, v. 9-10, v. 20). Toute l'esthétique classique se situe dans cette retenue, cet art de la litote chez madame de Clèves et cette lucidité qui se croit ferme, mais est finalement trompée chez Monime. Ce sont deux moyens que ces femmes emploient pour masquer leur amour, mais madame de Clèves semble finalement plus lucide que Monime, et son aveu plus maîtrisé. Celui de l'héroïne de Racine s'exprime par des phrases à tournure émotive (exclamatives, interrogatives) qui indiquent que cet aveu échappe à sa raison ; celui de madame de Clèves est réfléchi : la phrase où débute l'aveu commence par un *puisque* (l. 38) ; la conjonction marque en outre que l'héroïne rejette la responsabilité de l'aveu sur M. de Nemours.

## PISTES

■ **Pour une séquence : L'expression de la passion amoureuse** (► *supra*, p. 49).

■ **Exercices complémentaires**

• **Langue :** Relevez et étudiez les mots et expressions qui désignent la passion amoureuse. Commentez.

• **Écriture :** Comparez la situation et le caractère de l'héroïne dans *Mithridate* et dans *Phèdre* (II, 5).

■ **Lecture cursive :** Racine, *Phèdre*.

■ **Bibliographie :** *Tout Racine*, éd. Larousse, 1999.

# LE CLASSICISME : NATUREL ET VÉRITÉ

**La Fontaine** p. 64

*Fables*

### Le Héron

## APPROCHES

■ **Axes d'étude :** L'art de la fable. Le naturel et le vraisemblable. La place et le rôle des animaux dans la fable (p. 323-327).

■ **Préalables :** Rappeler la tradition française de la fable depuis les fables du Moyen Âge à la manière d'Ésope, mais aussi le *Roman de Renart* avec la mise en scène des animaux. Lire aux élèves la fable de « La Fille » qui constitue la suite du « Héron ».

■ **Vérifier** la compréhension de : *vivre de régime*, v. 11 (= suivre une règle de vie stricte).

## LIRE : Un bestiaire satirique

### 1- Le travestissement animal

Les termes qui permettent de passer des animaux aux hommes sont en fait des **termes humains** appliqués aux animaux, qui évoquent une apparence, des comportements : *ses longs* ***pieds***, v. 1 ; *Ma* ***commère*** *la carpe*, v. 5 ; *le brochet son* ***compère***, v. 6 ; *ces* ***demeures***, v. 14 ; *le* ***mets***, v. 15 ; *Une si pauvre* ***chère***, v. 19 ; *le* ***dîner***, v. 21 ; et une volonté et des sentiments humains (*il crut mieux faire d'attendre*, v. 9 ; *Il vivait de régime*, v. 11 ; *il s'attendait à mieux*, v. 15 ; *un goût dédaigneux*, v. 16). La parole donnée, au discours direct, à l'animal ressortit aussi à cette logique de confusion entre les deux ordres.

Ainsi pratiqué, le travestissement animal ne nuit pas au vraisemblable, car le fabuliste mêle adroitement aux termes humains des termes plus neutres et des expressions qui réfèrent clairement au monde animal. Le vraisemblable de la fable naît du mélange de ces trois séries lexicales.

• **Expressions neutres** : *Il côtoyait une rivière*, v. 3 ; *faisait mille tours*, v. 5 ; *en eût fait aisément son profit*, v. 7 ; *Tous approchaient du bord*, v. 8 ; *S'approchant du bord*, v. 13. On ajoutera aussi la comparaison avec *le rat du bon Horace* (v. 17), qui évoque le monde animal, mais que l'on applique souvent au monde humain.

• **Expressions référant au monde animal** : les noms désignant les animaux, *la carpe*, *le brochet*, *des tanches*, *du goujon*, *un limaçon* ; *au long bec emmanché d'un long cou*, v. 2, *l'oiseau n'avait qu'à prendre*, v. 8, *l'oiseau / S'approchant*, v. 12.

### 2- Le héron et le naturel

L'attitude du héron n'est pas naturelle, parce qu'il ne sait pas se contenter des mets que lui offre la Nature et qui conviennent à sa nature. Elle est marquée par une certaine suffisance (la carpe et le brochet qu'il dédaigne) et le mépris d'autrui (les tanches et les goujons).

La Fontaine fait ressortir l'**affectation de son personnage** par :

– un rythme qui suggère la nonchalance hautaine de la

démarche du héron : enjambement qui fait attendre le sujet postposé au verbe (v. 1-2) ; alternance des vers brefs avec des vers longs qui semble traduire les mouvements d'approche et de recul du héron (v. 1-3, 8-10, 12-15) ;
– le discours du héron et son vocabulaire relevé : *Une si pauvre chère* (v. 19), invocation des *Dieux* (v. 22). Vocabulaire qui se simplifie quand la faim apparaît, *le dîner*, v. 21. L'importance du moi dans son discours : *Moi des tanches... moi Héron*, v. 18, *le dîner d'un Héron*, v. 21 ;
– une discrète ironie du narrateur : v. 11 et v. 15 (*Il vivait de régime*, *Le mets ne lui plut pas* = polyphonie énonciative) ; v. 25, afin de faire ressortir la morgue du héron et, en contraste, à la fin de la fable, son bonheur de trouver bien moins que ce qu'il avait dédaigné ; la juxtaposition du discours hautain du héron avec le commentaire lapidaire du narrateur : *Il l'ouvrit pour bien moins*, v. 23.

**Conclusion**

Importance de la notion de naturel dans l'attitude de l'homme classique et de la vraisemblance dans l'œuvre classique. La fable d'un moraliste discret, mais bien réel : c'est notre image qu'il faut chercher derrière le masque animal.

## DIRE

Pourquoi le travestissement animal :
– c'est une tradition littéraire à la fois antique (Ésope) et française (*Roman de Renart*) ;
– il permet de concentrer la description du personnage sur un défaut (le héron incarne la suffisance) sans avoir à le mêler avec d'autres caractéristiques psychologiques ;
– il peut exprimer le défaut par la nature physique de son personnage (démarche un peu précieuse du héron ;
– il peut mieux souligner le sens de la fable par une morale qui revient au plan humain, ce qui permet le fonctionnement de la satire à deux niveaux, celui de l'histoire narrée et celui du récitant qui tire la morale de la fable ;
– il permet enfin une satire masquée de la société, dont les animaux ne sont qu'une image : voir ici la dimension politique de la morale.

## *PERSPECTIVES* p. 65

■ **Chevalier de Méré, *Discours*. « Des agréments »**

**LIRE : Portrait au naturel**

**1- L'homme et la femme du monde**

Un extrait fondé sur l'opposition entre l'idéal humain selon Méré et le comportement affecté de certaines femmes qu'il prend en exemple. Cet idéal, fondé sur le **naturel**, érige en valeur suprême l'accord entre l'apparence, le comportement et la nature profonde de chaque être. Le discours classique reprend ainsi l'adage de Delphes, « Rien de trop » : *J'en connais qui veulent trop de parure*, l. 28 ; *rien de trop éclatant qui*, l. 39.

**Rejet de l'affectation** marqué par l'abondance de verbes ou d'expressions dénonçant la volonté dans l'action et la soumission à la mode et au regard d'autrui : *qu'on cherche à plaire et qu'on en prend le contre-pied*, l. 2-3 ; *ce dessein de plaire*, l. 4 ; *cela ne tend qu'à divertir ou qu'à se rendre agréable*, l. 11-12 ; *ne cherchent que*, l. 25. Cette opposition entre le naturel et l'affectation s'exprime particulièrement dans l'expression *ne rechercher que ce qu'on est assuré qui sied bien. Encore ne faut-il pas qu'il y paraisse d'affectation*, l. 14-16. Méré prend ensuite des exemples concrets de femmes affectées dans le choix peu naturel de leur teint, de leur couleur de cheveux, de leur comportement et de leur parure. La clé de cette société repose sur un mode de vie qui doit paraître naturel, c'est-à-dire être choisi avec *esprit*, l. 26. Le naturel selon les classiques n'est pas la conformité à la nature (rejet des manières de *la campagne*, l. 27), mais l'art de se mettre en valeur avec discrétion, en accordant les codes sociaux avec sa nature personnelle. Nous sommes proches de l'idéal de l'honnête homme et de l'honnête femme, qui tend à l'universalité (*Cette remarque est vraie en toutes les choses du monde*, l. 3-4).

**2- Le style de Méré**

Souligner l'abstraction d'un style qui refuse les mots trop concrets et une syntaxe complexe.
– Nombreux emplois du verbe *être* qui a une valeur de définition (l. 6), avec le tour présentatif *c'est que* (l. 1-2), ou ses variantes (*c'est la plus sûre voie*, l. 12 ; *c'est de*, l. 14 ; *c'est ce que*, l. 32-33).
– Nombreux infinitifs qui n'actualisent pas l'action, l. 7-15, l. 33.
– Phrases construites simplement sur l'opposition entre les deux attitudes, en particulier dans les exemples de femmes affectées, l. 17 sqq.
– Des exemples qui ne désignent personne en particulier, mais ont valeur de généralité (*Celle-ci*, l. 17, *Cette autre*, l. 19, 21, *on*, l. 1-2, 13-14, *soi*, l. 13, *une femme*, l. 31).

## PISTES

■ **Pour une séquence**

• **Les animaux dans la littérature** (thèmes ; description ; genres et fonctions) : Leconte de Lisle, *Poèmes barbares*, p. 120 ; La Fontaine, *Fables*, p. 326, 344 ; Cyrano de Bergerac, *L'Autre Monde*, p. 334 ; Kafka, *La Métamorphose*, p. 335 ; *Le Terrier*, p. 405.

• **L'honnête homme** (morale, société, littérature ; honnête homme, honnête femme ; genres littéraires) textes p. 60-65 ; Montaigne, *Essais*, p. 40.

■ **Exercice complémentaire** : **Langue**
Analysez la phrase, l. 33-40.

■ **Lecture cursive** : La Fontaine, *Fables*, « Le Rat de ville et le Rat des champs », I, 9.

■ **Bibliographie** : P. Dandrey, *La Fabrique des Fables. Essai sur la poétique de La Fontaine*, éd. Klincksieck, 1992 ; E. Bury, *Littérature et politesse. L'invention de l'honnête homme, 1580-1750*, PUF, 1996.

## VOIR : Un paysage idéalisé

### 1- La composition du tableau de Poussin

• **La composition** du tableau de Poussin est très rigoureuse. L'espace est fermé par les grandes masses de végétation de part et d'autre de la vue de Mégare. Un axe vertical s'organise cependant, constitué par la femme debout, tournée vers la ville, le temple, les rochers et les nuages qui les surplombent. Comme pour arrêter la progression de cette verticale, l'espace de la ville de Mégare est marqué par des lignes horizontales faites de murs et de blocs de pierre.

• **Les couleurs** de ce tableau sont austères et sombres, dans une dominante de vert brun. Elles font ressortir trois zones de clarté sur l'axe vertical de la peinture : la coiffe et le vêtement de la veuve de Phocion, au premier plan, dont l'action elle-même reste dans l'ombre qui protège sa clandestinité ; au second plan, mais à un degré moindre, le temple, lieu rituel de la cité ; à l'arrière-plan, le haut des rochers et les nuages éclairés par le soleil qui amplifient le triangle du fronton.

• **L'œil du spectateur est ramené vers la scène centrale** de la veuve en train de recueillir les cendres de Phocion par la composition et les couleurs : les massifs sombres des arbres, leur ombre et le bord des murets, notamment à droite du tableau, forment une sorte de losange dont l'angle inférieur est constitué par la veuve et l'angle supérieur, plus ouvert, par le nuage contrasté. Ainsi située, la tache claire de la coiffe attire naturellement le regard du spectateur guidé par les côtés inférieurs du losange.

### 2- La signification du tableau

La veuve, qui accomplit les rites sacrés au premier plan, est en dehors de la ville, ce que l'on peut interpréter comme le **divorce entre la cité et le souvenir de Phocion** non encore réhabilité. Pourtant, cette réhabilitation est en cours, puisque dans l'histoire, Phocion recevra des funérailles publiques après le rétablissement de l'oligarchie. Le signe de cette prochaine réhabilitation est peut-être inscrit dans le tableau par l'entremise de cette femme debout, qui, juste derrière la veuve, semble regarder la cité, établissant ainsi un lien entre celle-ci et les cendres de Phocion au premier plan. **Au plan moral et politique**, cette histoire marque l'échec de la démocratie athénienne et s'accommode bien de l'absolutisme du pouvoir royal au XVII<sup>e</sup> siècle.

La composition dégage nettement une zone sombre, marquée par la végétation et une zone de lumière dans le centre du tableau. Ces jeux de lumière sont porteurs de signification.

Sur la **place sombre de la végétation** dans ce tableau, on peut émettre deux hypothèses : opposition entre la nature grandiose, immobile et inflexible, et la petitesse humaine des personnages qui, vaquant à leurs occupations, ne sont pas conscients de l'ordre cosmique dans lequel ils s'insèrent pourtant ; ou, au contraire, harmonie entre la nature et la civilisation, entre la frondaison des arbres et la sérénité des personnages et de la ville de Mégare.

Les rochers, le ciel et les nuages définissent une autre zone de ce tableau, une zone lumineuse, celle du **divin** (Patinir, ► p. 33), dont le temple au centre du tableau n'est qu'une préfiguration. Cette zone du divin semble coiffer toute l'activité humaine et l'ordre végétal qui paraît, laissé dans l'ombre, étouffer le monde humain, s'écarte dans le haut du tableau pour assurer l'emprise de Dieu sur la terre. Dans une perspective néo-stoïcienne, Dieu représente une force immanente qui régit le monde et décide du destin des hommes, n'hésitant pas à accabler les plus justes comme Phocion, mais la persévérance de la veuve, finalement récompensée, suggère que les revers de Fortune, cette déesse aveugle, ne doivent pas décourager l'homme de prendre les chemins de la vertu et d'agir en accord avec soi-même.

### 3- Un paysage idéal

On retrouve dans ce tableau l'ensemble des caractéristiques du paysage idéal tel que le définit Alain Mérot :

– composition claire et harmonieuse (► question **1**, les lignes et la répartition des masses) ;
– sens de l'harmonie entre l'homme et le monde (voir les relations entre la nature et la civilisation) : une nature ordonnée par l'art, où l'homme sert de mesure au monde, et transcendant les destinées individuelles comme celle de Phocion ;
– absence de pittoresque au profit d'un paysage dont tous les détails sont pris dans une signification d'ensemble ;
– choix d'un sujet historique.

### Conclusion

La caractéristique de l'art classique tel que Poussin l'exprime ici repose sur la notion d'équilibre entre toutes les forces du tableau. Les personnages ont des attitudes sereines. Il n'y a aucune recherche de pittoresque ou de dramatisation comme dans l'art baroque.

## DIRE : Paysage baroque et paysage classique

On pourra prendre par exemple le *Paysage avec la chasse d'Atalante* de Rubens, reproduction en noir et blanc dans *L'Art baroque* (Mazenod), p. 320. Insister sur la dramatisation de la nature (mouvement dû au vent, contrastes de lumière, arbres torturés). Une nature ne laissant que peu de place au ciel et aux hommes. Beaucoup de pittoresque dans la représentation des hommes et de la nature.

## ÉCRIRE

### 1- Deux descentes de Croix

La descente de Croix classique est souvent, comme le tableau de Jouvenet, un Christ descendu de la Croix. Le baroque insiste sur le mouvement et le classicisme sur l'état qui résulte du mouvement. Malgré des personnages qui s'agitent encore un peu à l'arrière-plan, il n'y a pas de recherche de pittoresque chez Jouvenet (l'échelle par exemple n'apparaît pas au premier plan comme chez Rubens). Pas d'insistance sur la tension musculaire des personnages qui sont là pour présenter le Christ. La Vierge est peinte dans un mouvement théâtral de dévotion, mais paraît en dehors de la dynamique de la scène, contrairement au tableau de Rubens où elle semble, avec Marie-Madeleine, au point d'aboutissement du mouvement diagonal. La composition est plus sobre chez Jouvenet, les couleurs plus fondues.

On sera plutôt porté vers l'une ou l'autre de ces représentations selon que l'on préfère le mouvement ou l'équilibre, le calme ou la tension, le pittoresque ou l'idéal (presque l'Idée au sens platonicien).

**2- La sculpture**

On retrouve dans la sculpture les mêmes différences que dans la peinture. Chez Le Bernin, choix d'un sujet dynamique (poursuite et métamorphose), prédominance du mouvement, de l'élévation, du détachement de certaines parties (membres, draperies) de l'ensemble. Au contraire dans la sculpture classique, sujet statique, inspiration antique dans la posture un peu convenue, la coiffure, la présence d'éléments symboliques comme la coquille et la cruche, les draperies tombantes, l'intégration de tous les éléments dans une ligne simple ; aucune dramatisation.

## PISTE

■ **Bibliographie** : P. Cabanne, *L'Art classique et le baroque*, éd. Larousse, 1999.

# LE DOUBLE HÉRITAGE DU BAROQUE ET DU CLASSICISME

## Patrick Grainville
## *L'Atelier du peintre*

p. 68

### « Devant l'océan vide »

## APPROCHES

■ **Axes d'étude :** Images de la création artistique. Baroque et classicisme aujourd'hui.

■ **Préalables :** Insister sur l'importance de l'Italie pour les fondements de la culture européenne (Humanisme et Renaissance, p. 26-27).

■ **Vérifier** la compréhension des allusions à la culture européenne, en particulier l. 14-16 ; d'*affectivité mystique*, l. 8 (= sentiments religieux exacerbés).

## LIRE : Violence et création

**1- Les aspirations du narrateur**

L'Europe et Los Angeles, la Manche et l'océan Pacifique, représentent dans l'imaginaire de Grainville deux lieux antagonistes qui incarnent l'un ce qu'il rejette, l'autre ce à quoi il aspire.

**• L'Europe et la Manche**

– Visage de la culture, en particulier religieuse : *les madones et les anges*, l. 2 ; *affectivité mystique*, l. 8 ; *Le Christ, saint Sébastien*, l. 15 sqq.

– Le passé et les origines : *Cette scène fondamentale*, l. 3, *centres saturés de généalogie*, l. 7 ; *questions primitives*, l. 9. Culture perçue comme archaïque, voire laide : *vieux sang, vieilles images, vieilles villes amoureuses, enfants hideux*, l. 14 ; les *commencements de la peinture*, l. 16-17.

– Un univers mesquin et *répugnant*, qu'il rejette : *la Normandie de mes ancêtres. Rampante et bovaryque, enduite de ce vert gras et meurtrier*, l. 19-20 ; *La Manche, cette mer abjecte*, l. 21 ; *trop de présence marine, trop de proximité intime*, l. 23.

**• Los Angeles et le Pacifique**

– Absence d'ancrage religieux : *pas de sanctuaire*, l. 10 ; *lui ne me confesse rien*, l. 25.

– Un monde neuf, sans mémoire culturelle et sans origine : *La mémoire des hommes est absente. Cette ville est débarrassée de l'origine*, l. 10-11 ; *Sans racines*, l. 11.

– L'immensité : *Il n'y a pas de centre à Los Angeles*, l. 9-10, *devant l'océan vide*, l. 12.

– Un univers brut, sans signification préconçue : *Le Pacifique finalement ne veut rien dire*, l. 21-22 ; *un néant limpide*, [...] *lui ne me confesse rien*, l. 25.

– Lieu du bouleversement : l. 26-28.

Grainville éprouve un **sentiment ambigu** vis-à-vis de la vieille Europe et de sa culture. C'est le lieu d'une obsession : *obsédé*, l. 1 ; *Je l'adore et je la hais*, l. 3-4 ; *Ces lieux me déchiraient*, l. 8 ; *angoissé... fasciné*, l. 17 ; *nuit aveuglante*, l. 18. Mais au total, la liberté que lui procure Los Angeles est une condition nécessaire à la création conçue comme la libération par la peinture de son monde intérieur : *je puis contempler enfin mes mondes et les peindre*, l. 12-13. Los Angeles et le Pacifique représentent une toile blanche (*l'océan vide*, l. 12 ; *un néant limpide*, l. 25). Il y a pour Grainville un avant et un après la venue à Los Angeles (l. 13). Voir en particulier sur l'ensemble du texte le champ lexical de la vue et de l'aveuglement.

**2- Un style baroque ?**

Le caractère baroque du style de Grainville tient à sa véhémence et à son expressivité :

– phrases non verbales : l. 17, 20, 21 ;

– oxymore : *nuit aveuglante*, l. 18 ;

– hypallage : *vieilles villes amoureuses*, l. 14 ; peut-être *madones belles et sans réponse*, l. 15 ;

– métaphore : *Cette méduse*, l. 24 ;

– structures accumulatives : l. 4-6, 15-16, 23-24 ;

– allitération expressive : *vieux sang, vieilles images, vieilles villes amoureuses*, l. 14 ;
– une certaine oralité du style : *La Manche, cette mer abjecte*, l. 21. Oralité marquée par l'enchaînement de phrases simples, juxtaposées, l. 8-13 par exemple, souvent dépourvues d'outils de liaison.

En comparaison, le style de Quignard peut être qualifié de classique par l'usage constant du passé simple, la régularité des phrases qui peuvent être complexes (l. 18-23), la progression à thème constant (*Il travailla, il s'exerça*, etc.). Seule concession peut-être à l'expressivité baroque, le rapprochement entre le râle amoureux et la gravité de la prière, l. 22-23.

**Conclusion**

Une représentation de la création fondée sur la nécessité de faire table rase du passé culturel. Cette mise en question de la culture classique s'exprime dans un style qui, sans avoir la force de renouvellement de celui de Céline par exemple, exprime la violence intérieure du *je*.

## Pascal Quignard

# *Tous les matins du monde*

p. 69

### « Dans les branches d'un grand mûrier »

## APPROCHES

■ **Axes d'étude** : Images de la création artistique. Baroque et classicisme aujourd'hui. Littérature et cinéma (p. 476).

## LIRE : Intériorité et création

### 1- La sérénité de Sainte Colombe

Sainte Colombe trouve la sérénité dans l'isolement de la cabane ; ce novateur est attaché au passé, source de calme, comme le suggère la présence du vieux mûrier. Sa sérénité s'exprime dans la première partie du texte par des phrases dont il est le sujet, indiquant une démarche volontaire : *se consacra*, l. 1 ; *Il travailla*, l. 2 ; *il s'exerça*, l. 4 ; *Il avait fait bâtir*, l. 5 ; *Il estimait*, l. 10 ; *Il trouva*, l. 12 ; *Il ajouta*, l. 13 ; *Il perfectionna*, l. 15. Si la musique sert au départ d'exutoire à la mort de sa femme, le texte donne le sentiment qu'il la cultive pour elle-même, notamment dans la seconde partie du texte qui expose les innovations apportées à l'instrument. Seule relation possible avec son deuil, le son mélancolique qu'il s'efforce de trouver, (l. 15), mais les exemples donnés par son élève montrent qu'il ne dédaigne pas les inflexions belliqueuses, le *cri de guerre de Henri de Navarre*, l. 20.

### 2- La conception de l'art

Sainte Colombe illustre une conception de l'art fondé sur un travail acharné et sur l'amélioration de l'instrument, et visant à la restitution du monde (*imiter toutes les inflexions de la voix humaine*, l. 18-19). Celle de Grainville repose au contraire sur le rejet du passé et l'expression du moi intérieur : l'inspiration importe plus que le travail. Tout en cherchant l'isolement, Sainte Colombe ne se désintéresse pas complètement du monde : il se préoccupe de ses filles (l. 10-12), a un élève (l. 18). L'environnement extérieur nourrit son art, comme en témoignent les exemples pris par son élève pour illustrer la virtuosité du maître.

### 3- Un point commun entre les deux conceptions de l'art

Par-delà les divergences dues en partie à la différence des arts, le narrateur de Grainville et Sainte Colombe fondent tous deux la création artistique sur un nécessaire isolement et sur une rupture, radicale pour le premier, relative pour le second : le narrateur de Grainville change de pays en rejetant tout ce qui appartient au continent européen ; Sainte Colombe se contente de monter dans un arbre. Il s'agit en fait d'une image moderne de l'artiste pour qui l'appropriation du moi intérieur (conception rimbaldienne) importe plus que la relation avec la société. Le contexte historique de son livre conduit Quignard à nuancer cet isolement radical, mais l'image donnée est bien celle d'un musicien bourru qui refuse l'ancrage social qui était pourtant le fait de tous les artistes du XVIIe siècle.

## PISTES

■ **Pour une séquence** : **Conceptions de l'art** (l'art et les arts ; fonctions, formes et mouvements) : Lamartine, *Destinée de la poésie*, p. 13 ; Novalis, *Heinrich von Ofterdingen* (▶ *supra*, p. 18) ; Boileau, *Art poétique*, p. 61 ; Hugo, *Châtiments*, p. 188 ; Baudelaire, *Petits Poèmes en prose*, p. 204 ; Rimbaud, *Illuminations*, p. 209.

■ **Bibliographie** : J.-M. Gleize, *La Poésie, Textes critiques (XIVe-XX[e] siècles)*, éd. Larousse, 1995.

# 4 Les Lumières
## XVIIe siècle

## ÉCRIRE, LIRE, VOIR : LES LUMIÈRES

### Ferdinando Galiani
### *Lettre à Mme d'Épinay* p. 73

### APPROCHES

■ **Axes d'étude :** L'argumentation paradoxale. L'épistolaire (p. 406). Littérature et liberté. La liberté de la presse.

■ **Préalables :**

Mentionner, afin d'éviter des anachronismes, la **place des abbés** au XVIIIe siècle. Lorsqu'ils sont de haute noblesse, ils fréquentent les milieux mondains ; leurs propos et leurs mœurs font souvent preuve d'une grande liberté (Voir le film de Patrice Leconte, *Ridicule*). Pour l'« abbé Galiani », on ne sait trop quels ordres religieux il avait reçus. D'après Marmontel (*Mémoires*, I) il *était, de sa personne, le plus joli petit Arlequin qu'eût produit l'Italie ; mais sur les épaules de cet Arlequin était la tête de Machiavel.*

Évoquer le rôle de l'**Angleterre** comme modèle politique de démocratie à l'époque des Lumières (Voltaire, *Lettres anglaises*, 1734 ; voir les articles « Liberté de conscience, liberté de penser » et « Liberté d'imprimer », du *Dictionnaire philosophique*. Voltaire plaide pour la liberté de la presse, pratiquée en Hollande et en Angleterre). Une véritable anglomanie se développe en France au cours du siècle (importation de la franc-maçonnerie ; mode des jardins anglais, des courses de chevaux, du thé à l'anglaise, etc.).

■ **Vérifier** la compréhension de : *décence*, l. 16 (= respect des convenances). Rappeler que la *Bastille* (l. 6) est le symbole de l'absolutisme royal au XVIIIe siècle.

### LIRE : Les vertus du paradoxe

#### 1- Une argumentation paradoxale

L'argumentation de Galiani est paradoxale en ce qu'elle présente un éloge de la liberté de la presse tout en semblant la dénoncer.

Galiani ne donne pas à la liberté de la presse une valeur aussi absolue que dans les pays démocratiques de nos jours. C'est plus une **valeur intellectuelle**, voire esthétique, qu'une composante essentielle de ce que l'on appellera à la fin du siècle les droits de l'homme (► p. 90). C'est du moins ce qu'une lecture au premier degré de cette lettre laisse entendre. L'argumentation paradoxale consiste à présenter la liberté de la presse comme une entrave aux subtilités du langage, qui ne sauraient se développer que dans la contrainte (l. 9-15). Grâce à celle-ci se modèlent par le langage l'esprit et le goût d'une nation (l. 16-19). La forme se trouve ainsi érigée en valeur suprême. L'argument repose sur l'idée que pour exprimer une pensée un peu hardie, dans le domaine des mœurs ou des idées, il faut redoubler d'habileté et de raffinement. Autre argument paradoxal et quelque peu cynique : l'absence de liberté de la presse officielle permet à un ministre de sembler généreux en l'accordant ; il se fera alors mieux aimer de *la nation* qu'il tiendra ainsi dans une sujétion plus étroite, comme le suggère la comparaison avec l'Angleterre (l. 21-28).

La position exacte de Galiani est délicate à définir : ironie à l'égard des limites imposées à la liberté d'expression ? ou plaisanterie sur les possibilités effectives d'en jouer… et de déjouer ainsi la censure ? Le goût du paradoxe et du mot d'esprit qui caractérise la correspondance de Galiani rend parfois difficile l'interprétation d'une pensée qu'il brouille tout autant par jeu que par prudence.

#### 2- Un texte ambigu

Plusieurs éléments brouillent le message.

– Un ton sinon ironique, du moins distancié, perceptible dans des formules excessives : *Dieu vous préserve de la liberté de la presse établie par édit* (l. 1-2) ; *fi l'horreur* (l. 15) ; peut-être aussi *l'honneur, le pivot de votre monarchie* (l. 30-31).

– Une définition paradoxale, parce que très terre à terre, du *sublime oratoire* (l. 5-7), qui d'ordinaire élève l'âme et l'esprit.

– Des exemples provocateurs destinés à souligner le contraste entre le badinage érotique (*la polissonnerie*, l. 13) et la trivialité d'un discours obscène (*je voudrais Mlle vous enfiler*, l. 14-15).

– L'usage de tournures généralisantes qui ne permettent pas de cerner de façon décisive la position de leur auteur (l. 16-19, l. 20-21).

– La comparaison avec l'Angleterre, apparemment négative, en contradiction avec l'image très positive que diffusent les philosophes et en particulier Voltaire, du régime politique de ce pays.

#### Conclusion

Un texte révélateur à la fois du ton léger des Lumières, de la pratique de l'argumentation paradoxale, et des débats de fond que soulèvent les écrivains du XVIIIe siècle.

### ÉCRIRE

On insistera sur le fait que cette conception de la liberté de la presse est en complet décalage avec la nôtre : dans la présentation de Galiani, elle n'est pas une fin en soi, mais le faire-valoir de l'esprit d'un petit groupe de gens.

Même si Galiani brouille les pistes, on peut émettre des réserves sur son point de vue, apparemment **élitiste**. Il semble en effet refuser la liberté de la presse au nom d'un sentiment de supériorité de la classe sociale à laquelle il appartient (*nation grossière*, l. 3 ; *Remontrances des Parlements*, l. 10 ; *la nation deviendra aussi grossière que l'anglaise*, l. 28-29 ; *rudes*, l. 31) et au nom du plaisir esthétique que procure la nécessité de ruser avec la censure (▶ « **Lire** », question **1**).

On rappellera que les auteurs de la Constitution américaine ont fait de la liberté de la presse, quelques années avant la Révolution française, un principe essentiel de l'État moderne.

Or la liberté de la presse est indispensable pour les raisons suivantes :
– elle offre aux hommes une ouverture sur le monde qui les entoure : elle contribue ainsi à leur éducation et améliore leur capacité d'insertion dans un univers de plus en plus complexe ;
– elle assure un contrôle des pouvoirs exécutif et législatif. Liée à la liberté du pouvoir judiciaire, la liberté de la presse aide à lutter contre les pratiques de corruption que suscite toute forme de pouvoir ;
– elle a largement favorisé la diffusion des droits de l'homme sur l'ensemble de la planète. Même si des régimes non démocratiques, l'Afghanistan, par exemple (▶ p. 289), semblent ne tenir aucun compte de leur image, à moyen terme, cette liberté de la presse étrangère finit toujours par s'infiltrer au sein de leurs frontières et par inciter les peuples à la rébellion. C'est ce qui s'est produit en Iran ou, à la fin des années 80, en Union soviétique et en Europe de l'Est.

## LE RAISONNEMENT SCIENTIFIQUE

**Fontenelle**

# *Histoire des oracles*

p. 74

### « La dent d'or »

## APPROCHES

■ **Axes d'étude :** L'argumentation (p. 294). L'ironie (p. 350). La notion de progrès et ses limites au XVIIIe siècle.

■ **Préalables :** Expliquer la **transition** entre le dessein général de l'*Histoire des oracles* (voir la note 1) et cette démonstration particulière. Préciser les rapports entre **les sciences et la philosophie**, qui à cette époque ne sont pas opposées, mais doivent au contraire se renforcer mutuellement pour faire progresser la raison. Insister sur la **personnalité de Fontenelle**, à la fois homme de science et « philosophe », et surtout ici écrivain.

■ **Vérifier** la compréhension de : *oracles*, l. 1 (= réponses des dieux à certaines questions posées par les hommes).

## LIRE : L'éveil de l'esprit critique

### 1- La composition

– L. 1-6 : thèse énoncée sous forme générale : affirmation d'un principe de méthode (*Assurons-nous bien du fait, avant que de nous inquiéter de la cause*, l. 3).
– L. 7-8 : transition vers l'exemple.
– L. 9-20 : récit servant de preuve : la recherche inconsidérée des causes de la dent d'or.
– L. 20-23 : retour au fait, et conclusion de l'anecdote.
– L. 24-28 : conclusion générale sur le fonctionnement de l'esprit humain.

Il s'agit bien d'une argumentation qui part de l'affirmation d'une thèse, que le narrateur **démontre** par un exemple précis à partir duquel il tire une conclusion générale.

### 2- Le ridicule des savants et l'ironie

On écrit plus par vanité, pour contredire ses prédécesseurs et défendre sa thèse, que par goût de la vérité. Sont ridicules les noms latins des « savants », l'énoncé de leurs titres, les qualificatifs (*savant*, l. 17 ; *docte*, l. 18 ; *grand homme*, l. 19), les précisions chronologiques (*En 1593*, l. 9, *1595*, l. 11 ; *En la même année*, l. 15 ; *Deux ans après*, l. 16-17 ; *aussitôt*, l. 18), contrastant avec le flou du fait initial et avec la simplicité de l'explication véritable. Contraste également avec le type d'**explication** proposé (théologique), et avec les subtilités absurdes des démonstrations (l. 12-14).

L'argumentation est **constamment ironique** : à partir d'un énoncé initial douteux (*le bruit courut*, l. 9), chaque détail est introduit par des tournures antiphrastiques (*Figurez-vous*, l. 14 ; *afin que cette dent d'or ne manquât pas*, l. 15-16 ; *belle et docte réplique*, l. 18), ainsi que la conclusion (*Il ne manquait*… l. 20). Le récit s'hypertrophie (l. 9-20) en multipliant les explications contradictoires. Leur accumulation (reprise de *autre*, l. 17-18) contraste avec la brièveté de la chute, l. 20-21 (cadence mineure).

### 3- Les principes de la méthode de Fontenelle

Principe explicite : **vérifier** les faits. Principe implicite : user de **raison**, et dans les faits (une « dent d'or » est en soi un fait incroyable, méritant vérification) et dans les explications (à l'inverse des affirmations théologiques faisant appel à la Providence, qui seront également dénoncées par Voltaire, notamment dans *Candide*).

### Conclusion

Un texte qui formule les principes élémentaires d'une démarche scientifique, en annonçant la manière spirituelle de Voltaire.

## DIRE

On peut évoquer les **exemples fournis par la physique antique** : pourquoi le Soleil tourne-t-il autour de la Terre ? pourquoi la Terre est-elle plate ? ou par le XVIIIe siècle : les meilleurs esprits sont persuadés que le monde se dépeuple (voir *Lettres persanes*, lettres 112 à 122). On peut aussi mentionner les **croyances modernes** comme la grande peur de l'an mil, dont on sait maintenant qu'elle n'a jamais eu lieu. Les superstitions de tous genres et de toutes époques (liées aux animaux ou à des actions comme passer sous une échelle, briser un miroir), tout ce qui, dit-on, porte bonheur ou malheur, offrent également de bons exemples. On pourra évoquer les phénomènes de miracles, les croyances liées à l'astrologie, les médecines charlatanesques d'hier (orviétan, panacée) et d'aujourd'hui (chirurgie à main nue), la magie et le paranormal… La liste n'est pas limitative et la question permet de montrer que toutes les époques sont concernées par le phénomène que dénonce Fontenelle. Les conquêtes de la science ne font pas disparaître les explications irrationnelles de phénomènes imaginaires, loin s'en faut.

On s'attachera enfin à montrer que la **notion de *vrai* et de *faux*** n'est pas si simple que le suppose Fontenelle. Connexions possibles avec les disciplines scientifiques : est vrai à un moment donné ce qui permet de faire progresser la science (comme la physique « traditionnelle » ou la géométrie euclidienne) ou de construire un système cohérent (qui peut évidemment être dépassé).

## *PERSPECTIVES* (p. 75)

1 **Fontenelle, *De l'origine des fables.***

2 **Diderot, *Pensées sur l'interprétation de la nature.***

### LIRE : Des fables à la science

### 1- Progression logique du raisonnement

Chaque étape est soulignée par une locution causale (*comme*, l. 4 ; *Ces deux raisons*, l. 16 ; distinction par *De plus*, l. 12), ou d'implication logique (*donc*, l. 3).

– § 1 : 1re étape : l'ignorance engendre la crédulité – donc les prodiges paraissent nombreux.

– § 2 : rapporter des faits incroyables en renforce le caractère prodigieux.

### 2- Application à la « dent d'or »

• L'épisode de la dent d'or est un prodige tel qu'en décrit le texte 1. Même si l'extrait de l'*Histoire des oracles* porte plus sur l'inutilité de la recherche des causes, il met aussi en question la crédulité des hommes et la vanité de celui qui agrandit et embellit une histoire.

**• Comparaison des deux textes**

D'un côté un texte démonstratif, théorique, méthodique (allant même jusqu'au paradoxe), qui ne peut que convaincre par sa logique ; de l'autre un texte narratif, alerte, ironique, désinvolte avec ses sources (Horstius et consorts ont-ils été de tels pantins ?) mais qui entraîne l'adhésion amusée du lecteur. La raison raisonnante contre la raison souriante. Le texte le plus efficace est sans doute le texte narratif, plus séducteur et plus flatteur pour l'esprit du lecteur, qui, du fait de l'ironie, doit participer à la construction du sens.

### 3- Le « génie » et la « sagacité »

En sciences, le « génie qui crée » est celui qui, au terme d'une démarche scientifique, découvre quelque chose de nouveau (par exemple, la physique des particules qui conduit à la bombe atomique) ; la « sagacité qui perfectionne » correspond à l'observation d'un phénomène, traité ensuite par les compétences humaines, et qui débouche sur une découverte (par exemple Fleming et la pénicilline, découverte due à la fois au hasard et à la *sagacité* du scientifique). Dans le domaine des arts, on peut évoquer des *génies créateurs* comme Léonard de Vinci et, pour la « sagacité qui perfectionne », toutes les écoles des grands maîtres. On opposera aussi le génie qui donne la vision d'ensemble d'un tableau et les élèves ou apprentis qui accomplissent chacun une partie de la vision du maître.

## PISTES

■ **Pour une séquence : La raison et l'esprit critique** (formes du rationnel ; techniques d'argumentation ; tons et visées) : Voltaire, *De l'horrible danger de la lecture*, p. 76 ; Beccaria, *Des délits et des peines*, p. 77 ; Montaigne, *Essais*, p. 259 ; textes de la section « Les lumières de la raison », pp. 262-267.

■ **Exercice complémentaire : Oral**

Vous mettrez en évidence les éclairages complémentaires que la pensée XV (texte 2) apporte à la méthode préconisée par l'*Histoire des oracles*.

■ **Bibliographie :** R. Marchal, *Fontenelle à l'aube des Lumières*, éd. Champion, 1997.

**Voltaire**

# *De l'horrible danger de la lecture*

p. 76

## « Le pernicieux usage de l'imprimerie »

## APPROCHES

■ **Axes d'étude :** L'ironie (p. 351). Le polémique (p. 284). L'orientalisme. Les combats des Lumières.

■ **Préalables :**

Rappeler la mode de l'**orientalisme littéraire** au XVIIIe siècle (Montesquieu, *Lettres persanes*, p. 330, 336-337) et son double intérêt : pittoresque exotique et masque abritant de la censure.

Faire le point sur la **censure** (livres brûlés, auteurs et imprimeurs poursuivis,…), qui sévit particulièrement contre les philosophes (voir les difficultés de l'*Encyclopédie*). Voltaire en a été personnellement victime, d'où les ruses multiples pour publier ses œuvres (pseudonymes, publication à l'étranger, éloignement de Paris…).

■ **Vérifier** que sont compris : *ces présentes*, l. 2 (= lettres) ; *fakirs*, l. 8 (au sens d'ascète) ; *impudence*, l. 22 (= l'audace) ; *spécieux*, l. 26 (= qui peut induire en erreur) ; *hégire*, l. 47 (= fuite du prophète Mahomet en 622 de l'ère chrétienne, point de départ de la chronologie musulmane).

## LIRE : L'attaque et ses détours

### 1- La fiction orientale

– Les noms propres (*Joussouf Cherébi*, l. 1 ; *Saïd Effendi*, l. 4).
– L'évocation explicite de l'empire turc (l. 1-2, 4-5, 8, 45) et ses formules imagées (*lumière des lumières*, l. 2).
– L'évocation de la religion islamique (*Mahomet*, l. 9 ; *La Mecque*, l. 31), de ses ministres (*mouphti*, l. 1 ; *cadis, imans*, l. 7) ; formules religieuses qui ne sont pas forcément musulmanes : *par la grâce de Dieu*, l. 1 ; *à tous les fidèles*, l. 2 ; *nos vénérables frères*, l. 7 ; *proscrire, anathématiser*, l. 9 ; *la saine doctrine*, l. 19 ; *les ordres de la Providence*, l. 35 ; *pour l'édification des fidèles… tentation diabolique*, l. 36-38 (voir *infernale invention*, l. 9-10) ; *les vrais croyants*, l. 41-42.

La Turquie permet de présenter à la fois une religion considérée comme oppressive pour l'esprit et un régime politique despotique (voir la Perse de Montesquieu) tout en désignant de manière transparente le catholicisme et la France de Louis XV.

### 2- La véritable cible de Voltaire

La référence constante à Dieu, l'ambiguïté des allusions à la religion, applicables à la fois à la religion musulmane et au christianisme (voir question 1), des alliances de termes particulièrement polémiques comme *sottise et bénédiction* (l. 3), indiquent que Voltaire s'en prend à l'obscurantisme religieux en France, coupable de chercher à réduire la liberté des hommes.

### 3- L'ironie et l'idéal des Lumières

Par l'ironie, Voltaire dégage en creux l'idéal des philosophes à travers les motifs avancés par le mouphti pour condamner l'imprimerie ; cet idéal tourne autour de la défense de la **liberté**, de l'**éducation** et du **progrès matériel** :
– communication des idées (l. 11) et de la pensée (l. 42-45), l'instruction permettant de lutter contre l'oppression (l. 12) ;
– amélioration matérielle de la vie des hommes par le développement des techniques (l. 13-17) et les progrès de la médecine (l. 32-35) ;
– idéal « civique » du *bien public* (l. 18, 23) ;
– éducation morale du peuple (l. 21, 25-28) ;
– religion intérieure et non religion formaliste (l. 29-31) ;
– liberté de pensée (l. 8, 41).

### Conclusion

L'ironie s'en prend aux pratiques orientales, mais les allusions visent les abus français de la censure politique et religieuse. Voltaire a choisi la caricature pour un texte assassin, qui révèle, en les poussant à l'extrême, les véritables risques, en tous temps et en tous pays, de l'absence de liberté d'expression par l'écrit.

## VOIR

### 1- Une image satirique

• Le phénix est un animal fabuleux qui, après avoir vécu 500 ans, s'installe sur un bûcher de bois aromatique et y met le feu. Mais bientôt il renaît de ses cendres, rajeuni et doué d'une nouvelle vie. Le phénix renaissant de ses cendres a souvent été perçu comme un symbole de l'immortalité de l'âme. Voltaire en fait au contraire, non sans ironie vis-à-vis de la religion, un symbole de la liberté d'expression : celle-ci, en dépit de l'autodafé, finit toujours par renaître de ses cendres.

• Symbole de bêtise et d'obstination, les ânes qui font la ronde autour du bûcher représentent les forces obscurantistes de la religion et de la superstition. Celle-ci est évoquée par l'âne qui porte sur le dos des symboles alchimiques (le soleil et la lune), la religion par celui de droite avec sa croix au côté, et par les bâtiments de culte à l'arrière-plan (temple grec à gauche, église dans le lointain).

### 2- Similitude avec le texte de Voltaire

On retrouve dans la gravure comme dans le texte le même éloge du livre et de l'imprimerie, source de liberté, et la même résistance des forces obscurantistes, incarnées sur l'une par des animaux à la réputation de stupidité, chez l'autre par des mahométans défenseurs de la stupidité. Dans les deux cas, la religion cautionne ce crime contre l'esprit. Le détour par la fiction des animaux ou des orientaux correspond à une même intention de se protéger de la censure, bien qu'au total la fiction soit assez transparente.

## *PERSPECTIVES* (p. 77)

■ **Cesare Beccaria, *Des délits et des peines.***

**LIRE : Contre une pratique absurde**

**1- La logique de la démonstration**

La critique de la peine de mort repose sur deux arguments qui adoptent successivement le point de vue de la loi et celui du *sentiment général* (l. 16). D'une part, les lois, dont l'objectif est de pacifier la société, ne peuvent pas donner l'exemple de la cruauté ; par nature, elles se fondent sur l'intérêt général, alors que réclamer la peine de mort relève de l'intérêt particulier. D'autre part, les peuples ne sont pas favorables à la peine de mort, si du moins l'on en juge par la répulsion que suscite le bourreau. L'argumentation tend donc à faire ressortir une contradiction entre la loi, *expression de la volonté générale*, et la volonté générale elle-même, telle qu'on peut la voir à travers le regard porté sur le bourreau.

**2- Un argument paradoxal**

L'argument du bourreau est paradoxal en ce qu'il feint d'adopter le point de vue des partisans de la peine de mort en faisant l'éloge de cette fonction. Beccaria souligne ce paradoxe par des indices d'ironie : *un* ***bon*** *citoyen... au* ***bien*** *de tous, l'instrument* ***nécessaire****... les* ***vaillants*** *soldats...* (l. 20-22). Cette accumulation de marqueurs positifs pour assimiler le bourreau aux agents innocents du maintien de l'ordre, à l'intérieur comme à l'extérieur, suggère que Beccaria n'adhère pas à ce qu'il énonce.

## PISTES

■ **Pour une séquence**

• **Le discours ironique** (objets et formes) : Fontenelle, *Histoire des oracles*, p. 74 ; Voltaire, *Le Mondain*, p. 78 ; *Essai sur les mœurs*, p. 346 ; Roïdis, *La Papesse Jeanne*, p. 91 ; *Les Dossiers du Canard*, p. 289.

• **La religion en question** : (pratiques et spiritualité ; formes et genres de la satire ; d'une époque à l'autre) : Marguerite de Navarre, *La Comédie de Mont-de-Marsan*, p. 30 ; Rabelais, *Le Quart Livre*, p. 31 ; Pascal, *Les Provinciales*, p. 286 ; Voltaire, *L'Ingénu*, p. 82 et 287 ; *Candide*, p. 340 ; Sade, *Dialogue d'un prêtre et d'un moribond*, p. 88 ; Roïdis, *La Papesse Jeanne*, p. 91 ; M. Aymé, *Le Vin de Paris*, p. 342.

■ **Exercice complémentaire : Écriture**

Relevez et analysez dans le texte de Voltaire les marqueurs de l'ironie.

■ **Lecture cursive** : C. Beccaria, *Des délits et des peines*, éd. Flammarion.

■ **Bibliographie** : V. Jankélévitch, *L'Ironie*, éd. Flammarion, 1963 ; M. Porret, *Beccaria et la culture juridique des Lumières*, éd. Droz, 1997.



# Voltaire
# *Le Mondain* (p. 78)

## « Le superflu, chose très nécessaire »

## APPROCHES

■ **Axes d'étude :** La poésie didactique. La poésie satirique (p. 172). Le commerce et le luxe. Le sauvage et la civilisation.

■ **Préalables :** Rappeler l'**essor économique** du premier XVIII^e^ siècle, en particulier dans le commerce colonial qui fait la fortune de la compagnie des Indes et des grands ports sur l'Atlantique et qui apporte des produits exotiques de luxe dans les salons parisiens.

■ **Vérifier** la compréhension de : *arts*, v. 10 (= arts libéraux et arts mécaniques, c'est-à-dire arts et techniques) ; *honnête homme*, v. 12 (= homme de goût et de bonne compagnie) ; *immonde*, v. 13 (= moralement impur, terme à connotation religieuse) ; *siècle de fer*, v. 21 (le dernier et le pire des quatre âges de la mythologie, après l'or, l'argent, l'airain).

**LIRE : Les plaisirs de la civilisation**

**1- La construction de l'extrait**

• Un passage construit sur l'opposition entre un âge d'or mythique que Voltaire refuse de reconnaître comme heureux (v. 1-4), parce qu'il ne connaissait pas le raffinement (v. 47-49), et le temps d'aujourd'hui, *ce siècle de fer* (v. 21), source d'abondance et de plaisirs en tous genres. Sur cet antagonisme se greffe une opposition entre le *Je* de Voltaire, omniprésent au début (v. 5-13), et les partisans du *bon vieux temps* (v. 1).

• Les éléments nécessaires au plaisir de l'homme sont des objets qui satisfont ses sens : les articles de luxe, comme les *vins* (v. 29), les nourritures raffinées (v. 19), les *arts de toute espèce* (v. 10), la nécessaire *propreté* des corps (v. 41-45). Ne pas réduire néanmoins l'idéal voltairien à cet aspect purement matériel. Faire la part de la provocation qui consiste à revendiquer un bien-être visé par les censeurs.

**2- L'abondance**

Outre le luxe et le plaisir, l'abondance témoigne de l'essor du commerce, de sa mission civilisatrice et de la vitalité des nations qui le pratiquent (v. 24-29 :

visions exotiques évoquant l'expansion géographique des échanges). Le monde est conçu comme un tout ; l'humanité, séparée par les océans, les nationalités ou les religions, est réunie grâce au commerce – *réuni* (v. 23), *heureux échange* (v. 26) – : tous les hommes dépendent les uns des autres. L'abondance, à laquelle les peuples finissent par se rallier, est donc source de progrès pour l'humanité : elle civilise les peuples les plus lointains.

### 3- Les cibles de Voltaire

Indéterminée au départ (v. 1), la cible de Voltaire se précise rapidement. S'il mentionne d'abord le temps mythologique de l'âge d'or (v. 1-3), le texte s'oriente ensuite vers l'histoire religieuse : *le jardin de nos premiers parents*, v. 4. On relèvera les allusions ironiques à la religion : *nos pauvres docteurs*, v. 7 ; *Ce temps profane*, v. 8 ; *pour mon cœur très immonde*, v. 13 ; les vers 36-49 évoquent Adam et Ève par des désignations impertinentes (*mon gourmand, mon bon père, madame Ève*) ; ils sont provocateurs en ce qu'ils présentent une image anticonformiste du couple primitif, enlaidi par la saleté et la misère (contrairement à la tradition iconographique qui le représente toujours très beau), Ève n'ayant pas nécessairement le plus mauvais rôle. L'allusion aux vins de France, *vainqueurs des musulmans* (v. 28), suggère ironiquement que le luxe et l'abondance française sont d'une plus grande efficacité que toutes les croisades.

### Conclusion

Cet éloge des temps modernes séduit par l'aisance et la gaieté du ton. Entre conversation et provocation, la poésie acquiert une portée philosophique et subversive par sa légèreté et par un épicurisme qui place résolument le bonheur ici-bas.

## ÉCRIRE

Pour Voltaire, l'évolution de la civilisation est extrêmement positive, à la fois pour l'*honnête homme* européen qu'il prétend représenter, et qui jouit désormais d'une abondance d'objets superflus et plaisants, mais aussi pour les autres peuples qui bénéficient de la multiplicité des échanges.

On montrera l'actualité de cette question : la mondialisation des échanges commerciaux, suggérée et souhaitée dans ce texte, est-elle source de bien-être pour l'humanité ?

On pourra organiser une réflexion autour des éléments suivants :

**• Aspects positifs de la mondialisation :**
– multiplicité des produits échangés → plaisir de la variété ;
– interactions des peuples entre eux → recul des conflits ;
– seule possibilité, à terme, pour nourrir les milliards d'êtres humains de la planète.

**• Aspects négatifs de la mondialisation :**
– risque de standardisation des produits et de la domination de quelques-uns (Coca-Cola, MacDonald…) ;
– danger de monopole de la culture anglo-saxonne, l'anglais servant de langue commune ;
– course à la production → risque, dans le domaine alimentaire, de produits dangereux.

Les jeux sont donc encore ouverts ; il dépend des gouvernants et des peuples les plus avancés d'obtenir que la mondialisation des échanges ne profite pas seulement à quelques-uns, qui y trouveront un surcroît de luxe et de plaisir, mais qu'elle permette un développement plus harmonieux de l'ensemble de la planète.

## *PERSPECTIVES* (p. 79)

### ■ Rousseau, *Discours sur l'origine de l'inégalité.*

**LIRE : Deux thèses opposées**

Les thèses de Voltaire et de Rousseau sont radicalement opposées dans leur conception du bonheur : pour l'un, le bonheur provient de la vie en société et de ses avantages matériels, tandis que l'autre nie que l'homme puisse être heureux dans la société. L'homme sauvage, dont les besoins sont limités, a en revanche tout en lui pour être heureux.

Voltaire choisit pour exprimer sa thèse un ton léger, enjoué, maniant discrètement l'ironie, et qui s'accorde avec la joie de vivre en société. Le ton de Rousseau est plus démonstratif, sans humour, en accord avec une thèse plus austère, fondant le bonheur sur la limitation des désirs. Tous deux prônent en fait l'**épicurisme**, mais un épicurisme au sens primitif de restriction des besoins pour Rousseau, et un épicurisme au sens commun de satisfaction des désirs pour Voltaire.

**ÉCRIRE**

– La nature = le monde naturel, l. 23, p. 88.
– La nature = principe créateur, parfois plus ou moins assimilé à Dieu : *Nature sage*, v. 5, p. 78 ; l. 2, p. 79 ; l. 18, p. 79 ; l. 30, p. 81.
– La nature = le monde, v. 30, p. 78.
– La nature = le monde sans la civilisation, *la pure nature*, v. 50, p. 79 (ironique) ; *vie civile ou naturelle*, l. 26, p. 79 ; *l'état de nature*, l. 45, p. 79 ; l. 34, p. 80 ; *liberté naturelle*, l. 18, p. 80.
– La nature = ce qui est inné, et donc commun à tous les hommes, en particulier dans l'expression *droit naturel* (l. 5, l. 21, p. 81) par opposition au droit promulgué par la société civile.

La nature apparaît pour les philosophes des Lumières comme une notion intellectuelle aux contours flous, mobiles, autour de laquelle se dessine leur conception du bonheur. Pour les uns, comme Voltaire, la nature est un état à dépasser, tandis que pour d'autres, comme Rousseau, elle demeure le point de repère auquel se mesure le bonheur. Manque, dans les textes proposés, la conception d'une nature « naturelle », source de bonheur champêtre pour l'homme. On la trouvera dans les *Rêveries du promeneur solitaire* de Rousseau et dans les œuvres préromantiques en général.

## PISTES

■ **Pour une séquence**

• **Poésie légère, poésie sérieuse** (thèmes et formes poétiques ; l'implicite ; humour, satire, philosophie ?) : Régnier, *Satires*, p. 56 ; Du Bellay, *Les Regrets*, p. 172 ; Saint-Amant, « Le paresseux », p. 57 ; Prévert, *Paroles*, p. 232 ; Queneau, *Sonnets*, p. 234.

• **Littérature et nature** (significations ; philosophie ; représentation) : Chateaubriand, *René*, p. 100 ; W. Scott, *Le Lai du dernier ménestrel*, p. 101 ; Hugo, *L'Homme qui rit*, p. 102 ; Gombrowicz, *Les Envoûtés*, p. 110.

■ **Texte complémentaire**

**J.-J. Rousseau, *La Nouvelle Héloïse*, cinquième partie, VII, 1761.**

*On pourra rapprocher de Voltaire l'image que Rousseau donne du bonheur (cadre, composantes, expression) à travers cette célèbre lettre sur les vendanges dans la propriété idéale de Clarens.*

Vous ne sauriez concevoir avec quel zèle, avec quelle gaieté tout cela se fait. On chante, on rit toute la journée, et le travail n'en va que mieux. Tout vit dans la plus grande familiarité ; tout le monde est égal, et personne ne s'oublie. Les dames sont sans airs, les paysannes sont décentes, les hommes badins et non grossiers. C'est à qui trouvera les meilleures chansons, à qui fera les meilleurs contes, à qui dira les meilleurs traits. L'union même engendre les folâtres querelles, et l'on ne s'agace mutuellement que pour montrer combien on est sûr les uns des autres. On ne revient point ensuite faire chez soi les messieurs ; on passe aux vignes toute la journée ; Julie y a fait faire une loge où l'on va se chauffer quand on a froid, et dans laquelle on se réfugie en cas de pluie. On dîne avec les paysans et à leur heure, aussi bien qu'on travaille avec eux. On mange avec appétit leur soupe un peu grossière, mais bonne, saine, et chargée d'excellents légumes.

■ **Lecture cursive** : J. Cazeneuve, *Bonheur et civilisation*, Gallimard, 1966.

■ **Bibliographie** : R. Mauzi, *L'Idée du bonheur dans la littérature et la pensée françaises au XVIII^e siècle*, Albin Michel, 1994.

INDIVIDU, POLITIQUE ET SOCIÉTÉ

## Rousseau
# Du contrat social

p. 80

### « Chacun se donnant à tous ne se donne à personne »

## APPROCHES

■ **Axes d'étude :** L'argumentation (p. 294). Le paradoxe (p. 516). Liberté et vie sociale.

■ **Préalables :** Rappeler que *Du contrat social* se fonde sur la volonté de légitimer l'état politique et de comprendre pourquoi les hommes ont tendance à abandonner leur liberté naturelle pour se regrouper. Son objectif est de trouver le moyen de préserver au sein de la vie sociale la plus grande liberté possible.

■ **Vérifier** la compréhension de : *la nature de l'acte*, l. 10 (= la nature de cet accord).

## LIRE : Société et liberté

### 1- Un paradoxe

Tout l'extrait est fondé sur l'affirmation d'un paradoxe : comment fonder la liberté des citoyens par un contrat où chacun abandonne sa propre liberté ? Rousseau multiplie les expressions qui, à l'aide d'une antithèse, soulignent ce paradoxe. Les plus significatives : *par laquelle chacun s'unissant à tous n'obéisse pourtant qu'à lui-même* (l. 4-6) ; *chacun se donnant à tous ne se donne à personne* (l. 36).

### 2- La rigueur de l'argumentation

• **Le 1^er^ §** pose le problème à résoudre et affirme que le contrat social y apporte une solution.

• **2^e^ §, 1^re^ caractéristique :** les clauses du contrat ne sont pas négociables : en modifier une revient à rompre le contrat. En conséquence, on retrouve partout les mêmes clauses de contrat. Idée paradoxale qui présuppose que le contrat existe plus ou moins implicitement dans toutes les sociétés.

• **3^e^ §, 2^e^ caractéristique :** les clauses se réduisent à une seule : *l'aliénation totale de chaque associé avec tous ses droits à toute la communauté* (l. 22-24).

Idée justifiée par **3 arguments :**

– ***Car, premièrement*** (l. 24-25) : égalité de tous ;

– ***De plus*** (l. 29) : parfaite entente entre les associés → une forme de fraternité ;

– ***Enfin*** (l. 36) : liberté préservée, puisque l'on ne se donne à personne en particulier.

**Conclusion : *donc*** (l. 40) : formulation du contrat et réponse au problème posé en introduction.

On peut montrer, sans trop forcer le texte, que Rousseau fonde sa démonstration sur l'idée que le contrat procure égalité, fraternité et liberté aux associés.

### 3- « Liberté naturelle » et « état de nature »

Ni la *liberté naturelle*, ni *l'état de nature* ne sont dans ce texte des valeurs positives. Le retour à la première (l. 18) provient d'une rupture du pacte social (*étant violé,*

l. 16) ; la liberté naturelle s'oppose à la *liberté conventionnelle* que procure le contrat social (l. 19). Tout le texte valorise cette dernière. Quant à *l'état de nature* (l. 34), il caractérise l'état d'un groupe humain privé de contrat social. Les lignes 31-35 suggèrent que cet état de nature est ce qu'il faut combattre pour éliminer toute velléité de domination d'un individu. De l'état de nature naît, sinon la tyrannie, du moins l'échec du contrat social (l. 35). Ainsi, *liberté naturelle* et *état de nature* désignent le mode de vie des hommes avant l'établissement du pacte social.

### 4- Liens entre contrat social et liberté

Le contrat social ainsi conçu n'entrave pas la liberté, car il met les citoyens à égalité ; aucun d'entre eux ne prenant le pouvoir, tous conservent les mêmes droits. Pour Rousseau, agir pour la communauté, ce n'est pas abdiquer sa liberté. Seul le lien très fort qu'il établit entre égalité et liberté permet, à ses yeux, de sauvegarder la liberté de chacun. Mais on pourra se demander si la liberté ne repose pas sur l'affirmation de valeurs plus individuelles (voir « **Dire** »).

### Conclusion

Un texte très charpenté qui conserve une grande actualité. S'interroger sur la nature et la légitimité de la *volonté générale*, l. 42 (Diderot, ► p. 81). Insister sur l'importance du *Contrat social* pour le mouvement intellectuel prérévolutionnaire.

## DIRE

- **Avantages** du contrat social pour la démocratie :

– rempart contre la tyrannie ;
– limitations des inégalités entre les associés → progrès vers un droit communautaire.

- **Inconvénients :**

– risque de substitution de la tyrannie du groupe à la tyrannie d'un individu. Le XX^e^ siècle a montré que ce n'est pas mieux. On peut voir dans certaines interprétations du *Contrat social* les racines du totalitarisme ;
– pas d'émulation entre les associés qui, quels que soient l'activité fournie ou les biens portés au pot commun, n'en tirent aucun avantage supplémentaire.

Le problème posé par Rousseau reflète les conflits idéologiques d'aujourd'hui entre tenants du libéralisme et partisans d'une forme politique inspirée du socialisme. Montrer que beaucoup de régimes politiques actuels reposent sur un équilibre entre ces deux tendances.

## *PERSPECTIVES* (p. 81)

■ **Diderot, *Encyclopédie*.**

**LIRE : Intérêt particulier et volonté générale**

### 1- Le mot *naturel*

Terme employé dans l'expression *droit naturel* avec le sens de « fondé sur la nature », désignant un droit qui n'est pas formulé, mais découle de la nature humaine (l. 20-22). Diderot rejette en revanche les significations de *naturel* qui portent sur la nature d'un être en particulier.

Pour Diderot, le *droit naturel* correspond à tout ce que *la volonté générale* autorise : il désigne les lois minimales, mais inaliénables que les hommes jugent nécessaires à leur bonheur dans la société.

### 2- L'énonciation

Diderot donne une forme dialoguée à son article :
– marques de 1^re^ personne : l. 23 ;
– marques de 2^e^ personne : l. 5-23 ;
– argumentation sous la forme de réplique : *Dites-vous souvent*, l. 20-22 ; d'objection : *Mais, me direz-vous…* l. 23-24 ; de question-réponse (l. 23-32).

Il s'agit d'un faux dialogue didactique (► p. 320) où l'un des interlocuteurs détient un savoir qu'il veut faire découvrir à l'autre. Cette structure donne un aspect vivant à une démonstration bien théorique par ailleurs.

### 3- Sens de la dernière phrase

La dernière phrase (l. 25-32), tend à montrer l'universalité de la volonté générale qui contient les *droits naturels* de l'humanité. L'énumération en decrescendo (*principes du droit écrit, actions sociales, conventions tacites, passions*) traduit l'idée que cette *volonté générale* se trouve inscrite dans tous les systèmes d'organisation sociale, des plus policés aux plus rudimentaires, propres aux nations les plus civilisées comme aux relations des animaux entre eux.

## ÉCRIRE

Contrairement à Rousseau, Diderot ne subordonne pas la liberté de l'individu à la volonté générale. Il pose en principe que l'homme a droit à tout ce que l'espèce humaine ne lui conteste pas, mais il ne réclame pas de chacun qu'il cède tous ses droits à la communauté. En théorie, l'individu peut donc garder une part propre.

En pratique, il n'est pas sûr que cette conception de la volonté générale laisse plus d'autonomie aux individus que celle de Rousseau, puisque ce qui importe davantage, c'est *cette conformité de vous à eux tous, et d'eux tous à vous* (l. 14-15). Le parallélisme même de l'expression, semblable à *chacun se donnant à tous ne se donne à personne* (Rousseau, l. 36), suggère que les deux écrivains sont en fait très proches l'un de l'autre.

## PISTES

■ **Pour une séquence : Liberté et organisation sociale** (réalité et utopie ; les valeurs invoquées ; formes et genres de l'argumentation) : Rabelais, *Gargantua*, p. 36 ; La Boétie, *Discours de la servitude volontaire*, p. 37 ; Montesquieu, *L'Esprit des lois*, p. 262 ; Rousseau, *Discours sur l'inégalité*, p. 266 ; Condorcet, *Esquisse…*, p. 268 ; More, *L'Utopie*, p. 328…

■ **Exercice complémentaire : Langue**

Étudiez l'expression de la conséquence dans le paragraphe 2, de la cause dans les paragraphes 3 et 4.

■ **Bibliographie** : *Lumières et liberté*, éd. Seuil, 1998.

## Voltaire
## *L'Ingénu*

p. 82

### « Enfin la grâce opéra »

### APPROCHES

■ **Axes d'étude :** Le récit philosophique (p. 334). La satire de la religion. L'ironie (p. 351).

■ **Préalables :**
Rappeler la présence française au **Canada** – les Kerkabon y ont été tués et leur fils recueilli par sa nourrice indienne : il n'est qu'un Huron d'adoption.

Préciser quelques éléments de **culture religieuse** : la circoncision est pratiquée essentiellement par les juifs ; Jésus préconise l'accomplissement de la Loi judaïque dans son esprit plus que dans sa lettre, et se heurte ainsi aux tenants de la tradition ; la confession est un sacrement de la religion catholique, non reconnu par les protestants, par lequel le fidèle, reconnaissant ses fautes, peut recevoir du prêtre le pardon de Dieu.

■ **Vérifier** que sont compris : *saint Jacques le Mineur*, l. 21 (l'un des 12 apôtres) ; *hérétiques*, l. 22 (= qui soutiennent une opinion contraire à la foi catholique).

### LIRE : Le conte au service de la critique religieuse

#### 1- Le Huron et les Écritures

Elles sont considérées par le Huron comme un récit réel et exemplaire, dont toutes les circonstances et tous les préceptes doivent être pris au pied de la lettre (l. 2-4, 18-20). Cette attitude met en lumière l'**ambiguïté du texte de référence**, et surtout l'attitude des croyants et des religieux, embarrassés par cette rigueur intempestive et empêtrés dans leurs dogmes (l. 22), qui s'avèrent incapables de dégager la spiritualité des Écritures.

#### 2- La critique de la religion

• **Sur les principes :** de deux choses l'une : ou il faut obéir aux Écritures, et il faudrait agir comme l'Ingénu ; ou il faut prendre ses distances avec elles, mais alors pourquoi imposer des cérémonies comme le baptême et la confession ? La religion apparaît comme conventionnelle, prise entre un texte et des usages qui se contredisent.

• **Sur les hommes :** on voit ici agir un prieur et un récollet : l'Église semble faire appel à ses différentes ressources pour la conversion du Huron, non sans divergences sur la méthode à appliquer (l. 20-21, 31-33).

Dans les deux cas, c'est le dogmatisme qui est visé.

#### 3- Les interventions du narrateur

**Portrait moral :** il manifeste une certaine condescendance pour le milieu provincial de la Basse-Bretagne (l. 30) et se place en **observateur extérieur** qui regarde avec ironie le déroulement des opérations (*Enfin la grâce opéra*, l. 1).

Il reste dans l'ensemble **très discret** : la narration serre de près la réalité des faits, rapportés avec le plus grand détail et la plus grande naïveté apparente (voir notamment l. 23-33). Toutefois l'**humour voltairien** affleure constamment : les pieuses dames intéressées par l'intégrité physique du jeune homme (l. 8-11) ; le récollet sommé de se confesser et réduit par la force au nom de la religion (l. 23-30), autant d'évocations allègres caractéristiques de Voltaire. Celui-ci formule par ailleurs des remarques plus générales sur un ton satirique (*ce qui est assez rare*…, l. 15-16). Il met en cause ironiquement l'intolérance et l'hypocrisie religieuses : *ces mots qui font tant de peine aux hérétiques* (l. 21-22). On peut comprendre que l'inquisition réclame aux hérétiques des aveux (*confessions*) par la torture (*tant de peine*).

Ces interventions du narrateur font sourire le lecteur, qui est ainsi conduit à adopter le point de vue de Voltaire sur la religion.

#### Conclusion

Un épisode pittoresque et des situations comiques ; « l'ingénuité » (réelle) du héros et (feinte) du narrateur souligne les contradictions d'une religion dogmatique et formaliste. En arrière-plan, mise en cause de la religion révélée, s'appuyant sur un texte obscur qu'elle prend à la lettre.

### PISTES

■ **Pour une séquence : La religion en question** (▶ *supra*, p. 60).

■ **Exercice complémentaire : Écriture**
En vous fondant sur ce passage de *L'Ingénu*, vous imaginerez, sous la forme d'un dialogue philosophique (▶ p. 88, pp. 297-303), l'une des discussions du Huron et du prieur.

## Beaumarchais
## *Le Mariage de Figaro*

p. 83

### « Hommes plus qu'ingrats ! »

### APPROCHES

■ **Axes d'étude :** La condition des femmes. Le dialogue (p. 320). L'art oratoire (p. 276).

■ **Préalables :**
Rappeler l'impact politique et le succès de la pièce. Signaler que la scène a été ôtée par Beaumarchais à la demande des comédiens qui craignaient « qu'un morceau si sévère n'obscurcît la gaieté de l'action » (préface).

Préciser la place juridique de **la femme**, considérée comme une mineure, politiquement et socialement. Les grands salons dirigés par des femmes (► p. 72) ne doivent pas faire oublier cette réalité.

■ **Vérifier** la compréhension de : *leurrées*, l. 21 (= trompées), *traitées en mineures pour nos biens*, l. 22-23 (= la gestion des biens des femmes est confiée à des hommes).

## LIRE : La cause des femmes

### 1- Les arguments de Marceline

• Responsabilité des hommes : *les séducteurs nous assiègent*, l. 7 ; *jouets de vos passions*, l. 13 ; *considération dérisoire*, l. 21. Hypocrisie : ils sont à la fois les suborneurs et les juges de leurs victimes (l. 9-10 ; l. 12-13).

• Condition sociale difficile de bien des femmes : *la misère nous poignarde* (l. 8) ; on leur ôte même le travail de la broderie qui, normalement, était réservé aux filles dans le besoin (l. 14-18) ; maintenues en *servitude*, même dans les classes élevées (l. 22).

• Condition juridique des femmes : *sitôt qu'on m'a permis d'user de ma raison* (l. 5-6), *traitées en mineures* (l. 22).

Le jugement des hommes se trouve donc discrédité, qu'il s'agisse d'un simple jugement moral (l. 9-10), ou d'un jugement en justice (l. 15).

### 2- L'exaltation rhétorique

– Phrases exclamatives, l. 2-5, 9-10, 12-13, 20-24.
– Interrogations rhétoriques, l. 6-9, 16-17.
– Apostrophes aux hommes, l. 12-16, 23-24.
– Hyperboles : *tant d'ennemis*, l. 9 ; *dix infortunées*, l. 10 ; *plus qu'ingrats*, l. 12 ; *mille ouvriers*, l. 18.
– Antithèses expressives : *une enfant ≠ tant d'ennemis rassemblés*, l. 8-9 ; *c'est vous ≠ erreurs de notre jeunesse*, l. 13-14 ; *rangs même plus élevés ≠ considération dérisoire*, l. 20-21 ; *respects apparents ≠ servitude réelle*, l. 22.
– Balancements, l. 7-8, 22-23.

### 3- Les interventions de Figaro

Elles sont là pour interrompre la tirade de Marceline, alléger un discours compact, mais aussi le relancer. Ces interventions sont marquées par une progression de l'indignation. La dernière intervention est d'ailleurs soulignée par celles, parallèles, du Comte et de Brid'oison.

### Conclusion

Un texte véhément, qui tranche sur le ton de *La Folle Journée*. Une revendication féministe avant l'heure, mais qu'il faut tempérer par l'aspect ludique de la *Journée* ; à la fin de la pièce, tout rentre d'ailleurs dans l'ordre : les femmes pardonnent à « ce fier, ce terrible… et pourtant un peu nigaud de sexe masculin » (IV, 16).

## PISTES

■ **Pour une séquence : Regards sur la condition des femmes** (stéréotypes et clichés ; formes du féminisme ; histoire et formes littéraires) : Thibaut de Champagne, « Je suis comme la licorne », p. 16 ; Chrétien de Troyes, *Lancelot*, p. 18 ; Hooft, *Correspondance*, p. 58 ; Molière, *Les Précieuses ridicules*, p. 59 ; Madame de La Fayette, *La Princesse de Clèves*, p. 60 ; Hugo, *Le roi s'amuse*, p. 104 ; Musset, *On ne badine pas avec l'amour*, p. 306 ; *Dictionnaire de l'Académie française*, p. 47 ; Larousse, *Grand Dictionnaire universel du XIX^e siècle*, p. 275.

■ **Lecture cursive** : Beaumarchais, *Le Barbier de Séville*.

■ **Bibliographie** : S. Lecarpentier, *Le Langage dramatique de la trilogie de Beaumarchais, éd.* Nizet, 1998.

# LES GENRES EN QUESTION

## Crébillon
## *La Nuit et le Moment* (p. 84)

« Je meurs de ton amour et du mien. »

## APPROCHES

■ **Axes d'étude :** Le libertinage. Passion amoureuse et jeux rhétoriques. La confusion des genres : le dialogue, entre roman et théâtre.

■ **Préalables :** Préciser que nous sommes là au moment où se rejoignent le plaisir des mots et celui des sens, dans la plus pure logique libertine. Cidalise va céder et devenir l'objet d'une des histoires que Clitandre lui conte, même s'il jure au matin que leur histoire ne ressemble en rien à celles qu'il lui a racontées.

## LIRE : Conquête amoureuse et jeu littéraire

### 1- L'argumentation de Clitandre

• Clitandre commence par feindre d'être satisfait de la proposition de Cidalise de coucher avec lui la nuit suivante, mais il objecte la gêne qu'il éprouvera à la voir au cours de la journée en attendant ce moment (l. 4). C'est à partir de cette impossibilité de masquer son amour qu'il bâtit son argumentation pour faire céder Cidalise.

– 1^er^ argument : il ne peut répondre de ses yeux qui risquent d'éclairer des personnes malintentionnées sur leurs sentiments. Ses yeux ne sauront dissimuler son amour (l. 8-15).

– 2^e^ argument : il y a de la cruauté à différer cette promesse amoureuse, à le maintenir dans cette impatience amoureuse (l. 16-17).

– 3e argument : Cidalise ne doit pas craindre qu'une fois satisfait il ne la délaisse (l. 18-21).

• D'après ces dernières lignes (18-21), Clitandre aspire à une *volupté plus tranquille*, celle de l'amour satisfait, mais cette satisfaction n'ôtera rien à l'amour qu'il porte à Cidalise, puisque, ses désirs étant plus forts que tout ce qu'elle peut accorder, ils subsisteront une fois que Cidalise aura cédé.

**2- Les différences de style**

• **Le discours argumenté de Clitandre** (► question **1**) s'exprime par des phrases très construites et des figures destinées à peindre sa passion amoureuse :

– épanorthoses (figure jouant sur deux propositions, la seconde rectifiant la première) qui traduisent le discours calculé, l. 2-4, 5-6 ;

– période, l. 11-18 ;

– antithèse précieuse, l. 14-15 ;

– tournures hyperboliques, l. 12, l. 16.

• **Le discours de Cidalise** est au contraire marqué par la spontanéité, par la simplification de la phrase (l. 22-26).

Il traduit le plaisir amoureux :

– phrases courtes, hachées par la ponctuation qui exprime le halètement des sentiments ;

– progression vers l'aphasie (l. 25) de la « petite mort » : *je meurs de ton amour et du mien.*

Après l'intervention du narrateur qui, dans la didascalie, jette un voile pudique sur la scène, le discours de Cidalise se reconstruit, mais il conserve une forme de naturel que n'avait pas celui de Clitandre.

**3- La didascalie**

Quoique impropre, le terme « didascalie » correspond bien à la logique de cette intervention du narrateur au sein d'une structure essentiellement dialoguée. Ainsi placée, elle crée une sorte de pause sur la scène érotique. Prétendant la masquer, elle ne fait en réalité que la souligner. Elle établit finalement une distance vis-à-vis des codes du récit amoureux, en particulier de celui qui veut que l'instant suprême soit discrètement passé sous silence. Cette didascalie met également le spectateur dans la connivence avec l'auteur (l. 32) : elle souligne au passage l'artifice de la création romanesque.

**Conclusion**

Un texte qui introduit le lecteur dans la fabrique du roman dont il exhibe certains clichés. Exemple même du libertinage qui se joue des codes de l'amour hors mariage dans le petit monde de l'aristocratie parisienne.

## *PERSPECTIVES* (p. 85)

■ **Laurence Sterne,**
***Vie et opinions de Tristram Shandy.***

**LIRE : Entre sublime et dérision**

**1- La dérision**

La dérision vis-à-vis des codes du récit amoureux s'exerce à trois niveaux : le récit de Trim, les interventions de Toby et les commentaires du narrateur.

• **Le récit de Trim**

– Cliché du cadre et du contexte pour l'entrée en scène de la Béguine : moment, *minuit*, l. 8 ; contexte, *la quiétude et le silence*, l. 7.

– La manière dont Trim souligne la progression de l'amour en liaison avec la progression du massage.

– La naissance sur commande de l'amour : *l'idée me vint…*, l. 23-24.

• **Les interventions de Toby**, qui ramène le récit de la passion amoureuse à sa juste valeur en nuançant la passion de Trim (l. 27), en la ramenant à une histoire (l. 36-38), en faisant ressortir les clichés amoureux (l. 55-56) par l'anticipation de la suite.

• **Les commentaires du narrateur**, à la fin de l'extrait, qui font explicitement référence aux codes du « romanesque amoureux ». Le narrateur interrompt l'histoire, refuse d'en donner une fin et souligne ainsi l'aspect convenu du déroulement de la passion amoureuse dans la littérature. À comparer à des romans ou des films qui imaginent plusieurs fins possibles pour une même histoire (voir les spéculations de Diderot sur le dénouement de *Jacques le Fataliste* ; les deux fins que John Fowler propose pour *The French Lieutenant's Woman*…). Le narrateur souligne que l'on a affaire à un récit rétrospectif, ce qui conduit le lecteur à prendre ses distances avec l'histoire (l. 28-29, 39-41).

**2- Représentation élevée ou triviale de l'amour**

On fera ressortir l'ambiguïté de cette représentation de l'amour.

• **Aspect élevé de l'amour**

– En apparence, cet amour naît de la simple contemplation d'une belle main. Toute la passion amoureuse est concentrée autour de cette main, partie traditionnellement valorisée du corps féminin (voir les blasons du XVIe siècle).

– L'attitude de la Béguine, qui paraît reposer sur l'altruisme et l'amour du Christ (l. 44-45).

• **Aspect trivial de l'amour**

En fait, les éléments à même de conduire le lecteur vers une image élevée de l'amour peuvent aussi très facilement recevoir une autre signification et suggérer la trivialité du sentiment.

– Tout le jeu de massage de la Béguine progresse vers une sensualité de plus en plus marquée, qui culmine avec l'extase amoureuse suggérée malicieusement (l. 48-54).

– Ironie de l'expression de la Béguine : *J'en ferais mille fois plus… pour l'amour du Christ* (l. 44-45), soulignée par l'hyperbole.

C'est l'aspect trivial de l'amour qui l'emporte, en accord avec la dérision dont fait preuve le texte vis-à-vis des codes de la représentation littéraire de l'amour.

## PISTES

■ **Pour une séquence**

• **Le dialogue : entre théâtre et roman** (modalités et fonctions des interférences) : Martin du Gard, *Les Thibault*, p. 283 ; Camus, *La Chute*, p. 318 ; A. Nothomb, *Hygiène de l'assassin*, p. 319.

• **Liberté et libertinage au XVIIIe siècle** (définitions ; les attitudes et leurs enjeux ; leur expression littéraire) :

Diderot, *Le Neveu de Rameau*, p. 300 ; Crébillon, *Les Égarements du cœur et de l'esprit*, p. 315 ; Laclos, *Les Liaisons dangereuses*, p. 418-421.

■ **Exercice complémentaire : Oral**
Vous comparerez ce passage de *Tristram Shandy* à la fin de *Jacques le Fataliste*, où Diderot mentionne avec humour ses emprunts à Sterne (p. 300-302, éd. Flammarion, 1997).

■ **Bibliographie** : Y. Stalloni, *Les Genres littéraires*, éd. Nathan, 2001 ; V. Géraud, *La Lettre et l'Esprit de Crébillon fils*, éd. Sedes, 1995.

## IMAGES : LES LUMIÈRES

p. 86

### APPROCHES

■ **Préalables :** Préciser un aspect qui n'apparaît pas ici, à savoir que l'image joue tout son rôle dans le mouvement des Lumières : source de savoir, la gravure est un élément clé de l'*Encyclopédie*. La peinture est par ailleurs analysée, commentée, devenant elle-même objet de savoir.

### VOIR : Entre rococo et néo-classicisme

**1- *Renaud dans le jardin d'Armide***

Tout l'art de Fragonard tend ici à donner l'impression du mouvement et de la vie.

• **La composition** : la dynamique du tableau est organisée autour de deux axes qui convergent vers Armide, le personnage féminin de droite ; l'un suit la tache claire du sol, depuis les pieds du héros jusqu'à la partie claire de droite en passant aux pieds d'Armide ; l'autre suit la ligne des arbres, passe par le visage d'Armide, suit son bras et croise l'axe précédent juste derrière elle. Cette composition met en valeur le personnage d'Armide qui est ainsi à l'issue d'un mouvement dont Renaud est l'origine.

• **Le décor** : le décor, végétal, est traité de la même manière dynamique. Les arbres ressemblent à des vagues ou à des nuages qui convergent en direction d'Armide. Les végétaux de couleur brune constituent, eux, une sorte d'écrin qui abrite l'enchanteresse. Le décor crée ainsi une tension entre les arbres bleu-vert, dynamiques, et les végétaux bruns. Les premiers sont associés au mouvement de Renaud, tandis que les seconds correspondent à la position d'Armide et de ses suivantes.

• **Les personnages** : les personnages sont organisés selon la même logique. Un groupe dynamique avec Renaud, à gauche, et un groupe réceptif avec Armide à droite. On notera que la gestuelle traduit cette attitude de mouvement ou d'accueil : mouvement du bras de Renaud vers le fourreau de l'épée, lui-même dirigé vers Armide, regard conquérant, pas décidé. Ce mouvement est accompagné et souligné par celui de la jeune femme qui est à sa droite. Leurs vêtements, eux-mêmes en mouvement, renforcent cette impression de tension vers un but. Au contraire, Armide forme avec ses bras un geste d'accueil. L'aspect plus statique du groupe est encore souligné par les femmes qui sont à ses pieds ou à ses côtés.

• **Les couleurs et la touche** : excepté le buste de l'enchanteresse et une partie du visage de la jeune femme à ses pieds, la partie droite du tableau reste dans une ombre relative, tandis que la partie gauche est baignée d'une lumière vive qui accompagne le mouvement. Dans la dialectique de l'ombre et de la lumière, l'ombre est statique et la lumière dynamique. La touche nerveuse de Fragonard souligne ce contraste en dessinant des coups de lumière sur les corps et les vêtements du groupe de Renaud. La touche, par son aspect d'« esquisse », contribue en elle-même à créer un mouvement ; elle dessine des lignes dynamiques pour les personnages de gauche, tandis que sur les personnages de droite, en particulier ceux dont on ne devine que les contours, elle se contente d'une couleur uniforme qui met plus en valeur le foisonnement que le mouvement.

**2- La piété filiale**

Le tableau de Greuze répond à la sensibilité que l'on recherche de plus en plus en littérature, notamment dans la seconde moitié du XVIII^e^ siècle (► p. 71). Toute la composition est organisée autour du vieillard alité, dont la position est soulignée par le drap qui pend sur la rampe d'escalier à l'arrière-plan. La tête du vieillard, vers laquelle convergent tous les regards, constitue le point central du tableau. Le choix des personnages traduit l'intention d'émouvoir. À l'exception de l'homme debout, que Diderot identifie comme le gendre, il n'y a que des femmes et des enfants : tous les visages sont marqués par une tendre et inquiète sollicitude (en particulier ceux de la vieille femme à gauche, sans doute l'épouse, et de l'enfant de droite qui apporte une boisson). Les enfants les plus âgés s'efforcent de mettre leur grand-père à son aise (l'enfant au premier plan arrange les couvertures ; à sa droite une jeune femme redresse un traversin ; une autre fait la lecture devant lui) ; les plus jeunes se contentent de regarder, en glissant leur tête (derrière le vieillard et à sa droite) ; l'un, à sa droite, lui tend même un petit oiseau. Tout est rapporté au personnage principal et partout la commisération règne sur les visages. Le décor s'accorde à cette atmosphère de tristesse attendrie. Le drap pendu souligne la maladie et, évoquant un linceul, annonce peut-être la mort. Les animaux, à droite, ajoutent encore au sentimentalisme de la scène.

**3- L'analyse de Diderot**

Pour Diderot, la peinture doit avoir un but moral et contribuer à l'édification des spectateurs : *toucher*, *instruire*, *corriger*, *inviter à la vertu* (l. 10-11). Cette conception de l'œuvre d'art suppose des tableaux d'une certaine ampleur, susceptibles, comme celui-ci, de raconter une histoire. Cet extrait présente le début de la réflexion de Diderot sur ce tableau ; il part de l'affirmation générale de la fonction de l'art pour aller au détail de l'analyse dont le passage présente les premiers éléments : le tableau est analysé seulement lorsque sont posés les principes du genre.

Cette aspiration à une peinture émouvante, sensible et didactique (*ce vieillard éloquent et pathétique*, l. 20) s'accorde ici avec un style qui privilégie les phrases émotives, interrogatives, mais surtout exclamatives, où domine un vocabulaire moral, sinon moralisateur : *consacré à la débauche et au vice* (l. 8). On notera la progression sémantique des quatre verbes des lignes 10-11. Le dialogue fictif avec le peintre renforce enfin l'image d'une critique concrète, plus fondée sur l'épanchement des sentiments que sur une analyse abstraite du tableau.

**Conclusion**

Deux tableaux en complète opposition. À la fantaisie du style rococo succède, en réaction, le style néo-classique fondé sur des sujets nobles (allégories, mythologie et Antiquité classique) ou moralisants. Il s'agit, comme le suggère Diderot, de régénérer la société.

### ÉCRIRE

On opposera les deux tableaux sur les points suivants :

– **Sujet** : sujet irréaliste et légendaire pour Fragonard ; réaliste et contemporain pour Greuze.

– **Composition** : dynamique chez Fragonard ; statique chez Greuze.

– **Personnages** : séduisants par leur beauté physique chez Fragonard, par leur élévation morale chez Greuze.

– **Couleurs** : gaies et vives chez Fragonard ; plus sombres, malgré des éclats sur les personnages, et assourdies chez Greuze.

– **Décor** : extérieur et stylisé chez Fragonard ; intérieur et réaliste chez Greuze.

– **Fonction du tableau** : plaire (*placere*) chez Fragonard ; enseigner et édifier (*docere*) chez Greuze.

On pourra faire observer aux élèves que le tableau de Fragonard fonde davantage sa légitimité sur sa manière, pour laquelle le sujet n'est qu'un prétexte, tandis que celui de Greuze est tout entier tourné vers le sujet, auquel le style du tableau est soumis. Faire réfléchir les élèves sur ce qui leur paraît le plus important, du sujet ou de la facture.

### PISTES

■ **Exercice complémentaire : Oral**
Sur Diderot, critique de peinture, on pourra rapprocher le *Salon de 1763* du *Salon de 1767* (p. 96).

■ **Bibliographie :** Ph. Minguet, *Esthétique du rococo*, éd. Vrin, 1966 ; Diderot, *Essais sur la peinture*, salons de 1759, 1761, 1763, éd. Hermann.

## LES LUMIÈRES EN QUESTION

## Sade
# *Dialogue d'un prêtre et d'un moribond*

p. 88

## « Aujourd'hui homme, demain ver »

### APPROCHES

■ **Axes d'étude :** Le dialogue philosophique. La critique de la religion.

■ **Préalables :**
Rappeler l'importance, sur le plan religieux, du **moment choisi** : le dernier instant de lucidité du mourant, où il peut se repentir sous peine d'être damné pour l'éternité. Moment où les philosophes (Montesquieu, Voltaire) furent sollicités par des confesseurs pressés d'obtenir le reniement de leurs « erreurs » ; ici **moment plutôt philosophique** : le moribond emportera dans la tombe ses raisonnements victorieux.

Signaler que les longs discours prêtés aux mourants sont une constante du roman (voir dans *La Princesse de Clèves*, la mort de M^me^ de Chartres).

■ **Vérifier** la compréhension de : *réversiblement*, l. 38 (= réciproquement).

### LIRE : Profession de foi athée

**1- Une image paradoxale**

On estime que les philosophes sont des fauteurs de trouble, puisqu'ils remettent en cause la société dans laquelle ils vivent ; le moribond, qui se déclare philosophe contre le partisan de la foi aveugle, montre au contraire que ce sont les fondateurs de religion qui ont jeté le trouble dans les sociétés (l. 4-7). N'est-ce pas là la raison pour laquelle Jésus a été mis en croix (*faire pendre… Hélas ! elle ne l'a que trop fait…*, l. 2-3) ? Loin de bouleverser l'ordre du monde, l'athée n'en respecte que davantage l'**ordre social** (l. 10-13).

Il se donne lui-même comme doux et tolérant (l. 9), faisant apparaître comme tyrannique l'esprit religieux, qui prétend défendre l'infinie bonté de Dieu (l. 27-29).

**2- La conception de la nature**

Toute la démonstration de Sade repose sur l'idée d'une nature indépendante de Dieu. Ce n'est plus Dieu qui, comme le pensait Descartes, a établi les lois de la nature « comme un monarque en son royaume ». La nature est au contraire soumise à ses propres lois dont l'homme n'est qu'un élément parmi d'autres. Sade se situe dans la continuité de la géométrisation et de la mécanisation de la nature entreprise au XVIIe siècle. Son matérialisme s'exprime par le primat de la *raison* (l. 21, 31), qui s'oppose clairement aux *préjugés* (l. 31), parmi lesquels il faut compter le lien de la nature avec une métaphysique. Les lois mathématiques et physiques gouvernent le monde. C'est par la foudre que Sade fait périr Justine, exemple même du matérialisme qui régit les lois de la nature. Dans cet extrait, ce matérialisme s'exprime à travers *l'exemple des générations et régénérations perpétuelles de la nature* (l. 22-23). La nature ainsi n'est pas soumise aux lois d'une quelconque transcendance, puisque c'est à l'infini qu'elle exerce ses transformations (l. 24-25).

**3- La place de l'homme**

Dans une nature indépendante de toute idée de Création, l'homme, créature parmi d'autres, n'a aucune place privilégiée, mais participe seulement au grand mouvement de la nature. Conformément à la pensée de Lucrèce, il semble étranger au monde, perdu dans l'immensité d'une nature indifférente : *aujourd'hui homme, demain ver, après-demain mouche* (l. 24). Sade ramène ainsi l'homme à la matérialité de son corps, refusant à l'esprit la prééminence que s'efforce de lui accorder le prêtre (l. 15). Nulle préoccupation de l'au-delà puisque l'homme, issu du néant, est condamné à y retourner (l. 19).

Ce refus de la transcendance et cette réduction matérialiste de l'homme à son être physique sont évidemment étrangers à la religion, comme l'est aussi l'affirmation que nulle valeur, bonne ou mauvaise, ne régit la vie humaine : l'être humain selon Sade n'est pas gouverné par le sens du bien et du mal, mais par de simples instincts, cette *force irrésistible* (l. 35) par laquelle *nous sommes inclinés* (l. 37). Il n'a donc pas à se déterminer en fonction de la notion de justice ou de morale, mais en fonction d'un ordre social (l. 10-13, question 1).

**Conclusion**

La remise en question des fondements de la morale semble donc déboucher, paradoxalement, sur un conformisme social étonnant à sept ans de la Révolution, et chez quelqu'un qui a eu tant à souffrir de l'ordre monarchique. Mais c'est parce qu'il faut lire dans ce texte l'instauration d'un autre ordre, celui de la **volonté individuelle** contre toute oppression morale et religieuse. On est loin de la vision d'un Sade réduit à une sexualité débridée.

## ÉCRIRE

Les religions sont nuisibles à l'ordre social, puisque leurs fondateurs, à l'image de Jésus, contestent les structures politiques en place. En outre, elles sont en désaccord avec la raison dans la mesure où elles présentent une vision fausse du monde et de l'homme. Alors qu'elles estiment que Dieu régit la nature et l'homme, la raison démontre que nulle force ne gouverne la nature qu'elle-même, et que l'homme n'est soumis à aucune transcendance. Simple jouet d'une nature qui n'est ni bonne ni mauvaise, soumis à ses seuls instincts, il n'a aucune autonomie et toutes les perspectives de rétributions ou de récompenses que les religions lui promettent après la mort ne sont que de vaines images. Ainsi elles apparaissent dangereuses, déraisonnables et trompeuses.

## PISTES

■ **Pour une séquence**

• **La religion en question** (▶ *supra*, p. 60).

• **Le dialogue philosophique au XVIIIe siècle** (personnages, thèmes, enjeux ; stratégies et registres) : Sade, *Dialogue d'un prêtre et d'un moribond*, p. 88 ; Voltaire, *Dialogue du Chapon et de la Poularde*, p. 299 ; Diderot, *Le Neveu de Rameau*, p. 300 ; *Entretien d'un philosophe avec la Maréchale de****, p. 301.

■ **Exercice complémentaire : Oral**

Comment le moribond, face à son adversaire, affirme-t-il la force de ses certitudes ?

**Proposition de corrigé :** Un ton familier, qui manifeste de la condescendance (*mon ami*, l. 19, 23 ; tutoiement alors que le prédicant le vouvoie) ; des expressions méprisantes qui mettent en doute les certitudes du prêtre (*ton prétendu dieu*, l. 27 ; *tes préjugés*, l. 31), opposées à la raison (l. 31) ; l'emploi de formules générales, assertives, martelées (l. 19-25 ; 37-38), combiné avec celui de la première personne (le moribond se pose en observateur attentif, formant son jugement d'après ses expériences et un examen personnel, l. 10, 19, 22) ; des questions rhétoriques véhémentes (l. 22-23, 24-29, 33-35).

■ **Lecture cursive** : Sade, *Français encore un effort si vous voulez être républicains*, Fourbis, 1996.

■ **Bibliographie** : Ph. Sollers, *Sade contre l'être suprême*, éd. Gallimard, 1989.

**Cazotte** p. 89

# *Le Diable amoureux*

## « Mes cheveux se hérissaient »

## APPROCHES

■ **Axes d'étude :** Le fantastique. La dérision. Le Diable.

■ **Préalables :** Situer le roman dans l'histoire du fantastique. Rappeler que la ville d'Herculanum fut ensevelie par une coulée de boue (en 79 ap. J.-C.) et qu'on n'y accède que par des souterrains creusés dans l'épaisseur de la roche. Le début des fouilles date du premier tiers du XVIIIe siècle, et l'intérêt est vif pour ce qui apparaît comme la résurgence du passé.

■ **Vérifier** la compréhension de : *chats-huants*, l. 38 (= espèce de chouette).

## LIRE : Fantastique ou dérision ?

**1- Texte fantastique ou humoristique ?**

• **Éléments fantastiques**

– **Le cadre** : une caverne voûtée, faiblement éclairée, l. 1-5, 38-39.

– **Le contexte** : le *silence*, l. 6 ; le danger, l. 13-16 ; les animaux nocturnes, l. 38.

– **La procédure** : le tracé de la figure magique, l. 6-9 ; la formule magique, l. 20-23, 40-42 ; la soudaineté et l'environnement de l'apparition (*éblouissante*), l. 45.

– **L'inquiétude et l'émotion du narrateur** (*que je n' oublierai jamais*, l. 18-19, *Un frisson…*, l. 43-44), soulignées par les adjectifs affectifs et hyperboliques (*horrible*, l. 47 ; *odieux*, l. 49) qui caractérisent l'apparition monstrueuse.

• **Éléments humoristiques**

– La tonalité goguenarde des propos du *camarade* (l. 6) ; *mon brave* (l. 9) ; *nous vous souhaitons bien du succès* (l. 27) – propos dont le narrateur perçoit la raillerie (l. 36).

– La réponse aux vantardises d'Alvare : les *oreilles démesurées* de l'apparition (l. 48), qu'il s'était promis de tirer (l. 24-25).

– La nature de l'apparition : la note dissonante des oreilles et le *ton assorti au reste de l'apparition* (l. 49).

– L'image que le narrateur donne de lui-même (▶ question 2).

### 2- L'image du narrateur

Le narrateur donne une image ambivalente de lui-même : d'un côté il accomplit courageusement ce qu'il a à faire, du moins l'affirme-t-il (l. 25-26), raisonne face au danger (l. 31-36), mais de l'autre il se présente comme un *fanfaron* (l. 30), qui se rassure tant bien que mal (l. 40), et qui est l'objet de la raillerie des autres (l. 36). Un personnage partagé d'autre part entre le doute (*On a voulu m' effrayer…*, l. 33-36) et l'adhésion au surnaturel.

### Conclusion

Un texte ambigu, qui préfigure l'épanouissement du fantastique dans la littérature romantique : l'ensemble du roman joue sur le fait qu'on ne sait jamais si les diverses péripéties procèdent de la seule imagination du héros ou du surnaturel.

## PISTES

■ **Pour une séquence : Diable et sorcières** (formes et sens de la représentation diabolique : terreur, parodie…) : Goethe, *Faust*, p. 12 ; Shakespeare, *Macbeth*, p. 53 ; Cazotte, *Le Diable amoureux*, p. 89 ; Boulgakov, *Le Maître et Marguerite*, p. 111 ; Valery, *Mon Faust*, p. 303.

# L'HÉRITAGE DES LUMIÈRES

## *Déclaration des droits de l'Homme et du Citoyen* (p. 90)

### « Des droits naturels et imprescriptibles »

## APPROCHES

■ **Axes d'étude :** Héritage politique des Lumières. Principes de la démocratie. Stylistique d'une déclaration .

■ **Préalables :** Rappeler le contexte de la rédaction de la Déclaration (les États généraux se proclament Assemblée constituante le 9 juillet 1789). Insister sur l'idée que par le biais de la déclaration, c'est le droit naturel (p. 81) qui devient une loi écrite. Déclarer suppose une démonstration, mais aussi une action et une volonté. En cela, la Déclaration de 1789 est l'archétype de toutes les déclarations qui suivront. C'est un acte et un document essentiel pour l'histoire française et mondiale.

## LIRE : À l'aube de la Révolution

### 1- Les droits de l'individu

Ils correspondent peu ou prou à la devise que lancera en 1791 Momoro, adepte du Club des Cordeliers, rassemblant des intellectuels plus à gauche que les Jacobins : Liberté, Égalité, Fraternité.

– Liberté, l. 1, 10-11, 15-18.
– Égalité, l. 1, l. 21-25.
– Fraternité, l. 11-13.
– Sécurité, l. 6, 26-28, 32-35.
– Propriété, l. 6.

Dans tous les cas, les droits de l'individu ne trouvent comme limites que celles de l'intérêt général, (l. 2-3, 10-14). L'individu a aussi des devoirs, d'abord celui d'obéir à la loi (l. 28-31).

### 2- La Déclaration et les philosophes

Le texte de la Déclaration doit beaucoup aux philosophes, en particulier à Rousseau et à Diderot. À Rousseau (▶ p. 80), il emprunte la nécessité de *trouver une forme d'association qui défende et protège de toute la force commune la personne et les biens de chaque associé* (article II, ▶ p. 80, l. 1-4), l'insistance sur la liberté de l'individu au sein même de l'association (article IV, ▶ p. 80, l. 6-7), la notion de liberté relative accordée à l'individu (voir la *liberté conventionnelle* de Rousseau ▶ p. 80, l. 19). L'égalité des citoyens est la forme démocratique de l'idée qu'il ne doit rester aucun droit aux particuliers (▶ p. 80, l. 31-33). Enfin, la notion centrale de *volonté générale* (▶ p. 81, l. 42) est reprise dans la Déclaration par la phrase *La loi est l'expression de la volonté générale* (l. 19). La Déclaration emprunte également à Diderot celle de *droit naturel* (▶ p. 81) à l'article II. Sur la relation entre droit naturel, volonté générale et loi (Diderot, ▶ p. 81, l. 23-32).

La Déclaration se distingue d'un contrat social ou d'une Constitution en ce qu'elle n'envisage pas les applications pratiques de la loi, mais se contente d'en donner les principes. Elle trace une ligne directrice et affirme une volonté que la loi est chargée de mettre en œuvre.

### 3- Les procédés d'écriture

On fera remarquer les procédés de généralisation, de définition et d'affirmation d'une volonté.

– **Généralisation, universalité** : présent de vérité générale, emploi de l'article défini, du pluriel, tournures du type *tout homme, nul individu…*

– **Définition** : verbes simples (*réside, consiste*) tendant, comme l'auxiliaire *être*, à la définition (art. II-IV).

– **Affirmation d'une volonté** : peu de termes de liaison ; tournures injonctives (*le but de toute association, nul corps, nul individu…*, art. II et III), restrictives (art. IV, V…). Verbes de volonté ou obligation : *doit*, l. 21, 30, 32 ; *doivent*, l. 29 ; *ne peut…*, l. 8, 16, 17, 26 ; *ne peuvent*, l. 2, 13.

**Conclusion**

Point d'orgue de la pensée des philosophes des Lumières et affirmation des principes démocratiques qui tendent à se généraliser dans le monde d'aujourd'hui, la Déclaration a réussi à adopter une forme et un contenu qui la rendent encore aujourd'hui indiscutable.

## PISTES

■ **Pour une séquence : Lumières et régime politique** (visées critiques ; principes et valeurs ; stratégies argumentatives) : Rousseau, *Du contrat social*, p. 80 ; Diderot, *Encyclopédie*, p. 81 ; Montesquieu, *L'Esprit des lois*, p. 262.

■ **Exercices complémentaires**

• **Langue :** Étudiez l'emploi et la valeur des indéfinis *tout, chaque, nul*.

• **Écriture :** Quels articles vous semblent particulièrement fondamentaux pour la démocratie ? Pourquoi ?

■ **Bibliographie** : J. Morange, *La Déclaration des droits de l'homme et du citoyen*, PUF, 1993.

## Roïdis
# *La Papesse Jeanne* (p. 91)

« Tout marchait à souhait dans cet immense empire. »

## APPROCHES

■ **Axes d'étude :** Dérision et ironie (p. 350). Le portrait. La critique religieuse. Le récit philosophique (p. 334).

■ **Préalables :** Préciser que Roïdis était un grand lettré grec, directeur un temps de la Bibliothèque nationale d'Athènes. Souligner que la phrase qui sert de titre à l'extrait est décalquée de *Candide* (« Tout est bien dans le meilleur des mondes »). Signaler qu'Aix-la-Chapelle est effectivement célèbre par sa manufacture d'aiguilles. Expliquer la lance de Longin (l. 23-25).

■ **Vérifier** la compréhension de : *modique*, l. 13 (= peu élevée) ; *hirsute*, l. 19 (= les cheveux en bataille).

## LIRE : Sacré Charlemagne

### 1- Marques d'ironie et de dérision

L'ironie et la dérision s'expriment par :

– des expressions voisines de l'**antiphrase** : *le respect* (l. 3) après avoir *étranglé, aveuglé ou mis à la torture* (l. 2) ; *ses pieux loisirs* (l. 29) ; *l'éloquence du conquérant franc… « Crois ou je te tue »* (l. 31-32) ;

– des **zeugmas** : *moissonnant des lauriers et des têtes* (l. 1) ; *réglait ses horloges et ses États* (l. 12) ;

– des **alliances de termes contradictoires** : *célèbres à cause de ses saintes reliques et de ses aiguilles* (l. 4-5) ; *taillait leurs barbes rousses et leurs longs ongles* (l. 7) ;

– des **transpositions parodiques** d'expressions célèbres : *Tout marchait à souhait dans cet immense empire*, (l. 5) ; *Il* [Candide] *vint, vit et vainquit, comme d'habitude, l'invincible empereur* (l. 23) ;

– des **comparaisons triviales** : *comme les canards dans les mares après la pluie* (l. 34-35).

**La cible est l'Église** et, avec elle, l'alliance du trône et de l'autel. Roïdis a d'ailleurs été excommunié à la suite de la publication du roman.

– Voir la progression des caractérisants de Charlemagne : *le bienheureux empereur* (l. 11) ; *le pieux Charles* (l. 16) ; *le saint empereur* (l. 28).

– Décalage entre les crimes et les peines : aux crimes de sang et aux vols des peines légères, mais aux infractions contre les règles de vie religieuses la mort (l. 13-15).

– L'apparition de l'Archange Michel qui vient récompenser Charlemagne, non de grandes prouesses, mais de s'abstenir pendant le carême (l. 26-27).

– L'alternative laissée aux vaincus, et qui est celle de toutes les croisades, le baptême ou la mort (l. 30).

– La comparaison triviale qui rabaisse l'un des principaux sacrements de l'Église chrétienne (l. 34-35).

### 2- Roïdis et Voltaire

Outre une intertextualité directe (voir ci-dessus), Roïdis emprunte à Voltaire son combat contre le formalisme religieux (*De l'horrible danger de la lecture* ► p. 76 et *L'Ingénu* ► p. 82), contre les manifestations absurdes et barbares, du fanatisme (*Candide* ► p. 340), et l'usage de l'ironie, dont on comparera les marques.

**Conclusion**

L'esprit voltairien à une époque qui ne l'est plus. Un pot-pourri culturel et un exercice de style brillant servis par la traduction illustre de Jarry.

## ÉCRIRE

L'exercice prend place dans un travail sur le discours ironique, qui peut déboucher sur un récapitulatif des procédés de l'ironie. Au préalable, on aura fait dresser aux élèves un plan du portrait en action (pour le support historique, utiliser un bref article de dictionnaire encyclopédique), et ils auront précisé la cible visée à travers lui. Pour un tel portrait, on pourra s'inspirer de celui de César dans les albums d'Astérix ; ou prendre un personnage comme Napoléon, en évoquant par exemple ses campagnes exotiques et ses prétentions à être un civilisateur.

## PISTES

■ **Pour une séquence**

• **Le discours ironique** (► *supra*, p. 60).

• **La religion en question** (► *supra*, p. 60).

■ **Lecture cursive** : E. Roïdis, *La Papesse Jeanne*, trad. Jarry et Saltas, éd. Actes Sud, 1992.

# 5 Le romantisme
## XIXe siècle

## ÉCRIRE, LIRE, VOIR : LE ROMANTISME

**Franz Liszt**

### *De la situation des artistes et de leur condition dans la société*

p. 95

**APPROCHES**

■ **Axes d'étude :** Essais et manifestes. L'artiste romantique.

■ **Préalables**

Mentionner les liens étroits qui unissent **artistes et écrivains** romantiques : relations privées, multiplicité des talents de chacun (Berlioz et Liszt sont d'excellents écrivains, Hugo est un dessinateur de grand talent, Musset rêve d'être peintre avant de devenir poète, etc.).

Souligner la **dimension européenne** du mouvement. Le dessin rassemble des artistes d'horizons différents : Josef Kriehuber, peintre de portraits, paysagiste, aquarelliste et dessinateur d'origine viennoise (1800-1876) ; Hector Berlioz, compositeur français (1803-1869) ; Charles Czerny, pianiste autrichien, auteur d'exercices pour piano, maître de Liszt (1791-1857) ; Heinrich-Wilhelm Ernst, violoniste né en Moravie, connu dans toute l'Europe (1814-1861).

**LIRE : La mission de l'artiste**

**1- Le rôle de l'artiste romantique**

L'artiste romantique est un **élu** investi d'une *mission* (l. 16). **Intermédiaire** entre les hommes et Dieu dont il est en quelque sorte le porte-parole (la « fonction du poète » selon Hugo, dans *Les Rayons et les Ombres* ; ► p. 180, 186-187, 190), il est capable d'exprimer *les grands sentiments de l'humanité* (l. 19-20), c'est-à-dire qu'il parvient à traduire, par les mots, les notes ou les couleurs, ce que le commun des mortels ressent sans toutefois l'exprimer. Cette relation avec Dieu n'est cependant pas sans ambiguïté, puisque Liszt utilise le mythe prométhéen (l. 22) pour caractériser la démarche de l'artiste. Celui-ci est ainsi plus ou moins coupable de dérober les secrets des dieux pour les révéler aux hommes. L'artiste romantique est chargé d'élever les hommes jusque vers les hautes sphères du divin ; il les fait participer à une forme supérieure de la vie et de la pensée (l. 24-25). Liszt retrouve ici la terminologie platonicienne pour exprimer le rôle de l'artiste : *réalisant **l'idéal nous élèvent…*** (l. 23-24).

Cette fonction sacrée (*ces apôtres, ces prêtres d'une religion ineffable…*, l. 26-27) se heurte aux **pesanteurs de la vie quotidienne** : les artistes souffrent *douleurs, misères, fatigues* et *déceptions* (l. 4-5). Mais le principal obstacle que rencontre l'artiste romantique, c'est la bêtise, *la stupidité insolente* (l. 8-9) du bourgeois ou encore l'oppression sociale (l. 8). Englué dans une société trop *insoucieuse et matérialiste* (l. 13-15), l'artiste romantique ne parvient pas à son idéal et risque de rester cloué au sol (voir « L'Albatros » de Baudelaire). Trop souvent les hommes restent *sourds* (l. 31) à l'appel de l'artiste. Une vision dramatisée par la métaphore du supplice/sacrifice, à la mesure de la grandeur de sa mission (*appareil… plaies toujours saignantes*, l. 6-7 ; *flétrit… torture*, l. 9 ; *foudroyés et enchaînés*, l. 21). Voir l'apologue du Pélican (Musset, *La Nuit de mai*).

**2- L'image : *Matinée chez Liszt.***

Cette image illustre bien la conscience que l'artiste romantique a de lui-même : tête haute du pianiste, regard vers le ciel, suggérant l'élévation spirituelle par l'art ; attention soutenue des auditeurs, communiant dans le culte de la musique et la magie du jeu de Liszt. Ainsi, l'artiste ne vit que par son art et semble étranger au monde qui l'entoure. La pose du personnage de gauche (autoportrait de Kriehuber), légèrement décalé par rapport aux quatre musiciens, suggère la méditation et le repli de l'artiste dans son univers intérieur.

**PISTES**

■ **Pour une séquence : Le romantisme en images** (thèmes ; manières ; les relations entre art et littérature) : Carl Rottmann, *Côte grecque sous la tempête*, p. 100 ; John Martin, *Le Jour de sa colère*, p. 103 ; Delacroix, *Scènes des massacres de Scio*, p. 106 ; *La Liberté ou l'Allégorie de la Grèce conduisant une révolte*, p. 180 ; Biard, *Vue de l'océan glacial*, p. 107.

**Diderot**

## *Salon de 1767*

p. 96

### « Et je ne veux pas mourir ! »

### APPROCHES

■ **Axes d'étude :** Le lyrisme (p. 518). La poétique des ruines. Le préromantisme. La perception de la nature.

■ **Préalables :** Évoquer l'importance de Diderot comme critique d'art (p. 87) et le rôle de ce regard sur l'art dans la naissance d'une sensibilité préromantique. Faire remarquer que le style de Diderot critique d'art, ici lyrique, s'accorde avec le tableau d'H. Robert à décrire.

■ **Vérifier** que sont compris : *importuns*, l. 16 (= qui arrivent mal à propos) ; *arcades*, l. 31 (= ensemble de piliers laissant entre eux une ouverture dont la partie supérieure est en forme d'arc).

### LIRE : La poésie des ruines

#### 1- Les sentiments de l'auteur

Devant les ruines, le narrateur éprouve d'abord le **sentiment de l'éphémère**, du « Tout coule » d'Héraclite : *Tout s'anéantit, tout périt, tout passe* (l. 1-2). Face à cette évanescence généralisée des choses, il paraît vain et dérisoire de croire que l'homme puisse durer et même refuser de mourir (l. 8). Pourtant, si Diderot affirme bien haut cette vanité, rien ne dit qu'il n'y succombe pas et ne croie pas finalement à son immortalité (l. 8-12). Après avoir mis en valeur ce sentiment d'éternel effritement du monde et l'avoir en quelque sorte exorcisé par la formulation, Diderot envisage l'aspect positif des ruines : l'approfondissement de soi (l. 14, 28-30), et l'amplification des sentiments que l'on éprouve pour autrui, amitié ou amour. Se dessine alors l'antagonisme déjà romantique entre la ville et la campagne (l. 18-20, 26-27). Les ruines deviennent ensuite le lieu de la méditation et de l'entreprise amoureuse (l. 21-24, 25-30). Ainsi les sentiments du narrateur évoluent du monde au moi en refusant de prendre en compte, au plan de l'être humain, l'éternelle évanescence que les ruines évoquent au plan du monde créé.

#### 2- L'expression lyrique

L'expression lyrique passe par les procédés de style suivants :

- affirmation du *Je*, en particulier l. 8-12, 14 ;
- structures exclamatives, l. 3, 8-12 ;
- interrogation oratoire, l. 5-7 ;
- phrases parallèles, l. 2, 14-15, 21-24 ;
- anaphores : *C'est là*, l. 14-17 ;
- rythmes ternaires, l. 17, 25, 28-30, 36-37 ;
- structures énumératives, l. 6-7, 18-19 ;
- cadence mineure, l. 18-20, 25-26.

#### Conclusion

Une conception de la critique d'art souvent critiquée elle-même pour la subjectivité à laquelle elle donne lieu. Une conception particulièrement bien adaptée à la sensibilité des Lumières comme au préromantisme. Un style qui évoque le franc-parler de l'auteur du *Neveu de Rameau*.

### VOIR

Ce tableau laisse place à la rêverie, d'abord par sa **composition** : espace dégagé, malgré l'entassement des blocs monumentaux du premier plan ; le ciel clair permet la fuite du regard et de l'esprit. L'artiste souligne l'ampleur de cet espace par la petitesse des personnages représentés. Ceux-ci peuvent suggérer l'insignifiance des choses humaines, y compris celles de l'art, face à la force du temps qui abat même les plus solides des constructions. Le tableau suscite aussi la rêverie par son **étrangeté** : un pied au premier plan debout ; un buste antique dressé sur un socle.

Malgré ces ouvertures vers le rêve et l'étrange, le regard du spectateur est ramené vers l'**artiste au travail** – sujet du tableau si l'on en croit le titre –, par la couleur rouge du manteau qui le drape. Ce rouge peut apparaître, par sa violence et son unicité dans la toile, comme un frein d'arrêt à la rêverie, ainsi canalisée vers le sujet même du tableau.

### *PERSPECTIVES* (p. 97)

1 **Abbé Delille, *Les Jardins.***

2 **Ossian, *Fingal.***

#### LIRE : Nature et sensibilité

#### 1- Le rôle de la nature

La contemplation de la nature automnale est d'abord pour l'abbé Delille l'occasion d'une **méditation sur la fuite du temps** (*flétrir*, v. 2 ; *décadence*, v. 6). La vision des couleurs d'automne, signe d'une fin proche, le conduit à assimiler le sort des hommes à celui de la végétation (*Tel est le sort commun*, v. 7), puis à dépasser cette image négative pour affirmer sa propre communion avec une nature qui s'accorde à sa tristesse. La contemplation de la nature en déclin devient finalement source d'un plaisir diffus où se mêlent *tendre mélancolie* (v. 18) et *pleurs délicieux* (v. 24).

Dans le poème d'Ossian, la nature ne s'accorde pas de la sorte aux sentiments de Minvane. Celle-ci cherche bien dans la nature une sorte d'écho à ses sentiments : elle s'adresse aux vents pour leur dire qu'elle va mourir et à l'aurore pour lui demander de se retirer puisque son amant est mort. Rien ne dit cependant que la nature réponde à cet appel : le *zéphyr* continue de souffler dans *le gazon des collines* (l. 9-10), les vents de siffler

(l. 14-16), les cerfs de bondir sur la tombe de Ryno (l. 31-32). La nature, indifférente à l'homme, semble d'abord faire écho à sa tristesse, mais elle laisse finalement Minvane seule avec son deuil : *Et moi, hélas ! je reste seule* (l. 13).

**2- Le poète et la nature**

L'abbé Delille exprime la relation particulière qu'il entretient avec la nature par une personnification de la mélancolie engendrée par la contemplation des arbres. Cette personnification est manifestée par l'apostrophe, *tendre mélancolie* (v. 18), et l'anthropomorphisation : *le front* (v. 19) ; *l'œil demi-voilé* (v. 21) ; *le regard pensif, le front calme*, *les yeux* (v. 23). À la fin de l'extrait, on ne sait plus très bien qui est caractérisé par les deux derniers vers. Grammaticalement la mélancolie, mais toutes ces notations peuvent très bien s'appliquer au poète. La mélancolie devient ainsi une sorte de double du poète.

**3- La douleur de Minvane**

La douleur de Minvane s'exprime par les monologues qu'elle adresse à l'amant mort (l. 17, 21, 33) et aux éléments de la nature (l. 14, 30). Ce type de monologue traduit toujours la détresse et la solitude de celui qui les prononce, en particulier au théâtre. Cette douleur s'exprime encore par des alternances d'emportement, marqué par la succession de phrases exclamatives (l. 11-12), ou interrogatives (l. 21-23), et de retour à la tristesse, souligné par *hélas* (l. 13, 24).

## PISTES

■ **Pour une séquence : Nature et romantisme** (types de décors ; nature et états d'âme ; registres et tonalités) : Chateaubriand, *René*, p. 100 ; Goethe, *Les Élégies romaines*, p. 101 ; W. Scott, *Le Lai du dernier ménestrel*, p. 101 ; Hugo, *L'Homme qui rit*, p. 102 ; Gombrowicz, *Les Envoûtés*, p. 110 ; Lamartine, *Méditations poétiques*, p. 184 ; Hölderlin, *Élégies*, p. 184.

■ **Exercice complémentaire : Oral**

Dans le poème de l'abbé Delille, étudiez le rythme des vers 4-5, 9-10, 18-24. Quels effets de sens contribue-t-il à produire ?

■ **Lecture cursive :** André Chénier, *Poésies*, éd. Gallimard, 1994.

■ **Bibliographie :** A. Minski, *Le Préromantisme*, éd. A. Colin, 1998.

# LES DÉSILLUSIONS DE L'HISTOIRE

## Schiller
## *Les Brigands*

p. 98

### « Cet indolent siècle de castrats »

## APPROCHES

■ **Axes d'étude :** Les romantiques et l'histoire. Le drame romantique (p. 506). Le mélange des registres. L'expression de la révolte.

■ **Préalables :**

Préciser qu'avec *Les Brigands*, Schiller donne son premier drame. On y trouve les idées et l'emportement de la jeunesse : culte de la liberté, haine du despotisme, antimatérialisme, haine d'une société livrée à l'ambition et à la médiocrité. Souligner l'influence de Shakespeare, perceptible dans le mélange des registres.

Évoquer la notion de « Sturm und Drang » utilisée traditionnellement pour caractériser la littérature allemande de 1770 à 1785.

La scène est située dans *une auberge, aux frontières de la Saxe*. Spiegelberg, l'un des compagnons de Karl, *juif entreprenant et subtil* (R. Dalheine), fait allusion à Flavius Josèphe ; après avoir participé à une révolte juive contre Rome, l'historien (37 – v. 100) obtint la protection de Vespasien et rallia le camp romain lors du siège de Jérusalem (70). Spiegelberg, peu après, proposera à Karl de partir en Palestine pour y rebâtir Jérusalem.

■ **Vérifier** que sont compris : *galvaudé*, l. 19 (= ravalé), *guindés*, l. 21 (= hissés). Expliquer les oppositions entre *l'étincelle de feu de Prométhée* et *la flamme du soufre*, l. 4-5 (= l'allumette enduite de soufre), et entre *la force de ses reins*, l. 26 (= énergie sexuelle, par opposition aux *castrats*, l. 24) et *la levure de bière*, l. 26-27 (= substitut péjoratif de l'énergie sexuelle). Expliquer le rôle des *flacons de sels* (l. 9), destinés à ranimer les femmes portées à l'évanouissement, la comparaison *Rome et Sparte auront été comme des couvents de nonnes*, l. 36 (= Rome et Sparte, parangon antique de la force, comparées à ce qui apparaît comme le prototype de la faiblesse).

## LIRE : Le plumitif et le héros

**1- Le mépris de Karl**

Le mépris de Karl vise d'abord les hommes de lettres de son époque (écrivains, dramaturges, érudits et professeurs), en particulier français : *notre siècle de barbouilleurs d'encre* (l. 1-2) ; *un abbé français* qui est *une poule mouillée* (l. 8-9) ; *un professeur tuberculeux* (l. 9) ; *un auteur français* (l. 20). Sous ce mépris se dessine un **rejet des littérateurs**, fondé sur l'accusation de faiblesse et de mollesse ; exaltant la volonté et l'énergie, Karl leur oppose les hommes d'action (*une armée de gaillards tels que moi*, l. 34-35). Mais cette double cible, les hommes de lettres et la mollesse des contemporains, ravalés au rang de boutiquiers (*l'épicier de Nuremberg*, l. 19), masque en fait la cible principale de Karl, la loi qui, corsetant l'individu (l. 28), empêche l'éclosion *des colosses et des êtres extraordinaires* (l. 31). Le texte est ainsi fondé sur l'antagonisme classique de la loi et de la liberté.

Ce mépris à l'égard des hommes de son temps s'exprime par un **vocabulaire familier péjoratif** (► question 2) et par le parallèle avec les *grands hommes* de l'Antiquité dont le souvenir marque tout l'extrait.

**2- Le langage de Karl**

Le refus de la contrainte se manifeste par des expressions familières et par l'emportement du style.

• **Expressions familières**, imagées et provocatrices : *barbouilleurs d'encre* (l. 1-2) ; *ils grouillent... comme des rats* (l. 6) ; *les couilles* (l. 8) ; *une poule mouillée* (l. 8-9) ; *faible pour avoir fait un enfant* (l. 10-11) ; *des garçons qui ne sont pas secs derrière les oreilles* (l. 12) ; *pleurnicher* (l. 13) ; *ce papier [...] pain d'épices* (l. 19-20) ; *traîner péniblement votre immortalité dans la courroie qui porte leurs livres* (l. 17-18) ; *indolent siècle de castrats* (l. 24) ; *la levure de bière* (l. 27) [▶ « **Vérifier** »] ; *au pas de la limace ce qui aurait volé comme l'aigle* (l. 29-30) ; *se laissent coincer par les vents qu'il fait* (l. 33) ; *des couvents de nonnes* (l. 36).

• Un **rythme enlevé**, marqué par des structures accumulatives (l. 8-14, l. 24-26) et des structures exclamatives (l. 33-36).

**3- Karl et le théâtre**

Le théâtre est perçu comme le lieu de l'artifice médiocre (*feu de théâtre*, l. 5). Mise en cause de la tragédie française classique, contre laquelle les romantiques se dressent au nom de la liberté (l. 20-21 ; *les massacrer par ses tragédies*, l. 26). Karl suggère que pour des héros tels que ceux qu'il évoque, il faut une forme dramatique plus enlevée que la tragédie classique. On peut voir dans ces répliques les premières manifestations, à la fois théoriques et pratiques, de ce que Hugo explicitera dans la préface de *Cromwell*.

Ces critiques du théâtre semblent paradoxales au sein même d'une pièce de théâtre. En fait, elles appellent de leur vœu une rénovation de l'art dramatique qui constituera, en France, le nœud de la bataille romantique (*Hernani*, ▶ p. 446).

**Conclusion**

Un texte qui souligne le lien qu'un héros romantique révolté, hors-la-loi, entretient avec la liberté. Liberté à l'égard d'une société vécue comme médiocre et oppressive. Liberté à l'égard des genres littéraires classiques, coupables d'artifice et d'étroitesse artistique.

## *PERSPECTIVES* (p. 99)

### ■ Musset, *La Confession d'un enfant du siècle.*

**LIRE : Du mythe à la réalité**

**1- Un personnage mythique, un récit épique**

• **Un personnage mythique** par :

– des **périphrases** désignant Napoléon : *Un seul homme* (l. 12), *cet homme* (l. 15, 24, 31), *l'empereur* (l. 40). Tournures qui l'identifient par recoupement : *île déserte* (l. 21), *soleils d'Austerlitz* (l. 32), *canons toujours tonnants* (l. 33), *Murat* (l. 39) ;

– Napoléon est si connu qu'il n'est même pas besoin de le nommer. L'article défini *l'* dans *l'empereur* suffit. Le nom de ses victoires (*Austerlitz*) permet de l'évoquer par métonymie. Cette rhétorique est une stratégie d'évitement à double face : elle dit à la fois la grandeur de cet homme que le langage des hommes ne peut atteindre, et l'horreur sacrée qu'il inspire au narrateur (▶ question **2**).

• Un **récit épique** par :

– des **antithèses** : *pâle* (l. 4) / *chamarrées d'or* (l. 10) ; *Un seul homme* / *le reste des êtres* (l. 12-13) ; *sans sommeil... désolées... silence... mort* (l. 23-27) / *joie... vie... fanfares... soleils* (l. 28-29) ; *jeune* / *vieillesse* (l. 47-48) ; *berceaux* / *boucliers* (l. 48-49) ; *cadavres* / *demi-dieux* (l. 51) ;

– une **comparaison** : *La mort ... ressemblait si bien à l'espérance* (l. 45-46) ;

– des **métaphores** : *faisait présent* (l. 15) ; *cette fibre nouvelle arrachée au cœur de l'humanité* (l. 17)... *une corde neuve à son arc* (l. 18-19) ; *de si verts épis* (l. 46).

Les antithèses montrent les populations enthousiastes à se sacrifier à la gloire de Napoléon, présenté comme un personnage surnaturel, une sorte de divinité cruelle à qui l'on offre des jeunes gens en tribut ; et de fait, une nature divine est supposée au personnage (force surhumaine, l. 16-20 ; *on ne savait s'il pouvait mourir*, l. 41-42). L'image de la mort elle-même, associée à la gloire, devient prestigieuse. Les hyperboles (*Tous les... tous les*, l. 48-49), les accumulations (rythme ternaire du *si*, l. 44) participent aussi de ce grandissement épique.

**2- Le désenchantement**

• Le tableau glorieux laisse percevoir une **ambiguïté** dans le regard du narrateur adulte.

– La nostalgie se nuance d'horreur, attraction et répulsion mêlées, sur le mode d'une **fascination morbide**, créatrice de malaise : rapprochements du soleil et du sang (*ensanglantés... or*, l. 8-10 ; *soleils... sang*, l. 29-30 ; *brillait... hécatombes*, l. 36-39 ; *mort... pourpre fumante*, l. 43-45) ; image des fibres humaines tordues en cordes d'arc (l. 17-19).

– Le **pathétique** modifie aussi la vision : éblouissement des armes mais désolation des mères (l. 2-3, 25-26).

– Fugitivement, l'**ironie** colore le texte : la conquête du monde s'achève de façon dérisoire à Sainte-Hélène (*le monde... petite vallée*, l. 20-21).

• Les **causes historiques** du mal du siècle

L'antithèse du 1er § entre les *enfants chétifs* et les pères aux *poitrines chamarrées d'or* permet de comprendre les causes historiques du mal du siècle : rien de plus décourageant pour des fils de savoir qu'ils ne pourront jamais égaler, et à plus forte raison dépasser leurs pères. Ce genre de crise de génération est typique des après-guerres. Ceux qui ont eu vingt ans en 1830 (comme Musset, né en 1810) ont ainsi l'impression d'être nés trop tard, et que l'histoire tourne à l'envers sous la Restauration et la monarchie de Juillet.

**Conclusion**

Une vision complexe de l'épopée napoléonienne et du « grand homme », aux couleurs brillantes du rêve et à l'allure de cauchemar : avec lucidité, le poète peint, à l'œuvre dans l'histoire, l'ivresse collective de la mort.

## PISTES

■ **Pour une séquence**

• **Le héros du drame romantique** (le héros dans la société ; la force des passions ; tragique ? bouffon ?) : Hugo, *Le roi s'amuse*, p. 104 ; Vigny, *Chatterton*, p. 308 ; Musset, *Lorenzaccio*, p. 503 ; *Ruy Blas*, p. 504.

• **Images du pouvoir** (fondements et stratégies du pouvoir ; mythe et réalité ; points de vue et jugements : visées critiques) **:** Castiglione, *Le Livre du Courtisan* p. 26 ; La Boétie, *Discours de la servitude volontaire*, p. 37 ; Roïdis, *La Papesse Jeanne*, p. 91 ; Corneille, *Nicomède*, p. 304 ; Saint-Simon, *Mémoires*, p. 344 ; Brecht, *La Résistible Ascension d'Arturo Ui*, p. 511.

■ **Exercice complémentaire : Écriture**

Sous forme de conseils destinés à des acteurs, vous imaginerez la mise en scène de l'extrait des *Brigands* dans des décors et des costumes que vous préciserez.

■ **Lecture cursive :** Fr. Schiller, *Marie Stuart*, Infrarouge, 1996.

■ **Bibliographie :** Revue *Romantisme*, « Le grand homme », n° 100, 1998,.

# IDÉAL ET MAL DU SIÈCLE

## Chateaubriand
## *René*

p. 100

### « Levez-vous vite, orages désirés »

## APPROCHES

■ **Axes d'étude :** Le « mal du siècle ». Le roman autobiographique (p. 389). La prose poétique (p. 199). Le lyrisme (p. 518).

■ **Préalables :** Souligner l'**inspiration autobiographique :** René est le prénom de Chateaubriand. Mais préciser qu'il ne s'agit pas à proprement parler d'une autobiographie, dans la mesure où l'identité du narrateur et de l'auteur n'est pas affirmée. Chateaubriand transpose sa tendresse pour sa sœur Lucile dans les liens qui unissent René à sa sœur Amélie. Faire le lien entre la mélancolie, « le vague des passions », et le « mal du siècle ».

■ **Vérifier** la compréhension de : *frimas*, l. 24 (= brouillard glacé).

## LIRE : Une prose lyrique

### 1- Les sentiments de René

• La rêverie de René est produite par la fréquentation de la nature. Les sensations réveillent en lui des **sentiments de nostalgie** : la vue (*du pâtre*, l. 4 ; éléments du paysage traversé : *feuille, cabane, mousse, roche, étang*, l. 11 à 14 ; *clocher* […] *mes regards, suivi des yeux les oiseaux de passage*, l. 14 à 16) ; l'ouïe (les *chants mélancoliques*, l. 5) ; le toucher (*le vent sifflant dans ma chevelure, ne sentant ni pluie ni frimas*, l. 24). Elles éveillent aussi son **imagination** (*Je me figurais*, l. 16 ; *Un secret instinct*, l. 18). L'exaltation augmente peu à peu et René éprouve des sentiments complexes de **désir** : *voulu* (l. 2, 17), *enviais* (l. 3), *ton cœur demande* (l. 21), *désirés* (l. 22) ; de **bonheur** : *ravissement* (l. 1), *bonheur* (l. 7), *joie* (l. 8), *enchanté* (l. 24) ; de **tristesse** : *mélancoliques* (l. 5), *triste* (l. 6), *soupirs* (l. 9), *tourmentait* (l. 18), *tourmenté* (l. 24-25), *possédé par le démon de mon cœur* (l. 25). Les émotions ressenties par René sont si fortes qu'elles le mettent en quelque sorte hors de lui (*ne sentant* […] *enchanté, possédé*, l. 24-25).

• René est en effet animé d'un violent désir qui ne trouve pas d'objet véritable pour se réaliser. D'où un sentiment d'**insatisfaction perpétuelle**. Le bonheur est paradoxal, puisqu'il s'exprime avec des accents mélancoliques (l. 5 à 7). La pulsion de vie se transforme en pulsion de mort, désir d'ailleurs et d'absolu, irréalisable ici-bas : *le vent de la mort* (l. 20), *orages désirés* […] *espaces d'une autre vie* (l. 22-23). La mélancolie (étym. « bile noire ») comporte une dimension suicidaire. C'est en cela que les sentiments de René illustrent le « mal du siècle ».

### 2- René et la nature

• Le jeune homme réagit aux éléments du paysage et leur prête ses propres sentiments.

• **Symbolisme** du paysage : *automne* (l. 1), saison de la mélancolie ; *tempêtes* (l. 2), *vent* (l. 24), exaltation, enthousiasme ; *pâtre* et *humble feu de broussailles* (l. 4), *cabane* (l. 12), simplicité de la vie naturelle ; *grandes bruyères terminées par des forêts* (l. 10), immensité, sentiment de l'infini ; *feuille séchée* (l. 11) et *mousse qui tremblait* (l. 13), légèreté et caractère éphémère de la vie ; *roche écartée, étang désert* (l. 13-14), solitude ; *clocher* (l. 14), spiritualité, élévation vers Dieu ; *oiseaux de passage, climats lointains* (l. 16-17) : attrait de l'ailleurs.

### 3- Prose lyrique

Souligner l'**importance du « je »** : malgré le caractère globalement romanesque du texte, on peut percevoir ici les aspirations et les élans de toute une génération dont l'auteur se fait le porte-parole, et parler de lyrisme. Les sentiments exprimés par l'auteur peuvent être repris par le lecteur. Le lyrisme permet en effet de toucher à l'universel par l'expression du plus intime. En outre, même si le « je » renvoie ici au narrateur, René, et non pas directement Chateaubriand. Mais la force de l'expression des sentiments, les ressemblances (âge, tempérament, idées) entre René et l'auteur (François-René…) font penser à une autobiographie déguisée.

Étudier la **valeur poétique** de cette prose :

**– 1er § :** passage à un présent de vérité générale, qui étend le sentiment de René à l'humanité entière. Rythme ternaire avec ample période oratoire dans le dernier membre de phrase, solennité de l'antithèse *joie/soupirs* (l. 8-9).

– 2e § : prosopopée (discours prêté à une abstraction) du ciel (l. 19). Mystère de cette voix qui peut sembler divine (appel de la mort et de la spiritualité). Mais la modalisation *semblait* suggère que cette voix est celle de René lui-même, qui projette dans la nature sa propre sensibilité. Solennité : apostrophe *Homme* (l. 19), parole oraculaire, impératif *attends* (l. 20), futur prophétique *déploieras* (l. 21), périphrase mystérieuse *ces régions inconnues que ton cœur demande* (l. 21).

– 3e § : prise de distance. Après la phrase au discours direct, le narrateur décrit la posture de René échevelé et ardent : rythme accumulatif, progression : 1 participe passé (*enflammé*, l. 23) + 2 participes présents + 3 participes passés (qui indiquent à quel point le personnage est dépassé par ses sentiments + ampleur du rythme ternaire).

**Conclusion**

Un texte qui mêle poésie lyrique, roman, autobiographie, réflexion philosophique. Le « vague des passions », première version du mal du siècle.

**VOIR**

• **Sensibilité romantique** dans le tableau de Rottmann :
– sujet exotique : fascination de l'Orient ;
– emprise d'une nature sauvage (pas d'éléments humain, ciel d'orage sur les deux tiers du tableau).

• **Procédés picturaux** :
– regard subjectif sur le monde : couleurs irréelles qui transfigurent le paysage. Symbolique de la solitude : arbre unique, dressé contre un ciel tourmenté ;
– esthétique non classique : contraste entre le clair et l'obscur dans le ciel. Valorisation des couleurs plus que de la précision du dessin.

***PERSPECTIVES*** **(p. 101)**

1 **Goethe, *Les Élégies romaines.***

2 **Walter Scott, *Le Lai du dernier ménestrel.***

**LIRE : La patrie idéale**

**1- Deux images mythiques de la patrie**

• **Goethe** propose l'image d'une patrie idéale qu'il assimile à une Italie plus rêvée que réelle, composée d'éléments mythiques ou symboliques : le myrte pour représenter l'amour, des colonnes et des statues pour figurer l'Antiquité, une montagne et un chemin qui monte dans les nuages, une caverne aux dragons pour symboliser l'ailleurs.

• La patrie que décrit **W. Scott** est au contraire réelle, malgré l'éloignement qu'introduisent les références au passé médiéval de l'Écosse (voir le titre) : *les lieux témoins de ma jeunesse* (l. 19-20). La nostalgie que le poète éprouve pour sa *terre natale* est fondée sur des images caractéristiques (*terre de bruyères et de forêts… tes rochers*, l. 16-19 ; *tes bois et tes ruisseaux*, l. 22-23) et des lieux qui ont existé, même s'ils sont chargés d'une aura mythique (l. 27-29).

**2- Les marques d'énonciation**

L'élégie de Goethe figure à l'origine sous forme de chanson dans un épisode touchant des *Années d'apprentissage de Wilhelm Meister* (1777-1785) : le romancier met en scène une malheureuse enfant, éprise du héros, et qui mourra de son amour pour lui.

• Les deux poèmes sont fondés sur la **prééminence du *je***. À travers deux voix lyriques (le ménestrel, Mignon), les écrivains font revivre la patrie de leur rêve ou de leur enfance en la rendant présente par des déictiques de lieu : Goethe : récurrence de *là*, v. 2, 6, 13, 20 ; Scott : *Voici ma patrie*, l. 2. Ils diffèrent dans l'expression de la seconde personne : alors que le *je* de « Mignon » s'adresse à un interlocuteur idéal, incarné par l'image de l'ami, du protecteur et du père, celui de Scott, le cœur plein du regret de sa patrie, s'adresse à celle-ci (*Ô Calédonie…*, l. 15 ; *tes rochers*, l. 19), même si l'ensemble du discours est dépourvu par ailleurs de marque d'énonciation de seconde personne.

• Les deux poèmes sont des élégies en ce qu'ils expriment des **sentiments tendres et mélancoliques**, ici vis-à-vis de leur patrie. Ils s'inscrivent ainsi dans la lignée d'Ovide dans les *Tristes* et de Du Bellay dans la partie élégiaque des *Regrets* (▶ p. 158-159).

**3- Walter Scott et Chateaubriand**

Chez Chateaubriand, la nature est perçue comme le point de départ d'une rêverie vers un ailleurs symbolisé par les *oiseaux de passage* (l. 16). Elle représente une évasion de l'être. Chez Walter Scott, au contraire, la nature ramène l'être à lui-même et correspond à une forme de régression vers l'enfance. Ces deux représentations de la nature ont en revanche en commun de traduire l'insatisfaction du présent : la contemplation et l'imagination de la nature sont des supports du rêve.

**PISTES**

■ **Pour une séquence**

• **Nature et romantisme** (▶ *supra*, p. 74).

• **Romantisme et mal du siècle** (▶ *infra*, p. 142).

■ **Textes complémentaires**

*On rapprochera le texte de Chateaubriand de son pastiche ironique en dégageant les points communs (effusion lyrique, exotisme, style noble…) et les moyens du pastiche. Dans* Atala, *le narrateur est l'Indien Chactas qui a été capturé par une tribu ennemie ; dans* Troulala, *c'est Chateaubriand lui-même dont le vaisseau a fait naufrage en vue du Nouveau Monde.*

**1- Chateaubriand, *Atala*, 1821.**

« Une nuit que les Muscogulges avaient placé leur camp sur le bord d'une forêt, j'étais assis auprès du *feu de la guerre*, avec le chasseur commis à ma garde. Tout à coup j'entendis le murmure d'un vêtement sur l'herbe, et une femme à demi voilée vint s'asseoir à mes côtés. Des pleurs roulaient sous sa paupière ; à la lueur du feu un petit crucifix d'or brillait sur son sein. Elle était régulièrement belle ; l'on remarquait sur son visage je ne sais quoi de vertueux et de passionné, dont l'attrait était irrésistible. Elle joignait à cela des grâces plus tendres ; une extrême sensibilité, unie à une mélancolie profonde, respirait dans ses regards ; son sourire était céleste.

« Je crus que c'était la *Vierge des dernières amours*, cette vierge qu'on envoie au prisonnier de guerre, pour enchanter sa tombe. Dans cette persuasion, je lui dis en balbutiant, et avec un trouble qui pourtant ne venait pas de la crainte du bûcher : « Vierge, vous êtes digne des premières amours, et vous n'êtes pas faite pour les dernières. Les mouvements d'un cœur qui va bientôt cesser de battre répondraient mal aux mouvements du vôtre. Comment mêler la mort et la vie ? Vous me feriez trop regretter le jour. Qu'un autre soit plus heureux que moi, et que de longs embrassements unissent la liane et le chêne ! »

« La jeune fille me dit alors : « Je ne suis point la *Vierge des dernières amours*. Es-tu chrétien ? » Je répondis que je n'avais point trahi les génies de ma cabane. À ces mots, l'Indienne fit un mouvement involontaire. Elle me dit : « Je te plains de n'être qu'un méchant idolâtre. Ma mère m'a fait chrétienne : je me nomme Atala, fille de Simaghan aux bracelets d'or, et chef des guerriers de cette troupe. Nous nous rendons à Apalachucla où tu seras brûlé. » En prononçant ces mots, Atala se lève et s'éloigne. »

Ici Chactas fut contraint d'interrompre son récit. Les souvenirs se pressèrent en foule dans son âme ; ses yeux éteints inondèrent de larmes ses joues flétries : telles deux sources, cachées dans la profonde nuit de la terre, se décèlent par les eaux qu'elles laissent filtrer entre les rochers.

**2- P. Reboux et Ch. Muller, *À la manière de…***

Quand je revins à moi, j'étais couché sur un lit de sensitives. Un arquebousier gigantesque étendait sur mon front ses ramures. Devant moi, la Savane déroulait ses riants tableaux. Ici paissaient des biches ; là se pourchassaient des opossums ; plus loin des ocarinas, sortes de rongeurs assez semblables à nos lapins d'Europe, se balançaient aux branches, suspendus par leurs longues queues.

Près de moi se trouvait une jeune femme dont la céleste beauté me fit croire que l'ange du sauvetage se présentait à ma vue.

« Ô vierge, m'écriai-je en versant des larmes de reconnaissance, quel est ton nom ?

– Je me nomme Troulala, répondit-elle. Mon père est un cacique renommé qui règne sur la tribu des Zagaragar. Tandis qu'il est allé porter ses offrandes aux Manitous et aux Génies des Roches, il m'a confié le soin de veiller sur tes jours. »

Ah ! qu'il eût mérité d'être plaint, celui qui ne se fût pas, à ces paroles, prosterné, plein de gratitude, devant les décrets de la divine Providence ! Mes pleurs ruisselaient sur mes joues, tel un flot que les abîmes de la terre essaient en vain de retenir, ou tel le lait nourricier, mais inutile, que le sein de la mère fait jaillir comme une libation sur le tombeau du défunt nouveau-né. Je saisis la main de Troulala et la pressai contre mes lèvres.

Ô solitude où tout est silence et repos ! Ô plaines fortunées du Nouveau Monde ! Ô riants bocages de chênes-fraisiers et d'arbres à pain d'épice ! Que de fois nous vous avons contemplés ensemble, soit que l'astre du jour nous inondât de ses rayons, soit que la lune brillât parmi les nuages, comme un chandelier d'argent que le Seigneur eût tenu sur nos fronts pour protéger nos naissantes amours !

Tout en répandant des larmes heureuses, je narrai à Troulala les variations de mon destin. Je lui fis comprendre l'élévation de mon cœur et la puissance de ma pensée. Je lui parlai de Buonaparte, puis encore de moi. Je lui révélai que j'avais été tour à tour poète et guerrier, proscrit et ambassadeur chamarré d'insignes ; que j'avais presque découvert le pôle, et que, rénovateur de l'esprit religieux, je devais régner sur les peuples par tous les chefs d'œuvre où se manifeste mon impérissable génie…

Durant bien des jours et bien des nuits, la sensible Troulala ne cessa de verser des larmes en écoutant mes paroles. Parfois son front s'inclinait peu à peu et ses paupières se fermaient comme l'aile des alcyons qui longtemps ont plané sur les flots. Mais donnant alors à ma voix d'irrésistibles inflexions, je réveillais la vierge sommeillante. Plusieurs fois aussi, durant ces quelques jours, elle étendit le bras vers les calebasses en écorce de cacatoès où le vénérable cacique avait préparé pour elle le lait des mustangs et les fruits savoureux du chichikoué. Mais avec quelle vigilance je savais arrêter son geste, pour la réduire aux seules nourritures de l'esprit !



■ **Lectures cursives :** Chateaubriand, *Atala* ; *René*.

■ **Bibliographie :** J.-P. Clément, *Chateaubriand et le sentiment de la nature*, éd. La Maison de Chateaubriand, 1996.

## L'HOMME FACE AUX ÉLÉMENTS

**Hugo**

## *L'Homme qui rit*

p. 102

### « Le rugissement de l'abîme »

**APPROCHES**

■ **Axes d'étude :** La Nature. Images du chaos. Description et fantastique. L'innommable. La phrase (p. 520).

■ **Préalables :** Évoquer le fait que la mer, par sa monstruosité, sert de modèle esthétique à l'écriture hugolienne. Il y a chez Hugo un sublime océanique caractérisé par l'exagération, la démesure, l'extravagance, notions qui s'opposent à la norme classique qu'il rejette.

■ **Vérifier** que sont compris : *trombe*, l. 8 (= tornade) ; *vagissement*, l. 17 (= cri de l'enfant nouveau-né) ; *ténacité*, l. 26 (= fermeté, persévérance) ; *vociférations*, l. 36 (= cris).

## LIRE : Décrire l'indescriptible

### 1- La personnification de l'océan

Pour décrire l'océan, Hugo use de termes empruntés à un organisme vivant, homme ou animal.

– **Vocabulaire animal** : *rugissement* (l. 1) ; *voix bestiale du monde* (l. 1-2) ; *la muselière du gouffre* (l. 37-38).

– **Vocabulaire humain** : *dialoguent* (l. 11) ; *langage* (l. 15) ; *parler* (l. 16) ; *bégaiement* (l. 16) ; *vagissement* (l. 17) ; *déraisonne* (l. 19) ; *accès de maladie* (l. 19) ; *épilepsie* (l. 20) ; *une plainte, l'espace* [...] *se lamente et se justifie* (l. 23) ; *gémissement* (l. 26) ; *ces sanglots, ces rires* (l. 31) ; *demandes, réponses, appels* (l. 31-32) ; *intonations* (l. 34) ; *vociférations* (l. 36) ; *les mauvaises consciences* (l. 39) ; *loquacité* (l. 40).

– **Vocabulaire indifférencié** : *organisme* (l. 2) ; *quantité imperceptible d'intention* (l. 3-4) ; *un cri* [...] *le tonnerre* (l. 5-6) ; *l'inarticulé parlé par l'indéfini* (l. 10) ; *énorme palpitation* (l. 18).

Ce vocabulaire de la personnification, qui hésite entre l'humain, l'animal et simplement le vivant, a pour fonction d'affirmer *une présence* (l. 42), mais l'hésitation même dans le choix du comparant traduit le doute que Hugo veut suggérer à son lecteur et qu'il résume à la dernière ligne de l'extrait : *Présence de qui ?* (l. 42).

### 2- La mythologie et la religion

Hugo utilise les représentations mythologiques qui incarnent la nature, comme Pan (l. 5), repris à travers l'opposition entre *Rien* et *Tout* (l. 8-9). Par ces représentations, il évoque sans décrire ce qu'il appelle *l'âme de l'univers*, ou plutôt *le monstre* (l. 9-10). Il mentionne aussi les divinités mythologiques liées à la mort : *euménides, furies, chimères plutoniennes* (l. 29-30), qui lui permettent de dramatiser l'évocation. Les mythes bibliques sont également invoqués, en particulier ceux de la Genèse : *velléité de reprise du chaos sur la création* (l. 22). La contamination des deux univers donne l'image d'un *vaste trouble pour la pensée* (l. 26-27) et donne lieu à une *incantation* (l. 33), qui exprime l'âme de l'univers. Cette signification des images mythologiques et religieuses est d'ailleurs formulée explicitement par le narrateur (l. 27).

### 3- Une monstruosité inouïe

Hugo traduit l'aspect inouï de la tempête en multipliant les expressions qui tentent de définir le phénomène. Il importe plus à l'auteur de donner cette impression d'indescriptible que de décrire à proprement parler. Cette **description de l'indescriptible** repose sur :

– des juxtapositions de phrases, de propositions ou de caractérisants qui expriment la difficulté à cerner l'objet de la description : par exemple, l. 12-15, 30-32, 36-37 ;

– l'anaphore du présentatif *c'est* (l. 1, 6, 10, 16, 23) qui traduit la pathétique et vaine tentative de définition ;

– l'anaphore des démonstratifs : *cet, ce* (2-5), ces (l. 31-32), *cela* (l. 19) ;

– des phrases sans verbe qui présentent le phénomène dans toute sa brutalité, sans modalisation (l. 10-11, 26-27). Voir aussi l'accumulation des l. 36-38 ;

– un lexique de l'approximation, des locutions multiples pour dire l'indétermination ou l'incapacité à caractériser : *rien n'est comparable à cela* (l. 1) ; *l'informe* (l. 10) ; *au-dessus et au-delà de l'homme* (l. 11-12) ; *toutes sortes de* (l. 13) ; *qui ressemble à un langage* (l. 15) ; *confusément* (l. 17) ; *semble* (l. 19) ; *c'est plutôt* (l. 19-20) ; *on croit assister* (l. 20) ; *on entrevoit* (l. 21) ; *on ne sait quelle* (l. 22) ; *c'est quelque chose comme* (l. 23-24) ; *on croit deviner* (l. 24) ; *à peu près* (l. 29) ; *presque* (l. 30) ; *l'homme ne sait que devenir* (l. 32-33) ; *Il y a là comme* (l. 35) ; *d'on ne sait quel* (l. 38) ;

– le vocabulaire de la démesure et de l'effroi, associé à l'image du gouffre (*abîme*, l. 1 ; *vertigineux*, l. 15 ; *précipice*, l. 36 ; *gouffre*, l. 38) : *immense* (l. 1) ; *insondable* (l. 2) ; *incommensurables* (l. 3) ; *terrifiante* (l. 11) ; *vertigineux* (l. 15) ; *énorme* (l. 18) ; *redoutable* (l. 25) ; *Vaste* (l. 26) ; *grands murmures* (l. 28) ; *horreur* (l. 31) ; *épouvantable* (l. 33) ; *lugubre* (l. 40).

### 4- Les aspects du fantastique

Le fantastique repose en grande partie sur l'indétermination et sur l'incapacité du lecteur à se faire une idée exacte du phénomène auquel il assiste : les éléments de la réponse à la question précédente orientent donc le texte vers le fantastique.

Hugo renforce encore cette **impression d'incertitude** par des questions qui portent explicitement sur la nature et la signification du phénomène (l. 34-35, l. 42). Les rumeurs de l'océan sont une énigme que l'homme est impuissant à déchiffrer (*on croit deviner*, l. 24 ; *on tâche de saisir*, l. 25 ; *ces demandes et ces réponses indéchiffrables*, l. 31-32 ; *l'énigme*, l. 34...) ; ce mystère du monde est souligné par la thématique hugolienne de l'ombre (*cosmos aveugle et nocturne*, l. 4 ; *palpitation ténébreuse*, l. 18 ; *gémissement de l'ombre*, l. 26 ; *la nuit*, l. 40) ; l'abolition des frontières entre la nature élémentaire et le monde animal/humain, l'univers sensible et le sacré (▶ questions **1** et **2**) relève aussi du genre fantastique.

## ÉCRIRE

Les deux textes ont pour objectif de décrire le chaos, mais alors que Du Bartas n'a à sa disposition que les ressources de la rhétorique « classique », Hugo désarticule ses phrases pour qu'elles épousent l'idée qu'il se fait du chaos. En cela, sa description est plus convaincante que celle de Du Bartas. On notera que les deux auteurs utilisent largement l'accumulation, contraire au principe de raison qui gouverne la phrase française classique. Quelques structures dans la prose de Hugo sont très proches de celles de Du Bartas : voir l. 36-38, qui mettent en œuvre des images de fusion entre les éléments et les lieux comme chez le poète baroque (v. 10-14). La différence réside aussi dans le sens de l'épisode : chez Du Bartas, le désordre sert de prélude à l'ordre divin. Chez Hugo, au contraire, le mouvement va de l'ordre au désordre ; il y a une désagrégation des éléments.

## VOIR

### 1- Le tableau de John Martin

La composition fait ressortir l'embrasement dont le monde est victime. La terre et les cités se renversent sur le monde en deux vagues monstrueuses. Le centre du tableau semble ouvrir une brèche sombre où, de part et d'autre, les hommes vont s'enfoncer. Le contraste des couleurs (rouge, noir et quelques zones blanches) accuse la violence de ce *Dies irae*. La petitesse des personnages au premier plan illustre la faiblesse et la faute des hommes ainsi punis par le châtiment divin.

**2- John Martin et Victor Hugo**

Même si cela n'apparaît pas explicitement, la tempête de neige de *L'Homme qui rit* est également un *Dies irae* : Dieu châtie les comprachicos pour leur faute. Mais alors que le tableau de John Martin évoque le grand jour de la colère qui atteint tous les hommes, il ne s'agit chez Hugo que d'une colère sélective. La référence religieuse gouverne l'œuvre de Martin ; elle est aussi clairement présente dans celle de Hugo, qui cherche à faire ressortir l'horreur sacrée. Les deux œuvres expriment le jour de colère par une victoire du chaos sur la création, par le sentiment du retour à l'informe. À la désarticulation de la phrase, à l'accumulation qui marquent le texte hugolien, répond la démesure d'un tableau (2 x 3 m) confinant presque à l'abstraction dans ses grandes masses.

Dans les amples compositions de J. Martin, d'inspiration biblique, le tableau précède *Le Jugement dernier* et *Les Pâturages du ciel* (1853). Exposé au salon de 1834, ce peintre anglais visionnaire enthousiasma Hugo. Le parallèle des deux œuvres en donne la raison.

**Conclusion**

Expression de la démesure romantique, d'un certain goût de l'apocalypse que l'on trouve aussi chez Wagner et chez Gustave Doré. Un style qui s'oppose radicalement au style classique.

## PISTES

■ **Pour une séquence : Visions du monde** (entre harmonie et démesure, ordre et désordre ; la nature et le sacré ; les registres et leur rhétorique) : Frère Luis de León, *Nuit sereine*, p. 32 ; Patinir, *Saint Jérôme dans le désert*, p. 33 ; Ronsard, *Hymnes*, p. 34 ; Du Bartas, *La Semaine*, p. 48 ; Odysseus Elytis, *Axion Esti*, p. 223 ; Saint-John Perse, *Neiges*, p. 226.

■ **Exercice complémentaire : Langue**
Vous étudierez la structure des phrases dans les l. 2 à 9 (*Ce que nous appelons... ce Rien qui est Tout*), et en commenterez le rythme.

■ **Bibliographie :** *L'Homme qui rit ou la parole-monstre de Victor Hugo*, Sedes, 1985.

# GROTESQUE ET SUBLIME

## Hugo
## *Le roi s'amuse*

p. 104

### « Je veux ma fille »

## APPROCHES

■ **Axes d'étude :** Le dialogue de théâtre (p. 320). Le drame romantique (p. 506). Le grotesque et le sublime. Les didascalies. L'ironie (p. 350).

■ **Préalables**

Rappeler que la mode des bouffons est un fait historiquement bien attesté à la Renaissance. C'est souvent à la faveur d'une disgrâce physique (nanisme, bosse) ou mentale que l'on devient **bouffon**. En fait, tout en étant difforme, Triboulet inaugure en France la lignée des « fols-sages », des *morosophes* (Rabelais), c'est-à-dire ceux qui incarnent le juste, le vrai, le bon face à la folie des souverains ou, surtout, de leurs courtisans. Dans une esthétique du monstrueux, qui permet de ménager tous les contrastes (voir Quasimodo, Gwynplaine), Hugo en a fait le héros d'un drame mêlant sublime et grotesque. Triboulet y est complice, victime et opposant d'un ordre injuste.

Expliquer la réticence du v. 10 : Triboulet, ironie tragique, s'est laissé bander les yeux par les courtisans au cours de la nuit et, trompé par leurs explications, les a lui-même aidés à enlever Blanche. Ainsi commence à s'accomplir la malédiction lancée contre lui par un autre père outragé, Saint-Vallier, dont le bouffon a raillé la douleur.

Mentionner l'interdiction de la pièce le lendemain de la création pour outrage aux bonnes mœurs : on lui reproche la conduite du roi auprès de Blanche (III, 2), ses amours avec Maguelonne, et les invectives de Triboulet aux courtisans : *Vos mères aux laquais se sont prostituées !/Vous êtes tous bâtards* (III, 3, v. 1016-1017).

■ **Vérifier** la compréhension d'*accroissements*, v. 38 (terme juridique = action d'accroître les biens de quelqu'un).

## LIRE : Paroles de bouffon

**1- Les sentiments de Triboulet**

La progression des sentiments du bouffon est marquée par les **didascalies**, indications de gestes ou commentaires psychologiques. Devant l'échange de répliques entre le gentilhomme naïf et M. de Pienne (v. 1-5), Triboulet s'efforce de comprendre la situation et se tait : *Triboulet observe avec une attention profonde* (v. 2). Quand il perçoit le double sens du propos du courtisan (*Le roi chasse*, v. 2), signifiant que le roi s'occupe de conquêtes féminines plutôt que de trophées cynégétiques, Triboulet, sous l'effet de la révélation, *éclate* de colère : *éclatant et d'une voix de tonnerre* (v. 5). Cette colère se fait de plus en plus menaçante : *effrayant* (v. 15) ; *D'une voix terrible* (v. 20). Le rapport de forces le ramène à la lucidité, puis le pousse à une fureur désespérée (*Il se jette sur la porte du roi*, v. 25) qu'amorce la locution affective, *mon enfant* (v. 25) : c'est alors qu'il bascule dans le désespoir (*reculant avec désespoir*, v. 26). La fin de l'extrait est marquée par une attitude de défi (*Les regardant tous en face*, v. 38), qui s'exprime surtout verbalement (▶ question **3**).

Cette progression des sentiments se traduit aussi par l'évolution du dialogue : la parole de Triboulet s'enfle avec sa colère ; d'une brève réplique (quatre syllabes, v. 5 ; un hémistiche, v. 6), elle s'affirme en tirades de plus en plus longues (7 vers, 10 vers, 13 vers), suggérant une inversion du rapport de forces, au moins au niveau du discours : mise en accusation des ravisseurs, réclamations lancinantes (*Je veux ma fille*, v. 15 ; *je la veux*, v. 22 ; *je vous dis qu'il me faut mon enfant*, v. 25), diatribe virulente contre les courtisans.

### 2- L'alliance du sublime et du grotesque

Triboulet est en lui-même un personnage qui représente le grotesque. Bouffon, il est chargé de faire rire, de distraire la cour, de servir les plaisirs du roi. Il devient d'abord sublime par ses sentiments paternels : répétition de *ma fille* (v. 15, 16, 22) ; glissement de *ma fille* à *mon enfant* (v. 25), qui suggère une plus grande tendresse ; insistance pathétique dans l'interpellation des courtisans (v. 16-25). Le sublime s'introduit ensuite par la virulence dans la dénonciation de la violence exercée sur les femmes (v. 29-38). Le passage du grotesque au sublime peut enfin se lire, au plan dramatique, dans la succession d'une scène comique où l'on voit la sottise du gentilhomme incapable de comprendre les sous-entendus de M. de Pienne à la scène sublime de la colère du père trahi.

### 3- L'ironie de Triboulet

La dernière réplique de Triboulet est dominée par le discours ironique. En fait, l'ironie débute dans la tirade précédente, au vers 19, avec le rapprochement entre *les loups et les seigneurs*. C'est du vers 30 au vers 38 que la verve ironique est la plus marquée. On fera ressortir l'expression *par bonheur* (v. 30), comme l'embrayeur du discours ironique. Au milieu du discours, l'expression *pour eux* (v. 32), vient rappeler que les propos sont à mettre au compte des courtisans : ils n'hésitent pas à prostituer leur femme auprès du roi pour obtenir des gratifications et des cadeaux de toutes sortes (v. 38). La structure exclamative (v. 34-38) est habilement ambiguë : on ne sait si elle traduit l'enthousiasme des courtisans devant les biens que leur rapporte la complaisance de leur femme, ou l'indignation de Triboulet vis-à-vis du procédé et du sort qui est fait aux femmes. On notera que l'attaque de Triboulet est presque exclusivement dirigée contre les courtisans et que le roi est à peu près épargné, malgré la formule *roi de débauches*.

## ÉCRIRE

Au début, Triboulet et un gentilhomme se présentent à la porte du roi, qui se trouve en arrière-plan au milieu de la scène. Triboulet doit paraître méfiant, vaguement apeuré, mais surtout très attentif à tout ce qui se passe. Insister sur le ridicule du gentilhomme, par exemple en lui donnant un costume à dominante de vert et de jaune, les couleurs du fou. M. de Pienne doit au contraire être habillé de noir – c'est le personnage satanique –, tandis que les autres courtisans seront vêtus de costumes bigarrés, destinés à marquer non la folie, mais la frivolité.

La scène de dialogue entre Triboulet et les courtisans doit se dérouler sur l'avant-scène, tandis que M. de Pienne reste au fond, en cerbère de la porte royale. Les courtisans sont par terre et/ou sur des fauteuils. Impression de négligence. Triboulet va de l'un à l'autre en prononçant ses deux premières répliques jusqu'à ce que, à la fin de la seconde, il se jette contre la porte du roi et contre M. de Pienne. Les courtisans se précipitent pour lui barrer l'accès. Triboulet revient alors sur l'avant-scène et, tourné tantôt vers les courtisans qu'il menace du poing, tantôt vers la salle qu'il semble prendre à témoin, il prononce sa tirade ironique.

## PISTES

### ■ Pour une séquence

• **Le héros du drame romantique** (▶ *supra*, p. 76).

• **Le drame romantique** (le vers et la prose ; le mélange des registres ; types de héros ; nature des conflits) : Musset, *On ne badine pas avec l'amour*, p. 306, Vigny, *Chatterton*, p. 308 ; *Lorenzaccio*, p. 443, p. 503 ; Hugo, *Hernani*, p. 446 ; *Ruy Blas*, p. 504.

### ■ Exercice complémentaire : Écriture

Vous comparerez à l'extrait du *Roi s'amuse* son adaptation par Francesco Maria Piave pour l'opéra de G. Verdi, *Rigoletto*, représenté au théâtre de la Fenice à Venise. La censure autrichienne a exigé une transposition de l'action dans le duché de Mantoue.

### ■ Texte complémentaire

**Giuseppe Verdi, *Rigoletto* (II, 4), 1851.**

LE PAGE

La Duchesse désire parler à son époux.

CEPRANO

Il dort.

LE PAGE

N'était-il pas ici tout à l'heure ?

BORSA

Il est à la chasse.

LE PAGE

Sans pages ?… sans armes ?…

TOUS

Et tu ne comprends pas
Que pour l'instant il ne veut voir personne ?

RIGOLETTO

*(qui dans son coin a écouté attentivement le dialogue, se jette tout à coup entre eux et s'écrie :)*

Ah, elle est donc ici !… Elle est avec le Duc !…

TOUS

Qui ?

RIGOLETTO

La jeune fille que cette nuit
Vous avez enlevée sous mon toit.
Mais je saurai la reprendre… Elle est là…

TOUS

Si tu as perdu ta maîtresse, cherche-la.
Ailleurs.

RIGOLETTO

Je veux ma fille !…

TOUS

Sa fille !

RIGOLETTO
Oui, ma fille… et votre victoire
Alors ?… Maintenant vous ne riez plus ?…
Elle est là… je la veux… vous me la rendrez.
*(Il court vers la porte du milieu, mais les courtisans lui barrent le passage.)*
Courtisans, race vile et damnée,
À quel prix avez-vous vendu mon bien ?
Pour vous rien n'est infâme,
Mais ma fille est un trésor inestimable.
Rendez-la moi… ou toute désarmée
Cette main rougira de votre sang ;
Rien sur cette terre ne peut faire reculer un homme
Qui défend l'honneur de ses enfants.
Cette porte, assassins, ouvrez-la moi.
*(Il se jette à nouveau sur la porte que protègent encore les gentilshommes. Une lutte un moment, puis il retourne épuisé vers l'avant-scène.)*
Ah ! Vous vous mettez tous contre moi !
*(Il pleure.)*

Trad. d'Yvelaine Duault, © 1988 L'Avant-Scène Opéra.

■ **Lectures cursives :** Hugo, préface de *Cromwell*. Shakespeare, *Les Joyeuses commères de Windsor*, pour le personnage de Falstaff. Voir aussi la manière dont Rabelais décrit Triboulet dans *le Tiers Livre*, en particulier chapitres 38, 45 et 46.

■ **Bibliographie :** M. Lever, *Le Sceptre et la Marotte*, éd. Hachette, 1983, pp. 166-183 ; A. Ubersfeld, *Le Roi et le bouffon. Étude sur le théâtre de Hugo de 1830 à 1839*, éd. José Corti, 1974.

■ **Discographie :** G. Verdi, *Rigoletto*, C. M. Giulini (P. Cappuccilli, P. Domingo, I. Cotrubas). © DGG, 1980.

## IMAGES : LE ROMANTISME

p. 106

■ **Axes d'étude :** L'orientalisme. La peinture d'histoire. L'exotisme. L'émotion.

■ **Préalables :** Préciser que la Grèce représente pour les romantiques l'image même du peuple opprimé en lutte pour sa liberté (Delacroix, *La Liberté ou l'Allégorie de la Grèce conduisant une révolte*, p. 180). Rapprocher ce tableau du *Radeau de la Méduse* de Géricault (1819), que Delacroix ne cesse de présenter comme la référence même de la révolution esthétique à laquelle il aspire, marquée par l'introduction du laid dans l'art et par le souci de toujours dire la vérité.

### VOIR : Un engagement passionné

#### 1- La violence et le pathétique

La **composition** est fondée sur deux lignes obliques. La première part de la tête du cavalier turc, suit la tête du cheval, puis le fusil du soldat turc dans l'ombre, puis la tête de l'homme couché au premier plan et celle de la femme qui s'appuie sur lui, et va mourir le long des jambes de la femme couchée à l'extrême gauche. La seconde ligne passe en oblique au niveau des têtes, en partant de la gauche, du soldat dans l'ombre, de l'homme au bonnet rouge et de la vieille femme. Ces deux lignes partent donc des massacreurs turcs pour finir sur les victimes, soulignant la tension de la composition ; elles se croisent en outre à peu près au centre du tableau où, entre le visage du soldat turc et la patte du cheval, Delacroix a représenté une scène violente de massacre, peignant ainsi à la fois le massacre en action et ses conséquences, avec la scène de premier plan. Ces deux lignes obliques meurent légèrement au-dessus de la ligne d'horizon. La répartition classique un tiers/deux tiers qui sépare la zone du ciel de celle de la terre donne peu d'espace à l'échappée que devrait procurer le ciel ; elle ramène le regard sur la scène du bas du tableau, empêchant le spectateur d'en sortir par le haut.

Le **jeu des couleurs** souligne également cette composition oppressante. Il repose sur un contraste entre l'ombre et la lumière, l'ombre étant réservée aux massacreurs : le cavalier vêtu de noir, – seule la tête de son cheval émerge dans la lumière comme pour traduire la peur que suscite ce que son maître lui fait faire – ; l'homme au fusil. Le groupe des victimes est au contraire éclairé par des coups de lumière violents : buste des femmes de droite, corps de l'enfant en bas à droite, voile de tête de la vieille femme, drap blanc de l'homme couché (figuration du linceul ?)… Le paysage en arrière-plan reconduit cette opposition entre ombre et lumière : ciel entre zone nuageuse et zone de bleu, contraste sur la mer entre bleu clair et zone d'ombre ; passage de l'ombre d'un nuage sur la terre comme pour symboliser le passage de l'oppresseur turc sur la campagne grecque. Quelques touches de rouge suggèrent la violence dont sont victimes les Grecs.

L'**art du mouvement** traduit aussi la violence exercée et le pathétique des victimes : opposition entre l'immobilité du groupe à terre et le groupe cavalier/cheval : l'homme et l'animal sont en mouvement, entraînant avec eux deux femmes qui résistent. L'une, déjà enchaînée, à moitié nue, indique la violence sexuelle qui lui est faite ; l'autre, habillée, semble s'opposer à l'oppresseur qui sort son sabre, préférant ainsi s'offrir à la mort ou protégeant la vieille femme.

#### 2- Un arrière-plan religieux

Le groupe du premier plan dessine sans ambiguïté des scènes christiques. L'homme couché au premier plan a nettement une plaie au côté ; il semble blessé à la main comme le suggère la tache de sang sur le sol ; une femme le soutient. Delacroix transpose une *pietà* avec juste ce qu'il faut de différence pour qu'il ne soit pas accusé d'impiété. La femme à droite offre une variante douloureuse et pathétique du groupe de la Vierge à l'enfant (un lointain écho aussi du massacre des Innocents ?), et la vieille femme s'apparente à une Mater dolorosa : la force de son regard traduit toute la dignité d'un peuple en proie à l'oppression.

Par cette correspondance, Delacroix cherche à sensibiliser l'opinion publique au sort du peuple grec. On peut aussi lire en filigrane le conflit entre les Hébreux et les

Égyptiens de l'Ancien Testament. L'objectif pour Delacroix est politique : il s'agit de dénoncer, de manière très actuelle, une tentative de génocide.

**3- L'océan de Biard**

François-Auguste Biard (1798-1882) fut un artiste très populaire à son époque. Portraitiste, peintre de genre et d'Histoire, il se montre également curieux des mondes éloignés – de la Laponie au Brésil, de l'Orient aux chutes du Niagara – que ses voyages lui ont donné l'occasion de voir. Il traduit ces mondes en images nouvelles, dont l'exotisme s'accompagne, comme ici, d'un romantisme lyrique échevelé.

Ce tableau présente une autre facette du goût exotique des romantiques, dépourvue cette fois d'intention politique. C'est l'attrait des grands espaces qui s'exprime ici. On y retrouve aussi l'expression de la lutte des hommes aux prises avec la nature, fréquente dans le roman hugolien (*L'Homme qui rit*, *Les Travailleurs de la mer*). La représentation quasi surréaliste de ces icebergs et la petitesse de l'homme font de cette peinture une forme de méditation métaphysique sur l'infini. Son étrangeté souligne également ici la parenté du romantisme avec le fantastique (la tempête de neige de *L'Homme qui rit*, ► p. 102). Sur le fantastique, voir le tableau de John Martin (► p. 103).

**Conclusion**

L'art romantique propose une nouvelle manière d'appréhender le monde : à la fois art engagé, à l'exemple de Delacroix, et art d'évasion, à l'exemple de Biard. On retrouve dans l'art pictural du romantisme la même dualité que dans la littérature du temps.

## ÉCRIRE

Le *drame* et la *rêverie* sont particulièrement bien rendus grâce à une composition qui met en relief le mouvement violent des Turcs et l'abandon des victimes. Le drame naît de ce contraste, de la représentation des armes dressées, du cheval et du cavalier dont la tête excède l'horizon comme pour mieux marquer sa démesure. Les corps tordus des femmes de droite soulignent encore la tragédie que vit ce peuple.

La rêverie est d'abord liée à l'orientalisme du tableau : costume des Turcs comme des Grecs. Elle est ensuite alimentée par le regard perdu dans le lointain de la vieille femme, qui suggère une réflexion sur le destin qui frappe son peuple. La rêverie se fait ainsi méditation, mais aussi accusation adressée aux occidentaux dont les dirigeants, rapporte Baudelaire, souhaitaient que Delacroix atténue sa dénonciation : allait-on laisser un peuple en massacrer un autre ?

## DIRE

Le romantisme, selon Gilles Néret, repose sur les points suivants : modernité et anti-académisme, fondés sur des sujets d'inspiration nouveaux (*passé idéalisé*, *Orient*, *actualité*) ; l'expression d'émotions (*état d'âme*, *mouvement du cœur*) ; une technique nouvelle fondée sur la recherche de la couleur et du mouvement.

- **Modernité** : Friedrich, p. 92 ; Robert, p. 96 ; Delacroix, p. 106 (composition) ; Biard, p. 107.
- **Inspiration nouvelle** : Passé idéalisé : Dicksee, p. 109 ; Orient : Robert, p. 96, Delacroix, p. 106 ; Actualité : Pajou, p. 99 ; Delacroix, p. 106.
- **Technique nouvelle** : Delacroix, p. 106 (mouvement, couleur) ; Biard, p. 107 (effet de matière).

## PISTES

■ **Pour une séquence : Le romantisme en images** (► *supra*, p. 72).

■ **Bibliographie :** A. Denis et I. Julia, *L'Art romantique*, éd. Somogy, 1996.

## REGARDS SUR LE ROMANTISME

**Flaubert**

# *Madame Bovary*

p. 108

### « L'attirante fantasmagorie des réalités sentimentales »

## APPROCHES

■ **Axes d'étude :** Les thèmes romantiques. L'ironie (p. 350). La parodie (p. 444).

■ **Préalables :** Le récit, rétrospectif, explique le caractère et les rêves de la jeune femme que le lecteur a rencontrée dans les chapitres précédents. Le texte peut être lu à un double niveau : d'un côté une caractérisation d'Emma ; de l'autre, une critique des thèmes et des formes romantiques.

■ **Vérifier** la compréhension de *fantasmagorie*, l. 24 (= abus d'effets extraordinaires) ; *blafards*, l. 45 (= pâles) ; *minarets*, l. 46 (= tours de mosquée).

## LIRE : Pot-pourri romantique

**1- Les thèmes romantiques**

On retrouve ici des stéréotypes romantiques concernant les aventures sentimentales, historiques et exotiques.

- **Aventures sentimentales** : ce sont les scènes ordinaires des grands romans d'aventures (l. 1-6, 31-42). Ce sont des aventures d'enlèvement, de poursuites, de souffrance amoureuse qui provoquent les larmes (l. 40). Dans ces romans, comme en écrivit Dumas, la passion amoureuse devient l'essentiel de la vie.
- **Aventures historiques** : sous l'égide de Walter Scott, (l. 8), le maître du roman historique, les lectures d'Emma

font revivre tout le passé mythique du Moyen Âge et de la Renaissance que le romantisme a redécouvert. Objets et personnages historiques pêle-mêle (l. 11). Rêve de château gothique et de pose romantique de châtelaine attendant le chevalier (l. 9-13). Énumération désordonnée de grandes dames de l'histoire, de rois illustres et d'événements sanglants (l. 13-19).

• **Aventures exotiques** : un peu d'Italie avec Venise (l. 22) ; un peu d'Angleterre avec une allusion à Roméo et Juliette et, par association d'idées, l'énumération d'autres clichés du monde anglais (l. 31-38) ; beaucoup d'Orient (l. 44) ; et, pour finir, un exotisme de composition rassemblant des éléments épars de l'Orient, de l'Italie, de l'Afrique, voire de la France, dans un mélange invraisemblable (l. 44-50). Tous les motifs de la fascination pour les civilisations lointaines, les paysages inouïs, les animaux exotiques se trouvent ici réunis.

### 2- Les marques d'ironie

Elles affectent, de manière parfois indissociable, Emma et le romantisme dans son ensemble. Cette ironie se manifeste d'abord à travers les accumulations qui juxtaposent des personnages, des éléments matériels et des sentiments (l. 1-6, l. 9, 18-19, l. 22, l. 42-50). Des **procédés spécifiques** soulignent l'ironie de ces accumulations : tournures restrictives (*Ce n'étaient que*, l. 1 ; *il n'était question que de*, l. 21-22) ; hyperboles (*à toutes les pages*, l. 3 ; *l'immensité ténébreuse de l'histoire*, l. 16-17) ; usage de l'italique (l. 5) ; comparaisons convenues (*braves comme des lions, doux comme des agneaux*, l. 5) ; comparaison incongrue (*retroussés comme des souliers à poulaine*, l. 42) ; surcharge adjective (*un cavalier à plume blanche qui galope sur un cheval noir*, l. 12-13 ; *un jeune homme* [...] *grands yeux clairs*, l. 32-35) ; lexique précieux (*becquetaient*, l. 40) ; présentation de ce bric-à-brac comme une composition picturale : *des tigres à droite, un lion à gauche, des minarets tartares à l'horizon, au premier plan des ruines romaines* [...], *le tout encadré* [...] *sur fond de...* (l. 46-50) ; adverbes ou adjectifs embrayeurs d'ironie (*quelques férocités de*, l. 18-19 ; *un peu de Saint-Barthélemy*, l. 19 ; *forêt vierge bien nettoyée*, l. 48).

C'est l'ensemble du texte qui mérite une analyse très serrée pour faire ressortir l'ironie. Le jugement direct de Flaubert apparaît rarement ; on notera cependant les expressions ouvertement péjoratives : *Emma se graissa donc les mains à cette poussière des vieux cabinets de lecture* (l. 7-8) ; *la niaiserie du style et les imprudences de la note, l'attirante fantasmagorie des réalités sentimentales* (l. 23-25).

### 3- Une parodie du style romantique

Les traits stylistiques parodiés correspondent aux passages dont les thèmes font l'objet de l'ironie de Flaubert (► question **2**) : style énumératif, phrase chargée d'adjectifs, de comparaisons et de notations circonstancielles (l. 9-13) ; un lexique précieux et conventionnel (*rêvant sur des sofas près d'un billet décacheté*, l. 38). Dans certaines phrases, Flaubert mêle la parodie au jugement négatif qu'il porte sur Emma et sur le romantisme (l. 13-20).

### Conclusion

Un véritable pot-pourri de thèmes et de procédés romantiques, qui présente des jeux de miroirs entre le personnage, l'auteur et leurs relations ambiguës avec l'inspiration littéraire de l'époque. Flaubert exorcise la tentation romantique qu'il éprouve périodiquement.

## ÉCRIRE

• Les **thèmes romantiques** dénoncés par Flaubert :
– Sentiments échevelés : la douleur qu'éprouve Minvane à la mort de Ryno : volonté de dormir à côté du mort, appel à la mort (► p. 97).
– Image d'une nature en accord avec les sentiments (► p. 97, p. 100, p. 101).
– Vie dans l'imaginaire et attrait de l'inconnu (► p. 100).
– Exotisme des pays du midi (► p. 101, Goethe) ; nostalgie du Moyen Âge (► p. 101, W. Scott).

• **Le style parodié**
– L'emphase dans l'expression des sentiments : apostrophe au mort, à la nature (► p. 97) ; phrases interrogatives et exclamatives (► p. 101).
– Structure accumulative (► p. 101, l. 15-19, W. Scott).
– Style anaphorique (► p. 101, l. 24-31, W. Scott).
– Surcharge de caractérisants (► p. 100, l. 12-14).
– Hyperbole (► p. 101, l. 22-24, W. Scott).
– Comparaison hyperbolique (► p. 100, l. 7-9).

## *PERSPECTIVES* (p. 109)

### ■ Musset, *Lettres de Dupuis et Cotonet.*

### LIRE : L'art du pastiche

#### 1- Intérêt et cible du pastiche

L'intérêt de ce pastiche est double. Il participe à la dimension ludique de la littérature et, par l'autoparodie qu'il met en œuvre, donne l'image d'un auteur qui ne se prend pas au sérieux.

• **Dimension ludique :** il s'agit d'une manière d'explication de texte par l'exercice d'écriture, à partir d'un roman célèbre. Musset s'amuse dans cette confrontation des styles classique et romantique.

• **Autoparodie** : Musset, qui participe au courant romantique, s'inscrit toutefois en marge du mouvement dominant et marque ses distances en pratiquant la parodie de l'intérieur.

La cible est très clairement le style romantique et sa surcharge adjectivale : tous les noms doivent être pourvus d'adjectifs, au risque de créer intempestivement des expressions oxymoriques (*suave pitié*, l. 7) ou de reprendre les clichés les plus éculés (*l'amour candide*, l. 6).

#### 2- Une intention satirique ambiguë

L'intention satirique est au second degré, comme le montre la dernière phrase, qui propose une simplification abusive disqualifiant la crédibilité du locuteur, ici les bourgeois Dupuis et Cotonet. L'ironie vise donc à la fois le romantisme et le discours péremptoire qui peut être tenu sur lui.

## PISTES

■ **Pour une séquence : La parodie** (▶ *supra*, p. 21).

■ **Lecture cursive :** Flaubert, *Mémoires d'un fou.*

■ **Bibliographie :** L. Adert, *Les Mots des autres. Lieux communs et création littéraire dans l'œuvre de Flaubert…*, Presses Universitaire du Septentrion, 1996.

# L'HÉRITAGE DU ROMANTISME

## Gombrowicz
## *Les Envoûtés*

p. 110

### « Les secrets nocturnes de la forêt »

## APPROCHES

■ **Axes d'étude :** Résurgence du romantisme. Romantisme et caractérisation du personnage. Nature et fantastique.

■ **Préalables :** Préciser que le roman est paru à l'origine sous la forme du roman-feuilleton dont il reprend bon nombre de schémas et d'effets.

■ **Vérifier** que sont compris : *harassante*, l. 26 (= épuisante) ; *ressauts*, l. 33 (= saillies d'un bâtiment).

## LIRE : Effets de brume

### 1- Les éléments romantiques

Les éléments romantiques de ce texte tiennent à la fois au **style** et au **décor naturel** de l'épisode. On retrouve la surcharge adjectivale dénoncée par Musset dans les *Lettres de Dupuis et Cotonet* (▶ p. 109), et mise en œuvre dans les textes de Chateaubriand (▶ p. 100), et, parodiquement, de Flaubert (▶ p. 108, l. 15-16) ; des comparaisons hyperboliques comme dans ces mêmes textes : *terrifiants comme un cri de souffrance* (l. 13-14). Au plan thématique, Gombrowicz reprend la fascination romantique pour les vieilles bâtisses médiévales (l. 31), dont l'auteur se plaît à souligner l'irréalité (Flaubert, ▶ p. 108) ; pour un décor naturel qui exerce une influence sur l'âme des personnages : nature inquiétante (importance de la frayeur et de l'émoi dans la palette romantique des sentiments, l. 2-3) ; désolée (l. 7) ; nature plutôt nordique avec la récurrence de la mention des brumes et des brouillards (l. 8, 9-10, 12, 16, 22, 31) ; voir la présence surprenante du brouillard dans l'imaginaire italien de Goethe, ▶ p. 101, texte 1, v. 16) ; nature qui entre en résonance avec le personnage (Diderot, ▶ p. 96 ; Chateaubriand, ▶ p. 100).

La nature s'empare en effet de Maya par l'atmosphère de mort et de peur qu'elle suscite : *elle frissonna* (l. 7) ; *terrifiants* (l. 13) ; *existence* […] *moribonde* (l. 17-18) ; *Ce n'est pas sans effroi* (l. 19) ; *sol traître* (l. 23).

### 2- La distance du narrateur avec l'imaginaire romantique

En fait, cette description romantique d'un vieux château baigné de brume peint plus la nature du personnage qu'elle ne marque la fascination de l'auteur pour cet imaginaire. Au début de l'extrait, Maya apparaît insouciante ; elle n'est pas encore effrayée par les secrets nocturnes de la forêt, l. 1-3. Ce n'est qu'au sortir de la forêt et devant les marécages que l'angoisse la saisit, l. 6-7. À la fin, elle semble se ressaisir et regarde la réalité pour ce qu'elle est : le mont sur lequel se trouve le château devient un *monticule, une butte* (l. 28), les *marécages* de la simple *boue qui s'attachait aux semelles* (l. 29-30), et la *fantastique bâtisse médiévale* un *bâtiment vermoulu* de *grand âge* avec des *carreaux de banale maison habitée* (l. 32-36).

La distance que prend le narrateur avec cet imaginaire renvoie donc bien à un personnage fantasque, en proie tout au long du roman à de brusques pulsions d'attirance et de rejet à l'égard des gens et des choses. Ce passage illustre la faiblesse psychologique de Maya.

### Conclusion

Une utilisation ambiguë de l'imaginaire romantique. Gombrowicz en fait à un premier degré un ingrédient du roman noir qu'il écrit. À un second degré, distancié celui-là, il s'en sert pour caractériser l'instabilité de son personnage et en présente une image critique.

## PISTES

■ **Pour une séquence : Nature et romantisme** (▶ *supra*, p. 74)

■ **Exercice complémentaire : Écriture**
Vous compléterez la réponse à la question 2 en relevant les indices de focalisation interne dans cette évocation du paysage.

■ **Lecture cursive :** Gombrowicz, *Yvonne Princesse de Bourgogne*, éd. Actes Sud, 1998.

■ **Bibliographie :** T. Kepinski, *Gombrowicz et le monde de sa jeunesse*, éd. Gallimard, 2000.

**Boulgakov**

# *Le Maître et Marguerite*

p. 111

## « L'aube se lèvera »

### APPROCHES

■ **Axes d'étude :** Le Diable. La mort. Un épilogue symbolique. Le lyrisme en prose.

■ **Préalables :**

Préciser que le roman, longtemps interdit en Union soviétique, est devenu en Russie un **livre culte**, symbole de la liberté. Boulgakov achève son chef-d'œuvre clandestinement, dans l'angoisse de s'en voir dépossédé et la crainte d'être pris de vitesse par la mort.

Rappeler que le **mélange des époques** (certains chapitres se déroulent au temps du Christ) est caractéristique de l'esthétique romantique. Celle-ci triomphe précisément avec l'évocation de la dernière demeure des amants. Évoquer la référence aux *Faust* de Gœthe et de Gounod, récurrente chez le romancier (*Le Roman théâtral*), qui leur emprunte ses personnages tout en les modifiant : le *noir Woland* incarne les saines forces de l'impertinence, de la subversion et du salut.

### LIRE : Un épilogue romantique

#### 1- Le lyrisme d'une fin de roman

La fin du *Maître et Marguerite* accumule les lieux communs du romantisme, mais sans aucune intention critique : présents dans le discours de Woland (l. 1-9), ils apparaissent dans la réalité de l'épilogue, sous le regard des amants (l. 17-34).

• **Un contexte sentimental** : promenade des amants sous les cerisiers (l. 2) ; choix d'un musicien romantique, Schubert (l. 3) ; la musique (l. 25).

• **Une idéalisation romantique du passé** : écrire avec une plume d'oie à la lueur d'une chandelle (l. 4) ; une maison avec un *vieux serviteur* et des *bougies* (l. 7) ; une chambre avec des *chandelles* (l. 26).

• **Une thématique diabolique** : l'allusion à Faust, mythe romantique (l. 5) ; la disparition du diable avec sa suite (l. 11-14).

• **Un cadre naturel mythique** : *petit pont de pierres moussues* (l. 16-17) ; un *ruisseau* (l. 17) ; une *allée sablée* (l. 18) ; une maison *à l'italienne* (l. 22) [Goethe, ▶ p. 101] ; la *vigne vierge, qui grimpe jusqu'au toit* (l. 22-23) ; un *ruisseau* qui coule *en murmurant* (l. 33).

Tous ces éléments romantiques participent au lyrisme de la fin du roman. Le style du discours de Marguerite souligne discrètement cet ancrage lyrique par des répétitions et des anaphores, *écoute* (l. 19, 20) ; *Voilà ta maison, ta maison* (l. 23) ; *ceux que tu aimes* [...] *ceux qui t'intéressent* (l. 24) ; *Tu t'endormiras* (l. 27, 28) ; *coulait comme un filet d'eau, comme coulait...* (32-33) ; *la maison éternelle* (l. 21) ; *ta maison pour l'éternité* (l. 23) ; *leur maison éternelle* (l. 31) ; par la conjonction *et* en polysyndète, *et tu te mettras* [...] *Et tu n'auras...* (l. 28-29) ; par l'abondance des verbes de sensations : *écoute, jouis, regarde, tu verras* (l. 19-26).

#### 2- Des éléments symboliques

Participant au lyrisme de la fin, tous ces éléments symbolisent la liberté retrouvée du Maître, *l'aube promise* (l. 14) par Woland. Dans le régime soviétique fortement industrialisé, bureaucratique, totalitaire, la liberté s'exprime par des images mythiques d'un monde révolu qui n'est pas l'ancien monde russe, mais plutôt l'imaginaire romantique de l'Europe occidentale. Après le séjour d'internement du Maître, cet univers paisible marque le calme retrouvé dans une intimité protégée, celle de la *maison* familière et campagnarde. L'image ainsi suggérée de la mort est celle d'un passage vers un au-delà où tout n'est qu'ordre et beauté : il suffit de passer le pont pour s'y retrouver. Une image de la mort contraire aussi bien aux visions eschatologiques chrétiennes qu'à l'athéisme marxiste de l'ex-U.R.S.S. En fait, Boulgakov présente la mort comme un retour aux sources littéraires de la culture russe du XIXe siècle, celle qui prenait comme modèle la France, l'Allemagne et l'Italie. L'apaisement se trouve toujours du côté des mythes de la vieille Europe.

#### Conclusion

Une utilisation symbolique du romantisme chez Boulgakov qui, contrairement à Flaubert ou à Gombrowicz, n'en fait pas un repoussoir, mais un point d'ancrage. La revendication poignante d'un univers artistique et littéraire qui représente l'ultime refuge de l'humain contre la barbarie.

### PISTES

■ **Pour une séquence : Diable et sorcières** (▶ *supra*, p. 70).

■ **Lecture cursive :** Boulgakov, *Les Œufs fatidiques. Diablerie*, éd. L'Âge d'homme, 1998.

■ **Bibliographie :** M. Gourg, *M. Boulgakov, un maître et son destin 1891/1940*, éd. Robert Laffont, 1992.

# 6 Du réalisme au symbolisme XIXe siècle

## IMAGES : LE RÉALISME p. 114

### VOIR : Réalisme et provocation

**1- Un sujet provocateur**

Un tableau de grandes dimensions comme celui-là réclamait, selon les critères classiques encore en vigueur, un sujet noble comme la représentation d'une scène historique ou mythologique. Le sujet choisi par Courbet est provocateur à double titre : tout d'abord parce qu'en lui-même l'enterrement n'est pas un thème fréquent et surtout parce que, s'il est malgré tout traité, le tableau concerne les funérailles d'un grand personnage et donne lieu à la représentation d'un enterrement en grande pompe, au sein de l'église, et non en pleine nature avec des petites gens. Voir Le Gréco, *L'Enterrement du comte d'Orgaz*, à Tolède, où la composition est dominée, dans toute sa partie supérieure, par le divin.

**2- La composition**

La composition est conçue pour donner le **sentiment de l'écrasement**. Les personnages, très grands, occupent presque tout l'espace, ne laissant qu'une petite fraction de ciel, à peine un quart du tableau quand l'esthétique classique voudrait qu'il y eût un tiers de ciel. Les personnages sont groupés en trois masses symétriques : à gauche les membres du clergé, les chantres et les enfants de chœur, reconnaissables à l'étole blanche, à l'aube et à la soutane, au centre les hommes endimanchés, à droite les femmes en noir. Des zones de blancheur font ressortir le **caractère sinistre** de cette procession : la blancheur des habits sacerdotaux, le chien au premier plan, marque du réalisme trivial de la scène, la bande blanchâtre des falaises à l'arrière-plan. Le centre du tableau est occupé par une zone dégagée délimitée par le prêtre, l'homme agenouillé et celui qui semble tendre la main : c'est l'espace vide laissé par le mort, intensément présent par la béance de la tombe au premier plan.

En outre, la scène de la procession paraît tronquée, comme s'il s'agissait d'une tranche de vie saisie par le peintre ; à gauche et à droite se trouvent des personnages dont on n'aperçoit qu'un fragment de tête. La variété d'expression des visages concentre encore davantage l'attention sur ces personnages. Cette variété est en elle-même un **effet de réel**. En fait, toute la composition est organisée pour donner l'illusion d'une absence de composition.

**3- Courbet et Puvis de Chavannes**

Les deux tableaux s'opposent tout d'abord par **leur sujet** : réaliste chez Courbet, allégorique chez Puvis de Chavannes. Ils s'opposent ensuite au plan de la composition. Alors que celle du tableau de Courbet se dissimule (▶ question **2**), celle de Puvis de Chavannes est clairement visible : une diagonale marquée par les quatre personnages ; opposition entre les teintes claires du ciel et les teintes plus sombres de la terre. Opposition soulignée aussi par les personnages : lourdeur contre légèreté. L'arbre à gauche fait le lien entre le terrestre et le céleste, entre la matérialité du réel et l'évanescence du rêve. Ils s'opposent enfin par le **traitement de leur sujet** : réalisme pesant pour Courbet ; refus explicite du réel chez Puvis : paysage lunaire ; figuration de l'infigurable, le rêve.

### LIRE

Champfleury adopte un **registre ironique** pour prendre la défense de Courbet. Le passage le plus significatif de ce discours ironique : le discours rapporté de ceux qui s'indignent d'un tel tableau (l. 5-14). Le discours ironique apparaît cependant dès la première phrase avec l'affirmation, *M. Courbet est un factieux*, qui est évidemment à mettre au compte des adversaires de Courbet, mais immédiatement il cède la place au discours de Champfleury : *ça a été* […] *vaut un prince* (l. 2-3). Le statut de la phrase suivante est mixte : on peut considérer que le début correspond encore au point de vue de Champfleury, *la noblesse se gendarme* (l. 4), tandis que la fin glisse dans le discours ironique, *accordé tant de mètres de toile à des gens du peuple* (l. 4-5). L'intensif *tant* et l'expression, ici péjorative, *gens du peuple* renvoient au discours des adversaires. La dernière phrase (l. 15), ramène le lecteur dans le discours de Champfleury.

### ÉCRIRE

On trouve dans le tableau de Courbet comme dans le roman de Flaubert la même ambiance réaliste, le même refus de styliser l'événement, soit par les costumes, soit par la splendeur de la cérémonie. Dans les deux œuvres, la matérialité l'emporte sur la spiritualité : détails concrets chez Flaubert ; insistance sur les costumes endimanchés dans le tableau de Courbet. Les mêmes personnages sont présents dans un semblable cadre campagnard : *Les prêtres, les chantres et les deux enfants de chœur récitaient le* De profundis *; et leurs voix s'en allaient sur la campagne* […] *Les femmes suivaient couvertes de mantes noires à capuchon rabattu.* On notera la même présence d'une grande croix qui se détache dans le ciel : *la grande croix d'argent se dressait toujours entre les arbres.* La disposition des personnages autour de la tombe ouverte est identique : *On se rangea tout autour.* L'intention est en revanche sans doute différente : alors que le tableau, véritable manifeste réaliste, traduit l'aspiration à une peinture plus authentique et plus proche de la réalité, cette réalité, constamment présente chez Flaubert, est aussi constamment mise à distance par des marqueurs ironiques ou satiriques : la matérialité excessive de la description de l'enterrement signifie le rejet de ce réalisme tout autant que le rejet d'une représentation à la spiritualité convenue. On retrouve là le grand dilemme de Flaubert. Voir ce passage : *Alors Bournisien prit la bêche que lui tendait Lestiboudois ; de sa main gauche, tout en aspergeant de la droite, il poussa vigoureusement une large pelletée ; et le bois du cercueil, heurté par les cailloux, fit ce bruit formidable qui nous semble être le retentissement de l'éternité.*

## PISTES

■ **Bibliographie :** J. H. Rubin, *Réalisme et vision sociale chez Courbet et Proudhon*, éd. Du Regard, 1999 ; J.-L. Ferrier, *L'Enterrement à Ornans, anatomie d'un chef-d'œuvre*, éd. Denoël.

# RÉALISME ET NATURALISME EN EUROPE

## Balzac
## *L'Envers de l'histoire contemporaine* p. 116

### « Au cœur du silence »

## APPROCHES

■ **Axes d'étude :** Le réalisme. La description. Les points de vue.

■ **Préalables :** Préciser que ce roman présente **une image de Paris** radicalement différente de celle du Paris enjoué et brillant que l'on trouve dans plusieurs romans des « Scènes de la vie parisienne ». Ici c'est un Paris presque provincial, refermé sur lui-même, une sorte d'oasis où les personnages s'efforcent de trouver la paix et l'amour du prochain.

■ **Vérifier** la compréhension de *gaufrés*, l. 2 (= où l'on a imprimé en relief des motifs).

## LIRE : L'harmonie du décor et des personnages

### 1- Un monde religieux hors du temps

• Le sentiment d'un monde hors du temps est d'abord celui d'être **hors de Paris** : *le Parisien se crut à une énorme distance de Paris* (l. 12). Cette impression naît ensuite des personnages qui, par leur discours ou leur costume, semblent d'**un autre âge** : *ce vieux mot : « Seyez-vous »* (l. 11-12) ; *une personne de l'autre siècle* (l. 29) ; *selon la mode du dix-huitième siècle* (l. 33-34). Le cadre correspond enfin à ces personnages hors de leur époque : anaphores de *vieilles* (l. 17-18) ; *vieille église* (l. 24) ; *vieux logis* (l. 26).

• Ce monde hors du temps est marqué par une **empreinte religieuse**. Le costume *rappelait celui des Sœurs-Grises* (l. 5) ; *était en soie couleur carmélite* (l. 34). C'est un *prêtre* qui introduit Godefroid (l. 6). Le lieu correspond à la piété des personnages : *Cette partie de l'île se nomme le Cloître* (l. 18) ; la maison est abritée par les *noires parois de la vieille l'église métropolitaine* (l. 24). L'ombre de Notre-Dame est omniprésente (l. 21-22). L'ambiance enfin est toute religieuse : *le silence monastique* (l. 19-20).

### 2- Un sentiment de pétrification

Ce sentiment est d'abord donné par une fréquente mention du silence (l. 14-20). Au plan stylistique, la pétrification est traduite par l'insistance de la description sur **les petits faits quotidiens**. Toute préoccupation extérieure semble exclue, par ex. l. 1-4. La succession de propositions construites à l'identique produit aussi une impression de lenteur dans les mouvements des personnages, presque de rituel, *Les trois personnages* [...] *ce vieux mot* (l. 9-11). Le passage le plus caractéristique de cette pétrification se trouve aux l. 14-18 : le jeu des répétitions (*peut-être*, l. 14 ; *saisi*, l. 14-15 ; *vieilles*, l. 17 ; *silence*, l. 14) semble signifier le bégaiement, voire l'immobilité des choses et des gens. L'abondance des descriptions tout au long du passage est également un moyen de donner **l'illusion d'une action suspendue**. Le jeu des temps, en particulier le passage au présent de vérité générale (l. 18-24), traduit enfin le sentiment de stabilité qu'éprouve Godefroid en arrivant dans cette demeure.

### 3- Les points de vue

Deux points de vue successifs organisent la description de ce texte. Le premier est celui du **personnage qui pénètre dans cette maison** et regarde ce qu'il voit : verbes de vision pour traduire le regard et introduire la description, *il vit* (l. 7) ; *Il ne regarda point autour de lui, pris de curiosité pour madame de La Chanterie* (l. 27-28). Déictiques et adverbes soulignent cette prise en charge du regard par le personnage (focalisation interne), *Dans cette première pièce* (l. 1) ; *Cette dame était évidemment une personne de l'autre siècle* (l. 29). Ce sont les descriptions de l'arrivée et de madame de La Chanterie qui sont prises en charge par le personnage. Le **narrateur**, omniscient, assume la partie centrale de la description, celle qui replace la demeure dans son quartier : l. 14-27. Ce propos du narrateur omniscient se traduit par le passage au présent de vérité générale et par des formules didactiques destinées directement aux lecteurs : *On doit remarquer* (l. 20) ; *personne ne s'étonnera* (l. 25).

**Conclusion**

Un texte où le décor sert à caractériser les personnages. La curiosité (l. 28) du regard du personnage principal autorise la précision descriptive.

## ÉCRIRE

• **La part de la description** est en elle-même caractéristique d'un texte réaliste :
– faire ressortir l'importance des détails et surtout de leur apparente gratuité pour la production de « l'effet de réel » (R. Barthes), par ex. l. 34-38 ;
– abondance des adjectifs dans la description.

• **Insertion de la description dans le texte** : focalisation par le regard d'un personnage qui devient relais d'un savoir ou par l'intermédiaire d'un narrateur omniscient (► question **3**).

• Importance de la **nomination,** *cette partie de l'île qui se nomme* (l. 18).

• Usage d'une **temporalité historique** (temps du passé).

• Ancrage de l'histoire dans des **lieux authentiques et identifiables** par le lecteur.

• Attention portée au **psychisme** des personnages, soulignée ici, pour leur première apparition, par le **décor** (voir aussi la description de la pension Vauquer dans *Le Père Goriot*).

Souligner l'ambiguïté de ce passage : le glissement vers un narrateur omniscient pourrait nuire au réalisme, s'il ne favorisait l'effet de réel dans les descriptions.

## PISTES

■ **Pour une séquence : Description ou argumentation ?** (le point de vue ; explicite ou implicite ; au fil des genres) : Tourgueniev, *Les Mémoires d'un chasseur*, p. 117 ; Leconte de Lisle, *Poèmes barbares*, p. 120 ; Carl Holsoe, *Femme assise*, p. 203 ; Rousseau, *Les Rêveries du promeneur solitaire*, p. 371 ; Zola, *Thérèse Raquin*, ► *infra*, p. 91.

■ **Exercice complémentaire : Langue**
Relevez, classez et commentez les adjectifs qualificatifs dans les l. 30 à 38.

■ **Lecture cursive :** Zola, *La Curée,* ch. 2.

■ **Bibliographie :** Ph. Dufour, *Le Réalisme*, PUF, 1998.

## ► Réalisme et naturalisme en Europe

**Tourgueniev**

# *Les Mémoires d'un chasseur*

p. 117

## « Autour de Kalouga »

## APPROCHES

■ **Axes d'étude :** La description. Le réalisme et ses limites.

■ **Vérifier** que sont compris : *chaumines*, l. 12 (= habitation misérable), *bonasse*, l. 22 (= naïve).

## LIRE : Une description réaliste

### 1- Les caractéristiques d'une description réaliste

On se reportera à l'« **Écrire** » du texte précédent. La description réaliste est prise en charge ou bien par un personnage ou bien par un narrateur savant et l'œuvre littéraire devient, fictivement, prétexte à **la délivrance d'un savoir**. Ici, le narrateur se présente presque comme un savant ethnologue qui décrit les mœurs et le cadre de vie de deux populations différentes : l'expression *Une différence ethnique* (l. 1) oriente toute la description. L'absence de toute mention explicite du narrateur donne plus de poids « scientifique » à la description. Celle-ci suit **un ordre rationnel** : les gens, avec une caractérisation rapide, leur habitat, leur apparence (l. 3-5 et 5-8). Pour les habitants comme pour les lieux, la description utilise de nombreux caractérisants qui ne semblent motivés que par le souci de la précision (l. 4-5). La structure énumérative souligne encore la volonté de donner une apparence « non littéraire » à la description.

### 2- Deux univers bien distincts

L'objectivité de cette description n'est en fait qu'une apparence. Tourgueniev fait ressortir l'opposition entre les gens d'Orel et ceux de Kalouga au profit de ces derniers. L'opposition a lieu en trois temps : première caractérisation des hommes et de leur cadre de vie (l. 3-8) ; organisation des hameaux ou des villages (l. 8-17) ; conditions de chasse (l. 17-24). La comparaison bénéficie à ceux de Kalouga et la description apparemment neutre se révèle très orientée :
**– aspects négatifs du côté d'Orel** : *Petit, voûté, revêche, le regard en dessous* (l. 3) ; *misérable cahute* (l. 4) ; *aucun commerce, maigre chère, tille* (l. 5) ;
**– aspects positifs du côté de Kalouga** : *spacieuses izbas* (l. 6) ; *haut de taille, le teint clair, l'œil vif et hardi, il trafique* […] *porte des bottes* (l. 6-8).

L'opposition se poursuit ainsi jusqu'à la fin du texte de manière systématique et quasi mécanique. On profitera de ce texte pour faire sentir qu'en littérature la description réaliste est sans doute un mythe ; les auteurs réalistes ne font que donner l'illusion du réalisme : intervention du narrateur et axiologisation de la description (c'est-à-dire présence de jugements de valeur marqués) rappellent que l'on a bien affaire à de la littérature et non à une publication scientifique.

**Conclusion**

Un texte qui utilise les codes de la description réaliste, mais pour mieux faire sentir le point de vue de l'auteur.

## PISTES

■ **Pour une séquence : Description ou argumentation ?** (► *supra*, p. 89).

■ **Lecture cursive :** Gogol, *Les Âmes mortes.*

## Giovanni Verga
# *Cavalleria rusticana et autres nouvelles*

p. 118

### « Tue-ses-femmes »

## APPROCHES

■ **Axes d'étude :** Le naturalisme. Les points de vue. Le lyrisme.

■ **Préalables :** Rappeler que la malaria correspond au paludisme, une maladie provoquée par les piqûres de moustiques.

■ **Vérifier** que sont compris : *cantilène*, l. 34 (= chant, en particulier profane), d'*aloès*, l. 40 (= plante d'origine africaine).

## LIRE : Entre naturalisme et lyrisme

### 1- L'aubergiste

L'évocation de l'aubergiste relève d'une approche naturaliste en ce que son caractère semble déterminé par son **milieu naturel**, et en particulier par l'emprise de la malaria sur sa vie. La malaria devient un véritable personnage responsable de la dégradation morale et physique de l'aubergiste : Les femmes, *c'est la malaria qui les lui tuait* [...] *vieux et ridé* (l. 14-15) ; on peut aussi imputer à la malaria l'allusion obscure à un meurtre qu'aurait commis l'aubergiste (l. 16). La malaria, responsable de son surnom, *Tue-ses-femmes*, devient pour l'aubergiste une véritable obsession : *Cette fois-ci, je veux en prendre une habituée à la malaria* (l. 12-13) ; *Ceux-là, la malaria ne les attrape pas !* (l. 23).

### 2- Les interventions du narrateur

Les interventions du narrateur sont discrètes à l'exception de l. 15 : *au point que vous n'auriez jamais imaginé*... On notera aussi les petites touches où transparaît le narrateur, touches destinées à influencer le jugement du lecteur sur le personnage : *ses affaires allaient si bien que* (l. 4) ; *son bon petit meurtre* (l. 16) ; *Le pauvre homme* (l. 26). Ces interventions marquent une certaine **distance** ironique vis-à-vis du personnage, mais la dernière, plus ambiguë, peut aussi indiquer que le narrateur éprouve à son égard une forme de commisération.

### 3- Le registre lyrique

L'extrait adopte le registre lyrique lorsque les villageois regardent les plaines fertiles et les ouvriers qui vont les moissonner. Le lyrisme est donc d'abord lié à leur regard. Cette vision est pour eux un antidote à la mort que représente la malaria : ce registre lyrique est introduit par des verbes de sensations (*regardant*, l. 32 ; *ils écoutaient*, l. 34) et marqué par des comparaisons (l. 33, 34, 35, 40-41), des métaphores (l. 37), des répétitions (*chaque fossé, derrière chaque bouquet d'aloès*, l. 39-40), un rythme imitant la démarche des paysans (l. 37-39). Au plan thématique, le lyrisme se traduit par une abondance de notations positives liées à la nature : *les semis qui poussaient prospères et verts* (l. 33-34) ; *les blés qui ondulaient comme une mer* (l. 33-34) ; *bouquet d'aloès* (l. 40) ; *les épis mûrs* (l. 41).

### Conclusion

Un texte qui montre que le réalisme s'allie aisément avec le lyrisme, pourvu que ce lyrisme témoigne du point de vue d'un personnage, sans être mis sur le compte du narrateur.

## *PERSPECTIVES* (p. 119)

■ **Zola, *Thérèse Raquin*.**

## LIRE : Science et littérature

### 1- Une démarche scientifique

L'écriture du livre est présentée comme l'étude d'un problème scientifique, en l'occurrence médical : *étudier* (l. 1) ; *l'étude d'un cas curieux de physiologie* (l. 30-31) ; *j'ai tenté d'expliquer* (l. 25) ; *le travail analytique que les chirurgiens font sur des cadavres* (l. 37-38). La fin du passage explicite le cas en le présentant à la manière d'un problème quasiment mathématique : *étant donné un homme puissant et une femme inassouvie* (l. 32-33). L'écriture du livre doit en outre être fondée sur une démarche rigoureuse (*suivre pas à pas*, l. 8), sur une forme d'expérimentation (*à poser et à résoudre certains problèmes*, l. 24-25) et aboutir à une démonstration (*j'ai montré*, l. 27), voire à une définition (récurrence du verbe *être*, l. 11, 13 ; du verbe *consister*, l. 16).

### 2- Tempérament et caractère

La démarche naturaliste s'attache aux tempéraments, c'est-à-dire à ce qui relève de la constitution physique d'un individu, aux tendances qui conditionnent ses réactions et ses comportements : *des personnages souverainement dominés par leurs nerfs et leur sang* (l. 3-4) ; *un homme puissant et une femme inassouvie* (l. 32-33) ; *les poussées de l'instinct, les détraquements cérébraux* (l. 9-10). Elle s'intéresse en particulier à tout ce qui relève de la sensualité (*les fatalités de leur chair*, l. 6). Le sens classique d'« avoir du tempérament », « être porté aux plaisirs de l'amour physique », est suggéré par l'expression : *chercher en eux la bête* (l. 33). L'expression *ne voir même que la bête* (l. 33-34), indique enfin que Zola rejette tout ce qui est de l'ordre du caractère, de *l'âme* seule (l. 18), c'est-à-dire d'une psychologie idéaliste.

## ÉCRIRE

Cette idée d'un roman défini comme une entreprise de connaissance se retrouve dans les textes précédents de la section, quoique affirmée de manière moins précise et en des termes moins ouvertement scientifiques.

• **Balzac :** l'extrait de *L'Envers de l'histoire contemporaine* peut être envisagé comme l'étude d'un milieu social. La volonté pédagogique de Balzac est visible aux expressions : *On doit remarquer* (l. 20) ; *On ne pouvait donner à sa robe que le vieux nom…* (l. 32-33).

• **Tourgueniev :** l'extrait semble avoir la neutralité d'une étude ethnologique fondée sur la comparaison entre deux groupes humains, presque deux races : *une différence ethnique* (l. 1).

• **Verga :** l'étude d'un caractère aigri fortement influencé par un facteur naturel, la malaria, qui ne se laisse même pas aller au lyrisme du regard porté sur les moissonneurs : voir la réplique finale (l. 43-45).

## PISTES

■ **Pour une séquence : Littérature et réalité :** les textes p. 116-119 ; Flaubert, *Madame Bovary*, p. 431 ; *Lettre à Louise Colet*, p. 434 ; Zola, *Germinal*, p. 482.

■ **Exercice complémentaire : Oral**
En utilisant les extraits de Balzac, de Tourgueniev et de Verga, faites une synthèse sur la pratique du point de vue dans la littérature réaliste.

■ **Textes complémentaires**

**1- Flaubert, *Bouvard et Pécuchet*, 1884 (posth.)**

*On rapprochera du texte de Verga cette évocation d'un domaine agricole visité par Bouvard et Pécuchet, Parisiens tentés par l'agriculture : réalisme social, ironie des points de vue, ambiguïté du lyrisme final.*

Une petite fille, les pieds nus dans des savates, et dont le corps se montrait par les déchirures de sa robe, donnait à boire aux femmes, en versant du cidre d'un broc qu'elle appuyait contre sa hanche. Le comte demanda d'où venait cette enfant ; on n'en savait rien. Les faneuses l'avaient recueillie pour les servir pendant la moisson. Il haussa les épaules et, tout en s'éloignant, proféra quelques plaintes sur l'immortalité de nos campagnes.

Bouvard fit l'éloge de sa luzerne. Elle était assez bonne, en effet, malgré les ravages de la cuscute ; les futurs agronomes ouvrirent les yeux au mot cuscute. Vu le nombre de ses bestiaux, il s'appliquait aux prairies artificielles ; c'était d'ailleurs un bon précédent pour les autres récoltes, ce qui n'a pas toujours lieu avec les racines fourragères.

« Cela du moins me paraît incontestable. »

Bouvard et Pécuchet reprirent ensemble :

« Oh ! incontestable. »

Ils étaient sur la limite d'un champ soigneusement ameubli : un cheval que l'on conduisait à la main traînait un large coffre monté sur trois roues. Sept coutres, disposés en bas, ouvraient parallèlement des raies fines, dans lesquelles le grain tombait par des tuyaux descendant jusqu'au sol.

« Ici, dit le comte, je sème des turneps. Le turnep est la base de ma culture quadriennale. »

Et il entamait la démonstration du semoir. Mais un domestique vint le chercher. On avait besoin de lui au château.

Son régisseur le remplaça, homme à figure chafouine et de façons obséquieuses.

Il conduisit « ces messieurs » vers un autre champ, où quatorze moissonneurs, la poitrine nue et les jambes écartées, fauchaient des seigles. Les fers sifflaient dans la paille qui se versait à droite. Chacun décrivait devant soi un large demi-cercle, et tous sur la même ligne, ils avançaient en même temps. Les deux Parisiens admirèrent leurs bras et se sentaient pris d'une vénération presque religieuse pour l'opulence de la terre.

**2- Zola, *Thérèse Raquin*, 1867.**

*On étudiera dans ce passage la mise en œuvre romanesque des principes exposés dans la préface : importance donnée au corps dans la description des personnages et de leurs comportements, sorte de fatalité biologique de la passion, relation entre l'observation et l'explication par la loi des « tempéraments ».*

Thérèse, plus nerveuse, plus frémissante que lui, était obligée de jouer un rôle. Elle le jouait à la perfection, grâce à l'hypocrisie savante que lui avait donnée son éducation. Pendant près de quinze ans, elle avait menti, étouffant ses fièvres, mettant une volonté implacable à paraître morne et endormie. Il lui coûtait peu de poser sur sa chair ce masque de morte qui glaçait son visage. Quand Laurent entrait, il la trouvait grave, rechignée, le nez plus long, les lèvres plus minces. Elle était laide, revêche, inabordable. D'ailleurs, elle n'exagérait pas ses effets, elle jouait son ancien personnage, sans éveiller l'attention par une brusquerie plus grande. Pour elle, elle trouvait une volupté amère à tromper Camille et madame Raquin ; elle n'était pas, comme Laurent, affaissée dans le contentement épais de ses désirs, inconsciente du devoir ; elle savait qu'elle faisait le mal, et il lui prenait des envies féroces de se lever de table et d'embrasser Laurent à pleine bouche, pour montrer à son mari et à sa tante qu'elle n'était pas une bête et qu'elle avait un amant.

Par moments, des joies chaudes lui montaient à la tête ; toute bonne comédienne qu'elle fût, elle ne pouvait alors se retenir de chanter, quand son amant n'était pas là et qu'elle ne craignait point de se trahir. Ces gaietés soudaines charmaient madame Raquin qui accusait sa nièce de trop de gravité. La jeune femme acheta des pots de fleurs et en garnit la fenêtre de sa chambre ; puis elle fit coller du papier neuf dans cette pièce, elle voulut un tapis, des rideaux, des meubles de palissandre. Tout ce luxe était pour Laurent.

La nature et les circonstances semblaient avoir fait cette femme pour cet homme, et les avoir poussés l'un vers l'autre. À eux deux, la femme nerveuse et hypocrite, l'homme sanguin et vivant en brute, ils faisaient un couple puissamment lié. Ils se complétaient, se protégeaient mutuellement. Le soir, à table, dans les clartés pâles de la lampe, on sentait la force de leur union à voir le visage épais et souriant de Laurent, en face du masque muet et impénétrable de Thérèse.

■ **Lectures cursives :** Zola, *Le Roman expérimental* ; Verga, *Les Malavoglia*, *Maître Don Gesualdo*.

■ **Bibliographie :** H. Mitterand, *Le Regard et le Signe. Poétique du roman naturaliste*, PUF, 1987.

## Leconte de Lisle
# *Poèmes barbares*

p. 120

### Le Rêve du jaguar

## APPROCHES

■ **Axes d'étude :** La description. La versification (p. 178). L'écriture parnassienne.

■ **Préalables :** Souligner que le recueil cherche à créer le dépaysement, d'abord par l'exotisme de l'évocation de civilisations disparues, mais surtout par la violence des situations présentées. Faire sentir que cette étrangeté recherchée existe aussi au plan de la langue et de la versification, complexe et particulièrement élaborée. Rappeler que la devise du Parnasse, « l'Art pour l'Art », suppose une large place accordée à la description et à un certain esthétisme.

■ **Vérifier** la compréhension de : *se lustre*, v. 16 (= se faire briller).

## LIRE : L'écriture parnassienne

### 1- Le décor et l'animal

La précision de la description du jaguar et du décor tient à l'**abondance des caractérisants**, généralement deux, qui accompagnent presque tous les noms (v. 4, 7, 8…). Ces éléments finissent par constituer un blason de l'animal dont tous les constituants sont déclinés. La description du jaguar commence par un titre pantonyme (v. 6) sous forme de caractérisation homérique (*tueur de bœufs et de chevaux*). La description organise ensuite ses éléments par le biais de l'anaphore (*il*) qui ouvre 5 vers (v. 9, 15, 17, 20, 21). Le décor constitue une sorte d'écrin pour les animaux ; il semble premier : ainsi les trois premiers vers qui posent le décor et l'ambiance avant que n'entrent en scène le perroquet, l'araignée et les singes, eux-mêmes écrin du fauve à venir : *C'est là que*, v. 6.

### 2- Rythme et signification

La structure du texte épouse le mouvement du jaguar revenant dans sa tanière (*En un creux du bois sombre*, v. 14). Les verbes de mouvement (*revient*, v. 8 ; *va*, v. 9 ; *s'affaisse*, v. 15) sont signes en eux-mêmes de la lassitude de plus en plus grande du jaguar : *revient* = démarche volontaire ; *va* (où ?) ; *s'affaisse* = action subie, voire absence d'action. Le rythme des vers qui accumulent les notations en de longues phrases exprime la lourdeur de l'air, en particulier avec le rejet des verbes (v. 3, 4), et leur éloignement du sujet. Cela crée une forme de suspense, de temps arrêté. Le premier verbe, *pendent*, suggère l'immobilité, l'instant de *midi* (v. 12). La lenteur du fauve est suggérée par les mêmes procédés : séparation du verbe et de son sujet ; multiplication des caractérisants qui ralentissent la phrase (v. 6-8, 10-12, 18-20).

Cette évocation du rêve d'un jaguar est évidemment **symbolique**. Voir la généralité induite par l'article défini de notoriété implicite du titre que l'on retrouve tout au long du poème (v. 1, 5, 6…). Cette généralité invite à interpréter le jaguar et son rêve. L'animal qui plante ses griffes (*ongles*, v. 21 : anthropomorphisme ?) devient une allégorie de la force, peut-être de la nature, en tous cas d'une certaine barbarie, proche du désir et de la jouissance. C'est la fascination du primitif, être naturel qui se livre aux jouissances élémentaires, par-delà le bien et le mal. Mais cette force animale est étrangement déréalisée par le rêve : le jaguar n'agit pas ; la représentation l'emporte sur l'action – à l'instar d'une poétique qui valorise la beauté de la vision aux dépens de l'utilité de l'action.

### 3- Primauté de la forme poétique

Par ses recherches stylistiques et métriques, le poème de Leconte de Lisle indique l'importance accordée à l'esthétisme poétique qui caractérise les parnassiens.

• **Lexique :** alliances de mots (v. 4, 8, 22) ; alliance concret/abstrait, *la fuite étincelle* (v. 13) ; termes rares : *bossue* (v. 9) ; densité des compléments de nom (v. 10, 12, 18).

• **Syntaxe et rythme :**
– une certaine étrangeté syntaxique : incomplétude, *va* (v. 9), *frottant* (v. 9), *ruisselants* (v. 21) ; pauses grammaticales en décalage avec le rythme du vers (v. 3, 9, 15) ;
– plaisir de la phrase et du vers qui joue un tempo lent ou rapide avec des coupes rares (v. 3, 10, 18), mais aussi des vers très réguliers en tétramètres (v. 1, 5, 13, 14, 22) ;
– effet d'attente avec un verbe *in fine* (v. 1-3 [avec rejet], 10-12, 18-20).

• **Sonorités :** jeux de contraste. Par exemple au v. 1, opposition entre les sonorités du premier hémistiche, marquant l'étouffement, et l'acuité du **[i]** en diérèse, les liquides en **[l]**, qui donnent une impression plus aérienne. Contraste encore avec le v. 2 qui oppresse de nouveau par l'allitération en **[l]** et en **[r]**, *l'air lourd*, et la triple caractérisation du substantif.

### Conclusion

Une réussite qui indique que la recherche formelle des parnassiens n'empêche pas la création d'un sens symbolique. Ici la splendeur du vers fait écho à la splendeur de l'animal et du décor.

## DIRE

Impossible de parler de réalisme :
– primauté accordée à l'esthétisme poétique (▶ question **3**) : le langage l'emporte sur l'objet décrit ;
– symbolisme du rêve du jaguar (▶ question **2**).

Ambiguïté du texte perceptible dans l'ambiguïté même du titre. Le rêve du jaguar : est-ce le rêve que fait le jaguar ou l'évocation d'un jaguar rêvé, imaginaire, plus chargé de symbole que proche d'un animal réel ?

## PISTES

■ **Pour une séquence : Rêve et poésie** (procédés de déréalisation ; images ; l'inconscient) : Hugo, *La Légende des siècles*, p. 187 ; Bertrand, *Gaspard de la nuit*, p. 194 ; Nerval, *Aurélia*, p. 196 ; Desnos, *Corps et biens*, p. 240.

■ **Exercices complémentaires**
• **Écriture :** Faites ressortir la sensualité de ce poème.
• **Voir :** Comment l'illustration de M. Jaubert de Becque rend-elle l'atmosphère de ce poème ?

■ **Bibliographie :** L. Decaunes, *La Poésie parnassienne*, éd. Seghers.

▶ PARNASSIENS, SYMBOLISTES ET DÉCADENTS

## Verlaine
# *Romances sans paroles*

p. 121

## « Le piano que baise une main frêle »

### APPROCHES

■ **Axes d'étude :** Musicalité du poème. L'impressionnisme. L'expression de la douleur amoureuse.

■ **Préalables :** Préciser **les implicites des titres.** *Ariette*, diminutif d'*air*, désigne une mélodie légère, *romance* une poésie naïve d'inspiration populaire, une pièce instrumentale pour chant et piano ou une chanson sentimentale : référence musicale et littéraire. « Sans paroles » joue évidemment du paradoxe : des poèmes écrits sans les mots, comme celui-ci…

■ **Vérifier** que sont compris : *épeuré*, v. 5 (synonyme littéraire d'*apeuré*) ; de *badin*, v. 9 (= léger et gai).

### LIRE : Poésie et musique

**1- Sujet des strophes et présence d'un narrateur**

La première strophe présente l'air de musique qui semble flotter dans la maison. La seconde indique l'effet qu'il produit sur le narrateur-auditeur. La présence du narrateur est explicite dans cette seconde strophe avec la première personne (*mon pauvre être*, v. 8) ; elle est implicite dans la première avec la majuscule à *Elle*, v. 6, mais aussi la tonalité affective utilisée pour caractériser le jeu du pianiste (*baise*, v. 1), et l'anaphore de *bien* (v. 4). Le narrateur éprouve, à entendre cet air de piano, un sentiment vague de tristesse (*mon pauvre être*, v. 8), après le départ de la femme aimée (v. 6).

**2- Le refrain musical**

Le rythme des vers 3-6 suggère la volatilité de cet air de musique qui parcourt la demeure. La succession des caractérisants aux vers 4 et 5 semble épouser les variations d'intensité du morceau. Les quatre questions de la seconde strophe miment l'insistance de cet air qui s'insinue dans l'esprit de l'auditeur, tandis que les deux derniers vers, qui comportent des compléments circonstanciels, donnent à nouveau le sentiment d'évanescence de la musique.

Dans la première strophe, la récurrence du son [ɛ] (*baise*, *frêle*, *très*, *aile*, *air*, *faible*, *discret*, *Elle*) suggère le caractère entêtant de ce refrain musical ; ce son donne précisément la tonalité des deux mots clés, *air* (v. 4), et *Elle* (v. 6). Au vers 10, c'est au contraire l'évanescence du refrain qui est mise en valeur par l'assonance nasale, *fin refrain incertain.*

**3- Musique et peinture**

Outre la musicalité (▶ questions **1** et **2**), Verlaine parvient à donner le sentiment d'une peinture en insistant sur des touches de couleurs (v. 2), et en donnant une apparence concrète à cet air, par la personnification : *un très léger bruit d'aile* (v. 3), *Rôde discret* (v. 5), *vas mourir* (v. 11) ; apostrophe (v. 9-10).

**Conclusion**

Harmonie des sensations, visuelles et auditives. Simplicité poétique pour l'art de la suggestion.

### VOIR

Si ce texte suggère une peinture, c'est bien une peinture impressionniste comme le tableau de Monet. Ici, la légèreté du feuillage rappelle la légèreté de l'air de musique suggérée par le poème. Les chatoiements de couleurs évoquent en outre les couleurs pastel du vers 2. La présence d'une jeune fille, à l'ombre des lilas, s'accorde enfin avec la romance amoureuse de Verlaine. À la suggestion picturale de l'art impressionniste fait écho l'art discret, comme l'air de musique, de la suggestion poétique verlainienne.

### PISTES

■ **Pour une séquence : La musique en poésie** (thèmes, écriture, significations) : A. Bertrand, *Gaspard de la nuit*, p. 195 ; Apollinaire, *Alcools*, p. 218 ; Gainsbourg, *Mon propre rôle*, p. 233 ; Dadelsen, *Bach en automne*, p. 244.

■ **Bibliographie :** E.M. Zimmermann, *Magie de Verlaine*, éd. José Corti, 1967.

▶ PARNASSIENS, SYMBOLISTES ET DÉCADENTS

## Maeterlinck
# *Pelléas et Mélisande*

p. 122

## « Comme des oiseaux d'or »

### APPROCHES

■ **Axes d'étude :** Symboles de l'amour. La dramaturgie symboliste.

■ **Préalables :** Évoquer et si possible faire écouter le passage correspondant de l'adaptation de Claude Debussy.

Préciser que l'**évolution dramatique** ne repose pas sur des coups d'éclat et sur une action, mais sur la progression des sentiments et l'émotion qu'ils suscitent. À cet égard, cette scène est absolument centrale et illustre bien le rôle du symbole dans ce théâtre.

## LIRE : Fatalité et évanescence de l'amour

### 1- La fatalité de l'amour

La fatalité de l'amour est traduite ici par le rapprochement des mains des amants, puis des cheveux de Mélisande. Toute la première partie du texte (l. 1-29) est organisée autour de leur tentative de joindre leurs mains. Le parallélisme des répliques (*Je ne puis pas venir plus près/Je ne puis monter plus haut*, l. 5-7) traduit la force d'attraction qui les rapproche en dépit des obstacles. La fatalité de l'amour s'exprime enfin à travers les cheveux de Mélisande qui prennent en charge la déclaration amoureuse, à l'insu même de la jeune fille : son corps exprime davantage ses sentiments que son esprit. La progression de la scène, de la séparation des mains jusqu'à l'union des mains de Pelléas et des cheveux de Mélisande, traduit la fatalité de la passion amoureuse qui transcende la volonté de Mélisande (celle-ci avait fait mine de refuser ses mains à Pelléas, l. 14).

### 2- Les éléments symboliques

Ils sont au nombre de deux : la **rose** qu'aperçoit Mélisande dans le jardin, mais que Pelléas ne voit pas, représente sans doute la pureté de l'amour de la jeune fille. Les **cheveux** enfin qui inondent Pelléas figurent l'amour que Mélisande donne à Pelléas à son insu. C'est un symbole de la force amoureuse qui excède la volonté (▶ question **1**). Il permet la mise en place d'une antithèse précieuse et symbolique : les cheveux sont lumière, lumière du sentiment, mais une lumière si forte qu'elle masque celle du jour (l. 39).

### 3- Écrire l'impalpable

Pour donner une impression d'irréalité et de légèreté, le style des répliques des deux personnages est organisé autour de phrases très simples, brèves, sans lexique rare. Les phrases semblent interrompues, comme le suggère un large emploi des points de suspension. Très peu de phrases complexes, mais une succession d'indépendantes brèves (voir la dernière réplique de Pelléas). La répétition systématique de mêmes phrases ou segments de phrase contribue à donner l'impression que les sentiments comme les corps courent le risque de s'échapper et que les amants essaient de les enfermer dans les mots (l. 2-3, 9-12, 16, 21, 24-25, 26-28, 31-34, 35, 39-40, 43). Une comparaison vient rehausser cette simplicité stylistique, et fait ressortir le symbolisme de la scène : *comme des oiseaux d'or* (l. 42).

### Conclusion

Une scène centrale qui traduit, par-delà les mots, au niveau de l'inconscient, l'attraction et l'amour des amants. Perception de l'amour comme une fatalité, qui laisse présager la mort future des amants.

## DIRE

On peut parler ici de théâtre symboliste parce que chacune des scènes est marquée par des **jeux de symboles** :
- symbolisme de la fontaine où le prince Golaud rencontre Mélisande : symbole de rajeunissement et de vie, la fontaine est souvent, dans les mythes romanesques du Moyen Âge, le carrefour des événements affectifs des héros ;
- symbolisme de la couronne aperçue au fond de l'eau, et qui signifie l'origine princière de Mélisande ;
- symbolisme de l'anneau d'or, donné par Golaud et perdu par Mélisande près d'une fontaine dite « des aveugles » (symbolisme du nom et du lieu) ;
- symbolisme de la chevelure qui inonde Pelléas de liens inconscients.

Insister sur le fait que la multiplicité de symboles déréalise ce drame qui paraît hors du temps (un prince et une princesse, personnages de conte). Symbolisme des personnages qui incarnent des types : Golaud incarnation du jaloux, Mélisande incarnation du mystère de l'éternel féminin.

## PISTES

■ **Pour une séquence : Le langage symbolique sur la scène** (nature et fonction du symbole ; symbole et mise en scène) : Sartre, *Les Mouches*, p. 134 ; Musset, *Lorenzaccio*, p. 443 ; Hugo, *Hernani*, p. 446 ; Shakespeare, *Hamlet*, p. 459 ; Claudel, *Le Soulier de satin*, p. 508.

■ **Exercice complémentaire : Écriture**

Réécrivez cette scène sous la forme d'un écrit à la troisième personne, en conservant la tonalité poétique.

■ **Lectures cursives :** M. Maeterlinck, *Théâtre : La Princesse Maleine, L'Intruse, Les Aveugles, Pelléas et Mélisande*, éd. Slatkine, 1997.

▶ PARNASSIENS, SYMBOLISTES ET DÉCADENTS

**Laforgue**

# *Les Complaintes*

p. 123

## Complainte du pauvre corps humain

## APPROCHES

■ **Axes d'étude :** Poésie et chanson. Ironie (p. 351). Image de l'homme.

■ **Préalables :** Préciser l'horizon d'attente du terme « **complainte** » : chanson populaire, plaintive. Souligner l'influence de philosophes pessimistes comme Schopenhauer, qui contrebalancent la légèreté attendue du genre et présentent de l'homme une vision qui n'est pas éloignée de celle de Pascal, l'ironie en plus chez Laforgue.

■ **Vérifier** que sont compris : *cloaques*, v. 2 (= lieux malpropres et infects), *ingénu*, v. 17 (= naïf), *se truffe*, v. 31 (= se remplir, se bourrer).

## LIRE : Pathétique et dérision

### 1- Une chanson

L'aspect de chanson est donné tout d'abord par la structure du poème : la récurrence d'un double refrain et la narration d'une petite histoire, ici celle de l'homme dans sa vie et sa mort, sont conformes à l'art de la complainte. La continuité de l'histoire humaine ainsi racontée est soulignée par le thème de la pitié repris d'un refrain sur l'autre : *Si ça n'fait pas pitié → Non ; ça fait trop pitié → Nature est sans pitié.*

L'usage d'une langue familière et les licences poétiques s'accordent avec la légèreté et l'absence de sérieux de la chanson populaire : *Si ça n'fait pas pitié* (v. 7, 21) ; *Ma bell'* (v. 14, 28) ; *Faudrait le voir* (v. 15) ; *Bref* (v. 19) ; *qui le taquinent* (v. 26) ; *Se truffe* (v. 31).

### 2- Une image pathétique et dérisoire

Le regard porté sur l'homme combine les deux registres du pathétique et de la dérision.

- Est **pathétique** l'image d'un homme englué dans la matérialité d'un corps (v. 1-3, 9-11, 29-31), dont il est explicitement l'esclave (v. 1, 4), et sur lequel il ne perçoit pas les attaques de la mort omniprésente : *Un fier répertoire d'attaques* (v. 5) ; *sa chlorose* (v. 19) ; *détraquant d'un rien sa machine* (v. 23) ; *Aux lois de mort qui le taquinent* (v. 26) ; *qu'il meurt trop tard* (v. 31) ; *infections posthumes* (v. 33) ; *Renoient vite* (v. 39).
- La **dérision** souligne le pathétique de la vie :

– **l'ironie** : les majuscules à *l'Homme* (v. 6, 20), *Les Vertus et les Voluptés* (v. 22) ; les caractérisations distanciées : *Propre et correct* (v. 8), *touchant et nu / Dans un décor…* (v. 15-16), *Ses plis pris de mondaines poses* (v. 18) ; les marqueurs d'ironie : *ce brave corps* (v. 10), *il a bien sué* (v. 12), *sur beau fond vert* (v. 19), *mets pleins d'art* (v. 29) ; un lexique décalé : *s'endimanche* (v. 11), *se truffe* (v. 31), *son petit dernier* (v. 42) ; l'ironie des doubles sens : *attaques* (v. 5) ; *S'assaisonnant* (v. 9) ;

– la présentation d'**un corps livré à la matière** : *serfs / De corps* (v. 1-2) ; *mailles de harpes de nerfs* (v. 3) ; *ses ressorts* (v. 8) ; *sa chlorose* (v. 19) ; *sa machine* (v. 23). Un corps réduit à une cuisine : *S'assaisonnant* (v. 9) ; *la cuisine* (v. 32) ;

– **la ruine de toute une métaphysique** qui accordait à l'homme la première place dans l'univers : voir le dernier couplet qui réduit l'homme à un *microbe* sans importance pour Dieu, *la Substance* (▶ note **2**).

### Conclusion

Contraste de la légèreté de la forme et de la familiarité du lexique avec la profondeur et le pessimisme du regard porté sur l'homme. Dédramatisation ou accentuation de l'angoisse existentielle ?

## PISTES

■ **Pour une séquence : Grandeur et petitesse de l'homme** (l'homme et le divin ; pathétique, dérision, pessimisme ; les genres) : Diderot, *Salon de 1767*, p. 96 ; Sartre, *L'existentialisme est un humanisme*, p. 135 ; Cioran, *Précis de décomposition*, p. 135 ; Descartes, *Discours de la méthode*, p. 260 ; Pascal, *Pensées*, p. 276.

■ **Exercice complémentaire : Langue**
Étudiez la place et le rôle des adjectifs qualificatifs.

■ **Lecture cursive :** Laforgue, *Les Complaintes*, éd. Gallimard.

■ **Bibliographie :** H. Scepi, *La Poétique de Jules Laforgue*, PUF, 2000.

▶ PARNASSIENS, SYMBOLISTES ET DÉCADENTS

## Huysmans
# *À rebours*

p. 124

### « La décadence de cette ancienne maison »

## APPROCHES

■ **Axes d'étude :** Décadentisme et naturalisme. Le portrait. Le récit de vie (p. 356).

■ **Préalables :** Après avoir été un des premiers adeptes du naturalisme, Huysmans se rebelle en 1884, comme en témoigne le titre de ce roman. L'esthète Des Esseintes s'isole du monde dans son musée privé, où il cultive le beau sous ses formes les plus bizarres, loin de tout utilitarisme bourgeois. Le personnage de Des Esseintes deviendra une sorte de modèle du dandy décadent.

■ **Vérifier** que sont compris : *race*, l. 8 (= lignée familiale) ; *cannelures*, l. 12 (= rainures) ; *anémique*, l. 23 (appauvrissement du sang dû à un nombre insuffisant de globules rouges) ; *mignon*, l. 26 (= favori) ; *brisants de la nubilité*, l. 30 (= dangers de la puberté, métaphore du rocher sur lequel la mer se brise).

## LIRE : Naturalisme et décadence

### 1- Un texte naturaliste ?

**Le point de vue narratif** est variable : externe dans les deux premiers paragraphes, il se présente sous la forme d'une galerie de portraits des ancêtres dont les indices sont interprétés (*À en juger*, l. 1 ; *ils alarmaient*, l. 4). Ce point de vue permet une description qui ménage au lecteur une certaine surprise et une certaine inquiétude vis-à-vis de visages austères et durs (l. 2-6). On passe ensuite au point de vue omniscient : le narrateur connaît l'histoire du personnage, depuis sa généalogie la plus ancienne (§ 3), qui lui permet d'expliquer l'*atavisme* (l. 25) dont il est victime (§ 4-6), jusqu'à sa petite enfance (§ 7). Le choix de ces points de vue permet d'étudier le héros sous un rapport pour ainsi dire « scientifique », de faire une sorte d'entomologie d'un noble, sans que le narrateur donne explicitement une orientation axiologique à sa description. C'est cette insistance sur l'atavisme de *cette race* (l. 8) qui permet, avec le vocabulaire médical, de rattacher ce texte au naturalisme (▶ p. 112).

Abondant, le **vocabulaire médical** renvoie en effet aux catégories de l'ancienne médecine, qui déterminait le tempérament par l'humeur dominante (l. 14-15) et faisait un sort particulier aux *nerfs* (l. 23, 30 ; voir par ailleurs l'étude à la fois littéraire et clinique de cas d'hystérie par les frères Goncourt). Il affecte le héros de symptômes et d'affections connotant l'épuisement (*grêle*, *joues caves*, *anémique et nerveux*, *mains sèches et fluettes*, *scrofules*, *opiniâtres fièvres*, *langueurs et abandons de la chlorose*) d'une créature en fin de lignée (*un seul rejeton*, *le dernier descendant*) : le personnage n'est pas considéré en tant que personne individuelle, mais comme le produit génétique d'une dégénérescence inéluctable de sa *race*, sous l'effet des mariages consanguins. L'auteur se livre donc à une analyse de type naturaliste, appliquée cette fois non pas à une famille populaire, comme le fait Zola dans les *Rougon-Macquart* (▶ p. 119), mais à un héritier noble, dans une société où l'aristocratie a perdu ses prérogatives, sinon son prestige.

**2- La décadence physique et morale**

• **Champ lexical de la décadence** physique et morale : *tempérament appauvri* (l. 14) ; *prédominance de la lymphe dans le sang* (l. 14-15) ; *décadence de cette ancienne maison* (l. 16) ; *effémination des mâles* (l. 17) ; *œuvre des âges… marièrent, pendant deux siècles, leurs enfants entre eux… reste de vigueur… unions consanguines* (l. 18-20) ; *atavisme* (l. 25) ; *les langueurs et les abandons de la chlorose* (l. 31).

• Des Esseintes apparaît à la fois comme **représentatif** de l'atavisme familial et comme emblème de la noblesse décadente, caractérisée par un affaiblissement des facultés physiques, une santé fragile, une délicatesse innée, une élégance étudiée, un caractère bizarre. La distinction est associée à la morbidité.

**3- Interventions du narrateur**

Le narrateur se signale comme observateur interprète (*À en juger par…*, l. 1 ; *ils alarmaient*, l. 4 ; *apparaissaient*, l. 15 ; *ressemblait*, l. 25, ▶ question **1**), juge (adjectifs et participes : *athlétiques*, l. 2-3 ; *rébarbatifs*, l. 3 ; *mystérieuse et rusée… morts et tirés*, l. 10) et penseur (*les vices d'un tempérament appauvri*, l. 14 ; *sans nul doute*, l. 16 ; *comme pour achever l'œuvre des âges*, l. 18 ; *Par un singulier phénomène d'atavisme*, l. 25). Le regard posé hésite entre observation froide, moralisation implicite et fascination. Le portrait qu'il donne de son personnage est ainsi sans complaisance, malgré une apparente neutralité scientifique.

**Conclusion**

On sera sensible à la tonalité ambiguë du texte : quelle est la position du narrateur ? fascination, distance critique ? La figure de ce personnage romanesque deviendra emblématique du mouvement décadentiste.

## *PERSPECTIVES* (p. 125)

■ **Oscar Wilde, *Le Portrait de Dorian Gray.***

**LIRE : Les vertiges de la tentation**

**1- Le dandy**

Le dandy se caractérise tout d'abord par sa volonté de transformer sa vie en une œuvre d'art. Le sentiment du beau occupe toute son existence. En chantant les louanges de *l'idéal hellène* (l. 10), Lord Henry se conforme à cette attitude. Jusque dans ses gestes et dans l'inflexion de sa voix, il se montre précieux et soucieux du bel effet qu'il produit : *de sa voix grave et harmonieuse, en dessinant de la main ce geste onduleux*, l. 1-3. Sa présence même à une séance de pose confirme cette disposition. L'hypersensibilité de Dorian Gray à la musique (l. 50 et suiv.) suggère chez le jeune homme les racines de l'attitude de dandy qu'il adoptera dans la suite du roman. Le dandy n'hésite pas à manier le paradoxe comme le fait Lord Henry (l. 46). Dans sa relation avec la société, il se montre très distant, refusant de sacrifier son plaisir aux lois qu'elle établit. C'est au fond tout le réel qu'il nie, préférant assouvir les passions de son moi (l. 4-8), ne trouvant de réel que les mots qui construisent son univers (l. 61).

**2- Un discours diabolique**

Le discours de Lord Henry est diabolique parce qu'il est tentateur. Il s'efforce en effet de rompre tous les freins moraux de l'esprit de Dorian Gray. C'est une invitation explicite à céder à la tentation (l. 21-22). Pour cela, Lord Henry dresse l'éloge d'une vie non bridée par les lois sociales ou la conscience des individus (l. 4-8), et invite Dorian Gray à satisfaire ses pulsions les plus inavouées (l. 33-35). Comme Satan, le Tentateur, il invite à pécher en niant la notion même de péché (l. 19-20). La voix et le geste mêmes de Lord Henry sont séducteurs (l. 2-3).

**DIRE**

Le discours de Lord Henry décide de l'avenir de Dorian Gray, puisqu'il vendra en quelque sorte son âme au diable en renonçant à toute barrière morale dans sa vie et en plaçant au-dessus de tout la beauté de son visage. C'est le tableau qui prend en charge la laideur morale et les crimes qu'il commet sans qu'ils apparaissent sur son visage. Dans cet extrait, le jeune homme se montre déjà sensible au discours de Lord Henry : celui-ci a touché en lui une *corde secrète* (l. 47) qui se met désormais à vibrer. Ce passage est donc le point de départ de la déchéance morale qui va affecter la vie de Dorian Gray.

## PISTES

■ **Pour une séquence : Points de vue dans le récit de vie romanesque** (narration et focalisation ; genres et registres) : Constant, *Adolphe*, p. 390 ; Flaubert, *Madame Bovary*, p. 431 ; Duras, *L'Amant*, p. 384.

■ **Exercice complémentaire : Écriture**

Étudiez dans le texte d'O. Wilde l'art du portrait (portrait moral, physique, objectivité, caractérisation…).

■ **Lecture cursive :** Huysmans, *Lâcheté et autres nouvelles*, Alfil éditions, 1994.

■ **Bibliographie :** F. Livet, *Huysmans,* À rebours *et l'esprit décadent*, éd. Nizet, 1992.

# 7 La crise de l'humanisme XXe siècle

## IMAGES : LE SURRÉALISME

p. 128

### VOIR : L'image surréaliste

#### 1- Les caractéristiques de l'image surréaliste

On peut définir l'image surréaliste à partir du *Manifeste du surréalisme* d'André Breton. Elle repose sur la **rencontre entre deux séries** *a priori* éloignées l'une de l'autre. Breton parle ainsi de *rapprochement en quelque sorte fortuit* (l. 1) – importance de la notion de hasard dans la démarche surréaliste –, *de différence de potentiel entre les deux conducteurs* (l. 6-7), du *pour* et du *contre* (l. 20), de l'*obscurité* (l. 21), et enfin du *degré d'arbitraire le plus élevé* (l. 27), pour caractériser l'image surréaliste.

Chacune des trois images proposées illustre cette conception de l'image fondée sur une distance maximale entre les séries représentées :

– **Max Ernst** : la rencontre entre une silhouette aux contours assez réalistes avec un visage géométrique et une main stylisée. Opposition entre le noir et blanc de la figure avec la couleur du fond. On peut voir une animalisation du sujet (impression de bec, poisson dans le prolongement de la main) qui contraste avec la silhouette humaine.

– **Loplop** : son image appartient au procédé du collage cher aux surréalistes. Le collage est en lui-même la rencontre de multiples séries. Le collage présente ici différents artistes surréalistes, mais sans aucun principe d'unification de leur figure.

La représentation de l'homme est particulièrement éclatée : variété dans la position des mains, réduction du visage à un œil, têtes émergeant de l'eau, personnage représenté de dos, hétérogénéité de l'échelle, rapprochements incongrus et décalages par rapport au cadre des photos. C'est l'unité de la personne humaine et la logique de sa représentation artistique qui sont ainsi remises en cause.

– **Buñuel** : ici encore c'est l'incongruité qui domine la composition de l'image : contraste entre un univers de type bourgeois (pianos à queue, mais le fait qu'il y en ait deux est déjà étrange, rideaux, lampes, tableaux…) et les acteurs de cette scène (les ânes dans les pianos, l'homme attaché à l'arrière-plan des pianos et la femme qui bat quelque chose, mais quoi ?).

#### 2- Euclide

La composition et le jeu des teintes font ressortir le visage du personnage : dominante bleue du fond, coiffure et vêtement noirs. Contraste également entre la forme géométrique du visage et le reste du corps (▶ question **1**). Le fond, dominé par des motifs géométriques, rappelle en revanche la géométrisation du visage. On ne sait rien de la vie d'Euclide, mais il passe pour l'inventeur de la géométrie. Le livre premier des *Éléments* commence par une définition du triangle équilatéral. Le fond géométrique et le triangle du visage rappellent donc l'activité principale d'Euclide. Le sens de ce tableau est sans doute donné par l'opposition entre cette géométrisation et les éléments naturels de la composition : les fleurs sur la coiffe et les poissons de la main et du vêtement. S'agit-il d'une mise en cause de la science, en particulier des mathématiques, à laquelle Max Ernst préfère les vertus de l'art et les surprises du surréalisme ?

#### 3- Mise en cause de la représentation de l'homme

Ces trois œuvres, chacune à sa manière, mettent en cause l'intégrité humaine, Max Ernst en refusant à son personnage un visage humain, Loplop en juxtaposant des fragments de corps humains pris dans des proportions différentes, parfois réduits à une simple main, Buñuel en faisant faire à ses personnages des actions incongrues et surtout en les plaçant sur le même plan que des animaux, les ânes, qui symbolisent traditionnellement la bêtise et la luxure.

### ÉCRIRE

On s'efforcera de respecter le principe d'incongruité dans le dialogue (les dialogues de Vitrac dans *Victor ou les Enfants au pouvoir* ▶ p. 130). On peut suggérer plusieurs possibilités : ou bien les personnages de ce dialogue parlent sans relation avec leur identité (faire parler les ânes comme des bourgeois et faire parler les deux personnages humains comme des enfants par exemple), ou bien ils dialoguent en relation avec leur identité, mais développent un discours rationnel sur leur situation qui ne l'est pourtant pas du tout. L'essentiel est de provoquer un choc qui corresponde au choc de l'image.

### PISTES

■ **Pour une séquence : Le surréalisme en images** (sujets, techniques et esthétique) : Miró, p. 239 ; Ernst, p. 243 ; Blumenfield, p. 387.

## Roger Vitrac
# *Victor ou les Enfants au pouvoir*

p. 130

### « Je faisais le fou. »

## APPROCHES

**Axes d'étude :** L'écriture surréaliste. Le dialogue théâtral (p. 320). La crise du langage théâtral (p. 506).

**Préalables :**

**Le titre** suggère le rôle central d'un personnage-type : Victor comme incarnation de l'enfance. Quelles attentes en découlent ? Une comédie familiale ? Une fiction politique ? Préciser que Charles et Thérèse sont en fait amants.

**L'affiche** reproduite p. 130 rappelle les liens de Vitrac d'une part avec la révolution dramaturgique d'Alfred Jarry, d'autre part avec les recherches d'Antonin Artaud, auteur de la première mise en scène de *Victor* en 1928. Elle présente une silhouette farceuse de personnage soulevant le rideau (du théâtre de boulevard) dans un graphisme aigu et stylisé (la fantaisie surréaliste).

## LIRE : Le surréel dans le réel

### 1- La construction de la scène

• **Trois temps**

– La conversation des adultes (l. 1-24) : Thérèse et Charles expliquent à Émilie la folie d'Antoine.

– L'intervention de Victor (l. 25-34) : silencieux jusqu'alors, mais attentif (l. 25), il suscite la surprise générale (l. 26) par ses propos incohérents.

– Les réactions des adultes (l. 35-47) : ils *regardent Victor avec égarement* (l. 35). Le père, dont les efforts d'analyse étaient les plus apparents dans un premier temps (l. 17), est maintenant le plus étonné (l. 36) et cherche en vain une explication (l. 44).

• **Le coup de théâtre** tient donc à cette position centrale que conquiert subitement, dans la conversation des « grandes personnes », l'enfant d'abord muet, et à cette mise en échec de la raison parentale, interpellée et ébranlée après avoir été sûre d'elle et dominatrice : condescendant avec son épouse (*ma chère Émilie*, l. 11 ; *voyons Émilie*, l. 17), Charles n'est plus que le *petit papa* (l. 46) d'un Victor qui se rit de ses prétentions explicatives.

### 2- Une tirade surréaliste

• La tirade de Victor part d'une locution figée, *de but en blanc* (l. 25, 27, 34), qui signifie *directement, brusquement :* il s'agit à l'origine du *but* et du *blanc* central de la cible, de l'objectif visé (d'où : *Il vise à l'œil*, l. 28 ; *Chaque trajectoire est un archet*, l. 33). Elle progresse par **« démontage »** d'expressions et par **associations** de mots et d'images qui évoquent un récit de rêve : scènes de guerre, (l. 27, 30, 31) ; visions de la nature (l. 29, 30, 32, 33) ; images d'apocalypse (l. 29, 31, 33). La **poésie** de ce passage autonome est engendrée par les comparaisons inattendues (l. 27-28, 29-30, 31), les croisements de l'inanimé et de l'animé (l. 29, 31, 32), les symétries de construction (l. 32-33).

• Le rapprochement de deux réalités distantes (l'armée et la nature, l'humain et l'animal) est conforme aux principes de l'**image surréaliste** (► p. 129) et rappelle les productions de l'écriture automatique : *Les troupeaux se défrisent* (l. 32) ; *Chaque meuble une musique* (l. 34)... Par le détournement des locutions figées (voir aussi plus bas : *Qu'est-ce que tu as ? — J'ai la berlue !*, l. 36-37 ; *Je faisais le fou*, l. 46) comme par la tonalité prophétique, l'envolée surréaliste de Victor fait penser en particulier aux poèmes de Desnos (► p. 240). Les surréalistes prenaient au sérieux les paroles des fous : Vitrac imagine ainsi, par la bouche de Victor, une réponse – décalée, visionnaire, belle et violente – de la folie à la raison bourgeoise qui prétendait la juger et l'exclure.

### 3- Caractères et conventions mis à nu

• **Émilie**, en bonne maîtresse de maison, se doit d'afficher l'intérêt qu'elle ressent pour ses invités (l. 7, 16, 23-24). Mère de famille, elle exprime le point de vue de son fils (l. 7-8).

• **Thérèse**, l'invitée, exprime une attention délicate pour ses amis : *il n'est pas drôle, vous savez !* (l. 9), une émotion discrète d'épouse accablée par le sort (*Oh !*, l. 4 ; *Ah !*, l. 9 ; *Hélas !*, l. 15) laissant à Charles le soin de résumer la situation (l. 17-21) : un simple *oui* (l. 22) lui permet de confirmer son inquiétude sans se laisser aller à des lamentations déplacées. En respectant son rôle, elle suscite la sympathie d'Émilie – sans lui montrer bien sûr quel parti elle tire de la situation, puisqu'elle est en fait la maîtresse de Charles.

• **Charles**, le maître de maison, adopte envers son épouse un ton didactique (l. 17-21) qui rappelle la supériorité de la raison masculine sur la sensibilité féminine dans le système de valeurs de la famille bourgeoise. Conscient des effets du temps (opposition *autrefois/aujourd'hui*), il semble compatissant et compréhensif à l'égard de Thérèse. En réalité, s'il est capable à ce point de traduire ses sentiments (l. 19-21) et s'il est ainsi, dans le dialogue, plus proche d'elle que d'Émilie, c'est parce qu'il est son amant.

• Le respect des **conventions sociales** permet donc de jouer le jeu de la famille unie et des relations amicales (témoignages de sympathie, émotions de circonstance) tout en facilitant la dissimulation des sentiments réels et des rapports de domination (du mari sur la femme, des parents sur les enfants). La brutale prise de parole de Victor, poétique et subversive, fait éclater les conventions morales et mondaines.

• Les **conventions théâtrales** sont aussi mises à mal par l'irruption de Victor dont la tirade rompt avec la loi de coopération dans le dialogue (► p. 320) et avec le fonctionnement normal du langage : sans lien avec le dialogue précédent, prenant les mots au pied de la lettre, s'évadant dans une rêverie poétique (▶ question **1**), elle rompt aussi avec l'illusion de réalité.

**Conclusion**

Intérêt dramatique et poétique singulier d'un coup de théâtre qui tient moins à un renversement de situation conforme à la tradition théâtrale qu'à l'intrusion d'un délire imprévisible dans la prose des conventions sociales. Une crise de la rationalité psychologique qui annonce le théâtre de l'absurde.

## PISTES

■ **Pour une séquence**

• **Poésie et poétique surréalistes** (les procédés ; les genres ; les valeurs) : L'image surréaliste, p. 128-129 ; Breton, *Nadja*, p. 131 ; Césaire, *Cahier d'un retour au pays natal*, p. 230 ; Desnos, *Corps et biens*, p. 240.

• **La crise du langage théâtral au XXe siècle** (les mots, la scène, les personnages ; mouvements et individualités) : Pirandello, *Six Personnages en quête d'auteur*, p. 510 ; Brecht, *La Résistible Ascension d'Arturo Ui*, p. 511 ; Beckett, *Oh les beaux jours*, p. 513 ; Ionesco, *La Leçon*, p. 519.

■ **Exercice complémentaire : Langue**
Étudiez les métaphores dans la tirade de Victor.

■ **Lecture cursive :** A. Jarry, *Ubu roi*.

■ **Bibliographie :** H. Béhar, *Vitrac, théâtre ouvert sur le rêve*, éd. Labor et Nathan.

▶ LE SURRÉALISME

## Breton
# *Nadja*

p. 131

### « L'oiseau splendidement triste de la divination »

## APPROCHES

■ **Axes d'étude :** La prose surréaliste. La femme mystérieuse.

■ **Préalables :** Poser la question du **genre** de *Nadja*, qui n'est ni un roman (genre contesté par Breton en raison de son arbitraire et de sa futilité) ni une autobiographie (visant la relation exacte des événements vécus pour retracer le parcours d'une vie). Un récit ancré dans le réel mais qui cherche à abolir la frontière entre rêve et réalité.

■ **Vérifier** la compréhension de *tient*, l. 8 (= être reliée à, ou trouver du prix dans).

## LIRE : La muse surréaliste

**1- Troublante Nadja**

• Un personnage **énigmatique** dans ses sentiments (*Comment me voit-elle, me juge-t-elle ?*, l. 3-4), sa fragilité (*Dans l'état où elle est... besoin de moi*, l. 6 ; *rassure*, l. 10), son allure (*Si légèrement vêtue*, l. 9). Elle est radicalement autre (*pure, libre de tout lien terrestre*, l. 8), irréelle ou surréelle, presque magique (métaphores religieuses des *fausses annonciations*, l. 15 ; *grâces*, l. 16 ; *l'oiseau splendidement triste de la divination*, l. 17 ; *la grande possibilité d'intervention de Nadja, très au-delà de la chance*, l. 20-21). Le narrateur souligne son mystère par l'emploi des métaphores, par l'alternance entre les phrases qui décrivent Nadja et celles qui expriment les sentiments du *je*.

• **Nadja** représente l'éternel féminin qui suscite une passion fatale (l. 4, 17-18), la femme-enfant qu'on a envie de protéger (l. 6, 9-10), mais aussi la fée qui détient le savoir (l. 14) et peut servir de médium pour accéder aux secrets du monde (l. 16-17, 20-21). Elle est à la fois l'ange (l. 16, 17) et la muse (l. 14).

• **Le trouble du narrateur** s'exprime dans :
– les modalisateurs (*semble*, l. 3 ; *peut-être*, l. 9 ; conditionnels, l. 10-15) ;
– les interrogations (l. 3, 5, 12, 13, 14, 17-18, 20-21) ;
– les contradictions, corrections, paradoxes (l. 4-5 ; *tout*, l. 5 ; *Quoi que*, l. 7 ; *peu, mais merveilleusement*, l. 8-9 ; l. 17 ; *chance* l. 19, 21) ;
– l'emploi des démonstratifs à référence opaque (*cela*, l. 15 ; *de ces*, l. 15, 16) ;
– la progression de la phrase (l. 3-4, 10-11, incidente de *comment pourrait-elle croire*, l. 12 ; l. 15-17 ; réticence, l. 19).

Contraste entre le trouble d'une expression qui se cherche et se commente (« *à moins que* », l. 19-20) et la force des sentiments éprouvés (hyperboles : *impardonnable*, l. 4, 10 ; *odieux, tant*, l. 8 ; *impossible*, l. 13 ; négations multiples, l. 10-12 ; soulignement par l'italique, l. 14).

**2- Nadja et le surréalisme**

Nadja incarne le refus des conventions par sa différence, l'ouverture sur le rêve et la surréalité par son caractère énigmatique et imprévisible, l'attitude d'ouverture et de découverte par la curiosité fascinée qu'elle entretient, la libération de l'inconscient par les interrogations qu'elle suscite chez le narrateur sur ses propres sentiments.

**Conclusion**

À travers la remémoration d'une rencontre amoureuse, c'est en fait la démarche même du surréalisme qui est mise au jour : art d'être attentif à l'**inconnu** et à ses signes, de l'explorer en soi-même, et de traduire l'insaisissable.

## PISTES

■ **Pour une séquence : Le mystère féminin** (haine, amour ; portrait de femme, portrait du *je* ; prose et poésie ; symbolique) : Nerval, *Les Chimères*, p. 197 ; Baudelaire, *Petits poèmes en prose*, p. 204 ; Senghor, *Chants d'ombre*, p. 227 ; Proust, *La Prisonnière*, p. 394.

■ **Exercice complémentaire : Langue**
Étudiez le champ lexical de la spiritualité (l. 15-21).

■ **Lecture cursive :** Breton, *Nadja*.

■ **Bibliographie :** P. Née, *Lire Nadja de Breton*, éd. Dunod, 1993.

## Malraux
# *L'Espoir*

p. 132

## « Marche solennelle et primitive »

### APPROCHES

■ **Axes d'étude :** L'engagement. La description romanesque. Fiction et argumentation.

■ **Préalables :** Préciser les caractéristiques de la **guerre d'Espagne** (horreurs de la guerre civile, voir *Guernica*, p. 254, et enjeux politiques, fascisme/antifascisme) et l'engagement de Malraux en 1936 dans les Brigades internationales : il livre clandestinement des armes aux républicains espagnols, est blessé, part récupérer les survivants d'un avion abattu dans la sierra de Teruel : dimension politique et **autobiographique** de *L'Espoir* (1937 pour le roman, 1939 pour le film).

■ **Vérifier** la compréhension de *rampe*, l. 24 (= pente du chemin).

### LIRE : Une descente mythique

#### 1- Aspects de l'humanité

**• Grandeur**

– L'humble sacrifice de la vie pour un idéal par les combattants : *tous ces risques consentis, cherchés (*l. 5) ;
– le dévouement sobre et sans phrases des paysans, malgré le danger : l. 15-28, en particulier : *fichu sur la tête... de droite à gauche (*l. 15-17) ; *sans jamais les dépasser* (l. 17) ; *avec le han ! du travail quotidien* (l. 21) ; *cacher ce que leur geste venait de montrer de leur cœur* (l. 22) ;
– la fraternité qui unit des gens de tous milieux et de toutes origines dans le sentiment de la collectivité humaine : *le geste prudent et affectueux (*l. 20) ; *la volonté des hommes* (l. 28) ;
– la perception, à travers le point de vue de Magnin, d'un lien avec *l'ordre* (l. 24) de l'espace et avec l'histoire (*des fichus sans époque*, l. 36), et de la valeur symbolique universelle de la scène (l. 3, 35-37).

**• Faiblesse**

Sensible en particulier dans les interrogations du narrateur ou des voix anonymes :
– sentiment de sa propre fragilité : *Combien de temps... Vingt ans ?* (l. 9) ;
– incompréhension des raisons du sacrifice, et préjugés racistes : *Pourquoi qu'il est venu, l'aviateur arabe ?* (l. 10) ;
– peur devant la souffrance et la mutilation : *C'est vrai que ça s'arrange, les nez, maintenant ?* (l. 13) ;
– nostalgie de l'héroïsme et de la gloire : *Ils n'iraient pas à Guadalajara* (l. 34) : renoncement ou regret ?

#### 2- La descente dans la gorge

• **La nature** semble incarner ici le quotidien contingent et éternel, indifférent ou hostile à la souffrance (*l'éternité des arbres*, l. 2-3 ; *l'éternité des pommes*, l. 7-8 ; *ces rocs blafards qui tombaient du ciel lourd*, l. 7). Mais elle s'associe peu à peu à la marche des hommes ; la douleur des blessés s'inscrit dans le paysage : *Mais cette jambe en morceaux... tout cela était aussi impérieux que ces rocs blafards qui tombaient du ciel lourd* (verticale)... *éparses sur la terre* (horizontale) (l. 3-8) ; les rapaces accompagnent le cortège d'une présence régulière : *De nouveau... des rapaces crièrent* (l. 8-9) ; *les oiseaux tournaient, leurs ailes immobiles comme celles des avions* (l. 12) ; *criaient là-haut les derniers oiseaux* (l. 26) ; la mention récurrente du ciel suggère une présence transcendante, peut-être divine.

• **La descente au fond de la gorge** est d'abord descente aux enfers : *la profondeur des gorges où ils s'enfonçaient maintenant comme dans la terre même* (l. 1-2) ; puis funérailles archaïques : *la marche solennelle et primitive de ces brancards* (l. 6) ; *comme l'eût empli le battement solennel des tambours d'une marche funèbre* (l. 26-27) ; enfin marche triomphale : *descendre dans un triomphe austère* (l. 37). L'élargissement progressif de la gorge (*profondeur, s'enfonçaient*, l. 1-2 ; *le chemin devenait plus large*, l. 14 ; *emplir cette gorge immense*, l. 25) traduit le couronnement symbolique des « héros », qui donne son sens au paysage, et l'hommage de la nature à cette apothéose.

#### 3- La double dimension du texte

**• Un registre lyrique**

– La focalisation interne qui suggère le regard, parfois la voix, du témoin : *Sans qu'il comprît trop bien comment* (l. 1) ; *Il pensa* (l. 3) ; démonstratifs qui pointent la situation d'énonciation (l. 3-5) ; interrogations (l. 9) ; progression de la phrase par reprise : *au pas, d'un pas* (l. 24) ; modalisateurs : *semblait (*l. 25, 36) ;
– une phrase parfois oratoire qui s'amplifie par l'énumération en asyndète (l. 3-6) ou se fait plus complexe (l. 22-27), mais se résout sobrement en une cadence mineure (l. 7-8, 25-26) ;
– une émotion contenue mais s'exprimant à travers des phrases brèves et des symboles forts : l. 27-28 ; synecdoque : *le cercueil avait rejoint le brancard de Scali*, l. 30 (la fraternité par-delà la mort).

**• Une dimension épique**

– Le gros plan sur les horreurs de la guerre : l. 4-6 ;
– la personnification des éléments : l. 7 (pour l'illusion d'optique des rochers se découpant sur le fond du ciel) ;
– le grandissement par l'intemporel : l'éternité (▶ question **2**), le présent générique (l. 18-19, 31), le vocabulaire du *primitif* (l. 6) ;
– l'occultation de l'individu au profit d'un héros collectif et anonyme : l. 29-30, *les civières se rapprochaient les unes des autres, le cercueil avait rejoint le brancard* ;
– les répétitions : les oiseaux (▶ question **2**), le *noir* (l. 15, 35) ;
– les comparaisons (l. 26-27, 31-32, 37), et le motif symbolique récurrent de la mitrailleuse (l. 5, 31-33) où la grandeur naît du contraste avec un objet prosaïque (*tordue*).

#### Conclusion

Une scène de la guerre ordinaire prend ici les dimensions du mythe à travers le regard pudique et inspiré d'un personnage tout humain. Un lyrisme caractéristique de l'orateur Malraux : la grandeur naît de la force des symboles et d'une écriture de la tension et de la retenue.

## *PERSPECTIVES* (p. 133)

### ■ Camus, *Lettres à un ami allemand.*

**LIRE : Refuser le désespoir**

**1- La construction du texte**

Le texte insiste sur la différence (l. 16 ; 33 ; *au contraire*, l. 43) et se construit sur une opposition entre *vous* et *moi* qui, par-delà les personnes, les nations, les idéologies, met face à face deux philosophies et deux attitudes devant la vie : un cynisme désespéré contre un humanisme d'un optimisme raisonné. Le texte s'organise autour de disproportions (les deux premiers paragraphes sont consacrés au *vous*, le dernier mot étant laissé au *Et moi* de la dernière phrase, l. 11 et 27-28) ; puis l'équilibre se fait dans les deux derniers paragraphes, et le texte finit sur la profession de foi du *je*.

**2- La force de la conviction**

Le ton de la lettre est à la fois :
– **passionné** : anaphores (l. 1, 4, 7, 16, 18) ; phrases segmentées (*moi*, …*je*, l. 11, 28) ; causales en tête de phrase (l. 23, 36) ; force du lexique (*la plus insensée des histoires*, l. 9 ; *violent*, l. 13 ; *l'injustice éternelle*, l. 21 ; *mutiler les âmes*, l. 39 ; *je vous le crie de tout moi-même*, l. 53-54) ;
– **mesuré** : modalisateurs (*à la vérité*, *moi qui croyais penser*, *je ne voyais guère*, *me paraissait*, l. 11-15 ; *il m'apparaissait*, l. 20 ; *seulement*, l. 29 ; *du moins*, l. 48) ; oppositions entre les points de vue marquées par des parallélismes (▶ question **1**) ; analyse des positions de l'adversaire en termes de compréhension et non de condamnation (*Vous avez supposé*, l. 4 ; *Vous en avez conclu*, l. 7 ; *vous acceptiez… de désespérer*, l. 16-17 ; *vous avez fait de votre désespoir une ivresse*, l. 23-24 ; *trouvé plus commode*, l. 34).

Le mélange de conviction ardente, progressivement affirmée, et de pondération dans l'attitude vis-à-vis de l'adversaire donne de la force à la démonstration, qui naît d'un cheminement personnel et prend en considération la démarche de l'autre ; l'argumentation n'est ni sèche ni polémique, la morale est fondée sur la raison *et* sur le cœur.

**3- Relations humaines et valeurs**

Les relations humaines doivent être fondées sur des valeurs **humanistes**, c'est-à-dire, ici, centrées sur l'humain *pour rester fidèle à la terre* (l. 43-44) : la *justice* (l. 14, 21, 55), le *bonheur* (l. 22), la *solidarité* (l. 30), *la lucidité* (l. 34), une exigence intellectuelle et morale, indépendante de toute transcendance (l. 37) ; la dignité humaine à la fois source et fin du *sens* des choses (l. 46-47, 55). La grandeur de cette philosophie est qu'elle affirme, sans illusions, l'exigence de valeurs morales au cœur de l'homme comme le véritable sens d'un monde absurde (l. 21-23).

## PISTES

### ■ Pour une séquence

• **L'engagement dans la littérature du XXe siècle** (les valeurs ; formes et tonalités ; les genres) : Cadou, *Pleine poitrine*, p. 228 ; Aragon, *Les Yeux d'Elsa*, p. 229 ; Char, *Feuillets d'Hypnos*, p. 229 ; Césaire, *Cahier d'un retour au pays natal*, p. 230 ; Brecht, *La Résistible Ascension d'Arturo Ui*, p. 511.

• **Lettre et argumentation** (thèmes et genres ; formes argumentatives ; pourquoi l'épistolaire ?) : Pascal, *Les Provinciales*, p. 286 ; Molière, *Troisième placet au roi*, p. 413 ; Kafka, *Lettre au père*, p. 415 ; Guilleragues, *Lettres portugaises*, p. 416.

### ■ Exercices complémentaires : Langue

**1.** Dans les deux textes, relevez, précisez et commentez les différents emplois du mot *terre*.
***2.*** Dans le texte de Camus, étudiez le sens de *légèrement* (l. 17), *essentielle* (l. 27), *indifférent* (l. 35), *raisons* (l. 49, 50).

### ■ Texte complémentaire

**Louis Aragon, *Le Crèvecœur*, 1946.**

*On pourra étudier dans ce poème d'Aragon écrit au début de la Seconde Guerre Mondiale d'autres aspects d'une écriture de l'engagement : lyrisme oratoire, contestation, à travers les allusions à une guerre, de l'absurdité de la guerre.*

La valse des vingt ans

Bon pour le vent bon pour la nuit bon pour le froid
Bon pour la marche et pour la boue et pour les balles
Bon pour la légende et pour le chemin de croix
Bon pour l'absence et les longs soirs drôle de bal
Où comme j'ai dansé petit tu danseras
Sur une partition d'orchestre inhumaine
Bon pour la peur pour la mitraille et pour les rats
Bon comme le bon pain bon comme la romaine

Mais voici se lever le soleil des conscrits
La valse des vingt ans tourne à travers Paris

Bon pour la gnole à l'aube et l'angoisse au créneau
Bon pour l'attente et la tempête et les patrouilles
Et bon pour le silence où montent les signaux
La jeunesse qui passe et le cœur qui se rouille
Bon pour l'amour et pour la mort bon pour l'oubli
Dans le manteau de pluie et d'ombre des batailles
Enfants-soldats roulés vivants sans autre lit
Que la fosse qu'on fit d'avance à votre taille

La valse des vingt ans traverse les bistros
Éclate comme un rire aux bouches du métro
Ô classes d'autrefois rêves évanouis
Quinze seize dix-sept écoutez Ils fredonnent
Comme nous cette rengaine et comme nous y
Croient et comme nous alors Le ciel leur pardonne
Préfèrent à leur vie un seul moment d'ivresse
Un moment de folie un moment de bonheur
Que savent-ils du monde et peut-être vivre est-ce
Tout simplement Maman mourir de très bonne heure

Bon par-ci bon par-là Bon bon bon Je pars mes
Chers amis Vingt ans Bon pour le service armé
Ah la valse commence et le danseur selon
La coutume achète aux camelots bruns des broches
Mais chante cette fois la fille à Madelon
J'ai quarante ans passés Leurs vingt ans me sont proches
Boulevard Saint-Germain et rue Saint-Honoré
Aux revers chamarrés de la classe quarante
Le mot Bon se répète en anglaise dorée

Je veux croire avec eux que la vie est marrante
J'oublierai j'oublierai j'oulierai j'oublierai
La valse des vingt ans m'entraîne J'oublierai
Ma quaranteine en l'an quarante



■ **Lecture cursive :** Malraux, *Oraisons funèbres*, Transfert des cendres de Jean Moulin au Panthéon, 19 déc. 1984, éd. Gallimard, 1971.

■ **Bibliographie :** J.-Cl. Larrat, *André Malraux*, L. G. F., Le Livre de poche/Références, 2001.

## L'EXISTENTIALISME, UN HUMANISME ?

**Sartre**

### *Les Mouches*

p. 134

### « Un roi sans terre et sans sujets »

#### APPROCHES

■ **Axes d'étude :** L'existentialisme. Mythologie et littérature. L'intertextualité.

■ **Préalables :**

Rappeler l'histoire mythique des **Atrides** : Clytemnestre mariée à Agamemnon contre son gré, Iphigénie sacrifiée au départ de la guerre de Troie, l'assassinat d'Agamemnon par Égisthe et Clytemnestre, Oreste sauvé par sa sœur Électre, l'appel à la vengeance par le dieu Apollon ou par Électre, l'arrivée d'Oreste à Argos comme un voyageur anonyme, le meurtre d'Égisthe mais aussi de Clytemnestre, d'où le châtiment par les Érinyes.

Situer la pièce dans la **relecture des mythes antiques par le théâtre du XX^e^ siècle** (Cocteau, *La Machine infernale*, 1934 ; Giraudoux, *La guerre de Troie n'aura pas lieu*, 1935 ; *Électre*, 1937 ; Anouilh, *Antigone*, 1944), en particulier autour de la Seconde Guerre mondiale.

Rappeler l'histoire du **Joueur de flûte de Hamelin**, légende médiévale germanique reprise par Grimm, Hugo, Camus…

#### LIRE : L'orgueil d'exister

**1- Une démarche « existentialiste »**

Oreste attend d'avoir commis le meurtre pour donner son vrai nom (l. 7-8) : pas d'identité préétablie. Il n'appartient à Argos que par ce meurtre (*À présent, je suis des vôtres, … je mérite d'être votre roi*, l. 28-30) : c'est son acte qui lui donne un statut et des droits (*ce jour est le jour de mon couronnement*, l. 8). Il assume son acte et ceux d'autrui (l. 30-33) : de là naît la seule royauté qu'il accepte, celle qu'il a choisie (*un Dieu me l'a offert et j'ai dit non… Pour moi aussi la vie commence*, l. 35-38). Il provoque les Érinyes (*comme font les mouches. Regardez ! Regardez les mouches !*, l. 45-46) : il ne subit pas, mais choisit son destin tragique (*Comme ceci*, l. 47). L'homme existentialiste est libre, puisqu'il se crée dans et par ce qu'il décide de faire.

**2- L'orgueil d'Oreste**

**• Discours**

– Vocabulaire de l'orgueil et de la provocation : *je le revendique à la face du soleil… mon orgueil* (l. 22-23) ; annonce théâtrale des événements (*Comme ceci*, l. 47).

– Omniprésence du *je* à l'initiale des phrases ou derrière préposition (l. 7, 10, 22, 26, 28, 31-32, 34, 36, 42), encore renforcée par la diction (emphase dans l'italique de *mes*, l. 32).

– Maîtrise de la relation de dialogue : apostrophes (*mes sujets très fidèles*, l. 7 ; *gens d'Argos*, l. 21 ; *ô mes hommes*, l. 25 ; *ô mes sujets*, l. 29 ; *gens d'Argos*, l. 34 ; *mes hommes*, l. 37) qui soulignent la relation de pouvoir et tiennent la foule à distance.

– Phrases assertives, souvent brèves ; verbes de savoir (l. 10), de volonté (l. 36), ou de parole qui réalisent l'acte énoncé (*je le revendique*, l. 22).

**• Présence scénique**

– Attitude d'isolement (didascalie, l. 2) et de domination par rapport à la foule (didascalies : l. 7, 41-42, 43-44).

– Monopole de la parole dans une longue tirade qui impose et souligne le silence de la foule (didascalies, *Vous ne criez plus* ?, l. 9-10).

**3- L'histoire du joueur de flûte**

Cette histoire inscrit tout d'abord celle d'Oreste dans la lignée d'un **mythe** : en la reproduisant, Oreste entre dans la légende des héros bienfaiteurs des villes en proie à un fléau et dans la mémoire collective des peuples. En outre, elle constitue une **parabole** qui donne sens au geste d'Oreste en soulignant le rôle de purificateur, de sauveur et de bouc émissaire qu'il joue au service d'Argos, et en réduisant les Érinyes au rôle de bêtes malfaisantes. Enfin, par la double annonce du récit (*Écoutez encore ceci*, l. 38-39 ; *Comme ceci*, l. 47) et par les didascalies qui accompagnent la fin de l'histoire (l. 41-42, 43-44, 48), Oreste adopte un **rôle de conteur et de magicien** qui sait réaliser la fiction, fût-ce au prix de sa propre vie. Par ce récit, la parole d'Oreste, maîtresse des événements qu'elle annonce, interprète et provoque, marque la victoire de la liberté humaine sur le destin.

**Conclusion**

Face à la violence de ceux-là même pour qui il se sacrifie (la scène de l'Évangile où Jésus est livré par Pilate, ► p. 452) et à l'inéluctable vengeance des Dieux, Oreste incarne ici la grandeur de l'homme au sein du tragique : la liberté ultime, c'est dire et vouloir sa mort.

#### PERSPECTIVES (p.135)

1 **Sartre, *L'existentialisme est un humanisme.***

2 **Cioran, *Précis de décomposition.***

#### LIRE : La liberté en débat

**1- Les titres**

**• Sartre : *L'existentialisme est un humanisme*,** d'abord parce qu'il pose l'homme libéré de Dieu et du déterminisme d'une « nature humaine » (texte 1, l. 11), et libre de choisir son identité en choisissant ses actions (*l'homme n'est rien d'autre que ce qu'il se fait*, l. 15-16 ; et *Les Mouches*, question 1) ; ensuite parce qu'il voit dans l'engagement au service du bien commun (*je vous aime, et c'est pour vous que j'ai tué*, l. 25-26) le lieu, sinon la motivation, de l'exercice de la liberté.

• **Cioran : *Précis de décomposition***

– ***Précis*** par la sobriété et la généralité d'une écriture de moraliste (tournures généralisantes, phrases brèves, formulations radicales) ;

– ***décomposition*** : par l'extrême pessimisme du texte qui envisage l'exercice de la liberté *dans ses implications ultimes*, l. 24, sous la forme du meurtre, évoque l'âme humaine sous ses pires penchants (*un cimetière d'amis et d'ennemis*, l. 20-21) et lui refuse même le mérite de la lucidité (*nous ne comprenons… que par sursauts*, l. 28-29) ; par une écriture marquée par la violence (hyperboles, champ lexical du crime) et la noirceur (métaphores judiciaires, l. 13-14, 17 ; métaphores des *abîmes*, l. 22, et de l'*abattoir*, l. 31).

**2- L'humanisme de Sartre**

Il diffère de l'**humanisme traditionnel** (► p. 22-23) en ce qu'il met au premier plan l'action de l'homme concret « en situation », non un idéal abstrait de « l'Homme » éternel. « L'existentialisme est un humanisme » parce qu'il est prise de conscience par l'homme de sa liberté, loin de l'humanisme traditionnel qui postulait une transcendance et enfermait l'homme dans une « nature humaine » définie *a priori*.

**3- Sartre et Cioran**

• **Points communs :** le prix attaché à la liberté, perçue comme philosophiquement sans limites (Sartre, l. 13-15 ; Cioran, l. 1-4), le sens de l'importance des enjeux (Sartre, l. 10 ; Cioran, l. 25).

• **Différences :** Sartre est plus sensible à *l'élan de l'existence* (l. 15) et affirme avec optimisme l'absolue liberté donnée initialement à chaque individu. Cioran est plus sensible aux relations humaines (l. 25), plus inquiet aussi sur les risques (*nos chances et nos dangers*, l. 28), plus sceptique sur la lucidité de l'être humain (l. 28-30).

## PISTES

■ **Pour une séquence**

• **La crise de l'humanisme au XXe siècle** (visions de l'homme ; la relation à autrui ; optimisme ou pessimisme ? d'un genre à l'autre : argumenter par l'essai ou par la fiction) : Malraux, *La Condition humaine*, p. 317 ; Sartre, *Les Mains sales*, p. 312 ; Camus, *La Chute*, p. 318.

• **Héros et antihéros dans le théâtre du XXe siècle** (héros et personnage ; liens avec l'histoire littéraire ; le langage et la scène) : Vitrac, *Victor ou les Enfants au pouvoir*, p. 130 ; Sartre, *Les Mains sales*, p. 312 ; Beckett, *En attendant Godot*, p. 136 ; *Oh les beaux jours*, p. 513.

■ **Exercice complémentaire : Oral**

Apprenez ou lisez la tirade d'Oreste en proposant deux interprétations du personnage que vous aurez présentées au préalable.

■ **Lecture cursive :** Giraudoux, *Électre*.

■ **Bibliographie** : J.-L. Jeannuelle, Les Mouches *de J.-P. Sartre*, éd. Bréal, 1998.

# L'ABSURDE, ESPOIR OU IMPASSE ?

## Beckett
## *En attendant Godot*

p. 136

### « L'humanité, c'est nous »

## APPROCHES

■ **Axes d'étude :** Le dialogue (p. 320). L'engagement. L'absurde.

■ **Préalables :** Rappeler les circonstances politiques et philosophiques : l'après-guerre et la reconstruction de l'Europe ; la guerre froide depuis 1947 ; l'engagement de Malraux dans la guerre d'Espagne ; la morale de l'engagement dans *Les Mains sales* de Sartre (1948) ; Camus, *L'Homme révolté*, 1951.

■ **Vérifier** la compréhension d'*engeance*, l. 36 (= espèce, souvent avec une connotation méprisante).

## LIRE : Tragique et dérision

### 1- La situation et le dialogue

Le dialogue d'Estragon et de Vladimir est en complet décalage avec une situation marquée par l'urgence et le pathétique : Pozzo aveugle tombé à terre qui appelle à l'aide, Lucky traité comme un chien.

• Contraste **comique** : en raison de l'inconscience des deux protagonistes et de leurs contradictions : au lieu de porter secours, ils débattent sur la stratégie à adopter (l. 2-29) ; ils dissertent longuement sur la nécessité d'agir vite (*Ne perdons pas de temps en vains discours*, l. 29 [Un temps.]) et sur la valeur métaphysique de leur réflexion (*en pesant, les bras croisés, le pour et le contre, nous faisons également honneur à notre condition*, l. 37-38), alors qu'ils sont mus par la peur (*il peut se déchaîner d'un instant à l'autre*, l. 20-21) et par l'intérêt (*mettre des conditions*, l. 7 ; *nous serions baisés*, l. 14 ; *profiter*, l. 26 ; *en tablant sur sa reconnaissance*, l. 27).

• Contraste **tragique** : par l'indifférence des personnages et par la conscience qu'ils ont du décalage entre les grands principes et leur lâcheté (*si on lui tombait dessus pendant qu'il dort ?*, l. 23 ; *Mais en sommes-nous capables ?*, l. 25 ) ; entre leurs élans et leur inutilité (*Ce n'est pas tous les jours qu'on a besoin de nous. Non pas à vrai dire qu'on ait précisément besoin de nous*, l. 30-

31) ; entre leurs aspirations et la réalité (*nous attendons que Godot vienne.* [...] *Ou que la nuit tombe,* l. 42, 44). Ce mélange d'impuissance et de lucidité résume le tragique de la condition humaine (*l'engeance où le malheur nous a fourrés,* l. 36).

**2- La tirade de Vladimir**

Après un appel à l'action, la tirade progresse par alternance d'élans et de retombées. On passe d'exhortations à l'impératif (*Ne perdons pas,* l. 29 ; *Profitons-en, Représentons,* l. 35 ) à des interrogations et à des constats (*Qu'en dis-tu ?,* l. 36 ; *Que faisons-nous,* l. 40 ; *nous faisons... honneur,* l. 37 : *nous attendons, ;* l. 42). Chaque propos est immédiatement suivi d'une digression ou d'une rectification : *Non pas à vrai dire,* l. 31 ; *Mais à cet endroit,* l. 34 ; *Il est vrai que,* l. 37 ; *Mais la question n'est pas là,* l. 40 ; *Ou que la nuit tombe,* l. 44. L'unité de la tirade réside dans cette démarche régressive, en dents de scie, qui réduit les ambitions de l'homme à une peau de chagrin, mais en même temps s'efforce de regarder en face sa propre médiocrité.

**3- Le discours humaniste**

L'homme, selon Vladimir, est un être inutile (*pendant que l'occasion se présente,* l. 30), menacé par la mort (*avant qu'il soit trop tard,* l. 35) ; l'action dans laquelle il s'investit de manière contrainte (*que ça nous plaise ou non,* l. 34) n'obéit pas à un sentiment d'altruisme, mais à des motifs personnels : représenter *dignement pour une fois* (l. 35) l'humanité, répondre à l'angoisse existentielle (*Que faisons-nous ici, ;* l. 40 ; *dans cette immense confusion,* l. 41). Le discours humaniste parodié est à la fois celui des écrivains engagés dans de grandes causes et celui des philosophes qui érigent en valeur la réflexion métaphysique de l'homme sur le sens de son destin, un discours que l'on rencontre dans le théâtre de Sartre notamment.

**Conclusion**

Un texte cruel dans le spectacle de l'insensibilité et dans la négation des motivations véritablement humanistes. La simplicité de la situation et l'incongruité du dialogue mettent en scène l'absurdité de l'action humaine et des grandes phrases dont elle se réclame ; c'est la dérision qui donne au débat sa dimension proprement théâtrale.

## *PERSPECTIVES* (p. 137)

■ **Kafka, *Le Château.***

**LIRE : Les labyrinthes du discours**

**1- Les explications du maire**

Elles sont pesantes, dogmatiques et labyrinthiques à l'image de la société bureaucratique dont il est un représentant.

– Soulignement des articulations logiques par les connecteurs de déduction (*donc,* l. 7 ; *En conséquence,* l. 22), d'opposition (*mais,* l. 4, 16, 30, 36), d'alternative (*soit que, soit que,* l. 9-10).

– Abondance de digressions (entre tirets, l. 5, 10-11, 13, 26-29 ; ou entre virgules, l. 16-18, 21), relances (*et cela se comprend,* l. 32), le tout pouvant s'imbriquer (l. 30-40).

– Lourdeur (*ensuite de quoi,* l. 20) et satisfaction dans les appréciations personnelles tantôt solennelles (*pour sa grande conscience,* l. 25 ; *je ne comprends pas, moi qui suis... presque subalterne,* l. 26-29), tantôt familières (*j'en mettrais ma main au feu,* l. 11).

Ce discours est **risible** en raison du contraste entre la logique infaillible de l'explication (il y a bien des causes repérables : *car, étant donné, aussi...*) démentie par les faits (*comme il est logique... autant de précision,* l. 17 ; *étant donné la perfection de l'organisme...,* l. 37) et l'incohérence globale d'un système faillible par nature – dérèglement d'une mécanique absurde. Les explications sont aussi **inquiétantes** par les retards considérables (*des années,* l. 32) et l'irresponsabilité qu'elles font apparaître : la pièce s'est égarée d'elle-même (*si elle se trompe de route, — et il faut qu'elle y mette du sien...,* l. 36-37), et cela n'a rien d'exceptionnel (*naturellement,* l. 29 ; *évidemment,* l. 39) ; les traces de l'affaire sont totalement imprécises (*quelque jour,* l. 20) ; le maire décline toute responsabilité personnelle : *nous avons donc répondu,* (l. 2).

**2- La réaction de K.**

La réaction *amusée* de K. est volontairement **inadaptée : K.** refuse d'entrer dans le système des explications ou des contestations. Il propose ainsi de réagir à l'absurde par l'humour, qui aide à supporter l'insupportable.

**ÉCRIRE**

L'univers de Kafka et celui de Beckett se ressemblent par la représentation d'un univers absurde où règnent l'indifférence à autrui et l'incompréhension par rapport au monde, par l'élargissement à la condition humaine à travers des situations particulières (K. parle de *l'existence d'un homme,* l. 47-48) et par le rôle donné à la dérision comme moyen de prendre des distances. Ils se distinguent par :

– **la cible** : les sociétés bureaucratiques du début du siècle pour Kafka où l'administration broie les individus et qui vont triompher dans les systèmes totalitaires, mettant en cause l'existence même de l'être humain ; les individus chez Beckett ;

– **les circonstances** : K. est une victime passive des *circonstances* qui décident de son existence (l. 47) ; son dossier lui échappe ; sa liberté lui est aliénée du dehors, et c'est l'irresponsabilité des autorités extérieures qui semble rejaillir sur son propre sort. Vladimir et Estragon choisissent de ne rien faire ;

– **le ton** : l'humour chez Kafka, la dérision chez Beckett.

## PISTES

■ **Pour une séquence : Le théâtre et l'absurde** (le dialogue en crise ; statut du personnage ; l'intrigue en question ; le spectacle au-delà du texte). Vitrac, *Victor ou les Enfants au pouvoir,* p. 130 ; Beckett, *Oh les beaux jours,* p. 513 ; Ionesco, *La Leçon,* p. 519.

■ **Exercice complémentaire : Oral**
Imaginez deux interprétations de la tirade de Vladimir, l'une comique, l'autre tragique. Commentez vos choix.

■ **Lecture cursive :** Beckett, *Fin de partie.*

■ **Bibliographie :** R. Thibault, *En attendant Godot,* éd. Nathan, 1991.

# La poésie

## Formes et genres

p. 140



**1** RONSARD,
***Odes,* « Bel aubépin ».**

**2** HUGO,
***Odes et Ballades.***

**3** PONGE,
***Pièces,* Ode inachevée à la boue.**

### 1- Identification des mètres, rimes, structure

• Cinq sizains hétérométriques composés de vers de sept syllabes (heptasyllabes) et de vers de trois syllabes (trisyllabes), chacun organisé en un distique suivi d'un quatrain à rimes embrassées, suivant le schéma AABCCB, la rime B, ouvrant et fermant le quatrain, étant toujours une rime féminine.

• Mètres impairs, courts (donc sans césure), où chaque vers laisse attendre le suivant : chant familier proche de la chanson. Ronsard abandonne le modèle de l'ode pindarique qu'il avait d'abord privilégié (structure en strophe, antistrophe, épode ; style élevé) pour se tourner vers la légèreté de l'ode anacréontique (également influence de Marot dans ce blason de l'aubépin). Simplicité, musicalité, liberté rythmique (mètres inégaux, décalés par rapport au système des rimes) soulignent la fragilité de l'arbuste (*Bel aubépin fleurissant / Verdissant*, v. 1-2 ; *Tu es vêtu jusqu'au bas / Des longs bras*) et célèbrent sa grâce.

### 2- La rhétorique de l'éloge

Le genre antique de l'ode est célébration du monde ; le terme de « proême » choisi par Ponge, s'il suggère d'abord la modernité, désigne aussi dans la poésie grecque le prélude à un chant ou à un poème. Au-delà de leurs différences formelles (forme versifiée de l'ode anacréontique / poème en prose) et thématiques (du poétique *aubépin*, évoquant la naissance du jour / matière triviale de la *boue*), les textes de Ronsard et de Ponge ont en commun le modèle du discours d'éloge.

• **Choix lexicaux : texte 1 :** *Bel aubépin* (v. 1), *ce beau rivage* (v. 3), *gentil aubépin* (v. 25) ; **texte 3 :** *La boue plaît aux cœurs nobles* (l. 1) ; *Boue si méprisée, je t'aime. Je t'aime…* (l. 11), *Tu es si belle… avec tes ailes bleues !* (l. 15-16).

• **Modalités : texte 1 :** impératif : *vis* (v. 25-27) ; **texte 3 :** question rhétorique : *qui la mériterait ?* (l. 9) ; exclamations suggérant l'indignation (*Cette atroce persévérance !*, l. 9-10), ou l'admiration (l. 15-16) ; impératif : *jaillis à la face de tes détracteurs !* (l. 13-14).

Ces traits communs révèlent la permanence du modèle rhétorique de l'éloge.

### 3- Origine du chant, chant de l'origine

**L'argumentation de Hugo**, dans la préface des *Odes et Ballades*, s'ouvre sur le refus du partage rhétorique des genres hérité des interprétations successives de la *Poétique* d'Aristote : *dignité, convenances, limites, latitudes, interdit, permet, tolère, défend* (l. 1-5). Une feinte ignorance (*L'auteur de ce livre a le malheur de ne rien comprendre à tout cela*, l. 5-6) permet de définir des critères « trans-génériques », à la fois esthétiques (*ce qui est réellement beau et vrai est beau et vrai partout*, l. 7-8), et littéraires (*ce qui est dramatique*, l. 8-9 ; *ce qui est lyrique*, l. 10), mais aussi une liberté du poète qui introduit la **métaphore filée du jardin**. Celle-ci prend en charge l'ordre du jardin à la française (*un jardin classique de Le Nôtre*, l. 16) et les règles codifiant les genres (métaphore usée *les fleurs du langage dans un traité de rhétorique*, l. 17-18), que Hugo oppose à la liberté de la nature et du créateur (*croître librement*, l. 14), mais aussi à la quête d'une innocence (*La pensée est une terre vierge et* *féconde*, l. 13) et d'une origine perdue (en grec, paradis, *paradeisos* = jardin). L'ode apparaît à Hugo comme ce chant originel capable de traduire les infimes variations de l'être. La métaphore a valeur argumentative : elle unifie la diversité des choix esthétiques possibles en suggérant leur « naturel ».

**4- Un éloge paradoxal**

Le titre du texte de Francis Ponge repose sur une antithèse. Le substantif (*Ode*) inscrit le texte dans le modèle de la rhétorique encomiastique (▶ question **2**). Mais l'épithète (*inachevée*) nuance l'idée d'une plénitude du chant ; l'objet même de l'éloge (la boue) produit une tension oxymorique avec le début du titre. Cette tension est d'ailleurs, aux yeux du poète, l'origine et la justification de l'éloge : *La boue plaît aux cœurs nobles parce que constamment méprisée* (l. 1-2) ; *Je t'aime à raison du mépris où l'on te tient* (l. 11-12). Le poème opère donc une inversion des attentes formelles (inachèvement) et thématiques (choix de la boue) de l'ode. Cette modernité de l'écriture (tension entre l'éloge impossible et pourtant fait) s'inscrit dans la tradition ancienne des éloges paradoxaux humanistes, illustrés notamment par l'*Éloge de la folie* d'Érasme.

**5- Les pouvoirs du poème**

Les textes de Ronsard et de Ponge relèvent, selon des modalités différentes du **registre lyrique**.

- **Texte 1 :** lexique familier (*lambrunche*, v. 6 ; *avettes*, v. 12 ; diminutifs : *Rossignolet*, v. 13 ; *Nouvelet*, v. 14) ; modèle de l'ode anacréontique. Le lecteur est invité à éprouver poétiquement, dans la grâce et la fragilité de l'aubépin, sa propre fragilité. La poésie célèbre une présence du poète et du lecteur au monde où, dans la transparence du langage, la nature et l'homme semblent en correspondance.
- **Texte 3 :** les marques d'une rhétorique de l'éloge (▶ question **2**) suggèrent la tonalité lyrique d'un texte qui refuse cependant toute effusion (l'amour pour la boue n'est que la réponse au mépris où on la tient). La poésie est d'abord travail (non sans humour) sur la matière même du langage (*De mon écrit, boue au sens propre*, l. 13). La poésie moderne vit de donner forme à l'informe (*la boue*).

**■ Texte complémentaire**

**Théodore de Banville, *Odes funambulesques*, 1857.**

*On montrera comment Banville (1823-1891) renouvelle le genre et l'accorde au titre de son recueil.*

**Le Saut du tremplin**

Il s'élevait à des hauteurs
Telles, que les autres sauteurs
Se consumaient en luttes vaines.
Ils le trouvaient décourageant,
Et murmuraient : « Quel vif-argent
Ce démon a-t-il dans les veines ? »

Tout le peuple criait : « Bravo ! »
Mais lui, par un effort nouveau,
Semblait raidir sa jambe nue,
Et, sans que l'on sût avec qui,
Cet émule de la Saqui[1]
Parlait bas en langue inconnue.

C'était avec son cher tremplin.
Il lui disait : « Théâtre, plein
D'inspiration fantastique,
Tremplin qui tressailles d'émoi
Quand je prends un élan, fais-moi
Bondir plus haut, planche élastique !

« Frêle machine aux reins puissants,
Fais-moi bondir, moi qui me sens
Plus agile que les panthères,
Si haut que je ne puisse voir
Avec leur cruel habit noir
Ces épiciers et ces notaires !

« Par quelque prodige pompeux,
Fais-moi monter, si tu le peux,
Jusqu'à ces sommets où, sans règles,
Embrouillant les cheveux vermeils
Des planètes et des soleils,
Se croisent la foudre et les aigles.

« Jusqu'à ces éthers pleins de bruit,
Où, mêlant dans l'affreuse nuit
Leurs haleines exténuées,
Les autans ivres de courroux
Dorment, échevelés et fous,
Sur les seins pâles des nuées.

« Plus haut encor, jusqu'au ciel pur !
jusqu'à ce lapis dont l'azur
couvre notre prison mouvante !
jusqu'à ces rouges Orients
Où marchent des dieux flamboyants,
Fous de colère et d'épouvante.

« Plus loin ! plus haut ! je vois encor
Des boursiers à lunettes d'or,
Des critiques, des demoiselles
Et des réalistes en feu.
Plus haut ! plus loin ! de l'air ! du bleu !
Des ailes ! des ailes ! des ailes ! »

Enfin de son vil échafaud,
Le clown sauta si haut, si haut,
Qu'il creva le plafond de toiles
Au son du cor et du tambour,
Et, le cœur dévoré d'amour,
Alla rouler dans les étoiles.

(strophes 4-12)

1. Danseuse de corde célèbre.

# 1 Poésie, règles et traditions

## POÉSIE ET RHÉTORIQUE AMOUREUSE

## La lyrique courtoise et au-delà

p. 143

### Guillaume de Poitiers

### « À la douceur de la chanson nouvelle »

#### APPROCHES

■ **Axes d'étude :** La chanson d'amour. L'amour courtois (p. 14).

■ **Préalables :** Définir le **lyrisme** à partir de son énonciation, ses thèmes, son écriture. Rappeler le lien dans les faits et dans le mot avec la musique, surtout au Moyen Âge et au XVIe siècle, et le caractère savant, très recherché, de la poésie des troubadours (p. 23).

■ **Vérifier** que sont compris : *Feuillent*, v. 2 (= se couvrent de feuilles) ; *Dieu me laisse*, v. 23 (= que Dieu me laisse) ; *nous avons pièce et couteau*, v. 30 (= nous possédons la réalité de l'amour).

#### LIRE : L'amour du nom

**1- Le lyrisme du poème**

Dans la lyrique courtoise, la distance est nécessaire à la sublimation du sentiment amoureux. La « fin'amor » (► p. 14) est un amour adultère qui, menacé par les médisants (v. 25), doit resté caché et exige du parfait amant mesure, maîtrise de soi et soumission à des règles inspirées par les codes de la société aristocratique. Objet de désir, la femme aimée, souvent absente, est à la fois l'origine du chant et le sujet du poème célébrant, dans une exultation que les troubadours nomment « joy », un « amour de loin ». Cette distance fonde le lyrisme du poème : souffrance amoureuse (strophe 2 : inquiétude : *je n'ose avancer d'un pas*, v. 10), fidélité malgré la séparation (don total par l'*anneau*, v. 22), éloge de la « reverdie » (strophe 1 ; ► question **2**), évocation d'un amour fragile et menacé (strophe 3 : comparaison avec *l'aubépine*, v. 13-14), souvenir donnant naissance à l'exaltation de l'amour (strophe 4), célébration poétique du nom (le *Bon Voisin*, ► question **3**), confiance en l'amour contre les « losengiers » (strophe 5).

**2- Un décor symbolique**

Le champ lexical de la nature peut se partager entre le règne animal (*les oiseaux*, v. 2) et le règne végétal (*les bois*, v. 2 ; *l'aubépine*, v. 14 ; *l'arbre*, v. 15 ; *la feuille verte au rameau*, v. 18). Noter l'évocation du printemps et de l'hiver (v. 1 et 16), avec éléments favorables (*le soleil*, v. 17) et menaçants (*la nuit*, *la pluie*, le *gel*, v. 16). L'essor de la nature à *la saison nouvelle* (v. 1) a valeur symbolique : le motif de la « reverdie » (arbres couverts de feuilles, v. 2 ; oiseaux qui chantent, v. 3 ; rameaux verts, v. 18) est traditionnellement associé à la renaissance amoureuse. Les fleurs blanches de l'*aubépine* (Ronsard, ► p. 140) fleurissant aux tout premiers jours du printemps, renvoient également à une image traditionnelle de la féminité. On peut voir aussi dans ce décor un souvenir du paradis chrétien (jardin d'Éden) et du jardin des Hespérides (paradis mythologique). Ce paysage symbolique est caractéristique de la lyrique courtoise.

**3- Le « senhal »**

Le « senhal » (nom fictif, signifiant : *blason*, *bannière*, sous lequel la dame est chantée) *Bon Voisin* a une double fonction : écarter les « losengiers », médisants qui pourraient révéler l'amour secret du poète pour sa dame ; suggérer la nature du sentiment amoureux (bonté, bonheur entrevu et espoir d'une atténuation de la distance qui sépare les amants). Il est au cœur de cette rhétorique amoureuse qui, célébrant un sentiment qu'il faut taire, use de moyens détournés : parallèle entre le chant des oiseaux et le désir amoureux (motif de la « reverdie » strophe 1 ; ► question **2**), périphrases (*Ce dont l'homme a le plus envie*, v. 6 ; *De là d'où vient tout mon bonheur*, v. 7 ; *la fin/Est ainsi que je le demande*, v. 11-12), comparaison avec *l'aubépine* (plaisirs et dangers de la relation amoureuse, strophe 3), métaphore guerrière (querelle amoureuse prétexte à la célébration de la bonté de la dame, strophe 4 et *don si grand* du *Bon Voisin*, v. 21), objet symbolique (*son anneau*, v. 22).

#### Conclusion

Guillaume de Poitiers est l'un des premiers poètes à fonder les thèmes et les formes de la lyrique courtoise qui, pendant près de deux siècles, va enchanter les cours d'Europe. Le poète fait des thèmes de la « reverdie » et de « l'amour de loin » le sujet d'habiles variations formelles, source d'une extase (« joy ») qui est aussi dépassement du *je* dans le poème. Les savants jeux de sons et de sens cultivent le paradoxe d'un amour impossible et sublimé et affrontent les difficultés formelles pour mieux dire la *fin'amor*.

## PISTES

### ■ Pour une séquence

• **La douleur d'aimer du Moyen Âge à l'époque baroque** (contradictions du sentiment ; obstacles ; nuances du lyrisme ; formes et tonalités) : Charles d'Orléans, *Ballades*, p. 144 ; Christine de Pisan, *Cent ballades d'Amant et de Dame*, p. 145 ; Scève, *Délie*, p. 147 ; Louise Labé, *Sonnets*, p. 147 ; Ronsard, *Les Amours*, p. 150 ; D'Aubigné, *Le Printemps*, p. 155 ; Benserade, *Sur Job*, p. 157.

• **La ballade, une forme fixe** (▶ *infra*, p. 109).

### ■ Exercice complémentaire : Écriture

Présentez dans un exposé oral quelques noms célèbres qui ont inspiré les poètes du Moyen Âge et du XVIe siècle. Imaginez ensuite une déclaration amoureuse construite autour d'une variation sur le nom et dissimulant cependant, sur le modèle du « senhal », le nom véritable de l'être aimé.

■ **Lecture cursive :** *Petite Anthologie de la lyrique occitane du Moyen Âge*, textes avec traductions, introduction et notes de P. Bec, éd. E. Aubanel.

■ **Bibliographie :** M. Broda, *L'Amour du nom*, éd. José Corti, 1997 ; R. Lafont, Ph. Gardy, Ph. Martel, Cl. Torreilles, *Histoire et anthologie de la littérature occitane du XIe siècle à nos jours*, t. I, Presses du Languedoc, 1996 ; G. Zuchetto, *Terre des troubadours*, Les Éditions de Paris, 1996.

## … La lyrique courtoise et au-delà

## Charles d'Orléans
## *Ballades*

p. 144

## « Je meurs de soif… »

## APPROCHES

■ **Axes d'étude :** Dire et lire la poésie (p. 178). L'antithèse.

■ **Préalables :** On peut partir des définitions de la poésie et des « **gênes exquises** » de Valéry : un travail sur le langage, qui contraint et suscite l'inspiration. Outre l'incipit, les jeux poétiques peuvent proposer des variations sur un thème, sur des rimes imposées… On pourra lire en conclusion la ballade écho de Charles d'Orléans, «Je n'ai plus soif auprès de la fontaine…» ou celle de Villon composée à l'occasion du célèbre « concours de Blois ».

■ **Vérifier** que sont compris : *Pauvre de sens*, v. 4 (= manquant de sagesse) ; *Déplaisance j'ai d'espérance pleine*, v. 10 (= mon désespoir est plein d'espoir) ; *Je m'ébahis*, v. 16 (= je tremble d'étonnement, de surprise ou de peur) ; *Bonne chère*, v. 19 (= mine réjouie) ; *mon fait malheureux*, v. 22 (= mes malheurs) ; *mon profit aussi avantageux*, v. 23 (= mes joies).

## LIRE : Une fausse confidence

### 1- Les caractéristiques formelles de cette ballade

• **La forme de la ballade :** trois strophes de sept décasyllabes, avec un dernier vers refrain et des rimes disposées en ABABBCC, enfin un « envoi », quatrain de décasyllabes reprenant les rimes BBCC, traditionnellement adressé au *Prince* (v. 22).

• **Le refrain,** rattaché à un terme différent chaque fois (*chose, pensée, santé, année*), résume les antithèses énumérées dans chaque strophe. La liaison, naturelle, se fait sur des constantes et des variations.

### 2- Une figure majeure : l'antithèse

**Le premier vers** évoque une insatisfaction (imposée ou choisie), un désir prolongé qui est à la source du poème et le légitime. Il impose aussi la contrainte poétique et rhétorique de l'**antithèse** et le paradoxe : *soif/fontaine* (v. 1), *froid/feu* (v. 2), *Aveugle/mène* (v. 3), *Pauvre de sens/sachants* (v. 4), *négligent/soigneux* (v. 5), *bien/mal* (v. 7, 14, 21, 25), *gagne temps/perds* […] *semaine* (v. 8), *joue et ris/douloureux* (v. 9), *Déplaisance/espérance* (v. 10), *bonheur/regret angoisseux* (v. 11), *Rien ne me plaît/désireux* (v. 12), *m'éjouis/cource* (v. 13), *parle/tais* (v. 15), *m'ébahis/suis courageux* (v. 16), *Tristesse/confort* (v. 17), *Bonne chère/deulx* (v. 19), *Maladie/santé* (v. 20), *fait malheureux/profit… avantageux* (v. 22-23). Toutes traduisent l'insatisfaction des désirs.

### 3- Les allégories

Deux allégories : *Fortune* (refrain), et *Tristesse* (v. 17). Deux concepts abstraits, le hasard, le désespoir, sont personnifiés par les majuscules et les verbes d'action (« mener », v. 7, 14, 21, 25 et « tenir dans son pouvoir », v. 17). Contrairement à d'autres textes du Moyen Âge, ces concepts ne sont pas évoqués par un objet emblématique (dans le *Roman de la Rose* par exemple, la jeune femme devenait un bouton de rose, la cour où se trouvent les jeunes filles, un verger, les difficultés amoureuses, des épines). Les allégories confèrent de la noblesse à l'expression et renvoient aux codes littéraires, mais elles sont ici soumises au lyrisme personnel qui se les approprie.

### 4- Un lyrisme personnel ?

Charles d'Orléans renouvelle la rhétorique amoureuse par une **inspiration plus personnelle** (qu'il doit en partie à son exil et à ses souffrances), à une mélancolie résignée qu'il appelle le « Nonchaloir ». Outre l'emploi de la première personne, le ton de la confidence est sensible dans la strophe 1 où chaque vers débute par une expression insistant sur un manque, et dans les vers 11 et 17, empreints de mélancolie. Néanmoins, ce poème est d'abord un exercice de virtuosité à partir d'un premier vers donné. De nombreux vers sont en fait des expressions conventionnelles : le *feu des amoureux* (v. 2) reprend le cliché de la flamme amoureuse ; *Aveugle suis* (v. 3) est une métaphore convenue mettant en relief l'incapacité du poète à voir les choses et les gens qui l'entourent, tout comme la *Maladie* (v. 20), lieu commun du mal d'amour. Ces **expressions stéréotypées**, associées ici à la description de troubles bien réels (v. 8, 9…), sont de ce fait réactivées.

### Conclusion

Cette ballade, chantant les contradictions du cœur amoureux, s'ouvre sur la complexité de la nature humaine et les aléas de l'existence. La virtuosité formelle s'associe à la recherche d'une voix authentique et d'une émotion plus personnelle : le « Nonchaloir ».

## PERSPECTIVES (p. 145)

### ■ Christine de Pisan, *Cent Ballades…*

**LIRE : Une ballade cruelle**

**1- Le système de l'énonciation**

Les deux premières strophes sont adressées à l'amant déloyal violemment pris à partie (*Faux déloyal*, v. 3 ; *mauvais*, v. 7 ; *déceveur*, v. 8). Cette « ballade cruelle » est donc d'abord une diatribe : le *tu* l'emporte sur le *je*, l'invective sur la plainte. La troisième strophe indique un élargissement. Le discours s'adresse à toutes les femmes : *Ha ! mirez-vous, dames…* (v. 17). On peut parler de féminisme dans la mesure où Christine de Pisan cherche, à partir de son exemple personnel (*mon dommage*, v. 17), à mettre les femmes en garde contre les hommes, qui ont tous, dit-elle, les défauts de son amant (*Par homme nul,… faux plumage*, v. 19 ; *leur affaire*, v. 20 ; et l'utilisation du pluriel). C'est l'amour même qui est alors mis en cause (v. 23…) dans le refrain.

**2- Variations sur une forme fixe**

Les éléments qui structurent la ballade : trois strophes de décasyllabes, terminées chacune par le même vers-refrain et suivies d'un envoi, constitué par un quatrain (v. 25-28). **À partir de ces éléments de la tradition**, Christine de Pisan module ses propres **variations :** disposition des rimes (ABABB dans les trois premières strophes et BCBC dans le quatrain), ainsi que sur la longueur des strophes (8 vers). Le refrain, avec deux termes insistant sur l'idée de tromperie (*déceveur* [= trompeur], *menterie*), sert l'argument du poème.

**3- La «fin'amor» au féminin**

On constate un **renversement des valeurs courtoises.** L'amant, qui devrait être fidèle, s'avère déloyal et faux (*Qui déceveur es plein de tromperie*, v. 8 ; *ta fausse tromperie*, v. 14 ; *faussaire*, v. 15). Au lieu d'aimer aveuglément sa dame, en toute mauvaise foi il l'accuse d'infidélité (*dis que mon courage/Se veut de toi, pour autre aimer, retraire*, v. 3-4), afin d'avoir un argument pour rompre avec elle (*mais pour moi traire*, v. 12-13). Le motif traditionnel de la séparation des amants est évoqué ici d'un point de vue féminin.

**ÉCRIRE**

Partir du système énonciatif (► question **1**) : passage d'une situation personnelle à une réflexion plus large sur ces codes de la courtoisie qui asservissent les femmes, de l'invective (strophes 1 et 2) à l'avertissement (strophe 3). Remarquer l'habileté avec laquelle Christine de Pisan déjoue le faux discours de l'amant, en révèle l'implicite (► question **3**), et la virtuosité poétique qui souligne encore l'argumentation (les vers se répondant en écho et soulignant les oppositions : *Mais ce es-tu mauvais, tu t'as beau taire*, v. 7 ; *Mais je ne suis pas si comme toi faussaire*, v. 15).

**PISTES**

■ **Pour une séquence**

● **« Il n'y a pas d'amour heureux »** (bonheur et malheur ; voix d'hommes, voix de femmes ; poésie de la plainte, poésie du reproche) : Scève, *Délie*, p. 147 ; Louise Labé, *Sonnets*, p. 147 ; Ronsard, *Les Amours*, p. 150 ; Desportes, *Amours d'Hippolyte*, p. 151 ; D'Aubigné, *Le Printemps*, p. 155.

● **La ballade, une forme fixe** (constantes et variantes formelles ; thèmes ; tonalités) : Villon, p. 162 ; Musset, *Premières poésies*, p. 192.

■ **Exercice complémentaire : Écriture**

Imaginez un portrait inversé louant les qualités de « l'Amant loyal ».

■ **Lectures cursives :** Charles d'Orléans, « Je n'ai plus soif auprès de la fontaine » ; Villon, « Je meurs de soif auprès de la fontaine ».

■ **Bibliographie :** D. Poirion, *Le Poète et le Prince. L'Évolution du lyrisme courtois de Guillaume de Machaut à Charles d'Orléans*, PUF, 1965.

LA POÉSIE

► POÉSIE ET RHÉTORIQUE AMOUREUSE

# La poésie renaissante

## Marot

### *Épigrammes* (p. 146)

### « Anne par jeu… »

**APPROCHES**

■ **Axes d'étude :** Jeux sonores et lexicaux. Le lyrisme. Formes poétiques (p. 179).

■ **Préalables :** Présenter le **genre** de l'épigramme (étymologiquement, en grec, « inscription », en particulier funéraire), imité de l'Antiquité, auquel Marot donne tout le sel de la poésie satirique. Forme brève, d'une densité lapidaire, l'épigramme permet au poète de montrer sa virtuosité dans la préparation de la pointe finale.

**LIRE : Un élégant badinage**

**1- Un art de la pointe**

L'épigramme révèle un art subtil de la variation :
**– de personne :** Anne est d'abord personnage de l'anecdote prétexte (v. 1), puis destinataire du poème (v. 7). Elle est à l'origine de la souffrance amoureuse ; elle peut seule la guérir ;

– **de temps :** alternance des temps du récit (passés simples de l'événement : *me jeta de la Neige*, v. 1 ; *embrasé je fus*, v. 4 ; imparfaits d'arrière-plan : *je cuidais*, v. 2 ; *c'était feu*, v. 3) et des temps du discours : présent d'énonciation (*en ai-je*, v. 3 ; *peut, je sens*, v. 8), présent à valeur générale (*Puisque le feu loge secrètement*, v. 5), futur (*où trouverai-je place*, v. 6) ;

– **de modalités :** assertions, puis interrogations (v. 5-7) orientant l'épigramme de l'anecdote vers la requête.

Ces variations préparent subtilement la pointe finale : anecdote plaisante (v. 1-4) invitant à interpréter l'opposition traditionnelle du feu et de la glace (▶ question **3**) ; jeu d'esprit : cause subjective (*Puisque…*, v. 5) et question rhétorique, v. 5-7 ; requête adressée à Anne, v. 7-10. Cette épigramme adopte ainsi la forme logique d'un syllogisme conduisant au trait d'esprit du dernier vers.

## 2- La virtuosité poétique

• **Strophe :** dizain de décasyllabes : perfection géométrique de la strophe « carrée ».

• **Rimes :** disposées symétriquement par rapport aux deux distiques centraux (ABABBCCDCD). Des signes de virtuosité : rime équivoquée reposant sur un calembour (*Neige / en ai-je*) ; rimes sémantiques, associant les adverbes qui scandent l'anecdote (*certainement / soudainement / secrètement* : de la surprise à la révélation) mais aussi l'invitation au plaisir (*bien / mien*).

• **Sonorités :** remarquer par exemple les assonances qui rappellent les éléments : ***neige**, cert**ai**nement, c'ét**ai**t, exp**é**rience en **ai**-je, soud**ai**nement, secr**è**tement, trouver**ai**-je* ; ***feu**, **jeu**, **seul**e* ; *gl**ace**, pl**ace**, **ard**re, gr**âce**…*

• **Antithèses et parallélismes** (▶ question **3**) : *froide / feu* (mis en valeur par leurs positions symétriquement opposées à la césure) ; id. pour *feu / fus*, v. 3-4, *feu / Neige*, v. 5-6, ; *sens / sentir*, v. 8-10…

## 3- Le feu et la glace

Marot renouvelle une métaphore convenue du registre amoureux : l'antithèse pétrarquiste du feu et de la glace. L'anecdote évoque d'abord une scène de badinage amoureux avant de suggérer une interprétation symbolique (neige = indifférence ; feu = passion amoureuse) inversant les valeurs traditionnellement associées à ces deux éléments (v. 2-3). La froideur affichée par Anne serait interprétée (*secrètement*, v. 5) comme un signe amoureux qui embrase (v. 4) et dévore (*ardre*, v. 7). Le poème joue sur la polysémie des termes (v. 10, *sentir* = éprouver par les sens / ressentir, éprouver un sentiment ; *feu* = élément / métaphore de la passion). Seule une passion partagée (v. 10) peut alors combler le poète, qui abolit l'opposition des éléments dans l'embrasement du *feu* amoureux, devenu *grâce* (*glace* ?) qui *éteint* sa brûlure en le comblant (v. 7-8).

## Conclusion

Marot est l'un des premiers poètes à avoir adapté le lyrisme de Pétrarque au goût français. Cette épigramme spirituelle témoigne du raffinement d'une poésie ouverte aux genres et aux modèles de l'Antiquité, mais aussi aux influences nouvelles venues d'Italie.

# *PERSPECTIVES* (p. 147)

1 **Scève, *Délie, objet de plus haute vertu.***

2 **Louise Labé, *Sonnets.***

## LIRE : Amour et souffrance

### 1- Le tourment amoureux (texte 1)

**Choix rythmiques et prosodiques :** dizain de décasyllabes comme chez Marot, même disposition des rimes (ABABBCCDCD). La régularité rythmique du décasyllabe (4 / 6) accentue les **parallélismes** et les **oppositions syntaxiques** ainsi que les **choix lexicaux :** v. 1-4 : reprise anaphorique des comparatifs (*Moins… Plus*), souvent placés dans des positions symétriques à la césure (*plus je la hais*, v. 1-2) ; oppositions sémantiques (*je l'estime*, v. 3 ; *je la fuis*, v. 4) suggérant le désordre amoureux et l'exacerbation de sentiments contraires ; v. 6 construit sur deux oppositions : *Amour et haine, ennui avec plaisir* (ennui = tourment) ; champ lexical de la haine : polyptote sur *haïr* (v. 9) : *hais*, v. 1, 2 ; *haine*, v. 6, 8. Le tourment amoureux s'exprime ici avec de violentes antithèses à la manière de Pétrarque.

### 2- Le poète et Délie

Le dernier vers apparaît comme une clôture dans la mesure où, sans nommer Délie (désignée par une périphrase), le poète la présente comme l'origine d'un tourment (*Ainsi me fait haïr mon vain désir*, v. 9), mais aussi comme celle qui donne sens à l'existence du poète. Le plaisir d'aimer ne peut *toujours* (v. 10) demeurer que dans la souffrance, condition d'une sublimation de celui qui est enfermé dans la « prison d'amour » (voir une interprétation possible du nom de la jeune femme), obstiné vouloir d'un « souffrir non souffrir », devise placée par Scève après le huitain inaugural de *Délie*.

### 3- Le malheur d'aimer (texte 2)

Dans les quatrains, tantôt le parallélisme souligne l'opposition : *Je vis, je meurs* (v. 1), *et trop molle et trop dure* (v. 3), tantôt l'oxymore exaspère la contradiction (v. 2 et 6). Dans le premier quatrain, la juxtaposition par asyndète accentue le rythme de succession des **antithèses** : deux oppositions dans le vers 1 ; une dans chaque vers (v. 2-8). Dans le second quatrain, parallélisme des locutions adverbiales (v. 5 et 8). Le vers 9, avec l'articulation *Ainsi*, donne la clé de ces changements d'état incessants, à la fois inexplicables et imprévisibles : *je pense avoir plus de douleur /… je me trouve hors de peine, /… je crois ma joie être certaine /… Il me remet en mon premier malheur*, v. 10-14. Après le vers 9, chaque renversement est précédé d'un terme de liaison : *Et* (v. 10), *Puis* (v. 12), et le rythme se ralentit : l'opposition utilise deux vers (v. 10-11), puis trois (v. 12-14), moment de plénitude illusoire (v. 12-13), précédant la retombée finale (v. 14). Ces oscillations entre l'espoir et le *premier malheur* (v. 14) forment un cycle : sensations et sentiments se répètent dans un présent perpétuel, le temps est refermé sur lui-même. La fatalité du mal d'amour est de retomber dans le *malheur*, la fin invite à revenir au début, pour un nouveau cycle de souffrances.

Les **métaphores** portent sur le langage du corps (quatrains : mort imminente par le feu ou la noyade, v. 1 ; chaleur/froid, v. 2 ; mollesse/dureté, v. 3) ; images végétales (*je sèche et je verdoie*, v. 8). Dans les tercets, la métaphore de la torture, déjà présente (*endurant*, v. 2 ; *maint grief tourment*, v. 6), devient plus psychologique (*Amour inconstamment me mène*, v. 9 ; *je me trouve hors de peine*, v. 11). L'élévation (v. 13) est suivie d'une chute (v. 14), au propre et au figuré, nouvelle forme de supplice raffiné.

Alors que tout concourt à donner dans le sonnet de Louise Labé le sentiment d'un supplice infligé à celle qui, malgré elle, est coupable d'aimer, le « souffrir non souffrir » exprimé par Scève semble la condition acceptée d'une sublimation du sentiment amoureux.

### VOIR

Dans *Délie*, le retour régulier des emblèmes (genre didactique très en vogue au XVIe siècle associant une gravure et un texte bref) rythme le recueil, suggérant une lecture allégorique et spirituelle des dizains. Insister sur le lien thématique (*plaisir et peine* : voir v. 6 et la devise de Scève, « Souffrir non souffrir »), sur le parallèle entre le *je* et la représentation d'Orphée charmant les bêtes sauvages dans l'emblème, sur le bestiaire symbolique de la gravure (voir la licorne).

### ÉCRIRE

Souligner qu'une énonciation à la première personne ne justifie pas une lecture biographique du *je* (il n'est pas utile, pour être touché par le poème de Scève, de savoir si derrière Délie se cache la poétesse Pernette du Guillet). Insister sur les parallèles possibles entre ces deux poèmes : rhétorique d'attente prolongée, antithèses pétrarquistes, expression de sentiments exacerbés. Montrer que la virtuosité formelle n'interdit pas l'expression originale d'un désir, différent chez Scève et chez Louise Labé. Ce n'est donc pas la question du moi individuel du poète que pose le lyrisme, mais bien celle du désir.

## PISTES

■ **Pour une séquence : La douleur d'aimer du Moyen Âge à l'époque baroque** (▶ *supra*, p. 108).

■ **Lecture cursive :** Apollinaire, *Le Bestiaire ou cortège d'Orphée* (recueil d'emblèmes).

■ **Bibliographie :** P. Ardouin, *Maurice Scève, Pernette du Guillet, Louise Labé : l'amour à Lyon au temps de la Renaissance*, éd. Nizet, 1980.

... La poésie renaissante

## Joachim du Bellay

*L'Olive*

p. 148

## « Déjà la nuit en son parc amassait »

## APPROCHES

■ **Axes d'étude :** La Pléiade (p. 34). Le sonnet ( p. 179). Poésie et imitation.

■ **Préalables :** Rappeler les inspirations et les ambitions de **la Pléiade** : poésie qui s'inspire d'une tradition (mythologie antique, pétrarquisme) et cherche enrichissement et nouveauté. *L'Olive*, paru la même année que la *Défense et Illustration*, illustre ces tendances : idéalisme platonicien et pétrarquisme (inspiration italienne) ; sonnets qui se caractérisent à la fois par l'artifice et la sensibilité personnelle, amoureuse ou esthétique.

■ **Vérifier** que sont compris : *Nymphe*, v. 11 (divinité féminine des eaux et des bois dans la Grèce antique) ; le paradoxe des deux derniers vers et la différence entre *l'aube* (lueur blanchâtre) et *l'aurore* (lumière dorée qui accompagne le lever du soleil) qui se succèdent.

## LIRE : Une belle matineuse

### 1- La structure du sonnet

Structure poétique et structure syntaxique coïncident.

• **Structure poétique :** sonnet « italien » : deux quatrains à rimes embrassées (ABBA) et un sizain (disposé en deux tercets) composé d'un distique (v. 9-10 : CC) suivi d'un quatrain à rimes embrassées (DEED).

• **Structure syntaxique :** les deux quatrains évoquent dans deux propositions principales les circonstances temporelles ; les deux tercets (proposition subordonnée temporelle mise en valeur par le distique, v. 9-10 ; puis indépendante) constituent la diégèse : apparition de la « Nymphe », conséquences individuelles et cosmiques (*Alors* : temporel et consécutif).

L'**apparition de la « Nymphe »** est dramatisée par :
– les marques de temps et de personne : adverbes et conjonctions de temps à l'initiale des quatrains et des tercets (*Déjà... Déjà... Quand... Alors...*), rythmant les quatre phases de l'apparition, et correspondant d'une part au suspense descriptif à l'imparfait (les 4 verbes des quatrains, à la rime), d'autre part à la mise en œuvre narrative des deux tercets : le premier au passé simple (irruption de la 1re personne comme sujet et de la 2e en apostrophe), le second au présent (actualisation du jour) ;
– le suspense descriptif des quatrains (même schéma : *Déjà*... 1er imparfait... participe présent... 2e imparfait) ; noter le drame avant-coureur, la fuite de la nuit chassée par le jour, et le rôle joué par *déjà* et par l'imparfait (perspective sur une action en cours de déroulement) ;
– le suspense narratif créé dans le premier tercet par l'ordre de la phrase (éléments « retardants » : *Quand*... complément circonstanciel de lieu, comparaison... passé

LA POÉSIE

simple… complément circonstanciel de lieu… apostrophe) qui ne nomme l'apparition que dans le dernier hémistiche ; contraste entre l'ampleur des deux quatrains et le rythme vif du premier tercet, plus morcelé).

**2- La nuit et l'aube**

– Métaphore développée de la **nuit** : 1) comme une bergère rassemblant son *troupeau d'étoiles* ; 2) sur son char tiré par des chevaux noirs (couleur symbolique), conformément à la représentation mythologique.
– Personnification de l'**Aube** : majuscule initiale, *tresses blondes*, distribuant ses *trésors* (la rosée, v. 7).

Ces images procèdent toutes du « suspense » narratif, préparant l'apparition (comparaison de la Nymphe avec une étoile, le comparant précédant le comparé, v. 9-11) : tout est image, même ce qui suit cette apparition (apostrophe au *fleuve mien*, v. 11, la Loire, divinité mythologique ; personnification : *Le jour honteux*, v. 13). Vie et beauté du monde, grandiose mythologique, harmonie du monde autour de la femme ainsi célébrée.

**3- Une nymphe raffinée**

• **Le portrait :** synthèse de deux écritures, savante (mythologique : tableau du 1er quatrain) et familière : mignardise du 2e quatrain (*rougissait,* couleur de la pudeur ; *tresses blondes,* humanisation plutôt que divinisation de l'aube ; le diminutif *perlettes* pour la rosée ; *les prés*, la nature champêtre remplaçant la nature cosmique, la femme lumineuse, la divinité chtonienne des *cavernes profondes* ; géographie personnelle : *en riant*, v. 11). Sa séduction est faite à la fois de majesté et de vivacité, de beauté céleste et de fraîcheur naturelle.

• **Rhétorique amoureuse :** mythologie utilisée dans une perspective à la fois traditionnelle (préciosité, pétrarquisme et retour à l'Antiquité) et nouvelle (mêlée aux notations familières) ; structure du sonnet (► **question 1**) ; pointe finale entre surprise attendue, comme à la fin de tout sonnet (la rougeur du jour est celle de l'aurore et celle de la honte devant la beauté supérieure de la *nouvelle Aurore*) et galanterie précieuse (humour poétique de ce double lever du jour, à l'est (*Indique*) et à l'ouest : la nymphe surgie *d'occident*, du côté *Angevin*).

**Conclusion**

Mélange subtil de préciosité conventionnelle et de lyrisme personnel. « La création se développe non pas à partir d'un sentiment directement éprouvé, mais à partir d'images suggérées par un texte littéraire. La sobriété, le goût des oppositions simples de couleurs et de lumière, la vision gracieuse et familière de la nature, liée à l'évocation discrète du pays natal, l'art de choisir les mots à la rime sont quelques-uns des éléments qui déterminent la réussite. » (H. Weber, *La Création poétique au XVIe siècle*, éd. Nizet, 1956).

## ÉCRIRE

Souligner les éléments de dramatisation : marques de temps (articulations fortes par des adverbes et des conjonctions à l'ouverture des séquences du poème en prose ; alternance imparfait / passé simple) ; marques de personne (irruption active de la 1re personne) ; réseau d'images inversant les motifs (l'aube et la nuit) et ménageant un suspense narratif et descriptif. On pourra donner comme point de départ à la réécriture le poème de Tristan L'Hermite (1601-1655), *La Belle Crépusculaire*.

Sur la fin de son cours le soleil sommeillait
Et déjà ses coursiers abordaient la marine,
Quand Élise passa dans un char qui brillait
De la seule splendeur de sa beauté divine.

Mille appâts éclatants qui font un nouveau jour
Et qui sont couronnés d'une grâce immortelle,
Les rayons de la gloire et les feux de l'amour,
Éblouissaient la vue et brûlaient avec elle.

Je regardais coucher le bel astre des cieux
Lorsque ce grand éclat me vint frapper les yeux,
Et de cet accident ma raison fut surprise.

Mon désordre fut grand, je ne le cèle pas ;
Voyant baisser le jour et rencontrant Élise
Je crus que le soleil revenait sur ses pas.

## PERSPECTIVES (p. 149)

1 **Antonio Rinieri, *Era tranquillo il mar…***

2 **Malleville, *Nouveau Recueil…***

**LIRE : Variations poétiques**

**1- La description et la narration**

• **Texte 1 :** le quatrain 1 décrit la mer, le rivage, la nuit, le quatrain 2 évoque l'aurore et Apollon. Des choix lexicaux dynamisent cependant cette peinture du cadre et des personnages : verbes de mouvement (*Découvraient*, v. 2 ; *allait* […] *déchirant*, v. 3 ; *Éperonnant*, v. 4 ; *secouait*, v. 5 ; *Tournait*, v. 8), marques temporelles (*déjà*, v. 3 et 7). La narration dramatisant l'apparition est dans le premier tercet (passage au passé simple ; subordonnée temporelle). Le dernier tercet est une invocation aux astres et au soleil (le passé simple *Parut*, v. 14, rappelle l'apparition dans la pointe finale).

• **Texte 2 :** le sonnet a une structure symétrique : description en mouvement préparant le récit (quatrains 1 et 2) ; passage au récit (premier tercet) ; adresse précieuse au soleil et rappel du récit dans les deux derniers vers.

**2- Nature et mythologie**

• **Texte 1 :** même utilisation de la mythologie que chez Du Bellay. La nature et la mythologie composent ainsi un tableau familier : métaphore conventionnelle de la nuit *Éperonnant ses chevaux sombres et ailés* (v. 4) ; personnification de l'aurore secouant *ses cheveux dorés* (v. 5) pour en répandre les trésors (v. 6) ; périphrase désignant Apollon comme s'il s'agissait d'un mortel (*le Dieu qui naquit à Délos*, v. 7) livré à une activité humaine (v. 8) ; périphrases référant au soleil (*l'astre de l'Orient*, v. 11) et aux astres (*lumières à la course éternelle*, v. 12) ; adresse familière aux éléments (*N'en prenez pas ombrage*, v. 13) sur le mode d'un élégant badinage.

• **Texte 2 :** une mythologie plus savante, comme en témoignent les majuscules et les noms propres : *l'Olympe*, séjour des dieux (v. 2) ; *l'amoureux Zéphyre* (v. 3) ; *L'Au-*

*rore* (v. 5) ; *Phyllis* (v. 9) ; allusion à Apollon (*ce dieu*, v. 7). Une évocation de la nature est plus abstraite, réduite à des noms génériques : *la terre*, *l'onde* (v. 1) ; *L'air* (v. 2) ; *les fleurs* (v. 4) ; *le chemin du Soleil* (v. 6) ; *son palais* (v. 10). La nature et la mythologie sont ici associées dans une esthétique du raffinement (voir l'influence de l'imitation d'Ovide et du poète italien Marino, ▶ p. 49) et de l'esprit (voir la périphrase burlesque désignant le soleil, v. 12 : *Sacré flambeau du jour*) dans le goût des salons précieux.

**3- Les images liées à la lumière**

• **Texte 1 :** champ lexical de la lumière éclatante : *Découvraient* (v. 2) ; *l'Aurore, ses cheveux dorés* (v. 5, ▶ question **2**) ; *perles d'une vive et transparente glace* (v. 6) ; *rayons* d'Apollon (v. 8), apparition *éclaircissant le jour* (v. 10) ; *lumières* (v. 12) ; visage *lumineux* (v. 14).

L'être aimé réalise la fusion d'une lumière naturelle et d'un éclat divin, originel, livrant le monde dans une lumineuse transparence.

• **Texte 2 :** *serein* (étymologiquement du latin *serenus* : « sans nuage » ; en ancien français le mot désigne aussi le soir), v. 2 ; *vermeil* (v. 2) ; évocation de l'aurore et d'Apollon : *l'or de sa tresse blonde* (v. 5) ; *éclairer* (v. 8) ; *plus clair* (v. 10) ; *une lumière et plus vive et plus belle* (v. 11) ; *flambeau* (v. 12) ; *les feux de la nuit* (v. 14). On peut cependant parler pour Malleville de style précieux : pureté du lexique (voir l'emploi de *serein*, v. 2) ; métaphores reposant sur l'alliance du concret et de l'abstrait (*l'Olympe vermeil*, v. 2 ; *flambeau du jour*, v. 12) ; hyperboles : comparatifs : *plus clair* (v. 10), *plus vive* (v. 11), v. 13-14 ; superlatif (v. 7-8), antithèses (*les feux de la nuit*, v. 14) et vifs contrastes (clarté du *vermeil*, v. 2, et du *rubis*, v. 6).

**4- La présence du poète**

Le locuteur trahit sa présence par des marques de personnes (1re personne : *ce merveilleux* […] *que j'adore*, **texte 1**, v. 13 ; *vous*, **textes 1 et 2**, v. 14), par des choix lexicaux (adjectifs caractérisants et degrés de l'adjectif : comparatifs et superlatifs) mais aussi par des modalités énonciatives : les deux poèmes s'achèvent par une apostrophe aux astres et au soleil ; injonctions (*N'en prenez pas ombrage*, **texte 1**, v. 13 ; *n'en soyez point jaloux*, **texte 2**, v. 12). Si la première personne est absente du sonnet de Malleville, l'exagération caractéristique du style précieux (▶ question **2**) trahit pourtant, au-delà d'une apparente impersonnalité, la volonté de se singulariser dans une joute poétique.

**DIRE**

Si l'on ne peut discuter d'un goût personnel pour l'un des trois poèmes, il est cependant important de ne pas réduire ce jugement à une impression première et de motiver sa préférence. Du Bellay semble « imiter » de près le sonnet de Rinieri. Rappeler que ces poèmes sont des variations autour du motif catullien de la belle matineuse (Malleville est lui-même l'auteur d'un cycle de trois sonnets). L'imitation n'est pas le signe d'un manque d'originalité. Elle est au contraire la condition de la subtilité de variations qui font le style d'un poète. On pourra ainsi, au-delà des ressemblances thématiques, être sensible à la musicalité du sonnet de Du Bellay, au décor familier et intime de celui de Rinieri, à la singularité recherchée par Malleville.

**PISTES**

■ **Pour une séquence**

• **La nature chez les poètes de la Pléiade** (cosmos et nature ; réalité et symbole ; description et argumentation ; formes poétiques) : Ronsard, *Les Hymnes*, p. 34 ; *Premier Livre des Amours*, p. 35 ; *Sur la mort de Marie*, p. 152 ; *Odes*, p. 140 et 169 ; Du Bellay, *Les Antiquités de Rome*, p. 164.

• **Du Bellay : les voix d'un poète** (thèmes et registres ; imitation et originalité ; formes du sonnet) : *Les Regrets*, p. 158, 159 et 172 ; *Les Antiquités de Rome*, p. 164.

■ **Lecture cursive :** Umberto Eco, *Six Promenades dans les bois du roman et d'ailleurs*, éd. Grasset, 1996.

▶ POÉSIE ET RHÉTORIQUE AMOUREUSE

# Ronsard : le prince des poètes

**Ronsard**

***Les Amours*** p. 150

## « Douce beauté, meurtrière de ma vie »

**APPROCHES**

■ **Axes d'étude :** Le sonnet. L'intertextualité. Le sujet lyrique. Humanisme et Pléiade (p. 34).

■ **Préalables :**

Réfléchir à l'importance de l'**imitation** dans le programme de la Pléiade : comment, à partir d'influences diverses (Catulle, Pétrarque), et d'une image convenue (le rocher et la roche, métaphores de l'indifférence amoureuse), Ronsard compose un poème original.

Préciser le **motif épicurien du *carpe diem*** horatien (implicite v. 9 : *Apprends à vivre*, et v. 12 : *Il faut tromper doucement le trépas*) en mettant en garde contre une interprétation trop facile de la formule (le plaisir à tout prix), ou quelque peu démagogique (voir *Le Cercle des poètes disparus*). Mettre l'accent sur les aspects sérieux, voire graves, de la philosophie épicurienne (suivre la nature en se gardant des passions ; équilibre et raison).

■ **Vérifier** que sont compris : *languir*, v. 3 et 8 (= dépérir) ; *là-bas*, v. 13 (= en bas, aux Enfers).

**LIRE : Appel à l'amour**

**1- Une invitation au plaisir**

Effacement apparent du *je* (déterminant possessif, *ma vie*, v. 1 ; pronom personnel objet, v. 3), mais mise en scène réelle :

– **marques d'énonciation :** le possessif induit une métonymie qui accentue le pathétique de la souffrance amoureuse et la cruauté de Cassandre (*meurtrière de ma vie*) ; le poète est une victime qui subit la cruelle indifférence de celle qu'il aime (pronom de 2e personne sujet des verbes dans le premier quatrain, pronom personnel en position d'objet, v. 3 ; emploi du passif *Passionné…*, v. 4 ; périphrase métonymique du *jeune sang*, v. 5, à valeur argumentative (substitution de la vieillesse à la jeunesse, insistance sur une passion dévorante) ;
– **modalités des phrases :** apostrophe (*Douce beauté*, v. 1 ; *ô fière en cruauté*, v. 9), modalités injonctives (*Apprends à vivre*, v. 9 ; *Ne garde point*, v. 10). Avec humour, le poète se veut victime d'une maîtresse indifférente et cruelle ; mais il l'invite aussi au plaisir au nom d'une certaine sagesse : *il faut prendre*, v. 11 ; *Il faut tromper doucement le trépas*, v. 12 (► question **2**).

### 2- La structure du sonnet

**Sonnet italien :** deux quatrains à rimes embrassées (ABBA) ; le sizain (divisé typographiquement en deux tercets) se compose d'un distique (CC) et d'un quatrain à rimes embrassées (DEED). Cette disposition souligne la structure syntaxique du poème : 1er quatrain : adresse à la cruelle Cassandre (► question **1**) et constat de son indifférence ; 2e quatrain : impuissance du poète à se faire aimer ; le distique (v. 9-10) est clairement marqué comme le point de retournement du sonnet : rime signifiante (*cruauté / beauté*), passage à la modalité injonctive ; précepte épicurien traité à la fois avec légèreté et gravité : il faut profiter de la jeunesse et en faire profiter l'amoureux, mais aussi lutter contre la fuite et les méfaits du temps (v. 12). Les tercets, prolongeant les impératifs en injonctions (► question **1**) et le motif du *carpe diem*, inversent ainsi la perspective des quatrains (apparente soumission du *je* à une maîtresse indifférente).

Les **figures** sont étroitement liées à la situation énonciative : métonymies désignant le poète (*ma vie*, v. 1 ; *Le jeune sang*, v. 5, ► question **1**) et Cassandre (*Douce beauté*, v. 1) ; parallélismes évoquant une langueur partagée (v. 3 et 8), antithèses (*Douce / meurtrière*, v. 1 ; opposition entre la vie et la mort) et oxymores (*meurtrière de ma vie*, v. 1), expolition (variations autour de la froideur de la pierre) : autant de signes de l'influence de la rhétorique de Pétrarque dans les sonnets à Cassandre.

### 3- Images et rhétorique amoureuse

Images soulignant la cruauté de Cassandre et l'invitation au plaisir : métaphore *in praesentia* (v. 1) associant dans le comparant les motifs de l'amour (*Douce*), de la beauté et de la mort (*meurtrière de ma vie*), renforcée par l'hyperbole ; métaphore filée du rocher et de sa froide minéralité (*rocher*, v. 2 ; *dessécher*, v. 3 ; *froideur*, v. 6 ; *froide*, v. 8) ; allusion implicite au regard fascinant et pétrifiant de Méduse, (► Pascal Quignard, op. cit. *infra*) : *Farouche*, v. 7 ; *fière*, v. 7 et 9 (latin *ferus*, « sauvage »). Ces images ont une valeur argumentative et soulignent la rhétorique amoureuse du poème.

### Conclusion

Ce sonnet en décasyllabes appartient à la première manière de Ronsard. Cédant au goût du temps pour les raffinements de la poésie pétrarquiste, Ronsard se joue avec humour de cette rhétorique où la mise en scène du *je* va de pair avec de subtiles antithèses, des métaphores savantes et une brillante érudition mythologique.

## ÉCRIRE

Privilégier la dimension argumentative du travail d'écriture et la réutilisation des éléments dégagés lors de l'explication (situation énonciative, figures, réseau d'images, humour et distance). On peut ainsi prendre pour point de départ la fin du poème : « Cher Ronsard, fidèle gardien de mes plaisirs, vous me dites qu'il faut tromper doucement le trépas ; car aussi bien… ».

## *PERSPECTIVES* (p. 151)

■ **Desportes,** ***Amours d'Hippolyte.***

### LIRE : Jeux de regards

### 1- La structure du sonnet

**Sonnet** dit « italien » comme celui de Ronsard : deux quatrains à rimes embrassées ABBA, et un sizain composé d'un distique (CC) suivi d'un troisième quatrain à rimes embrassées (DEED). Cette disposition souligne la progression et les articulations syntaxiques du discours préparant la **pointe finale** :
– **1er quatrain :** thématique du miroir et de l'échange des regards (*verre*, v. 1 ; *voir*, v. 2 ; *Mirez-vous*, v. 3 ; *voyez, votre bel œil*, v. 4) ; la rime *verre / enferre*, en reprenant le motif pétrarquiste de la « prison d'amour », annonce phonétiquement (retour du phonème consonantique [R] et fermeture du phonème vocalique [e]) la surprenante métamorphose de Méduse qui clôt le sonnet ;
– **2e quatrain :** la rime *furieux / yeux* souligne le pouvoir destructeur du regard à partir une nouvelle fois d'images pétrarquisantes (parallèle avec les éléments naturels, v. 5-6 ; métaphore associant l'amour et la guerre : *le pouvoir de vos yeux*, v. 7 ; *vous me faites la guerre*, v. 8) ;
– **sizain :** motif de la métamorphose (Narcisse changé en fleur) préparant la surprise de la pointe finale (Méduse, par l'échange des regards, à son tour changée en pierre).

### 2- L'échange des regards

Dans les deux quatrains, l'échange des regards (*Mirez-vous dessus moi*, v. 3 ; *Et voyez*, v. 4) est associé à l'illusion dont il faut se défier (*Pourquoi si follement croyez-vous à un verre*, v. 1 ; *pour les connaître mieux*, v. 3 ; *vous connaîtrez*, v. 7) et à l'inconstance de toute chose (symbole des arbres *renversés contre terre*, l'un incarnant la force *Un vieux Chêne*, l'autre la fragilité, *un Pin*, v. 4-5). Les références mythologiques à Narcisse (v. 11, 13) et à Méduse (► question **3**) suggèrent un autre motif baroque, signe de cette inconstance, celui de la métamorphose (► p. 48). La seule fixité réside dans la mort (celle des arbres *renversés contre terre*, celle du regard changé *en quelque roche dure*). La référence au miroir (*verre*, v. 1) et le v. 9 (*Ma mort de vos beautés vous doit bien assurer*) rappelle implicitement un sujet codé de la peinture de Vanités : l'orgueilleuse coquette voyant dans son miroir non point son jeune et beau visage mais les os d'un squelette décharné.

**3- Les références mythologiques**

Les références à Narcisse et à Méduse donnent une dimension symbolique à cet échange de regards amoureux. Elles associent en effet étroitement (comme le montre Pascal Quignard dans *Le Sexe et l'effroi*) le désir, la fascination orgueilleuse, le regard monstrueux et mortifère qui montre et dévoile une profondeur inquiétante du désir incarné par Méduse. Les références mythologiques (fréquentes dans les poèmes de Pétrarque et particulièrement goûtées dans les salons précieux) révèlent l'imaginaire baroque qui nourrit le poème.

## DIRE

Remarquer tout d'abord les parentés thématiques : motif de la belle indifférente, allusion plus ou moins explicite au regard pétrifiant de Méduse, réécriture de clichés pétrarquistes. Ronsard et Desportes, que les lecteurs du temps se sont plu à opposer, usent également de toutes les ressources formelles du sonnet pour conduire le discours vers la pointe finale. Le poème de Ronsard se distingue cependant par sa légèreté, par son humour et par la distance à l'égard des codes qu'il utilise. L'adresse à Cassandre est le prétexte d'une mise en scène du *je* poétique révélant, dans l'invitation au plaisir, une certaine sensualité. L'imaginaire du sonnet de Desportes est plus inquiétant, suggérant, au-delà du sujet du poème, le sentiment angoissant de l'inconstance universelle.

## PISTES

■ **Pour une séquence**

• **La douleur d'aimer du Moyen Âge à l'époque baroque** (▶ *supra*, p. 108).

• **Ronsard poète de l'amour** (énonciation et thématiques ; variations sur le sonnet ; imitation et originalité) : *Les Amours*, p. 150 ; *Sur la mort de Marie*, p. 152 ; *Continuation des Amours*, p. 153 ; *Les Amours diverses*, p. 154.

■ **Exercice complémentaire : Versification**

Étudiez précisément les rimes (sonorités, sémantique) dans le sonnet de Ronsard, p. 150.

■ **Lecture cursive :** P. Quignard, *Le Sexe et l'effroi*, éd. Gallimard, 1994.

■ **Bibliographie :** C. Fromilhague, *Les Figures de style*, éd. Nathan, 1995 ; H. Weber, *La Création poétique en France au XVIe siècle*, éd. Nizet, 1955.

# ... Ronsard : le prince des poètes

## Ronsard
## *Sur la mort de Marie* (p. 152)

## « Comme on voit sur la branche... »

## APPROCHES

■ **Axes d'étude :** Le sonnet (p. 179). La comparaison (p. 517). Le lyrisme (p. 518).

■ **Préalables :**

Rappeler l'importance de l'**inspiration antique** dans la poésie de la Pléiade (p. 34) ; ici références mythologiques et rituel funéraire d'offrande, présent par exemple dans la poésie néo-latine italienne ; la poésie d'« inscription » (épigramme sur un monument, épitaphe sur un tombeau) est aussi un genre de la littérature gréco-latine, que reprendra au XVIIIe siècle A. Chénier (*La Jeune Tarentine*).

Est-ce la jeune Marie de Clèves, maîtresse follement aimée de Henri III que célèbre Ronsard, « poète des Princes » ? Le souvenir de Marie de Bourgueil se mêle-t-il à l'évocation ? La question est secondaire : Ronsard, tout en exprimant de manière personnelle l'émotion devant la mort d'un être jeune, explore dans ce cycle de poèmes, avec le « beau style bas » une voie originale.

## LIRE : Le chant d'une beauté éphémère

**1- L'art du sonnet**

**La comparaison** (*Comme... Ainsi*) qui ouvre le poème est fréquente dans les sonnets du XVIe siècle. Elle détermine un rythme syntaxique parallèle au rythme rhétorique et prosodique – quatrains : comparaison suspensive (comparant) ; tercets : élucidation (comparé). Cette régularité fait converger le sonnet vers le 2e tercet. Après 6 vers exaltant la rose, le *Mais* du v. 7 introduit dans le comparant l'idée de la mort (v. 7-8) ; la même proportion se retrouve dans le 1er tercet (l'éclat v. 9-10, la mort, v. 11). Le mécanisme analogique se double d'un parallélisme narratif suivant le même crescendo/decrescendo. Mais le 2e tercet dépasse le constat fait par l'analogie : l'offrande du poème redonne vie à la jeune morte, et la reprise de l'image des *roses* ouvre sur une floraison éternelle qui transcende la mort.

**2- Les reprises de sonorités**

Au lieu des cinq habituelles, ce sonnet se fonde sur **trois rimes** (approximatives) : ABBA, ABBA, CCA, BBA. En outre, la rime B se retrouve à la césure des v. 4 (*pleurs*) et 8 (*meurt*) ; le v. 8 module des variations sur le son [œ] (*meurt, feuille à feuille*), le v. 14 sur le son [ɔ]/[o] (*mort, corps, rose*), – c'est-à-dire sur les deux rimes dominantes du poème. Cette structure souligne la circularité du poème (*rose / fleur*, v. 1 et 2 ; *fleurs / roses*, v. 13-14), renforcée par certaines répétitions : *vive* (v. 3), *vif* (v. 14), *pleurs* (v. 4 et 12) ; les parallélismes sémantiques, voire lexicaux, répondent au parallélisme syntaxique :

LA POÉSIE

*belle* ***jeunesse****,* ***première*** *fleur* (v. 2) / ***première*** *et* ***jeune*** *nouveauté* (v. 9) ; ***ciel****, vive couleur, Aube* (v. 3-4) / *terre,* ***ciel****, beauté* (v. 10) ; ***repose*** (v. 5) / *Parque, tuée, cendre,* ***reposes*** (v. 11) ; *Meurt, feuille à feuille* (v. 8). Nombreux ***échos sonores***, par exemple dans le second quatrain : variations subtiles autour des occlusives [b] et [p] : *se repose, embaumant, arbres, battue, pluie* ; des fricatives [v], [f], [s] et [z] : *grâce, sa feuille, se repose, les jardins et les arbres, excessive, languissante, déclose* ; et des liquides [R] et [l] : *grâce, feuille, l'amour, se repose, arbres, odeur, pluie, ardeur, Languissante elle meurt feuille à feuille déclose.*

La circularité et la fluidité du poème sont en harmonie avec le modèle antique de la poésie d'inscription, qui tente de figer la beauté éphémère dans des échos sonores prolongés. La musicalité élabore peu à peu une image mythique de la jeune femme ainsi ressuscitée.

### 3- La Parque et la rose

Recherchant un « beau style bas », Ronsard délaisse ici le goût pétrarquisant pour les références savantes, en un poème où se mêlent les inspirations : chrétienne (*au mois de mai,* mois de Marie, jeu de relations entre la Vierge et l'inspiratrice du poème) et païenne (la Parque, libations et offrandes mortuaires du v. 13). **La Parque** apparaît, dans le mouvement du sonnet (▶ question **1**), comme le terme d'un parallélisme traditionnel entre la rose et la femme, introduisant une thématique relative à la nature, à la mythologie, à la jeunesse et à la mort. L'analogie se vérifie terme à terme, soulignant à la fois le tragique inéluctable de cette mort et le caractère naturel, harmonieux et esthétique du destin commun à la jeune fille et à la fleur. Elle souligne ainsi l'**image de la rose** dont la personnification (*jeunesse, languissante, elle meurt*) anticipe l'élucidation de la comparaison ; la rose est déjà une femme vivant et mourant au sein d'un monde humanisé. Atmosphère familière, dans laquelle la sensualité discrète et la tendresse sont perceptibles. L'analogie favorise une sorte de panthéisme qui déifie Marie, faisant de son corps mort l'objet d'un rite de résurrection naturelle par l'offrande amoureuse (et l'offrande poétique : ***ce*** *vase,* ***ce*** *panier* = ce poème).

### 4- Les pouvoirs du chant

**Le dernier vers** donne à l'image de la rose tout son sens. Le sonnet s'est ouvert sur *la rose* et se conclut sur *roses* : confusion entre l'être aimé et la fleur éphémère mais aussi sorte de résurrection connotée par la relation *vif et mort*. L'offrande amoureuse, le rite funéraire (▶ question **3**) sont une mise en abyme des pouvoirs orphiques du chant (voir l'anagramme rose / Éros et l'offrande du poème). La poésie célébrant l'éphémère atteint à une transcendance fragile : la rose est à la fois métaphore de la jeunesse condamnée mais aussi de l'éternité, mélange de regret et d'espérance, où le chant triomphe cependant de la mort.

### Conclusion

D'autres lectures possibles, comme la lecture érotique, vraisemblable compte tenu de certains écrits malicieux de Ronsard (mois de mai et fleurs / mois de la Vierge et des amours, d'où l'interprétation comme une défloration – la rose comme image de la virginité : attestée en 1460), à associer au thème de la semence (v. 4, 7, 13), comme celle de Zeus fécondant Danaé sous l'aspect d'une pluie d'or. Mais la musicalité, l'évocation sensuelle et apaisée de la mort et de l'amour, ici réconciliés, peuvent suffire à expliquer le succès de ce poème.

## PISTES

■ **Pour une séquence**

• **La mort de l'être aimé : la poésie contre la mort** (évocation de la mort ; le temps et le souvenir ; formes et tonalités) : Tristan L'Hermite, *Les Plaintes d'Acante*, p. 160 ; Maynard, *La Belle Vieille*, p. 161 ; Malherbe, *Consolation à M. du Périer*, p. 167 ; Hugo, *Les Contemplations*, p. 183 ; Giuseppe Ungaretti, *Vie d'un homme*, p. 247.

• **Le sonnet au XVI^e siècle** (mètres et rimes ; thèmes et registres ; structure et signification) : L. Labé, *Sonnets*, p. 147 ; Du Bellay, *Les Regrets*, p. 158, 172 ; *Les Antiquités de Rome*, p. 164 ; Ronsard, *Les Amours*, p. 150 ; *Continuation des Amours*, p. 153 ; Desportes, *Amours d'Hippolyte*, p. 151 ; D'Aubigné, *Le Printemps*, p. 155.

■ **Exercices complémentaires**

• **Versification :** Étudiez le rythme du second quatrain.

• **Oral :** De nombreux poèmes de Ronsard reprennent le motif de la beauté éphémère de la rose. Lisez d'autres sonnets développant cette métaphore florale et expliquez la symbolique particulière de cette image.

■ **Bibliographie :** A. Gendre, *Ronsard, poète de la conquête amoureuse*, éd. La Baconnière, 1970.

## … Ronsard : le prince des poètes

**Ronsard**
***Continuation des Amours*** p. 153

### « Bien que vous surpassiez… »

## APPROCHES

■ **Axes d'étude :** Le sonnet (p. 179). Le lyrisme (p. 517). Poésie et humour (p. 518).

■ **Préalables :**

Le thème de l'**amour** dans la poésie de Ronsard est le prétexte à de nombreuses variations poétiques. Ce n'est pas le sentiment amoureux ni même la femme célébrée (Cassandre ou Marie ?) dans le sonnet qui sont les enjeux majeurs, mais, sous une apparente dérision, la poésie elle-même. La veine plus familière de la *Continuation des Amours* loin de se réduire aux séduisantes facilités du style « mignard » permet un renouvellement en profondeur de la rhétorique amoureuse.

Insister sur la modernité de l'écriture de Ronsard qui définit un sujet lyrique original, jouant avec humour des codes et des poses qu'il ne cesse pourtant d'adopter.

## LIRE : Invitation au plaisir

### 1- Le poète mis en scène par lui-même

**Les marques de l'énonciation** (pronom personnel de la 2e personne du pluriel, formes verbales) invitent à lire le sonnet comme un discours élogieux adressé par le poète à la femme aimée (*Bien que vous surpassiez*, v. 1 ; *Vous ne devez*, v. 3 ; *Vous me réponderez*, v. 9 ; *Vous dites vérité*, v. 11 ; *vous celez*, v. 11). Le *je*, bien qu'absent, est maître de l'échange, imposant ses vues (*Vous ne devez pourtant* [...] / *Jamais*, v. 3-4), formulant les réponses et les objections de celle à laquelle il s'adresse (*Vous me réponderez*, v. 9 ; *Vous dites vérité*, v. 11). Il se désigne par l'intermédiaire de la 3e personne (*Ronsard* au lieu de *moi*, v. 4) : dans la familiarité apparente de l'échange s'inscrit la solennité orgueilleuse de l'autoproclamation (immortalité poétique de la femme aimée par un Ronsard qui s'immortalise lui-même dans sa poésie). Le poète se donne ainsi **le rôle de la renommée** (2e quatrain), *car rien de lui ne part / Qui ne soit immortel* ; ce n'est pas la personne de Ronsard qui est en jeu ici, mais son **œuvre**. L'immense pouvoir de la poésie qui assure la gloire à son auteur et à ceux qu'elle célèbre…

### 2- La structure du sonnet

**La structure du sonnet :** deux quatrains à rimes croisées (ABAB / BABA) suivis d'un sizain (divisé par la typographie en deux tercets) composé d'un distique (CC, v. 9-10) et d'un quatrain à rimes embrassées (DEED). La forme poétique est étroitement liée à la progression du sens et à **la variation des tons :**

– 1er quatrain : avertissement solennel du poète et éloge distancié (*fussiez-vous…*, v. 3) de la femme aimée (v. 1-2) ;
– 2e quatrain : lié au précédent par la reprise de la rime (*Ronsard / son bel art*) : mise en scène avec humour (▶ question **3**) du *je* poétique : gloire et amour de Ronsard rejaillissant sur son propre renom ;
– distique : point de retournement du sonnet : contrepoint familier (*il est un peu sourdaut*, v. 9) ;
– 3e quatrain : badinage d'une intimité partagée.

La variation des tons donne à cette invitation au plaisir légèreté, esprit, élégance.

### 3- L'humour du poète

• **L'humour** du poète est omniprésent :
– exagération du compliment (*Celles de ce pays, et de toute autre part*, v. 2) qui suggère un contre-éloge implicite ou du moins une distance amusée ;
– familiarité de l'interjection *Dame* (v. 5) rappelant le sens ancien (« femme mariée d'une certaine condition ») ;
– marques hyperboliques (*vous faire déesse*, v. 6 ; *rien de lui ne part / Qui ne soit immortel*, v. 7-8 ; *le ciel le confesse*, v. 8) ;
– autodérision par insistance sur une infirmité naturelle (*il est un peu sourdaut*, v. 9), source d'un jeu sur les mots (*parler haut*, v. 10 = parler en élevant la voix ; divulguer le secret d'une liaison amoureuse) ou par la représentation du poète en satyre (v. 13).

• Cet humour est à la source d'une interrogation et d'un **renouvellement** de la poésie amoureuse. Ronsard semble mettre à distance ses codes et peut-être une certaine tentation de sa propre poésie amoureuse : l'invitation au plaisir d'aimer (lecture frivole du *carpe diem*) est ainsi inversée (l'amour semble avoir été déjà consommé : *Jamais vous repentir d'avoir aimé Ronsard*, v. 4 ; *il baise à tous coups votre bouche vermeille*, v. 13) ; les pouvoirs apolliniens de la poésie (*son bel art*, v. 5 ; le rôle de la renommée, ▶ question **1**), son ambition d'atteindre l'éternité, la présence de la Muse (*vous faire déesse*, v. 6) semblent considérés comme facile rhétorique au profit de la liberté d'une sensualité toute dionysiaque (v. 13).

### Conclusion

Usant du style « mignard », Ronsard renouvelle ici son inspiration en jouant sur les codes de la poésie amoureuse de son temps. N'hésitant pas à traiter avec humour la figure du poète qui accorde à celle qu'il aime (voir aussi les *Sonnets pour Hélène* en 1578), par les pouvoirs de son chant, une éternelle renommée, il donne à cette invitation les accents d'une veine légère et sensuelle.

## PISTES

■ **Pour une séquence**

• **Le sonnet au XVIe siècle** (▶ *supra*, p. 116).

• **Poésie et dérision de soi** (énonciation et mise en scène du *je* ; mise en abyme de l'écriture poétique ; humour et parodie ; formes poétiques) : Musset, *Premières poésies*, p. 192 ; Baudelaire, *Les Fleurs du mal*, p. 201 ; Verlaine, *Sagesse*, p. 210 ; Corbière, *Les Amours jaunes*, p. 211 ; Jean-Claude Pirotte, *La Vallée de misère*, p. 211 ; Laforgue, *Les Complaintes*, p. 212.

■ **Exercice complémentaire : Langue**

Étudiez la proposition « et fussiez-vous princesse » (v. 3).

■ **Lecture cursive :** Ronsard, *Sonnets pour Hélène*, II, 24.

■ **Bibliographie :** A. Py, *Imitation et Renaissance dans la poésie de Ronsard*, éd. Droz, 1984.

## … Ronsard : le prince des poètes

**Ronsard**
***Les Amours diverses*** (p. 154)

## « Quand je pense à ce jour… »

## APPROCHES

■ **Axes d'étude :** Le sonnet (p. 179). Le lyrisme (p. 518). L'antithèse (p. 516).

■ **Préalables :** Partir de la pointe du sonnet. Cette alliance de la douleur et du plaisir rappelle la devise inaugurale de *Délie, objet de plus haute vertu* (p. 147) : « Souffrir non souffrir », antithèse empruntée aux élégiaques latins et à Pétrarque, source d'infinies variations poétiques. Mais le poète la reprend-il à son compte ? Faut-il lire la pointe comme le constat d'un lien indissoluble entre plaisir et souffrance qui constitue le mystère de la passion amoureuse ? Ou bien l'interpréter à la lumière de cette confidence amoureuse interrompue par une dame de compagnie indélicate ?

## LIRE : Plaisir et douleur

### 1- Un doux souvenir

Les formes verbales organisent le sonnet autour d'une remémoration. Le souvenir de la déclaration amoureuse (1er quatrain) nourrit le présent de l'énonciation : la subordonnée temporelle embrasse dans le présent du souvenir *Quand je pense,* le passé simple d'un procès désormais coupé du locuteur (*te découvrit*, v. 3), mais comme revécu de l'intérieur par la valeur sécante de l'imparfait, « présent dans le passé » (*j'avais mon âme pleine*, v. 4) ; la principale (2e quatrain) est jouissance du présent illuminé par le souvenir (*Je me pâme de joie, et sens…*, v. 5 ; *qui me donne vigueur*, v. 6 ; *M'aiguise le penser, me chasse la langueur*, v. 7) et espoir en un avenir heureux (*Pour espérer un jour une fin à ma peine*, v. 8). Les tercets marquent un retour à ce passé perdu (v. 9). L'imparfait modal (valeur hypothétique du groupe prépositionnel *sans cette compagne…*, v. 11-12) présente un fait qui ne s'est pas réalisé effectivement et suggère une prise de distance de l'énonciateur. La pointe finale apporte la logique et la surprise d'un enseignement inéluctable et atemporel (*Mais toujours de douleur le plaisir s'accompagne*, v. 14).

### 2- Le cadre de la confidence

Le *jardin royal* rappelle le paradis originel (Éden ou jardin des Hespérides ; en grec « paradeisos » signifie *jardin*). Sa douceur est propice à la confidence amoureuse : la fontaine, miroir qui révèle l'âme de ceux qui s'y mirent, est aussi source de vie, comme en témoigne le champ lexical de l'eau qui est à la fois oubli de soi et fluide vital (*et sens de veine en veine / Couler ce souvenir*, v. 5-6 ; *qui me donne vigueur*, v. 6 ; *M'aiguise le penser, me chasse la langueur*, v. 7).

### 3- L'amour et la poésie

L'émotion amoureuse est présentée sous la forme de troubles physiques (*Je me pâme de joie, et sens de veine en veine / Couler ce souvenir*, v. 5-6) conduisant à une sorte de plénitude (*Mes sens de toutes parts se trouvèrent contents*, v. 9). Comme l'écriture poétique, il est à l'origine d'un dévoilement profond de l'être (v. 5-6) mais aussi d'une extase proche de cette sublimation que la lyrique courtoise nomme « joy » (*Je me pâme de joie*, v. 5) et qui fait du *je* un poète inspiré par la Muse, enthousiaste (étymologiquement habité par un souffle divin, *D'aise au ciel je volais, et me faisais un dieu*, v. 13). L'amour et la poésie portent ainsi le désir de dire l'indicible, de traduire ce que l'homme seul n'est pas capable de formuler.

### 4- L'art de la pointe

La césure du dernier vers souligne l'antithèse de la *douleur* et du *plaisir*, qui exprime les aspects paradoxaux de l'amour, les sautes sentimentales inhérentes à la passion, la dualité de l'amour (qui par définition concerne deux êtres, donc un mouvement réciproque). Cette opposition rappelle les codes de l'écriture pétrarquiste, que la pointe du sonnet semble pourtant traiter sur le mode de la dérision, par sa disproportion avec la prosaïque interruption de la dame de compagnie (v. 11-14) et avec la frustration du poète.

### Conclusion

Ce sonnet témoigne de la richesse et de la complexité de la poétique de Ronsard : aux ressources infinies de la rhétorique galante, à une maîtrise achevée du sonnet, le poète ajoute la légèreté d'un humour et d'une dérision à l'égard des modèles de son temps, mais aussi une sensualité toute personnelle.

## DIRE

On choisira des poèmes illustrant les différents styles de Ronsard :

– la veine pétrarquisante des *Amours* de Cassandre où le choix d'un style inspiré célèbre une passion sublimée : « Cent et cent fois penser un penser même », « Amour me tue… », « Dedans un pré je vis une Naïade » ; « Heureux le jour, l'an, le mois et la place », « Sur mes vingt ans, pur d'offense et de vice », « En ma douleur, malheureux, je me plais » ;

– le style naturel des *Amours de Marie* où se mesure l'atténuation de cette antithèse : « L'amant est une bête, et bête est qui s'empêtre » ;

– la parodie des raffinements pétrarquistes dans les *Sonnets pour Hélène* : « Si c'est aimer, Madame, et de jour et de nuit », « Ces cheveux, ces liens dont mon cœur tu enlaces ».

Loin d'être un pur ornement rhétorique, cette antithèse traduit chez Ronsard une expérience existentielle qui est aussi celle de l'écriture.

## *PERSPECTIVES* (p. 155)

### ■ D'Aubigné, *Le Printemps.*

#### LIRE : Une poésie de la cruauté

##### 1- La structure du sonnet

Le premier hémistiche du v. 1 renvoie à un motif conventionnel de la poésie amoureuse : le *tribunal d'amour* (▶ p. 17). Le second (*après mon dernier jour*) évoque le Jugement dernier qui attend les âmes des morts. Au champ lexical de l'amour se superpose celui du judiciaire (*la céleste cour / Où se prouvent les mains innocentes ou pures*, v. 5-6 ; *Il demandra justice au juge aveugle Amour*, v. 8 ; *N'accuse point*, v. 11), avec la présentation du corps de l'amant souffrant (*Mon corps sera porté*, v. 2 ; *Il sera exposé*, v. 3), les supplices subis et la dénonciation du coupable par le saignement (*diffamé de brûlures*, v. 2 ; *ses blessures*, v. 3 ; *Il saignera sur toi*, v. 7), et implicitement une perspective eschatologique (voir *Les Tragiques*). Ce premier vers détermine donc la tonalité expressionniste du poème où sont exacerbés, dans l'écriture du corps souffrant (▶ question **3**), les motifs traditionnels de la rhétorique amoureuse.

**2- Un acte d'accusation**

La structure du sonnet est étroitement liée à la situation d'énonciation :

– **quatrains :** les futurs actualisent un avenir vu du présent de l'énonciation. La valeur catégorique du futur présente comme inéluctable la reconnaissance de l'outrage fait au *je* par l'être aimé (*Il saignera sur toi*, v. 7). Les marques de l'impersonnalité renforcent le caractère inéluctable du châtiment : passifs : *sera porté* (v. 2), *sera exposé* (v. 3) ; pronom indéfini : ***on** verra* (v. 3) ; désignation indirecte de l'être aimé : *Pour connaître qui fit un si étrange tour* (v. 4). Le corps souffrant parle pour le poète ;

– **sizain :** le futur (*Tu diras*, v. 9) introduit au discours direct la défense de la femme aimée (v. 9-10). Le second hémistiche du v. 10 (*En vain telles excuses !*) et la modalité exclamative actualisent le débat contradictoire et traduisent avec vivacité les reproches du corps outragé de l'amant : impératif de défense : *N'accuse point Vénus* (v. 11) ; rapport de causalité (*Car…*, v. 12).

La violence de cet échange prépare la **pointe** du sonnet : la modalité assertive, le rythme de l'alexandrin (2 / 4 // 4 / 2) soulignent les métaphores (*tes yeux = les arcs* ; *tes regards = les flèches*) qui reprennent en les amplifiant les attributs mythologiques de *Vénus* et *Amour* (*ses mortels brandons*, v. 11 ; *mèches et flammèches*, v. 12 ; *trait*, v. 13 ; *arcs*, v. 14 ; *flèches*, v. 14).

**3- Une poésie expressionniste**

Les effets d'accentuation donnent force et présence à l'évocation du corps souffrant de l'amant.

• **Rythme :** accumulations et juxtapositions par asyndète (v. 2-3) ; attaque marquée à la césure soulignée par une pause forte (*En vain telles excuses !*, v. 10) ; fréquence des rythmes inégaux, 2/4 ou 4/2.

• **Rimes :** dans les quatrains, retour du phonème consonantique [R] et variation entre [y] et [u] ; les termes se renforcent pour souligner la violence de la souffrance (*brûlures / blessures*, v. 2-3 ; *flammèches / flèches*, v. 12-14) ou s'opposent dans une intention argumentative (*pures / injures*, v. 6-7 ; *ruses / excuses*, v. 9-10). Accentuation des phonèmes placés à la rime : rime léonine (les deux hémistiches riment ensemble) : *Au tribunal d'amour, après mon dernier jour* (v. 1) ; rimes internes : v. 9-11.

• **Sonorités :** des choix d'expressivité redoublant les sonorités : *injures / justice / juge* (v. 7-8) ; *mèches / flammèches* (v. 12).

**Cette mise en scène du supplice** (*brûlures*, v. 2 ; *blessures*, v. 3) acquiert ainsi une dimension expressionniste, usant de termes concrets et techniques (*brandons*, v. 11 : étymologiquement : le fagot imbibé de matières inflammables servant de tison ; *mèches et flammèches*, v. 12). L'écriture baroque (► p. 52) transfigure ici la souffrance en élevant le *je* à la dignité d'un martyr dont le lecteur découvre avec effroi les stigmates (v. 7).

**ÉCRIRE**

Remarquer le modèle commun à ces deux sonnets que tout sépare : le « canzoniere » pétrarquiste et la souffrance inhérente à la passion amoureuse. Chez Ronsard, l'humour met à distance ces codes et privilégie une évocation du plaisir proche de l'extase. La perspective est inversée chez d'Aubigné où domine une vision dramatique du monde. Les codes de l'écriture pétrarquiste sont ainsi renouvelés par les outrances d'une écriture qui annonce les tableaux saisissants des *Tragiques*.

**DIRE**

La défense de la jeune femme convoquée au « tribunal d'amour » peut partir des vers 9 et 10 : l'argument de la passion aveugle peut légitimer en partie ce « crime passionnel » dont semble l'accuser le poète, crime commis malgré elle. Il est également possible de prendre en défaut le discours du poète en révélant le caractère hyperbolique, véhément de son argumentation, signes évidents d'une absence de raison et d'objectivité. Si l'écriture expressionniste donne à voir, elle fausse également la perspective et avoue, dans la force de son discours, sa propre faiblesse. On pourrait enfin imaginer une réponse reposant également sur l'excès, symétrique de l'acte d'accusation.

**PISTES**

■ **Pour une séquence**

• **La douleur d'aimer du Moyen Âge à l'époque baroque** (► *supra*, p. 108).

• **Ronsard poète de l'amour** (► *supra*, p. 115).

• **Le sonnet au XVIe siècle** (► *supra*, p. 116).

■ **Exercice complémentaire : Langue**

Dans le sonnet de D'Aubigné, commentez *innocentes ou pures*, v. 6 (attribut) ; *demandra*, v. 8 (syncope du e caduc pour raisons métriques).

■ **Lecture cursive :** D'Aubigné, *Les Tragiques*, livre I, v. 55-130, éd. du Seuil, 1982.

► POÉSIE ET RHÉTORIQUE AMOUREUSE

# Poésie et galanterie

**La Fontaine**

***Adonis*** (p. 156)

## « Les douceurs qu'en ces bois ils goûtèrent »

**APPROCHES**

■ **Axes d'étude :** Le lyrisme (p. 518). Les genres de l'Antiquité. Poésie et imitation.

■ **Préalables :** Définir l'**idylle héroïque** dont se réclame La Fontaine au moment où il compose ce long poème de

606 alexandrins à rimes plates. Du grec *eidullion* (petit tableau), l'idylle est un genre lyrique emprunté à l'Antiquité (illustré notamment par Théocrite et par Virgile), empruntant son cadre et sa thématique amoureuse à la pastorale. La Fontaine s'inspire d'un sujet déjà traité par Ovide et Marino : l'amour de Vénus pour le mortel Adonis. L'idylle sert de cadre à une rêverie poétique sur la fragilité de la destinée humaine, et permet aussi à La Fontaine de faire preuve de virtuosité et d'originalité par l'imitation de modèles prestigieux.

## LIRE : Les plaisirs de l'idylle

### 1- Le mouvement de l'idylle

Le poète suggère une méditation sur la légèreté des plaisirs et sur la fragilité de l'existence :

– **v. 1-12 :** aspiration du poète à l'éternité (*Ces vers puissent passer aux derniers des humains !*, v. 12) : le chant se mesure à d'illustres modèles (*vous de qui les voix…*, v. 2 ; *Grands et nobles esprits*, v. 5 ; *vos accords admirables*, v. 6 ; *votre gloire*, v. 10 ; *vos savantes mains*, v. 11), poètes inspirés (*tout l'univers charmé*, v. 3 : référence implicite au *carmen* et au pouvoir d'Orphée ; *chantres incomparables*, v. 5) dont les œuvres sont inscrites déjà dans l'éternité (*Écho*, v. 7 ; *gravés…*, v. 8 ; *temple de Mémoire*, v. 9 ; *Les monuments sacrés*, v. 10) ;

– **v. 13-21 :** évocation du bonheur amoureux et de sa plénitude (*Tout ce qui naît de doux en l'amoureux empire*, v. 13) inscrite dans l'éphémère et dans l'écoulement des instants (v. 17-19) ;

– **v. 22-48 :** peinture des plaisirs partagés, dans le temps comme suspendu de l'idylle, entre l'éternelle Vénus et le mortel Adonis (paroles de Vénus, v. 37-41).

### 2- La fluidité du chant

– **Reprises :** *Tout ce qui naît de doux* (v. 13) / *Tout par ce couple heureux…* (v. 21) ; prolongeant le sens, par une structure en chiasme, au-delà de la césure : *moments* // *moments* (v. 17), *soupirs* // *pleurs* (v. 18), *regards* // *transports* (v. 19) ;

– **mesures** suggérant, au sein de l'énumération (v. 17-19), le transport amoureux et la plénitude : 1 / 2 / 3 // 2 / 4 (v. 19) ;

– **monosyllabes accentués** à l'ouverture du vers (*Jours*, v. 17) ou à la césure (*pleurs*, v. 18) ;

– **échos sonores :** profondeur des nasales (*moments*, *enfants*, *serments*, *ravissements*, *mélange*, *amants*) et fluidité des liquides (*jours*, *moments*, *filés*, *agréables*, *soupirs*, *pleurs*, *serments*, *regards*, *transports…*).

Rythmes et sonorités traduisent musicalement le doux *mélange dont se fait le bonheur des amants* (v. 20), à l'image de l'écoulement du temps.

### 3- Le « locus amœnus »

Le cadre de l'idylle est d'abord un « locus amœnus », lieu paradisiaque évoquant une rêverie sur l'origine (Éden ou jardin des Hespérides ; en grec « paradeisos » signifie *jardin*), qu'il s'agit de retrouver (v. 9) par les pouvoirs du *carmen*, du chant inspiré. Les éléments du cadre de la pastorale ont tous une **fonction symbolique** : douceur divine accordée par *l'épaisseur d'un ombrage* (v. 22), par *des tapis d'herbe tendre et sacrée* (v. 29), par l'abri des *antres creux* (v. 47), éternité des *chênes vieux* (v. 23-24) portant témoignage de la pérennité de l'amour (*leurs chiffres gravés*, v. 23), symbolique de l'eau tantôt immobile (*le bord des fontaines*, v. 34), tantôt *cristal vagabond* (v. 36) et *ruisseaux* emportés par leur *course* (v. 37). Mais si l'origine est présente, comme dans le mythe d'Orphée, *jamais le temps ne remonte à sa source*, v. 38 (le poème s'achève par la mort d'Adonis, tué par un sanglier et l'idylle héroïque se transforme en tragédie élégiaque). La rêverie sur l'origine est donc ambiguë : à la fois refuge en un temps préservé, mais aussi conscience de l'impossible retour. La fiction mythologique permet ainsi une réflexion atemporelle sur la fragilité de l'existence.

## Conclusion

Cette idylle héroïque révèle un visage moins connu du poète des *Fables*. On ne peut cependant qu'être sensible à la virtuosité et à la grâce de cette rêverie sur un amour mythique et sur les origines.

## *PERSPECTIVES* (p. 157)

1 **Benserade, *Sur Job.***

2 **Voiture, *Sonnet d'Uranie.***

### LIRE : La querelle des sonnets

#### 1- Une joute poétique

• **Benserade :** le *je* n'apparaît qu'au dernier vers . C'est au contraire le destinataire qui est mis en valeur dès le 2e vers (*Vous rendra sa douleur connue*) et dans la suite du poème : *Que vous n'en soyez point émue* (v. 4) ; *Vous verrez* (v. 5) ; *Accoutumez-vous* (v. 7).

• **Voiture :** omniprésence des marques de première personne : déterminants possessifs (v. 1, 4, 7, 9, 14) ; pronom personnel sujet (v. 3, 5, 6, 7, 8, 11) ou complément (v. 2, 3, 10, 14). Le *je* se met en scène et se présente comme une victime subissant la *rigueur infinie* d'Uranie.

#### 2- L'art de la pointe

Les deux sonnets sont une variation sur le thème précieux de la souffrance amoureuse.

• **Benserade :** l'évocation de Job inscrit la souffrance à l'ouverture du poème et lui donne un caractère hyperbolique par la référence au personnage biblique. La structure du sonnet l'amplifie et la dramatise, en suggérant (*émue*, v. 4) la présence de la femme cruelle qui en est l'origine. La pointe, avec le comparatif *plus misérables*, en reprenant implicitement la référence au personnage biblique et en jouant de l'ellipse et du paradoxe (c'est le *je* qui est *plus misérable*), apparaît aussi comme un élégant trait d'esprit (la souffrance est aussi source de plaisir).

• **Voiture :** ouverture sur le thème de l'éternité de l'amour (rime intérieure *jours* / *amour*) et célébration des *beautés* (v. 6) de la femme aimée. Mais cette évocation est indissociable d'une souffrance (voir les mots placés à la rime et les échos sonores : *guérir*, *secourir*, *ma liberté bannie*, *sa rigueur infinie*, *périr*, *mourir*, *tyrannie*). Le sizain s'ouvre sur un appel à la raison et prépare ainsi l'aveu d'impuissance du dernier vers. La pointe est ici moins surprenante que dans le sonnet de Benserade.

**3- Le style précieux**

• **Choix thématique :** ces variations sur la souffrance amoureuse révèlent un intérêt particulier pour les méandres de la psychologie (voir la Carte de Tendre).

• **Marques stylistiques : hyperboles : texte 1 :** *mille tourments* (v. 1), *extrêmes* (v. 9), *incroyables* (v. 12), comparatif *plus misérables* (v. 14), champ lexical de la souffrance : *patiences* (v. 10 : étymologiquement *patior* = souffrir), *se plaint* (v. 8), *souffrit* (v. 12), *s'en plaignit* (v. 13) ; **texte 2 :** *je ne vois plus rien qui me pût secourir* (v. 3) ; *sa rigueur infinie* (v. 5).

• **Termes abstraits** et **esthétique de la surprise** (▶ question **2**).

**DIRE**

On peut en rester, comme le fit le Prince de Conti à propos de ces deux sonnets, à un jugement qui ménage les deux poètes : « Le grand est le plus admirable, / Le petit est le plus galant », ou répondre, comme Corneille, avec esprit : « L'un est sans doute mieux rêvé, / Mieux conduit et mieux achevé, / Mais je voudrais avoir fait l'autre ». On s'efforcera de justifier son choix en soulignant par exemple l'esprit de Benserade (cf. l'emploi en syllepse de *patiences*, v. 10, et l'élégance de la pointe). Le sonnet de Voiture peut en revanche séduire par sa maîtrise et par l'équilibre toujours maintenu entre l'évocation de l'amour et les rigueurs de ses souffrances.

## PISTES

■ **Pour une séquence**

• **Lieux poétiques : nature et poésie** (paysage extérieur et intérieur ; nature réelle et symbolique ; le sujet lyrique ; formes et tonalités) : Guillaume de Poitiers, « À la douceur de la saison nouvelle », p. 143 ; La Fontaine, *Adonis*, p. 156 ; Du Bellay, *Les Antiquités de Rome*, p. 164 ; Virgile, *Géorgiques*, p. 168 ; Ronsard, *Odes*, p. 169 ; Hölderlin, *Élégies*, p. 185 ; Valéry, *Charmes*, p. 220 ; Supervielle, *Débarcadères*, p. 225.

• **Le sonnet au XVII^e siècle** (mètres et rimes ; thèmes et registres ; structure et signification) : Malleville, *Nouveau recueil…*, p. 149 ; Tristan l'Hermite, *Sur un tombeau*, p. 160 ; Saint-Amant, « Le paresseux », p. 57.

■ **Exercice complémentaire : Voir**

Observez le tableau p. 145 : en quoi peut-on y reconnaître un « locus amœnus » ?

■ **Bibliographie** : E. Bury, *L'Esthétique de La Fontaine*, éd. SEDES, 1996 ; M. Fumaroli, *Le Poète et le Roi*, éd. de Fallois, 1997.



POÉSIE ET MÉDITATION

# Le ton des regrets

**Du Bellay**
***Les Regrets***

p. 158

## « Vu le soin ménager… »

**APPROCHES**

■ **Axes d'étude :** Le sonnet (p. 179). L'écriture lyrique. L'humanisme et les idéaux de la Renaissance (p. 24).

■ **Préalables :**

Décrire la **structure générale** des *Regrets*.
– Introduction (sonnets 1 à 4) : intimité et simplicité.
– Élégies (sonnets 5 à 48) : la perte de l'inspiration, le départ et l'exil.
– Satires (sonnets 49 à 127) : les réalités de Rome et du monde (les courtisans, la décadence des mœurs, la cour papale et ses plaisirs).
– Conclusion (sonnets 128 à 138) : l'aspiration au retour.

Rappeler ce qu'est une **élégie** (poème lyrique de forme libre, de style simple, de tonalité plaintive ou mélancolique) ; inscrite ici dans la forme du sonnet.

■ **Vérifier** la compréhension de : *travaillé*, v. 1 (= tourmenté ; du latin populaire *tripaliare* : torturer avec le *tripalium*). Signaler la synérèse *ouvrier*, v. 9

**LIRE : Le refuge des mots**

**1- La structure du sonnet**

• **Sonnet italien** : deux quatrains à rimes embrassées (ABBA / ABBA) et un sizain (disposé en deux tercets) reposant sur un distique (CC) et sur un quatrain à rimes embrassées (DEED).

• **Enchaînement entre les deux quatrains** par l'anadiplose (reprise, en tête d'un groupe syntaxique, d'un mot ou d'un groupe de mots situé à la fin du groupe précédent : *comment chanter je puis*, v. 4 / *Je ne chante*, v. 5). Souligne la réponse négative apportée par le poète à la question et à l'étonnement prêté à l'ami (*Tu t'ébahis souvent comment chanter je puis*, v. 4), mais aussi la transition entre les présuppositions introduites par *vu* (v. 1-3) et la réalité qui est celle du poète (v. 6-8).

• **Fonction illustrative des tercets** : les comparaisons (▶ question **3**) illustrent la souffrance du poète et figurent l'« ethos » du *je* lyrique.

**2- La virtuosité du chant**

• **Syntaxe** : figures de répétition portant sur les verbes *chanter* et *pleurer* :

– polyptotes : *chante* (v. 5, 6, 8) / *en les chantant* (v. 7) ; *je pleure* (v. 5) / *en pleurant* (v. 6) ;
– dérivation : *chante* (v. 5) / *enchante* (v. 7).

Formes verbales situées en outre dans des positions métriques remarquables : ouverture du vers (*Je ne chante*, v. 5), de l'hémistiche après la césure (*je pleure*, v. 5 ; *en pleurant*, v. 6 ; *je chante*, v. 8). Remarquer ainsi le chiasme *pleurer / chanter* (v. 5-6) qui associe en les opposant la souffrance et le chant poétique (mise en abyme de la veine élégiaque des *Regrets*).

• **Sonorités** : assonance en [ã] : *chante* (v. 5), ***en pleurant** je les **chante*** (v. 6), ***en** les **chantant**, **souvent** je les **enchante*** (v. 7), *je chante* (v. 8).

Vertus et pouvoirs d'une **parole incantatoire** (voir la polysémie possible sur *enchanter*, v. 7 : mettre en chant et faire une incantation) qui est aussi exercice d'une lucidité, analyse dynamique d'une souffrance personnelle.

### 3- La valeur emblématique des tercets

• **Les comparaisons** donnent une série de représentations emblématiques du *je* poétique (voir l'emploi de l'article défini), empruntées à des réalités familières (Du Bellay recherche dans *Les Regrets* une « prose en rime ou une rime en prose »), mais aussi aux poètes latins (l'image du nautonier et celle du laboureur viennent notamment des élégiaques latins et de Virgile).

• **Gradation rhétorique** : la reprise du verbe *chanter* (v. 9) fait d'abord du poète un modeste *ouvrier faisant son ouvrage*, placé ensuite dans la perspective des cycles naturels (passage de *l'ouvrier* au *laboureur*, v. 10), d'où l'unité du distique. Le dernier quatrain suggère un changement de perspective : le motif religieux (*le pèlerin*, v. 11, *religio* implique le lien entre les hommes et les dieux) donne tout son sens à la thématique des *Regrets* (déception de l'humaniste vénérant la Rome antique et éprouvant la perte de ce lien profond, ► p. 164) dans la contemplation de la Rome contemporaine (► p. 172) ; puis passage du pèlerinage aux hasards de l'errance (*l'aventurier*, v. 12 ; *le marinier*, v. 13) ; passage aussi de la création (*faisant*, v. 9-10), au regret (v. 11), à la mélancolie (v. 12), puis à une souffrance (*en tirant à la rame*, v. 13) rappelant l'étymologie de *travaillé* (v. 1).

• **Le dernier vers** : la pointe reprend en l'amplifiant la souffrance initiale (comparaison avec le prisonnier).

### Conclusion

La déception de Du Bellay est à l'origine du poème ; mais ce chant suggère implicitement la victoire d'une poésie inspirée, nourrie des modèles antiques (Virgile, Ovide, Catulle) transfigurant cet exil intérieur, aux accents personnels, en une évocation atemporelle de la nostalgie inhérente à l'homme et à la poésie.

## ÉCRIRE

À l'origine de l'écriture se trouve souvent l'expérience d'une souffrance, que celle-ci soit exprimée, comme dans ce poème, par la médiation d'une rhétorique et de modèles illustres, ou livrée de manière plus intime et subjective (Hugo, ► p. 183). Les mots peuvent alors apparaître comme un refuge, une manière d'exorciser cette épreuve (Supervielle, ► p. 225) ou de la transcender (Saint-John Perse et les circonstances de l'écriture de *Neiges*, ► p. 226 ou encore Odysseus Elytis, ► p. 223). Ne pas nécessairement entendre refuge au sens de repli. L'écriture n'est pas toujours confidence : Césaire trouve dans la défiguration des mots de l'autre un « refuge » où l'invective permet d'affirmer sa propre identité (► p. 230) ; face à la barbarie nazie, René Char, même s'il veut fonder par les mots une « contre-terreur » (► p. 229) qui deviendra ensuite « contre-sépulcre » (► p. 243), renonce à la poésie pour l'action, les armes à la main.

## PISTES

■ **Pour une séquence**

• **Le sonnet au XVI^e siècle** (► *supra*, p. 116).

• **Poésie et nostalgie** (définition du chant poétique comme retour (*nostos*) douloureux (*algos*) ; figurations du *je* lyrique ; l'exil : thèmes et motifs ; formes et tonalités) : Du Bellay, *Les Regrets*, p. 159 ; Hölderlin, *Élégies*, p. 185 ; Nerval, *Les Chimères*, p. 197 ; Odysseus Elytis, *Axion Esti*, p. 223 ; Supervielle, *Débarcadères*, p. 225 ; Laâbi, *Le Spleen de Casablanca*, p. 231 ; Bonnefoy, *Ce qui fut sans lumière*, p. 248.

■ **Lecture cursive :** M. Deguy, *Tombeau de Du Bellay*, éd. Gallimard, 1973.

■ **Bibliographie :** G. Gadoffre, *Du Bellay et le Sacré*, éd. Gallimard, 1978.

## ... *Les Regrets* — p. 159

## « Las, où est maintenant... »

## APPROCHES

■ **Axes d'étude :** Le sonnet (p. 179). L'écriture lyrique (p. 158). L'inspiration.

■ **Préalables :**

Rappeler l'immense fortune littéraire et artistique de l'allégorie mythologique des **neuf Muses** incarnant (de manière variable) les grands domaines du savoir et de l'art : Calliope la Poésie épique et l'Éloquence, Clio l'Histoire, Érato la Poésie lyrique, Euterpe la Musique, Melpomène la Tragédie, Polymnie la Géométrie, Terpsichore la Danse, Thalie la Comédie, Uranie l'Astronomie.

Commenter également le détail du *Parnasse* de Mantegna : **la danse des Muses** est une image courante au XVI^e siècle, aussi bien en poésie (venant des *Odes* d'Horace, IV, 5) qu'en peinture. La plainte élégiaque, loin de reposer sur une effusion de la subjectivité, s'inscrit dans des thèmes et des modèles qu'il s'agit d'imiter, conformément aux idéaux de la Pléiade, pour atteindre à l'originalité et à l'excellence.

■ **Vérifier** que sont compris : *peuple*, v. 4 (= commun des mortels) ; *Les Muses*, v. 6 ; *aussi*, v. 13 (= non plus) ; *étranges*, v. 14 (sens ancien de l'adjectif = étranger).

## LIRE : Le chant exilé

### 1- Un sonnet élégiaque

• **Sonnet italien** : deux quatrains à rimes embrassées (ABBA / ABBA) et un sizain (typographiquement deux tercets) avec distique (CC) et quatrain à rimes embrassées (DEED).

– Opposition entre la modalité interrogative des quatrains (*Où est…, Où sont* ; voir le *Ubi sunt…* de la poésie élégiaque) évoquant le passé, et la modalité assertive des tercets décrivant le présent ; l'adverbe *Maintenant* (v. 9) souligne et articule le contraste. Formule synthétique contenant en germe, dès le départ, la tristesse résultant de cet écart entre passé et présent : *Las, où est maintenant…*

– La structure du sonnet favorise également les correspondances entre quatrains et tercets : v. 1/9, *maintenant* ; v. 1, *ce mépris de Fortune* / v. 9, *la Fortune est maîtresse de moi* ; v. 2, *ce cœur vainqueur* / v. 10-11, *mon cœur… Est serf* ; v. 3, *désir de l'immortalité* / v. 12, *postérité… souci* ; v. 4, *cette honnête flamme* / v. 13, *Cette divine ardeur* ; v. 5-8/v. 14 : *les Muses*.

Cette structure souligne l'anéantissement du passé (illusions ou ambitions de jeunesse) dans le présent (la réalité).

• **Autres marques de l'élégie :**

– démonstratifs (v. 1-2-3-4-5-13) correspondant à la première personne (latin *hic*) et à l'éloignement temporel et moral (latin *ille*), remplacés dans les tercets par les personnels ou possessifs de la première personne (v. 9 à 14) : retour à une réalité personnelle où dominent tristesse et résignation ;

– anaphore interrogative *où est* / *où sont* et répétition de *maintenant* : obsession de la recherche, et conscience de sa vanité (interrogation rhétorique) ;

– dans les tercets, phrase plus morcelée et rythmes plus monotones (3-3/3-3 aux v. 9, 10, 14) ; passage de mesures croissantes 2-4 dans les v. 5-6 à des mesures décroissantes 4-2 aux v. 12-13.

### 2- La danse des Muses

Le second quatrain présente un tableau allégorique : la danse des Muses. Ce tableau convenu, allégorie de l'inspiration poétique, est mis en valeur par la musicalité du chant et par la simplicité du quatrain :

– longue phrase dont les enjambements (v. 5-6, 6-7, 7-8) suggèrent l'élan et l'harmonie de la danse ;

– allitérations en [s], v. 5 ; assonances combinées avec les rimes (*brune/Muses* ; *Dessus/lune*) ;

– lexique du bonheur (*doux plaisirs, liberté, danser*) associé aux couleurs et à la luminosité nocturne (*nuit brune, vert, rayons*), et à l'intimité avec la nature (*nuit, vert tapis, rivage écarté, lune*).

La forme interrogative (*Où sont ?*) encadrant le tableau rappelle la tonalité élégiaque.

### 3- Un regard mélancolique et douloureux

***Ennuyer*** : nuire, causer une vive souffrance (*inodiare* (bas latin) = avoir de la haine). La douleur s'exprime ainsi dans un lexique souvent hyperbolique (*maîtresse, serf de mille maux, regrets qui m'ennuient, étranges*) et dans les formules négatives (v. 12-13).

Révision amère parce que radicale : après les interrogations angoissées, les réponses attendues : le cœur du poète n'est plus maître de lui ni de son destin, et il a perdu l'inspiration divine. Sentiment douloureux de la dépossession de soi.

### 4- Le dernier vers

Allitération en [m], accentuant l'ironie douloureuse du rapprochement *Muses* / *moi* ; assonance en [ã] ; rythme de l'effacement (3-3 // 4-2, avec coupe lyrique soulignant *étranges*) ; incertitude du *comme* ; accent mis sur le verbe *s'enfuient*, placé à la rime en point d'orgue du poème. Ce désenchantement est paradoxal, puisque la perte de la poésie devient le sujet même d'une nouvelle création.

### Conclusion

Sentiment personnel, exprimé avec naturel, dans la forme contrainte du sonnet et par l'innutrition des modèles de la poésie élégiaque antique. Correspondance étroite entre le titre du recueil et le contenu de ce sonnet : regret des ambitions et illusions du passé. Le poème joue du mélange des contraires, le regret se définissant aussi par une tonalité subtile où se mêlent l'évocation nostalgique du passé, la plainte étouffée et l'étonnement douloureux devant la perte de son être.

## PISTES

■ **Pour une séquence**

• **Du Bellay : les voix d'un poète** (▶ *supra*, p. 113).

• **Dialogue du poète et de l'inspiration** (représenter l'inspiration ; la stérilité, le manque et la célébration : thèmes et motifs ; formes et tonalités) : Rimbaud, *Une saison en enfer*, p. 209 ; Corbière, *Les Amours jaunes*, p. 211 ; Jean-Claude Pirotte, *La Vallée de misère*, p. 211 ; Mallarmé, *Poésies*, p. 215 ; Claudel, *Cinq Grandes Odes*, p. 222 ; Du Bouchet, *Dans la chaleur vacante*, p. 239.

■ **Exercices complémentaires**

• **Oral :** Comparez ces deux sonnets de Du Bellay : comment faut-il selon vous interpréter le titre du recueil ?

• **Écriture** : Dans quelle mesure cette écriture vous semble-t-elle atteindre au rêve de Du Bellay d'une « prose en rime ou (d') une rime en prose » ?

■ **Bibliographie :** J. Rieu, *L'Esthétique de Du Bellay*, éd. SEDES, 1995.

…Le ton des regrets

**Tristan L'Hermite**
***Les Plaintes d'Acante***

p. 160

## Sur un tombeau

## APPROCHES

■ **Axes d'étude :** Le lyrisme (p. 518). Le sonnet (p. 179). Le baroque (p. 49 et 51).

■ **Préalables :** Partir des **titres** : poésie élégiaque ; le nom d'Acante rappelle le goût précieux pour la poésie d'inspiration amoureuse ; « Sur un tombeau » fait du sonnet une sorte d'épitaphe : destinée à la femme aimée ? lue, comme pourrait le laisser entendre le 1er vers ? D'où une méditation plus large sur l'éphémère de l'existence ?

## LIRE : Prière contre le temps

### 1- Énonciation et douleur du poète

– Présence du ***je*** inconsolé : marques de 1re personne (pronoms personnels et déterminants) : *mes saintes amours* (v. 2) ; *jamais je ne repose* (v. 3) ; *j'y songe toujours* (v. 4) ; *mes pleurs* (v. 9) ; *mes bras* (v. 10) ; *mon âme* (v. 12) ; *je meurs* (v. 14) ; *ma flamme* (v. 14) ; exclamation : *Las !* (v. 3) ; lexique de l'affectivité : *amours* (v. 2) ; *chère* (v. 10) ; *agréable* (v. 11) ; intensifs à valeur hyperbolique : *une si rare et si parfaite chose* (v. 5) ; comparatifs (v. 8).

– Cependant une certaine **mise à distance** de la plainte lyrique : structure argumentative du discours rappelant les épitaphes des tombeaux romains (*Et s'il faut*, v. 4 ; *pourtant*, v. 7 ; *Et sa beauté…*, v. 8 ; *Mais*, v. 12 ; *Car*, v. 14) ; formules proches de la sentence : 2e quatrain ; *D'un agréable tout qu'avait fait l'amitié* (v. 11) ; refus du pathétique dans l'évocation de la femme aimée : périphrases (*Celle dont la dépouille en ce marbre est enclose*, v. 1 ; *le digne sujet de mes saintes amours*, v. 2 ; *une si rare et si parfaite chose*, v. 5). Plainte **plus personnelle dans le 2e tercet** : déterminant possessif de la première personne du pluriel (*notre fil*, v. 13) rappelant l'union amoureuse ; marques de la deuxième personne (*ta cendre* ; *tu vis*, v. 14) suggérant une adresse à la disparue, au-delà de la mort. Le sonnet va de la méditation sur la mort à l'élan lyrique.

### 2- L'amour et la mort

**Les rythmes et les rimes** du 1er quatrain soulignent **les champs antithétiques de la vie et de la mort** dominants dans le poème et caractéristiques de l'écriture baroque. À la pérennité de l'amour (rime *amours* / *toujours*) s'oppose la présence cruelle de la mort : *dépouille* (v. 1, en relief à la césure), *marbre* (v. 1, sous l'accent), *enclose* (v. 1, placé à la rime et connotant l'enfermement). À la mort de l'amante répond la vie douloureuse de l'amant, ce que souligne le rythme cadencé du v. 4 (3 / 3 // 3 / 3) plaçant sous l'accent des termes qui tous renvoient à la permanence de la vie : *faut*, *veillant*, *songe*, *toujours*. Remarquer également les choix rythmiques qui soulignent l'antithèse *jamais* (v. 3) / *toujours* (v. 4). L'euphémisme *dort* (v. 3) atténue la cruauté de la disparition de l'être aimé, préparant le renversement du dernier vers (► question **4**) où s'affirme la victoire de l'amour sur la mort.

### 3- L'injustice de la Parque

L'évocation de la femme aimée et perdue fait une place importante au **pathétique** : perfection d'une beauté sublime excédant la description (v. 5-6) ; comparatifs associant la beauté et la brièveté de la vie (*Et sa beauté plus vive eut des termes plus courts*, v. 8) ; euphémisme : *passa* (v. 7) ; comparaison avec la *rose* (v. 7) ; dramatisation marquée par l'emploi du passé simple (*Ce fut*, v. 5 ; *passa*, v. 7 ; *eut*, v. 8) et signifiant le caractère irrémédiable de la perte. L'injustice de la Parque est ainsi suggérée.

### 4- Le dernier vers : une écriture baroque

La pointe du sonnet est soulignée par des figures rhétoriques qui révèlent la double inspiration, précieuse et baroque, de Tristan L'Hermite : parallélismes entre les deux hémistiches ; antithèses : *je meurs* / *tu vis* ; *ta cendre* / *ma flamme* ; paradoxe : inversion de la situation initiale (► question **2** : la vie est présente dans la mort tandis que la mort est inscrite dans la vie : thématique baroque de l'illusion, du passage et de la métamorphose) ; métonymie : *ta cendre* ; polysémie : *ma flamme* (flamme votive que l'on allumait en souvenir du défunt ; flamme amoureuse, et peut-être flamme poétique). Le dernier vers reprend donc les thèmes du sonnet en leur donnant densité (l'amour triomphant de la mort) et profondeur. Le dernier vers évoque en effet implicitement le mythe de Phénix renaissant de ses cendres, thématique très présente dans la sensibilité baroque. Peut-être faut-il voir dans ce dernier vers l'affirmation des pouvoirs orphiques de la poésie (chant capable de transcender la mort). La femme aimée et perdue (Eurydice inspirant le poète) serait alors une incarnation de la Muse dont la perte (goût du baroque pour le paradoxe) est aussi la source du chant poétique.

### Conclusion

Tout en reprenant des thèmes conventionnels de la poésie lyrique (le temps, l'amour, la mort) dans une forme codifiée (le sonnet), Tristan L'Hermite trouve les accents d'une voix originale où l'inspiration, hésitant entre la plainte et la méditation, précieuse et baroque, de métamorphose en métamorphose, atteint à une alliance subtile de la rhétorique et de l'émotion.

## DIRE

Deux sonnets dont les parentés thématiques sont évidentes : fragilité de l'existence, tragique inéluctable d'une mort aveugle, victoire de l'amour et du chant poétique sur la mort. On peut être sensible, dans le poème de Ronsard, à la musicalité du chant, au « beau style bas », à l'analogie donnant à la mort, destin commun à la jeune fille et à la fleur, un caractère naturel, harmonieux et esthétique, à une sensualité discrète et pourtant perceptible. Le poème de Tristan L'Hermite semble à une première lecture plus rhétorique. Mais son charme est sensible dans ces glissements subtils, dans ces vertiges baroques conduisant au dernier vers où s'inverse, dans le paradoxe et l'antithèse, la déploration première.

## PISTES

■ **Pour une séquence**

• **La mort de l'être aimé : la poésie contre la mort** (▶ *supra*, p. 116).

• **Le sonnet au XVIIe siècle** (▶ *supra*, p. 121).

■ **Exercice complémentaire : Langue**
Étudiez les formes verbales dans le poème.

■ **Bibliographie** : G. Genette, *Figures I*, « Le complexe de Narcisse », éd. du Seuil, 1966.

## … Le ton des regrets

### Maynard
### *La Belle Vieille*

p. 161

### « La beauté qui te suit… »

## APPROCHES

■ **Axes d'étude :** Le lyrisme (p. 518). L'élégie.

■ **Préalables :** Partir du **titre.** Maynard écrit *La Belle Vieille* sur la fin de sa vie. Faut-il voir derrière le nom de Cloris (v. 17) la fille d'un ami du père de Maynard, le chancelier Huraut de L'Hopital ? Disciple de Malherbe, Maynard préfère la pureté et la clarté du vers aux subtilités de la poésie néo-pétrarquiste ; le titre pourrait cependant s'expliquer par une imitation des poètes italiens alors en vogue à la cour, notamment Marino et Le Tasse, célébrant les beautés paradoxales. Tristan L'Hermite (p. 160) célèbre « La belle gueuse », « La belle en deuil », « La belle malheureuse », « La belle malade » ou « La belle esclave maure », détournant les codes pétrarquistes au profit d'une esthétique nouvelle qui annonce la clarté recherchée par le XVIIe siècle classique.

## LIRE : Le temps, l'amour, la mort

### 1- Discours amoureux

• **Oppositions :** beauté de Cloris préservée de l'outrage des ans : *La beauté qui te suit… ne veut pas te laisser* (v. 1-2) ; *On ne voit point tomber ni tes lys ni tes roses* (v. 7) / déchéance physique du poète : *ma tête chenue* (v. 9) ; *Mon sang se refroidit. Ma force diminue* (v. 11) ; soumission du temps à Cloris : *Et le temps, orgueilleux… et craint de l'effacer* (v. 3-4) ; *Regarde sans frayeur… avec des yeux contents* (v. 5-6) / soumission du poète au temps : *Pour moi, je cède aux ans* (v. 9) ; *il faut quitter les hommes et le jour* (v. 10) ; vie promise à Cloris : *Et l'hiver de ta vie est ton second printemps* (v. 8) / mort prochaine du poète : *C'est dans peu de matins… a ravi la clarté* (v. 13-14).

• **Étapes :**

**– v. 1-8 :** célébration de la beauté de Cloris s'achevant sur un vers structuré par une antithèse entre les deux hémistiches : *Et l'hiver de ta vie est ton second printemps* (v. 8) ;

**– v. 9-16 :** mise en scène de la déchéance du poète favorisant en une nouvelle antithèse l'aveu de l'amour (*Et je serais sans feu si j'étais sans amour*, v. 12) et l'indifférence de Cloris (*Accuser tes mépris de m'avoir maltraité*, v. 16) ;

**– v. 17-20 :** le poète anticipe les regrets de Cloris (modalités interrogatives, futur) : *Et le mort, que tu plains… de louer ma foi* (v. 19-20) ;

**– v. 21-24 :** le poète imagine enfin, mais avec discrétion (valeur d'irréel du présent du système hypothétique), son propre désespoir s'il voyait *la fin de l'âge* de Cloris.

### 2- Déclaration galante et méditation morale

Le poème mêle les registres.

• **Déclaration galante et précieuse** : goût pour les images (v. 7, 12), pour la périphrase : le *déclin de tes jours* (= ta vieillesse), v. 2 ; *le nombre/De ceux à qui la Parque a ravi la clarté* (v. 13-14) ; l'antithèse : *Et l'hiver de ta vie est ton second printemps* (v. 8) ; *Mon sang se refroidit* […] *Et je serais sans feu si j'étais sans amour* (v. 11-12) ; *De blâmer ta rigueur et de louer ma foi* (v. 20) ; raffinement du sentiment amoureux (pardon des rigueurs de Cloris, v. 19-20) ; hyperbole : *Ma raison tomberait sous l'excès de mon deuil* (v. 22) ; *Et ferais, jour et nuit, l'amour à ton cercueil* (v. 24).

• **Élégie personnelle** : évocation des affres de la vieillesse (v. 9-16) ; proximité de la mort (*C'est dans peu de matins…*, v. 13).

• **Méditation morale sur le temps et la mort** : évocation de la finitude du temps humain (*depuis ton premier âge / Au déclin de tes jours*, v. 1-2 ; *la fin de toutes choses*, v. 5 ; *la fin de l'âge qui te reste*, v. 21) ; représentation du sort commun (v. 13-14).

### Conclusion

Reprenant dans cette ode les thèmes convenus de la constance de l'amour et de la beauté paradoxale, Maynard trouve, dans le mélange des registres, dans le passage de la déclaration galante à l'élégie personnelle et à la méditation morale sur le temps et la mort, les accents d'une voix originale.

## DIRE

Des constantes apparaissent entre ces deux poèmes : méditation sur la fragilité de l'existence, fermeté du sentiment amoureux triomphant de la mort, goût pour l'antithèse… Les variations sont cependant sensibles. Tristan L'Hermite est, dans *Les Plaintes d'Acante*, encore sensible aux grâces raffinées du néo-pétrarquisme, même si domine une vision baroque des métamorphoses et du passage de la vie et de la mort. Maynard refuse de toute évidence ce modèle néo-pétrarquiste au profit d'une évocation épurée, où la discrétion de la déclaration galante donne une dimension plus humaine à la méditation sur le temps, l'amour et la mort.

## PISTES

■ **Pour une séquence : La mort de l'être aimé : la poésie contre la mort** (▶ *supra*, p. 116).

■ **Exercices complémentaires : Langue**

1- Étudiez et commentez le vocabulaire de la mort.

2- Étudiez les systèmes hypothétiques.

▶ POÉSIE ET MÉDITATION

# Les chants de la mort

## Villon
## *Le Testament*

p. 162

### « Frères humains qui après nous vivez »

## APPROCHES

■ **Axes d'étude :** La ballade (p. 179). Le lyrisme (p. 518). Poésie et argumentation.

■ **Préalables :**

Une **épitaphe** (*épi-taphos*) : petit poème inscrit « sur les tombeaux », de ton tantôt ému, tantôt satirique.

Rappeler l'origine lyrique de la **ballade**, née de la chanson à refrain et consacrée aux épanchements du cœur amoureux. Cette forme s'ouvre ensuite à d'autres sujets, plus méditatifs chez Charles d'Orléans (p. 144) ou Christine de Pisan (p. 145) par exemple. Mais elle conserve sa tension interne entre les strophes et l'envoi adressé. Le titre, donné ici par Marot, réunit paradoxalement les deux formes ; dans un texte où l'auteur anticipe sur sa propre mort, et semble parler après sa mort, s'attend-on à un lyrisme personnel ? ou à une mise en scène à visée didactique ?

■ **Vérifier** la compréhension du sujet de : *nous veuille absourdre*, v. 10 (= Dieu).

## LIRE : Un appel à la compassion

### 1- Une supplique

• **L'énonciation :** le système des temps respecte le style de l'épitaphe : présent pour les morts qui sont ici (v. 5-8) ; passé pour faire le bilan de l'existence (v. 12-13) ; impératif à valeur de futur, pour les prières et les vœux. Mais le jeu des pronoms renforce le pathétique :

– *Nous :* à l'horreur du spectacle contemplé et mis sous les yeux du lecteur (hypotypose, v. 5) se mêle le sentiment de ceux qui ressentent et expriment leur condition de cadavres (la prosopopée donne la parole aux morts). Complainte d'un chœur d'outre-tombe qui vit et voit sa propre mort ;

– *Vous :* vocatifs (v. 1, 11) adressés à l'ensemble de l'humanité, présente et future, pour qu'elle intercède auprès de Jésus (v. 16) ; puis, par les formules conventionnelles de l'envoi adressé à un grand personnage, Jésus lui-même, fait homme et martyrisé, pendu lui-même sur une croix, et par là intercesseur de l'homme auprès de Dieu. Par ses impératifs (v. 2, 11, …) et le vocabulaire de la pitié (v. 2, 3, 4), du pardon (v. 15), et de la miséricorde (v. 19, 34), c'est l'humanité présente et future qui est invitée à prier pour elle-même.

• **Une prière :**

– appel à la sympathie par la communion dans l'horreur du supplice physique et parce que les hommes sont semblables par essence (*Tous nous*, v. 10, 20, 30, 35 ; *tous hommes*, v. 14 ; *humains*, v. 1, 34) ;

– refus du sadisme, appel à l'identification entre celui qui regarde et ce qu'il regarde (*Nous*, v. 2, 9, 12, 19, 32-33, de plus en plus large). L'humanité est présentée comme pécheresse par essence, condamnée en puissance ;

– idée chrétienne de la fraternité universelle parce que les hommes sont tous fils du même père et soumis à la même condition misérable et mortelle. Si les hommes ne sont pas tous de la *confrérie* des brigands (v. 12-13, 29), ils sont pécheurs à divers degrés, ils sont *humains* : ainsi s'exprime une progression dans les appellations (*Frères*, v. 1 ; *Humains*, v. 34). Par-delà les badauds des gibets, c'est à l'humanité entière qu'est faite cette prière qui, dans l'envoi, invite à une communion fraternelle, au-delà de la justice des hommes ;

– résonances du refrain, conforme à l'idée chrétienne du « Verbe », la parole dans la prière a un pouvoir d'intercession et de rédemption. *Priez Dieu…* implique qu'à travers les hommes, les pendus s'adressent à Dieu.

### 2- Une vision fantasmagorique

Description réaliste des pendus (v. 5-9 et 21-28, soit 13 vers, presque la moitié des 3 dizains), marquée par l'emploi de verbes d'état (v. 7, 8, 25), de l'indicatif (v. 5, 26, 27) et le lexique du corps. La description se mêle à la supplique et présente le spectacle de la mort (inscrit dans l'imaginaire des danses macabres, voir iconographie) : spectacle (*voyez*, v. 5) des souffrances : images fortes, mais surtout quotidiennes (*dés à coudre*, v. 28, plus concret que *cendre* et *poudre*, v. 8, d'origine biblique) ; détails de plus en plus macabres : pourriture (v. 7) ; la mort en devenir (on remonte du squelette, strophe I, aux étapes qui précèdent, strophe III) ; martèlement des consonnes gutturales, labiales et dentales ([k], [[p], [b], [d]), [e] des participes passés et des *et* répétés.

Ces procédés produisent une vision fantasmagorique où les morts sont au milieu des vivants, badauds spectateurs du gibet et, au-delà, toute la fraternité humaine. Cette vision grinçante se double de la crainte de l'enfer qui scande toute la ballade (v. 17-18, refrain, image des hommes présentés comme des marionnettes dont le Diable tiendrait les fils, v. 26-29).

### 3- Description et tonalités

La représentation de la mort n'est pas univoque. La description réaliste des pendus (▶ question 2) est à l'origine d'un certain pathétique. Elle peut exprimer le lyrisme personnel de Villon, jusqu'à la hantise, mais aussi une tonalité grotesque, vision dérisoire de l'humanité réduite à l'état de marionnette, humour noir sur l'obsession collective de la mort (voir les danses macabres). Comme l'indique le titre, à la fois un spectacle vu de l'extérieur et un sentiment personnel.

**Conclusion**

La ballade est ici expression d'un imaginaire macabre, d'une argumentation et des tourments d'une âme.

## *PERSPECTIVES* (p. 163)

### ■ Hélinand de Froidmont, *Vers de la mort.*

**LIRE : Le « dit » de la mort**

**1- Statut d'une voix**

• **Marques de personne :** peu de marques de 1re personne (*Mort prouve, et pour moi, pas de doute, / Que peu équivaut à beaucoup*, v. 25-26). L'expérience du locuteur n'est en rien particulière mais vaut pour tous les hommes (*Mort, tout à sa guise, / Nous envoie pluie et sécheresse*, v. 15-16), soumis à la même loi implacable. Car seule domine la présence de la Mort, personnifiée, dont le caractère inéluctable est ainsi souligné (► question **3**).

• **Modalités** : nombreuses interrogations (v. 1, 4, 13-18), questions rhétoriques soulignant la vanité des biens temporels : *beauté*, *richesse*, *honneur*, *grandeur* (v. 13-14). La modalité assertive donne une force particulière à une énonciation prophétique et didactique qui décrit les pouvoirs de la Mort.

• **Un discours d'avertissement** incitant le lecteur à la conversion. Le présent, étendu de l'énonciation à sa valeur omnitemporelle, le pronom à sémantisme indéfini *on* (*Ce qu'on méprise et ce qu'on prise*, v. 18), invitent à voir dans *ce monde* (v. 1) celui d'Hélinand de Froidmont mais aussi celui de tout lecteur.

**2- Invocation et incantation**

Des **anaphores** rythment l'évocation, soulignant la vanité des biens terrestres et le pouvoir absolu de la *Mort*, présente dans la plupart des vers et souvent sujet de verbes d'action ; *Que vaut*… (v. 1, 4, 13, 14), interrogations réitérées insistant sur le caractère dérisoire des biens terrestres ; *en une heure* (v. 2 et 5) : caractère soudain de la mort (► question **3**) ; *Mort prouve* (v. 25 et 28) : dimension apocalyptique de la Mort (► question **3**) ; *tout* (v. 2, 5, 17, 28) et *tout ce que*… (v. 29, 30) : pouvoir absolu de la Mort (► question **3**). À ces anaphores, il faut rattacher d'autres **figures de répétition** comme la dérivation, à partir d'un radical commun : *fait* (v. 1) / *défait* (v. 2) / *refaire* (v. 3) ; *attire* (v. 4) / *retire* (v. 5) ; *méprise* / *prise* (v. 18).

Ces procédés donnent au chant une dimension incantatoire ; ils font du poème une **litanie** invitant à une vie conforme aux exigences du salut : *Mort fait que l'homme saint ne pèche* (v. 31).

**3- Les pouvoirs de la mort**

La **Mort** personnifiée est représentée dans toute l'étendue de son pouvoir : caractère inéluctable de châtiment soudain (*en une heure*, v. 2 et 5), infaillible (***Jamais** perdante*, v. 6 ; *Mort rend **toujours***, v. 9), n'épargnant rien (*Mort en une heure **tout** défait*, v. 2 ; *Mort en une heure **tout** retire*, v. 5 ; *elle tient **tout** en sa puissance*, v. 17 ; ***tout** ce qui meurt, se dessèche*, v. 27 ; ***tout** est néant*, v. 28), ni les êtres (*le plus disert*, v. 7 ; *les rieurs*, v. 8 ; *et sac et haire / Autant que pourpre et robe vaire*, v. 10-11 ; *contre tous*, v. 12), ni les choses (*le beau temps*, v. 9). Voir les textes de l'Apocalypse : la Mort détruit et révèle le sens profond de l'existence : *pluie et sécheresse*, v. 16 ; *vers et feu*, v. 23. Celui qui tente de la dominer (*Qui maîtrise la peur de Mort*, v. 19) ou de la déjouer est d'abord celui qui est frappé (*Et c'est lui d'abord qu'elle vise*, v. 21 ; *Qui vit au mieux se blesse le plus*, v. 24). Seul le saint (v. 31), parce qu'il se détourne de la vanité des biens atteint à un dépouillement et à une plénitude qui lui donnent ce détachement en harmonie avec la Mort : *Mort dit à tout bien-être : « Pfuit. »* (v. 36).

## PISTES

**■ Pour une séquence**

• **La ballade, une forme fixe** (► *supra*, p. 109).

• **« Souviens-toi que tu dois mourir »** (énonciation et description ; Éros et Thanatos ; tonalités ; point de vue et intention) : Tristan L'Hermite, *Les Plaintes d'Acante*, p. 160 ; Ronsard, *Les Hymnes*, p. 165 ; Malherbe, *Imitation du Psaume 145*, p. 166 ; Baudelaire, *Les Fleurs du mal*, p. 205 ; Valéry, *Charmes*, p. 220 ; Norge, *Les Coq-à-l'âne*, p. 245.

**■ Exercice complémentaire : Voir**

Comparez les images p. 162 et 163. Dans quelle mesure ces représentations de la mort sont-elles réalistes ? Quelles sont leurs intentions ?

**■ Lectures cursives :** Rimbaud, « Bal des pendus », *Poésies* ; P. Ariès, *Essais sur l'histoire de la mort en Occident.*

**■ Bibliographie :** J. Favier, *François Villon*, éd. Fayard, 1982.

## … Les chants de la mort

## Du Bellay *Les Antiquités de Rome* (p. 164)

### « Comme le champ semé… »

## APPROCHES

**■ Axes d'étude :** Le lyrisme (p. 518). L'élégie. Le sonnet (p. 179). Le thème des ruines.

**■ Préalables :** À partir de l'iconographie (François de Stella, *Ruines du Colisée à Rome*), renvoyer à la redécouverte émerveillée de l'Antiquité par les humanistes et

LA POÉSIE

à la déception devant la **Rome** du XVI^e^ siècle (p. 27). Dans les 32 sonnets des *Antiquités de Rome,* méditation sur le caractère fugitif de la puissance humaine, sur l'anéantissement des empires (Rome : puissance politique de l'Antiquité, puissance religieuse des temps modernes). Les sonnets en alexandrins, au contraire des sonnets en décasyllabes, plus obscurs, associent deux fonctions majeures de la rhétorique : *movere* (émouvoir) et *docere* (enseigner) ; à partir d'une déception personnelle, leçon de portée générale.

■ **Vérifier** la compréhension de : *reliques*, v. 13 (étymologie = ce qui reste ; sens religieux : ce qui reste du corps d'un martyr ou d'un objet et qui est conservé dans un dessein de vénération).

## LIRE : La poésie des ruines

### 1- Une comparaison dynamique

Le mouvement du sonnet (composé d'une seule phrase complexe) repose sur **une comparaison dynamique à valeur didactique** : v. 1-8 : comparant : croissance et moisson d'un champ de blé ; v. 9-12 : comparé : croissance et fin de l'Empire romain. Le mouvement de croissance est rappelé dans le distique (v. 9-10) qui est aussi le point de retournement du sonnet. Cette comparaison réactive implicitement le mythe de l'âge d'or : voir la métaphore de l'antique Cérès, terre-mère nourricière (*Les ondoyants cheveux du sillon blondissant*, v. 6 évocation discrète d'un motif bucolique, présent notamment chez Tibulle) ; à ce mythe, elle oppose la réalité de la décadence et de la mort de l'Empire romain.

La **valeur illustrative** et dynamique de la comparaison, relayée par la structure de la phrase, suggère une continuité entre la fragilité et l'inéluctable destin : sort commun à la nature et au monde des hommes.

### 2- Un temps cyclique

**Les reprises de mots, de structures syntaxiques et de sonorités** suggèrent la représentation d'un **temps cyclique** : anadiploses répétant des termes du 2^e^ hémistiche au 1^er^ hémistiche du vers suivant et faisant du prédicat le thème de la proposition qui suit : *verdure*, v. 1/2 ; *tuyau*, v. 2/3 ; *épi*, v. 3/4 ; polyptote : *verdure*, v. 1 et 2/*verdissant*, v. 2 ; épanaphore (anaphore dont les éléments sont les premiers de chaque unité initiale) : reprise de la structure *De… en* à l'ouverture du vers (v. 2, 3, 4). Des reprises de termes lient les deux quatrains et suggèrent, au-delà de la transformation, une dégradation : *le champ semé*, v. 1 / *le champ dépouillé*, v. 8 ; *jaunit*, v. 4 (maturation des grains de blé) / *jaunissant*, v. 7 (tiges de blé coupées et se desséchant) ; *en verdure foisonne*, v. 1/*mille gerbes façonne*, v. 8.

Cette circularité figure un temps cyclique correspondant au cycle des saisons : printemps (*champ semé*, v. 1), début de l'été (*le chaud assaisonne*, v. 4), le plein été (*le rustique moissonne*, v. 5), l'automne (*comme on voit le glaneur*, v. 12).

Le *champ semé* et *l'empire Romain* ont en commun le même destin. Mais alors que la nature renaît, c'est une dégradation irréversible qui a conduit l'Empire romain à sa perte : orgueil du 1^er^ quatrain (*foisonne*, v. 1 ; *se hausse*, v. 2 ; *se hérisse en épi*, v. 3, expression aux connotations agressives) ; à cet orgueil répond la 2^e^ strophe, plus sombre (connotations guerrières de *javelle*, v. 7 = tas de victimes et de *dépouillé*, rappelant les dépouilles opimes, trophées pris par les Romains lors de leurs victoires sur les Barbares).

### 3- La fragilité des êtres et des choses

Soulignée par les **formes verbales :**

– présent de vérité dans les quatrains, associé à l'article défini à valeur générique, donnant à voir une scène intemporelle et une loi générale, renforcé par l'intemporalité des participes présents (*verdissant*, v. 2 ; *florissant*, v. 3 ; *blondissant*, v. 6 ; *jaunissant*, v. 7) et passés (*semé*, v. 1 ; *dépouillé*, v. 8) ;

– alternance entre tournures actives (croissance du *champ semé* qui *foisonne*, v. 1 et de *l'empire Romain*, v. 9 ; activités du *rustique* : *moissonne*, v. 5 ; *met*, v. 7 ; *façonne*, v. 8), formes pronominales (mouvement de maturation interne à la nature : *se hausse*, v. 2 ; *se hérisse*, v. 3) et formes passives (*champ semé*, v. 1 ; *champ dépouillé*, v. 8 ; Empire romain *dépouillé* v. 10 par la seule *Barbare main*, ce qui en souligne la fragilité) ;

– opposition dans les tercets entre les formes verbales au passé simple (*crût*, v. 9 ; *fut dépouillé*, v. 10 ; *laissa*, v. 11) reléguant la décadence et la chute de l'Empire romain dans un temps définitivement coupé de l'énonciation, et le retour au présent actuel qui accentue l'éloignement entre le poète humaniste et la Rome antique (la périphrase *aller* + forme en *–ant*, v. 12, refuse toute idée de permanence).

### 4- Le poète glaneur

Le dernier tercet introduit une comparaison avec *le glaneur* (v. 12) dont le comparé est implicite. On peut raisonnablement penser qu'il s'agit du poète humaniste *qui cherche Rome en Rome* (*Les Antiquités de Rome*, Sonnet III).

C'est là une **allégorie nostalgique :** *le glaneur* vient après *le moissonneur* (v. 14) que la continuité de la comparaison associe à *chacun va pillant* (v. 12) et à *la Barbare main* (v. 10), rapprochement souligné par la rime du distique (*empire Romain / Barbare main*, v. 9-10). Un sentiment d'éloignement et de perte (valeur du démonstratif dans *ces marques antiques,* v. 11) s'exprime ici, mais aussi de recueillement et de vénération (démarche patiente de celui qui va *Cheminant pas à pas*, v. 13 ; sémantisme de *reliques*, v. 13). On peut aussi lire dans ce rapprochement entre ceux qui pillent et *le glaneur* une distance prise par Du Bellay avec le mythe humaniste de l'âge d'or de Rome à préserver.

### Conclusion

*Les Antiquités de Rome* sont une méditation sur l'inéluctable déclin des êtres et des choses soumis à un temps qui est à la fois renouveau et destruction. Mais ce sonnet est aussi une mise à distance du rêve humaniste de retrouver la Rome antique dans la Rome moderne : à la beauté de la nature qui toujours renaît, le poète semble opposer le caractère éphémère de la création humaine.

## PISTES

■ **Pour une séquence**

• **La nature chez les poètes de la Pléiade** (▶ *supra*, p. 113)

• **Du Bellay : les voix d'un poète** (▶ *supra*, p. 113).

• **Lieux poétiques : nature et poésie** (▶ *supra*, p. 121).

■ **Exercices complémentaires**

• **Langue :** Étudiez les formes en *-ant*.

• **Versification :** Étudiez et commentez les rythmes, les rimes et les sonorités dans les deux tercets (v. 9-14).

■ **Lecture cursive :** Du Bellay, *Les Antiquités de Rome* (sonnets III, XIV, XV, XX, XXVIII).

■ **Bibliographie :** J. Rieu, *L'Esthétique de Du Bellay*, SEDES, 1995.

... Les chants de la mort

**Ronsard**

***Hymnes***

p. 165

# Hymne de la mort

## APPROCHES

■ **Axes d'étude :** L'hymne. Le lyrisme (p. 518). La mort.

■ **Préalables :**

Rappeler l'**omniprésence de la mort** dans la vie quotidienne (état de la médecine, durée de la vie humaine, guerres…) et dans la pensée philosophique et religieuse (thème du *memento mori*, p. 158, 181) sous l'influence des philosophies antiques (stoïcisme, épicurisme). Chez Ronsard, la fuite du temps et la dégradation physique se font de plus en plus présentes dans les poèmes d'amour. Le matérialisme épicurien (Lucrèce, + texte complémentaire ci-dessous, Ovide, *Métamorphoses*, XV) professe la transformation perpétuelle de la matière, tandis que le christianisme affirme l'immortalité de l'âme.

L'**hymne :** genre puisé chez les poètes grecs (Callimaque, Théocrite), mais nouveau en France au XVIe siècle. Poème long, à rimes plates, à portée scientifique et/ou philosophique, célébrant un être, un objet, une entité. Thématique sérieuse, style élevé « haut ».

■ **Vérifier** que sont compris : *pressant coulement*, v. 4 (= écoulement pressé) ; *Au change non sujette*, v. 16 (= non soumise au changement) ; *la ville éthérée*, v. 17 (la cité de Dieu, Jérusalem céleste, le Paradis) ; *au bord de ma province*, v. 26 (= près de mon pays).

## LIRE : Éloge de la Mort

### 1- Invocation et argumentation

• **Les étapes de l'invocation :**

– **v. 1 :** ouverture sur une invocation à la Mort ;

– **v. 2-18 :** tout passe : opposition entre la mortalité du corps et de la matière, et l'immortalité de l'âme ;

– **v 19-26 :** prière adressée à la Mort : apostrophes, 2e personne, exclamations (v. 19-20, 22-26). *Je te salue* (v. 19), *je te prie* (v. 21) accomplissent les actes de salutation et de prière de celui qui aspire à une mort soudaine et à la gloire. Dans sa *puissance* (v. 1), la mort *heureuse*, *profitable*, apporte guérison et (ré)*confort* (v. 19-20).

L'hymne est donc en fait un **éloge** paradoxal de la mort par la déification (majuscules, formules solennelles et religieuses des v. 19 et 21), les rappels de la puissance (v. 2) et des bienfaits (v. 20). La mort est une divinité déjà présente, célébrée dans et par le poème.

• L'immortalité passe ainsi par la mort : corps et matière se transforment, c'est-à-dire vivent et meurent, seule l'âme demeure immuable et *immortelle* (v. 15). L'hymne exprime le bien fondé de la philosophie épicurienne, et proclame en même temps une vibrante foi chrétienne : syncrétisme philosophique caractéristique des idéaux humanistes (▶ p. 34), particulièrement chez Ronsard (▶ question **4**).

### 2- V. 1 : un lyrisme oratoire

• **Syntaxe** : modalité exclamative et appel à la Mort (*ô Mort*).

• **Rythme** : 4 / 2 // 2 / 4 : chiasme rythmique soulignant de part et d'autre de la césure la puissance de la Mort.

• **Sonorités** : les accents rendent sensibles assonances (*puissance*, *grande*) et allitérations (*Mort*, *grande*, *admirable*). Ces marques du lyrisme oratoire sont le signe du style élevé de l'hymne et de l'éloge.

### 3- La représentation de la Mort

Des images qui toutes insistent sur le passage et la métamorphose représentent la fatalité et la nécessité de la mort : comparaison avec l'onde et sèmes de la liquidité (*À val*, *fuit*, v. 3 ; *coulement*, *suit*, v. 4 ; *le temps se coule*, *fait place*, v. 5 ; *se refait* ; *tout coule comme une eau* (v. 7) ; motifs du changement : *se change*, *autre nouvelle* (v. 9) ; *changement* (v. 10) ; *en une autre s'en va* (v. 11) ; *changes* (v. 13 et 16).

Images philosophiques (le « tout coule » d'Héraclite, « La matière demeure et la forme se perd » de Lucrèce) ; poétiques par leur rhétorique pré-baroque (▶ p. 51) ; familières par l'évocation au quotidien de la vie (v. 3-4, 6, 14) et de la mort (v. 22-23, 26).

### 4- Christianisme et épicurisme

Deux philosophies ici plus complémentaires que contradictoires.

• **Christianisme :** évocation de l'immortalité de l'âme, *assise auprès de Dieu* (v. 15-16, comme les élus au Jugement dernier) ; mourir *pour l'honneur de Dieu* (v. 25).

• **Épicurisme :** philosophie matérialiste explicitée v. 3-14, avec l'insistance sur l'écoulement du temps ; références à la mythologie antique : *Vénus*, *la Nature* (v. 12), déification de la mort (v. 19 à 21).

Certains passages peuvent concerner les deux types de philosophie : l'invocation à la Mort toute-puissante (v. 1-2), l'appel final connotant l'émotion du passage de la vie à la mort, et la crainte de la souffrance. Les deux philosophies s'imbriquent et se confondent, l'une se chargeant du corps et de la matière, l'autre de l'âme ; richesse et complexité de la pensée ronsardienne.

**Conclusion**

La notoriété de l'extrait s'explique par la coïncidence et la combinaison de la poésie et de la dissertation, du didactisme et du sentiment personnel : solennité, évocations précises, émotion, idées. Le lecteur moderne est sensible à l'aspect provocateur de cet éloge paradoxal.

## DIRE

Insister tout d'abord sur le choix de la forme poétique : le sonnet exige densité et concision, habileté rhétorique, art de la pointe. L'hymne relève du style haut, donne présence au souffle et au rythme de l'éloge. On peut alors être sensible à la virtuosité de Du Bellay (une seule phrase complexe, opposition entre quatrains et tercets développant une comparaison) ou à l'ampleur de l'évocation de Ronsard. Noter également chez Du Bellay l'effacement des modèles antiques (l'emprunt à Tibulle est peu sensible) et le choix d'une image familière mais convenue, celle du champ de blé. Chez Ronsard, référence explicite à la philosophie antique (Héraclite, Lucrèce). Alors que dans la poésie de Du Bellay le passage est la source d'une mélancolie, d'une inquiétude sur les pouvoirs du poème et des idéaux humanistes, la vision baroque du monde est pour Ronsard, au-delà du caractère conventionnel de la prière à la Mort, l'occasion de célébrer la beauté des métamorphoses.

## PISTES

■ **Pour une séquence**

• **Poésie et célébration : les formes de l'éloge** (le sujet lyrique ; thèmes et motifs ; rhétoriques de l'éloge ; formes et tonalités) : Virgile, *Géorgiques*, p. 168 ; Saint-Amant, *Œuvres poétiques*, p. 170 ; D'Aubigné, *Les Tragiques*, p. 175 ; Claudel, *Cinq Grandes Odes*, p. 222 ; Odysseus Elytis, *Axion Esti*, p. 223 ; Saint-John Perse, *Neiges*, p. 226 ; Senghor, *Chants d'ombre*, p. 227 ; Char, *Feuillets d'Hypnos*, p. 229 ; Segalen, *Stèles*, p. 236 ; Michaux, *La nuit remue*, p. 237 ; Ponge, *Le Parti-pris des choses*, p. 238 ; Char, *Les Matinaux*, p. 243 ; Bonnefoy, *Ce qui fut sans lumière*, p. 248.

• **Ronsard poète de la Pléiade** (les modèles : formes et thèmes ; au delà de la Pléiade) : *Les Hymnes*, p. 34 ; *Les Amours*, p. 35, 150, 439 ; *Odes*, p. 169.

■ **Exercice complémentaire : Écriture**

Rédigez l'introduction, le plan détaillé et la conclusion d'un commentaire composé de ce poème de Ronsard.

■ **Texte complémentaire**

**Lucrèce (~98-~55),** ***De la nature*****, I, v. 248-264.**

Rien donc ne retourne au néant, mais toute chose
se désagrège et rejoint les éléments de la matière.
Enfin les pluies se perdent quand l'éther de leur père
les précipite dans le sein maternel de la terre,
mais le blé lève et blondit, les rameaux verdoient,
les arbres grandissent et se couvrent de fruits.
Ainsi se nourrissent à leur tour les hommes et les bêtes.
Ainsi voyons-nous les cités prospères fleurir d'enfants
et les bois feuillus chanter de mille oiseaux nouveaux.
Ainsi, grasses et lasses, dans les riantes pâtures
les brebis posent leurs corps et la blanche liqueur
coule des mamelles gonflées ; ainsi la portée nouvelle,
pattes tremblantes, folâtre dans l'herbe tendre
et joue, têtes jeunettes enivrées de lait pur.
Ce qui paraît mourir ne meurt donc tout à fait
car la nature toute chose par une autre réforme,
ne laissant rien naître qu'aux dépens de la mort d'autrui.

Traduction de José Kany-Turpin, © Aubier, 1993



■ **Lectures cursives :** Lucrèce, *De la nature* I, trad. de J. Kany-Turpin, éd. Aubier, 1993 ; Ronsard, *Derniers vers*.

■ **Bibliographie :** G. Gadoffre, *Ronsard par lui-même*, éd. du Seuil, 1972 ; A. Py, *Imitation et Renaissance dans la poésie de Ronsard*, éd. Droz, 1984.

# ... Les chants de la mort

## Malherbe
## *Imitation du Psaume 145*

p. 166

### Imitation du Psaume « Lauda anima mea dominum »

## APPROCHES

■ **Axes d'étude :** Les stances. Le lyrisme oratoire.

■ **Préalables :** Partir de la notion de « **psaume** » : chant liturgique dans le culte judaïque. Les 150 psaumes de la Bible (dont 73 sont attribués à David, quelques-uns à Moïse et Salomon) constituent le Psautier (du grec *psaltêrion* = instrument de musique à cordes pincées qui accompagnait les chants). Les psaumes ont donc un rapport étroit avec la musique (ils comportent souvent des indications musicales en tête de texte : « sur les flûtes », «sur les instruments à cordes », « sur hautbois et harpe »). Ils présentent divers thèmes et tonalités : les **hymnes** exaltent la sainteté de Dieu et exhortent l'homme à l'adorer (Ps. 145 : « Hymne au Dieu secourable » ; voir ici le titre : « Loue le Seigneur, mon âme ») ; les **supplications** et les **lamentations** (Ps. 11 : « Au secours, Yahvé ! » ; Ps. 12 : « Jusques à quand, Yahvé, m'oublieras-tu ? ») souvent paraphrasées par les poètes protestants (Th. de Bèze) ; les **actions de grâce** remercient Dieu pour ses bienfaits (« Béni soit Yahvé à jamais »).

■ **Vérifier** la compréhension de : *souffrir*, v. 9 (= endurer).

## LIRE : Le chant des vanités

### 1- Vanité des vanités

**Vanités** (v. 4) : choses sans valeur ; ***vaines*** (v. 17) : vaniteuses, orgueilleuses. Du latin *vanus* = vide. Cf. *en vain*. Voir la formule de l'*Ecclésiaste* (*vanitas vanitatum et omnia vanitas*), avertissement invitant à se détourner des divertissements factices accordés par les biens terrestres et temporels et à méditer le fragile destin des êtres et des choses soumis à la volonté de Dieu. Des **antithèses** soulignent et dénoncent les vanités humaines : *lumière* et *faveur* (v. 2), *C'est Dieu…* (v. 5-6) ; *Vaines/hautaines* à la rime (v. 16) et *mangés des vers* (v. 18). Brutalité des contrastes, qui soulignent le vide des ambitions et des satisfactions terrestres : orgueil des rois / faiblesse réelle, v. 11-12, 13-18 ; lâcheté des courtisans, v. 7-9, 22-24 ; tout n'est qu'illusion (*promesses*, v. 1 ; *verre*, v. 2), passage (*onde*, v. 2). La seule perspective est celle de la destruction, rappelée par de nombreux motifs bibliques (*ce n'est plus que poussière*, v. 13 ; *vers*, v. 18).

**2- Une méditation religieuse**

Dialogue intérieur par l'apostrophe du v. 1 (*mon âme*) et l'exhortation de la 1re personne du pluriel à l'impératif (*N'espérons… Quittons… lassons…*) ; anaphore de la tournure emphatique v. 5-6 (*C'est Dieu…*) ; réflexion sur l'illusion du bonheur terrestre (strophe 1) ; opposition entre vie et mort, constante dans les strophes 2 à 4.

**3- Strophes 3 et 4**

Les choix métriques et rythmiques donnent à cette méditation simplicité et solennité. Ils sont aussi le moyen d'exprimer l'ironie et le sarcasme du courtisan déchu :
– **mètres et rythmes :** opposition de longueur : 12/6 ; un rythme, large et solennel (alexandrins et enjambements : v 13-15, 16-17, 22-24), le vers court amenant la pointe. L'ironie provient des contrastes entre les longueurs de vers (v. 16-18) ;
– **rimes** : oppositions de sens (*poussière* / *fière* ; *hautaines* / *vaines* ; *univers* / *vers*) ;
– **sonorités** : allitérations : v. 14, en « sifflantes » ([s], [z], [f] pour l'orgueil princier) ; v. 19-20, en [R], pour faire résonner ironiquement les titres pompeux des rois ; assonances : v. 13-15, en voyelles ouvertes ([e], [a], [ɔ]) pour le bonheur royal ; v. 22-23 en voyelles fermées ou nasales ([y], [ø]) pour la chute.

**Conclusion**

Un poème de méditation qui s'oriente vers une dénonciation du monde de cour. La force et la simplicité de la forme évoquent les grands prophètes bibliques.

## VOIR

En peinture, le mot « Vanités » renvoie à une composition d'objets évoquant de manière symbolique la destinée mortelle de l'homme (relecture, notamment dans le contexte historique de la Contre-Réforme, de la leçon de l'*Ecclésiaste*). Dans cette Vanité du XVIIe siècle, à la différence du texte de Malherbe, le message est implicite et codé.

Décrire avec soin le tableau : un 1er groupe d'objets évoque la vanité des biens terrestres (miroir, médaillon, pipe = vanité des plaisirs) ; un 2e groupe suggère le caractère transitoire de la vie humaine (crâne, sablier, bougie, fleurs, bulles) ; un 3e groupe renvoie aux symboles de la foi en la résurrection (couronne de lauriers, parchemin qui renvoie à l'*Ecclésiaste,* toile en arrière-plan représentant saint Jérôme, symbole vénéré de pénitence, qui est une mise en abyme du tableau).

Tout en reprenant la même pensée de la mort, le texte de Malherbe, inspiré par son expérience de la cour, évoque plutôt la vanité des richesses et du pouvoir. Cette symbolique (argent, bijoux, armes, couronnes et sceptres) est absente du tableau de Peeter Sion. Le sarcasme est implicite dans le tableau (voir le crâne), cédant la place à une méditation sur l'espoir d'une résurrection ; il a une part plus importante dans la confidence désabusée de Malherbe.

## PERSPECTIVES (p. 167)

■ **Malherbe, *Consolation à Monsieur du Périer.***

**LIRE : Le chant de la consolation**

**1- La consolation**

• **Présence du poète :** marques de 1re personne (v. 9, 25) ; modalités interrogatives (v. 1-4, 5-8, 17-20, 21-22, 23-24) ; injonctions : *Ne te lasse donc plus d'inutiles complaintes* (v. 33) ; *Aime une ombre comme une ombre* (v. 35) ; *Éteins le souvenir* (v. 36).

• **La consolation** recherche la proximité et la liberté que permet l'amitié (*Je sais*, v. 9 ; *Injurieux ami*, v. 11 ; *Avecque son mépris*, v. 12 ; *mon du Périer*, v. 25). Le *je* s'efface pour donner plus de force au discours où la pudeur le dispute à la clarté : les deux premières interrogations expriment une souffrance partagée (*Ta douleur*, v. 1 ; *l'amitié paternelle*, v. 3 ; *Le malheur de ta fille*, v. 5 ; *ta raison perdue*, v. 7) tout en en suggérant les dangers (*tristes discours*, v. 2 ; *quelque dédale*, v. 7, rappelant le labyrinthe du Minotaure) et les nécessaires limites (*un commun trépas*, v. 6). Les questions sont ensuite rhétoriques (v. 21-24) et le poète apporte une ferme réponse (v. 25) qui prépare l'injonction à vivre, la constance stoïcienne dans l'acceptation de la mort.

**2- L'enfance perdue**

Si la consolation est un genre rhétorique, la poésie est présente dans l'évocation de l'enfance à jamais perdue : périphrase atténuant avec pudeur la brutalité du *trépas* (*ta fille au tombeau descendue*, v. 5, voir Eurydice, et le rapprochement discret avec Ariane, v. 7) ; métaphore de la rose (v. 15) ; chute du v. 16 (par l'hexasyllabe et l'antithèse), symbole de beauté et de fragilité, soulignée par les superlatifs et l'antithèse (*les plus belles choses* / *Ont le pire destin*, v. 13-14). Cette poétisation de l'enfance oriente la consolation vers l'acceptation du *commun trépas* : l'antithèse entre la beauté de la rose et *la poussière funeste* / *Et les vers du cercueil* (v. 23-24) conduit à la résignation, à la mesure (*Aime une ombre comme une ombre* ; *cendres éteintes*, v. 35).

**3- La force de l'exemple**

Les allusions à la mythologie ont d'abord une fonction d'illustration : le paradoxe des destins de Tithon et d'Archémore (► notes **7** et **9**) reprend en effet l'argumentation des vers 9-24 qui valorise le destin de la rose. Ils ont aussi une valeur d'« exemplum », invitant du Périer à la réflexion et à l'imitation de modèles illustres. Enfin, les références à la Parque, à Pluton donnent une profondeur et un caractère intemporel à cette souffrance, élevant la fille de du Périer au statut d'héroïne mythologique. Elles sont ainsi une invitation à la constance et à la résignation d'un mortel devant la loi aveugle et inéluctable du *commun trépas*.

## PISTES

■ **Pour une séquence**

• **« Souviens-toi que tu dois mourir »** (▶ *supra*, p. 127).

• **L'inspiration biblique** (quelles sources ? place et rôle de l'intertexte) : Benserade, *Sur Job*, p. 157 ; Hélinand de Froidmont, *Vers de la mort*, p. 163 ; Ronsard, *Les Hymnes*, p. 165 ; Marot, *L'Enfer*, p. 173 ; D'Aubigné, *Les Tragiques*, p. 175 ; Vigny, *Poèmes antiques et modernes*, p. 186 ; Hugo, *La légende des siècles*, p. 187, 190 ; Claudel, *Cinq Grandes Odes*, p. 222 ; Dadelsen, *Bach en automne*, p. 244.

■ **Exercices complémentaires**

• **Langue :** Étudiez et commentez l'emploi des personnels et des possessifs (p. 166).

• **Écriture :** Préparez le plan d'un commentaire composé du texte de Malherbe (p. 166) en partant de deux questions préalables :

1. À quel genre appartient ce texte ?
2. Quelles sont les oppositions majeures qui donnent à ce texte son unité ?

■ **Lectures cursives :** *La Bible*, Psaume 145 de David ; F. Ponge, *Pour un Malherbe*, éd. Gallimard, 1965.

■ **Bibliographie :** *Les Vanités dans la peinture au* *XVII*^e^ *siècle*, sous la direction d'Alain Tapié, musée des Beaux-Arts de Caen, 1990.



# Poésie et harmonie naturelle

**Virgile**
***Géorgiques***

p. 168

## « Heureux l'homme des champs… »

## APPROCHES

■ **Axes d'étude :** L'idylle. L'ode (p. 140). La description. L'éloge. La Pléiade (p. 34).

■ **Préalables :** Définir l'**idylle :** poème à thème amoureux se déroulant dans un cadre pastoral. Théocrite passe pour avoir créé un genre nouveau, l'idylle bucolique, situé entre l'épopée (emploi de l'hexamètre dactylique) et le théâtre (formes dialoguées). Virgile illustre avec les *Géorgiques* une forme empruntée à la littérature grecque, tout comme Ronsard.

Rappeler les formes antiques de l'**ode** : poème lyrique divisé en strophes, à la louange d'un héros, d'une idée, d'un sentiment, voir Pindare, Anacréon, Horace. Genre repris et renouvelé, à la suite de Ronsard, par Malherbe (XVII^e^ s.), J.-B. Rousseau (XVIII^e^ s.), Hugo (XIX^e^ s.), Claudel (XX^e^ s, p. 222). Rappeler les théories de la Pléiade concernant l'**imitation des Anciens** : prendre appui sur l'Antiquité (érudition et humanisme), pratiquer l'imitation formelle et générique (hymne, ode, épigramme, élégie, épopée), se nourrir de ses modèles : l'innutrition.

■ **Vérifier** la compréhension de : *superbe*, v. 5 (sens étymologique = orgueilleux).

## LIRE : Le chant du monde

### 1- Le « locus amœnus »

La nature est présentée comme un **lieu idéal** (paysage conventionnel), rappelant l'âge d'or : terre nourricière (v. 3), offrant asile (*Des grottes*, v. 14 ; *des vallons, des forêts*, v. 16 ; *bois reculés*, v. 23 ; *rameaux épais*, v. 27), paix et douceur (*étangs, claire fontaine*, v. 14 ; *l'onde, en murmurant, l'endort sous un vieux chêne*, v. 15 ; *vertes forêts, prés fleuris, clairs ruisseaux*, v. 19 ; *fortunés rivages* du *Sperchius*, v. 24 ; *vallons sombres et frais*, v. 26). Les caractérisants sont tous euphoriques, connotant la pureté (*clair*, v. 14, 19), force et longévité (*vieux*, v. 15), fertilité et renaissance (*vertes, fleuris*, v. 19), bonheur (*fortunés*, v. 24). Les énumérations (v. 14, 19, 24-26) lui accordent également abondance et générosité.

Ses **valeurs** s'opposent à celles de la vie citadine : métaphore de l'eau tumultueuse (*flots d'adulateurs, inonder*, v. 7) opposée à l'eau paisible (*étangs, claire fontaine*, v. 14 ; *onde*, v. 15 ; *clairs ruisseaux*, v. 19 ; *fortunés rivages*, v. 24) ; hypocrisie et orgueil (*leur patron superbe, adorant*, v. 5 ; *flots d'adulateurs*, v. 7) ; fidélité et humilité (*Fidèle, docile*, v. 2) ; désirs inassouvis, luxe démesuré et culte de l'artifice (*lambris pompeux, toits magnifiques*, v. 6 ; *portiques*, v. 7 ; *dévorer des yeux*, v. 8 ; *tapis d'or, vases précieux*, v. 9 ; *D'agréables poisons*, v. 10 ; *tous ces arts qui trompent notre ennui*, v. 12) ; simplicité et naturel (*ses besoins, ses travaux*, v. 2 ; *un aliment facile*, v. 3).

### 2- La description

• **Une description rhétorique :**

– question rhétorique *Mais que lui manque-t-il* ? (v. 13) rejetant l'information à la fin de l'accumulation des traits descriptifs ;

– anaphore : *il ne voit pas*, v. 4, 8 ; chiasme (v. 9) ;

– oxymore : *D'agréables poisons*, v. 10 ; paradoxes et ironie : *Tyr n'altéra jamais la blancheur de ses laines*, v. 11 ; *tous ces arts qui trompent notre ennui*, v. 12 ; métaphore de l'eau dévastatrice (v. 7, ▶ question **1**)…

• Tous ces procédés donnent à la description, au-delà de sa valeur illustrative, une **fonction argumentative** : condamnation d'un univers citadin paradoxal et artificiel, où l'accumulation des biens et des désirs révèle une fuite dans la vanité et la frustration. Le tableau idyllique est ainsi présenté comme un havre de paix, mais aussi comme l'exigence d'une « contre-culture ».

**Conclusion**

Évocation poétique d'une nature idéale, qui peut sembler très éloignée de nos goûts. Mais cette poésie, cultivant la fiction nostalgique d'une origine perdue, affirme un refus et préserve le rêve.

## DIRE

Pour l'abbé Delille, le « locus amœnus » des *Géorgiques* ouvre à une beauté de la nature inaperçue. En retour l'observation de la nature semble donner à la fiction poétique une présence sublime. Le jugement exprime, peut-être avec excès, cette circulation fascinante du sens et de la beauté entre la littérature et la contemplation du monde. Cette admiration n'est en soi pas discutable. On pourra en revanche s'interroger sur le choix même de cette poésie encomiastique (texte de René Char dans *Feuillets d'Hypnos*, ▶ p. 229) : en réduisant l'idylle au seul rapport poétique avec la nature, le jugement de l'abbé Delille n'apparaît-il pas en un certain sens réducteur ?

## PERSPECTIVES (p. 169)

■ **Ronsard, *Odes*.**

**LIRE : Un doux sépulcre**

**1- Un lieu idyllique et familier**

• Un paysage nourri de **réminiscences** antiques (Properce, Virgile, Horace) : mêmes lieux protecteurs (*Antres*, v. 1), eau apportant paix et fraîcheur (*fontaines*, v. 1 ; *ondes / Par ces prés*, v. 5-6), arbres et feuillages propices au repos (*forêts*, v. 5 ; *bois*, v. 7 ; *qu'un arbre / M'ombrage en lieu d'un marbre*, v. 29-30 ; *Et la vigne tortisse… Un ombre épars*, v. 37-40). Ce « locus amœnus » évoque le séjour heureux de l'âme du poète aux Champs-Élyséens.

• Une évocation plus **personnelle :** l'Île Verte (v. 17-24) à Couture, au confluent du Loir et de la Braye ; déterminants démonstratifs à valeur déictique (*De ces roches hautaines*, v. 2 ; *Par ces prés*, v. 6 ; *cette île verte*, v. 17) ; adresse aux éléments naturels (*et vous fontaines*, v. 1 ; *Et vous forêts*, v. 5).

L'inspiration se nourrit aussi de rapports plus intimes avec la nature ; ce qui est puisé chez les poètes latins est humanisé en passant par le moule de l'inspiration ronsardienne (l'« innutrition »).

**2- La musique de l'ode**

– Souplesse du **modèle anacréontique** : quatrains hétérométriques composés de 3 hexasyllabes et d'un dernier vers de 4 syllabes en forme d'écho atténué.

– **Rimes suivies :** 2 rimes masculines succèdent à 2 rimes féminines ouvrant chaque stance sur des sonorités plutôt douces ; rimes souvent riches prolongeant les sonorités (v. 1-2, 11-12, 13-14, 17-18, 23-24, 29-30, 31-32, 35-36, 39-40), parfois renforcées par une contre-assonance (v. 9-12 : *heure, meure, séjour, jour* ; v. 29-32 : *arbre, marbre, couvert, vert* ; v. 33-36 : *terre, lierre, tour, entour*).

– **Retour de sonorités** induisant des jeux de sens : assonances de nasales associées à la profondeur et à la douceur protectrice : ***An**tres, fontaines, déval**ant**, co**n**tre-bas, gliss**ant**, **on**des, vagab**on**des, coul**ant**, accol**ant**, e**n**dormie, **en**vir**on**, giron, défends, qu'**on** ne r**om**pe, p**om**pe, t**om**beau, m'**om**brage, e**n**ge**n**drer, m'**em**brass**ant**, **om**bre*** ; retour des liquides, notamment dans l'évocation de l'Île verte (v. 17-24) : ***île** verte, cou**r**se ent**r**' ouve**r**te, Du **L**oi**r** autou**r** cou**l**ant, acco**l**ant, B**r**aye, endo**r**mie, Mu**r**mu**r**e à **l**' envi**r**on, gi**r**on.*

– **Fluidité syntaxique et rythmique** permise par la brièveté des mètres. Noter les enjambements strophiques qui favorisent la musicalité et la facture familière de l'évocation.

**3- La présence de la mort**

L'inspiration ronsardienne, nourrie d'épicurisme, voit dans la nature le lieu des métamorphoses ; protectrice (▶ question **1**) mais aussi source d'une éternelle renaissance : permanence du vert (v. 17, 31-32) associé à la renaissance (*Engendrer un lierre*, v. 34) ; étreinte à la fois maternelle et charnelle (*autour coulant*, v. 19 ; *accolant*, v. 20 ; *Braye s'amie*, v. 21 ; *son giron*, v. 24 ; *M'embrassant en maint tour / Tout à l'entour*, v. 35-36) ; triomphe de l'ivresse dionysiaque (*la vigne tortisse*, v. 37) sur l'ordre apollinien (*Non près des rois levé / Ni d'or gravé*, v. 15-16 ; *le marbre, la pompe*, v. 26). La nature permet ainsi d'atténuer la présence de la mort. Elle est aussi révélatrice d'une conception de la poésie préférant (pour reprendre la formule de Francis Ponge) au monument (étymologiquement : ce qui reste, ce qui perpétue le souvenir), le « moviment » (le mouvement).

**ÉCRIRE**

Noter les points de rencontre entre le « locus amœnus » virgilien et le doux sépulcre de l'ode de Ronsard (▶ question **1**). Remarquer cependant que les références à la mythologie se font plus discrètes chez Ronsard, cédant le pas à une inspiration plus légère (humour de ce « testament ») et plus personnelle. Cela tient aussi au choix de l'ode anacréontique qui exige un style bas, un « sermo humilis ». La nature est pour Virgile un refuge, mais aussi le lieu où s'affirment des valeurs que le poète retourne contre les désordres de son temps marqués par l'ambition et le souvenir des guerres civiles.

## PISTES

■ **Pour une séquence : Lieux poétiques : nature et poésie** (▶ *supra*, p. 121).

■ **Lectures cursives** : Horace, *Odes* ; Paul Valéry, « Variations sur les *Bucoliques* », Pléiade ; Brassens, *Supplique pour être enterré à la plage de Sète*.

■ **Bibliographie :** P. Grimal, *Virgile ou la seconde naissance de Rome*, éd. Arthaud, 1985.

LA POÉSIE

### … Poésie et harmonie naturelle

**Saint-Amant**
***Œuvres poétiques***

p.170

## Le Melon

### APPROCHES

■ **Axes d'étude :** La parodie et le burlesque (p. 56-57). La description. L'humour (p. 519).

■ **Préalables :** Expliquer ce qu'est une **nature morte** en peinture : représentation d'objets inanimés, fruits, gibier, fleurs, instruments… dont le choix et la disposition revêtent des valeurs symboliques. Ce genre est en faveur au XVIIe siècle., avec les compositions sobres et austères des **vanités** : les objets représentés sont symboliques de la richesse et des plaisirs terrestres, mais certains détails (crâne, mouche, verres ébréchés…) suggèrent la fuite du temps, la brièveté de la vie et le triomphe de la mort (▶ *supra*, p. 33).

### LIRE : Un éloge spirituel

#### 1- Description et sensualité

• **Progression :**

– v. 1-19 : guide du parfum et investigations (fleurs ? pastille ? vin ? *Non, ce n'est rien d'entre ces choses*, v. 17) ; effet d'attente ;
– v. 19-32 : découverte visuelle du melon ;
– v. 33-44 : vers la dégustation…

• **Notations sensorielles :**

– Odorat : *odeur* (v. 1, 35), *doux parfum* (v. 2), *air de framboise* (v. 14)… ;
– Vue : *graver* (v. 23), *beau fruit* (v. 30), voir v. 6, 20 ;
– Toucher : *pesant* (v. 35), *en le baisant* (v. 36) ;
– Goût : *goût* (v. 41), *bon* (v. 42).

La sensualité s'exprime à travers le bonheur à la fois physique et spirituel suscité par l'évocation du fruit : *le cerveau réjouir* (v. 3), *le cœur épanouir* (v. 4), *extase* (v. 5), *doux manger* (v. 27), *idolâtrie* (v. 34) ; v. 35-36 : le melon devient objet d'amour, comme une femme. Suivant un itinéraire de gourmandise, le poème illustre la conception de la vie d'un **bon vivant**, qui ménage son désir et aime jouir des biens de ce monde.

#### 2- Poésie et humour

Le **locuteur** manifeste sa **présence** enthousiaste par des interrogations (v. 1-4, 6-8, 9, 10-16, 19), des exclamations (v. 5, 35-36), des apostrophes (v. 18, 33, 37), des termes hyperboliques (*extase*, v. 5 ; *Ces belles fleurs*, v. 6 ; *à la gloire*, v. 14 ; *admirable*, v. 22), des images (v. 12 ; allégorie de la nature, v. 21 à 32). En apparence, cette évocation du melon semble relever de la grande poésie d'éloge. Mais les décalages parodiques (▶ question **3** et la parodie du blason) indiquent qu'il s'agit d'un éloge héroï-comique. Cependant cet éloge plein d'humour n'est en rien gratuit : il s'oriente, comme en témoigne la fin du poème, vers une lecture moraliste (au sens que le XVIIe siècle donne à ce terme : dévoilement et étude des mœurs) : en témoigne la pointe du v. 44 : périphrase (= l'hypocrisie, le faux-semblant). L'intérieur des gens (leur morale) ne correspond pas à leur apparence (ils sont « creux » ou ont « mauvais goût ») : ils sont décevants quand on apprend à les connaître. L'allusion donne ici de la profondeur à la description.

#### 3- Le burlesque

Les décalages parodiques jouent sur la gravité ; le vocabulaire religieux *(extase, idolâtrie…)* et l'invocation païenne solennelle (v. 38-40) pour un simple melon sont ainsi associés au **vocabulaire amoureux** : la *chambre* (v. 1), lieu des plaisirs ; érotisation du parfum : *Quel doux parfum de musc et d'ambre*, v. 2 ; termes hyperboliques suggérant l'extase amoureuse (*j'en tombe en extase*, v. 5 ; *idolâtrie*, v. 34 ; *qu'il me charme en le baisant*, v. 36) ; signes d'un badinage (*Mille plaisants chiffres d'amour*, v. 24). La sensualité affirme implicitement un regard libertin (au sens du XVIIe siècle = libertinage philosophique) sur le monde. Les décalages burlesques détournent le lecteur du sérieux pour lui présenter une lecture sensualiste des êtres et des choses.

#### Conclusion

Une poésie spirituelle, d'une sensualité gourmande, chez un poète à l'inspiration variée (sentiment de la nature : « Les Quatre Saisons » ; truculence : « Les Goinfres » ; part de rêve : « Les Visions »…), échappant à toutes les catégories. La sensibilité baroque (foisonnement des images, des allusions ; hyperboles et ton hyperbolique ; goût de la nature ; opposition entre apparence et réalité ; esthétique de la surprise) s'inscrit dans une esthétique de la modernité (audace sensualiste du vocabulaire et des images ; humour).

### ÉCRIRE

Préserver les marques les plus évidentes de l'éloge et les choix énonciatifs (▶ question **2**). La subtilité du fromage peut se prêter aussi bien à des notations sensuelles qu'à des décalages burlesques. S'inspirer des poèmes gastronomiques ou de l'ode que Saint-Amant consacre au « Cantal » ou des textes du *Parti pris des choses* de Francis Ponge (▶ p. 238).

### PISTES

■ **Pour une séquence : Humour et ironie en poésie** (énonciation, ironie et dérision ; parodie des codes poétiques ; thèmes et enjeux) : Du Bellay, *Les Regrets*, p. 172 ; Musset, *Premières Poésies*, p. 192 ; Baudelaire, *Les Fleurs du mal*, p. 205 ; Tristan Corbière, *Les Amours jaunes*, p. 211 ; Jean-Claude Pirotte, *La Vallée de misère*, p. 211.

■ **Exercice complémentaire : Écriture**

Dégagez les ressemblances et les différences entre cette ode burlesque de Saint-Amant et le texte du *Parti pris des choses* de Francis Ponge (p. 238).

■ **Lecture cursive** : F. Ponge, *Le Parti pris des choses*.

■ **Bibliographie :** J.-M. Adam, *La Description*, PUF, 1993 ; Ph. Hamon, *Du Descriptif*, éd. Hachette, 1993.

... Poésie et harmonie naturelle

**La Fontaine**
***Fables***

p. 171

# Le Songe d'un habitant du Mogol

## APPROCHES

■ **Axes d'étude :** La fable (p. 323). Le lyrisme (p. 518).

■ **Préalables :**

Rappeler les **sources** principales de La Fontaine : Ésope (fabuliste grec du VIe siècle av. J.-C.) ; Phèdre (poète latin, mort en 69 ap. J.-C.) ; Avinus (IIIe ou IVe siècle ap. J.-C., auteur de 42 fables). La Fontaine renouvelle cette tradition de pédagogie, de morale et de style plaisant et satirique par la légèreté du ton (admiration pour Marot), par le piquant du récit et par le jeu subtil sur le vers libre.

Cette fable appartient au second recueil (VII à XI), paru dix ans après le premier ; La Fontaine met l'accent, dans son *Avertissement*, sur la recherche de la « **variété** » des tons et des sujets. L'Orient reste ici de convention, masque transparent pour le double langage de la fable. C'est plutôt à Virgile (*Géorgiques*, II, v. 458-502) et à la pastorale *(L'Astrée)* qu'il emprunte l'atmosphère bucolique du tableau.

■ **Vérifier** que sont compris : *mépris*, v. 8 (= trompé ; voir une méprise = une erreur) ; *asiles*, v. 25 (= refuges) ; *vertus*, v. 29 (= qualités) ; *objets*, v. 32 (= ce qui se présente à la vue) ; *lambris*, v. 35 (= revêtement en menuiserie garnissant les plafonds).

## LIRE : Le songe du poète

### 1- Les deux parties de la fable

– v. 1-17 : un songe énigmatique et symbolique ;
– v. 18-40 : une ode à la vie solitaire.

L'apologue se réduit au bref récit d'un songe et de son interprétation. La moralité en revanche est plus longue que d'ordinaire (23 vers contre 2 à 4), et beaucoup plus étendue que l'apologue, ce qui est exceptionnel. L'apologue semble être ici le prétexte à un développement lyrique du fabuliste.

Le thème de la solitude et de ses bienfaits unit les deux parties de la fable et amène avec discrétion et légèreté la **méditation** (v. 16-17 : le personnage qui recherchait la solitude est récompensé par la béatitude ; celui qui contrairement à sa vocation recherchait les honneurs et la compagnie, est sanctionné ; dans la seconde partie : *amour de la retraite*, v. 19 ; *Solitude... une douceur secrète*, v. 22 ; *loin des cours et des villes*, v. 26 ; *Je lui voue au désert...*, v. 38).

### 2- Le tableau de la nature

– v. 24-25 : *l'ombre et le frais, sombres asiles* ;
– v. 27-30 : *cieux, clartés errantes* ;
– v. 32-33 : *ruisseaux, rive fleurie.*

On reconnaît ici le décor traditionnel du « locus amœnus » (= lieu agréable) : bosquet, ombre, fraîcheur, cours d'eau ; nature idyllique, propice à la méditation ou à l'amour (► p.168-169).

Le poète marque sa préférence pour la *retraite* (= vie retirée) et le *désert* (= lieu solitaire), pour se livrer à l'étude des arts et des sciences (v. 26-27, *les neuf Sœurs...*) ou à une poésie d'inspiration bucolique (v. 33). Il les oppose à la **vie de cour**, à la vaine gloire et aux intrigues mondaines (*Loin du monde et du bruit*, v. 24 ; *loin des cours et des villes*, v. 26), à la richesse (négations des v. 34-35), aux tracas (*sans soins*, v. 40). Sans doute faut-il lire, dans l'évocation des *divers mouvements* des *clartés errantes* (v. 28-29), une allusion discrète au *De natura rerum* de Lucrèce et à la philosophie d'Épicure, l'affirmation d'une conception du bonheur où le détachement des biens matériels épargne les soucis (v. 34-35, 40), et permet d'avoir la conscience en paix.

### 3- Une confidence lyrique

Si les marques d'ironie ne sont pas absentes du premier mouvement de la fable (distance factice du cadre exotique du récit exigeant la complicité du lecteur ; irrévérence familière, à l'encontre d'un Dieu omnipotent et très sage, sujet à l'erreur, v. 7-8 ; satire à l'égard des religieux, v. 16-17), la tonalité **lyrique** est dominante dans **le second mouvement** sous diverses formes :

– **oratoire :** solennité des apostrophes (v. 21, 22, 23) ; interrogations et exclamations ; références mythologiques (v. 26, 34, 38), mais tempérées par l'humour (décalage avec le thème du sommeil de ces sacrifices votifs...) ;

– **intimiste :** passage du ton didactique général (v. 18-21) au particulier, individuel (v. 22-40) ; expression des goûts secrets : *je trouve... secrète*, v. 22 ; *j'aimai*, v. 23 ; *goûter*, v. 24 ;

– **poétique :** périphrases, v. 29, 34 ; images, v. 26 ; travail sur les sonorités (rime interne *ombre / sombres* v. 24-25 ; assonances en [i] (v. 33, 34, 35, et à la rime, v. 33-38) et voyelles ouvertes (v. 22, 23, 24, 26...), [ɔ] (v. 34, 35, 36, et à la rime, v. 39-40).

– **humoristique :** négations, interrogations qui supposent un « idéal » récusé par le poète, un interlocuteur dont il repousse les objections, v. 35-40.

Ces formes conviennent à la philosophie du texte, car l'épicurisme n'est pas ici appel à la jouissance, mais véritable sagesse : poésie simple et personnelle pour exprimer une philosophie de bonheur simple et solitaire.

### Conclusion

Un texte rare dans les *Fables*, où s'exprime la nostalgie légère et l'humour mélancolique. Malgré les modèles, c'est une voix personnelle qui se fait entendre fugitivement ici.

## PISTES

■ **Pour une séquence**

• **Lieux poétiques : nature et poésie** (► *supra*, p. 121).

• **Visages de La Fontaine** (typologie des fables : personnages, structure, domaine de réflexion, tonalités ; constantes et variantes) : « Le Héron », p. 64 ; « Le Savetier et le financier », p. 324 ; « Les Animaux malades de la peste », p. 326 ; « Les deux Coqs », p. 444.

■ **Exercice complémentaire : Style**
Relevez et élucidez les périphrases dans les v. 26-40, puis précisez leurs fonctions.

■ **Lecture cursive :** La Fontaine, *Les Amours de Psyché et de Cupidon*, éd. Garnier-Flammarion.

■ **Bibliographie :** R. Duchêne, *Jean La Fontaine*, éd. Fayard, 1990 ; P. Dandrey, *La Fabrique des Fables. Essai sur la poétique de La Fontaine*, éd. Klincksieck, 1992 ; F. Nepote-Desmarres, *La Fontaine, Fables*, PUF, 1999.

▸ LE POÈTE FACE AU MONDE

# L'épique et le satirique

**Du Bellay**
***Les Regrets***

p. 172

## « Voici le Carnaval... »

### APPROCHES

■ **Axes d'étude :** La satire (p. 518). L'ironie (p. 351).

■ **Préalables :**
Rappeler ce qu'est la **veine satirique** : les origines (*satura* latine, Horace et Juvénal), le sens de « mélange, pot-pourri », le passage au sens général de « critique visant les ridicules des mœurs, des individus, des institutions... ».

Partir de la symbolique du **Carnaval** (favorisé par le pape dépravé Jules III), temps de réjouissances profanes (bals, cortèges, mascarades) séparant l'Épiphanie du mercredi des Cendres pour montrer comment Du Bellay fait de ce moment d'inversion des rôles et des valeurs une satire des mœurs romaines, de la comédie des masques, et une réflexion sur les apparences.

■ **Vérifier** la compréhension de : *menons chacun la sienne*, v. 1 (= menons chacun notre amie).

### LIRE : La comédie des masques

#### 1- La structure du sonnet

**Sonnet italien** : deux quatrains à rimes embrassées (ABBA/ABBA) suivis d'un sizain (typographie en deux tercets) composé d'un distique (v. 9-10 : CC, avec rime normande reposant sur un calembour : *par l'air / parler*) et d'un quatrain à rimes embrassées (DEED). La syntaxe – longue phrase v. 1-10, s'ouvrant sur le présentatif *Voici* (v. 1), rythmée par des impératifs juxtaposés (1er quatrain) puis coordonnés (2e quatrain), le plus souvent en anaphore en tête de vers – réunit les quatrains et le distique (et non le sizain) ; ils décrivent les différents spectacles qui emportent les courtisans.

Le dernier quatrain (v. 11-14) reprend le même mouvement (▸ question **2**), mais le cadre change : *les saints lieux* (v. 12). Cette structure souligne une **satire mordante** : valeur consécutive du lien logique *donc* (v. 11) établissant un lien entre les réjouissances et *la pardonnance* ; reprise du présentatif *voici* ménageant un écho satirique : *Voici le Carnaval* (v. 1) / *voici la pardonnance* (v. 11). Le renversement des valeurs atteint même *les saints lieux* (*Là nous ferons l'amour*, v. 13) et le respect (sarcastique : *mais ce sera des yeux*, v. 13) n'est que pour l'apparence. Ce contraste prépare ainsi la pointe ironique du dernier vers : *Car passer plus avant c'est contre l'ordonnance* (v. 14).

#### 2- La satire des courtisans

**Impression de vie et de mouvement** donnée par l'accumulation et la place des formes verbales :
– dynamisme des verbes de mouvement (*mener* : noter l'écho ironique *menons chacun la sienne*, v. 1 / *par le nez le sot buffle mener*, v. 6 ; *aller, se promener, courir, se dépêcher, visiter, passer plus avant* dans son sens figuré) et la théâtralité des gestes (*baller*, v. 2, par opposition à *danser*, suggère le mouvement trépidant d'une danse grotesque ; *bouffonner* signifie « faire une grimace en gonflant les joues ») ;
– reprise anaphorique des verbes à l'impératif, souvent à l'initiale du vers (v. 2, 3, 5, 6, 7, 8, 9) ou du second hémistiche (v. 1 et 2) ;
– emploi du futur : *Il nous faudra demain visiter les saints lieux*, v. 12 ; *nous ferons l'amour* ; *ce sera des yeux*, v. 13.

Ces verbes suggèrent l'emportement des courtisans pris dans l'étourdissement des plaisirs (*le pal*, v. 5 ; *d'œufs parfumés un orage grêler*, v. 9 ; *la fusée ardent' siffler menue par l'air*, v. 10) et dans le vertige des apparences.

#### 3- Une écriture sarcastique

**V. 8** : diérèse sur *Itali-enne*, soulignant ironiquement l'hypocrisie de cette *adresse* (▸ question **4**), un art de l'esquive (face au *fier taureau*, v. 7). Mais la tonalité sarcastique concerne plus largement l'art du *combat* (v. 8). Il s'agit très probablement d'une allusion aux événements du temps : la Toscane est perdue par les troupes de la Papauté alliées aux troupes françaises devant les troupes impériales. Telle est sans doute la fonction sarcastique des autres diérèses du poème (*Véniti-enne*, v. 4 ; *anci-enne*, v. 5) qui font entendre en écho à la rime *sienne* (v. 1) le nom de Sienne, ville de Toscane.

#### 4- Le théâtre des apparences

Champ lexical de la **vue** : *voici*, v. 1 et 11 ; anaphore du verbe *voir* (v. 1, 3, 5) ; échange de regards complices et amoureux : *ce sera des yeux*, v. 13. Associé à l'évocation de **spectacles** (étymologiquement *hypocrite* signifie en grec « celui qui est sous le masque, l'acteur ») : danse grotesque de la pantomime déguisée et de la comédie intriguée : *baller en masque*, v. 2 ; personnages grimaçants de la comédie italienne : *Marc-Antoine ou Zany* [...] / *Avec son Magnifique à la Vénitienne* (v. 3-4). À la théâtralité, le 2e quatrain associe des spectacles révélant sous le masque un goût prononcé pour la cruauté, pour une **violence** archaïque et ancestrale : course du pallio (*courir le pal à la mode ancienne*, v. 5), spectacles de l'arène (v. 6-7).

Ce qui est montré révèle ainsi, derrière les apparences, le monstrueux. À côté des feux d'artifice dérisoires

(v. 9-10), *les saints lieux* (v. 12) deviennent le théâtre d'une comédie amoureuse (v. 11-14). La satire joue sur l'accumulation, sur le dynamisme de la représentation (▶ question **2**), sur les procédés de grossissement propres à la caricature (▶ question **2** : *baller, bouffonner*), sur l'implicite (▶ question **3**) et sur la pointe.

**Conclusion**

Dans ce sonnet, Du Bellay se livre à une satire féroce de l'hypocrisie et de la lâcheté de la cour pontificale. Le thème du masque, le contexte du Carnaval (où devient possible le renversement des valeurs), permettent de mettre en scène et de révéler un théâtre de la cruauté où s'agitent, emportés par le vertige des illusions, les courtisans dévoyés.

## PERSPECTIVES (p. 173)

### ■ Marot, *L'Enfer*.

**LIRE : Une satire infernale**

**1- Les étapes de la description**

Les anaphores qui ouvrent les 9 premiers vers dynamisent la description. Le lecteur (voir la fonction du déictique *Là*) est placé dans la position du nouvel arrivant auquel Cerbère décrit le lieu de sa captivité. À la description des lieux (v. 1-13), centrée sur la pratique de la vente des causes (▶ note **3**), succède un commentaire de Cerbère sur la justice se nourrissant de la *maulvaistié* des hommes (v. 24).

**2- Une satire de la justice du temps**

La satire allégorique de la justice fait référence aux réalités du temps : procès traînant en longueur (v. 3-4) ; coût des procédures (v. 5-6) ; vente des causes (v. 8 ; ▶ note 3). Ces allusions actualisent la vision et renforcent la satire d'une justice vénale et partiale.

**3- Les procédés de l'écriture satirique**

• **La situation d'énonciation** : Cerbère fait au lecteur placé dans la position du nouvel arrivant un éloge inversé d'une justice qui se nourrit du malheur et de *la maulvaistié des hommes*. D'où des énoncés paradoxaux : *Là trouve l'on façon de prolonger / Ce qui se doit, et se peut abréger* (v. 3-4) ; *Là se détruit mainte bonne maison* (v. 6) ; *Là biens sans cause en causes se dépendent* (v. 7) ; *Et tant plus sont les hommes discordants, / Plus à discord émouvons leurs courages* (v. 14-15) ; *Car s'on vivait en paix, comme est métier, / Rien ne vaudrait de ce lieu le métier* (v. 17-18).

• **Style oratoire et violence de la satire :**

– anaphores (▶ question **1**) ;

– antithèses parfois renforcées par des chiasmes (*les plus grands les plus petits*, v. 1 / *les petits… aux grands*, v. 2) ou par la rime (*prolonger / abréger*, v. 3-4) ;

– figures d'accumulation (outre les anaphores) : énumérations ; polyptote : *sans cause en causes* (v. 7), termes descriptifs et concrets (*ces mordants*, v. 13) renforcés par les sonorités (*mordants / discordants*, v. 13-14) ; figures d'insistance : superlatif (*les plus grands les plus petits*, v. 1), rimes (*détruisent / nuisent*, v. 1-2) ; diérèses (*consci-ence*, v. 11 / *pati-ence*, v. 12) ;

– formes pronominales à valeur passive ou réciproque (*se doit, se peut abréger*, v. 4 ; *se détruit*, v. 6 ; *se dépendent*, v. 7 ; *s'entrevendent*, v. 8) et allitérations en [s] et [z] (par exemple v. 8 et 9 : *Là biens sans cause en causes se dépendent : / Là les causeurs les causes s'entrevendent*) rappellent l'image du serpent (latin *serpere* = ramper, se glisser) qui nourrit l'allégorie de la justice, à la fois vision fantastique de l'Hydre de Lerne et symbole biblique du Mal (le démon tentateur de la Genèse) en rapport sémantique avec l'Enfer qu'il peuple.

**4- La clôture du poème**

Les deux derniers vers donnent à la satire une dimension plus spirituelle (▶ question **3**). Noter la valeur générique de l'article défini (v. 24) et le champ lexical renvoyant au mal ontologique : *La maulvaistié de ce monde maudit*, v. 10 ; *mal*, v. 20 ; *mefface*, v. 21 : voir « méfait »). Cette satire des mœurs judiciaires du temps est aussi une réflexion poétique sur le mal.

## PISTES

**■ Pour une séquence**

• **Poésie et satire sociale** (les cibles ; mise en scène et masques ; formes et tonalités de la dénonciation) : Boileau, *Satires*, p. 176 ; Juvénal, *Satires*, p. 177 ; Xavier Forneret, *Vapeurs, ni vers, ni prose*, p. 193 ; Rimbaud, *Illuminations*, p. 208 ; Prévert, *Paroles*, p. 232.

• **Du Bellay : les voix d'un poète** (▶ *supra*, p. 113).

**■ Exercice complémentaire : Langue**

Étudiez les valeurs des verbes pronominaux dans le texte de Marot.

**■ Lectures cursives** : Dante, *L'Enfer* ; J. Lemaire de Belges, *Deuxième Épître de l'Amant vert*.

**■ Bibliographie** : Y. Bellenger, *Du Bellay et ses sonnets romains*, éd. Champion, 1994.

## … L'épique et le satirique

### D'Aubigné
### *Les Tragiques* (p. 174)

## « Quand le peuple gémit sous le faix tyrannique »

## APPROCHES

**■ Axes d'étude :** Le baroque (p. 48). Les figures de style (p. 516). La poésie engagée.

**■ Préalables** : Rappeler l'**ampleur de la vision** éthique et esthétique des ***Tragiques***, empruntant à différents genres (l'épique, le tragique ou le satirique) ainsi que la perspective eschatologique (= ouvertes sur les fins dernières) qui soutient la composition de ce vaste poème : peinture des horreurs de la guerre civile (Livre I, *Misères*) ; satire d'une cour corrompue

(II, *Princes*) ; satire de la corruption des juges « mangeurs d'hommes » (III, *La Chambre dorée*) ; évocation des martyrs dévorés par les bûchers (IV, *Les Feux*) ; évocation des victimes des massacres (V, *Les Fers*) ; vision des foudres de la vengeance divine (VI, *Vengeances*) ; vision de la lumière du jugement dernier (VII, *Jugement*).

## LIRE : Un rire sardonique

### 1- L'émergence du portrait

Le portrait des flatteurs est d'abord mis en perspective avec l'***histoire tragique*** (v. 4) : *massacres sanglants* (v. 1) ; *le faix tyrannique* (v. 3) ; *ce sang tout frais* (v. 10) (▶ question **3**) ; *notre échafaud* (v. 10) ; *notre meurtre* (v. 12) ; *le sang recelé* (v. 13). La cruauté donne plus de force à la satire, d'autant que ces massacres sont associés à une thématique du jeu, de la dissimulation et du plaisir : *Exercices et jeux* (v. 2) ; *farces et jeux* (v. 5) ; *Un ris sardonien peint leurs affections* (v. 6) ; *les plaisants se déguisent* (v. 7) ; *Enfarinés, noircis* (v. 8) ; *ces bateleurs* (v. 8) ; *le cothurne* (v. 9) ; *cacher* (v. 12) ; *recelé* (v. 13) ; *Les délices des grands* (v. 15).

L'emploi du discours direct (v. 9-12) pour les paroles des flatteurs déclenche et souligne l'invective du poète (v. 17-28) contre les vices de la cour : lâcheté : (*lâches flatteurs*, v. 17) ; pusillanimité et versatilité (*ployables esprits*, v. 19 ; *consciences molles*, v. 19 ; *Téméraires jouets*, v. 20) ; servilité (*Vous êtes fils de serfs*, v. 27) ; perversité profonde de ceux qui *Ont au plaisir d'autrui l'aboi de leurs plaisirs* (v. 26).

### 2- L'épique et le satirique

• **L'écriture épique :**

– **véhémence de la phrase** : rythme de la période, par exemple v. 1-5 : cadence mineure et reprise anaphorique de la subordonnée temporelle introduite par *Quand*… ; rythme oratoire de l'invective (v. 17-28) : apostrophes (v. 19-20) ;

– **vision surplombante, embrassant l'histoire** : *Quand ce siècle n'est rien qu'une histoire tragique* (v. 4) ; perspective eschatologique : noter l'emploi du futur catégorique à valeur prophétique (v. 13-14) ou celui du présent gnomique (v. 15-16) ;

– **antithèses** : v. 15-16 : *délices / forfaits* ; *s'envolent / teignent* ; *fumée / renommée*.

L'Histoire est représentée au sein d'une vision épique comme la lutte de forces contraires (*le peuple*, v. 3 ; *le faix tyrannique*, v. 3). Le poème s'inscrit dans une perspective qui est celle de l'apocalypse (en grec = révélation), du châtiment des coupables, de la révélation des crimes (*révélé*, v. 14).

• **L'écriture satirique :**

– **contrastes** : *massacres sanglants* (v. 1) / *Exercices et jeux* (v. 2) ;

– **caractérisations** tendant vers la **caricature** : *Enfarinés* ; *noircis* ; *bateleurs* (v. 8) ;

– **pointes sarcastiques et invectives** : *Déchaussons le cothurne* (v. 9) ; *vos têtes tondues* (v. 27) : allusion à la servitude mais aussi peut-être référence à la prostitution avec *vos mères vendues* (v. 28), à la débauche (voir symptômes de la pelade).

Même si *Les Tragiques* jouent sur le mélange des genres et des registres (▶ p. 518), D'Aubigné privilégie dans le Livre II un style « moyen et satirique ».

### 3- Un lyrisme du sang

Le sang est d'abord celui des martyrs (*massacres sanglants*, v. 1), signe de l'opprobre que les coupables s'efforcent de dissimuler (*Jeter ce sang tout frais hors de notre échafaud*, v. 10 ; *le sang recelé*, v. 13), en vain (v. 16). Le sang est alors ce qui permet la révélation dont l'écriture souligne la violence (*puant au nez, non aux yeux révélé*, v. 14). Dans le portrait des *flatteurs* (v. 17-28), le thème du sang engage une série de négations mises en valeur par des parallélismes (*Votre sang n'est point sang, vos cœurs ne sont point cœurs*, v. 21 ; *il n'y a point d'âme en l'âme des flatteurs*, v. 22 ; *ces cœurs non vrais cœurs, ces désirs non désirs*, v. 25). Le sang n'est plus un fluide vital (v. 23-24) ; il semble ôter aux flatteurs toute humanité, révéler la cruelle froideur de créatures monstrueuses (*l'aboi de leurs plaisirs*, v. 26). Le massacre des innocents engendre un univers monstrueux, un « monde à l'envers » où les valeurs sont inversées.

### Conclusion

Un texte violemment polémique où le style « moyen et satirique » stigmatise la lâcheté et de la cruauté des flatteurs et de la Cour. L'originalité de l'écriture d'Agrippa d'Aubigné tient à ce mélange des genres et des registres qui donne à la satire une ampleur visionnaire.

## PISTES

■ **Pour une séquence : La poésie engagée** (présence de l'écrivain ; pour et contre ; les tonalités ; idéologie et esthétique) : Hugo, *Châtiments*, p. 188 ; Cadou, *Pleine Poitrine*, p. 229 ; Char, *Feuillets d'Hypnos*, p. 229 ; Césaire, *Cahier d'un retour au pays natal*, p. 230.

■ **Exercice complémentaire : Versification**
Étudiez le sens des rimes dans les vers 1 à 16.

■ **Lecture cursive :** Ronsard, *Continuation du discours des misères de ce temps.*

■ **Bibliographie :** F. Lestringant, *Agrippa d'Aubigné, Les Tragiques*, PUF, 1981.

*… Les Tragiques* p. 175

## « La terre ouvre son sein »

## APPROCHES

■ **Axes d'étude :** Le baroque (p. 48). Les figures de style (p. 516)

■ **Préalables** : Rappeler ce qu'est l'***Apocalypse*** (= dévoilement de Dieu) : texte attribué à saint Jean l'évangéliste, venant après l'Ancien et le Nouveau Testament et décrivant la vision prophétique du retour du Christ à la fin des temps, dans un style énigmatique et visionnaire. Importance de ce texte dans les temps troublés des guerres de religion, en particulier dans la littérature protestante : atmosphère de fin du monde, réconfort par l'idée du rétablissement de la justice au jugement dernier. La résurrection des morts est à la fois un article de foi majeur et un thème poétique.

■ **Vérifier** la compréhension des v. 17-24 (les persécutions avaient suscité inquiétudes et débats sur la possibilité de résurrection des corps dispersés ou brûlés).

## LIRE : Une vision prophétique

### 1- L'organisation de la vision

**Les deux premiers vers** suggèrent une rupture radicale (du terrestre au divin) ; ils opposent la poésie (*c'est trop chanté*) et la vision éblouie (*il faut tourner les yeux / Éblouis de rayons*), qui ne semblent pas compatibles. La vision prophétique est un éblouissement, venant de la contemplation des rayons divins : elle est censée remplacer la poésie. Paradoxalement, la poésie continue : pour peindre l'invisible (à venir et transcendant), elle recourt à cette fiction de la vision inspirée par Dieu.

### 2- Vision et révélation

• **Représenter l'espace** par des notations :
– **de lieu :** adverbes *Ici* (v. 9, 11), *Là* (v. 13) ; fréquence de la préposition *de* qui marque l'origine du mouvement : *du ventre* (v. 5), *Du pré, du bois, du champ,... de toutes places* (v. 7), *du profond* (v. 15), *de la mort* (v. 16), *d'un songe* (v. 16) ;
– **de mouvement :** vertical, irrésistible, à travers tout obstacle : *Sortent, sortir, sortent, sort* (v. 8, 12, 16), *sont percés* (v. 10), *venant, Viennent* (v. 15, 23), *volent* (v. 21) ;
– **de changement d'état :** par rapprochement de termes : *déchirés* (v. 17) / *asserrés* (v. 18), *unis / épars* (v. 22).
• **Représenter le temps :** la résurrection est au présent, annoncée par *C'est fait, Dieu vient régner* (v. 3), *Se voit la période à ce point accomplie* (v. 4) ; opposition à partir du v. 17 entre le passé et le présent, marquée par l'adverbe *autrefois* (v. 17), le passé composé *Se sont... asserrés* (v. 18) et par le passé simple *furent* (v. 22).

La représentation du temps et de l'espace actualise fortement la résurrection des suppliciés (▶ question **3**) ; elle suggère ainsi la révélation inscrite dans le texte de l'*Apocalypse*.

### 3- Une écriture expressionniste

• **Par le point de vue :** spectacle vu par un témoin extérieur assistant à la résurrection (emploi du présent ; *Ici*, v. 9, 11 ; *Là*, v. 13 ; *cette*, v. 23) ; remontée perçue de l'intérieur des éléments traversés (l'arbre *sent*, v. 11 ; l'eau *sent*, v. 14), qui participent au processus. Vision organisée autour de la résurrection des corps, en un mouvement puissant, continu, qui dynamise et rassemble tout l'univers : les corps enterrés sortent de tous les endroits de la terre, les corps suppliciés (*cendres, membres déchirés*, v. 17-22) retrouvent leur état originel en une sorte de jubilation (*heureuse*, v. 23 ; *riant* (2 fois) ; *agréable audace*, v. 24) ; rythme rapide suggéré par les groupes de deux syllabes : *Du pré, du bois, du champ* (v. 7), par les hémistiches de rythme croissant (v. 8 : 1-5, v. 11 : 2-4 / 2-4, v. 13, 16) ; par les assonances [ɑ̃], [o], [ɔ̃], (v. 10, 11, 12, 15, 16, 18 ; v. 15-16) et les allitérations en [v] (v. 5-6), [ʃ] (v. 12-14), [p], [s], [R], v. 15-16).
• **Par une image très expressive de la naissance :** thématique baroque associant la vie et la mort en une même évocation ; suggérée par des métaphores sur le corps maternel : *La terre ouvre son sein* (v. 5), *du ventre des tombeaux* (v. 5), *Naissent* (v. 6), *bras* (v. 11) ; images fondées sur le lieu commun de la terre-mère nourricière, et de manière beaucoup plus originale, sur des analogies très concrètes – la cavité du tombeau et du ventre, l'apparition première du visage lors de la naissance (voir v. 8, 12). Évocation de la vie fœtale.
• **Par l'image baroque du réveil** (rapprochant la mort, le sommeil et le songe) dans la double comparaison : *Comme un nageur venant du profond... / ... comme l'on sort d'un songe* (v. 15-16) ; analogie du mouvement de remontée des profondeurs et de la sortie de la nuit, qui traduit l'émerveillement du ressuscitant. D'Aubigné réduit la mort au sommeil et fait de la résurrection un puissant processus vital, naturel, irrésistible.

### Conclusion

Un texte traversé par un élan de foi et une inspiration visionnaire : le dogme de la résurrection des corps s'exprime ici dans l'épaisseur charnelle des mots, des rythmes, des sonorités. La poésie met en image et rend presque palpable la résurrection, après le jugement dernier, et le triomphe des martyrs ; inspirée par la foi profonde du poète, elle veut à son tour inspirer l'espérance.

## PISTES

■ **Pour une séquence : L'inspiration biblique** (▶ *supra*, p. 132).

■ **Exercice complémentaire : Écriture**
L'art baroque « part de l'absolue liberté de l'esprit, de son droit à créer des formes, à grouper arbitrairement des images » (A. Adam). Vous examinerez comment l'esthétique des textes de D'Aubigné (p. 155, 174-175) répond à cette analyse.

■ **Bibliographie :** *Dictionnaire culturel de la Bible*, éd. Nathan-Cerf, 1990.

## ... L'épique et le satirique

**Boileau**
***Satires*** p. 176

### « Qui frappe l'air, bon Dieu ! »

## APPROCHES

■ **Axes d'étude :** La satire (p. 518). La description. Les figures de style (p. 516). Poésie et imitation.

■ **Préalables :** À partir d'exemples contemporains (*Le Canard enchaîné*, Les Guignols de l'Info...), préciser la **notion de satire** (en latin *satura* = mélange, pot-pourri). La diversité des thèmes, des formes et des tonalités accorde au genre une liberté particulière dans la peinture des vices et des travers d'une société, d'où sa fortune : poètes latins Horace (65-8, av. J.-C.), Juvénal, Perse (34-62, ap. J.-C.) et Martial (40-104, ap. J.-C.), fabliaux du Moyen Âge, la *Satire Ménippée* à la Renaissance, Mathurin Régnier, Boileau. Rappeler l'importance de l'imitation dans l'esthétique classique dont Boileau, avec l'*Art poétique*, est aussi l'un des théoriciens.

■ **Vérifier** la compréhension de : *fendre la presse*, v. 31 (= fendre la foule).

## LIRE : Les embarras de Paris

### 1- Une description en mouvement

**• La présence du locuteur :**

– fréquence du pronom personnel sujet (v. 5, 6, 14, 21, 27, 29, 31, 33, 34) ou complément (v. 6, 10, 11, 14, 20), et du déterminant possessif de 1re personne (v. 13, 14, 28, 34) ;

– déictiques (*ces*, v. 1 ; *ici*, v. 4, 14 ; *déjà*, v. 21 ; *Là*, v. 35) et repérage de l'espace par rapport au locuteur (*vers l'Église*, v. 36 ; *plus loin*, v. 37) ;

– présent (*J'ai beau sauter du lit*, v. 5) et verbes de perception (*J'entends*, v. 21 ; *Je vois*, v. 34) ;

– dynamisme de la phrase : interrogations initiales (v. 1-4), parataxe concessive (*J'ai beau... Je pense...*, v. 5-6), subordination inverse (*à peine... Qu'un affreux...*, v. 15-20) et subordonnée temporelle (*Tandis que...*, v. 23) soulignant la concomitance.

Le locuteur, débordé, semble traduire simultanément, « en direct », les désagréments qu'il subit (noter les formes passives : *tout froissé*, v. 33 ; *renversé*, v. 34) et perçoit (*Je pense*, v. 6 ; *je me plains*, v. 14).

**• Animer la description :**

– éveil brutal (v. 1-26) par une cacophonie de bruits divers : *cris* (v. 1, 16 ; *crie*, v. 8), *miaule* (v. 7), *roule sa voix* (v. 8), *ramage* (v. 15), *bruit* (v. 19, 25), *coups de marteau* (v. 20), *mille cloches* (v. 23), *concert* (v. 24), *grêle* et *vents* (v. 25) ;

– emploi de *L'un... L'autre* (v. 7-8) et de *tout* (v. 4, 6, 9, 13) traduisant l'ampleur et la diversité des bruits ;

– marche dans la rue au milieu de la foule (v. 27-38) ; aux bruits succèdent l'accumulation des lieux, des gens, des mouvements désordonnés (► iconographie) : *presse* (v. 31), *peuple*, *fourmillent* (v. 32) ; indéfinis : *L'un* (v. 32), *d'un autre* (v. 34), *l'un l'autre* (v. 37) ; pluriels : *Laquais* (v. 37), *passants* (v. 38) ; verbes d'action : *fendre* (v. 31), *fourmillent* (v. 32), *heurte* (v. 33), *s'avance* (v. 36).

Le *je* semble emporté malgré lui dans un sabbat (► question **3**) intérieur et extérieur (style hyperbolique et gradation : *Ce n'est pas tout encor*, v. 9 ; *pis vingt fois*, v. 30).

### 2- Images et satire

**– Métaphores :** *fendre la tête*, v. 20 ; *fendre la presse*, v. 31 ; *fourmillent*, v. 32.

**– Comparaisons :** *comme un tigre en furie* (v. 7), *comme un enfant qui crie* (v. 8), *Que jamais en plein jour, ne fut l'abbé de Pure* (v. 12). Leur valeur est à la fois illustrative (noter par exemple l'allitération en [R] pour les v. 7 et 8 : *grondant, tigre, furie, L'autre, roule, crie* ; le choix d'un comparant soit concret, soit en référence à l'actualité avec l'abbé de Pure, ► note **1**) et argumentative : figures « arguments » destinées à frapper l'imagination et la sensibilité du lecteur, à souligner en les grossissant jusqu'à la caricature les traits les plus évidents de la satire.

### 3- Un monde infernal

– ***Lugubre*** (v. 1) : du latin *lugubris* : en deuil, d'où funèbre, sinistre, mortel. Grossissement caricatural et registre héroï-comique (voir l'antéposition) ;

– mais aussi sèmes plus inquiétants du deuil et de la mort, associés à la nuit. La nuit est le cadre de la scène ; le sommeil troublé par les importuns (*veiller*, v. 2 ; *éveiller*, v. 10 ; *troubler mon repos*, v. 13) est à l'origine de la satire et d'une souffrance du locuteur transcrite par des hyperboles : *fâcheux* (v. 3), *plein de trouble et d'effroi* (v. 5), *affreux* (v. 17), *maudit* (v. 19), *mourir* (v. 26). La scène réaliste est comme transfigurée : la nuit devient alors nuit infernale (*tout l'Enfer est chez moi*, v. 6), avec un sabbat conduit par un *fâcheux Démon* (v. 3) favorisant des alliances contre nature (*Les souris et les rats / Semblent, pour m'éveiller, s'entendre avec les chats*, v. 9-10), révélant implicitement la présence inquiétante de la mort (*la nuit obscure*, v. 11 ; *un funèbre concert*, v. 24 ; *la grêle* et les *vents*, v. 25, rappelant les châtiments de l'Apocalypse ; *d'un enterrement la funèbre ordonnance*, v. 35 ; *un pas lugubre et lent*, v. 36).

### Conclusion

Reprenant le thème des embarras de la ville, thème traité par les poètes satiriques latins comme Juvénal (► p. 177), Boileau transfigure une scène réaliste en épopée héroï-comique. L'originalité du texte tient à la mise en situation du lecteur, aux décalages humoristiques, à l'habileté de l'écrivain classique à rappeler discrètement ses modèles pour mieux affirmer son propre style.

## ÉCRIRE

Préserver les marques les plus évidentes de la satire et fixer clairement les attentes stylistiques (hyperboles, anaphores, figures-arguments, point de vue). Le texte de Boileau peut donner un certain nombre d'entrées : caractère acariâtre du locuteur, obsession du bruit et phobie des autres... On peut également, à partir des deux textes (Boileau / Juvénal), mettre en lumière les ridicules d'un discours fort ancien sur les embarras de la ville.

## *PERSPECTIVES* (p. 177)

### ■ Juvénal, *Satires*.

**LIRE : Les embarras de Rome**

**1- Un tableau pittoresque**

**– Réalisme du cadre :** *Le passage des voitures* (l. 4), *les sinuosités des rues étroites* (l. 4-5), *les querelles du troupeau* (l. 5), la *litière liburnienne* (l. 10), *une solive* (l. 16-17), *une poutre* (l. 17-18), *un métrète* (l. 18), *Mes jambes sont grasses de boue* (l. 18-19), *Une large chaussure* (l. 19), *un clou de soldat* (l. 20), *la sportule* (l. 22), description du *malheureux petit esclave* (l. 23-26), *marbres de Ligurie* (l. 31) ;

– **la fantaisie et l'outrance :** parallèle avec les *veaux marins* (l. 7) et allusions historiques (▶ question **2**) ;
– **l'actualisation :** le lecteur semble suivre le locuteur qui tente de fendre la *foule pressée* (l. 14) : présent actuel ; périphrase de passé proche (*qui venaient d'être reprisées*, l. 27-28 : « tunicae santae modo » = des tuniques à peine réparées dans le texte latin) ; déictiques : *En voici un…* (l. 17), *Voilà en lambeaux des tuniques* (l. 26-27 : « scindundur tunicae » = Se déchirent des tuniques dans le texte latin) ; indéfinis suggérant les mouvements d'une foule compacte : *L'un me heurte du coude* (l. 15-16), *l'autre me choque rudement* (l. 16), *En voici un…* (l.17), *cet autre* (l. 18) ; question posée au lecteur : *Voyez-vous…* (l. 21) ; modalité exclamative (l. 22-23).

Cette description précise et animée, sollicitant la complicité du lecteur, rend l'évocation pittoresque.

**2- Satire et allusions historiques**

Allusion comique au célèbre *sommeil de Drusus* (l. 6, voir note 1) mis sur le même plan que les *veaux marins* ; référence à *Corbulon* (l. 23, ▶ note **6**) soulignant le calvaire du *malheureux petit esclave* (l. 25), écrasé sous le poids des ustensiles qu'il doit porter. Le nom du général romain, célèbre pour sa force physique et pour son courage, est aussi le prétexte d'un jeu de mots (en latin *corbula* = la petite corbeille ; *corbulo* = le porteur). Ces allusions historiques inscrivent dans la satire des **décalages héroï-comiques**, donnent à l'évocation des embarras de Rome une **dimension caricaturale**, et sollicitent le **plaisir du lecteur** par la connivence, la fantaisie et l'humour.

**3- Une esthétique de la pointe**

La dernière phrase a le rôle d'une **clausule** rythmique et sémantique. Elle reprend en effet les principaux motifs de la satire de la foule pressée, monstrueuse, dangereuse (*Broyé, le cadavre*) :
– métaphore filée du flot destructeur : *le flot qui me précède* (l. 13-14) ; *Mes jambes sont grasses de boue* (l. 18-19), *cette masse se déverse sur les passants* (l. 32-33) ;
– description des dangers : coups (l. 15-18), blessure de la *large chaussure* et du *clou de soldat* (l. 19-21), menace de la *batterie de cuisine* portée par le *malheureux petit esclave* (l. 23-26), menace des chariots (l. 29-34). Le rythme vertigineux de la foule (vivacité des énumérations, asyndètes) semble comme mis en abyme par la comparaison finale : *le cadavre du brave homme disparaît tout entier, tel un souffle* ;
– le *brave homme* pourrait bien incarner le locuteur et sa crainte d'être dévoré.

## PISTES

■ **Pour une séquence : Poésie et satire sociale** (▶ *supra*, p. 138).

■ **Exercice complémentaire : Écriture**
Comparez ces deux évocations des embarras de la ville. Où se situe selon vous l'originalité de la satire de Boileau ?

■ **Lectures cursives :** Montesquieu, *Lettres persanes* (lettre 24 sur les embarras de Paris) ; La Bruyère, *Les Caractères*, « De la ville ».

■ **Bibliographie :** P. Grimal, *La Littérature latine*, éd. Fayard, 1994 ; J. Pineau, *L'Univers satirique de Boileau*, éd. Droz, 1990.

# 2 La révolution romantique



## Le moi romantique ou le « je » du poète

**Lord Byron**
***Don Juan***

p. 181

### « J'ai perdu l'espérance »

### APPROCHES

■ **Axes d'étude :** Le lyrisme (p. 518). Le mal du siècle. L'ironie (p. 351).

■ **Préalables :** Rechercher des œuvres où apparaît Don Juan (Tirso de Molina, *L'Abuseur de Séville* ; Molière, *Dom Juan* ; Mozart, *Don Giovanni* ; Baudelaire, « Don Juan aux enfers », *Les Fleurs du mal* ; Delacroix).

Rappeler le mythe de Don Juan, la complexité d'un personnage à la fois séducteur, libertin de mœurs et de pensée, habile à jouer des apparences, maniant la provocation et l'ironie. C'est surtout l'opéra de Mozart (1787) qui, mêlant étroitement le désir et la mort, nourrit l'imaginaire romantique. Don Juan et Faust apparaissent comme deux figurations majeures de l'âme romantique et de ses incertitudes : en témoigne le thème du dédoublement et de la désillusion dans cette « confession d'un enfant du siècle ».

### LIRE : La désillusion du double

#### 1- Vanités et désillusion

Byron dénonce les vanités suivantes : l'**amour** (l. 1 à 4) : *J'ai passé le temps d'aimer, nul charme* (l. 1) ; *la dupe que je fus autrefois* (l. 2-3) ; *l'espérance crédule...* (l. 3-4) ; l'**ambition** (l. 7), en particulier littéraire (l. 11-12) ; la gloire (l. 13 à 19 et dernière strophe) : *un espace certain sur un papier incertain* (l. 13-14) ; *un nom, un mauvais portrait, un buste pire encore* (l. 18-19) ; apologue de Chéops dont il ne reste pas même *une pincée de poussière* (l. 25).

Le mouvement du poème, qui va du cas particulier (*je*) à la généralisation (*les hommes, l'homme*), suggère une profonde **désillusion** : des plaisirs au constat de la vanité de tout être condamné à retourner à la poussière.

#### 2- L'ironie romantique

Dès la strophe CCXVI, l'**ironie** permet, de manière ambiguë, de désamorcer le pathétique de la confession de Don Juan. Les marques en sont perceptibles dans l'énumération (*nul charme de jeune fille, de femme mariée, et moins encore de veuve*, l. 1-2), le parallèle entre *l'espérance crédule des tendresses mutuelles* (l. 3-4) et *l'usage copieux du bordeaux* (l. 4), les marques d'un raisonnement logique proche du syllogisme (*donc...*, l. 5), l'éloge apparent de l'avarice (*un bon vice de vieux monsieur*, l. 5). L'ironie est le signe d'un dédoublement du locuteur éprouvant sa lucidité dans une **esthétique de la dérision.**

#### 3- Les marques du lyrisme

Le thème du désenchantement est traité sur le mode lyrique : confidence personnelle d'une souffrance liée à une perte (emploi du passé composé : *J'ai passé*, l. 1 ; *j'ai perdu*, l. 3) ; voix et expérience individuelles du héros élargies à l'humanité (*les hommes*, l. 16 ; *l'homme*, l. 20) ; apologue des l. 20-25 ; à l'ironie (▶ question **2**) succède l'**émotion des images** (métaphore : *Cet alchimique trésor...*, l. 10-11 ; comparaison entre la gloire et *l'ascension d'une montagne*, l. 14) et de **rythmes** que la traduction s'efforce de rendre, en particulier dans les strophes CCXVII et CCXVIII : **mesures rythmiques** : heptasyllabes (*L'ambition fut mon idole*, l. 7 ; *À quoi aboutit la gloire* ?, l. 13) et effets de clausule : *Cet alchimique trésor* (7) *qu'est la jeunesse étincelante* (8), *je l'ai dépensé trop tôt* (7), *mon cœur en passion* (5), *mon cerveau en rimes* (5) ; *un nom* (2), *un mauvais portrait* (5), *un buste pire encore* (6) ; effets de **cadence mineure** (*Maintenant* [...] *le Temps n'est plus.* », l. 9-10), soulignant le mouvement de la résignation, ou de **cadence majeure** (*c'est pour cela... « la lampe de minuit »*, l. 15-17) prolongeant le souffle de l'introspection ; **reprises anaphoriques** : *c'est pour cela que... pour cela... pour obtenir* (l. 15-19).

#### Conclusion

Une lecture romantique du mythe. Le miroir que Don Juan tend au poète est aussi l'épreuve d'une lucidité, de ce mal du siècle où la déréliction le dispute à la désillusion, ce dont témoigne l'ironie qui s'exerce à l'égard d'un monde où tout n'apparaît désormais que sous la lumière de la vanité et du désenchantement.

### PISTES

■ **Pour une séquence : Romantisme et mal du siècle** (causes ; manifestations et variations ; formes d'expression) : Ossian, *Fingal*, p. 97 ; Musset, *La Confession d'un enfant du siècle*, p. 99 ; Chateaubriand, *René*, p. 100 ; Vigny, *Chatterton*, p. 308 ; Senancour, *Oberman*, p. 389.

■ **Exercice complémentaire : Oral**

En vous aidant de l'introduction au romantisme (p. 92-94), expliquez en quoi ce poème de Byron illustre le mal du siècle.

■ **Lectures cursives :** Musset, *La Confession d'un enfant du siècle* ; *Namouna* ; Théophile Gautier, *La Comédie de la mort.*

■ **Bibliographie :** A. Preiss, *Le Mythe de Don Juan*, éd. Bordas, 1985 ; Ph. Hamon, *L'Ironie littéraire. Essai sur les formes de l'écriture oblique*, éd. Hachette, 1996.

## ... Le moi romantique ou le « je » du poète

### Hugo
### *Les Contemplations* 

p. 182

## Aux Feuillantines

### APPROCHES

■ **Axes d'étude :** La poésie lyrique (p. 518). L'enfance.

■ **Préalables :**

**Genres :** faire la distinction entre lyrisme et autobiographie (théoriquement en prose). Signaler la particularité du recueil des *Contemplations*, qui livre des bribes, des images, des flashes instantanés de souvenirs recomposés. Insister sur la portée générale de l'écriture de l'intime.

**Biographie :** rappeler la relative liberté laissée à ses enfants par Sophie Trébuchet, mère de Hugo, séparée de son mari général d'Empire, qui éleva seule ses enfants (Abel, Eugène et Victor) dans un esprit éclairé, royaliste et voltairien.

■ **Vérifier** la compréhension de : *estampes*, v. 15 (= images imprimées à partir de gravures sur cuivre ou sur bois).

### LIRE : Lyrisme et autobiographie

#### 1- La découverte du livre

• **Mouvement du poème et temps verbaux :**

– **strophes 1 à 3 :** imparfait de narration, qui décrit les circonstances idylliques de l'enfance des trois frères (imaginaire du grenier associé à l'enfance) ;

– **strophes 4 et 5 :** passé simple + indication temporelle *un jour* (v. 10) : événement déterminant, qui va changer le cours des choses : la découverte du livre ;

– **strophes 6 et 7 :** passé simple + connecteur temporel *alors* (v. 16) : l'aventure continue sous une forme plus fascinante encore, la lecture (*Nous lûmes* [...] *le soir nous le relûmes*) ;

– **strophe 8 :** comparaison avec l'oiseau et élargissement du souvenir personnel.

• Ce parcours progressif présente la **découverte** comme une chasse au trésor : le livre paraît d'abord désirable (v. 8) mais *inaccessible* (v. 9) : fascination, mais aussi difficulté de la lecture, de l'accès au savoir. Le fait que le livre soit une Bible (le Livre) confère une dimension sacrée à cette découverte (*odeur d'encensoir*, v. 13). Le livre suscite aussi un plaisir des sens (vue : *estampes*, v. 15 ; odorat : *odeur d'encensoir*, v. 13 ; toucher : *doux*, v. 17). La lecture est présentée comme une activité joyeuse et fascinante à la fois (3 dernières strophes). L'évocation du souvenir personnel débouche sur un hommage poétique à la lecture, présentée de façon haletante comme une découverte merveilleuse.

#### 2- Le livre-oiseau

• **Le rythme :** v. 22 : 4 + 8 : gradation ; v. 23 : 2 + 4 + 4 + 2 : rythme descendant ; v. 24 : 3 + 3 + 3 + 3 : rythme régulier. Le rythme de la dernière strophe imite le mouvement général du poème : à l'exaltation de la découverte succèdent la stupéfaction, l'émerveillement, qui mènent à une harmonie sereine.

• **La comparaison** (amenée par *Tels*) insiste sur deux des connotations relevées dans la question précédente : le sacré *(cieux)* et le plaisir *(douceur)*, et en rajoute une : le livre, comme l'oiseau, est vivant, et palpitant, aux sens propre et figuré.

#### 3- De l'intime à l'universel

Le « je », présent sous la forme du déterminant possessif *mes* qui ouvre le poème, se fond immédiatement dans un *nous* qui figure le groupe des enfants plus que l'individualité du poète ; l'émotion lyrique est ensuite exprimée par les exclamations (v. 15), le vocabulaire affectif (*bonheur*, *délire*, v. 15 ; *doux*, v. 17 ; *charmés*, v. 21 ; *riant*, *joyeux*, v. 23). Dans la dernière strophe, on passe du *nous* autobiographique, qui désigne le poète et ses frères, à une réflexion de portée générale, comme l'indique la comparaison du v. 22 (*Tels des enfants*) qui introduit un présent de vérité générale. Le poème se termine par un hommage à la lecture et à l'enfance.

#### Conclusion

Mélange de l'intimité et de la réflexion métaphysique. Hugo, poète de l'innocence enfantine, donne aussi une dimension métapoétique à ce texte, hommage au livre originel, la Bible.

### PISTES

■ **Pour une séquence : Poésie et enfance** (images et symbolique de l'enfance ; enfance et écriture : thèmes et motifs ; formes et tonalités) : Rimbaud, *Poésies*, p. 206, *Illuminations*, p. 209 ; Mallarmé, *Poésies*, p. 215 ; Supervielle, *Débarcadères*, p. 225 ; Bonnefoy, *Ce qui fut sans lumière*, p. 248.

■ **Bibliographie :** *Analyses et réflexions sur « Les Contemplations »*, éd. Marketing, coll. « Ellipses », 1982.

### ... *Les Contemplations*

p. 183

## « Demain, dès l'aube... »

### APPROCHES

■ **Axes d'étude :** Le lyrisme (p. 518). La poésie et la mort.

■ **Préalables :** Rappeler les circonstances biographiques de l'écriture du poème, après avoir fait interpréter la date du 3 septembre, veille de la date anniversaire de **la mort de Léopoldine** en 1843. La

LA POÉSIE

jeune femme, récemment mariée à Charles Vacquerie, s'était noyée accidentellement avec lui entre Caudebec et Villequier, sur la Seine (en Normandie). Leur embarcation avait chaviré. D'après les témoins, Léopoldine se serait accrochée d'abord sous le bateau, avant de sombrer ; Charles aurait essayé en vain de la sauver, et aurait choisi de couler avec elle. Hugo, en voyage avec Juliette Drouet, apprit la nouvelle quelques jours après la tragédie, au petit déjeuner, à l'hôtel ; c'est Juliette qui vit la première l'article dans le journal ; on imagine aisément, non seulement la douleur, mais aussi le sentiment de culpabilité qui s'empara du père. Les années suivantes, le poète se rend à la date anniversaire de l'accident sur la tombe de sa fille, dans le cimetière qui entoure la petite église de Villequier.

## LIRE : Entre présence et absence

### 1- L'amour au rendez-vous

• **Les marques de l'énonciation :** dès la première strophe, les marques de personne suggèrent un dialogue intime : adresse à l'interlocutrice (v. 2) soulignée par le rythme (4 / 2 // 6) ; parallélisme du v. 3 (reprise anaphorique de *j'irai* dans chaque hémistiche) indiquant la résolution du pèlerin. L'alternance du futur (v. 2, 3, 5, 8, 9, 11) et du présent (v. 1, 2, 4) rend sensible la fébrilité, l'exaltation avant le départ. Le temps est repéré par rapport au *je* (voir le déictique *Demain* à l'ouverture du poème). La disposition des pronoms (v. 2 : *Je... tu... je... tu* : double balancement ; v. 3-4 : *J'... j'... Je... toi* : tension vers l'interlocutrice) souligne le désir de retrouver l'autre.

• **Le lecteur** s'attend à un rendez-vous amoureux. Ce n'est qu'aux vers 11-12 qu'il comprend véritablement qu'il ne s'agit pas d'un rendez-vous d'amour, mais d'un pèlerinage sur une tombe.

### 2 - Le symbolisme du paysage

Au v. 1, l'*aube* (du latin *alba* = blanche) symbolise le retour de la lumière après la nuit, c'est-à-dire l'espérance au bout du deuil. La *campagne* est un lieu intermédiaire entre la ville et la nature sauvage que traverse le poète au v. 3 : par leur aspect grandiose, dense ou escarpé, la *forêt* et la *montagne* introduisent une dimension sublime, voire spirituelle, dans l'itinéraire du marcheur. Dans la strophe 2, où le poète est indifférent au paysage, le *jour* et la *nuit* (v. 8), paradoxalement assimilés l'un à l'autre, peuvent indiquer le passage du temps. Évocation du crépuscule dans la strophe 3, amené par une ellipse : *l'or du soir qui tombe* (v. 9) : la lumière dorée ajoute là encore une touche spirituelle.

Les **v. 9-10** sont paradoxaux : le poète décrit ce qu'il ne verra pas ; c'est une forme d'hypotypose, qui rend visible l'invisible : *les voiles*, synecdoques des bateaux, mettent l'accent sur la légèreté spectrale des tissus, et font percevoir le souffle du vent. Le nom du petit port normand d'Harfleur permet d'appeler la rime en « fleur » et introduit une note charmante et légère avant la révélation finale. La **rêverie du poète** a donc à la fois une dimension sensuelle et spirituelle.

### 3- La douleur du deuil

Les **variations du rythme** dans la deuxième strophe expriment l'émotion grave et recueillie du poète :

• **v. 5** : solennité du trimètre romantique (4 / 4 / 4) dont les rimes internes traduisent le repli sur soi ;

• **v. 6** : régularité de l'alexandrin (3 / 3 // 3 / 3) ; les hémistiches se répondent *(Sans... sans ; rien... aucun ; voir... entendre)* en formant un chiasme *(rien voir... entendre aucun)* qui figure encore l'enfermement ;

• **v. 7** : les coupes (1 + 3 + 4 + 4) ralentissent le rythme pour insister sur l'accablement ressenti par le poète ;

• le **v. 8**, accentué sur la première et la dernière syllabe, clôt la strophe par un **paradoxe** douloureux : l'accablement du poète le rend insensible à la lumière du jour, et perturbe ses repères temporels. L'antithèse entre le jour et la nuit souligne le bouleversement que le chagrin introduit dans l'ordre du monde.

La **douleur du deuil** est exprimée de manière originale en raison de l'ambiguïté entretenue dans le poème (▶ question **1**). Cette ambiguïté est poignante mais suggère l'**équivalence de tous les deuils** (fille, amie, amante...) et permet au poète de ne pas exprimer directement sa douleur : il ne s'agit pas véritablement d'une élégie ; l'émotion surgit d'autant plus forte qu'elle est associée à la discrétion et dépasse le seul cas individuel.

### Conclusion

Souligner la pudeur de cette évocation ; la fille disparue n'est jamais nommée ; si on ne connaissait pas la biographie de Hugo, on pourrait se demander si la personne disparue n'est pas une femme aimée, voire un ami ; on retrouve ici la particularité du lyrisme, qui dépasse le cadre de la poésie de circonstance pour atteindre à l'universalité d'un sentiment, ici le deuil.

## PERSPECTIVES (p. 183)

■ **Musset, *Derniers vers*, Tristesse.**

### DIRE

Dans les deux cas, l'énonciation semble inviter le lecteur à identifier le *je* poétique et le *je* autobiographique, à lire les confidences d'une souffrance personnelle. Le poème de Hugo est étroitement lié à des circonstances tragiques qui en constituent « l'arrière-histoire » (évocation d'Harfleur, date anniversaire de la mort de Léopoldine).

Si le sonnet de Musset, composé en 1840, peut être le souvenir douloureux de la liaison avec George Sand (entre 1833 et 1835), l'expérience personnelle est transcendée par une méditation poétique sur le désenchantement. Exprimée dans le 1er quatrain (retour sur le passé enfui), elle cède le pas à une réflexion sur les pouvoirs du poète (*j'ai connu la Vérité*, v. 5 ; v. 12). Dans ce constat douloureux (dépossession : *J'ai perdu*, v. 1, 3 ; désillusion : *Qui faisait croire*, v. 4, *J'ai cru*, v. 6 ; dégoût, v. 8), l'être est atteint dans son corps (*ma force et ma vie*, v. 1) comme dans son âme (*mon génie*, v. 4), la conscience du temps semble menacer la création poétique : le poème conduit à un élargissement spirituel (*la Vérité*, v. 5 ; *éternelle*, v. 9). Le poète, par sa souffrance, peut entrevoir le divin : opposition entre *Ici-bas* (v. 11) et *Dieu* (v. 12).

Le poème de Hugo peut paraître plus poignant par sa douleur retenue. Mais loin de se réduire à la seule expression de sentiments personnels, le lyrisme romantique est aussi la recherche d'un dépassement de la souffrance, d'une transcendance, d'une « commune présence » avec les sentiments du lecteur.

## PISTES

■ **Pour une séquence**

• **La mort de l'être aimé : la poésie contre la mort** (► *supra*, p. 116).

• **Pouvoirs de la poésie** (l'inspiration ; le rapport au langage et au monde ; le lyrisme ; formes et tonalités) : Du Bellay, *Les Regrets*, p. 158 et p. 159 ; Vigny, *Poèmes antiques et modernes*, p. 186 ; Hugo, *La Légende des siècles*, p. 187 et p. 190 ; Baudelaire, *Les Fleurs du mal*, p. 202 ; Rimbaud, *Une saison en enfer*, p. 209 ; Mallarmé, *Poésies*, p. 215 ; Claudel, *Cinq Grandes Odes*, p. 222 ; Queneau, *Sonnets*, p. 234 ; Du Bouchet, *Dans la chaleur vacante*, p. 239.

■ **Exercice complémentaire : Langue**
Vous étudierez les formes verbales dans *Tristesse* de Musset.

■ **Lecture cursive :** Musset, *Les Nuits*.

■ **Bibliographie :** J.-P. Richard, *Études sur le romantisme*, éd. du Seuil, 1970 ; Y. Vadé, « L'émergence du sujet lyrique à l'époque romantique », dans *Figures du sujet lyrique*, sous la direction de D. Rabaté, PUF, 1996.

► UN LYRISME EN RÉSONANCE AVEC LE MONDE

# Nature et intériorité

**Lamartine**
***Méditations poétiques*** p. 184

## Le Vallon

## APPROCHES

■ **Axes d'étude :** La poésie élégiaque. La fuite du temps. Le paysage romantique.

■ **Préalables :** Rechercher d'autres paysages « états d'âme » dans la littérature et dans la peinture romantique (par ex. Friedrich). Lamartine situe ce vallon aux environs du Grand-Lemps, dans les montagnes du Dauphiné : « il se creuse entre deux collines boisées et son embouchure est fermée par les ruines d'un vieux manoir qui appartenait à mon ami Aymon de Virieu. Nous allions quelquefois y passer des heures de solitude ». Montrer comment l'élégie transfigure le souvenir personnel : « Le Vallon » est l'espace d'un deuil intime et l'expérience de la fuite inéluctable du temps. Rappeler la **double orientation du lyrisme** : l'expression d'une émotion intime qui aboutit à une réflexion de portée universelle.

## LIRE : Intimisme et méditation

### 1- Une méditation poétique

Le poète s'adresse d'abord à une âme solitaire (v. 4), délaissée de toute consolation humaine (v. 3), éphémère et promise à la mort (métonymie : *Tes jours… Déclinent*, v. 1-2 ; *tu descends…*, v. 4). Le dialogue intérieur donne à cette expérience intime une portée symbolique et universelle.

Le discours se fait alors injonction à trouver une consolation dans la nature (► question **3** ; v. 6), à se détacher des illusions matérielles (v. 10) pour s'abandonner à l'harmonie universelle (impératifs et allusion à la métaphysique de Pythagore, v. 11-12), aux variations du monde sensible (*Suis le jour dans le ciel, suis l'ombre sur la terre*, v. 13 ; *vole avec l'aquilon*, v. 14 ; *Glisse à travers les bois*, v. 16), et à découvrir l'immortalité dans l'éternité divine (v. 18). Le lyrisme part ici d'un souvenir personnel pour le sublimer en une **réflexion philosophique** sur la fuite du temps et la force du souvenir, qui est aussi aspiration vers Dieu.

### 2- Un chant élégiaque

Le rythme et les sonorités soulignent le caractère **élégiaque** du poème.

• **Rythme : v. 1 :** 2 / 4 // 6 : les mesures métriques mettent en valeur le temps éphémère (*Tes jours*), le crépuscule intérieur (*sombres et courts*), la correspondance avec l'automne (*comme les jours d'automne*) ; **v. 2 :** 3 / 3 // 3 / 3 : *Déclinent*, en position de rejet externe et souligné par la coupe lyrique, indique une brutale retombée. La musicalité traduit le sens de cette inquiétude métaphysique (avant l'aspiration à la contemplation du divin, strophe 5) ; **v. 3 :** 3 / 3 // 3 / 3 : harmonie de l'alexandrin et parallélisme syntaxique disent l'abandon et le déclin inéluctable ; **v. 4 :** 3 / 3 // 3 / 3 : rythme prolongé (coupe lyrique sur *seule*), mimant la marche solitaire de l'âme vers le tombeau.

• **Sonorités :** des échos sonores semblent prolonger l'instant : assonances en [u] (*jours*, *courts*) ; retour des voyelles nasales soulignant des mots sous l'accent et des réseaux sémantiques : le déclin (*pen**chant***, *t'aban**don**ne*, *descen**ds***, *sen**tiers***) et la mort (***som**bres*, ***om**bre*, ***tom**beaux*) ; modulation autour de [ɔ] et [o] (***au**tomne*, *c**o**mme*, *c**o**t**eau**x*, *aband**o**nne*, *t**o**mb**eau**x*).

### 3- Un paysage intérieur

La nature est une **présence consolatrice** (*qui t'invite et qui t'aime*, v. 5) et **maternelle** (*son sein*, v. 6 ; *elle t'entoure*, v. 9). Elle offre aussi l'image d'une permanence qui souligne douloureusement le caractère éphémère de la vie humaine (voir strophe 1 : déclin inéluctable des jours comparés aux *jours d'automne*, *penchant des coteaux*).

Mais cette éternité de la nature (présent omnitemporel donnant au déictique *là* le poids d'une présence, v. 5 ; adverbes suggérant la permanence des lois naturelles, *toujours*, v. 6 ; un temps cyclique, *encore*, v. 9) laisse entrevoir au poète, au-delà du mouvement qui emporte les êtres et les choses (v. 9) l'harmonie des *célestes concerts* (v. 12). L'abandon résigné et lucide à ce mouvement (strophe 4), l'acceptation stoïque du destin semblent alors la condition pour que *la nature enfin découvre son auteur* (v. 18).

LA POÉSIE

## Conclusion

La musicalité du vers, le caractère épuré de la description du « Vallon », donnent à l'évocation du souvenir personnel une dimension métaphysique. Lamartine renouvelle la poésie élégiaque en inscrivant, au sein de paysages intérieurs, la douloureuse fêlure d'un silence qui habite le chant.

## *PERSPECTIVES* (p. 185)

### ■ Hölderlin, *Élégies.*

**LIRE : La vision d'un paysage intérieur**

**1- La marche vers « l'Ouvert »**

L'invitation à la marche apparaît d'abord comme une libération d'un univers crépusculaire et hostile : *peu de lumière…* (v. 1) ; *le ciel* est comme *une prison* (v. 2) ; *Les cimes des forêts… ni les montagnes/N'ont pu s'épanouir* (v. 3-4) ; *l'air reste sans voix* (v. 4) ; *Il fait sombre* (v. 5) ; allusion aux temps obscurs de *l'âge du plomb* (v. 6). Mais la marche est aussi exaltation (▶ question **3**). L'aspiration à *l'Ouvert* (v. 1) se présente comme une conquête (*Car ce n'est maigre aubaine* […] *ces dons aux enfants longtemps refusés*, v. 9-10 ; *Le gain*, v. 12 ; *quand nous aurons risqué / Le pas rêvé*, v. 13-14), une libération intérieure (*quand… délié nos langues*, v. 13-14 ; *notre cœur épanoui*, v. 15 ; *notre floraison*, v. 17), la révélation extatique (*Quand du front ivre…*, v. 16) d'une présence invisible et occultée, d'une harmonie avec le monde (v. 7).

**2- Une lumière intérieure**

La lumière se manifeste d'abord dans la faiblesse de son éclat (v. 1 ; v. 2) opposée à une obscurité menaçante (*sombre* , v. 5 ; *l'âge du plomb*, v. 6), signe d'un espoir précaire (*maigre aubaine*, v. 9 : à rapprocher du mot *aube*, espoir d'une lumière qui serait celle d'une renaissance, *la lumière de mai*, v. 19). La lumière, par sa faiblesse même, est alors ce qui permet *l'Ouvert* (v. 1), l'intuition d'une juste présence du moi au monde : *Qu'ouverte soit au regard ouvert la lumière* (v. 18). Elle est aussi expérience mystique d'un échange entre le *je* (le *regard*), le monde et le langage (*Que la lumière de mai, la bienveillante, là-haut dise / Propos meilleurs, par qui les écoute éclairés*, v. 19-20), sourire des dieux (v. 22), accord parfait avec la vallée qui *s'épanouit* (v. 25), les *fleurs blanches* (v. 28) *dans le berceau de l'air*, la floraison de la vigne *sous les parfums ensoleillés* (v. 30).

**3- Paysage intérieur, paysage extérieur**

• **L'exaltation du poète**, qui est aussi extase, sortie de soi, est marquée par les impératifs (*Viens… !*, v. 1), les subjonctifs de souhait (*ce jour soit voué à la joie !*, v. 8 ; *Que* […] *Le gain soit digne !*, v. 11-12 ; *Que notre floraison hâte*, v. 17 ; *Qu'ouverte soit*, v. 18 ; *Que la lumière de mai* […] *dise*, v. 19-20 ; *Ou que* […] *Le charpentier prononce*, v. 21-23) et les nombreuses exclamations (v. 1, 8, 12, 22), par l'emploi du futur à valeur catégorique (v. 16, 24). Elle apparaît aussi dans des choix lexicaux : l'ouverture (*l'Ouvert*, v. 1 et v. 18 ; *délié nos langues*, v. 14), l'espoir et la foi (*un vœu s'exauce*, v. 7 ; *la juste foi*, v. 7 ; *l'espoir*, v. 13 ; *Le pas rêvé*, v. 14), la joie (v. 8 ; v. 16).

• Cette extase (voir le superlatif : *le lieu est très beau*, v. 25) trouve alors une correspondance dans le paysage : *floraison du ciel* (v. 17), signes du printemps (*s'épanouit*, v. 25 ; *saules verdissants*, v. 27), blancheur et légèreté d'un paysage aérien (*fleurs blanches*, *flottent*, v. 28 ; *les parfums ensoleillés*, v. 30) et spiritualisé (*le berceau de l'air*, v. 28 ; voir le symbole biblique de la *vigne*, v. 29).

**ÉCRIRE**

Gustave Roud a traduit de nombreux poèmes de Hölderlin. Cet extrait peut être lu comme un écho de cette expérience libératrice de la marche. On privilégiera le mouvement d'exaltation en faisant travailler l'emploi des formes verbales et les modalités, la correspondance entre l'ouverture du paysage et la libération du marcheur. Partir du paradoxe de la dernière phrase, celui d'une route, d'un itinéraire spirituel dont le commencement se situe déjà au-delà de tout repère. Évoquer l'expérience rimbaldienne et faire lire « Ma Bohême » ou « Roman ». Voici la suite du texte : « Toutes les étoiles nous attendent, déjà le soleil nous tire avec sa forte main éblouissante. L'espace, le temps couchés comme des chiens à nos pieds. Douze mois bondissent et hurlent à nos talons. Nous ne choisirons rien, ni l'un ni l'autre. *Tous en chasse* ! ».

## PISTES

**■ Pour une séquence**

• **Lieux poétiques : nature et poésie** (▶ *supra*, p. 121)

• **Poésie : La fuite du temps** (thème lyrique et méditation sur la condition humaine ; le *je* lyrique ; formes et tonalités) : Tristan L'Hermite, *Les Plaintes d'Acante*, p. 160 ; Maynard, *La Belle Vieille*, p. 161 ; Du Bellay, *Les Antiquités de Rome*, p. 164 ; Malherbe, *Imitation du Psaume 145*, p. 166 ; Baudelaire, *Les Fleurs du mal*, p. 201 ; Supervielle, *Débarcadères*, p. 225.

**■ Exercice complémentaire : Voir**

En quoi le paysage de Charles Caiius Renoux traduit-il une sensibilité romantique ?

**■ Bibliographie :** J.-M. Gleize, *Poésie et figuration*, éd. du Seuil, 1983 ; G. Poulet, *Les Métamorphoses du cercle*, « Lamartine et le sentiment de l'espace », éd. Plon, 1961 ; J.-P. Richard, *Études sur le romantisme*, « Lamartine », éd. Seuil, 1971 ; Cahier de l'Herne *Hölderlin*, sous la direction de J.-F. Courtine, 1989.

▶ UN LYRISME EN RÉSONANCE AVEC LE MONDE

# Le poète mage

**Vigny**

***Poèmes antiques et modernes*** (p. 186)

## « J'élève mes regards »

## APPROCHES

**■ Axes d'étude :** Le lyrisme (p. 518). Le poète mage. Poésie et philosophie. L'allégorie (p. 517). Mythe et épopée.

■ **Préalables :** Rappeler la fascination de la génération romantique pour l'épopée napoléonienne érigée en un mythe de grandeur et de puissance. Cette fascination est confortée par la philosophie naissante de l'Histoire (Michelet, p. 348, rêvant d'écrire une « Bible de l'Humanité »), par une foi dans un progrès libérateur. D'où les vastes épopées universelles : *Poèmes antiques et modernes* ; Lamartine, *Jocelyn*, 1836 ; Hugo, *La Légende des siècles*, p. 187 et 190). La réunion des registres épique et lyrique traduit ici une vision où l'Histoire rejoint le mythe, où l'allégorie figure les désarrois et les rêves du poète. Mentionner les sources bibliques (Exode ; Nombres ; Deutéronome...).

## LIRE : La mission du poète

### 1- Un chant inspiré

Ce monologue repose en fait sur un dialogue entre Moïse et Dieu (*vous*, v. 2 ; *votre*, v. 15 ; *Vos*, v. 17 ; *Seigneur*, v. 18) ; il prend la forme d'un bilan (passé composé, v. 2, 4, 6, 19 ; présent), d'un face à face et d'une prière (impératif, v. 20). Le héros biblique apparaît comme l'égal du créateur qui pourtant lui a accordé sa puissance (v. 2 ; *votre esprit me visite*, v. 15). Il est le traducteur des apparences (*je sais aussi tous les secrets des Cieux*, v. 1), détenteur de pouvoirs divins : celui d'ordonner aux éléments (v. 3), de les détourner en un geste de clémence (v. 7-8) ; de châtier (*J'engloutis...*, v. 9 ; *Je renverse...*, v. 10). Sa force impose alors respect et crainte : *Mon pied infatigable est plus fort que l'espace*, v. 11 ; allusion au passage de la mer Rouge, v. 12-13. Ce monologue, par son rythme et ses images (▶ question **2**) est un chant inspiré, où la parole est efficiente, le dire engendrant l'acte (v. 3-6).

### 2- Une allégorie du poète

• **Les images** des v. 7-13 (métaphores *in absentia*) font de Moïse un héros qui domine, par la clémence (*J'impose mes deux mains*, v. 7) ou la violence (*J'engloutis*, v. 9 ; *Je renverse*, v. 10), les éléments ; ceux-ci sont soit humanisés (*le front des nuages*, v. 7 ; *Le fleuve* [...] *se range*, v. 12 ; *la voix de la mer se tait*, v. 13), soit animalisés (*flancs*, v. 8 ; *ailes*, v. 10). Noter les sèmes de la liquidité (*tarir*, *la source des orages*, v. 8 ; *J'engloutis*, *les sables mouvants*, v. 9 ; *Le fleuve aux grandes eaux*, v. 12 ; *la voix de la mer*, v. 13) qui associent implicitement à l'image biblique du Déluge, dominé ici par Moïse, l'épisode de la mer Rouge.

• **Le rythme :** la scansion binaire de l'alexandrin, nettement marquée, donne une certaine majesté à l'évocation des pouvoirs de Moïse. Si le rythme 3 / 3 est dominant à l'intérieur des hémistiches, noter aussi des effets d'amplification (v. 13 : 3 / 3 // 2 / 4).

• **L'allégorie** (superposition d'une signification littérale et d'une signification symbolique) est explicite au v. 13. Le prophète est une allégorie du poète mage et créateur, traducteur du monde sensible et dominant de sa voix les éléments. Dans cette figuration du *je*, Vigny combine les figures de Moïse et d'Orphée.

### 3- Le poète élu et déchu

La vision épique des *Poèmes antiques et modernes* est aussi une lecture de l'Histoire. Moïse est une allégorie du poète élu dont le chant inspiré guide le peuple (▶ question **1** ; v. 14 : figure de Moïse, chef charismatique et unificateur du peuple hébreu auquel il donna des lois, et figure de la résistance à l'oppression). Mais il est aussi déchu, privé de l'ancienne alliance, condamné au malheur (*je ne suis pas heureux*, v. 18 ; *puissant et solitaire*, v. 19), à la solitude et à l'errance, aspirant au néant (v. 20), contreparties de la grandeur : perspective pessimiste, interrogeant la destinée humaine, le sens de l'Histoire révélé par le découragement du patriarche biblique.

### Conclusion

Une ample vision, à la fois épique et lyrique, qui illustre bien le rêve romantique d'une lecture de l'Histoire par le mythe. Le poète mage est celui qui peut éclairer les hommes, en éprouvant, à l'égal de Moïse, la douloureuse solitude du génie.

## ÉCRIRE

Réfléchir sur le rôle du poète aujourd'hui, au-delà des circonstances tragiques de l'Histoire qui imposent à tous un engagement, sinon des choix douloureux. Ne pas limiter le sujet à « poésie et résistance » (▶ p. 228-231), mais interroger les conditions d'un engagement possible dans la société contemporaine, où les médias jouent un rôle important, alors que la poésie y est souvent un genre confidentiel.

Rappeler l'engagement des écrivains romantiques dans la vie politique de leur temps (Hugo député, carrière politique de Chateaubriand et de Lamartine, engagement politique de George Sand en 1848), mais aussi celui de bien des écrivains du XXe siècle qui fonde la notion moderne d'« intellectuel » : Gide, Sartre... Des références possibles à l'actualité (par exemple l'assassinat du poète kabyle Matoub Lounès). Suggérer un dépassement : le statut de l'écrivain est différent. La poésie peut-elle encore avoir un rôle dans une « Société du spectacle » (voir situationnisme de Guy Debord) ?

## PISTES

■ **Pour une séquence : L'inspiration biblique** (▶ *supra*, p. 132).

■ **Bibliographie :** P. Bénichou, *Le Sacre de l'écrivain*, éd. José Corti, 1973, et *Les Mages romantiques*, éd. Gallimard, 1988 ; H. Peyre, *Qu'est-ce que le romantisme ?*, PUF, 1971 ; D. Rincé, *La Poésie romantique*, éd. Nathan, 1983.

## ... Le poète mage

**Hugo**
***La Légende des siècles*** (p. 187)

### « Le mur des siècles m'apparut. »

## APPROCHES

■ **Axes d'étude :** Le lyrisme et le registre épique. (p. 518). Le poète mage. Le fantastique.

LA POÉSIE

■ **Préalables :** Rappeler le rêve pour les poètes romantiques de composer une vaste épopée universelle (*supra* p. 146). Partir du dessin de Victor Hugo illustrant *La Légende des siècles* : l'épopée (long cortège de personnages sur le chemin) est poétiquement transfigurée par le fantastique (arrière-plan). La poésie est d'abord vision = « La vision d'où est sortie ce livre ».

■ **Vérifier** que sont compris : *jaspe*, v. 11(= pierre précieuse de couleurs vives mêlées) ; *porphyre*, v. 11 (= pierre précieuse de couleur pourpre) ; *zéphyre*, v. 12 (= zéphyr : vent doux et agréable).

## LIRE : Le poète visionnaire

### 1- La vision

• **Marques de personne :** vision orientée à partir du *je* poétique : pronoms de 1re personne (*J'eus un rêve*, *m'apparut*, v. 1 ; *Je voyais*, v. 30 ; *Je ne sais*, v. 39) et déterminant possessif (*devant mon regard*, v. 33) ; présentatifs (*C'était…*, v. 2, 20), verbes modalisateurs (*avait l'air*, v. 15 ; *on eût dit*, v. 16), déictiques (*là*, v. 30 ; *ce mur*, v. 26).

• **Valeurs des temps :** passé simple (aspect global) actualisant en premier plan la rupture et le caractère exceptionnel de la vision (*J'eus*, *m'apparut*, v. 1 ; *croula*, v. 37) ; imparfait (aspect sécant) détachant en arrière-plan la vision en une saisissante évocation (v. 2, 8, 9, 12, 14, 15, 16, 18, 19, 20, 21, 22, 23, 26, 28, 30, 33, 38) ; présent de commentaire renvoyant au *je* (*Je ne sais*, v. 39), à valeur illustrative (v. 19, 24, 27, 30).

• **Champ lexical de la vision :** apparition (*m'apparut*, v. 1 ; *Je voyais là*, v. 30 ; *devant mon regard*, v. 33 ; *à perte de vue*, v. 36) ; regard surnaturel (*Des trous noirs étoilés par de farouches yeux*, v. 5) ; ouverture (*s'ouvrait*, *laissait voir*, v. 8), lieux à dévoiler (*antres*, v. 9 ; *intérieurs*, v. 11), révélant le monstrueux (v. 6 ; voir latin *monstratum* = qui est montré).

Le poète traduit ainsi, par la force du verbe poétique, la puissance d'une vision.

### 2- L'épique et le fantastique

• **Le registre épique** est surtout sensible dans les procédés d'amplification : accumulations (v. 2-7 ; v. 8-11 ; v. 21-23 ; v. 30-35), emploi systématique du pluriel (*Des trous noirs*, v. 5 ; *Tous les siècles*, v. 13), hyperboles (*bruit de multitude*, v. 4 ; *vastes*, *colossales*, v. 7 ; *Chaque assise*, v. 15 ; *Tout l'homme*, v. 24 ; *des millions de faces*, v. 29), répétitions (*C'était*, v. 1, 20), images (*le mur des siècles*, v. 1 ; *le front ceint de tours ou d'épis*, v. 13 ; *le destin*, *fil noir…*, v. 27), intertexte mythique (*Ève […]*, *Adam*, v. 25), forces dépassant la condition humaine (*l'univers*, v. 26 ; *le destin*, v. 27).

• **Le fantastique :** irruption de phénomènes surnaturels (*la Nuit*, v. 18 ; *la poussière pleurait*, *l'argile saignait*, v. 22 ; *Les pierres […] avaient la forme humaine*, v. 23) ; inquiétante étrangeté (*farouches yeux*, v. 5 ; *groupes monstrueux*, v. 6 ; *antres*, v. 9 ; *mornes sphinx*, v. 14). L'arrière-plan onirique (*un rêve*, v. 1), la nature même de la vision transfigurent ainsi l'épique en fantastique. Voir en particulier la métamorphose du *mur des siècles* (v. 1) en une créature inquiétante alliant les règnes animal, végétal, minéral : *chair vive […] granit brut* (v. 2) ; *farouches yeux* (v. 5) ; *Et ce mur… un arbre au zéphyre* (v. 12) ; *le front ceint de tours ou d'épis* (v. 13) ; *mornes sphinx* (v. 14) ; *une armée / Pétrifiée* (v. 16-17).

### 3- Ce *Rien que nous appelons Tout*

Le vers 5 repose sur une antithèse proche de l'oxymore (*trous noirs étoilés*), opposant, comme souvent dans la poésie hugolienne, les ténèbres et la lumière, symbole de révolte et de libération. Autres oppositions : alliance entre l'animé et l'inanimé, entre le règne animal et le règne minéral, ou l'antithèse *Rien / Tout* (v. 30). Le livre s'ouvre ainsi sur une vision chaotique et vertigineuse qui semble animer le mouvement cyclique de l'Histoire.

### Conclusion

Une ouverture visionnaire : l'Histoire de l'humanité sous l'éclairage du mythe transfiguré par le fantastique. Des antithèses à l'image de cette dualité déchirant « cette grande figure une et multiple, lugubre et rayonnante, fatale et sacrée, l'Homme » (Hugo).

## PISTES

■ **Pour une séquence**

• **La poésie et le souffle de l'épopée** (le registre épique ; thèmes et motifs ; formes et procédés) : D'Aubigné, *Les Tragiques*, p. 175 ; Vigny, *Poèmes antiques et modernes*, p. 186 ; Hugo, *La Légende des siècles*, p. 190 ; Claudel, *Cinq Grandes Odes*, p. 222 ; Cendrars, *Prose du Transsibérien*, p. 224.

• **Le poète, traducteur des apparences** (traduction ou vision ; le statut du poète ; la place du rêve ; formes et tonalités) : D'Aubigné, *Les Tragiques*, p. 175 ; Lamartine, *Méditations poétiques*, p. 184 ; Hölderlin, *Élégies*, p. 185 ; Hugo, *La Légende des siècles*, p. 190 ; Aloysius Bertrand, *Gaspard de la nuit*, p. 194 ; Baudelaire, *Les Fleurs du mal*, p. 204 ; Rimbaud, *Une saison en enfer*, p. 209 ; Jaccottet, *À la lumière d'hiver*, p. 246.

■ **Exercice complémentaire : Oral**

Le poète se veut souvent visionnaire ou voyant. Quelle nuance de sens établissez-vous entre ces deux termes ? Illustrez le lien que font les poètes du XIXe siècle entre poésie et vision, entre poésie et voyance.

■ **Bibliographie :** P. Albouy, *La Création mythologique chez Victor Hugo*, éd. José Corti, 1985.

## … Le poète mage

**Hugo**

***Châtiments***

p. 188

# Ultima verba

## APPROCHES

■ **Axes d'étude :** La poésie militante. La poésie lyrique (p. 518). L'antithèse.

■ **Préalables :** Faire remarquer la **date** en bas du poème, et expliquer sa présence sur le manuscrit (voir illustration p. 189) : sacre de Napoléon III, à la date anniversaire de son coup d'État (2 décembre 1851), elle-même choisie en souvenir symbolique du grand ancêtre Napoléon Ier (qui s'était fait sacrer empereur le 2 décembre 1804, et avait remporté la bataille d'Austerlitz le 2 décembre 1805). L'écriture poétique s'affiche comme une arme contre la tyrannie.

■ **Vérifier** que sont compris : *Quand même*, v. 25 à 32 (= quand bien même) ; *le troupeau*, v. 34 (= la masse docile) ; *opprobre*, v. 40 (= honte).

## LIRE : Le tribunal de l'Histoire : un verbe prophétique

### 1- Un verbe prophétique

• Cadence mineure de la **période** (v. 13-36) rythmée par les anaphores : *tant que* (v. 13, 17, 20) ; *Quand (même)* (v. 21, 23, 25, 26, 27, 29, 31) ; *Je* + futur (v. 33, 35) : à l'évocation des turpitudes du régime, relancée dans la vaste protase de la période (v. 13-32), s'opposent la patience, la détermination et l'intransigeance du poète (v. 33 : chute de la période).

• **Autres effets oratoires**

– l'**ampleur** du rythme : noblesse de l'alexandrin : certains hémistiches ne sont quasiment pas coupés (v. 39-40, 47, 51, 53), alexandrins ternaires (v. 27, 32) ; la gravité des faits historiques et la constance du poète se trouvent soulignées ; solennité de la césure à l'hémistiche : lyrisme du v. 52 ; accentuation de la pose du résistant, v. 56 ; comme dans la dernière strophe, la césure et la structure syntaxique font valoir cette posture de résistance du poète (noter les nombres, décroissants, mis en valeur juste avant la coupe). Relief du dernier vers, très célèbre ;

– les **ruptures de rythme** : enjambements, et rupture des rejets et contre-rejets (v. 21-24, 54, 61…), qui accentuent le pathétique. Mise en valeur de l'apostrophe à la France ; ralentissements : v. 34, gradation (sérénité, élévation) ; accumulation : v. 18-19, indignation ; syncopes : v. 9 et 10, 24, vivacité du dialogue ; v. 42 (4 + 2 // + 5 + 1, mise en valeur du *non*) et 44 (rythme inverse : 1 + 5 // + 2 + 4, résistance opiniâtre) ; v. 54 : lyrisme de l'apostrophe ; enjambement strophique central (strophes 8 à 9) : mise en valeur de la déclaration *Je ne fléchirai pas*.

Un acte d'accusation où l'oratoire affirme la force irréductible d'une conscience, celle du poète.

### 2- La dénonciation du tyran

• **La désignation de l'usurpateur :** Napoléon III n'est pas directement nommé ; le lecteur comprend de qui il s'agit en déchiffrant par lui-même. Noter l'emploi des périphrases : *ce prince / Par le pape béni* (v. 13-14) ; les insultes : *gueux, monarque malandrin, l'exécrable trompeur* (v. 13, 14, 22) ; les références historiques à des empereurs ou hommes politiques tyranniques : *César* (titre des empereurs romains, v. 9, v. 26, v. 44) ; *Sylla*, v. 62 ; l'allusion biblique à *Judas* (v. 8) ; les identifications à des voleurs : *malandrin*, qui rime avec *Mandrin* (paronomase, v. 14, 16). Les références religieuses et historiques font de Napoléon III un personnage grotesque, et non un adversaire sérieux. Il n'est pas digne d'être nommé.

• Les **antithèses** relient des termes en un assemblage provocateur : *ce gueux, ce prince* (v. 13) ; *cadavre/gai* (v. 2-3) ; *prostitution/honnête* (v. 5-6) ; *monarque malandrin* (oxymore v. 14) ; *sceptre/pince* (v. 15) ; *Charlemagne/Mandrin* (v. 16) ; *honte/gloires* (v. 19) ; *adorer/exécrable* (v. 22) ; *Bannis/unit* (v. 38) ; *gloire/insulte* (v. 39) ; *opprobre/bénit* (v. 40) ; *valets/Louvre* (v. 43) ; *César/cabanon* (v. 44) ; *indigné/serein* (v. 46) ; *tombées/pilier* (v. 47-48) ; *cède/persiste* (v. 49) ; *douce et triste* (v. 51) ; *plié/ferme* (v. 59) ; *s'en vont/demeurer* (v. 60).

L'antithèse figure soit la résistance à l'oppression, soit l'inversion carnavalesque des valeurs : le couronnement du 2 décembre 1852 est une aberration de l'histoire.

### 3- Autoportrait du poète exilé

Dans les 3 dernières strophes, le **registre lyrique** est dominant. La deuxième partie du poème (à partir de la strophe 9) est marquée par l'anaphore du « je », identifié à Hugo par la référence autobiographique à l'exil. Le mouvement entier du poème, et de la dernière strophe en particulier, vise à poser le poète en figure solitaire et exemplaire. Celui-ci se montre patriote, inébranlable, fidèle à ses convictions et à ses engagements, solidaire de ses frères exilés, meurtri par l'exil, animé par le sens de l'honneur, convaincu de son bon droit, défenseur du libre-arbitre et de la responsabilité individuelle.

### Conclusion

Une poésie d'invective où le verbe traduit l'indignation du poète républicain et sa haine de l'usurpateur. Insister sur la place du poème dans le recueil : le dernier de la septième et dernière section ; les sept livres sont encadrés de deux longs poèmes, *Nox* et *Lux* (parcours symbolique vers des lendemains qui chantent). Faire apprécier aussi la beauté du geste par lequel Hugo promet de ne jamais revenir tant que l'usurpateur sera au pouvoir : malgré l'amnistie des exilés en 1859, il ne reviendra en France qu'après la chute du régime en 1870.

## ÉCRIRE

Reprendre les éléments de l'explication. La force du verbe poétique tient ici au souffle et au rythme du vers, mais aussi à la véhémence du portrait de l'usurpateur. On pourra donc insister sur ces deux aspects dans le plan de la partie demandée.

## PISTES

■ **Pour une séquence : La poésie engagée** (▶ *supra*, p. 138).

■ **Bibliographie :** Cl. Millet, *La Légende des siècles*, PUF, 1995 ; P. Petitier, *Littérature et idées politiques en France au XIXe siècle*, éd. Nathan, 1996.

LA POÉSIE

# Le vers en pièces

## Hugo
## *La Légende des siècles*

p. 190

### La trompette du Jugement

## APPROCHES

■ **Axes d'étude :** Le poète mage. Le registre épique (p. 518). Le fantastique. La libération du vers (p. 198).

■ **Préalables :** Rappeler le dessein visionnaire de Hugo dans *La Légende des siècles* (▶ *supra*, p. 147). Évoquer le désir des poètes romantiques d'inventer une langue à la mesure d'une sensibilité nouvelle. D'où ce souci, chez Hugo, d'explorer les formes et les rythmes du genre poétique.

■ **Vérifier** la compréhension d'*airain*, v. 9 (= bronze).

## LIRE : Le souffle d'un vers en liberté

### 1- Le rythme du vers

• **V. 1** (2 / 4 // 3 / 3) : les accents mettent en valeur dans le 1er hémistiche la formule d'ouverture des récits de l'Apocalypse (*Je vis*) et le rythme croissant de la vision ; mise en relief, dans le 2e hémistiche, de l'adjectif épithète *monstrueux* (en latin *monstratum* : qui est montré ou donné à entendre), d'où un fort effet de clôture, *monstrueux* renvoyant à l'ouverture du vers (la vision) et donnant sens à l'image du clairon associé, dans *La Légende des siècles*, aux héros du mal.

• **V. 2** (4 / 2 // 4 / 2) : symétrie entre les deux hémistiches et mise en relief de l'illusion (*semblait*), et de son caractère divin (*cieux*).

• **V. 4** (4 / 2 // 4 / 2) : césure fortement marquée soulignant le parallélisme.

• **V. 16** (4 / 2 // 3 / 3) : de même, césure marquée à l'hémistiche et mise en relief du chiasme associant la vision immatérielle du *spectre* et la forme du *nuage*.

Le souffle de l'alexandrin anime les mouvements de la vision épique. Par la désarticulation rythmique, par les effets de rupture (▶ question 2), l'alexandrin est perçu par Hugo comme un vers total.

### 2- Une esthétique de la rupture

• **Fragmentation des vers sur la page :** v. 13 : mise en relief du verbe (*Il vivait*) donnant présence au *buccin* (▶ question **3**) ; v. 17 : même effet pour la *voix* de l'Apocalypse.

• **Nombreuses ruptures mètre/syntaxe :** v. 2-3 (concordance différée) ; v. 3 (enjambement interne : *le souffle // immense*) ; v. 4-5 (rejet externe : *L'entourait*) ; v. 5 (contre-rejet interne : *À travers // un frisson*) ; v. 5-6 (contre-rejet externe : *on sentait // Que ce buccin fatal*) ; v. 8-9 (enjambement externe) ; v. 11 (rejet interne : *sur la brume // insondable*) ; v. 12 (contre-rejet interne : *au-delà // de tout ce qui ressemble*) ; v. 12-13 (enjambement externe : *tout ce qui ressemble // À la forme*) ; v. 15 (contre-rejet interne : *rien // n'a de contour ni d'âge*) ; v. 17 (rejet interne : *le clairon // de l'abîme* et contre-rejet saisissant : *Une voix*).

Au-delà des effets de mise en relief, notamment de termes qui signifient l'immensité (*immense*, v. 3 ; *insondable*, v. 11 ; *au-delà*, v. 12) ou l'absolu (*rien*, v. 15 ; *l'abîme*, v. 17), la fragmentation est source d'énergie et de dynamisme.

### 3- La vision épique

Outre les ressources du rythme (▶ questions **1** et **2**), Hugo donne une **présence saisissante** à la trompette du Jugement : présentatifs (*c'était*, v. 17), déictiques *(Il était là*, v. 10 ; *là*, v. 15), indices énonciatifs (exclamations : *Oh ! quelle nuit !*, v. 15) et verbes modalisateurs (*semblait*, v. 2, v. 14) suggérant un point de vue et une présence ; présent de l'indicatif actualisant la vision (*qui rêve et qui se tait*, v. 6 ; *qui tremble*, v. 11 ; v. 15-16) et futur à valeur catégorique (v. 18) ; transfiguration du *buccin* en une créature attendant d'être animée par la volonté de son créateur (*Calme*, v. 3 ; *qui rêve et qui se tait*, v. 6 ; *lugubre, effroyable, serein*, v. 10 ; *Il gisait*, v. 11 ; *Il vivait*, v. 13) ; association, par une double métaphore, du *buccin* et de la réalité familière d'*un réveil songeant près d'un chevet* (v. 14).

### Conclusion

Le souffle d'un vers en liberté, les ruptures rythmiques et parfois la fragmentation de l'alexandrin donnent à cette vision qui clôt *La Légende des siècles* une énigmatique présence. L'énergie et la démesure de l'écriture épique atteignent à un sublime profondément renouvelé, englobant aussi bien le merveilleux que le prosaïque *réveil songeant près d'un chevet*. L'épopée hugolienne apparaît comme une entreprise de libération et de redéfinition des genres.

## *PERSPECTIVES* (p. 191)

■ **Baudelaire, *Réflexions sur quelques-uns de mes contemporains.***

## LIRE : Les pouvoirs du vers

### 1- Le génie romantique

Hugo incarne le génie romantique. Il est le poète *élu* (l. 2), possédant ce **don de voyance** qui lui permet de traduire le *mystère de la vie* (l. 3). Cette sensibilité capable de saisir d'intimes correspondances (*forme, attitude et mouvement, lumière et couleur, son et harmonie*, l. 9-10) entre la *nature* (l. 4) et *nos cœurs* (l. 9), fait de lui un poète inspiré (*l'homme le mieux doué, le plus visiblement élu*, l. 1-2), un artiste absolu (poète, sculpteur et peintre) traduisant l'universel (▶ question **2**).

### 2- Traduire l'universel

Le vers de Hugo a ce pouvoir de traduire de subtiles correspondances entre notre être et les *profondes harmonies de la nature* (l. 11-12). Par cette **synesthésie** prolongée dans le poème entre les formes, la lumière et les sons, qui fait du poète un *sculpteur* qui *découpe la forme inou-*

*bliable des choses* (l. 12-14), un *peintre* qui *les illumine de leur couleur propre* (l. 14-15), Hugo atteint à *la morale des choses* (l. 18), à *l'universel* (l. 19-20) : au-delà de la représentation (*la nature visible*, l. 30-31), la suggestion d'un arrière-plan moral mais aussi spirituel (l. 40-41).

**3- L'imaginaire**

Le génie romantique exprime *l'obscurité indispensable* de la nature et de notre être profond. La clarté du chant, pour le poète mage, voyant ou visionnaire, est l'espoir d'atteindre à la révélation de l'intime qui toujours échappe. Dans cette poésie qui est révélation, le poète retrouve les pouvoirs du chant d'Orphée. Le vers apparaît comme une ouverture du poème aux forces secrètes du rêve, de l'imaginaire et de l'inconscient : *tout ce qu'il y a d'humain dans n'importe quoi, et aussi tout ce qu'il y a de divin, de sacré ou de diabolique* (l. 39-41).

**ÉCRIRE**

Analyser le propos de Baudelaire qui voit dans *La Légende des siècles* un poème épique créé par *un homme de son temps pour des lecteurs de son temps* dans la mesure où Hugo ne demeure pas sur le seul plan du mythe.

La perspective d'ensemble est, selon lui, celle de l'Histoire. La transfiguration poétique de l'Histoire des hommes, nécessairement contingente et transitoire, s'opère par « la légende, le mythe, la fable », qui sont « comme des réservoirs profonds où dorment le sang et les larmes d'un peuple », comme l'écrit encore Baudelaire dans le même texte. C'est donc le mythe (grec ou biblique) qui donne profondeur à cette épopée moderne : voir les extraits p. 42, 187 et 190.

Mais ne s'agit-il pas là d'un artifice, éloignant l'œuvre de son but initial ? C'est ce que suggère Baudelaire, évoquant ensuite cet « art sublime et subtil » de ce « prestidigitateur », art qui « ne pouvait se mouvoir à l'aise que dans le milieu légendaire » : « c'est (abstraction faite du talent du magicien) le choix du terrain qui facilitait les évolutions du spectacle ».

**PISTES**

■ **Pour une séquence : L'inspiration biblique** (▶ *supra*, p. 132).

■ **Bibliographie :** Ch. Baudoin, *Psychanalyse de Victor Hugo*, éd. Armand Colin, 1972.

▶ UNE ÉCRITURE RENOUVELÉE

# La ballade réinventée

**Musset**
***Premières Poésies***

p. 192

## Ballade à la lune

**APPROCHES**

■ **Axes d'étude :** Le lyrisme (p. 518). La ballade (p. 144, 179). La libération du vers (p. 198). Poésie et ironie.

■ **Préalables :** Situer le poème par rapport à un versant moins connu de l'inspiration romantique : la facétie et la dérision. Par la liberté conquise sur les règles du genre, le poème n'obéit plus à l'exigence de représenter. Les jeux sur les formes et sur le langage révèlent chez les romantiques dits mineurs (Xavier Forneret, Petrus Borel) ou chez le jeune Musset (*Contes d'Espagne et d'Italie*, 1830), une dérision à l'égard de soi et d'une société décevante. Rappeler la fortune de la ballade au XIXe siècle (Hugo, *Odes et Ballades*, ▶ p. 141) où l'on redécouvre les formes médiévales. La liberté de cette forme populaire, proche de la chanson, permet d'exprimer par l'ironie une souffrance intime.

**LIRE : Une ballade fantaisiste**

**1- Une écriture parodique**

• **Structure de la ballade :** 18 quatrains hétérométriques à rimes croisées où se succèdent 2 hexasyllabes, 1 dissyllabe (jouant le rôle de contrepoint rythmique : écart, v. 27, entre le sens de *S'allonge* et sa position dans la strophe) et 1 hexasyllabe. La brièveté des mètres se succédant dans une structure litanique (voir la première et la dernière strophe) favorise la désarticulation et la dérision du discours.

• **Le choix même de la ballade,** déjà illustrée par Hugo, révèle chez Musset la parodie des **clichés romantiques**, en soulignant jusqu'à l'outrance le crépuscule romantique et le personnage du Pierrot lunaire (v. 1, 2 ; v. 8-12). Le mystère de la lune se trouve rapetissé : voir le contrepoint rythmique (v. 3) ou la comparaison (v. 4) ; il apparaît comme l'effet d'un grotesque spectacle de théâtre d'ombres (quatrain 2). C'est tout un imaginaire romantique qui est ici visé, ainsi que la prétention de la poésie à atteindre, par une lecture des apparences, à une certaine spiritualité : *quel esprit sombre* (v. 5), *l'œil du ciel borgne* (v. 9), le *chérubin cafard* (v. 10), *une boule* (v. 13), *un grand faucheux bien gras* (v. 14), les *damnés d'enfer* (v. 20)…

**2- Le ver et le poète**

• Le ***ver*** qui ***ronge*** la lune (v. 25) est un écho à *Émaux et Camées* de Théophile Gautier. L'accent est mis sur une représentation macabre de la lune, évoquant implicitement le remords qui ronge. Le contexte parodique, mais aussi d'autres références métatextuelles (*Comme un point sur un i*, v. 4) invitent à lire, derrière cet animal qui dévore une lune en décomposition, une allusion au vers poétique (la paronomase ver/vers est fréquente dans la poésie du XIXe siècle : voir Baudelaire, *Les Fleurs du mal*).

• Ce parallèle éclaire les **intentions du poète** : quête d'une modernité (il s'agit de se nourrir, comme le ver, d'une poésie romantique déjà morte aux yeux d'un poète de 19 ans), écriture du désenchantement où l'expression du remords qui ronge ne peut se dire que dans la distance de la dérision à l'égard de soi et du langage poétique. Cette figuration du sujet lyrique est moderne : elle annonce déjà la crise du sujet qui redéfinit le genre poétique à la fin du XIXe siècle, mais aussi les œuvres de Baudelaire (▶ p. 202), Corbière (▶ p. 211), Laforgue (▶ p. 212), Lautréamont (▶ p. 213)…

**Conclusion**

Dans « Ballade à la lune », la fantaisie verbale n'est en rien gratuite. Elle permet à Musset de trouver une voie originale où le désenchantement s'allie à l'auto-ironie.

Dans une certaine mesure, elle ouvre sur une modernité où le statut du *je* devient problématique et où se manifeste une attention nouvelle au signifiant.

## *PERSPECTIVES* (p. 193)

■ **Forneret, *Vapeurs, ni vers, ni prose.***

### LIRE : Humour noir

**1- Une fin tragique et dérisoire**

La **structure** litanique du poème (8 quintils – 1 tétrasyllabe suivi de 4 hexasyllabes – s'ouvrant sur la même structure phrastique ; une succession de 8 vers de 4 syllabes reprenant cette structure phrastique, v. 41-48), semble mimer un mouvement implacable, qui conduit inéluctablement le personnage vers une fin tragique. Noter un effet de suspens (les référents des pronoms *il* et *elle* ne sont élucidés qu'à la fin et le lecteur peut imaginer, à partir du titre, qu'il est question d'une pièce de monnaie) et de dramatisation (*« Malheureux ! »*, v. 5 ; *peur*, v. 8 ; *horrible pensée*, v. 9 ; *frénétique effroi*, v. 28) : on peut d'abord le lire sur le mode héroï-comique (strophes 6-8) de la séparation douloureuse entre *le pauvre honteux* et la pièce de monnaie.

Après l'énumération (v. 41-48), les deux derniers vers, rendus comme moins importants par la typographie, apparaissent dans toute leur cruelle violence : le tragique dérisoire de ce personnage contraint par la faim à dévorer l'une de ses mains ; un ordre social abject qui assume l'énonciation du dernier vers (*on lui avait dit*, v. 49).

**2- Ruptures rythmiques et parallélismes**

La brièveté des mètres entraîne un rythme sautillant, suggère une sorte de pantomime grotesque qui conduit le personnage vers sa fin (variété des déséquilibres, produits par la discordance entre vers et phrase ; ponctuation, monosyllabes, str. 7 et 8, par ex.). Les parallélismes l'enferment dans une mécanique implacable où se dessinent cependant deux mouvements : l'adieu (vers ouvrant chaque strophe), le cruel repas où est sacrifiée la main.

**3- Pathétique et humour noir**

• **Des images émouvantes : v. 11-15 :** la *larme gelée / Qui fondit par hasard* (v. 12-13) et la comparaison avec le *bazar* (v. 15) représentent la misère d'un logis ouvert au vent et au froid ; **v. 21-25 :** la comparaison suggère l'absence d'issue autre que celle, cruelle et inhumaine, qui est dévoilée à la fin du poème ; **v. 31-35 :** métaphore touchante de l'*horloge du corps* désignant le cœur sur lequel est tendrement déposée la main et mesurant le temps désormais compté.

• **L'humour noir** repose sur la tension entre l'implicite et la révélation d'une cruauté implacable. La plaisanterie coutumière adressée aux enfants de pauvres (*Si tu as faim mange ta main et garde l'autre pour demain*) a été prise à la lettre : solution ironique apportée à la misère.

### PISTES

■ **Pour une séquence**

• **Poésie et fantaisie verbale** (jeux sur les mots ; une autre poétique ; statut du poète) : Marot, *Épigrammes*, p. 146 ; Corbière, *Les Amours jaunes*, p. 211 ; Pirotte, *La Vallée de misère*, p. 211 ; Aragon, *Les Yeux d'Elsa*, p. 229 ; Prévert, *Paroles*, p. 232 ; Gainsbourg, *Mon propre rôle*, p. 233 ; Lescure, « Poème pour bègue », p. 235.

• **Poésie, dérision et parodie** (parodie des codes poétiques ; formes de l'ironie ; enjeux et définition d'une autre esthétique) : Baudelaire, *Les Fleurs du mal*, p. 205 ; Rimbaud, *Illuminations*, p. 208 ; Verlaine, *Sagesse*, p. 210 ; Corbière, *Les Amours jaunes*, p. 211 ; Pirotte, *La Vallée de misère*, p. 211 ; Laforgue, *Les Complaintes*, p. 212 ; Lautréamont, *Les Chants de Maldoror*, p. 213 ; Queneau, *Sonnets*, p. 234 ; Norge, *Les Coq-à-l'âne*, p. 245.

■ **Exercices complémentaires : Écriture**

**1-** En gardant l'ouverture sur un présentatif (« C'était… ») et sa reprise à la fin du poème, les modalités interrogatives, l'emploi de l'impératif et du futur, écrivez un poème en vers libres tournant en dérision le motif poétique de l'automne.

**2-** Dans l'introduction de l'*Anthologie de l'humour noir*, André Breton écrit : « L'humour noir […] est par excellence l'ennemi mortel de la sentimentalité à l'air perpétuellement aux abois – la sentimentalité toujours sur fond bleu – et d'une certaine fantaisie à court terme, qui se donne trop souvent pour la poésie […] ». Expliquez dans quelle mesure cette définition peut s'appliquer aux textes de Musset et de Xavier Forneret.

■ **Lecture cursive :** A. Breton, *Anthologie de l'humour noir*.

■ **Bibliographie :** A. Haevaert, *L'Esthétique de Musset*, éd. SEDES, 1996.

▶ UNE ÉCRITURE RENOUVELÉE

# Poème en prose et prose poétique

## Aloysius Bertrand

## *Gaspard de la nuit* (p. 194)

### Un rêve

### APPROCHES

■ **Axes d'étude :** Le poème en prose (p. 199). Le rêve. Le fantastique.

■ **Préalables :** Faire noter aux élèves un rêve (ou un cauchemar) récent. À partir de là, repérer une structure, des motifs récurrents, et observer des traits communs : relative simplicité du scénario (contrastant avec l'impression possible de grande complexité de la trame du rêve ressentie au réveil), images fortes et symboliques.

■ **Vérifier** que sont compris : *entends*, citation (= comprends) ; *une ramée*, l. 6 (= un couvert de branches) ; *pénitents*, l. 7 et l. 17 (= membres de certaines confréries religieuses) ; *prieur*, l. 13 (= supérieur d'un monastère) ; *cordelier*, l. 13 (= moine franciscain) ; *chapelle ardente*, l. 14 (= où des cierges brûlent autour d'un cercueil).

## LIRE : Fantaisie et fantasmagorie

### 1- Un récit de rêve

• Trois étapes (trois premiers §) : **structure répétitive**, avec deux séries de mots de liaison inscrits dans des formules de conteur : **cadre temporel** (*Ce furent d'abord*, l. 1 ; *Ce furent ensuite*, l. 4 ; *Ce furent enfin*, l. 9) ; **cadre narratif**, qui met le narrateur à distance du rêveur (*ainsi j'ai vu, ainsi je raconte*, l. 1 ; *ainsi j'ai entendu, ainsi je raconte*, l. 4 ; *ainsi s'acheva le rêve, ainsi je raconte*, l. 9).

• Dans chaque étape du rêve, trois scènes apparemment dispersées, qui en suggèrent l'incohérence, accentuée par les tirets. Mais s'établit entre elles une correspondance verticale, dans une structure qui se poursuit, plus ample, aux § 4 et 5 (*abbaye/cellule/moine* ; *forêt/cris... ramée/une jeune fille... aux branches d'un chêne* ; *le Morimont/un criminel au supplice/moi que le bourreau...*) Le récit de rêve s'organise en images de plus en plus précises, convergeant vers moi (l. 11, ▶ question **4**) dans un effet de rapprochement angoissant.

### 2- Les deux derniers paragraphes

• **Le § 4**, au futur, indique un décrochement temporel, un au-delà du rêve entrevu et générateur d'angoisse. L'emploi de ce temps, mystérieux, semble incompatible avec le récit d'un rêve, c'est-à-dire d'une vision passée. Cet au-delà du rêve (achevé au § 3, l. 9) ou bien a été entrevu en rêve, ou bien est reconstitué par le narrateur après coup, dans un souci poétique de prolongement littéraire de la vision onirique. Cette reconstruction est marquée par une syntaxe plus articulée, moins paratactique et un rythme plus fluide que dans les paragraphes précédents.

• **Le § 5** raconte l'issue finalement heureuse du cauchemar, à l'imparfait et au plus-que-parfait : autre décrochement narratif : comme souvent dans les cauchemars, le moment du salut n'est pas éprouvé, mais constaté rétrospectivement ; il y a ellipse du moment traumatique (la mort), la rupture étant aussi suggérée par l'anacoluthe (l. 16).

### 3- Le rêve et l'imaginaire médiéval

• **Champs lexicaux du rêve :** ils relèvent d'un **romantisme noir :** la **nature :** décor de *forêt* aux *sentiers tortueux* (l. 2, 6, 7, 11) avec déchaînement des éléments (l. 17, 18) ; la **ville** : *le Morimont grouillant* (l. 3), *la foule* (l. 18) ; l'**Église** (l. 1, 5, 7, 9, 13, 14, 15, 17) ; la **nuit** (l. 1, 2, 17) ; les **bruits** effrayants (l. 4, 5, 6, 7) ; la **violence** (*cris, féroces, criminel, se débattait, liait, échevelé, tuée*) et la mort dans ses appareils les plus macabres (l. 4, 7, 8, 10, 11, 12, 14, 15, 16).

• **Références au Moyen Âge :** *pénitents noirs* (l. 7 et 17), *Dom Augustin* (l. 13), et l'atmosphère de religiosité, les supplices (pendaison, roue). La forêt renvoie elle aussi à un univers légendaire ou archaïque. Ces allusions sont intertextuelles (contes pour enfants, légendes) ou culturelles (Inquisition? exécutions capitales, puissance de l'Église sous l'Ancien Régime). Elles inscrivent les angoisses personnelles dans une mythologie collective qui contribue à la tonalité fantastique du poème.

• Une atmosphère d'« inquiétante étrangeté », propre au **récit fantastique** : elle est créée par les **décors**, par le mélange d'**horreur** et de **sacré** (représenté métonymiquement par l'Église), par le **mystère** planant sur les causes de ces morts violentes, sur les relations entre les personnages, entre leurs situations (*supplice* du *criminel*, *moine* expirant, *jeune fille... pendue...* ; et qui est *l'amant* qui a tué *Marguerite*?) ; le texte est d'autre part traversé de souvenirs littéraires énigmatiques : romans noirs des Anglais M.G. Lewis (*Le Moine*, 1795) et Ann Radcliffe (*L'Italien ou le Confessionnal des pénitents noirs*, 1797), *Faust* de Goethe (1770-1806) ? Le motif de la marche au supplice peut rappeler la *Symphonie fantastique* de Berlioz (1830). L'angoisse est entretenue par l'incertitude.

### 4- Le rêveur-narrateur

Le poète semble d'abord simple spectateur dans les 2 premiers § qui ont campé le décor visuel et sonore ; il n'apparaît comme participant de l'action que dans le 3e § (*et moi que le bourreau...*, l. 11), dernier personnage d'une trinité sinistre (*un moine, une jeune fille, et moi*), menacé par le supplice ; le rêveur se reconnaît ou se découvre rétrospectivement comme l'anonyme *criminel* de la scène précédente (l. 6-8). Ce basculement brusque de la situation de témoin à celle d'acteur accentue l'impression de cauchemar. L'ellipse correspond aussi à la discontinuité des images du rêve, que corrigent après coup le récit et l'interprétation.

L'activité du rêveur se caractérise par la capacité non seulement à créer des images et un scénario, mais aussi à les bousculer, soit dans le sens de la plus grande angoisse (l. 9-12), soit dans celui du soulagement : anticipation d'images apaisantes (l. 13-15) ; évanouissement du cauchemar (l. 16-19).

### Conclusion

Le récit de rêve se donne ici comme un défi à l'interprétation. Il réalise aussi un paradoxe : inscrire le trouble, la confusion et l'angoisse dans la forme dense et structurée du poème en prose.

## ÉCRIRE

Le rêve et la poésie moderne ont en commun de s'organiser en fonction d'une logique non discursive, exprimant la part la plus obscure de l'être, son univers inconscient. Le rêve et la poésie partagent une même liberté. À l'opacité des signes du rêve semble correspondre le mystère du langage poétique.

## PERSPECTIVES (p. 195)

### ■ Aloysius Bertrand, *Gaspard de la nuit*.

#### LIRE : Fantaisies musicales

#### 1- Les épigraphes, le titre et le poème en prose

Deux épigraphes (*Récits fantastiques* de Th. Gautier, chanson). Pas de lien apparent entre le titre (instrument de musique) et ces épigraphes qui évoquent toutes deux

LA POÉSIE

le personnage du Pierrot lunaire (rôle tenu par l'acteur Debureau au théâtre des Funambules ; *le grand paillasse* : personnage de la comédie italienne). Les épigraphes suggèrent en réalité le cadre du poème : univers de la musique, du spectacle, de la commedia dell'arte ; imaginaire onirique du récit fantastique de Gautier, *Onuphrius*. Le poème apparaît comme une variation autour de ces motifs : champs lexicaux de la musique et du théâtre. La musique semble faire naître le théâtre, l'illusion, une vision onirique. Le poème est l'écriture d'une fantaisie (= à la fois vision, pièce musicale de forme libre, chimère).

**2- La structure du poème**

• **Disposition typographique :** 3 séquences centrales matérialisées par des blancs ; un espace plus important et une étoile séparent les séquences 1 et 2, 4 et 5. On distingue ainsi trois parties : une séquence d'ouverture, une scène centrale composée de 3 séquences agencées chronologiquement (*C'était d'abord*, l. 6 ; *Et monsieur Cassandre*, l. 10 ; *Mais bientôt*, l. 15), une séquence jouant le rôle de clausule (récit, discours direct). Des échos sémantiques renforcent la cohésion du poème ; le champ lexical de la musique apparaît dans la séquence 1 (*Le maître de chapelle*, l. 1 ; *l'archet, la viole*, l. 2) et dans la séquence 5 (*le luthier*, l. 19 ; *corde*, l. 20, 22 ; *le maître de chapelle*, l. 20 ; *viole*, l. 21).

• La scène centrale de commedia dell'arte naît de la corde (séquence 1), de la musique, et s'achève avec celle-ci, lorsque la corde se brise (séquence 5). Elle est précédée, musicalement, d'une ouverture et d'un épilogue : lever de rideau / fin du spectacle.

**3- Une fantaisie verbale et musicale**

• **Jeux sur les sonorités :** allitération en [R] dominante ; des échos sonores dont l'effet rappelle le *gargouillement burlesque de lazzi et de roulades* : *av**oi**r*, *malad**roi**t*, ***boî**te* ; *ramasser*, *vié**das**e*, *grim**ace***.

• **Effets de reprise :** les reprises entre les séquences 2 et 3 (*monsieur Cassandre, perruque*), la succession et la coordination des actions (verbes à l'infinitif de narration ou à l'imparfait) miment l'enchaînement des situations, la rapidité des gestes et la confusion des *roulades*.

• **Rythme des paragraphes :** la longueur des phrases et la ponctuation rythment les différents moments de cette scène de comédie : 3 éléments (séquence 2), 4 éléments (séquence 3), 5 éléments (séquence 4). La vision semble ainsi emportée dans un tourbillon qui conduit à la rupture de la corde et donc à sa propre fin.

**4- Les éléments poétiques**

La place du narratif, l'évocation burlesque (son de la viole et *gargouillement* dû à *une indigestion*, l. 1-5), l'emploi de certains prosaïsmes (*cet imbécile*, l. 7 ; *viédase*, l. 11 ; ... *derrière*, l. 12 ; ... *du vieux*, l. 18) semblent ôter toute poésie au texte. Mais la composition musicale, les parallélismes, les sonorités, les glissements subtils (*poudre* de la *perruque*, l. 8-9 ; *grimace enfarinée*, l. 14 ; *poudreuse viole... poudreux étui*, l. 21) autour de motifs, la logique onirique, l'intertextualité et la parodie (séquence 4) font du texte un poème qui cherche moins à représenter (*mimesis*) qu'à produire dans son espace propre (*poiesis*) un sens autre, qui échappe à la logique discursive.

## DIRE

Ces deux poèmes présentent des caractéristiques du poème en prose : structure concertée et rigoureuse (alinéas et blancs, liens chronologiques, variations thématiques), subversion des types de discours (contraction du récit, densité de la description), tension entre le prosaïque et le poétique. Cette souplesse fait du poème en prose une forme moderne (▶ question **4**), qui sans nier la contrainte, permet d'explorer, dans l'invention d'une « parole inédite » (M.-J. Durry), les domaines les plus secrets du rêve et de l'imaginaire.

## PISTES

■ **Pour une séquence : Poétiques du poème en prose** (constantes et variations formelles ; thèmes : le réel et l'imaginaire ; lyrisme et ironie) : Baudelaire, *Petits Poèmes en prose*, p. 203, 204 ; Rimbaud, *Illuminations*, p. 207, 208, 209 ; Char, *Feuillets d'Hypnos*, p. 229 ; Segalen, *Stèles*, p. 236 ; Michaux, *La nuit remue*, p. 237 ; Ponge, *Le Parti-pris des choses*, p. 238.

■ **Texte complémentaire**

**Michel Sandras, *Lire le poème en prose.***

*L'auteur présente ici le caractère fondateur de l'œuvre d'Aloysius Bertrand, aux origines du poème en prose. Cette révolution formelle, fruit de l'imagination romantique, rompt pourtant avec la poétique dominante du temps : en quoi elle annonce la modernité post-romantique.*

Dans une sorte de prologue, A. Bertrand (1807-1841) raconte comment Gaspard de la nuit, poète alchimiste en vaine quête du diable, lui a remis un manuscrit, dans lequel « sont consignés divers procédés, nouveaux peut-être, d'harmonie et de couleur, seul résultat et seule récompense qu'aient obtenus mes élucubrations ».

Ce manuscrit est intitulé : *Gaspard de la nuit. Fantaisies à la manière de Rembrandt et de Callot*. Ce long titre est emblématique de l'œuvre. Le terme de « fantaisie », rappelant le sous-titre donné par Hoffman à un recueil de ses contes, est apprécié des romantiques. Il désigne une œuvre d'imagination, affranchie des règles, accordée au caprice d'un compositeur. Avec le terme de « bambochades » (peintures représentant des scènes champêtres populaires ou burlesques) présent dans le premier texte du recueil, et celui, cité plus haut, d'« élucubrations », on voit qu'il s'agit pour Bertrand de signifier d'emblée la dimension mineure, voire frivole de ces « pièces ». La nuit est le cadre d'un bon nombre d'entre elles, et quelques-unes ressemblent bien à des « nocturnes », au sens que ce mot a en musique. « À la manière de Rembrandt et de Callot » indique la volonté qu'a l'écrivain de rivaliser avec les peintres, soit ce que Gautier nommera plus tard « transposition d'art ». La fantaisie, la nuit, la référence picturale : voilà, en un seul coup, trois composants du genre « poème en prose ».

Le recueil est composé de façon très concertée, de six « livres » contenant chacun un certain nombre de « pièces ». La plupart d'entre elles sont construites sur le même modèle : une épigraphe, puis six alinéas ou « couplets » de quelques lignes séparés par des blancs. La discontinuité spatiale du texte, renforcée par de nombreux signes de ponctuation, et par l'emploi de simples conjonctions de coordination en début d'alinéas, est accordée à la discontinuité des récits, des descriptions et des dialogues. Cet ouvrage fait entendre dans la poésie française une voix complètement nouvelle.

Max Milner, dans la préface qu'il donne à l'édition de *Gaspard de la nuit* dans la collection « Poésie » publiée par Gallimard, affirme à juste titre que l'esthétique de la discontinuité qui est celle de Bertrand « l'oppose fortement aux courants majeurs de la poésie romantique, rarement soustraite à l'emprise de la rhétorique ». Cette discontinuité s'accompagne constamment de divers modes de distance. Par exemple dans le choix de sujets conventionnels, mais dont les conventions sont affichées ; par la présence fréquente du comique ou de l'humour ; enfin par l'extrême rareté d'un « je » lyrique, qui ne s'exprime guère que dans deux pièces (« Sur les rochers de Chèvremorte », « Encore un printemps »).

Discontinuité et distance sont les aspects essentiels de l'art de Bertrand. Mais ce sont aussi les caractéristiques fondamentales des premiers poèmes en prose : elles impliquent un rapport à la poésie très singulier et complètement nouveau qui apparaîtra avec l'évidence de l'art dans l'œuvre de Baudelaire.

© éd. Dunod, 1995.

■ **Bibliographie :** M. Sandras, *Lire le poème en prose*, éd. Dunod, 1995 ; F. Rude, *Aloysius Bertrand*, éd. Seghers, 1971.

## … Poème en prose et prose poétique

**Nerval**
***Aurélia***

p. 196

### « Mon rêve s'est transporté d'abord à Vienne. »

## APPROCHES

■ **Axes d'étude :** Le récit à la première personne (p. 356). La poésie en prose (p. 199). Le récit de rêve.

■ **Préalables :**

Insister sur la prémonition de l'inconscient freudien dans de nombreux textes romanesques au XIXe siècle (*Le Marchand de sable* d'Hoffmann, *L'Étrange Cas du Docteur Jekyll et de Mister Hyde* de Stevenson, *La Gradiva* de Jensen, *Le Horla* de Maupassant…). Dans *Aurélia*, récit d'une plongée dans la folie, le **rêve** joue un rôle de médiateur vers les profondeurs de la psyché. Le docteur Blanche qui soignait Nerval lui avait conseillé de noter ses rêves, dans une intention thérapeutique.

Préciser les références de l'image des *portes* (l. 26) : Homère, *Odyssée*, XIX, 562 ; Virgile, *Énéide*, VI, 894-897.

■ **Vérifier** la compréhension de : *chimère*, l. 27 (= monstre de la mythologie, imagination vaine).

## LIRE : Les abîmes du moi

### 1- Un itinéraire intérieur

Le texte se compose de deux parties distinctes : la première (l. 1-23) est le récit de rêve proprement dit. La seconde est un discours plus théorique sur la fonction du rêve en général, sans interprétation du rêve précédent (l. 24-41). Dans le 1er §, c'est le cadre général de la vision qui est tracé, jusqu'à la *lumière divine* (l. 13). La deuxième étape, dans le 2e §, est centrée sur l'apparition de trois figures féminines divines (l. 17-18). Le 3e expose la conviction du narrateur que les rêves ont un sens caché. Le 4e raconte la conséquence de cette prise de conscience : la recherche méthodique (*je m'appliquais*, l. 36) de ce sens.

La structure du passage révèle la démarche du narrateur, qui utilise sa propre psyché comme matériau de recherche, pour en connaître et maîtriser *le secret* (l. 25).

### 2- Scénario du rêve, romanesque et poétique

• Les temps du récit alternent dans les deux premiers paragraphes : **passé composé** pour situer le moment du rêve (l. 1), **présent élargi** pour caractériser le décor viennois (l. 1-4), **imparfait de description** (l. 9-12, l. 14, l. 16-20, l. 21), **passé simple** pour évoquer les micro-séquences successives : réflexion sur Marie Pavlovna ; surgissement du paysage de Norvège accompagné d'un bouleversement météorologique et géologique ; du rocher supportant la statue de Pierre le Grand à Saint-Pétersbourg, et des trois impératrices ; interprétation du rêve prémonitoire incluse dans le rêve (l. 22-24).

• Le récit de rêve s'inscrit dans un contexte **romanesque**, l'histoire du narrateur (*Cette nuit*, l. 1 ; *Mon rêve se termina*, l. 22) ; il raconte les péripéties (*d'abord, Tout à coup, aussitôt*) d'une histoire ordonnée (d'un cataclysme – *scène de désolation* – au rétablissement de l'harmonie) ; mais il relève aussi du **poème** en prose (narration brève ; images fantastiques ou surnaturelles ; vision poétisée par les fondus enchaînés : *brumes colorées… transparents*, l. 7, 8 ; *lumière… rayon*, l. 13, 14 ; glissement de l'abstrait au concret : *Une mélancolie… me fit voir*, l. 6-7 ; figures historiques transfigurées par une apothéose, l. 17-21).

### 3- Le mélange des genres

• Dans le dernier paragraphe, plusieurs genres se mêlent : le texte argumentatif (dernière phrase, introduite par *Je crus comprendre que*), l'écriture autobiographique (*Dès ce moment, je m'appliquais à chercher…*), le poème (comparaison finale).

• L'emploi de la 1re personne est complexe : le « je » désigne à la fois le personnage (le rêveur), le narrateur (qui assume l'énonciation du discours en témoignant de ce qu'il a vécu), l'auteur enfin (Nerval), référence ultime présente-absente pour le lecteur.

### 4- La rêverie sur le nom

Les noms propres ont le pouvoir d'ouvrir à la logique onirique. Vienne fait naître une rêverie sur ces *grandes colonnes qu'on appelle* pardons (l. 2-3), où se dit une culpabilité du sujet (centrale dans *Aurélia*). À partir d'une toponymie nordique (*Norvège, Baltique, Néwa…*) surgissent aussi, en un paysage intérieur (*mélancolie…*

*brumes colorées*, l. 6-8), des visages de femmes, vivantes dans le souvenir, dans la rêverie sur les noms (*Catherine, Hélène*), mais dont les voix se sont tues, emportées par la mort. Cette rêverie figure la quête mystique d'*Aurélia*, la poursuite d'une identité fantomatique et insaisissable.

**Conclusion**

Vertige de la représentation dans le récit de rêve : le récit littéraire reproduit le souvenir du rêve ; il s'agit donc d'une représentation par le langage d'un scénario imagé, lui-même langage traduisant des images codées de la réalité vivante.

## *PERSPECTIVES* (p. 197)

### ■ Nerval, *Les Chimères*, Delfica.

**LIRE : L'épreuve de l'indicible**

**1- La femme-muse**

Plus qu'une interlocutrice véritable (v. 6, voir *Octavie*, dans *Les Filles du feu* : la jeune Anglaise rencontrée *imprimait ses dents d'ivoire dans l'écorce d'un citron*), Dafné est ici un personnage poétique qui permet au système énonciatif lyrique de se mettre en marche, à la poésie de se créer ; elle joue donc le rôle d'une muse qui engage le poète à tenir une parole sur le monde.

Dans les quatrains, l'interlocutrice est convoquée sur la scène lyrique par une interrogation qui est un appel à réponse. Dans ce discours à sens unique qu'est le poème lyrique, elle ne saurait répondre ; sa présence est ainsi rendue mystérieuse, voire douteuse.

Dans le 1er tercet, aucune réponse n'est plus attendue : l'acte de langage n'est plus interrogatif, mais assertif (on ne peut rien répondre à une prophétie). Dans le 2e tercet, l'interlocutrice laisse la place à un personnage interne au tableau (la sibylle, qui délivre la parole du dieu). C'est elle qui détient la vérité, inaccessible.

**2- Un temps cyclique**

• **Champ lexical du retour et de la renaissance :** *toujours*, v. 4 et 9 ; *recommence*, v. 4 ; *Reconnais-tu*, v. 5 ; *Ils reviendront*, v. 9 ; *ramener*, v. 10 ; *un souffle prophétique*, v. 11. La rime plate sémantique en *-jours* souligne le thème de l'éternel retour dans le 1er tercet : la **prophétie** qui l'occupe est démentie aussitôt par le **sommeil** de la sibylle dans le 2e tercet (opposition des vers 11 et 14).

• Le poème semble proposer la vision d'un temps cyclique. Tout se passe comme si le poète usurpait la place de la prophétesse d'Apollon : son souhait de voir revenir le passé des anciennes croyances (*ces Dieux*, v. 9) apparaît comme utopique. Mais le mystère subsiste, entretenu par le silence de la sibylle endormie.

**3- Une mythologie personnelle**

• Peut-être le poète fait-il allusion à un passé personnel, mais les souvenirs sont surtout **littéraires** (Goethe, ► p. 101) et **mythologiques** : références aux dieux de l'Antiquité, à leurs arbres emblématiques (*laurier* d'Apollon, *olivier* d'Athéna, *myrte* de Vénus) ; à Cadmus, et peut-être à la légende de Daphné poursuivie par Apollon, et métamorphosée en laurier (v. 2) par son père (voir la statuaire et la peinture de la Renaissance : Le Bernin, *Apollon et Daphné*, ► p. 55 ; les sibylles de Michel-Ange à la chapelle Sixtine).

• **Références à l'Antiquité** latine : le titre, *Temple et péristyle*, v. 5 ; la *sibylle au visage latin*, v. 12 ; *l'arc de Constantin*, v. 13, à Rome. La superposition des différents passés est poétique : elle permet au temps de transcender les oppositions traditionnelles entre passé et présent, réalité et fiction, mythe et quotidien.

**4- Un chant incantatoire**

• Un **rythme** chantant : césure régulière à l'hémistiche allégée par l'apostrophe du v. 1 (4 / 2 // 3 / 3), la césure enjambante du v. 2, l'accumulation du v. 3 (4 / 2 // 3 / 3), les points de suspension du v. 4. Le rythme figure le mouvement, l'allégresse de la chanson d'amour mentionnée au v. 4, l'espoir dans le retour du passé.

• **Les échos sonores** renforcent l'incantation : assonances en [e] : *Dafné, pied, lauriers, olivier* ; profondeur des nasales : ***ancienne**, roma**n**ce, **blancs**, **tremblants**, **chanson**, **recommence*** ; fluidité des liquides : *ro**m**ance, sycomo**r**e, **l**au**r**iers, b**l**ancs, **l**' o**l**ivier, **l**e m**yr**te, **l**es sau**l**es trem**bl**ants, amou**r**, toujou**r**s, **r**ecommence.*

**DIRE**

Au-delà de leurs différences formelles, ces deux textes ont en commun une mystique du rêve, qui, pour Nerval, permet de communiquer avec le monde des âmes, l'au-delà, le divin, hors des limites de l'espace et du temps (rêve ou souvenir ?). La connaissance du rêve a donc pour enjeu une initiation spirituelle. Nerval pressent que le rêve tisse un lien entre le monde extérieur et le monde intérieur. Dans l'exploration par le rêve de cette part obscure de la psyché, dans cette quête éperdue d'une femme insaisissable (Aurélia, Isis, Daphné, Sylvie…) qui donnerait sens au monde et à l'univers des signes désormais opaque, se joue également, dans l'espace du poème, l'identité du *je*, la possibilité de son existence (voir « El Desdichado »).

## PISTES

■ **Pour une séquence : L'écriture poétique du rêve** (mise en œuvre de la logique onirique ; les images ; thèmes et motifs ; le rêve comme récit) : Aloysius Bertrand, *Gaspard de la nuit*, p. 194 ; Rimbaud, *Illuminations*, p. 209 ; Michaux, *La nuit remue*, p. 237 ; Desnos, *Corps et biens*, p. 240.

■ **Exercice complémentaire : Oral**
Poème en prose ou prose poétique : quels rapprochements et quelles distinctions pouvez-vous faire entre ces deux formes ?

■ **Lecture cursive :** Gérard de Nerval, *Sylvie*.

■ **Bibliographie :** M. Collot, *Gérard de Nerval ou la dévotion à l'imaginaire*, PUF, 1992 ; R. Jean, *Nerval par lui-même*, éd. du Seuil, 1964 ; G. Malandain, *Nerval ou l'incendie du théâtre*, éd. José Corti, 1986 ; H. Meschonnic, « Essai sur la poétique de Nerval », *Pour la poétique* III, éd. Gallimard, 1973.

# 3 Métamorphoses et modernité

## LES POÈTES VOYANTS



## Baudelaire, « le peintre de la vie moderne »

**Baudelaire**
***Les Fleurs du mal***

p. 201

### Spleen

#### APPROCHES

■ **Axes d'étude :** Le spleen. Le sujet lyrique.

■ **Préalables :** *Spleen*, en anglais, signifie « rate », siège de la bile noire, source de la mélancolie d'après la doctrine ancienne des humeurs. Dans *Les Fleurs du mal*, le malaise moral et métaphysique s'oppose à « l'Idéal ».

■ **Vérifier** la compréhension de : *grotesque*, v. 7 : pour Baudelaire, après les romantiques, le grotesque, « comique absolu », est un « élément essentiel du beau » dévoilant à l'homme « sa propre laideur morale et physique ».

#### LIRE : Un tombeau du moi

**1- Portrait du roi, portrait du moi**

• **Le portrait physique :** du morbide (*jeune et pourtant très vieux*, v. 2 ; *ce cruel malade*, v. 8) au macabre (*ce jeune squelette*, v. 12 ; *ce cadavre hébété*, v. 17).

• **Le portrait moral :** expression de l'ennui et du spleen (*impuissant*, v. 2 ; *S'ennuie*, v. 4) ; dégoût du pouvoir (v. 2-3), des plaisirs royaux comme la chasse (v. 4-5), la cour (v. 7) ou les plaisirs amoureux (v. 10-12). Métamorphose du roi en un être indifférent à la souffrance (v. 6) et cruel (v. 8 ; *sang*, v. 15 ; les *bains* de jouvence, le *Léthé*, signes d'une métamorphose de l'élément liquide correspondant à celle du sujet, v. 1, 18).

• **Une allégorie du poète** ouverte par la comparaison entre le *je* et un personnage imaginaire (*le roi d'un pays pluvieux*, v. 1) : dépossession et fictionnalisation. Formulation suffisamment générale, pour ne pas se limiter à la figure du roi (comparant), mais rejaillir sur la mélancolie du moi (comparé) : *Rien ne peut l'égayer* (v. 5) ; *ce cruel malade* (v. 8) ; *ce jeune squelette* (v. 12), etc.

**2- Les figures d'opposition**

La tension entre l'apparence et l'être, entre le présent et le passé, traduit la crise du sujet lyrique sur le mode du monde renversé :

– **antithèse :** *riche/impuissant*, *jeune/très vieux*, adversatifs (*mais*, *pourtant* – valeur concessive), v. 2 ;

– **figures d'opposition :** *ce cruel* (latin *crudelis* : saignant) ; *malade*, v. 8 ; *souris/ce jeune squelette* (oxymore), v. 12 ; *lit fleurdelisé*, syllepse qui active deux sens opposés (« orné » « marqué au fer rouge d'une fleur de lys », comme les criminels), v. 9 ; *sang/eau verte du Léthé* (v. 18).

**3- La musique du spleen**

Régularité de l'**alexandrin** (concordance mètre-syntaxe) et longues phrases : rythme monotone de l'ennui. Les **rimes** plates renforcent cette impression. Les rimes riches marquent une permanence sonore des phonèmes en fin de vers (1-2 / 3-4 / 7-8 / 11-12 / 15-16 / 17-18), où l'ennui le dispute à la discordance (*pluvieux*, v. 1 : prononcé en diérèse). Des rimes signifiantes soulignant les antithèses : *tombeau/beau*, v. 9-10, au cœur du poème : *impuissant* (v. 2), *bains de sang* (v. 15), *au lieu de sang* (v. 18).

**4- Dissonances et autodérision**

• **Dissonances lexicales :** antithèses des v. 2 (*Riche/impuissant*, *jeune/vieux*), 12 (*ce jeune squelette*), 17 (*ce cadavre hébété*) ; **syntaxiques :** énumération (v. 5-6) mettant sur le même plan plaisirs de la chasse et oiseaux de proie, souffrance du peuple et victimes innocentes ; relative (*pour qui tout prince est beau*, v. 10) dégradant la représentation de l'amour.

• **Anachronismes :** différentes strates temporelles pour les étapes d'un parcours initiatique : temps incertain du conte (v. 1), une cour de la Renaissance (*précepteurs*, v. 3 ; *bouffon*, v. 7 ; *lit fleurdelisé*, v. 9 ; *dames d'atour*, v. 10 ; *souris*, v. 12), imaginaire du Moyen Âge (*la grotesque ballade*, v. 7 ; la danse macabre, v. 12 ; l'alchimiste, v. 13) ; histoire romaine (allusion à Néron, v. 6 ; les *bains*, v. 15) ; mythologie gréco-latine (v. 18).

• **Autodérision :** ces incohérences sont le signe d'une écriture proche du pastiche, d'une mise à distance ironique du pathétique : par la surcharge et par la coexistence du grotesque et du macabre. Parcours douloureux d'une voix cherchant une source qui la régénérerait, rappel du mythe d'Orphée.

**Conclusion**

Une écriture du désenchantement caractérise ce poème qui est un tombeau du moi (œuvre célébrant un artiste disparu : voir Mallarmé, *Poésies*) : le sujet lyrique se définit de manière moderne comme perte, ne subsistant plus que par une impersonnalité où l'ironie met à distance le pathétique.

## DIRE

Motifs caractéristiques du spleen : obsession de la maladie et de la mort ; l'angoisse comme épreuve de l'enfermement ; images matérielles de la pesanteur et de la chute ; emprise du temps et du souvenir ; accablement d'un sujet dépossédé de lui-même mais réagissant au mal par la dérision et l'ironie. Commenter la tension entre « Spleen » et « Idéal ».

## PISTES

■ **Pour une séquence : La mort du *Je* dans la poésie moderne** (le sujet lyrique et son effacement ; la tentation du silence ; tonalités) : Corbière, *Les Amours jaunes*, p. 211 ; Lautréamont, *Les Chants de Maldoror*, p. 213 ; Mallarmé, *Poésies*, p. 214 ; Michaux, *La nuit remue*, p. 237 ; Anne Perrier, *Pour un vitrail*, p. 249.

■ **Exercice complémentaire : Style**
Étudiez les marques de l'ironie dans le poème.

■ **Bibliographie** : J. Jackson, *La Mort Baudelaire, Essai sur* Les Fleurs du mal, éd. La Baconnière, 1982.

*... Les Fleurs du mal* p. 202

# Paysage

## APPROCHES

■ **Axes d'étude** : La poésie de la ville. La rêverie. La fonction du poète.

■ **Préalables** : Signaler l'apparition du thème littéraire de la **ville** dans la deuxième moitié du XIX^e siècle qui suscite à la fois fascination pour sa modernité et horreur pour le malheur qu'elle abrite (« Le Cygne », « Les Sept Vieillards », « Le Crépuscule du soir »...). Apparition aussi du motif de la tour d'ivoire, où se réfugient les poètes désenchantés après les illusions perdues de la révolution de 1848.

## LIRE : La chambre noire

### 1- Un « tableau parisien »

• **Le mouvement du regard** : surplombant : *auprès du ciel* (v. 2) ; *voisin des clochers* (v. 3) ; *du haut de* (v. 5).

• **Une évocation picturale** : la vision se construit en tableau organisé autour de différents plans, à partir du regard porté sur l'univers urbain et quotidien : verticalité du *ciel* sur lequel s'ouvre l'espace, des *tuyaux, clochers, mâts* ; ligne horizontale tracée par l'*atelier* ; regard tour à tour plongeant (v. 5) et dirigé vers le ciel (structure en boucle et élargissement : *ciel, grands ciels*, v. 2 et 8) ; paysage cadré par la fenêtre (*mansarde*, v. 5 ; *fenêtre*, v. 10 ; *vitre*, v. 21). Premier des « Tableaux parisiens », ce poème joue le rôle de cadre, de seuil.

### 2- La transfiguration de la ville

L'association des images mêle les **motifs bucoliques** et les **motifs urbains** : *églogues* (v. 1) composées en pleine ville ; *clochers* (v. 3) campagnards ou urbains ; *tuyaux* des ateliers associés à des *mâts* (v. 7) ; l'immensité du ciel (v. 2, 8), reprise et poétisée (*Il est doux, à travers les brumes...*, v. 9-12), évoquant les vastes espaces de la nature ; cycle des saisons (v. 13) paradoxalement associé à ce ciel urbain. *Les fleuves de charbon* (v. 11), qui indiquent les fumées des usines, sont semblables aux *brumes*, et mis sur le même plan que l'*étoile dans l'azur* et *la lune*. Marques d'ironie : *chastement* (v. 1) ; décor convenu (le *pâle enchantement* de *la lune*, v. 12 ; couleurs atténuées des *horizons bleuâtres*, v. 17 ; le *Printemps*, v. 24).

La **transfiguration** s'opère grâce à l'alliance de ces deux réseaux d'images. L'élément liquide relie par exemple les métaphores des vers 7 et 11, la lune versant *son pâle enchantement* (v. 12), les *jets d'eau pleurant dans les albâtres* (v. 18). Le chant unit la réalité de l'atelier (v. 6) et les *oiseaux chantant soir et matin* (v. 19).

### 3- La vision intérieure

**Le passage d'une vision extérieure à une vision intérieure** s'effectue au vers 15 : sur le plan sémantique, répétition et association de « rêver » (v. 3, 8, 17) et de « voir » (v. 6, 9, 13) préparant la révélation d'un monde intérieur (*féeriques palais*, v. 16) ; sur le plan grammatical, les formes verbales suggèrent (comme le gérondif *en rêvant*, v. 3, ou les participes *pleurant*, v. 18, *chantant*, v. 19, *tempêtant*, v. 21) une résonance de la notation extérieure dans la rêverie intérieure ; les futurs (anaphore *Je verrai*, v. 6, 13) donnent au regard la profondeur d'une vison intérieure et comme prophétique.

### 4- L'image du poète

Le texte dessine la figure d'un artiste solitaire, retiré du monde (v. 15), coupé du peuple (v. 21), acharné au labeur poétique (v. 22), et voué à l'œuvre créatrice (v. 23-26). Le regard surplombant renforce encore cette image du poète voyant et visionnaire, exerçant lucidement la traduction de ses visions dans la chambre noire du poème.

La **fonction du poète**, ici, se distingue de la conception romantique, comme en témoignent certains indices ironiques : comparaison (*comme les astrologues*, v. 2) ; rime : *églogues/astrologues* (v. 1-2). Les visions idylliques renvoient à une imagerie conventionnelle de la nature, euphorique et idéalisée, décor d'églogue (*Les Bergeries* de Racan ; La Fontaine, *Adonis*, ► p. 156) ou cliché d'une poésie romantique imitée de Musset (► question **2**).

Le poète apparaît ainsi comme un contemplateur distrait (*écouter en rêvant*, v. 3) et idéaliste (*l'atelier qui chante et qui bavarde*, v. 6) de la beauté citadine, s'évadant dans sa rêverie et fermant la porte à *l'Émeute* (v. 21), emblème (majuscule) des révoltes populaires et des révolutions. Baudelaire refuse la conception du « mage romantique » qui se sent investi d'une mission divine auprès du peuple (*Moïse* de Vigny ; *Fonction du poète* de Hugo).

### Conclusion

Curieuse ouverture de section : la déclaration d'intention (*Je veux*) dit dans le même mouvement l'ouverture à la modernité et le repli du poète sur soi. L'art seul demeure, contre les agressions du réel.

## PISTES

■ **Pour une séquence**

• **Dialogues entre la poésie et les arts** (▶ *infra*, p. 178).

• **Poésie de la ville** (images du paysage urbain ; nouveautés du thème et des formes ; tonalités) : Boileau, *Satires*, p. 176 ; Laforgue, *Les Complaintes*, p. 212 ; Apollinaire, *Alcools*, p. 216 ; Cendrars, *Prose du transsibérien*, p. 224.

■ **Exercice complémentaire : Langue**

Étudiez l'emploi des déterminants (v. 1-8).

■ **Bibliographie :** G. Poulet, *La Conscience critique*, éd. José Corti, 1971.

## ... Baudelaire, « Le peintre de la vie moderne »

**Baudelaire**

***Petits Poèmes en prose*** p. 203

# Les Fenêtres

## APPROCHES

■ **Axes d'étude :** Le poème en prose (p. 199). La rêverie. La fonction du poète.

■ **Préalables :** Rappeler la nouveauté du **poème en prose** au XIXe siècle (Aloysius Bertrand, *Gaspard de la nuit*, 1842, p. 194-195). Chez Baudelaire, le passage du vers à la prose constitue une exploration des possibles de la langue, une plongée vers l'inconnu, qui sera poursuivie par Rimbaud. Parus d'abord, pour certains, dans des revues, les *Petits Poèmes en prose* ont connu plusieurs titres, dont le dernier, *Le Spleen de Paris*, montre bien l'importance du thème de la ville dans le recueil.

## LIRE : Fenêtre sur l'être

### 1- Le poème en prose et la fascination des fenêtres

• **L'axe descriptif** permet d'ancrer le sujet du poème dans un univers quotidien. Le titre annonce un thème que la progression du poème ne va cesser de décliner : paradoxe et profondeur de la fenêtre close (l. 1-6), légende de la pauvre femme (l. 7-11), hypothèse déplaçant l'intérêt vers le désir que fait naître l'obstacle (l. 12-13), retour au sujet (l. 14-17). À la fois fermeture et ouverture, les « fenêtres », sujet du poème, trouvent une correspondance adéquate dans la forme même du poème en prose.

• **L'axe poétique** suggère les variations de l'inquiétude en multipliant les effets d'ouverture et de clôture : parallélismes syntaxiques : *Celui qui regarde du dehors à travers une fenêtre fermée/celui qui regarde une fenêtre fermée* (l. 1-2) ; *Ce qu'on peut voir au soleil/ce qui se passe derrière une vitre* (l. 4-5) ; parallélismes parfois soulignés par des assonances internes et par des égalités syllabiques : *plus **profond*** (3), *plus **mystérieux*** (4), *plus **fécond*** (3), *plus **ténébreux*** (4), l. 3 ; *Dans ce trou noir* (4) *ou lumineux* (4), vit *la **vie*** (3), *rêve la **vie*** (4), *souffre la **vie*** (4), l. 5-6.

Ces variations traduisent une parole incantatoire cherchant à percer un mystère fascinant, celui des « fenêtres ».

### 2- La structure

• **L. 1-6** : effacement du pronom personnel de 1re personne au profit de relatives périphrastiques (*celui qui*..., l. 1-2 ; *Ce qu'on*..., l. 4 ; *ce qui*..., l. 5), tournures impersonnelles (*Il n'est pas d'objet*..., l. 2), pronom personnel à sémantisme indéfini *on* (l. 4), formes pronominales (*ce qui se passe*..., l. 5). La présence du locuteur est implicite : elle apparaît dans les structures comparatives et dans des termes dont les connotations trahissent un jugement de valeur (l. 3 ; gradation : l. 6).

• **L. 6-14** : le pronom personnel de 1re personne et la forme du réfléchi (l. 9, 10, 14).

• **L. 15-17** : le « je » s'inscrit, avec le discours direct, dans un dialogue avec le lecteur. Les changements de pronoms personnels trahissent un mouvement vers l'intériorité mais aussi une confrontation du moi et de l'autre.

### 3- Le regard, le roman et la vie

Dès la première séquence (l. 1-6), le regard est orienté vers l'intériorité, source d'une existence que pourrait révéler le poème (*Dans ce trou noir ou lumineux vit la vie*, l. 5-6). Le « je » apparaît dans la deuxième séquence alors que se développe le thème de la « re-création » (*j'ai refait l'histoire de cette femme*, l. 9). Le récit prend alors la profondeur d'une légende transfigurant la réalité, et ouvrant le moi à l'altérité. Le réel, dans son opacité, apparaît comme un point de départ (l. 9, 16) à la transfiguration poétique opérée par le poète voyant.

### Conclusion

Lieux de voyance, d'inspiration, d'interrogation sur le réel et sur le pouvoir de la poésie, transparence et obstacle, ouverture du *je* sur un autre qui échappe, les « fenêtres » semblent renvoyer au poète sa propre image.

## VOIR

Souligner d'abord les différences entre le poème de Baudelaire et le tableau de Holsoe où le personnage est tourné vers une fenêtre ouvrant sur l'extérieur. Le motif de la fenêtre est donc ici rêverie d'évasion.

Le spectateur se trouve cependant placé dans une position proche de celle du lecteur du poème. La femme assise est vue de dos, ce qui invite à « refaire sa légende », à imaginer le roman de sa vie.

## PISTES

■ **Pour une séquence : L'ailleurs dans le poème en prose** (la thématique de l'évasion : rêve, rêverie et voyage ; les paysages ; la forme poétique) : Aloysius Bertrand, *Gaspard de la nuit*, p. 194 ; Baudelaire, *Petits Poèmes en prose*, p. 204 ; Rimbaud, *Illuminations*, p. 209 ; Segalen, *Stèles*, p. 236 ; Michaux, *La nuit remue*, p. 237.

■ **Exercices complémentaires**

• **Écriture :** Comparez « Paysage » et « Les Fenêtres » (thèmes, formes) : quelle représentation donnent-ils de la création poétique ?

• **Oral :** Lisez quelques textes des *Petits Poèmes en prose* et présentez les caractéristiques majeures de cette forme dans l'esthétique de Baudelaire.

■ **Bibliographie :** M. Sandras, *Lire le poème en prose*, éd. Dunod, 1995 ; J.-P. Richard, *Poésie et profondeur*, éd. du Seuil, 1955.

## *... Petits Poèmes en prose* p. 204

# Le Désir de peindre

## APPROCHES

■ **Axes d'étude :** Le poème en prose (p. 199). Poésie et peinture.

■ **Préalables :** Reprise d'un thème classique (XVIIe siècle), celui du *parangon* (rivalité) entre peinture et poésie, inspiré de la formule d'Horace *ut pictura poesis*. Mais aussi thème romantique de l'absolu, et de la rivalité entre le monde réel et la création artistique.

Rappeler la consultation des *Sorcières thessaliennes*, chez Lucain (*La Pharsale*, VI, v. 499-506) : adeptes de la magie noire, elles ont pouvoir de divination et de contrainte sur les dieux mêmes ; la Lune est associée à la sombre déesse Hécate, divinité des enfers qui préside à la magie et aux enchantements (voir « Les Bienfaits de la Lune », *Petits Poèmes en prose*).

## LIRE : Portrait et fascination

### 1- Une composition picturale

La structure du poème dévoile le mouvement d'un regard fasciné par le tableau. La **première phrase** annonce le thème du désir créateur et destructeur (l. 1-2), associé à la peinture et repris à l'ouverture de la seconde séquence (*Je brûle de peindre*, l. 3). Chaque étape esquisse alors un **portrait en mouvement** : fascination pour le mystère des yeux (l. 9-11), désir de traduire ce mystère (l. 12-23), esquisse *de ce visage inquiétant* (l. 24-29) : *son petit front* (l. 24) ; ses *narines mobiles*, (l. 26) ; *le rire d'une grande bouche* (l. 27-28). Au regard créateur répond, à la **clôture du poème**, le regard mortifère de la femme (l. 31).

**La forme du poème en prose**, à la fois rigoureusement encadrée (deux phrases-paragraphes de construction analogue, au début et à la fin) et ouverte à la souplesse des retouches et des approximations, est à l'image d'une composition picturale qui n'est pas tableau achevé, mais ébauche, tableau en cours, *désir* de peindre. Voir les références à l'acte créateur (*l'artiste*, l. 1-2 ; *peindre* l. 3 ; *je la comparerais*, l. 12) et les notations de couleurs (alliance contrastée du noir et de la lumière).

### 2- L'écriture du désir

**Le champ lexical du désir** donne au poème son unité. Le motif apparaît explicitement à l'ouverture (*le désir déchire*, l. 2) et à la clôture du poème (*jouir*, l. 30 ; *le désir de mourir*, l. 31). Le titre (*Je brûle de peindre*, l. 3) suggère un désir double : mourir d'amour (l. 31), mais aussi de peindre avec des mots (idéal de l'hypotypose) ; désir ambivalent à la fois **vital** et **dangereux** (*la lune sinistre et enivrante*, l. 17-18 ; *l'amour de la proie*, l. 25). De nombreuses figures sont le signe de cette tension : antithèse (*malheureux/heureux*, l. 1 ; évocation de la lune, l. 16-23), parallélismes (l. 3-4), oxymore (*soleil noir*, l. 12). À l'origine de la création, le désir nourrit l'inspiration (l. 8-9), mais apparaît également comme le moment d'une destruction (*déchire*, l. 2 ; *brûle*, l. 3 ; *explosion*, l. 11 ; *éclate*, l. 27 ; *un terrain volcanique*, l. 29) où le salut de l'artiste passe par le sacrifice de sa part d'humanité (l. 1).

La création, chez Baudelaire, est à la fois source d'un salut et signe d'une perte.

### 3- Comparaisons et métaphores

Faute de pouvoir trouver les mots justes pour traduire la fascination exercée par son modèle, le poète emploie des images qui donnent au sujet présence et profondeur :

– la comparaison *comme une belle chose regrettable* (l. 4-5) dit déjà le caractère indicible de cette beauté ;

– la métaphore inquiétante *Ses yeux sont deux antres* (l. 9) a des connotations bestiales (l'antre est le séjour des monstres dans l'imagerie enfantine, et ce regard fascinant rappelle celui de Méduse) ;

– celle de l'*explosion dans les ténèbres* (l. 11) suggère la profondeur inquiétante et destructrice du regard où s'abîme la contemplation du poète (voir la comparaison *son regard illumine comme l'éclair*, l. 10-11) ;

– des comparaisons suggèrent le mystère inquiétant du modèle : *Je la comparerais à un soleil noir* (l. 12 oxymore) ; *qui ressemble à une froide mariée* (l. 16-17) ; *une superbe fleur* (l. 28-29 – tentation du mal) ;

– la comparaison avec la *lune sinistre, arrachée du ciel* (l. 12-17) fait référence à une imagerie romantique noire, opposée à celle de l'*idylle*, et à une mythologie dionysiaque, ou liée à des divinités cruelles et farouches.

D'où une vision de la femme à la fois fascinante et inquiétante : beauté sensuelle, dionysiaque, tournée vers le mystère et la magie noire, divine et animale.

### Conclusion

« L'éternelle Vénus (caprice, hystérie, fantaisie) est une des formes séduisantes du Diable » (*Mon cœur mis à nu*). L'image de la femme ou de la beauté s'associe au thème de la recherche de l'absolu par l'art, de la souffrance de l'artiste comme condition de la création. La poésie est un travail de recherche infini sur la langue, de traduction des apparences et de voyance.

## ÉCRIRE

Ce poème en prose tente de concilier les deux aspirations que Baudelaire dégage dans l'art du portrait. Noter d'abord la composition du poème, l'attention portée au **contour** et au **modelé** du visage (l. 24-29), dont les parties sont peintes tour à tour : portrait traditionnel, de haut en bas et par juxtaposition de touches. Le modèle est une présence sensible. Dans un second temps, on montrera la **transfiguration** qui s'opère par le poème en prose : oxymore, métaphores, évocation des *Sorcières thessaliennes*, l. 22. Le poète est, ici, un poète voyant. Il cherche moins à obtenir une ressemblance avec son modèle qu'à éclairer des détails expressifs : ceux qui rendent compte de l'impression produite par le modèle (atmosphère et lumière nocturnes, mystère et inquiétude), grâce à un jeu de couleurs, de lumières et d'images.

## *PERSPECTIVES* (p. 205)

■ **Baudelaire, *Les Fleurs du mal*, Une charogne.**

### LIRE : Un conte cruel

**1- La forme de la fable**

**L'hétérométrie** rappelle les *Fables* de La Fontaine. Les quatrains, composés d'alexandrins alternant avec des octosyllabes, suggèrent une légèreté en contradiction avec le thème traité. Le **mouvement du poème** reprend également la structure du récit initiatique que l'on trouve dans le conte ou dans l'apologue (▶ p. 252 sqq) : récit d'une anecdote (strophes 1-9) ; les trois derniers quatrains dégagent la portée du « *memento mori* » (moralité). Les **thèmes** et le **style** rappellent la fable philosophique dans la poésie amoureuse : thème du temps qui passe, de la mort destructrice de la beauté, *carpe diem* de la poésie antique ; ton badin et précieux (vouvoiement, emploi rare du passé simple *crûtes*, v.16, termes hyperboliques ou mignards).

**2- Une promenade amoureuse**

D'après les **apostrophes** *mon âme* (v. 1), *Étoile de mes yeux, soleil de ma nature* (v. 39), *mon ange et ma passion* (v. 40), *ô la reine des grâces* (v. 41), *ô ma beauté* (v. 45), le poète s'adresse à une femme aimée et idéalisée. Il reprend le motif du *locus amœnus* **idyllique** dans la description du décor de la promenade (*Ce beau matin d'été si doux*, v. 2 ; *Le soleil rayonnait*, v. 9 ; *la grande Nature*, v. 11 ; *Comme une fleur*, v. 14 ; atmosphère bucolique de la strophe 7 ; *l'herbe et les floraisons grasses*, v. 43). Mais l'effet saisissant du poème vient du contraste entre ce ton de la déclaration d'amour passionnée et précieuse et la réalité évoquée : la décomposition de la charogne. En promettant à l'être aimé le sort de cette carcasse immonde, le poète se livre à une déclaration à rebours.

Les stéréotypes du discours amoureux, les effets de décalage sont le signe d'une **écriture parodique** : ce conte cruel tout en refusant les codes d'une poésie idéaliste, est aussi réflexion sur les pouvoirs du poète.

**3- Le désir et la mort**

Le poème multiplie les **associations entre le désir, la décomposition et la mort**. La précision macabre s'inscrit dans une mise en scène provocatrice : métaphore du lit (*Sur un lit semé de cailloux*, v. 4) ; comparaison obscène (*Les jambes en l'air, comme une femme lubrique* v. 5) ; évocation du mouvement du corps (v. 21-24) ; symbole de la chienne : lubricité et mort (v. 33-36) ; avertissement final (v. 37-44). L'opposition entre le corps de la femme dévoré par la vermine (v. 46 et 48 : métaphore répugnante des *baisers*) et *la forme et l'essence divine* (v. 47) des amours constitue une pointe qui réoriente la fable vers une apologie de la création poétique.

Ce désir mortifère qui finalement se retourne contre celui qui l'éprouve est au cœur de la réflexion de Baudelaire sur les pouvoirs de la création. « Le Désir de peindre » et « Une charogne » célèbrent tous deux ce regard fasciné pour les noces d'Éros et de Thanatos. Les vers 29-32 rappellent « Le Désir de peindre » dans cette évocation de l'effacement des formes jusqu'au rêve (*Les formes*, v. 29 ; *Une ébauche*, v. 30 ; *la toile oubliée*, v. 31).

### DIRE

On s'appuiera sur d'autres évocations littéraires et picturales du « *memento mori* », notamment les *Derniers Vers* de Ronsard ou les tableaux de Vanités (▶ p. 39). Ce n'est pas en effet la description très réaliste de la charogne qui fait l'originalité du poème, mais l'inversion de l'avertissement du « *memento mori* ». Dans la tradition épicurienne du *carpe diem*, le vieillissement est dépeint sans complaisance, mais non la décomposition ultime ; l'évocation de la mort est une célébration des pouvoirs de la vie. Dans la peinture des Vanités, elle est un avertissement qui invite les mortels à se tourner vers Dieu. Baudelaire reprend le thème avec une distance cynique proche du sadisme (▶ p. 88) : la décomposition est paradoxalement un éloge inversé des pouvoirs de la création.

## PISTES

■ **Pour une séquence**

- **« Souviens-toi que tu dois mourir »** (▶ *supra*, p. 127).
- **Baudelaire, les voies de la modernité** (▶ *infra*, p. 354).

■ **Bibliographie :** P. Pia, *Baudelaire*, éd du Seuil, 1995.

LA POÉSIE

# Rimbaud, l'alchimiste du verbe

**Rimbaud**
***Poésies***

p. 206

## Les Chercheuses de poux

### APPROCHES

■ **Axes d'étude :** Les figures de style (p. 516). L'enfance.

■ **Préalables :** Noter l'**originalité** de cette scène, qui ne figure précisément aucun des protagonistes. Un sujet apparemment trivial, une séance d'épouillage se transforme paradoxalement en scène voluptueuse.

■ **Vérifier** que sont compris : *tourmentes*, v. 1 (sens de « tempêtes » et sens étymologique de « ce qui tourmente ») ; *fleurent*, v. 10 (= exhalent l'odeur de).

### LIRE : Trouble des sens, trouble des mots

#### 1- Le charme à l'œuvre

*Charmantes/charmeurs* sont des termes polysémiques. *Charmantes* (v. 3) a un sens plus faible : les jeunes filles sont charmantes, c'est-à-dire gentilles et/ou jolies, mais leurs doigts sont *charmeurs* (du latin *carmen*), c'est-à-dire qu'ils exercent un charme proche de l'envoûtement. Cette connotation plus inquiétante est confirmée par *fins* et *terribles*, ainsi que par la rime antithétique *charmantes/tourmentes*.

L'**attraction** est ici crainte et fascination, à la fois magique et sensuelle ; elle tient à la personnalité ambiguë des jeunes filles à la fois familières (*sœurs*) et allégoriques (*royaux*), ingénues (*frêles, craintives, fins*) et infernales (*terribles, sifflement*).

#### 2- L'écriture du désir (strophes 3 et 4)

• **Les rythmes** opèrent des accélérations et des ralentissements :

– contre-rejet (v. 11-12) et rejet (v. 13-14) soulignant les sensations et la synesthésie ;

– pratique généralisée de l'enjambement interne (v. 14, v. 15) et externe (v. 15 et 16) dans la quatrième strophe figurant l'alanguissement sous les caresses. La syntaxe prend le pas sur le mètre, traduisant la fluidité du désir.

• **Les sonorités** renforcent musicalement correspondances et synesthésies. Contraste entre la profondeur des assonances [ã]/[ɔ̃] (*chanter*, v. 9 ; *de longs miels*, v. 10 ; *interrompt, sifflement*, v. 11 ; *entend, battant, silences*, v. 13 ; *indolences*, v. 15) et en [i], les allitérations en [s], en [v] et en [p] qui impriment une tonalité électrique au poème (*leurs haleines craintives*, v. 9 ; *végétaux et rosés*, v. 10 ; *sifflement, salives*, v. 11 ; *Reprises sur la lèvre ou désirs de baisers*, v. 12 ; *cils, silences*, v. 13 ; *électriques*, v. 14 ; *crépiter*, v. 15 ; *petits poux*, v. 16).

Trouble et tension érotiques, mais aussi existentiels, l'enfant ne sait identifier ni son désir, ni son rapport au monde.

#### 3- L'ambiguïté de la scène

• **Synesthésies** : les haleines craintives satisfont à la fois l'ouïe, le toucher (le souffle dans son cou ou dans ses cheveux) et l'odorat (v. 10 avec l'enjambement). Les *salives/Reprises sur la lèvre* provoquent un son qui évoque à son tour des désirs de baisers possibles. Comment l'enfant qui regarde dans le jardin peut-il entendre leurs cils noirs ? L'expression suppose que les caresses mettent l'imagination en branle, le parfum et le silence donnent lieu à une vision (les miels *rosés*, v. 10, *les silences/Parfumés*, v. 13-14 ; *les grises indolences*, v. 15).

• **Alliances de termes contradictoires** : *terribles et charmeurs*, v. 8 (≠ *craintives*, v. 9) ; *électriques et doux*, v. 14 ; *Sourdre et mourir*, v. 20 ; *désir de pleurer*, v. 20 (≠ *désirs de baisers*, v. 12). Le désir qui monte chez l'enfant le dépasse et provoque une souffrance.

Ambiguïté supplémentaire, le trouble de l'enfant n'exclut pas l'ironie du poète : effet de surprise provoqué par le retard de l'explication prosaïque (v. 16), contraste (impertinent ?) entre *ongles royaux* et *mort des petits poux*. Plaisanterie, dérision intime ? Regard distancié sur des jouissances de l'ordre de l'inavoué ?

#### Conclusion

Mélange de sensualité et de pudeur dans cette évocation subtile, intériorisée, de l'enfance. Comme en témoigne la dérision de cette scène de genre, la poésie ne tient pas à la beauté du sujet, mais au travail de l'écriture cherchant à « étreindre la rugueuse réalité » : originalité et densité des impressions.

### PISTES

■ **Pour une séquence : Poésie et enfance** (▶ *supra*, p. 143).

■ **Exercice complémentaire : Langue**
Étudiez la valeur des pronoms personnels.

■ **Lecture cursive :** Rimbaud, *Poésies*.

■ **Bibliographie** : J.-M. Gleize, *Arthur Rimbaud*, éd. Hachette, 1993.

# ... Rimbaud, l'alchimiste du verbe

**Rimbaud**
***Illuminations***

p. 207

## Matinée d'ivresse

### APPROCHES

■ **Axes d'étude :** Le poème en prose (p. 199). L'hermétisme.

■ **Préalables :** Les *Illuminations* sont des poèmes très **difficiles** à interpréter. Plutôt que d'essayer de les traduire, avec les risques d'erreur, de simplification, de dépoétisation que cela suppose, on aura intérêt à identifier méthodiquement les procédés poétiques, tout en se laissant guider par la magie des mots.

## LIRE : Le « dérèglement de tous les sens »

### 1- Invocation et louange

**Invocation** fervente : apostrophes et pronoms de la 2e personne (l. 13-14, 17-18) ; exclamations parfois renforcées par l'interjection (*Ô* mon *Bien !* *Ô* mon *Beau !*, l. 1 ; *Ô maintenant nous si digne de ces tortures !*, l. 5-6) ou par l'interjection *Hourra* (l. 2) ; termes exprimant le haut degré (*l'œuvre inouïe, le corps merveilleux*, l. 2 ; *fervemment cette promesse surhumaine*, l. 6), intensifs (*si digne*, l. 5), superlatifs (*notre très pur amour*, l. 10).

Certains termes donnent à ce poème le souffle d'une prière célébrant l'avènement d'un monde nouveau : impératif (l. 6) ; champ lexical du sacré (*sacrés soyez-vous*, l. 14 ; *sainte !*, l. 17 ; *Nous n'oublions pas que tu as glorifié*, l. 18-19 ; *Nous avons foi*, l. 19).

Lyrisme d'une naissance et d'une destruction.

### 2- Modes et temps

La vision du temps semble libérée par le « dérèglement de tous les sens ». L'indicatif actualise une représentation subjective du temps. Le passé apparaît comme révolu : passé simple (l. 3, 10), ou passé composé à valeur d'accompli dans le présent (*On nous a promis*, l. 8 ; *tu nous as gratifié*, l. 17-18 ; *tu as glorifié*, l. 18-19). Le présent est le temps d'un achèvement, d'un accomplissement : répétition opposant les verbes *commencer* et *finir* (l. 3, 10, 15). Les phrases nominales et les déictiques *voici que* (l. 15)/*Voici le temps des* Assassins (l. 21) font de ce présent le moment d'un surgissement éprouvé par le poète, mais aussi d'une certitude *(Nous t'affirmons, Nous n'oublions pas*, l. 18 ; *Nous avons foi, Nous savons donner*, l. 19). Le futur a une valeur catégorique (*cela finira par eux*, l. 3 ; *Ce poison va rester dans toutes nos veines*, l. 4 ; *nous serons rendus à l'ancienne inharmonie*, l. 5) que renforce l'emploi de l'impératif (*rassemblons*, l. 6) et du subjonctif (*soyez-vous*, l. 14).

L'aube rimbaldienne révèle un temps prophétique où la consumation de l'instant est aussi ouverture.

### 3- Syntaxe et lexique

Les poèmes des *Illuminations* dévoilent une esthétique nouvelle qui libère la syntaxe et le lexique.

- **Ruptures syntaxiques :** appositions apostrophes (l. 13-14), place de l'attribut *sacrés* (l. 14). Logique discursive contestée au profit du surgissement d'un sens nouveau.
- **Choix lexicaux :** associations surprenantes (*enfants/esclaves/vierges*, l. 13), décalages (*rustrerie*, l. 15), métaphores audacieuses des *anges de flamme et de glace* (l. 15) suggérant une vision apocalyptique.

Les surréalistes verront dans les *Illuminations* une forme moderne du poème en prose.

### Conclusion

Dans ce texte hermétique, énigmatique, surgissent les thèmes essentiels de l'entreprise rimbaldienne : la quête, dont l'ivresse de l'aube est une métaphore, d'une poésie qui transforme à la fois le langage, la vision et l'être.

## PISTES

■ **Pour une séquence : Visions poétiques et libération du langage** (objet de la vision ; le langage poétique ; le statut du poète) : Aloysius Bertrand, *Gaspard de la nuit*, p. 195 ; Rimbaud, *Illuminations*, p. 208-209 ; Lautréamont, *Les Chants de Maldoror*, p. 213 ; Michaux, *La nuit remue*, p. 237.

■ **Exercices complémentaires**

- **Langue :** Commentez les accords grammaticaux dans les l. 5 et 18.
- **Écriture :** Comparez « Un rêve » d'Aloysius Bertrand, « Aube » et « Matinée d'ivresse ».

**1-** Quelles parentés thématiques pouvez-vous dégager ? Quelles différences ? Quels sont les éléments qui rapprochent et distinguent ces trois visions ?

**2-** À partir d'une étude des temps, commentez la représentation de la vision dans le poème en prose.

■ **Bibliographie :** J.-P. Richard, *Poésie et profondeur*, éd. du Seuil, 1955 ; P. Brunel, *Arthur Rimbaud ou l'éclatant désastre*, PUF, 1983.

*... Illuminations*

# Parade

p. 208

## APPROCHES

■ **Axes d'étude :** Le poème en prose (p. 199). L'hermétisme.

■ **Préalables :** Partir de la dernière phrase du poème. Problème de la **difficulté** des *Illuminations* : la poésie doit-elle délivrer un message clair ou préserver son mystère ? Les surréalistes ont vu dans Rimbaud l'inventeur de la poésie moderne.

■ **Vérifier** que sont compris : *facies*, l. 4 (= aspect du visage) ; *Fakirs*, l. 10 (= ici sortes de magiciens).

Demander les différents sens possibles de *drôles*, l. 1 (*enfant/mauvais sujet*) ; *exploité*, l. 1 (mettre en valeur/pressurer) ; *Paradis*, l. 9 (Ciel/« poulailler » de théâtre) ; *spirituels*, l. 12 (piquants/religieux).

## LIRE : Parade sauvage et alchimie du verbe

### 1- Les sens du mot « parade »

Parade est polysémique.

– conformément à la galerie de portraits proposée, l'« exhibition que font les bateleurs, avant la représentation, pour attirer les spectateurs » (Le Robert) ; voir l'abondant vocabulaire du théâtre et de la foire (costumes, maquillages, jeux de voix, l. 3-6 ; *affublés*, l. 8 ; *grimace*, l. 9 ; *Fakirs, bouffonneries scéniques, costumes improvisés*, l. 10 ; *jouent des complaintes, des tragédies*, l. 11 ; *tours*, l. 14 ; *interpréteraient des pièces nouvelles et des chansons*, l. 15-16 ; *Maîtres jongleurs*, l. 16 ; *comédie magnétique*, l. 17). Vision d'un monde emporté par une bouffonnerie sordide et dérisoire ;

– mais aussi : la parade nuptiale des animaux, cérémonial de séduction guidé par l'instinct : lexique de la bestialité et de la monstruosité (*hébétés*, l. 3 ; *facies*

LA POÉSIE

*déformés, plombés, blêmis, incendiés*, l. 4-5 ; *voix effrayantes*, l. 7 ; *enragée*, l. 9 ; *hyènes*, l. 13 ; *les poses et les tendresses bestiales*, l. 15 ; *Les yeux flambent, le sang chante, les os s'élargissent*, l. 17-18 ; *cette parade sauvage*, l. 20). Connotations sexuelles sous-entendus scabreux de la question sur Chérubin (l. 6-7) ; *ressources dangereuses* (l. 8), et la phrase qui suit ; *tendresses bestiales* (l. 15) ; violence charnelle de la phrase *Les yeux flambent… ruissellent* (l. 17-19) ;
– la défense opposée par l'auteur aux tentatives de déchiffrement du lecteur.

Les différents sens du titre ouvrent un horizon d'attente et préparent la dernière phrase du poème, isolée typographiquement. La polysémie indique un jeu scène/« ob-scène » (ce qui est en-deçà de la scène, du texte, et que le texte révèle en en préservant l'obscurité). C'est peut-être de ce sens obscène (interdit, de manière provocatrice, au lecteur, comme doit l'être le mystère de la poésie – ► p. 209 la phrase d'« Alchimie du verbe » : « Je réservais la traduction. ») que le poète préfère garder la clef.

### 2- Le grotesque

Les associations de termes contradictoires sont le signe d'une **esthétique de la laideur** (*Des drôles très solides*, l. 1 ; *hébétés à la façon de la nuit d'été*, l. 3 ; *d'acier piqué d'étoiles d'or*, l. 4 ; *des enrouements folâtres*, l. 5 ; luxe *dégoûtant*, l. 8 ; *violent Paradis*, l. 9 ; *tragédies de malandrins*, l. 11-12 ; *tendresses bestiales*, l. 15). Elles renvoient à la catégorie littéraire du grotesque défini par Baudelaire comme « comique absolu », révélant à l'homme « sa propre laideur morale et physique » et à ce titre « élément essentiel du beau ». Voir le sens du mot « grotesque » en peinture.

### 3- Une vision kaléidoscopique et fragmentée

Une écriture aux ruptures novatrices :
– sur le plan **syntaxique** : nombreuses phrases nominales, exclamatives (l. 3, 5-6, 9) ou non (l. 1, 1-3), familières ou soutenues (l. 9-10) ;
– sur le plan **typographique** : utilisation du tiret, différent de la parenthèse : il sépare et relie à la fois, introduit une précision, un commentaire (l. 6-7) ;
– sur le plan **rythmique** : généralisation de l'asyndète ; présence de mesures rythmiques (douze syllabes).

Les notations juxtaposées, l. 20 créent un effet de collage caractéristique de l'esthétique des *Illuminations* et une vision kaléidoscopique.

### Conclusion

Liberté du poème en prose : dimension symbolique de cette évocation d'une pratique théâtrale en vogue au XIX^e^ siècle ; force et magie de la poésie recréant par son lyrisme grinçant l'équivalent d'un rite barbare.

## VOIR

L'univers imaginaire de James Ensor est traversé par une fantasmagorie de masques exhibant un théâtre de la dérision. Rapprocher le titre du tableau et celui du poème de Rimbaud. Le « jeu d'intrigue » consiste, lors des fêtes du Mardi gras, pour ceux qui sont masqués, à boire sur le compte de ceux qui ont le visage découvert. Dans les deux cas, la polysémie suggère un univers de la représentation, une comédie des masques, mais aussi, un voilement du sens (défense chez Rimbaud, complot chez Ensor). Remarquer l'imaginaire inquiétant d'Ensor : au centre du tableau, le couple masqué est entouré de masques parmi lesquels apparaît la Mort. Rapprocher cette évocation des masques de la sensibilité de la fin du XIX^e^ siècle : *Masque de la Mort rouge* de Redon (1883), marionnettes dans le théâtre de Maeterlinck.

## PERSPECTIVES (p. 209)

1 **Rimbaud, *Illuminations*, Aube.**

2 **Rimbaud, *Une saison en enfer*, Alchimie du verbe.**

### LIRE : Utopies et vertiges

### 1- Un récit de rêve (texte 1)

• Les **formes verbales** contribuent à la mise en place d'une temporalité onirique. S'agit-il de l'évocation d'une expérience personnelle ou d'une vision ? Le passé composé et l'imparfait suggèrent plutôt une expérience personnelle revécue dans sa proximité. Mais l'apparition du passé simple, temps du récit, met l'aventure à distance, conférant aux péripéties le caractère magique d'épisodes de conte. La répartition des temps verbaux brouille les perspectives, abolissant la distance entre réalité et rêve.
• La **structure narrative** met nettement en valeur les liaisons chronologiques (*La première*, l. 6 ; *Alors*, l. 11 ; *Au réveil*, l. 20) ; le poète embrasse *l'aube d'été* (§ 1) : voyage dans un pays assoupi qui s'éveille (§ 2) ; une fleur dit son nom (§ 3), vision du wasserfall et de la déesse (§ 4) ; le poète poursuit la déesse (§ 5) ; il l'embrasse (§ 6) ; l'aube et l'enfant tombent au bas du bois (§ 6) ; réveil (§ 7).

La disposition du poème, les indications de lieu et de temps permettent de dégager les différentes étapes d'un **récit initiatique** transfigurant la structure du conte.

### 2- La transfiguration du réel (texte 1)

Les images introduisent dans la représentation du réel une dimension surnaturelle : la déesse et la personnification des éléments naturels (*l'aube*, l. 1 ; *les pierreries*, l. 4 ; *les ailes*, l. 5 ; la *fleur*, l. 7 ; le *coq* sévère, l. 13 ; *les quais de marbre*, l. 15). Certaines présences diffuses sont impossibles à identifier : *les haleines vives et tièdes* (l. 3-4) ; *les ailes* (l. 4-5). *L'enfant* (l. 18) : métaphore possible du poète si on la rapproche de la comparaison avec le *mendiant* (l. 14). Évocation implicite d'Orphée et surtout d'Hermès, traducteur des apparences et allégorie du poète.

La clôture du poème (soulignée par la typographie et comme la phrase d'ouverture, par l'octosyllabe) constitue une chute ambiguë : dernière étape de l'aventure ? ou invitation à réinterpréter le récit comme celui d'un rêve ? Ambiguïté du réveil : sommeil enfantin ou repos après l'étreinte amoureuse ? Ambiguïté du personnage féminin, incarnation d'Isis, la déesse voilée (figure de la mère universelle, de la vérité de l'univers), de Daphné poursuivie par Apollon, dieu du soleil et de la Poésie ? Comme chez Nerval, la poursuite d'un personnage féminin idéal correspond à une quête initiatique, celle d'une vérité au-delà des apparences – et peut-être de la poésie même.

**3- Un inventaire poétique (texte 2)**

Rimbaud définit dans « Alchimie du verbe » les principes d'une esthétique nouvelle, une expérience poétique conduite jusqu'aux limites de la folie :

– **des rejets** : *les célébrités de la peinture et de la poésie moderne* (l. 3-4) ; rupture radicale avec le romantisme notamment, avec la peinture figurative qui s'attache à représenter « fidèlement » le monde (*tous les paysages possibles*, l. 2-3 ; *voyages de découvertes dont on n'a pas de relations*, l. 11-12) ;

– **des prédilections** : préférence accordée à l'artisanat sur l'art officiel (*dessus de portes*, l. 5 ; *enseignes*, l. 6), à la décoration théâtrale (*décors, toiles de saltimbanques*, l. 6), à l'art naïf (*peintures idiotes*, l. 5 ; *enluminures populaires*, l. 6-7, *refrains niais, rythmes naïfs*, l. 10), à la littérature populaire ou enfantine (*la littérature démodée*, l. 7 ; *livres érotiques sans orthographe*, l. 8 ; *romans de nos aïeules, contes de fées, petits livres de l'enfance*, l. 8-10). Primat de l'instinct (l. 19). Recherche de l'irreprésentable (*l'inexprimable*, l. 23).

**4- Hallucination et écriture**

Le passage de l'hallucination à l'écriture apparaît dans le choix des verbes qui ouvrent les paragraphes et marquent les étapes de la création : *J'aimais* (l. 5) ; *Je rêvais* (l. 11) ; *J'inventai* (l. 16) indique une rupture (passé simple) : le rêve précédent semble se traduire (l. 21) dans l'écriture par une hallucination créatrice (*la couleur des voyelles*, l. 16 ; *des rythmes instinctifs*, l. 19).

La poésie est une activité créatrice placée sous le signe du plaisir, de l'invention, mais aussi un travail méthodique sur les sensations (*une étude*, l. 22 ; *Je m'habituai*, l. 26 ; *j'expliquai mes sophismes*, l. 32), une gymnastique (l. 26-31), dont le but est mystique (*l'inexprimable*, l. 23 ; *des vertiges*, l. 23 ; *mon alchimie du verbe*, l. 25 ; *magiques*, l. 32 ; *sacré*, l. 34 ; *l'innocence des limbes*, l. 37).

**ÉCRIRE**

On sera attentif à la mise en valeur, dans le poème en prose, de la tension entre l'axe narratif-descriptif et l'axe poétique, structure narrative simple (axe horizontal) et images poétiques (axe vertical). Le poème en prose est ainsi une forme ouverte à l'expression de la modernité. Il se prête au récit de rêve, restituant la logique et la liberté propres à l'imagination onirique.

**PISTES**

■ **Pour une séquence : Poétiques du poème en prose** (▶ *supra*, p. 154).

■ **Bibliographie :** Y. Bonnefoy, *Rimbaud par lui-même*, éd. du Seuil, 1994.

LA POÉSIE

## RENOUVEAU POÉTIQUE ET CRISE SU SUJET

# Lyrisme et ironie

**Verlaine**
***Sagesse***

p. 210

## « Ô vous comme un qui boite... »

**APPROCHES**

■ **Axes d'étude :** Le sonnet (p. 179). Lyrisme et ironie (p. 351). L'intertextualité.

■ **Préalables :** Rappeler la **biographie de Verlaine** (conversion survenue pendant son emprisonnement en Belgique). Le recueil *Sagesse*, centré sur l'itinéraire spirituel du poète, joue de tonalités diverses, le familier, le mystique, l'onirique ou, comme ici, le lyrisme mêlé de dérision.

**LIRE : Un sonnet boiteux**

**1- Un rythme boiteux (v. 1-4 et 14)**

**Rythme désarticulé**

– **V. 1 :** la césure (pause métrique) est enjambante (*boi // te*). D'où le rythme claudicant (2 / 4 // 2 / 2 / 2) ;

– **V. 2 :** diérèse sur *hier* (qui fait aussi du passé l'agent de la souffrance) et rythme 1 / 3 / 2 // 2 / 4 ;

– **V. 3 :** rejet interne à la césure (*c'est // fini*) soulignant le sentiment d'une finitude ; rythme 2 / 4 // 2 / 4. Rejet au vers 4 du groupe *De nos sens* ;

– **V. 4 :** contre-rejet interne (*aussi bien // les ombres*). Rythme 3 / 3 // 2 / 4.

– **V. 14 :** rejet externe (*à la vie*), mais tétramètre 3 / 3 // 3 / 3 (avec diérèse sur *précieuse*).

Alliance « boîteuse » de discordances et de régularités.

**2- Confidence et distanciation**

• Le *je* lyrique prend d'abord à témoin des sentiments éprouvés, comme pour un bilan (*Ô vous… Chagrins et Joies*, v. 1) ; puis l'adresse au *cœur saignant d'hier* (v. 2) semble marquer le début d'une confidence.

• Dans le second quatrain, passage de l'adresse au congé avec la reprise de l'évocation initiale des *chagrins* et des *joies* : *Vieux bonheurs, vieux malheurs… Bon voyage* ! (v. 5 et 7) ; *Et le Rire* (v. 7) ; *Toi, Tristesse* (v. 8).

• Dans le dernier tercet, le poète semble prendre le lecteur à témoin d'une libération : *Et voyez* ! (v. 12).

Les variations autour de l'apostrophe sont caractéristiques du lyrisme verlainien : la confidence ne se dit que sous la forme d'une **intime fêlure**, mise à distance de soi.

### 3- Fonction des comparaisons

Deux comparaisons avec l'outil comparatif « comme » : *comme un qui boite* (v. 1), *comme une file d'oies* (v. 5). Comparés identiques (*Chagrins et Joies*, v. 1 ; *Vieux bonheurs, vieux malheurs*, v. 5) et comparants suggérant une démarche claudicante amusante, mais aussi l'indéfini (*un qui*, v. 1 ; *une file d'oies*, v. 5). Les comparaisons assurent donc la mise à distance de la souffrance personnelle par la dérision et l'indétermination ; reprise des phonèmes [w]/[a] (*Joies*, *proies*, *oies*) et dans la structure comparative implicite *aussi bien les ombres que les proies* (v. 4), qui peut se lire comme une réécriture parodique de l'expression « lâcher la proie pour l'ombre ».

### 4- Souffrance et dérision

• **Une souffrance** intime et métaphysique : regret des fautes passées, aspiration à un apaisement, luttes d'une âme inquiète contre le retour des tentations ; une perte (v. 1 ; *cœur saignant d'hier*, v. 2 ; *c'est fini*, v. 3 ; *tout a fui*, v. 3 ; *Vieux bonheurs, vieux malheurs*, v. 5 ; *la route en poussière*, v. 6 ; *Toi, Tristesse, noyée au vieux noir que tu broies*, v. 8 ; passé composé) ; une souffrance et une destruction (*un qui boite au loin*, v. 1 ; *cœur saignant d'hier, qui flambes*, v. 2 ; *noyée*, v. 8 ; *saignait*, v. 12 ; *flambe*, v. 13 ; *une mort précieuse*, v. 14) ; une déréliction (*Un doux vide, un grand renoncement*, v. 9).

• **Marques de dérision** : emphase lyrique (*Ô vous*, v. 1 ; pronom tonique *Toi*, v. 2 et 8) ; majuscules comme *Chagrins et Joies* (v. 1), *Rire* (v. 7), *Tristesse* (v. 8) ; comparaisons (▶ question **3**) ; décalages familiers (*Bon voyage* !, v. 7 ; *Et le reste* !, v. 9), diérèses (*hier*, v. 1 ; *délicieuse*, v. 11 ; *précieuse*, v. 14), pastiche de Verlaine par lui-même.

### Conclusion

Sonnet figurant bien la fêlure verlainienne : la souffrance intime et l'inquiétude spirituelle, dans *Sagesse*, ne peuvent se dire que par la distance de la dérision.

## *PERSPECTIVES* (p. 211)

1 **Corbière, *Les Amours jaunes*, Le Crapaud.**

2 **Pirotte, *La Vallée de misère*.**

### LIRE : Des chants qui déchantent

#### 1- Chant, décor, dialogue amoureux (texte 1)

• **Chant** dysharmonieux, n'existant que de sa propre exténuation : absence d'harmonie (allitérations en [p] et en [k] : v. 2-3 ; synérèse tournant en dérision l'auteur du chant (*poète*, v. 9) ; multiplication des coupes de l'octosyllabe, v. 7-10) ; répétition du même (*comme un écho*, v. 4) ; chant marqué par le manque (*sans air*/*sans aile*), et par l'enfouissement *sous le massif*/*sous sa pierre* ; l'origine indécise (*Ça se tait*, v. 6) ; épitaphe dérisoire, peut-être celle de ce *poète tondu* (v. 9), *Rossignol de la boue* (v. 10) ; points de suspension (v. 1 et 3).

• **Décor** de convention (la sérénade que l'on chante à la lune), décor d'un théâtre, d'un jeu amoureux connu et dérisoire (v. 2-3). Le *massif* (v. 5), la *pierre* (v. 13), demeures du crapaud, donnent à ce *chant sans air* des connotations macabres (*froid, sous sa pierre*, v. 13), comme s'il n'existait que dans sa propre disparition.

• **Le dialogue amoureux** repose sur des voix indéfinies. Le destinataire n'a pas plus d'existence que le *je* lyrique. Idylle tournée en dérision sur le modèle de « Une charogne » de Baudelaire (▶ p. 205). *Ce soir, 20 juillet* fait ironiquement du poème le lieu d'une confidence. Cible de ce « chant qui déchante » : la poésie lyrique romantique.

#### 2- « Le Crapaud », subversion d'une forme fixe

Un sonnet inversé et dialogué :

– la **dislocation**, marquée par des choix lexicaux (*découpures*, v. 3), apparaît également dans les coupes et dans la typographie (tirets, v. 6, 7, 10, 11 ; points de suspension qui détachent, sur le modèle de la pointe du sonnet, le dernier vers, où s'opère l'identification ironique du crapaud et du *je*) ;

– l'**inversion** : les sonorités *plaque*/*métal clair* (v. 2) ; la figure du poète romantique (v. 10).

Une entreprise de subversion des codes poétiques.

#### 3- « Rythme impair et pauvre rime » (texte 2)

Jean-Claude Pirotte fait le choix, avec l'**heptasyllabe**, d'un mètre impair et bref. La légèreté du rythme rapproche le vers de la prose (v. 2 : 1/6).

Les rimes se réduisent à de simples échos sonores, le plus souvent un phonème (*bien*/*enclin* ; *rien*/*brin* ; *riens*/*bien* ; *reviens*/*vin* ; *ose*/*armoise*), parfois deux (*chose*/*rose* ; *dépose*/*rose*). La rime riche (*rime*/*frime*) est tournée en dérision par un terme familier qui en dénonce l'emphase.

#### 4- L'humour du lexique

Les choix lexicaux révèlent chez ces deux poètes un chant irrévérencieux.

• **Corbière** : *sans air*, v. 1 (double sens : air que l'on respire/air que l'on joue) ; dérision des codes amoureux (*ton soldat fidèle*, v. 8) ; paronomase (*sans aile*/*sans* elle) ; syllepse sur *froid*, v. 13 (absence de chaleur/dans le registre familier, absence de vie).

• **Pirotte** : décalages entre un registre familier (*fichtre*, v. 2 ; *la frime*, v. 7) et des tournures archaïsantes (*ne suis enclin*, v. 3 ; *céans*, v. 11 ; *mon armoise*, v. 15) ; détournements d'expressions (*moins que rien*, v. 6 ; *l'heure est grave*, v. 9) ; syllepses (*la fleur bleue*, v. 8 ; *le joli brin*, v. 8 de bouquet, de conversation et plus familièrement « brin de fille ») ; intertextualité : Verlaine (v. 4-5), Villon (*de-ci de-là*, v. 6), Ronsard (v. 11)…

L'humour, la dérision, l'intertextualité sont les moyens d'éviter toute « pose lyrique » pour redéfinir le chant dans une exigence de sincérité.

### ÉCRIRE

On insistera sur cette manière paradoxale de trouver, chez Verlaine, Corbière ou Pirotte, une issue à l'exigence de sincérité dans la dérision ou l'ironie. Si Verlaine pastiche Verlaine, l'entreprise de Corbière est plus radicale : la veine fantaisiste (présente chez Nerval ou Gautier) est une mise en question de la poésie. Pirotte retrouve la félure verlainienne, par le choix du rythme, d'une confidence préservée, mais dont la sincérité ne peut apparaître que dans la mise à distance par l'intertextualité.

## PISTES

■ **Pour une séquence : Poésie et ironie** (formes et nuances de l'ironie ; les cibles, le poétique et l'ironique) : Baudelaire, *Les Fleurs du mal*, p. 205 ; Rimbaud, *Illuminations*, p. 208 ; Laforgue, *Les Complaintes*, p. 212 ; Lautréamont, *Les Chants de Maldoror*, p. 213 ; Prévert, *Paroles*, p. 232.

■ **Exercice complémentaire : Versification**
Étudiez le rythme dans le premier tercet du sonnet de Verlaine : ambiguités, tonalités.

■ **Lecture cursive :** Verlaine, *Sagesse*, « Les faux beaux jours ont lui ».

■ **Bibliographie :** J.-P. Richard, « Fadeur de Verlaine », *Poésie et profondeur*, éd. du Seuil, 1955 ; J.-M. Gleize, *Poésie et figuration*, éd. du Seuil, 1983.

... Lyrisme et ironie

## Laforgue
## *Les Complaintes*

p. 212

# Complainte d'un autre dimanche

## APPROCHES

■ **Axes d'étude :** L'écriture lyrique. La poésie nouvelle (p. 198). Le paysage. La poésie de la ville.

■ **Préalables :** Laforgue reprend (comme Hugo dans ses *Odes et Ballades*) une forme ancienne, le genre médiéval de la **complainte**, alors très en vogue dans les cercles poétiques fantaisistes d'avant-garde (Hydropathes, Hirsutes et autres Zutistes).

■ **Vérifier** que sont compris : *buanderie*, v. 7 (= lieu où l'on fait la lessive) ; *En plein*, v. 8 (= au milieu, de face).

## LIRE : Plainte et complainte

### 1- Un paysage état d'âme

Le **morbide** (relatif à la maladie) : *mals blancs* (v. 5) ; *mal bâti* (v. 6) ; *suppurant du livide* (v. 6, 10) ; *un qui garde la chambre* (v. 20). Le **macabre** (relatif à la mort) : *les squelettes* (v. 11) ; *Recroquevillant leur agonie* (v. 15). Le poète transpose sur le paysage son propre mal-être. Les expressions « garder la chambre » et « faire des vers » (la poésie, mais aussi l'animal qui mange les cadavres ; voir *limace*, v. 17) réfèrent à sa neurasthénie incapable d'affronter le monde réel, et à la poésie qui s'en nourrit et s'y complaît.

### 2- Le jeu des temps

Étrange association des temps du récit au passé (imparfait : *C'était*, v. 1 ; passé simple : *Ce fut*, v. 21) et de la description (strophes 1 et 2) ou de l'élégie au présent (strophes 3 et 4). Présent impossible à vivre, sinon dans la répétition du passé.

Les vers 1 et 21 forment une boucle, qui souligne cette impression de temps immobile ; le passage de l'imparfait (temps de la description) au passé simple (temps du récit événementiel) correspond à l'évolution lyrique du poème, inscrivant le paysage dans l'expérience sensible du poète en une sensation d'enfermement.

### 3- Rythme et fantaisie

• **Audaces syntaxiques** : *très-au vent d'octobre paysage*, v. 1 ; *un bien au vent d'octobre paysage*, v. 21 : formation d'un groupe adjectival à partir d'un adverbe modifiant un groupe prépositionnel ; v. 8 et 20 : *un qui*, archaïsme ; v. 14 : construction clivée familière ; v. 19 : forme pronominale inhabituelle (*tu te ressasses*).

• **Audaces du rythme** : v. 1, 7, 21 : 2 / 6 + 4 ; v. 9 : 2 + 3 / 4 + 3 ; v. 2 : 3 / 5 + 4. Voir aussi les v. 8 et 12 (e caduc rejeté après la césure), 19 (4 + 3 / 5).

Dans ces vers, il est impossible de percevoir la césure à sa place traditionnelle, soit parce qu'elle tombe au milieu d'un mot, soit en raison de la concurrence d'une coupe syntaxique plus forte. D'où un rythme déséquilibré, plus proche de la diction prosaïque, correspondant à la thématique mélancolique du poème.

### Conclusion

Modernité de l'écriture. Le mal-être prend ici des formes grinçantes ; la poésie se recrée contre la poésie même, une énonciation ironique qui, pratiquée par un poète « convalescent », claquemuré dans un réduit exigu, conduit à réexaminer la condition de l'artiste.

## DIRE

Nombreuses corrections qui indiquent les repentirs du poète, la tension de l'écriture que le dessin semble mettre à distance. Comme chez d'autres poètes (Hugo, Valéry), le travail poétique recourt à la forme visuelle. Cette silhouette filiforme de dilettante illustre, sur le mode de la fantaisie, une difficulté à vivre et à écrire.

## PISTES

■ **Pour une séquence : Poésie et ironie** (▶ *supra*, p. 167).

■ **Exercice complémentaire : Langue**
Étudiez les alliances de mots, les changements de registre les images surprenantes. Quel est l'effet produit ?

■ **Lecture cursive :** Léon-Paul Fargue, *Pour la musique*, 1914.

■ **Bibliographie :** H. Scepi, Les Complaintes *de Jules Laforgue*, éd. Gallimard, 2000.

... Lyrisme et ironie

## Lautréamont
## *Les Chants de Maldoror*

p. 213

# « Je suis sale. Les poux me rongent. »

## APPROCHES

■ **Axes d'étude :** Lyrisme et ironie (p. 351). L'autoportrait (p. 364 et 386). L'intertextualité.

■ **Préalables :** Partir d'une définition du **poétique** (forme fixe, versification, figures, images...) et rappeler la tradition et les ambiguités de l'**autoportrait** (vérité, sincérité... ► p. 364 et 386) : Lautréamont s'inscrit dans une tradition pour la subvertir.

■ **Vérifier** que sont compris : *escarres*, l. 2 (= nécrose de la peau formant une croûte noire) ; *pédoncules*, l. 4 (= queue d'une fleur ou d'un fruit), *ombellifères*, l. 5 (= plante dont les fleurs sont disposées en ombelles) ; *galbe*, l. 28 (= contour arrondi et harmonieux) ; *convexe*, l. 29 (= courbé et saillant à l'extérieur) ; *viscosité*, l. 31 (= caractère de ce qui est visqueux).

## LIRE : Autoportrait ou anti-portrait ?

### 1- Un bestiaire symbolique

• **Un bestiaire maléfique** : les *poux* (l. 1) ; *Sous mon aisselle gauche, une famille de crapauds* (l. 10-11) ; *Sous mon aisselle droite, il y a un caméléon* (l. 14-15) ; *Une vipère méchante a dévoré ma verge* (l. 18-19) ; *Deux petits hérissons* (l. 22) occupent les testicules ; un *crabe* (l. 24) garde l'entrée de l'anus ; *Deux méduses* (l. 26) transforment les deux parties charnues qui forment le derrière humain en *monstres* (l. 30). Ce bestiaire est **symbolique** d'une animalité sauvage, agressive, dévoratrice, inquiétante : chaque partie du corps fait l'objet d'une *chasse perpétuelle* (l. 15).

• **Signes de la maladie** : *Les croûtes et les escarres de la lèpre* (l. 2) ; *ignobles parasites* (l. 7) ; *la pourriture et les exhalaisons de mon cadavre* (l. 9-10) ; *bras paralysés* (l. 20) ; *le sang ne vient plus y promener sa rougeur* (l. 21-22 ; le *crabe* (l. 24) n'est pas sans rappeler le cancer. Le *je* n'est plus qu'une forme en décomposition, comme immobilisée par une cruelle métamorphose où l'humain s'abolit au profit de l'animal et du végétal : *énorme champignon, aux pédoncules ombellifères* (l. 4-5) poussant sur la nuque ; *Mes pieds ont pris racine dans le sol* (l. 6) ; *une sorte de végétation vivace* (l. 7).

L'autoportrait apparaît comme un **anti-portrait ironique**, révélant une impuissance tragique à dominer les forces obscures de la dégradation.

### 2- Énonciation et provocation

Un « je » omniprésent, défini par la dégradation physique (*Je suis sale*, l. 1), par l'absence de tout pouvoir sur son état (*Je ne connais pas*, l. 3 ; *je n'ai pas bougé*, l. 5 ; *je n'ose pas dire corps*, l. 10 ; *j'y suis habitué*, l. 18 ; *si j'avais pu me défendre*, l. 20 ; *mon inertie*, l. 25), à la fois lucide (parenthèse et question rhétorique, l. 9-10) et souffrant (modalités exclamatives, l. 19, 24-26). Face à lui les *pourceaux* qui le *regardent* jusqu'au dégoût (*vomissent*, l. 2), sont sans doute une image des lecteurs ?

Les **formes verbales** soulignent encore cette dégradation commune au « je » et au lecteur : l'indicatif (présent, passé composé à valeur d'accompli) actualise la décomposition du corps de Maldoror ; l'impératif (*Prenez garde*, l. 12) met en évidence, en un avertissement à la fois menaçant, dérisoire et indulgent, cette possible contamination de la contemplation de Maldoror, et peut-être de la lecture des *Chants de Maldoror*.

### 3- Dérision et parodie

• **Ruptures de ton** : lexique de la saleté et de la dégradation (*sale*, l. 1 ; *poux* qui semble poétiquement engendrer *pourceaux*, l. 1 ; *vomissent*, l. 2) ; termes médicaux (*croûtes, escarres*, l. 2 ; *pus jaunâtre*, l. 3) ; hyperbole (*depuis quatre siècles*, l. 6) donnant au personnage une dimension épique ; allusions scabreuses à la *vipère* (l. 18-19) et aux *méduses* (l. 26-31). Ces ruptures sont aussi le signe d'une **dérision** : à l'égard du motif poétique de l'eau (l. 3) refusé au nom de la supériorité paradoxale de la crasse ; dans les associations incongrues (*crapauds/résidence/chatouilles*, l. 11-12) ; dans les détournements d'expressions (*il faut que chacun vive*, l. 15-16).

• **Les comparaisons** (*comme sur un fumier*, l. 4) produisent un effet de rupture (Lautréamont, pour les surréalistes, a eu l'intuition de l'image poétique moderne, fondée sur l'écart le plus grand possible entre comparé et comparant : ► p. 129).

### Conclusion

Par l'humour noir et la dérision, le *je* lyrique fonde une poésie des marges, refusant toute complaisance. Ironie et énergie convulsive du style, qui témoignent peut-être d'une remise en question de la poésie, de la valeur à la fois créatrice et destructrice de la provocation.

## PISTES

■ **Pour une séquence : Poésie et ironie** (► *supra*, p. 167).

■ **Lecture cursive :** André Breton, *Anthologie de l'humour noir.*

■ **Bibliographie :** M. Philip, *Lectures de Lautréamont*, éd. Armand Colin, 1971.

► RENOUVEAU POÉTIQUE ET CRISE DU SUJET

# Mallarmé et la fascination du silence

**Mallarmé**
***Poésies*** (p. 214)

## Renouveau

## APPROCHES

■ **Axes d'étude :** Le sonnet (p. 179). Spleen et idéal. La création poétique et la tentation du silence.

■ **Préalables :** Situer l'entreprise poétique de Mallarmé : tension entre l'expérience sensible et sa difficile traduction. ***L'Azur*** (v. 13) est un terme poétique pour désigner le ciel et, métaphoriquement, l'idéal. Ce poème, tout comme « L'Azur » ou « Brise marine », marqués par l'influence de Baudelaire, témoigne de la douleur de l'artiste confronté à la **quête impossible de l'absolu.**

Remarquer la structure particulière du sonnet dit « élisabéthain » : trois quatrains et un distique final.

■ **Vérifier** que sont compris : *morne*, v. 3 (= empreint de tristesse, inspirant la tristesse) ; *énervé*, v. 9 (étymologiquement : privé de nerfs).

## LIRE : Le drame de la lucidité

### 1- Le renouveau

• **Le titre** suggère au lecteur une évocation du printemps succédant à l'hiver, comme une renaissance poétique succédant aux affres de la stérilité.

• Les éléments évoquant la saison nouvelle portent des connotations **dysphoriques** : *Le printemps maladif, tristement* (voir le latin *tristis = méchant*, comme dans *triste sire*), v. 1 ; *la sève immense se pavane*, v. 8 ; *énervé de parfums, las*, v. 9. L'évocation de *l'Azur* riant, de *l'éveil/De tant d'oiseaux en fleur gazouillant au soleil* (v. 13-14), est mise à distance par le tiret, l'adverbe *Cependant* et la structure du distique final, comme un idéal impossible à atteindre et que le printemps dévoile avec impudeur (l'azur renvoie à la nature éternelle et indifférente).

L'évocation du printemps déçoit donc l'attente de renouveau créée par le titre, réhabilitant de manière paradoxale l'hiver, *saison de l'art serein* (v. 2).

### 2- « L'hiver lucide »

**L'adjectif** *lucide* (v. 2) a pour origine le latin *lucidus*, lumineux. Il désigne aujourd'hui celui « qui manifeste de la perspicacité, de la clairvoyance, de l'objectivité » (*Le Robert*). L'adjectif caractérisant l'hiver, *serein* (étymologiquement « sans nuage ») associe une sensation (la luminosité aveuglante de la blancheur hivernale) à une stérilité qui est aussi, en accord avec la poétique de Mallarmé : condition nécessaire à l'écriture du poème.

### 3- Le drame de la création

**Des oppositions** traduisent le drame de la création poétique : *le sang morne préside // L'impuissance s'étire* (v. 3-4) ; *J'attends, en m'abîmant // que mon ennui s'élève* (v. 12) ; le tiret, suivi de l'adverbe *Cependant* (v. 13), oppose les quatrains (spleen du poète) et le distique final (Idéal inaccessible). Cette tension entre spleen et idéal est au cœur de la poétique mallarméenne.

### Conclusion

Poème d'inspiration baudelairienne mais où apparaissent déjà des thèmes fondateurs de la poétique de Mallarmé : fascination pour l'Azur et tentation du silence ; affres de la création poétique, impossible et inéluctable.

## DIRE

• Travail du **rythme** : v. 6 : 4 / 2 // 2 / 4 ; v. 6 : césure interne marquée par le contre-accent (*fer-serre*) ; v. 7 : succession d'accents : liaison forte (*Et*), possibilité d'une coupe lyrique (*triste*), césure estompée entre la préposition et le groupe prépositionnel ; v. 8 : reprise d'un rythme plus ample : 3 / 3 // 2 / 4, et mise en relief d'*immense* en position de rejet interne.

• Mettre en valeur le travail sur les **sonorités** :

– assonances : voyelles nasalisées [ɑ̃]/[ɔ̃] : *blancs, tombeau, champs, immense* ;

– variations autour de la matrice phonique [sɛʀ] : *cercle, fer, serre, j'erre, rêve, sève*, avec des inversions et des symétries sonores : *cercle-fer-serre*.

## PISTES

■ **Pour une séquence : Le sonnet renouvelé** (tradition et nouveauté : variation des structures, des formes et des thèmes) : Louise Labé, *Sonnets*, p. 147 ; Ronsard, *Les Amours*, p. 150 ; *Sur la mort de Marie*, p. 152 ; Du Bellay, *Les Antiquités de Rome*, p. 164 ; D'Aubigné, *Le Printemps*, p. 155 ; Voiture, *Sonnet d'Uranie*, p. 157 ; Nerval, *Les Chimères*, p. 197 ; Queneau, *Sonnets*, p. 234.

■ **Exercice complémentaire : Langue**

Comment se répartissent dans le poème les formes du participe présent, du gérondif et de l'adjectif verbal ?

■ **Bibliographie :** J.-P. Richard, *L'Univers imaginaire de Stéphane Mallarmé*, éd. du Seuil, 1962.

*... Poésies* p. 215

# Don du poème

## APPROCHES

■ **Axes d'étude :** La crise du sujet. La création poétique. Poésie et mythe.

■ **Préalables :** Rappeler que ce texte a été composé alors que Mallarmé travaille à son grand poème *Hérodiade*, où la mère de Salomé s'oppose à sa nourrice qui incarne l'ancienne religion. Ce désir d'Hérodiade symbolise celui du poète de s'affranchir de son ancienne inspiration pour atteindre l'Azur : **allégorie**, de la création poétique.

■ **Vérifier** la compréhension de : *viole et clavecin*, v. 11 (symboles de la poésie des temps anciens).

## LIRE : « Horrible naissance »

### 1- L'enfantement du poème

La **métaphore filée** de l'enfantement fait de l'« horrible naissance » de ce poème une allégorie de la création poétique : *Je t'apporte l'enfant d'une nuit d'Idumée !* (v. 1) – périphrase désignant le poème) ; présentation de l'enfant (v. 6) ; *sourire ennemi* du *père* (v. 7) ; *solitude bleue et stérile* (v. 8) ; *la berceuse, fille, l'innocence* (v. 9) ; le *sein* nourricier, (v. 12-14). Ce qui reste à l'aube du travail poétique (*relique*, v. 6) apparaît au jour sous une clarté décevante, comme une *horrible naissance* (v. 10) provoquant le *sourire ennemi* du poète. À la fin du poème, le tableau de la mère et de l'enfant (voir le genre pictural des « Maternités » et le tableau d'Eugène Carrière) (► question 3).

### 2- Vers la consolation

Les marques de l'énonciation et le rythme des vers permettent de dégager le mouvement du poème : v. 1 : alexandrin cadencé (3 / 3 // 3 / 3), 1re personne introduisant la métaphore filée de l'enfantement ; v. 2-5 : attaque tonique du vers sur l'adjectif *Noire*, évocation de l'aurore, passé simple coupant de l'énonciation ; v. 6-8 : nouvelle attaque tonique du vers sur *Palmes*, métaphore de l'aile ; v. 9-14 : passage à la consolation : 2e personne (*ta fille*, v. 9 ; *ta voix*, v. 11 ; *presseras-tu*, v. 12), modalité interrogative, apostrophe lyrique (*Ô la berceuse*, v. 9) ; l'affaiblissement de la césure au vers 9 (4 / 8).

**3- Le poète et le langage**

L'*azur*, dans l'imaginaire mallarméen, est une métaphore d'un idéal inaccessible dont la pureté et la virginité sont fascinantes et paralysantes à la fois. La rime *femme/affame* (v. 13-14) rend compte de cette tension inhérente à la création poétique : entre le désir, la faim jamais satisfaite d'une pureté hors d'atteinte (blancheur-stérilité), et la « naissance », malgré tout, du langage poétique que nourrit une autre *blancheur* (v. 13), consolatrice celle-là (fécondité).

**Conclusion**

Le poème est une métaphore de la création poétique. Le « don du poème » est à la fois épreuve et libération, en une atmosphère typiquement symboliste.

## PISTES

■ **Pour une séquence : La stérilité poétique** (les affres de la création ; thèmes : constantes et variations ; points de vue ; formes poétiques) : Mallarmé, *Poésies*, p. 214 ; Saint-John Perse, *Neiges*, p. 226 ; Segalen, *Stèles*, p. 236 ; Michaux, *La nuit remue*, p. 237 ; Du Bouchet, *Dans la chaleur vacante*, p. 239 ; Jaccottet, *À la lumière d'hiver*, p. 246 ; Bonnefoy, *Ce qui fut sans lumière*, p. 248.

■ **Exercice complémentaire : Langue**
Faites l'analyse de la phrase des vers 2-5.

■ **Bibliographie** : B. Marchal, *Lecture de Mallarmé*, éd. José Corti, 1985.

▶ RENOUVEAU POÉTIQUE ET CRISE DU SUJET

# Apollinaire et l'« esprit nouveau »

**Apollinaire**
***Alcools*** p. 216

## Zone

## APPROCHES

■ **Axes d'étude :** Rythme et sonorités (p. 250). L'écriture lyrique. Le vers libre (p. 198). Mythe et littérature.

■ **Préalables :** Poser la question des **titres** : *Alcools* = multiplicité des sources poétiques dans le but d'une distillation du réel ? « Zone » = ouverture du recueil et poème-programme de l'esthétique d'Apollinaire : sens spatial, terrain circulaire, territoire particulier, quartiers périphériques. Le mot, étymologiquement, désigne une ceinture. Il peut donc s'appliquer à l'espace parisien parcouru (v. 15-24), mais également au poème lui-même, lieu transitoire entre tradition et modernité, frontières de territoires inexplorés.

## LIRE : Le kaléidoscope de la modernité

**1- Réalité et légendes**

Déréalisation de l'espace parisien par les **métaphores** et **comparaisons animales** : *le troupeau des ponts bêle ce matin* (v. 2) ; *Une cloche rageuse y aboie* (v. 20) ; *Les plaques les avis à la façon des perroquets criaillent* (v. 22).

Termes polysémiques qui relient à la réalité le champ lexical des **religions,** des **mythes** et des **légendes** : *la sirène* (v. 19) ; *monter au ciel*, qui associe le Christ aux aviateurs (v. 40) ; double sens de *voler* (v. 47), et *ailes* (v. 53). Association du thème de l'ascension spirituelle, commun au christianisme et à de nombreux mythes (Icare), et de l'ascension aérienne, symbole de la modernité : l'aviateur est le Christ ou l'Icare du monde moderne.

**2- L'évocation du souvenir**

• **La 2e personne :** Le *Je* laisse souvent la place à un *Tu* (v. 1, 3, etc.), alors même qu'affleurent des références autobiographiques : allusion à René Dalize (v. 27, note 4), et à la vie de collégien d'Apollinaire (v. 29-30). Le *Je* (accompagné d'indices spatio-temporels) semble renvoyer au sujet du discours et nous livrer un moment de sa vie sur le mode du journal intime.

Dimension méta-poétique du poème : adresse au lecteur (*Tu lis*, v. 11) ; destinataires multiples : le poète (v. 1, 9, 10, 11), la *tour Eiffel* (v. 2), le *Christianisme* (v. 7).

**Ambiguïté du présent :** il renvoie aussi bien à des faits passés (v. 25) qu'à des situations présentes (v. 11), à des actions réelles répétées (v. 18) ou à des actions fictives (v. 49-50). Il met sur le même plan l'ancien et le nouveau, la réalité et la fiction, comme un tableau cubiste qui ne se limite pas à un point de vue unique, donc réducteur. L'emploi de la 2e personne (le poète s'adressant à lui-même), du présent d'énonciation (le passé composé soulignant le décalage temporel) et de *À la fin* (v. 1) marque la rupture avec le passé dans une recherche lucide de modernité.

**3- La modernité du vers**

Outre l'absence de ponctuation, des **vers libres**, le plus souvent organisés en distiques (rime ou assonance finale, source de dérision : *Dalize/Église*). Quelques vers réguliers (même si cette notion est ici remise en question) : alexandrins : v. 1 (avec diérèse sur *an-ci-en*), 19, 20, 28 (mais sans accent tonique sur la 6e syllabe), 47, 49, 53, 54 ; décasyllabe (v. 33), hexasyllabes des vers 38 et 42… Le poème maintient la tension entre tradition et modernité (influence de l'esthétique cubiste où le collage permet des effets de surprise).

#### 4- Poésie et dérision

L'humour est un moyen de mettre à distance la ferveur lyrique. Le poète semble tourner en dérision les critères humains de la glorification (*comme les hangars*, v. 5-6, ou 40-41), touchant parfois à l'ironie (le pape Pie X incarnant le modernisme !). Mais il prépare par les rapprochements *Christianisme/aviation* les images aériennes qui suivront (v. 42-52) ; il convient alors de relire la tradition religieuse pour l'intégrer dans le champ des images qui poétisent le réel : *diables* et *anges* ont leur place dans le collage qui célèbre la conquête de l'air (v. 45-48).

#### Conclusion

« Zone » : acte de naissance de la modernité poétique, à la fois manifeste et création ; la forme restitue, par ses collages, la tension entre l'ancien et le nouveau, et le double regard autobiographique sur la foi et la ville.

### ÉCRIRE

On sera attentif à la restitution des différentes tonalités. La reprise du premier vers invite à l'expression d'un registre lyrique, mais aussi à sa mise à distance. L'évocation de la modernité prend également sens dans une mise en perspective (réalité et légendes, profondeur mythique au-delà des apparences).

### PISTES

■ **Pour une séquence :**

- **La poésie de la ville** (▶ *supra*, p. 159).
- **Poésie et autobiographie** (âges et expériences ; quel regard sur le passé ? poétisation de l'autobiographie) : Hugo, *Les Contemplations*, p. 182-183 ; Cendrars, *Prose du Transsibérien*, p. 224 ; Laâbi, *Le Spleen de Casablanca*, p. 231.

■ **Exercice complémentaire : Langue**
Étudiez les emplois de « y » dans le poème.

■ **Lecture cursive :** Blaise Cendrars, *Dix-neuf poèmes élastiques*.

■ **Bibliographie :** M. Décaudin, *Alcools d'Apollinaire*, éd. Gallimard, 1992.

## ... *Alcools* p. 218

# Salomé

### APPROCHES

■ **Axes d'étude :** Le vers et le rythme (p. 198 et p. 250). Mythe et littérature. La sensibilité « fin de siècle ».

■ **Préalables :** Évoquer le personnage de **Salomé** dans l'imaginaire des artistes : musiciens, peintres, poètes comme Laforgue dans ses *Moralités légendaires*. Remarquer la libération du vers et l'absence de ponctuation.

■ **Vérifier** la compréhension de : *marotte* (v. 15) (= attribut du fou du roi).

### LIRE : Modernité et réécriture

#### 1- Une écriture de l'ingénuité et de la perversité

- Les **formes verbales** dessinent l'évolution psychologique du personnage : le conditionnel *je danserais* (v. 2) à valeur d'irréel traduit le remords de Salomé ; les imparfaits (strophe 2) et le gérondif *en écoutant* (v. 6), le regret d'un passé à jamais perdu. Même nostalgie pour le passé composé *se sont flétris* (v. 12), en relation avec le passé simple (*L'emmenèrent*, v. 12) mis en valeur par l'enjambement. En contrepoint, le présent de l'indicatif (*brode*, v. 9 ; *refleurit*, v. 10) marque le retour au réel ; l'impératif présent (v. 3, 13, 14, 15, 16, 17) indique, avec le futur (v. 18-19), le mouvement vers une joie exubérante.
- **Jeu des pronoms** : la 1re personne (strophes 1 et 2), l'injonction (v. 3) sont les signes d'un drame intime (des versions différentes font de Salomé et d'Hérodiade des amantes dédaignées par Jean-Baptiste). À partir de la strophe 3, élargissement : la 2e (v. 9, 11) puis la 1re personne du pluriel (v. 18-19) convoquent d'autres personnages et même peut-être le lecteur (v. 9, 18-19).
- **La structure du poème** exprime toutes les nuances du drame évoqué avec pudeur et violence. Dévoilement progressif : danse et disparition (strophes 1 et 2), envoi vers le supplice (strophe 3), décollation (strophe 4), enterrement (strophe 5). Mise en valeur des incohérences de Salomé : remords (strophes 1-3), cruauté et insouciance (strophes 4-5). Opposition entre les strophes 1 et 2 (regret du passé et impossible futur) et les strophes 4 et 5 (oubli du passé et avenir rempli d'allégresse), la strophe 3 opérant une transition (retour au présent et situation dans le passé de la mort du saint).

#### 2- La fonction des anachronismes

Références à la cour française des XVI-XVIIe siècles (*comtesse, Dauphin*, v. 4 ; *lys*, v. 7 et 11 – symbole de pureté et signe de la royauté – ; *quinconces*, v. 13).

Anachronismes dans le choix des personnages (*trabants*, v. 17 ; *roi*, v. 21 ; *infante*, v. 22 ; *curé*, v. 23) : le *fou du roi* (v. 14) et la *marotte* (v. 15) rappellent la tête d'Yorick dans *Hamlet* (▶ p. 459).

Fonctions : représentation atemporelle et symbolique du personnage (Ève cruelle et perverse) ; réécriture parodique désacralisant l'épisode biblique.

#### 3- Le rythme et la danse (v. 5, 11, 12)

Alexandrins ternaires. Replacer ces vers au sein d'autres choix métriques (vers libérés, ruptures du décasyllabe, v. 14 ; hexasyllabes des v. 21-23) et rythmiques (déponctuation, rythme brisé des alexandrins dans la quatrième strophe). Les groupements ternaires, la répétition du verbe *battait* (v. 5), l'enjambement externe (v. 11-12) soulignant le verbe de mouvement, donnent un rythme allègre à la danse qui emporte Salomé.

#### 4- Chanson et tonalité

Marques de l'insertion de la chanson :
– **sémantiques :** fragments de chansons populaires (« Savez-vous planter les choux ? », « J'ai du bon tabac dans ma tabatière », la *jarretière* de la belle meunière) ;
– **rythmiques :** à la solennité du vers 17 – 2 / 4 // 2 / 4 – répondent les hexasyllabes des trois derniers vers ;
– **syntaxiques :** parallélismes des v. 18-19, 21-23 ;

**– phoniques :** les finales des verbes au futur – v. 18-19 – et le complément *en rond* rappellent avec humour la « scie » des refrains populaires.

D'où des ruptures de tonalité : marche solennelle du cortège tournée en dérision par le rythme alerte de la ronde, personnages traités sur le mode héroï-comique.

### Conclusion

Apollinaire fait de Salomé l'incarnation d'une féminité cruelle, mélange d'ingénuité et de perversité selon une représentation « fin de siècle ». La réécriture permet, par la distance de la parodie, d'exprimer une souffrance profonde (pour certains commentateurs, les affres de la relation avec Annie Playden).

## VOIR

Le peintre symboliste voit en Salomé une femme sensuelle mais d'une énigmatique froideur (la panthère noire, symbole de cruauté et de perversité). Il privilégie la théâtralité, l'ornement, les éléments annonciateurs de la mort de Jean-Baptiste. La figure de Salomé reste insondable, immobile, impassible.

## PISTES

■ **Pour une séquence : Dialogues entre la poésie et les arts** (▶ *infra*, p. 178).

■ **Exercice complémentaire : Versification**
Étudiez le traitement des rimes.

■ **Lecture cursive :** J.-K. Huysmans, *À Rebours*.

■ **Bibliographie :** D. Alexandre, *Alcools*, PUF, 1996.

... Apollinaire et l'« esprit nouveau »

## Apollinaire
## *Calligrammes*

p. 219

# Paysage animé

## APPROCHES

■ **Axes d'étude :** Le poème et l'espace de la page (p. 250).

■ **Préalables :** Rappeler l'étymologie de **« calligramme »** (du grec *kalos*, beau, et *gramma*, lettre), texte dont la disposition figure l'objet évoqué. Le texte, signe à la fois linguistique et iconique, réalise visuellement l'accord forme-sens que poursuit toute recherche poétique.

## LIRE : Un paysage de sons et de sens

### 1- Correspondances

**• Unité syntaxique, sémantique et graphique** : la base inférieure de la maison est aussi la base supérieure de la silhouette ; la fumée du cigare (mouvement ascendant) monte jusqu'au pied de l'arbre (mouvement descendant) ; *ensemble* (bras de la silhouette) oriente le regard vers l'arbre et le cigare. Unité renforcée par la typographie : lignes géométriques (maison, arbre, silhouette) opposées aux courbes (cigare) ; caractères gras et capitales (maison, silhouette, cigare).

**• Unité sonore :** rimes (*ensemble/ressemble*) ; allitérations (*fume/allumé* ; *se prépare/cigare/séparerez*) ; assonances (*membres/amants* ; *divinités/couchés/séparerez/allumé/ fructifier*. Des récurrences rythmiques : 5 / 6 / 6 (pour la maison) ; 6 / 6 / 2 (pour la silhouette) ; rythme octosyllabique dominant pour l'arbre et le cigare.

### 2- Le haut et le bas

Opposition entre les calligrammes supérieurs connotant l'enracinement et la permanence (*divinités* ; *ensemble*), mais aussi la fertilité (*naissent* ; *fructifier*) et les calligrammes inférieurs connotant la finitude et la mort (*vous vous séparerez*). « Paysage animé » semble figurer le tragique de l'expérience humaine : amants, étoiles éphémères parce qu'humains placés sous la loi des divinités éternelles ; arbrisseau, fragilité promise à la force, opposé au cigare, éphémère, condamné à la consumation.

### 3- L'inquiétude du poète

Présence fragile du poète (écho de la fragilité du sens et de l'existence que transcrit le calligramme) dans la partie supérieure gauche de la page : présentatif *voici* ; point d'interrogation étrange, pur indice énonciatif, pesant sur l'ensemble du poème.

### 4- Le rythme de l'image

Les quatre calligrammes se présentent de manière simultanée sur la page, n'imposant pas d'ordre pour la lecture. Cette simultanéité associe divers parcours de lecture qui à la fois perturbent et enrichissent le sens : lecture ascendante (fumée du cigare ; *ensemble* orientant le regard vers les calligrammes supérieurs) et lecture descendante (arbre ; *couchés* s'opposant ainsi à *ensemble*) ; tension entre l'unité du dessin de la silhouette et la dissociation syntaxique rejoignant le thème de la séparation.

À la lecture linéaire, le calligramme substitue une approche synthétique du son et du sens.

### Conclusion

« Paysage animé » apparaît comme la traduction moderne (explorant la page et les pouvoirs du signe) d'une méditation lyrique sur le tragique de l'existence humaine en ses moments essentiels : naissance, amour, épreuve du temps, présence implicite de la mort.

## ÉCRIRE

Éléments de définition du calligramme : voir **« Préalables »** ci-dessus. Rappeler la dimension lyrique de ces idéogrammes. Les vers 7 et 8 de « Salomé » offrent de nombreux éléments visuels : *brodais*, *lys*, *banderole*, *flotter*, *au bout de son bâton*. La profondeur lyrique implicite (*Destinée*, supplice de Jean-Baptiste) peut également être suggérée, ainsi que la vision de la cruelle innocence de Salomé (parallèle avec la *marotte*).

## PISTES

■ **Pour une séquence : Dialogues entre la poésie et les arts** (▶ *infra*, p. 178)

■ **Exercice complémentaire : Oral**
À partir de votre lecture de « Zone », de « Paysage animé » et de *Prose du Transsibérien* de Cendrars (p. 224), définissez la modernité de ces textes.

■ **Lectures cursives :** Apollinaire, *Calligrammes* ; *Poèmes à Lou*.

POÉSIE ET PRÉSENCE AU MONDE

# La célébration du monde

**Valéry**
***Charmes*** p. 220

## Le Cimetière marin

## APPROCHES

■ **Axes d'étude :** Le décasyllabe. Formes et fonctions de la métaphore (p. 517). Mythe et poésie.

■ **Préalables :** Partir de la tension entre le titre (descriptif) et l'épigraphe, contemplation de la *psyché* autant que du paysage ; dialogue avec les cultures, tradition méditerranéenne de la pensée et de la poésie qui soustend la méditation. Dans ce long poème (24 sizains), le *je* passe en revue les différentes postures de l'être sensible et conscient face à la nature.

■ **Vérifier** que sont connus les paradoxes de la flèche de Zénon d'Élée et de la tortue d'Achille.

## LIRE : Extase et exaltation

### 1- La représentation de la mort

• **Une double métaphore *in absentia*** : le *toit* désigne la mer, les *colombes*, les voiles blanches ; Valéry ne retient que les comparants, image elliptique et frappante. La métaphore de l'édifice sera filée dans le 3e sizain : *temples* (v. 13), *Édifice* (v. 17), *comble* (v. 18), *tuiles* (v. 18), avant la reprise du comparant, grandi par la majuscule *Toit* (v. 18) ; le *toit* ajoute à l'idée d'horizontalité l'idée d'élévation (*je monte*, v. 20). Les *colombes*, elles, sont associées à la tranquillité (v. 1), introduisant le thème de la paix repris plus loin (v. 9, 14, 16, 17).

• Le lieu est celui d'une **méditation sensible** où le regard prend pour objet tantôt la mer sous le soleil (v. 1-4, 15, 24, 59-60, 61-72), tantôt les tombes (v. 35, 37-42). Méditation sur la mort : évocation du cimetière, v. 28 (*ici* : lieu qui évoque la *future fumée* de l'être promis à la mort) et v. 35 (*les maisons des morts*) ; métaphore animale du *ver irréfutable* (v. 37-48) ; l'homme est soumis au changement dans le temps (v. 26, 30, 31) et à la conscience de la mort (*À ce vivant je vis d'appartenir !*, v. 48). L'*ombre* du poète vivant (v. 35) se sent ainsi parente de celles des morts : loi du *frêle mouvoir* (v. 36) acceptée avec sérénité (comparaisons positives des v. 25-26).

### 2- Un rythme incantatoire (strophes 1 et 12)

• **Sizains** (rimes : AABCCB) de **décasyllabes**. Rythme croissant : 4/6, alternant mesure brève (4 syll.) / mesure longue (6 syll.). Le rythme illustre parfaitement la polysémie du titre (*charmes* du latin *carmen* : parole magique adressée aux dieux). Loin de ses contemporains qui déstructurent le vers, Valéry lui conserve sa spécificité poétique.

• **Rythme des strophes 1 et 12 :** décasyllabes presque tous de type 4//6 ; fréquence du schéma croissant 2/4 dans le second hémistiche (v. 1, 2, 4, 5, 67, 71) ; répétitions binaires (v. 4, 71). Ces régularités et l'écho inversé des v. 1 et 72 (4//2/4 et 4//4/2) suggèrent incantation et clôture : le « charme » du poème a opéré.

### 3- Le poète et la mer

• **L'eau** : *mer* (v. 4), *écume* (v. 8), *Eau* (v. 15), *marin* (v. 21), *mer* (v. 58), *vague* (v. 69), *vagues*, *eaux* (v. 71) ; **le soleil** : *feux* (v. 3), *soleil* (v. 10), *scintille* (v. 12), *or* (v. 18), *scintillation* (v. 23), *soleil* (v. 53, 63).

• **La mer** scintillante est d'abord pour le poète le symbole de l'Être absolu, contemplé dans sa permanence et son immensité ; le soleil de *Midi* (v. 3) fixe la mesure parfaite du Temps et du monde. Dans les trois derniers sizains, la mer n'est plus seulement contemplée : elle est l'agent d'une transformation, d'un baptême (*Courons à l'onde en rejaillir vivant !*, v. 60) ; agitée par le vent, et non plus calme, elle devient image du mouvement de la vie, du temps comme puissance de changement.

### Conclusion

Un paysage méditerranéen, à la frontière entre la terre et la mer, la mort et la vie, propice à la contemplation, à la méditation et à l'action. L'ascèse poétique, inscrivant le mouvement de la mer dans celui du vers et du poème, débouche sur un art de vivre et d'écrire.

## PISTES

■ **Pour une séquence**

• **Inspiration et respiration poétique** (▶ *infra*, p. 175).

• **Dialogue avec les morts dans la poésie des XIXe et XXe siècles** (le lyrisme et ses limites ; l'expression de l'angoisse, de la douleur, de la sagesse ; tonalités et registres) : Hugo, *Les Contemplations*, p. 183 ; Lamartine, *Méditations poétiques*, p. 184 ; Baudelaire, *Les Fleurs du mal*, p. 205 ; Norge, *Les Coq-à-l'âne*, p. 245.

■ **Exercice complémentaire : Langue**
Étudiez et classez les déterminants dans les deux dernières strophes (v. 61-72).

■ **Bibliographie :** M. Jarrety, *Paul Valéry*, éd. Hachette, 1992.

## ... La célébration du monde

**Claudel**
***Cinq Grandes Odes***

p. 222

# La Muse qui est la Grâce

## APPROCHES

■ **Axes d'étude :** Le rythme (p. 199). Le lyrisme. Métaphore et comparaison (p. 516). Le vers libre et le verset (p. 250).

■ **Préalables :** Partir des **titres** et de la présentation en **versets** (auxquels renvoie ici la lettre **v**) : expliquer le sens de la référence à l'ode (tradition lyrique qui remonte à l'Antiquité, p. 140-141) ; les mots *Muse* et *Grâce* mettent en relation deux champs culturels différents : l'inspiration poétique de la mythologie grecque et la Grâce de la tradition chrétienne, don de Dieu qui permet aux hommes d'accomplir sa volonté. Selon Claudel, le poème célèbre « l'invasion de l'ivresse poétique », le « dialogue du poète avec la Muse qui devient peu à peu la Grâce », et le retour du poète vers la terre, « suprême évocation de l'amour charnel et divin ».

## LIRE : La Muse et le poète

### 1- L'inspiration poétique

**Trois images dominantes** pour l'enthousiasme.

– **La mer** : inspiration associée à la grande marée (métaphore *in absentia* : *la mer qui revient me rechercher*, v. 1 ; *la marée de syzygie*, v. 2), et poète comparé à une embarcation, *barque* (v. 1, 3) ou *galère* (v. 2). Dès le v. 3, la métaphore maritime se double d'une image équestre, à la faveur de la polysémie de *saquer* (qui peut se dire d'un bateau ou d'un cheval) : barque comparée à un *pur-sang* (v. 4). L'image du cheval relie ainsi le thème de la mer à celui de l'enlèvement.

– **L'enlèvement :** au v. 5, la nuit se substitue à la mer comme comparant de l'inspiration. Superposition de deux champs : la *porte* du v. 6 appartient, comme le *batardeau*, à l'équipement portuaire ; celle du v. 7 est la porte de la maison, comme la *fenêtre* des v. 8-9. Métamorphose de la Muse (*amazone* qui se saisit du poète, v. 4) en cavalier préparant un enlèvement nocturne (v. 10), le poète étant comparé maintenant à une *jeune fille* (allusion possible à l'enlèvement d'Europe), v. 9, prête à partir (v. 11).

– **L'ivresse :** ivresse sacrée célébrant l'enlèvement ; double référence culturelle à l'inspiration dionysiaque (v. 18) et à l'image biblique de la vigne (v. 12-14).

Claudel procède par **métamorphoses métaphoriques** : chaque nouvelle image est contenue dans la précédente grâce à la polysémie.

### 2- Exclamations et célébration

L'exclamation traduit le mouvement d'exaltation lyrique de manière plus expressive lorsqu'elle s'accompagne d'interjections (v. 8, 16, 18) ou lorsqu'elle affecte la construction syntaxique (phrases nominales des v. 1-7 et 12, structure interrogative des v. 14 et 20).

La valeur de l'exclamation varie en outre, de l'expression de l'ennui et de la lassitude la mesure et la clôture du moi social ne suffisent plus au poète (v. 8) à l'allégresse et à l'enthousiasme (*Ah, je suis ivre !*, v. 18), quand le moi se détache du monde des hommes (v. 20).

### 3- Le souffle du verset

• **V. 1-5 :** allongement progressif (par le nombre de syllabes et par la multiplication des relatives) qui mime la montée de la marée-inspiration, d'un verset à l'autre, mais aussi à l'intérieur de chaque verset. Cette amplification apparaît dans les pulsations de l'iambe (brève-longue ; ou, chez Claudel, plusieurs brèves suivies d'une longue) :

– v. 1 : *Enco/re ! enco/re la **mer** / qui re**vient** / me recher**cher** / comme une **bar**(que)* : 2 / 2/ 3 / 3 / 4 / 4 ;

– v. 2 : *La **mer** / enco/re qui re**tour**/ne vers **moi** / à la ma**rée** / de syzy**gie** / et qui me **lè**/ve et re**mue** / de mon **ber** / comme une ga**lè**/re allé**gée*** : 2 / 2 / 4 / 3 / 4 / 4 / 4 / 3 / 3 / 5 / 3 ;

– v. 5 : *Enco/re la **nuit** / qui re**vient** / me recher**cher*** : 2 / 3 / 3 / 4.

Entité définie par le souffle, le verset traduit physiquement l'*in-spiration* du poète, dont la *re-spiration* s'amplifie sous l'effet de l'Esprit (latin *spiritus*).

• **V. 20-21 :** distorsion entre syntaxe et sens (voir le contre-rejet dans la métrique traditionnelle). Effet d'attente par l'accentuation d'un groupe syllabique théoriquement dépourvu d'accent : *mais pour le*. D'où la mise en relief du v. 21, de l'emprise dionysiaque de la transe, de la danse sacrée ; écart syntaxique qui concrétise l'effet de rapt et de rupture de l'inspiration poétique, comparable à *l'amazone qui bondit* (v. 4).

### Conclusion

Puissance et sensualité de l'imagination et des rythmes : Claudel fait ici la synthèse d'une double tradition mystique et poétique. Le verset traduit le souffle de cette inspiration « en-thousiaste ».

## *PERSPECTIVES* (p. 223)

■ **Odysseus Elytis, *Axion Esti.***

### LIRE : Un hymne originel

### 1- Le souffle de la louange

• **Reprises de termes :** *langue* (l. 1, 3, 12, 25, 37) ; *les syrtes* (l. 2, 3) ; *leurs premières fièvres noires* (l. 11, 12-13) ; *avec ses tout premiers-premiers Gloria !* (l. 23-26) ; *avec les premières salves des Hellènes* (l. 34), puis *avec les premières phrases de l'Hymne* (l. 35-36, 37-38 ; l. 10).

• **Anaphores :** *Mon unique souci cette langue* (l. 3, 12, 25, 37) ; *Là-bas sont* (l. 5, 14).

Ces reprises font du chant un hymne incantatoire célébrant un lieu et une langue originels.

### 2- Le verbe poétique

Les champs lexicaux de la nature, du verbe poétique

et du sacré sont étroitement associés. La **nature** évoque un paysage méditerranéen : les *syrtes* (l. 2, 3) que l'on pourrait traduire aussi du grec par *sables* ; animaux marins (*sargues et perches*, l. 5 ; *éponges et méduses*, l. 9) ; végétaux (*cognassiers grenadiers*, l. 15 ; *la lentisque et l'osier / les gingembres et les genêts*, l. 20-21 ; *lauriers et palmes*, l. 27 ; *mantille de vignes*, l. 31). L'évocation des éléments semble naître des mots (signe de l'influence du surréalisme sur la poésie d'Elytis), comme si le lieu apparaissait dans le **mouvement du verbe poétique** : allitérations en [s], en [ʀ], en [v] dans les l. 3 à 7 par exemple (même s'il s'agit d'une traduction qui n'approche qu'imparfaitement la musique du texte original). La langue (accordée comme par la grâce, l. 1), souffle à la fois fragile et ancien (*cette langue bâtie sur les syrtes d'Homère*, l. 3-4), est le lieu d'une renaissance, **parole sacrée** célébrant une originelle beauté (*les premiers hymnes des Sirènes*, l. 10 ; *souffles divins*, l. 18 ; *Gloria*, l. 24, 26 ; *Mystiques amours…*, l. 35).

### 3- La Grèce passée et présente

L'expérience sensuelle d'un lieu, d'une langue, est l'origine de cette célébration d'une Grèce éternelle et atemporelle : la Grèce antique et les chants de l'*Iliade* et de l'*Odyssée* (*les syrtes d'Homère*, l. 3-4 ; *les premiers hymnes des Sirènes*, l. 10 ; les *souffles divins*, l. 18), la Grèce orientale et Byzance (*dieux basanés*, l. 14), de la Grèce orthodoxe (*antienne*, l. 23 ; tradition des œufs peints échangés à Pâques, ▶ note 7). Le rythme incantatoire du chant et la saveur des mots célèbrent la permanence d'une civilisation et d'une mythologie personnelle.

## PISTES

■ **Pour une séquence : Inspiration et respiration poétique** (formes et sources de l'inspiration ; art et pratique poétiques) : Rimbaud, *Une saison en enfer*, p. 209 ; Valéry, *Charmes*, p. 220, Michaux, *La nuit remue*, p. 237 ; Du Bouchet, *Dans la chaleur vacante*, p. 239.

■ **Exercice complémentaire : Écriture**

À partir de votre lecture des poèmes de Paul Claudel et d'Odysseus Elytis, écrivez à votre tour un poème célébrant la mer. Vous reprendrez l'anaphore « Là-bas sont… », la modalité exclamative, le présent, l'article défini et la musicalité du verset.

■ **Bibliographie :** P.-A. Lesort, *Paul Claudel par lui-même*, éd. du Seuil, 1963.

## … La célébration du monde

**Cendrars**
***Prose du Transsibérien et de la petite Jehanne de France*** p. 224

# Prose du Transsibérien

## APPROCHES

■ **Axes d'étude :** La poésie lyrique. Le vers libre (p. 250). L'image poétique.

■ **Préalables :** Rappeler la nouveauté du vers libre au début du siècle et la parenté de ce poème avec « Zone » d'Apollinaire (p. 216). Évoquer la vie aventureuse de Cendrars, engagé dans la Légion étrangère et amputé d'un bras en 1915, ainsi que son goût pour toutes les formes de la modernité (cinéma, publicité, jazz et blues).

## LIRE : Expérience du monde, expérience du rythme

### 1- Liberté du rythme

**Le titre,** *Prose du Transsibérien*, est en relation étroite avec la forme et les significations du poème : la liberté rythmique du texte (il s'agit en réalité de vers libres épousant le mouvement linéaire de la prose) semble mimer le mouvement chaotique du Transsibérien (voyage en train et la modernité). La libération des contraintes du vers classique est à l'origine d'une **liberté métrique** traduction poétique de la quête adolescente d'une évasion : alternance entre vers longs (v. 12 et 18 : 14 syll. ; v. 14 : 16 syll. ; v. 16 : 15 syll., v. 19 et 20 : 17 syll. ; v. 21 : 18 syll.) et vers brefs (v. 13 et 23 : 4 syll. ; v. 15 et 22 : 6 syll. ; v. 17 : 3 syll.) ; mise en valeur d'éléments dans le mouvement prolongé du poème (élément de comparaison, v. 12 ; proposition, v. 17, complément, v. 23).

### 2- La vision du temps

Ouverture du poème sur un complément de temps (*En ce temps-là*, v. 1) situant avec emphase et humour cette aventure adolescente une épopée. Les autres adverbes évoquent soit un temps révolu et insaisissable (*déjà*, v. 2, 10), soit le surgissement (*Puis, tout à coup*, v. 19). L'imparfait est temps de l'état passé (v. 1), de la description (v. 12). Il traduit un souvenir qui semble vécu par le poète de l'intérieur, au-delà de la distance temporelle, comme pour donner présence à l'éphémère.

### 3- Comparaisons et métaphores

La comparaison (v. 7-8) associe un comparant (le *cœur*, le désir et les émotions du *je*) et deux comparés (*le temple d'Éphèse, la Place Rouge de Moscou*) autour du motif du feu (*brûlait*), feu du désir intérieur et du soleil couchant (v. 8). L'alternative, soulignée par un jeu poétique (*tour à tour* peut être compris dans le sens d'une alternative ou dans le sens littéral, en référence à l'architecture), indique bien que le réel compte moins que le désir. Paysage transfiguré par une vie intensément vécue (*mon adolescence était si ardente et si folle*, v. 6, à l'origine de la comparaison) consumant l'instant, et que seul le langage poétique peut traduire.

Champ lexical de la lumière dans tout le poème (*mes yeux éclairaient*, v. 9 ; *Croustillé d'or*, v. 13 ; *l'or*, v. 15). D'autres images révèlent, non sans humour, l'émerveillement enfantin du *je* : comparaison du Kremlin avec *un immense gâteau tartare* (v. 12), prolongée par la métaphore des *grandes amandes des cathédrales* (v. 14) et par celle de *l'or mielleux des cloches* (v. 15) ; métaphore de l'envol des *mains* (v. 20) associant à l'appétit du désir le vertige de la liberté. Une transfiguration onirique.

### Conclusion

Une poésie en quête de modernité. Le rythme chaotique, la vision kaléidoscopique du réel sont les conditions d'un émerveillement sans cesse recréé.

LA POÉSIE

## PISTES

■ **Pour une séquence : Poésie de la ville** (► *supra*, p. 159)

■ **Exercice complémentaire :** Dans la perspective d'un commentaire composé, rédigez un paragraphe analysant les liens entre la célébration du voyage et l'atmosphère onirique du poème.

■ **Lecture cursive :** Blaise Cendrars, *Moravagine*.

### ... La célébration du monde

**Supervielle**
***Débarcadères*** p. 225

# San Bernardino

## APPROCHES

■ **Axes d'étude :** La poésie lyrique. Les champs lexicaux. Les indices d'énonciation.

■ **Préalables :** Le pluriel de *Débarcadères* suggère de nombreux départs ; cette poésie ne recherche pas l'exotisme : le partage entre les deux continents, la rêverie sur l'espace et le temps se doublent d'une quête d'identité. Sous une apparente simplicité, une profonde angoisse existentielle (Supervielle a appris à 9 ans qu'il était orphelin depuis l'âge de 8 mois).

■ **Vérifier** que sont compris : *mantille*, v. 4 (= longue écharpe de dentelle sur la tête ou sur l'épaule) ; *conque*, v. 5 (= grande coquille) ; *à l'envi*, v. 6 (= à qui mieux mieux).

## LIRE : Le chant de l'exil

### 1- Mètres et sonorités

Poème en vers libres. Les mètres ont des volumes syllabiques différents : heptasyllabes (v. 1, 2, 8, 9, 10), octosyllabes (v. 7, 14, 16, 17, 20), alexandrins (v. 3, 4, 5, 6, 11, 12, 13, 15, 18, 19, 21, 22). À un système de rimes le poète préfère des échos sonores subtils reliant les 10 premiers vers (*mémoire / noire* ; *amour / jour / jour* ; *colonies / plient / harmonies* ; *frais / inespérés*) et les 13 vers suivants (*veux / heureux* ; *audaces / espace* ; *palmes / âme* ; *infini / choisis* ; *escales / égales* ; *appareillé / dépouillé*), avec échos sonores (assonances en [i] et en [e]). Les sonorités changent, ainsi que la disposition des rimes, lorsque s'affirme plus nettement la présence du *je*. Des équivalences sont perceptibles, mais on ne peut parler de vers réguliers, de rimes ou de strophes. Ces variations épousent le flux des souvenirs et leur donnent la présence obsédante d'un chant incantatoire.

### 2- Le temps du souvenir

Les formes verbales font du poème un discours du *je* adressé à lui-même. Ce discours révèle :

– une **lucidité** : subjonctif présent, marque d'une injonction ou d'une exigence (*Que j'enferme*, v. 1) ; futur à valeur catégorique (*J'en aurai besoin*, v. 10 ; *J'aurai besoin de vous*, v. 11 ; *Vous me visiterez*, v. 13) ; passé composé à valeur de constat (*je me suis dépouillé*, v. 22) ;

– un **désir d'éterniser le souvenir** : indicatif et participe présent lui donnant un caractère intemporel (*ces feuilles qui plient*, v. 6 ; *Où chaque arbre se hausse*, v. 15 ; *Où la fleur mouille*, v. 17 ; *De sa mère passant*, v. 5).

### 3- Valeur des démonstratifs

La valeur de l'indicatif (► question 2) invite à donner aux déterminants démonstratifs une valeur déictique. Ils font référence (sur le mode lyrique de la présence-absence) à un paysage que le *je* semble retrouver et désigner dans le poème (hypotypose) ; un paysage intime qui échappe en partie au lecteur, suscitant ainsi son imaginaire. On peut également lui donner une valeur laudative : célébration d'une enfance désormais perdue.

### 4- La maternité et le végétal

Le poème associe étroitement, en particulier dans les vers 3-5, les motifs de la maternité et du végétal (références à la rondeur : *courbes*, v. 3 ; *la conque du jour*, v. 5 ; *ces feuilles qui plient*, v. 6 ; *ces houles d'harmonies*, v. 9). S'efforçant de retrouver une nature originelle (*Cet enfant nu-fleuri*, v. 4 ; *ces rouges frais*, v. 7) et nourricière, la remémoration est le lieu d'une renaissance du *je*.

### Conclusion

Ce poème, loin de privilégier le pittoresque et l'exotisme, est caractérisé par un dépouillement où se révèle une vérité intérieure. Présence du *je* au monde, dans la musicalité du chant, douleur de cet impossible retour vers l'origine qui fonde l'écriture poétique.

## PISTES

■ **Pour une séquence : Lieux poétiques : nature et poésie** (► *supra*, p. 121).

■ **Exercice complémentaire : Langue**
Relevez et classez le vocabulaire des sensations : que révèle-t-il de la relation au monde ?

■ **Lecture cursive :** Jules Supervielle, *Le Voleur d'enfants*.

■ **Bibliographie :** M. Collot, « Du vertige de l'horizon aux horizons verticaux », *L'Horizon fabuleux*, éd. José Corti, 1988.

### ... La célébration du monde

**Saint-John Perse**
***Neiges*** p. 226

# « Et puis vinrent les neiges »

## APPROCHES

■ **Axes d'étude :** Le lyrisme. La métaphore (p. 517).

■ **Préalables :** Saint-John Perse dédie cette évocation de la lente chute de la neige dans le silence de l'aube à sa mère, morte en 1948, alors qu'il ne l'avait pas revue depuis son départ en exil en 1940 : « Et Celle à qui je pense entre toutes les femmes de ma race, du fond de son grand âge lève à son Dieu sa face de douleur. Et c'est un pur lignage qui tient sa grâce en moi » (*Neiges*, III).

## LIRE : Éloges

### 1- Rythmes et sonorités

Saint-John Perse use du verset métrique, composé de mètres réguliers assouplis : *Et puis vinrent les neig*(es) (6), *les premièr*(es) *neiges de l'absenc*(e) (8), *sur les grands lés tissés du songe et du réel* (12) ; etc.

Mesures dominantes : l'hexasyllabe et l'octosyllabe. L'apocope du « e » (coupe épique) permet de retrouver l'octosyllabe et l'alexandrin (*et toute pein*(e) *remise aux hommes de mémoir*(e), l. 2-3). Outre ces régularités, d'autres effets poétiques contribuent à la célébration du monde : variations rythmiques (volume croissant (6 / 8 / 12) célébrant la venue des neiges, régularité rythmique (6 / 8) pour l'évocation de la paix et du silence matinal) ; assonances : ***vinrent / linges / matin / essaim*** ; ***neiges / peine / sixième*** ; ***absence / grands / tempes / licencier / silence***...) ; reprise de la matrice phonique associant un phonème vocalique et le phonème consonantique [R] : v**inr**ent / **premièr**es / s**ur** / **gran**ds / r**é**el / **re**mise / mém**oir**e, etc. ; anaphores (*Et puis vinrent les neiges, les premières neiges*..., l. 1 ; *Et ce fut au matin*, l. 4 ; *Et toute la nuit*, l. 8).

Incantation du verset et célébration des éléments.

### 2- Les temps

Le passé simple donne à l'arrivée des neiges la solennité d'un récit épique (*Et puis vinrent les neiges*, l. 1 ; *il y eut*, l. 3 ; *Et ce fut au matin*, l. 4...) coupé de l'énonciation. Le plus-que-parfait (*n'avaient cessé*, l. 10) inscrit une métamorphose en arrière-plan ce passé fabuleux. Peu à peu, les temps du discours prennent le pas sur ceux du récit : présent d'énonciation trahissant la présence du locuteur (*nous l'ignorons*, l. 14), futur (*nous en dirons merveilles*, l. 23-24), passé composé à valeur d'accompli (*Nul n'a surpris, nul n'a connu*, l. 15...), imparfait suggérant une présence de la neige intériorisée (*Il neigeait*, l. 23).

Du surgissement épique des éléments, on passe à une intériorisation, dans un mouvement de retour vers une origine (*cette buée d'un souffle à sa naissance, comme la première transe*..., l. 22-23). Le texte s'achève sur une prière (subjonctif de souhait : *Et le salut soit*, l. 27) qui élargit le mouvement **de l'évocation à l'invocation**.

### 3- Présence du locuteur

1re personne absente du texte. Pourtant des indices trahissent, avec le souffle du verset (▶ question **1**) et certains temps verbaux (▶ question **2**), la présence d'un locuteur : 1re personne du pluriel donnant solennité à la voix poétique (l. 8, 14, 23-24, 28) ; phrase nominale suggérant le surgissement d'une vision (l. 22-23) ; déictiques (*cette heure soyeuse*, l. 16 ; *cette chose fragile*, l. 17...) ; adjectifs, superlatifs et choix lexicaux caractéristiques de l'éloge (*les grands lés*, l. 2 ; *ce haut fait de plume*, l. 8 ; *très haut... les hautes villes*, l. 9 ; *au plus haut*, l. 15...) ; comparaisons ; ponctuation expressive (l. 23) ; modalité exclamative (l. 27-28).

Le lyrisme n'est pas ici un lyrisme personnel, exprimant les affres d'une subjectivité. Ces marques d'une rhétorique de l'éloge situent cette évocation dans la tradition du haut lyrisme (modèle de l'ode pindarique) : voix atemporelle célébrant la permanence des éléments.

### 4- La neige : un élément symbolique

Richesse des connotations : élément originel (*les premières neiges*, l. 1 ; *le premier affleurement de cette heure soyeuse*, l. 16...), signe d'une absence (l. 1), présence consolatrice (*une fraîcheur de linges à nos tempes*, l. 3-4 ; *un frôlement de cils*, l. 17-18). Le dernier verset en célèbre les pouvoirs : la pure origine, naissance du souffle (l. 22) et peut-être de l'écriture (*comme la première transe d'une lame mise à nu*, l. 22-23). Cette blancheur originelle, qui figure peut-être, comme l'aube (l. 24), la blancheur de la page (*son corps de dahlia blanc*, l. 26) et le silence qui précède l'écriture, semble l'origine mystérieuse du chant que le poème veut approcher en un acte nocturne de divination (*comme une grande chouette fabuleuse*, l. 24-25) : elle est comme le signe d'une architecture invisible (*l'Architecte*, l. 28) donnant présence aux mots et aux choses.

### Conclusion

Poésie élémentaire, sens à découvrir, célébration d'un moment privilégié qui figure une parole originelle.

## ÉCRIRE

Choisir un élément naturel particulièrement symbolique d'une tension entre la permanence et le passage (le vent, l'eau, la pluie). Privilégier, à partir de l'ouverture la dimension épique de l'évocation, le passage de l'évocation à l'invocation, les marques de l'encomiastique, la musicalité du chant. S'inspirer d'autres recueils de Saint-John Perse comme *Pluies*, du poème de Claudel intitulé « La Pluie » dans *Connaissance de l'Est* ou du *Parti pris des choses* de Ponge.

## PISTES

■ **Pour une séquence : Neiges poétiques** (source de la création ou angoisse de la stérilité ; le chant et le silence ; le lyrisme ; formes et tonalités) : Marot, *Épigrammes*, p. 146 ; Mallarmé, *Poésies*, p. 214 ; Michaux, *La nuit remue*, p. 237 ; Jaccottet, *À la lumière d'hiver*, p. 246 ; Bonnefoy, *Ce qui fut sans lumière*, p. 248.

■ **Exercices complémentaires**

- **Langue :** Cherchez les sens possibles de *havre* (l. 5), *merci* (l. 6), *front* (l. 15), *fabuleux* (l. 25). Commentez.
- **Oral :** Étudiez le réseau des métaphores animales.

■ **Bibliographie :** R. Caillois, *Poétique de Saint-John Perse*, éd. Gallimard, 1954.

LA POÉSIE

### … La célébration du monde

**Léopold S. Senghor**
***Chants d'ombre***

p. 227

## Masque nègre

### APPROCHES

■ **Axes d'étude :** Le portrait. La métaphore poétique (p. 517). La voix et le rythme dans la poésie moderne (p. 250).

■ **Préalables :** Engager la réflexion dans le sens des correspondances – entre les arts (poésie, peinture, sculpture) et entre les cultures (Europe et Afrique) : cet *éloge du masque*, du visage fermé et muet, est paradoxal pour une tradition occidentale du portrait-expression qui valorise les traits vivants du visage.

■ **Vérifier** que le sens littéral du v. 4 a été compris : « où se trouve, où est passé *le sourire de la femme complice*, qui a laissé la place à ce masque fermé ? »

### LIRE : Hymne à la beauté noire

#### 1- Rythme et sonorités

Bien que le poème soit composé de vers libres, le rythme suggère la **régularité**, voire l'immobilité. L'impression de *repos* est rendue par le rythme de l'alexandrin : *Elle dort et repos*[e]//*sur la candeur du sable* (v. 1) ; v. 5 : *accord* des trois unités rythmiques qui composent le vers (6/6/6) ; v. 11 : tétramètre parfait (3/3/3/3), effectivement *monocorde* (à l'origine, se dit d'un instrument à une seule corde ; d'où : « qui n'a qu'un son »).

**Allitérations et assonances** vont dans le même sens : labio-dentales [v] et [f], associées à la vibrante [R] au v. 2 (*verte voile, fièvre, cuivre…*) : douceur du sommeil ; voyelle fermée [u] au v. 3 (*coupe double, sources*) : écho aux *paupières closes, fermé à l'éphémère* (v. 6) qui rend phonétiquement solidaires les contraires ; dentales sourdes [t] assurant la cohésion et la fermeté du v. 7 (*Tête, parfaite, patine, temps*) ; *âges* (v. 9) rime avec *visage*, et assure le lien entre les deux occurrences de ce mot-clé (v. 6, 9-10).

#### 2- Visage de masque

• **Un masque inanimé ?** Voir le titre du poème, le champ lexical de l'inanimé (*masque, patine*, v. 6-7 ; *Les patènes des joues…* v. 5 ; *Tête de bronze…* v. 7), les négations de la vie sensible (*ni traces de larmes ni de baisers*, v. 8).

• **Un visage de femme ?** *Elle dort* (v. 1-2) ; elle porte un nom (*Koumba Tam*, v. 2) ; ce sont les circonstances qui dissimulent provisoirement les traces de vie – *la fièvre des cheveux* (v. 2), *le sourire de la femme complice* (v. 4), métaphore du sexe féminin dans le *col tendre* (v. 10). L'apostrophe finale instaure une communication, rétablit le visage sous le masque – *Ô visage* (v. 9), *ne t'ouvre pas* (v. 10), *Je t'adore…* (v. 11) – mais pour accéder à la *Beauté* (v. 11), par-delà l'être singulier.

Le dernier verbe, *adore*, fait écho à *Elle dort* (v. 1) : le visage de la femme vivante a été momentanément assimilé à un masque, image d'une Beauté éternelle, par le regard du poète qui traque la permanence des formes dans les traits de la belle endormie. Le mouvement du poème conduit ainsi de la palme qui *cuivre* le front (v. 2, le visage féminin, à un moment précis) à la tête de *bronze* (v. 7, le masque nègre, qui traverse le temps) et symbolise à la fois la noblesse de la femme et les racines de la négritude.

#### 3- Le visage et le temps

Le poème traverse l'épaisseur du temps. De l'instant présent (*Elle dort*, v. 1), il passe à une immobilité hiératique qui échappe à *l'éphémère* (v. 6), qui est marquée par la *patine de temps* (v. 7), et qui renvoie au temps mythique des origines : *visage tel que Dieu t'a créé avant la mémoire même des âges* (v. 9), *Visage de l'aube du monde* (v. 10). Le visage en vient ainsi à symboliser la permanence de l'art et de la beauté dans le temps, leur valeur sacrée (champ lexical de la liturgie : *coupe*, v. 3 ; *patènes*, v. 5 ; *adore*, v. 11) et leur pureté originelle (*candeur*, v. 1 ; *aube*, v. 10). En célébrant cette *Beauté*, le poète tente de sculpter dans les mots une œuvre qui à son tour transcende le présent.

#### 4- L'art du portrait

• **Formes :** les courbes du *front* (v. 2) et des *paupières* (v. 3), le *croissant* de la bouche (v. 4), le *dessin du menton* (v. 5).

• **Couleurs :** *candeur du sable* (v. 1, étymologiquement : *blancheur*), *palme verte, cuivre* (v. 2), *lèvre plus noire* (v. 4), *Tête de bronze* (v. 7) sans *rougeur* (v. 8).

• **Composition :** le portrait suit l'ordre d'un blason, de haut en bas : *cheveux, front* (v. 2), *paupières* (v. 3), *lèvre* (v. 4), *menton* (v. 5). La *tête de bronze* (v. 7) se détache sur le fond clair du sable.

La construction littéraire du portrait n'est donc pas aussi révolutionnaire que la peinture de Picasso. Elle frappe cependant par le choix de traits stylisés, géométriques, par la réification du visage, par la netteté des contrastes (les nuances seraient des souillures : v. 8). Alors qu'un portrait réaliste, en peinture ou en littérature, est centré sur le regard du sujet (la « fenêtre » de son âme), l'effacement du regard (v. 3, 6), ici, « dé-psychologise » le visage – au profit du regard de l'observateur qui, comme en peinture, construit ce visage (du latin *visus*, radical du verbe *voir*) : *de mon œil monocorde* (v. 11)…

#### Conclusion

À la fois célébration de la femme, de l'art et de la négritude, ce poème s'élève à un symbolisme général par lequel sa modernité – comme dans la peinture de Picasso – se relie à *l'aube du monde*.

### PISTES

■ **Pour une séquence : Dialogues entre la poésie et les arts** (thèmes et motifs ; l'inspiration ; traduction ou « re-création » ; le poème-tableau) : Baudelaire, *Les Fleurs du mal*, p. 202 ; *Petits Poèmes en prose*, p. 204 ; Apollinaire, *Alcools*, p. 218 ; *Calligrammes*, p. 219 ; Éluard, *Mourir de ne pas mourir*, p. 241.

■ **Exercice complémentaire : Écriture**
Relevez les métaphores : sur quels aspects contradictoires de la femme mettent-elles l'accent ?

■ **Bibliographie :** R. Jouanny, *Les Voies du lyrisme dans les « poèmes » de L. S. Senghor*, éd. Champion, 1986.

▶ **Poésie et présence au monde**

# Poésie et résistance

**Cadou**
***Pleine Poitrine***

p. 228

## Les fusillés de Châteaubriant

### APPROCHES

■ **Axes d'étude :** Le lyrisme. L'énonciation. Le vers libre (p. 250). La poésie engagée.

■ **Préalables :** Partir de la simplicité apparente du texte (absence d'images saisissantes, familiarité ; évocation d'un univers quotidien, v. 8-11) et montrer que ces choix d'écriture visent à suggérer, à partir d'un témoignage, émotion et résistance. Dans ce recueil, la poésie de René-Guy Cadou s'éloigne du surréalisme qui l'avait d'abord inspirée, pour se tourner vers la foi catholique.

### LIRE : La force de l'émotion

**1- La force du rythme**

Poème en vers libres. Rythme et émotion par :
– répétition et amplification (v. 1-2 : ajout de *une trentaine* qui insiste sur le nombre de ces hommes unis dans une même fraternité face à la mort) ;
– alternance vers long/vers bref détachant les subordonnées et suggérant une chute (v. 5, 9, 14, 25) ;
– reprises anaphoriques donnant présence aux fusillés (*Ils sont*, v. 1, 2, 13, 20, 21 ; *ils ne sont déjà plus*, v. 12).

**2- Un temps suspendu**

Le jeu des temps verbaux renforce le pathétique. Le **présent** de l'indicatif (temps dominant du poème) superpose sa valeur de temps de l'énonciation actualisant l'évocation (le lecteur est témoin) et sa valeur omnitemporelle (les fusillés de Chateaubriant, symbole de la résistance à la barbarie, v. 5, 24-25). Le **futur** dit la proximité de la mort (futur proche : *Qui vont les tuer*, v. 18), mais suggère un lien éternel qui transcende la mort (v. 7). L'**imparfait** (v. 9) renvoie à un passé revécu intimement : l'évocation de l'enfance.

Les adverbes de temps et de négation (*Ils n'ont pas*, v. 6, 22 ; *ils ne se quitteront jamais plus*, v. 7 ; *Ils ne sont déjà plus*, v. 12), *être* et le participe à valeur résultative (*Ils sont appuyés*, v. 1-2), le passé composé (*le vent est passé*, v. 16), certains choix lexicaux (*exacts au rendez-vous*, v. 20 ; *en avance sur les autres*, v. 21) font du présent le moment éphémère où la mort donne à l'existence sens et beauté : *Puisque toute liberté se survit* (v. 25).

**3- Une souffrance partagée**

Le poète, en communion avec les martyrs de Châteaubriant, traduit leurs pensées les plus intimes (v. 8-9, 17). L'emploi du discours indirect rend présentes leurs ultimes paroles : caractère tragique et dérisoire de cette mort, acceptation d'un destin, grandeur d'une humanité capable de sacrifice contre la barbarie, sans héroïsation (*ils ne sont pas des apôtres*, v. 22). Le dernier vers affirme la permanence de la liberté et de la vie.

**4- Un hymne à la fraternité**

Champs lexicaux : l'**amour** (v. 5, v. 11), le **temps** (▶ question **2**) ; la **mort** (*mourir*, v. 14 ; *tuer*, v. 18 ; *la mort surtout est une chose simple*, v. 24 ; *toute liberté se survit*, v. 25 ; allusions possibles au paradis : *appuyés contre le ciel*, v. 2 ; *Ils sont bien au-dessus*, v. 13 ; *martyre*, v. 15). Trois termes en relation dialectique : la mort donne au temps une dimension tragique, mais la fraternité permet de transcender la fatalité et d'affirmer la victoire de la liberté et de la vie éternelle.

**Conclusion**

Son apparente simplicité d'écriture donne à ce poème engagé sa force et son originalité, dans un lyrisme empreint de mysticisme. Le pathétique doit faire naître chez le lecteur émotion et résistance, par ce témoignage des valeurs fondamentales de l'humanité.

### *PERSPECTIVES* (p. 229)

1 **Aragon, *Les Yeux d'Elsa*, C.**
2 **Char, *Feuillets d'Hypnos*, 141.**

### LIRE : La résistance et le chant

**1- Un chant de résistance (texte 1)**

Le titre énigmatique du poème pose un couple de phonèmes qui apparaît 21 fois dans le texte : 18 fois à la rime (unique), une fois à l'ouverture du vers (v. 2), deux fois en rimes internes (v. 1, 18). On peut repérer une rime riche : *danser / fiancée*, v. 9-10 ; une rime annexée (dernière syllabe de la rime reprise au vers suivant), v. 1-2 ; un vers léonin (où les deux hémistiches riment ensemble), v. 1, 18.

La virtuosité du chant tente de conjurer le drame par un retour à des formes anciennes que régénère une écriture associant simplicité et ellipse (influence du surréalisme) ;

**2- L'univers médiéval (texte 1)**

Les références médiévales :
– l'évocation d'un passé féodal (v. 3, 7, 8, 12) ;
– des personnages types (*un chevalier blessé*, v. 4 ; *un duc insensé*, v. 7 ; *Une éternelle fiancée*, v. 10) ;
– des symboles (*Une chanson*, v. 3 ; *une rose*, v. 5 ; *un corsage délacé*, v. 6 ; *des cygnes dans les fossés*, v. 8).

Ces références invitent à imaginer une situation caractéristique des récits médiévaux où le chevalier,

LA POÉSIE

amant vaincu et malheureux de la dame, est enfermé ; associées à la débâcle de l'armée française en 1940 aux v. 11 et 17, elles suggèrent une interprétation symbolique de ces preux chevaliers, amoureux de la France, qui affrontent un *duc insensé* (v. 7). En superposant univers médiéval, événements historiques et histoire personnelle, le poème inverse le désespoir de la défaite en un appel à la Résistance qui se fonde sur les valeurs de prouesse et les beautés éternelles de la poésie française.

**3- La structure du texte 2**

Deux phrases déséquilibrées : la première, longue (l. 1-13), applique de multiples prédicats (*ce vallon, cette pesanteur, cet incendie...*) juxtaposés et introduits par *c'est*, à un thème unique, le groupe nominal initial : *La contre-terreur* ; la seconde phrase, exclamative, beaucoup plus courte (l. 13-15), rompt avec cette série ouverte (points de suspension), pour écarter d'un geste toute menace : *Qu'importent...* Si l'homme communie au monde protecteur de la nature harmonieuse (image rassurante du *vallon*, l. 1 ; équilibre de la *pesanteur*, l. 4 ; contre-feu du clair de lune, l. 8) et de la tendresse humaine (*visage caressé*, l. 7 ; *en souriant*, l. 11), *alors* (l. 14) la *terreur* de la guerre, de la mort, de l'ennemi qui guette (*le diable*, l. 14), est surmontée. La construction cyclique de la longue phrase, recommencement perpétuel, exprime cette unité – qui l'emporte sur la menace de division (premier sens de *diabolos* en grec).

**4- « C'est » (texte 2)**

La reprise du présentatif donne présence au monde de la contre-terreur en soulignant les rythmes et les échos sonores. L'ouverture du poème (l. 1-4) fait alterner mesures de 12 syllabes et décasyllabes (12 / 10 / 10 / 10). De même, l. 7-10 : assonances prolongeant les sonorités du présentatif et accentuées par le rythme (de *c'est cet incendie...* à *nous sont inconnues* : 8 / 10 / 8 / 10). Les allitérations et assonances donnent à entendre les bruissements ténus de la nuit, créant entre les segments de phrase une *circulation ouatée* (l. 4-5) analogue à celle du monde vivant : *c'est le fugace bruissement des feuilles comme un essaim de fusées* (l. 2-3), allitérations en [s] et [f] ; l. 5-6 : après la dureté des dentales sourdes [t] – *ouatée... insectes tirant mille traits sur l'écorce tendre...*, l'ouverture vocalique en [ɛ] – *cette graine de luzerne* (l. 6-7) – et le retour des sifflantes – *la fossette d'un visage caressé* (l. 7) – sont apaisants et lumineux.

**DIRE**

Ces trois poèmes ont pour origine une expérience personnelle qui fait du poète un témoin. Chez Cadou, la présence du poète est implicite, suggérée par la sympathie profonde qui l'unit aux fusillés de Châteaubriant. Aragon donne une profondeur symbolique à son histoire personnelle en liant l'évocation de la débâcle à l'imaginaire médiéval. Dans le poème de Char, le « je » est en retrait, même si cette scène nocturne de maquis est présentée à travers ses sensations, et se fond, au sein de la nature et avec ses compagnons, dans une « commune présence ».

**PISTES**

■ **Pour une séquence : La poésie engagée** (▶ *supra*, p. 138).

■ **Exercice complémentaire : Oral**
À partir de vos lectures, expliquez en quoi l'engagement de l'écrivain vous semble ou non nécessaire.

■ **Lecture cursive :** Aragon, *Les Yeux d'Elsa.*

## ... Poésie et résistance

### Césaire
### *Cahier d'un retour au pays natal*

p. 230

### « Au bout du petit matin... »

**APPROCHES**

■ **Axes d'étude :** L'énonciation. Prose et poésie. Poétique et polémique.

■ **Préalables :** Césaire n'est pas seulement le poète de la « négritude » : ses débuts poétiques se situent dans le mouvement **surréaliste**. La poésie polémique s'inscrit dans une longue tradition, des *Satires* de l'Antiquité aux *Châtiments* de Hugo. Elle est renouvelée par la légitimité que le surréalisme accorde à la violence verbale (p. 130) : la contestation poétique du langage établi accompagne la contestation politique de l'ordre social.

**LIRE : La violence d'une révolte**

**1- « Au bout du petit matin »**

Anaphore : l. 1, 12, 15, 22 ; véhémence d'un chant incantatoire. Dynamique de la répétition qui se retrouve dans d'autres passages du texte : *Va-t'en* (l. 2-3), *les Antilles* (l. 12-13), *une vieille... un vieux...* (l. 18-19). Tension dans l'expression du temps : la formule rassemble l'idée de fin *(au bout)* et l'idée de commencement *(matin)*, annonçant une rupture sur un mode prophétique (*les volcans éclateront*, l. 24) : elle permet d'articuler ainsi le souvenir du passé (l. 2-7), le constat d'un présent insupportable (l. 12-21) et l'ouverture sur un futur d'apocalypse (l. 24-26), dans le moment unique de la parole poétique.

**2- Énonciation et engagement**

• **La véhémence du locuteur** éclate dans le discours rapporté du début, à travers les propos adressés à l'Antillais soumis et résigné : impératif : *Va-t'en* (l. 2) ; apostrophes : *gueule de flic* (l. 2), *punaise de moinillon* (l. 4) ; valeur d'« acte de langage » de *je déteste* (= je maudis, l. 2). Marques de la 1re personne (l. 4, 6, 8...).

• **Les indices de l'espace** renvoient à la situation des Antilles au moment de l'énonciation, avec les démonstratifs : *la boue de cette baie* (l. 14), *cette plus fragile épaisseur de terre* (l. 22-23).

• **Marques de jugement et de sentiment** : *je déteste* (l. 2), *mauvais* (l. 3)... *menteusement* (l. 18), *affreuse inanité* (l. 21), *de façon humiliante* (l. 23)... Le poète s'engage non en ressassant un point de vue personnel mais en dévoilant le visage des Antilles, qui impose le choix de la révolte. Il s'identifie ainsi au peuple tout entier.

• **Expression de la violence** : insultes (l. 2-4) ; superlatifs (l. 9) ; chiasme (l. 13-14), paradoxe (*martyrs qui ne témoignent pas*, l. 16), personnification des Antilles (l. 12-13), champs lexicaux de la violence (*dynamitées*, l. 13 ; *volcans*, l. 24...) et de la souffrance (*blessure*, l. 15 ; *sang*, l. 16...) : phrases-fleuves qui amplifient la véhémence du réquisitoire.

### 3- Le mal-être des Antilles

Les images de la nature évoquent certes la mer (les *anses*, l. 12 ; *la baie*, l. 14 ; *l'eau nue*, l. 24 ; le *soleil*, l. 11, 19, 25) et la faune exotique (*perroquets*, l. 17 ; *oiseaux marins*, l. 26), mais aussi la puissance destructrice des volcans (l. 24) et les racines africaines du peuple antillais (*la savane*, l. 8). La terre et ses habitants ont subi les méfaits de la colonisation — *misère* (l. 19), *faim* (l. 12), *alcool* (l. 13), maladies et contagions diverses qui prennent ici une valeur symbolique : *sacré soleil vénérien* (l. 11), *petite vérole* (l. 13). Les Antilles sont comparées à un corps malade (*eschare*, l. 15 ; *pustules*, l. 20), à un organisme atteint de putréfaction (*force putréfiante*, l. 10 ; *pourrissant*, l. 19). L'urbanisme et la modernité (*vingtième étage des maisons*, l. 9 ; *grandiose avenir*, l. 23-24) ont introduit un développement trompeur (*menteusement souriante*, l. 18). Le mal est donc moral, comme le souligne l'alinéa (l. 21).

### Conclusion

Engagement vibrant de l'auteur dans le combat de la décolonisation. Mais le jaillissement poétique des mots et des images ouvre sur le rêve et sur l'étrange, au cœur même de la violence polémique, et donne au texte sa dimension surréaliste.

## PISTES

■ **Pour une séquence : La poésie engagée** (▶ *supra*, p. 138).

■ **Bibliographie :** D. Combe, *Cahier d'un retour au pays natal*, PUF, 1993.

## ... Poésie et résistance

**Laâbi**
***Le Spleen de Casablanca*** p. 231

# « Dans le bruit d'une ville sans âme »
# « Ô comme les pays se ressemblent »

## APPROCHES

■ **Axes d'étude :** Le lyrisme. L'intertextualité.

■ **Préalables :** Partir de l'aquarelle d'Ali Jabri pour donner corps à l'écriture à la fois familière et allusive d'Abdellatif Laâbi et montrer la complexité du rapport, dans le traitement du thème de la nostalgie, entre intériorité et monde extérieur : ici les fenêtres qui n'offrent aucune perspective véritable. Rappeler que Laâbi a connu les prisons marocaines : l'écriture est pour lui une démarche politique, littéraire, existentielle (écrire en français = réfléchir sur le déchirement entre deux cultures).

## LIRE : Le chant contre l'exil

### 1- Le titre : une poésie de l'exil

Le titre, *Le Spleen de Casablanca*, fait explicitement référence aux *Fleurs du mal* où Baudelaire oppose Spleen (malaise moral et métaphysique) et Idéal. Dans ces deux poèmes de registre lyrique (*Où s'en est allé*, texte 1, v. 7) où Laâbi évoque son retour au Maroc, l'Idéal est absent. Seuls demeurent les signes d'une déréliction : *ville sans âme* (texte 1, v. 1), *poche crevée* (v. 3), enfermement (*les pays se ressemblent*, texte 2, v. 1).

### 2- Motifs communs

L'évocation du spleen (▶ question **1**) construit des échos entre les deux poèmes : uniformité et impossible présence au monde ; Casablanca ne fait l'objet d'aucune description nostalgique (*le bruit d'une ville sans âme*, texte 1, v. 1 ; *l'été se confond avec l'hiver*, v. 6 ; *les pays se ressemblent / et se ressemblent les exils*, texte 2, v. 1-2) ; sentiment d'un passage et d'une perte irrémédiable (*ma poche crevée*, texte 1, v. 3 ; *Où s'en est allé, dis-moi / le pays de notre jeunesse ?*, v. 7-8 ; *Tes pas ne sont pas de ces pas / qui laissent des traces sur le sable*, texte 2, v. 3-4) ; sentiment profond de l'exil (*Tu passes sans passer*, v. 5).

### 3- Une présence dérisoire et nécessaire

Dans le texte 1, le poète semble s'adresser à une femme aimée, évoquant une promenade amoureuse dans Casablanca. Les vers 4 et 5 traduisent bien cette présence à la fois dérisoire (négation exceptive, synecdoque : *ta main*) et pourtant nécessaire (*pour réchauffer la mienne*). Le poème se clôt sur une question sans réponse (qui semble aussi adressée au lecteur). Dans le texte 2, la 2e personne (*Tes pas...*, v. 3 ; *Tu passes sans passer*, v. 5) peut référer à cet être aimé comme au poète (et peut-être même au lecteur), unis dans une même présence éphémère.

### 4- Deux textes poétiques

L'écriture lyrique est dans ces deux poèmes à la fois personnelle et allusive. Signes poétiques :

• **échos rythmiques** (**texte 1** : v. 1-2, 9 syll. ; v. 3 : 6 syll. ou 5 avec coupe épique sur *poch(e)* ; v. 4 : 5 syll. ; v. 5 : 6 syll. ; v. 6 : 10 syll. ; v. 7 : 7 syll. ; v. 8 : 8 syll. ; **texte 2** : v. 1 : 9 syll. ; v. 2-3 : 8 syll. ; v. 4 : 9 syll. ; v. 5 : 6 syll.) ;

• **échos sonores : texte 1**, assonances et allitérations soulignent les fins de vers *(**âme** / **main** / **mienne** / **moi**)* ou les réseaux de sens, notamment la faille entre le *je* et le pays retrouvé *(**bruit** / **dur** / **retour** / **crevée** / **hiver**)* ; **texte 2**, phonèmes nasalisés (quête d'une impossible permanence) : *se ressemblent / ne sont pas* ; phonème [a] associant de manière tragique le pas et la négation *(pas / traces / sable / passes / passer)* ; allitération en [s] signe d'un inéluctable passage : *se ressemblent / exils / ne sont pas / ces / laissent*, etc. ;

• **formes lyriques :** *Où s'en est allé* (**texte 1**, v. 7) ; *Ô comme les pays se ressemblent* (**texte 2**, v. 1) ;

• **références intertextuelles :** à Villon, « Ballade des Dames du temps jadis » ; à Rimbaud, « Ma bohème »... .

Commentant son livre, Laâbi explique ce choix d'une écriture familière par le désir d'écrire « le journal de bord d'un impossible retour ». Les marques d'un langage poétique préservent « la dignité du rêve ».

**Conclusion**

Une poésie originale alliant simplicité de l'évocation et subtilité des références. Une réécriture personnelle sans effusion subjective, du thème lyrique de la nostalgie.

## PISTES

■ **Pour une séquence : Poésie et nostalgie** (▶ *supra*, p. 122).

▶ POÉSIE ET PRÉSENCE AU MONDE

# Fantaisies verbales : satire et dérision

**Prévert**
***Paroles***

p. 232

## Familiale

## APPROCHES

■ **Axes d'étude :** Le vers libre (p. 198). La phrase. Révolte et poésie. Poésie et chanson.

■ **Préalables :** Rappeler le moment de ***Paroles***, recueil publié au lendemain de la guerre mais qui contient beaucoup de textes des années trente, marqués par l'antimilitarisme de gauche antérieur à la Seconde Guerre mondiale. Le titre du recueil met en valeur le choix d'une parole vivante, populaire, libérée de tout académisme.

## LIRE : Une parole en liberté

### 1- L'enchaînement des phrases et des motifs

Prévert use de phrases simples (sujet, verbe, complément) qui mettent à nu la mécanique du langage par des procédés de reprise. Les mêmes actions demeurent (« faire » du *tricot*, v. 1, 6, 13, 21 et 22 ; *la guerre*, v. 2, 7, 13, 14, 16, 21 et 22 ; *les affaires*, v. 5, 8, 13, 15, 17, 21, 22, 23) que l'on trouve naturelles (v. 3, 9, 20). Seuls changent les rôles au sein de la cellule familiale (*La mère*, v. 1, 3, 16, 19, 20 ; *Le fils*, v. 2, 10, 11, 12, 13, 18 ; *Le père*, v. 4, 9, 17, 19, 20 ; *Sa femme*, v. 6 ; *Son fils*, v. 7 ; *sa mère*, v. 13 ; *son père*, v. 13). Prévert préfère la juxtaposition des mots à la logique syntaxique. Ce sont les anaphores qui enchaînent les motifs comme si le *naturel* dissimulait une logique tragique : l'attente de la mère, les affaires du père, le rôle dévolu au fils, les affaires entretenant la guerre et condamnant le fils au cimetière, le père et la mère à la reproduction de la même triste existence, nourrie de préjugés, dans un ordre refusant l'affection (*Les affaires, les affaires, les affaires*, v. 23).

### 2- Les sonorités en fin de vers

Les fins de vers obéissent à la même logique répétitive : *tricot* (v. 1) / *tricote* (v. 16) ; *fils* (v. 10-11-12). On note la reprise de la matrice phonique [ɛR] ; sont ainsi poétiquement associés *la guerre* (v. 2, 7, 13, 22), *la mère* (v. 3, 20), *le père* (v. 4, 9, 15), *les affaires* (v. 5, 8, 17, 21, 23) et *le cimetière* (v. 19 et 24) dans la même dénonciation de l'ordre social.

### 3- L'attitude du locuteur

Deux interrogations (v. 4 et 11) interrompent l'implacable mécanique des modalités assertives. Elles trahissent chez le locuteur une feinte innocence (v. 4), le désir de créer une connivence avec le lecteur en soulignant l'effet oratoire (*Et le fils et le fils / Qu'est-ce qu'il trouve le fils* ?). La fantaisie verbale souligne l'ironie du locuteur.

### 4- Les cibles de la dérision

Prévert vise, au-delà de la **cellule familiale** représentant l'idéal bourgeois (réussite du père, soumission de la mère, obéissance du fils, reproduction des mêmes rôles), le pouvoir et l'ordre social, le **capitalisme** (*les affaires*) et la **guerre**. Le sarcastique dernier vers exprime la violence inscrite dans l'analyse de la famille : par les variations autour de la préposition *avec* (*avec son père*, v. 15 ; *la vie avec le tricot*, v. 21 ; *La vie avec le cimetière*, v. 24) ; par l'oxymore (vie / mort). Prévert s'inscrit dans une tradition de la révolte influencée à la fois par le marxisme (analyse du rapport entre les moyens de production, les affaires et la guerre) et par la pensée libertaire (défiance, au-delà de la cellule familiale, de toute forme d'autorité).

**Conclusion**

L'expression de la révolte doit ici sa réussite à une violence polémique transcendée par le travail poétique souplesse du vers et libre association des mots.

## *PERSPECTIVES* (p. 233)

■ **Gainsbourg, *Mon propre rôle.***

**LIRE : La transition et le transitoire**

### 1- La chanson de Prévert (texte 1)

Le titre de la chanson de Gainsbourg renvoie au poème de Prévert cité dans le refrain : « Les Feuilles mortes ». Le texte de Prévert est à la fois le thème de la chanson de Gainsbourg et un motif musical qui permet une série de variations : chanson de la femme aimée et perdue (*Cette chanson était la tienne*, v. 2), chanson sans saveur des autres amantes (*leur chanson est monotone*, v. 8), disparition des *amours mortes* (v. 22), comme l'hiver efface les feuilles mortes de l'automne. Les *feuilles* peuvent aussi renvoyer à l'écriture de la chanson, rendue impossible par la présence obsédante du souvenir de la femme aimée et du poème de Prévert.

### 2- L'art de la contrainte (texte 2)

« La Javanaise » est composée à partir des syllabes « av » et « v + son voyelle », comme dans l'argot « javanais ». Les écarts par rapport à cette contrainte sont particulièrement signifiants dans les couplets ; seuls les mots *amour*, *Hélas* échappent à cette contrainte et trahissent, au-delà de la fantaisie verbale, l'expression d'une douleur.

### 3- Les enjambements

La pratique de l'enjambement (systématique dans « La Javanaise » en raison de la brièveté des vers, altérant parfois l'intégrité du mot : « La chanson de Prévert », v. 9-10 ; « La Javanaise », v. 18-19) valorise la musicalité : échos sonores (**texte 1** : *préférée / et*, v. 3-5 ; je *m'in- / rien*, v. 9-11) ; mesures rythmiques : hexasyllabes (texte 1 : v. 3-5, 9-11), quatre vers de deux syllabes alternant avec un vers de cinq syllabes (**texte 2**). La désarticulation crée une phrase rythmique originale.

### 4- Distance désabusée

Par une série de contrepoints : fantaisie verbale (▶ questions **2** et **3**) ; modalisations introduisant une incertitude quant à l'auteur de la chanson (*je crois*, texte 1, v. 4), un doute sur la profondeur des sentiments (v. 13-14) ; expression d'un certain fatalisme (**texte 1**, v. 11-12 ; **texte 2**, v. 21-25) ; affectation d'indifférence (**texte 1**, v. 9-10 ; **texte 2**, v. 31-40). L'amour ne semble exister que *Le temps d'une chanson*.

## PISTES

■ **Pour une séquence**

- **Poésie et ironie** (▶ *supra*, p. 167).
- **Poésie et satire sociale** (▶ *supra*, p. 137).

■ **Bibliographie** : D. Gasiglia-Laster, Paroles *de Jacques Prévert*, éd. Gallimard, 1993.

## … Fantaisies verbales : satire et dérision

**Queneau**
***Sonnets***

p. 234

# La Chair chaude des mots

## APPROCHES

■ **Axes d'étude :** Le sonnet (p. 179 et 198). Poésie et dérision. La poésie et le travail sur le langage.

■ **Préalables :** Partir de l'**iconographie** : mise en scène et dérision dans la série des *Photomatons*. Mettre en parallèle le tableau de Dali (p. 234) et le pictogramme (p. 235), dessin renvoyant à un énoncé homogène et autonome, choix d'une contrainte formelle qui est aussi fête d'un langage remotivé.

## LIRE : Un art poétique

### 1- Le poète et le langage

Des termes renvoient explicitement à l'écriture (*pieds*, v. 1 ; *mots*, v. 1, 7, 14), à la création du poème (*dispose*, v. 9). Le titre annonce une attention à la matière vivante du langage (*La Chair chaude des mots*) : *Prends ces mots dans tes mains* (v. 1, 14), *sens leur cœur…* (v. 2), *Caresse* (v. 3), *Mets-les sur tes genoux* (v. 4), *vois comme ils sont faits* (v. 14). Avec humour, le poète exprime à la fois ses refus et sa conception de l'écriture. La fantaisie verbale semble d'abord tourner en dérision cet art poétique : la comparaison (v. 2) met à distance l'idéalisation du langage (*leurs pieds agiles*, v. 1 ; *leur cœur qui bat*, v. 2), une attitude respectueuse qui fige le langage jusqu'au silence (v. 2-5) et à la mort (▶ question **3**), les facilités du lyrisme (*à quoi bon pleurer*, v. 12).

Des expressions sont cependant à double sens : *Caresse donc leur poil* (v. 3), reprise de « caresser dans le sens du poil » (= flatter), démarche que refuse cet art poétique, mais aussi détournement créateur d'une expression figée ; image ambivalente des *dictionnaires* (à la fois *cimetières*, v. 9, et sources de créations inattendues : néologisme *alphadécédets*, v. 11) soulignée par le parallèle entre *esprits fripons* (v. 10) et *penseurs chagrins* (v. 11). Le dernier vers exige du poète une attention à la matière même des mots (*vois comme ils sont faits*).

### 2- La structure du sonnet

Cet art poétique prend la forme emblématique d'un sonnet régulier en alexandrins répartis en deux quatrains à rimes croisées sur deux rimes, et un sizain (deux tercets) composé d'un distique (v. 9-10) et d'un quatrain à rimes embrassées, sur le modèle du sonnet italien. Le distique marque le point de retournement du poème (champ lexical de la mort marqué par la rime *cimetières / dictionnaires*). Le dernier vers en est la chute : reprise du v. 1 (*Prends ces mots dans tes mains*), définition d'une pratique poétique (*vois comme ils sont faits*, v. 14). Les rimes révèlent la virtuosité de cet art poétique : fragilité créatrice du langage opposée à une conception servile de la langue (*agiles / tranquilles / inutiles / fragiles*), satire d'une littérature vaine et figée (*chien / rien / académicien / vient*), opposition entre les mots « décédés » et une pratique vivante du langage (*alphadécédets / faits*). Le sonnet, même tourné en dérision, est source de poésie.

### 3- Les « alphadécédets »

Des images et des champs lexicaux préparent ce néologisme évoquant la mort des mots : fragilité du *cœur* des mots (v. 2, 7 ; *Et leur mort…*, v. 8). Ce mot-valise formé à partir du début de « alphabet », des quatre premières lettres A B C D, et du mot « décédés », signifie l'ordre mortifère de l'alphabet et du dictionnaire (▶ question **1**). Il prépare également la chute du sonnet qui inverse cette perspective, invitant à voir dans la « chair chaude des mots » une matière signifiante et susceptible d'une remotivation des signes du langage.

### Conclusion

Un art poétique où s'affirment les refus du poète (idéalisation du langage, facilités du lyrisme), mais aussi ses choix profonds (goût pour la matière du langage, humour et fantaisie, vertu de la contrainte formelle).

## ÉCRIRE

On suivra les recommandations données par Queneau dans *Oulipo. Atlas de littérature potentielle* : « Lorsque le substantif change de genre, il est recommandé de faire les accords grammaticaux nécessaires » ; « Si le substantif ne se trouve pas dans le dictionnaire, on prend le premier rencontré après l'endroit où il devrait se trouver ». Exemple pour le premier vers : *Prends ces moteurs dans tes maintenances et sens leurs pieds-de-mouton agiles.* Veiller à l'argumentation : fécondité de la surprise, mais risques d'hermétisme et de gratuité.

## PERSPECTIVES (p. 235)

1 **Queneau, *Bâtons, chiffres et lettres.***

2 **Jean Lescure, *Oulipo, La Littérature potentielle.***

**LIRE : La logique du signifiant**

**1- Principes du « poème pour bègue »**

Il s'agit d'un tautogramme, qui impose la répétition d'une ou de plusieurs lettres, ici appliquée à la syllabe (***Di**dyme*, ***mur**mure*, etc.). Cette contrainte fonde le poème sur la logique du signifiant, au détriment de la cohérence du signifié. Elle retrouve le calembour (*Ô l'ivre*, v. 12 = Ô livre), la rime équivoquée (*Ararat / ce rare ah ! / art à rats*, v. 2-3 et 8) et la rime fratrisée (à la fois annexée, la dernière syllabe de la rime étant reprise au vers suivant, et fondée sur un calembour : *heureuse / ruse*, v. 11-12). Le titre, « Poème pour bègue », indique la logique à l'œuvre en définissant un pacte de lecture humoristique.

**2- Fantaisie et parodie**

Soumis à la logique du signifiant, le poème construit néanmoins son propre réseau de significations : évocation d'un lieu (*Didyme*, v. 1 ; *Ararat*, v. 2 ; *Marmara*, v. 5 ; Jean Lescure ajoute en épigraphe : *Ionie, septembre 1970*) ; motif de la liquidité (*où nous nous baignâmes*, v. 1 ; *les murmures de l'Ararat*, v. 2, allusion à l'arche de Noé ; *marine Marmara*, v. 5 ; *fûts*, v. 12) ; champ lexical de la mort (allusion à une agonie, v. 3 ; *tu tues…*, v. 6 ; *ténèbres*, v. 9 ; *ruines*, v. 10 ; *pourrir*, v. 11 ; *funèbres*, v. 12).

Le poème **parodie** une poésie hermétique (v. 4-8) ivre de ses pouvoirs (marques ostensibles : apostrophes, v. 9, 10 et 12 ; inversions poétiques). Derrière la fantaisie verbale, « Poème pour bègue » peut se lire comme un art poétique de la rupture : traitement ludique et signifiant du langage (*rire*, v. 11 ; *ruse*, v. 12).

**ÉCRIRE**

Après avoir identifié les différents signes reproduits, et leur possible valeur sémantique (on reconnaît par exemple « voiture », « route », « château », « soleil », « soif », « frontière », « baignade »…), on veillera à la cohérence du texte narratif ainsi qu'au registre soutenu.

## PISTES

■ **Pour une séquence**
• **Poésie et fantaisie verbale** (▶ *supra*, p. 152)
• **Le sonnet renouvelé** (▶ *supra*, p. 169).

■ **Exercice complémentaire : Oral**
À partir de ces trois « textes », exposez en une rapide synthèse les principes de l'OuLiPo et la modernité de cette recherche.

■ **Bibliographie** : J. Queval, *Raymond Queneau*, éd. Seghers, 1971.

## L'ÊTRE DANS LES MOTS

# La chair du langage

**Segalen**
***Stèles*** (p. 236)

### Tempête solide

## APPROCHES

■ **Axes d'étude :** Le lyrisme. La modernité poétique. Le poème, la page, le verset (p. 250).

■ **Préalables :** Expliquer le **titre** du recueil (*Stèles* : monuments en pierre, le plus souvent funéraires, ornés d'un décor épigraphique), dédié à Claudel, fasciné également par l'Orient (*Connaissance de l'Est*). Partir des idéogrammes : à la différence du pictogramme (« signe-énoncé » figurant par un dessin la réalité qu'il désigne, p. 235), l'idéogramme, « signe-mot », ne prend sens que dans sa relation avec d'autres éléments et peut être arbitraire, sans lien entre le dessin et l'idée.

**LIRE : La matière du langage**

**1- Position du locuteur**

Les marques de la **1re personne** : pronom personnel (l. 1, 3, 8), déterminant possessif (l. 2, 11). Le poète est figuré dans un dialogue avec l'inscription à jamais figée dans la pierre, comme si la stèle fondait l'origine de sa voix : *Porte-moi sur tes vagues dures, mer figée*, (l. 1) ; impératifs, apostrophes, marques de la **2e personne** (v. 1-2, 3, 5-6, 8-9, 11) pour une invocation.

Se définit ainsi, dans cette rêverie sur la pierre, une poétique de la **célébration**, dans la tradition pindarique du lyrisme élevé : marques linguistiques (impératif, l. 1, 11 ; subjonctif, l. 3, 12 ; exclamation, l. 13-14) ; discours d'*hommage* (l. 11) ; supplication s'élevant jusqu'à la célébration ; formes verbales (participe présent : *enfermant*, l. 2 ; *précédant*, l. 5 ; présent de l'indicatif) donnant à la méditation une dimension a-temporelle ; choix lexicaux soulignant la dureté de l'entreprise (*dures, figée, sans reflux*, l. 1 ; *enfermant*, l. 2 ; *te dompte avec peine*, l. 5-6 ; *rugueuse*, l. 6 ; *il faut surmonter*, l. 9 ; *les efforts*, l. 9 ; *âpre, dure*, l. 12), l'exigence de justesse (*que je fixe* *en de justes caractères*, l. 3) et le haut degré (*toute la hauteur de ta beauté*, l. 3-4 ; *très haut*, l. 12).

### 2- Les versets et la page

Les poèmes de *Stèles* sont nés de la contemplation d'idéogrammes. La disposition des versets, sans motiver la relation entre les mots (le poème) et les choses (la montagne), est cependant signifiante : le premier verset s'ouvre sur *Porte* (forme verbale) que l'on peut entendre poétiquement comme signifiant le seuil, l'ouverture de l'évocation ; le second verset met en relief *L'œil* (l. 5), grâce au même dépassement : le lien avec le verset précédent est thématique (embrasser *toute la hauteur de* [la] *beauté* de la Montagne) ; c'est aussi le verset le plus dense, à l'image de l'effort nécessité par l'ascension ; le troisième verset est lié au précédent par une reprise *En hommage* (l. 10-11) : au sommet, à *l'altitude* (l. 11) correspond l'acmé du poème, le plus haut point de la louange (l. 12) ; le dernier verset (avec le troisième, le plus court) apparaît alors dans un rapport de nécessité (valeur de *Et*, l. 13), celle de la descente et de la beauté retrouvée.

### 3- Une « tempête solide »

Le titre du poème repose sur un oxymore (alliance de l'eau et de la terre, du mouvement et de l'immobilité). Alliance reconduite dans le poème : *vagues dures, mer figée, mer sans reflux* (l. 1) ; *enfermant le vol des nues et de mes espoirs* (l. 2). La montagne est aussi représentée avec les signes de la tempête : fermeture de l'horizon (l. 2, 7-8) ; hostilité des éléments (métaphore filée de l'animal indomptable : *te dompte avec peine*, l. 5-6 ; *Ta peau est rugueuse*, l. 6 ; *Ton air est vaste et descend droit du ciel froid*, l. 6-7). La comparaison avec les pèlerins (l. 9-10) donne une dimension spirituelle à cette ascension et à l'écriture. La métaphore de la « tempête solide » illustre le projet poétique de *Stèles* : mise à l'épreuve dans l'espace du poème d'une écriture interrogeant les signes.

### Conclusion

Dans la préface, Segalen écrit à propos des idéogrammes chinois : « Ils n'expriment pas ; ils signifient ; ils sont ». « Tempête solide » exige du lecteur un effort pour ouvrir le réel et le langage à un imaginaire inaperçu.

## PISTES

■ **Pour une séquence : Le poème et la page** (réflexion sur le signe ; mises en forme et mises en page ; définition du poème) : Apollinaire, *Calligrammes*, p. 219 ; Queneau, *Bâtons, chiffres et lettres*, p. 235 ; Du Bouchet, *Dans la chaleur vacante*, p. 239 ; Reverdy, *Plupart du temps*, p. 242.

■ **Exercice complémentaire : Langue**
Étudiez des formes en *-ant*.

■ **Lecture cursive :** Claudel, *Connaissance de l'Est*.

■ **Bibliographie :** Ch. Doumet, *L'Origine et la distance*, éd. Champ Vallon, 1993.

## ... La chair du langage

**Michaux**
***La nuit remue*** p. 237

# Icebergs

## APPROCHES

■ **Axes d'étude :** Métaphores et symboles (p. 517). Le rythme dans la poésie moderne (p. 250).

■ **Préalables :** Partir de l'**iconographie** : les formes de l'aquarelle sont révélatrices de l'étrangeté de Michaux, qui dissimule le réel pour mieux donner corps à ses rêves, par la poésie, par la peinture et par le dessin.

■ **Vérifier** la compréhension d'*hyperboréal*, l. 3 (= synonyme des contrées boréales, ou hyperboréennes ; allusion au soleil de minuit et aux aurores boréales qui, éclairant les nuits des régions arctiques, les rendent *enchanteresses*).

## LIRE : Stèles de glace

### 1- Le mot-refrain

L'anaphore *Icebergs* en tête de phrase et de verset scande l'ensemble du poème comme un mot magique, incantatoire, mis en valeur par le redoublement (l. 4, 7, 10). Posé comme thème principal, noyau nominal de chaque phrase, il ne commande aucun verbe, mais est complété par des séries d'appositions (l. 4-5, 7-9, 10-12 ; relative des l. 1-3). Cette syntaxe figée, saisie comme la glace, fait du sujet du poème une essence, une Idée, et non le sujet d'une action, ni même un référent concret. Le mot *Icebergs* prend cependant une valeur d'apostrophe, en raison de l'emploi de la 2e personne (l. 6, 11-12) : il retentit alors comme un cri ou comme un appel.

### 2- Les marques de l'énonciation

Après deux phrases nominales (l. 1-5), un rapport de communication s'instaure dans la troisième phrase avec la **2e personne** : *tes bords* (l. 6). Le poète-locuteur manifeste ainsi sa présence, confirmée par l'exclamation laudative : *Combien hauts, combien purs*... (l. 6). Le ***je*** ne se manifeste cependant qu'à l'extrême fin du poème : *comme je vous vois, comme vous m'êtes familiers* (l. 11-12). La proximité locuteur-destinataire, soulignée par le chiasme *je vous / vous me*, contraste ainsi avec la distance hiératique qui semblait caractériser les *Icebergs* : le **présent général** des l. 2 et 9 (et même 6, malgré le *tu*) laisse place au **présent de l'énonciation :** *je vous vois* (l. 11). Mais il s'agit moins d'une proximité spatiale que d'une parenté symbolique : par leurs caractéristiques, les *Icebergs* dévoilent progressivement leur ressemblance avec le poète, lui aussi libre, solitaire, loin *des pays bouchés* (l. 10).

### 3- Les majuscules

La majuscule est de règle pour la planète *Terre* (l. 5), le *Nord-Atlantique* (l. 7), les *Bouddhas* (l. 7). Elle est plus inattendue pour *Icebergs* (l. 4, 7, 10), *Phares*, *Mort* (l. 8),

*Solitaires* (l. 10). Les Icebergs sont ainsi à la fois personnifiés, sacralisés, voire divinisés. *Solitaires* (l. 10), plus qu'un adjectif apposé, devient un nom propre qui désigne une qualité essentielle. La *Mort* (l. 8), les *Phares* (l. 8) deviennent aussi des essences, des entités allégoriques arrachées au monde concret. Le réseau des noms propres renforce la dimension mythique des Icebergs, image de l'Absolu, synthèse de beauté pure et de négation totale – dans la lignée du symbolisme mallarméen.

### 4- Les métaphores

Les métaphores combinent les registres antithétiques du **familier** et du **sacré** et préparent la fin du poème.

• Les Icebergs et leur entourage **s'humanisent** par des métaphores corporelles, qui leur donnent vie : les âmes des morts *viennent s'accouder* (l. 2, comparant animé), les *bords* de glace sont *enfantés par le froid* (l. 6, métaphore biologique qui tranche sur le thème de la stérilité de la glace), les Icebergs sont le *dos du Nord-Atlantique*, ainsi comparé à un corps (l. 7).

• Les Icebergs sont définis à l'aide de comparants qui évoquent le thème du **sacré :** *cathédrales* (l. 4), *augustes Bouddhas* (l. 7), *Solitaires* (l. 10 : le mot peut désigner des ermites). Aux Icebergs sont ainsi associés la hauteur et la lumière (métaphore des *Phares*), l'immobilité et la beauté : il est donc logique que le poète voie en eux le reflet de sa propre quête – de pureté et de liberté, de gratuité (*sans besoin*, l. 10) et d'enchantement (l. 2-3). C'est dans ce qui les rend le plus **étrangers** au commun des mortels que les Icebergs, paradoxalement, apparaissent comme **familiers** pour le poète.

### Conclusion

Par cette célébration des *cathédrales* de glace, Michaux convertit une image de mort et de stérilité en une allégorie paradoxale de la poésie, ce langage incantatoire qui lève la contradiction du *cri* et du *silence*.

## PISTES

■ **Pour une séquence : Neiges poétiques** (► *supra*, p. 177).

■ **Lecture cursive :** Michaux, *La nuit remue*, éd. Gallimard.

■ **Bibliographie :** R. Bertelé, *Henri Michaux*, éd. Seghers, 1957.

# … La chair du langage

## Ponge
## *Le Parti pris des choses*

p. 238

# Le Pain

## APPROCHES

■ **Axes d'étude :** La polysémie. Prose et poésie. Le jeu du signifiant dans la poésie moderne.

■ **Préalables :** Le **genre poétique** en question : le texte est-il descriptif (les composantes du pain) ? narratif (les étapes de sa fabrication) ? argumentatif (une leçon de choses) ? esthétique (une nature morte comme exercice de style) ? symbolique (le pain comme métaphore) ?

## LIRE : Rendre les mots aux choses

### 1- Une subjectivité en retrait

Le poète reste à distance : *une masse amorphe… fut glissée pour nous* (l. 4) : pas de complément d'agent (par qui ?) ; un pronom au pluriel (l. 13) qui confère au pain une finalité humaine générale. De même, la forme pronominale *elle s'est façonnée* (l. 5) réduit la part du créateur dans sa création. L'indéfini *on* est présent (l. 2, 9), non le *je :* le pain en tant que chose gagne ainsi en présence objective. Le poème se présente comme une « définition-description », refusant un lyrisme personnel qui ignorerait les qualités de l'objet. D'où les précautions dans la reprise du vocabulaire usuel (*que l'on nomme la mie*, l. 9). Il s'agit d'inventer un langage adéquat à son objet, libéré des catégories héritées autant que du narcissisme ; les articulations garantissent aussi cette objectivité : *d'abord à cause de* (l. 1), *Ainsi donc* (l. 4), *dès lors* (l. 6), *alors* (l. 12), *Mais* (l. 13), *car* (l. 13).

### 2- Le pain comme microcosme

**• Comparaisons géographiques**

L'adjectif *panoramique* (l. 2), superposant une fausse étymologie à la vraie (le radical *pan-* semble renvoyer au *pain*, et non à *tout*), autorise l'élargissement, de la chose singulière au monde entier : voir (*ora-*) le pain, c'est voir le Tout. D'où la comparaison qui assimile la *surface* (et non la croûtre) à des montagnes (l. 3, gradation : *les Alpes, le Taurus* – en Turquie –, *les Andes* – en Amérique du Sud), à des chaînes qui représentent le monde dans sa diversité : ancien et nouveau continents, pluriel et singulier, masculin et féminin… Image poursuivie par la métaphore filée du second paragraphe : *vallées, crêtes, ondulations, crevasses* (l. 5-6).

**• Métaphores**

– **Architecturales :** *plans* (l. 6), *dalles* (l. 6), *sous-sol* (l. 9) ; le pain entre dans l'univers des formes humaines ;
– métaphores et comparaisons **végétales** : la mie ressemble à des *éponges* (l. 10), elle assemble des *feuilles* et des *fleurs* (l. 10), qui se *fanent* (l. 11).

Synthèse de nature et de culture, le pain relie l'espace clos du *four* (l. 5) à l'infini du cosmos (*stellaire*, l. 5), assimile la production humaine (du boulanger ou du poète) à la création du monde : la genèse du pain, avènement d'un ordre à partir du chaos, rassemble les quatre éléments : terre (montagnes), air (espace étoilé), eau (par le biais des *éponges*), feu (*la lumière*, l. 7). Elle convoque le chaud et le froid, le haut et le bas, le minéral et le végétal… Le poème met tout un monde à la portée de la *main* (l. 2).

### 3- De l'objet à « l'objeu »

• ***amorphe*** (l. 4) : au sens courant, *mou, inconsistant ;* mais Ponge suggère ici le sens étymologique : *ce qui n'a pas de forme* (*morphè* en grec) ; c'est le travail même du poème comme construction formelle qui est ainsi figuré par la transformation du pain dans le four (l. 5).

• ***éructer*** (l. 4) : « Renvoyer par la bouche les gaz contenus dans l'estomac » (*Petit Robert*), c'est-à-dire *roter.* Le verbe contribue donc à la personnification du pain ; il mêle le littéraire et le trivial. Comme *éructer* se dit aussi d'un langage à peine articulé (*proférer* des injures, par exemple), la métaphore rapproche le travail du pain d'un travail verbal, poétique (de l'inarticulé à l'articulé).

• ***ignoble*** (l. 8) : « non noble », « grossier », d'où *vil*, *bas*, *répugnant*. La mie s'oppose à la croûte comme la survivance d'un monde originel, au travail de l'expression qui l'anoblit. D'où le dégoût pour le contenu brut.

• ***lâche*** (l. 9) : les deux sens se superposent ici : « qui n'est pas tendu », *mou*, *flottant* ; et « qui manque de courage ». Ponge met en relation le champ lexical du pain et celui de la psychologie humaine : la mie figure l'attraction menaçante de l'informel sur la conscience humaine.

• ***brisons-la*** (l. 13) : le pronom *la* désigne la *masse* du pain (l. 12), d'où un premier sens : *brisons* le morceau de pain pour le manger. Mais l'expression *brisons là* signifie « mettons fin à cette conversation ». Le jeu de mots achève d'assimiler la chose (le pain) au poème (les mots, l'énoncé).

• ***tissu*** (l. 9) (du latin *textus*, « trame ») suggère que la description du pain comme chose, en *plans... nettement articulés* (l. 6), est inséparable d'une réflexion sur le langage poétique.

### Conclusion

Loin de sacrifier le langage sur l'autel des choses (refus d'un culte religieux du pain, l. 13-14), Ponge prend le parti des mots pour mieux atteindre la vérité des objets : d'où cette langue craquante et savoureuse sous les apparences de la sobriété descriptive.

## DIRE

Insister sur le choix de référents prosaïques (« Les Mûres ») ou de représentations humaines qu'il s'agit de déconstruire (« La Fin de l'automne ») ; sur l'orientation matérialiste de la description ; sur la primauté accordée à l'argumentation au détriment de la fonction expressive du langage ; sur l'autoréflexivité du poème mimant son objet ainsi que sa propre genèse ; sur la clôture de ces poèmes en prose qui, ne se présentant pas *a priori* comme des poétiques, affichent un refus de toute une tradition lyrique d'emphase du moi et des mots aux dépens des choses.

## PISTES

■ **Pour une séquence : Poétiques du poème en prose** (► *supra*, p. 154).

■ **Bibliographie :** M. Collot, *Francis Ponge : entre mots et choses*, éd. Champ Vallon, 1991 ; F. Ponge, entretiens avec Philippe Sollers, éd. Gallimard-Le Seuil, 1970.

... La chair du langage

## Du Bouchet
## *Dans la chaleur vacante*

p. 239

### « Je marche... »

## APPROCHES

■ **Axes d'étude :** L'expérience poétique. Le poème en prose (p. 199). Les mots et les choses.

■ **Préalables :** Rapprocher, pour en montrer les différences, ce texte d'autres rêveries sur la **blancheur fascinante de la page** (Mallarmé, Michaux, p. 217, 237). Du Bouchet voit dans l'expérience poétique une expérience paradoxale associant l'ouverture et l'obstacle.

## LIRE : Le réel dans les mots

### 1 - Une poésie élémentaire

Le champ lexical des éléments naturels ramène l'écriture du poème à une expérience sensible du réel : le *feu* (l. 1), *l'air* (l. 1 ; le *vent*, l. 2), *la terre* (l. 1 et 7 ; *un ravin*, l. 4 ; *le champ*, l. 4 ; *les pierres*, l. 5 ; *un arbre*, l. 6). Le poème dessine un paysage dépouillé et élémentaire (emploi de l'article défini, du présent de l'indicatif).

### 2- Les mots et les choses

Le poème et les choses partagent l'expérience d'un vide et d'une plénitude (le *papier* [...] *comble un ravin*, l. 3-4 ; *nous sommes presque à égalité. À mi-genoux dans les pierres*, l. 4-5). La blancheur du papier, à l'image des choses (*le papier vague confondu avec l'air*, l. 1), est à la fois un appel à la création et un obstacle (*Je ne vais pas plus loin que mon papier*, l. 3). L'expérience poétique doit tenter de saisir les choses dans leur substance, dans leur résistance (*les pierres*, l. 5), pour se mesurer au réel (*Je me reconnais*, l. 6 ; *Pour que mes yeux ne deviennent pas aussi faibles que la terre*, l. 7) et échapper ainsi à la folie (l. 6-7). Les choses doivent donc être blessées, entaillées (*À côté, on parle de plaie, on parle d'un arbre*, l. 6) pour s'ouvrir au sens, comme le papier et les mots.

### 3- L'expérience poétique

Le *je* poétique semble d'abord l'objet d'une nécessaire consumation (*réuni au feu*, l. 1), condition d'une sortie de soi, d'une « extase » (*Je marche*, l. 1 ; *Je prête mon bras au vent*, l. 2). La marche dans les mots figure la tension du *je* vers le dehors, vers une altérité (*Pour ne pas être fou*, l. 6-7), vers un but peut-être impossible à saisir (*Très loin au-devant de moi*, l. 3 ; *Un peu plus loin dans le champ*, l. 4 ; *presque à égalité*, l. 4) qui est aussi l'horizon du poème et du sens.

### 4- L'espace du poème

Le poème semble présenter une vision fragmentée du réel et de la page : paragraphes brefs et séparés par des blancs, parataxe, compléments isolés par la ponctuation (l. 6-7). La typographie brise la continuité discursive, suggère des contradictions (*Je prête mon bras au vent. / Je ne vais pas plus loin que mon papier*, l. 2-3) : paradoxe d'un réel qui se voile dans le mouvement même qui le dévoile.

### Conclusion

La marche dans les mots (*Je vais droit au jour turbulent*, écrit Du Bouchet à l'ouverture du recueil) est d'abord le signe d'une expérience paradoxale, commune aux mots et aux choses, d'une présence et d'une absence, de l'être et du non-être.

## PISTES

■ **Pour une séquence : Le poème et la page** (► *supra*, p. 185).

LA POÉSIE

■ **Exercice complémentaire : Écriture**
Comparez ce texte de Du Bouchet avec les poèmes de Pierre Reverdy (p. 242). Expliquez ce qui rapproche et ce qui sépare ces deux expériences poétiques.

■ **Bibliographie :** J.-P. Richard, *Onze études sur la poésie moderne*, éd. du Seuil, 1964.

▶ L'ÊTRE DANS LES MOTS

# Les mots vers l'ailleurs

**Desnos**
***Corps et biens***

p. 240

## Un jour qu'il faisait nuit

### APPROCHES

■ **Axes d'étude :** Le surréalisme (p. 128). Le vers libre (p. 198).

■ **Préalables :** Partir de l'iconographie : un jeu des contraires qui fait écho au monde inversé du texte. Dans ce poème, Desnos cherche moins à représenter, à construire un sens, qu'à faire surgir, comme dans le rêve, des significations occultées par la logique ordinaire.

■ **Vérifier** la compréhension de : *bois d'ébène* v. 2 (= bois dur et lourd d'un noir éclatant, mais aussi, au XVIII$^e$ siècle, terme qui désigne les esclaves noirs).

### LIRE : Un monde inversé

**1- Le titre**

Le titre est construit sur l'antithèse *jour / nuit* (couleur de l'*ébène*). Le poème repose sur cette figure : il juxtapose des notions antinomiques (*Tout rien*, v. 3). Le monde évoqué est un monde inversé : actions incompatibles (*Il s'envola au fond de la rivière*, v. 1 ; *Je la hais d'amour*, v. 4 ; *Le mort respirait*, v. 5 ; etc.) ; univers fantaisiste (*Les pierres en bois d'ébène les fils de fer en or*, v. 2 ; *des carrés et des triangles à cinq côtés*, v. 6 ; *Les étoiles de midi*, v. 8…). La reprise de l'opposition *jour / nuit* à la fin du poème (v. 14) suggère que cette alliance des contraires appartient à une logique onirique.

**2- Ponctuation et structure**

Chaque phrase se termine par un point, alors que les pauses faibles ne sont jamais marquées par des virgules. Ce choix souligne la juxtaposition et l'énumération tout en inscrivant les alliances contradictoires du rêve dans les étapes d'un récit marquées par les articulations temporelles (*Après cela*, v. 7 ; *Alors*, v. 12 ; *Quand…*, v. 13) et les formes verbales : passé simple pour les actions de premier plan (v. 1, 7, 11, 13, 14) ; passé antérieur pour les actions révolues par rapport à la trame du récit (v. 13) ; imparfait d'arrière-plan à valeur durative (v. 5, 6, 8, 9, 12), ou d'habitude (*où se pressait la foule*, v. 12) ; présent d'énonciation (*Je la hais*, v. 4) ou de vérité générale (*marque*, v. 10).

**3- Le rôle du locuteur**

Des indices de la présence du **locuteur** (*Je la hais*, v. 4 ; *mes yeux*, v. 11), mais une certaine neutralité (pas de caractérisations, de modalisateurs, de commentaires) : le locuteur se borne à présenter ce monde inversé sous l'apparence de la normalité (*Je la hais d'amour comme tout un chacun*, v. 4). La même logique onirique semble lier les **différents personnages** du récit : noyade (v. 1, 9, 14), asphyxie (v. 5). Sous cette apparente normalité, se dessine un univers violent, hostile, exigeant du *courage* (v. 13) : eau menaçante (v. 1, 9, 14), dureté des éléments (*pierres, bois d'ébène, fils de fer*, v. 2 ; *carrés* et *triangles* monstrueux, v. 6 ; *allée déserte*, v. 12) ; allusion à l'esclavage (*bois d'ébène*, v. 2), à la prison et aux supplices (*fils de fer, croix*, v. 2) ; présence de la chasse et de la mort (v. 5, 9) ; bestiaire inquiétant (*ver de terre*, v. 10). Le locuteur donne une unité à ces visions incohérentes (passage à la 1$^{re}$ personne du pluriel, v. 12-13) : il est lui-même personnage de cet univers fantastique dont il paraît apporter la délivrance.

**Conclusion**

Un univers, soumis à la logique du rêve et à l'irrationnel, où le poète semble lui-même enfermé. L'impression d'angoisse tient au surgissement d'une surréalité inquiétante au sein d'une structure logique.

### ÉCRIRE

Marques de l'esthétique surréaliste : associations libérant le poème des contraintes rationnelles ; goût pour l'image ; vers libres rappelant la technique du collage et l'écriture automatique ; ouverture à l'inconscient.

### PISTES

■ **Pour une séquence : L'écriture poétique du rêve** (▶ *supra*, p. 156).

■ **Lecture cursive :** Breton, *Manifestes du surréalisme*.

■ **Bibliographie :** M.-C. Dumas, *Robert Desnos ou l'exploration des limites*, Klincksieck, 1980.

# … Les mots vers l'ailleurs

**Éluard**
***Mourir de ne pas mourir***

p. 241

## Giorgio de Chirico

### APPROCHES

■ **Axes d'étude :** Le lyrisme. La modernité poétique.

■ **Préalables :** Réfléchir sur le choix du peintre Chirico par Éluard, considéré à la fois comme un poète surréaliste et comme un poète lyrique. Rapprocher le paradoxe de l'œuvre de Chirico (peindre le vide et l'angoisse) du titre du recueil d'Eluard, *Mourir de ne pas mourir*, et des circonstances de son écriture.

■ **Préciser** l'allusion du v. 8 : *les feuilles vertes* renvoient à un portrait de Paul et de Gala peint par Chirico.

## LIRE : Dire l'absence

### 1- Les sonorités et l'expression de l'angoisse

Allitérations en [R] : *mur, ombre, peureuse, amour.* Assonances : *dénonce / ombre / mon, défend / blanc / silence, tour / amour*. Ces reprises de sonorités se propagent dans tout le poème et construisent des chaînes signifiantes renforcées par des figures de répétition : *mur* (v. 1 et 4), pour *ombre* (v. 2) et pour *amour* (v. 3) ; paronymie (*Ô tour / autour*) qui fait du v. 3 un vers léonin (les deux hémistiches riment ensemble). La densité des échos sonores exprime et conjure en même temps (passage de *mur* à *amour*, opposition entre l'hostilité de la *tour* et le sens protecteur de la préposition *autour*) les forces inquiétantes de cet univers angoissant marqué par l'*ombre* (v. 2), le silence, l'absence (v. 12) et l'enfermement (*mur, tour*).

### 2- Un paysage intérieur

Le poème décrit un espace **nu** : absence d'adjectifs caractérisants, en dehors d'un fort contraste lumineux (*ombre*, v. 2 / *blanc*, v. 4), de la mention des *feuilles vertes* (v. 8), et d'adjectifs abstraits (*peureuse*, v. 2 ; *Ciel insensible et pur*, v. 5 ; *des mains trop fidèles*, v. 11) ; nombreux termes à préfixe négatif (► question **3**) ; peuplé de forces hostiles : *mur, ombre, tour, ciel insensible et pur* ; désincarné (le *je* et le *tu* semblent absents, ► question **4**). On peut voir dans cette lecture par Éluard du tableau de Chirico un paysage intérieur où se projette l'angoisse. Dans l'espace angoissant du peintre, le poète retrouve des éléments de son paysage imaginaire : *amour*, v. 3 ; *lumière*, v. 6 ; *miroir, soleil*, v. 7 ; *étoiles, jour, feuilles*, v. 8 ; *yeux, mains* [...] *fidèles*, v. 11.

### 3- Les signes de la négation

Préfixes (*dénonce*, v. 1 ; *défend*, v. 2 ; *défendais*, v. 5 ; *insensible*, v. 5 ; *dépeupler*, v. 12) ; préposition (*sans savoir*, v. 9) ; adverbes (*ne... plus*, v. 7) ; sémantisme (*blanc, silence*, v. 4 ; *pur*, v. 5 ; *faiblesse*, v. 10 ; *absent*, v. 12). La négativité souligne la présence hostile de forces obscures en un paysage extérieur (*Pour dépeupler un monde*, v. 12) et intérieur (*je suis absent*, v. 12) qui, insensiblement, se défait.

### 4- La figuration d'une absence

*Défendre* peut signifier : protéger (v. 2 et v. 5) ou interdire (v. 5). La relation établie entre le *je* et le *tu* est d'autant plus complexe que les pronoms semblent référer à des êtres absents (v. 12) ou énigmatiques : le poète s'adresse-t-il au *Ciel insensible et pur* (v. 5) ou à un autre (peut-être une femme ? ou Chirico le peintre ?), l'apposition introduisant alors une métaphore ? Les pronoms semblent figurer un conflit entre une intériorité et une altérité qui apparaît également dans le paysage (*autour de mon amour*, v. 3 ; *autour de mon silence*, v. 4 ; *tu m'abritais*, v. 6 ; *parmi les feuilles vertes*, v. 8). Le *je* s'efface insensiblement : d'abord désigné par des possessifs et des synecdoques (*mon ombre peureuse*, v. 2 ; *mon amour*, v. 3 ; *mon silence*, v. 4 ; *ma faiblesse*, v. 10), placé en position d'objet (*me défend*, v. 2 ; *m'abritais*, v. 6), il s'identifie à une absence (v. 12).

### Conclusion

Éluard tente de conjurer, dans sa lecture de l'œuvre de Chirico, une angoisse profonde née de l'absence de l'être aimé. Le poème dit musicalement ce désarroi et célèbre une peinture où il se reconnaît et s'exorcise.

## VOIR

Insister sur le paradoxe qui nourrit l'œuvre de Chirico : la représentation d'un univers vide et angoissant. Ciel en plan vertical, dépourvu de nuages ou de soleil ; absence de végétation ; fumée figée au loin comme l'aiguille et le temps au cadran de l'horloge ; construction géométrique de l'espace encore soulignée par un usage très personnel de la perspective, soulignant le contraste entre la blancheur et l'ombre, les façades muettes, sans ouvertures, la place déserte. Le titre du tableau s'apparente à une antiphrase (pratique fréquente chez les surréalistes) ; il situe la création (du poète et du peintre) dans un rapport angoissant au vide, à la solitude et au silence. Le titre du poème, paradoxal puisqu'on l'attendrait plutôt comme dédicace (► p. 227) a valeur de métonymie : il est le seul indice de la référence picturale implicite ; il définit une « manière » picturale du poème et la relation du poète à la peinture de Chirico.

## PISTES

■ **Pour une séquence : Dialogues entre la poésie et les arts** (► *supra*, p. 178).

■ **Exercice complémentaire : Versification**
Étudiez les mètres du poème.

■ **Texte complémentaire**

**Éluard, *L'Amour la poésie*.**

*Dans ce recueil dédié à Gala, qui le quitte en 1929 pour Dali, la femme donne accès au monde qu'elle peut aussi rendre désert. On pourra retrouver ici le thème de l'absence et montrer la liberté prise avec les formes poétiques.*

Toi la seule et j'entends les herbes de ton rire
Toi c'est ta tête qui t'enlève
Et du haut des dangers de mort
Sur les globes brouillés de la pluie des vallées
Sous la lumière lourde sous le ciel de terre
Tu enfantes la chute.

Les oiseaux ne sont plus un abri suffisant
Ni la paresse ni la fatigue
Le souvenir des bois et des ruisseaux fragiles
Au matin des caprices
Au matin des caresses visibles
Au grand matin de l'absence la chute.
Les barques de tes yeux s'égarent
Dans la dentelle des disparitions
Le gouffre est dévoilé aux autres de l'éteindre
Les ombres que tu crées n'ont pas droit à la nuit



LA POÉSIE

■ **Bibliographie :** J.-C. Gateau, *Capitale de la douleur de Paul Éluard*, éd. Gallimard, 1994.

## ... Les mots vers l'ailleurs

**Reverdy**
***Plupart du temps***

p. 242

### « Sur chaque ardoise »
### Grand'route

## APPROCHES

■ **Axes d'étude :** Le lyrisme. L'image poétique. L'espace du poème (p. 250).

■ **Préalables :** Situer Reverdy par rapport au mouvement surréaliste. Précurseur, il n'a jamais adhéré au groupe. Réfléchir sur le **titre du recueil** de 1918 auquel appartiennent les deux poèmes, *Les Ardoises du toit* ; sur celui de 1945, *Plupart du temps* : dans quel sens orientent-ils la lecture ? Vers quelle vision de l'existence humaine ? Vers quel traitement de l'espace et du temps ? Rappeler ce qu'est le cubisme en peinture et pour certains poètes comme Apollinaire ou Cendrars.

## LIRE : L'absence dans les mots et dans les choses

### 1- Le rythme de la page

Vers libres où les unités laissent apparaître des rythmes d'octosyllabes, d'alexandrins (**texte 2** : v. 1-2, 3-4) ou de décasyllabes, souvent scindés en deux ou trois vers (mesure de l'octosyllabe : *on / avait écrit / un poème*). « Grand'route » est rythmé par la mesure de l'alexandrin et de l'octosyllabe (v. 5-6 : *Il fait nuit / Les vitres se fondent* : 3 + 5). Régularités brisées par des pauses qui donnent plus de poids au silence, laissant en suspens les groupes nominaux coupés de toute phrase grammaticale.

Les vers ne s'alignent pas sur une marge unique à gauche. D'où des changements de respiration et de rythme (glissement, dans le texte 1, des *ardoises* au *poème*, et le retour, à la bordure de la marge, à la *gouttière* où semble s'agripper la voix). Cette disposition graphique suggère une perception éclatée, une thématique du discontinu et de la dispersion : *presque éteint* (v. 1) ; *passe* (v. 3) ; *se fondent* (v. 6) ; *disparaissait* (v. 7) Rêverie sur une marche nocturne ?

### 2- Un temps suspendu

- **V. 1-6 :** l'indicatif actualise l'évocation ; le présent renvoie à l'énonciation ; des adverbes (*presque*, v. 1 ; *devant*, v. 2) et des déictiques (*cette*, v. 3 ; *Il fait nuit*, v. 5) suggèrent la présence d'un regard tout en suspendant la scène dans une forme d'atemporalité renforcée par le sémantisme des verbes (*demeure*, v. 4 ; forme pronominale : *se fondent*, v. 6).
- **V. 7-13 :** système hypothétique (*Si* + imparfait, principale au conditionnel) qui peut être interprété dans une valeur de potentiel (fait possible dans l'avenir), d'irréel du présent ou de concession (même *si la maison disparaissait*).

Les modes et les temps verbaux suspendent le temps, suggèrent les possibles (implicitement refusés) d'un présent dilaté : poids du temps et rêve d'évasion (v. 11).

### 3- Les mots et les choses

L'*ardoise*, ardoise du toit et ardoise sur laquelle on écrit, est le support des mots. Dès l'ouverture du poème et du recueil s'établit un lien nécessaire entre la matière et l'écriture : antériorité de l'écriture (*on avait écrit*) ; glissement ; pronom personnel indéfini *on*. Les deux derniers vers révèlent le pouvoir du poème de transfigurer le réel (la *gouttière* recueille le poème et la pluie se métamorphose en *diamants*) et d'ouvrir à un ailleurs (les gouttes-diamants du poème sont à l'origine de l'envol des *oiseaux*).

### 4- La place de l'homme

Des indices diffus d'une présence humaine réduite à l'indéfini : texte 1 : *on* ; texte 2 : *quelqu'un* (v. 2, 9) ; *cette main* (v. 3) ; *Une voix douce* (v. 10). Le texte anime l'inanimé, personnifie la matière mais avec des connotations négatives : texte 2 : *Les vitres se fondent* (v. 6) ; *Si la maison disparaissait* (v. 7) ; *l'ombre du temps s'en irait* (v. 11). Voir également l'impersonnel (texte 2 : *Il fait nuit*, v. 4), les formes passives (texte 1 : *la gouttière est bordée* ; texte 2 : v. 1) et pronominales (texte 2 : v. 6, 11). La présence humaine se réduit à un regard porté sur un réel qui s'absente. Le poème offre la vision d'un monde dépouillé, sans unité.

### Conclusion

Chez Reverdy, la disposition des vers semble donner forme au silence : refusant l'ordre d'une narration et les principes d'une représentation, autant que l'expression – lyrique ou « automatique » – d'un *moi* envahissant, cette poésie approche l'énigme du monde par la pureté de l'expression et la densité lapidaire des images.

## DIRE

Les textes d'Apollinaire et de Reverdy font de la page un espace signifiant : « Sur chaque ardoise » se présente visuellement comme la pente d'un toit bordé d'une gouttière. Insister sur les liens avec l'esthétique cubiste et sur la recherche commune d'un rythme graphique. Cependant, indiquer la spécificité du calligramme, qui rompt plus radicalement avec l'ordre linéaire de l'écriture, et chez Apollinaire la recherche d'un lyrisme visuel (différent du lyrisme de la réalité chez Reverdy).

## PISTES

■ **Pour une séquence : Le poème et la page** (► *supra*, p. 185).

■ **Lecture cursive :** Reverdy, *Plupart du temps*.

■ **Bibliographie :** M. Collot, *La Matière-émotion*, PUF, 1997.

### … Les mots vers l'ailleurs

**Char**
***Les Matinaux*** p. 243

## Qu'il vive !

### APPROCHES

■ **Axes d'étude :** Le sujet lyrique. L'image poétique. Le vers libre (p. 198). L'écriture fragmentaire.

■ **Préalables :** Partir du **titre du recueil** : *Les Matinaux* évoque une parole d'aube (influence de Rimbaud, la *bougie* rappelant la spiritualité des tableaux de Georges de La Tour), le lieu d'une sagesse originelle (celle des pré-socratiques : philosophie qui se dit poétiquement par la métaphore).

### LIRE : La beauté entrevue

#### 1- Le titre et l'épigraphe

La modalité exclamative du **titre** (vœu ? souhait ? exigence ?) inscrit le poème dans le genre lyrique et éclaire l'**épigraphe** qui désigne un *pays*, fruit d'une construction imaginaire (*un vœu de l'esprit*, une utopie), exigence d'un lieu vital, refuge contre la mort (*un contre-sépulcre* rappelant la *contre-terreur* de *Feuillets d'Hypnos*, ► p. 229). Le **poème** se définit comme l'affirmation de la présence de cette utopie : valeurs du présent (*On ne croit pas*, l. 11 : actualisation de l'utopie dans le présent atemporel) ; phrases assertives et valeurs humanistes (► question **2**). Le pronom *Il* du titre, donné avant toute référence, suggère une présence vivante et mystérieuse du « pays », qui a la même évidence intime qu'un être cher.

#### 2- La structure des phrases

Phrases assertives à caractère définitoire privilégiant les verbes « être » et « avoir » (*sont préférés*, l. 2 ; *Le verre de fenêtre est négligé*, l. 3-4 ; *est inconnu*, l. 7 ; *Il y a des feuilles*, l. 9 ; *Les branches sont libres*, l. 10), les négations (*Il n'y a pas d'ombre maligne*, l. 6 ; *n'avoir pas*, l. 10 ; *On ne croit pas*, l. 11) et apparaissant comme autant d'impératifs catégoriques. Ces lois humaines et atemporelles sont encore soulignées par les anaphores : *Dans mon pays* (l. 1, 5, 7, 12) ; *Il n'y a pas / Il y a* (l. 6, 9). La concision des phrases détachées comme autant d'unités autonomes, l'emploi du pronom « on » et du présentatif « il y a » (► question **3**), le présent générique rappellent la structure de l'**aphorisme** : contre une société sans humanité, le poème affirme sobrement des valeurs humanistes.

#### 3- La première personne et l'impersonnel

Le déterminant possessif *mon* suggère une présence, une possession (*mon pays*, l. 1, 5, 7, 12). Mais le *je* s'efface devant le présentatif « il y a » qui définit le *contre-sépulcre* en lui donnant présence (l. 9-10) et devant le pronom « on » qui tend à universaliser cette évocation (► question **2**). Les énoncés affirment ainsi l'exigence d'une « commune présence » **de la nature** (*les tendres preuves du printemps*, l. 1 ; *les oiseaux mal habillés*, l. 2 ; *l'aurore*, l. 3 ; des *feuilles*, *les arbres*, l. 9 ; *les branches*, *fruits*, l. 10) ; **des valeurs de fraternité et d'humanité** (*les tendres preuves* préférées *aux buts lointains*, l. 1-2 ; *La vérité*, l. 3 ; *l'attentif*, l. 4 ; *on ne questionne pas un homme ému*, l. 5)…

Ce *contre-sépulcre*, refusant un futur incertain incarnant la mort (*buts lointains*, l. 2 ; *ombre maligne*, *barque chavirée*, l. 6), se fonde sur le présent (le *printemps*), sur la simplicité et la fragilité des êtres (*oiseaux mal habillés*, l. 2 ; *l'aurore, une bougie*, l. 3), sur l'attention à la vérité (l. 3-4) et à la liberté (l. 9-10).

#### Conclusion

En liant lyrisme et discours aphoristique, Char exige de la poésie qu'elle maintienne, dans l'éloge de la présence sensible, un lien éthique au langage et au monde. La modernité rejoint ici des formes très anciennes : parole primordiale, à la fois poésie et philosophie.

### PISTES

■ **Pour une séquence : La nature, miroir de la poésie** (le poète démiurge ; naissances, genèses, origines ; microcosme et macrocosme) : Rimbaud, *Illuminations*, p. 209 ; Valéry, *Charmes*, p. 220 ; Claudel, *Cinq Grandes Odes*, p. 222 ; Elytis, *Axion Esti*, p. 223 ; Saint-John Perse, *Neiges*, p. 226 ; Michaux, *La nuit remue*, p. 237 ; Du Bouchet, *Dans la chaleur vacante*, p. 239 ; Jaccottet, *À la lumière d'hiver*, p. 246.

■ **Exercices complémentaires**

● **Oral :** Comparez l'évocation de la « contre-terreur » (p. 229) et celle du « contre-sépulcre ».

● **Voir :** Observez le tableau de Max Ernst, *Printemps*. Dans quelle mesure vous semble-t-il correspondre à l'univers des *Matinaux* ?

■ **Bibliographie :** É. Marty, *René Char*, éd. du Seuil, 1990.

### … Les mots vers l'ailleurs

**Dadelsen**
***Bach en automne*** p. 244

## Sur le nom de Bach

### APPROCHES

■ **Axes d'étude :** Métaphores et correspondances. L'intertextualité. Le vers libre (p. 198). Poésie visuelle (p. 250).

■ **Préalables :** Tirer parti, le cas échéant, des **connaissances musicales ou bibliques** de certains élèves : les obstacles apparents peuvent servir d'entrées indirectes dans le texte, stimulantes pour décrypter un sens caché (le sens des lettres du nom de Bach) et rechercher des correspondances entre les littératures (de la Bible à la poésie moderne) ou entre les arts. Les notes du livre de l'élève donnent suffisamment d'indications pour partir d'un schéma (la portée comme échelle) ou d'un texte (l'histoire de Jacob) ouvrant l'accès au poème.

## LIRE : Variations intérieures

### 1- Monter, descendre

• **La musique :** image de la gamme. La courbe mélodique monte (vers les aigus) ou descend (vers les graves) sur l'échelle des sons des lignes horizontales parallèles de la portée : *descend* / [...] *jusqu'à la note sensible* (v. 1-2) ; *Le nom alors se hisse / Jusqu'à do* (v. 2-3) ; *du même demi-ton, / Retombe* (v. 3-4) ; *Sur ce si... une nouvelle ascension* (v. 5) ; *chaque montée, / Même d'un dièse* (v. 8-9) ; *Gamme qui s'élève avec peine* (v. 11).

• **La Bible :** image de *l'échelle de Jacob* (v. 6), qui monte vers Dieu, relie la terre au ciel. C'est aussi l'image de la route que suit *la femme de Lot* (v. 11) : descendre, c'est s'éloigner du Seigneur, céder à sa *pente* naturelle (v. 12-14).

• **La nature :** comme *Le clavier est l'image du monde* (v. 6), la tension entre l'élan ascendant qui tourne vers la liberté et la pesanteur de la *captivité* (v. 20), de la fermeture sur soi, est également visible dans le monde animal : *renard* qui se libère (v. 15), *chenille* qui monte vers la lumière (v. 16-17), *cerf* qui brame tête haute (v. 17).

• **L'âme :** c'est bien elle, dernier mot et dernier vers du poème, qu'il s'agit de comprendre et de décrire ; le clavier *nous traverse de bout en bout* (v. 7), il traduit cette gamme intérieure, où toute montée nécessite l'*effort* (v. 9), l'arrachement à soi, l'élévation vers la *réalité* (v. 3), c'est-à-dire vers une vie spirituelle vraiment libre – alors que la descente est facilité, *séparation* (v. 13), aliénation, quand l'âme croit se suffire : *Que suis-je, livré à moi-même ?* (v. 14).

L'art musical du poème consiste à enrichir chaque image de ce réseau qu'elle forme avec les autres, chaque instrument imaginaire apportant à l'ensemble son timbre propre.

### 2- L'emploi du vers libre

Le poème se rapproche d'une partition musicale, par une utilisation particulière de toute la largeur de la page pour disposer les vers libres. Chacun des vers de la première strophe correspond à une note de musique (et, en allemand, à une lettre du nom de Bach) : si bémol (v. 1), la (*note sensible*, v. 2), do (v. 3), si (v. 5), *nouvelle ascension* (v. 5).

Les vers les plus courts, disposés en retrait (v. 4, 7, 10, 14, 18, 21), traduisent par leur sécheresse lapidaire les risques de la rechute, de l'échec moral (v. 4, 10, 14), ou bien dégagent la loi générale qui ressort des diverses images : il s'agit de *nous* (v. 7), de *moi* (v. 14), de toute la création (v. 18). En guise de point d'orgue (note unique prolongée), *L'âme* (v. 21) rassemble ces deux thèmes (l'image de la descente appliquée à l'humain).

### 3- Variations et discordances

À la tension et à l'effort que représentent les vers longs (v. 1-3, 5-6, 8-9, 11, 15-17) s'opposent la simplicité et le relâchement de la descente (voir v. 9-10).

Les nombreux rejets, contre-rejets ou enjambements qui passent d'un vers à l'autre (1-2, 2-3, 4-5, 6-7, 9-10, 11-12, 12-13, 15-16, 16-17, 19-20, 20-21) miment les pas qui franchissent les degrés de l'échelle, le changement perpétuel de niveau qui crée la mélodie et qui anime la vie spirituelle. Les mots ainsi soulignés, verbes de mouvement comme *descend* (v. 1), *se hisse* (v. 2), *Retombe* (v. 4), *Relâche* (v. 10), ou mots grammaticaux comme *et* (v. 11), *plus* (v. 12), signalent efforts ou renoncements, marquant les étapes et les élans du cheminement spirituel. Ces discordances entre le vers et la syntaxe compensent l'horizontalité des vers par une circulation verticale du sens. Ils opposent au risque d'enfermement de l'âme (v. 20-21) ce mouvement universel qui *nous traverse* (v. 7) et qui nous unit à la création.

### 4- Les références à la Bible et au monde animal

Les références à l'échelle de Jacob (v. 6) et à la femme de Lot (v. 11) donnent aux variations musicales une dimension spirituelle (▶ question **1**) : à la gamme, correspond une difficile élévation, un cheminement spirituel fait de renoncements et de souffrance. L'évocation du monde animal dégage des lois qui valent pour l'ensemble de la création, celle d'un dynamisme qui emporte toute créature vers la fin qui lui donne lumière et sens.

### Conclusion

La richesse des correspondances et le travail sur la matière verbale, sonore et visuelle, interdisent de ne voir dans ce texte qu'une parabole moralisante : il témoigne d'une haute exigence, simultanément éthique et poétique, vitale pour un monde d'après-guerre marqué par les épreuves de *l'amertume* et de la *séparation*.

## PISTES

■ **Pour une séquence : Musique et intériorité** (la musique des mots ; la musique comme référent ou comme métaphore ; variations intérieures ; formes et registres) : Hugo, *La Légende des siècles*, p. 190 ; Aloysius Bertrand, *Gaspard de la nuit*, p. 195 ; Nerval, *Les Chimères*, p. 197 ; Valéry, *Charmes*, p. 220 ; Claudel, *Cinq Grandes Odes*, p. 222 ; Gainsbourg, *Mon propre rôle*, p. 233.

■ **Exercice complémentaire : Versification**
Dans quelle mesure peut-on ici parler de strophe ?

## ... Les mots vers l'ailleurs

## Norge
## *Les Coq-à-l'âne*

# Les jours bleuiront

## APPROCHES

■ **Axes d'étude :** Le rythme et le vers. L'humour devant la mort (p. 519).

■ **Préalables :** Passer *du* ***coq à l'âne***, c'est passer sans transition d'un sujet à un autre. Mais le *coq-à-l'âne* désigne aussi une forme poétique ancienne. Norge mêle donc ici un parti-pris de légèreté et de fantaisie à la reconnaissance allusive d'une tradition mineure. Il faudra rechercher la progression profonde du poème derrière les apparences décousues.

■ **Vérifier** que sont compris : *trompettes lointaines,* v. 33 (= qui annoncent la mort à venir) ; *couches d'argile,* v. 34 (= le lieu de sépulture).

## LIRE : Les mots contre la mort

### 1- Un titre ambigu

Le bleu possède des connotations : favorables (clarté du ciel) ; mais aussi inquiétantes : teinte livide (*être bleu de colère*) ; un *bleu* est la marque d'une blessure, on peut avoir des *bleus à l'âme* ; le *blues* américain, qui en est venu à désigner une musique, veut dire *cafard, idées noires* (*avoir le blues*). Or le texte, loin de lever l'ambiguïté, l'exploite et l'enrichit : le bleu est aussi l'attribut de la nuit (v. 3, 35). Au futur, le verbe s'applique-t-il aux jours à venir, à la vie qui se poursuit (v. 2-3) ? Ou bien généralement à l'ordre de la nature, dans lequel la mort aussi trouve sa place ? Couleur des morts chez les Anciens, le bleu semble retrouver ce sens quand le vert se substitue à lui pour désigner la vie (v. 18-19) : si l'adverbe *vertement* signifie couramment « avec vivacité, avec rudesse », ce contexte le réinvestit de son sens étymologique. Loin de signifier le monde des seuls vivants, le bleu transcende donc l'opposition entre vie et mort, comme les *arcs-en-ciel* (v. 28), symbole d'alliance, par lesquels les vivants se préparent à rejoindre les morts.

### 2- Le rythme

Décasyllabes au rythme binaire régulier : 5/5, – à la différence du rythme courant, 4/6, plus ample et plus solennel (« Le Cimetière marin », ► p. 220). Ce rythme donne au texte son unité ; la seule perturbation intervient au v. 17 (2/5/3), pour signaler un changement dans la tonalité, et dans la vision de la mort, au milieu du poème. Si le mètre choisi appartient à la tradition, il évoque plutôt ici une chanson légère en soulignant les répétitions (v. 2-3-4-32, 12-13, 1-20-36), le style parlé (*Eh bien*, v. 1, 20), la langue familière (*ça*, v. 1, 20, 36).

### 3- La vie et la mort

Deux champs lexicaux antithétiques :

– **la vie** (corps, nature printanière) : *visages* (v. 2), *gosiers* (v. 4), *regards, paumes* (v. 7), *main* (v. 9), *faims, soifs* (v. 12), *désirs, printemps* (v. 13), *fête* (v. 15), *vertement* (v. 18), *arbre, feuilles* (v. 19), *arcs-en-ciel* (v. 28), *nouveaux/nouvel(les)* (v. 12-13, 30), *avril, rossignols* (v. 30) ;

– **la mort :** *en vain, aveugles* (v. 5), *glacés* (v. 6), *dormez, défunts* (v. 11), *vieux* (v. 22), *vides* (v. 23), *lambeau* (v. 26), *trompettes* (métaphore de la mort, v. 33), *couches d'argile* (v. 34), *morts* (v. 1, 20, 36)… L'opposition paraît tranchée entre la nature pleine de vie et le monde des morts, froid et minéral (*murs, palais…*).

En réalité, **la frontière est moins sûre :** les champs lexicaux du changement (*bleuiront*, v. 2 ; *mûriront*, v. 4 ; *reprise*, v. 18 ; *changeantes*, v. 19 ; *abdiquera*, v. 29 ; *rejoindra*, v. 31) et de la fragilité (*s'assied*, v. 23 ; *tremblantes*, v. 25 ; *hésite, trottine*, v. 27 ; *titube*, v. 28) créent une continuité entre l'animé et l'inanimé, la jeunesse et la vieillesse, la vie et la mort.

### 4- Le mouvement du poème

- Dans les deux premières strophes (v. 1-15), le poète interpelle les morts au nom des vivants et les congédie (*restez morts*, v. 1) pour chanter la vie *sans* les morts.
- Dans les deux quatrains centraux (v. 16-23), hésitation (modalité interrogative) : les vivants ne peuvent oublier les morts (possessif *vos*, v. 21-23). Sous le reproche transparaît la douleur. L'interpellation permet de combler la distance par le discours : en même temps qu'il enjoint à ses amis de *rester morts*, le poète, parce qu'il les interroge (v. 16-19), s'adresse à eux comme à des vivants.
- Les deux dernières strophes réconcilient les deux mondes : les vivants sont eux-mêmes de passage, le sort est le même pour tous (*comme vous le fîtes*, v. 29). La dernière strophe semble renverser le sens de la première, substituer *nous* à *vous,* la sympathie à l'exclusion, la sérénité retrouvée au mouvement d'humeur.

### Conclusion

Par le sursaut qui le conduit à rejeter l'émotion convenue et à se libérer des clichés, Norge retrouve le chemin d'une très ancienne sagesse humaine (qui rappelle Villon ou Montaigne) pour dominer l'angoisse de la mort.

## PISTES

■ **Pour une séquence : La mort dans la poésie moderne** (le lyrisme et ses limites ; l'expression de l'angoisse, de la douleur, de la sagesse ; réalisme et symbolisme) : Hugo, *Les Contemplations,* p. 183 ; Baudelaire, *Les Fleurs du mal,* p. 205 ; Valéry, *Charmes,* p. 220 ; Anne Perrier, *Pour un vitrail,* p. 249.

■ **Exercice complémentaire : Écriture**
Relevez, classez et commentez les figures de style (p. 516) dans la deuxième strophe.

■ **Bibliographie :** J.-F. Massol (dir.), *Poésie contemporaine. 25 lectures et commentaires pour les lycées,* CRDP de Grenoble, 1995.

► L'ÊTRE DANS LES MOTS

# La poésie en quête de présence

**Jaccottet**
***À la lumière d'hiver*** p. 246

## « … que descende la neige, lentement »

## APPROCHES

■ **Axes d'étude :** Le lyrisme. Le vers libre (p. 198). La musicalité (p. 178).

LA POÉSIE

■ **Préalables :** Dégager le paradoxe d'un texte **simple** (vocabulaire courant, évocation d'un paysage d'hiver), se référant à un monde familier, qui peut pourtant paraître **difficile**, énigmatique. Ce paysage à la lumière d'hiver apparaît à la fois comme une réflexion sur la poésie *(elle qui parle toujours à voix basse)*, une acceptation de la finitude et l'affirmation d'une espérance préservée.

## LIRE : Le chant d'une aube incertaine

### 1- Une poésie élémentaire

Le **titre** suggère une lumière hivernale, matérialisée par la neige (*cristaux humides*, v. 13), inscrivant le paysage dans une lenteur (v. 2, 13), une atténuation des mouvements (*qu'elle se pose sur les choses*, v. 3), des sons (v. 4) et des couleurs (v. 10, 17, 20), lui donnant protection (*protégé*, v. 6 ; *caché par la neige*, v. 16) et apaisement (v. 5-6). La lumière d'hiver favorise ainsi une **poésie élémentaire** *(la neige*, v. 2, 16 ; *les graines*, v. 5 ; *le soleil*, v. 7 ; *les cristaux*, v. 13), où se dit la métamorphose des êtres et des choses (*sommeil des graines*, v. 5) ; passage et retour du soleil (v. 7-10) ; souvenir d'un visage (*qui change*, v. 11-17 ; *faiblesse des yeux*, v. 18-22).

Les connotations associées à l'hiver (froidure, néant, stérilité, approche de la mort) viennent nuancer sans le détruire l'espoir que porte une lumière même atténuée. Cette attention aux éléments les plus humbles est aussi une **réflexion sur la poésie** : *elle* (v. 3) désigne la neige, puis la parole poétique *à voix basse* (v. 4) (écho de l'antique *sermo humilis*), au plus près des choses, cherchant à retrouver par un mouvement d'anamnèse une présence, un visage oublié (v. 11-12), comme si cette atténuation était la condition de son existence : *Et, caché par la neige, / de nouveau j'oserais louer leur clarté bleue* (v. 16-17).

### 2- La musicalité du poème

Les vers ne comportent pas tous le même nombre de syllabes : on peut cependant percevoir certaines **mesures rythmiques** comme le décasyllabe (v. 1, 2, 4, 5, 6, 13), l'alexandrin (v. 3 avec apocope d'un « e », v. 11, 14, 15-16, 17, 18, 19, 21) mais le rapport interne entre les mesures sur lequel se fonde la régularité du mètre a disparu (ex : dissymétrie du v. 11 : 8 / 4) et la pratique constante de l'enjambement efface la fin de vers (ex : v. 18-19). Les vers ne sont pas mis en relation par des homophonies externes (les rimes) et ne s'intègrent pas dans des ensembles cohérents du point de vue des rimes, du sens et de la syntaxe (les strophes). Tout en préservant une mémoire métrique au pouvoir incantatoire, Jaccottet refuse une régularité qui serait incapable de saisir la fragilité des choses. L'enjambement, l'ouverture des vers, traduisent une dépossession de la voix poétique qui accepte de se laisser déborder par le sens qui se dérobe.

La **musicalité** du chant tient aux échos sonores atténués qui suggèrent des échanges entre la lumière et la fragilité de la neige, comme dans la première strophe : assonances nasales (*maintenant*, *descende*, *lentement* ; *long*, *patient*) traduisant une profondeur ; voyelles suggérant l'ouverture (*voudrais*, *neige*, *elle*, *graines*, *être*) ; allitérations marquant le passage et la métamorphose (*descende*, *pose*, *choses*, *basse*, *fasse*, *patient*).

### 3- Une réflexion sur le temps

Le poème s'ouvre sur un verbe au conditionnel de souhait (*je voudrais*, v. 1), qui détermine les subjonctifs (v. 1-6), à l'exception du présent élargi du v. 4. Le poème se définit d'abord comme une prière aux éléments afin que ceux-ci ralentissent le temps (*lentement*, v. 2 ; *tout au long du jour*, v. 3 ; *plus patient*, v. 6). Le conditionnel du v. 7 (*Et nous saurions*), dans le prolongement de cette impossible requête (retarder le cycle des saisons), a une valeur de potentiel ou d'irréel du présent : il est en même temps acquiescement inquiet à la fragilité du présent et espoir en un possible retour (*il redeviendra même un moment / visible*) qui permettrait d'échapper à la finitude (*encore*, v. 7 ; *cependant* ; *passe au-delà*, v. 8). À partir du v. 11, c'est le *je* qui, tel Orphée, semble posséder ce pouvoir d'anamnèse (*je me ressouviendrais de ce visage*, v. 11 ; *de nouveau j'oserais louer*, v. 17). Le conditionnel (v. 1, 17 et 20) nuance ce pouvoir d'atteindre par le chant à ce visage : le présent souligne en effet l'atemporalité de la permanence (*qui demeure*, v. 12) et du changement (*qui change*, v. 14).

### Conclusion

Ce texte est représentatif d'une des grandes directions de la poésie d'après-guerre. À une expérience du monde plus incertaine, à la perte d'un rapport harmonieux du langage aux choses, le poème répond par la permanence d'une voix sourde et pure, d'un acquiescement au passage et à la finitude contre l'effroi du temps.

## PERSPECTIVES (p. 247)

■ **Giuseppe Ungaretti, *Vie d'un homme.***

### LIRE : Le chant de ce qui s'efface

### 1- Les modes et les temps verbaux

- **V. 1-9** : anaphore de la forme verbale *Il se pourrait* (v. 1, 4, 6) : le conditionnel et le sémantisme du verbe déterminent les subjonctifs de ces deux strophes. Valeur de potentiel redoublée par des choix sémantiques (*Une lueur*, v. 2 ; *le vent*, v. 5 ; *au large*, v. 6) et par les points de suspension (v. 5, 9). Mais cet espoir est rendu fragile par des signes inquiétants : allusions à la mort (*la faux*, v. 1 ; *Se disloquer la carène sombrée*, v. 7 ; *goéland* s'acharnant sur sa *proie*, v. 8-9) ; à la perte (v. 4) et à la douleur (*rougisse*, v. 5).
- **V. 10-17 :** les temps de l'indicatif actualisent l'invocation à la *Terre* (v. 16), lui donnant la force du passé (passé composé à valeur d'accompli, v. 11-12). Le présent à valeur omnitemporelle fait de la *Terre* la source permanente de la mort (*les cendres*, v. 16) et de la vie (*D'infatigables découvreurs*, v. 17), reprenant ainsi les thèmes des deux premières strophes.
- **V. 18-24 :** reprise du conditionnel *il se pourrait* (v. 18) et de l'espoir en une renaissance (▶ question **2**).
- **V. 25-28** : subjonctif de souhait ou injonction (v. 25) ; le poème s'achève sur cet appel à la force destructrice du vent et sur l'affirmation d'une douloureuse permanence (présent soulignant l'antithèse cri / silence, v. 28).

### 2- La terre et la mer

La **terre** est d'abord le lieu des morts, séjour des

*défunts* (v. 21), des *absents* (v. 22), des *ombres* (v. 23) : *grottes* (v. 3) d'où revient et se perd la rumeur associée à la *faux* (v. 1), symbole de la mort mais aussi instrument qui sert à faucher le *blé des nuits et des jours* (v. 10) ; allusion aux peintures murales des tombeaux étrusques où se trouvent souvent des scènes de pêche (v. 12-15) ; *cendres / D'infatigables découvreurs* (v. 16-17). Elle est aussi le symbole d'une possible renaissance (métaphore du *blé des nuits et des jours*, v. 10 ; *tes mains comblées*, v. 11 ; le lieu d'un éveil, v. 19) et d'une permanence (v. 17 ; *Cette force des cendres*, v. 23). La **mer** partage avec la terre cette relation complexe entre la mort et la vie : allusion au vent marin (v. 5) et à sa force destructrice (v. 26), au naufrage (v. 6-9) ; aux *dauphins peints aux secrets murs* (v. 13) et pourtant *vivants* (v. 15).

### ÉCRIRE

Souligner les motifs d'une poésie élémentaire, à la fois simple et énigmatique ; les formes verbales et les modalités qui font du poème une prière incertaine. Dans la préface à *Vie d'un homme*, Jaccottet évoque à propos de ce recueil ce moment où « l'angoisse [...] semble [...] déchirer la fine trame des apparences, miner la beauté des choses, ne plus permettre que le halètement de questions et d'appels ».

## PISTES

■ **Pour une séquence : Voix et voies de la poésie au XX<sup>e</sup> siècle** (inspiration, création, production ; autoréflexivité de la poésie ; théorie et pratique) : Claudel, *Cinq Grandes Odes*, p. 222 ; Queneau, *Sonnets*, p. 234 ; Du Bouchet, *Dans la chaleur vacante*, p. 239 ; Dupin, *L'Embrasure*, p. 249.

■ **Texte complémentaire**

**Michel Deguy, *Actes*.**

*Par delà les apparences de l'exotisme, on retrouve dans cette prose poétique de Michel Deguy l'affirmation lyrique d'une inspiration sensible à l'éphémère, dans sa diversité, et explorant l'imaginaire du langage.*

J'appelle *muse* la bascule du ciel, le vent transbordeur à son gré de nos vues, ce lavis quand j'entrouvre avec le chat mes yeux, celle qui l'a caressé ; *muse*, la profusion que les œuvres rangent en séquence inachevable de concertos, en poèmes réitérés, en file indienne, à plat, et classée entassée sur toiles, sur pierres, sur bois, sur papier à musique, in-octavo de Linné, vitrines d'Aristote, dossiers

J'appelle *muse* la douleur qu'ils me causent, la jonglerie de lune et de soleil, *muse* le voyage au sud de la terre où les lacs glacés sont bordés de flamands roses comme les ongles faits sur l'éventail du crépuscule, la lune et son cortège de mares quand elle traverse nuptiale le pont de la terre pareille au Chili d'un extrême à l'autre, *muse* les grues, le taureau noir une chouette passa les cygnes, la ville plus australe où je fus s'appelant *Porvenir*, l'oiseau pubis, le cheval de mer pourrissait sous la croix dextrogyre des mouettes, *muse* le voyage, la Terre de Feu comme un nuage au bout de la rue de *Punta-Arenas*, la main royale de la mer, l'avion comme un œil élégant, la patience de Noé qu'il fallut pour saluer la révérence aussi longue que le jour de la mer magellane, le nuage où le ciel voilait son amour et le portique de couleurs où il passa, au retour le rivage patagon comme un coq.

© éd. Gallimard, 1966.

■ **Bibliographie :** H. Ferrage, *Philippe Jaccottet, le pari de l'inactuel*, PUF, 2000.

## ... La poésie en quête de présence

**Bonnefoy**
***Ce qui fut sans lumière***

p. 248

### « Te soit la grande neige »

## APPROCHES

■ **Axes d'étude :** Le lyrisme. Le vers libre (p. 198).

■ **Préalables :** Partir des connotations attachées à la neige (blancheur originelle, matière silencieuse, vertige du silence) pour montrer que cette matière élémentaire, susceptible de métamorphoses, est souvent la source d'une rêverie sur la parole poétique.

### LIRE : La transparence du chant

#### 1- Une prière à l'éphémère

Des éléments font de ce poème une **prière fragile.**

– **Subjonctif de souhait** : *Te soit*, v. 1 ; *Te soient*, v. 5 ; *Te suffisent*, v. 9 ; *Et que l'eau* [...] *Te montre*, v. 13-14.

– **Reprise anaphorique**, ouvrant chaque strophe.

– **Choix lexicaux** suggérant une lecture spirituelle du sensible : *le tout, le rien* (v. 1) ; prière adressée à un être représentant une origine perdue, *Enfant des premiers pas* (v. 2) ; *l'origine* (v. 3) ; *parole* énigmatique (v. 5-6) ; exultation : *la joie peut survivre au rêve* (v. 14).

Ce texte prend la forme d'une prière à l'*Enfant*, pour que surgisse, dans l'acceptation de la finitude (*quand se tarira / Dans ton rêve du monde ce monde même*, v. 11-12 ; *Quand la brise d'on ne sait où venue déjà disperse / Les fleurs de l'amandier*, v. 15-16) la joie d'une présence retrouvée.

#### 2- La métamorphose de la neige

*La grande neige* (v. 1), transfigurée par les yeux de l'enfant en une étendue absolue (v. 2), originelle (v. 3), dont la blancheur est à la fois l'ouverture à tous les possibles et le vertige du néant (*le tout, le rien*, v. 1), devient *l'autre neige* (v. 16), dispersée par une brise sans origine (v. 3), incarnant l'éphémère (*déjà disperse*), métaphore des *fleurs de l'amandier* (v. 16), écho atténué (*pourtant*, v. 16) de *la grande neige*. Entre *la grande neige* et *l'autre neige*, s'opère une transmutation qui est aussi passage de l'innocence au monde réel : *branches qui scintillent* (v. 5) ; *eau qui ruisselle dans le pré* (v. 13) et au printemps. Les **éléments naturels** (*la neige*, *l'herbe*, *la* *lumière*, *les branches*, *la colline*, *l'échancrure des arbres*, *l'eau*, *la brise*, *l'amandier*) sont le signe d'une possible présence au monde : le consentement au passage est intuition d'une présence échappant au temps (valeur générique de l'article défini).

### 3- Une évocation poétique

La structure syntaxique de la phrase considérée comme unité mélodique (période) donne à la dernière strophe le rythme d'une évocation poétique : reprise anaphorique du subjonctif de souhait (*Et que l'eau*, v. 13) ; articulations des mots subordonnants (*qui ruisselle*, v. 13 ; *que la joie*, v. 14 ; *Quand la brise*, v. 15) ; inversion (*la brise d'on ne sait où venue déjà disperse*, v. 15) ; apposition jouant le rôle de clausule poétique : *pourtant l'autre neige*, v. 16. La partie ascendante de la période (protase), *Et que l'eau qui ruisselle dans le pré*, est moins importante que l'apodose constituée par les trois derniers vers ; cette cadence majeure, rythmée par plusieurs paliers secondaires, semble mimer la dispersion des *fleurs de l'amandier* et suspendre l'épiphanie de *l'autre neige*. Les sonorités traduisent, par leur fluidité, la métamorphose de la neige en eau et de l'eau en fleur d'amandier dispersée par le vent : allitérations en [l], [ʀ], [s], assonances en [i].

### 4- La parole et les choses

L'emploi transitif du verbe « scintiller » (*ces branches qui scintillent la parole*, v. 5) est le signe d'une rupture avec le langage ordinaire. Ce sont les mots qui illuminent les choses dans le regard de l'enfant : belle image des branches gelées dont les formes sont les lettres d'un message mystérieux (v. 6), dont le sens naît du sensible (*de leur découpe sur le ciel*) et que l'on ne saurait traduire qu'*au prix de perdre*. Cette lecture immédiate est le privilège de l'enfant, plus proche de cette origine mythique où sont motivés les rapports entre les mots et les choses, à l'image du regard porté par Bonnefoy sur la poésie : rêve de renouer avec une origine perdue, avec une transparence du langage au monde.

### Conclusion

La poésie d'Yves Bonnefoy est ouverture à une parole sensible et pure, retrouvant ce pouvoir de l'enfance d'être au monde de manière immédiate. Nulle nostalgie, mais la redéfinition d'un lyrisme entre présence et absence.

## *PERSPECTIVES* (p. 249)

1 **Anne Perrier, *Pour un vitrail.***
2 **Jacques Dupin, *L'Embrasure.***

### LIRE : Entre présence et silence

### 1- La fragilité du chant (texte 1)

Dans « Une étoile qui meurt », rimes signifiantes :
– *cette nuit* / *Contre la nuit* / *repris* : métamorphose de la nuit en une force obscure évoquant la mort ;
– *cru* / *défendu* : signes d'une défaite intérieure (le manque de foi) et extérieure (la nuit) ;
– *meurt* / *bonheur* : rime antithétique. Toutes les rimes sont pauvres (à l'exception de cette dernière), signe de la fragilité du chant. Ainsi, dans « Lorsque la mort viendra », le réseau des rimes se réduit à des échos sonores (*viendra* / *moi* ; *immobile* / *tranquille*).

### 2- Les brisures du rythme et le sens

• **« Une étoile qui meurt » :** interrogation inquiète (v. 1 : 10 syllabes) prolongée par deux vers antithétiques suggérant les deux versants de l'éphémère (v. 2 et 3 : 5 syllabes) ; retour au décasyllabe, v. 4, et mise en valeur de *Possible* à l'ouverture du vers en rejet ; volume décroissant (v. 5 : 8 syllabes ; v. 6 : 4 syllabes) jusqu'à la clausule qui en est l'inéluctable conséquence (v. 7 : 5 syllabes).

• **« Lorsque la mort viendra » :** le rythme se fait l'écho de la mesure rythmique de l'alexandrin : v. 1 : évocation de la mort (6 syllabes), puis 2 alexandrins (v. 2-3) dont l'ampleur semble traduire le désir de conjurer cette pensée, puis reprise du souhait sur une mesure de 6 syllabes (v. 4) ; l'alexandrin revient (v. 7-8) également pour conjurer la mort ; l'octosyllabe (v. 5) ou le vers de quatre syllabes (v. 6, 9) expriment le souhait atténué et l'humaine beauté d'un geste impuissant à conjurer la mort : *Les mains aimées* (4) / *Qui m'attachent au monde* (6).

### 3- Énonciation et voix poétique

• **Marques d'énonciation** :
– pronom personnel de première personne (v. 2, 4, 6, 8, 10) : présence d'une voix qui n'est pas caractérisée ;
– univers de référence relatif au locuteur (*aujourd'hui*, v. 2 ; *cette terre*, v. 7) ;
– termes révélant une simplicité, un rapport d'humilité (*Un grand soir droit laiteux et immobile*, v. 3 ; *surtout*, v. 4 ; *bien tranquille*, v. 5 ; *Les mains aimées*, v. 9).

• **Les verbes** sont aux temps du discours : subordonnées temporelles inscrivant la mort (v. 1) et la séparation (v. 8) dans un futur certain ; conditionnels (*je voudrais*, v. 2, 4). Ils transforment le poème en une prière, d'un *je* entre présence et absence, qui est aussi acceptation.

### 4- Une parole nue (*L'embrasure*)

L'embrasure est d'abord le signe d'une ouverture (allitération en [ʀ] : *ouve**r**te* / ***p**ar* / ***r**emous* / *mu**r*** / *emb**r**asu**r**e* / *fenêt**r**e*). La violence semble dépendre du dépouillement de la parole, comme si la perte permettait d'accéder à la plénitude (*en peu de mots*, *un remous*, *une embrasure*, *pas même une fenêtre*). Les trois derniers vers disent cet épuisement (*à bout de bras* ; *à bout de forces*) qui est aussi ouverture à un sens infini et obscur (*cette contrée de nuit*).

## PISTES

■ **Pour une séquence : Voix et voies de la poésie au XX^e siècle** (▶ *supra*, p. 195).

■ **Exercice complémentaire : Écriture**

Philippe Jaccottet, dans *L'Entretien des Muses*, rend hommage à Anne Perrier qu'il appelle « l'écouteuse à l'écart ». En quoi les voix de ces deux poètes vous paraissent-elles proches et différentes ?

■ **Bibliographie :** J. E. Jackson, *À la source obscure des rêves : la dialectique de l'écriture chez Yves Bonnefoy*, éd. Mercure de France, 1993 ; D. Viart, *L'Écriture seconde. La pratique poétique de Jacques Dupin*, éd. Galilée, 1982.

# Littérature et argumentation

## Formes et genres

p. 254

**1** GIRAUDOUX,
*La guerre de Troie n'aura pas lieu.*

**2** CÉLINE,
*Voyage au bout de la nuit.*

**3** CAILLOIS,
*L'Homme et le Sacré.*

**1- Les locuteurs : situation et points de vue**

• **Texte 1 :** Dans un contexte de guerre imminente, deux conceptions différentes du courage s'affrontent : côté hommes, Priam, le souverain, se place dans une perspective historique (l. 1-6) : l'intégrité d'un peuple passe par l'acceptation héroïque de la mort. Demokos, le poète épique nationaliste (*la mort pour* ***son pays***, l. 18-19), écarte toute considération pour la vie humaine (l. 29-30). Côté femmes, Andromaque et Hécube, épouse et mère, plaident pour sa préservation : une vie de labeur sert un pays que la mort des jeunes précisément les plus valeureux (l. 8-13) affaiblit.

• **Texte 2 :** Un narrateur unique, Bardamu, pris avec son régiment (*Nous*, l. 9) dans les réalités sordides de la guerre de 1914 : dans cette situation piégée, le point de vue de la révolte.

**2- Formes du discours argumentatif**

Le **texte 1**, organisé en débat pour décider d'un choix (guerre ou paix ?), est plutôt délibératif. Le **texte 2**, dénonçant la *torture* que représente l'expérience de la guerre, relèverait plutôt du genre épidictique du blâme. Le **texte 3** explique et décrit les formes de la guerre moderne (*affaire de masse*..., l. 9-10) ; mais le vocabulaire dépréciatif (*assassinat, écraser, massacre*...), l'insistance sur la déloyauté des moyens (l. 10-11, 14-18) expriment une critique qui rejoint aussi, à la rigueur, l'épidictique. De même, ce classement n'est qu'approximatif pour les textes 1 et 2 : le discours caricatural de Demokos discrédite le parti de la guerre. Dans la double énonciation propre au dialogue de théâtre, l'auteur fait entendre une condamnation, au demeurant nuancée, des discours bellicistes. Le dialogue ne se réduit donc pas à un simple exposé du pour et du contre. Le récit de Bardamu est un véritable réquisitoire contre les *fous vicieux* (l. 17) qui manifestent et imposent l'absurdité de la guerre : c'est donc un acte d'accusation, pourtant difficile à classer dans la catégorie du judiciaire.

**3- Une argumentation rationnelle**

Un tableau d'ensemble de la guerre moderne (termes de généralisation), solidement organisé par l'emploi du présent et les connecteurs logiques (*Si* ; *sans doute... mais* ; *ainsi* ; *Aussi*) et chronologiques (*De plus en plus*). Le paragraphe obéit à une logique ferme.

• **La thèse :** Dans les « appendices » de *L'Homme et le Sacré*, Caillois, comparant la guerre à la fête (l. 8-9), analyse la représentation de la guerre comme un *sacrement*, qui tire son prestige d'un pacte religieux avec l'horreur. La *nature totale* (l. 9) de la guerre moderne rapproche encore davantage celle-ci de la fête.

• **Le plan et les arguments :**

– **L. 1-8 :** raisonnement par concession (*Si... elles n'ont pas*..., l. 1-4 ; *limitent sans doute... mais*, l. 5-8) : contexte et conditions ont changé, mais la *vieille attitude* persiste ; l'*ampleur* de la guerre moderne (l. 7) en témoigne.

– **L. 8-10 :** précision de la thèse (*ainsi*, l. 8) : la *guerre* est *totale*, à la fois massive (*affaire de masse*) et sans risque (*au moindre prix*).

– **L. 10-18 :** les arguments : l'illustration de cette caractéristique par la conséquence (*Aussi frappe-t-on le faible*, l. 10-11) et les formes viles que prend la *tactique* : inégalité des forces, refus d'un engagement direct, attaques masquées, *massacre réciproque* et exploitation des populations civiles.

**4- Portée argumentative des émotions**

Un récit marqué par l'expression de la rage :

– dérision et ironie noire du 1er paragraphe : égalisation des conditions – soldats, prisonniers, civils mêlés dans une indistinction sinistre, les condamnés *pas plus tristes que les autres* –, et incompréhension générale (*qu'on disait... qui n'en savait rien. Nous non plus*, l. 8-9), celle-ci étant reprise par le commentaire final : *sans savoir pourquoi* (l. 19) ;

– désespoir et indignation : champ lexical de l'emprisonnement, de la souffrance et du supplice (*menottes*, *condamnés*, *attachés*, *fusiller*, *enchaîné*, *engueulés*, *menacés*, *torture*, *plier*, *hagards*, *torturés*, etc.), dans la perte de tout repère (*à tâtons*, *sans lumière et sans visage*, *inconnue*) ; omniprésence d'une mort sordide (*ils n'en auraient pas le temps*, l. 6 ; *finir... dans la menace, le purin et le dégoût*, l. 15-16 ; *être étripés...*) ; violence dans l'imprécation (*horde de fous vicieux*, l. 17), dans la syntaxe et les rythmes (phrases nominales, accumulations, ample période, l. 10-19). L'émotion persiste dans le glissement subtil, à l'intérieur même du « récit », d'indices de « discours » : *certains à fusiller* ***demain*** (l. 4).

Le compte rendu d'une expérience révoltante, à la fois individuelle et collective, démystifie (*dupés jusqu'au sang...*) la mythologie héroïque de la guerre.

**5- L'argumentation et les genres**

Trois dénonciations dont l'efficacité est de nature différente suivant le genre littéraire représenté :

• **Texte 1 :** La dénonciation s'inscrit dans une scène de **théâtre**. Elle relève d'un conflit dramatique où s'opposent passionnément deux partis, incarnés par des personnages individualisés ; par la construction du dialogue et la caractérisation des personnages, le dramaturge invite le spectateur à déchiffrer sa critique.

• **Texte 2 :** C'est la subjectivité corrosive de Bardamu, narrateur-personnage auquel s'identifie le lecteur, qui donne la force du pamphlet à ce **roman autobiographique**.

• **Texte 3 :** Dans ce texte d'**essai**, l'argumentation, directe, tire son efficacité de marques de jugement combinées avec la rigueur et la mesure de l'analyse.

## PISTES

**■ Texte complémentaire**
**Roger Caillois, *L'Homme et le Sacré*.**

*On pourra compléter la réflexion sur le texte de Caillois par la lecture de la fin du chapitre, « la guerre totale ».*

Il n'y a plus de champ de bataille bien délimité. Il constituait une étendue réservée, comparable à la lice, à l'arène, au terrain de jeu. Cette enceinte dédiée à la violence laissait du moins tout autour un monde que régissaient des lois plus clémentes. La guerre, désormais, s'étend au territoire entier des nations. Il en va de même pour la durée. Les hostilités ne sont plus ouvertes après une déclaration solennelle qui fixe le moment où commence le feu. On attaque à l'improviste, pour prendre un avantage décisif sur un adversaire étourdi. L'espace ni le temps consacrés au gigantesque duel ne sont donc plus limités et séparés du reste de la durée et de l'étendue, à la façon dont on dispute l'épreuve d'un concours à partir d'un signal donné et entre des bornes convenues.

Simultanément, on constate l'élimination progressive de tout élément chevaleresque ou réglé. La guerre s'en trouve en quelque sorte épurée et rendue à sa parfaite essence. Elle se trouve dépouillée de tout apport étranger à son être véritable, libérée de ce mariage bâtard qu'elle avait contracté avec l'esprit de jeu et de compétition. Car elle qui est « pur crime et pur viol »[1], avait de la façon la plus paradoxale admis la loyauté, le respect de l'adversaire, banni l'emploi de certaines armes, de certaines ruses, de certains coups, établi l'usage d'un cérémonial compliqué, d'une étiquette rigoureuse où l'on s'appliquait à rivaliser de bonnes manières autant que de bravoure et d'audace.



1. Keyserling, *Méditations sud-américaines*, p. 67. (note de l'auteur)

# 1 La raison éloquente



## Un discours personnel

**Montaigne**
***Essais*** p. 257

### « À sauts et à gambades »

#### APPROCHES

■ **Axes d'étude :** L'essai. Écriture de l'essai et écriture poétique. Les métaphores (p. 517).

■ **Préalables :** Un des plus longs des *Essais*, le chapitre « De la vanité » illustre, par la diversité des thèmes traités et par sa composition arborescente, la théorie de l'essai qu'il établit ici.

■ **Vérifier** la compréhension de : *fantastique*, l. 5 (= bizarre) ; *argument*, l. 13 (= sujet) ; *discordamment*, l. 28 (= avec des écarts de sens ou de langage).

#### LIRE : Définition de l'essai

**1- Caractéristiques et métaphores de l'essai**

L'essai selon Montaigne se caractérise d'abord par le **refus d'une organisation claire et rigoureuse** : l'essai offre des développements hors du thème principal (l. 2) et se présente ainsi comme une *fantastique bigarrure* (l. 5-6), c'est-à-dire un assemblage bizarre de choses disparates. Sous le signe de la *muance* (l. 7), l'essai montaignien oublie son *thème* ou son *argument* (l. 13). Le corollaire de ce refus de la ligne droite (on parle souvent de la structure arborescente des *Essais*), c'est l'usage des « fleurs étrangères », ces **morceaux rapportés** qui émaillent le livre, *tout étouffé en matière étrangère* (l. 14), sous forme de citations ou d'anecdotes. Enfin, c'est peut-être l'**allure poétique** qui offre la meilleure définition de l'essai. L'essai partage en effet avec la poésie, non seulement la nonchalance de l'allure, mais aussi le goût de l'allusion et de l'écart langagier : *obligation particulière à ne dire qu'à demi, à dire confusément, à dire discordamment* (l. 27-28). La conscience de plus en plus vive de ces caractéristiques a conduit Montaigne à les amplifier en allongeant les chapitres (l. 23-24), et en adoptant parfois des titres décalés par rapport au contenu (l. 8-9).

Les **métaphores** qui définissent l'essai tournent autour du voyage et du déplacement : *Je m'égare* (l. 2) ; *se laisser ainsi rouler au vent* (l. 7) ; *l'allure poétique à sauts et à gambades* (l. 11) ; *ces gaillardes escapades* (l. 15) ; *Mon style et mon esprit vont vagabondant de même* (l. 19-20). Occasionnellement, Montaigne utilise l'image culinaire, *farcissure* (l. 2).

**2- L'écriture de Montaigne**

La juxtaposition de phrases brèves (l. 1-20), correspond bien à la définition d'un style à *sauts et à gambades*. La légèreté de l'écriture poétique est aussi soutenue par des jeux de sons et de sens : *Je **m'égare**, mais plutôt par licence que par **mégarde*** (l. 2-3). Variation de ton avec l'insertion d'une phrase exclamative (l. 14-16). Pour *dire confusément et discordamment*, l'écriture de Montaigne nuance constamment, refusant l'affirmation péremptoire : *un peu hors de mon thème* (l. 2) ; *Je m'égare, mais plutôt* (l. 2) ; *se suivent, mais parfois c'est de loin, et se regardent, mais d'une vue oblique* (l. 3-4)…

On s'attachera, dans les extraits de Montaigne, à faire ressortir ce goût de la rectification, de la correction et de la nuance, qui s'exprime par des figures stylistiques comme l'hyperbate (l. 7-8) : voir les précisions de l'autoportrait (« **Lire** », 1 et 2, ► p. 365) et de l'introspection (« **Lire** », 1, ► p. 366). Voir également l'insertion de la matière étrangère, comme celle du poème de La Boétie (insertion symbolique d'un poème au sein d'un texte qui revendique l'écriture comme modèle, ► p. 40). Voir aussi le rôle des *allongeails* pour l'art de la nuance (► p. 427). Faire comparer le sens des *Essais* avec et sans les *allongeails*.

**3- Le rôle de l'écrivain et celui du lecteur**

Le rôle de l'écrivain, pour peu qu'il ait pris conscience de la poétique que réclame l'essai, est de la favoriser : travail sur les titres, sur la longueur des chapitres, correspondance avec les œuvres antiques pour l'esthétique des *fleurs étrangères* ; mise en place d'une fiction de dialogue avec le lecteur (par ex., l. 14). Le rôle du lecteur n'est pas, lui, d'aller *à sauts et à gambades* : même si toute une tradition de lecture des *Essais* repose sur l'idée d'un butinage (voir l'expression *par incident*, l. 13), Montaigne attend de son lecteur une attention soutenue : *C'est l'indiligent lecteur, qui perd mon sujet, non pas moi* (l. 16-17) ; *à qui on ne veut donner une seule heure, on ne veut rien donner*, (l. 25).

**Conclusion**

Une page très riche pour une définition à la fois théorique et pratique de l'essai. L'écriture de l'essai s'écarte de la rhétorique traditionnelle pour favoriser une démarche de recherche conforme au mouvement de la pensée et de la vie.

## PISTES

■ **Pour une séquence : L'écriture des *Essais*** (liberté et construction ; la chair des mots ; les réécritures ; la présence du moi) : « De la cruauté », p. 258 ; « De la conscience », p. 259 ; « De la présomption », p. 364 ; « De l'expérience », p. 427.

■ **Bibliographie :** J. Starobinski, *Montaigne en mouvement,* éd. Gallimard, 1993.

*... Essais* p. 258

# De la cruauté

## APPROCHES

■ **Axes d'étude :** L'argumentation. La définition du moraliste.

■ **Préalables :** Évoquer le contenu de la coupure à la ligne 4 : Montaigne estime que la cruauté de certains châtiments ne provoque pas plus d'effet sur le peuple que des condamnations symboliques. Il est donc favorable à un adoucissement de toutes les condamnations. Élucider les allusions au christianisme (l. 2-4) : mise en relief de la contradiction entre la préoccupation du salut des âmes et la barbarie des châtiments ; aux guerres de religion (l. 5-15), occasion d'un fanatisme et d'une cruauté extrêmes.

■ **Vérifier** la compréhension de : *naturels sanguinaires,* l. 28 (= ceux qui sont d'un naturel sanguinaire).

## LIRE : Témoigner, émouvoir, condamner

### 1- Les arguments de Montaigne contre la cruauté

**• Montaigne condamne la cruauté au nom :**

– de la religion : *devrions avoir respect d'en envoyer les âmes en bon état* (l. 2-3) = dénonciation d'une attitude incohérente de la religion qui prêche le salut des âmes et les maltraite ; évocation des prescriptions (l. 35-36) de la *Théologie*, qui interdit la cruauté envers les animaux ;

– des *histoires anciennes*, qui ne fournissent pas d'exemples de cruauté comparables à ceux que procurent quotidiennement les *guerres civiles* (l. 6-7) ;

– de l'humanité et de l'idée qu'il s'en fait : Montaigne ne parvient qu'avec difficulté à se convaincre de la monstruosité de certaines âmes (l. 9) ;

– de sa propre expérience (*De moi, je n'ai pas su...*), en particulier vis-à-vis des animaux (l. 16-24).

**• Le détour argumentatif** par la cruauté envers les animaux montre qu'il s'agit d'une étape vers le traitement cruel des hommes. *Poursuivre et tuer* un animal est pour Montaigne le sommet de la cruauté dans la mesure où celle-ci est purement gratuite, et s'exerce contre un être *sans défense* (l. 17), particulièrement pitoyable (citation latine, l. 21-22). Qui tue un animal est prêt à tuer un homme, c'est du moins ce qu'affirment explicitement la citation d'Ovide (l. 26-27) et le propos de Montaigne (l. 30-31).

### 2- Témoignage personnel et citations

Les *Essais* accordent la première place au **témoignage personnel**, parce que, selon Montaigne, « Chaque homme porte la forme entière de l'humaine condition » (III, 2). L'auteur approfondit sa connaissance de la nature humaine à travers son propre exemple. De manière révélatrice, le dernier chapitre du livre III s'intitule « De l'expérience », reflétant l'importance qu'accorde Montaigne à son expérience particulière. Les lignes 24-25 illustrent bien ce mode de connaissance que privilégie Montaigne : succession de sa propre expérience et de l'expérience d'autrui, ici Pythagore.

Mieux se connaître pour connaître la nature de l'homme, telle est sa démarche ; elle se fonde sur le dialogue avec d'autres écrivains, antiques le plus souvent, présents dans les *Essais* sous la forme de **citations.** La citation latine appuie la démonstration, en constitue le point d'orgue dans le premier cas (l. 15) ; elle est une simple reformulation dans le second (l. 21-22) ; une anticipation sur les l. 30-31 dans le troisième (l. 26-27).

### 3- Un moraliste

On fera distinguer aux élèves les différents sens du mot *moraliste* pour privilégier celui d'« écrivain qui décrit et critique les mœurs d'une époque, et développe, à partir de là, ses réflexions sur la nature humaine » (Lexis).

Montaigne apparaît comme moraliste par sa **capacité d'observation**, par son effort d'objectivité dans la réflexion et le jugement, même s'il prend ici ouvertement parti contre la torture et la cruauté. Cette prise de position sur un sujet qui engage la vie humaine n'est pas moralisante, mais morale.

Le moraliste étudie les mœurs à partir de son propre point de vue, de témoignages, de récits anciens ou contemporains. Montaigne a vu lui-même des atrocités (l. 9) et les a comparées aux histoires des Anciens. Cette page est un approfondissement pessimiste de la **nature humaine** : *Nature a, ce crains-je, elle-même attaché à l'homme quelque instinct à l'inhumanité* (l. 31-32).

L'écriture ouverte et, à sa manière, fragmentaire des *Essais*, c'est-à-dire opposée à toute mise en forme rigide, préfigure les grandes œuvres des moralistes du XVIIe siècle : Pascal, La Rochefoucauld et La Bruyère.

### Conclusion

Une position très moderne sur la torture et sur le traitement infligé aux animaux ; une utilisation du témoignage personnel comme outil de démonstration. Face à la cruauté, Montaigne se montre plus pessimiste sur la nature humaine qu'à son ordinaire.

## PISTES

■ **Pour une séquence : L'humanisme et ses engagements** (thèmes ; valeurs ; conceptions de l'humain ; genres et registres) : Érasme, *Lettre à Sadolet,* p. 27 ; Rabelais, *Pantagruel*, p. 28 ; *Gargantua*, p. 36 ; La Boétie, *Discours de la servitude volontaire*, p. 37 ; Montaigne, *Essais*, p. 259.

■ **Exercice complémentaire : Langue**

Étudiez le vocabulaire et la construction syntaxique de la phrase des l. 8-14. Quels effets sont ainsi obtenus ?

 p. 259

## « Une dangereuse invention »

### APPROCHES

■ **Axes d'étude :** L'art de la démonstration (p. 284). L'ironie (p. 351). La réécriture (les additions, p. 427).

■ **Préalables :** Rappeler l'importance de la torture dans l'organisation judiciaire. La nécessité de l'aveu paraissait l'imposer, en particulier pour les procès de sorcellerie. L'ordonnance de Villers-Cotterêts (1539) avait vulgarisé la pratique de la question. Personne ne la remettait alors en cause autour de Montaigne. Il est en avance sur son temps puisque la torture judiciaire ne sera officiellement abolie en France qu'en 1780.

■ **Vérifier** la compréhension de : *souffrir*, l. 3-4 (= supporter) ; *tourmenter*, l. 26 (= torturer).

### LIRE : La torture en question

#### 1- Une démonstration contre la torture

• La démonstration de Montaigne repose sur deux arguments : la torture est inutile et elle est injuste ; et trois preuves : la simple logique, l'exemple et le regard extérieur sur le système.

– **La torture est inutile** parce qu'elle ne permet pas d'aboutir à ce qui est en principe le but de la justice, la découverte de la vérité : la douleur du supplicié empêche de savoir s'il avoue parce qu'il a commis ce dont on l'accuse ou parce qu'il veut éviter, coûte que coûte, que se prolonge son supplice (l. 1-10, 24).

– **La torture est injuste** parce qu'elle est pire que la mort (l. 28-29).

Ces deux arguments sont étayés par :
– la simple logique, qui devrait condamner la pratique de la torture (voir ci-dessous l'analyse du 1er §) ;
– les exemples anciens, comme celui de Philotas et d'Alexandre (l. 20-21), qui devraient dissuader de l'employer ;
– le regard extérieur d'autres civilisations, *a priori* moins évoluées, qui condamnent cette pratique (procédé de condamnation par l'autre, dit de « la révolution sociologique » [R. Caillois], *Des Cannibales* de Montaigne, *Français 2e*, ▶ p. 436).

• **Le premier** § montre le logicien à l'œuvre :
– affirmation de l'idée à démontrer (l. 1-2) ;
– argument : la douleur empêche l'accès à la vérité. L'argument est présenté sous forme d'alternative : celui qui endure la souffrance cache la vérité et celui qui ne l'endure pas confesse ce qui n'est pas. Alternative supportée par deux questions (l. 4-8) : elle tend à enfermer le lecteur, sans lui laisser d'échappatoire de jugement autre que les deux solutions proposées ;
– examen du point de vue du justicier (l. 9-13) pour le démonter de l'intérieur ;
– conclusion de Montaigne : un moyen incertain et dangereux (= retour à l'affirmation de l'idée).

On fera ressortir l'abondance des liens logiques, *Car* (l. 4, 10) ; *au rebours* (l. 5-6) ; *Pour dire vrai* (l. 13).

#### 2- L'ironie et l'anecdote finale

• **Marques d'ironie :**
– *il advient que celui que le juge a géhenné pour ne le faire mourir innocent, il le fasse mourir et innocent et géhenné* (l. 18-19) : ironie marquée par la proposition finale, qui suppose que le juge veut de toute façon le faire mourir, par la polysyndète *et...et*, et par le chiasme signifiant, qui enferme l'innocence dans la torture : *géhenné... innocent... innocent... géhenné* ;
– ironie à l'égard des nations romaines et grecques qui appellent les autres barbares, mais le sont davantage : *qui les en appellent* (l. 25-26) ;
– le terme *conscience* dans la locution *la conscience de notre justice* (l. 32) ; le terme *grand justicier* (l. 33) ;
– le rapprochement *Condamnation instructive* (l. 39), alliant deux phases de la justice qui devraient être disjointes : l'instruction, puis, éventuellement, la condamnation.

L'ironie fait ressortir le point de vue de Montaigne et lui permet, selon son habitude, de multiples glissements de points de vue entre le sien et celui de la justice.

• **L'anecdote finale** prouve par l'absurde ce que la coïncidence de l'instruction et du châtiment peut avoir d'insoutenable. Ouvrir le ventre du soldat pour savoir la vérité du fait indique que l'on se trouve dans la phase de l'instruction, mais l'acte est en même temps un châtiment irréversible. La phrase *La femme se trouva avoir raison* suggère que la justice n'a eu raison que par hasard ; la femme aurait pu avoir tort, le soldat serait mort pour rien. Montaigne semble ne pas juger, il pose les faits et laisse son lecteur les interpréter.

#### 3- Les additions

Au fur et à mesure des additions, la critique s'affermit.
– La première addition (l. 2-4) renforce l'opinion de Montaigne : la torture ne peut que nuire à la recherche de la vérité.
– L'addition B (l. 15-16) insiste sur le rôle et l'emprise de la douleur, effet de l'âge peut-être.
– L'addition C, la citation de Publius Syrus (l. 17), exprime la même idée et ajoute une nuance d'ironie qui accentue la condamnation de la torture.
– Les additions C (l. 22 et l. 24) soulignent également la distance que prend Montaigne avec les partisans de la torture.
– La version originelle du chapitre se terminait ainsi : *Mais tant y a que c'est le mieux que l'humaine faiblesse ait pu inventer*. On notera le passage de *le mieux* à *le moins mal*, et surtout le paragraphe suivant : Montaigne, contrairement à ce qu'il pensait initialement, ne souscrit plus du tout à la pratique de la torture dont il dénonce l'inhumanité et l'absurdité par un exemple historique et un apologue.

#### Conclusion

La condamnation de la torture est d'autant plus efficace que Montaigne utilise tous les moyens à sa disposition : démonstration rigoureuse (1er §), ironie diffuse, apologue. Ces deux derniers moyens reposent sur la confiance en la capacité de juger du lecteur, invité à faire lui-même le chemin de l'interprétation.

## PISTES

■ **Pour une séquence**

• **L'humanisme et ses engagements** (▶ *supra*, p. 200).

• **Littérature et justice** (cibles et formes de la critique ; quelles propositions ? quelle actualité ?) : Beccaria, *Des délits et des peines*, p. 77 ; Marot, *L'Enfer*, p. 173 ; D'Aubigné, *Lettres touchant quelques points de diverses sciences*, p. 265 ; La Fontaine, *Fables*, p. 326 ; Montesquieu, *Lettres persanes*, p. 336 ; Voltaire, *Traité sur la tolérance*, p. 264 ; Robespierre, *Discours sur le procès de Louis XVI*, p. 282.

■ **Bibliographie :** A. Tournon, *Montaigne, la glose et l'essai*, éd. Champion, 2000.

# Un discours personnel

## Descartes

## *Discours de la méthode* (p. 260)

### « Je pense, donc je suis »

## APPROCHES

■ **Axes d'étude :** Arguments et argumentation (p. 294). La phrase (p. 520). L'essai philosophique.

■ **Préalables :** Rappeler la rigidité de la philosophie issue de la scolastique, toujours dominée par la pensée d'Aristote, le poids des écoles de pensée, l'importance de l'argument d'autorité et de la citation (Montaigne, p. 40), le caractère livresque de l'étude. Préciser que le *Discours* est l'introduction des *essais* scientifiques de la méthode, la *Dioptrique*, les *Météores*, la *Géométrie*.

■ **Vérifier** la compréhension des phrases longues, des négations et doubles négations, l. 11-12, *s'il ne resterait point... indubitable* (= s'il resterait quelque chose d'absolument sûr) ; *je connus... que*, l. 34-35 (= j'en déduisis). Expliquer *y*, l. 1 (= la Hollande où Descartes s'installe de 1628 à 1649).

## LIRE : Intuition et déduction

### 1- Composition du texte

• **Cinq phrases** pour quarante lignes : elles sont longues et complexes.

• **Enchaînements :**

– l. 5 : *dès longtemps remarqué* → observation ;

– l. 12 : *Ainsi* → 1re conséquence ;

– l. 22 : *Mais aussitôt après* → restriction, objection ;

– l. 28 : *Puis* → ajout.

La progression du discours est clairement articulée, à des fins démonstratives. Noter le caractère méthodique, « serré » des liaisons logiques et chronologiques.

### 2- Déductions

• **1er §**

– L. 8-10 : la recherche de la vérité incite à rejeter les opinions douteuses.

– L. 12 : nos sens nous trompent quelquefois ; notre raison aussi ; la pensée ne diffère pas du rêve → il faut penser que tout est illusion.

– L. 24 : je **pense**, donc je suis.

• **2e §**

Le cogito aboutit à la démonstration de l'existence de l'esprit, indépendant du corps (*une substance dont toute l'essence [...] n'est que de penser, et qui pour être n'a besoin d'aucun lieu*, l. 35-37).

### 3- Le moi de Descartes

– **Un moi singulier :** la démarche est individuelle, enracinée dans l'**autobiographie** de Descartes (temps du passé, marques temporelles : *premières méditations*, l. 1 ; *J'avais dès longtemps*, l. 5 ; *alors je désirais*, l. 8, etc.), dramatisée par les péripéties de la découverte ; le philosophe est conscient de la nouveauté de son entreprise (*méditations... si peu communes...*, l. 1-3) ;

– et pourtant **universel** : Descartes ne s'excepte pas de « l'humaine nature » (*sujet à faillir autant qu'un autre*, l. 16) ; il soumet sa méditation à l'examen d'autrui (*afin qu'on puisse juger*, l. 3) ; il conclut par une vérité philosophique d'une portée générale (*je connus de là... une substance... n'est que de penser...*, l. 34-40) ;

– au centre de la *méthode pour bien conduire sa raison et chercher la vérité dans les sciences* (titre complet du discours) : à la fois sujet de la recherche (*je désirais vaquer...*, l. 8) ; moyen de celle-ci, puisque la certitude fondatrice (*je suis*) prend appui sur son expérience de la pensée (*je pense*) ; et objet, puisqu'il vise à se définir lui-même (*en sorte que ce moi, c'est-à-dire l'âme...*, l. 37).

Le moi de Descartes se présente donc comme l'origine et l'illustration vivante d'une méthode de raisonnement, qui n'a pas valeur de prescription mais de témoignage (▶ texte complémentaire).

### Conclusion

Un texte fondateur de la pensée philosophique moderne : par le caractère rigoureux et personnel de la démarche ; par le caractère fondamental d'une réflexion qui s'applique à la pensée elle-même.

## *PERSPECTIVES* (p. 261)

■ **Valéry, *Variété V*.**

**LIRE : Audace de Descartes**

**1- Nouveauté de la démarche cartésienne**

Le rejet du dogme, de la tradition (l. 2-3) et de l'*autorité* (l. 3-4) philosophique pour ne garder que *l'évidence ou [...] l'observation soigneusement vérifiée* (l. 6-7). Il faut penser par soi-même : principe révolutionnaire à une époque où l'on juge vraie une connaissance dans la mesure où elle est cautionnée par les Anciens et où elle a résisté au temps.

**2- Style cartésien**

• **Le *trésor de désir*,** ou la soif de connaissance vraie et certaine, s'exprime par les termes de l'observation, de la réflexion et de la recherche : *remarqué* (l. 5) ; *je désirais* (l. 8) ; *recherche* (l. 8) ; *je voulus* (l. 13) ; *jugeant* (l. 16) ;

*considérant* (l. 18) ; *je voulais* (l. 22) ; *remarquant* (l. 24) ; *je jugeai* (l. 26) ; *examinant avec attention* (l. 28) ; *je connus de là* (l. 34-35).

• La ***vigueur intellectuelle*** se traduit par une expression radicale et absolue : en même temps que le doute, Descartes refuse la demi-mesure (voir le rôle des adverbes, des intensifs, des superlatifs absolus) : *assez fermes* (l. 4) ; *fort incertaines* (l. 6) ; *tout le contraire* (l. 9) ; *absolument faux* (l. 10) ; *aucune chose* (l. 13) ; *si ferme et si assurée* (l. 24-25) ; *très évidemment et très certainement* (l. 32) : Descartes raisonne « passionnément ».

### ÉCRIRE

***La vie est un songe*** : on rappellera la situation de Sigismond : marionnette entre les mains du roi Basyle, qui joue de lui comme de sa créature, il ne sait s'il a rêvé ou vécu son expérience du pouvoir, d'où une méditation sur la destinée humaine vouée à l'erreur, à l'illusion et à la vanité des apparences.

L'exercice permet de préciser la position du philosophe sur « le doute *hyperbolique*, c'est-à-dire poussé à l'extrême. Descartes reprend dans les l. 12-22, phrase 3, afin de les rejeter une fois pour toutes, les arguments traditionnels des sceptiques : 1° erreurs des sens ; 2° faillibilité des opinions individuelles ; 3° illusions des rêves. Dans les *Méditations*, il en ajoutera un quatrième qui est en quelque sorte le doute poussé jusqu'à l'absurde : la supposition d'un *malin génie* qui nous tromperait en tout et pour tout » (Marcelle Barjonnet). Il rejette donc tout ce qui ne lui paraît pas absolument certain, mais se sent contraint de conserver une évidence : la certitude de son existence (l. 24) qui découle de l'activité de pensée, autonome, indépendamment de ce qu'elle pense.

La réfutation reformulera d'abord les arguments des sceptiques, pour leur objecter ensuite l'évidence du *cogito* ; elle conclura à l'« extravagance » de cette « supposition » (fantaisie de poète, fiction séduisante, mais éloignée de toute exigence de vérité). On fera travailler particulièrement l'emploi des connecteurs logiques (▶ Exercice complémentaire), de la première personne et des modalisateurs de certitude.

### PISTES

■ **Pour une séquence : L'essai et la réflexion philosophique** (son objet ; les démarches argumentatives ; styles de l'essai) : Montaigne, *Essais*, p. 427 ; Pascal, *Pensées*, p. 276 ; Rousseau, *Émile*, p. 280.

■ **Exercice complémentaire : Langue**
Vous ferez l'analyse logique de la phrase du 2e § (l. 28-40) en classant les mots subordonnants suivant leur nature et leur fonction.

■ **Lecture cursive :** F. Serror et H. Saboga, *L'Échelle de Monsieur Descartes*, éd. Le Pommier-Fayard, 1999.

■ **Texte complémentaire**

**Descartes, *Discours de la méthode* (I), 1637.**

*Descartes vient d'évoquer les progrès qu'il a faits dans les sciences grâce à la méthode.*

Toutefois il se peut faire que je me trompe, et ce n'est peut-être qu'un peu de cuivre et de verre que je prends pour de l'or et des diamants. Je sais combien nous sommes sujets à nous méprendre en ce qui nous touche, et combien aussi les jugements de nos amis nous doivent être suspects lorsqu'ils sont en notre faveur. Mais je serai bien aise de faire voir en ce discours quels sont les chemins que j'ai suivis, et d'y représenter ma vie comme en un tableau, afin que chacun en puisse juger, et qu'apprenant du bruit commun les opinions qu'on en aura, ce soit un nouveau moyen de m'instruire que j'ajouterai à ceux dont j'ai coutume de me servir.

Ainsi mon dessein n'est pas d'enseigner ici la méthode que chacun doit suivre pour bien conduire sa raison, mais seulement de faire voir en quelle sorte j'ai tâché de conduire la mienne. Ceux qui se mêlent de donner des préceptes se doivent estimer plus habiles que ceux auxquels ils les donnent ; et s'ils manquent en la moindre chose, ils sont blâmables. Mais ne proposant cet écrit que comme une histoire, ou, si vous l'aimez mieux, que comme une fable, en laquelle, parmi quelques exemples qu'on peut imiter, on en trouvera peut-être aussi plusieurs autres qu'on aura raison de ne pas suivre, j'espère qu'il sera utile à quelques-uns, sans être nuisible à personne, et que tous me sauront gré de ma franchise.

▶ LES FORMES DE L'ESSAI

# Les lumières de la raison

**Montesquieu**
***L'Esprit des lois***

p. 262

## Du principe de divers gouvernements

### APPROCHES

■ **Axes d'étude :** La démocratie (principes et risques). L'argumentation (p. 294).

■ **Préalables :** Rappeler que la **première révolution d'Angleterre**, marquée par la décapitation de Charles Ier en 1649 et la prise de pouvoir par Cromwell, est très présente dans les esprits au XVIIIe siècle. S'interroger sur la notion de « **spectacle** » (l. 22) en histoire : un exemple probant, mais surtout un épisode où l'on voit s'affronter des forces contradictoires.

■ **Vérifier** que sont compris : *assez*, l. 22 (= particulièrement) ; l. 44 (= on nomme « avarice » non la cupidité, mais la simple frugalité).

### LIRE : Une démonstration passionnée

#### 1- Des divers gouvernements

• **Opposition monarchie et despotisme :** opposition entre *selon des lois établies* (l. 4) et *selon ses volontés et* *ses caprices* (l. 5). C'est cela, et non pas l'attribution du pouvoir à un seul, qui détermine la nature de ce pouvoir.

• **Pouvoir monarchique et démocratie :** le premier est plus autoritaire (l. 8-11), il ne dépend pas de l'existence (aléatoire) de la vertu, ou « civisme », (l. 12-16) qui seule permet au peuple de s'appliquer à lui-même les lois ; s'il décline, la faute en revient à des individus (le roi lui-même ou ses conseillers) susceptibles de se corriger (l. 17-19), alors que le déclin du gouvernement démocratique est dû à une corruption de son principe même (l. 19-21, 39-48).

**2- Les termes de la rigueur et de l'évidence**

On relève : *confirmé par le corps entier de l'histoire, conforme à la nature des choses, il est clair* (l. 12-13), *Il est clair encore* (l. 17), *spectacle* (l. 22) ; et l'usage généralisé de l'indicatif assertif (présent général).

Souci d'assurer la continuité logique : *Ce que je dis* (l. 12), connecteurs (*Car*, l. 13 ; *encore*, l. 17 ; *Mais*, l. 19), disposition en paragraphes des trois exemples pris dans l'histoire de plus en plus éloignée. L'opposition entre passé et présent (imparfaits ≠ présents, *Autrefois*, l. 45 ≠ *pour lors*, l. 46) structure la fin du texte.

**3- Démonstration vivante**

Apparent détachement de l'observateur, qui ne manifeste pas de préférence personnelle pour un régime, mais constate avec tristesse les effets de la faiblesse humaine. Dans les exemples, dont le premier est emprunté à l'histoire récente :

– énergie d'un vocabulaire (*étonné*, l. 27 ; *comme un esclave*, l. 42) qui est celui de la dynamique (*mouvements, chocs* et *secousses*, l. 28) ou du combat (*tous les coups*, l. 33) ;

– personnification des masses (*le peuple*, l. 27 ; *Rome*, l. 30) perçues comme incapables de se sauver par elles-mêmes ;

– effet d'accumulation (l. 39-48) aboutissant à une restriction *n'est plus que* (l. 47), soulignant en fin de paragraphe l'opposition entre les termes essentiels : *république, quelques citoyens, tous* et *force, pouvoir, licence* ;

– structure de phrases de plus en plus brèves, simples, qui rendent frappantes les oppositions.

**Conclusion**

Une réflexion de morale politique : Montesquieu raisonne à la fois sur des principes théoriques et à partir des leçons de l'histoire. La raison et la morale sont ici complémentaires : le contraire du cynisme politique.

## ÉCRIRE

On soulignera la cohérence de la pensée politique de Montesquieu, qui annonce dans l'apologue ce qu'il développera dans l'essai (« **Écrire** », ► p. 330) :

– la **nature** et les **principes** des gouvernements **démocratique** et **monarchique**. *Lettres persanes* (l. 2, ► p. 330) : c'est le *peuple en corps* qui décide de changer de régime politique ; avant cette décision, la liberté des Troglodytes était fondée sur la reconnaissance de lois dictées par la *vertu* (l. 4, 14, 15, 21) ; à rapprocher des l. 1-2 et 11, 15-16 dans *L'Esprit des lois : un ressort de plus, qui est la VERTU ; celui qui fait exécuter*... De même, au choix réfléchi du vieillard comme roi (l. 1-4, ► p. 330), correspond la définition de la nature du gouvernement monarchique (l. 3-4, ► p. 262) ; celui-ci n'a pas besoin de *probité* (l. 9) pour se maintenir, comme le déplore le vieillard troglodyte (l. 14, 15, 20-21, 23-24, 27-28).

– La ***corruption de la république*** (l. 21), due à l'affaiblissement de la vertu civique : elle se caractérise par un changement général des mentalités (intérêt personnel, appât du gain, individualisme, l. 39-48), que signale déjà le discours des *Lettres persanes* (l. 18-20).

Le régime démocratique apparaît chez Montesquieu comme un idéal fragile, réservé à des sociétés de taille réduite, et auquel succède presque nécessairement un régime monarchique.

## *PERSPECTIVES* (p. 263)

### ■ Montesquieu, *L'Esprit des lois* (XI, 3).

**LIRE : Liberté et démocratie**

**1- De nouvelles précisions**

La définition de la *liberté politique* éclaire le sens du mot employé dans le texte précédent (*rendre à Rome la liberté*, l. 30 ; voir *on était libre avec les lois*..., l. 41), dans les *Lettres persanes* (► p. 330) et le dernier paragraphe : en faisant primer son intérêt personnel (l. 39-48, ► p. 263), l'individu ne se rend pas compte qu'il se prive de toute défense, que la liberté dont il se réclame est bafouée, qu'il fait *ce qu'on ne doit pas vouloir*. Les principes, implicites dans les dernières lignes de la p. 263, sont ici explicités : le lien nécessaire entre le gouvernement, la loi, le citoyen. Cette définition de la liberté par les lois justifie aussi leur importance pour la définition du pouvoir monarchique contre le pouvoir despotique (l. 4, ► p. 262).

**2- Le fondement de la liberté**

Montesquieu donne trois définitions de la liberté qui reposent sur des conceptions différentes de la volonté individuelle et des rapports entre les citoyens.

– *Le peuple paraît faire ce qu'il veut* (l. 1-2) : il n'obéit qu'aux lois qu'il s'est données. Mais on ne sait selon quels principes celles-ci ont été données. Le risque est que l'intérêt personnel prime. Le seul point de vue est celui de la volonté et du pouvoir de la réaliser.

– *Pouvoir faire ce que l'on doit vouloir* (l. 6-7) : le citoyen doit être assez conscient de ses devoirs envers ses semblables pour ne vouloir que ce qui est bon pour l'État. *Droit de faire*... (l. 11-12) : les lois ayant été établies pour le bien de l'État dans le respect des droits de l'individu, le citoyen ne peut agir qu'en s'y pliant ; s'y opposer (l. 12-13) reviendrait à remettre en cause sa propre sûreté. Cette définition repose sur le lien étroit entre droits et devoirs, conçus comme indispensables, et sur le respect mutuel que se portent les citoyens.

– *N'être point contraint de faire*... (l. 7-8) : les lois doivent respecter les principes du droit ; nul ne doit être contraint de faire ce qui est contraire au droit. L'essentiel est la conception de la loi.

**DIRE**

Montesquieu définit la **liberté du citoyen** dans le cadre de la loi : celle-ci, dans une démocratie, fixe pour tous des droits et des devoirs dans les domaines qui intéressent la vie publique ; la liberté a pour limites les droits d'autrui et engage la responsabilité du citoyen : la liberté d'opinion, d'expression, de réunion, de circulation ne peut être garantie que par l'établissement et le respect de règles dont on fera valoir le bien-fondé… et les limites, si le citoyen n'est capable d'obéir qu'à la coercition et à la répression, si la loi, scélérate, ménage inégalités et passe-droits.

L'**indépendance** consiste à être exempté de contrainte matérielle ou morale, à penser ou *faire ce que l'on veut*, sans être soumis à une influence ou une domination extérieure, dans des domaines qui ne relèvent pas entièrement du législateur : contrainte alimentaire, hiérarchie professionnelle, autorité familiale, préjugés. On fera remarquer la relativité de la notion, l'indépendance dans un domaine ayant bien souvent sa contre-partie dans un autre.

## PISTES

■ **Pour une séquence : L'essai et la réflexion politique** (types de gouvernement ; individu et collectivité ; un régime idéal ? ; les modes d'argumentation) : La Boétie, *Discours de la servitude volontaire*, p. 37 ; Rousseau, *Du Contrat social*, p. 80 ; Diderot, *Encyclopédie*, p. 81).

■ **Exercice complémentaire : Écriture**
Dans quelle mesure peut-on comparer les vues de Rousseau sur la liberté (p. 80) à celles de Montesquieu ?

■ **Bibliographie :** G. Benrekassa, *Montesquieu, la liberté et l'histoire*, L. G. F., 1987.

## …Les lumières de la raison

## Voltaire
## *Traité sur la tolérance*

p. 264

# « Le supplice de Jean Calas »

## APPROCHES

■ **Axes d'étude :** La justice. La liberté de pensée. L'argumentation (p. 294).

■ **Préalables :**
La **situation** de Voltaire : sage écouté de l'Europe entière, mais toujours menacé et contraint de vivre à la frontière de la Suisse et de la France, Voltaire offre jusque-là aux élèves une **image** incomplète ou contrastée : le brillant conteur, qui aime manier l'ironie, l'auteur du *Mondain* qui proclame l'importance des plaisirs, le rationaliste obstiné est aussi un homme plein de compassion qui s'enflamme pour les victimes d'une erreur judiciaire.

Les **usages judiciaires** : on peut souligner au départ ce que la condamnation de Calas a de banal (l'usage de la torture pour obtenir l'aveu est conforme aux usages du temps) et de révoltant ; la « question préparatoire » (pour obtenir l'aveu) a été abolie en 1780, la « question préalable » (pour obtenir le nom des complices) a été abolie en 1791, la peine de mort en 1981. À partir d'un cas particulier, c'est tout un système que Voltaire dénonce.

■ **Vérifier** que la situation des protestants au XVIII$^{e}$ siècle est connue (p. 70) ; que sont compris : *confondus*, l. 33 (= réduits au silence). ***Perspectives*** **:** *Lieutenant civil* (l. 30), *Lieutenant criminel* (l. 37) (= magistrats qui se partagent au XVI$^{e}$ siècle des charges de justice et de police. Par métonymie, *Sceaux*) ; l. 31 (= ministère de la Justice).

## LIRE : La rigueur de l'évidence

### 1- Le plan du texte

• **§ 1, les principes** : la justice ne doit reposer que sur l'évidence, et doit entraîner l'unanimité. Affirmation générale de ce qu'il faut faire (*devrait*, l. 2 ; *devraient*, l. 3 ; *doit*, l. 4), définition de la justice et des précautions dont elle doit s'entourer compte tenu des capacités humaines (*faiblesse*, *insuffisance*, l. 5 ; *misère*, l. 7).

• **§ 2, l'examen des faits particuliers** : ils auraient dû entraîner au moins le doute : on part d'une certitude, Calas n'a pu agir seul (l. 11-13). Pour démontrer sa culpabilité, on est obligé de recourir à une supposition (l. 13-15) qui repose sur des présupposés tout aussi impossibles les uns que les autres (*absurde*, l. 17), alors qu'il faudrait qu'ils soient tous incontestables.

Le § 2 illustre l'idée que nous sommes moins *humains* que les Grecs (l. 10), car en l'occurrence non seulement il n'y a pas *évidence sensible à tout le monde* (l. 3), mais il devrait y avoir au moins *doute* (l. 4). La référence à la démocratie athénienne sert à la fois de modèle mythique et d'exemple : notre civilisation aurait-elle régressé depuis l'Antiquité ?

• **§ 3, double conclusion** des arguments développés dans le § 2 : sur le **fait** (le crime n'a pu être commis par les accusés) et sur le **droit** (Calas n'aurait pas dû être condamné seul).

• **§ 4, la preuve** que recherchaient les juges (= l'aveu) : elle devient la preuve de l'innocence de Calas ; celui que l'on voulait confondre par la torture laisse *confondus* (l. 33) ses juges et ses bourreaux.

Voltaire refait l'instruction : le procès de Calas devient celui de ses juges.

### 2- Les arguments de Voltaire

– Impossibilités physiques, d'ordre matériel (l. 11-13 et 22-25).

– Impossibilités morales, d'ordre religieux (l. 17-19) ou affectif (l. 21).

– Impossibilité provenant de la conjonction de plusieurs facteurs dont chacun séparément est peu vraisemblable (l. 19-22).

On notera le caractère méthodique de l'argumentation : les différents coupables possibles sont énumérés (l. 14-15), puis envisagés successivement ; les indices qui auraient dû apparaître sont détaillés (l. 23-25).

### 3- Le ton du texte

Voltaire justicier parle au nom de l'humanité (*notre raison*, *nos lois*, l. 5) et de la raison (§ 3). Il prétend s'effacer derrière les faits, qui semblent parler d'eux-mêmes (§ 2). Mais ces affirmations ne sont pas purement théo-

LITTÉRATURE ET ARGUMENTATION

riques : le vocabulaire est chargé d'émotion (*affreux supplice*, l. 2 ; *crime si inouï*, l. 3 ; *faire trembler*, l. 4 ; *misère*, l. 7), affectif (*aimer*, l. 19 ; *ami*, l. 20 ; *mère tendre*, l. 21). L'indignation est contenue : la phrase est longue, soutenue par des anaphores (*Comment*, l. 17, 19, 21, 22 ; *sans*, l. 23-24) ; allusion (*très inutilement*, l. 9). La brièveté est parfois plus efficace que la véhémence (*Comment une mère… son fils*, l. 21).

Raison et compassion se mêlent intimement ; la rigueur implacable du raisonnement s'allie à l'efficacité de l'émotion. L'image de Calas mourant, martyr innocent (l. 33-35), confère à ce texte démonstratif une dimension exemplaire, quasi religieuse.

### Conclusion

Un engagement resté justement célèbre : dicté par la révolte de la conscience morale contre l'injustice, il s'inscrit dans un combat de tous les temps.

## *PERSPECTIVES* (p. 265)

■ **D'Aubigné, *Lettres touchant quelques points de diverses sciences.***

### LIRE : Pour une justice vigilante

**1- Une démarche intelligente**

• Les preuves semblent accablantes contre l'accusé : aspect bestial, l. 4 ; indices matériels – un « flagrant délit » ! –, l. 6-9 ; aveu de la série des crimes, l. 10, 17, 25-26 ; aveu de lycanthropie, l. 17-19. L'enquête est donc vite bouclée (l. 26), la sentence n'offre pas matière à discussion (l. 26-28). La démarche du juge est intelligente car il ne se satisfait pas de ces apparences, mais, par une expérience très simple (l. 34-36), qui prend appui sur les aveux mêmes du *brutal*, il prouve l'innocence d'un malheureux accusé à la tête dérangée.

• La conduite du récit souligne cette intelligence : à l'accumulation outrancière des charges – des aveux à volonté qui auraient dû alerter les enquêteurs – s'oppose la brièveté décisive de l'interrogatoire au discours direct : fulgurante démonstration. C'est après coup seulement que l'effet en est commenté par la comparaison (*comme un coup de marteau…*, l. 38-39). De même, l'attitude du juge est d'autant plus mise en valeur que le narrateur a raconté l'enquête d'un point de vue neutre, objectif, tout extérieur (l. 1-29). Son éloge du juge (l. 30-31), les qualifications dépréciatives de l'accusé (*ce malheureux*, l. 27 ; *ce brutal*, l. 34 ; *ce monstre*, l. 35), dont on perçoit rétrospectivement l'ironie, prennent un relief tout particulier.

**2- Les dysfonctionnements de la justice**

• Les mécanismes de l'**erreur judiciaire** : dans les deux cas, à l'arrière-plan, **préventions** des magistrats : croyance populaire aux loups-garous au XVIe siècle (l. 1-2), préjugés anti-protestants au XVIIIe siècle (Voltaire : *les juges qui étaient décidés…*, l. 30-31) ; légèreté de l'enquête et du jugement (qui négligent les anomalies dans le comportement du « loup-garou » ; qui négligent la vraisemblance la plus élémentaire dans le cas de Calas, ▶ question **2**) ; inconscience de l'enjeu (Voltaire : *affreux supplice*, l. 2 ; D'Aubigné : *une peine de laquelle…* l. 26-29) : la cruauté du système judiciaire ne rend pas les procédures plus soignées.

• **Les procédés de la critique :**

– **D'Aubigné** : le récit d'une anecdote rapportée à l'écrivain. La portée critique surgit de la confrontation entre la conduite de l'enquête et la contre-épreuve menée par un juge éclairé. Le narrateur s'efface, laissant le lecteur à même de tirer ses conclusions.

– **Voltaire** : une démonstration rigoureuse, qui examine point par point les pièces du procès et détaille les contradictions et les absurdités de l'accusation ; un engagement passionné du philosophe (▶ question **3**).

### DIRE

On doit attendre d'un juge :

– **des qualités intellectuelles :** capacité d'observation et perspicacité (face au comportement d'un accusé : des *yeux hâves et furieux* signalent plutôt un insensé qu'un criminel « loup-garou »… ; dans l'analyse des rapports familiaux chez les Calas : le meurtre du fils est impossible…) ; esprit de logique (pour repérer les inconséquences d'une hypothèse) ;

– **des qualités morales :** indépendance d'esprit par rapport aux autres juges (Voltaire, l. 31), aux opinions et aux préjugés ambiants ; pondération dans le jugement (en cas de doute, le *jugement de mort* est à proscrire, comme chez les Grecs, Voltaire, l. 7-10) ; en règle générale, humanité et sens des responsabilités ;

– **des qualités professionnelles :** la sagacité dans la conduite d'un interrogatoire (D'Aubigné, l. 34-36).

### ÉCRIRE

Une leçon de prudence pour tous : l'établissement de la vérité est incertain ; pressions, contraintes, brutalités ne peuvent que fausser le jugement (Montaigne, Voltaire) ; les indices, les « preuves », les aveux mêmes ne sont pas toujours décisifs (D'Aubigné) ; le juge peut être aveuglé par des idées préconçues et des passions ; le sens de l'humain, le souci de la mesure et l'esprit critique s'imposent.

En ce sens les textes sont toujours d'actualité. Certes, dans les démocraties modernes, le justiciable est davantage protégé de l'arbitraire, les pratiques de l'ancien système pénal n'ont plus cours ; mais comme le soulignent des affaires restées célèbres, les préjugés et la mauvaise foi (Dreyfus), la raison d'État, la simple négligence peuvent toujours déterminer des anomalies, erreurs ou fautes graves en cours d'instruction (Seznec, Omar Raddad). Risque d'erreur judiciaire, disproportion et inégalité des peines suivant la condition de l'accusé…, aucune institution judiciaire n'est à l'abri de l'injustice. Aucune société n'est à l'abri non plus d'un retour épisodique ou institutionnel de la barbarie (rétablissement de la peine de mort aux États-Unis : 716 exécutions depuis 1976, titrait naguère *Le Monde*… et de combien d'innocents ?), sous l'influence de partis et d'opinions dévoyés.

## PISTES

■ **Pour une séquence : Littérature et justice** (▶ *supra*, p. 202).

■ **Lecture cursive :** Voltaire, *L'Affaire Calas.*

...Les lumières de la raison

**Rousseau**
***Discours sur l'inégalité***

p. 266

# « Le premier qui ayant enclos un terrain »

## APPROCHES

■ **Axes d'étude :** Récit et argumentation (p. 294 et 350). L'homme de la nature. Inégalité et propriété.

■ **Préalables :**
La problématique de Rousseau : une **conception nouvelle de l'état de nature** ; ses prédécesseurs (le théoricien du droit naturel, Hobbes) y projettent à leur insu des traits caractéristiques de la société civile ; Rousseau remonte par hypothèses et **conjectures** vers l'homme naturel à partir des *plus simples opérations de l'âme humaine*, vers un état *qui n'a peut-être jamais existé* mais qu'il faut penser pour comprendre comment est née l'inégalité dans l'Histoire.

Rappeler le propos de la première partie du *Discours*, consacrée à l'état de nature ; évoquer la ***perfectibilité***, cette virtualité innée à l'espèce, que l'entrée dans l'âge de la propriété va développer ; insister sur le fait que Rousseau ne désire pas ramener l'espèce vers la vie sauvage, mais recherche un type de société qui rende à l'individu une liberté équivalente à celle qui était la sienne dans l'état de nature (p. 80).

## LIRE : Récit ou démonstration ?

### 1- Caractéristiques négatives de l'état de nature

– **L. 1-13 :** une antithèse de l'état de civilisé : sans rapports sociaux ni affectifs (l. 10), l'homme primitif est un être autarcique régi par ses seuls besoins (l. 4-6), sans langage verbal, sans techniques (l. 1-2) et sans mémoire (l. 7-9), dont les facultés stagnent depuis des générations (l. 10-13).

– **L. 29-39 :** une **vie d'animal solitaire** : dépourvu de tout autre sentiment que celui de son existence et de sa conservation (l. 29-30), c'est un *animal borné d'abord aux pures sensations* (l. 37-38), un être d'instinct ignorant l'amour (l. 33-34), sans famille ni attachements (l. 35-36).

Cet état n'est **ni heureux ni malheureux**, puisque l'homme ignore encore le désir et l'affectivité et qu'il est incapable d'une réflexion détachée du besoin immédiat. La 1re partie du *Discours* indique qu'il pouvait **n'en jamais sortir** sans le *concours fortuit de plusieurs causes étrangères qui pouvaient ne jamais naître...*

### 2- La rupture de la chronologie

Résumant sa 1re partie, Rousseau écrivait que *l'inégalité est à peine sensible dans l'état de nature*, annonçant qu'il lui restait *à montrer son origine, et ses progrès dans les développements successifs de l'esprit humain*. Le lecteur est donc surpris de l'ellipse narrative qui le confronte au premier propriétaire à l'ouverture de la 2e partie, comme si l'histoire annoncée de l'inégalité commençait *in medias res*. Mais l'auteur s'engage bientôt à combler l'ellipse par une analepse qui reprend(ra) *les choses de plus haut* (l. 26). Ce mode de présentation mime donc dramatiquement l'irruption de la propriété dans l'histoire de l'espèce, tout en livrant d'emblée le schéma de l'inégalité sociale dans la forme suggestive d'un mythe d'origine.

### 3- La rapidité des progrès

Rousseau retrace ainsi la préhistoire de la mutation par laquelle l'homme est arraché à l'état de nature, celle des **progrès de l'esprit humain** : progrès techniques (l. 54) nés de la lutte pour survivre (*il fallut*, l. 40-53) ; sédentarisation des premières familles (l. 57-64), développement de l'affectivité (l. 72) et différenciation des tâches entre les sexes (l. 79-81) ; création des premiers besoins artificiels (l. 89-90). Ce changement s'inscrit dans un enchaînement rigoureux, à la fois logique et chronologique, de causes et d'effets, chaque progrès en engendrant d'autres suivant un processus cumulatif (*bientôt... il fallut*, l. 39-40 ; *il fallut*, l. 45 ; *Ces premiers progrès... de plus rapides*, l. 54-55 ; *première révolution*, l. 62 ; *Bientôt*, l. 57). La **rapidité de ce processus** est soulignée par les verbes et substantifs connotant l'action : *vaincre*, *atteindre*, *combat*, *surmonter*, *combattre*, *disputer*, etc. et par le lexique de l'apprentissage : *apprendre*, *s'appliquer aux exercices*, *se rendre agile*, *apprit* (l. 40-53) ; à partir de la l. 39, par l'usage du passé simple, la structure énumérative des phrases, avec resserrement rythmique (par exemple, contraste de l'ampleur des l. 40-45 avec le mouvement ternaire plus rapide des l. 45-46) ; par le connecteur temporel *bientôt* (l. 39, 48, 57), le lexique de la vitesse (l. 45, 55), les comparatifs (l. 55-56).

### 4- Lexique du dernier paragraphe : la thèse

Le lexique relatif à des progrès (*instruments*, *inventés*, *commodités*...) qui devraient être libérateurs (*jouissant d'un fort grand loisir*, l. 87-88) est contrebalancé par celui de la contrainte (*joug*, *s'imposèrent*) et de la frustration (*maux*, *privation... cruelle*, *malheureux de les perdre*) : le loisir procuré par le progrès provoque des inventions qui améliorent le confort mais suscitent des besoins artificiels nocifs (antithèses des l. 93-95).

Les progrès s'accompagnent nécessairement de contreparties négatives, comme l'ont annoncé les l. 62-71 (si les premières techniques favorisent la sécurité et la stabilité des premières familles, l'embryon de propriété que constitue l'habitation provoque l'esprit de conquête et de vol, ainsi qu'une première inégalité entre *forts* et *faibles*) et 74-85 (si *l'habitude de vivre ensemble* favorise l'affectivité et facilite la lutte pour la survie en répartissant les tâches entre les sexes, cette facilité même est un facteur de dégénérescence).

### Conclusion

Un texte révolutionnaire du point de vue anthropologique, et dérangeant dans le champ des Lumières : critique du progrès, critique des fondements sociaux de l'inégalité ; critique audacieuse des présupposés de la pensée politique classique ; mais aussi une écriture visionnaire et la création d'un mythe.

## PISTES

■ **Pour une séquence : L'idée de progrès au siècle des Lumières** (définition, historique ; controverse) : Voltaire, *Le Mondain*, p. 78 ; Rousseau, *Discours sur l'origine de l'inégalité*, p. 79 ; Condorcet, *Esquisse d'un tableau...*, p. 268.

■ **Lectures cursives :** D. Morris, *Le Singe nu*, 1967, éd. Bernard Grasset, 1968 ; R. Lewis, *Pourquoi j'ai mangé mon père*, 1960, éd. Actes Sud/Babel, 1990.

# ...Les lumières de la raison

## Condorcet
## *Esquisse d'un tableau...*

p. 268

# « Des progrès futurs de l'esprit humain »

## APPROCHES

■ **Axes d'étude :** L'argumentation (p. 294). Le progrès.

■ **Préalables :** Le terme **progrès** est **toujours déterminé** ici (*progrès de l'égalité*, l. 2-3 ; *de la société*, l. 13 ; *de la civilisation, de l'instruction et de l'industrie*, l. 18-19 ; *dans les principes de conduite et dans la morale pratique*, l. 30 ; [des] *sciences*, [de] *la civilisation*, l. 35 ; *de leurs colonies*, l. 53-54). On peut distinguer les emplois où le déterminant représente le domaine où sont accomplis des progrès (l. 2-3, 18-19, 29-30, 35) et ceux où le progrès est rapporté à celui qui l'accomplit (l. 13, 53-54). Ainsi le progrès n'est pas donné comme un absolu, mais cantonné à un domaine précis. À noter aussi la présence du mot ***civilisation***, apparu au XVIIIe siècle, et que Voltaire n'emploie pas.

## LIRE : Raison et foi dans l'avenir

### 1- Le plan du texte

• **Trois questions** sont énoncées (l. 1-3) : inégalité de nation à nation, d'homme à homme dans un même peuple, d'homme à homme dans l'histoire.
– La première est développée dans les l. 4-10, où sont opposés les peuples *éclairés* et *libres* (l. 5), *Français et Anglo-Américains*, et les peuples marqués par la *servitude, la barbarie, l'ignorance* (l. 7-8).
– La seconde est traitée de la l. 11 à la l. 26 (différence *entre les différentes classes...*, l. 12).
– La dernière (l. 27-38), introduite par *Enfin*, aborde le perfectionnement de *l'espèce humaine* (l. 27).
• Cette **démarche théorique** doit trouver une **confirmation dans l'expérience** (observation du passé, l. 34-35, et *analyse*, l. 36), et justifier une **hypothèse** : *la nature n'a mis aucun terme à nos espérances* (l. 37-38).
• Le passé (Révolution incluse) est examiné de manière à inspirer une marche à suivre (emploi du futur, l. 44, 46, etc.) : répandre les *principes de la Constitution française* (l. 40), déjà reconnus par *tous les hommes éclairés* d'Europe (l. 41), à l'ensemble des nations européennes (l. 46-51), puis à leurs colonies (l. 52-66), qui n'auront plus à souffrir de leurs conquérants, comme par le passé (l. 58-63), mais tout à gagner.

La démarche est donc méthodique, voire pédagogique – ce qui correspond à l'idéal des Lumières.

### 2- Quels progrès ?

Les progrès doivent améliorer le bien-être de l'homme, aux niveaux individuel et collectif. Dominés par l'homme, ils ne font que le servir : on est loin de l'idée de Progrès (avec majuscule) sacralisée au XIXe siècle sous les espèces du machinisme ou de la technique. Le progrès de Condorcet est d'abord un **humanisme**. Toujours subordonné au bien-être de l'homme (l. 29), le progrès matériel, *dans les sciences et dans les arts* (l. 28), est le préalable à un progrès *dans les principes de conduite et dans la morale pratique* (l. 30). Le couronnement en est le *perfectionnement réel des facultés intellectuelles, morales et physiques* (l. 31), sous-tendu par la croyance en un idéal fini.

### 3- Les sentiments de Condorcet

Les nations « civilisées » (française et anglo-américaine) ont toute l'admiration de Condorcet (*les peuples les plus éclairés, les plus libres, les plus affranchis de préjugés*, l. 5-6) parce qu'elles incarnent un véritable idéal : c'est là que l'on trouve les *hommes éclairés* (l. 41), à partir desquels les Lumières peuvent rayonner sur le monde entier.

Aussi l'attitude de Condorcet envers les *Indiens*, les *peuplades africaines*, les *sauvages* (l. 7-8) des *colonies* (l. 52-66), peut-elle paraître condescendante, voire méprisante ou intolérante : il s'agit de *civiliser ou faire disparaître... les nations sauvages* (l. 56-57), d'imposer aux nations soumises les valeurs européennes. Mais ces valeurs sont reconnues comme **universelles** ; ce sont celles des droits de l'homme que précisément la colonisation a indignement bafouées (l. 58-63). À l'époque de Condorcet, le mépris pour les « sauvages » auxquels sont déniées toute ancienneté, toute spécificité, est unanimement partagé – on ne connaît d'ailleurs rien des civilisations africaines ou d'Amérique du Nord, même si depuis Voltaire on admet l'ancienneté et la richesse des civilisations asiatiques. La *supériorité de nos lumières* (l. 62-63) s'entend donc comme un bien à partager avec des frères humains ; la **« supériorité »** doit être **ce qui permet l'égalité**, non ce qui renforce l'inégalité. On notera aussi le retour du mot *espérances* (l. 1 et 38) : le tableau historique doit déboucher sur une vision d'avenir.

### Conclusion

L'optimisme de Condorcet peut paraître naïf, mais il est assez cohérent et convaincant pour insuffler un élan, dessiner un nouvel horizon intellectuel et moral. Condorcet, disciple de Voltaire et lecteur de Montesquieu, est un pont entre le siècle des Philosophes et l'époque moderne.

### ÉCRIRE

• Cette *espérance* repose sur la conviction que des **principes sûrs et universels** ont été trouvés (l. 39-45), qu'ils ont commencé à se diffuser, qu'ils sont applicables par toutes les nations, même s'ils doivent être modulés. Or l'universalité des droits de l'homme n'est guère contestée au XXe siècle – en théorie – mais sont-ils appliqués ?

• Condorcet se propose un idéal qu'il pense réalisable (l. 64) : l'**égalité entre les hommes** (que Voltaire n'approuve pas, cf. *La Philosophie de l'histoire*). On peut toujours l'envisager comme un idéal, mais en observant que le fossé entre nations et entre individus ne s'est pas forcément réduit.

• L'idée d'un *perfectionnement* de l'espèce humaine est ce qui pose le plus de difficultés aujourd'hui : si l'on peut parler d'**évolution**, rien n'indique qu'elle se fasse dans le sens d'un progrès *dans les principes de conduite*... (l. 30) ; néanmoins, ne serait-ce pas méconnaître une évolution générale qui nous échappe ? Le statut des personnes, le respect pour autrui, la mobilité sociale, autant de points parmi d'autres pour lesquels l'idéal est loin d'être atteint, alors même que des progrès considérables ont été accomplis.

### DIRE

• **Des points communs :** des progrès centrés sur la recherche du bonheur dans le bien-être (Voltaire : abondance, raffinements des *plaisirs* et des *arts* ; Rousseau : des *commodités inconnues à leurs pères* ► « **Lire** » **3** et **4** ; Condorcet, ► « **Lire** » **2**), très loin de la conception abstraite et sacralisée du siècle suivant ; des progrès matériels associés à un développement de *l'esprit humain* (affectif, social : Voltaire, *amour* et *propreté*, *luxe* et échanges ; Rousseau, l. 54-63, 72-77 ; intellectuel et moral : Condorcet, l. 27-33).

• **Des perspectives différentes :**

– **Voltaire :** contre la vision biblique idéalisée de l'homme primitif (la *pure nature*), contre un christianisme ascétique, un éloge provocateur de toutes les délicatesses de la « civilisation » : l'intention polémique l'emporte.

– **Rousseau :** une vision anthropologique critique : les progrès de l'humanité ont contribué à l'instauration de l'inégalité et à son cortège de *maux* (► « **Lire** » **4**).

– **Condorcet :** une *esquisse* optimiste de l'avenir où la réduction des inégalités et l'émancipation des hommes, sous toutes ses formes, s'annoncent comme le véritable progrès.

### PISTES

■ **Pour une séquence : L'idée de progrès au siècle des Lumières** (► *supra*, p. 208).

■ **Exercice complémentaire : Langue**
Vous étudierez la métaphore des lumières (l. 5, 11, 21, 41, 63).

■ **Bibliographie :** J. Starobinski, *Les Emblèmes de la raison*, éd. Flammarion, 1973 ; K. Baker, *Condorcet : raison et politique*, éd. Hermann, 1988.

► LES FORMES DE L'ESSAI

# Aux marges de l'essai

## La Bruyère
## *Les Caractères*

p. 270

## « Certains animaux farouches »

### APPROCHES

■ **Axes d'étude :** L'écriture fragmentaire. Les figures de style (p. 516). L'implicite (p. 350). La critique sociale.

■ **Préalables :** Rappeler la **condition des paysans** au XVIIe siècle ; ils représentent 80 % de la population française, mais cette masse ne constitue pas un tout homogène. Leurs conditions de vie varient selon les régions, les périodes, et l'importance de leur exploitation. C'est la noblesse, l'Église et la bourgeoisie qui détiennent le plus souvent les terres que les paysans cultivent. Pressurés par des prélèvements fiscaux de toutes sortes, ils sont aussi à la merci des catastrophes naturelles (aléas climatiques, épidémies...).

■ **Vérifier** que sont compris : *goutte*, l. 2 (= maladie qui se traduit par des atteintes articulaires) ; *débile*, l. 8 (= faible) ; *livides*, l. 21 (= de couleur plombée, virant au blanc ; blêmes) ; *fourrures*, l. 33 (= bandes d'hermine sur la robe des magistrats) ; *parchemins*, l. 34 (= arbres généalogiques) ; *titres*, l. 34 (de noblesse).

Préciser que la maxime 126 conclut une série de portraits (dont celui de N**) réunis par un égocentrisme inhumain.

### LIRE : Le sarcasme masqué

#### 1- Critique des puissants

• **Critiques**

– Inutilité, voire parasitisme (126, 129 et 130) ;

– passion de posséder égoïste et dévorante (124) ; infatuation de soi-même, vanité (129 et 130) ;

– cruauté à l'égard des autres (127 et 129).

• **Points de vue**

– **social :** la typologie des différentes classes (propriétaire terrien, 124 ; huissiers, juges, bourreaux, 127 ; paysans, 128 ; gentilhomme de province, 129-130) ; le rôle de chaque classe dans la société ; l'évocation concrète des

univers sociaux (les *saisies*, 127 ; le *pain noir*, 128 ; *les fourrures, les mortiers, les parchemins, les masses*, 130).
– **moral :** l'introspection de ces catégories ; les sous-entendus d'injustice ; l'évocation récurrente de la mort (124, 126, 127, 129), la réflexion sur la vanité de posséder (124).

Ces deux points de vue sont étroitement liés : l'auteur part de considérations sociales, mais dans son indignation remonte jusqu'aux sources morales de la question, si bien que dans un même fragment, les deux points de vue s'articulent. L'égoïsme et l'orgueil engendrent les préjugés et le mépris sociaux, qui provoquent à leur tour la destruction de ceux-là mêmes qui les professent (126, 129, 130) : vices sociaux et vices moraux s'entretiennent mutuellement.

**2- Constat et évidence**

– **124 :** portrait physique d'un grand malade ; énumération objective de traits qui signalent sa passion d'accumuler, combinés avec les signes prémonitoires de sa mort ;
– **126 :** constat (phrase déclarative, au présent de vérité générale) ;
– **127 :** évidence peut-être ironique *(Il faut… je l'avoue)* et constat *(…de contempler)* ;
– **128 :** constat (*L'on voit :* observation, pronom indéfini, *en effet*) ;
– **129 :** nom propre : observation d'un personnage ; et ton de l'évidence sarcastique dans la chute (*tué/tué*, et la valeur catégorique du futur) ;
– **130 :** énumération de termes concrets à valeur descriptive ; présent d'habitude, en relation avec l'article défini à valeur générique.

On obtient une sorte de faux détachement du narrateur, d'observation scientifique, objective ; le constat apparemment cynique ne dégage que mieux, par contraste, l'absurdité ou l'inhumanité des faits qu'il semble considérer comme normaux.

**3- Les marques du jugement de l'auteur**

• **Images** (prendre ici le mot au double sens de « représentation concrète » et de « figure de substitution » ou « figure d'analogie ») :
– **124 :** portrait d'un mort-vivant *(décharné, le teint verdâtre, qui menace ruine…)* ;
– **127 :** *saisies de terres, enlèvements de meubles, prisons, supplices* ;
– **128 :** souligner le réalisme de la description, le caractère progressif de la « mise au point » (au sens photographique du terme) qui dégage peu à peu l'image humaine (mouvement de redressement, progression du vocabulaire jusqu'au mot *hommes*) et la crudité des métaphores de la bestialité *(animaux… fouillent… tanières)* ;
– **130 :** synecdoques des *fourrures, mortiers*, métonymie des *masses* (insigne pour la fonction).

Ces images, par leur caractère concret, donnent des aperçus saisissants sur la réalité : leur brutalité rend plus dérisoire l'exercice de la vanité et plus odieux celui du pouvoir.

• **Procédés de l'indignation**
– La brutalité du constat (▶ question 2), qui contraste avec l'apparente neutralité du ton ;
– les oppositions de sens et de volume entre l'évocation des phénomènes scandaleux, amplement développés (début de 127, 128, 129, fin de 130), et l'appréciation exacte du scandale, faite incidemment (124 : *c'est pour lui seul, et il mourra demain*, « chute » du portrait, force du raccourci, un *et* à valeur ici d'opposition violente ; 128 : *méritent ainsi de ne pas manquer de ce pain qu'ils ont semé* ; 129 : *mais* ; 130 : *inutile à sa patrie, à sa famille et à lui-même*).

L'ironie naît de l'apparente approbation de l'écrivain, que dément la brutalité des faits et une indignation contenue (*une chose toujours nouvelle, quelle férocité*, 127 ; *tout brûlés, opiniâtreté invincible*, 128 ; *pour un rien*, 129 ; *sans aucun mérite*, 130).

Avec ces procédés de détournement, qui font semblant de trouver la situation normale et évidente, La Bruyère souligne au contraire les vices des comportements et les injustices sociales, et dit plus fortement son indignation devant des inégalités criantes que ne le ferait un discours véhément.

**Conclusion**

La Bruyère adopte ici, en apparence, le point de vue distancié de celui qui ne prend pas parti. Mais la critique morale et sociale, qui semble naître des faits et de leur constat cynique, n'en est que plus efficace.

## ÉCRIRE

On fera travailler :

**1-** la description de la misère paysanne (conditions de vie et de travail) ; les arguments propres à souligner l'injustice de leur sort ; la responsabilité et les devoirs du souverain à l'égard de ses sujets ;

**2-** les formes de l'épistolaire (▶ p. 406), liées aux statuts du destinataire et du destinateur (formules de respect, mesure du ton…), à la vraisemblance historique (rappeler les principes de l'absolutisme royal).

On pourra nourrir la réflexion à l'aide du texte complémentaire ci-après.

## *PERSPECTIVES* (p. 271)

**■ Leopardi, *Pensées.***

**LIRE : Un pessimisme lucide**

**1- Parentés et différences**

• **Thèmes et formes :**
– Satire de l'orgueil et de la vanité (XVIII, LXXXVIII), difficulté de *la vie sociale* ; combinaison du point de vue moral (des défauts ou des traits de caractère inhérents à une nature : *ces orgueilleux, les hommes vains et infatués d'eux-mêmes, Les véritables misanthropes*) et social (incidence du travers moral sur le comportement social, LXXXVIII ; interdépendance du social et du moral : frustration sociale et arrogance, XVIII ; misanthropie et vie en société, LXXXIX).
– Concision ; mélange de concret et d'abstrait (anecdote, XVIII) ; détachement apparent mais ironie assassine (paradoxes poussés à l'extrême, LXXXVIII, LXXXIX) ;

sarcasme des chutes *(qui est de tirer une charrette ; jusqu'à prendre le visage de la modestie)*.

• **Des perspectives différentes :**

– Une implication directe de l'auteur : le tour personnel du témoignage (*J'ai vu à Florence*, l. 1 ; *mon charretier*, l. 8 ; *J'ai* […] *pu constater*, l. 25).

– Une argumentation plus développée et explicite, qui justifie l'appellation de *pensées* : leçon tirée d'un spectacle de rue (*Je retrouvai là l'image*, XVIII) ; explications détaillées du paradoxe (LXXXVIII) ; approfondissements successifs de l'affirmation initiale (LXXXIX).

**2- Résumés**

**XVIII :** Le sentiment qu'ont les orgueilleux de l'importance de leur rôle est disproportionné par rapport à l'importance effective de celui-ci : l'orgueil repose sur des motivations dérisoires.

**LXXXVIII :** Le contentement de soi et des autres que procure la vanité en arrive à rendre le vaniteux bienveillant et socialement agréable : paradoxe ou imposture.

**LXXXIX :** Ce n'est pas la solitude mais la fréquentation des hommes qui suscite la misanthropie : l'harmonie dans la vie sociale est impossible.

## PISTES

■ **Pour une séquence : Écriture fragmentaire et argumentation** (les formes stylistiques ; les cibles ; réalisme, sociologie, morale, métaphysique) : Pascal, *Pensées*, p. 277 ; La Rochefoucauld, *Maximes*, p. 430.

■ **Exercice complémentaire : Langue**

Étudiez la valeur de l'asyndète et des conjonctions de coordination (La Bruyère, 124).

■ **Texte complémentaire**

**Fénelon, *Lettre à Louis XIV*, 1694.**

*Louis XIV n'a sans doute jamais eu connaissance de cette lettre, qui trouve des accents émus pour peindre la situation sociale de la France, sévères pour dénoncer les errements de la politique royale.*

Le peuple même (il faut tout dire), qui vous a tant aimé, qui a eu tant de confiance en vous, commence à perdre l'amitié, la confiance, et même le respect. Vos victoires et vos conquêtes ne le réjouissent plus ; il est plein d'aigreur et de désespoir. La sédition s'allume peu à peu de toutes parts. Ils croient que vous n'avez aucune pitié de leurs maux, que vous n'aimez que votre autorité et votre gloire. Si le Roi, dit-on, avait un cœur de père pour son peuple, ne mettrait-il pas plutôt sa gloire à leur donner du pain, et à les faire respirer après tant de maux, qu'à garder quelques places de la frontière, qui causent la guerre ? Quelle réponse à cela, Sire ? Les émotions populaires, qui étaient inconnues depuis si longtemps, deviennent fréquentes[1]. Paris même, si près de vous, n'en est pas exempt. Les magistrats sont contraints de tolérer l'insolence des mutins, et de faire couler sous main[2] quelque monnaie pour les apaiser ; ainsi on paye ceux qu'il faudrait punir. Vous êtes réduit à la honteuse et déplorable extrémité, ou de laisser la sédition impunie et de l'accroître par cette impunité, ou de faire massacrer avec inhumanité des peuples que vous mettez au désespoir en leur arrachant, par vos impôts pour cette guerre, le pain qu'ils tâchent de gagner à la sueur de leurs visages.

1. Allusion aux émeutes provoquées par la cherté du pain en 1694.
2. *Faire couler sous main* : distribuer en cachette.

# …Aux marges de l'essai

## D'Alembert
## *Encyclopédie*

p. 272

### « L'ordre encyclopédique »

## APPROCHES

■ **Axes d'étude :** L'exposé didactique. L'article d'encyclopédie. L'esprit des Lumières (p. 70).

■ **Préalables :**

Partir de la différence entre un **dictionnaire** (définition de mots) et une **encyclopédie** (définition des choses). L'*Encyclopédie* se présente comme un « dictionnaire raisonné » (des sciences, des arts et des métiers), qui cherche moins à définir qu'à faire comprendre. Le lecteur attend le plus souvent d'une encyclopédie la compilation d'un savoir rendu accessible. Si les ambitions des promoteurs de l'*Encyclopédie* sont tout autres, le fait même de rendre le savoir accessible constitue une prise de position : par la connaissance, les hommes sortiront de la servitude où les maintiennent pouvoirs civils et religieux.

Expliquer *différentes projections*, l. 20-21 = progrès en matière de cartographie, depuis la *projection* de Mercator (1512-1594) jusqu'à celle de Lambert (1728-1777).

## LIRE : Faire voir, faire comprendre

### 1- Les images

• Les connaissances sont représentées par un *labyrinthe* (l. 3) qui forme un réseau de *routes* (l. 7) dont l'enchevêtrement peut être dessiné sur une *mappemonde* (l. 8) : l'ensemble des connaissances devient alors un monde (l. 10-14), qui peut être perçu de manières différentes (l. 15-18 ; 19-21), par plusieurs *projections* complémentaires (l. 21). À ces images s'ajoute celle de l'*arbre* (l. 13, 18, et peut-être aussi *les branches générales*, l. 6), qui suppose une organisation et une hiérarchisation de ces connaissances.

• Le texte présente ainsi à la fois l'objet étudié (les connaissances) et leur organisation *(l'ordre encyclopédique)*, déchiffrée par l'œil humain et présentée sous forme sensible. La métaphore cartographique est pleinement appropriée à l'idéal encyclopédique qui vise à la maîtrise du monde par l'intelligence et la raison.

### 2- Caractéristiques et avantages de l'arbre des connaissances

• Les connaissances sont rendues sensibles dans leur **globalité** (noter les superlatifs et les formules insistantes, *les rassembler dans le plus petit espace possible* ; *dans un* *point de vue fort élevé* ; *apercevoir à la fois* ; *voir d'un coup d'œil*, l. 1-5), sous une forme **synthétique**, ce qui doit permettre de les rendre visibles ensuite de manière **analytique** (*distinguer*, l. 5 ; *entrevoir*, l. 7), pour discerner l'essentiel de l'accessoire, et surtout pour en saisir les particularités (*mille obstacles, qui ne peuvent être connus dans chaque pays que des habitants*..., l. 10-12).

• Il s'agit de concilier une vision d'ensemble, « lointaine », et une vision rapprochée, celle des spécialistes, qui écriront les articles selon leur propre point de vue. Sans la première, les articles paraîtront désordonnés, incohérents ; sans la seconde, on en restera à un trop haut degré de généralité.

### 3- Articles de l'*Encyclopédie* et connaissances humaines

Les articles sont à la fois objets de connaissance et moyens d'accéder à d'autres connaissances ; ils constituent les *principaux pays* (l. 8-9) et les chemins qui font l'objet de *cartes particulières* (l. 13). Ils appartiennent, pour reprendre les images énoncées ci-dessus, au *labyrinthe* et à la *mappemonde* qui permet de s'y retrouver.

### Conclusion

Une page qui expose le projet de l'*Encyclopédie* : rationaliser l'accès au savoir de manière à rendre le monde plus intelligible, par classement et mises en relation : on parlerait aujourd'hui d'esprit « systémique ». Dans l'écriture même, le « Discours » se fait pédagogique par le mélange de rigueur abstraite et de formulation concrète.

## PISTES

■ **Pour une séquence : Le philosophe des Lumières et le monde** (les domaines de la connaissance et les moyens d'y accéder ; exercice de la raison et esprit critique ; pouvoirs et limites de l'homme) : Fontenelle, *De l'origine des fables*, p. 75 ; Diderot, *Pensées sur l'interprétation de la nature*, p. 75 ; *Le Rêve de D'Alembert*, p. 302.

■ **Exercice complémentaire : Oral**
Vous expliquerez par quelles raisons philosophiques *les savants* peuvent justifier leur *prétention* (l. 25-27).

■ **Lecture cursive :** F. Moureau, *Le Roman vrai de l'Encyclopédie*, éd. Gallimard, 1990.

## ...Aux marges de l'essai

## Diderot
## *Encyclopédie*

p. 273

# Capuchon

## APPROCHES

■ **Axes d'étude :** L'article de dictionnaire. La critique religieuse.

■ **Préalables :**
Partir de la définition du mot ***Capuchon*** dans le *Dictionnaire* de Furetière (1690) : « Pièce d'étoffe taillée pour couvrir la tête, dont se servent les moines. Les uns le portent en pointe, les autres arrondi. Quelques-uns l'appellent *capuce* » pour souligner l'originalité de l'article.

On peut aussi s'interroger sur l'emploi de l'**érudition**, discréditée dans l'*Encyclopédie* comme relevant de la seule mémoire et procédant de l'accumulation (alors qu'elle a accompli d'énormes progrès au XVIIIe siècle grâce au développement de l'esprit critique). À la fois bouclier et repoussoir, elle fait ici ressortir la nouveauté du ton de l'*Encyclopédie*, sa vivacité.

## LIRE : Attaque directe ou indirecte ?

### 1- Les désignations

• **Du côté de la religion :** *guerre* (l. 15) ; *divisé en deux factions* (l. 16) ; *dispute* (l. 18) ; *chaleur et animosité* (l. 18-19) ; *contestation* (l. 21) ; *querelle fort vive* (l. 25) ; *injures* (l. 26) ; *ergotisme* (l. 30) ; *rêveries... ridicules* (l. 32-33).

• **Du côté de la philosophie :** celui qui traite le *scotisme comme il le mérite* (l. 22-23) passe pour un *agresseur* (l. 25) ; *la saine philosophie, dont les lumières se répandent partout* (l. 30-31).

• L'évocation des interminables querelles entre Cordeliers paraît bien pesante (l. 15-20) à côté de la bonhomme intervention au discours direct du Cordelier *qui aurait du bon sens* (l. 28) : l'opposition est complète entre la futilité persistante (l. 23-26) des querelles religieuses et les lumières de la philosophie, incarnées par ce Cordelier purement fictif.

### 2- La rigueur érudite

• Le déploiement d'érudition des premiers paragraphes (l. 1-15, 18-20) est destiné à **rassurer** le lecteur : il a affaire à un article scientifique, limité aux matières d'histoire, écrit par un auteur bien informé.

• Les articles évoqués par le renvoi (l. 34) sont peu soupçonnables d'hétérodoxie ; mais ce qui importe, c'est que l'évocation historique des Cordeliers ou la définition philosophique du scotisme soient abordées après lecture d'une vive critique des religieux : l'importance de ces articles s'en trouve relativisée. L'article garde un ton scientifique, mais le lecteur n'est plus dupe.

### 3- De l'information à la critique

• C'est la formule *Le* capuchon *fut autrefois l'occasion d'une grande guerre* (l. 15) qui marque la **transition** avec la première partie critique de l'article – encore cette *grande guerre* peut-elle paraître objectivement évoquée : les Cordeliers semblent se ridiculiser eux-mêmes.

Plus nette, **l'intervention de l'auteur** à partir de la ligne 22 (*traiter le scotisme comme il le mérite… les futilités du docteur subtil*, l. 23 ; *je ne doute point*, l. 24-25).

• Cependant, dès le deuxième paragraphe (l. 5-11), tant d'**efforts d'érudition** paraissent quelque peu **inutiles et dérisoires** : le lecteur attentif peut se demander si une telle insistance sur des détails minimes n'est pas suspecte.

**Conclusion**

Un exemple éclairant, non seulement de la portée informative de l'*Encyclopédie*, mais aussi de ses prises de position dans la bataille philosophique contre toutes les formes de fanatisme, de manière inattendue et malicieuse.

## PISTES

■ **Pour une séquence**

• **La religion en question au siècle des Lumières** (quelle religion ? cibles et moyens de la critique) : Montesquieu, *L'Esprit des lois*, p. 341 ; Voltaire, *L'Ingénu*, p. 82 et 287 ; *Candide*, p. 340 ; Rousseau, *Émile*, p. 280 ; Sade, *Dialogue d'un prêtre et d'un moribond*, p. 88.

• **L'usage du dictionnaire** (types de dictionnaires, présentation des articles ; fonctions et objectifs ; tonalités) : *Dictionnaire de l'Académie française*, p. 47 ; Voltaire, *Dictionnaire philosophique*, p. 274 et 288 ; Larousse, *Grand dictionnaire…*, p. 275 ; Flaubert, *Dictionnaire des idées reçues*, p. 351.

■ **Exercice complémentaire : Oral**

Pourquoi, d'après vous, Diderot a-t-il choisi de faire prononcer à un « Cordelier qui aurait du bon sens » la conclusion de l'article ? Qu'y a-t-il là de malicieux ?

■ **Bibliographie :** J. Proust, *Diderot et l'Encyclopédie*, éd. A. Colin, 1965.

… Aux marges de l'essai

## Voltaire
## *Dictionnaire philosophique*

p. 274

# Blé, grammaire morale

## APPROCHES

■ **Axes d'étude :** L'article de dictionnaire. Argumenter (p. 294, 350). Le ton polémique.

■ **Préalables :**

L'extrait conclut un long article (6 sections) informatif, dont il tire la leçon (commenter *grammaire morale*). On appréciera la stratégie de Voltaire, qui utilise, comme l'*Encyclopédie* (p. 272-273), la forme du dictionnaire pour en faire une machine de combat au service de l'esprit philosophique.

**N.B. :** Cet article *Blé* ne figure pas dans l'édition du *Dictionnaire philosophique* de 1764 ; il parut en 1770 dans les *Questions de sur l'Encyclopédie*, fondues plus tard dans une version augmentée du *Dictionnaire philosophique*.

Les noms cités (l. 9-11) impliquent des sous-entendus polémiques : ainsi d'Aguesseau (1668-1751), partisan du gallicanisme ; La Chalotais (1701-1785), procureur général au parlement de Bretagne, adversaire des jésuites.

## LIRE : Un proverbe « excellent »

### 1- Utilisation d'un proverbe

• L'article développe des consignes à partir du sens figuré du proverbe (ne pas revenir à la pauvreté quand on a les moyens de vivre mieux). Adressé au pluriel aux *législateurs* (l. 4), le discours injonctif reproduit le singulier de la formule proverbiale : il acquiert ainsi un tour plus familier, et paradoxalement plus général ; il apparaît comme un impératif catégorique (parodie des commandements bibliques), d'abord au négatif (l. 7-20), ensuite au positif (l. 21-33).

• Le législateur moderne, conscient de vivre dans une époque de progrès (opposition entre le *dix-huitième siècle* et les temps reculés du Moyen Âge ; répétition de *ne… plus*, l. 7-12 ; … *dans quel siècle nous vivons*, l. 15-16), doit refuser les principes obscurantistes du passé au profit d'une politique éclairée, déjà mise en œuvre par des juristes éminents (l. 9-11).

### 2- La causticité de Voltaire

– Juxtaposition de paragraphes incisifs, fondés sur des symétries ou des oppositions bien frappées (l. 15-16 ; l. 21-22 ; l. 26-27 ; l. 28-29 ; l. 30-31).

– Formulation concrète, à l'aide de comparaisons et d'exemples caricaturaux (énumération érudite de souverains médiévaux aux noms barbares, avec précision intempestive, *nommé en latin Clodovœus*, l. 8 ; *lois de Dagobert*, l. 9 ; *miracles de saint Amable*, l. 12, réduits à une gesticulation gratuite, dépourvue de tout sens moral ou religieux) ; d'un fait historique plus proche (l. 17-20) ; d'une allusion biographique à un écrivain connu (l. 30-31) : vivacité d'une écriture qui fait l'ellipse du raisonnement et invite à une lecture active.

– Termes fortement péjoratifs, qui donnent à l'ensemble le **ton du pamphlet** *(pourrir, inepties, populace, ridicule, canaille, imbéciles)*.

Un article qui refuse délibérément de souscrire à l'esprit d'objectivité qu'on peut attendre d'un dictionnaire.

### 3- Le progressisme de Voltaire

• **Composantes**

– Confiance dans l'idée de progrès (l. 7 ; l. 9-11 ; l. 15-16) ;

– plaidoyer pour des réformes de la justice et de la législation : raison contre superstition (l. 17-20 ; l. 26-27) ; esprit d'équité et de tolérance (l. 28-29) ;

– souci d'offrir à tous les instruments et les moyens du progrès (l. 32-33).

• **Limites**

– Mais conviction que la pensée philosophique est un domaine réservé à une élite (*les honnêtes gens qui pensent*, l. 21 ; *quelques gens d'esprit*, l. 24), à laquelle s'oppose le commun des mortels ; la connotation n'est pas seulement sociale (*la populace qui n'est point faite pour penser*, l. 21-

22 ; *cette canaille*, l. 23 ; *les imbéciles*, l. 32), elle relève aussi d'une connivence intellectuelle (l. 24-25) ;
– acceptation de concessions à la *canaille* (l. 23) ;
– adaptation du discours à l'interlocuteur (l. 30-31, 32).

**Conclusion**

Un texte énergique aux visées argumentatives et polémiques, représentatif de l'esprit et du style de Voltaire ; un progressisme des Lumières élitiste.

## ÉCRIRE

Les élèves choisiront un mot concret en fonction de la richesse de ses connotations et de sa symbolique, la liste indiquée par la question n'étant pas limitative (voir aussi *eau, feu, pomme*…). La recherche fera explorer les sens propres et figurés de quelques locutions et proverbes (*Manger son pain blanc le premier. Avoir le pain et le couteau. Long comme un jour sans pain. Pain sur table n'a pas de maître… Quand le vin est tiré, il faut le boire. La vérité dans le vin… Plaie d'argent n'est pas mortelle. L'argent n'a pas d'odeur,* etc.), même familiers. On valorisera dans le travail d'écriture l'explicitation de ces sens, leur application à un domaine moral, social ou politique, l'unification du propos autour de l'idée directrice (nécessité du partage pour *pain* ; de la fête et de la convivialité pour *vin*, etc.), la mise au clair des valeurs qui sous-tendent celle-ci (critique ou acceptation (?) du cynisme à propos de l'argent, par exemple).

## PISTES

■ **Pour une séquence**

- **L'idée de progrès au siècle des Lumières** (▶ *supra*, p. 208).
- **La religion en question au siècle des Lumières** (▶ *supra*, p. 213).
- **L'usage du dictionnaire** (▶ *supra*, p. 213).

## … Aux marges de l'essai

### Pierre Larousse
### *Grand dictionnaire…*
### *Nouveau petit Larousse illustré*
### *Petit Larousse en couleurs*

p. 275

## APPROCHES

■ **Axes d'étude :** L'article de dictionnaire. L'implicite (p. 350). L'image de la femme.

■ **Préalables :** Une petite partie d'un article très consistant, aux ambitions linguistiques et scientifiques, typique, par son organisation et ses contenus, d'un certain esprit positiviste du XIX^e siècle.

## ÉCRIRE (▶ *supra* p. 38, « **Lire 1 et 2** »)

- Trois articles aux dimensions et à la structure différentes : un dictionnaire encyclopédique en plusieurs volumes, des dictionnaires usuels en un seul volume (*Grand dictionnaire universel* ≠ *Petit Larousse*), d'où un classement différent (pour le premier, association dans l'article des définitions du mot et des développements encyclopédiques ≠ répartition dans des sections distinctes pour les autres).
- Des définitions qui, du XVII^e siècle (▶ p. 47) jusqu'au milieu du XX^e siècle, n'ont guère changé : femme définie par un terme animal (*femelle* ; légère modification : *Compagne*, dans l'édition de 1956), exclusivement par rapport à l'homme et à la maternité. On notera cette même définition dans une édition du *Grand Dictionnaire Hachette* (1996) : ***1**. Être humain du sexe féminin, qui met au monde des enfants*. La définition symétrique de celle de l'homme apparaît dans l'éd. Larousse de 1988.
- Une citation (Ecclésiaste) et des exemples globalement dépréciatifs, modifiés tardivement (texte 2 : *Une femme de parole, Une femme de lettres*).

On peut s'interroger sur cette **rémanence des préjugés** : persistance d'un statut socio-économique des femmes effectivement dévalorisé ; retard de la langue sur l'évolution des mœurs ; retard du dictionnaire sur l'évolution de la langue et/ou des mœurs…

- Des compléments encyclopédiques dans le *Grand dictionnaire* marqués par les raisonnements du déterminisme « scientifique » : relations entre caractéristiques physiques et psychologiques (l. 6-8) ; influence du climat et *des diverses races* sur *l'organisation* – le tempérament ? – de la femme (l. 15-17, l. 21) ; rôle des mœurs, des conditions de vie et de l'éducation (l. 18-19) ; insistance sur l'expression des rapports de causalité (*c'est ce qui fait…*, l. 7 ; *c'est pourquoi*, l. 9 ; *comme*, l. 11 ; *contribuent*, l. 19) ; ton du constat apparemment objectif (*Si l'on examine*, l. 15 ; *on trouve*, l. 16 ; *elle présente… qu'on ne trouve jamais*, l. 23-24).
- La **prétention scientifique** cautionne en fait les préjugés habituels de la misogynie : causalité présentée comme allant de soi, et dont on appréciera l'arbitraire (l. 7-14) ; comparaison entre homme et femme toujours au désavantage de celle-ci (*bien moins grand développement*, l. 6-7 ; l. 13-14 ; l. 16) ; traits de stéréotypes dévalorisants (rapprochement avec la *constitution* de l'enfant, d'où hyperaffectivité, aux dépens des capacités de *raisonnement*, l. 10-13) et thème traditionnel de l'« inconstance » féminine ; améliorations liées au conditionnement matériel et socio-culturel limitées aux *formes extérieures de la femme*, l. 20 ; idée d'une responsabilité génétique exclusivement réservée aux femmes (l. 24-27).
- Les clichés sexistes se combinent avec des préjugés étroitement ethnocentristes (*la digne compagne de l'homme civilisé*, l. 20 ; *qu'on ne trouve jamais dans les contrées d'Europe*, l. 24), voire racistes (*leur laideur originelle, les belles Géorgiennes*, l. 25-27).

**Conclusion**

Quelques échos dénaturés de Montesquieu (théorie des climats, p. 262) ; un condensé des préjugés courants au XIX^e siècle, confortés par la réputation de sérieux d'un dictionnaire monumental et l'apparence scientifique du discours.

## PISTES

■ **Pour une séquence**
• **Regards sur la condition des femmes** (▶ *supra*, p. 65).
• **L'usage du dictionnaire** (▶ *supra*, p. 213).

■ **Exercice complémentaire : Oral**
Comparez la structure et les contenus des articles « Femme » de dictionnaires modernes entre eux (▶ *supra*, p. 38), *Grand Dictionnaire Hachette*, nouvelle édition mise à jour, 1996 : Dictionnaire *Le Robert*, dernière édition, etc.



# L'art oratoire

**Pascal**
***Pensées***

p. 276

### Disproportion de l'homme

## APPROCHES

■ **Axes d'étude :** Les figures (p. 516). L'argumentation (p. 294). La phrase (p. 520).

■ **Préalables :**
Rappeler les progrès des sciences et l'état des connaissances à l'époque de Pascal :
– En **astronomie** : l'héritage de Copernic et de Galilée, la création de la lunette astronomique (1609) qui permet l'exploration du ciel et ruine la représentation antique de l'univers : Galilée découvre que la Voie lactée est constituée d'une myriade d'étoiles, que le Soleil a des taches, la Lune des montagnes et Jupiter des satellites. Les verres de lunettes devenus plus puissants, on découvre l'anneau de Saturne (1656).
– En **médecine** : les progrès de l'optique sont également déterminants avec l'invention des premiers microscopes vers 1615, et la naissance de la micrographie vers 1660, qui permet d'observer des éléments invisibles à l'œil nu (bactéries).
De là naît la science moderne, fondée sur l'observation et l'expérimentation, à l'opposé de l'anthropocentrisme (l'homme comme centre du monde) inspiré de la Genèse.
Rappeler le projet argumentatif (*Apologie :* défense, éloge pour convaincre) des *Pensées*. On pourra le comparer à celui de Montaigne (« Apologie de Raymond Sebond », notamment), dont Pascal s'est nourri, précisément pour le réfuter.

■ **Vérifier** que sont compris : *canton détourné*, l. 16 (= région perdue) ; *j'entends l'univers*, l. 17 (= je veux dire l'univers) ; p. 277.
**Perspectives :** *l'univers me comprend*, l. 40 ( = me comporte).

## LIRE : Effrayer, persuader

### 1- Structure

– **§ 1 et 2 :** *Que l'homme contemple...* ▶ injonction : méditation devant l'infiniment grand de l'univers ; *Que l'homme... considère...* ▶ injonction et interrogation ; méditation sur la place de l'homme dans cet univers.
– **§ 3 et 4 :** *Mais... qu'il recherche...* ▶ forte opposition, injonction inverse : observation de l'infiniment petit ; *Qui se considérera de la sorte* (écho du § 2) : conséquence, effroi de l'homme face à *ces merveilles*.
– **§ 5 et 6 :** *Car enfin* ; *Que fera-t-il donc...* ▶ des questions (l. 44, l. 50-52, et 53) appelant la synthèse (incapacité de l'homme à comprendre sa condition et le mystère de l'univers ; Dieu seul *les comprend*).

En juxtaposant brutalement la description de l'infiniment grand et de l'infiniment petit, Pascal donne le vertige, il désoriente le lecteur. Dans les § 4-5-6, il ne donne pas de réponse, mais achève de troubler en multipliant les questions (l. 44, 50-53) et les oppositions (l. 44-46, l. 48-49, l. 52-53). Il provoque aussi l'inquiétude et force le lecteur à l'interrogation métaphysique.

### 2- Les § 1 et 3

Ils présentent des similitudes de longueur (14 l./19 l.) et de forme (l'injonction) ; ce sont les deux parties d'un diptyque, symétriques et inversées (grand/petit). Ils s'organisent autour de la même démarche de recherche et d'approfondissement (vers l'infiniment grand et l'infiniment petit).

Entre ces deux passages, le 2e § se caractérise par sa brièveté (5 l.), le regard posé sur un sujet chétif et borné, l'homme, dont il symbolise ainsi, typographiquement, l'écrasement et la disproportion, entre infiniment grand et infiniment petit.

### 3- Les convictions du chrétien

Elles sont amenées avec le champ lexical de la lumière, du surnaturel (*mise comme une lampe*, l. 3 ; *merveilles*, l. 34, 41, 54), la nécessité d'une intelligence organisatrice (*la toute-puissance de Dieu*, l. 13 ; *L'auteur de ces merveilles les comprend*, l. 53-54). Le sentiment de faiblesse de l'homme par rapport à un univers aussi complexe et extraordinaire le conduit nécessairement à l'idée d'un Dieu tout-puissant, qui, évoqué surtout indirectement, apparaît comme nécessaire et transcendant.

### 4- Une éloquence qui se moque de l'éloquence

• Les **phrases** se caractérisent par :
– leur forte organisation **logique**, perceptible par exemple dans des enchaînements méthodiques et des parallélismes rigoureux (l. 3-6 ; l. 11-12 ; l. 21-27 et 30-35) ;
– leur **musicalité** : on peut prendre dans le premier § l'exemple des l. 1 à 6 pour y étudier les sonorités ([ɛ], l. 3-4 ; [a], l. 6-7) ; les régularités rythmiques (l. 5-6 : *au prix... décrit* : 6/6) ; la mélodie et le volume (propo-

sitions de plus en plus longues, avec une acmé (▶ p. 521) à *firmament* (l. 6) et une courte apodose sur *embrassent*).

On observe par ailleurs sur l'ensemble du texte de fortes oppositions entre d'amples périodes et des phrases brèves, frappées, surtout en fin de paragraphe.

• Les **métaphores** et les **comparaisons** :

– *cette éclatante lumière… comme une lampe* (l. 2-3) ; *un trait imperceptible dans l'ample sein* (l. 8-9) ; *enfler… nous n'enfantons…* (l. 10-11) ; *C'est une sphère… centre… circonférence* (l. 11-14) ; *Ce petit cachot où il se trouve logé* (l. 17-18) ; *un abîme nouveau* (l. 28).

– Empruntées à la vie quotidienne tout comme à la science, elles évoquent tantôt des formes très précises, tantôt des lieux et des mouvements sans limites.

Les phrases, comme les images, correspondent non seulement à la thématique du passage, mais manifestent la double composante du style de Pascal : la raison (esprit de géométrie ?) et la poésie (esprit de finesse ?).

**Conclusion**

Pascal veut ici persuader l'homme de sa « misère » pour l'amener à Dieu, en faisant appel à son expérience (*contemple*, l. 1), à sa réflexion (*apprenne à estimer*, l. 17), à son imagination (l. 7).

Le lecteur moderne est surtout sensible à la gravité de la méditation et à l'ampleur saisissante de la vision : c'est la force de l'éloquence qui emporte l'adhésion.

## *PERSPECTIVES* (p. 277)

■ **Pascal, *Pensées*.**

**LIRE : Une éloquence qui se moque de l'éloquence**

**1- Les associations d'idées entre les *Pensées***

– Frag. 1 à 4 : variation autour du terme « misérable ».

– Frag. 5 à 10 : la dignité de l'homme vient de la pensée ; les fragments s'enchaînent avec un jeu d'échos sur le mot ou l'idée de « pensée », selon un itinéraire qui oscille entre la misère et la grandeur.

**2- Les figures d'opposition**

Déjà présentes dans le premier texte (l. 44-54), elles sont systématiques dans le second extrait et rendues plus visibles par le style lapidaire.

Inscrites dans des parallélismes sous forme d'antithèses (l. 21-23, 28-31), de paradoxe (l. 5-6), de concession (l. 10), de chiasme (l. 40-42), elles soulignent les contradictions de l'homme, d'où viennent sa misère *et* sa grandeur, « gloire et rebut de l'univers ». Elles visent aussi à surprendre et à faire réfléchir par la provocation (*paradoxe :* contre l'opinion commune).

## PISTES

■ **Pour une séquence**

• **L'essai et la réflexion philosophique** (▶ *supra*, p. 203).

• **Écriture fragmentaire et argumentation** (▶ *supra* p. 211).

• **L'éloquence religieuse** (le thème choisi : pour quelle visée ? les buts de la réflexion ; genres et formes de l'oratoire) : Pascal, *Pensées*, p. 278 ; Bossuet, *Oraison funèbre*, p. 279 ; Rousseau, *Émile*, p. 280.

■ **Exercices complémentaires : Écriture**

**1-** Vous relèverez et commenterez les formules qui expriment l'impuissance et la faiblesse humaines (« Disproportion de l'homme »).

**2-** Quels échos se retrouvent dans les deux textes de Pascal ? Dans quelle mesure les « pensées » (p. 277) corrigent-elles le pessimisme du premier texte ?

■ **Bibliographie :** J. Mesnard, *Les Pensées de Pascal*, SEDES, éd. 1993.

## …L'art oratoire

**Pascal**
***Pensées*** (p. 278)

# « Trois ordres différents de genre »

## APPROCHES

■ **Axes d'étude :** La phrase (p. 520). L'oratoire et la méditation religieuse.

■ **Préalables :** Rappeler le projet apologétique de Pascal, qui vise à convaincre, notamment les libertins, de la nécessité et de l'urgence de revenir à la foi chrétienne. Il s'adresse à la fois à l'intelligence de son lecteur, par l'argumentation serrée du « pari », par exemple, à son imagination, par l'invitation à contempler l'énigme de sa condition et de sa présence au monde (« Disproportion de l'homme »), et à son cœur par une rhétorique de l'émotion.

■ **Vérifier** que sont compris : *esprit*, l. 4 (= intelligence ; cf. *gens d'esprit*, l. 5, 8 ; *esprits*, l. 1, 11, 15, 40, 41, 45 ; *spirituelles*, l. 13, 36, 37 = intellectuelles).

## LIRE : Méditation mystique

**1- Les « trois ordres »**

• Pascal caractérise chacun des trois ordres par trois séries de termes différents :

– pour l'ordre des *corps* (l. 1, 15, 39, 40, 41, 44, 45) : à la fois le corps humain, ses instincts, ses passions, et plus largement, la réalité du monde physique (l. 39), la métonymie religieuse de la *chair*, tantôt appliquée à des êtres humains, tantôt à des possessions (*ces grands de chair*, l. 6 ; *charnels*, l. 8 ; *grandeurs charnelles*, l. 10, 35).

– pour l'ordre des *esprits* (l. 1, 11, 17, 18, 40, 41, 45) : le vocabulaire de l'activité intellectuelle (*recherches de l'esprit*, l. 5 ; *gens d'esprit*, l. 8 ; *grands génies*, l. 9 ; *esprits curieux*, l. 15 ; *inventions*, l. 17, 20 ; *production… de science*, l. 19) ;

– pour l'ordre de la *charité* (l. 2, 42, 46) : les termes abstraits, à la fois moraux et religieux de *sagesse* (l. 7, 23, 38) et de *sainteté* (*ordre de sainteté*, l. 20 ; *règne de sainteté*, l. 26-27 ; voir aussi *saints*, l. 12, *saint*, l. 21).

Il illustre le premier ordre par l'énumération rapide de ses acteurs principaux (*aux rois, aux riches, aux capi-*

*taines*, l. 5-6), le deuxième par la figure emblématique du savant Archimède (l. 16, 24), le troisième par l'évocation, longuement développée (l. 19-23, 26-34), de la vie de Jésus.

• L'ordre des *corps* désigne le domaine des biens et du pouvoir matériels (*grandeurs charnelles*) ; celui des *esprits* le domaine de l'intelligence et du savoir (grandeurs *spirituelles*) ; celui de la *charité*, le domaine du *cœur*, les vertus chrétiennes inspirées par l'amour de Jésus (l. 21-22 ; grandeurs dans la *sagesse*).

**2- Des « ordres » de nature différente**

• La **distance** qui sépare les trois ordres est exposée dans la phrase initiale par une hyperbole paradoxale (*distance infinie*, *infiniment plus infinie*), et justifiée de façon lapidaire (*car elle est surnaturelle*). L'emploi systématique de l'asyndète la souligne ensuite : juxtaposition de brefs paragraphes dont chacun, reprenant successivement chaque ordre, affiche l'impossibilité d'établir des ponts de l'un à l'autre (§ 2, 3, 4) par les mêmes formules négatives (l. 5, l. 7). L'écart est approfondi en deux séries (*grands génies*, *saints*), illustrées, la première par Archimède, la deuxième par Jésus-Christ (l. 9-34). Chaque paragraphe, par le procédé de reprise (l. 9/12 ; l. 16/19 ; l. 24/26), par la symétrie des constructions (négations/affirmations, fortement articulées par des termes d'opposition, l. 17, 21, 25, 27), distingue la grandeur propre à chaque ordre, irréductible aux autres.

• Le texte classe **hiérarchiquement** les trois ordres, celui de la charité (qualifié, au début et à la fin du texte, de *surnaturel*) étant évidemment placé au sommet de l'échelle : il est d'ailleurs traité en dernier, suivant l'ordre rhétorique obligé ; ce classement apparaît aussi dans la disproportion des paragraphes consacrés à chacun, les comparatifs de supériorité (*infiniment plus infinie*, l. 1 ; *infiniment plus hautes*, l. 37 ; *infiniment plus élevé*, l. 43), les termes mélioratifs, suivant une gradation, de l'ordre des esprits à celui de la charité (l. 18/22-23 et 26-27), le ton oratoire (▶ question **3**). Inversement, la dévalorisation se manifeste dans le bilan final (l. 39-47) : *ne valent pas*… (l. 39-40, 42).

• Pascal cherche à convaincre le lecteur de l'infinie supériorité des croyances et des valeurs spirituelles chrétiennes, qui exigent une véritable rupture à l'égard de la pensée matérialiste et rationnelle, une conversion radicale – de l'ordre de la révélation – à un autre mode de pensée. Le texte, en soulignant la séparation incommensurable des *ordres*, peut expliquer partiellement l'inachèvement de l'ouvrage : interrompu par la mort, Pascal a peut-être buté aussi sur la difficulté de démontrer par la raison ce qui précisément ne relève que de la foi. On notera également ce que le mépris à l'égard des grandeurs de ce monde et de leurs représentants (*rois*, *riches*, *capitaines*, *à tous ces grands de chair*, l. 5-6 ; *la terre et ses royaumes*, l. 39) peut avoir de politiquement subversif. Voir la condamnation de la pensée janséniste par le pouvoir religieux et politique (▶ p. 286, et *infra* p. 000).

**3- L'« oratoire » et l'émotion**

Le ton oratoire du texte tient à la forme de la **célébration**, celle des *recherches de l'esprit* (l. 16-18) et surtout, dans son ordre propre, de *la charité* incarnée par Jésus (l. 19-23 ; l. 28-34) : deux exclamations (l. 18, l. 22-23), dont la seconde est amplement développée, et reprise ensuite plus brièvement (l. 27) ; rythmes accumulatifs et répétés, qui renforcent la louange des *grands génies* et des *saints* (l. 9-10 ; l. 12) ; accumulation des perfections de *Jésus-Christ* (l. 21), vibrantes dans la triple répétition de *saint*, qui brise les rythmes binaires précédents ; termes de l'adoration (*grande pompe*, *prodigieuse magnificence*, l. 22-23… ; *Notre-Seigneur Jésus-Christ*, l. 26) ; accumulation des signes de sa grandeur (l. 30-32), que l'injonction (*Qu'on considère*…) rend particulièrement solennelle : la phrase devient période (l. 30-34) ; accumulation et reprise de termes avec amplification par l'anaphore de *et* dans les l. 39 et 41-42 ; principe de répétitions qui prennent l'allure de litanies (l. 24 et 26 ; l. 39, 41, 44, 45).

L'émotion vient de cette ferveur religieuse, qui, sous une forme proche de celle du verset, prend parfois les accents de la prière.

**Conclusion**

Un texte dont la force de conviction repose sur une tension entre la netteté incisive du style et les élans mystiques de la foi.

## PISTES

■ **Pour une séquence**

• **L'éloquence religieuse** (▶ *supra*, p. 216).

• **Pascal et la condition humaine** (une perspective métaphysique : les « contrariétés de l'homme » ; sa place dans l'univers ; le salut par la foi ; la rhétorique de la raison et du cœur) : *Pensées*, p. 276, 277 ; et textes complémentaires ci-après.

■ **Lecture cursive :** Pascal, *Deuxième Discours sur la condition des grands*.

■ **Texte complémentaire**

**Pascal, *Mémorial*, 1654.**

*Fragment du mémorial trouvé dans la doublure du pourpoint de Pascal, quelques jours après sa mort. On comparera les deux expressions de la foi religieuse.*

L'AN DE GRÂCE 1654
Lundi 23 novembre jour de saint Clément pape et martyr
et autres au martyrologe.
Veille de saint Chrysogone martyr et autres.
Depuis environ dix heures et demie du soir jusques
environ minuit et demi.
FEU
Dieu d'Abraham, Dieu d'Isaac, Dieu de Jacob,
non des Philosophes et des savants.
Certitude. Certitude. Sentiment, Joie, Paix.
Dieu de Jésus-Christ.
*Deum meum et Deum vestrum.*
Ton Dieu sera mon Dieu.
Oubli du monde et de tout hormis Dieu.
Il ne se trouve que par les voies enseignées dans l'Évangile.
Grandeur de l'âme humaine.
Père juste, le monde ne t'a point connu, mais je t'ai connu.
Joie, Joie, pleurs de joie.
Je m'en suis séparé.

LITTÉRATURE ET ARGUMENTATION

*Dereliquerunt me fontem aquae vivae.*
Mon Dieu, me quitterez-vous?
Que je n'en sois pas séparé éternellement.

## ...L'art oratoire

## Bossuet

## *Oraison funèbre d'Henriette-Anne d'Angleterre*

p. 279

### « Madame se meurt ! Madame est morte ! »

### APPROCHES

**■ Axes d'étude :** L'oraison funèbre. Le lyrisme (p. 518). Action et temps dans le récit. Les figures de style (p. 516).

**■ Préalables :** Expliquer qui est **Henriette d'Angleterre** (1644-1670) : épouse de Monsieur, frère du roi, donc belle-sœur de Louis XIV ; fille de Charles Ier d'Angleterre et d'Henriette de France. Femme exceptionnelle et très admirée pour sa beauté et son esprit, courtisée par de nombreux hommes (dont le duc de Guiche) ; Louis XIV aurait été amoureux d'elle. Femme de littérature, elle apporte son soutien à Molière. Elle meurt subitement une nuit de juin 1670.

**■ Vérifier** la compréhension de : *désolé*, l. 14 (sens très fort = anéanti) ; *embrassements*, l. 25 (= étreintes).

### LIRE : L'éloquence et l'émotion

#### 1- Récit et réflexion

– L. 1-11 : présent (impératif, indicatif, conditionnel, l. 8) : réflexion sur la mort des grands ;
– l. 10-22 : passé simple + présent de narration : récit du coup de théâtre ;
– l. 23-36 : imparfait pour la description de l'agonie (passé simple, l. 34) et présent pour la méditation sur la mort.

Le présent, sous ses diverses valeurs, assure l'unité du passage.

Récit et réflexion sont étroitement imbriqués, car le commentaire de l'orateur est une interprétation immédiate des faits. Pendant que l'assistance est sous le choc du récit, l'orateur en tire les leçons générales pour l'ensemble des hommes. C'est ce va-et-vient qui donne son rythme au passage et qui caractérise l'oraison funèbre, récit et méditation.

#### 2- Figures rhétoriques

• **Répétitions :** *Ô nuit...* (l. 11) ; *tout* (l. 15-16) ; *Partout...*(l. 17) ; *tout* (l. 18) ; *en vain* (l. 23-24). Elles scandent la phrase, martèlent l'horreur ou la certitude.

• **Rythmes :**
– régularité des segments (*Ô nuit... est morte* = 5/5//7/7/7//4/4, l. 11-13) : détermine une diction particulière, un balancement lancinant encadré d'exclamations déchirantes ;
– l. 18, *et l'image de la mort* : rajout impressionnant ;
– l. 18-19 : gradation marquant la contamination rapide du deuil *(Le Roi... désespéré)* : l'énumération croissante l'amplifie.

• **Sonorités :** allitération en **r** suggérant l'effroi ; en **t / k**, suggérant le coup de tonnerre (l. 11-12).

Tous ces procédés contribuent à provoquer à la fois la crainte (voire la terreur) et la pitié : il s'agit de la « catharsis », l'émotion tragique qui sert d'exutoire aux passions.

#### 3- Procédés et effets du pathétique

La pitié est suscitée par :
– l'action de Dieu, directement mis en scène (*frappe, sacrifier, choisie*, l. 3, 4, 6), qui produit l'effet tragique d'un destin apparemment injuste (voir l. 14) ;
– l'insistance sur la rapidité : *se meurt / est morte* (l. 13), *a passé du matin au soir, elle fleurissait, séchée* (l. 32-34) ; les métaphores bibliques, familières, évoquent la fragilité (*l'herbe des champs*, l. 32-33) ;
– la peinture d'une souffrance universelle, comme le résultat d'un fléau (déploration : *cris*, l. 17 ; *pleurera*, l. 21), et tout le lexique de la tendresse et de la douleur (*frappé*, l. 14 ; *consterné*, l. 16, l. 17-19 ; *gémissaient*, l. 23 ; *étroits embrassements*, l. 24-25, ou *tendres*, l. 28) ;
– une syntaxe affective (interrogations, l. 13-15, 29-30 ; exclamations, l. 11-13, 29) et une énonciation qui s'adresse aux auditeurs, les prenant à parti (*vous*, l. 7, 33) et les associant tour à tour à la douleur générale (*nous*, l. 8, 29, 34 ; *je*, l. 25-27) ; la crainte (l. 2, 11) se fait compassion, au sens étymologique du terme.

#### Conclusion

Un bel exemple de lyrisme oratoire, où les puissances de la parole expriment et suscitent le consensus dans l'émotion et la méditation religieuse.

### PISTES

**■ Pour une séquence**

• **L'éloquence religieuse** (▶ *supra*, p. 216).

• **Méditation sur la mort** (évocation de la mort / méditation morale et philosophique ; soi et autrui : registres) : Ronsard, *Les Hymnes*, p. 165 ; Mme de Sévigné, *Lettres*, p. 409 ; Rousseau, *Émile*, p. 280.

**■ Exercice complémentaire : Écriture**

D'après l'étude des lignes 1 à 11 et 29 à 36, déterminez les leçons que Bossuet tire de la mort de Madame. Comment entretient-il néanmoins l'espérance ?

## ...L'art oratoire

## Rousseau

## *Émile*

p. 280

### « Dieu n'est pas le Dieu des morts »

### APPROCHES

**■ Axes d'étude :** Éloquence et lyrisme. L'énonciation. La religion des Lumières.

■ **Préalables :**

Rappeler pour l'*Émile* le **scandale** provoqué par la *Profession de foi* ; Rousseau est rejeté à la fois par les croyants et par les philosophes ; **contre la pensée chrétienne**, le refus du péché originel, de la Révélation et des religions instituées, sources de fanatisme ; **contre l'athéisme** philosophique ou le Dieu horloger de Voltaire, le dieu qui parle au cœur et dont la présence est sensible dans le spectacle de la nature. Souligner l'influence de cette pensée religieuse jusqu'au XIXe siècle.

Rappeler sa **formation** calviniste et catholique ; signaler qu'il a mis longtemps à définir sa position face à ses amis philosophes (cf. *Rêveries*, III).

Le problème du **mal** : l'homme en est intégralement responsable ; par définition, Dieu est étranger au mal et s'identifie à un ordre où **tout est bien** ; évoquer la critique de ces positions par Voltaire dans *Candide*.

## LIRE : Un lyrisme démonstratif

### 1- Le mal et Dieu

• La mort n'est pas un mal car elle est dans la nature (l. 5). Les maux de l'homme sont le fruit de sa **liberté** : ils tiennent pour l'essentiel au dérèglement de sa nature (l. 1-3), au développement de son affectivité et de son intellect (l. 11-12), à sa capacité de se souvenir et d'imaginer (l. 3-5 et 12-13), bref à tout ce qu'il a **ajouté** à sa nature primitive (l. 13-14, *Ôtez...*).

• Dans le contexte de la *Profession de foi*, Dieu s'identifie à l'**ordre** : bonté et justice sont déduites de l'ordre divin (l. 10, 15, 21-24) ; la vie éternelle récompense la vertu, réparant ainsi le désordre apparent de son abaissement terrestre sous l'empire des méchants (l. 33-38). Dieu est **tout-puissant** (*Celui qui peut tout*, l. 17, 20-21), nécessairement **bon** et **juste** (*l'Être souverainement bon...*, l. 21-22) : désordre et mal sont néant à ses yeux (l. 15-19).

Rousseau reprend une **formule évangélique** : *Dieu n'est pas le Dieu des morts* (Marc, XII, 27, et Luc, XX, 38) et il définit Dieu comme **principe de vie** dont l'existence s'épanche dans celle de tous les êtres (l. 17-19) et qui ne saurait détruire sans se nier (l. 20 et 21-23). Contrairement aux **jansénistes** qui prétendent que la gratuité de la grâce interdit à la créature de rien demander à son créateur, Rousseau pense que l'homme a raison de revendiquer l'accomplissement de la **promesse** inscrite en son âme (l. 25-29).

### 2- L'emploi des pronoms personnels

• **§ 1.** Par le pronom indéfini, Rousseau évoque les souffrances artificielles de l'**homme moderne**, développées dans une série de maximes sur le rapport de celui-ci à la souffrance et la mort.

• **§ 2.** L'auteur s'adresse à l'homme à la 2e personne, pour l'appeler à prendre conscience de sa **responsabilité** dans ses maux (l. 7-9) ; puis la 3e personne apparaît, suivie d'un indéfini, pour évoquer l'**ignorance heureuse** du primitif, avant que la 2e personne du pluriel n'incite le lecteur à imaginer celui-ci. Ce paragraphe demande donc au **lecteur** un travail intérieur pour rejoindre l'intuition de l'**auteur** (1re personne, l. 9), selon qui tout est bien.

• **§ 4.** C'est la 3e personne qui y désigne les *créatures* de Dieu en tant qu'elles ont reçu promesse de justice (l. 25-27) ; la 1re et la 2e personne du pluriel réunissent ensuite l'**auteur** et son **public** dans le sentiment d'une injustice divine.

### 3- La prosopopée finale

La **prosopopée** de Dieu (l. 33-38) représente l'irruption de la voix de la conscience dans le champ du raisonnement philosophique ; à l'ordre des raisons, se substitue (ou se superpose) celui du Dieu **sensible** au cœur. Le **tutoiement**, la vigoureuse **apostrophe**, les tours exclamatifs et interrogatifs, la promesse faite à la **1re personne**, expriment une présence intense, typique de l'expérience rousseauiste du divin (▶ **Préalables**).

La **prosopopée de Fabricius** dans le *Discours sur les sciences et les arts* était, au XVIIIe siècle, un des morceaux les plus célèbres de Rousseau pour sa **rhétorique** consommée. Cette fière irruption de Dieu, interpellant au style direct l'humanité inquiète comme l'un des *Hommes antiques* de Plutarque, est caractéristique de la sensibilité et du style d'un auteur qui ne redoute pas d'écrire parfois comme les **prophètes**.

### Conclusion

Rejetant le péché originel et la Révélation, c'est par sentiment du divin que Rousseau croit, plus que par chaînes de raison ; c'est un dialogue intime de la créature et du Créateur qui traverse ce texte, un dialogue passionné dont la prosopopée finale n'est que la manifestation la plus éclatante. Rousseau qui a lu, dit-il, six fois la Bible en entier dans sa vie, pouvait se permettre de prêter sa plume à son Dieu.

## PISTES

■ **Pour une séquence**

• **L'éloquence religieuse** (▶ *supra*, p. 216).

• **Méditation sur la mort** (▶ *supra*, p. 218).

• **L'image de Dieu au XVIIe et au XVIIIe siècles** (le Dieu de l'Évangile, le dieu des philosophes ; l'expression de la foi et de la raison) : Pascal, *Pensées*, p. 276, 278 ; Sade, *Dialogue d'un prêtre et d'un moribond*, p. 88.

■ **Exercice complémentaire : Langue**

Vous classerez et commenterez les termes appartenant au registre de la sensibilité dans les l. 25 à 38.

## ... L'art oratoire

**Danton**
***Discours***

p. 281

## « Toujours de l'audace »

## APPROCHES

■ **Axes d'étude :** L'éloquence politique. La Révolution.

■ **Préalables :** Rappeler la situation d'urgence dans laquelle se trouve le pays à l'été 1792 et le rôle de Georges Jacques Danton (1759-1794) : il fait partie du Conseil provisoire de six ministres qui assure le pouvoir après l'insurrection du 10 août 1792 (p. 282) et la déposition du roi. Dans un Paris enfiévré, il s'adresse à l'Assemblée législative pour lui demander de « coopérer avec la Commune au salut public » (Malet et Isaac). C'est sous la pression de celle-ci, qui vient d'appeler les citoyens aux armes, que l'Assemblée se détermine dans les derniers mois de son existence.

■ **Vérifier** que sont compris : le *Champ-de-Mars*, l. 12 (= esplanade de Paris où furent célébrées les fêtes révolutionnaires : fête de la Fédération, 14 juillet 1790, dont l'anniversaire, en 1792, fait éclater le « Chant de guerre de l'armée du Rhin » : *la Marseillaise*) ; *proclament de nouveau*, l. 10 (= allusion à la proclamation par L'Assemblée, dès juillet 1792, de la *Patrie en danger*, alors que les Prussiens s'apprêtaient à entrer en Lorraine) ; *quarante lieues*, l. 24 (= à peu près 160 km.) ; *tocsin*, l. 30 (= sonnerie de cloches pour donner l'alarme face à un danger pressant).

## LIRE : Les mots en action

### 1- Convaincre et galvaniser les énergies

Par des procédés divers, l'orateur réussit à obtenir l'adhésion des *représentants* du peuple, et à susciter l'enthousiasme (l. 15, 32, 35) :

– interpellations pressantes (*Messieurs*, l. 1, 16, 33 ; *c'est à vous*, l. 18) de l'auditoire, dont l'orateur implique toujours plus la responsabilité (§ 4) ;

– évocation optimiste du présent et de l'avenir : combativité générale (§ 1), à la frontière (§ 2 : *Vous savez que Verdun*…, l. 4-5) comme dans la capitale (§ 3 et 4) : l'emploi du présent d'actualité (l. 2-3, 10, 16, 30), les marques temporelles (*pas encore*, l. 4 ; *en cet instant*, l. 10 ; *c'est en ce moment*, l. 16, 17), le démonstratif répété (*ce*, l. 18, 22, 23), soulignent l'action en cours ; le futur proche annonce des décisions immédiatement exécutables (l. 6, 8, 11, 12, 18, 30), promet un salut (*la patrie va être sauvée*, l. 2) que le présent final présente comme une certitude (*et la France est sauvée*, l. 35) ; l'ampleur de la mobilisation collective est constamment rappelée (anaphore de *tout*, et hyperbole géographique, l. 2-3 ; *Tous les citoyens de la capitale*, l. 11 ; …*la France entière*, l. 16-17 ; *ce mouvement* […] *du peuple*, l. 22-23) ;

– exaltation des valeurs révolutionnaires (*un peuple libre*, l. 1 ; *une nation libre*, l. 20) et du sentiment patriotique par le thème mobilisateur de la *patrie en danger* (l. 2, 10, 28, 29, 32), dans un registre héroïque (*juré de mourir*, l. 5 ; *grands efforts*, l. 8 ; *grande nouvelle*, l. 9 ; *éclat*, l. 11 ; *énorme*, l. 14 ; *ce grand mouvement*, l. 18-19 ; *la puissance d'une nation libre*, l. 20 ; *ce mouvement sublime*, l. 22 ; *ces grandes mesures*, l. 23-24), et sur un mode émotionnel (fièvre du *tocsin qui sonne*) ;

– martèlement des reprises anaphoriques (l. 2-3, 4, 16-17 ; *Nous vous demandons*, l. 21, 21-22, 24, 26), et des répétitions (l. 28), suivant des rythmes énergiques : accumulation suivant une cadence majeure, l. 2-3 ; rythme ternaire suivant une gradation restée célèbre (*de l'audace*…, l. 33-34). La parole est incitation vibrante à l'action, dont elle mime l'élan guerrier.

### 2- L'orateur comme homme d'action

L'orateur et l'homme d'action se confondent : c'est comme membre du Conseil provisoire, chargé d'assurer la défense nationale, que Danton s'exprime (*les ministres*, l. 1 ; *nos ministres*, l. 8 ; *nous*, l. 19, 21…) ; il se fait le porte-parole du pouvoir exécutif, qui informe (l. 1) l'Assemblée des récents développements de la situation (§ 1, 2, 3), des mesures prises en concertation avec les autorités militaires (l. 8-9), de la proclamation de la *patrie en danger* par la Commune.

C'est un véritable programme d'action militaire qui est ainsi détaillé en trois points, à deux reprises (aux frontières, § 2 ; dans Paris, § 3), et dynamisé par les verbes de mouvement (*se porter*, *creuser*, *voler*, *marcher*, etc.). De même, l'élan oratoire vise à obtenir de l'Assemblée des moyens précis, sous forme de décrets qui autorisent des mesures d'exception concrètes : désignation de *commissaires*, levée de troupes (*quarante lieues*…, l. 24), répression impitoyable de toute résistance (l. 26-29) : Danton, qui n'empêchera pas au cours de ces journées les massacres dans les prisons, qui contribuera à la création du Tribunal révolutionnaire et du Comité de salut public, n'est pas ici l'homme des demi-mesures. C'est ce que suggère la harangue par les courtes phrases incisives qui présentent mesures et demandes (§ 2, 3, 5) comme autant de consignes radicales : celles, déjà, de la « première Terreur ».

### Conclusion

Une éloquence vigoureuse, d'une simplicité efficace, qui répond aux exigences du moment et à la conscience qu'en ont l'orateur et son public.

## ÉCRIRE

Le discours du tribun populaire est propre à nourrir la vision épique de l'historien : c'est le *mouvement* spontané de tout un peuple (*Tout s'émeut, tout s'ébranle, tout brûle* […] *tout se lève*, l. 2-3) que Danton grandit et exalte (► question **1**), au nom des intérêts supérieurs de la *patrie* et de la liberté menacées. L'affrontement est celui d'une *nation libre*, constituée de *citoyens* (l. 11, 25) contre *l'ennemi* anonyme (l. 4, 12, 25), exclusivement désigné comme *les ennemis de la patrie* (l. 32). L'orateur inscrit donc la contribution de l'Assemblée dans une aventure collective, qu'il transfigure déjà en légende héroïque.

## PISTES

■ **Pour une séquence : Parole et action politique** (► *infra*, p. 245).

■ **Exercice complémentaire : Langue**
Étudiez les rythmes et les sonorités des phrases (l. 30-35). Commentez.

... L'art oratoire

**Robespierre**
***Discours sur le procès de Louis XVI***

p. 282

## « Il est déjà condamné »

## APPROCHES

■ **Axes d'étude :** L'éloquence politique. L'argumentation (p. 294). L'implicite (p. 350). La Révolution.

■ **Préalables :**

L'abolition de la royauté, la proclamation de la République (22 septembre 1792) par la nouvelle Assemblée constituante posent le problème du sort du roi. La Convention décide que le roi sera jugé par elle. Le procès s'ouvre le 3 décembre 1792 ; face à plusieurs députés (« **Écrire** ») qui contestent cette compétence et arguent de l'inviolabilité et de l'irresponsabilité du roi selon la Constitution de 1791, Robespierre refuse le terrain pénal, celui d'un débat au terme duquel le roi pourrait être déclaré innocent. Il souligne la nature purement politique du procès, qui impose la condamnation à mort.

Après Valmy (20 septembre 1792), la retraite des Prussiens a libéré le territoire (p. 281) ; les troupes françaises occupent la Savoie, le comté de Nice, le Palatinat bavarois, la Belgique.

■ **Vérifier** que sont compris : *manifestes*, l. 28 (= celui du duc de Brunswick, 25 juillet 1792) ; *fédérés*, l. 30 (= délégués des gardes nationales).

## LIRE : Déni de procès

### 1- Le refus d'un procès : pourquoi ?

• La condamnation de *Louis* s'impose sans discussion possible, comme un acte politique (► **« Préalables »**) propre à *cimenter* la *République naissante* (l. 6) : mettre en question sa culpabilité reviendrait à compromettre celle-ci (l. 5-13). La royauté et la République sont **incompatibles** (l. 13-19) ; juger Louis XVI, c'est lui **reconnaître des droits**, c'est donc **nier la République et l'œuvre fondatrice de la Révolution**, *mettre la révolution elle-même en litige* (l. 21-22). Louis XVI ne peut être que coupable, sinon c'est la Révolution elle-même qui est mise en cause (l. 24-33).

• Louis XVI est donc identifié au *crime* et à la *tyrannie*, la Révolution à la *vertu* et à la *liberté* (l. 32-33) : à travers l'**individu** qu'est Louis XVI, c'est un **régime** qui est jugé. La personne disparaît derrière les principes.

### 2- Style oratoire et argumentation

• Un **style oratoire** caractérisé par la rigueur de la rhétorique : adresse à l'Assemblée (*vous*) marquée par des oppositions fortes entre négations et affirmations (*Il n'y a point, Louis n'est point, vous n'avez point / vous êtes, vous ne pouvez être... Vous n'avez point..., mais...*, l. 1-4 ; *Louis ne peut...être jugé, il est déjà condamné*, l. 17-18) ; parallélismes et échos sonores (*sentence à rendre / prendre / Providence*, l. 3-4 ; *graver / frapper*, l. 6-7, par exemple) ; jeu des constructions binaires (l. 1-4, 6-7, 13, 17...) ; antithèses (l. 32-33). Le réquisitoire cherche à produire l'impression d'une netteté sans faille, à la mesure de l'univers politique et moral manichéen qui le sous-tend (Louis = royauté = crime, tyrannie / le peuple = République, révolution = vertu, infaillibilité, ► question **1**). Les phrases interrogatives (l. 5-6 et 24-25), l'exclamation (l. 23), l'apparition de la période (l. 8-13 ; l. 19-22), dont la dernière se développe suivant une gradation croissante (l. 25-33), en acquièrent, par contraste, d'autant plus de solennité.

• Une **argumentation méthodique :**

– le raisonnement fait progresser les arguments (► question **1**) par déduction (*Donc*, l. 8, 18) ;

– il les présente comme fondés sur des évidences de nature objective, irréfutables (*vous ne pouvez être que*, l. 2 ; *Vous n'avez point à*, l. 3 ; *La question... est décidée par*, l. 14 ; *La victoire et le peuple ont décidé que*, l. 17) ;

– il procède de façon méticuleuse : exposé (§ 2) d'une alternative dont les termes s'excluent mutuellement (*il est condamné ou la République* ..., l. 18-19) ; explication (*car...*, l. 21-22) ; développement de l'explication (*En effet...*, l. 22-24), qui envisage en trois phrases, par hypothèses successives, subordonnées les unes aux autres (*si Louis peut être... il peut être innocent... il est présumé l'être... Mais si Louis peut être présumé innocent... Si Louis est innocent...*), les conséquences, toujours plus graves, d'un procès en règle.

### Conclusion

Une rhétorique calculée, qui, sans exclure les effets oratoires, les soumet à un raisonnement serré ; mais une logique inquiétante, qui, en sacralisant la Révolution, autorise les dérives totalitaires.

## ÉCRIRE

La réfutation peut avancer des arguments :

**– politiques :** les victoires des armées révolutionnaires neutralisent le danger que représente Louis XVI ; sa mort risque d'aggraver les dissensions intérieures et de dresser l'Europe entière contre la France ;

**– juridiques :** Louis XVI est coupable, mais la République doit respecter les dispositions constitutionnelles en vigueur jusqu'ici : [...] *nous sommes religieusement sous l'empire de la loi, comme des juges impassibles, nous consultons froidement notre Code pénal ; eh bien ! ce Code pénal ne contient aucunes dispositions qui puissent être appliquées à Louis XVI, puisqu'au temps de ses crimes il existait une loi positive qui portait une exception en sa faveur, je veux parler de la Constitution.* (Morisson, discours à la Convention, 13 novembre 1792) ;

**– moraux :** c'est précisément dans cette circonstance exceptionnelle que la Convention pourrait honorer la Révolution dans sa marche vers le progrès en votant l'abolition de la peine de mort.

L'arrêt peut et doit donc être mesuré : détention du roi, exil ; proposition originale de l'écrivain anglais Thomas Paine, devenu citoyen américain, puis français : *Il est toujours doux d'envisager un plan où la politique et l'hu-*

*manité se trouvent réunies. La nation venant de détruire la royauté, ce que la politique lui dicte aujourd'hui, c'est de prévenir le renouvellement des prétentions au trône : on y parviendra beaucoup mieux en envoyant Louis Capet et sa famille au sein des États-Unis d'Amérique, que par toute autre mesure.*

## PISTES

■ **Pour une séquence**

• **Littérature et justice** (▶ *supra*, p. 202).

• **Parole et action politique** (▶ *infra*, p. 245).

■ **Exercices complémentaires**

• **Oral :** Commentez la place et le rôle des occurrences du nom de *Louis* et du titre *Louis XVI*.

• **Langue :** Analysez avec précision la construction syntaxique et le rythme des phrases dans le § 2 (l. 22-33).

... L'art oratoire

**Martin du Gard**
***Les Thibault***

p. 283

# « La paix, aujourd'hui »

## APPROCHES

■ **Axes d'étude :** Rhétorique et argumentation. Le roman historique. Le discours rapporté.

■ **Préalables :** Situer la scène dans l'**Histoire**. Conséquence de l'attentat de Sarajevo, l'Autriche a déclaré la guerre à la Serbie le 28 juillet 1914. Les socialistes pacifistes tentent désespérément d'éviter la guerre. Leur leader Jean Jaurès est assassiné le 31 juillet, le lendemain de la scène imaginée ici par Martin du Gard. La France entre en guerre le 3 août. Le lecteur sait donc que le héros de roman court ici à l'échec.

## LIRE : Jacques l'anti-fataliste

### 1- Une situation théâtrale

• Jacques vise un **double destinataire**.

– **La foule :** il s'adresse à *l'assistance* (l. 1), nombreuse, indistincte, bruissante (l. 4-6) : *masse mouvante* (l. 4) de *deux ou trois cents* personnes (l. 2), indifférenciée (l. 5-6). Entre l'orateur et ce vaste public, la communication passe bien, comme en témoignent les applaudissements de plus en plus nourris (*murmure*, l. 1 ; *applaudissements*, l. 19 ; *Bravo*, l. 26) et l'ascendant exercé sur l'auditoire (l. 24). La communication est pour ainsi dire réciproque : le jeune homme répond à *un appel* (l. 6) émanant de cette foule.

– **Jenny :** Jacques parle aussi pour elle : *Jenny se retourna* (l. 2). La prise de conscience de sa présence (*Jenny écoute*, l. 8-9) lui donne un *nouvel élan* (l. 9). Présence personnelle et proche qui l'inspire (importance de la respiration, du souffle, qui accompagne l'inspiration des idées et des images).

Dans ce discours à double destination, Jacques emploie le pronom ***nous*** de façon insistante, pour ne faire qu'un avec l'auditoire qu'il veut souder, galvaniser et convaincre en partageant son sort (*rassemblés... nous pouvons tout*, l. 27-28), mais aussi pour y inclure Jenny à ses côtés, le couple s'unissant dans la perspective plus générale de l'opposition à la guerre. Le *nous* s'oppose au *on* des *gouvernements* (l. 11-12, 17) qui poussent au conflit : *Allons-nous rester là... à attendre... qu'on nous livre... ?* (l. 10-11).

• La scène est **théâtrale**.

– La **place des acteurs** est significative : en bas, la *masse mouvante* qui se tourne vers Jacques ; l'orateur, lui, *se penche* vers l'auditoire (l. 4) dans une position dominante : sa parole émane de ce groupe (l. 6) et exerce sur lui un pouvoir, une action transformatrice (l. 21-23) ; Jacques module comme il le souhaite cris et silences. Entre les deux, Jenny, qui suit des yeux Jacques, mesure l'effet qu'il produit sur la foule mais garde le silence.

– La **dramatisation** est assurée par les indications sonores (le *crescendo* des applaudissements), par les précisions relatives aux gestes de l'orateur, qui s'apparentent à des didascalies : *Il respira profondément* (l. 9) ; *Il s'essuya le front* (l. 19) ; *D'un geste impatient* (l. 24). À quoi s'ajoute le champ lexical de l'émotion : *le visage tendu* (l. 3), *importance bouleversante* (l. 6-7), *la violence de ses convictions* (l. 7-8), *pénétrer violemment les cerveaux* (l. 21).

– Les **images** illustrent l'échange fécond et dynamique entre l'orateur et son public. Le peuple est d'abord comparé à un *nid d'insectes* (l. 5) ; c'est l'image du peuple laborieux, bruissant, sans voix (Jacques sera précisément cette voix). Puis Jacques est comparé à un athlète (l. 20) : vision épique du révolutionnaire qui se livre physiquement et donne son souffle pour ceux que l'on a privés de parole. Enfin Jacques et l'auditoire se rejoignent dans la comparaison guerrière des phrases-*fusées* (l. 22) ; la parole est action, émotion au sens premier du mot : elle peut transformer la timide fourmilière en un peuple *explosif* capable d'infléchir le cours de l'Histoire.

### 2- Argumentation et persuasion

• **Argumentation par antithèses** faisant appel aux valeurs (la paix, l'énergie, l'union...) et à l'expérience (les leçons du passé, défaites et succès) : il faut substituer l'action à la passivité, ne pas rester *les bras croisés* (l. 10) mais prendre la paix *entre nos mains* (l. 18) ; il faut refuser toute confiance aux *gouvernements* (l. 11-17), disqualifiés par leurs échecs passés, pour ne se fier qu'aux *peuples* (l. 18) ; il faut cesser de se diviser, et s'unir : *Isolément... Mais rassemblés, fortement unis...* (l. 27-28). Après avoir convaincu du principe (au peuple d'agir), Jacques peut en venir au moyen, à la méthode : *la grève générale* (l. 31), *arme* pacifique contre la guerre.

• **Procédés oratoires** : interrogations (l. 10-16) qui appellent une réponse négative (*Non*, l. 16), exclamations (l. 16-18, 27-28, 30-31) qui martèlent les mots-valeurs : *La paix* (l. 16, 17), *le peuple* (l. 18, 30). Implication par l'emploi du *nous* et interpellations du destinataire : – *« Quoi faire ? » direz-vous* (l. 25), *Comprenez bien ceci* (l. 28) ; répétitions (l. 16-18, 30-31).

La démonstration est propre à émouvoir par ses effets oratoires, et à convaincre par sa force argumentative.

## Conclusion

Un texte qui tire sa puissance d'émotion de cette rencontre dramatique d'une volonté individuelle et de la fatalité de l'Histoire. À la fois souffle épique dans cet art de faire revivre un grand moment d'espérance populaire, et dimension tragique dans le poids de l'Histoire à venir.

## ÉCRIRE

Après avoir défini genres (discours authentique / discours fictif de roman historique), cadres/situations de communication, objectifs (effort de guerre/effort de paix), on soulignera la parenté des moyens oratoires mis en œuvre (implication du public, répétitions, formules simples et énergiques, etc., ▶ questions **1**, p. 281 et **2**, p. 283) et leur efficacité dans un moment de fébrilité collective intense.

Dramatisation du danger, mise en garde contre l'ennemi, formules d'encouragement, exaltation de valeurs communes (patriotisme ou pacifisme)… – la parole, en jouant de toute une gamme d'émotions et de sentiments, réunit l'orateur et son public dans une relation fusionnelle. Elle engage à l'action, ou se révèle alibi de l'action (assister à un meeting, c'est parfois être convaincu d'avance), quand elle n'est pas elle-même déjà action (▶ question **1**, ▶ p. 283). On s'interrogera alors sur les conditions, les limites et les risques de son pouvoir, capable du meilleur (instrument de liberté) comme du pire (moyen de manipulation au service de l'asservissement, de l'injustice et de l'oppression).

## PISTES

■ **Pour une séquence**

- **Parole et action politique** (▶ *infra*, p. 245).
- **Images de la guerre** (▶ *supra*, p. 33).

▶ LA LOGIQUE EN ACTION

# Le polémique

**Démosthène**
***Troisième Philippique*** p. 284

## « Dernier degré de l'avilissement »

## APPROCHES

■ **Axes d'étude :** L'éloquence politique. Rhétorique et argumentation. Le registre polémique.

■ **Préalables :**

Replacer le discours (mai 341 av. J.-C.) dans l'histoire des rivalités fratricides qui déchirent les cités grecques au cours du IVe siècle, et dont joue habilement Philippe, le roi de Macédoine. Ses ambitions visent à soumettre la Grèce entière, à la fois par des manœuvres diplomatiques, des interventions en Grèce même sous couvert d'alliances avec des cités grecques, des expéditions militaires contre des colonies grecques. Il en a conquis plusieurs en Chalcidique et en Thrace, a occupé la Thessalie et menace Byzance. Les avertissements de l'orateur doivent convaincre les Athéniens de la nécessité d'associer tous les Grecs à la défense de la liberté.

Situer les lieux à l'aide d'une carte de la Grèce antique : les *Thermopyles* (l. 4), au N.-O. d'Athènes, célèbre par la résistance héroïque de Léonidas (2e guerre médique) ; *Érétrie* (l. 8), dans l'île d'Eubée ; l'*Étolie* (l. 17), région de la Grèce centrale, au N. du golfe de Corinthe ; la *Chersonèse* (l. 20), actuelle presqu'île de Gallipoli…

***Perspectives :*** Rhétorique : rappeler les six parties du discours (exorde, narration, preuve, confirmation, réfutation, péroraison).

■ **Vérifier** que sont compris : *Jeux Pythiques*, l. 2 (= célébrés tous les quatre ans à Delphes, lieu du sanctuaire vénéré d'Apollon, ils ont un retentissement culturel et religieux particulier) ; *or de la Perse*, l. 30, *les hommes salariés…*, l. 34-35 (= Démosthène évoque peu après la sévère condamnation qui frappa l'Athénien Arthmios, convaincu d'avoir été acheté par le roi perse Artaxerxès, 461) ; *vénalité*, l. 36 (= attitude de celui qui se laisse acheter).

## LIRE : Contre Philippe ?

### 1- La philippique et ses cibles

- Le Robert : « […] 1624 au sens mod. ; empr. gr. *Philippikos* (logos) : discours (de Démosthène) contre *Philippe*, roi de Macédoine. Discours violent contre une personne. »
- La cible visée est certes le Macédonien, dont Démosthène dénonce *l'insolence* (l. 1), l'impudence (l. 24), et récapitule les agressions ; certaines ont d'ailleurs fait l'objet d'une harangue récente (*Sur les affaires de la Chersonèse*, 340). Mais ce qui est surtout visé, c'est la passivité et l'indifférence des Grecs (*En vain les Grecs en sont témoins…*, l. 9 ; *nous restons inertes*, l. 21), leur lâcheté face aux outrages et aux menaces. Si la *philippique* rappelle les *attentats* (l. 13) du roi, c'est pour stigmatiser la déchéance des Grecs, qui, *peuple libre* autrefois, ne réagit pas, avili qu'il est par la corruption. C'est le consentement des Grecs à l'assujettissement qui est mis en accusation.

### 2- L'argumentation et ses procédés

- **Résumé :** De nombreux exemples prouvent la mainmise de Philippe sur la Grèce (l. 1-9) : symbolique, militaire (encerclement de la Grèce, coups de main) et politique (ingérence en Thessalie et en Eubée). Or, les Grecs se résignent au *fléau* (l. 9-12) alors même que les agressions frappent tous les peuples grecs (*Corinthiens, Achéens, Thébains,* Athéniens), qui persistent dans leurs divisions au lieu de s'unir contre *cet homme* (l. 13-25). La cause vient de l'affaiblissement de l'esprit patriotique : celui-ci a fait la grandeur des Grecs, il est remplacé par la complaisance à l'égard d'une vénalité mise au service du Macédonien (l. 26-37).
- **Les procédés :**

– Accumulation d'**interrogations oratoires**, soulignant les coups de main de Philippe (l. 1-9 ; l. 15-20) : l'apathie des Grecs, formulée en courtes phrases juxtaposées,

LITTÉRATURE ET ARGUMENTATION

ressort alors comme un scandale ; question (l. 23-25) laissée à l'appréciation de l'auditoire, pourtant vivement interpellé (*dites-moi*, l. 24) ; questions dont les réponses sont retardées, dans un mouvement de dramatisation (*Quelle est donc la cause de ce mal ?*, l. 26 ; *Qu'était-ce donc ?*, l. 33) ; exclamations et phrases nominales (l. 15, 33-34) ;

– **appuis du discours énergiques** sous forme d'interjections (l. 33), d'adverbes de négation (l. 28) et d'affirmation (*vraiment*, l. 10 ; *oui*, l. 29), de la conjonction *donc* (l. 21, 26, 33) ;

– **vocabulaire de la brutalité** pour dénoncer les entreprises du roi (*détruit, maître, occupe, dicte, expédie, chasser, attentats, malmener, outragé, maltraite...*), du renoncement et de l'inaction pour caractériser les Grecs (*supportent*, l. 10 ; *se laisse*, l. 14 ; *nous tergiversons, nous restons inertes*, l. 21 ; comparaison familière et dévalorisante des Grecs avec des paysans fatalistes : *de gens qui regardent tout cela comme une averse de grêle*, l. 10-11) ;

– **implication** de plus en plus vigoureuse **de l'auditoire** (*les Grecs*, l. 9 ; *chacun même*, l. 14 ; *nous*, l. 19-25 ; *dites-moi*, l. 24 ; *Athéniens*, l. 29), invité à s'identifier à *tous* (l. 21, 23, 24, 29, 35) les Grecs et à retrouver l'ancien idéal d'un *peuple libre* : opposition entre le passé et le présent, à l'aide de l'antithèse (*liberté / servitude*, l. 28) et de la répétition, en forme d'énigme, de *quelque chose* (l. 29, 30, 31, 32).

### Conclusion

Appel à la lucidité, au réveil des consciences et au sursaut patriotique, par l'avertissement, la diatribe et l'admonestation : l'oratoire joint au polémique.

## PERSPECTIVES (p. 285)

### ■ Cicéron, *Contre Catilina*.

#### LIRE : Un exorde *ex abrupto*

#### 1- Situation d'énonciation et image de l'accusé

• Catilina est d'emblée interpellé à la 2ᵉ personne devant les sénateurs que Cicéron montre du geste (*ni l'air ni l'expression de tous ceux qui sont ici*, l. 8-9) : une attaque surprise ; l'orateur isole l'accusé face à un *nous* (l. 15) qui représente le *Sénat* et le *consul* (l. 16-17) ; se tournant ensuite vers les sénateurs, il leur dénonce à la 3ᵉ personne *cet homme* (l. 17) et ses intentions criminelles (l. 19) ; le *nous* réunit alors Cicéron et les sénateurs en un groupe de victimes timorées (ironie de *Et nous, les hommes de cœur*, l. 20-21), pour mieux les opposer au conspirateur (répétition du pronom tonique : *Toi, Catilina*, l. 23 ; *sur toi*, l. 25), qui aurait dû être neutralisé *depuis longtemps*. La mention des circonstances (occupation militaire du mont Palatin par mesure de sécurité, l. 4-5 ; rondes de nuit, rassemblement de foule devant le siège du sénat, l. 6-7), du lieu inhabituel (temple de Jupiter Stator), du moment présent (au lendemain d'une nuit cruciale, l. 4-5, 13), tout contribue à dramatiser la situation.

• Catilina apparaît comme l'ennemi public numéro 1. Rien ne semble devoir l'arrêter (*Jusques à quand, Combien de temps, Jusqu'où*, l. 1-4) dans sa rage forcenée (*fureur*, l. 2 ; *s'emportera, audace sans frein*, l. 3-4 ; *sa rage...*, l. 22-23), son impudence (*rien n'a pu* [le] *déconcerter*, l. 9-10), sa détermination (*il marque et désigne de l'œil... qu'on assassinera*, l. 19-20) : une machine à meurtre. Le ton du réquisitoire est donc d'une extrême violence. Quelle est l'authenticité de cette image ? on ne dispose sur Catilina que des diatribes de ses adversaires (Salluste et Cicéron)...

#### 2- L'indignation de Cicéron

Tout un paragraphe accumulant les interrogatives à valeur oratoire : trois mises en demeure, construites en parallèle (l. 1-4) ; une période dont la protase, relancée par l'anaphore des négations (*nihil*, dans le texte latin), rejette le verbe dans la brève apodose (l. 4-10), et souligne la folle témérité de Catilina ; trois questions rhétoriques pressantes, prouvant au coupable qu'il est démasqué (l. 10-15).

L'indignation se renforce encore dans le second paragraphe : exclamations (*Ô temps ! ô mœurs !*), question de protestation (*Il vit ?*, l. 17), succession rapide de propositions assertives simples, dont les enchaînements (*et cet homme vit encore !* l. 17 ; *Et nous...*, l. 20 : *tamen* et *autem*, dans le texte latin), soulignent la révolte de l'orateur : l'impunité de Catilina est inadmissible.

#### DIRE

Des moyens polémiques parfois semblables (► questions **2**, p. 284 et **2**, p. 285), mais particulièrement virulents chez Cicéron, pour qui il faut démasquer par surprise l'agitateur ; et surtout, des visées différentes.

• **Démosthène :** Les armes polémiques n'attaquent pas vraiment un homme mais ses entreprises et sa politique, fustigent chez les Grecs un relâchement collectif. Démosthène s'inclut d'ailleurs dans le *nous* concerné par l'appel vibrant à réagir. Il veut obtenir de ses concitoyens l'effort nécessaire pour contrer les visées expansionnistes du « barbare » macédonien. L'arme polémique est donc un stimulant de l'action.

• **Cicéron :** L'attaque foudroyante de l'exorde vise un individu, qu'il faut couper de tout recours et mettre hors d'état de nuire. Protéger l'ordre public, celui des *bons citoyens* (c'est-à-dire des partisans de l'ordre et de la politique de Cicéron, homme du juste milieu), contre les menées d'un dangereux fauteur de troubles, tel est le rôle de la vitupération dans cette première *Catilinaire*.

### PISTES

■ **Pour une séquence**

• **Plaidoyers et réquisitoires** (► *infra*, p. 240).
• **Parole et action politique** (► *infra*, p. 245).
• **Variété de l'essai** (► *infra*, p. 270).

■ **Exercice complémentaire : Langue**

Commentez avec le professeur de langues anciennes la traduction en français du texte latin de Cicéron.

... Le polémique

**Pascal**
***Les Provinciales***

p. 286

## « L'utilité des interprétations »

### APPROCHES

■ **Axes d'étude :** Le genre épistolaire (p. 406). Arguments et argumentation (p. 294). La citation. L'implicite et l'ironie (p. 350).

■ **Préalables :**

Définir le courant janséniste : s'inspirant de près de la doctrine de saint Augustin, il s'élève contre la théologie jésuite de la grâce qui fait une large part à la liberté humaine. L'homme, corrompu par le péché originel, ne peut attendre son salut que de la grâce gratuite (efficace) de Dieu. Après plus d'un demi-siècle de controverses passionnées et de persécutions, le jansénisme sera formellement condamné en 1713 par la bulle *Unigenitus*.

Éclaircir l'importance des **« masques »** chez Pascal : il n'a jamais publié d'ouvrage sous son vrai nom. Il utilise le plus souvent des subterfuges : des **pseudonymes** qu'il modifie par le jeu de l'**anagramme** (= mot formé par l'interversion des lettres d'un autre mot). Il signe par exemple Louis de Montalte, Salomon de Tulti ou Amos Dettonville.

Justifié pour échapper à la censure (notamment en ce qui concerne les *Provinciales*, d'ailleurs non signées lors de leur première publication), ce procédé reflète peut-être de la part de l'auteur une volonté d'humilité, une distance prise à l'égard de la littérature ou une dispersion de la personnalité en liaison avec son écriture fragmentaire.

■ **Vérifier** que sont compris : *l'Écriture*, l. 4 (= la Bible) ; *l'asile*, l. 8 (= le refuge) ; *littéral*, l. 35 (= étroit, strict, selon la lettre).

### LIRE : Masquer et démasquer

#### 1- Les niveaux d'échange

– La lettre met en scène l'échange entre le jésuite et le Parisien, personnages fictifs des *Provinciales*.
– Le Parisien rend compte par une lettre « à un Provincial » de son entretien avec le jésuite.
– Les *Provinciales* paraissent sans nom d'auteur : c'est un « faux auteur » qui transmet à son lecteur le message janséniste.

Les intermédiaires sont des protections, des masques qui dissimulent l'auteur réel étant donné les censures possibles. Cet effet est renforcé par le discours direct, qui semble imputer au jésuite l'entière responsabilité de son propos (valeur de témoignage), et par les citations derrière lesquelles le religieux se retranche : l'Écriture joue le rôle d'un autre « relais » en abyme, en même temps que d'une « autorité » derrière laquelle on se retranche pour mieux la déformer.

#### 2- Le raisonnement du jésuite

– Une proposition générale affirmative (condamnation ou précepte : *le pape Grégoire XIV a déclaré*, l. 7 ; *il est dit dans l'Évangile*, l. 16).
– Objection prétendument tirée de l'Écriture : *Cependant* (l. 8, 17) ou *Cela paraît être contraire, mais* (l. 10, 18).
– Interprétation qui mène à une conclusion apparemment modulée (*en interprétant le mot*, l. 11, 19), en réalité contradictoire.

C'est une **logique** pernicieuse car elle joue sur les mots *(assassins, superflu)* et parvient à leur donner la signification inverse de leur signification véritable sous le couvert de la réflexion et de l'analyse.

Les **références** sont brèves et, tirées de leur contexte, on peut leur faire dire ce qu'on veut (pas de référence exacte, l. 16 ; citation vraisemblablement falsifiée, si on se réfère à l'Évangile et à l'épisode de l'obole de la veuve : Marc, XII, 41-44 ou Luc, XXI, 1-4 : « [...] tous [les riches] ont mis de leur superflu, mais [la pauvre veuve], de son indigence, a mis tout ce qu'elle possédait... » Le Christ critique les riches qui ne donnent que leur superflu). On cite la lettre (tronquée) du texte pour en déformer l'esprit.

Ainsi les *contradictions s'accordent* par les *interprétations* ; la casuistique « accorde » les contradictions (l. 2-3, 5-6, 11, 19).

#### 3- L'ironie dans le dernier paragraphe

• Le Parisien auteur de la lettre (l. 29-33) :
– par **le sens des mots :** *ambition* (l. 31) est antiphrastique par rapport à *n'avoir point de superflu*, qui lui apporte un démenti, et à *n'avoir point d'ambition* (l. 32-33) qui désigne la vraie charité selon l'Évangile ;
– par **les parallélismes** des constructions : *selon Vasquez / selon l'Évangile*, et le chiasme sur *aumône, ambition, superflu*, qui soulignent la contradiction absolue avec les préceptes évangéliques et la disproportion entre les deux références.

• L'auteur (l. 33-37) qui cite le jésuite sans commentaire : la répétition d'*Évangile*, de *même*, la double interprétation de *le plus facile à trouver* (mépris ou évidence intellectuelle ?) suffisent à le discréditer. *Utilité* (l. 37) est aussi à double sens.

#### Conclusion

Pascal applique ici à l'adversaire sa propre méthode : la citation par le discours direct sert de cadre non plus à la perversion de la doctrine, mais à une ironie assassine.

Le cadre épistolaire garantit l'objectivité et donne vie au débat théologique. Le leitmotiv de l'« interprétation » révèle les inversions de la logique et de la charité : le manipulateur des mots est trahi par les mots.

### *PERSPECTIVES* (p. 287)

■ **Voltaire, *L'Ingénu* (ch. 16).**

**LIRE : Dans les pas de Pascal ?**

**1- Une morale exigeante : en apparence...**

• Des injonctions sévères (*ne dites jamais ce mot... qui pourrait offenser Dieu. Dites...*, l. 3-5 ; *qu'il faut toujours éviter*, l. 10-11) ; une condamnation formelle de l'adultère, (*péché énorme*, l. 10 ; *le péché immonde*, l. 27) ;

LITTÉRATURE ET ARGUMENTATION

l'appel à l'autorité d'un père de l'Église (*des exemples dans la sainte Antiquité*, l. 15-16 ; *saint Augustin rapporte*, l. 17).

• Mais la progression du discours vise à convaincre la jeune fille de céder au grand seigneur : tromper un mari *en espérance* n'est pas un adultère, *qu'il faut toujours éviter*, mais seulement *autant qu'il est possible* (§ 3) ; l'intention absout l'action (§ 4) ; dans un cas semblable, un saint a approuvé la *généreuse résignation* d'une épouse (§ 5), et précisément un saint (Augustin) qui présente toute garantie de moralité (l. 34-36) ; enfin, le grand seigneur tiendra ses promesses (l. 38-39).

• Le scandale vient de l'écart entre forme et contenu : langage tout en convenances (euphémismes : *en sauvant la vie à son mari*, l. 28 ; *sa généreuse résignation*, l. 29-30 ; *vous serez utile*…, l. 37) et en références aux valeurs chrétiennes (l. 5, 40-42), discours bouclé sur un hypocrite *Je ne vous conseille rien* (l. 36) ; mais cynisme du fond : il faut s'incliner devant le pouvoir temporel (*comme il est juste*, l. 21), au côté duquel se place le jésuite.

**2- Des dénonciations convergentes ?**

• Des objectifs et des méthodes voisins : dénoncer la casuistique et la morale jésuites et leur collusion avec les puissants de ce monde ; mettre en œuvre la critique à travers le discours d'un père jésuite, où éclatent des contradictions choquantes ; faire jouer l'ironie (▶ question **3**, p. 286. Chez Voltaire, nom du père ; antiphrase, l. 2 ; référence piégée à saint Augustin et citation malicieuse de la devise des jésuites…).

• Des **différences** cependant : dans *Les Provinciales*, le jésuite, qui se place sur un plan général, a réponse à tout grâce aux interprétations ; dans *L'Ingénu*, il renvoie Melle de Saint-Yves, personnage romanesque, à elle-même : le cas de conscience demeure, renouvelant l'intérêt pour l'héroïne. Le premier disserte sur la démarche casuistique, le second en fournit une illustration concrète.

## PISTES

■ **Pour une séquence**

• **La religion en question au siècle des Lumières** (▶ *supra*, p. 213).

• **Armes de l'argumentation** (▶ *infra*, p. 270).

• **La parole pervertie** (personnages et situations ; genres ; le double jeu et ses enjeux ; formes de la perversion ; visées critiques) : Molière, *Le Tartuffe*, p. 500, 501 ; Musset, *Lorenzaccio*, p. 503 ; Camus, *La Chute*, p. 318.

### … Le polémique

**Voltaire**
***Dictionnaire philosophique*** p. 288

## Fanatisme

## APPROCHES

■ **Axes d'étude :** L'article de dictionnaire. Argumentation (p. 294) et registre polémique.

■ **Préalables :** Faire définir le mot *fanatisme* : de *fanum*, « temple » ; le sens ancien (disposition de celui qui est inspiré par la divinité) a été remplacé par celui de foi intransigeante et aveugle en une religion, une cause ou une personne. Dans une édition postérieure du *Dictionnaire philosophique*, Voltaire le présente comme *l'effet d'une fausse conscience, qui asservit la religion aux caprices de l'imagination et aux dérèglements des passions*, comme *une folie religieuse, sombre et cruelle* […] *une maladie de l'esprit qui se gagne comme la petite-vérole.* Il y précise la nuance entre *enthousiaste* (l. 6) et *fanatique* (l. 8-9) dans l'exemple plus développé des frères Diaz : *Barthélemi Diaz fut un fanatique profès. Il avait à Nuremberg un frère, Jean Diaz, qui n'était encore qu'enthousiaste luthérien, vivement convaincu que le pape est l'antéchrist, ayant le signe de la bête. Barthélemi, encore plus vivement persuadé que le pape est Dieu en terre, part de Rome pour aller convertir ou tuer son frère : il l'assassine ; voilà du parfait.*

■ **Vérifier** que sont compris : *transport*, l. 1 (= délire) ; *respectables dans l'Antiquité*, l. 29-30 (= ironie de Voltaire ou précaution ?).

***Perspectives*** : *Les Taliban :* pluriel de *Taleb.*

## LIRE : Variété du polémique

**• Un texte argumentatif**

L'argumentation consiste à définir le fanatisme pour en montrer les méfaits et les pouvoirs, dont seul *l'esprit philosophique* (l. 21-22), animé par la *raison* (l. 15), est l'antidote. L'article procède méthodiquement, illustrant toujours affirmations et arguments par des exemples précis.

Il dégage d'abord les traits distinctifs du fanatisme par comparaison (*fanatisme / transport / rage, superstition / fièvre / colère*), ménageant des degrés, de l'*enthousiaste* ou illuminé, au *fanatique*, prêt à sacrifier autrui, soit *dans un accès de fureur*, soit *de sang-froid* (l. 1-15). Il souligne ensuite les difficultés qu'il y a à lutter contre le fanatisme : celui-ci est *presque incurable* (l. 16-20) ; excepté *l'esprit philosophique*, rien ne peut l'arrêter : ni la religion, où le fanatique puise des exemples pour cautionner ses excès (l. 25-31), ni les lois, au-dessus desquelles il se place au nom de valeurs supérieures (l. 32-37). Qui plus est, le fanatisme est un levier commode pour des manipulateurs sans scrupules.

• **Un texte polémique**

– **Les cibles :** les religions monothéistes, fondées sur l'irrationnel d'une révélation qui définit une vérité unique et transcendante (*l'amour de Dieu*, l. 8 ; *l'esprit saint... au-dessus des lois, ... la seule loi*, l. 34-35 ; *mériter le ciel*, l. 36-37) ; Voltaire puise ainsi ses exemples dans les religions chrétienne, juive, musulmane. La foi est mise en accusation, comme les textes sacrés, la Bible notamment (l. 26-29) ; à l'arrière-plan, sont dénoncés ceux qui font servir la crédulité du fanatique à leurs propres intérêts (l. 38).

– **Le ton :** il est particulièrement acerbe : **métaphore** filée de la maladie multiforme et dévastatrice (*gangrené*, l. 16 ; *maladie... incurable*, l. 17 ; *épidémique*, l. 21 ; *peste des âmes*, l. 25 ; *poison, cerveaux infectés*, l. 26...), qui se traduit par des symptômes physiques (cas des *convulsionnaires*, l. 17-20), prend l'allure de crises de *folie* furieuse (*accès de fureur*, l. 13 ; *fureur*, l. 19 ; *accès du mal*, l. 23 ; *leurs fureurs*, l. 30-31 ; *accès de rage*, l. 32 ; *frénétique*, l. 33) ; **vocabulaire** de la condamnation superlative (*un des plus abominables*, l. 8 ; *d'autant plus coupables, d'autant plus dignes de l'exécration*, l. 12 ; *Ces misérables*, l. 26 ; *abominables*, l. 30 ; *fripons*, l. 38 ; *imbéciles*, l. 40) ; **ironie** sarcastique : oxymore (*assassiner saintement*, l. 7) développé en paradoxes (*tua... pour l'amour de Dieu*, l. 8 ; *mériter le ciel en vous égorgeant*, l. 37), incohérence dans le discours qui prétend innocenter la religion (Voltaire feint de croire que les fanatiques utilisent mal une religion *salutaire*, alors qu'elle s'est précisément signalée par des exemples odieux de fanatisme, l. 25-31).

**Conclusion**

Un réquisitoire véhément contre les extrémismes religieux : une participation à la lutte contre *l'Infâme* ; le salut dans la rationalité du philosophe, celle que promeut le siècle des Lumières.

## *PERSPECTIVES* (p. 289)

■ **Les Dossiers du *Canard enchaîné*, *Les Fous du pouvoir*.**

**LIRE : Le rire contre l'enfer**

**1- Un article informatif et polémique**

• **Des rappels chronologiques** (l. 1, 11 ; *Quelques jours plus tard*, l. 12-13), les noms des acteurs (le *commandant Massoud, Mohammed Najibullah, Anyatullah Badagh*) assortis d'explications (*l'ex-dictateur communiste, dignitaire musulman*, etc.), des faits relatés en détail, des directives et leurs modalités d'application, citation des textes à l'appui (l. 23-24, 25-27, 31-33, 38) : une chronique documentée, qui atteste du sérieux de l'information et légitime la dénonciation.

• **Le titre-choc** est explicite (vigueur du mot argotique, emprunté à l'arabe *mahboûl*, « fou », et de la paronomase), l'article va passer au vitriol la « folie » des fanatiques afghans : jugements indignés (*leur sauce islamique forcenée*, l. 16-17 ; *la loi coranique revue et corrigée par leurs soins*, l. 41-42 ; *pas de finasserie : tout est interdit...*, l. 44-45) ; ironie des antiphrases (*leur sens de l'humour*, l. 5 ; *préoccupation fondamentale bien sûr*, l. 18-19 ; *cet épineux sujet*, l. 25), du jeu de mots (*ne coupe pas les cheveux en quatre*, l. 24-25), du simple énoncé des mesures répressives, d'où ressortent horreur et absurdité bouffonne (deux pendaisons mises sur le même plan, celle d'un homme et d'un poste de télévision : *pendu haut et court*, l. 15 ; législation maniaque sur *l'une des priorités* du régime, le système pileux des Afghans). Le grotesque sinistre d'un régime obsédé par le *satan* occidental et une application obtuse de la charia.

**2- Le *Canard* et Voltaire**

– Une même inspiration : l'indignation de la raison contre le fanatisme religieux, décrit comme une véritable démence et condamné dans ses consternantes manifestations. Dans les deux cas, les procédés de la dérision et des exemples circonstanciés.

– Mais Voltaire analyse le phénomène dans une perspective plus ample, « philosophique », les exemples ayant surtout une valeur illustrative. Au contraire, c'est à partir du cas particulier des *Taliban*, que le journaliste invite son lecteur à réfléchir sur le monde contemporain. Par ailleurs, conformément à la vocation de presse satirique du *Canard enchaîné*, l'article fait une part plus importante à la ridiculisation des *mabouls*, sur son mode familier caractéristique (*mabouls, leur sauce, finasserie*). Le discrédit procède d'un burlesque noir, que Voltaire, tout en le pratiquant magistralement ailleurs (*Candide*, ► p. 340), évite ici.

**ÉCRIRE**

Dans le même article, B. Poulet examine la responsabilité que les écrivains des Lumières ont attribuée aux monothéismes dans les comportements fanatiques. L'explication, selon lui, ne vaut plus aujourd'hui, étant donné le recul de *la ferveur religieuse*.

Il mentionne, comme cause du « retour en force des fanatismes », l'« effacement des religions comme modes d'explication du monde. Et, plus largement, la faillite des idéologies ». Face à l'ébranlement des institutions religieuses, aux bouleversements politiques et aux crises que traverse l'Occident, la quête de certitude nourrit le terrorisme et tous les intégrismes. « Les mouvements fanatiques trouvent [...] leur terreau dans les mondes qui se transforment », et dont la crainte suscite le désir d'un retour en arrière.

On peut aussi souligner :

– la responsabilité de la misère matérielle et morale, de l'oppression et de la frustration conjuguées ; les groupes et les individus les plus perméables sont les laissés-pour-compte, dans des situations où les pouvoirs traditionnels se révèlent incompétents, irresponsables et corrompus (Algérie...) ;

– le poids des moyens de manipulation et de pression grâce auxquels un pouvoir peut faire du fanatisme un moyen de gouvernement (Iran) ;

– l'aide que des partis ou des États intéressés (du Pakistan aux Taliban, par exemple) fournissent aux forces obscurantistes.

## PISTES

■ **Pour une séquence**

• **L'usage du dictionnaire** (▶ *supra*, p. 213).

• **Armes de l'argumentation** (▶ *infra*, p. 270).

• **Voltaire et les combats des Lumières** (thèmes, cibles, formes et armes) : *Traité sur la tolérance*, p. 264 ; *Dictionnaire philosophique*, Blé, p. 274 ; *Dialogue du Chapon et de la Poularde*, p. 299 ; *L'Ingénu*, p. 82, 287 ; *Candide*, p. 340.

■ **Exercices complémentaires**

• **Langue :** Définissez avec précision les mots suivants : *intolérance, prosélytisme, sectarisme, séidisme, superstition.*

• **Oral :** Reportez-vous à l'article « Blé » extrait du même ouvrage (p. 274) : en quoi ces deux articles justifient-ils le titre de *Dictionnaire philosophique* ?

• **Écriture :** Pensez-vous comme Voltaire que le fanatisme soit « presque incurable » ? Donnez vos raisons.

■ **Lecture cursive :** Yasmina Khadra, *À quoi rêvent les loups*, éd. Julliard, 1999.

... Le polémique

## Alexandre Vialatte
## *Les Champignons du détroit de Behring* (p. 290)

### « Ces “manuels” dont nous osons rêver »

## APPROCHES

■ **Axes d'étude :** L'article de presse. Argumentation (p. 294) et humour (p. 519). Le polémique.

■ **Préalables :** Souligner l'intérêt des **chroniques** et **billets,** courts articles qui dans la presse régionale (le Centre pour *La Montagne*) ou nationale commentent régulièrement l'actualité, et expriment librement, sur un mode familier, un peu à la façon des chansonniers, les humeurs du journaliste, souvent grand écrivain, comme Vialatte, homme (ou femme) de lettres de talent (Robert Escarpit ou Claude Sarraute naguère dans *Le Monde* par exemple).
***Perspectives*** : replacer *Hara-Kiri* dans le courant libertaire lié à Mai 68.

## LIRE : Polémique et humour

### 1- L'humour de Vialatte

• L'humour consiste à inverser le regard porté sur l'innovation technologique appliquée ici à la pédagogie. Ce qui est considéré comme innovant (« l'audiovisuel ») est présenté comme une pratique traditionnelle – et défaillante ; ce qui est considéré comme traditionnel – et contestable, le manuel scolaire, est présenté comme une innovation pédagogique révolutionnaire (*Quel progrès sur l'écran !*, l. 17), d'une hardiesse inouïe : une hypothèse de pure fiction (*rêvons d'avenir*, l. 14 ; *dont nous osons rêver... vision prophétique*, l. 25-26), traitée donc au conditionnel, et qu'il ne faut envisager qu'avec prudence (*par étapes*, l. 23 ; *pour le moment... peut-être, par la suite... petit à petit, par progrès successifs*, l. 23-25).

• Par ce renversement plaisant, l'humour relativise l'intérêt des nouveaux moyens technologiques (ici l'utilisation de la « télé »), dont il n'est pas certain qu'ils assurent un progrès véritable : ainsi l'échange n'est plus possible entre le professeur et l'élève (*empêcher l'élève de poser des questions*, l. 9-11) ; mais surtout, en le parodiant, il démystifie l'enthousiasme pour les miracles de ces *procédés « audiovisuels »*, censés rendre l'enseignement *extrêmement facile* (l. 2) : l'examen du sens du mot (*qui s'adressent à l'oreille et à l'œil*, l. 6-7) contribue d'ailleurs à cette démystification (l. 5-9).

• L'humour se laisse apercevoir quand la clé de cette pédagogie *d'avenir*, le manuel scolaire, est enfin nommée, couronnant la série des anticipations (*On pourrait donc...*, l. 11-17) : *Je propose, à tout hasard, d'appeler des « manuels »...*, l. 18. La « proposition » de l'auteur se découvre alors subtilement subversive.

### 2- Un polémique particulier

L'article est polémique dans la mesure où il discrédite des représentations-clichés, naïves et illusoires, sur la « modernisation » de l'enseignement. Il n'attaque pas des personnes, ni des institutions, ni même vraiment des pratiques, mais une forme de sottise qui imagine qu'on peut faire l'économie de l'effort et de la réflexion à l'école (au rêve d'un enseignement qui *va devenir extrêmement facile*, implicitement, il oppose celui qui permet de *revenir à loisir* [à la conférence du professeur], *de l'étudier, de l'assimiler, de la savoir et de la comprendre*, l. 14).

### Conclusion

Une attaque indirecte : l'écrivain laisse au lecteur le soin de la déchiffrer à travers les détours et les ruses de l'humour.

## *PERSPECTIVES* (p. 291)

■ **Cavanna, *Je l'ai pas lu, je l'ai pas vu...***

### LIRE : Le cri du cœur

### 1- Cibles et méthode

• À l'occasion d'un slogan publicitaire à la gloire de la publicité, l'article part en guerre contre celle-ci et, simultanément, contre le mythe de l'automobile. Construite sur un parallélisme, la formule en question joue sur la polysémie du verbe *croire* (tenir pour vrai /faire confiance à / accorder du crédit à), et reste toute en implicites (= les gens qui ne font pas confiance à la publicité ont aussi tort que ceux qui n'imaginaient pas en 1890 que l'automobile se développerait, et qui n'avaient pas confiance en elle comme instrument de progrès).

• Cavanna met au jour, dans une véritable lecture expliquée « méthodique », chacun de ces sens de « croire », appliqués alternativement à la publicité et à l'automobile. Il les articule par des liens logiques (*D'abord*, *Et*,

*Mais si... alors, Et si*, etc.), procédant suivant le même ordre : question ou hypothèse (*Qu'est-ce que ça veut dire, « croire à ... Si ça veut dire « penser qu'il... »*, l. 1-6 ; *Et croire à la publicité, ça veut dire quoi ?...*, l. 11-13 ; *Mais si « croire en la publicité »... veut dire...*, l. 15-16 ; *Et si « croire en l'automobile » veut dire...*, l. 17-20), affirmation de sa propre position par la reprise ironique du verbe « croire » ou d'une expression qui renchérit sur lui (*je le crois, je n'y crois pas, je crie comme un brûlé, je crois...*). Ce faisant, il s'attaque à la malhonnêteté du slogan, au lavage de cerveau par la publicité (l. 15-22), à l'agression que représente l'automobile (l. 20-25), et détaille sa résistance aux deux dans la profession de foi du § 5.

**2- Les moyens des attaques**

• **Les indices d'énonciation :** omniprésence du *je*, qui s'affirme vigoureusement (l. 17, 20, 21...), qui se raconte (l. 25, 26, 28), qui affiche ses indignations par exclamations (l. 13-14, 23), questions rhétoriques (l. 6-7, 14, 38-40), comparaisons hyperboliques (*comme un brûlé*, l. 21 ; *Comme d'autres croient au diable*, l. 23-24 ; *une idole... le super-extra-dessus du panier...*, l. 31-32 ; *sac de réflexes...*, l. 34-36) ; omniprésence du destinataire (*Vous qui me lisez*, l. 40), interrogé, interpellé, pris à partie (l. 6-7, 10, 39, 40, 41, 44) : un article en forme de débat.

• **Les marques de l'oralité :** une syntaxe (phrases sans verbe, l. 17, 38, 42, 45 ; tournures interrogatives et négatives familières, l. 1-2, 11, 38-40 ; l. 8 ; style coupé, l. 8, 36-38...), des interjections (l. 1, 13, 23...) et des ponctuations du discours (*alors là*, l. 17, 20 ; *voilà*, l. 33) propres à la langue parlée ; des locutions ou des mots familiers, argotiques ou grossiers (*ça, un truc drôlement coton, plouc, je m'en fous*, etc.) ; des images et des allusions de conversation verte (l. 8-10, 43-44).

• Des **attaques** servies par une expression haute en couleurs, éclatante de verve et de santé, qui empoigne le lecteur (mais celui de *Hara-Kiri* en 1970 n'était-il pas déjà acquis ?) dans une discussion familière, en apparence du moins.

**DIRE**

• **Les sujets privilégiés :**

– **religieux et moraux :** l'explication de la condition humaine par la métaphysique chrétienne (Pascal, p. 276-277) ; la supériorité des valeurs chrétiennes (Pascal, p. 278) ; la mort, comme avertissement de Dieu (Bossuet, p. 279) ; la toute bonté et la toute-puissance de Dieu (Rousseau, p. 280) ; la morale jésuite (Pascal, Voltaire, p. 286-287) ; les ravages du fanatisme religieux (Voltaire, Les Dossiers du *Canard enchaîné*, ► p. 288-289) ;

– **politiques :** la conscience patriotique (Danton, ► p. 281, Démosthène, ► p. 284) ; la raison d'État révolutionnaire (Robespierre, ► p. 282) ; la paix à tout prix (Martin du Gard, ► p. 283) ; la protection de l'ordre public (Cicéron, ► p. 285) ;

– **sociaux :** l'engouement pour les moyens d'éducation technologiques (Vialatte, ► p. 290) ; les impostures de la publicité (Cavanna, ► p. 291).

• **Les raisons :** tournés vers l'action, souvent liés à la communication orale, à des débats qui impliquent des enjeux collectifs, les registres de l'oratoire et du polémique ne peuvent concerner que des sujets d'une certaine ampleur. Dans leurs buts et leurs moyens, ils jouent en priorité sur l'affectivité de l'auditeur ou du lecteur : ils s'appliquent donc à des sujets sensibles, qui mettent en jeu des croyances, des convictions, des choix de vie et de valeurs : on comprend que leur terrain soit celui du religieux, du moral, du politique et du social.

**PISTES**

■ **Pour une séquence : Variétés du polémique** (genres ; cibles ; registres sérieux, registres comiques, procédés : attaques directes ou indirectes ?) : les textes de la section, texte complémentaire.

■ **Exercices complémentaires**

• **Voir :** Quelles explications donneriez-vous de la situation imaginée par Serre ?

• **Langue :** Analysez l'expression de la négation dans le texte de Cavanna. Qu'en concluez-vous ?

■ **Texte complémentaire**

**Léon Bloy, *Le Crétin des Pyrénées*, 1894.**

*Après la parution de* Lourdes, *d'Émile Zola, l'écrivain et pamphlétaire Léon Bloy s'en prend violemment au romancier des Rougon-Macquart. Dans le pamphlet, la dénonciation polémique s'appuie moins sur les arguments que sur les figures d'insistance parfois proches de l'insulte – ce qui n'exclut pas le talent littéraire...*

Le cerveau du père des *Rougon-Macquart*, quel que soit son tonnage, ne contient pas une grande variété de marchandises. Quand on a lu cent lignes de ce négociant littéraire, on a tout lu, et l'écrasante masse de son dernier avorton n'ajoute absolument rien aux coïonnades qui ont précédé.

C'est toujours, invariablement, l'expérimentalisme grossier d'un Bacon de table d'hôte, l'horreur du mystère, la science, l'évolution, le travail, le saint coït, l'éternelle resucée de l'atavisme, de l'hérédité, de la dégénérescence, etc. Et toute cette vacherie d'idées, dans quel style bon Dieu !

Ah ! il ne se renouvelle pas, le vieux serpent, et n'*évolue* guère, je vous en réponds.

Les clichés Zola sont assez connus : « le soleil qui *met sa note claire* sur quelque chose », par exemple. Bien que je ne les aie pas comptés, j'estime qu'ils ne peuvent guère dépasser le chiffre de trente ou quarante, servis régulièrement et infatigablement depuis qu'il y a des *Rougon* et qu'il existe des *Macquart*.

Il paraît que cela suffit aux cent cinquante mille clients de *Nana* ou de *La Débâcle*. Plusieurs même doivent trouver que c'est encore trop littéraire, trop encombrant.

Le débit serait peut-être plus énorme si on écrivait décidément résolument et tout à fait comme un gendarme ou comme un garde-barrière, mais il faut bien faire quelque chose pour l'Académie.

Chacun de ces inusables clichés, dont Monsieur Zola est l'heureux fermier, fut calculé pour un nombre indéterminé de situations identiques où le lecteur est toujours certain de les retrouver. Il est vraiment difficile de se tuer moins que ne le fait ce grand travailleur.

Certes, je ne puis être accusé de fanatisme pour Flaubert dont tous les livres, à l'exception d'un seul, m'ont exaspéré. Tout le monde, pourtant, sait le labeur infini de et homme, « courageux autant que tous les lions, – disais-je en 1890, dans une oraison funèbre, – mais acharné sur une idée imbécile et s'efforçant, vingt années, d'extraire de son intestin le ténia séditieux et inextirpable de l'Inspiration »*.

N'étant rien qu'un volontaire, il ne put créer une œuvre de génie, mais il fut, incontestavblement, l'un des plus probes écrivains qu'on ait jamais vus. Il laissa peu de livres, parce qu'il se contentait lui-même difficilement, si on peut dire qu'il se contenta, et ces livres, à si grand'peine obtenus, se vendirent peu, n'étant pas faits pour la multitude.

Que ne dirait-il pas, l'incorruptible, en lisant aujourd'hui *Lourdes* ou *La Bête humaine*, en voyant reparaître, toutes les vingt pages, les isochrones formules de ce balancier inconscient qu'on nomme l'auteur et dont le va-et-vient perpétuel donnerait le mal de mer à des albatros ?

Que ne gueulerait-il pas en son gueuloir, l'orageux martyr de la phrase, en apprenant qu'un si fangeux domestique de la populace, un tel messie de la tinette et du torche-cul, ose, quelquefois, le mentionner comme un précurseur ?

■ **Lectures cursives :** Alexandre Vialatte, *Les Champignons du détroit de Behring*. Pierre Desproges, *Chroniques de la haine ordinaire*.

## IMAGES : L'ARGUMENTATION

p. 292

### VOIR : L'argumentation directe

#### 1- L'hagiographie napoléonienne

• **Un éloge visuel :** La **composition** est fermement centrée, convergeant, au croisement des deux diagonales, vers un trépied surélevé, objet sacré dans les cultes de l'Antiquité transposé en symbole de concorde dans les représentations politiques modernes ; cette composition permet d'ouvrir l'image sur une vue pacifiée de la ville et du ciel ; Bonaparte est au plus près du centre, en hauteur lui aussi, déjà statufié : par opposition à la dynamique maniériste des corps « torses » au premier plan, il est immobile ; il indique du doigt la table de proclamation de la République cisalpine : la mise en équivalence entre l'homme et le symbole de puissance est nette ; il est le seul à être représenté en pied, de tous les autres corps on ne voit qu'un fragment. Les regards et les mains **convergent** à la fois sur le symbole politique et sur Bonaparte ; les lances sur la droite accentuent cet aspect « solaire » de Bonaparte, attirant à lui tout le décor. Les **couleurs** achèvent cet éloge visuel : Bonaparte est le seul à être en pleine lumière, et son vêtement est la touche de blanc pur où se concentre la luminosité du tableau. L'ensemble de ces moyens visuels obéit à une stratégie rhétorique au service d'une même fin de persuasion.

• **Le partage de valeurs :** l'éloge repose sur l'assurance de valeurs partagées : la grandeur du politique, l'aspect positif de la puissance et de la gloire militaire, un certain sens du sacré lié au pouvoir et condensé dans l'objet central.

• **Format et argumentation :** la démesure du format est un équivalent physique de son thème central : la grandeur du pouvoir. Bonaparte est plus grand que nature. Le format est donc censé susciter lui aussi l'admiration et donc l'adhésion du spectateur.

#### 2- La caricature : les moyens visuels de la polémique

• **La polémique :** comme dans le discours polémique, l'artiste **désigne** une cible claire, et sa représentation consiste à disqualifier cette cible en prenant le spectateur à **témoin**. La caricature utilise les mêmes moyens que le discours : exagération, simplification.

• **Une hyperbole visuelle :** simplification du débat par : la couleur (le visage rouge sang et noir) ; la simplicité du trait, qui sélectionne uniquement les marques de cruauté, et isole le visage sanguinaire au centre de l'image ; l'absence de vraisemblance de la représentation, qui nous place dans le registre de l'accusation ; le choc de la mise en page : juxtaposition entre l'image et l'interrogation, grossissement du mot « bolchevisme » pour alourdir encore l'inquiétude.

#### 3- La manipulation du spectateur

• **La relation entre le texte et l'image :** elle est très élaborée : la question suppose déjà que la caricature ait effrayé le spectateur, créant chez lui la volonté de s'opposer au personnage représenté. C'est pourquoi cette question est efficace : elle fait passer directement de la perception à la volonté d'agir. L'interrogation ici repose sur l'accord parfait entre l'intention du polémiste et celle du spectateur : on ne s'interroge pas du tout sur la fin, mais sur les moyens d'y parvenir : comment lutter ?

• **Le regardeur regardé** : le regard du personnage est directement dirigé vers le spectateur, pour qu'il se sente agressé, mis personnellement en danger. Il force le spectateur à entrer dans l'image, à prendre parti.

• **Contrôler la réaction :** en conséquence, le spectateur est censé éprouver un sentiment d'inquiétude débouchant sur une prise de position : agressé, il voudra se protéger du danger qui lui est représenté. Tout questionnement critique est exclu dans ce fonctionnement parfaitement monologique de l'image.

## VOIR : L'argumentation indirecte

### 1- Le dalaï-lama : une image duelle

• **La valeur du cadrage :** si l'on cache les deux tiers gauche de l'image, le geste du dalaï-lama est perçu comme un geste de prière, de dévotion, geste vrai, peut-être privé, sacré. En revanche, l'image complète le dévoile comme un geste de salutation, voire de servitude par rapport aux journalistes : ce qui était élément authentique de la culture orientale devient soumission à la culture de masse occidentale.

• **L'ironie :** C'est la co-présence de ces deux interprétations qui fait l'ironie de l'image ; dans le discours, l'ironie repose sur un dédoublement du locuteur, qui cite des propos qu'il ne reprend pas à son compte, et sème des marques qui permettent de décoder l'ironie. De même, ici, la révérence du religieux est mise à distance par la composition même de l'image.

• **L'effet produit** : un sourire mais aussi un sentiment de gêne devant le message implicitement véhiculé – le pouvoir des médias auxquels se soumet le religieux, et la mise en scène de la manipulation de l'image. Le spectateur peut se demander en quoi le photographe ici se distingue des autres photographes présents dans l'image : la distance critique à laquelle il nous invite, la respecte-t-il véritablement ? N'est-il pas lui aussi manipulateur d'images ? Il s'agit alors moins de persuader d'une thèse que de faire réfléchir au support médiatique utilisé.

### 2- Doisneau : La construction de l'image

• **Effets de symétrie :** ils sont démultipliés, créant ainsi dans la photographie un effet de réseau : deux hommes, dans des positions comparables : debout, en chapeau, de dos, on ne peut que deviner le regard qu'ils portent sur la femme-modèle et sur la femme dépeinte ; la femme assise et son double sur la toile ; les deux femmes au premier plan et les « deux » femmes au centre, la vraie et la peinte ; les deux femmes entre elles : l'une plutôt souriante, l'autre plutôt craintive ; le tableau au centre d'une photographie. L'objet de ces effets de symétrie est presque toujours le regard, que l'on suppose masculin, porté sur une femme.

• **L'œil du photographe :** la chaîne des regards fait entrer celui du spectateur mais surtout celui du photographe dans l'image ; ce regard du photographe est directement happé par celui des deux jeunes femmes à droite qui le fixent, mais il est aussi plus subtilement amené par la construction centrifuge de l'image (▶ question **3**)

• **La composition « en abyme » :** le tableau au centre de l'image est un double de la photographie dans son entier : présence miniature d'une œuvre dans l'œuvre, présence d'un créateur voilé (de dos) : cette construction en abyme met en équivalence le regard des deux hommes sur la femme assise et sur le tableau avec le regard du photographe (et du spectateur) sur la scène et sur sa propre photographie.

### 3- Une rhétorique de l'implicite

• **Les regards féminins :** une gêne s'infiltre dans l'image : grâce au tableau, on voit que l'homme regardant une femme emmitouflée dans son manteau la représente (et donc, d'une certaine façon, la voit) nue. Les deux jeunes femmes au premier plan peuvent craindre que le photographe à son tour ne les voie comme le peintre voit son modèle : dénudées, et objets de désir. Les deux femmes ont d'ailleurs des regards assez différents, allant d'une forme réservée de complicité à un regard plus craintif, accentué par la différence d'âge et le flou de la mise au point.

• **La mise en scène du désir :** c'est bien le sujet de la photographie : le désir des hommes pour des femmes, qui dans la photographie reste exprimé à sens unique. Les femmes sont les proies d'un regard démultiplié dans l'image, image qui souligne la permanence de distances, ou la transgression de certaines frontières (celle de la nudité). Il s'agit aussi de faire réfléchir sur le statut de voyeur que le photographe et le spectateur ont toujours à un certain degré, et sur la dialectique de désir qui existe aussi entre l'image et celui qui la regarde.

• **Le jeu de l'implicite :** rien n'est désigné directement : en soi un tableau de nu est anodin ; toute la mise en scène d'une certaine violence cachée du désir repose sur le réseau de regards saisi par le photographe. Cela s'apparente au sous-entendu dans un discours, et le sujet de cette photographie se prête bien sûr à une telle rhétorique oblique.

## PISTES

■ **Pour une séquence**

• **Les portraits-charges** (décrire pour disqualifier, les moyens rhétoriques du blâme, comment construit-on une cible ? pour convaincre qui ? portrait ou autoportrait ?) Adrien Barrère, *Comment voter contre le bolchevisme ?*, p. 292 ; Camus, *La chute*, p. 318 ; Koltès, *Le Retour au désert*, p. 313.

• **Images féminines** (vision des femmes par les hommes, paroles de femmes face aux hommes, retournement des rapports de force, humour, thématique du désir) : Doisneau, *Paris, le pont des Arts*, p. 293 ; Laclos, *Les Liaisons dangereuses*, p. 420 ; Larousse, *Grand Dictionnaire universel du XIXe siècle*, p. 275 ; Otto Dix, *Portrait de la journaliste Silvia von Harden*, p. 319.

• **Les représentations du pouvoir** (qui montre-t-on ? quelle stratégie rhétorique d'ensemble ? soutenue par quelles valeurs ? quelle forme choisit-on ? pour s'adresser à qui – le lecteur, un autre personnage –? avec quel effet ?) : *Le Général Bonaparte proclamant la République cisalpine à Milan*, p. 292 ; Lancret, *Le lit de justice tenu au Parlement à la majorité de Louis XV en 1723*, p. 263 ; Corneille, *Nicomède*, p. 304-305 ; Brecht, *La résistible ascension d'Arturo Ui*, p. 511-512.

■ **Exercices complémentaires : Voir**

1- Étudiez la photographie d'une scène de Brecht, p. 512 ; montrez que cette image soutient une véritable thèse sur le personnage, et décrivez-en les moyens : simplification visuelle, cadrage, place supposée du spectateur, simplicité des lignes, tonalité des couleurs...

2- Observez le tableau de Otto Dix, p. 319 ; décrivez la représentation de la femme que vous y voyez (couleurs, stylisation, situation physique, choix des détails…) ; quel effet cette femme peut-elle faire au spectateur ? quel discours sur les femmes ce tableau pourrait-il alors illustrer ? en quoi peut-on y voir l'éqivalent de la vision de femmes que semble avoir le personnage de l'extrait de roman, Prétextat Tach ?

– Observez le tableau de Paul Louis Delance, p. 283 ; quelle thèse « soutient-il » ? détaillez les moyens visuels de l'éloge du peuple que l'on peut y voir. Comparez-le à la représentation de Napoléon p. 292.

■ **Bibliographie :** L'Image, Laurent Lavaud, GF « Corpus », 1999 ; Jean-Michel Adam, Marc Bonhomme, *L'Argumentation publicitaire. Rhétorique de l'éloge et de la persuasion*, Nathan 1997 ; Philippe Hamon, *L'Ironie littéraire. Essai sur les formes de l'écriture oblique*, Hachette, 1996 (ce livre s'ouvre sur une étude d'une photographie de Doisneau, illustrant les figures visuelles de l'ironie) ; Marc Angenot, *La Parole pamphlétaire, contribution à la typologie des discours modernes*, Fayard, 1982 ; Catherine Kerbrat-Orecchioni, *L'Implicite*, Armand Colin, 1986.

# 2 Le dialogue ou la raison en questions

## LE DIALOGUE PHILOSOPHIQUE

**Platon**

*Phédon*

p. 297

### « Celui qui, vraiment, est philosophe »

**APPROCHES**

■ **Axes d'étude :** Le dialogue philosophique. Le dialogue didactique (p. 320). L'homme et la mort.

■ **Préalables :** Un sujet par excellence de la réflexion philosophique, la mort (à mettre en parallèle avec la mort stoïque de Sénèque dans l'Antiquité). Un texte fondateur de la culture occidentale, objet de discussion dans toute l'histoire de la philosophie : méditation de Montaigne sur le même sujet (« philosopher, c'est apprendre à mourir »), critique de Spinoza (la philosophie est une méditation non de la mort, mais de la vie). Un modèle de dialogue philosophique (l'exercice même de la dialectique) : est-il construction commune d'un raisonnement acceptable par les deux parties, ou simple procédé, déguisement dialogique d'une pensée close, élaborée d'avance par le philosophe ?

■ **Vérifier** la compréhension de : *Les gens de chez nous*, l. 10 (Simmias est originaire de Béotie, dont les habitants sont réputés pour leur lourdeur ou leur ignorance).

**LIRE : L'exercice de la dialectique**

**1- Le dessein de Socrate**

• **Sortir du conflit d'opinions :** le conflit d'opinions oppose une certitude à une autre ; la moquerie de Simmias (l. 6-13) est un exemple d'opinion (doxa), fondée sur l'ouï-dire ; Socrate souligne que c'est un jugement qui ignore ses fondements (*pas du tout conscients*, l. 17) ; il va donc repartir à zéro : puisque ses adversaires croient savoir, il va faire comme s'il ne savait pas lui-même, et tout reconstruire.

• **L'accent mis sur l'accord :** il s'agit d'élaborer un raisonnement acceptable par tous les deux (*parlons entre nous*, l. 17) :
– Socrate déplace la question vers un universel : l'idée de la mort ;
– le dialogue devient la recherche en commun d'un concept, où chacun fait abstraction de ses sentiments : insistance sur l'acquiescement de Simmias ; passage au discours général ; jeu des marques de personne : *pensons-nous* (l. 19) ; *Pour moi* (l. 40) ; *Ton opinion* (l. 42) ; *Selon moi* (l. 46) insistant sur l'accord, la circulation des mêmes idées entre les deux : *partager les opinions qui sont les miennes* (l. 26-27) ;
– chaque question de Socrate est double : proposition d'une idée générale + demande de confirmation, pour que chaque étape du raisonnement bénéficie d'un consensus.

• **La nette répartition des rôles :** Socrate pose les questions et dirige le dialogue :
– spécialisation de chacun dans une modalité (interrogative pour Socrate, assertive pour Simmias) qui manifeste les compétences. Socrate a l'initiative des échanges et introduit les thèmes du discours ;
– brièveté des réponses de Simmias (mais longueur des questions) ; pas de phrases complexes *(oui, non)* ; elles se réduisent à confirmer celles de Socrate.

**2- La progression rationnelle**

• **L'exposé premier de la thèse :** dès le premier paragraphe (► p. 294), comme vérité à démontrer. Noter que Socrate fournit une première preuve, sous forme d'argument par l'absurde (l. 3-5). C'est parce que Simmias acquiesce pour de mauvaises raisons (plaisanterie, jeu sur la mort en général et sur la mort infligée aux philosophes) que Socrate doit procéder par déduction complète.

• **Le raisonnement par déduction :**
– première étape : définition de ce dont on parle : la mort est la séparation de l'âme d'avec le corps ;
– description de l'activité du philosophe ; long raisonnement par l'absurde (l. 27-39), où Socrate reprend la catégorie du corps utilisée en définition : le philosophe s'occuperait-t-il de ce qui touche au corps ?
– conséquence : le philosophe est donc celui qui se tourne vers l'âme ; on progresse vers la confirmation de la thèse.

**3- Un dialogue de transmission**

• C'est une sorte de système clos ; partant d'une question, Socrate progresse de difficulté résolue en difficulté résolue, à travers les objections qu'il s'adresse en les présentant à son interlocuteur (le développement sur les plaisirs charnels n'est là que pour être écarté). Il met au compte de Simmias ses propres conclusions : *Ton opinion est donc*… (l. 42). Simmias ne figure pas un véritable adversaire : il n'objecte rien.

• Ainsi, Socrate donne l'exemple à Simmias d'un raisonnement valide autant qu'il le convainc, il transmet une vérité en la faisant redécouvrir à son interlocuteur.

**Conclusion**

Un idéal de dialogue didactique, aucun non-dit, sentiment ou volonté de puissance ne vient apparemment parasiter la construction rationnelle.

## PERSPECTIVES (p. 298)

**Lucien, *Dialogues des morts*.**

■ **Vérifier** que sont compris : *nous sommes de loisir*, l. 1 (= avoir du temps, de la liberté) ; *la mollesse*, l. 21 (= manière de vivre facile et voluptueuse) ; *une ligne et un roseau*, l. 25-26 (= instruments de la pêche).

**LIRE : La preuve par le rire ?**

**1- Le mélange des genres**

● **Les éléments du dialogue philosophique**

– Trois philosophes + un « profane » : les éléments de base du dialogue didactique (▶ p. 320).

– Un sujet philosophique : la mort ; une thèse ferme à argumenter, la vanité des plaisirs terrestres, d'abord exposée ironiquement (l. 11-12), puis rappelée comme conclusion d'un raisonnement (l. 37-38) ; la confrontation de deux opinions sur la mort.

– La distribution des positions dans le dialogue reprend le modèle socratique (forme de l'interrogatoire).

● **Une séquence de comédie**

– Décor spectaculaire : les enfers, avec Charon, le *batelier* (l. 35) qui fait traverser les morts d'une rive à l'autre des enfers ; l'arrivée des morts présentée par Diogène comme un spectacle risible (l. 3-7), dont les philosophes sont le public.

– Longue réplique d'exposition (l. 6-10) qui, comme au théâtre, met en place la scène.

– Un personnage typique de comédie : le vieillard, apparemment attaché aux plaisirs, objet de moquerie.

– Lucien ne préserve pas la gravité du dialogue philosophique : modalité exclamative (l. 7, 29-30), rire.

**2- L'ironie, un instrument**

● **Marques :**

– les hyperboles : *tous* (l. 8) ; superlatifs (l. 9) ; lexique du pouvoir appliqué au pauvre homme en gradation inverse : *roi de la terre* (l. 15), *Satrape* (l. 18), *riche* (l. 20) ;

– la surprise feinte dans toutes les répliques de Diogène : modalités engageant l'émotion ; *au moins* (l. 18) ;

– l'encadrement du texte par deux formulations paradoxales (l. 9-10, 35-36) ;

– les questions de Diogène ont un statut systématique d'antiphrase.

● La thèse n'est pas livrée directement dans ce texte : elle apparaît à travers cette façon qu'a Diogène de feindre la surprise, qui souligne la disproportion entre ce que le Pauvre a perdu et sa tristesse, et provoque le rire. La thèse (l'heureuse pauvreté des cyniques) ne pourrait pas être servie par un dialogue grave et sérieux, l'ironie renforce la démonstration par l'absurde.

**DIRE : La réponse du Pauvre**

– Partir des deux affirmations du Pauvre : *La lumière est si douce ! et la mort est affreuse* (l. 31-32) et les amplifier par argumentation ou par description.

– Utiliser le lien de cause à conséquence qui unit ces deux affirmations.

– En réaction à l'ironie cynique, travailler l'expression dans le sens de l'émotion.

## PISTES

■ **Pour une séquence : L'homme devant la mort** (▶ *infra*, p. 281).

■ **Lectures cursives :** Montaigne, *Essais*, « Que philosopher c'est apprendre à mourir » (l. 20) ; Fénelon, *Dialogue des morts*.

■ **Bibliographie :** M. Dixsaut, *Le Naturel philosophe. Essai sur les dialogues de Platon*, éd. Les Belles-Lettres, Vrin, 1985.

▶ Le dialogue philosophique

**Voltaire**

# *Dialogue du Chapon et de la Poularde* (p. 299)

### « Pour ce qui est de rôtir les hommes »

## APPROCHES

■ **Axes d'étude :** Le dialogue philosophique. La satire (p. 518). Argumentation et allusion.

■ **Préalables :** Faire réfléchir sur le choix des **animaux** comme masques pour l'argumentation, et sur le rapprochement entre ce type de dialogue et la **fable** (où se place l'auteur dans les deux genres ?). Introduire au genre de la satire, une des veines spécifiques du XVIIIe siècle : écrit de combat, avec une cible identifiable, qui repose sur la disqualification par le rire de cette cible. Un exemple de la combativité politique de Voltaire.

■ **Vérifier** que sont compris : *pièce*, l. 8 (= plat) ; *sont dans l'usage*, l. 16 (= ont l'habitude) ; *engeance*, l. 17 (= race, espèce).

**LIRE : La barbarie des animaux sans plumes**

**1- La distribution des fonctions dans le dialogue**

**Parodie** de dialogue entre maître et disciple : la poularde ignore, le chapon informe.

– Distribution des modalités comme toujours dans le dialogue philosophique (à l'élève l'exclamation et l'interrogation, au maître l'assertion), d'où, ici, distribution des tons : affect (effroi et incrédulité) contre raisonnement posé.

– Chaque indignation de la poularde est l'occasion d'une nouvelle information, le texte avance en soulignant le scandale, poussé par l'émotion de la poularde.

Chaque intervention du chapon est par contre très **structurée** ; par exemple la deuxième réplique est organisée d'abord par les compléments de temps et le groupement ternaire des verbes (l. 4-8), puis par une liste d'actions dont l'ordre repose sur la variation des sujets (jeu des pronoms, l. 8-11)

**2- Des animaux et des hommes**

**• La caractérisation des humains**

– C'est à partir de l'étalon animal que les hommes sont définis, et non l'inverse : ce sont des *animaux* (l. 20), inférieurs (par rapport aux deux personnages), ils ont un point commun (*bipèdes*, l. 20), mais pas de plumes. Cette approche est renforcée avec l'expression *cette espèce* (l. 26-27).

– Les qualificatifs vont de la simple insulte graduée (*coquins*, l. 12 ; *scélérats*, l. 14) à la qualification de barbarie (*monstres*, l. 3). Les actions sont exprimées avec le lexique de la violence : *dévorant* (l. 17) ; *crever les deux yeux* (l. 23) ; *arracher* (l. 25). Alors que les animaux se montrent civilisés, attentifs au polissage des mœurs, les hommes apparaissent mauvais par essence : *détestable engeance* (l. 17). Ce sont là des qualificatifs que les hommes utiliseraient pour décrire un peuple barbare. Les animaux s'étonnent d'ailleurs, comme ferait un explorateur, de l'étrangeté de *leur coutume* (l. 4).

**• Le sort des bêtes :** inversement, le sort des bêtes est décrit avec un lexique humain, social : leur cage est une *prison* (l. 4), leurs ailes des *bras* (l. 10), et donc l'abattage un crime (ils *nous coupent la gorge*, l. 7).

**• La satire** repose sur cette inversion des critères de civilité. La violence des hommes devient démesurée, prise à partir de ce crime ordinaire, manger les bêtes. Incompréhensible aussi, saisie du point de vue des victimes. Les crimes historiques les plus graves (*rôtir les hommes*, l. 26) prennent alors une dimension véritablement **barbare**.

**3- La visée du texte**

**• La présence d'une thèse :** critique virulente de la violence et de l'intolérance. L'application historique se fait dans la dernière réplique : technique de l'allusion, qui se rapproche graduellement de l'époque de Voltaire : *Les empereurs chrétiens et grecs* (l. 23), *Louis le Débonnaire*, roi du IXe siècle, *plus de vingt mille pour de certaines opinions* (l. 27-28) : allusion probable aux guerres de religion. La force de l'allusion tient aux contradictions qu'elle souligne ironiquement (*chrétiens/frères, Louis le Débonnaire/arracher les yeux*) et à l'incompréhension et au détachement apparent du chapon, qui soulignent l'absurdité de la violence commise au nom de tels principes.

**• La force d'une présentation indirecte :** le détour rend la violence **absurde**, ce que ne ferait pas la dénonciation directe. L'efficacité polémique tient au changement de perspective, qui rend nos propres actes (jusqu'au repas) étrangers, incongrus.

**• La noirceur de l'échange** tient à l'accumulation des violences, qui finissent par être mises sur le même plan. Tout est démystifié : mœurs, religion (ridicule cruel de l'*oraison funèbre*, l. 9), pouvoir.

**Conclusion**

La situation d'apprentissage reprise ironiquement transforme l'histoire humaine en succession de coutumes arbitraires et violentes. Parodié, le dialogue philosophique a une vraie portée politique.

**PISTES**

■ **Pour une séquence : Le dialogue philosophique au XVIIIe siècle** (▶ *supra*, p. 69).

■ **Exercice complémentaire : Langue**
Étudiez l'emploi des pronoms sujets dans les lignes 4 à 11.

■ **Lecture cursive :** Voltaire, *Entretien chinois*.

▶ LE DIALOGUE PHILOSOPHIQUE

**Diderot**

## *Le Neveu de Rameau*

p. 300

### « Vive la sagesse de Salomon »

**APPROCHES**

■ **Axes d'étude :** Le dialogue philosophique. Les déviances du dialogue (p. 320).

■ **Préalables :** On peut partir des règles implicites d'un dialogue philosophique, voire de toute conversation (coopération dans l'échange, non-contradiction, justification des affirmations de chacun…). On peut aussi mettre l'accent sur l'amoralité qu'incarne Rameau (le XVIIIe siècle, en particulier le libertinage, s'interroge sur la coutume et les conventions).

■ **Vérifier** que sont compris : *mollets*, l. 4 (= moelleux) ; *état*, l. 13 (= situation dans la société, condition, en particulier valorisées) ; *Faire sa cour*, l. 17 (= chercher à plaire aux puissants pour obtenir leurs faveurs).

**LIRE : Affirmation d'une thèse ou d'une individualité ?**

**1- La mise en danger de l'échange**

**• Deux positions inchangées**

Dès le début, des positions claires qui restent fixes : positions énonciatives dans l'échange (le philosophe interroge, Rameau répond), et positions morales (pour le philosophe, au fil de ses questions : patriotisme, amitié, réussite sociale, valeurs familiales ; cynisme épicurien de Rameau, énoncé comme une thèse au début de l'échange : morale du plaisir, mépris de la patrie, vision cynique du pouvoir dont il faut profiter, désintérêt pour la famille). Insister chez Rameau sur la modalité assertive dominante, la valeur absolue de ses négations (en particulier restrictives, l. 4, 6), les formulations totalisantes (dans le lexique : *le reste*, l. 4, *presque toujours*, l. 10 ; dans la syntaxe : généralisation par les articles au pluriel, *tout*, l. 11, l'absence d'article).

**• Les réponses répétitives**

Rameau balaie les propositions du philosophe de façon provocante ; répétition de *vanité* comme seule réponse possible, de l'infinitif d'ordre où Rameau donne péremptoirement la recette d'une vie profitable, de phrases nominales péremptoires.

Souligner l'efficacité persuasive de cette forme assertive et répétitive des réponses : Rameau parvient ainsi à contester les idées reçues en jouant sur l'évidence (champ lexical du regard, l. 6, 10, 17) et construit une argumentation minimale (connecteurs l. 15, 24).

**• Dysfonctionnement de l'échange**

Le philosophe cherche à faire avancer un échange constructif, proposant des thèmes, soulignant l'autocontradiction éventuelle de Rameau (l. 22-23) ; Rameau, lui cherche à arrêter l'échange : chacune de ses phrases manifeste le refus de la concession, le refus d'interroger l'autre sur ses propres raisons et d'être transformé par le dialogue.

**2- La cohérence des positions**

**• L'usage des questions**

Les questions du philosophe sont de vraies interrogations (il propose ses valeurs à l'examen philosophique), elles sont toutes suivies d'une réponse de son interlocuteur ; celles de Rameau sont oratoires (l. 9, 10, 15-17) et ne sont jamais ouvertes à une réponse de son interlocuteur, elles ont une valeur polémique et souvent ironique.

**• Le retrait du dialogue**

La question du philosophe (l. 22-23) cherche à montrer à Rameau qu'il se contredit (s'il ne faut pas remplir les devoirs de sa profession, qu'en sera-t-il du précepteur de ses propres enfants ?), à le rappeler à sa responsabilité en tentant de sortir de la généralité : *ce précepteur*, *vos principes*. Mais Rameau ne se sent pas engagé par ses affirmations ; il refuse la loi de cohérence que suppose l'échange et s'abstrait à nouveau : *mon fils* ou *ma fille* (l. 24-25), ne sont pas des individus, mais à nouveau des généralités. On n'a ni une discussion, où l'on cherche la solution partagée d'un problème controversé, ni un débat, où on se préoccupe de justifier sa position.

**3- Du dialogue philosophique au dialogue romanesque**

L'hésitation entre roman et dialogue fait partie du *Neveu de Rameau*. Ce texte n'oppose pas seulement deux thèses, mais deux fortes personnalités : personnages incarnés par le ton qui les individualise, par les références à la vie concrète. L'échange prend l'allure de la spontanéité : interpellations (l. 1, 2, 10, 22), ellipses syntaxiques imitant la conversation courante, vitesse donnée par les relances du philosophe. Les idées de Rameau prennent vie.

**Conclusion**

À l'intérieur du dialogue, les conditions qui permettent la poursuite de la discussion sont refusées ; mais le dialogue se poursuit car Rameau impose sa **séduction :** franchise, bonne humeur, **personnalité complexe** qui suscite l'intérêt du philosophe et l'obligent à renoncer aux ambitions de la philosophie rationnelle.

## PERSPECTIVES (p. 301)

■ **Diderot, *Entretien d'un philosophe avec la maréchale de ******.

■ **Vérifier** que sont compris : *je ne saurais*, l. 3 (= cela m'est impossible) ; *vous m'obligerez*, l. 7 (= je vous en serai reconnaissante) ; *incrédule*, l. 4, *incrédulité*, l. 37 (= l'absence de religion, de foi).

**LIRE : Ni convaincre, ni convertir**

**1- Un dialogue philosophique**

**• L'imitation de Socrate par Diderot**

– Le début du texte met en place un questionnement général (quelqu'un qui ne croit pas en Dieu a-t-il alors des raisons d'être bon ?, l. 4-5), en abandonnant les situations individuelles ; comme dans un dialogue socratique on s'interroge sur un universel, et non sur la conduite de l'autre.

– Le philosophe adopte la position de Socrate, invite l'interlocutrice à confirmer ses propositions (l. 8-18).

– Le dialogue avance par la présentation d'arguments par le philosophe : on peut être bon par nature (l. 8-9), par éducation (l. 12), par la sagesse qu'apporte l'âge (l. 15).

**• L'égalisation des positions**

– Mais la distribution des tours de parole est bien plus équitable que dans un dialogue socratique, on le voit typographiquement : les tours de parole s'égalisent.

– Dans la deuxième partie, c'est la maréchale qui fait les questions. La situation maître-disciple est brisée.

– Le texte se clôt sur le désir commun de poursuivre le dialogue.

**• La variété des enchaînements**

L. 18-37, grande variété des enchaînements de parole (à l'opposé de l'interrogatoire socratique) : objection (l. 19), réfutation (l. 24), parallèle (l. 26), hypothèse (l. 32).

**2- Un dialogue véritablement dialectique**

– Diderot ne cherche pas à convaincre la maréchale de se rallier à sa position, de renier sa foi ; symétriquement elle ne cherche pas à le convertir.

– L'entretien ne vise pas une synthèse harmonieuse : les désaccords (par exemple, l. 24) n'y mettent pas fin.

– La maréchale est une véritable interlocutrice, avec des opinions arrêtées, qui ne se contente pas de confirmer les propositions du philosophe, mais propose à son tour. Le dialogue ne construit pas une pensée unifiée, sur laquelle les deux s'accordent, il est surtout un lieu d'échange, avec deux interlocuteurs de poids égal.

**3- Le respect de l'autre**

– Un petit morceau de dialogue courtois (l. 4-6), moment d'humour discret.

– On passe très vite de l'argument *ad hominem* (l. 1) (► p. 294) au raisonnement général (absence de marques de deuxième personne, usage du « on » et des énoncés gnomiques). Absence d'attaque de l'autre, alors que les positions sont claires : un athée contre une dévote.

– Diderot prouve sa thèse par son comportement, par le fait qu'il engage le dialogue, et respecte la position de la maréchale : on peut donc être honnête homme sans être croyant.

## PISTES

■ **Pour une séquence**

• **Le dialogue philosophique mis à mal** (la difficulté de la communication rationnelle, le non-respect des règles de l'échange, la morale individuelle suggérée par les échanges sans rencontre) : Diderot, *Le Neveu de Rameau*, p. 300 ; Rabelais, *Le Tiers Livre*, p. 314 ; Malraux, *La Condition humaine*, p. 317.

• **Le dialogue philosophique au XVIIIe siècle** (▶ *supra*, p. 69).

■ **Exercice complémentaire : Langue**

Étudiez les formes syntaxiques de l'interrogation dans cet échange.

■ **Bibliographie :** *Dictionnaire de Diderot*, sous la direction de R. Mortier et R. Trousson, éd. Champion, 1999, entrée « Dialogue ».

▶ LE DIALOGUE PHILOSOPHIQUE

## Diderot

# *Le Rêve de d'Alembert* (p. 302)

### « Un flux perpétuel »

## APPROCHES

■ **Axes d'étude :** Dialogue et monologue (p. 320). Le matérialisme. La phrase (p. 520).

■ **Préalables :**

Rappeler quelques étapes de l'histoire de la science : avant le XVIIe siècle, on a une vision hiérarchique du monde des créatures, constitué en « échelle des êtres » de complexité et de dignité croissantes ; après le XVIIe siècle, la vision du monde des vivants est continue, et permettra de faire émerger la doctrine darwinienne de l'évolution : les êtres sont liés les uns aux autres par des mutations successives.

Poser aussi la question du dialogisme, la présence de plusieurs voix qui peut intervenir dans le discours d'une seule personne.

■ **Vérifier** que sont compris : *effet*, l. 1 (= résultat d'une cause, à distinguer d'*essence*, l. 10) ; *individus*, l. 14 (= être formant une unité distincte, étymologiquement corps indivisible – comme *atome*) ; *embrasser*, l. 24 (= saisir en totalité).

## LIRE : « Former des nuages »

### 1- L'avancée du « dialogue »

• **La première personne**

– Un « je » individualisé, celui du philosophe qui entre dans le dialogue, s'oppose au « vous » et présente sa pensée en train de se faire (*répondez-moi*, l. 14-15).

– Un « je » théorique, siège de la réflexion, qui est aussi celui de l'homme pris dans le flux des choses (l. 28 et suivantes, *je* est synonyme de *un être*, l. 27), dont l'individualité est niée par son propre raisonnement, qui se définit lui-même comme mouvement : *une tendance* (l. 28). Ce « je » est aussi la seule constante du discours, ce qui permet de formuler la thèse de façon rassurante : *Je ne meurs donc point* (l. 32) : le sujet parlant est donc l'image même de la thèse.

• **La présence d'un interlocuteur :** insistante mais diffuse. Les interlocuteurs désignés servent surtout d'instruments d'argumentation (*Père Castel*, l. 7 ; *Archytas*, l. 26) ou de repoussoirs (*pauvres philosophes*, l. 14, 23) au monologue ; ils sont pris dans le mouvement du discours : d'objet de l'argumentation, le Père Castel devient subitement interlocuteur (l. 7).

Le locuteur se répond à lui-même, se dédouble, devient son propre interlocuteur : abondance des *Non* (l. 11, 16, 18, 28, 32), nombreuses questions oratoires (par exemple, l. 16-18).

• **Un style fluide**

– Phrases brèves, sans hiérarchie syntaxique.

– Enchaînements (▶ p. 520) par reprise de mots (l. 5-6) ou de tournures syntaxiques (l. 31-32), par lien logique (*Donc*, l. 10 ; *puisque*, l. 11), par la figure insistante du parallélisme (l. 1-2).

– Impression de halètement, de souffle vital donnée par les nombreux points de suspension.

– Champs lexicaux : mouvement et continuité (*circulent*, l. 3-4 ; *flux*, l. 5 ; *passer*, l. 33 ; *changer*, l. 33 ; etc.) ; grandeur et totalité (*ordre universel et général*, l. 2-3 ; *un seul grand individu*, l. 19 ; *entière*, l. 37 ; etc. ; répétition de *tout*).

D'où l'impression d'une pensée en train de se faire, qui transpose dans le style la thèse du flux des choses.

### 2- La thèse matérialiste

• **Du délire à la vision :** ce discours sort d'un rêve provoqué par la fièvre, et la ponctuation mime ce délire. Mais il s'agit plutôt d'une vision, car rien ici n'est incohérent : même haletante, l'expression est limpide, et la ponctuation apparaît alors comme la respiration de la pensée, et laisse aussi au lecteur le temps de réfléchir.

• **L'intérêt de la forme dialoguée :** présenter sous forme interrogative des hypothèses risquées, au lieu de les livrer comme thèses à argumenter, susceptibles alors d'être réfutées. Les interrogations oratoires ne sont pas là pour évacuer les objections d'un interlocuteur : de l'interrogation rhétorique (*qu'êtes-vous ?*, l. 26) on passe à un questionnement métaphysique audacieux (*Qu'est-ce qu'un être*, l. 27), et de l'individu au tout comme dans la thèse matérialiste.

### Conclusion

Le style à la fois scientifique et poétique du texte permet de dépasser les connaissances du moment (la biologie naissante) et de livrer, en une vision, une image totale du monde, de la matière inerte à la matière pensante.

LITTÉRATURE ET ARGUMENTATION

## PISTES

■ **Pour une séquence**

• **Le dialogue philosophique au XVIIIe siècle** (▶ *supra*, p. 69).

• **L'homme devant le monde** (poésie, sciences et métaphysique ; genres, formes et registres) Du Bartas, *La Semaine*, p. 48 ; Hugo, *L'Homme qui rit*, p. 102 ; Pascal, *Pensées*, p. 276.

■ **Exercice complémentaire : Langue**
Étudiez les indéfinis, de la l. 3 à la l. 19.

■ **Bibliographie :** J. Chouillet, *Diderot*, SEDES, 1977.

# ▶ Le dialogue philosophique

## Valéry
## *Mon Faust*

p. 303

### « Chacun son tour »

## APPROCHES

■ **Axes d'étude :** Dialogue philosophique et dialogue théâtral. Réécriture d'un mythe (p. 438 et 452-455). L'humour (p. 519).

■ **Préalables :**

Partir des **autres versions du mythe** : dans la légende allemande, Faust est un magicien ou un alchimiste qui vend son âme au diable pour obtenir pouvoir et connaissance ; Valéry pose le problème de la signification de ce mythe du désir de puissance dans un monde où règnent désormais la science et la rationalité.

Partir aussi de la **pratique du dialogue philosophique** de type socratique par Valéry : *Eupalinos*, *Le Dialogue de l'arbre*… On est ici aux frontières entre théâtre et philosophie. Valéry veut donner corps à un dialogue intérieur sur le thème de Faust, « sans souci d'action » ; on n'y cherchera donc pas une véritable efficacité dramatique.

## LIRE : Le diable déchu

### 1- L'inversion des rôles

• **La prise d'avantage de Faust**

– Dans la dynamique même du dialogue, Faust a l'initiative de l'échange (parce qu'il a quelque chose à proposer) ; Méphistophélès est réduit à multiplier les interrogations brèves et incrédules.

– La répartition des temps de parole est aussi à l'avantage de Faust ; l. 29-41 : sa longue réplique fait passer du texte théâtral à l'exposé philosophique.

– L'inversion du rapport de pouvoir est criante dans la réaction du diable (l. 42) et dans la dernière réplique, où Faust oppose un *Non* catégorique à Méphistophélès. En outre, il remotive un cliché, *les voies du Mal*, qui donne une force d'évidence à sa formulation.

• **Le comique** repose principalement sur une inversion terme à terme du mythe, que le lecteur reconnaît.

– **Un thème** : l'insistance sur la faiblesse de Méphisto, sa perte de pouvoir dans un monde scientifique. D'où le comique involontaire des répliques de Méphistophélès, qui avoue sans s'en apercevoir son impuissance tout en faisant l'offensé : *Ceci me passe* (l. 27).

– **Des citations** retournées (ironie citationnelle, ▶ p. 351) : *Tentateur* (l. 23) dans la bouche du diable ; *te rendre peut-être un certain service* (l. 5-6), dans celle de Faust.

– **Une structure** de retournement récurrente : *me servir de toi, mais te rendre peut-être un certain service* (l. 5-6) ; *Chacun son tour* (l. 22) ; *échange de pouvoirs* (l. 26) ; *te divertir/me distraire un peu moi-même* (l. 24-25). Ce tentateur tenté fait penser à tous les trompeurs trompés de la comédie classique.

Autre aspect du comique, l'humour du jeu de mots dans un style paradoxal poussé à bout : *Le mal est bon à tout* (l. 4).

### 2- La déchéance du diable

Toutes les images utilisées par Faust sont dégradantes : métaphore de l'économie, de l'emploi (l. 1-3, l. 11-13), qui laisse place à l'image de l'échange dès la l. 6, et prépare de façon très adroite la proposition de marché de Faust ; comparaison avec le tigre, qui n'est fort que parce qu'il détruit (l. 33).

Elles ont en commun l'idée de puissance factice. Elles sont fortes parce qu'elles ne sont pas isolées, mais filées (la métaphore, déclinée en un véritable champ lexical, celui de l'économie ; la comparaison, commentée l. 33-35).

### 3- Un esprit impuissant

Faust reprend le **paradoxe** connu du maître et de l'esclave : le tigre *doit tout aux moutons et aux chèvres* (l. 33-34), le bourreau dépend de ses victimes. Dans cette **« comédie de l'intellect »**, Valéry vise la faiblesse de l'esprit pré-moderne, pré-scientifique : *tes méthodes sont surannées, ta physique ridicule* (l. 18-19). Méphistophélès est moins un personnage qu'un principe spirituel dépassé par la raison triomphante.

### Conclusion

Exploitation ironique d'un mythe ; transformation des personnages en principes abstraits : le dialogue devient la confrontation de deux puissances caractéristiques de l'esprit, l'exposition indirecte d'une philosophie de Valéry. Le dialogue apporte vivacité et désinvolture.

## PISTES

■ **Pour une séquence : Les rapports de force au théâtre** (sociologie et thèmes du conflit ; traduction dans le dialogue : qui a l'initiative ?, répartition des temps de parole, enchaînements, rapport à la situation de départ… ; le dialogue dans l'histoire) : Corneille, *Nicomède*, p. 304 ; Musset, *On ne badine pas avec l'amour*, p. 306 ; Koltès, *Le Retour au désert*, p. 313 ; Sartre, *Les Mains sales*, p. 312.

■ **Exercices complémentaires**

• **Langue :** Étudiez le mélange du registre de langue familier et du registre soutenu dans les répliques de Méphistophélès.

• **Oral :** Apprenez et jouez ce passage, après avoir réfléchi aux diverses interprétations des répliques et des rôles, en particulier celui de Méphistophélès.

• **Voir :** Étudiez et commentez le décalage entre le texte de Faust et le film de Murnau.

■ **Filmographie :** Murnau, *Faust*, 1926 ; R. Clair, *La Beauté du diable*, 1950.

■ **Bibliographie :** A. Lazaridès, *Valéry. Pour une poétique du dialogue*, Montréal, 1978.

## LE DIALOGUE THÉÂTRAL

### Corneille

### *Nicomède*

p. 304

### « Parlez, et nettement »

#### APPROCHES

■ **Axes d'étude :** Dialogue et implicite (p. 350 et 520). La tragédie politique.

■ **Préalables :**

Insister sur la **simplicité d'action** de la pièce : tragédie sans complication d'intrigue, les caractères et les passions sont en conflit explicite, il y a là une mise à nu de ce qui fait l'essence de l'affrontement théâtral ; au plan du contenu, la pièce éclaire le rapport entre le machiavélisme de la raison d'état, et la générosité héroïque représentée par Nicomède.

Élucider les **allusions à l'histoire des guerres puniques** (v. 20-31), avec laquelle Corneille prend d'ailleurs des libertés : Hannibal, d'abord vainqueur des Romains à la bataille de Trasimène (217 av. J.-C.) où un consul nommé Flaminius fut tué, a été finalement vaincu par Scipion à Zama (202 av. J.-C.) ; il se suicide pour échapper à l'humiliation d'un triomphe à Rome.

■ **Vérifier** que sont compris : *touche*, v. 2 (= concerne) ; *discords*, v. 33 (= sujets de conflits) ; *foi*, v. 41 (= parole) ; *insigne*, v. 43 (= remarquable) ; *ses grands coups*, v. 44 (= exploits militaires) ; v. 54, *l'Hellespont*, aujourd'hui détroit des Dardanelles, sépare les Balkans de l'Asie mineure, aujourd'hui la Turquie.

#### LIRE : Un tribunal pour la vertu

**1- La situation d'énonciation**

**Triangle énonciatif** : le roi et les deux prétendants. Mais jeu complexe de **représentations** : Flaminius est là pour Attale, à sa place, ainsi que comme représentant de la collectivité romaine (*nous*, v. 20) ; Prusias incarne le pouvoir tout entier, qui juge et décide (v. 3, 5) ; Nicomède n'a pas de masque, mais représente aussi Annibal (v. 21), qui lui sert de modèle. Chacun figure bien plus que ce qu'il est. Le dialogue est donc complexe : il n'y a pas d'échange transparent, car à chaque fois deux personnes entendent. En s'adressant à l'un, on s'adresse à plus que lui.

**Prusias** est d'abord un interlocuteur direct pour Nicomède, mais se dérobe dans un premier temps devant la décision qui lui incombe ; il devient alors un arbitre à un **tribunal** devant lequel chacun des deux interlocuteurs défend sa cause. Le délibératif (qui choisir ?) se transforme fatalement en judiciaire : accusation de l'autre.

**2- Un échange à distance**

• **Un dialogue oblique :** dans le rapport entre les interlocuteurs et avec les enjeux de l'échange.

– Par l'usage des **pronoms**. Nicomède semble s'adresser à Prusias ; mais Attale est l'unique objet de son discours, Attale présenté comme vassal, créature des Romains (*nourriture*, v. 18) : par-delà Prusias, il s'adresse à Flaminius ; les interrogations défiantes lui sont destinées. Flaminius à son tour parle de Nicomède à la troisième personne : *ce discours* (v. 20) ; *son cœur* (v. 23).

– Chacun parle de l'autre à travers ce qu'il représente : Rome contre Annibal.

• **La prise à parti progressive**

– Nicomède répond à Flaminius, sans passer par une adresse à Prusias, mais sans encore s'adresser directement à son ennemi : *Non* (v. 24).

– Puis Nicomède, par un enchaînement très serré sur le mot, réplique directement à Flaminius (v. 32) : moment très bref d'affrontement direct, qui déchire le voile.

– C'est alors que Prusias lui demande de parler *nettement* (v. 34), en soulignant l'affrontement verbal que Nicomède est en train de créer : *ne cherchez point à former de discords* (v. 33).

**3- Une tirade pour convaincre**

• **Deux armes verbales**

– **L'ironie :** à la sommation de parler nettement, Nicomède répond par une explication ironique : usage hyperbolique des modalités (v. 36, 38), antiphrases systématiques et faux éloge d'Attale (v. 39), qui met mieux en valeur l'assujettissement aux Romains, et se transforme en défi (v. 44 et suivants). L'ironie apparaît comme l'arme privilégiée du bon politique : prudence et maîtrise.

– L'accumulation des **exemples** : série de figures de Romains héroïques (v. 50-56). L'exemple est une catégorie importante de la rhétorique délibérative : on fait appel aux exploits passés pour mesurer le présent, et ici surtout pour accuser la toute-puissance de Rome.

• **Puissance de persuasion :** ces figures d'argumenta-

LITTÉRATURE ET ARGUMENTATION

tion indirecte manifestent le sang-froid et la maîtrise du héros ; elles sollicitent particulièrement l'interprétation du public : Nicomède prouve sa valeur en montrant d'abord la dégradation de l'autre. Il se compare d'ailleurs directement à Attale (v. 45) pour montrer son **autonomie** par opposition à lui.

• **L'efficacité dramatique :** la tirade de Nicomède oblige la situation d'énonciation à se transformer : chacun s'adresse directement à l'autre (pronoms *je* et *vous* de la fin de la scène) ; elle contraint Flaminius à intervenir directement et violemment : elle fait tomber les masques.

### Conclusion

Scène complexe, où l'échange ne se fige ni en tirades closes ni en stichomythies, et multiplie les formes de l'affrontement : oblique/direct, violent/ironique, particulier/général.

## DIRE

Éloge argumenté de Nicomède : construire l'éloge sur les valeurs exemplifiées par Nicomède (sincérité, courage, maîtrise héroïque, sens de l'honneur). Le héros cornélien est vertueux et habile.

## PISTES

■ **Pour une séquence**

• **Les rapports de force au théâtre** (▶ *supra*, p. 238).

• **Plaidoyers et réquisitoires** (représentations du juge, représentation du tribunal ; place ménagée au lecteur ; stratégies argumentatives ; genres) : Robespierre, *Discours sur le procès de Louis XVI*, p. 282 ; Démosthène, *Troisième Philippique*, p. 284 ; Camus, *La Chute*, p. 318 ; Shakespeare, *Jules César*, p. 350.

■ **Exercice complémentaire : Voir**

Analysez la photographie de la représentation de *Nicomède* p. 305. Comment sont signifiés les rapports de force et la situation énonciative dans cette image ?

▶ LE DIALOGUE THÉÂTRAL

## Musset

# *On ne badine pas avec l'amour*

p. 306

### « J'ai ma vie entière sur les lèvres »

## APPROCHES

■ **Axes d'étude :** Le dialogue amoureux mis à mal. La scène d'argumentation (p. 294). La tirade.

■ **Préalables :** Préciser à quel genre appartient la pièce : le **proverbe** dramatique, sorte de devinette de salon (au XVIIIe siècle on donnait à deviner un proverbe en représentant dans un salon une anecdote l'illustrant) partant d'un proverbe (voir le titre) que Musset renouvelle profondément (tonalité tragique, caractères profonds…).

■ **Vérifier** que sont compris : *boudoirs*, l. 22 (= petits salons intimes de femme) ; *époux céleste*, l. 25 (= le Christ) ; *tu t'es signée*, l. 42 (= tu as fait le signe de croix).

## LIRE : Amour sacré et amour profane

### 1- L'argumentation rigoureuse de Camille

Musset donne raison à Perdican dans la domination progressive du dialogue, mais prête à Camille dans sa tirade une argumentation sans failles, séquence très compacte qui n'attend pas de réponse.

– Importance des questions oratoires (l. 2, 15-16), qui produisent un effet de preuve.

– Occupation totale de l'espace de la parole : elle fait les questions et les réponses (l. 15-16), anticipant les objections dans une technique de réfutation par avance (l. 16-17).

– Efficacité de l'argument *ad hominem* filé au long de la tirade : martellement polémique du *vous*, modalité assertive insistante et usage du présent et du passé, temps de la réalité effective, pour faire le portrait-blâme de l'autre. Elle semble encercler le discours de Perdican, en le citant (l. 13) pour mieux l'annuler.

– Complexité syntaxique qui ne rend pas possible l'interruption : impression d'un flot continu de paroles.

### 2- Un discours d'emprunt ?

Dans les lignes 20-26, changement de personne, changement de temps (le futur de la certitude sur soi), passage de l'amour profane à l'amour sacré.

• L'exigence d'absolu vient du caractère de Camille, mais aussi en partie des discours entendus au couvent : *ces femmes ont bien parlé* (l. 67-68). Cette influence est l'objet des répliques de Perdican : l. 31-32, 40-41, le recentrement de son discours sur *elles* et non sur *toi*. Ses mots sont ceux des autres nonnes et semblent récités comme une leçon.

• Ce discours jeté à Perdican fonctionne comme un rempart derrière lequel s'abrite Camille, livrée à un monde profane qu'elle connaît mal, qui l'effraie (voir le passage du sarcasme, l. 35, à la peur, l. 56) ; ces mots lui permettent de ne pas interroger son cœur.

### 3- La position de Perdican

Perdican se place d'abord dans une position de **contemplateur** (*tu es belle*, l. 19) et de spectateur ironique (*Tu es en colère*, l. 27) qui vise à désamorcer le discours fleuve de Camille, pour la rappeler à sa situation physique dans le monde : pour lui montrer sa séduction au lieu d'argumenter. Musset transfère dans le dialogue l'essentiel des didascalies ; le discours de Perdican contient l'indication de son attitude sur la scène, la manifestation du décalage entre les deux héros.

### 4- L'intervention de Perdican

• Il ne se veut pas vraiment persuasif (*je te laisse dire*, l. 30), il cherche à dénoncer un scandale, sur le mode de la véhémence et non de l'argumentation : l'abondance des pronoms *elles* montre le déplacement du conflit particulier vers la mise en cause d'un système. C'est sous l'impulsion de la **révolte** qu'il intervient (*La colère vous prend aussi*, l. 56), sans attendre plus de réponse que Camille.

• Ton de la profession de foi, cri du cœur violent jusqu'au défi. D'où une syntaxe de l'accumulation (répétition de patrons syntaxiques l. 40-45 par exemple, ou *Es-tu sûre*, l. 33, 36, 45 ; *sais-tu*, l. 50, 55, 57), l'usage des modalités affectives (exclamation et interrogation, le plus souvent rhétoriques), la violence des termes d'adresse (*mon enfant*, l. 49-50 ; *malheureuse fille*, l. 57).

### Conclusion

L'opposition nette de deux discours, de deux convictions sur l'amour, heurt sans transformation des positions de départ. La longueur des répliques, l'esthétique de la tirade traduit ce choc frontal.

## PISTES

■ **Pour une séquence : Le dialogue amoureux mis à mal** (échanges et conflit dans la conversation amoureuse ; incompréhensions, malentendus, manipulations ; duos transformés en duels...) : Crébillon, *Les Égarements du cœur et de l'esprit*, p. 315 ; Stendhal, *La Chartreuse de Parme*, p. 316 ; B. Constant, *Adolphe*, p. 390.

■ **Texte complémentaire**
**Musset, *Les Caprices de Marianne* (II, 1), 1833.**

*On pourra comparer à l'argumentation véhémente de Camille le plaidoyer ironique de Marianne ; la jeune femme réplique à Octave : celui-ci, envoyé en embassade auprès d'elle pour servir l'amour du timide Cœlio, vient de la comparer à une « rose du Bengale sans épine et sans parfum ».*

MARIANNE. – Mon cher cousin, est-ce que vous ne plaignez pas le sort des femmes ? Voyez un peu ce qui m'arrive. Il est décrété par le sort que Cœlio m'aime, ou qu'il croit m'aimer, lequel Cœlio le dit à ses amis, lesquels amis décrètent à leur tour que, sous peine de mort, je serai sa maîtresse. La jeunesse napolitaine daigne m'envoyer en votre personne un digne représentant, chargé de me faire savoir que j'aie à aimer ledit seigneur Cœlio d'ici à une huitaine de jours. Pesez cela, je vous en prie. Si je me rends, que dira-t-on de moi ? N'est-ce pas une femme bien abjecte que celle qui obéit à point nommé, à l'heure convenue, à une pareille proposition ? Ne va-t-on pas la déchirer à belles dents, la montrer au doigt, et faire de son nom le refrain d'une chanson à boire ? Si elle refuse, au contraire, est-il un monstre qui lui soit comparable ? Est-il une statue plus froide qu'elle, et l'homme qui lui parle, qui ose l'arrêter en place publique son livre de messe à la main, n'a-t-il pas le droit de lui dire : « Vous êtes une rose du Bengale sans épine et sans parfum » ?

OCTAVE. – Cousine, cousine, ne vous fâchez pas.

MARIANNE. – N'est-ce pas une chose bien ridicule que l'honnêteté et la foi jurée ? que l'éducation d'une fille, la fierté d'un cœur qui s'est figuré qu'il vaut quelque chose et qu'avant de jeter au vent la poussière de sa fleur chérie, il faut que le calice en soit baigné de larmes, épanoui par quelques rayons de soleil, entrouvert par une main délicate ? Tout cela n'est-il pas un rêve, une bulle de savon que le premier soupir d'un cavalier à la mode doit évaporer dans les airs ?

OCTAVE. – Vous vous méprenez sur mon compte et sur celui de Cœlio.

■ **Lecture cursive :** Musset, *Les Caprices de Marianne*.

■ **Bibliographie :** *On ne badine pas avec l'amour*, Classiques Bordas, 1995.

# ▶ LE DIALOGUE THÉÂTRAL

## Vigny
## *Chatterton*

p. 308

### « Que diable peut faire le Poète ? »

## APPROCHES

■ **Axes d'étude :** La figure de l'artiste. Les types de dialogues (p. 320). Le drame romantique (p. 503-507).

■ **Préalables :** Mentionner l'existence historique de Chatterton, qui s'est suicidé à dix-huit ans (1752-1770). Évoquer le thème, fertile pour le romantisme, de l'opposition entre le bourgeois matérialiste et l'artiste idéaliste.

■ **Vérifier** que sont compris : *je ne donnais aux Muses que le temps perdu*, l. 10 ; *votre père n'était pas sorti de la côte d'Adam*, l. 52-53 (= n'était pas d'origine noble).

## LIRE : Parole sociale et parole poétique

### 1- Dialogue et rapports de force

• **La maîtrise du temps de parole :** au théâtre, l'occupation de l'espace de la parole est significative des **hiérarchies** sociales et morales, de la domination d'un personnage par un autre.

– Tendance de M. Beckford à monopoliser cet espace, signe de sa puissance sociale : il a le pouvoir d'accorder un emploi à Chatterton, qui lui est assujetti (idée de contrat, l. 55).

– Chatterton est d'abord réduit à la simple réponse, lorsqu'il y est invité par le puissant. Lorsque son discours se développe, c'est sans efficacité, comme le prouve la dernière réplique, déclaration explicite qui entérine l'assujettissement inscrit dans la dynamique même du dialogue. La scène théâtrale, société en miniature, est particulièrement propre à la représentation d'une telle humiliation supposant la présence d'un juge, d'un accusé, d'un tribunal.

– Le silence de Kitty Bell traduit la faiblesse de sa situation d'épouse : pas de droit à la parole.

– Les lords dépendent de Beckford : presque des continuations de sa voix.

– La parole du Quaker est marginale (▶ question 4).

• **Les didascalies :** elles situent aussi les rapports de force.



LITTÉRATURE ET ARGUMENTATION

– Un public sarcastique : les lords, qui se rangent du côté de Beckford (l. 14).
– Le silence et la gestuelle signalent le malaise de Chatterton et le décalage de sa situation (*Un moment d'attente*, l. 36 ; *il hésite un moment*, l. 58).
– L'échange de regards entre Chatterton et Kitty Bell transcrit leur complicité, qui doit rester silencieuse.

Les didascalies permettent d'exprimer ce qui reste non-dit dans le dialogue, le « sous-texte », le rapport de force qui n'est qu'implicite, bien que manifeste dans la situation d'énonciation. C'est un des moyens qu'a le texte de théâtre de donner accès à l'intériorité des personnages, que le roman révèle par l'analyse psychologique.

**2- La parole de Chatterton (l. 23-32, 37-38)**

• **Poétique :** par le lyrisme de la phrase (reprise hyperbolique de *tous*, structures énumératives l. 28-29 et 30-31) et l'usage de la métaphore filée du bateau qui organise le discours.

• **Inefficace :** parce qu'elle se soustrait à l'espace social ; elle commence d'ailleurs quand Chatterton parle en aparté, en une exclamation lyrique (l. 23) ; récupérée par le puissant qui ne la juge que comme ornement (l. 33), ou comme ineptie (l. 41). Pourtant elle a un contenu argumentatif, présente une thèse.

**3- Deux conceptions de la culture**

• **Beckford** cite de grands auteurs (l. 7, 11), affichant sa culture pour se faire valoir ; il limite la littérature à des enjeux frivoles (la galanterie, l. 7-8), sans utilité pour la Patrie (*utile*, *devoirs*, l. 20-21 ; *bon à rien*, l. 42)

• Pour **Chatterton** au contraire le poète est un guide (métaphore du pilote, l. 37), selon la conception romantique du poète mage (► p. 186-189).

**4- Les à-côtés du dialogue**

Apartés, regards, gestes expriment la vérité du cœur et manifestent les « affinités électives » ; ils sont finalement le seul **espace de liberté** (critique ou amoureuse, l. 16, 23, 56-58) sur cette scène sociale. La scène théâtrale hiérarchise bien les différents langages : parole sociale et langages secondaires ; elle compartimente les espaces pour montrer combien le poète reste étranger à la société dégradante qui le domine pourtant.

**Conclusion**

Dans cette scène d'humiliation publique, les rapports de force sont figurés par la dramaturgie ; préciser que c'est là un moyen spécifique du théâtre, qui peut montrer sans expliciter justement parce qu'il reconstruit un espace social.

## *PERSPECTIVES* (p. 310)

■ **Vigny, *Stello*.**

**LIRE : Argumenter ou intimider ?**

**1- Les positions dans le dialogue**

Comme ailleurs, la structure du dialogue est une transposition, au plan du langage, des rapports de force.

La distribution des temps de parole est très inégale, au profit du Docteur. Stello questionne (l. 12, 23) ou déplore (interjections l. 10, 45) ; le Docteur sait et informe (phrases assertives), il a une véritable compétence, une culture.

**2- Un dialogue philosophique ?**

La situation est **didactique** (inégalité maître-disciple) ; le contenu des paroles du Docteur l'est aussi. Ce didactisme est servi :
– par la prééminence de la modalité assertive ;
– par la solidité des constructions syntaxiques (parallélisme, l. 24 ; subordinations complexes ; connecteurs logiques organisant argumentativement le discours) ;
– par une syntaxe accumulative, en particulier dans l'alignement des citations ;
– par la tonalité dogmatique du Docteur (termes soulignant la démarche de persuasion : *vous comprenez*, l. 6 ; *prouvent*, l. 15 ; *me trouver une réponse à ce petit raisonnement*, l. 29-30, 39-40, 42), l'autorité allant jusqu'à la violence du geste (l. 13-14).

**3- Le discours du narrateur**

Les commentaires du narrateur désignent des gestes (*en frappant sa canne à terre*, l. 14), des attitudes (*avec un air de pénétration*, l. 19 ; *consterné*, l. 45) ou des tonalités (*violemment*, l. 13) qui pourraient correspondre à des indications de jeu pour cette scène ; ils ne plongent pas dans l'intériorité du personnage, mais théâtralisent la narration.

La parenthèse (l. 20-21) file une métaphore guerrière qui fait de l'échange un combat et en commente les positions respectives : Stello craintif, faible et isolé, le Docteur puissant, attaquant organisé et cible d'une certaine ironie (*un gros escadron*, l. 21).

**4- L'usage des citations**

Les citations de Pascal fonctionnent comme arguments d'autorité, mais elles ne vont pas toutes dans le même sens. La première conteste le principe de propriété, la seconde celui d'hérédité (correspond aux doctrines démocratiques fondées sur le mérite) ; mais la troisième annule la précédente : comment décider des mérites ? La conclusion est à l'**arbitraire** de tout pouvoir. Cette discussion sur le pouvoir correspond à une interrogation centrale dans le XIX^e^ siècle politique ; elle permet de lier la question de la place du poète à celle de l'organisation de la communauté.

## PISTES

■ **Pour une séquence : Le mythe de l'artiste romantique** (littérature, politique, société, métaphysique ; des modèles au mythe ; les genres) : Liszt, *De la situation des artistes et de leur condition dans la société*, p. 95 ; Boulgakov, *Le Maître et Marguerite*, p. 111 ; Vigny, *Poèmes antiques et modernes*, p. 186 ; Hugo, *La Légende des siècles*, p. 187 ; *Châtiments*, p. 188.

■ **Exercice complémentaire : Voir**
Quelle image du poète le tableau de J. J. Barker (p. 308) donne-t-il ? Correspond-elle au mythe de l'artiste romantique ?

■ **Lecture cursive :** Vigny, *Chatterton*.

## Claudel
# *Partage de Midi*

p. 311

## « Comme les yeux d'une femme »

### APPROCHES

■ **Axes d'étude :** Le désir. La parole comme masque.

■ **Préalables :** Faire réfléchir sur le fait que la scène révèle les contraintes du théâtre : au théâtre, on ne peut pas ne pas parler, tout advient par la parole ; dans cette scène, on a une suspension de l'action et de la confrontation interpersonnelle directe, mais il faut continuer à parler. La signification du dialogue est ici question de **situation**, plus que de contenu des répliques.

■ **Vérifier** que sont compris : *le vitre*, v. 4 (= le pot, et le pastel, plante donnant une couleur bleue. Le texte joue sur les deux sens) ; *notre Marie-salope*, v. 8 (= un bateau destiné à porter la vase et les sables, utilisé ici pour rabaisser le plus possible le paquebot) ; *frai*, v. 8 (= ponte, fécondation des œufs, se dit pour les poissons).

### LIRE : Une tension sans conflit

#### 1- L'absence d'affrontement ouvert

• Pas de contact entre les personnages

– Dominante de **modalités exclamative et assertive** ; absence de modalité interrogative ou jussive, donc d'interpellation directe d'autrui.

**– Clôture des discours :** hormis les deux premières répliques, liées par un enchaînement thématique, et le cas particulier de la répétition, anomalie du point de vue des lois de la conversation, les autres sont repliées sur elles-mêmes ; chaque réplique est en rupture thématique et syntaxique avec la précédente.

– Effacement des marques d'interlocution (la deuxième personne quasi absente, pas d'adresses, phrases souvent non verbales). Prédominance du *nous*, qui crée un effet de communauté.

– Absence de didascalies, d'indication de déplacement : immobilité physique.

• Contenu **banal**, mondain, centré sur le quotidien, surtout dans les répliques du mari (avancée du paquebot, coucher du soleil, repas) en contraste avec l'ornementation du discours. Refus généralisé de l'entrée en conflit.

#### 2- Un conflit de désirs

Poids de la situation : trois hommes aiment une même femme, tous se retrouvent ensemble pour la première fois, la femme est l'objet d'un rapport de force, d'un conflit implicite, connu du spectateur. Chaque homme est donc un obstacle pour les autres.

Mais ce conflit n'est pas formulable dans un contexte mondain, car il révélerait le désir : chacun doit **se censurer**, le plus important doit être tu. Il s'agit donc d'une représentation détournée des passions.

#### 3- Des échanges obliques

– Déclarations indirectes : les nombreuses comparaisons permettent de tenir un discours oblique sur la femme, la mer devenant métaphore de la femme, mer et femme échangeant leurs qualifications (*doux comme une femme*, v. 7 ; *un sein si beau*, v. 8) ; culmine dans la comparaison énoncée v. 13, réalisation fantasmatique du désir, reprise à la dernière ligne.

– Circulation d'une même phrase entre Ysé et Mesa, sorte d'enlacement verbal (v. 9-10).

– Rôle de révélateur des commentaires d'Amalric (v. 18-19).

Pour comprendre la situation d'énonciation, ajouter la présence du spectateur, qui connaît l'existence des désirs inavouables (situation de double énonciation propre au théâtre, ▶ p. 304) : un réseau de communications obliques, plus le savoir du spectateur.

#### 4- Parole individuelle et discours collectif

**Transfiguration poétique** du discours : « Phrasé poétique qui va à l'encontre de la politesse bourgeoise » (A. Ubersfeld) : on s'éloigne de l'imitation d'une conversation :

– rythme des versets ;

– modalité exclamative, celle du genre lyrique ;

– effets de récurrence : anaphores (répétition de patrons syntaxiques : *le/la plus*, v. 3-4-5 ; *c'est*, v. 7 ; *voici*, v. 9, 10), récurrences de mots : *mer, soleil, femme, œil* ;

– tension entre la force sensuelle des images (*le cœur*, v. 11 ; *la chair*, v. 14) et le choix de l'impersonnalité (*une femme, la chair*) ;

– réflexivité, attention portée à la forme : *Une très juste comparaison* (v. 14).

**D'où des répliques interchangeables :** absence de *je* dans les répliques de Mesa, les mots passent des uns aux autres, Amalric répète les paroles de Mesa : les répliques sont interchangeables « comme les hommes devant la femme-proie » (A. Uberfeld).

#### Conclusion

Situation de communication bloquée, d'échange impossible, que le théâtre doit rendre de façon paradoxale.

### PISTES

■ **Pour une séquence : Exprimer le désir** (quel genre ? quel interlocuteur ? plaisir ou douleur ?) : Charles d'Orléans, *Ballades*, p. 144 ; Ronsard, *Les Amours*, p. 150, 154 ; Laclos, *Les Liaisons dangereuses*, p. 419.

■ **Exercice complémentaire : Voir**
Comment la mise en scène de G. Desarthe exprime-t-elle cette tension sans conflit ?

■ **Bibliographie :** A. Ubersfeld, *Anne Ubersfeld lit Paul Claudel, Partage de Midi*, éd. Temps actuels, 1981.

## Sartre
# *Les Mains sales*

p. 312

### « Eh bien, reste pur ! »

## APPROCHES

■ **Axes d'étude :** Existentialisme et engagement. L'énonciation théâtrale. L'affrontement au théâtre.

■ **Préalables :**

Rappeler la **situation politique** en Europe au sortir de la Seconde Guerre mondiale (rôle des partis communistes, pendant et après la guerre, action de l'URSS) ; Sartre s'appuie sur cette situation véridique, mais imagine un pays fictif, proche de la Hongrie ou de la Roumanie, ce qui lui laisse une certaine liberté créatrice.

Faire le point sur la notion sartrienne d'**engagement** : la question commune des protagonistes est celle des moyens à mettre en œuvre pour conduire une action responsable. La responsabilité de l'écrivain selon Sartre s'inscrit dans le même espace : il se doit d'éclairer ses contemporains sur les exigences et les risques de l'action politique, il ne peut pas se dégager, se mettre hors jeu ; il doit lui aussi se *salir les mains*.

■ **Vérifier** la compréhension de : *classes*, l. 6 (utilisé par les deux protagonistes dans son sens marxiste précis).

## LIRE : Un affrontement verbal

### 1- Un combat à coup de répliques

• **Des enchaînements serrés**

– Dans toutes les répliques, l'enchaînement se fait au moins sur la **reprise d'un mot** (*condamner*, l. 11, 14), voire de plusieurs (*mentir* et *mépriser* par exemple pour les deux premières répliques) ; une même expression peut régir l'enchaînement de plusieurs répliques successives : *tous les moyens* (l. 8, 9, 10).

– Enchaînement aussi sur la **syntaxe** (réponse à une question, changement de modalité), en particulier avec surenchère énonciative : réponse péremptoire à une question pourtant oratoire qui équivaut à une assertion déguisée (l. 4, 20) ; question opposée à une question (l. 14) ; renchérissement qui transforme une question en assertion (*Parfaitement. Aujourd'hui c'est le meilleur moyen*, l. 20).

– Usage des **répétitions**, où la variation met en valeur un conflit absolu ; Hoederer réagit en renversant terme à terme les affirmations de Hugo (exemple : *Tous les moyens ne sont pas bons / Tous les moyens sont bons*, l. 9-10).

• **Une dynamique polémique : concaténation** renforcée des répliques, dialogue très serré où chacun doit se placer clairement, par rapport à l'autre, expliciter sa position. Chaque réplique apparaît comme un commentaire et une correction de la précédente (d'où une certaine surenchère dans l'expression), un coup porté aux valeurs de l'autre. Le dialogue s'emballe, relançant efficacement, et brutalement, la confrontation polémique. Valeur rythmique forte de cet effet de **rebond**.

### 2- Les mots-clés de l'affrontement

• Les mots-clés du débat sont aussi les pivots dramaturgiques, les mots qui assurent la continuité du dialogue. *Mentir/mépriser* (répliques 1 et 2), *moyens* (répliques 3 et 4), *condamner/politique* (répliques 5 et 6), *moyen* (répliques 7 et 8) : champs lexicaux de la morale et de la politique.

En outre, récurrence de *nous* (les membres du Parti) et *vous* (employé par Hoederer pour rejeter le point de vue d'un groupe : *Vous autres*, l. 23), qui fixent l'opposition.

• Les protagonistes ne leur donnent pas le même sens, ces mots sont les lieux de cristallisation de l'affrontement. Hoederer réinterprète dans un sens politique ce à quoi Hugo donne plutôt un sens moral : le mensonge pour Hugo est de l'ordre du *mépris*, pour Hoederer il a des racines sociales ; les moyens pour Hugo doivent être bons, et pour Hoederer efficaces ; Hoederer substitue à la question de la personne celle des *classes* (l. 17), etc. Ces mots-clés résument le conflit entre intégrité et efficacité.

### 3- L'argumentation d'Hoederer

• **Deux arguments principaux :** la division de la société en classes est cause de tous les maux, donc il faut s'attaquer à cette donnée ; principe pragmatique selon lequel la fin justifie les moyens.

• **Des réponses mécaniques** (voir la cohésion des enchaînements, ▶ question **1**) : reprise des mots de l'autre, logique négation/affirmation, (*Ce n'est pas/c'est*, l. 6-8) ou question/réponse.

• **La dernière réplique** s'émancipe de cette mécanisation ; elle gagne d'abord en longueur, en quittant la logique du rebond, de la pétition de principe ; efficacité rhétorique liée à l'argument *ad hominem* (l. 21-22, 23-25), et à l'auto-accusation retournée en fierté ; valeur persuasive des questions rhétoriques, des modalités affectives (exclamation, interrogation).

### 4- La double énonciation (▶ p. 304)

Ce que le spectateur sait montre justement que Hugo n'est pas *pur*. Exploitation maximale de la double énonciation (un personnage s'adresse à un personnage, et l'auteur au public) : exhibe la contradiction de Hugo (qui explique l'interruption : *Je…*, l. 1), remet en cause le contenu de ses répliques, et fait de la réplique à double sens *Comme tu as peur de te salir les mains* (l. 21-22) un cas d'ironie tragique.

### Conclusion

Le texte vise par deux moyens la plus grande efficacité dramaturgique : enchaînement très serré des répliques, et approfondissement du sens du dialogue dans l'exploitation de la double énonciation ; ce n'est pas un hasard si cette qualité formelle coïncide avec le moment d'explicitation du titre de la pièce.

## PISTES

■ **Pour une séquence : Parole et action politique** (genres ; rhétorique de l'argumentation ; représentation du pouvoir et engagement de l'écrivain ; la réalité et la fiction) : Camus, *Lettres à un ami allemand*, p. 133 ; Danton, *Discours*, p. 281 ; Robespierre, *Discours*, p. 282 ; Martin du Gard, *Les Thibault*, p. 283 ; Démosthène, *Philippiques*, p. 284 ; Brecht, *La Résistible Ascension d'Arturo Ui*, p. 511.

■ **Bibliographie :** M. Buffat *commente* Les Mains sales *de Jean-Paul Sartre*, éd. Gallimard, 1991.

# ▶ Le dialogue théâtral

## Koltès
## *Le Retour au désert* p. 313

### « Oui, je te défie... »

## APPROCHES

■ **Axes d'étude :** Le conflit au théâtre. Les frères ennemis. Les langages du théâtre (p. 506).

■ **Préalables :** Une des nouveautés du théâtre de Koltès est son traitement du dialogue, qui cherche non à reproduire de façon réaliste la dynamique de la conversation, mais d'une part à montrer que la parole est **action**, prise de position dans un rapport de pouvoir, d'autre part à développer l'**autonomie** de chaque réplique, qui tend à se transformer en monologue (tendance à la transformation poétique des répliques, à comparer avec Claudel).

## LIRE : Parler pour anéantir

### 1- Le droit à la parole

• **Un dialogue pour mettre fin au dialogue** (l. 2-16)

La scène repose sur la manifestation par la parole des rapports de force : il s'agit de **conquérir** une place dans l'espace de la parole. Adrien croit faire taire Mathilde en la définissant comme indigne de parler :
– saturation de la réplique par les termes d'adresse (pronom *tu* 11 fois, *te* 4 fois, appellatifs, apostrophes) ;
– modalisations croissantes : *Tu crois* (l. 2) ; *Tu peux* (l. 2) *; tu devrais* (l. 12-13) ;
– multiplication des définitions de la personne (verbe *être*, remplacé par *se prendre pour*), sous forme de question rhétorique : *Qui es-tu* (l. 3), *Qui penses-tu être* (l. 3-4), d'assertion restrictive : *Tu n'es que* (l. 5-6) ;
– redéfinition assassine de Mathilde : répétition des patrons syntaxiques : 3 phrases interrogatives (l. 2-5), une assertion avec enchaînement de 4 attributs du sujet + gradation dans l'indignité sociale (l. 6-7), renchérissement avec une hypothèse (l. 7-9), culminant sur l'annulation de l'autre : *comme si tu n'existais pas* (l. 9), rappel du châtiment et renchérissement. Impression d'une surenchère destructrice de cette syntaxe accumulative ;
– définition de Mathilde par rapport à lui-même : *Pour qui te prends-tu, pour qui nous prends-tu* (l. 14-15). Adrien construit un groupe des respectables, et constitue Mathilde en ennemi de ce groupe.

• **Le retournement du rapport de force** (l. 17-40)

Mathilde prend le dessus en ne s'opposant pas, en ne réfutant pas, mais en **renchérissant** : confirmation (*Eh bien oui*, l. 17), usage exclusif du *je* (elle ne s'attaque pas à l'autre, elle l'écrase), modalité exclusivement assertive, répétition d'un seul patron syntaxique (*je défie* + complément) qui *montre* la force au lieu de la décrire, conclusion sur une redéfinition de soi qui réutilise toutes les armes d'Adrien (modalisation, définition d'une essence, par opposition au groupe, apostrophe) : *je sais que je suis plus solide que vous tous, Adrien* (l. 27).

Cette force reconquise, elle peut retourner le discours contre Adrien (l. 30-40), et l'attaquer à son tour frontalement, décrivant au futur ce qu'il devra faire.

### 2- La parole-action de Mathilde

• Enchaînement sur le mot (l. 17) : reprise métalinguistique, retournant contre l'interlocuteur la force destructrice de sa parole.

• Transformation du statut de la parole : elle devient performative. Le *défi* n'est pas seulement déclaration, mais réalisation. Insistance sur l'ancrage énonciatif, origine même de la parole (déictiques : je ici maintenant) : pour Mathilde parler = agir = être. Les phrases servent moins à décrire la réalité qu'à opérer des actes.

### 3- Stylistique de l'imprécation

• **Action pure :** modalité assertive, présent d'énonciation, parataxe : refus d'asseoir la phrase rationnellement. La parataxe peut se faire sans coordonnant, ou avec (*et*, *car*), et donne l'illusion que le discours se fait dans l'instant, que le présent est bien le temps de l'action : climat d'urgence.

• Saturation de **figures :** accumulation des COD du verbe *défier*, répétition emphatique de mots, hyperboles et gradations (impression d'engrenage, escalade reposant sur le rythme donné par la conjonction de répétition et d'amplification, dislocation du réel – décomposé syntaxiquement : la ville, chacune des rues, des maisons…) ; le discours prend une valeur cosmique, en passant du cadre de la situation d'énonciation (*je* + *vous*) à celui de l'univers des vivants (l. 25-26).

• **Autonomisation** d'une parole poétique : perte de réalisme, valeur poétique de la répétition et de l'amplification, aspect élégiaque de l'image du fils (l. 34-35)

### 4- Corps et langage

Adrien et Mathilde sont retenus par d'autres personnages, et l'autonomie de chacune de leurs répliques (longueur, absence de dialogue, transformation des répliques en tirades closes, confrontation pure de deux forces) traduit en paroles de cette séparation physique. La violence de l'affrontement verbal pallie l'impuissance physique.

### Conclusion

On est dans la zone vive du langage, son aspect sensible, l'actualité de la parole théâtrale. La parole (le droit de parler, les effets de la parole conçue comme acte) devient son propre enjeu.

## PISTES

■ **Pour une séquence : Les rapports de force au théâtre** (▶ *supra*, p. 238).

■ **Exercice complémentaire : Oral**
À partir des questions 2 et 3 sur la première tirade de Mathilde, proposez les consignes de mise en scène correspondant à deux conceptions différentes du personnage.

■ **Lecture cursive :** B.-M. Koltès, *Roberto Zucco*, suivi de *Tabataba*, éd. de Minuit, 1990.

■ **Bibliographie :** *Europe*, numéro consacré à B.-M. Koltès, 823-824, nov.-déc. 1997.

# LE DIALOGUE ROMANESQUE

## Rabelais
## *Le Tiers Livre* (p. 314)

### « Que dois-je faire ? »

## APPROCHES

■ **Axes d'étude :** Le mélange des genres (dialogue philosophique, comédie, roman). La logique philosophique.

■ **Préalables :**

Situer la question du **mariage à la Renaissance** par rapport à la célèbre « querelle des femmes », interrogation sur le statut des femmes qui a des enjeux politiques, religieux et philosophiques. C'est à la même époque l'un des sujets de l'*Heptaméron*.

Préciser qu'avant de consulter des savants en un banquet (ce qui rappelle la forme du dialogue philosophique), **Panurge** a interrogé les sorts virgiliens, les songes prophétiques, les devins de toutes sortes ; cela rejaillit sur la nature de son questionnement : désir de connaissance ou de pronostication ?

Montrer que le texte se présente véritablement comme une **comédie**, infléchissant immédiatement le sens du dialogue (didascalies des noms de personnages, répartition typographique en répliques, thème du cocuage, mécanisation de l'échange typique de la farce).

## LIRE : Philosopher par ricochets

### 1- Les jeux verbaux et l'absurdité du dialogue

L'absurdité du dialogue repose sur des enchaînements (▶ p. 320) décalés, non pertinents, déviant systématiquement du sujet. On verra que cette absence de pertinence constitue en fait une leçon pour Panurge, montrant que c'est le sujet qui est mal posé :
– jeux sur les signifiants : Trouillogan prend au sens propre ce qui est figuré (l. 8) ;
– jeux sur l'organisation de la phrase : Trouillogan sélectionne dans la phrase ce qui est secondaire par rapport au message ; par exemple l'enchaînement sur le juron (l. 12-13) ;
– refus de conseiller (l. 31).

### 2- La parodie du scepticisme

Le philosophe réduit les réponses à son système de pensée pyrrhonien (suspension du jugement) : absence de prise de parti (l. 4), refus de donner conseil (l. 31), indécision (l. 20).

Il n'y a pas d'échange entre les deux personnages : les réponses de Trouillogan seraient aussi bien adaptées à d'autres questions. Critique du scepticisme comme maladie du langage philosophique, mécanisation qui rend les philosophes incapables de saisir la réalité de la vie.

### 3- Une question inadéquate

La question de Panurge n'est pas pertinente pour un débat philosophique ; au lieu de poser en termes généraux, comme on le ferait dans un dialogue socratique (▶ p. 296), la question du mariage, il cherche à savoir ce qu'il adviendra de lui : objet **individuel**, et ancré dans un temps (le futur) ; il demande moins un conseil qu'une prédiction (ligne de partage du texte dans le passage des hypothèses, l. 3, au questionnement sur l'avenir, l. 17). Il veut entendre ce qu'il désire. Sa question ne relève pas du savoir, mais de la responsabilité individuelle.

Les réponses de Trouillogan soulignent à chaque fois ce qui dans le questionnement est absurde : l'interrogation sur le devoir (l. 1), l'usage par Panurge d'un argument d'autorité ou d'un cri du cœur qui devraient engager son propre choix (l. 15, l. 12), etc.

C'est donc l'absence de pertinence de la question qui produit l'absurdité du dialogue ; Rabelais donne en fait une **leçon**, par l'absurde : Panurge doit trancher lui-même, en interrogeant sa propre volonté (*Ce que voudrez*, l. 26), la question de *son* mariage. Valeur philosophique en soi du comique.

### Conclusion

Rabelais crée un comique **mécanique** et vise chacun des personnages : Panurge, surtout, qui n'arrive pas à se placer sur le plan des responsabilités individuelles, et Trouillogan, dont le scepticisme est aussi une forme de déresponsabilisation, et de fuite par rapport au réel. C'est la mise à mal de la logique du dialogue philosophique, qui ramène Panurge à la nécessité de choisir, et qui a une portée philosophique.

## PISTES

■ **Pour une séquence : Le dialogue philosophique mis à mal** (▶ *supra*, p. 237).

■ **Texte complémentaire**

**Molière, *Le Mariage forcé*, (sc. 5), 1664.**

*Marphurius est un « docteur pyrrhonien ». La comparaison avec* Le Tiers Livre *pourrait être axée sur les particularités proprement* dramatiques *(intrigue, jeux de scène) du texte de Molière.*

SGANARELLE. – Je vous demande si je ferai bien d'épouser la fille dont je vous parle.
MARPHURIUS. – Selon la rencontre.
SGANARELLE. – Ferai-je mal ?
MARPHURIUS. – Par aventure.
SGANARELLE. – De grâce, répondez-moi comme il faut.
MARPHURIUS. – C'est mon dessein.
SGANARELLE. – J'ai une grande inclination pour la fille.
MARPHURIUS. – Cela peut être.
SGANARELLE. – Le père me l'a accordée.
MARPHURIUS. – Il se pourrait.
SGANARELLE. – Mais, en l'épousant, je crais d'être cocu.
MARPHURIUS. – La chose est faisable.
SGANARELLE. – Qu'en pensez-vous ?
MARPHURIUS. – Il n'y a pas d'impossibilité.
SGANARELLE. – Mais que feriez-vous, si vous étiez en ma place ?
MARPHURIUS. – Je ne sais.
SGANARELLE. – Que me conseillez-vous de faire ?
MARPHURIUS. – Ce qui vous plaira.
SGANARELLE. – J'enrage.
MARPHURIUS. – Je m'en lave les mains.
SGANARELLE. – Au diable soit le vieux rêveur !
MARPHURIUS. – Il en sera ce qui pourra.
SGANARELLE, à part. – La peste du bourreau ! Je te ferai changer de note, chien de philosophe enragé. *(Il donne des coups de bâton à Marphurius.)*

# ▶ LE DIALOGUE ROMANESQUE

## Crébillon

## *Les Égarements du cœur et de l'esprit* (p. 315)

### « L'usage du monde »

## APPROCHES

■ **Axes d'étude :** Le roman libertin. Le récit d'apprentissage. L'ironie (p. 351).

■ **Préalables :**

Rappeler la différence entre **récit** (la narration, le plus souvent au passé) et **discours** (les interventions du narrateur dans le présent de l'écriture), qui permet de comprendre la distinction entre Meilcour personnage du récit, et Meilcour-narrateur.

Préciser que le jeu de séduction est très codé dans le roman libertin, et suppose un véritable apprentissage, c'est l'objet de ce roman de Crébillon.

■ **Vérifier** la compréhension de : *engager*, l. 24 (= attacher, lier).

## LIRE : Coder et décoder

### 1- Stratégie de séduction de Madame de Lursay

**• De l'argumentation…**

– Construction d'une **image de soi** rassurante, première étape de la stratégie de persuasion : discours de maîtrise (*Je vous entends*, l. 1), déclarations de bienveillance (*je vous conseille*, l. 6-7), de sincérité (*avec douleur*, l. 7 ; *ma franchise*, l. 9).

– Expression hyperbolique de la **certitude** : modalité assertive insistante, une seule interrogation, mais rhétorique (l. 9) ; verbes modaux ou périphrases modales : *Je sais* (l. 1), *je suis même certaine* (l. 2) ; usage du futur proche et du conditionnel : elle feint d'anticiper les réactions de Meilcour.

**– Organisation argumentative** de la première réplique : présentation des arguments et d'une conclusion générale (*Ainsi*, l. 6), usage d'une sentence typique de moraliste (parallélisme syntaxique : *moins vous êtes accoutumé à aimer, moins vous aimeriez*…, l. 3-4).

**• … à l'invitation**

Dans la deuxième réplique : changement d'image et de stratégie : trouble feint.

Meilcour devrait lire entre les lignes : l'objet de l'argumentation est d'abord de dire « vous ne saurez pas être assez discret, agir avec suffisamment d'art ». Deux implications : l'une, explicite : « brisons là », l'autre implicite (▶ p. 350) : « apprenez cet art du libertinage ». La négation de la possibilité de l'amour est là pour l'attiser.

Déclaration à peine voilée, dans la réfutation (*n'allez pas croire cela*, l. 15), et l'hypothèse qui permet la formulation du désir (*vous moins jeune, ou moi moins raisonnable*, l. 16).

### 2- Une séquence ironique

**• Narrateur et personnage** (l. 20-25) : dans le dernier paragraphe, tout le passage est réinterprété par le narrateur, dispositif typique du roman d'apprentissage : le héros naïf est devenu le narrateur averti de sa propre formation. Dans le **récit**, Madame de Lursay code, dans le **discours** le narrateur décode :

– opposition entre deux *je*, celui de la naïveté (le héros) et celui de la connaissance du monde (le mémorialiste-moraliste) ;

– opposition entre les temps : imparfait ou passé simple / présent de vérité générale ;

– expression insistante de l'ignorance : restriction (*si peu de*, l. 21-22), négation (l. 22) ; modalisations (*crus*, l. 22 ; *savais*, l. 22).

**• L'ironie**

**– Dans le discours du narrateur** : insistance sur la naïveté du personnage, sincèrement affligé (*véritablement*,

LITTÉRATURE ET ARGUMENTATION

l. 22 ; *l'espérance*, l. 21) ; usage d'un style de moraliste (présent de vérité générale, formulation de sentences) pour une scène de libertinage ; ironie par l'euphémisme sur la liberté de Madame de Lursay, qui n'est pas épargnée (*quelque sorte de vertu*, l. 25).

– **Dans les paroles mêmes du personnage, reconstituées** par le narrateur : hyperboles (*jamais, plus, rien, point, que*, l. 11-13), sincérité naïve : exclamation, protestation d'amour.

– **Chez Madame de Lursay :** structure globale d'antiphrase : toutes ses déclarations sont à inverser.

Le narrateur et Madame de Lursay partagent une même compétence : la connaissance de « l'usage du monde », des codes du discours libertin. Le personnage n'a pas cette compétence, il est la cible de l'ironie des deux.

**Conclusion**

La scène souligne que le discours libertin est un discours de maîtrise (ici, une conquête organisée), qui exclut l'authenticité et jouit de sa propre habileté.

## PISTES

■ **Pour une séquence**

• **Le dialogue amoureux mis à mal** (▶ *supra*, p. 241).

• **L'implicite dans la littérature du XVIIIe siècle** (l'écriture oblique ; contenus et visées ; l'implicite dans les genres) : Voltaire, *De l'horrible danger de la lecture*, p. 76 ; *L'Ingénu*, p. 287 ; *Essai sur les mœurs*, p. 346 ; Diderot, *Encyclopédie*, p. 273.

## ▶ LE DIALOGUE ROMANESQUE

**Stendhal**

# *La Chartreuse de Parme*

p. 316

### « Quelle erreur est la tienne ! »

## APPROCHES

■ **Axes d'étude :** Dialogue et argumentation (p. 294 et 320). Les discours rapportés. Le héros.

■ **Préalables :**

On peut partir du fait que l'écriture du dialogue est un des éléments d'évolution du **roman au XIXe siècle :** caractérisation nette des personnages, et jeu virtuose dans l'alternance des discours rapportés, qui permet de rendre difficile la localisation du narrateur.

Rappeler que l'amour caché de la duchesse pour son neveu pipe le jeu du dialogue par le décalage entre les arrière-pensées de l'une et les réponses naïves de l'autre.

■ **Vérifier** la compréhension de : *te gendarmer*, l. 16 (= t'emporter).

## LIRE : L'amour rhéteur

### 1- Une séquence de persuasion

• **La stratégie de la duchesse :** des moyens variés pour convaincre Fabrice :

– **persuasion directe** (l. 1-4), qui consiste à énumérer les objets de tentation pour Fabrice, en lui faisant le tableau (le narrateur commente en parlant de *description* et en utilisant un imparfait duratif, l. 3) de sa vie mondaine : invite le héros (et le lecteur) à se figurer les choses (technique de l'hypotypose), effet de liste. À la liste de tentations s'ajoute, symétriquement, la liste de déceptions du parti contraire, qui permet à la duchesse de revenir à son point de départ (l. 10-15).

– **flatterie :** *un homme de ton nom* (l. 20) + série de qualificatifs élogieux.

– **mise en garde :** *un caprice du cœur précipite l'homme enthousiaste dans le parti contraire*… (l. 28-29).

• **Enchaînement serré des répliques :** dialogue tendu, où chacun répond exactement à ce que l'autre propose, sans coq-à-l'âne, en commentant ce qui vient d'être dit d'après son propre système de valeurs. Enchaînements sur le thème (l. 4-5, l. 9-10), et surtout enchaînement sur le mot *enthousiaste/asme* à deux reprises (l. 27-28, 29-30). Ils manifestent l'opposition entre **deux systèmes de valeurs** : celui du confort (l. 5 : Fabrice désigne ironiquement comme *vie agréable* ce qui vient d'être proposé comme enviable par la duchesse) et celui de l'héroïsme (l. 26 : *l'enthousiasme* désigne pour Fabrice l'énergie, l'héroïsme ; l. 29 : *enthousiaste* équivaut pour la duchesse à téméraire, inconscient ; l. 30, le qualificatif pris en ce sens est ironiquement balayé par Fabrice).

• **Les réactions de Fabrice :** chacun de ces moyens manque son effet sur Fabrice : mépris des objets de tentation (l. 5 et suivantes), défense de valeurs nobles face à l'éloge (l. 24-27), réfutation du danger (l. 30-31). Fabrice comprend en particulier que les formulations générales de la duchesse lui sont directement adressées : *l'homme enthousiaste* (l. 28-29)/*Moi enthousiaste* (l. 30).

### 2- La distribution des discours rapportés

• **Alternance :** les passages aux discours narrativisé (l. 3) et indirect (l. 8), à la charge du narrateur, résument une intervention longue, et l'imparfait y traduit la durée de la rêverie de chacun des interlocuteurs : *Elle insistait* (l. 3) ; *il parlait d'aller* (l. 8). Cette alternance rythme le passage.

• Le **discours direct** contribue à la caractérisation des personnages et à la vivacité du dialogue. Il intervient pour faire exposer par le personnage son système de valeurs. Les verbes introducteurs sont à l'imparfait (répétition des mêmes arguments par les personnages), signalant l'immuabilité de ces valeurs, ou au passé simple, traduisant la vivacité du dialogue.

• Hormis *Corso* (l. 1), simple marquage d'un nom propre étranger, les **italiques** signalent les mots qui sont, pour le locuteur, objet d'une prise de **distance** (*mûr*, l. 6, cette maturité qui équivaut à la fin de la jeunesse répugne à Fabrice) ou d'un soulignement (*dieu*, l. 13, la duchesse espère convaincre Fabrice en partageant son mépris pour les choses matérielles). Ils incarnent les nœuds de la dialectique de l'échange.

### 3- Vers le discours indirect libre

Un bref passage peut être interprété comme une séquence de discours indirect libre : *et ce respect* […] *de tout*, (l. 13-14). Ailleurs (l'*etc*, l. 2, est-il le fait de la duchesse ou du narrateur ? l. 9, discours raconté ou cité ?), sans que l'on bascule dans l'indirect libre, on obtient un effet similaire (indécision sur l'origine de la parole : personnage ou narrateur ?) ; l'usage de l'imparfait nous place à la limite du discours indirect et de l'indirect libre (impression d'une plongée dans l'intériorité du personnage). Les valeurs des héros font alors l'objet d'un mélange d'adhésion et d'ironie, indécidable, de la part du narrateur.

### Conclusion

Inscription dans le dialogue d'enjeux qui dépassent le sujet du débat : Fabrice apparaît comme un personnage d'un autre temps, dont les valeurs héroïques cadrent mal avec l'univers du roman qui met en scène le regard parfois distancié, amusé, du narrateur sur ses personnages.

## PISTES

■ **Pour une séquence : Le dialogue amoureux mis à mal** (▶ *supra*, p. 241).

■ **Lecture cursive :** Stendhal, *La Chartreuse de Parme*, livre premier.

■ **Bibliographie :** S. Durer, *Le Dialogue dans le roman*, éd. Nathan, 1999.

▶ LE DIALOGUE ROMANESQUE

## Malraux

# *La Condition humaine* (p. 317)

## « La voix des autres »

## APPROCHES

■ **Axes d'étude :** Les discours rapportés. La condition humaine.

■ **Préalables :**

Replacer le texte dans l'univers romanesque de Malraux, **univers du conflit** et de la solitude, où le partage n'a lieu que dans des moments d'exception : scènes de combat viril, scènes amoureuses, suicides héroïques, moments où les êtres sont « réduits à leurs sommets » (G. Picon).

Faire le point sur l'évolution du **roman dans les années 30** (Malraux, Céline, Bernanos, Sartre), les jeunes romanciers essayant de s'opposer au modèle proustien, en particulier à l'analyse psychologique.

## LIRE : Des voix désaccordées ?

### 1- Discours rapportés et solitude

• **Alternance des discours :** entre eux et avec la narration :
– direct, avec peu de verbes insertifs (l. 1, 9, 32) ;
– indirect libre (l. 7-8 ; *C'était vrai*, l. 20) ;
– narrativisé (*Il rapporta son étonnement*…, l. 23).

Circulation de la parole entre le narrateur et les personnages, les voix étant mêlées au point qu'on hésite souvent, en lisant, sur l'attribution des propos, et sur la différence entre paroles dites et pensées (l. 20).

• **L'expression de la solitude des personnages**

Moments de **dysfonctionnement** de l'échange, signalant la séparation dans le dialogue lui-même : dissimulation (l. 24), moments de silence, interruption de réplique (l. 14) ; les personnages ne s'adressent pas vraiment l'un à l'autre, mais plutôt à eux-mêmes (*Il parlait pour lui… supprimait son fils*, l. 32-33) ; le thème même de la voix tourne autour de cette solitude : on ne se connaît même pas soi-même. Chacun semble parler de sa propre souffrance.

La narration et le dialogue se complètent pour signifier cette solitude : les répliques en porte-à-faux par rapport à l'interlocuteur, et les commentaires du narrateur qui signalent l'enfermement de chacun dans ses pensées.

### 2- Une joute philosophique

– Joute : pas de dynamique question/réponse, les personnages se renvoient des **certitudes** (modalité assertive régnante).
– Les personnages parlent par **sentences**, formulations de vérités générales : indéfinis (*Aucun*, l. 1 ; *Tout*, l. 9 ; *On*, l. 2), présent de vérité générale, effacement des personnes de l'énonciation : peu de *je*, un *tu* de nature logique : *Lorsque tu n'es pas lié à un homme* (l. 13-14).
– **Absence de caractérisation** des personnages par leur discours : pas de tics de langage, pas d'éléments individualisants, peu de verbes introducteurs du discours indirect, les voix ne sont pas personnalisées. Ce n'est pas l'imitation réaliste d'une conversation.

### 3- Une leçon dégradée

On a une situation de dialogue philosophique : le vieil homme sage, et le jeune qui au moins une fois questionne (l. 36). Mais Gisors est opiomane, la portée de ses affirmations en est dégradée, sa sagesse est illusoire ; désabusé, cultivant le paradoxe (l. 17-19), il semble justifier un comportement particulier, peut-être en un plaidoyer *pro domo*, et non débattre sur des valeurs.

### Conclusion

On est très loin de la reproduction de la conversation ; ce langage épuré correspond ce que G. Picon a nommé un « lyrisme de l'intelligence ». Malraux essaie de renouer avec le genre philosophique, de faire du roman un instrument d'interrogation de la condition humaine.

## PISTES

■ **Pour une séquence**
• **Le dialogue philosophique mis à mal** (▶ *supra*, p. 237).

LITTÉRATURE ET ARGUMENTATION

• **La crise de l'individu moderne** (quelle place dans le monde ; quelle communication avec les autres ; quel discours littéraire ?) : Cioran, *Précis de décomposition*, p. 135 ; Beckett, *En attendant Godot*, p. 136.

■ **Exercice complémentaire : Écriture**
À partir des l. 1 à 20, résumez en deux paragraphes à la troisième personne les thèses respectives de Gisors et de Kyo sur Clappique.

■ **Lecture cursive :** M. Blanchot, « Douleur du dialogue », *Le Livre à venir*, éd. Gallimard, 1959.

■ **Bibliographie :** S. Durer, *Le Dialogue dans le roman*, éd. Nathan, 1999 ; G. Picon, *Malraux*, éd. du Seuil, 1974.

## ▶ Le dialogue romanesque

**Camus**

# *La Chute*

p. 318

## « Le portrait que je tends à mes contemporains »

### APPROCHES

■ **Axes d'étude :** Narrateur et narrataire. Le dialogisme*. La condition humaine et l'absurde.

■ **Préalables :**
Partir du **paradoxe** qu'il y a à analyser un monologue avec les outils du dialogue ; expliciter à ce sujet l'idée de dialogisme, le fait qu'un discours puisse construire et envelopper son propre interlocuteur.

Rappeler la **résonance biblique du titre** : dans le domaine religieux, la chute désigne d'une part la révolte de Satan et des mauvais anges contre Dieu, d'autre part le péché originel, Adam et Ève chassés du paradis terrestre ; pour Clamence, elle peut représenter la dégradation dans un itinéraire individuel, ou bien le salubre abandon des illusions.

### LIRE : Un échange contraint

#### 1- La présence de l'interlocuteur

Ce monologue construit son interlocuteur (le narrateur façonne un narrataire à sa mesure, qui ne se confond pas avec le lecteur réel).

• **Les marques de présence :** le *vous* (l. 2, 26, 27, 28 + *votre*, l. 31) ; un terme d'adresse (*mon cher*, l. 28) ; l'impératif (*Essayez*, *soyez*, l. 31). Un terme comme *attention* (l. 5) a aussi une fonction « phatique » : maintenir le lien avec un interlocuteur. Cet interlocuteur fictif est invité à entrer dans les coulisses de l'art de Clamence, qui construit de toutes pièces une complicité ; cette relation rend possible la confession de Clamence, mais, par un effet d'identification, oblige aussi le lecteur, interpellé par ce *vous*, à entrer dans le jeu.

• **Un tribunal plus vaste :** le *vous* a l'avantage d'être de manière indécidable singulier ou pluriel ; construisant un interlocuteur fictif, un auditoire adéquat, Clamence se place face à un tribunal universel : *l'auditeur* (l. 7) ; *mes contemporains* (l. 17) ; *l'humanité entière* (l. 19-20). L'impression de parodie du style de Pascal renforce ce sentiment de l'universel.

Noter aussi l'ambiguïté du *nous*, qui passe insensiblement de *je + il* (l. 9-10) à *je + ils* (l. 24) et enfin à *je + vous* (l. 28-31). Le thème du texte va dans le même sens : Clamence prend les *traits communs* (l. 9), en sorte que tous les hommes se reconnaissent en lui.

#### 2- Les rôles de Clamence

– Lexique de la **justice** : *confession* (l. 3, 32) ; *accuser* (l. 3, 5, 26) ; *discours* (l. 7, 22) ; *auditeur* (l. 7) ; *réquisitoire* (l. 16) ; *droit* (l. 26-27) ; *juger* (l. 27). Clamence se représente d'abord comme **accusé** et **juge** de soi-même, confessant publiquement ses fautes.
– Lexique du **spectacle** : *portrait* (l. 12, 17) ; *masque* (l. 12) ; *carnaval* (l. 13) ; *miroir* (l. 17) ; *l'effet que je produis* (l. 20-21) ; *le tour est joué* (l. 23). L'accusé devient **comédien**.

Dès lors la sincérité de cette confession est problématique. Clamence met en valeur l'artifice de la pénitence, l'impossibilité de l'authenticité.

#### 3- Du pénitent au juge

Clamence charge son portrait-blâme dans une horrible hypotypose, présentée ironiquement (l. 18-19), il fait du zèle dans sa confession. Mais celle-ci devient un **crédit** à son actif (*avantage*, l. 26) : en exposant ses *faiblesses* (l. 10), il renvoie aux autres leur propre portrait. C'est le rôle du passage du *je*/*ils* au *nous* (l. 24) ; Clamence s'offre de surcroît le luxe de commenter cette manipulation énonciative en l'anticipant (l. 22) : l'interlocuteur, à qui Clamence a pourtant dévoilé les fils de son art, est pris au piège. Clamence est maître du jeu : *je navigue… j'adapte… j'amène…* (l. 6-7).

En prenant l'initiative du don, il contraint à l'échange, oblige les autres au contre-don (se confesser à leur tour) ; importance des images de retournement ou de réciprocité (l. 26-27 ; 31-32).

#### Conclusion

Le texte doit sa force au dévoilement par le locuteur de la façon dont on peut contraindre l'autre : il ne cache rien de son jeu, construit une situation narrative dérangeante où s'explicite l'égalité des hommes dans la culpabilité. Cette situation est symbolique de l'interdépendance systématique des locuteurs dans l'échange.

### PISTES

■ **Pour une séquence : Plaidoyers et réquisitoires** (▶ *supra*, p. 240).

■ **Exercice complémentaire : Voir**
Observez le tableau de Francis Bacon p. 317 ; à quel genre pictural appartient-il ? Quels thèmes du texte y retrouvez-vous ? Quel est l'effet du brouillage du visage ? Dans quelle position cette œuvre met-elle le spectateur ? Quel thème du texte de Malraux reprend-elle ? En quoi l'effet produit sur le spectateur est-il également comparable au dispositif dérangeant du texte de Camus ?

■ **Lecture cursive :** Camus, *La Chute*.

■ **Bibliographie :** J. Lévi-Valensi, *La Chute, d'Albert Camus*, éd. Gallimard.

▶ LE DIALOGUE ROMANESQUE

## Amélie Nothomb

p. 319

# *Hygiène de l'assassin*

## « Vous ne me convaincrez pas »

### APPROCHES

■ **Axes d'études :** La guerre des sexes. Les rapports de force dans le dialogue (p. 320).

■ **Préalables :** Un exemple de texte romanesque uniquement dialogué, sans intervention du narrateur, qui emprunte au théâtre la vivacité des échanges, et les thématiques conflictuelles.

### LIRE : Conquérir le droit à converser

#### 1- Empêcher l'engagement du dialogue

Paradoxalement, tout ce dialogue n'est qu'un préalable au dialogue, car le personnage masculin nie au personnage féminin le droit d'entrer en dialogue avec lui ; il s'agit pour lui de retarder par tous les moyens le début d'un véritable échange, en refusant les règles implicites de la conversation (coopération, confiance, respect…) :

– accusation de mensonge : *quel piètre bluffeur je fais, en comparaison de vous* (l. 1-2) ;
– négation d'un profit à tirer du dialogue (l. 8) : il annule d'avance la possibilité d'une avancée du dialogue ;
– disqualification, argument *ad hominem* (l. 10-11, 24, 27-28) : vous êtes une femme, laide et bête, donc vous ne méritez pas que j'engage le dialogue avec vous ;
– pétition de principe (l. 32).

#### 2- Le thème des contradictions

La non-contradiction est une des « **lois** » de la conversation : un dialogue doit la respecter ; la fierté avec laquelle Tach s'affranchit de cette loi (l. 24-27) rend la possibilité même du dialogue difficile puisqu'elle met en danger son avancée.

#### 3- Le renversement des rapports de force

• Nina prend l'avantage en faisant entrer de force Tach dans le dialogue : pour refuser le dialogue, il est obligé d'y entrer ; en le refusant, il est déjà dans le dialogue. Elle transpose donc l'argument *ad hominem* de Tach (sa réplique misogyne) en sujet de discussion, et passe du particulier au général. Elle joue aussi sur une flatterie implicite : l'intérêt pour l'œuvre du maître.

• Normalement, prise de parole = prise de pouvoir ; mais Tach espère vaincre en parlant le moins possible ; sa longue réplique, même fanfaronne (l. 23-30), est une manifestation de faiblesse : il entre de force dans le dialogue, il n'arrive pas à « balayer » son interlocutrice.

Hormis cette réplique, le texte a un aspect stichomythique (▶ p. 321) : opposition phrase à phrase, qui révèle la tension. La toute fin signale la défaite de Tach : enchaînement de répliques courtes, sans initiative, révélant son impuissance à répondre à l'interlocutrice : pétition de principe (l. 32), faux défi (l. 34), exclamation (l. 36).

#### Conclusion

Un exemple de ce que la prise de pouvoir dans l'échange ne repose pas nécessairement sur des violences, mais sur des malices dans l'usage de l'échange.

### PISTES

■ **Pour une séquence : Portraits féminins et argumentation** (vision des femmes par les hommes ; paroles de femmes face aux hommes : stratégie de retournement des rapports de force, humour) : Laclos, *Les Liaisons dangereuses*, p. 420 ; Koltès, *Le Retour au désert*, p. 313 ; Larousse, *Grand Dictionnaire universel du XIX*e *siècle*, p. 275.

# 3 Raconter pour convaincre



## La fable

**Bonaventure des Périers**

***Nouvelles Récréations et joyeux devis***

p. 323

### « Un monsieur le Curé... »

**APPROCHES**

■ **Axes d'étude :** La fable en prose. L'oralité du conte. Argumentation et vivacité du récit.

■ **Préalables :** Ce recueil de quatre-vingt-dix nouvelles (à l'origine) paraît, à titre posthume, en 1558, et sera réédité, dix ans plus tard, sous une forme augmentée. Les ***Récréations***, de longueur très variable, relèvent, tantôt du récit, tantôt d'un bref devis du narrateur sur un bon mot ou sur une anecdote plaisante. L'unité de l'ensemble est assurée par l'humour du conteur qui emprunte à la tradition populaire, aux fabliaux, et surtout aux Italiens : Boccace et Straparole.

■ **Vérifier** que sont compris : *sermonner*, l. 2 (= prononcer un sermon) ; *devant*, l. 25 (= auparavant).

**LIRE : L'arroseur arrosé**

**1- La morale de la « fable »**

Elle s'exprime de façon explicite (l. 33-35) : *Car il lui fut remontré que ce n'était pas le fait d'un sage homme de se prendre à un fol.* De l'anecdote, le conteur passe à la généralité et exprime son jugement à travers un triple procédé : emploi de *remontré*, à la voix passive, qui traduit la valeur argumentative de la mésaventure du prêcheur ; négation, *ce n'était pas le fait* ; antithèse, *sage / fol.*

La **visée argumentative** du récit se perçoit, d'ailleurs, par le biais des marques de la présence du narrateur : l. 2-4, le conteur dénonce, avec humour, la confusion et les digressions du Curé (*des plus belles*, superlatif ironique, proche de l'antiphrase). L. 6, subordonnée relative à tonalité ironique (*qui connaissait assez ce prêcheur pour tel qu'il était*) ; les cris et la colère du Curé (l. 12, 14) fort peu en accord avec sa dignité ecclésiastique (*tout échauffé*, l. 21) ; l'abus d'autorité (*par une autorité de prédicant*, l. 14), en contraste avec sa colère ; le recours à la violence (*prit le couteau de son famulus*, l. 25), curieuse manière d'exiger le respect de la parole divine. Le prédicant ne cesse d'être tourné en ridicule par le récit du narrateur alors que la narration est nettement favorable à la bonne farce de maître Jean du Pontalais.

**2- Vivacité du conte**

Elle provient :

– du **mélange du récit et des passages au discours direct**, avec variation des différents types de phrases : impérative (l. 14-15) ; déclarative / impérative + déclarative (l. 19-21) ; interrogative (l. 22) ;

– des **marques de présence du narrateur** (▶ question **1**) ;

– du talent du conteur qui nous donne à **voir la scène** : église, chaire, *carrefour* [...] *tout vis-à-vis de* l'église (l. 9), bagarre entre les deux protagonistes (l. 25-29) ;

– de l'**accumulation des verbes** et des accélérations dues aux **présents de narration** (l. 14, 20, 21, 23, 28) ;

– des phrases entrecoupées de commentaires et de détails qui donnent l'impression que le récit s'improvise au fur et à mesure. Ces **coupures** rendent la narration haletante et entraînante : *Car tant plus il faisait du bruit, // et plus le prêcheur criait haut ; // et se battaient Pontalais et lui, //ou lui et Pontalais // (pour ne faillir pas) // à qui aurait le dernier* (l. 11-13) ;

– des **répétitions**, des **parallélismes**, des **inversions** qui contribuent à donner son rythme au récit ;

– des connecteurs très nombreux et surtout de multiples occurrences de la conjonction « et » (13 occurrences, dont 6 dans le dernier paragraphe).

**Conclusion**

Un texte vif où le plaisir d'une bonne histoire le dispute à la joyeuse impertinence de la satire.

**DIRE**

• **Une forme narrative** plutôt concise :
– vivacité du récit ;
– anecdote racontée de manière simple ;
– protagonistes dignes des fabliaux.

• **Un regard ironique**, celui du narrateur :
– complicité avec le lecteur (l. 13) ;
– public prêt à rire des bons tours joués à ceux qui se prennent au sérieux ;
– contenu frondeur : l'autorité ecclésiastique est raillée.

• **Une morale** ⇒ une argumentation en action.

**PISTES**

■ **Pour une séquence : Théâtralité de la fable** (personnages et types ; scènes et discours ; présence du narrateur et « didascalies » ? appel au public) : La Fontaine, *Fables*, p. 64, 324 et 326.

■ **Exercice complémentaire : Écriture**
Transformez cette page en un texte de théâtre.

**La Fontaine**
***Fables***

p. 324

# Le Savetier et le Financier

## APPROCHES

■ **Axes d'étude :** Raconter pour argumenter (p. 294). Définir l'apologue (p. 323). L'image au service du texte. L'argumentation par l'image (p. 292). Intertextualité et réécriture (p. 438).

■ **Préalables :**

Rappeler les **sources** de la fable (Horace, *Épîtres*, I, 7 ; Bonaventure des Périers, *Nouvelles*, XXI), pour faire remarquer l'enrichissement apporté par le fabuliste (p. 444-445 : La Fontaine, *Les deux Coqs*, Ésope, *Les deux Coqs et l'Aigle*).

Attirer l'attention sur la part de dialogues et les rapports éventuels avec la **comédie**.

■ **Vérifier** que sont compris : *Savetier* (= cordonnier) ; *la Providence*, v. 11 (= Dieu) ; *les alarmes vaines*, v. 43 (= les inquiétudes sans motif).

## LIRE : Argumentation et fantaisie

### 1- Les deux portraits

• **Construction :** les deux portraits, en action, sont construits à la fois dans les parties narratives (v. 1 à 13 et 34 à 49) et dans le discours central (v. 15 à 33).

– **Le savetier :** caractérisé par son chant (v. 1-4), sa gaieté (v. 17 et 18), sa naïveté (v. 34-36) ; mais une fois qu'il est soumis au pouvoir de l'argent, les éléments narratifs le rendent semblable au financier : il ne chante plus, ne dort plus, pis encore, il devient suspicieux (v. 39-44). La narration révèle un renversement. Le discours central dresse un portrait élogieux : heureux et insouciant, le savetier vit au jour le jour, ne compte pas (v. 19-21), égratigne avec humour la religion (v. 24-29), et semble se satisfaire de son existence (v. 25).

– **Le financier :** dévalorisé d'emblée par les éléments narratifs (métaphore du v. 5 ; négation et comparatif d'infériorité du v. 6 ; périphrase du v. 7), c'est un grincheux qui voudrait tout acheter (v. 10-13). Il profite de la naïveté du savetier pour lui proposer un marché de dupes (v. 30). Les éléments discursifs accentuent ce portrait négatif : autoritaire et sûr de lui, le financier *fait venir/Le chanteur* (v. 14-15), questionne (v. 16, 23), impose (v. 31), ordonne (v. 32).

• **Portée argumentative :** la construction porte en elle l'argumentation. Les personnages sont d'abord présentés de façon antithétique (*au contraire*, v. 5). Le financier est croqué avec une remarquable unité de traits antipathiques. Le savetier, face à lui, n'est que qualités, jusqu'à ce que l'argent vienne le transformer : c'est ce que souligne la seconde partie narrative. L'argent le prive de parole, il la recouvre en rendant les *cent écus*.

### 2- Portraits et paradoxe

Dès les premiers vers, il est clair que le savetier vit dans la joie, bien que son métier ne soit pas très rémunérateur (v. 22). En revanche, *son voisin tout cousu d'or* ne parvient pas à trouver le sommeil – nous apprendrons pourquoi aux v. 40-41 – et il se rend compte que l'or ne procure pas tout (v. 12).

Le paradoxe permet d'anticiper la métamorphose du savetier, devenu muet et insomniaque dès que les cent écus sont enterrés dans sa cave (v. 37-46).

### 3- La présence du fabuliste

• **Marques :**

– v. 2-3 : *C'était... Merveilles* dénote l'enthousiasme du narrateur ;
– v. 4 : disproportion amusante de la comparaison ;
– v. 5 : *étant*, valeur causale du participe présent ;
– v. 40 : la périphrase qui désigne l'argent et le présent général mettent en cause l'humanité entière (***nos** peines*) ;
– v. 45-46 : discours indirect libre ; le narrateur s'amuse de son personnage qui accuse un chat d'en vouloir à son or. En revanche, *le pauvre homme* rétablit la sympathie du narrateur et laisse présager le dénouement.

• **Portée didactique**

Ces marques sont indispensables puisqu'elles soulignent le jugement du narrateur. Elles permettent de faire l'économie de la morale et complètent les informations fournies par les deux portraits en diptyque.

### 4- La tonalité et son rôle dans l'argumentation

Un humour tempéré d'indulgence ; quelques pointes plus acérées à l'égard de ceux qui détiennent pouvoir et richesse (l'Église, v. 26-29 ; le trône, v. 31).

L'humour est le meilleur moyen de faire accepter la critique. Si nous ne croyons guère à l'adage « l'argent ne fait pas le bonheur », nous comprenons aisément qu'il nous empêche de dormir et nous rend soupçonneux. La Fontaine montre le danger et le ridicule de la situation, au lecteur de tirer la conclusion : la contrepartie de l'argent, c'est le soin qu'il faut en prendre, épargné au pauvre. Il faut donc choisir : argent et inquiétude, ou pauvreté et insouciance.

### Conclusion

Plaire en instruisant : La Fontaine met les rieurs de son côté dans ce petit conte au rythme allègre, qui prend totalement en charge l'argumentation. Sans passer par une moralité explicite, l'apologue affiche une morale dépourvue d'ambiguïté.

## *PERSPECTIVES* (p. 325)

■ **Marcel Gotlib, *Rubrique-à-brac*.**

### LIRE : De quoi se moque-t-on ?

### 1- Dessin et scénario de Gotlib

• Dans les trois premières vignettes, reprise exacte des v. 41-43, 45-46, 47. Commentaire de Gotlib : La Fontaine et *son sens aigu **du gag***. Adresse au lecteur, déclaration à la première personne, intention explicite de modifier la *chute de ce **sketch désopilant***.

– **Vignette 1 :** Anachronisme des objets, multiplicité d'armes hétéroclites (revolver, fusil à lunette, couteau, lance-pierre, grenade et canon) ; le savetier est assis dans son lit, à côté de son téléphone.
– **Vignette 2 :** Le chat est repéré, le savetier passe à l'acte, ses armes aussi ; une chaussure vole en direction du chat : plaisante distorsion entre l'allure rassurante du chat et les moyens d'attaque.
– **Vignette 3 :** Faut-il croire que le savetier, à l'instar de l'Avare, s'est lui-même pris pour le voleur ? La chaussure le coiffe désormais.

Le savetier est devenu un monstre de méfiance et d'agressivité.

• Un **projet différent** annoncé par la caricature (le savetier, le couteau entre les dents), ainsi que par la promesse de tourner la fable en *gag*. L'observation de la vignette 4 et la date du dessin permettent de reconnaître le ministre des Finances ; l'allusion politique se précise. Elle concerne les emprunts d'État proposés à des taux séduisants. La visée de Gotlib n'est donc plus pédagogique mais ironique à l'égard de la politique financière.

**2- Le dénouement de Gotlib**

Il porte un jugement sur la politique financière de la France dont profite sans scrupule le savetier. Une fois son argent placé, celui-ci travaille dans la joie, dort comme un bienheureux et chante de nouveau. Pour le financier, la vie n'est pas aussi *bèèèlle*, il continue à subir les trilles de son voisin et lui rendra, au bout de dix ans, deux cents écus après lui en avoir donné cent. Il n'est pas certain que l'État fasse une bonne affaire, mais nos politiques s'en remettront.

Gotlib versifie : quatrains de vers (octosyllabes, hexasyllabes, heptasyllabes) aux rimes alternées puis embrassées. La parodie de l'apologue reprend la forme de la morale (terme *leçon*, apostrophe et admonestation : *Rappelez-vous*) mais en subvertit le sens : un bon placement libère de tout souci, on peut être riche et heureux, etc. Le dernier vers reprend une idée reçue passée en proverbe, mais sans rapport direct avec la démonstration de l'apologue. Gotlib s'amuse en fait, non seulement de l'objet parodié, mais de la parodie elle-même : autodérision ultime du parodiste ?

## PISTES

**■ Pour une séquence**

• **Théâtralité de la fable** (▶ *supra*, p. 252).

• **Le vers et l'apologue** (formes poétiques ; procédés de versification et persuasion : mètres, rimes, rythmes, la syntaxe et le vers au service de l'argumentation) : La Fontaine, *Fables*, p. 64 et 171 ; Vigny, « La Mort du Loup » (p. 358, *Français 2*e) ; Hugo, *Châtiments*, III, 3 ; Baudelaire, *Les Fleurs du mal*, p. 205.

**■ Lecture cursive :** J.-J. Lévêque, *Jean de La Fontaine*, ACR, Pochecouleur, 1995.

# … La fable

**La Fontaine**
***Fables***

p. 326

## Les Animaux malades de la peste

## APPROCHES

**■ Axes d'étude :** Raconter pour argumenter (p. 322). Définir un genre : l'apologue (p. 323). Les discours rapportés. Les arguments et leur valeur (p. 294).

**■ Préalables :**

Cette fable est la première du second recueil (VII à XI) paru dix ans après le premier ; La Fontaine met l'accent, dans son *Avertissement*, sur la recherche de la « **variété** » des tonalités et des sujets. Il part ici d'une réalité encore dramatique au XVIIe siècle (quatre grandes épidémies de peste au XVIIe font sans doute plus de 400 000 victimes), et reconstitue une sorte de confession publique qui prend la forme d'une scène de flatterie, puis d'un véritable tribunal.

Rappeler l'épisode de la grande peste de Thèbes qui, dans *Œdipe-Roi* de Sophocle (430 av. J.-C.), provoque la recherche de la faute monstrueuse et inconnue qui a valu à la ville la malédiction divine.

**■ Vérifier** que sont compris : *dévouements*, v. 22 (v. 30, *Je me dévouerai donc*, et v. 57 = action de sacrifier, d'offrir en victime aux dieux infernaux) ; *force*, v. 26 (= beaucoup de) ; *un chimérique empire*, v. 42 (= un pouvoir illusoire) ; *harangue*, v. 56 (= discours véhément) ; *peccadille*, v. 59 (= faute légère).

## LIRE : Fable et critique des puissants

**1- Les types de discours rapportés**

– Discours direct : le lion (v. 15 à 33), le renard (v. 34 à 42), l'âne (v. 49 à 54).
– Discours indirect : le loup (v. 57 et 58).
– Discours indirect libre : le groupe (v. 60 à 62).

Les autres propos collectifs (*On*, v. 44 ; *Au dire de chacun*, v. 48), sont résumés de façon très elliptique (v. 44 à 48).

Les puissants ont droit à la parole, le temps de parole du lion, le souverain, étant nettement plus long que celui du renard et à plus forte raison de l'âne. Le **discours direct** rend compte de la situation (confession publique et procès), des parties en présence et de leurs comportements : (▶ question 2) : le **renard** est conforme à son type, le flatteur obséquieux et hypocrite (voir son reproche à valeur d'éloge : *trop bon*, *trop de délicatesse*, v. 34-35), habile dans son appel à la solidarité de classe (v. 41-42). De la même façon, l'**âne** bénéficie du discours direct car ce type de discours permet aisément de l'accuser. En effet, il respecte naïvement le modèle de l'aveu proposé par le lion, sans en comprendre les attentes implicites, ni la nouvelle règle du jeu élaborée par les courtisans. Le **discours indirect** du **loup** résume sa péroraison ; le **discours indirect libre** signale le jugement et le déchaînement de haine qui l'accompagne. Les **autres animaux,** hormis le **Tigre** et l'**Ours**, demeurent dans l'anonymat. Leur nombre rendrait fastidieuse la reproduction fidèle de leurs propos et La Fontaine se contente de suggérer leur couardise et leur mauvaise foi. Leur argumentation se vide de tout contenu, puisqu'à l'examen des fautes se substitue l'estimation des personnes, favorable (*de petits saints*, v. 48) ou défavorable (*ce maudit animal / Ce pelé, ce galeux*, v. 57-58, argument *ad hominem*).

La **variété** permet de déterminer le **rang social** des animaux en fonction de leur rapport au langage et de la maîtrise qu'ils en manifestent (*Tigre*, *Ours*, *autres puissances* : ministres et grands seigneurs ? *Gens querelleurs, simples mâtins* : nobles férus de duels, jusqu'aux hommes de main ? *Loup, quelque peu clerc* : les avocats, les religieux (un pré de moines, v. 50) ? *L'âne, le baudet* : le plus bas de l'échelle sociale, peut-être le paysan qui a maraudé pour survivre (v. 51-53) ?

### 2- La stratégie argumentative du lion

• **Le jeu des pronoms** : *il* = coupable inconnu ; *nous* = tous ; *je* = examen de conscience. Le lion joue la modestie et la familiarité (*Mes chers amis, Je crois*, v. 15-16) ; l'évocation de son cas personnel n'occupe que 5 vers sur 19, encadrée par des *nous* et des *on* qui dissolvent sa responsabilité individuelle dans la culpabilité collective.

• **Les mots placés à la rime** : *amis*, *infortune*, *nous*, *commune*, *dévouements*, *indulgence*, *conscience*, *offense* (mais précédé d'un indéfini négatif), *pense*, *moi/justice*. Ils soulignent particulièrement la bienveillance et la modération apparentes du lion, sa lucidité mais aussi sa capacité à envisager calmement la situation en toute objectivité, dans le souci du bien « commun ». Deux notes discordantes : *gloutons/moutons* et *manger/berger*…

• **Les connecteurs logiques** : *Peut-être* (v. 20), *donc* (v. 23), *Pour moi* (v. 25), *Même* (v. 28), *donc*, *mais*… *Car* (v. 30, 32). Ils confèrent au discours une tonalité posée, mesurée (modalisation par *peut-être*, précision par *pour moi*, *même*) et en même temps une logique rigoureuse (*donc*, *car*). Le lion n'adopte pas le ton impérieux qu'autoriserait sa fonction : une main de fer dans un gant de velours. L'exercice du pouvoir est dissimulé.

L'argumentation est donc très habile. On relèvera aussi le rôle de la métrique, variée, soulignée par la brièveté des phrases qui confèrent au discours une allure souple, naturelle et comme improvisée. Le vers s'allonge pour les grands principes (v. 21, 31-32), raccourcit pour avouer, modestement, les crimes commis (v. 26, 29). Le lion joue la sincérité (v. 25-29) tout en minorant ses fautes (v. 28-30, *il m'est arrivé quelquefois* : rareté + le lion victime de son instinct). L'argument d'autorité (*L'histoire nous apprend*, v. 21-22) ou de valeur (*selon toute justice*, v. 32) sert en fait à le disculper. Le lion est donc à la fois juge et partie. Mais la menace n'est pas absente (v. 33).

### 3- Ton et accent du tableau initial

Le ton est épique et tragique. L'auteur commence par des périphrases qui soulignent la dimension mythique de l'événement, avant la révélation de la nature du fléau (*peste* est retardé jusqu'au v. 4 ; la parenthèse exprime la croyance en la force magique du mot et valorise encore sa profération) ; ces périphrases sont soutenues par l'allitération en [R] qui peut suggérer le grondement furieux de la colère céleste (v. 1 à 3) et la répétition lancinante du terme *mal*. La terreur ouvre donc l'apologue, et le fléau est présenté comme une sanction divine (*Ciel*, *punir les crimes*), d'où le **tragique** de cette ouverture.

Le ton **épique** provient des forces surhumaines en présence (v. 2-3), de l'ampleur du fléau (*tous étaient frappés*, v. 7, le chiasme permet la répétition de *tous* : la peste n'épargne personne, c'est un fléau collectif), et de la référence mythologique au v. 5 (*l'Achéron*). Dans les vers 8, 10, 11, 14, l'accumulation des négations suggère que tout instinct naturel disparaît (*plus de… plus de* : désespoir, ruine générale).

### 4- Sentiments du poète

Son indignation se manifeste à travers :
– la condamnation au passage des crimes des puissants (*Les moins pardonnables*, v. 46) ;
– l'ironie à l'égard des puissants (*petits saints*, v. 48) ;
– la disproportion entre la faute de l'âne et son châtiment : v. 53 ≠ v. 61 ; antithèse du v. 59 (*peccadille/pendable*), v. 56-58 : l'argument fallacieux (raccourci).

La moralité reste cependant en retrait par rapport à l'apologue, puisqu'elle se limite à un constat (*vous rendront*, v. 64). L'âne est sympathique, dans sa naïveté, mais imprudent. La morale tendrait à critiquer une justice de classe, mais suggérerait aussi, en filigrane, une **« morale » de l'habileté** ?

### Conclusion

Variété des styles et des registres (tragédie, débat, ironie). S'agit-il d'une critique de l'institution judiciaire, bienveillante aux puissants ? ou de ces « mises à mort » mondaines suscitées par le pouvoir de la faveur – ou de la défaveur – royale ? La mort est cependant évoquée, et la fable s'achève sur une note sombre.

## ÉCRIRE

Un **moyen efficace :** les atouts de la fable (► p. 64, 171, 324, 326, 444 et *Français 2*ᵉ, p. 332, 344-345).
– La forme narrative : variété des thèmes (animaux, humains, végétaux), variété des approches (réalisme, mythologie), séduction du récit.
– Les différentes tonalités : épique, tragique, comique.
– La possibilité de faire coexister formes discursive et narrative, et la présence d'un narrateur dont le point de vue et le jugement adressent des signes complices au lecteur.
– La brièveté de ce genre qui oblige à une argumentation d'autant plus rigoureuse qu'elle est plus concise.
– La formulation d'une moralité qui ouvre ou clôt l'apologue, éclairant la fable par un raisonnement déductif ou inductif.
– La liberté offerte par la personnification des animaux ou des végétaux qui protège le fabuliste des interdits de la censure et lui autorise un espace critique plus étendu.
– La fantaisie, gage de plaisir pour le lecteur et qualité inhérente de la fable, assure parfaitement le double objectif : plaire et instruire.

## PISTES

■ **Pour une séquence : Littérature et justice** (▶ *supra*, p. 202).

■ **Exercices complémentaires**

• **Oral :** Dressez un bilan sur les différents types de discours et leur impact dans une argumentation à l'aide des textes p. 326, p. 330 (*Lettres persanes*), p. 332 (*Le Meilleur des mondes*).

• **Voir :** Dans quelle mesure l'illustration de Grandville rend-elle compte des personnages, de la situation et de la morale de la fable ?

■ **Lecture cursive :** La Fontaine, *Fables*, livre VII.

■ **Bibliographie :** P. Dandrey, *La Fabrique des Fables. Essai sur la poétique de La Fontaine*, éd. Klincksieck, 1992.

▶ L'APOLOGUE : FABLES ET UTOPIES

# L'utopie

## Thomas More
## *L'Utopie*

p. 328

### « Chacun est libre »

## APPROCHES

■ **Axes d'étude :** L'utopie. L'humanisme (p. 22). Argumentation et narration.

■ **Préalables :**

Préciser qu'une des sources probables de l'Utopie du XVIe siècle est la découverte du **Nouveau Monde**, susceptible d'offrir un terrain vierge pour l'édification d'un monde parfait.

Faire le lien entre l'Utopie et le **mythe de l'âge d'or** (en particulier ici l'éloge du temps libre).

■ **Vérifier** la compréhension de : *valetaille*, l. 32 (= ensemble des valets d'une maison, pris au sens péjoratif).

## LIRE : Le double visage de l'utopie

### 1- Visée argumentative de l'utopie

La visée argumentative du texte est soulignée par le paragraphe central qui établit l'énonciation du passage, en particulier l'allusion à l'*objection* (l. 21), que l'auteur soulève pour mieux y répondre. Ce jeu de question/réponse (question, l. 21-23 ; réponse : *Bien loin de là*, l. 24) engage un dialogue fictif et marque la transition entre les deux parties du texte, la première, surtout descriptive, et la seconde, de tonalité polémique. En fait, l'orientation argumentative, évidente à partir de la ligne 20, est également perceptible dans la première partie par l'orientation axiologique que le narrateur donne çà et là à la description (*non pour les gâcher dans les excès et la paresse*, l. 2 ; *qui convient le mieux*, l. 8 ; *son zèle à servir l'État*, l. 12 ; *absurdes et dangereux*, l. 16).

### 2- Les thèmes de la pensée humaniste

*L'Utopie* correspond en premier lieu à la pensée humaniste par la recherche éperdue du bonheur sur laquelle reposent les structures sociales de cette île. Plus précisément, on retrouve là l'importance que les humanistes accordent aux jeux, à condition qu'il s'agisse de jeux éducatifs (l. 15-19), et le rôle essentiel de l'éducation (*La plupart consacrent ces heures de loisir à l'étude*, l. 4). C'est un rêve d'éducation généralisée que traduit le propos de More, puisque chaque jour les leçons sont accessibles à tous avant le début du jour (l. 5). Cette éducation laisse une place aux disciplines artistiques comme la musique (l. 15). Voir sur ces deux points Rabelais et le programme éducatif de Gargantua (▶ p. 28 ; *Français 2e*, p. 425) ainsi qu'Érasme dans *De l'institution des enfants*. À l'instar des humanistes, Thomas More attache aussi beaucoup d'importance à la réflexion sur l'État et la nature de son organisation, puisque le but de l'éducation dispensée aux Utopiens consiste à développer leur *zèle à servir l'État*.

### 3- Le ton du dernier paragraphe

L'interpellation du dernier paragraphe (l. 26-36) prolonge la structure dialogique mise en place au précédent. Elle entre donc dans la logique argumentative, mais en adoptant un registre polémique marqué : le système utopien d'organisation du travail est présenté en contraste avec celui des *autres peuples* (l. 28). La comparaison apparaît ainsi comme un élément de l'argumentation du texte. Le ton polémique est marqué par un lexique péjoratif (*ronflent*, l. 29 ; *la troupe*, l. 30 ; *leur valetaille, cette lie de faquins en armes*, l. 32-33 ; *leur paresse*, l. 34) et par une structure rhétorique qui mime l'emportement : anaphore de *ajoutez* (l. 30, 31, 32), répétition de *ceux qu'on appelle* (l. 30, 32). L'utopie comporte ainsi une attaque vigoureuse contre l'inégalité dans la répartition des tâches et les formes du parasitisme dans la société du temps : *la presque totalité des femmes*, *hommes qui ronflent*, *prêtres*, *nobles*, *valetaille*, *mendiants*.

### Conclusion

Un idéal humaniste d'oisiveté studieuse (« otium ») qui met en cause avec férocité l'organisation et la hiérarchie sociale des *autres peuples*, c'est-à-dire des nations européennes. Exemple même d'argumentation narrative et polémique.

## *PERSPECTIVES* (p. 329)

■ **Rabelais, *Gargantua*.**

■ **Vérifier** que sont compris : *franc arbitre*, l. 2 (= libre arbitre, liberté) ; *preux*, l. 35 (= braves, chevaleresques) ; *fâcheuses*, l. 38 (= difficiles à supporter).

### LIRE : Une société idéale ?

### 1- Une abbaye inversée

Thélème est une abbaye inversée parce qu'elle accueille des aristocrates des deux sexes (*quelqu'un ou quelqu'une*, l. 21-22 ; *chevaliers tant preux*, l. 34-35 ;

*dames tant propres*..., l. 37-38) ; ces jeunes gens se livrent à toutes sortes d'activités de loisir réservées à la noblesse (jeux, l. 23 ; chasse, l. 25 sq. ; chant et musique, l. 31-32 ; tournois et jeux d'armes, l. 34-37 ; ouvrages pour les dames, l. 39), mais aucune ne concerne la religion. La règle même du manoir des Thélémites prend le contre-pied des règles monastiques traditionnelles : alors que celles-ci imposent une contrainte de vie, notamment en matière d'horaires, de restrictions alimentaires et sexuelles, la vie à Thélème est régie par un principe de liberté (voir la devise), de mixité et de plaisir (on boit, l. 22 ; on joue, l. 23 ; on s'ébat aux champs, l. 24). Enfin, la vie à Thélème est organisée de telle manière que l'on en sorte par le mariage, ce qui revient à dénier toute valeur aux vœux perpétuels et à la séparation du monde prônés par certains ordres religieux.

**2- La devise**

La devise et le mode de vie des Thélémites posent la liberté en principe (l. 1-7), mais l'énoncent sous une forme curieuse, celle de l'impératif : il y a obligation d'être libre. De même, les activités librement consenties des Thélémites s'apparentent à une forme de conformisme un peu moutonnier : *Si quelqu'un*...(l. 21-23). Étrange pays où tout le monde fait la même chose. L'abbaye de Thélème, tout comme le prologue de *Gargantua*, est un signe opaque et il est difficile de préciser la position exacte de Rabelais.

Un tel idéal repose sur la conception d'un homme vertueux par nature et non par contrainte religieuse (perspective évangélique de confiance dans la nature humaine), et qui possède le sens de l'honneur (*un instinct et aiguillon qui toujours les pousse à faits vertueux et retire de vice, lequel ils nommaient honneur*, l. 10-14). Idéal humaniste d'un homme que l'on peut façonner par l'éducation mondaine et érudite (les Thélémites parlent cinq à six langues, [*Pantagruel*, ▶ p. 28], savent lire, écrire et composer des vers).

**3- La thèse de Rabelais**

*...parce que gens libères, bien nés et bien instruits* [...] *ont par nature*...(l. 10-14). La thèse dérive de la devise et explicite le paradoxe.

Mais on comprendra en fonction de la réponse à la question 2 que la thèse de Rabelais est incertaine. Dans ce monde idéal probablement pipé par des effets de parodie (parodie chevaleresque par exemple, l. 34-37), le seul passage dont on puisse dire qu'il correspond à coup sûr à la pensée de Rabelais est celui sur l'éducation (l. 30-34). On retrouve là les idées communes de tous les grands humanistes de la Renaissance, d'Érasme jusqu'à Montaigne, qui érigent en valeur absolue la qualité de l'éducation. À rapprocher de la lettre de Gargantua à Pantagruel (▶ p. 28) et de l'éducation de Gargantua sous Ponocrate.

**4- Thomas More et Rabelais**

La première différence concerne la **lisibilité** du texte : Thélème est un mythe de nature polysémique dont Rabelais n'a pas donné toutes les clés. *L'Utopie* de More est plus limpide et cet extrait, par le jeu de dialogue avec le lecteur, indique clairement le sens de sa visée argumentative. Au plan du contenu, la différence majeure réside dans le fait que l'Utopie construit un système imaginaire universel, du moins pour tous les habitants de la communauté, tandis que Thélème, clairement réservée à une élite morale et sociale, *gens libères, bien nés* (l. 10), offre un modèle difficilement généralisable.

L'Utopie de Thomas More ne forme pas une parenthèse dans la vie de ceux qui y résident. La page évoque en effet une **journée de travail banale** et son organisation durant les heures octroyées au loisir. Celui-ci semble principalement dévolu à l'**étude** (l. 4), voire, pour certains, à leur métier : les Utopiens sont davantage organisés dans une perspective économique et sociale que les Thélémites (l. 11, 12). Les **jeux** consistent plutôt en des activités cérébrales dont la finalité paraît avant tout morale (l. 18, 19). Les deux derniers paragraphes abordent une argumentation sur la brièveté du temps de travail totalement absente des réflexions de Rabelais : on ne travaille pas à Thélème, on y passe quelques années, après celles qui ont été consacrées aux différents apprentissages et avant celles de la vie conjugale. En aristocrates, les Thélémites ne sont astreints à aucune activité productive. En revanche, dans l'île d'Utopie, tous les hommes et toutes les femmes travaillent pour assurer la **production des biens nécessaires** au bien-être des Utopiens. La finalité de Thélème semble donc de permettre aux jeunes gens de se former et de se préparer à une vie conjugale harmonieuse ; l'île d'Utopie, elle, construit une société égalitaire où, pour assurer l'autarcie de la communauté, nul n'est dispensé de travail.

La **critique** elle-même diffère : Thomas More dénonce explicitement l'inutilité économique et sociale de tous ceux qui détiennent le privilège de l'oisiveté ; Rabelais critique implicitement la sévérité des règles monastiques et leur inadéquation à l'idée de nature.

## PISTES

■ **Pour une séquence : L'utopie** (valeurs et principes ; imaginaire et visée critique ; ici et ailleurs) : Montesquieu, *Lettres persanes* (lettres 12 et 13) et p. 330 ; Fénelon, *Les Aventures de Télémaque* (V) ; Voltaire, *Candide*, ch. 17 et 18 ; Rousseau, *La Nouvelle Héloïse* (V, 2) ; J. Verne, *Les Cinq Cents Millions de la bégum*, p. 331.

■ **Exercices complémentaires : Langue**

**1-** Dans le texte de Rabelais, étudiez le sens de *vertu* (l. 16) et de *joug* (l. 17).

**2-** Réécrivez les § 3 et 4 (l. 30-49) en français moderne.

■ **Lecture cursive :** Campanella, *La Cité du soleil.*

■ **Bibliographie :** *Utopie, la quête de la société idéale en Occident*, BNF/Fayard, 2000 ; *Les Utopies de la Renaissance*, Bruxelles/Paris, PUF, 1963.

... L'utopie

## Montesquieu
## *Lettres persanes*

p. 330

# « Votre vertu commence à vous peser. »

## APPROCHES

■ **Axes d'étude :** La fin d'une utopie. Le discours argumentatif. La mise en abyme du récit.

■ **Préalables :** L'apologue des Troglodytes (lettres XI à XIV) contient en germe ce qui sera développé dans d'autres lettres, l'élaboration d'un **système s'appuyant sur la notion de « contrat » entre gouvernants et gouvernés**. Cette fable est imaginée par le « sage » Usbek, en réponse à Mirza qui l'interrogeait sur le sens de ses propos : « Je t'ai souvent ouï dire que les hommes étaient nés pour être vertueux, et que la justice est une qualité qui leur est aussi propre que l'existence » (lettre X). Usbek développe alors une allégorie politique d'après laquelle « l'intérêt particulier » doit être au service de « l'intérêt commun », seul gage d'une société florissante. Mais, les années passant, les Troglodytes se lassent de la perfection et de la vertu pratiquées de manière spontanée et désirent qu'on les leur impose. Ils vont trouver le « vieillard vénérable »...

■ **Vérifier** que sont compris : *déférer*, l. 2,9 (= confier) ; *À Dieu ne plaise*, l.7 (= puisse-t-il ne jamais arriver).

## LIRE : Dégénérescence d'une utopie

### 1- Une société fondée sur la justice et la vertu

• Ces termes apparaissent à plusieurs reprises (*juste*, l. 3, 8 // *vertu, vertueux* l. 4, 14, 15, 21, 24, 28), liés, dans les propos du vieillard, à l'idée de liberté (l. 10-11). C'est bien là que l'utopie est menacée car les Troglodytes ont vécu jusqu'alors *vertueux* et *n'ayant point de chef* (l. 14-15). Cet **état de nature** (*par le seul penchant de la nature,* l. 25) représente, pour le vieillard, le fondement et la source de leur réussite communautaire. Il oppose donc sans cesse, dans son argumentation, liberté et soumission (*...d'avoir vu en naissant les Troglodytes libres, et de les voir aujourd'hui assujettis,* l. 10-11 ; *vous aimez mieux être soumis à un prince et obéir à ses lois moins rigides que vos mœurs*, l. 17-18 ; *...que je vous ai laissés sous un autre joug que celui de la Vertu,* l. 27-28). Si les Troglodytes ont vécu heureux, c'est parce que la seule loi et le seul chef qui les gouvernent se nomment *Vertu*, dont la majuscule (l. 28) signale l'absolue souveraineté, à l'instar des idées platoniciennes du Beau et du Bien.

Cette société repose donc sur un **contrat tacite** entre ses divers membres : chacun d'eux accepte librement de prendre soin du bonheur d'autrui, garant du bonheur personnel. Ce système d'interdépendance est efficace car il valorise chacun de ses membres (l. 7-8) et les maintient dans une ascèse naturelle, proche de la morale stoïcienne ou épicurienne.

• En revanche, ces **principes d'austérité et de rigueur** semblent maintenir cette société dans un système patriarcal et agraire dont s'accommodent mal les sociétés en plein développement démographique (l. 1) et probablement économique. Montesquieu ouvre ainsi la lettre 14 sur une subordonnée causale qui explicite la démarche des Troglodytes ; il modalise fortement les propositions suivantes (*crurent,* l. 1 ; *convinrent,* l. 2) et attribue aux Troglodytes des qualités de choix qui témoignent encore de leur vertu (*celui qui était le plus juste,* l. 3 ; *un vieillard vénérable par son âge et par une longue vertu,* l. 3-4). Mais celle-ci, principe de la démocratie, ne résiste pas à l'évolution du corps social. D'ailleurs le vieillard ne s'y trompe pas et ses propos laissent entendre que le temps de l'utopie est peut-être révolu (l. 9-10) et qu'une nouvelle génération est en train de naître (l. 25-26).

### 2- Le rejet du gouvernement monarchique

Le vieillard rejette une **forme** pourtant **modérée** de gouvernement.

– Modérée puisque le roi sera choisi par le peuple, ce qui écarte donc le risque de tyrannie (l. 1-2, valeur forte du verbe pronominal *se choisir un roi*). Garantie, grâce au superlatif (l. 3), de la valeur morale du monarque. Choix qui s'est décidé de façon démocratique, au cours d'une assemblée, à l'issue de laquelle des représentants ont été désignés (l. 4-5). On peut par conséquent supposer que ce type de gouvernement relève à la fois de la **monarchie parlementaire** chère à Montesquieu et du **despotisme éclairé** cher à Voltaire.

– Or le vieillard refuse cet honneur qui aboutirait à faire de ces **hommes libres, des sujets**. C'est son premier argument (*assujettis,* l. 11). Le deuxième argument dénonce les passions dans lesquelles, aux dires du vieillard, les Troglodytes ne manqueraient pas de sombrer : *contenter* [leur] *ambition, acquérir des richesses et languir dans une lâche volupté* (l. 19-20). L'accumulation des trois verbes et des trois substantifs, outre son impact rhétorique, manifeste un jugement explicitement dépréciatif et porteur d'une condamnation morale. Enfin, d'après le troisième argument, la vertu n'a de prix que si elle est pratiquée *par le seul penchant de la nature* (l. 25). Le vieillard rejette donc l'éventualité d'un gouvernement monarchique et continue à prôner la supériorité intrinsèque d'une démocratie à l'état pur, dont la seule limite paraît être la volonté d'un nombre sans cesse croissant de citoyens de s'y maintenir.

## ÉCRIRE

Vingt sept années les séparent, qu'en est-il de la stratégie argumentative de l'essai comparée à celle du roman ? (▶ p. 262-263)

On fera remarquer l'extrême fidélité de Montesquieu aux idées que l'apologue des Troglodytes, et tout particulièrement le discours du vieillard, affirment dès 1721. Les arguments restent rigoureusement identiques : la vertu est bien la valeur fondamentale de la démocratie qu'elle place ainsi au sommet des gouvernements en ce qui concerne l'éthique. Mais, si la vertu cesse d'être perçue comme un élément de nature, alors les peuples risquent d'en revenir à des pratiques plus discutables, telles que l'ambition et le goût des richesses. C'est ce qui fait de la démocratie le gouvernement le plus parfait mais également le plus fragile.

Les **stratégies argumentatives** de l'essai et du roman peuvent être étudiées de façon parallèle :

– Les deux pages comparent les caractéristiques des gouvernements monarchique et démocratique (▶ p. 262 : l. 8-11 / ▶ p. 330 : l. 14-15).

– Le premier § de *L'Esprit des lois* (l. 1-4) définit une situation similaire à celle des Troglodytes, lorsqu'ils décident d'aller trouver le vieillard.

– Le vieux Troglodyte récuse ce que *L'Esprit des lois* pose comme condition nécessaire de l'existence d'un monarque, le sentiment de supériorité qui place le prince au-dessus des lois et de la vertu que pratique tout citoyen.

– La monarchie est inférieure à la démocratie, puisque l'une ne concerne que quelques hommes tandis que l'autre concerne l'État tout entier (▶ p. 262, l. 17-21).

– La dégradation du système moral pousse les peuples démocratiques vers le commerce et le luxe (▶ p. 262, l. 36-38 / ▶ p. 330, l. 19-20).

– La perception de la vertu devient une contrainte, après avoir été le fondement naturel de la démocratie (▶ p. 262, l. 42-45 / ▶ p. 330, l. 17-21).

• Des parallélismes, des similitudes de termes, mais ***L'Esprit des lois* conduit la réflexion un peu plus loin :**

Montesquieu s'appuie en effet sur trois séries d'exemples précis (l. 22 à 38) : l'Angleterre et sa révolution en 1649, suivie de la restauration de la monarchie en 1660 ; l'histoire romaine et Sylla entre 82 et 69 av. J.-C. ; la Grèce au Vᵉ siècle av. J.-C. Tous trois montrent des restaurations monarchiques après des tentatives démocratiques. Or, selon Montesquieu, un gouvernement démocratique peut se transformer en gouvernement monarchique mais le mouvement inverse est impossible, ce que soulignent les réticences du vieux Troglodyte et sa profonde tristesse.

• D'où la seconde différence (majeure) entre les deux pages : une **différence de tonalité**. En effet, le discours du vieillard est marqué par de multiples effets visant à susciter l'émotion de ses concitoyens et du lecteur. Montesquieu, dans son roman, recourt à toutes les finesses de la rhétorique et de l'art de persuader : lexique de l'émotion, *le cœur serré de tristesse* (l. 5) ; l'interjection et l'exclamation, *À Dieu ne plaise* […] *plus juste que moi* (l. 7) ; implication du lecteur-auditeur, marques de la seconde personne et impératifs, *Vous me déférez, si vous le voulez, comptez que* (l. 8-10) ; marque de l'énonciation, *d'une voix sévère* (l. 13) ; discours qui s'énonce à la première personne ; annonce, à deux reprises, de sa mort qui confère au texte une tonalité pathétique (l. 10, 25-26).

**Conclusion**

Deux argumentations semblables mais chacune adopte la tonalité propre au genre qu'elle représente. *Les Lettres persanes* usent du pathétique pour convaincre le destinataire tandis que *L'Esprit des lois* est rendu vivant grâce aux exemples historiques et à la multiplicité des paragraphes, clairs et concis. Enfin le discours du vieillard annonce une idée que développe *L'Esprit des lois* : la disparition de la vertu conduit à la décadence du régime démocratique.

## PISTES

**■ Pour une séquence**

• **L'utopie** (▶ *supra*, p. 257).

• **L'argumentation dans le roman des Lumières** (thèmes et thèses, voix et techniques narratives, genres et registres) : Montesquieu, *Lettres persanes*, p. 336, 337 ; Voltaire, *Zadig*, p. 338 ; *Candide*, p. 340 ; *L'Ingénu*, p. 82, 287 ; Swift, *Les Voyages de Gulliver*, p. 339.

**■ Exercices complémentaires**

• **Oral :** Comparez les emplois du mot *vertu* chez Rabelais (p. 329) et Montesquieu, en vous aidant des p. 262-263 : quelles conceptions morales sont en jeu ?

• **Écriture :** Réécrivez le discours du vieillard en le faisant rapporter par l'un des députés envoyés auprès de lui.

**■ Lecture cursive :** Montesquieu, *Lettres persanes* (XI-XIV).

## … L'utopie

**Jules Verne** p. 331

***Les Cinq Cents Millions de la bégum***

### « Nettoyer, nettoyer sans cesse »

## APPROCHES

**■ Axes d'étude :** Caractéristiques de l'utopie. Apologue, utopie et argumentation. Vers les contre-utopies.

**■ Préalables :** Rappeler le contexte revanchard dans lequel s'inscrit le roman (1879). Souligner les différences entre les utopies du XVIIIᵉ siècle, fondées sur le bonheur collectif et la démocratie (p. 330) ou sur le progrès des sciences considérées dans leur relation avec la raison (L'Eldorado de *Candide*), et celles du XIXᵉ et du XXᵉ siècle, dans lesquelles l'État tend à occuper une place grandissante et contraignante. Faire remarquer le rôle croissant de l'éducation, imposée à des enfants de plus en plus jeunes, et garante de la soumission future des adultes.

**■ Vérifier** que sont compris : *miasmes*, l. 22 (= effluves qui proviennent de certaines maladies contagieuses) ; *carreau*, l. 28 (= sol pavé).

## LIRE : Hygiène et utopie

### 1- Indices d'énonciation et utopie

• **Un énoncé au présent :** temps du descriptif ou du guide touristique.

• **Un lexique qui modalise l'énoncé :**

– rigueur : *simple et régulier, angles droits, distances égales, largeur uniforme, numéros d'ordre* (l. 1-4) ; *n'y seraient pas tolérées* (l. 15) ; *astreints* (l. 16) ; *propreté si rigoureuse* (l. 18) ; *surveillance incessante* (l. 29) ;

– organisation politique : *les lois de la ville* (l. 14-15) ; *fondateurs de France-Ville* (l. 21) ; *gouvernement central* ; *égouts* […] *centralisés* (l. 24) ; *police sanitaire* (l. 32) ;

– justice et respect des lois : *le droit de résidence* (l. 12) ;

LITTÉRATURE ET ARGUMENTATION

*s'engager à observer* (l. 14) ; *des peines sévères* (l. 29) ; *Leur juridiction* (l. 35) *;*
– morale : *bonnes références* (l. 13) ; *un déshonneur véritable* (l. 19).

France-ville apparaît ainsi comme le modèle d'une rationalité efficace, instituée sans défaillance et à grande échelle : voir l'emploi de *tout* (l. 2, 11, 18, 35), *partout* (l. 27), *aucun* (l. 37), *jamais* (l. 39).

• Des procédés de **valorisation** : comparaison et vocabulaire appréciatifs de prospectus publicitaire (*orné de belles copies des chefs-d'œuvre*, l. 8 ; *aussi brillants que le carreau d'une cour hollandaise*, l. 28 ; *si nécessaire et si délicate… hommes expérimentés*, l. 33) ; et au rebours, condamnation sans appel des contrevenants à la loi (*qui osent*, l. 30 ; *un empoisonneur qu'il est*, l. 32).

### 2- Un idéal proche de la monomanie

Les habitants de France-Ville sont soumis à un contrôle sanitaire à la fois très rigoureux et inquiétant.
– Dès quatre ans, ils sont formés – conditionnés – de manière quasi militaire (l. 16).
– La valorisation morale de la propreté est clairement établie à la l. 19.
– Les termes *astreints* et *rigoureuse* ne laissent aucun doute sur les méthodes de cette éducation (l. 16, 18).
– Les villes polluent sans vergogne les campagnes, la valeur expressive des mots *miasmes, émanent* et *égouts* (l. 22, 24) en dit long sur la manière dont sont perçus les habitants de France-Ville.
– Les termes techniques (*traités, procédés*, l. 25), la répétition du verbe *nettoyer* (l. 21), les indices temporels (*sans cesse*, l. 21 ; *aussitôt*, l. 22 ; *quotidien*, l. 26) nous présentent une organisation politique dont l'unique souci est d'« éliminer » toute trace de « pollution », sans qu'on sache ce que le *gouvernement central* englobe dans ce mot. La norme sanitaire est implacable (*surveillance incessante, peines sévères*, l. 29 ; *police sanitaire*, l. 32 ; *juridiction*, l. 35), cautionnée « scientifiquement » et alliée aux techniques modernes (*spécialistes*, l. 34 ; *machines à vapeur, séchoirs artificiels, chambres désinfectantes*, l. 36-37).

Or, à aucun moment, n'est établie une relation entre propreté physique et propreté morale. On est donc en droit de s'interroger sur la finalité de cette éducation sanitaire, tant pour les enfants que pour les adultes. On se dirige ainsi vers les contre-utopies du XXe siècle et leur État totalitaire.

### 3- Vers les contre-utopies du XXe siècle

France-Ville n'est pas un lieu livré à la fantaisie. Son urbanisme, sous couvert de modernisme et d'hygiène, s'apparente davantage à un camp militaire qu'à une cité radieuse (voir la topographie et le découpage des rues et des avenues). C'est également une ville dessinée par des mathématiciens, sans courbes ni sinuosités, où les chiffres ont remplacé les noms de rues (l. 3-4), ce qui dénote un rapport pour le moins réduit au langage. Aucune surprise dans le tracé, les arbres et les jardins publics se répartissent selon des lois immuables qui semblent leur ôter tout caractère naturel.

Tout, d'ailleurs, paraît détourné de sa fonction : l'eau n'apparaît pas comme élément de vie puisqu'elle est associée au *bitume*, à *la pierre* et à un *carreau* hollandais (l. 27-28). Sous prétexte de sécurité alimentaire, on en revient à une forme de chasse aux sorcières au cours de laquelle le négociant peu scrupuleux est traité d'*empoisonneur* public. Le tri du linge, dans les blanchisseries, aboutit, si l'on se livre à une seconde lecture, à une séparation des familles (l. 38-39) qui ressemble davantage à un interdit de se rencontrer qu'à un véritable souci d'hygiène.

### Conclusion

Un modèle scientifique qui, par l'alibi hygiéniste, n'est pas loin de l'entreprise totalitaire. Dans des contre-utopies critiques, d'autres romanciers en approfondiront les méthodes et les objectifs.

## PISTES

■ **Pour une séquence : L'utopie** (▶ *supra*, p. 257).

■ **Exercice complémentaire : Écriture**

Dans quelle mesure peut-on reconnaître dans cette utopie romanesque du XIXe siècle des aspects de la réalité d'aujourd'hui ?

... L'utopie

## Aldous Huxley
## *Le Meilleur des mondes*

p. 332

## « Abolir l'amour de la nature »

## APPROCHES

■ **Axes d'étude :** La contre-utopie. Exagération et argumentation. Une lecture au second degré. L'ironie (p. 350). Le rôle de l'éducation dans la contre-utopie.

■ **Préalables :** Une œuvre traduite, donc des subtilités perdues, en particulier certains jeux de mots inhérents à une culture différente, même au sein de la culture occidentale. Un **roman prémonitoire** puisque notre époque est celle du clonage, de l'insémination artificielle et de la fécondation *in vitro*. Une **mise en garde contre les dangers** de la maîtrise scientifique absolue de la génétique au regard de l'éthique et du respect de la dignité humaine. Le titre, *Le Meilleur des mondes*, comporte la figure de style représentative de l'ironie, l'antiphrase.

## LIRE : Conditionnement et éducation

### 1- Les procédés d'une lecture critique

Le lecteur est alerté par :

• Un **lien logique** inquiétant : une subordonnée complétive dont chaque élément présuppose une exclusion : *bien qu'il comprît fort bien pourquoi on ne pouvait pas tolérer que des gens de caste inférieure gaspillassent le temps de la communauté avec des livres* (l. 1-3).

• Des **choix lexicaux** qui produisent un **effet de décalage** propice à une réflexion critique :
– le lexique des sciences sociales : « *déconditionner* », *réflexes* (l. 4) ; *psychologiquement* (l. 6) ; *conditionné*

(l. 11), *conditionnons* (l. 24, 26), qui suggère un travail et une main-mise sur le psychisme humain ;
– le lexique de l'économie : *gaspillassent* (l. 2) ; *haute politique économique* (l. 9-10) ; *consommer* (l. 14), *consommaient* (l. 15), *consommer du transport* (l. 20), *consommation du transport* (l. 22-23) ; *gratuits* (l. 18) ; *travail/usine* (l. 18) ; *raison économiquement mieux fondée* (l. 23) ; *articles manufacturés* (l. 28-29), qui suggère l'asservissement aux besoins de l'économie ;
– la dévalorisation des termes affectifs associés au lexique de la nature : *hurler à la vue d'une rose* (l. 9) ; *les paysages* […] *ont un défaut grave* (l. 17) ; *L'amour de la nature ne fournit du travail à nulle usine* (l. 18) ; *abolir l'amour de la nature* (l. 19-20) ; *campagne/horreur, détester la campagne* (l. 21-22, 25) ;
– certaines appellations particulièrement inquiétantes : *les gens de caste inférieure* (l. 2), les trois groupes représentés par des lettres issues de l'alphabet grec (l. 11), *les basses classes* (l. 19), *les masses* (l. 25).

Il n'est donc pas possible d'accepter une lecture au premier degré ; la question de l'étudiant (l. 1-7) et les propos du D.I.C. (dont le titre, à lui seul, résume la perversion) expriment et dénoncent les abus d'un régime totalitaire qui se fonde sur les principes éducatifs les plus cyniques et les plus destructeurs.

**2- Relation pédagogique et attitude de l'étudiant**

À cette démonstration, il convient d'ajouter le calme dont fait preuve le directeur et l'attitude, pour le moins enthousiaste, de l'étudiant. Tout se déroule en effet selon un parfait ballet pédagogique : l'étudiant pose des questions en levant la main (l. 1), ce qui signale son respect de l'institution et son intérêt pour l'enseignement qui lui est dispensé. Sa formation a déjà atteint un niveau suffisant pour qu'il comprenne les principes essentiels, mais certaines subtilités lui échappent encore (longue période de la l. 1 à 5). La réponse du D.I.C. est celle d'un parfait pédagogue, claire et patiente (l. 8), mais son contenu devrait susciter la rébellion intellectuelle de n'importe quel étudiant « non conditionné ». Or, bien au contraire, la réaction obtenue ici mêle modestie (placidité de la formule : *Je comprends*, l. 30) et adoration béate (*silencieux, éperdu d'admiration*, l. 30).

La relation pédagogique et l'attitude de l'étudiant participent explicitement de l'argumentation puisqu'elles dénoncent implicitement les ravages opérés dans un esprit encore jeune qui n'a déjà plus ni liberté, ni sens critique.

**3- Le pire des mondes**

À travers l'emploi de certains verbes se dessine une société :
– **intolérante** : *ne* […] *pas tolérer* (l. 2) ;
– qui **méprise les faibles** et leur interdit tout plaisir esthétique et toute culture désintéressée (*gaspillassent* […] *lussent*, l. 2-3) ;
– **mercantile** (*consommer*) ;
– **totalitaire** (*conditionner/déconditionner*) : se sert de certains de ses membres à des fins expérimentales et utilitaires ; l'un des modes d'apprentissage consiste en des *secousses électriques* (l. 29), utilisées d'ordinaire soit par des tortionnaires, soit par les aliénistes.

**Conclusion**

Une anticipation qui dénonce par l'ironie les risques de l'« eugénisme » : une aliénation programmée.

## *PERSPECTIVES* (p. 333)

**■ Orwell, *1984*.**

Les deux œuvres sont rédigées à presque vingt ans de distance. Cet écart conduit à une vision de plus en plus inquiétante des régimes politiques en place ou à venir. La seconde guerre mondiale a, pour sa part, contribué à accentuer le pessimisme de bien des romanciers. Il faut lui adjoindre la dictature stalinienne, parfaitement en place au moment où paraît *1984*.

**LIRE : Écriture et rébellion**

**1- Malaise et angoisse**

• Dès la première ligne, l'accent est mis sur le danger que représente la possession d'un livre ; le livre est donc un objet interdit et subversif. La façon dont il est perçu (*compromettant*, l. 3) justifie le **malaise** et l'**angoisse** de Winston (*Comme un criminel*, l. 1).
– Dans son univers, **le livre est en effet un objet rare**, comme tout ce qui se rattache à l'écriture (*Une plume était un article archaïque*, l. 10-11 ; *il n'avait pas l'habitude d'écrire à la main*, l. 16-17) ; peu connu (confusion entre le livre et le journal : *ce livre qui, même sans aucun texte*, l. 2).
– La **langue** est différente (exclusivement orale, rénovée dans un sens suspect) : *dicter au phonoscript* (l. 18) ; *un mot novlangue* : double-pensée (l. 37-38).
– La **société** est **contradictoire** : absence de lois mais lourdeur de la peine si l'on est surpris en train d'écrire (l. 5-8). L'infraction n'est pas fixée par la loi, mais par le châtiment.
– La **chronologie** est **indéterminée** (voir l'incapacité, dans laquelle se trouve Winston, d'être certain de la date, l. 26-27 ; même incertitude concernant sa date de naissance, l. 28-30).
• À ces informations s'ajoutent des procédés divers :
– Des modalisateurs et des commentaires du narrateur : ***même*** *sans aucun texte* (l. 2) ; *sans aucun doute* (l. 7) ; *furtivement et avec quelque difficulté* (l. 12-13) ; *par les temps qui couraient* (l. 30) ; la phrase entre parenthèses (l. 5-6).
– Le discours indirect libre (l. 33, 39-43). Il traduit les incertitudes de Winston (phrases interrogatives, l. 33, 39-40) et ses doutes concernant la réception des révélations qu'il s'apprête à faire (l. 40-43).
– Le retour au récit du dernier § et sa précision inquiétante : *une stridente musique militaire* (l. 46).

**2- Rédiger son journal : un crime**

Entreprendre la rédaction d'un journal correspond à un acte de rébellion psychique (*Faire un trait sur le papier était un acte décisif*, l. 22-23 ; le *tremblement* de Winston révèle autant sa peur que sa maladresse, l. 21-22) dans une société qui a supprimé, chez ses membres, jusqu'à la connaissance de la chronologie traditionnelle (l. 30-32). Le monde auquel appartient Winston est sans passé (les livres ont disparu ainsi que l'écriture, le télécran meuble

LITTÉRATURE ET ARGUMENTATION

le présent) ; l'avenir ne semble pas offrir le moindre espoir de changement (l. 40-41). Mais le crime consiste surtout à penser de façon personnelle comme le suggère la *stridente musique militaire* du télécran (l. 46). Dans la mesure, enfin, où le journal que se propose de rédiger Winston suppose une communication avec les hommes à venir, il ne peut qu'être considéré comme criminel.

**3- Stratégie argumentative**

Pour rendre son récit vraisemblable, Orwell fait alterner point de vue omniscient et point de vue interne. Ces glissements d'une focalisation à l'autre sont au service de l'argumentation : celle-ci **prend en compte les pensées de Winston**, face à un acte aussi naturel que celui de se préparer à écrire – du moins dans une société démocratique.

Le récit débute par l'énoncé du « crime » et de ses conséquences (peine de mort ou vingt-cinq ans de travaux forcés, l. 7-8), simplement juxtaposés, ce qui met en valeur le décalage absurde entre l'acte lui-même et les peines qu'il entraîne.

Il se poursuit avec des précisions matérielles qui suggèrent que le monde dans lequel vit le héros n'obéit plus aux mêmes règles que celui du lecteur (contradictions dans cette société, l. 5-8 ; bannissement de l'écriture, l. 10-12 ; ▶ questions **1** et **2**).

Le troisième § introduit le thème de l'incertitude temporelle : signe plutôt révélateur des sociétés technologiquement peu avancées, ce que vient infirmer le dernier § en mentionnant le *télécran*. L'avant-dernier § invite le lecteur à imaginer une société suffisamment évoluée pour avoir créé un nouveau langage (*un mot novlangue*, l. 37) et une nouvelle notion, la *double-pensée*. C'est de ce décalage entre éléments archaïques et futuristes que surgit l'argumentation : dans ce monde aseptisé, pourvu des inventions les plus modernes (le roman est publié en 1950), l'homme est privé de la plus élémentaire liberté de pensée et d'expression : le récit dénonce un régime totalitaire qui interdit le moindre signe d'individualité.

## ÉCRIRE

**I - Un univers hautement technologique**
– Une société exclusivement urbaine.
– Nouveaux objets, nouveau langage pour les nommer.
– La technique a remplacé la libre-pensée.

**II - Conditionnement et uniformisation**
– L'ancien monde a été désappris ou purement et simplement nié.
– Aucune possibilité ne reste de penser par soi-même ou de manifester un désir spontané.
– Le conditionnement est fondé sur la contrainte, voire des sévices.

**III - Dénoncer une réalité historique dangereuse**
– Le récit fonctionne à la manière d'une parabole.
– Il proclame le danger des régimes totalitaires.
– Il joue un rôle préventif : la contre-utopie anticipe mais ne se trompe pas.

## PISTES

■ **Pour une séquence : Contre-utopies et mode d'argumentation** (modèles et références ; aspects de l'implicite ; récit, description, discours : quelles visées ?) : J. Verne, *Les Cinq Cents Millions de la begum*, p. 331 ; Perec, *W ou le souvenir d'enfance*, p. 383.

■ **Exercices complémentaires**
• **Écriture :** Pourquoi l'amour de la nature vient-il contrecarrer les visées d'un régime totalitaire ?
• **Voir :** Que suggère le photogramme tiré du film *1984* ? Quelle relation pouvez-vous établir entre ce photogramme et le texte d'Orwell ?

■ **Lectures cursives :** George Orwell, *La Ferme des animaux* ; Ray Bradbury, *Fahrenheit 451* ; Isaac Asimov, *Les Cavernes d'acier* ; Ira Levin, *Un bonheur insoutenable.*

LE RÉCIT PHILOSOPHIQUE : CONTE ET ROMAN

## Cyrano de Bergerac
# *L'Autre Monde*

p. 334

### « Ces bêtes-hommes »

## APPROCHES

■ **Axes d'étude :** Roman et satire. L'implicite (p. 350). Le regard étranger. Excentricité de la narration et argumentation.

■ **Préalables :** Rappeler la notion de **préjugé**, de **parti-pris**, liés à une civilisation, à une tradition sociale. Définir l'**utopie** (d'un préfixe privatif grec, et du mot *topos* = lieu) : imagination d'un monde, d'une société différents des nôtres, et qui constitue soit un idéal, soit un contre-idéal (p. 328, 332). L'« autre monde » paraît au narrateur plus logique que le nôtre car plus proche de la nature (l. 17, 21), mais il n'est pas une société idéale. Si étrange soit-il, le monde de la Lune révèle les mêmes cruautés, le même regard subjectif, les mêmes préjugés que celui de la Terre.

■ **Vérifier** que sont compris : *un demi-quart de lieue*, l. 1 (= 500 m.) ; *je connus*, l. 5 (= je me rendis compte) ; *succès*, l. 41 (= issue).

## LIRE : De l'utopie à la satire

### 1- Désignation des protagonistes

Chacun des protagonistes, pour désigner l'autre, utilise un terme du **registre animalier,** *deux fort grands animaux* (l. 2) ; *Une de ces bêtes-hommes* (l. 10) ; le narrateur use également de comparaisons liées à la mythologie, *sirènes, faunes* et *satyres* (l. 7) qui induisent le mélange de l'humain et de la bête (rappeler que tout être hybride équivaut chez les Romains à ce qu'ils nomment « monstrum », l. 9). Quant aux *bêtes-hommes*, elles ne voient, dans leur visiteur, qu'une *femelle du petit animal de la reine* (l. 26) et une *bête rare* (l. 30), bonne à montrer pour en tirer quelque profit (l. 34).

De telles désignations (similaires de la part des protagonistes) révèlent une partie de l'argumentation. En effet, les critères de jugement qui définissent habituellement l'humanité et l'animalité (marcher sur deux ou quatre pieds, l. 13, 15-16) sont ici bafoués et obligent le narrateur à en utiliser de plus subtils (*la taille, la figure et le visage comme nous,* l. 6), démontrant ainsi que notre approche des êtres est désespérément subjective. C'est donc une leçon de modestie et de relativité que nous propose cette page.

### 2- Étude des § 3 et 5

Ces deux § ont un point commun puisque tous deux expriment le point de vue des *bêtes-hommes* sur l'être humain qu'ils viennent de découvrir et de capturer. En outre, ce point de vue est rapporté par le narrateur-personnage, ce qui implique une double vision subjective, dont l'alternance est visible dans le texte : *ils ne purent croire* (l. 16), *rêvant depuis sur ce sujet, j'ai songé que…* (l. 18-19). L'intérêt d'une telle démarche est évident : elle oblige le narrateur à une remise en cause immédiate sur les différents modes de pensée, sur l'erreur à laquelle conduit un jugement fondé sur le paraître (*Quand ce peuple me **vit** passer,* l. 14), et sur les conséquences malheureuses de cette erreur de jugement (l. 32-34). Il faudra attendre qu'un spectateur, plus perspicace que les autres, grâce à une observation *fort attentive*, s'adresse au narrateur en grec pour que soit reconnue son « humanité ».

La leçon équivaut donc à une mise en garde face aux jugements hâtifs qui conduisent immanquablement à l'erreur, surtout lorsqu'ils ont pour fondement l'apparence et non une réflexion approfondie.

### 3- La réflexion philosophique

La réflexion philosophique, amorcée par le narrateur (*au moins je le pensai ainsi*, l. 3 ; *Et, en effet, rêvant… j'ai songé… je me suis souvenu…*, l. 18-20), ramène le lecteur à la raison. Celle-ci nous rappelle que notre taille et notre certitude d'être les seuls représentants de l'espèce raisonnable sont relatives. Pour ce peuple de l'Autre Monde, nous sommes des animalcules (l. 14), tout juste bons à servir de divertissement de foire (l. 32-33). Au mieux, le narrateur peut envisager de servir à la reproduction en tant que *femelle*, ce qui démontre que nos certitudes et nos évidences sont décidément bien fragiles (l. 25-27, 30-31). Pour parachever la leçon, un modalisateur vient ajouter son piquant satirique à nos errements : *infailliblement* (l. 25) est suivi d'un exemple indubitable d'erreur. Soyons circonspects avant d'affubler d'un nom ou de classer dans une catégorie les êtres qui ne nous sont pas familiers.

### Conclusion

Une fiction séduisante par le dépaysement qu'elle procure, stimulante par la mise en cause des préjugés et par le regard neuf que suggère le miroir tendu au lecteur.

## PERSPECTIVES (p. 335)

### ■ Kafka, *La Métamorphose*.

La nouvelle allemande est fondée, depuis la définition qu'en a donnée Goethe, sur un « événement inouï » : le récit s'ouvre en effet sur l'incroyable métamorphose de Gregor Samsa en un cancrelat, et la narration s'élabore à travers son point de vue et celui d'un narrateur anonyme qui rapporte les réactions de plus en plus violentes des autres membres de la famille. Comme dans l'extrait précédent, le récit met en scène le rejet par le groupe de l'individu isolé et différent.

#### LIRE : Humanité et animalité

#### 1- Une mise à l'écart

- Gregor est d'abord désigné par la sœur à la l. 5 comme *une horrible bête*, puis, à la l. 7, par le pronom démonstratif neutre : *ça*, qui fait ainsi de lui une chose. Retour ensuite des pronoms de rappel, *lui* et *le*, l. 9, puis, l. 24, *en*, qui réfère de nouveau à un objet comme *cette chose-là* (l. 27) ; *ce supplice perpétuel* (l. 30-31) ; dans les dernières lignes, le père utilise *il* (l. 41, 44, 47), *lui* (l. 49) et la sœur revient à *il* (l. 50). Le narrateur, lui, maintient le prénom de *Gregor* (l. 23).
- Le récit oscille entre les pronoms personnels et les **expressions qui réifient Gregor** et ceux qui continuent à faire de lui un être humain, témoignant ainsi de **l'ambiguïté du personnage et des réactions qu'il suscite** : répulsion et haine, reste d'hésitation et culpabilité mal liquidée (► question **2**).
- Cette mise à l'écart de Gregor s'exprime aussi par le projet de l'éliminer (*nous débarrasser de ça*, l. 7 ; *nous en débarrasser*, l. 24 ; *te débarrasser de l'idée…*, l. 51-52), assorti des arguments de la mauvaise foi (tout a été tenté, la vie des parents est menacée, aucun échange n'est possible…) ; l'élimination est d'ailleurs signifiée par l'éloignement physique de Gregor, resté sur le seuil, par la discussion de la famille en sa présence même (*devant cette horrible bête*, l. 5 ; *il portait ses regards sur Gregor*, l. 22-23), par le contraste entre agitation des uns (gestes, crises de larmes, quintes de toux…) et immobilité de l'autre (l. 23) : objet de/au rebut, dans les mots et par les faits.

#### 2- Difficulté des rapports familiaux

Ils sont mis en scène avec une **ironie** implacable. Le récit est conduit d'un point de vue externe dont l'apparente neutralité met en évidence la monstruosité de la situation. La sœur essaie de se déculpabiliser en rappelant les multiples efforts qu'elle a déjà accomplis pour tenter de faire face à la métamorphose de son frère (l. 7-9). Mais c'est elle qui est désormais la plus acharnée à se *débarrasser* de Gregor (l. 24, 31, 50). Le père révèle son incompétence et sa veulerie en poussant sa fille à prendre la décision finale (l. 36-37). Ses mimiques (l. 45-46, *en fermant les yeux*, expression à prendre aussi bien au sens propre qu'au sens figuré), son incapacité à terminer sa phrase (l. 49) en disent long sur l'image du père (► p. 415) que Kafka offre à ses lecteurs. La mère, enfin, seule ou en duo avec sa fille, porte la comédie tragique à son paroxysme (*une expression hagarde dans les yeux*,

l. 14-16 ; *à force de tousser*, l. 26). Les larmes de Grete, tenant le front de sa mère (l. 17-18) et l'inondant de ses larmes (l. 32-33) entraînent le récit vers une parodie tragique dont la dérision rend superflue toute argumentation explicite. Comme dans tous les récits argumentatifs, il suffit de faire voir pour convaincre.

**DIRE**

**I- Une figure de l'altérité…**

– La figure animale = l'ennemi et le monstre : la rencontre du narrateur et des *animaux* géants de la Lune prend la forme d'une chasse brutale (*qui m'environnèrent*, l. 4-5 ; *huées si furieuses*, l. 8 ; *loups… brebis*, l. 10-12).

– La métamorphose de Gregor en *horrible bête* (l. 5) = l'étrangeté que peut prendre la présence de l'autre, quand il cesse de se conformer à la norme : une métaphore de l'aliénation (fait de devenir autre). Dans un cadre quotidien (cuisine, restes de dîner, travail), la perturbation fantastique fait d'autant plus scandale.

**II- …ou une image de soi ?**

– L'effet de miroir : le lexique animal renvoie à l'identité des êtres sous la diversité des apparences dans *L'Autre Monde* (▶ question **1**) ; mêmes réactions de crainte, de surprise et d'intolérance.

– À la monstruosité physique de la *bête*, fait écho la monstruosité morale de « l'homme » (*La Métamorphose*).

**III- Un révélateur**

– Le regard étranger de « l'animal » modifie la perception de soi : ▶ question **3** (*L'Autre Monde*). Le *je* du narrateur fait l'expérience cruelle d'un être humain traité comme un animal : il confronte ses opinions à celles des « bêtes-hommes », réfléchit, se trouve conduit à réviser ses préjugés : voix et point de vue narratifs permettent la réflexion relativiste.

– La métamorphose de Gregor en animal soude le groupe, dont elle éveille et déchaîne les instincts destructeurs. Le point de vue externe (▶ question **2**) met à nu, par le jeu des discours directs, des gestes, du dispositif scénique, les mécanismes de l'exclusion.

**IV – Une mise en question de « l'humain »**

Les deux textes font vaciller les certitudes sur le statut de l'humain : les frontières s'effacent entre animalité/humanité : ambiguïté des désignations (*bêtes-hommes*, ou homme *femelle* dans *L'Autre Monde* ; ▶ question **1** pour *La Métamorphose*) ; étrangeté des habitants de la Lune, mais cadre social et politique identique à celui des Terriens.

Un thème propre à susciter une réflexion sociale, morale et philosophique.

**PISTES**

■ **Pour une séquence : Le monstre en question** (images de l'autre ; récit et argumentation ; points de vue et interrogations) : J. L. Borges, *La Demeure d'Astérion*, p. 404 ; R. Matheson, *Journal d'un monstre*, p. 401.

■ **Exercice complémentaire : Voir**
Commentez le choix de l'illustration p. 335.

■ **Lectures cursives :** Swift, *Les Voyages de Gulliver*. Voltaire, *Micromégas*.



## Montesquieu
# *Lettres persanes*

p. 336

## « Le gouvernement le plus conforme à la raison »

**APPROCHES**

■ **Axes d'étude :** La critique du système judiciaire. Le roman épistolaire au service de l'argumentation (p. 406).

■ **Préalables :**
Rappel du **système judiciaire français** : usage, unanimement critiqué, de la torture (« question ») pour obtenir des aveux, nécessaires à la condamnation, pratique de la peine de mort (qui n'est généralement pas remise en cause par les Philosophes). La « sévérité » des peines est donc relative à chaque pays et à chaque époque. Rappel de l'influence de Montesquieu sur l'évolution du système judiciaire (comme au XIXe siècle Hugo, *Les Misérables*) à partir de la Révolution française, avec pour intermédiaire Beccaria (p. 77) qui s'inspire directement de lui.

■ **Vérifier** que sont compris : l'allusion à l'Angleterre (l. 24), pays de l'*habeas corpus* (1679) et considéré comme un modèle (voir les *Lettres anglaises* de Voltaire,1734) par les Philosophes ; *étranger*, l. 10 (= extérieur, imposé).

**LIRE : Justice et douceur**

**1- Types de gouvernement étudiés**

– Les *gouvernement*[s] *doux* (l. 8) et les *gouvernement*[s] *sévère*[s] (l. 9) dans leur plus ou moins grande conformité avec le gouvernement le plus *parfait*, c'est-à-dire *le plus conforme à la raison* (l. 4 à 7). Montesquieu ne se soucie pas, dans cette page, d'un type précis de gouvernement, défini par un système politique ; il s'attache, en revanche, à analyser les liens entre un gouvernement et ses pratiques judiciaires.

– Une première observation, d'ordre général, conduit Usbek à constater que le système judiciaire de tous les gouvernements est fondé sur une gradation des peines proportionnelles au crime commis (l. 14-16). Mais, à l'intérieur de cette évaluation, il remarque aussi qu'il existe une relation entre le degré de douceur ou de cruauté d'un État et son système pénal (l. 16-18). Si la gravité des peines évolue selon le type de gouvernement, il s'ensuit que le système judiciaire est relatif, donc susceptible d'être transformé, donc adouci dans les pays où il est particulièrement cruel.

**2- Jugement et arguments sur les lourdes peines**

L'efficacité d'un système pénal ne dépend pas de la lourdeur des peines, mais de sa conformité avec les ressorts de la psychologie humaine (*penchant* et *inclination*, l. 7), conditionnés par les *mœurs du pays où l'on est* (l. 16), et la nature de son gouvernement. C'est le **jugement** qui ressort du § 4.

Usbek développe ses **arguments** : ainsi les peines modérées des régimes modérés agissent tout autant que les peines sévères des régimes despotiques (l. 16-21). Les lois ne sont pas mieux respectées quand les peines sont lourdes (§ 6). Elles sont même l'occasion d'injustices et de cruautés (§ 7). Leur autorité est contestée : l'ordre public n'est pas assuré, les révolutions et l'anarchie sont favorisées (l. 27-39). Conclusion : plus les lois sont sévères, moins elles sont respectées, et plus elles suscitent le désordre. Les exemples personnellement observés par Usbek viennent étayer ses arguments. Son séjour en Europe lui a permis de « voir » bien des gouvernements. Il a tiré de ces observations la conclusion que les États d'Occident sont *doux* et ceux d'Asie plus rigoureux. Or, les premiers bénéficient d'une plus grande stabilité politique que les seconds : pour le lecteur attentif, une conclusion, implicite, s'impose : l'analyse est une dénonciation des pays despotiques ; l'autorité absolue débouche en fait sur l'anarchie.

**3- Observation personnelle et remarques générales**

Elles se manifestent à travers les marques d'énonciation et soulignent la rigueur de l'argumentation.

– **Observation personnelle** : *j'ai vu* (l. 1) ; *Il m'a semblé* (l. 5) ; *je ne vois pas* (l. 22) ; *Je remarque* (l. 27) ; *Je trouve* (l. 29) ; *Je vois* (l. 30), à la fois constat (expérience) et déduction, fondée sur une analyse.

– **Énoncés généraux** : *Si, dans un gouvernement*... (l. 8-10) ; *Compte* [...] *que dans un État*... (l. 11-21), qui correspondent en fait à des analyses d'Usbek, mais formulées comme des lois déduites de l'expérience.

– Passage insensible de l'un à l'autre aux l. 30-38, où la répétition du *que* (*je vois* étant sous-entendu) semble donner valeur générale à l'avis d'Usbek. Au dernier paragraphe (l. 40-44), l'exemple d'Osman, qui intervient sans transition, apparaît comme une confirmation du raisonnement par les faits.

Le texte est donc construit selon une dialectique entre les principes et les faits, le général et le particulier, qui se fondent et se corroborent mutuellement. Cette argumentation procède d'une logique rigoureuse, entre la théorie et l'observation. La critique raisonnée de la justice dans les régimes tyranniques aboutit à une réflexion générale sur le rapport entre le judiciaire et le politique.

**Conclusion**

Une logique rigoureuse, entre la théorie et l'observation. La critique raisonnée de la justice dans les régimes tyranniques conduit à une réflexion générale sur les rapports entre le judiciaire et le politique.

## ÉCRIRE

Faire réfléchir les élèves sur la relation entre extrême **sévérité des peines** et **respect des lois.** Usbek conclut de ses observations que, dans les pays où les peines sont les plus rigoureuses, la stabilité politique n'est pas mieux assurée puisque tous sont prêts à tout entreprendre dans l'espoir d'une amélioration, même minime, de leur sort. Ce constat vaut-il encore aujourd'hui ? Les liens qu'il établit entre les sanctions judiciaires et l'obéissance aux lois permettent-ils de conclure, comme Usbek, à la nécessité de la douceur ? Quelle vision de l'homme sous-tend un tel constat ?

**I- Un constat moderne : la cruauté ne sert à rien.**

– La perception de la rigueur des peines est relative aux mœurs du pays dans lequel elles s'appliquent.

– Plus le gouvernement est équitable, moins la rigueur des sanctions s'avère nécessaire. La sévérité est le signe même d'une impuissance à faire respecter la loi.

– La certitude de subir presque toujours un châtiment cruel pousse à des extrémités criminelles (*En Moscovie, où la peine des voleurs et celle des assassins sont les mêmes, on assassine toujours. Les morts, y dit-on, ne racontent rien. De l'esprit des lois*, VI, 16).

**II- La douceur est plus profitable.**

– Elle permet une économie de moyens.

– La modération est préférable à la tyrannie car elle s'appuie sur la raison.

– Elle assure la stabilité politique (il n'est pas nécessaire de renverser un gouvernement modéré).

**III- Une vision citoyenne et optimiste de l'homme.**

– Usbek n'envisage que le cas des rebellions collectives, motivées par un « grief ».

– Les crimes évoqués semblent surtout de nature politique.

– Le fondement sur lequel repose son gouvernement idéal est la raison.

Il paraît donc difficile de ne pas partager le point de vue d'Usbek, s'il s'agit de différends politiques. En revanche, le débat reste ouvert lorsque l'on se trouve face à un attentat, à un génocide ou à la torture. Il faudrait alors définir préalablement la notion même de « crime » et prendre position sur la capacité des grands criminels de s'amender, sujet éminemment actuel.

## *PERSPECTIVES* (p. 337)

### ■ Montesquieu, *Lettres persanes* (161).

**Expliquer :** *devant moi*, l. 8 (= dans la mort) ; *affaiblir*, l. 36-37 (= s'affaiblir) ; *Tu étais étonné de ne point trouver en moi les transports de l'amour* (l. 25) : allusion à la lettre 26 (*Français 2*[e], p. 74) qui évoquait les réticences de Roxane, attribuées par Usbek à la pudeur. La lettre est presque reprise terme à terme ici (*Que vous êtes heureuse, Roxane, d'être dans le doux pays de Perse* [...] *vous vivez dans mon sérail comme dans le séjour de l'innocence*...). Usbek, personnage de roman doté d'une véritable personnalité, évolue au fur et à mesure qu'il connaît mieux l'Europe. Par ses contradictions mêmes, il n'est pas un simple porte-parole de Montesquieu. *Les Lettres persanes* ne sont pas un roman « à thèse ».

**LIRE : Servitude et liberté**

**1- Le rapport entre roman et argumentation**

• Montesquieu associe dans cette lettre la **vengeance** préméditée de Roxane au **romanesque** le plus traditionnel : couleur orientale ; composantes de l'intrigue amoureuse (passion, jalousie, trahison) ; coup de théâtre de l'aveu d'outre-tombe.

Ces éléments, en forte rupture avec le ton et les attitudes des lettres d'Usbek, réintroduisent brutalement la dimension romanesque des *Lettres persanes* ; le lecteur imagine les conséquences de ce coup de théâtre sur

LITTÉRATURE ET ARGUMENTATION

Usbek et jette sur lui un regard nouveau : Usbek, jusque-là sujet de la réflexion en devient l'objet.

• Tous les ingrédients sont donc réunis pour remettre en cause les principes philosophiques affirmés par Usbek : il apparaît ici autoritaire, voire despotique, aveugle, égoïste (l. 2, 5-6, 12-14, 24), alors qu'on le voyait avide de s'instruire, soucieux de justice, de respect d'autrui, conscient du relativisme des opinions durant son périple en Europe. Or, les propos sont tenus ici par l'héroïne ; c'est à elle que revient le dernier mot du roman, c'est elle qui crie sa liberté, dénonce le sérail comme lieu d'oppression (l. 2-3) et affirme l'indépendance de l'esprit face à toute forme de servitude (l. 16-17). Cette dernière page tire ainsi sa force argumentative de la situation de Roxane, victime révoltée et tragique. L'excipit s'énonce en même temps que le poison la consume (l. 35-36). Montesquieu confère ainsi à cette lettre un triple pouvoir : elle signe l'achèvement de la haine et de la vie de Roxane et celui de la narration, tout en invitant le lecteur à reconsidérer l'attitude d'Usbek, le principal scripteur.

**2- Le jeu des marques de personne**

• Omniprésence du « je », répété 8 fois, renforcé par des déterminants possessifs (*mes*, l. 4 ; *mon*, l. 7) et repris par la forme accentuée *moi* (l. 8). Roxane s'affirme en **sujet libre** d'agir et de penser. Parallèlement, toutes les marques de seconde personne renvoient à Usbek qu'elles placent délibérément en position d'objet (*je **t'** ai trompé*, ***tes** eunuques*, ***ta** jalousie*, ***ton** affreux sérail*, l. 1-2).

• La vengeance de Roxane est ainsi rendue perceptible puisqu'elle retourne toutes les limites imposées par Usbek pour les réutiliser à son profit (l. 1-3, 7-8).

**3- Un registre nouveau**

• Montesquieu combine l'**ironie** et le registre **tragique**.

**– L'ironie :** à plusieurs reprises, Roxane renforce son expression par le vocabulaire et les oppositions : *délices et plaisirs* (l. 3), répondant à *affreux* ; *permets tout* / *affliger tous mes désirs* (l. 13) ; *adorer tes caprices* (l. 12) ; elle use également de l'antiphrase, *bien accompagnée* (l. 7), pour évoquer la mort ; elle présente cette tromperie et cet aveu sous un aspect positif, emploi ironique par excellence : *me rendre grâces encore* (l. 18) ; *l'avantage* (l. 28) ; *admirer mon courage* (l. 34). Voir la densité des parallélismes (l. 30-31) : *heureux* ; *trompée* ; *trompais*.

**– Le tragique :** l'omniprésence de la mort vécue « en direct » (l. 4-9, 34-37), choisie par l'héroïne et revendiquée comme une protestation dans ses imprécations ultimes (l. 1-2, 10, 13... la mort d'héroïnes comme Thisbé, ▶ p. 52, ou Camille dans *Horace*, IV, 5) renvoie au « tragique » dans tous les sens du terme ; la situation dans laquelle Roxane rédige cette lettre, après la mort de son amant et celle qu'elle a infligée à ses assassins, juste avant la sienne, est soulignée dans le défi et la grandeur : affirmation de la l. 1, *Oui, je t'ai trompé* ; violence du lexique, *affreux* (l. 2) ; *sacrilèges* (l. 8) ; *sacrifice* (l. 18) ; *violence de la haine* (l. 27); *accablé de douleurs* (l. 33) ; répétitions avec parfois une variation : *Je vais mourir* (l. 4) ; *Je meurs* (l. 6) ; *je me meurs* (l. 37).

• L'**ultime leçon** réside en une morale pragmatique : il ne sert à rien d'afficher de grands principes si on s'avère incapable d'en appliquer les fondements à l'échelle individuelle et personnelle. Le Persan philosophe est remis en cause : le sens de l'ouvrage reste ouvert. Les lois d'Usbek sont celles, particulières, qu'il impose à ses femmes ; celles de la nature (*j'ai réformé tes lois sur celles de la nature*, l. 15-16) sont des lois éternelles, universelles, qui garantissent la dignité et le droit à la liberté de chaque être humain. Roxane a appris d'Usbek ce grand principe des Lumières : chaque homme a le droit de réfléchir par lui-même et, par-delà l'inégalité des conditions, il existe un « droit naturel » que rien ne peut contredire.

**DIRE**

**I - Répondre au goût de l'époque**

On peut évoquer d'abord le contexte dans lequel se développe l'orientalisme des Lumières :

– L'Orient est à la mode. Traduction des *Mille et Une Nuits* de Galland (1704-1712) ⇒ un Orient romanesque, fabuleux, poétique et utopique. Montesquieu, à la suite de Racine, en imagine les noires intrigues (▶ p. 337). Voltaire s'amuse à en parodier le style (▶ p. 76, 338).

– On voyage beaucoup au XVIII^e^ siècle : l'Orient fascine ⇒ floraison de récits de voyage (expériences vécues ou récits imaginaires). Les récits de Chardin (voyages en Perse) font découvrir à leurs lecteurs la politique et l'économie du royaume perse. Herbelot de Molainville propose une découverte de l'islam, les jésuites missionnaires font connaître la Chine.

– L'idée que les voyages sont formateurs se répand. Les philosophes vont utiliser le dépaysement pour favoriser la confrontation des idées et entraîner leurs personnages sur la voie de la relativité des coutumes et des lois.

**II - Déjouer la censure**

– Découvrant la France ou l'Europe, les personnages peuvent feindre l'étonnement devant ce qu'ils voient pour la première fois (« Comment peut-on être persan ? », *Français 2^e^*, ▶ p. 75).

– Leur statut d'étranger exotique leur confère une innocence de bon aloi. Ils ne sont donc pas suspects de mauvaise foi : Usbek tire de son expérience de voyageur une comparaison instructive entre les monarchies occidentales et les empires d'Orient (leçon sur la modération du système pénal : l. 16-26, ▶ p. 336).

– Le caractère romanesque du roman épistolaire ou des contes le met à l'abri des reproches que l'on pourrait adresser à un ouvrage plus « sérieux » : drame du sérail dans les *Lettres persanes* (▶ p. 337), fantaisie et humour dans *Zadig* (▶ p. 338).

**III - Dénoncer tous les abus**

– Ridiculiser l'intolérance religieuse et les manifestations de l'obscurantisme : critique de la censure (*De l'horrible danger de la lecture*, ▶ p. 76) ; des querelles religieuses (*Zadig*, ▶ p. 338). Sous la fiction orientale, les travers de la société française. Au lecteur de déchiffrer les attaques sous les allusions (▶ p. 338).

– Condamner le despotisme et la tyrannie : l'Orient imaginaire des Européens leur est traditionnellement associé (*Lettres persanes*, ▶ p. 336, 337).

– Mettre en place une morale individuelle et collective fondée sur la raison, seule valeur universelle – par contraste avec les pratiques, réelles ou supposées, des Orientaux (▶ p. 336) –, ou sur la nature, invoquée par Roxane (l. 15-16, ▶ p. 337).

**Conclusion**

Paul Valéry, préface aux *Lettres persanes*, *Variété II*, 1930 : « Entrer chez les gens pour déconcerter leurs idées, leur faire la surprise d'être surpris de ce qu'ils font, de ce qu'ils pensent, et qu'ils n'ont jamais conçu différent, c'est, au moyen de l'ingénuité feinte ou réelle, donner à ressentir toute la relativité d'une civilisation, d'une confiance habituelle dans l'Ordre établi […] »

## PISTES

■ **Pour une séquence**

- **Littérature et justice** (▶ *supra*, p. 202).
- **L'argumentation dans le roman des Lumières,** (▶ *supra*, p. 259).
- **La revendication des femmes** (thèmes et enjeux, plaidoyers et réquisitoires, évolution) : Beaumarchais, *Le Mariage de Figaro*, p. 83 ; Laclos, *Les Liaisons dangereuses*, p. 420 ; Musset, *On ne badine pas avec l'amour*, p. 306.

■ **Exercice complémentaire : Oral**

Observez la disposition des paragraphes dans le texte de Montesquieu (p. 336), les liens logiques ou leur absence, les anaphores : quel art d'écrire s'exprime ici ?

■ **Lecture cursive :** Montesquieu, *L'Esprit des lois*, VI, 9-21.

▶ LE RÉCIT PHILOSOPHIQUE : CONTE ET ROMAN

**Voltaire**

## *Zadig* — p. 338

# « Les disputes et les audiences »

## APPROCHES

■ **Axes d'étude :** Le conte (p. 334). L'implicite (p. 350). La fiction orientale. Le pouvoir idéal. La satire (p. 172).

■ **Préalables :** Rappeler que Voltaire fait de ses **contes** une arme particulièrement redoutable, d'efficacité immédiate, mais qu'il n'y voyait pas l'essentiel de son œuvre. Dans quelle mesure une œuvre marquée par la fantaisie et l'ironie peut-elle être égale ou supérieure en dignité à une œuvre « sérieuse » ? Rappeler la situation du **protestantisme** en France au XVIIIe siècle.

■ **Vérifier** que sont compris : *sectes*, l. 9 (= partis religieux) ; *expédier*, l. 30 (= gérer, et non « traiter rapidement et sans soin »).

## LIRE : Dénoncer les ennemis de la Raison

### 1- Procédés et cibles de la dérision

- Voltaire ridiculise les querelles religieuses : **contraste** entre le sujet de cette querelle religieuse, purement formelle (l. 9-11) et son extension, évoquée emphatiquement : *grande querelle* (l. 8) ; *quinze-cents années, et qui partageait l'empire* (l. 8-9) ; *L'univers, toute la ville* (l. 13), et les passions ainsi déchaînées (*opiniâtres*, l. 9 ; *abomination*, l. 11). Même contraste aux l. 25-29 (*soutenaient, assuraient*), pour une question tout aussi futile, de pure forme. Dans les deux cas, disproportion de longueur entre les phrases évoquant la querelle et sa résolution, rapide, par Zadig.
- Critique du **comportement servile** des Babyloniens qui le respectent parce qu'il est vizir : leur unanimité est suspecte (l. 2-6), leurs raisons futiles (*fortuné*, au sens de « comblé par la chance », les femmes *le lorgnaient* à cause de son physique). Les courtisans, et plus généralement, toute l'humanité (*tout l'empire*, *les femmes*, *les citoyens*, *les savants*, *les prêtres*) tombent dans ces travers.
- Critique des **excès littéraires** :

– L. 18-22 : les reproches adressés à la concision et à la clarté du discours de Zadig font apparaître, en contrepoint, le goût perverti d'un langage fleuri : figures artificielles (*danser les montagnes et les collines*, l. 19), clichés vides de sens (*ni la mer s'enfuir…*, l. 20-21). L'ironie voltairienne se manifeste dans la formule *le bon style oriental* (l. 21-22).

– Voltaire, ardent admirateur du siècle de Louis XIV et auteur lui-même de tragédies, condamne les productions hybrides et admire son héros pour la pureté de son *goût*, qui va aux genres dramatiques « classiques » (l. 32).

### 2- Un orientalisme de fantaisie

- Seuls quelques noms propres transportent le lecteur en Orient. L'action se situe à Babylone (l. 8, 31) où l'on représente des comédies et des tragédies, comme dans n'importe quel théâtre européen (l. 32). Restent le nom du héros, l'allusion au temple de Mithra (esprit de la lumière divine dans la religion de l'ancien Iran, l. 10) dont nous ne saurons rien de plus que la façon d'y mettre le pied, le titre de Zadig, *premier vizir* (l. 24).
- Le reste participe de la dérision puisque l'archimage a pour nom l'anagramme d'un ennemi de Voltaire (l. 6) et que les mages blancs et les mages noirs (l. 25-26) font référence au surplis blanc des prêtres catholiques et à la robe noire des pasteurs protestants. Quant aux *griffons* (l. 6-7), ils n'existent tout simplement pas.

### 3- Les qualités d'un bon gouvernant

– Des qualités de décision rapide : le bon gouvernant va à l'essentiel, est capable de trancher (l. 14-15) ; il agit d'abord par l'exemple et explique ensuite (l. 15).

– Il se garde bien d'entretenir les querelles et les résout de la manière la plus diplomatique possible (l. 28-29).

– Il sait se montrer tolérant (l. 15-17, 29).

– Il combine souplesse et fermeté (l. 28-29).

– Il favorise les arts et se montre à la fois connaisseur et modeste. Il joue ainsi le rôle d'un mécène (l. 31-35).

En résumé, toute sa conduite est dictée par la Raison (l. 22, 23-24).

**Conclusion**

Raconter pour argumenter prend ici toute sa signification : séduisant par la légèreté du récit, inquiétant par les

LITTÉRATURE ET ARGUMENTATION

travers qu'il souligne, le conte est instructif par la réflexion qu'il inspire.

## PERSPECTIVES (p. 339)

■ **Jonathan Swift, *Les Voyages de Gulliver*.**

**LIRE : « Le grand débat dont furent faites grosses guerres.»**

**1- Registre satirique et parodie**

Cette page de Swift préfigure les contes de Voltaire, autant par le contenu de la dénonciation que par ses procédés. Sont dénoncés l'opiniâtreté de chaque « secte », son goût acharné de la dispute, qui va jusqu'au martyre et à la guerre civile. Mais le registre diffère et il faudra attendre *Candide* pour retrouver ces accents de **satire** et de **parodie** (► p. 340).

• **Satire** : un **monde caricatural** dont le narrateur souligne la folie ; on s'y livre *depuis trente-six lunes* une *guerre à mort* sur la façon de manger un œuf à la coque. Le registre satirique est également mis en valeur par le néologisme qui sert à définir l'une des deux « sectes », les Gros-Boutiens, et par la liste des errements que le choix impérial a suscités :

– publication d'un édit (l. 9) ;
– conséquences de l'édit : une guerre civile (*six révoltes*, l. 12 ; élimination de deux empereurs, l. 13-14 ; mort de onze mille hommes, l. 17-18 ; nombre d'exilés imprécis, l. 16-17 ; pertes militaires, l. 42-46) ;
– conséquences législatives : des centaines de publications sur le sujet (l. 21) ; des lois supplémentaires (l. 23-24) ;
– conséquences religieuses : un schisme (l. 28).

Swift, par le biais du narrateur, souligne la disproportion entre les causes et les conséquences. D'un côté un enfant qui s'entaille le doigt par maladresse, de l'autre un déferlement de **haine**, de **sectarisme** et d'**intolérance**.

• **Parodie :** le narrateur adopte le ton des chroniques historiques tout à la gloire des martyrs de la cause, et en ne faisant grâce d'aucune exagération (l. 17-18).

**2- La leçon du récit**

Gulliver se voit ici chargé d'une mission d'envergure puisqu'il s'agit d'arbitrer une guerre meurtrière dont l'origine et la durée sont liées au mode d'ouverture d'un œuf à la coque. Swift invite le lecteur à se rappeler que le sectarisme et l'intolérance reposent sur des faits minimes mais qu'ils ont des conséquences cruelles. L'Angleterre, comme la France, a connu des guerres de religion sanglantes, menées au nom de Dieu. Or, ainsi que le montrera Voltaire dans *Zadig*, le gouvernant, s'il est digne de ce nom, les empêche de se déclarer. Dans le cas présent, deux empereurs ont pris parti et sont morts. Bien pire, l'origine de la guerre incombe à un édit impérial, aussi stupide que menaçant (l. 9-10) : cet empereur, contrairement à Zadig, n'était pas dans « le bon chemin ».

**ÉCRIRE**

On étudiera les textes en parallèle et on observera :

**I - Les similitudes du contenu**

– Dénonciation des manquements à la Raison : querelles religieuses ; sectarisme et intolérance.
– Réflexion sur le rôle du pouvoir politique.

**II - Les similitudes des procédés d'argumentation**

– Utilisation d'un registre plaisant.
– Emploi de l'ironie, fondée sur le décalage entre les faits et leurs effets.
– Transposition dans un univers de fantaisie de réalités contemporaines.

**III - Choix personnel**

Comparé au texte de Swift, celui de Voltaire paraît léger – il ne consacre que quelques lignes à chaque querelle, et celles-ci, toutes futiles qu'elles sont, sont moins triviales que le prétexte choisi par Swift. En outrant les effets jusqu'à la caricature, celui-ci dénonce efficacement les ravages du fanatisme.

Mais Voltaire, en évoquant de sottes querelles, en montrant les sages solutions du ministre et l'attitude flagorneuse de tout un peuple, n'est pas moins convaincant : ridiculisation du dogmatisme, leçon de tolérance, scepticisme sur les motivations d'un peuple à s'engager sur la voie de la raison, la portée argumentative se révèle plus complexe.

## PISTES

■ **Pour une séquence : L'argumentation dans le roman des Lumières** (► *supra*, p. 259).

■ **Lectures cursives :** Voltaire, *La Princesse de Babylone* ; *Le Taureau blanc*.

■ **Bibliographie :** R. Pomeau, *Voltaire en son temps*, éd. Fayard, 1995.

► LE RÉCIT PHILOSOPHIQUE : CONTE ET ROMAN

## Voltaire
## *Candide* (p. 340)

### Comment on fit un bel auto-da-fé pour empêcher les tremblements de terre, et comment Candide fut fessé.

## APPROCHES

■ **Axes d'étude :** La satire de la religion. L'intolérance et l'ironie (p. 350). Force du récit dans l'argumentation.

■ **Préalables :**

Rappeler les origines de l'**Inquisition** et son influence sur l'ensemble de l'Europe. Signaler que l'autodafé est encore pratiqué sous un autre nom par les régimes totalitaires, lorsque sont brûlés des livres condamnés par la censure, ainsi sous le régime nazi.

Pour *L'Esprit des lois* (p. 262), paru en 1748 sans nom d'auteur, rappeler qu'il fut interdit en France, attaqué par les jésuites et les jansénistes et mis à l'Index en 1751. Les livres XIV à XXVI traitent des rapports des lois avec le climat et le terrain, les mœurs, le commerce, la monnaie, la démographie, la religion. Montesquieu s'inscrit, grâce à ce discours, dans la condamnation de l'intolérance telle qu'elle apparaissait déjà dans les *Lettres persanes* (Lettres 29 et 46).

■ **Vérifier** que sont compris : *mitre*, l. 12, 13 (ici = bonnet pointu, signe d'infamie) ; *deux Portugais qui...*, l. 7-8 (allusion aux juifs convertis revenus au judaïsme, et persécutés comme apostats par l'Inquisition).

## LIRE : Concision et force argumentative

### 1- L'ironie

Elle dénonce l'absurdité d'un raisonnement par des effets de décalage : d'un côté le sérieux apparent de la décision de l'université, un complément de temps (*Après le tremblement de terre*, l. 1), une finalité (*pour prévenir une ruine totale*, l. 2-3), une méthode (*trouvé un moyen*, l. 2), un sujet-agent raisonnable (*les sages du pays*, l. 2). De l'autre, une suite de contradictions et d'absurdités : *donner au peuple un bel auto-da-fé* (l. 3), c'est-à-dire un beau supplice (perspective esthétique !) ; la relation logique entre la décision (acte rationnel, l. 3) et son résultat (*le spectacle* [...] *pour empêcher la terre de trembler*, l. 4-5) relève de l'aberration alors qu'elle se pare d'infaillibilité et de solennité (*en grande cérémonie* ; *secret infaillible*, l. 5). Un indice a préparé le renversement, la tournure négative (*n'avaient pas trouvé un moyen plus efficace*, l. 2), à partir de laquelle tout se gâte.

### 2- La dernière phrase

Conséquence inévitable de ce qui précède, elle démontre sans commentaire l'absolue ineptie du raisonnement des *sages*. Placée immédiatement après le récit parodique de l'auto-da-fé, sa force argumentative est sans réplique.

### 3 - Les différentes dénonciations

Le récit voltairien dénonce les multiples crimes contre la tolérance ; le second § épingle la futilité des interdits religieux et l'arbitraire des chefs d'inculpation : chez les catholiques, avoir enfreint l'interdiction faite au parrain et à la marraine de se marier entre eux (l. 6-7) ; chez les juifs, avoir respecté un interdit alimentaire (l. 7-8). Il dénonce aussi l'absence de toute liberté de pensée et d'expression (*pour avoir parlé / pour avoir écouté*, l. 9). Le système judiciaire n'est pas épargné : Candide et Pangloss n'auront même pas droit à un simulacre de procès (Voltaire juxtapose l'enchaînement des faits : *on vint lier* [...] *tous deux furent menés* [...] *huit jours après ils furent tous deux revêtus*, l. 8-12). L'Inquisition apparaît sous son jour le plus noir, tribunal exclusivement attaché à la torture qui condamne à mort (bûcher et pendaison, l. 19) sans la moindre procédure juridique.

### Conclusion

Un chapitre concis mais d'une densité extrême : puissance argumentative d'un récit fondé exclusivement sur l'ironie, la parodie et la dérision.

## ÉCRIRE

**De l'ironique au pathétique :** on fera réfléchir les élèves aux éléments de transposition : modification du point de vue, qui peut être intérieur aux victimes, appartenir à un narrateur indigné, ému, compatissant... ; remplacement des antiphrases (termes esthétiques notamment, l. 3-5, 16-17 ; périphrase, l. 10-11) par un vocabulaire affectif ; détails sinistres de la cérémonie, mention des souffrances des condamnés, éventuellement réactions de la foule...

L'exercice vise à faire comprendre que la force du conte nécessite l'ironie comme arme pour convaincre et persuader. Le pathétique peut certes aboutir à un effet similaire mais, étant donné qu'il se fonde sur l'émotion, son effet risque de disparaître en même temps qu'elle. L'ironie s'adresse à l'intellect et, en ce sens, bénéficie d'un pouvoir qui n'est pas limité dans le temps. Enfin le rire ou le sourire ont toujours été des armes beaucoup plus efficaces que les larmes, et l'on se relève mal d'avoir été ridiculisé.

## PERSPECTIVES (p. 341)

■ **Montesquieu, *L'Esprit des lois* (XXV, 13).**

### LIRE : Judaïsme et tolérance

### 1- Valeur argumentative des pronoms et des répétitions

La fréquence des **pronoms** de la première et de la seconde personne du pluriel, tantôt sujets, tantôt objets (l. 1-7), ainsi que les répétitions (*croyons/croyez*, l. 1-3 ; *pensons/pensez*, l. 5-6 ; *l'aime/ne l'aime plus*, l. 5-6 ; *aime/a aimé*, l. 9), rapprochent les deux adversaires et suggèrent explicitement qu'ils appartiennent à la même religion. Or, dès les premiers mots, les deux pronoms sont reliés à l'expression « faire mourir », qui souligne la cruauté du sujet sur l'objet.

Les **répétitions** prennent le relais et dénoncent implicitement l'absurdité d'une religion capable de faire mourir des êtres qui adorent le même Dieu. Les deux procédés (jeu des pronoms et répétitions) comportent par conséquent une vraie valeur argumentative puisqu'ils amènent le lecteur à poursuivre sa réflexion et à prendre l'Inquisition en flagrant délit de crime contre la Raison.

### 2- Rôle des subordonnées hypothétiques (l. 38-62)

Remarquer d'abord que toutes, sauf une (irréel du présent, l. 40-43), sont au présent (éventuel) ; elles considèrent donc le fait exprimé dans la principale comme certain si la condition de la subordonnée est remplie. *Mais si vous ne voulez pas être chrétiens, soyez au moins des hommes* (l. 38-39) : l'impératif modifie l'hypothèse, elle devient simple restriction dont on peut omettre le contenu, il ne reste plus alors que le conseil pressant de se comporter humainement sous peine de perdre sa qualité d'humain. *Si donc vous ne revenez pas de vos anciens préjugés* [...] *vous êtes incorrigibles* [...] (l. 49-53) : même condamnation dans la principale, le présent de l'hypothétique accentuant l'urgence du changement. *Si quelqu'un dans la postérité ose* [...] *dire* [...] *on vous citera*... (l. 57-60) : l'essentiel se trouve dans la principale dont le futur présente l'action comme certaine (vous passerez pour des barbares).

L'auteur juif reproche successivement aux chrétiens leur **inhumanité**, liée selon lui à leur peu de sens religieux (ce qui est un comble, sachant que le discours s'adresse à des membres de l'Inquisition), et leur **intolérance** issue de *préjugés* (l. 50) inacceptables au siècle des Lumières (le mot est employé au singulier, l. 44, 53) et des sciences (l'instruction garantit en principe le progrès de la raison, l. 53). Le principal reproche est contenu dans la longue période qui ouvre le § 7 (l. 44 à 49) et qui réaffirme l'importance de la philosophie et des droits et des devoirs des hommes les uns envers les autres.

## PISTES

**■ Pour une séquence**

• **Armes de l'argumentation** (l'absurde et l'ironie au service de la critique) : Pascal, *Les Provinciales*, p. 286 ; Voltaire, *De l'horrible danger de la lecture*, p. 76 ; *Zadig*, p. 338 ; *Essai sur les mœurs*, p. 346 ; Les Dossiers du *Canard enchaîné*, p. 289.

• **Variété de l'essai** (le polémique et les procédés de l'invective ; la démonstration, entre raison et passion ; les formes du discours) : Démosthène, *Troisième Philippique*, p. 284 ; Cicéron, *Contre Catilina*, p. 285 ; Montesquieu, *L'Esprit des lois*, p. 262-263 ; Voltaire, *Traité sur la tolérance*, p. 264 ; D'Aubigné, *Lettres touchant quelques points…*, p. 265).

**■ Exercices complémentaires : Oral**

1- Recherchez dans les chapitres 1, 4, 16 et 30 de *Candide* les cas où Voltaire utilise l'absurdité du raisonnement chez ceux qu'il veut dénoncer. Quelles cibles sont visées ?

2- Quels autres procédés rhétoriques apparaissent dans la *Très humble remontrance* ?

**■ Lectures cursives :** Voltaire, *Histoire des voyages de Scarmentado* ; *Candide*.

► LE RÉCIT PHILOSOPHIQUE : CONTE ET ROMAN

## Marcel Aymé

# *Le Vin de Paris* 

p. 342

### « La glorieuse auréole »

## APPROCHES

**■ Axes d'étude :** L'humour (p. 518-519). La parodie d'un certain discours sur la religion. La parabole. L'apologue.

**■ Préalables :** Montrer qu'une parabole, mode privilégié d'enseignement dans les Évangiles, peut tourner en dérision une certaine conception théologique de l'homme et de ses rapports avec Dieu et le Mal. Définir la portée argumentative d'un **récit iconoclaste**. Lire le début du conte : M. Aymé se livre à des fantaisies impertinentes en couronnant la tête de son personnage d'une *rondelle* qui n'est pas du goût de l'épouse : comment se débarrasser d'un *don* aussi encombrant ?

**■ Vérifier** la compréhension de : *grâce* (= aide que Dieu dispense au pécheur pour qu'il obtienne son salut) ; *place Pigalle, boulevard de Clichy* (= mauvais lieux traditionnels de la topographie parisienne).

## LIRE : Dieu et le Mal

### 1- Le ton de Marcel Aymé

La *grâce* dont il est question et l'usage qu'en fait M. Duperrier sont pour le moins inattendus ; ils sont abordés sur un mode comique et primesautier dont la jeune bonne fait les frais : l'emploi de *créature* renseigne immédiatement le lecteur sur les activités de Marie-Jannick ; l'allusion à Maurice Fombeure, poète de chansons populaires, prend des allures de canular. Pour le *conseiller municipal socialiste et athée*, la double épithète est particulièrement savoureuse si on la rapproche des conséquences qu'elle a eues sur la jeune fille en la précipitant sur le trottoir parisien ; la proposition participiale, à valeur causale, informe le lecteur du caractère imprévisible des voies de l'amour de Dieu : *N'ayant pu supporter de servir des gens sans Dieu* (l. 10). L'adverbe *courageusement* transforme la prostitution en vertu, et entre en contradiction avec le complément de lieu qui nous conduit tout droit à Pigalle (voir aussi le rapprochement malicieux de la *place Pigalle* et de la *rue des Martyrs*, l. 18-19…). Les comparaisons avec des saints bretons renommés achèvent la parodie quand on se rappelle que M. Duperrier a déjà tout essayé hormis la luxure.

### 2- Ce que devient M. Duperrier

Le 2e § reprend le récit là où l'avait abandonné l'analepse, l'inscrit dans le présent de l'énonciation (*Aujourd'hui*) et l'infléchit vers le pathétique ; la date, la situation tragique de la France et l'allusion historique (le *blaquaoute* auquel son orthographe francisée ôte tout caractère de gravité, l. 18), les lieux (*rue des Martyrs*, l. 19), le *rond de lumière* (l. 20) créent une atmosphère de gravité apparente. Mais le lecteur est bientôt détrompé par le portrait qui lui est brossé de M. Duperrier : M. Aymé accumule les indices, l. 21-28 : noblesse du ton (*le front ceint de la glorieuse auréole*, l. 21), mais rappel de ses fautes (*chargé du poids des sept péchés capitaux*, l. 23), de sa bassesse (*toute honte bue*, l. 24), de ses ignobles activités de « maquereau » (*surveille le labeur* […] *prix d'une étreinte*, l. 24-27), qui prouvent que Duperrier a enfin atteint le péché qui lui manquait, la luxure. Or, l'auréole continue de briller au-dessus de sa tête. La démonstration voulait que l'auteur gardât pour la fin ce péché, qui, ultime dépravation, fait de M. Duperrier un exploiteur du genre humain : le scandale est d'autant plus condamnable que la victime est jeune, naïve et profondément croyante.

### 3- « La Grâce »

Il n'y a donc rien à faire pour échapper à la Grâce divine, pas même le Mal : *des profondeurs de sa déchéance et de son abjection* (l. 28-29), Duperrier a beau « murmurer » – parodie du *De profundis clamavi*, rien n'y fait. Dieu est encore plus têtu que ses créatures. L'auteur plaisante ainsi une conception de la grâce (▶ p. 286), qui peut rappeler la maxime augustinienne : « Cette grâce n'est point rendue à quelque mérite que nous ayons, mais elle nous est donnée par une volonté gratuite de Dieu, parce qu'il n'y a dans nous avant elle aucun mérite véritable. » Mais si le Mal est si peu frappé d'un châtiment divin, pourquoi s'échiner à faire le Bien ? Par un renversement malicieux, la grâce, qui doit pousser au bien, se révèle ici un pousse-au-crime...

**Conclusion**

Dans la lignée du conte voltairien, un récit caustique qui s'inspire d'un vieux débat théologique pour plaisanter un point de doctrine religieuse.

## PISTES

■ **Pour une séquence : Humour et récit philosophique** (formes, fonctions) : Voltaire, *Zadig*, p. 338 ; Swift, *Les Voyages de Gulliver*, p. 339 ; Calvino, *Le Vicomte pourfendu*, p. 343.

■ **Exercice complémentaire : Voir**
Dégager en un paragraphe la signification implicite du dessin de Piem (p. 342).

■ **Lectures cursives :** Marcel Aymé, *Le Vin de Paris* ; *Le Passe Muraille*.

▶ LE RÉCIT PHILOSOPHIQUE : CONTE ET ROMAN

**Calvino**

# *Le Vicomte pourfendu* (p. 343)

### « La bonne est pire que la mauvaise »

## APPROCHES

■ **Axes d'étude :** Récit et dénonciation des excès. Le narrateur et ses commentaires.

■ **Préalables :** *Nos Ancêtres* reprend la tradition du roman philosophique et lui ajoute une dimension fantastique en imaginant, pour ***Le Vicomte pourfendu***, un homme à l'étrange destinée, version nouvelle de *Docteur Jekyll et Mister Hyde*. La réflexion métaphysique emprunte les voies du récit pour dénoncer les conduites intégristes, qu'il s'agisse de religion, de morale ou de politique.

## LIRE : L'intention et l'effet

**1- Comportements religieux, moraux, politiques**

La page met en scène les comportements intransigeants des apôtres du Bien, leur volonté obsessionnelle de convertir tous ceux qu'ils rencontrent, ce qui revient à dénoncer l'intolérance et le sectarisme. La *bonne* moitié du Vicomte s'en prend aux libertés sexuelles des lépreux (*personne ne pouvait faire son bon plaisir*, l. 15 : rappeler que les œuvres médiévales insistent sur l'appétit sexuel des lépreux), condamne la musique (*futile, lascive, sans un bon sentiment...*, l. 17-18) et organise des séances punitives publiques (*sans être réprimandé en public*, l. 15-16). Emporté par son zèle moralisateur, le « bon » Vicomte surveille les affaires des huguenots et les conduit à la ruine, au nom du principe de pauvreté érigé en vertu (l. 29-31). La révocation de l'édit de Nantes fera perdre à la France ses hommes d'affaires entreprenants au profit de l'Angleterre et des Pays-Bas.

Les effets de ce sectarisme ne se font pas attendre. Les lépreux perdent la joie de vivre, les huguenots se prennent à haïr la religion qui produit de tels apôtres, la population se trouve démoralisée et abêtie (*incolores et obtus*, l. 33) et tous en viennent à détester le Bien.

**2- La visée argumentative du texte**

Elle se perçoit à travers les marques de la présence du narrateur, c'est-à-dire de l'énonciation (en particulier ce qui modalise le discours) :

– **les adverbes** : *minutieusement* (l. 2) ; *pas seulement... mais aussi* (l. 9-10) ; *constamment* (l. 11) ; *pas seulement* (l. 24) ; *Heureusement* (l. 26) ;

– **le vocabulaire** : lexique religieux (*corps/âme*, l. 10 ; *faire la morale*, l. 11 ; *prêcher*, l. 12 ; *bonne/mauvaise*, l. 22 ; *le Bon*, l. 24 ; *sermonner*, l. 30 ; *vertu/perversité*, l. 33-34) ; lexique moral (*se scandaliser*, l. 12 ; *licencieux*, l. 13 ; *sentences*, l. 14-15 ; *plaisir*, l. 15 ; *futile, lascive*, l. 17 ; *respect*, l. 29) ; lexique péjoratif et familier : *fourrer le nez* (l. 11), *le souffrir* (l. 12), *gringalet* (l. 13) ;

– **les oppositions** : le narrateur, neveu du Vicomte, construit le récit sur les contradictions entre les buts du Vicomte et les effets pervers de son sectarisme : *s'informant minutieusement // ne leur laissant pas de trêve* (l. 2-3) ; *Les lépreux... de leurs ripailles // les pleurs et le désespoir* (l. 19-21) ;

– **la conclusion** tire explicitement la morale (l. 32-34).

On relèvera aussi les propos que le narrateur rapporte au discours direct (la voix populaire). Ils signalent en vigoureuses formules les effets désastreux de la censure du *Bon* (l. 22-23, 26-27).

**3- Les leçons**

Le texte invite à tirer une leçon de modération. Le bien doit être à la mesure de l'homme, sous peine d'être aussi destructeur que le mal. La nature humaine ne supporte pas les extrêmes, soit de la *vertu*, soit de la *perversité*. Médard apporte aux lépreux plus de tourments que de soulagement. Il les empêche d'oublier leur maladie et les condamne à vivre dans la souffrance permanente de leur exclusion, sans leur accorder le moindre divertissement (au sens pascalien du terme). Quant aux huguenots, réputés pour leur capacité à faire fructifier par le travail ce qui leur a été confié, Médard leur ôte le fruit de leurs efforts et les réduit à l'indigence. On ne peut donc forcer la « nature humaine » à l'absolu, toute forme de dressage ou de coercition ne pouvant d'ailleurs que la perdre.

À rapprocher de la fin du récit, où se trouvent réunies les deux moitiés de Médard qui « redevint un homme entier, ni méchant, ni bon, mélangé de bonté et de méchanceté. »

**Conclusion**

Un roman dans le goût du XVIIIe siècle, qui met le plaisir de la fantaisie narrative au service d'une mise en garde contre les arrogances de la vertu.

**PISTES**

■ **Pour une séquence : Humour et récit philosophique** (▶ *supra*, p. 271).

■ **Exercice complémentaire : Écriture**

Imaginez les propos que les lépreux pourraient tenir contre Médard.

■ **Lectures cursives :** Voltaire, *Le Monde comme il va* ; *Memnon ou la sagesse humaine.* I. Calvino, *Le Vicomte pourfendu*, *Le Baron perché*, *Le Chevalier inexistant.*

## LE RÉCIT HISTORIQUE

**Saint-Simon**

## *Mémoires*

p. 344

### « L'esprit du roi »

**APPROCHES**

■ **Axes d'étude :** Louis XIV et le mythe du Roi-Soleil. L'implicite (p. 350). L'art du récit. Les discours rapportés.

■ **Préalables :**

Les ***Mémoires*** révèlent autant sur les milieux de la cour que sur l'idéologie de leur auteur (Avant-propos, p. 345). Ils suivent la chronologie dans une vaste fresque qui relate la vie de la cour entre 1691 et 1723. Les récits alternent avec les portraits (p. 345) et les descriptions. Le regard est sans indulgence, surtout lorsque Saint-Simon évoque le vieux Roi-Soleil qu'il rend responsable de la décadence du régime.

Rappeler la haine de Saint-Simon à l'égard de **Mme de Maintenon**, épouse morganatique de Louis XIV, protectrice des bâtards, qu'il juge indigne du roi, hypocrite et sans scrupules, alors qu'elle règne sur la cour ; le **discrédit moral du jeu**, pourtant pratiqué dans tous les salons.

■ **Vérifier** la compréhension de : *qui presque jamais n'allait nulle part*, texte 1, l. 11, p. 345 ( = qui n'avait pas de vie mondaine).

**LIRE : Mythe et réalité**

**1- La dégradation des qualités du roi**

Saint-Simon démontre, après avoir rappelé les qualités naturelles du roi, l'effet pervers et destructeur de son entourage sur son tempérament. Le mal n'était pas en lui (l. 4-5) mais *vint d'ailleurs* (l. 5). Première responsable, une **éducation négligée** (l. 5-6), la solitude et l'abandon au péril de sa vie (*il faillit un jour se noyer*, l. 7-8). La **flatterie** est ensuite dénoncée (termes forts : *le gâtèrent*, l. 11 ; deux superlatifs, *les plus grossières*, *les plus basses*, l. 12-13 ; deux constructions ternaires, *La souplesse, la bassesse, l'air admirant, dépendant, rampant*, l. 14-15). Enfin, présentée comme une conséquence (*De là*, l. 17, 18, 22), la **vanité** qui fit de lui un excellent cavalier de revue plus qu'un grand stratège.

**2- Les différentes étapes de l'argumentation**

L'analyse se déroule en trois temps : **un temps de concession** où Saint-Simon reconnaît les qualités du roi (énumérations fondées sur des rythmes binaires et ternaires : *gloire, ordre, règle* ; *sage, modéré, secret* ; *maître de ses mouvements et de sa langue* ; *bon et juste* ; *un bon roi et… un assez grand roi*, l. 1-5), mais les tempère dès les premiers mots (*au-dessous du médiocre*, l. 1). Le deuxième membre de la phrase, *capable de se former*, permet d'aborder l'étape suivante, l'**influence perverse des autres** (l. 5-16) : de la famille d'abord (l. 5-6, et un exemple, l. 7-9), puis de la cour (*ministres, généraux, maîtresses, courtisans*, l. 9). La transition vers le troisième mouvement est assurée par le thème de la flatterie (l. 11-16). La dernière étape souligne les **conséquences des louanges** excessives sur le tempérament du roi (l. 17-31), tantôt acceptables (*désir de gloire*, l. 17), tantôt négatives pour le royaume (renvoi de Colbert, maintien de Louvois), tantôt moralement condamnables (narcissisme, suffisance, l. 26-27 ; termes dévalorisants : *à bon marché, étaler*).

**3- La destruction du mythe**

Elle procède de la combinaison du **récit** et des **marques de l'énonciation**. Le récit autorise l'**anecdote** (rapportée au discours indirect : le roi en est le garant, l. 7-9), la pluralité *des points de vue* (du narrateur ; des ennemis du roi, l. 23 ; de toute la cour, l. 9-10) et brosse un portrait apparemment objectif mais dont chaque détail attaque le mythe au vitriol de la critique.

S'agissant de mémoires, le **narrateur-énonciateur** se manifeste à tout instant pour souligner les contradictions (*mais*, l. 1 ; juxtaposition de la série d'éloges et de la brève indépendante qui renforce l'opposition, l. 2-5 ; rapprochement de deux termes antithétiques, *maître/faible*, l. 10) ; la page oscille entre grandeur et petitesse, en un dosage subtil (*gloire, grand, maître, bravoure, force, capacité, prévoyance, vigilance // au-dessous de, tombé, faible, bassesse, néant, bon marché*). Les deux champs lexicaux, par leur contraste, mêlant éloge et blâme, assurent l'efficacité de l'argumentation. Les modalisateurs et les marques d'évaluation sont multiples (*assez, peut-être même*, l. 4 ; ***Tout*** *le mal*, l. 5 ; ***tellement*** *abandonnée*, l. 5-6 ; *plutôt que*, l. 10 ; *à tel point que*, l. 12 ; ***Ce n'était que***,

l. 13 ; *plus que tout, uniques*, l. 15-16 ; *admirablement, merveilleusement* l. 27), ils accentuent les critiques ou les nuancent.

**Conclusion**

Un portrait en demi-teinte d'autant plus féroce qu'il paraît plus objectif. Saint-Simon révèle ainsi sa profondeur de moraliste lucide et règle ses comptes avec la cour.

## PERSPECTIVES (p. 345)

■ **Saint-Simon, *Mémoires*.**

1 **La princesse d'Harcourt**

2 **« Avant-propos »**

**LIRE : Vérité, mensonge : le rôle de l'histoire**

**1- Temps verbaux et discours rapportés (texte 1)**

L'anecdote emploie alternativement le passé et le présent, qui confère au récit une grande vivacité. Le présent joint au discours direct fait de la narration une scène de comédie saisie sur le vif.

– **Mélange des temps verbaux**, après 4 lignes d'introduction au passé : présent dans les principales, (exemple : *insiste*, l. 7), et passé dans la subordonnée. Une seule indépendante au passé (l. 19-20). Le présent actualise la scène, le mélange des temps crée l'impression d'une très grande souplesse du style.

– **Mélange des discours** : un membre de phrase au discours indirect libre (*comme si Mme de Maintenon*, l. 8-10). Les discours direct et indirect alternent librement avec le récit (l. 24-29, 31-41). Ce mélange offre une **tonalité comique** qui révèle, dans toutes ses subtilités, le jeu mondain dont Saint-Simon nous montre trois facettes bien différenciées.

**2- L'art du portrait**

Trois femmes nettement caractérisées ; deux sont unies par une connaissance instinctive du monde.

– **Mme d'Harcourt :** agitation désordonnée (*coup de foudre*, l. 15 ; *s'écria-t-elle de toute sa force*, l. 16 ; *laisse tomber ses cartes et soi-même, [...] tout éperdue*, l. 18-19 ; *sort en furie*, l. 30, expression suivie d'une longue phrase suggérant la véhémence du personnage).

– **Mme de Maintenon :** calme et digne (*entre lentement*, l. 21 ; *majestueuse bonté*, l. 27) ; donneuse de leçon mais non sans humour (*Est-ce comme cela*, l. 28).

– **La maréchale de Villeroi :** maîtrise de soi et vivacité : repartie à Mme de Maintenon (l. 23-26), à Mme d'Harcourt (l. 35-39). Une certaine méchanceté qui a la sympathie de Saint-Simon (*De malice*, l. 3-4 ; *riait*, l. 20 ; *qui avait infiniment d'esprit*, l. 23).

**3- Une leçon d'histoire**

Saint-Simon dénonce l'**hypocrisie de la cour**.

– **La maréchale mène le jeu** et apparaît comme le sujet de l'action (*lui proposa*, l. 4 ; *insiste*, l. 7), l'auteur d'un coup monté (*pour lui faire manquer le salut*, l. 4-5) qui dépasse ses espérances car elle n'avait pas prévu la visite de Mme de Maintenon. Elle retourne la situation à son profit en racontant la stricte vérité (les hésitations de Mme d'Harcourt, l. 38-39), mais en passant sous silence sa propre insistance (l. 6-10).

– Quant à **Mme d'Harcourt**, ses défauts ne sont pas épargnés : flagornerie et servilité (l. 5-6 ; *un coup de foudre*, l. 14-15), fausse dévotion, goût irrépressible du jeu, incapacité à se maîtriser (*car elle ne pouvait se retenir*, l. 16-17 ; *sort en furie*, l. 30). Le récit fait sourire et emporte ainsi l'adhésion complice du lecteur. Saint-Simon nous propose une leçon d'histoire d'autant plus convaincante qu'elle est implicite.

**4- La fonction de l'histoire selon l'avant-propos**

– Une réflexion à partir de l'observation directe de l'historien, une prise de recul pour analyser les causes des événements (l. 1 à 7).

– Une réflexion morale et philosophique, inspirée de la doctrine chrétienne (*L'Ecclésiaste*) : tout n'est que vanité ; incitation à la modestie, voire à l'inaction ?

– Une conclusion désabusée : tout n'est que néant.

**5- La princesse d'Harcourt et l'avant-propos**

– **L'illustration** : l'historien y évoque ces « riens apparents », il perce à jour les mobiles secrets des personnages publics que sont les courtisans, il montre leurs défauts (▶ question **3**), la vanité de leurs intrigues.

– Comme un texte romanesque ou dramatique, il révèle aussi les caractères, et surtout l'universelle comédie du monde, que les courtisans jouent en permanence.

**ÉCRIRE**

Faire réfléchir sur la force argumentative de l'anecdote en tant que récit. L'argumentation s'y trouve fondée sur l'**implicite** et sur l'**ironie**. Mêlant narration et portraits, l'anecdote s'appuie sur une **forte présence du narrateur**, d'où une complicité plus marquée du lecteur.

Détails concrets, faits significatifs, portraits en action, l'anecdote (la petite histoire ?) permet d'illustrer une vision de l'Histoire (▶ question **5**). En participant d'une stratégie indirecte, elle invite le lecteur à construire activement la représentation de personnages, de milieux, de mentalités (▶ questions **2** et **3**).

**PISTES**

■ **Pour une séquence : Histoire et littérature** (▶ *infra*, p. 274).

■ **Lecture cursive :** F. Chandernagor, *L'Allée du Roi*, éd. Julliard, 1981.

## ▶ LE RÉCIT HISTORIQUE

**Voltaire**

# *Essai sur les mœurs* (p. 346)

**APPROCHES**

■ **Axes d'étude :** L'esprit critique. Argumentation et ironie (p. 350). La critique de la religion.

■ **Préalables :** Aucune des légendes évoquées n'étant



LITTÉRATURE ET ARGUMENTATION

connue, Voltaire joue sur l'effet d'**étrangeté**, mais aussi sur la **familiarité**, puisque l'histoire repose ici sur un modèle éprouvé, celui de l'hagiographie (récit des vies de saints [= *agios*] visant à l'apologie). Faire distinguer ce qui revient à l'une et à l'autre.

### LIRE : Légende et histoire

**1- Rôle des incohérences et des absurdités**

– **Absurdes** la condamnation au viol *selon les lois romaines* (l. 10-11) ; la condamnation à *servir* Diane et Minerve (l. 19) ; l'obligation d'être *nues* (l. 20 – rappeler par analogie le vêtement et l'obligation de chasteté des Vestales).

– **Incohérents** l'enchaînement logique *le lac à sec, ce qui était l'effet de la pluie* (l. 40) ; le détail du récit qui évoque le corps de Théodote *quoiqu'il eût été réduit en cendres* (l. 53-54).

Incohérences et absurdités participent de l'argumentation ; elles mettent en valeur l'absence de logique du récit hagiographique et, du même coup, le disqualifient dans sa totalité. Elles préparent la conclusion explicite des l. 61-66 (*erreurs, bêtises dégoûtantes, friponneries, imbécillités, mensonge*).

**2- Les indices de la légende**

– Le luxe de détails descriptifs conventionnels (*dans un pré… d'un vert naissant*, l. 1-4) et l'imprécision historique (*on ne sait trop quelle année*, l. 2).

– Le récit se reconnaît lui-même comme *légende* (l. 3) et recourt au merveilleux, non commenté, comme allant de soi : *Une lumière éclatante marchait devant eux* (l. 30-31) ; *Deux vieillards… apparurent alors* (l. 32-33) ; le cavalier céleste annoncé par les vieillards (l. 36-39) ; le retour de saint Théodote (l. 55-56). Ces caractéristiques de tout récit légendaire aboutissent au même effet que les incohérences : elles discréditent ceux qui s'en portent garants.

**3- La leçon du récit**

Dans les deux derniers §, les **anaphores** et l'**énergie du vocabulaire** sont à la mesure de **l'indignation de Voltaire** (*Voilà ce que*, l. 57, 58-59 ; *ne rougirent pas*, l. 57-58 ; *insolente imbécillité*, l. 59-60 ; *Tant de fraudes… dégoûtantes*, l. 61-62 ; *friponneries, imbécillités*, l. 64-65 ; *méprisons le mensonge*, l. 66) car il ne lui suffit pas de saper le récit et d'amuser le lecteur ; encore faut-il en tirer les conclusions. De tels récits, apparemment naïfs, sont respectés, leurs auteurs tenus pour des historiens sérieux ; or ils sont profondément nuisibles et relèvent d'une entreprise délibérée d'asservissement des esprits ; ils témoignent du poids de l'Église et de ses traditions, contre lesquelles Voltaire veut lutter.

## *PERSPECTIVES* (p. 347)

■ **Voltaire, *Essai sur les mœurs*.**

### LIRE : Histoire et nécessité de choisir

**1- Reproches de l'avant-propos**

L'histoire de Théodote ne mérite même pas d'être connue (l. 5-6) ; alors qu'il faut chercher les grands traits des grandes nations et les faits majeurs (l. 6-8), ce récit est une *histoire vraie ou fausse* (l. 22), plutôt fausse d'ailleurs, appartenant à des temps d'ignorance (le Bas-Empire romain, l. 2-3 ; *chez une nation grossière*, l. 10-11), portant sur un point minuscule monté en épingle chez les hagiographes chrétiens.

**2- L'intérêt principal de l'histoire selon Voltaire**

Elle permet de connaître *l'esprit, les mœurs, les usages des nations principales* (l. 6-7) ; une histoire de l'humanité, de ses caractéristiques selon les temps et les lieux (ce qui permettra de distinguer ce qui est naturel et ce qui est culturel, i.e. historique), de son évolution, ce qui n'exclut pas l'histoire événementielle (*appuyé*[e] *des faits qu'il n'est pas permis d'ignorer*, l. 7-8), à condition qu'elle soit réduite aux seuls événements réellement importants pour l'humanité. L'histoire de Théodote renseigne seulement sur la crédulité et la bêtise des pseudo-historiens que sont les Bollandus, Papebroc et autres Ruinart.

**Conclusion**

La verve et l'ironie de Voltaire se font ici vengeresses face aux inepties et aux complaisances de l'hagiographie ; l'indignation finale dit assez la force des convictions.

### ÉCRIRE

**« À quoi vous serviraient… ? »**

Le goût pour l'histoire procède-t-il d'un désir désintéressé de connaissance (connaître pour connaître, par curiosité, par goût de l'exotisme) ? Si l'histoire relève de l'utilité (on l'étudie pour former son jugement, pour comprendre le présent), ce qui la justifie pleinement, on risque d'en faire une simple auxiliaire des sciences morales et politiques, voire d'y chercher des leçons directement applicables, ce qui est toujours trompeur. On risque d'être mauvais juge, en l'absence de recul, de l'importance véritable des choses.

## PISTES

■ **Pour une séquence**

• **Argumentation et dérision** (cibles, formes et procédés) : Rabelais, *Le Tiers Livre*, p. 314 ; Swift, *Les Voyages de Gulliver*, p. 339 ; Voltaire, *Candide*, p. 340 ; A. Huxley, *Le Meilleur des mondes*, p. 332.

• **Histoire et littérature** (l'objet et les modes de narration ; style de l'essai, style du récit ; les enjeux dans le temps : la conception de l'histoire) : Yourcenar, *L'Œuvre au noir*, p. 43 ; *Les Mémoires d'Hadrien*, p. 398 ; Roïdis, *La Papesse Jeanne*, p. 91 ; Saint-Simon, *Mémoires*, p. 344, 345 ; Michelet, *Histoire de la Révolution française*, p. 348 ; M. Bloch, *L'Étrange Défaite*, p. 349.

■ **Exercice complémentaire : Écriture**

Quelle est la stratégie argumentative adoptée par Voltaire dans cette page ? (On s'intéressera particulièrement à l'emploi de l'ironie, mise au service du polémique, ▶ **Vers le commentaire**, p. 351.)

■ **Lecture cursive :** Paul Valéry, *Regards sur le monde actuel*, De l'Histoire, 1945, éd. Gallimard.

## Michelet
# *Histoire de la Révolution française*

p. 348

## « À la Bastille ! »

### APPROCHES

■ **Axes d'étude :** Histoire et émotion. Un récit épique.

■ **Préalables** : Michelet associe **histoire et sensibilité** de l'historien. « Le cœur est le plus souvent chez moi le point de départ de mes pensées. Il féconde mon esprit. » Il fait donc revivre tout un passé de chair et de sang et, comme Victor Hugo, tend vers le grandiose et le surhumain. Son *Histoire de la Révolution* vient interrompre son *Histoire de France* car, pour lui, l'histoire de la monarchie absolue ne se comprend pas sans l'étude de la Révolution. L'œuvre, passionnée, manque parfois de sérénité, mais fait vibrer ses lecteurs.

■ **Vérifier** que sont compris : *batteries*, l. 19 (= pièces d'artillerie) ; *meurtrières*, l. 21 (= ouvertures étroites dans les murailles d'ouvrages fortifiés) ; *tocsin*, l. 26 (= sonnerie de cloches donnant l'alarme) ; *dépouilles*, l. 32 (= ce qui est pris à l'ennemi).

### LIRE : Histoire et passion

#### 1- Écriture de l'Histoire et écriture romanesque : points communs

Michelet construit son récit en faisant intervenir des **éléments de mise en scène** : le lever du jour sur Paris et la lumière (l. 5-8), la *vieille forteresse* (l. 12 ; *Ses murs de dix pieds d'épaisseur*, l. 17 ; *Ses tours… avec doubles et triples grilles*, l. 20-21), les assaillants (*le peuple*, l. 14, 39) et la multitude de détails qui confèrent au texte son caractère historique (les dates, l. 1-3 ; les noms propres, *le Palais-Royal, la Polignac, Artois, le Prévôt Flesselles, l'Hôtel de Ville*, l. 27-31). Comme dans un roman, il adopte le point de vue d'un **narrateur omniscient**, brosse un tableau visuel et sonore dont il commente les différents événements : il explicite ainsi l'attitude des électeurs (l. 33-37).

#### 2- Le registre épique et ses figures de style

– **Amplification** par l'hyperbole (*trouble… fureur désordonnée*, l. 4-5 ; *ce grand jour,… fêtes éternelles…*, l. 44 ; *le premier… le plus haut…*, l. 45-46) ; les deux interrogatives, l. 38-39 ; la longue phrase exclamative, l. 44-46.

– **Figures d'opposition** qui soulignent le caractère inouï du soulèvement populaire : antithèses (lumière et nuit : *Le soir / Le matin*, l. 4-5 ; *raisonnable / foi*, l. 23 ; *bonheur / malheur*, l. 40) ; oxymore : *une sérénité terrible* (l. 5-6) ; chiasme (*Une lumière dans les esprits et dans chaque cœur une voix*, l. 8-9).

– **Figures d'insistance et rythmes** qui contribuent à la solennité de la page : répétitions (*lumière, la Bastille, tous, la foi*) ; tournures anaphoriques et emphatiques (▶ question **3**) ; rythmes binaires ou ternaires (l. 1-6 ; *impossible, insensé, étrange*, l. 10 ; *Personne ne proposa. Mais tous crurent, et tous agirent*, l. 24 ; *tout ce qui suivit de grand, de national*, l. 41-42) ; énumérations (*Le long des rues, des quais, des ponts, des boulevards*, l. 24-25).

– **Figures de comparaison** qui produisent un effet de grandissement épique : personnification de Paris (*Paris ne songeait qu'à se défendre ; il attaqua*, l. 1-2) ; métaphores (*Une lumière dans les esprits*, l. 8 ; *où les siècles semblent entassés*, l. 41).

#### 3- Les tournures négatives

Une série d'anaphores négatives (l. 24-37) impriment à la page un rythme solennel et préparent l'affirmation des l. 38-39. Ces négations éliminent successivement les groupes détenteurs d'un pouvoir (*Les parleurs…*, l. 27 ; *Le Palais-Royal*, l. 30-31 ; les *faiseurs de motions*, l. 30 ; *les électeurs qui siégeaient*, l. 33 et 36) et enserrent les § 8 et 10 entre la négation « personne » (l. 27) et l'affirmation « tout le monde » (l. 39). Au centre de cette antithèse, *le peuple* (l. 39). Les formulations négatives suivent un crescendo (*Personne*, l. 27 ; *Encore moins*, l. 33 ; *Loin de là*, l. 34). Elles culminent sur la dernière indépendante, *mais ils n'avaient pas la foi* (l. 37), soulignée par le connecteur d'opposition.

Le seul héros de la prise de la Bastille, le peuple, est mis en évidence par la typographie du § 10 (l. 38-39), par l'interrogative (*Qui l'eut* ?), le pronom démonstratif (*Celui*), le retour à l'interrogation (*Qui* ?).

#### Conclusion

Une page portée par l'enthousiasme et la passion de Michelet, bien éloignée de la froideur scientifique de l'historien, mais « pleine de bruit et de fureur », et propre à emporter l'adhésion du lecteur.

### PISTES

■ **Pour une séquence**

• **Histoire et littérature** (▶ *supra*, p. 274).

• **Facettes de l'épique au XIXe siècle** (poésie et prose ; histoire, mythe et épopée ; des procédés renouvelés) : Hugo, *L'Homme qui rit*, p. 102 ; *La Légende des siècles*, p. 187 et 190 ; Vigny, *Poèmes antiques et modernes*, p. 186.

■ **Exercice complémentaire : Écriture**

Relevez les marques de la présence de l'historien et de son jugement. Comment infléchissent-elles la vision de l'histoire ?

■ **Bibliographie :** Paul Viallaneix, *Michelet, cent ans après*, PUG, 1975. Paule Petitier, *Littérature et idées politiques au XIXe siècle*, coll. « 128 », Nathan, 1996.

LITTÉRATURE ET ARGUMENTATION

## Marc Bloch
## *L'Étrange Défaite*

p. 349

### APPROCHES

■ **Axes d'étude :** L'expérience historique et l'argumentation. L'histoire vécue par un historien. Récit et analyse. Réquisitoire, la rhétorique du blâme.

■ **Préalables :**
Publié à titre posthume, après que son **auteur** eut été **torturé et fusillé** le 16 juin 1944, *L'Étrange Défaite* démontre par le biais d'une **analyse rigoureuse**, personnelle et sans indulgence, les erreurs de jugement et d'appréciation commises par des Français après la capitulation. L'analyse de Marc Bloch postule que la responsabilité et l'aveuglement d'une partie des dirigeants militaires français entre juillet et septembre 1940 ne peuvent pas être passés sous silence. Il appartient donc à un historien français, juif et engagé volontaire, de **témoigner, au nom de la vérité historique**, des causes de la défaite.

### LIRE : Histoire et témoignage

#### 1- Les marques de la première personne

Elles engagent Marc Bloch à un double titre : en tant que **juif**, l'emploi de « je » (quatre occurrences, l. 1-2 ; l. 7) affirme son appartenance initiale à une religion qu'il a cessé de pratiquer mais qui lui confère un droit supplémentaire de s'exprimer face à des Français antisémites.

La première personne revient dans la suite du texte (*notre défaite*, l. 18 ; *nous conseillaient*, l. 20 ; *je les ai entendus*, l. 28) et Marc Bloch s'exprime alors en tant que **Français et combattant** face à *l'idéologie internationaliste et pacifiste* (l. 9).

Dans l'incidente *je l'espère* (l. 2-3), c'est la voix de l'historien qui prend de la distance pour exprimer l'évaluation de sa propre méthode. Bloch exprime ainsi le caractère personnel de son témoignage et en même temps le recul de l'analyste.

#### 2- Les propos rapportés au discours direct

Ils relèvent d'un procédé argumentatif qui consiste à **citer les propos de ses adversaires** pour en souligner le **caractère irrecevable, voire scandaleux** (*Personne ne vous attaque*, l. 21 ; *Donne-moi ton sang*, l. 24 ; *La bourse ou la vie*, l. 25 ; *Abdique ta liberté ou accepte le massacre*, l. 26). Seule, la première phrase reprend les paroles des pacifistes, deux sont citées pour illustrer des propositions également brutales et inacceptables, celle du bandit (l. 25) et celle d'un peuple agresseur (l. 26), la dernière est imaginée (l. 24) à titre d'exemple absurde (elle sert de métaphore à la situation dans laquelle se trouvait la France en 1940).

#### 3- Les procédés rhétoriques et l'analyse historique

– L'emploi de la première personne engage l'énonciateur dans le 1er § et garantit l'authenticité de l'analyse historique qui se développe à partir de la l. 9.
– Différents types de discours rapportent les arguments des artisans de la défaite (▶question **2**) : propos résumés (*Ils invoquaient… l'intérêt*, l. 9-10), discours indirect (*Ils disaient que*, l. 14 ; *Ils enseignaient… que*, l. 18-19 ; *ils chuchotaient que*, l. 28), discours indirect libre (*on s'épargnerait sans doute…*, l. 30).
– Les connecteurs logiques soulignent la rigueur de l'argumentation : *Mais* (l. 15), *donc* (l. 17), *Car* (l. 21).
– Questions rhétoriques (l. 17-18 ; l. 31-32) ; interrogation à valeur de condition (l. 19-20), rythme ternaire (*occupée, tyrannisée, affamée*, l. 32), parallélisme entre *le voleur de grand chemin et le peuple agresseur* (l. 23-26), opposition entre le passé (imparfait et passé composé) et le présent (*Que pensent-ils aujourd'hui ?* l. 31-32) : ces procédés **opposent systématiquement** les arguments de la thèse rejetée et ceux de la thèse défendue. Ils soulignent les insuffisances et les contradictions de la première et en démontrent le caractère erroné. Une argumentation à la fois rigoureuse et véhémente.

#### Conclusion

L'histoire de l'année 39-40, ainsi analysée et jugée par un historien-soldat qui affirme ses origines juives et son profond attachement à la France, ne peut être mise en doute. Son argumentation et ses prévisions, le 16 juin 1944, deviendront tristement irréfutables.

### PISTES

■ **Pour une séquence : Histoire et littérature** (▶ *supra*, p. 274).

■ **Exercice complémentaire : Langue**
Expliquez les expressions : *idéologie pacifiste et internationaliste* (l. 9) ; *les filets de leurs propres équivoques* (l. 23) ; *ces bons apôtres* (l. 32).

# Récits de vie et écriture de soi

## Formes et genres

p. 354

**1** GIONO,
*Jean le Bleu.*

**2** GIONO,
*Lettre à Lucien Jacques.*

**3** GIONO,
*Les Âmes fortes.*

**1- Le narrateur et ses doubles dans *Jean le Bleu***

• L'auteur emploie d'abord les marques de la **troisième personne** pour désigner le *corps* (l. 1) de son moi adolescent : *c'était lui qui avait quitté le collège* […]. *On le faisait asseoir* […]. *On lui donnait des lettres, il allait les porter. On l'appelait* (l. 2-4). Il s'agit de la part matérielle et sociale du moi qui a dû travailler, mais qui n'engage pas la profondeur de l'individu. Cette dissociation entre le *je* et le corps indique que le vrai moi est ailleurs que *dans la ville* (l. 1), ailleurs qu'enfermé *dans une banque* (l. 2-3) : l'âme de l'adolescent, elle, est libre.

• La troisième personne est reprise à la fin de l'extrait pour s'appliquer aux *deux parts* (l. 23-24) de la personnalité. La part qui travaille – ce **moi apparent** qui exerce un emploi répétitif et fastidieux – n'est même plus désignée par un pronom personnel *(il)*, mais par le pronom neutre *(ça)* : *Toute cette partie du mécanisme on l'appelait : « Viens ici » et ça gagnait trente francs par mois, et ça servait à acheter des pommes de terre* (l. 27-31). **La part secrète et profonde**, c'est celle du rêve et de la poésie, qui ne peut se satisfaire dans le travail du petit employé de banque, mais qui s'accomplira plus tard chez l'écrivain : *La grande part, nul n'y touchait. Elle s'appelait Jean-le-Bleu.* (l. 32-33).

• On comprend ainsi **le titre du livre** : *Jean le Bleu*, c'est le nom donné non au moi biographique, tel que pourrait le reconstituer un historien à partir de témoignages extérieurs, mais au moi profond, à son aspiration poétique qui ne se satisfait pas de la réalité telle qu'elle est. En ce sens, il ne s'agit pas d'une autobiographie au sens strict, dans laquelle le déroulement chronologique de la narration respecterait l'exactitude factuelle des événements vécus (► p. 364), mais d'une présentation poétique de la genèse d'une sensibilité : le moi accepte de se reconnaître « autre », pluriel, ouvert – parce que l'imagination fait partie de sa réalité. Le bleu, attribut du jeune Jean, est précisément la couleur des rêves et de l'imagination, même si le *hasard* a voulu qu'elle soit aussi la couleur de l'uniforme professionnel (l. 10-12).

**2- La lettre : distance et proximité**

Giono, de Manosque (Alpes-de-Haute-Provence), écrit à son ami, le peintre Lucien Jacques, qui réside à Saint-Paul-de-Vence (Alpes-Maritimes). Il s'efforce de combler cette distance :

– par l'omniprésence des **marques d'énonciation** qui miment la conversation vivante : 1re personne (l. 1-4, 6, 10), 2e personne (l. 2, 9, 11), adverbe de lieu *ici* (l. 3), temps de l'énonciation (présent, passé composé, conditionnel de souhait) ;

– par le **ton de la confidence**, qui consiste à réserver à l'ami la révélation d'une vérité secrète : *je t'avoue*… (l. 2) ; *je changerais volontiers*… (l. 6-7) ; *j'essayerais… de profiter*… (l. 10-11) : l'écrivain maintenant reconnu regrette le temps des simples relations amicales ; dévoilement d'un *je* intime, différent du *Giono* célèbre (l. 6) ;

– par le **niveau de langue familier**, proche de la langue orale : parataxe (*je retravaille, je me repromène*, l. 4), style parlé (*Le résultat de tout ça*, l. 5), syntaxe relâchée (phrase des l. 5-9) ;

– par **l'expression du rapprochement** : rappel de souvenirs communs (1re personne du pluriel : *dont nous avons parlé*, l. 1-2) et hypothèse d'un rapprochement effectif (*en me rapprochant de toi*, l. 10-11).

### 3- Thérèse et son moi dans *Les Âmes fortes*

• L'originalité du roman *Les Âmes fortes* consiste à faire alterner, pour construire la « vie » du personnage de fiction Thérèse, le biographique (une de ses interlocutrices raconte sa vie) et l'autobiographique (elle raconte elle-même sa vie, comme ici). En présentant ce récit de vie *(bio-)* sous la forme d'un **dialogue**, le roman dévoile l'illusion d'une écriture *(graph-)* unifiante : la complexité de l'existence résiste à l'entreprise de synthèse narrative. Il importe donc de donner au discours des personnages l'aspect d'une **parole directe** ; ici :

– par les formules d'adresse, d'implication de l'auditoire : 2e personne (l. 2, 12, 15-16), interrogation directe (*pas vrai ?*, l. 26) ;

– par des phrases simples juxtaposées (l. 11-15) ;

– par la simplicité lexicale de la langue parlée : *choses* (l. 2, 8) ; *ça* (l. 7) ; *bête* (l. 9-10) ; *pas mal* (l. 9) ;

– par des expressions imagées ou des locutions usuelles : *faire trop long* (l. 3) ; *os de pierre* (l. 14) ; *connaître son monde* (l. 17).

• Cette fiction autobiographique, comme tout récit dans lequel le narrateur se raconte, mêle en **un seul *je*** la narratrice au moment où elle raconte (le *je* de l'énonciation narrative) et le personnage qu'elle a été (le *je* de l'énoncé). La narratrice actuelle (*je vous l'ai dit*, l. 2 ; *Je crois même*, l. 18-19 ; *Je dois dire*, l. 22) juge avec beaucoup de satisfaction son moi passé : elle est consciente de sa force (l. 1), de sa capacité de travail dans l'art du mensonge (l. 5-7) et de la dissimulation (l. 8-10) ; elle peut se vanter de sa réussite (l. 22-23), d'autant plus qu'elle avait affaire à une forte personnalité. Le plaisir de raconter est ici **jouissance narcissique** d'une âme forte, heureuse de se contempler et de se montrer dans toute sa puissance. Mais l'attention du lecteur est en éveil : si Thérèse maîtrise à ce point l'art de tromper (l. 5-6), pourquoi adhérerait-on sans réserves à cette présentation de sa vie ? La « vérité » même du récit peut être mise en doute.

### 4- Formes et fonctions du discours rapporté

• **Texte 1**

Discours direct : l. 5, 14, 18-20, 22, 29. Il s'agit soit des propos que le directeur (l. 18-20) ou d'autres supérieurs hiérarchiques (l. 5) adressent au petit employé de banque, soit des formules de politesse qu'il adresse à la clientèle (l. 14). Aucune de ces paroles n'engage de véritable communication : le jeune homme ne répond aux ordres que par des actes (*Et j'allais ouvrir la porte…*, l. 6) ou des pensées (*Oui, je comprenais*, l. 23), non par des mots ; et la cliente ne répond pas au coursier qu'elle ne regarde même pas (l. 15). Le discours rapporté sert donc ici à mettre en évidence **la vacuité et l'artifice de la parole sociale**, fausse communication, fondée sur les conventions et les relations de pouvoir, pour mieux lui opposer la *grande part* du moi, hors d'atteinte, que personne ne peut *appeler*.

• **Texte 3**

Discours narrativisé : *Raconter… j'arrivais à le faire* (l. 5-6) : mais on ne sait rien de précis de ce que « raconte » alors Thérèse. Discours direct : *« Eh bien ! Ma fille ! »* (l. 17) ; *« Si tu trompes celle-là… »* (l. 20-21). D'une part les mots de la patronne, d'autre part le discours intérieur de Thérèse. Pas de dialogue entre les personnages donc : à la supériorité apparente, extériorisée, de l'une (*elle te disait*, l. 16), répond, sur un autre plan, la puissance encore supérieure de l'autre (*Je me disais*, l. 20), intériorisée celle-là, puissance plus forte parce qu'elle cache ses plans sous les dehors de la bêtise et de la bonté. Comme dans le texte précédent, communication inexistante ; mais le *je* qui se dérobe au fonctionnement du dialogue ordinaire n'est plus celui du jeune poète à l'âme généreuse qui se réfugie dans son monde intérieur : c'est celui d'une âme forte dont **l'usage égoïste de la parole** a pour finalité le pouvoir sur autrui et l'affirmation triomphale de soi.

### 5- Des textes littéraires

• ***Jean le Bleu :*** qualités d'écriture, dans l'art de la mise en scène des gestes et attitudes (l. 3-9, 13-22), dans l'emploi de marques personnelles originales pour parler de soi (▶ question **1**), dans la reprise ironique des appellatifs *madame* (l. 6) et *mesdames* (l. 35), dans les métaphores et locutions imagées (*le rapt*, l. 1 ; *le distributeur de hasard*, l. 10 ; *rouages… roues*, l. 24-25) ; le texte cherche moins à informer directement le lecteur qu'à lui rendre sensible, par le travail de stylisation et de reconstruction du vécu, la part secrète d'un être.

• ***Lettre à Lucien Jacques :*** une lettre privée, non destinée à la publication ; spontanéité d'une écriture non travaillée, maladroite dans la forme. Le texte ne paraît littéraire *a priori* ni par son style, ni par son genre, ni par sa visée. Des trouvailles plaisantes cependant donnent du relief à l'expression : la reprise de *je travaille, je me promène* avec préfixe (l. 3-4), l'hyperbole des *Giono grands modules* (l. 6), l'image du *nid* (l. 10). Et l'édition de la lettre au sein d'une correspondance publiée lui assure un statut littéraire qu'elle n'avait pas initialement.

• ***Les Âmes fortes :*** une fiction romanesque, avec mise en abyme du processus même de la fiction narrative : *Raconter n'importe quoi d'inventé…* (l. 5-6). Qualités du style dans l'art de construire le personnage en lui donnant la parole : discours narratif alerte, dynamique (acuité de l'observation, sens du concret), reprises lexicales expressives : *l'œil, l'oreille, le nez*, l. 14 et 25 ; *monde* l. 17-18 ; *hasardais/hasardé*, l. 24. Mise en forme très « écrite », donc, de l'oral. Une grande œuvre littéraire, qui a fait date dans l'histoire du genre romanesque en raison de cette incertitude qui résulte d'instances narratives problématiques, avant d'inspirer le cinéma (film de R. Ruiz, 2001).

# 1 Raconter une vie, raconter sa vie

## LA BIOGRAPHIE

### Grimarest
### *Vie de M. de Molière*

p. 357

### « À ce dernier moment de sa vie »

#### APPROCHES

■ **Axes d'étude :** Le récit biographique. Le point de vue. Les discours rapportés.

■ **Préalables :** Donner quelques précisions sur **le statut des comédiens** au XVIIe siècle : souvent soupçonnés de mener une vie de débauche, ils sont réhabilités en 1641 par Richelieu grand amateur de théâtre, qui affirme la dignité du comédien professionnel – dans la mesure où ses représentations sont dignes et décentes. Au début du règne de Louis XIV, les comédiens se marient à l'église, font baptiser leurs enfants (Louis XIV sera le parrain d'un fils de Molière). Mais tandis que jansénistes et jésuites condamnent le théâtre en général, l'attitude de l'Église se durcit peu à peu ; de plus en plus le clergé exige des comédiens qu'ils renoncent publiquement à leur métier pour obtenir les derniers sacrements.

■ **Vérifier** que sont compris : *chaise*, l. 9 (= chaise à porteurs, moyen de transport) ; *drogue*, l. 18 (= remède).

#### LIRE : La mort en coulisse

**1- Le discours direct**

Il est précédé de discours indirect (l. 2-4) et suivi de discours narrativisé (l. 28-31), correspondant respectivement à un échange sur la pièce et à la phase chrétienne de la mort ; le discours direct est donc centré sur l'avènement de la mort physique, il dramatise la scène et confère le rôle principal à Molière (cinq interventions, l. 5-6, 13-15, 18-21, 22-23, 24-26, contre une pour Baron : l. 4-5). Pour Grimarest, il possède une valeur **testimoniale** : il présente les propos de Molière mourant comme authentiques. C'est aussi un moyen de donner un tour théâtral à la scène : bien qu'il ne soit pas mort sur scène (comme le voudrait la légende), Molière meurt comme un personnage de théâtre.

**2- Les « détails »**

• Relation (ou invention ?) de **détails** prosaïques et apparemment dénués d'intérêt (la *robe de chambre*, l. 1 ; le *manchon*, l. 7 ; le *fromage* et le *pain*, l. 15-16 ; l'*oreiller*, l. 18) ; énumération minutieuse des faits et gestes du personnage (*toux, craché, lumière*, l. 21-22) ; précision dans le commentaire (*deux sœurs... de celles qui... et auxquelles*, l. 26-28). Pour l'auteur, la crédibilité dépend de la précision, même insignifiante.

• **L'intrusion d'auteur** (*J'ai cru que... à cette occasion*, l. 34-35) assigne à Grimarest le rôle de redresseur de torts ; sa version des faits, précise et authentique (il la tient du témoin oculaire Baron), doit servir à laver la mémoire de Molière (*désabuser le public de plusieurs histoires*, l. 35) des calomnies qu'on a pu faire sur sa mort. En intervenant personnellement dans le récit, il se porte garant de sa véracité.

**3- Molière au seuil de la mort**

• **Dramaturge jusqu'au bout** : malgré son malaise, il se préoccupe du succès de sa pièce (l. 2).

• **Courageux** et même stoïque (l. 22-25), contrairement à Baron (l. 23-24). Lucide sur son état, Molière garde jusqu'au bout le sens de l'**élégance** et du naturel : plaisanterie sur le bouillon de sa femme et ses *ingrédients* (l. 14), euphémisme pour le crachement de sang (l. 22-23), sollicitude envers son ami (l. 24-26).

• **Bon chrétien** : l. 29-31 ; Grimarest insiste sur ce point (présence et rôle des religieuses, l. 26, 28, 31).

**Conclusion**

À la fois pieux, lucide, mesuré et courageux, Molière connaît chez Grimarest la mort édifiante de tout bon chrétien et gentilhomme de son siècle. La biographie confine ici à l'hagiographie.

#### PISTES

■ **Pour une séquence : Récits d'agonie** (récit biographique/récit romanesque ; objectivité/subjectivité ; registres de l'émotion) : A. Absire, *Baptiste ou la dernière saison*, p. 358 ; Boulgakov, *La Vie de M. de Molière*, p. 359 ; Chateaubriand, *Vie de Rancé*, p. 363.

■ **Exercice complémentaire : Écriture**

Réécrivez ce récit sous la forme de scènes de théâtre dont vous rédigerez la mise en scène.

■ **Lectures cursives :** Plutarque, *Vies parallèles* ; Bossuet, *Oraisons funèbres*.

■ **Bibliographie :** D. Madélénat, *La Biographie*, PUF, 1984.

## Alain Absire

## *Baptiste ou la dernière saison*

p. 358

### « À la quatrième représentation »

### APPROCHES

■ **Axes d'étude :** Roman et récit. Voix et point de vue narratif. Les discours rapportés.

■ **Préalables :** Aider les élèves à distinguer les divers modes d'expression de la pensée et de la **vie intérieure** du personnage :

– l. 7-8 : *il essayait de reconnaître... Il cherchait...* ;

– l. 26-29 : *L'idée... lui vint* : discours du narrateur sur les pensées du personnage, avec verbes et substantifs se rapportant aux états de conscience : **psycho-récit** ;

– l. 10-12, 19-21, 29-32 : **monologue intérieur rapporté** (garde les marques de l'énonciation : italique, incise) ;

– l. 5-6 : *quel concert donnaient là ceux de la Faculté !* ; l. 14-15 : *Comment* [...] *l'idée de quitter son théâtre* [...] *avait-elle pu lui traverser l'esprit ?*

– l. 24-25 : *Étaient-ce les flammes... ?* La voix intérieure du personnage est fondue dans le récit : **discours indirect libre**.

Chaque technique sert l'expression d'un niveau de conscience différent.

■ **Vérifier** que sont compris : *glas*, l. 2 (= cloche) ; *lippe*, l. 8 (= lèvre inférieure épaisse et proéminente) ; *mortier*, l. 16 (= récipient à fond demi-sphérique dans lequel on broie et malaxe des substances pharmaceutiques).

### LIRE : La mort sur le théâtre

#### 1- Le regard et les sensations

• **Le regard :** il est réciproque ; celui, un peu hagard, de Molière sur les autres (*il essayait de reconnaître*, l. 7 ; *il cherchait*, l. 8 ; *il aperçut*, l. 17) ou sur lui-même (*il examina ses mains*, l. 24) ; et celui, anxieux, des autres sur lui (*ils le contemplaient*, l. 6 ; *le dévisageait*, l. 19).

• **Les autres sensations :** l'ouïe (le *concert* d'instruments divers, l. 1 à 5), le toucher (*une chaleur douce*, l. 14 ; *il toucha ses doigts gluants*, l. 25 ; *il sentit une coulée tiède*, l. 26) et le goût (*il les porta à sa bouche*, l. 25-26).

• **Focalisation interne :** le narrateur adopte le point de vue de Molière. Le récit biographique, d'ordinaire impersonnel, est renouvelé par ce point de vue qui fait vivre au lecteur l'agonie du personnage à travers ses sensations et comme en même temps que lui.

#### 2- Le discours direct

Trois interventions : l. 10-12 et l. 19-21, en italique ; l. 29-32, reconnaissable à l'incise *se dit-il* et aux marques de l'énonciation : *ce soir, se pressent*.

Il ne s'agit pas ici, comme chez Grimarest, de rapporter les dernières paroles de Molière, mais de transcrire un tourbillon de pensées incohérentes, de suggérer le délire du dramaturge entré en agonie (anachronisme, l. 20 : *Madeleine est malade*).

#### 3- Sensations et tragédie

La *couleur brillante rouge vif*, les *doigts gluants*, la *coulée tiède* sur le menton rappellent les vomissements de sang évoqués par Grimarest (*après avoir craché*, l. 22 ; *le sang qu'il venait de rendre*, l. 23).

*Sacrifice* et *règles sacrées venues du fond des âges* font allusion à un rituel antique, religieux et dramatique à la fois, qui serait à l'origine de la tragédie : le sacrifice d'un bouc, accompagné de chants et de danses en l'honneur du dieu Dionysos. C'est bien dans une atmosphère dionysiaque que se déroule la représentation du *Malade imaginaire* (l. 1 à 6). Molière, qui dans sa jeunesse avait souhaité être dramaturge tragique, devient, au seuil de la mort, un héros tragique.

#### Conclusion

Étreint par l'émotion, le lecteur est partie prenante dans ce récit poignant et tragique où le roman l'emporte sur la biographie.

### PERSPECTIVES (p. 359)

1 **Boulgakov, *La Vie de M. de Molière*.**

2 **G. Forestier, *Molière en toutes lettres*.**

#### LIRE : Deux regards sur une mort

#### 1- Les hallucinations de Molière (texte 1)

• **1re vision :** *Le combat de La Marfée*, un cauchemar éveillé (fantastique de la métamorphose : *sa chambre s'était transformée...*, l. 8-9).

• **2e vision :** *Molière vit le Rhône, mais à l'heure de l'apocalypse* (l. 22-23).

• **3e vision :** La mort (*il la vit*, l. 30).

Les moments d'égarement et de lucidité alternent (l. 26-28, 28-30) ; dans son délire, la mémoire lointaine est ravivée : *le combat de La Marfée* (l. 16), *le premier amant de Madeleine* (l. 18), *le Rhône* (l. 23) renvoient à sa jeunesse. Les scènes évoquées sont motivées par le sang qui *coule abondamment de sa bouche* (l. 4-5) : la couleur rouge domine dans toutes les visions (l. 10, 19-20, 24). Le *cavalier noir* (l. 9-10) et *l'heure de l'apocalypse* (l. 23) évoquent l'*Apocalyse* de Jean et les affres de l'agonie.

#### 2- Boulgakov et Grimarest

Chez Boulgakov, la présence des religieuses est évoquée indirectement, par le biais de la synecdoque (la *cornette*, l. 31) et de la métonymie (le *signe de croix*, l. 32). Chez Grimarest, insistance sur la présence de l'Église (deux religieuses à défaut d'un prêtre) et son rôle (*prodiguèrent* [...] *tout le secours édifiant*, l. 28-29 ; *il rendit l'esprit entre les bras...*, l. 31). Boulgakov efface cette présence (confusion mort/religieuse), la minimise (singulier : *elle*), suggère son inutilité (*en courant... s'empressa... il ne vit plus rien*, l. 30-34).

Le projet de Grimarest est édifiant, celui de Boulgakov romanesque pessimiste : Molière se voit mourir (l. 27-28), dans la solitude (Baron et Armande arrivent trop tard, l. 34-38), et animé par la seule *curiosité* (l. 29, 33).

**3- Le document biographique (texte 2)**

G. Forestier s'en tient aux faits avec précision (*Le vendredi 17 février*, l. 1 ; *vers dix heures du soir*, l. 6) et concision, voire laconisme (*il meurt*, l. 6). La focalisation externe permet de couper court (l. 1-6) et de s'intéresser aux circonstances extérieures et aux suites de l'histoire (la polémique sur la sépulture chrétienne). La citation des documents officiels (l. 13-14, l. 16-20) a comme chez Grimarest une fonction testimoniale.

Au XVIIIe siècle, le biographe présente Molière à la fois comme un homme et un héros et n'hésite pas à intervenir personnellement en sa faveur. La biographie contemporaine est plus objective, mais aussi plus distante et plus froide : devenu pur objet d'étude, Molière est presque absent du texte.

**4- Boulgakov et Forestier**

Boulgakov veut placer le lecteur au cœur du drame : la focalisation interne l'associe étroitement au personnage ; à travers l'agonie de Molière, chacun peut lire ou vivre sa propre mort, faire siennes les questions et les angoisses de Molière.

G. Forestier relate des faits, selon une chronologie précise, et pour établir une vérité historique (présent historique) qui concerne aussi les institutions et les pouvoirs.

Opposés dans leur forme, ces deux textes sont pourtant complémentaires : l'un permet au lecteur d'apprendre la réalité des faits et de les replacer dans leur contexte, l'autre le fait entrer dans un personnage de chair et de sang (*Jean-Baptiste*, l. 3).

**ÉCRIRE**

On aidera les élèves à déterminer le point de vue et le narrateur (anonyme/Baron/Armande/Molière), puis le genre et le registre dominants (par exemple monologue intérieur, de registre fantastique).

## PISTES

■ **Pour une séquence : L'homme devant la mort** (narrateur et personnage ; type de focalisation ; réflexion et émotion) : Platon, *Phédon*, p. 297 ; Lucien, *Dialogues des morts*, p. 298 ; Grimarest, *Vie de M. de Molière*, p. 357 ; Montaigne, *Essais*, p. 366 ; Rousseau, *Rêveries du promeneur solitaire*, p. 367 ; Chateaubriand, *Vie de Rancé*, p. 363.

■ **Exercice complémentaire : Langue**
Étudiez le discours indirect libre dans le texte d'A. Absire (rapports discours/récit ; effets de tonalité).

■ **Lectures cursives :** A. Delbée, *Racine Roman*. Librairie Arthème Fayard, 1977 ; I. Frain, *L'Inimitable*, 1998.



# Les mémoires

**Cardinal de Retz**
***Mémoires***

p. 360

## « Je me sauvai un samedi 8 d'août »

## APPROCHES

■ **Axes d'étude :** L'art du récit. Autobiographie et mémoires (p. 356).

■ **Préalables :** Rappeler le contexte de la **Fronde** (1648-1653), réaction contre la pression fiscale, l'absolutisme monarchique, la gestion et la personnalité du ministre Mazarin. À l'opposition des parlementaires succède « la fronde des Princes », jeu d'intrigues puis soulèvement armé où s'illustrent Turenne, Condé, Gaston d'Orléans… Elle prend fin avec le sacre du jeune Louis XIV en 1654.

■ **Vérifier** que sont compris : *amusa*, l. 4 (= détourna l'attention de) ; *de concert*, l. 9 (= complice, d'accord) ; *relais*, l. 16 (on y prenait des chevaux frais). Le chevalier de Sévigné (l. 34-35) est l'oncle de l'épistolière.

## LIRE : Grande et petite histoire

**1- Les étapes du récit**

En arrière-plan, l'imparfait, pour décrire, commenter. Au premier plan, les temps de l'événement :
– l. 1-12 : passé simple ; le bastion, sortie de prison ;
– l. 12-18 : présent et passé simple ; au bas du *ravelin*, la fuite à cheval ;
– l. 19-34 : passé simple ; course de cinq lieues, la chute ;
– l. 34-39 : passé simple ; bateau puis meule de foin, péripéties ultérieures.

Le récit structure l'action tout en conservant la chronologie et le rythme.

**2- Portrait psychologique du Cardinal**

• **Autorité naturelle :** *n'osa me tirer… je lui criai que je le ferais pendre… sur cette menace* (l. 7-9) ; courage, à-propos et force d'âme (l. 23-25, l. 29-31), volonté (*Je voulus remonter*, l. 36). Il cherche à donner de lui l'image d'un héros dans les situations difficiles. Aisance du grand seigneur (*un gentilhomme à moi*, l. 21, 28-29, 38-39), souci de rester élégant (*J'en fus quitte pour…*, l. 27-28, ellipse), vanité sous-jacente (l. 19-20, 34-39).

Deux portraits complémentaires, l'un dans les actions décrites, l'autre dans la manière de raconter.

• **L'humour**
– À l'égard des autres : *un jacobin… se noyait* (l. 5-6) : détachement ironique à l'égard d'un homme en péril. *Tout le monde*, (l. 11-12) : les badauds sont aveugles ! *Tous les cocus de Nantes*, (l. 32-33) : ses poursuivants bientôt déconfits.
– Envers soi : *un bâton entre les jambes*, l. 2-3 (grotesque) ; *me tirer les cheveux*, l. 30 (héroïque et bouffon) ; *dans une fort grosse meule de foin*, l. 38.

Retz s'amuse après coup d'une évasion dramatique et rocambolesque ; plaisanteries du grand seigneur teintées d'humour, marquant le courage ; désinvolture qui est une forme suprême de l'élégance devant le danger.

**3- Les « mémoires »**

Ils relatent la vie personnelle de l'auteur mais en relation constante avec les grands événements historiques. Ici, l'évasion de Retz est présentée non seulement comme un des événements importants de la vie du Cardinal (l. 18), mais aussi comme un épisode des intrigues consécutives à la Fronde (retentissement de l'épisode, l. 8-10). Les mémoires servant aussi souvent à construire l'image du narrateur, ce genre d'épisode vise à lui donner le premier rôle.

**Conclusion**

Un peu de vanité, beaucoup d'allure dans cet autoportrait en action. Par-dessus tout, le plaisir de conter.

## *PERSPECTIVES* (p. 361)

■ **Casanova, *Mémoires.***

**LIRE : La grande évasion**

**1- Caractère du narrateur**
• **Vivacité d'esprit et d'action :** résolution rapide de la question du transport (l. 1-5) ; mensonge improvisé à Balbi Tomasi (l. 38-39) ; stratagème pour se débarrasser du gêneur (l. 47-53). Nombreux verbes d'action et compléments de temps, parataxe, présent de narration, propositions symétriques (l. 15, 27, 28).
• **Maîtrise de soi :** il surmonte son irritation contre le moine (*J'étais furieux… me retint*, l. 13-15 ; *Réprimant mon indignation*, l. 24-25 ; *Je tremblais de colère*, l. 28).
• **Générosité :** *Un sentiment d'humanité* (l. 14-15) ; *je rendis grâce à Dieu* (l. 59).

Casanova en fuite fait preuve d'esprit et de pragmatisme, reste un gentilhomme en toutes circonstances, malgré l'urgence et le danger.

**2- L'humour**
– L. 10-12 : notation burlesque (détail trivial dans une aventure épique).
– L. 16-17 : paradoxe comique (*Tout le monde l'a vu ; mais personne ne sait me dire où il est*).
– L. 20-24 : contraste entre l'ignorance sereine du moine, son sans-gêne : *disant de payer la sienne*, (l. 23) et fébrilité anxieuse de Casanova.
– L. 57-58 : retournement de situation *(m'envoya des baisers…)*.

Les notes d'humour détendent l'atmosphère du récit, adoucissent le suspense, empêchent de prendre trop au sérieux une aventure qui frise constamment la tragédie (l. 45-47, 60-61).

**3- Place du narrateur dans ses mémoires**

Tous deux s'accordent le premier rôle et la stature d'un héros. Cependant, Retz se peint en grand seigneur au centre d'une organisation ingénieuse : aides et complices nombreux, déroulement parfait de l'évasion ; imprévus et obstacles sont des détails. Casanova, au contraire, agit seul : son intelligence doit pallier sa faiblesse de moyens ; son compagnon est une entrave, mais aussi un faire-valoir ; l'entreprise frôle à tout moment la catastrophe, d'où la mise en valeur du héros solitaire et génial.

**PISTES**

■ **Pour une séquence**
• **Les aventures héroïques dans le récit de vie** (le point de vue sur le héros ; maintenir le suspense ; le romanesque et l'humour) : Chrétien de Troyes, *Lancelot*, p. 18 ; Voltaire, *Zadig*, p. 338 ; Swift, *Les Voyages de Gulliver*, p. 339.
• **Les mémoires** (regards sur soi ; le narrateur et l'histoire ; registres) : Saint-Simon, *Mémoires*, p. 344-345 ; Chateaubriand, *Mémoires d'outre-tombe*, p. 362.

■ **Exercice complémentaire : Écriture** (sur le texte de Retz).

On interroge les gardes (l. 4), la sentinelle (l. 6) et les petits pages (l. 10) : imaginez successivement leur version des faits.

■ **Lecture cursive :** Voltaire, *Mémoires pour servir à la vie de M. Voltaire.*

■ **Bibliographie :** M. Fumaroli, « Les mémoires du XVIIe siècle au carrefour des genres en prose », Revue *XVIIe siècle*, n° 94-95, 1972.

… Les mémoires

## Chateaubriand
### *Mémoires d'outre-tombe* (p. 362)

## « Le gazouillement d'une grive »

**APPROCHES**

■ **Axes d'étude :** L'autobiographie (p. 356). Les temps verbaux.

■ **Préalables :** Montrer comment s'effectue ici la signature du **« pacte autobiographique »** : identité du personnage (Chateaubriand jeune à Combourg), du narrateur (celui qui dit « je », par exemple dans la première phrase du texte) et de l'auteur (celui qui signe ces mémoires, mentionnés en abyme dans le texte).

■ **Vérifier** que sont compris : *Ce que je serai devenu quand ces* Mémoires *seront publiés* (l. 5-6) ; *les catastrophes…*, l. 9 (= les désastres qui viennent d'accompagner la chute de l'Empire).

## LIRE : Mélancolie et nostalgie

### 1- Le cheminement de la pensée

Mots de liaison et changement de temps des verbes indiquent ici :

– **des instants décisifs :** *Hier... je m'arrêtai* (l. 1-2) : le passé simple signale la survenue d'un événement important ; *Je fus tiré... À l'instant* (l. 7-8) : surgissement immédiat du souvenir et ses effets prodigieux (*fit reparaître, j'oubliai, je revis, j'entendis*, l. 8-10) ; passage de l'interrogation sur la fuite du temps à l'action immédiate ; le souvenir engendre la pulsion d'écrire : *Dans combien... Combien... Mettons... hâtons-nous* (l. 19-22) ;

– **une mise en perspective du temps chronologique** avec élaboration d'une réflexion philosophique sur le temps : *Que sont devenus... publiés*, l. 5-6 (passé composé, futur antérieur, futur, thème des vanités : la gloire et la grandeur sont éphémères) ; l. 11-17 : opposition entre le passé et le présent marquée par les antithèses, le *mais* adversatif (l. 12), et le passage de l'imparfait au présent : expression de la nostalgie ; l. 18 : le présent de vérité générale indique la loi impitoyable du temps, qui guide tout être humain vers la mort et menace donc en permanence l'autobiographe ; l. 19-21 : passé composé et futur indiquent l'urgence d'écrire et l'incertitude sur la possibilité de tenir les délais ; l. 21-22 : l'impératif présent traduit le mouvement même de l'écriture ; l. 23-24 : le présent de vérité générale établit une comparaison héroïque entre l'autobiographe et l'aventurier.

### 2- Antithèses

• L. 11 : *alors/aujourd'hui* ; l. 12-13 : *la première tristesse/la tristesse que j'éprouve actuellement* ; l. 14-15 : *le chant/le même chant*.

• Opposition entre **deux temps** : passé irrémédiablement perdu (avec l'enthousiasme lié à l'innocence et aux illusions de la jeunesse) et présent, marqué par la désillusion (*choses appréciées et jugées*, l. 14), temps qui est aussi celui de l'écriture pour le mémorialiste ; l'écriture permet-elle de combattre la **nostalgie**, de remonter le cours du temps, et de fixer le surgissement fugitif du souvenir ?

• Types de passés : **historique** (évocation des amours d'Henri IV, et de sa maîtresse) et **personnel** (l. 10-12). Le souvenir du passé historique lui permet de relativiser sa propre gloire et de formuler sa propre condition mortelle. Conformément à leur titre, les *Mémoires* serviront à perpétuer le souvenir de Chateaubriand après sa mort.

### 3- Les *Mémoires* : écriture du souvenir

Première interrogation (l. 5) : amorce la réflexion sur la fuite du temps et les vanités.

Deuxième série de **questions** (l. 19-21) : l'auteur s'interroge conjointement sur le temps qui lui reste à se promener et à écrire. Façon détournée de poser la question : quel sera le jour de ma mort ? Réponse éludée : on passe aussitôt à des **impératifs**, qui disent l'urgence de continuer à écrire (rédaction des mémoires = seul recours contre la fuite du temps).

L'écriture autobiographique stimule sans doute le souvenir autant qu'elle est stimulée par lui.

### Conclusion

L'autobiographie n'est pas seulement récit par l'auteur lui-même de sa vie, mais aussi réflexion sur le temps qui passe et le rôle de l'écriture.

## PERSPECTIVES (p. 363)

### ■ Chateaubriand, *Vie de Rancé*.

#### LIRE : Rancé et Chateaubriand

**1- Biographie ou autobiographie ?**

Cette page se présente comme le bilan de la vie de Rancé (*Tel fut Rancé. Cette vie ne satisfait pas*, l. 1) et le récit de son agonie. Mais elle abonde en réflexions générales.

– § 1 : Rancé (temps du passé).
– L. 13-20 : *Les hommes qui ont vieilli... on ne se dégage pas* (présent de vérité générale).
– L. 20-24 : *Vieux voyageur alors... Rancé* (passé).
– L. 24-27 : *Aujourd'hui* (présent).
– L. 27-30 : Rancé (passé).
– L. 31-36 : *On* (présent).
– L. 38-44 : *les derniers moments de Rancé* (passé).

L'écriture opère un va-et-vient continuel entre le passé et le présent, la vie du moine et une vie anonyme (*on*), qui pourrait bien être celle de Chateaubriand.

**2- L'hypothèse**

L'auteur imagine les différentes possibilités ouvertes à Rancé.

• **L'aventure,** le romanesque : l. 5, *Qu'eût-il trouvé ?* (s'il avait exécuté son projet de *courir le monde*) ; *Rancé eût compté... qui ne lui eût apporté* (l. 21-24).

• **Le suicide :** *Supposez que... il eût rejeté... son sang eût* (l. 6-9).

• **La passion** au détriment de son salut : *Si... il eût préféré... il n'aurait plus aimé* (l. 10-12).

• **La vie mondaine :** *Si le ciel eût mis... il se fût tôt fatigué* (l. 27-29).

Chaque supposition examine un style de vie et ses conséquences dans un passé hypothétique (irréel du passé, exprimé par l'imparfait du subjonctif) ; toutes rejetées, elles mettent en valeur le choix de Rancé, comme un point culminant : *Pour un homme comme lui, il n'y avait que le froc* (l. 29-30).

**3- Les échos entre *Mémoires* et *Vie de Rancé***

| | *Mémoires d'outre-tombe* | *Vie de Rancé* |
|---|---|---|
| La nostalgie d'une époque révolue | l. 10,15 | l. 24-26 |
| La philosophie d'un homme d'expérience | l. 14, 17-18 | l. 33-35 |
| La poursuite du bonheur | l. 12,15 | l. 5-6 |
| Le désenchantement | l. 16 | l. 16-17, 23-24 |

Ces coïncidences n'ont rien d'étonnant puisqu'en se projetant sur le personnage de Rancé, Chateaubriand lui prête ses propres émotions, sentiments, réflexions, expériences et désillusions.

#### ÉCRIRE

• **Choix de Grimarest** : un récit circonstancié (l. 34-35) contre une phrase pour Rancé (l. 37-40) ; de nombreux

RÉCITS DE VIE ET ÉCRITURE DE SOI

détails précis, personnels, humains ; l'agonisant est au centre du récit qu'il occupe exclusivement. Derniers propos du mourant rapportés au discours direct.

• **Choix de Chateaubriand** : une concision poignante (anacoluthe, l. 37) ; la solitude du mourant (l. 38-40) ; récit de la Passion du Christ volontairement substitué à celui de la mort de Rancé (l. 40-44) ; la métaphore grandit le moine (*ce Christ*), lui confère une dimension divine.

## PISTES

■ **Pour une séquence : L'écriture du souvenir** (la remémoration ; souvenir : joie ou souffrance ? souvenir, temps, écriture) : Baudelaire, *Les Fleurs du mal*, p. 201 ; Proust, *Du côté de chez Swann*, p. 392 ; Perec, *W ou le souvenir d'enfance*, p. 382.

■ **Exercices complémentaires**

• **Langue :** Identifiez et commentez la figure de style : « Depuis longtemps malade à l'infirmerie, les derniers moments de Rancé s'approchaient », l. 37-38.

• **Écriture :** Comment Grimarest (p. 357) aurait-il raconté l'agonie de Rancé ? Et Boulgakov (p. 359) ?

▶ ÉCRITURES AUTOBIOGRAPHIQUES

# L'autobiographie

## Montaigne

***Essais*** (p. 364)

### « J'étais tel »

## APPROCHES

■ **Axes d'étude :** Le portrait. L'autobiographie (p. 364).

■ **Préalables :** Souligner la difficulté essentielle soulevée par l'**autoportrait**, en littérature aussi bien qu'en peinture (p. 386). Le résultat dépend de la façon dont l'artiste se voit et se juge. Genre subjectif par essence : l'artiste s'accepte-t-il, s'aime-t-il comme il est ? Quelle image veut-il donner de lui en se peignant ?

■ **Vérifier** la compréhension d'*allégresse*, l. 16 (= vivacité) ; *vulgaire*, l. 24 (= banale) ; *qui vaille*, l. 30 (= correctement ; subjonctif du verbe valoir, cf. *rien qui vaille*).

## LIRE : Se voir et se peindre

### 1- Négations et affirmations

L. 1-2 : *le visage non pas gras, mais plein* ; l. 6-7 : *J'étais tel, car je ne me considère pas* ; l. 11-12 : *Ce que je serai... ce ne sera plus moi* ; l. 15 : *je n'en ai point eu* ; l. 19 : *je n'en ai trouvé guère* ; l. 21-22 : *ni pour... ni pour... on ne m'y a jamais su* ; l. 23 : *je n'y ai pu acquérir* ; l. 25 : *nulle du tout* ; l. 26 : *je ne sais pas écrire* ; l. 28 : *ne lis guère mieux* ; l. 29-32 : *Je ne sais pas... ni... ni... ni... ni... ni...* ; l. 34 : *Il n'y a rien... il y a seulement.*

Les négations dominent : Montaigne se refuse tout talent physique et intellectuel ; l'alternance négation/affirmation sert soit à opposer présent et passé (vieillissement conçu comme une déchéance, l. 6-7 ; 11-12), soit à apporter une précision dans le portrait (l. 1-2, 34).

### 2- La nuance et la précision

Elles élaborent le portrait en touches successives *non pas... mais* (l. 1-2) ; *guère... sauf* (l. 19-20) ; *Il n'y a rien... il y a seulement* (l. 34), marquant ainsi le souci d'exactitude de l'écrivain dans son entreprise. Fréquence des termes exprimant la *médiocrité* (= le degré moyen) : *entre... moyennement* (l. 2-3) ; *des médiocres* (l. 20) ; *vulgaire* (l. 24) : Montaigne se voit comme un spécimen de l'humanité moyenne. En même temps, il construit son image comme celle d'un personnage sans vanité et soucieux d'authentiticité.

### 3- Verbes et temps verbaux

Verbes d'état, de possession – ou de dépossession : *J'étais tel* (jeunesse), l. 6 ; *J'ai* (état présent), l. 1 ; *Je ne me considère... je suis engagé*, l. 7 ; *Je m'échappe... me dérobe* (processus en cours), l. 12-13 ; *Ce que je serai... ce ne sera plus... ce ne sera plus* (incertitudes de la vieillesse), l. 11.

Montaigne ne se contente pas de brosser son portrait : sa réflexion s'étend au passé et à l'avenir (angoisse du devenir traduite par la répétition des l. 11-12), il pose la question métaphysique de l'identité (*ce ne sera plus moi, je m'échappe, me dérobe*), et élève l'autoportrait jusqu'à la réflexion philosophique.

### Conclusion

Un autoportrait où transparaît volontairement *la forme entière de l'humaine condition* ; la modestie de Montaigne tire sa source de son projet d'écriture : pas de vaine présomption, mais un regard lucide, parfois sévère, souvent amusé.

## *PERSPECTIVES* (p. 365)

■ **Leiris, *L'Âge d'homme.***

**LIRE : L'écrivain sous sa loupe**

### 1- Du physique au psychologique

L. 3-4 : *des cheveux châtains coupés court... par crainte* ; l. 7-10 : *une nuque très droite... marque classique...* ; l. 11-14 : *front développé... le signe du Bélier* ; l. 18 : *mon teint est coloré ; j'ai honte* ; l. 21 : *mes deux majeurs, incurvés... dans mon caractère.*

L'auteur s'oblige à interpréter tous les détails de son physique. Et parce que son jugement général est négatif (*d'une laideur humiliante*, l. 37), chaque élément est montré sous un jour défavorable.

### 2- Le rôle de l'écriture

En abordant le sujet de son *activité principale*, le narrateur change de ton, comme si écrire lui permettait d'oublier ou de surmonter les défauts de son physique, d'exorciser sa *laideur humiliante*. La phrase devient assertive, dogmatique (*c'est une question de fait*, l. 40 ; *on est littérateur*, l. 40-41 ; *À rien ne sert*, l. 42 ; *est littérateur*, l. 44) ; le narrateur revendique son *goût d'écrire*, qui semble lui procurer la confiance qu'il ne trouve pas dans sa personne physique et être un moyen de connaissance (*penser une plume à la main*, l. 45).

**3- L'humour**

Les deux auteurs jettent sur eux-mêmes un regard détaché, sans crainte de montrer leurs défauts.

• Accumulations et gradations chez Montaigne : *voix/ instrument*, l. 21-22 ; *danse/ paume / lutte*, l. 23-24 ; *nager/ escrimer/ voltiger/ sauter*, l. 24-25 ; quintuple répétition de *ni*, l. 29-32 ; conclusion ironique, l. 29.

• Parenthèses sur l'astrologie chez Leiris (l. 9, 13-14) : leur répétition, avec formule dubitative (*si l'on en croit, selon le dire*) ; ironie tournée vers soi : invoque le destin pour se consoler d'une disgrâce physique.

Par l'humour, l'auteur prouve qu'il ne se prend pas au sérieux, qu'il s'observe avec détachement, donc avec sincérité : l'humour renforce la crédibilité de l'autoportrait.

Il est aussi un moyen de connivence avec le lecteur (► p. 519).

**ÉCRIRE**

Insister sur l'importance d'un portrait ordonné (physique/psychologique ; de haut en bas ; extérieur/intérieur) et sincère (défauts/qualités) ; recommander le même regard distancié que Montaigne et Leiris, assorti de notations humoristiques.

## PISTES

■ **Pour une séquence : L'autoportrait** (l'élaboration formelle ; la question de l'objectivité ; les regards sur soi) : l'autoportrait en images, p. 386-387.

■ **Exercices complémentaires**

• **Écriture :** En une trentaine de lignes, dégagez les ressemblances et les différences entre ces deux autoportraits.

**Voir :** la sculpture de Jean-Baptiste Stouf vous paraît-elle correspondre à l'autoportrait de Montaigne ? Argumentez.

■ **Bibliographie :** M. Beaujour, *Miroirs d'encre*, éd. du Seuil, 1980.

... L'autobiographie

## Montaigne

***Essais*** p. 366

« Ma vie ne me tenait plus qu'au bout des lèvres »

## APPROCHES

■ **Axes d'étude :** L'autobiographie et l'essai, p. 256 et 364. Le récit.

■ **Préalables :** Rappeler le **stoïcisme**, philosophie illustrée à Rome par Sénèque (341-270 av. J.C.), qui place le bonheur dans l'exercice austère de la vertu, la maîtrise des sens et des passions. Avec le stoïcisme, Montaigne s'entraîne à surmonter la souffrance physique (il souffre de coliques très douloureuses) et les coups du sort qui nous placent face à la mort (celle de son ami La Boétie) ; il apprend que ce n'est pas tant la mort que la crainte de la mort qui est cruelle : il en déduit qu'*il faut s'apprivoiser à la mort, s'accointer* à elle, qu'il faut *apprendre à mourir.*

## LIRE : La mort et le philosophe

**1- Les états successifs**

• La chute avec ses conséquences matérielles et la perte de conscience (l. 1-16) ; deux heures après, les premiers signes de vie : crachements de sang et retour *par les menus* à la conscience (l. 28-31 ; perception de la lumière, l. 34-36) ; enfin, dédoublement de la conscience : perception du corps ensanglanté, hypothèse sur la cause de l'accident/sentiment d'être entre la vie et la mort, désir de se laisser aller (l. 37-46).

• Impressions : *vue si trouble… lumière* (l. 35-36) ; *Il me semblait* (l. 41) ; *prenais plaisir* (l. 42).

• Souvenirs : imprécis ; *Cette recordation* (l. 32).

Montaigne s'inspire aussi des **récits** qu'on lui a faits de l'accident, notamment pour les instants qui suivent le choc et sa perte de conscience : *mort, étendu… non plus qu'une souche* (l. 11-15) ; *me prirent entre leurs bras* (l. 19).

Beaucoup de récits, quelques impressions, peu de souvenirs.

**2- À quoi pense-t-on au seuil de la mort ?**

Dans ces instants décisifs, Montaigne ne se rappelle aucune préoccupation philosophique ou religieuse, comme si l'expérience de la mort imminente rétractait le moi sur lui-même. L'introspection, apparemment très fidèle, ne quitte pas l'observation clinique et psychologique (comparaison avec le plaisir de l'endormissement).

Constatation curieuse mais non choquante ; avant d'être philosophe, Montaigne est homme, et cette expérience le renforce dans l'idée que « rien d'humain ne lui est étranger ».

## ÉCRIRE

On mettra l'accent sur la précision dans l'évocation des impressions et la curiosité pour la perte ou la redécouverte de soi : au physique, engourdissement ou paralysie, éblouissement… ; au moral, joie ou peur de l'inconnu…

## VOIR

La **réversibilité** de la gravure suggère que la mort est l'envers de la vie, et qu'elle est omniprésente quoique dissimulée : elle se cache derrière la vie, tout homme est un mort en puissance.

## PERSPECTIVES (p. 367)

■ **Rousseau, *Les Rêveries du promeneur solitaire.***

**LIRE : « Un moment délicieux »**

**1- Temps et récit**

• *J'étais sur les six heures… quand… tout à coup, brusquement…* ; passé simple (l. 1-15) : un accident brutal.

• *Il était presque nuit quand je repris connaissance* ; temps dominant : plus-que-parfait (l.19-33) : le récit de l'accident.

• *La nuit s'avançait…* temps dominant : imparfait (l. 34-50) : souvenir d'un *calme ravissant* (au sens étymologique).

**2- Sensations et impressions**

• **Première sensation,** la vue : *nuit, ciel, étoiles, verdure*, cadre romantique dans le goût des *Rêveries* de Rousseau (► p. 371), mystère et grandeur du ciel étoilé ; *Je voyais couler*, l. 44. Mais c'est l'absence de sensations qui domine : *Je ne sentais ni mal…*, l. 43.

• **Impressions :** une nouvelle naissance (*Je naissais dans cet instant à la vie*, l. 37) ; l'étrangeté à soi-même (*je ne savais ni qui j'étais…*, l. 42-43 ; nombreuses négations, l. 40 à 44 ; *comme j'aurais vu… sans songer seulement que ce sang m'appartînt*, l. 45-46). Paradoxe : ce qui pourrait l'inquiéter (amnésie, l. 40, 43) le ravit. Ce *calme ravissant* peut être qualifié de « flottement agréable », ou de « bienheureuse ataraxie ».

**3- Style du dernier paragraphe**

• **Vocabulaire :** *nuit, ciel, étoiles* : registre idyllique ; termes euphoriques : *délicieux, ravissant, rien de comparable*.

• **Rythmes :** binaire (ni… ni, l. 43, avec isométrie : 4/4) et ternaire (*ni… ni… ni…* l. 43-44) ; période expansive (l. 34-35, *le ciel… verdure* : 2/4/6) ; cadence majeure, l. 37-39.

• **Figures :** l. 45, la comparaison écoulement du sang/ruisseau.

Paragraphe poétique, ce qui peut sembler paradoxal puisqu'il s'agit de décrire les conséquences d'un grave accident, mais qui restitue le sentiment d'étrangeté à soi-même et de redécouverte du monde (*Je naissais*, l. 37).

**4- Similitudes entre Montaigne et Rousseau**

• Composition du récit : avant l'accident/le choc/l'évanouissement/le retour à la vie.

• Détails : ex : *Étant à la descente, ma tête avait donné plus bas que mes pieds* (l. 25-26), rappelle *nous envoyant… les pieds contremont* (l. 9-11 chez Montaigne) ; comparaison du sang avec un ruisseau rappelle *un plein seau de bouillons de sang pur*, l. 26-27.

• Dans l'épisode du retour à la conscience : les sensations (vue) ; impression de plaisir et de douceur.

Analogies dues à la similitude des expériences, mais aussi au fait que Rousseau, lecteur des *Essais*, connaît le récit de Montaigne : son propre récit est une réminiscence de celui du philosophe.

## PISTES

■ **Pour une séquence : Méditation sur la mort** (► *supra*, p. 218).

■ **Exercice complémentaire : Oral**
Vous présenterez un bilan ordonné de ce qui fait l'originalité de Rousseau par rapport à Montaigne, à partir des deux derniers paragraphes.

■ **Lecture cursive :** Rousseau, *Les Rêveries du promeneur solitaire.*

■ **Bibliographie :** J. Starobinski, *Montaigne en mouvement*, éd. Gallimard, 1993 ; J. Lecarme, *L'Autobiographie*, éd. A. Colin, 1997.

# … L'autobiographie

## Rousseau

## *Confessions* p. 368

### « Une chasse aux pommes qui me coûta cher »

## APPROCHES

■ **Axes d'étude :** Le récit. L'autobiographie (p. 364). Le registre comique (p. 518).

■ **Préalables :** Expliquer que le livre I des *Confessions* se structure en plusieurs étapes marquées chacune par une « chute », qui mènent progressivement l'enfant d'un âge d'or (innocence et bonheur du paradis terrestre) à un « âge de fer » (découverte de l'injustice, du mensonge, de la persécution) : passé de la maison paternelle à Bossey (chez Mlle de Lambercier), puis chez un oncle à Genève, il subit ensuite l'autorité d'un maître sévère.

■ **Vérifier** que sont compris : *transport*, l. 8 (= enthousiasme) ; *pitoyable*, l. 16 (= compatissant).

**LIRE : Rousseau juge de Jean-Jacques**

**1- Les registres**

• **Tragi-comique :** alliance des verbes *frémir et rire* (l. 1). Emploi ostensible des ingrédients de la tragédie : chœur tragique, lamentation (*Qui dira ma douleur ?*, l. 10 ; *Lecteur pitoyable, partagez mon affliction*, l. 16) ; vocabulaire noble (*ce précieux fruit*, l. 5 ; *avec transport*, l. 8) ; incertitude mêlée d'espoir (*espérant*, l. 14 ; *craignais*, l. 17), comme dans le cinquième acte d'une tragédie avant la catastrophe (*Malheureusement… tout à coup*, l. 22-23). Mais ce tragique est démenti par le ridicule de l'aventure (l. 23-25).

• **Héroï-comique :** allusions mythologiques (les travaux d'Hercule, l. 4-5) ; comme les héros grecs (Ulysse, Hercule, Thésée), l'enfant fait preuve d'ingéniosité (*Je montai… J'allai chercher… Je l'allongeai*, l. 4-6 ; *Que d'inventions*, l. 11), d'acharnement (*Je ne perdis point courage*, l. 17 ; *je tente un nouvel essai*, l. 21) et *d'adresse* (l. 13). Il se peint aussi comme un chevalier face au *dragon* (l. 23). Mais le héros est un jeune fripon, l'objet de ses « travaux » le vol d'une pomme, ses armes ridicules (*broche, petite broche, couteau, latte*).

**2- La candeur dans la friponnerie**

L'enfant recherche un plaisir immédiat, sans penser à mal, d'où la tranquillité de sa conscience après sa première tentative (*tout aussi tranquillement*, l. 19) ; il ne cherche pas à effacer les traces de sa tentative (*sans songer aux deux témoins indiscrets*, l. 19-20) ; ce sont les circonstances qui poussent l'enfant au vol, et non un naturel mauvais ou pervers (Rousseau parle d'ailleurs de *chasse* et non de *vol*). Pour Rousseau, l'enfant est naïf, son forfait n'a rien de scandaleux.

**3- Jugement du maître**

Un homme dur (vu comme un *dragon* par l'enfant, l. 23), cruel, puisqu'il tend un piège à Jean-Jacques pour le prendre en flagrant délit (l. 23-24) ; il pratique facilement les châtiments corporels (*à force d'essuyer de mauvais traitements*, l. 26 ; *me battre comme fripon*, l. 29-30 ; *être battu*, l. 30). Cette attitude conduit l'enfant à la délinquance (*compensation du vol*, l. 27 ; *en avant… la vengeance*, l. 29 ; *m'autoriser à l'être*, l. 30 ; *je suis fait pour l'être*, l. 34). L'accoutumance aux *mauvais traitements* (l. 26) endurcit le cœur de l'enfant, qui se livre alors sans remords à son vice (*voler plus tranquillement*, l. 33).

La mauvaise foi : à aucun moment Rousseau n'adopte un autre point de vue que celui de Jean-Jacques et n'envisage de modifier son comportement pour inverser le mouvement de la « spirale infernale ». Il semble ignorer que puisque *voler et être battu* vont ensemble, il suffit de ne pas voler pour ne pas être battu !

## *PERSPECTIVES* (p. 369)

■ **Saint Augustin, *Confessions* (II, 4).**

**LIRE : Une faute symbolique**

**1- La « méchanceté » des enfants**

• Le fruit du larcin est médiocre (*ni fort belles, ni fort délicieuses*, l. 2-3), les voleurs n'ont donc pas l'excuse de la convoitise ; ils ne cueillent pas les fruits mais *secouent* l'arbre sauvagement (l. 7) et le dépouillent complètement (*tout ce qu'il y avait de fruit*, l. 7-8).

• Leur acte est gratuit : *non pour les manger, mais seulement pour les prendre* (l. 9-10) ; ils sont prêts à *les jeter aux pourceaux* (l. 10-11).

• Le mal pour le mal : ils agissent pour le plaisir de braver un interdit (*plaisir… faire ce qui nous était défendu*, l. 12-13).

La scène rappelle celle de la Genèse (ch. III) : Adam et Ève séduits par le serpent passent outre l'interdiction de Dieu et mangent le fruit de l'arbre de la connaissance du bien et du mal. Similitude des situations (cueillir le fruit défendu). Par cette allusion, saint Augustin impute à sa faute la même gravité qu'à celle d'Adam. Le fait qu'il s'agisse d'enfants ne minimise en rien leur forfait : ils sont animés de la même concupiscence, du même orgueil que les premiers hommes.

**2- L'homme et Dieu**

• **Composition du texte :**

– § 1 : récit au passé simple (*nous nous en allâmes*, l. 3, 6 ; *nous nous en revînmes*, l. 8) ;

– § 2 : prière (apostrophes, l. 14 : *Mon Dieu*, et l. 24 : *ô mon Dieu* ; personnes de l'interlocution *je/vous* ; adresse continuelle : *vous*, l. 14, 15, 16, 25) au cours de laquelle l'homme offre sa misère à Dieu (*voici mon cœur*, l. 14-15) ; présents et passés composés.

• **Vision de l'homme :** mauvais par essence, condamné à s'enfoncer dans l'iniquité (*se rendre coupable gratuitement*, l. 18 ; *sans avoir… malice même*, l. 19), l'amour du mal (triple répétition de *j'ai aimé*, l. 20-21, et de *péché*, l. 21-23 ; dérivations : *honteuses/infâmes – honte/infamie*).

• **La relation à Dieu :** un lien de confiance et d'abandon à Dieu qui est « lent à la colère », infiniment miséricordieux (*avoir pitié*, l. 15-16 ; *son unique soutien*, l. 26).

**3- Rousseau et saint Augustin**

Rousseau voit l'enfant comme un être innocent et fragile que les circonstances poussent au mal (« Il n'y a point de perversité originelle dans le cœur humain », *Émile*). Jean-Jacques se présente comme la *victime* d'une mauvaise éducation. Chez saint Augustin au contraire, l'homme apparaît viscéralement corrompu, il s'adonne au mal de lui-même, dès l'enfance, comme avec délectation (l. 23-24, 29-30). Leurs projets autobiographiques sont donc radicalement opposés : les *Confessions* de Rousseau montrent un enfant innocent plus tard tombé dans l'abîme et cherchent des circonstances atténuantes ; inversement, l'œuvre de saint Augustin suggère une dynamique de conversion : quoique *dans le profond de l'abîme*, l'auteur s'est amendé avec la grâce de Dieu.

**ÉCRIRE**

On recommandera d'adopter la partition récit/réflexion, de choisir entre le passé simple et le passé composé pour le récit, l'imparfait et le présent pour la réflexion. On veillera à la pertinence des arguments pour cette seconde partie (recherche des circonstances atténuantes dans le cas d'une justification ; reconnaissance de la désobéissance, de l'ingratitude, du défi ou de la révolte dans le cas d'une accusation).

## PISTES

■ **Pour une séquence : Autobiographie et enfance** (vision de l'enfance ; la formation de la personnalité ; le regard de l'adulte ; les raisons de l'écriture) : Rousseau, *Confessions*, p. 370 ; Colette, *Sido*, p. 372 ; Chateaubriand, *Mémoires d'outre-tombe*, p. 373 ; Sartre, *Les Mots*, p. 374 ; Sarraute, *Enfance*, p. 375 ; Perec, *W ou le souvenir d'enfance*, p. 382.

■ **Exercices complémentaires**

• **Langue :** Étudiez l'emploi des temps dans le récit de Rousseau.

• **Oral :** Imaginez le sermon de reproche prononcé par le maître à la suite de la tentative de Jean-Jacques.

■ **Bibliographie :** Ph. Lejeune, *Le Pacte autobiographique*, éd. du Seuil, 1975 ; J. Starobinski, *Jean-Jacques Rousseau, La transparence et l'obstacle*, éd. Gallimard, 1971.

**Rousseau**
***Confessions***

p. 370

## « J'en étais innocent »

### APPROCHES

■ **Axes d'étude :** L'autobiographie (p. 364). L'emploi des temps. Représentation de l'enfance.

■ **Préalables :** Signaler la nouveauté des *Confessions* dans l'histoire de l'autobiographie : remonter à l'enfance pour y trouver les clés de la personnalité adulte. Une double histoire : celle des événements, celle des affections de la sensibilité ; un **double registre** de l'écriture : le récit des faits passés, la parole de l'auteur-narrateur. Rousseau réécrit sa vie comme un **mythe**, racontant, à travers son exemple, l'histoire de la dégradation de la nature par la société.

### LIRE : Le mythe de l'innocence perdue

#### 1- L'emploi des temps

• L. 5-7 : un **présent dans le passé** (présent de narration) met en scène l'interrogatoire de Jean-Jacques ; mais on peut aussi y lire une sorte d'effraction d'un passé douloureux dans le présent de l'écriture.

• L. 22-28 : le présent renvoie au **temps de l'énonciation** : *Il y a maintenant cinquante ans…*, l'auteur entre en scène pour redire solennellement son innocence devant ses lecteurs. La question clé (au discours direct : *À qui s'en prendre de ce dégât ?*) demeure pour lui parole de l'énigme : *Qu'on ne me demande pas* (l. 26-28).

• L. 30-31 : le présent renvoie encore au **temps de l'énonciation**, mais pour y inscrire cette fois, dans un **contexte au passé simple**, un très bref récit du blocage de la mémoire sur le traumatisme de l'affaire du peigne et de l'expérience de l'injustice : *je cessai… Nous restâmes*.

Le récit comporte ensuite une longue séquence **itérative à l'imparfait**, centrée sur le désenchantement mutuel des acteurs du drame.

L'intrusion du présent dans le récit souligne à la fois la brutalité et le retentissement de l'événement traumatique.

#### 2- La portée de l'épisode

• **Le héros à l'antique** : courage marqué au sceau de l'**hyperbole** : le châtiment est une *exécution* […] *terrible* (l. 13-14) ; l'enfant est mis *dans l'état le plus affreux* (l. 18) ; il fait preuve de *constance* : *J'aurais souffert la mort et j'y étais résolu* (l. 18-20). Traitant ainsi son histoire sur le mode **héroïque**, il exalte son côté Fabricius.

• **Le procès de l'innocent** : Rousseau rouvre ici son procès en appel, cinquante ans après, devant ses lecteurs et l'Éternel, reprenant une à une toutes les pièces de l'affaire pour confirmer son innocence (l. 23-28). Cet épisode, donné comme une première expérience de l'injustice et comme rupture de l'harmonie de l'enfance, vaut également comme matrice symbolique de la figure de l'**innocent persécuté**.

• **La sortie d'Éden** : avec le châtiment injuste, *les dieux qui lisaient dans nos cœurs* (l. 36) sont devenus aveugles ; le paradis terrestre est perdu : Jean-Jacques et son cousin **apprennent le mal** (l. 38-39).

#### 3- Étapes de la fin du bonheur

• L. 33-36 : une relation confiante se délie. Énumération de termes connotant l'intimité, désormais perdue.

• L. 36 : perte de la transparence des consciences : désenchantement des *dieux*, reconnus incapables de *lire dans* [les] *cœurs* des enfants.

• L. 36-39 : perte de l'innocence, premier apprentissage du vice et de la dissimulation.

• L. 39-42 : la nature même devient étrangère aux cœurs, elle se *voile*.

#### 4- Causes de la disparition de l'innocence

Dans la perspective de l'*Émile*, le châtiment injuste enseigne le mal aux enfants ; ceux-ci entrent dans le jeu de la manipulation des apparences parce qu'ils craignent désormais le jugement d'autrui : *plus craintifs d'être accusés* (l. 37), ils se cachent et ils mentent.

Tout comme dans l'épisode du vol des pommes, c'est, selon Rousseau, l'attitude injuste des adultes qui est responsable de la dégradation d'un naturel honnête et transparent : *Je me mis à voler plus tranquillement* (l. 33) rappelle *nous étions moins honteux de mal faire* (l. 37) ; et l'entreprise secrète de Jean-Jacques dans la *dépense* est l'écho de la dissimulation dont font preuve les cousins *mutinés (nous commencions à nous cacher, à nous mutiner, à mentir,* l. 38*)*.

#### Conclusion

Étonnante histoire que celle de ce peigne cassé – après tout une peccadille montée en épingle – et où Rousseau lui-même voit une affaire méritant d'être prise au sérieux (l. 9) ; tout semble hors de proportion ici : la faute supposée, le châtiment, l'impact sur la personnalité de l'enfant, la solennité des protestations d'innocence ; tout laisse à penser que l'épisode condense (au sens freudien) des enjeux cruciaux de l'histoire infantile (mais aussi de l'histoire adulte) en rapport avec la sexualité (l. 11-16).

### PISTES

■ **Pour une séquence : Autobiographie et enfance** (▶ *supra*, p. 287).

■ **Exercice complémentaire : Écriture**
Imaginez un bref dialogue pour illustrer le récit des l. 5 à 12.

■ **Bibliographie :** J. Starobinski, *L'Œil vivant*, « Jean-Jacques Rousseau et le péril de la réflexion », éd. Gallimard, 1961.

## Rousseau
### *Rêveries du promeneur solitaire*

p. 371

# « Une rêverie délicieuse »

## APPROCHES

■ **Axes d'étude :** La prose poétique. L'eau et la rêverie.

■ **Préalables :** Rappeler le contexte : Rousseau présente sa **conception du bonheur** en l'illustrant par un récit de ses occupations habituelles à l'île de Saint-Pierre : importance de la paresse et de l'oisiveté dans son art de vivre ; tradition antique de l'*otium*, épicurisme, mais aussi valeur de l'abandon passif dans l'expérience **contemplative**, importance centrale du sentiment de l'existence dans sa pensée.

■ **Vérifier** la compréhension de : *réduits riants*, l. 3 (= refuges charmants).

## LIRE : Nature et poésie

### 1- L'importance des sens

• **§ 1 :** La vue se déploie en un vaste mouvement d'**expansion circulaire** (panorama offert depuis les hauteurs de l'île) : lac et rivages (l. 5), montagnes proches (l. 5-6), lointaines (l. 7). Le balancement binaire (*tantôt... tantôt*, l. 2-3 ; *d'un côté... et de l'autre*, l. 5-6) complète la perception panoramique (*parcourir des yeux*, l. 4 ; *ravissant coup d'œil*, l. 4-5 ; *la vue s'étendait*, l. 6-7).

• **§ 2 :** Les sons atteignent Rousseau en même temps par l'ouïe (*le bruit des vagues*, l. 9-10) ; *son bruit continu... intervalles* (l. 13-14) et par le regard porté sur *l'agitation de l'eau* (l. 10 ; voir *Le flux... cette eau*, l. 12). *Les mouvements internes* (l. 14) de la rêverie naissent des sensations (l. 10) et l'âme est envahie par le *mouvement* du monde (l. 19).

### 2- La rêverie

Sa naissance suppose la concentration de la sensibilité (l. 10), la passivité de l'âme (l. 12-16, 19), l'aptitude du rêveur à l'oubli de soi dans l'**oubli du temps** (l. 10-12, 18-21).

Chez Rousseau, le bonheur se confond avec le sentiment de l'existence où le rêveur est à la fois centre et cercle. La vue s'élargit ainsi en spirale aux limites du paysage (l. 1-7), puis la rêverie s'intériorise de plus en plus profondément, jusqu'à ce que l'âme s'identifie passivement au rythme de l'être (l. 18-20). La rêverie est alors **pure jouissance**, débarrassée des contingences du temps, du souci d'autrui et des passions.

### 3- La description

Elle s'inscrit dans la grille des **indicateurs spatiaux** : droite/gauche (l. 2) ; haut/bas (l. 3-4, 9-10) ; d'un côté/de l'autre (l. 5-6) ; proche/lointain (l. 5-7) ; motif de l'espace circonscrit de l'île, puis de l'*asile caché* (l. 9). Dépourvue de pittoresque, la description vaut d'abord pour les impressions qu'elle suscite (*riants, solitaires, superbe, ravissant*).

Cette grille disparaît avec l'exploration de l'espace du dedans : progressions parallèles du dehors au dedans, de l'activité à la passivité ; expansion progressive de la description du flux et du reflux, l. 12 ; spécification du mouvement, du rythme et de la sensation, l. 13-14. Puis, toute image disparaît au profit de la rêverie (l. 18-21).

### 4- Sonorités et rythmes

• **Sonorités**

– **Allitérations :** [t] et [ʀ], l. 4-5 (*terrasses, tertres parcourir...*), [s], l. 12 ; [p], l. 15-16 (*sans prendre la peine de penser*) ; [k], l. 19.

– **Allitérations et assonances :** [ʀ] et [i], ***réduits, riants**, solitaires pour y rêver* (l. 3) ; [d], [e], [i], *je **descendais des cimes de l'île*** (l. 8). Échos sonores en parallèles ou en miroir : ***terrasses, tertres*** ; ***pour parcourir*** (l. 4) ; *quand le **soir** approchait... m'**asseoir*** (l. 8-9) ; *le **flux** et le **reflux*** (l. 12) ; *j'**allais**... au bord du **lac** sur **la** grève... **asile** caché* ; ***là le** bruit des vagues et **l'a**gitation de l'eau* (l. 8-10) ; *l'**uni**formité du **mouvement** conti**nu** qui **me** berçait* (l. 18-19) ; retour des groupes [fl] et [ʀfl] (liés à ***flux*** et ***reflux***) : *...**renflé** par inter**valles** frappant sans re**lâche*** (l. 13).

• **Rythmes** (on limitera l'étude au § 2) : faire repérer l'acmé des périodes, les éléments de régularité et la cadence majeure récurrente. Toutes les phrases sont bâties sur le même schéma : régularité initiale, équivalent rythmique du mouvement de l'eau ; deuxième partie plus ample, suggérant la continuité, l'absorption de l'être dans la rêverie. Dans les l. 16-21, le schéma est repris, mais la deuxième partie de la phrase (*mais bientôt*) introduit avec la consécutive des déséquilibres : d'où l'impression d'un retour pénible à la conscience.

### Conclusion

*Mon but... est de me rendre compte des modifications de mon âme et de leurs successions* (Première promenade) ; ce sont elles que reconstitue cette page poétique : rêverie sur la rêverie, retrouvée, recommencée, prolongée dans l'écriture, de ce qui fut d'abord abandon muet au rythme et au bruit des vagues dans l'oubli du temps qui passe.

## PISTES

■ **Pour une séquence : Conceptions du bonheur au XVIIIe siècle** : (les composantes ; plaisir et revendication : le bonheur des Lumières ? ; tonalités) Voltaire, *Le Mondain*, p. 78 ; Rousseau, *Discours sur l'origine de l'inégalité*, p. 79 ; *La Nouvelle Héloïse*, texte complémentaire, p. 62.

■ **Exercice complémentaire : Écriture**

Rédigez une page argumentée sur la dimension poétique du texte de Rousseau.

■ **Bibliographie :** G. Bachelard, *L'Eau et les rêves*, éd. José Corti, 1940.

## ... L'autobiographie

**Colette**

***Sido***

p. 372

### « La pluie de grenouilles tièdes »

**APPROCHES**

■ **Axes d'étude :** L'art du récit. Point de vue et voix narratives. L'humour (p. 519).

■ **Préalables :**

Partir de la **notion de récit** : raconter, de la pratique orale à la narration littéraire. Rien de plus naturel et rien de plus capable de transfigurer le réel... En donnant la parole à sa mère Sido, Colette remonte aux origines d'une sensibilité (une ouverture sur le monde naturel) et d'une parole narrative (un art de conter) étroitement solidaires.

Le récit de Sido (l. 3-23) est enchâssé dans le récit de Colette, qui n'affleure que discrètement ici (l. 24-31) : l'ex-destinataire est devenue narratrice à son tour, mais s'efforce de combler cette distance temporelle en faisant revivre aujourd'hui paroles et visions du passé.

■ **Vérifier** la compréhension de : *tutoyée*, l. 26 (= effleurée).

**LIRE : « La mère et la fille »**

**1- L'intérêt narratif**

**Composition du récit :** changements de rythmes qui relancent l'intérêt : **1) Situation initiale :** l. 4 ; **2) Perturbation**... atmosphérique : l. 5-9 ; **3) Action :** le dialogue Antoine/Sido et l'averse (l. 10-15) ; **4) Force rééquilibrante :** le *nuage passé* (l. 16), retour au calme ; **5) Situation finale** – dont la révélation est retardée par la question qui crée un effet de suspense (l. 18-19) : les grenouilles (l. 19-23).

L'art de **conter** se manifeste également par des phénomènes de dramatisation et d'expressivité : adresses à l'auditoire (*non... revenants*, l. 6 ; *tu comprends*, l. 13 ; *trouve quoi ?*, l. 19) ; présent de narration (l. 5-12) : phrase à retardements (*quand un nuage, un vrai nuage... tout autour, se met...*, l. 6-8).

**2- La relation mère-fille**

• ***L'air bête*** (l. 1, l. 32) : reproche paradoxalement transformé en appréciation laudative : *D'ailleurs tu es beaucoup plus jolie...* (l. 32-33). Cet *air bête* correspond à la rêverie de la fille, entraînée ailleurs par le récit maternel (*le vent du Sud se levait devant les yeux de mon âme*, l. 27-28). Dans cette histoire de bêtes, *l'air bête* est sans doute le plus approprié : pluie de grenouilles, jument inquiète, présence indirecte des animaux familiers comme la *havanaise* et les *angoras* (l. 25).

• **La complicité mère-fille :** La fille reprend tendrement à son compte l'exagération maternelle dont elle transcrit poétiquement la relation : *vent du Sud... empanaché de graines, de sable, de papillons morts, raciné au désert de Libye* (l. 27-29). Elle cherche à son tour à transmettre au lecteur (*Vous croirez sans peine*, l. 27) ce que sa mère lui a donné à *voir* (l. 31). Elle est proche de sa mère par cette sensibilité, cette attention aux réalités physiques et aux merveilles du monde.

**3- Humour de la double narration**

Colette ne se contente pas de raconter cette histoire d'une pluie de grenouilles tièdes qu'elle tient de sa mère : elle met en scène la narratrice, en pleine action narrative ; elle redonne vie à une situation énonciative (précisions portant sur les gestes, comme des didascalies au théâtre : *Elle brandissait le peigne de fer*, l. 24). La fille narratrice met en valeur les effets de la voix maternelle sur la destinataire béate et fascinée qu'elle était (l. 27-28), effets qui perdurent par-delà la mort de Sido (l. 31). Tout en mettant à distance l'invraisemblance plaisante d'un récit riche en prodiges, Colette en savoure l'hyperbole et en éternise le charme magique. Il s'agit moins d'ironie que d'humour : Colette reconnaît ce qu'elle doit elle-même à cette figure maternelle qui l'a tant marquée.

**Conclusion**

L'intérêt du texte tient à cette distance entre trois moments (l'épisode de la pluie, le récit fait à sa fille, le récit autobiographique), distance à la fois maintenue par le sourire de Colette narratrice et abolie par ce *tourbillon du vent du Sud* qui figure la magie de la parole poétique.

***PERSPECTIVES*** (p. 373)

■ **Chateaubriand, *Mémoires d'outre-tombe.***

**LIRE : Les fantômes de Combourg**

**1- Tendresse et solidarité fraternelle**

Scène de genre traditionnelle (veillée autour du foyer familial) qui surprend l'attente du lecteur : au lieu d'un entourage aimant, les deux enfants se retrouvent seuls. Groupe familial désigné par la formule objective *les quatre convives* (l. 2). Récurrence du pronom de la troisième personne pour désigner les parents, surtout le père (*elle, il, lui, l'*) : soulignement de la distance physique et affective qui les sépare des deux enfants ; groupe mère + enfants désigné par *on* (l. 15-16) ; *nous* réservé au couple formé avec sa sœur (*Lucile et moi, nous*, l. 20-23, 37 et l. 23, 25, 37-41). La tendresse qui unit les deux enfants tient en partie à leur solidarité objective (voir le conte *Hansel et Gretel*).

**2- Colette et Chateaubriand**

• **Chez Colette**, la mère est un être proche (elle raconte une histoire à sa fille), familier (référence aux réalités du corps : grossesse qui la rend *énorme*, l. 4, *bain de siège*, l. 16), complice (plaisanterie, l. 6) et tendre (émerveillement devant sa fille, l. 32-34).

• **Chez Chateaubriand**, les parents sont comme étrangers à leurs enfants ; le père : un être spectral (l. 19) par son physique (*demi-chauve*, l. 12 ; *joue sèche et creuse*, l. 39-40), son vêtement blanc (l. 10, 13), son comportement (déplacements lents, l. 17, 27), ses paroles rares et soupçonneuses (l. 24-40), ses gestes solennels (l. 32), son attirance pour l'ombre et le secret (*marcher dans les ténèbres*, l. 16-17 ; *au fond de la tour... se refermer sur lui*, l. 40-42). La mère est tout aussi mystérieuse : quelle est la cause de ses soupirs (l. 4, 27).

La différence des relations parents/enfants tient à la fois à l'**époque** : un siècle sépare les deux scènes évoquées, les relations familiales ont évolué ; au **milieu social** : les parents sont plus proches de leurs enfants, physiquement et affectivement, dans le milieu roturier et paysan que dans les grandes familles de l'aristocratie ; et au **caractère** des parents : Sido est bavarde, expansive, pleine de vie et de générosité ; la mère de Chateaubriand paraît asthénique, le père soucieux et taciturne.

**VOIR**

**Dans le tableau :** atmosphère de conte fantastique : les deux enfants (symboles d'innocence) tournés vers la lumière du foyer ; derrière eux, la silhouette paternelle, spectrale, émergeant à peine de l'obscurité dominante. Les foyers de lumière sont cachés (feu, bougie) et éclairent symboliquement les deux enfants, la cheminée (tutélaire ?), le livre de la mère (solitaire). L'obscurité de l'arrière-plan symbolise la nuit et l'autorité des ancêtres dont la silhouette paternelle semble descendre. Les deux sources de lumière (cheminée, bougie) partagent le tableau selon une diagonale qui sépare aussi le monde des enfants de celui des adultes.

**Dans le texte :** même **clair-obscur** ; quelques foyers de **lumière** (*bougie*, l. 6 et 15 ; *feu*, l. 6 ; *grand flambeau*, l. 32-33). Une grande zone d'**ombre**, la maison tout autour (*si peu éclairée… ténèbres*, l. 14-18). Cet éclairage tout en contraste théâtralise le souvenir et lui donne une coloration fantastique : les ténèbres connotent la froideur du père et du climat, la tristesse angoissante des soirées, dues non seulement à la saison, mais aussi à l'absence de communication au sein de la famille. La bougie, unique, isole la mère ; le foyer symbolise la communion affective du frère et de la sœur.

**DIRE**

On ne se contentera pas d'opposer deux positions extrêmes reflétant les deux textes étudiés ; on incitera les élèves à rechercher les nuances intermédiaires et à considérer l'importance des cas de figure particuliers (par exemple : absence du père chez Colette).

## PISTES

■ **Pour une séquence : Les relations entre parents et enfants** (variété des expériences et des regards ; autrefois/aujourd'hui ; côté parents/côté enfants ; nature des difficultés) : Malherbe, *Lettre à M^me^ de Malherbe*, p. 407 ; M^me^ de Sévigné, *Lettres*, p. 410.

■ **Exercice complémentaire : Langue**
Étudiez les images dans le récit de Sido (l. 3-23).

■ **Lecture cursive** : Barjavel, *La Charrette bleue,* éd. Gallimard.

## … L'autobiographie

### Sartre

### *Les Mots* p. 374

### « Sincèrement ? »

## APPROCHES

■ **Axes d'étude :** L'autobiographie (p. 364). Représentations de l'enfance. L'être et le paraître.

■ **Préalables :** Préciser que contrairement aux apparences, *Les Mots* **ne sont pas une autobiographie traditionnelle**. Sartre ne cherche pas à rassembler des souvenirs pour faire le bilan de sa vie, mais à raconter comment il a rompu avec le mythe des belles-lettres en devenant malgré tout écrivain. L'examen rétrospectif se limite ici aux dix premières années de l'enfance et s'applique à dénoncer la confusion entre littérature et réalité, l'assimilation de la littérature à une religion.

■ **Préciser** la compréhension de *humanisme de prélat* (l. 8) : l'emploi ironique du vocabulaire religieux abonde sous la plume de Sartre pour dénoncer la sacralisation de la culture, dont il rend son grand-père responsable (bibliothèque = *sanctuaire*, lecture = *cérémonie* ; *en état de grâce*, l. 38).

## LIRE : Le vrai et le faux

### 1- Les temps et le souvenir

• **Le passé :** le souvenir d'enfance, introduit par la formule *voyez plutôt* (l. 21-22), n'est pas une anecdote précise relatée au passé simple, mais un **comportement** décrit sur le mode **itératif** (imparfait, l. 22-38).

• **Le présent :** étroit (référence du texte à lui-même : *Ce que je viens d'écrire*, l. 13) ou dilaté (*Aujourd'hui encore, ce vice mineur me reste*, l. 1).

Va-et-vient constant entre le passé et ses conséquences dans le présent. Pour Sartre, il s'agit de comprendre l'homme qu'il est devenu à travers l'enfant qu'il fut (*Tous les traits de l'enfant sont resté chez le quinquagénaire*, écrit-il plus loin).

### 2- L'enfant et sa famille

• **L'enfant :** présenté comme un hypocrite (*pour la montre*, l. 31), veut se donner pour autre qu'il n'est (*un adulte en miniature*, l. 22 ; *Je vivais au-dessus de mon âge*, l. 29-30). Il se voit à travers le regard de ses proches – qu'il sait admiratif (*on s'en enchantait ; je le savais ; oui, je le savais*, l. 27-28 ; *un enfant merveilleux*, l. 28).

• **La famille :** responsable de cette attitude qu'elle encourage (*mes explorations… faisaient partie de la Comédie familiale*, l. 26-27), elle met tous ses espoirs dans l'enfant (l. 28-29). Cependant, le narrateur ne parvient pas à établir nettement la responsabilité de l'enfant dans cette *Comédie* (l. 16, 24-25).

### 3- La prise de conscience

Introduite par des verbes de pensée au passé composé *j'ai compris* (l. 8-9) ; *J'ai vu* (l. 17), se résume selon une formule lapidaire : *Tout homme est tout l'homme* (l. 9) : un nouvel **humanisme**, fondé sur le principe d'égalité, vient se substituer à celui de Karl, et pose la question de la **sincérité** (*on pouvait tout connaître de nos affections hormis leur force*, l. 18-19). Cette prise de conscience est vécue à la fois comme une libération, une ***guérison*** (l. 10) de son *délire* (l. 16) plus loin appelé *folie*, et une souffrance : un arrachement à ses illusions autant qu'à son milieu familial et intellectuel : *Comme elles sont tristes... désenchanté... je porte deux fois leur deuil* (l. 9-12).

### Conclusion

Un souvenir d'enfance atypique : Sartre ne jette pas sur l'enfant qu'il fut le regard attendri et amusé des autobiographes ; sa lucidité sur lui-même et sur sa famille a quelque chose de cruel : sorte de reniement de l'enfance. C'est pourtant cette observation sans complaisance qui lui permet d'exprimer les principes de sa pensée philosophique, notamment la « **mauvaise foi** » : spectateur de lui-même, être factice, le petit Jean-Paul préfigure les héros du théâtre sartrien et annonce la distinction de l'en-soi et du pour-soi exposée dans *L'Être et le Néant*.

## PISTES

■ **Pour une séquence : Autobiographie et enfance** (▶ *supra*, p. 287).

■ **Bibliographie :** D. Zanone, *L'Autobiographie*, Ellipses, éd. Marketing, 1996.

... L'autobiographie

## Sarraute

## *Enfance*

p. 375

# « De "beaux souvenirs d'enfance" »

## APPROCHES

■ **Axes d'étude :** Temps et récit. L'écriture autobiographique (p. 356). Les problèmes de la voix narrative.

■ **Préalables :** Identifier les **différentes voix** : paroles de la mère (l. 4-5) et d'une certaine tradition (l. 10), rapportées par le sujet du récit autobiographique, interrompu parfois (l. 14, 19) par un autre discours. Ensemble discontinu, donc : on ne peut pas plus assurer la fluidité homogène de la narration que l'on ne peut prétendre saisir la continuité de l'existence vécue. Ce sont la cohérence et la validité du projet autobiographique qui sont ici en question.

## LIRE : Une autobiographie dialoguée

### 1- La seconde voix

Intervient deux fois (l. 15-17 et 20-21) : instance proche, complice (*Ça se comprend*), qui partage la méfiance de la narratrice à l'égard de souvenirs trop beaux pour être vrais, tout en l'aidant à raconter le passé, à passer outre ses réticences (*laisse-toi aller un peu, tant pis, c'est si tentant*, l. 17). Apparaît comme une conscience éclairante, qui stimule le travail d'auto-analyse sans imposer du dehors au *moi* sa vérité (*C'est peut-être ce qui les a rendus plus intenses*, l. 20). Instance de contrôle discrète, elle évite au moi le double écueil du silence par excès de scrupule (*J'avoue que j'hésite un peu*, l. 14) et de la reconstruction déformante, complaisante (*souvenirs* que l'on exhibe *avec une certaine nuance de fierté*, l. 11). Oriente le récit rétrospectif dans le sens d'une relation personnelle, sincère, fidèle à la réalité vécue, sans mauvaise foi ni autocensure.

### 2- Je enfant, je adulte

• **§ 1, 2 :** expression des sensations de l'**enfant**, dans le passé, sans commentaire rétrospectif : *Je suis assise près de maman* (l. 1), *j'essaie de lire* (l. 3), *La ville où nous nous rendons* (l. 6) ; *Je* = la petite Natacha, la narratrice actuelle.

• **§ 3 :** le ***je* adulte** s'interroge longtemps après sur les qualités habituelles des « *beaux souvenirs d'enfance* » et dit son hésitation au moment de la narration (l. 14). Distance réflexive maintenue par l'emploi des temps du passé : *ils n'étaient pas faits pour moi* (l. 18) ; *la « salle », comme on les appelait* (l. 23-24).

• **L. 26-32 :** rappel, au présent, des bons moments passés dans cette maison (*ils s'approchent*, l. 30 ; *J'aime prendre part*, l. 31-32). Mais l'atténuation des marques de la première personne montre que la narratrice, plutôt que de s'abandonner à l'émotion subjective, s'attache aux choses et aux lieux, qui présentent de plus sûres garanties dans la reconstitution du passé. Le *je* critique peut ainsi coexister avec le *je* passé : la *cérémonie* familiale, *amusante* pour l'enfant (l. 32), l'est encore d'une autre façon pour l'adulte qui se rappelle ces vieilles traditions.

### 3- L'intensité du souvenir

La narratrice se méfie des souvenirs *en tout point conformes aux modèles les plus appréciés, les mieux cotés* (l. 13-14), de ceux *que leurs possesseurs exhibent* (l. 10-11). La tentation de raconter de *« beaux souvenirs d'enfance »* expose aux risques de complaisance narcissique, ou de reproduction impersonnelle d'une rhétorique de convention, ou d'esthétisme mièvre.

Sarraute bannit la recherche artificielle de l'effet : expansion nominale par simple énumération, par juxtaposition, avec le minimum d'élaboration syntaxique et stylistique : *la vaste maison... la « salle »... La longue table* (l. 22-26) ; articulations sommaires (*avec un grand piano*, l. 24), voire maladroites (*où à chacun des bouts*, l. 26-27) ; points de suspension respectant les approximations de la mémoire (l. 23, 26, 28, 31-32) ; vocabulaire très courant pour suggérer l'image de grandeur (*tout, vaste*, l. 22 ; *grand*, l. 24 ; *partout*, l. 24-25 ; *longue*, l. 26 ; *de loin*, l. 27), d'intimité (*recoins, petits escaliers*, l. 23 ;

*sur la joue un baiser*, l. 31), de clarté (*glaces, luisants*, l. 24-25 ; *housses blanches*, l. 26) et d'équilibre (entente souriante du père et de la mère, symétrie de la table : *quatre enfants, deux garçons et deux filles*, l. 27-28). Longues et lentes, les phrases reproduisent comme au ralenti la cérémonie d'antan (l. 22, 26-28, 28-31).

### Conclusion

La forme dialoguée renouvelle le *pacte autobiographique* : la recherche d'écriture est un moyen de se libérer des mots des autres, des clichés dans la représentation de l'enfance, pour mieux faire émerger la vérité, inévitablement floue et fuyante, du *moi* passé.

## ÉCRIRE

Choix du souvenir : une fête familiale, une rentrée des classes, des vacances à la mer…

On insistera sur l'importance de la présentation typographique (tirets, guillemets, éventuellement italique pour souligner l'hétérogénéité de la seconde voix). On s'inspirera des réponses à la question 3 pour exprimer l'intensité du souvenir (phrases nominales, syntaxe minimale) et l'émotion (exclamations, points de suspension).

## PISTES

■ **Pour une séquence : Autobiographie et enfance** (▶ *supra*, p. 287).

■ **Exercice complémentaire : Langue**
Étudier les valeurs du présent dans l'extrait proposé.

■ **Lecture cursive :** Sarraute, *Les Fruits d'or*.

■ **Bibliographie :** *Revue des sciences humaines*, n° 217, numéro spécial « Nathalie Sarraute » ; M. Gosselin, *Enfance de Nathalie Sarraute*, éd. Gallimard, 1996.

▶ ÉCRITURES AUTOBIOGRAPHIQUES

# Le récit de voyage

## Custine

***Lettres de Russie***

p. 376

## « Condamnés à vivre en Russie »

## APPROCHES

■ **Axes d'étude :** Les temps du récit. Les tonalités comiques (p. 518).

■ **Préalables :** Donner quelques précisions sur **Custine**, ami de Chateaubriand, Mme Récamier, Balzac et Stendhal, lui-même écrivain (« un sous-genre du génie », d'après Baudelaire), grand voyageur qui a sillonné l'Europe entière. C'est en Italie qu'il rédige *La Russie en 1839*. Parti hostile au gouvernement représentatif, Custine revint quelques mois plus tard avec l'opinion inverse : la presse ne manqua pas de lui reprocher ce revirement brutal, et les Russes l'accusèrent d'avoir multiplié les erreurs, les mensonges, les inexactitudes, et d'avoir caricaturé de façon injurieuse les coutumes locales.

■ **Préciser** la compréhension de : *cerbère*, l. 29 (= gardien hargneux).

## LIRE : « Cérémonies de la douane »

### 1- Critiques de la Russie

**• Articulations du texte**

| | | | |
|---|---|---|---|
| § 1 | Présent de narration | *Nous/il* (voyageurs/ douanier) | Récit de l'inspection |
| § 2-3 | Présent d'habitude | *On/le* (administration/ voyageur étranger) | Remarques générales sur l'administration russe |
| § 4 | Passé simple, présent de narration, présent général | *Il/nous/je* (douanier/ voyageurs/ narrateur) | Récit : fin de l'inspection et commentaire du narrateur |

**• La critique s'exerce contre :**

• la lenteur des instances administratives (*tant de retards*, l. 1 ; *nous attendions depuis longtemps*, l. 3 ; *lentement, lent, très lent*, l. 27-28) ;

• les ramifications bureaucratiques infinies : série ironique de compléments de noms (l. 1-2), *chef des chefs, supérieur des supérieurs, directeur des directeurs des douaniers* ;

• l'excès de zèle des douaniers (*renouvelle… des recherches déjà consciencieusement faites*, l. 14-15 ; *on ne croit jamais pouvoir faire assez pour montrer son zèle*, l. 17-19 ; *une formalité n'assure pas l'étranger contre une autre*, l. 19 ; *C'est comme un pillage*, l. 20 ; *Le tracassent à l'envi* l. 22), qui est aussi abus d'autorité : dénonciation de l'arbitraire (*La conscience plus ou moins timorée… si on lui en veut*, l. 23-24) ;

• la vanité de toutes ces tracasseries : antithèse *une grande peine pour atteindre un petit but* (l. 17).

### 2- Le comique

Il évolue en fonction des sentiments du narrateur : l'**ironie** souriante du début (mondanités mensongères du douanier, l. 7-9 ; son « ballet » grotesque, l. 13-14), expression de son agacement, tourne rapidement à l'exaspération, l'**humour** devient **noir** et **grinçant** sous l'effet de l'indignation : la pointe finale (*je me demandais… condamnés à vivre en Russie*) est suscitée par la vision révoltante des rameurs de la douane (*la plus profonde misère*, l. 32 ; *créatures d'une espèce à part*, l. 33 ; *ces misérables*, l. 35 ; *ces matelots en haillons*, l. 37 ; *des espèces de galériens huileux*, l. 38 ; *ces infortunés*, l. 40). Gêné et outré par leur misère, Custine adopte finalement un ton **polémique**.

### Conclusion

Un récit ambivalent et subjectif dans un genre qui ne l'est pas moins : quoi de plus personnel et partial que des impressions de voyage ? Avec un sens évident de la mise en scène, Custine met son art de conter au service de la polémique.

## DIRE

**Récit de voyage/mémoires :** s'assurer que les élèves ont saisi la différence essentielle de l'objet du récit. Chez Retz comme chez Casanova, le récit de voyage relève de l'anecdotique, il sert de prétexte pour se mettre en scène : l'épopée du *moi* est un récit plein de vivacité, de préférence au passé simple ou au présent de narration. Chez Custine, le *moi* n'est pas l'objet du récit (narrateur souvent englobé dans le *nous* des passagers, puis anonyme : *on* du voyageur étranger) ; il observe, commente, tout au plus s'indigne et condamne, porte des jugements (passages au présent de vérité générale). Le narrateur est là pour s'instruire, et fait part de ses conclusions au lecteur.

## PERSPECTIVES (p. 377)

■ **Stendhal, *Rome, Naples et Florence en 1817.***

### LIRE : Mémoires d'un touriste

**1- Le journal de voyage**

• **Journal de voyage/journal intime :** ressemblances formelles (dates, brièveté des notations, style laconique, presque télégraphique : *Le plus beau soleil*, l. 1-2 chez Stendhal ; *Un temps de prosateur*, l. 7 chez J. Renard).

• **Journal de voyage/récit de voyage :** tous deux rendent compte d'une visite dans un pays étranger que le narrateur observe avec un regard critique.

• **Spécificité du journal de voyage :**

– **Par rapport au journal intime :** le lieu change en fonction des étapes du voyage. Il ne s'agit pas de purs morceaux d'introspection comme chez G. Sand (▶ p. 378) ou Gide (▶ p. 381), mais de **récits de visites** (cérémonies à Saint-Pierre de Rome, le charme de la campagne italienne) au cours desquelles l'auteur a ressenti une émotion (*un des plus beaux spectacles*, l. 8 ; *J'éprouve un charme*, l. 26 ; *Toute la nature est… touchante*, l. 36 ; *oppressé de bonheur*, l. 43) ; les sentiments sont en rapport direct avec le voyage.

– **Par rapport au récit de voyage :** la brièveté des notations au jour le jour et le changement de lieu permettent de varier les impressions (l. 13-14, 32), tandis qu'avec son récit détaillé et circonstancié Custine (de même que son lecteur) reste sous le coup d'une impression défavorable, encore amplifiée par la narration.

**2-Tonalités**

• **Texte 1 :** relation enthousiaste et admirative (superlatifs et hyperboles : *le plus beau*, l. 1 ; *superbe*, l. 3 ; *auguste*, l. 4, *sublime, un des plus beaux*, l. 8) tempérée par des allusions moqueuses et ironiques : *excepté la musique* (l. 4-5) ; évaluations chiffrées : *deux, cinq, cent quatre-vingt-dix* (l. 11-12) ; *un aspect horrible* (l. 14), *en Italie… en Angleterre* (l. 15), *le ridicule… cage* (l. 18-19).

• **Texte 2 :**

– **émotion et lyrisme :** *J'éprouve un charme* (l. 26) ; *un charme* (l. 31) ; *plus touchante* (l. 36) ; *oppressé de bonheur* (l. 43) ; *je tressaillais… les larmes… aux yeux* (l. 47-48) ;

– **le romantisme :** la place de la nature (Stendhal) ; l'enthousiasme et l'émotion ; la réflexion sur soi (l. 33-35 ; le moi au centre de tout : l. 26-29 ; *pour moi*, l. 30, 36) ;

– **un genre romantique :** par la soif de l'ailleurs, de l'exotisme ; l'exaltation de la nature ; la quête du bonheur ; le sentiment pittoresque de l'éphémère ; l'affirmation de l'individualité et le lyrisme.

### ÉCRIRE

On veillera au respect des règles formelles du genre : indication initiale du lieu et du temps ; brièveté des phrases, éventuellement nominales ; emploi du présent de narration ou de l'imparfait pour le récit, du présent actuel ou élargi pour l'expression des sentiments.

## PISTES

■ **Pour une séquence : Le récit de voyage, réalité et fiction** (narration/description/commentaire ; pittoresque et polémique) : Swift, *Les Voyages de Gulliver*, p. 339 ; Voltaire, *Candide*, p. 340.

■ **Exercice complémentaire : Écriture**

Récrivez le récit de Custine en lui donnant la forme d'une page du journal de voyage de Stendhal (réduction à l'essentiel, phrases brèves, style semi-télégraphique).

▶ ÉCRITURES AUTOBIOGRAPHIQUES

# Le journal intime

## George Sand

***Journal intime*** (p. 378)

### « Et moi, où suis-je, pauvre George ! »

## APPROCHES

■ **Axes d'étude :** Le journal intime (p. 378). Le lyrisme. Le langage de la passion.

■ **Préalables :** Partir de la diversité des **genres intimes** et de leurs spécificités : pourquoi un écrivain peut-il à la fois écrire son autobiographie et tenir un journal intime (Sand : *Ma vie/Journal intime destiné à Musset* ; Constant : *Ma Vie/Journaux intimes* ; Gide, *Si le grain ne meurt/Journal*) ? Au-delà des différences formelles, les deux genres couvrent-ils les mêmes périodes ? Ont-ils les mêmes destinataires ? Quelles sont leurs fonctions respectives ?

■ **Préciser** que Boucoiran (l. 2) est le précepteur de Maurice, le fils de G. Sand.

### LIRE : Le journal confident

**1- George Sand**

Deux accords au masculin : *seul* et *désolé* (l. 12) ; George est un prénom masculin choisi comme pseudonyme par Aurore Dupin. Elle souligne sa différence avec les spectatrices de l'opéra, se décrit les cheveux coupés, habillée en homme (*je suis en deuil*, l. 12-13 ; *ces femmes blondes, couleur de rose*, l. 14-15). Elle revendique par là son indépendance, mais au prix d'un travestissement qui la fait souffrir.

Les lignes 13 à 20 révèlent une jalousie douloureuse à l'égard de ces femmes futiles, coquettes, peut-être moins exigeantes qu'elle, mais séduisantes.

**2- Le journal intime**

Fréquence du pronom *je*, ton de la confidence (l. 1-2), sincérité du jugement (l. 9-10), adresse au destinataire secret du journal (l. 17, 21), prière à Dieu (l. 6, 19), vocabulaire du sentiment, questions rhétoriques (l. 17-18, 23), exclamations.

**3- La deuxième personne**

Deux apostrophes à Dieu : prière et supplication des l. 6-7 ; prise à témoin des l. 19-20 : *vous savez* = vous connaissez le fond de mon cœur. L'échec de cette prière (silence de Dieu, impossible consolation) l'incite à s'adresser directement à son amant : compassion maternelle : *pauvre jeune homme* (l. 17), et cri de passion : *Insensé, tu me quittes* (l. 21).

Questions de pure rhétorique, peut-être usage phatique de la parole, à moins que George n'espère encore le retour de son amant.

**Conclusion**

Mieux que le récit rétrospectif d'une autobiographie, le journal intime met à nu la vérité d'une sensibilité, saisie dans le présent des émotions vécues.

## PISTES

■ **Pour une séquence : Le journal intime** (réel/fictif ; le regard sur soi ; l'intime et le lecteur ; l'évolution de la personnalité) : J. Renard, *Journal*, p. 379 ; Gide, *Journal*, p. 381 ; Gogol, *Journal d'un fou*, p. 400 ; Bernanos, *Journal d'un curé de campagne*, p. 402.

■ **Exercices complémentaires**

• **Oral :** Quelles réflexions vous inspire le titre donné par G. Sand à son ouvrage : *Journal intime destiné à Musset* ?

• **Écriture :** Comparez ce texte à *La Nuit d'octobre* de Musset (v. 162-197) : expression de la souffrance, sublimée en création poétique.

■ **Lecture cursive** : G. Sand, *Histoire de ma vie*, *Indiana*.

■ **Bibliographie** : B. Didier, *Le Journal intime*, PUF, 1991.

... Le journal intime

**Renard**

***Journal***

p. 379

« Une pensée écrite est morte. »

## APPROCHES

■ **Axes d'étude :** Le journal intime (p. 378). Les aphorismes. De la phrase au texte (p. 520).

■ **Préalables :** Jules Renard est connu pour son œuvre romanesque et théâtrale ; on s'intéresse ici à ses talents de diariste (en anglais *diary* : journal ; voir en italien : *diario*). Signaler la vogue actuelle des **écritures parallèles** : carnets, journaux intimes, correspondances. Quel statut donner à ce type d'écriture : genre à part entière ou laboratoire pour les textes « littéraires » à venir ? Demander aux élèves de définir les fonctions propres au journal intime : a) pour tout un chacun ; b) pour un écrivain.

■ **Vérifier** que sont compris : *Gautier* (l. 25) ; *calotte*, l. 31 (= petit bonnet rond que portaient autrefois les ecclésiastiques et les instituteurs) ; *saint André*, l. 38 (= l'un des apôtres, crucifié sur une croix en X) ; *Dumas fils*, l. 41 (= l'auteur de *La Dame aux camélias*, fils de l'auteur des *Trois Mousquetaires*).

## LIRE : Le journal kaléidoscope

**1- Les préoccupations de l'homme et de l'écrivain**

• **Les rapports humains :** amoureux (l. 8-12, 17-24, 42-43) ; familiaux (l. 34-35) ; amicaux (l. 44-45) ; l'image du moi, le destin personnel (l. 33, 62-63).

• **Les activités littéraires :** lectures, critique littéraire (l. 25-29, 41) ; écriture, plaisir des mots (l. 5-7, 36-37, 38-40, 46-49, 53-61) ; carrière, réputation, réussite artistique (l. 64-67).

• **La société :** femmes (l. 1-4, 42-43) ; goût (l. 13-15) ; éducation (l. 30-32) ; conversation (l. 50-52).

Préoccupations très diversifiées : personnelles, littéraires, sociales ; le lyrisme n'est pas dissociable d'un discours sur le monde, il alterne l'anecdote intime, l'analyse de soi (l. 64-71), la réflexion du moraliste, de portée plus générale (l. 30-32, 33, 34-35), le précepte (l. 33).

**2- Une écriture en liberté**

• Pensées rédigées **irrégulièrement** (écart des dates, inégalité dans la répartition des fragments) ; longueur variable : de la phrase-paragraphe d'une ligne au paragraphe construit, récit ou méditation (l. 17-24, 53-61). Enchaînement par asyndète ; phrases courtes, en forme d'aphorisme (l. 41-45).

• **Tonalités diverses :** humoristique (l. 7, 16), cynique (l. 44-45), caustique (l. 1-4, 25), poétique (l. 17-24), lucide et pessimiste (l. 64-69), désenchantée (l. 68-69) amère (l. 34-35) ; recours aux images (l. 1-4, 5-6, 42-43, 46-47, 48, 50-52), aux antithèses (l. 68-69, 71), aux jeux de mots (l. 16, 33, 41), dans un style précis, qui n'exclut ni l'imagination ni le rêve.

**3- Le diariste et son double**

Par l'emploi du « tu », le diariste s'adresse à lui-même en se dédoublant, dans un geste caractéristique du genre : le journal est un confident, un miroir où l'auteur contemple avec lucidité l'image qu'il se fait de lui-même. Mais on peut se demander dans quelle mesure ces déclarations d'humilité sont entièrement sincères ou légèrement coquettes : le lecteur que nous sommes, et que tout diariste prend potentiellement en compte au moment où il écrit (le lecteur extérieur n'est alors que virtuel), rétablit un jugement plus clément et plus juste.

**Conclusion**

Émergence du genre du journal intime, qui connaîtra un grand succès au XX^e siècle (Gide, J. Green, Renaud Camus...), et qui constitue aujourd'hui un centre d'intérêt important pour les critiques et les amateurs de littérature. Considéré jusqu'à présent comme mineur et non littéraire, il est en train d'acquérir ses lettres de noblesse.

## DIRE

Distinguez les diverses formes d'intérêt liées à la personnalité du lecteur (curiosité, voyeurisme, découverte de l'humain le plus intime, une écriture en liberté, la « toile de fond » de l'écrivain, la leçon du moraliste, l'identification à un autre *moi*...) et celle du diariste.

## PERSPECTIVES (p. 381)

■ Gide, *Journal.*

### LIRE : Le journal miroir

**1- Le regard de Gide sur lui-même**

Gide se juge avec précision, lucidité et sévérité : **lassitude**, dégoût de soi (*prendre congé, assez vu*, l. 12-14), **insatisfaction** de lui-même (*beaucoup trop cherché... beaucoup péché*, l. 16-17), **maturité** (*je comprends tout beaucoup mieux*, l. 47-49).

**2- La personnalité de Gide au travers du journal**

• Un lecteur, un homme de lettres : abondance de références littéraires (▶ question **3**).

• Un homme inquiet, torturé (regrets, remords ?) : souhait d'un autre moi, d'une autre vie (l. 12-18), nostalgie du bonheur envolé, de l'amour manqué (l. 23-31).

• Désorienté, en quête d'une morale, mais sceptique : *Je ne sais même plus...* (l. 14) ; *l'embêtant c'est qu'on ne sait pas toujours ce qu'on doit faire* (l. 41-42).

**3- Citations et allusions**

Toutes les réflexions s'articulent autour des références littéraires, même les questions de morale.

• Impressions de lecture : les romans anglais (l. 7, 8, 10).

• Remarque de rhétorique : laconique et sans rapport avec le contexte (Buffon, l. 20-22).

• Remarque de versification : La Fontaine (l. 35-37).

• Réflexion éthique : citation et commentaire de Diderot, sur le devoir (l. 40-42).

• Poésie antique : redécouverte de *L'Énéide*.

Remarques sur la forme, critique littéraire, réflexion morale ou simple plaisir de lire, la littérature tient la première place dans l'intimité de Gide, et nourrit sa réflexion sur sa propre façon d'écrire (l. 4-6).

**4- Renard et Gide**

Pour Gide, le journal est un vrai moyen d'introspection : il sert à s'observer, se juger (l. 12-18), prendre des résolutions (l. 43-49), exprimer une souffrance (l. 23-30). Les seuls sourires sont ironiques (l. 36, 41-42). Chez Jules Renard, le regard est plus distancié, plus détaché (dédoublement du diariste suggéré par l'emploi du *tu*, l. 64-71), les thèmes abordés plus divers, le ton plus léger et humoristique.

## PISTES

■ **Pour une séquence : L'écriture fragmentaire** (formes stylistiques ; visées ; réalisme, sociologie, morale, métaphysique, poésie) : Pascal, *Pensées*, p. 276-278 ; La Rochefoucauld, *Maximes*, p. 430 ; La Bruyère, *Caractères*, p. 270 ; R. Char, *Feuillets d'Hypnos*, p. 229, *Les Matinaux*, p. 243.

■ **Exercice complémentaire : Écriture**

Rédigez librement une page de votre journal intime ; réécrivez ensuite votre texte à la manière de Jules Renard ou de George Sand.

■ **Lecture cursive** : Gide, *Si le grain ne meurt.*

▶ ÉCRITURES AUTOBIOGRAPHIQUES

# Autour de l'autofiction

## Perec
## *W ou le souvenir d'enfance* (p. 382)

### « Je n'ai pas de souvenirs d'enfance »

## APPROCHES

■ **Axes d'étude :** Le souvenir. L'autofiction (p. 382).

■ **Préalables :** On insistera sur le caractère inédit de l'œuvre de Perec : une autobiographie qui s'élabore en dépit de la mémoire et de la volonté consciente (rôle moteur de la psychanalyse dans l'entreprise) ; inédites aussi la forme de l'ouvrage et sa signification : partition entre une remémoration laborieuse, imprécise et lacunaire de l'enfance et une fiction expansive (double, détaillée), où dominent la quête de l'identité, puis l'angoisse et l'horreur. Cette **fragmentation** tend cependant à un sens unifié : l'indicible de l'histoire vraie se sublime par le détour de la fiction ; souvenirs et fiction racontent une seule et même vie.

## LIRE : « Rester caché, être découvert » ?

**1- La quête autobiographique**

**• Procédés de l'autobiographie classique**

– Tentative généalogique : *mon père... ma mère... la sœur de mon père et son mari* (l. 2-4).

– Attention accordée aux dates : le narrateur fouille sa mémoire, tente de dater et d'ordonner les événements du passé : *Jusqu'à ma douzième année* (l. 1) ; *En 1945* (l. 4) ; *À treize ans* (l. 15) ; *Il y a sept ans* (l. 16) ; *Entre septembre 1969 et août 1970* (l. 27).

• **La difficulté :** Perec souligne la lenteur du processus de mise en route : quête autobiographique = *lent déchiffrement* (l. 30) ; *À treize ans... Il y a sept ans... Aujourd'hui, quatre ans plus tard* (l. 15, 16, 28) ; procède par tâtonnements : variations autour du mot *histoire* (l. 7, 8, 15, 18) ; exploration minutieuse de la mémoire, hypothèses revues et corrigées : l'auteur cherche péniblement un fil conducteur, le trouve au sein même de son écriture (chiasme, l. 33-34).

**2- Les clés d'une interprétation**

L'auteur suggère de lire un texte à la lumière de l'autre : un texte est l'envers de l'autre ; voir la **réversibilité** des formules : *sécheresse objective* (l. 5) /*ni sèche, ni objective* (l. 8-9) ; *évidence apparente, innocence* (l. 6)/*ni apparemment évidente, ni évidemment innocente* (l. 9) ; **chiasme final :** *le cheminement de mon histoire et l'histoire de mon cheminement* (l. 33-34). L'autobiographie se présente comme *absence d'histoire* (l. 5), tandis que la fiction raconte *l'histoire vécue, réelle* (l. 7-8) : le cauchemar. Le va-et-vient entre autobiographique et fictif constitue une partie de *cache-cache* (l. 22-24), un *réseau tissé* (l. 31-32), où l'écriture et la vie se mêlent inextricablement (l. 32-33).

**Conclusion**

Un incipit apparemment paradoxal pour une œuvre autobiographique. Loin des *Confessions* ou des *Mémoires d'outre-tombe*, l'auteur invente son propre genre autobiographique : pour colmater les brèches de la mémoire ou exprimer l'indicible, il a recours à son imagination, voire son inconscient.

## PISTES

■ **Pour une séquence : Projets autobiographiques** (déclaration d'intention, préface, première page ; guide de lecture ; bilan d'une vie/d'une œuvre) : Rousseau, *Confessions* ; Chateaubriand, *Mémoires d'outre-tombe*.

■ **Lecture cursive :** G. Semprun, *L'Écriture ou la vie*.

■ **Bibliographie :** Ph. Lejeune, *La Mémoire et l'oblique, Georges Perec autobiographe*, POL, 1991.

*... W ou le souvenir d'enfance* p. 383

# « Les dures Lois du Sport »

## APPROCHES

■ **Axes d'étude :** Le présent dans le récit. La phrase (p. 520). L'utopie (p. 328).

■ **Préalables :** Préciser que *W* comporte un double récit fictif ; dans la première partie, le narrateur (qui dit *je*) est un déserteur caché sous une fausse identité, chargé de retrouver un enfant disparu en mer près de la Terre de Feu. Brutalement interrompu, ce récit laisse la place à un autre, totalement différent (seul point commun : la Terre de Feu), mené par un narrateur omniscient (emploi de la troisième personne) et décrivant la vie absurde et atroce des athlètes de W. Cette page, qui prend place à la fin du récit, lève le voile de l'utopie, révélant qu'une organisation verticale complexe partage W en deux mondes : « celui des maîtres et celui des esclaves », et suggérant explicitement l'analogie de la cité avec les camps de concentration.

## LIRE : Le règne de l'arbitraire

**1- L'organisation hiérarchique**

• **Très codifiée :** *Athlètes < petits officiels* (l. 32-33) < grands officiels (l. 35-36 ; chronométreurs, arbitres, juges, directeurs, l. 8-10).

• **Ses lois :**

– **L'arbitraire :** apparence et réalité s'opposent dans leur expression (*l'expression d'une ironie*, l. 3-4 ; *l'apparente générosité*, l. 5) et leur application, qui dépend de l'humeur des grands officiels (*le bon plaisir*, l. 7 ; *ont tout pouvoir*, l. 10-11 ; *un hasard de leur choix*, l. 12 ; *humeur* ou *facétie*, l. 36). Elle est sujette aux contradictions les plus absurdes (succession d'antithèses, l. 8-10 : *suggère/refuser, promet/interdire, propose/dispose, concède/nier*). Tout est possible et le contraire de tout également, sans motif rationnel.

– **La férocité :** aucun sentiment d'humanité ; règne de la loi du plus fort ; malheur aux vaincus (l. 22).

– **L'horrible** réside dans une angoissante incertitude face à la tyrannie du hasard (*jamais sûr*, l. 14-15 ; *leur sort est à jamais suspendu*, l. 35) et dans l'inhumanité du comportement des hommes entre eux (*une sauvagerie décuplée par la terreur*, l. 33-34) : le sort des vétérans (l. 16-24) est révélé dans une gradation épouvantable (*n'ont aucun droit... interdits... dépouillés... les abattent à vue*) ; l'horreur atteint son paroxysme avec l'allusion aux *vaincus lapidés et pendus* aux *gibets*, réduits à l'état de *charognes* (l. 21-22), et finalement victimes de l'anthropophagie forcée des *mulets* (*d'arracher... quelques lambeaux de chair*, l. 21-22).

**2- L'image de l'univers concentrationnaire**

Suggérée dans le paragraphe qui décrit le sort des vaincus (l. 14-24), elle éclate de façon incongrue et insoutenable dans les l. 29-31 : leitmotiv de l'ordre donné (*il faut que*, quatre fois), et de la discipline (*en rang, ordre impeccable*). Les Athlètes sont devenus des *Hommes* (l. 29) anonymes, les ordres sont criés en allemand (alors que la scène se passe en Terre de Feu : *Raus, Schnell*, l. 30-31).

Les réalités de la vie collective (*nuit glaciale*, l. 24 ; *douches... bouillante ou glacée*, l. 26) évoquent aussi les conditions de la vie dans les camps ; le *stade* (l. 31) a aussi servi de lieu de rassemblement avant la déportation et les *fouets* (l. 27) évoquent certaines pratiques de l'univers concentrationnaire nazi. L'extrême hiérachisation renvoie à un régime militaire, et l'insularité, qui évoque l'enfermement, fait écho aux contre-utopies du XXᵉ siècle (▶ p. 332).

**3- Liens entre les textes**

À cause de l'image implicite puis explicite des camps, on peut voir dans le récit fictif *la Grande l'Histoire avec sa grande hache... la guerre, les camps*. *W* comble donc le trou de mémoire annoncé (*absence d'histoire*) au moyen d'une histoire imaginée (*sinon l'histoire, du moins une histoire de mon enfance*) : la fin exprime l'innommable, la mort dans le camp d'Auschwitz de la mère de Perec, déportée quand il était enfant.

Le premier texte comporte un résumé de l'histoire de *W* (l. 20-21), et rappelle sa genèse (l. 30-31 : *W* de 1975 n'est pas le *W* de l'adolescence, et aucun des deux ne constitue le récit de l'enfance de Perec).

**L'alternance typographique** : caractères romains réservés à l'enquête autobiographique : Perec parle de lui de façon avérée dans ces chapitres ; l'italique apparaît dans le récit romanesque. Typographiquement, l'italique sert à mettre en relief un mot ou une proposition, voire une phrase : en tout cas, une unité limitée. Ce procédé attire donc particulièrement l'attention du lecteur. Pour l'auteur, il s'agit de faire des révélations importantes par le biais de ces caractères : ce que la mémoire et les caractères romains ne peuvent dire, c'est la fiction et l'italique qui l'expriment. L'alternance des deux types de caractères manifeste une sorte de **déchirement du texte**, lui-même à l'image de la personnalité et de la mémoire de l'auteur.

## PISTES

■ **Pour une séquence : L'utopie** (▶ *supra*, p. 257).

■ **Exercice complémentaire** : Dans le cadre d'une lecture cursive de *W ou le souvenir d'enfance*, établissez, chapitre après chapitre, les points de rencontre entre récit autobiographique et fiction romanesque.

■ **Lecture cursive** : A. Huxley, *Le Meilleur des mondes*.

## … Autour de l'autofiction

### Duras

### *L'Amant*

### « La jeune fille au feutre d'homme »

## APPROCHES

■ **Axes d'étude** : Autobiographie et roman. Les discours rapportés.

■ **Préalables** : Préciser que Duras est un auteur de **dialogues** non seulement romanesques, mais aussi dramatiques (*L'Amante anglaise, Le Square…*) et cinématographiques : nombreux scénarios (*Hiroshima mon amour, Une aussi longue absence…*). À la fin de *L'Amant de la Chine du Nord*, elle propose une série d'« images » pouvant servir à « la ponctuation d'un film tiré de ce livre ». On sera donc attentif à la dimension cinématographique des dialogues de ses romans.

## LIRE : Souvenir d'une rencontre

### 1- Construction et enchaînement des phrases

• Phrases généralement brèves : une seule proposition (*Il regarde*, l. 2 ; *il vient*, l. 3…), centrée sur un verbe d'action (*il vient, il lui offre, sa main tremble*, l. 3, 5, 6 ; *elle le regarde, elle lui demande*, l. 25).

• Parataxe fréquente, répétition du même schéma syntaxique : *il* + verbe (l. 1-6) ; *Elle* + verbe (l. 6-11) : *elle lui dit, elle ne dit rien, elle ne dit pas.*

Cet enchaînement rapide et haché confère une tonalité monocorde au récit : tout semble se dérouler mécaniquement, à travers la brume d'un rêve, ou comme dans un film.

Les trois discours se mélangent constamment tout au long du texte, et au sein d'un même phrase (l. 14-17 : indirect/direct ; l. 22-24 : indirect/direct/indirect libre : émergence inattendue de bribes de discours direct au milieu du récit) ; ils sont si étroitement mêlés que rien ne les distingue (le discours direct ne se signale pas par les guillemets, les tirets, ni le passage à la ligne) : le dialogue se fond dans le récit et le récit prend vie comme un dialogue.

### 2- Les types de discours rapportés

| Discours direct | Discours indirect | Discours indirect libre |
|---|---|---|
| l. 8 *Non merci*<br>l. 9 *Laissez-moi tranquille* | l. 7-8 *Elle lui dit qu'elle ne fume pas.* | |
| l. 12 *Il lui demande : mais d'où venez-vous ?* | l. 10 *Il lui dit qu'il croit rêver.* | l. 11 *Que répondrait-elle* |
| l. 16-17 *C'est bien ça, n'est-ce pas ? Oui c'est ça.* | l. 12-13 *Elle dit qu'elle*<br>l. 14 *Il dit qu'il a entendu* | l. 19 *Si tôt le matin, une jeune fille belle comme elle l'est.* |
| l. 20 *Vous ne vous rendez pas compte.* | l. 18 *Il répète que*<br>l. 22 *Il lui dit que* | |
| l. 23 *Pourquoi pas ?* | l. 25 *Elle lui demande…*<br>*Il dit qu'il…* | l. 24 *Elle est si jolie* |

### 3- Qui parle ?

• **Confusion narratrice/héroïne :** l'enchevêtrement des types de discours contribue au brouillage des prises de parole et donc à la confusion entre la narratrice et son personnage ; ex : l. 7-8, la phrase commence par du récit (discours indirect, voix de la narratrice : *Elle lui dit…*), mais sans transition le discours direct donne la parole au personnage (*non merci*).

• **Prises de parole :**

– **Le Chinois** passe du discours narrativisé (l. 5) au discours indirect (l. 10), puis au discours direct (l. 12) : timide au début (l. 5-7), il s'enhardit peu à peu ; il devient ensuite de plus en plus volubile (explications détaillées : l. 14-17, 25-28), audacieux (compliments sur la beauté de la jeune fille, l. 19-24).

– **La jeune fille :** réplique polie au style indirect (l. 7-8), mais ferme (style direct : *non merci*). Caractérisée surtout par son silence (*Elle ne dit rien d'autre, elle ne lui dit pas… Elle ne répond pas. Ce n'est pas la peine qu'elle réponde, que répondrait-elle*, l. 8-11). Par la suite, réponses laconiques : identité, l. 13 ; acquiescement, l. 17 : *Oui c'est ça.* À la fin seulement, elle prend l'initiative d'une question (*Elle lui demande qui il est*, l. 25 ; politesse ou curiosité ?). Elle est comme passive, indifférente à l'intérêt visible que lui porte le Chinois.

### Conclusion

Une scène de rencontre originale : quoiqu'elle joue des clichés (le thème du regard, de la surprise), elle s'en démarque notablement, tant par les détails que par le style et la tonalité. Derrière les propos anodins, le sentiment d'étrangeté et le poids du désir ?

## ÉCRIRE

On attendra plutôt un récit fait par la jeune fille, mais on peut aussi concevoir celui du Chinois (autre point de vue). On acceptera un récit calqué sur celui de Duras (présent de narration, réécriture des mêmes phrases : *L'homme élégant est descendu... Il me regarde, avec mon feutre d'homme et mes chaussures d'or. Il vient vers moi... Je lui dis que je ne fume pas, non merci...*). On peut aussi envisager un récit plus classique (passé simple, style lié : *L'homme élégant descendit de la limousine tout en fumant une cigarette. Il me regarda... puis il s'approcha lentement de moi. Visiblement, il était intimidé ; c'est pourquoi il ne sourit pas tout d'abord, se contentant de m'offrir une cigarette...*

Le récit à la troisième personne met la narratrice à distance, en fait un personnage de roman et non d'autobiographie ; elle jette sur elle-même un regard distancié, justifiant ainsi ce que Duras a écrit quelques pages auparavant : *Soudain, je me vois comme une autre, comme une autre serait vue, du dehors, mise à la disposition de tous* (le Chinois, les passagers, mais aussi le lecteur et elle-même).

## *PERSPECTIVES* (p. 385)

### ■ Duras, *L'Amant de la Chine du Nord.*

#### LIRE : Autre souvenir ou autre récit ?

**1- Rectification des portraits**

• **La jeune fille :** n'est plus désignée comme *jeune fille*, mais comme une *enfant* (l. 12, 16, 26, 31, 34, 43) ; insistance sur sa jeunesse (l. 8) ; le discours s'en ressent (parler enfantin : *un Chinois grand*, l. 1 ; *C'est quoi*, l. 32 ; *Vous êtes qui*, l. 38 ; l. 44-45).

• **Le Chinois :** portrait plus détaillé ; l'adjectif *élégant* est ici accompagné de précisions : *grand, peau blanche*, détail du costume (l. 3-5), marque de la cigarette (l. 8) ; sa timidité est très atténuée (*un peu de peur dans sa main qui tremble, mais à peine*, l. 9) ; perception olfactive nettement sensuelle du personnage *eau de Cologne, ambre, opium* (l. 21-24).

Ces modifications (Chinois plus beau, moins timide, idéalisé ? Jeune fille plus enfant) sont essentielles : il ne s'agit pas seulement de recommencer *L'Amant*, mais d'écrire une nouvelle histoire, plus **romanesque** (*Je suis redevenue un écrivain de romans*, écrit Duras dans sa préface) ; en tout cas de suggérer un autre type de relation entre les personnages.

**2- Discours direct et scénario cinématographique**

• **Le discours direct :** concourt à une vision du dehors (focalisation externe) ; le lecteur n'a pas accès à l'intériorité des personnages, qui lui sont radicalement étrangers : ils semblent se mouvoir d'eux-mêmes. L'échange verbal est plus sec, l'impression de volubilité disparaît (comparer l. 25-28 de *L'Amant* avec les l. 39-46 de la seconde version).

• **Un scénario** (► p. 478) : les phrases brèves, construites autour d'un verbe d'action, s'apparentent à des indications scéniques (l. 6-8 : cinq verbes ; une phrase limitée au verbe : *Se sourient*) ; détails brefs suggérant le portrait et l'allure des personnages (l. 1, 5, 8).

**3- Une nouvelle voix ?**

« Voix aveugle. Sans visage. Très jeune. Silencieuse. », écrit Duras dans la première page de son roman. Alors que dans *L'Amant* narratrice et héroïne se partagent les prises de parole (► question **3**, p. 384), la narratrice abandonne ici la parole à l'enfant, dans le récit comme dans le dialogue (erreurs de syntaxe, attention aux détails, préoccupation ou associations d'idées enfantines). Le souvenir, rendu plus lointain encore par ce procédé, prend une tonalité impersonnelle.

## PISTES

■ **Pour une séquence : Le dialogue romanesque depuis le XIXe siècle** (séduction et argumentation ; discours rapporté ; le dialogue dans le récit) : Stendhal, *La Chartreuse de Parme*, p. 316 ; Malraux, *La Condition humaine*, p. 317 ; A. Nothomb, *Hygiène de l'assassin*, p. 319.

■ **Exercices complémentaires**

• **Oral :** Transformez ce récit en scène de théâtre : quelles difficultés rencontrez-vous ? (suggérer l'appauvrissement du texte).

• **Voir :** La photo de la p. 385 illustre-t-elle avec exactitude le récit de Duras (détails, atmosphère de la scène) ?

■ **Lectures cursives** : Duras, *Un barrage contre le Pacifique* ; A. Camus, *Le Premier Homme.*

■ **Bibliographie :** J. Pierrot, *M. Duras*, éd. José Corti, 1986.

## VOIR : Peintures sur soi

### 1- Rembrandt

• **Pour la postérité :** pose sérieuse, dignité, regard méditatif ; mais l'artiste, loin de s'embellir, ne dissimule pas les marques de sa vieillesse (expression triste, désenchantée, voire inquiète).

• **Portrait de l'artiste :** met en avant sa qualité de peintre, se représente en action, comme un homme au travail, avec ses instruments (pinceaux, palette).

### 2- Vanité de l'autoportrait

Portrait conventionnel (visage digne et souriant, col amidonné, vêtement boutonné) mais mis en question par un faisceau de procédés suggérant la vanité de l'autoportrait :

• Miroir : portrait comme peinture d'un reflet, donc éphémère, fragile et sujet au changement.

• Présence d'un personnage (qui tient le miroir) : relativisation de l'importance du moi.

• Mise en relief des éléments classiques de la vanité (placés devant le miroir) : le sablier (rappelant la fuite du temps), le crâne (deux fois présent en raison du reflet), les livres dont les signets dépassent (vanité de la connaissance), le tiroir vide.

### 3- L'artiste sans visage

• **Autoportrait indirect :** informations multiples, aussi nombreuses que les éléments du tableau, révèlent les talents et les goûts de l'auteur (plumes, lettres et cire à cacheter, pinceaux et palette, instrument et page de musique).

• **Place de l'artiste :** présence physique enchâssée (médaillon représentant le portrait du peintre) et délibérément atténuée (médaillon minuscule ; titre du tableau : *Nature morte* et non *Autoportrait*).

• Plutôt que de présenter un visage figé et muet, l'artiste choisit de dévoiler de nombreuses **facettes** de sa **personnalité** au moyen des instruments qui les symbolisent.

### 4- La caricature

L'autoportrait relève du registre comique : l'artiste réduit son portrait à quelques détails en accusant ses traits les plus marquants :

• Moustaches et barbe tracées de face, comme les éléments premiers sur lesquels le portrait se surajoute.

• Œil noir et pénétrant, disproportionné par rapport au reste du visage.

• Importance du col et du chapeau, éléments-clefs du costume de l'artiste.

• Buste ostensiblement bâclé : seule la tête importe.

### 5- Composition de l'image

• **L'artiste et la tête de veau** occupent chacun la moitié de la photo, qui met en évidence leurs deux têtes, pour suggérer une analogie ou au contraire les opposer, au moins pour susciter une réaction chez l'observateur : l'animal et l'humain sont mis sur le même plan, contrairement à la tradition humaniste de l'autoportrait.

• **Les effets de lumière** visent à souligner la ressemblance entre l'homme et la bête (éclairage de l'œil et de l'oreille, nez et bouche dans l'ombre) ; ils dissimulent autant qu'ils montrent.

### 6- Mouvements artistiques et culturels

• **1- Le classicisme** (► p. 60, 64) : Rembrandt se représente comme un honnête homme, figuré avec naturel, suggérant sans ostentation son état.

• **2** et **3- Le baroque** (► p. 48, 54-55) : avec les jeux de reflets et les éléments de la « vanité » chez A. Van Steenwinckel, ou le fouillis d'éléments symboliques chez C. N. Gysprechts (plume plantée dans le lambris, peigne, peinture coulant sur la palette), dont l'autoportrait se présente comme une énigme (à rapprocher de la préciosité).

• **4- Le cubisme** : choix du mono-chromatisme, fragmentation du portrait, juxtaposition des éléments ; abandon de la perspective au profit d'une multiplicité d'angles de vue (moustaches et barbe de face sur un visage de profil, buste de face). Aspects surréalistes aussi, dans la rapidité du trait, volontairement enfantin et « naïf ».

• **5- Le surréalisme** (► p. 128-130) : « Photomontage » = collage arbitraire, rapprochement provocateur de deux réalités éloignées, qui tourne en dérision la dignité de l'artiste.

# 2 La fiction à la première personne

## LE ROMAN AUTOBIOGRAPHIQUE

### Senancour
### *Oberman*

p. 389

### « Cet uniforme ennui »

#### APPROCHES

■ **Axes d'étude :** Mal du siècle et romantisme (p. 100). Le récit à la première personne (p. 388). La description.

■ **Préalables :** Établir la différence entre autobiographie et récit à la première personne, en demandant aux élèves de citer quelques exemples de chacun. Dans une **autobiographie**, auteur, narrateur et personnage sont identiques (*Confessions* de Rousseau, *Mémoires d'outre-tombe* de Chateaubriand, *Les Mots* de Sartre). Dans le **récit à la première personne**, seuls le narrateur et le personnage sont identiques, l'auteur porte un nom différent (Marivaux n'est pas la narratrice de *La Vie de Marianne*, Camus n'est pas le Meursault de *L'Étranger*). Mais parfois, le narrateur fictif ressemble fort à l'auteur lui-même : c'est le cas, comme ici, du roman autobiographique. Lire un roman autobiographique ne consiste pas pour autant à démêler les parts respectives du réel et du fictif ; mais à déceler la vérité d'un personnage à travers ses traits de caractère empruntés et inventés.

■ **Vérifier** que sont compris : *expansive* (image de mouvement, l. 3) ; *fantastique* (lié à l'imagination, l. 5).

#### LIRE : Rêverie d'un contemplateur solitaire

**1- Le roman autobiographique**

L'auteur se nomme Senancour, le narrateur-personnage (qui est aussi scripteur) Oberman : il s'agit donc d'une **fiction**, même si l'auteur prête ses propres sentiments à son personnage.

Différence avec **Stendhal** : *Oberman* est une œuvre romanesque ; *Rome, Naples et Florence* est un journal de voyage authentique (auteur = narrateur = personnage = Stendhal). Formellement, le texte de Senancour ressemble à un journal de voyage (*Lyon, 11 mai, VI*), mais c'est en fait une lettre ; la description n'a ici rien de pittoresque, ce n'est pas un compte-rendu de visite, elle sert de prétexte à l'épanchement du moi, elle rend compte d'un état d'âme.

**2- La contemplation**

• **§ 1 :** indique le lien indissociable que le narrateur établit entre le moi et le monde (*la multitude de rapports qui lient chaque individu à son espèce, et à l'univers*, l. 1-2). Précision sur la nature de ce rapport : le sujet cherche la vie de son âme dans le monde (l. 6-8).

• **§ 2 :** description du paysage où se reflète l'**état d'âme du contemplateur** (l. 23-25). Le constat des transformations climatiques invite à une réflexion métaphysique, générale et personnelle, sur le temps qui passe et la vanité des choses (généralisation : *Ainsi… ainsi… nos jours*, l. 14-15 ; *Tout… toutes*, l. 18-20).

• **§ 3 :** présente un sentiment de détresse individuel sur le ton de la vérité générale (article défini : *le mal*, *le malheur* ; démonstratifs : *cet uniforme ennui… cela*).

Rappeler l'influence de Rousseau et du courant de la sensibilité sur les auteurs préromantiques et romantiques français. Thème de la **promenade dans la nature**, lieu de rencontre entre sensibilité individuelle et monde extérieur, favorable à l'expansion lyrique (présence du *je*, prose poétique savamment rythmée), à l'introspection et à la **réflexion philosophique**. Différences : chez Rousseau, oubli de la souffrance dans la plénitude des sensations accordées au mouvement de l'eau, bonheur de cette fusion. Chez Senancour au contraire, sentiment douloureux d'une rupture irrémédiable.

**3- Transformation du paysage**

• **Comparaisons et métaphores**

– *le voile humide*, l. 10 : symbole de vie et de mystère (*demi-ténèbres… espaces cachés… clartés douteuses*, l. 16-17) ; *le voile* (repris l. 15) représente aussi la fragilité de la vie humaine.

– *il l'a laissée sèche, vieillie et d'une stérilité pénible à voir*, l. 13-14 : le Soleil (périphrase *l'astre qui consume*) est l'époux de la Terre ; mais le monde tourne à l'envers : au lieu de la féconder, il la stérilise.

– *comme le sable qui brûle* (l. 19) : le désert symbolise la mort et le néant.

– *leur squelette découvert* (l. 22) : le narrateur décrit la nature comme un être ; il projette sa propre angoisse de la mort dans les choses.

• Cette **transformation symbolise** la dégradation de l'image de soi éprouvée par le narrateur, son désenchantement, sa propension à l'angoisse, au désespoir, sa hantise du néant.

**4- Le malaise existentiel**

Le narrateur ne trouve dans la nature aucun signe d'une transcendance divine capable de donner un sens à sa souffrance ou d'orienter sa quête spirituelle : oppositions lexicales, contrastes de rythmes (ternaires, binaires, l. 1-8, 23-25), balancements (l. 9-25), parallélismes (l. 14-17), soulignent élans et déceptions. La clarté aveuglante du soleil symbolise la disparition du mystère métaphysique, remplacé par l'explication mécanique, scientifique, des lois de la nature ; le malaise physique (sensation d'assèchement) est lié à cette perte du sens spirituel de la vie.

Le *mal* (l. 26) est psychologique, mais aussi moral et métaphysique ; le mot *malheur* (l. 27) désigne ce qui va précipiter la catastrophe. *Cet uniforme ennui*, c'est le mal-être qui atteint le narrateur : en perdant goût à la vie, il pourrait mettre fin à ses jours, ce que sous-entend la formule impersonnelle *que tout cela finisse* (l. 28-29).

### Conclusion

Intrication des aspects psychologiques, moraux et philosophiques du mal du siècle, dont le vide du monde est à la fois la cause et l'image, à travers une perception désenchantée de la nature.

## PISTES

**■ Pour une séquence**

- **Contemplation et rêverie** (nature et sensibilité ; rêverie et méditation) : Rousseau, *Les Rêveries du promeneur solitaire*, p. 371 ; Chateaubriand, *René*, p. 100, *Mémoires d'outre-tombe*, p. 362.
- **Romantisme et mal du siècle** (▶ *supra*, p. 142).

**■ Exercice complémentaire : Écriture**

Comme Oberman, décrivez à la première personne du singulier un paysage qui reflète un état d'âme de votre choix (mélancolie, allégresse, impatience…).

**■ Lecture cursive :** Chateaubriand, *René*.

▶ LE ROMAN AUTOBIOGRAPHIQUE

## Benjamin Constant
# *Adolphe*

p. 390

### « Crédulités du cœur »

## APPROCHES

**■ Axes d'étude :** Le roman autobiographique (p. 388). Récit et dialogue (p. 314). L'ironie dramatique.

**■ Préalables :** Faire préciser la définition de **confidence** (= communication d'un sentiment personnel ou d'un secret à quelqu'un), **confession** (= aveu d'une faute, d'une erreur ; sens premier : aveu de ses péchés à un prêtre pour en obtenir l'absolution), **prise de distance** (regard rétrospectif et critique), **autocritique** (reconnaissance de ses torts).

**■ Vérifier** que sont compris : *entrer dans une carrière*, l. 1 (= choisir un métier) ; *crédulités du cœur*, l. 29 (au pluriel, sens concret : manifestations de crédulité).

## LIRE : Les difficultés d'une rupture

### 1- Mobiles des personnages

- **Ellénore** est gouvernée entièrement par le sentiment amoureux : discours saccadé de la passion bafouée (*seule… seule… seule*, l. 22 ; fausses questions en rafale traduisant son indignation, l. 22-24 ; *fini, fini*, l. 24), évanouissement (l. 25-26), crédulité amoureuse (l. 30-32).
- **Adolphe** invoque *la destinée* (l. 6) ; *la fatalité des circonstances* (l. 8), la respectabilité sociale (*les lois de la société*, l. 6-7, 10), la raison (l. 9), faux prétextes destinés à masquer sa lassitude. D'ailleurs sa lâcheté l'empêche d'aller jusqu'au bout de sa résolution : il recule et ment à Ellénore pour éviter d'assumer ses responsabilités.

### 2- Éloquence et mauvaise foi d'Adolphe

– *Chère amie* (l. 5) : apostrophe courtoise mais distante.

– *on lutte… on finit toujours par céder… écouter la raison* (l. 5-9) : présent de vérité générale, maxime et clichés servant à éviter de reconnaître sa lâcheté.

– *Je ne puis vous retenir plus longtemps* (l. 10) : alors que c'est lui qui est las (mauvaise foi).

– *Je serai… de ma vie* (l. 14-16) : idéalisation anticipée du souvenir permettant de faire l'ellipse du moment de l'abandon.

– *Mais l'amour… je ne l'ai plus* (l. 16-18) : construction oratoire ; protase en quatre temps, chute spectaculaire.

– Dernière réplique : retournement habile de situation Adolphe utilise une technique oratoire efficace mais inauthentique, qui lui sert à dissimuler sa lâcheté.

### 3- Une scène théâtrale

- **Gestuelle** accentuée et signifiante

– Yeux baissés d'Adolphe (l. 12, 18-19) : gêne, difficulté à assumer sa responsabilité dans la rupture.

– Immobilité d'Ellénore (l. 19) : traduit le choc psychologique subi, et symbolise sa dignité ; son regard (l. 20) et sa main froide (l. 21) indiquent qu'elle pourrait en perdre la raison ou la vie.

– Son évanouissement, pathétique, correspond à un code littéraire : il appelle le rapprochement des corps tout en préfigurant le dénouement tragique du roman ; le geste d'Adolphe qui lui prend la main puis la soutient et la ranime est lui aussi prévisible et spectaculaire.

- **Voix**

– Celle d'Adolphe : *précipitée* (l. 13-14), signe de son trouble, de son manque d'assurance.

– Celle d'Ellénore : le lecteur est appelé à l'imaginer chancelante comme son corps, plaintive, à peine audible (modalités interrogative et impérative exprimant l'émotion avant l'évanouissement, l. 21-25).

- Au XVIIIe siècle s'étaient développés au théâtre le **drame bourgeois** et la comédie larmoyante, genres fondés sur une dramaturgie en tableaux (Diderot). Les postures propres au lieu commun de la scène de rupture pathétique se retrouvent ici, d'où ironie discrète.

### Conclusion

Thématique des amours désaccordées (cruauté et mauvaise foi). Auto-ironie de B. Constant, qui se représente largement sous les traits d'*Adolphe*.

## ÉCRIRE

On veillera à la cohérence psychologique du personnage : Adolphe devra faire preuve de mauvaise foi et de lâcheté avec son père comme avec Ellénore.

On suggérera d'employer :
– l'affirmation des résolutions : *entrer dans une carrière, commencer une vie active* (l. 1) ;
– les demi-vérités : affirmation de fermeté (l. 3, *me croyant inébranlable*, pourra devenir : *je fus inébranlable...*) ; Adolphe pourra jurer avoir prononcé des paroles de rupture (l. 10-11, 18) ;
– les omissions : Adolphe ne se vantera pas de sa palinodie (l. 27-29) ;
– les propos à double entente (sur l'*amitié*, l. 14) ;
– les euphémismes et les litotes suggérant qu'Ellénore *n'a pas bien compris* sa démarche ;
– la promesse de récidiver dans ce genre de discours (promesse qui constitue un demi-aveu d'échec).

## PERSPECTIVES (p. 391)

■ **Benjamin Constant, *Le Cahier rouge*.**

**LIRE : Passion de jeunesse**

**1- Motifs de l'entreprise**
– L'ennui : le besoin de se *distraire* (l. 4), dans une *maison... fort agréable* (l. 10-11).
– Le goût du jeu pratiqué chez M^me^ Trevor (l. 11-13).
– La vanité : *société... plus brillante et plus animée* (l. 20).
– L'amour-propre et le conformisme : *voyant... je me mis en tête* (l. 21-23).

Le jeune homme ne regarde pas M^me^ Trevor avec des yeux d'amoureux, il en fait même un portrait assez cruel ; physique : plus-que-parfait suggérant la disparition de la beauté (*avait été très belle*, l. 8-9), qualificatifs élogieux (*très joli, superbes, charmant*) à valeur restrictive *(regard, dents, sourire)* ; un seul trait de caractère : *la coquetterie* (l. 14-16), qui fait d'elle un personnage superficiel (cruauté de *qui n'en ont pas d'autre*).

**2- Adolphe et Benjamin**
• **Similitudes**
– La faiblesse : vaines résolutions initiales *Je ne me bornai pas longtemps...*, (l. 2-3).
– Le cynisme à l'égard de la femme : *un goût plus vif... que la dame elle-même* (l. 12-13) ; *je me mis en tête de lui plaire* (l. 14-16, 23 ; l. 4-5 et 32 dans *Adolphe*).
– L'auto-ironie : Adolphe, qui se présentait comme *inébranlable* (l. 3), se retrouve *plus engagé que jamais* (l. 33). Benjamin fait un caprice (l. 23) et se trouve pris à son propre piège (l. 37-39, 49-50).
• **Autobiographie/roman autobiographique** : outre les indications liminaires (*Adolphe* et *Ma vie* par B. Constant), on note la mention de dates au début du texte autobiographique, ancrage dans la chronologie de « sa vie » ; dans l'autobiographie, la scène est entièrement assumée par le narrateur, elle est résumée et commentée (l. 51-53). Le roman joue davantage sur la **mise en scène** (dialogue rapporté dans le récit).

**3- Regard sur soi**
L'auteur se désolidarise et s'amuse du *je* ancien, qu'il considère comme :
– jeune, immature : *trois fois plus de folies* (l. 5-6, 27-30) : se prend à son jeu ; naïf, incapable de percer les subtilités du langage amoureux et la rouerie de la femme : se méprend sur les propos de M^me^ Trevor, *J'aurais dû... au lieu de cela...* (l. 33-35) ;
– capricieux : *je me mis en tête* (l. 23) ;
– ridicule : regard ironique sur sa crise de désespoir : *je crus adroit... me voilà à me rouler par terre* (l. 35-38) ; *il ne me restait plus qu'à mourir* (l. 49-50).

**ÉCRIRE**

Étudier au préalable les lieux communs de la déclaration d'amour, au théâtre notamment (*Phèdre*), et la déclaration d'amour ridicule (*Le Bourgeois gentilhomme*).
• **Benjamin :** clichés du langage amoureux (vocabulaire galant, images : le *feu* et les *flammes* de l'ardeur amoureuse), impatience et exigence de la jeunesse bouillante et capricieuse.
• **M^me^ Trevor :** on pourra gloser à la première personne la phrase des l. 32-33 : *ses liens* (c'est une femme mariée) ; *la plus tendre amitié* : équivoque commode de l'expression. Voir *Le Misanthrope* (V, 4) : les billets mondains de la coquette visant à s'attacher les hommes sans se compromettre.

## PISTES

■ **Pour une séquence : La scène de rupture** (vraie et fausse rupture ; points de vue et tonalités ; portée) Musset, *On ne badine pas avec l'amour*, p. 306 ; Montesquieu, *Lettres persanes*, p. 337 ; Laclos, *Les Liaisons dangereuses*, p. 422.

■ **Exercice complémentaire : Oral**
Ellénore raconte cette scène à une amie : imaginez son récit en tenant compte des éléments fournis par le texte sur le caractère et les sentiments de la jeune femme.

■ **Lectures cursives :** G. Sand, *Indiana* ; Flaubert, *Madame Bovary* ; Balzac, *La Duchesse de Langeais*.

**Proust**

# *Du côté de chez Swann*

p. 392

## « Le souvenir m'est apparu »

### APPROCHES

■ **Axes d'étude :** Le temps romanesque. Métaphore et comparaison (p. 517). Le récit poétique.

■ **Préalables :**

Situer cette page dans l'**architecture de l'œuvre** : l'épisode ne se suffit pas à lui-même ; il ne s'éclairera complètement que dans *Le Temps retrouvé*. Mais il est exemplaire d'une méthode de cheminement intérieur et d'interrogation de soi qui traverse toute la *Recherche*.

Poser la question du **genre** : étrange roman, où l'action se réduit à l'identification d'une sensation ! On pourra ainsi apprécier la place de Proust dans l'histoire du roman. Le roman proustien découvre un aspect de l'existence jusqu'alors négligé : « Il sonde le temps : l'insaisissable moment passé » (Kundera).

**Écarter le double préjugé** d'un texte « intellectuel » (tout part et parle ici de la matière **sensible**) et d'un texte autobiographique (le **vrai moi** qui intéresse Proust n'est pas le « vrai » Marcel, anecdotique, dont on peut reconstituer la biographie).

### LIRE : Le goût du souvenir

**1- Le travail de la mémoire**

– **Le doute :** *sans la notion de sa cause* (l. 13-14), *ne devait pas* marquant la supputation (l. 19), *connaître* et *savoir* avec négation (l. 24, 26, 36).

– **L'hypothèse :** dans la recherche d'une explication, *peut-être* (l. 47-54).

– **L'interrogation directe :** l. 18, 20, 29, 31, 36-37.

– **La négation :** dans les préfixes (*incertitude*, l. 29) ou les phrases négatives (*je ne trouve rien de plus*, l. 21).

– **La répétition :** l. 21-22, 24-25, 38.

– **Les images antithétiques :** lumière (l. 27-28, 33, 34) et obscurité (l. 31, 37) ; surface (l. 34) et profondeur (l. 36-37).

**2- Moi sensible et moi intellectuel**

• **Sensations physiques :** le plaisir du goût (l. 12-13, 19) suscite l'apparition du souvenir (l. 42-43). La résurrection du passé provient d'une révélation soudaine, non d'une conclusion logique. L'action de la mémoire sensible, gustative surtout, est plus forte que le travail intellectuel.

• **Conscience claire :** à l'*esprit* de trouver la *vérité* (l. 28-29). Mais la *claire conscience* (l. 34) peine à retrouver le passé. Elle se contente plus modestement de *reconnaître* (l. 60) ce que lui dictent les sens. C'est par le goût que les formes retrouvent la force d'expression qui leur permet de *rejoindre la conscience* (l. 54).

**3- Le goût et la vue**

La **vue** seule ne suffit pas à réveiller le passé (l. 46) : les images visuelles sont plus éphémères et fragiles que les odeurs et le goût ; elles s'associent plus aisément à d'autres souvenirs (l. 48-49). L'**odeur** et la **saveur** restent plus longtemps : plus *immatérielles* (l. 56), plus profondes. C'est ainsi *le goût du morceau de madeleine* (l. 60) qui provoque dans une dernière étape la renaissance des images, des formes visibles – *les nymphéas de la Vivonne, les bonnes gens du village* (l. 74).

**4- L'expression de l'émerveillement**

• **L.11-18 :** champ lexical du plaisir : *je tressaillis, plaisir, amour, joie* ; fort investissement du locuteur, marques d'énonciation omniprésentes : *mon palais, en moi, elle était moi…* ; expression de la soudaineté et de la rupture : *à l'instant même, aussitôt, cesser de* (et *tout d'un coup*, l. 42) ; adjectifs intensifs : *extraordinaire, délicieux, précieuse, puissante* ; rythme ternaire : *les vicissitudes de la vie indifférentes, ses désastres inoffensifs, sa brièveté illusoire* (l. 14-15) ; allitérations et assonances : *en me remplissant d'une essence précieuse.*

• **L. 60-76 :** superlatif : *si heureux* ; expansion énumérative : *la ville… la Place… les rues… les chemins* ; *toutes les fleurs… et celles… et les nymphéas… et les bonnes gens… et l'église* ; magie des comparaisons : *décor de théâtre* ; *morceaux de papier* japonais.

**Conclusion**

Ce texte est la véritable ouverture de la *Recherche* : de même que les morceaux de papiers japonais, d'abord *indistincts*, déploient ensuite toutes leurs richesses lorsqu'on les trempe dans un bol de porcelaine, de même l'épisode de la madeleine fait d'un événement insignifiant à première vue la matrice d'un monde de souvenirs et le point de départ d'un vaste parcours initiatique.

### PISTES

■ **Pour une séquence : Chemins de mémoire** (le temps et les temps ; sensations et interprétation ; métaphore et comparaison ; narration et description ; autobiographie, poésie et roman) : Chateaubriand, *Mémoires d'outre-tombe*, p. 362 ; Sarraute, *Enfance*, p. 375 ; Perec, *W ou le souvenir d'enfance*, p. 382.

■ **Exercices complémentaires : Langue**

**1-** Analysez les différentes valeurs du présent de l'indicatif dans le texte.

**2-** Étudiez l'organisation syntaxique de la dernière phrase du texte.

■ **Bibliographie :** Leo Spitzer, *Études de style*, « Le style de Marcel Proust », éd. Gallimard, 1970.

Proust

# La Prisonnière

p. 394

## « Je sentais le néant qu'elle était pour moi »

## APPROCHES

■ **Axes d'étude :** L'introspection. La jalousie.

■ **Préalables :** Souligner les échos entre *Du côté de chez Swann* et *La Prisonnière*, et faire remarquer les similitudes entre Swann et le narrateur (passion vécue dans la souffrance, jalousie maladive).

## LIRE : Lassitude ou jalousie ?

### 1- Les intermittences du cœur

Pour aimer, le narrateur a besoin de désirer (§ 1). Or la possession étouffe le désir (*Je n'avais plus rien à apprendre… moins jolie*, l. 7-8). Sa passion se nourrit d'incertitude et d'une crainte (*Seul le désir qu'elle excitait chez les autres… haut pavois,* l. 8-10) qui s'exacerbe aussitôt en une jalousie féroce et destructrice (l. 22-24).

**Paradoxes :** pour s'épargner *les angoisses de la séparation* (l. 30), il souhaite qu'Albertine disparaisse brusquement (l. 32-34). Son amour est indissociable de la souffrance (*souffrir*, l. 9, 38 ; *plaie*, l. 35 ; *dès qu'elle disparaissait* [la souffrance], *je sentais le néant qu'elle était pour moi* [Albertine], l. 12-14 ; vocabulaire de la guérison, l. 16, 20-21). Finalement, ce qu'il aime, c'est sa souffrance : *Par la souffrance seule* (l. 11) ; *le besoin de l'apaiser, requérant toute mon attention* (l. 12-14).

### 2- Temps des verbes

• **L'imparfait** décrit un état d'âme plus qu'il ne raconte (*J'étais malheureux que cet état durât*, l. 14), à moins qu'il ne raconte sur le mode itératif (*je chargeais mille circonstances…*, l. 18, 25).

• **Le conditionnel :** *qu'elle aurait fait… ce qui me permettrait* (l. 16-17) ; *m'épargnerait… si* (l. 30) ; *Sans doute… quelque autre serait son époux, et libre, elle aurait peut-être…* (l. 38-40). Multiplication des suppositions, d'où l'emploi du mode de l'irréel, exprimant le souhait (*je souhaitais d'apprendre*, l. 15), la velléité découragée d'avance (l. 20-21), le rêve (l. 30-34), voire le fantasme (l. 39-41).

## PISTES

■ **Pour une séquence : Auto-analyses** (genres et registres ; parfait et imparfait ; l'écriture comme thérapie) : Sartre, *Les Mots*, p. 374 ; G. Sand, *Journal intime*, p. 378 ; I. Svevo, *La Conscience de Zeno*, p. 395.

■ **Exercice complémentaire : Écriture**
Comparez la femme inconnue rêvée chez Proust (§1) et Verlaine (*Mon rêve familier*).

■ **Lecture cursive :** A. Robbe-Grillet, *La Jalousie*.

■ **Bibliographie :** J.-Y. Tadié, *Proust et le roman*, éd. Gallimard, 1971.

▶ LE ROMAN AUTOBIOGRAPHIQUE

Italo Svevo

# La Conscience de Zeno

p. 395

## « De résolutions en cigarettes »

## APPROCHES

■ **Axes d'étude :** L'analyse psychologique. Le retour sur soi.

■ **Préalables :** Expliquer que dans les conflits intimes de Zeno, la **résolution** joue un **rôle primordial** : jamais tenue (il ne cessera jamais de fumer, pas plus qu'il n'arrêtera de tromper sa femme), mais réaffirmée avec toujours plus de force, il semble qu'elle l'absolve à l'avance de ses rechutes, et lui permette de se regarder avec une certaine considération. C'est aussi l'élément comique majeur du récit (comique de l'échec et de la répétition).

■ **Préciser** la signification de *après avoir vécu dans la maladie toute ma vie* (l. 13-14) : Zeno est un malade imaginaire.

## LIRE : La dernière !

### 1- Les temps verbaux

Alternance présent/passé : § 1, *Maintenant* + présent ; § 2, *Une fois, du temps où j'étais étudiant* + passé ; § 3, *Je pense* + présent dilaté et général ; § 4, passé. Les phases de remémoration et d'analyse alternent dans la conscience (*J'avance cette hypothèse*, l. 7 ; recherche d'un sens : *Que signifient ces résolutions*, l. 11).

### 2- Immaturité et lucidité

• **Immaturité :** le jeune Zeno est rêveur et naïf (*cet homme idéal et fort que je voulais être*, l. 4-5 ; *reformulée avec la foi la plus naïve*, l. 30), incapable d'ajuster sa volonté à son idéal (*le cimetière de mes bonnes résolutions*, l. 19), instable : il rejette sur le lieu son incapacité à tenir sa résolution (l. 18-20).

• **Lucidité :** mise en question, doute généralisé : *n'ai-je pas autant* (l. 2-3) ; *Qui sait si* (l. 3) ; *Ce fut peut-être* (l. 5) ; reconnaissance rétrospective de sa *faiblesse juvénile* (l. 8) ; amusement de sa propre naïveté (*une date… qui me parut devoir*, l. 34). Limites de cette lucidité : *Je crois encore…* (l. 38-39).

### 3- L'humour

– Rapprochement avec un personnage de comédie : l. 12-14 (grotesque, bouffon).
– L'analyse est aussi un moyen de jeter un regard amusé sur sa bêtise : *la force de la couleur qui devait faire pâlir la teinte*... (l. 31-32) ; rôle de l'esthétique dans la résolution : importance des qualités visuelles (*couleurs*, *teinte*, l. 29, 31-32) ou sonores (*musicales*, l. 37-38) de la date.
– Images impressionnantes et formules solennelles tournées en dérision par les faits (nuance héroï-comique) : *le cimetière de mes bonnes résolutions* (l. 19), *sceller à jamais le cercueil dans lequel je voulais enterrer mon vice* (l. 35-36) ; ou par elles-mêmes : *de cigarettes en résolutions et de résolutions en cigarettes* (l. 10-11).

Ces marques d'humour soulignent la distance que le narrateur souhaite établir entre le personnage qu'il fut et celui qu'il est devenu ; mais elles servent sans doute aussi à dissimuler une certaine amertume face à un échec durable (le chiasme, l. 10-11), symbolique de tout un caractère.

### Conclusion

Le narrateur ne dirige pas son ironie contre lui seul : sa constante mise en question, ses hypothèses pseudo-analytiques et la dérision de ses extravagances de jeunesse visent aussi les méthodes de la psychanalyse et à travers elles le psychiatre à qui Zeno voue une hostilité déclarée.

## ÉCRIRE

On acceptera une autre version de la résolution de privation (sucreries, console de jeux, télévision), mais on suggérera inversement les résolutions d'**action** ; ex : *Cette fois, c'était décidé : dorénavant je me lèverais tous les matins dès la première sonnerie du réveil*... ; ou : *Ce jour-là, j'étais fermement résolu : j'irais voir mon patron et je lui demanderais une augmentation*...

## PISTES

■ **Pour une séquence : Le narrateur et sa jeunesse** (lucidité rétrospective ; nostalgie/ironie) : Chateaubriand, *Mémoires d'outre-tombe*, p. 362 ; B. Constant, *Ma vie*, p. 391 ; Marivaux, *La Vie de Marianne*, p. 396.

■ **Exercice complémentaire : Oral**
À partir du § 3, (l. 21-27), suggérez un débat sur les notions de *volonté* et de *liberté* par rapport à la cigarette.

■ **Lecture cursive :** I. Svevo, *La Conscience de Zeno.*

# LE ROMAN-MÉMOIRES

## Marivaux
## *La Vie de Marianne*

p. 396

### « La douceur d'aimer »

## APPROCHES

■ **Axes d'étude :** Le roman-mémoires (p. 396). La rencontre.

■ **Préalables : L'église** est une scène commode pour une intrigue romanesque, un des rares endroits où puissent se rencontrer « honnêtement » et incognito une jeune fille et un jeune homme appartenant à des classes sociales différentes. Noter la disparition du sacré au profit du mondain : l'église est une sorte de substitut du théâtre ou de l'Opéra.

■ **Préciser** que *j'oubliais* à (l. 6) est une construction courante mais non relâchée au XVIII^e siècle.

## LIRE : Mémoires d'une femme

### 1- Réflexions de Marianne

• **Marianne jeune** relève des signes, en donne une interprétation intuitive, qui indique une sensibilité nouvelle, **éveillée** par l'amour (l. 4, 6, 10-12, 16-18) ; beaucoup de formules restrictives ou négatives signifient son inexpérience (l. 4 ; *il me semblait*, l. 13 ; l. 14-15, 21, 24).

• **La narratrice âgée** suggère l'éloignement du passé (*je me souviens*, l. 19), pousse plus loin l'analyse, et dit ce que Marianne jeune ressentait sans oser l'envisager (*si confusément, que*..., l. 14-15 ; *je ne croyais pas me retourner pour lui*, l. 24 ; *sans me douter*, l. 4). Elle fait aussi des réflexions générales dictées par l'expérience mais marquées par la prudence (*Tout ce que je sais*, l. 16 ; *Apparemment que... peut -être que*, l. 7-9).

• Un regard de **sympathie** qui n'altère pas la lucidité mais au contraire la renforce. La naïveté et la spontanéité de Marianne jeune sont autant de qualités ; quand elle tente de se dissimuler quelque chose (l. 21-24), elle n'en est que plus touchante. Mais l'évocation de ce moment de sa jeunesse ne suscite chez la narratrice aucune émotion liée à la remémoration, comme chez Proust (► p. 392).

### 2- Sensibilité

Marianne attribue à Valville ses propres réactions, selon un jeu de reflets (l. 1-3, 10-12). L'attention de Marianne, flottante jusque-là, devient active et elle interprète d'emblée les signes qu'elle perçoit (*il y avait quelque chose*, l. 11-12 ; *il me semblait, je le soupçonnais*, l. 13-14) et qui ne passent que par des regards (l. 1, 10, 16-18, 23, 25-26). La certitude qui en naît relève de l'intuition ; c'est à la fois la preuve qu'un sentiment existe, et le meilleur moyen de le faire exister et de le renforcer, selon un cercle vicieux (manège des regards, l. 16-18).

**3- Marianne est profondément sincère**, même dans ses réticences, dans les ruses qu'elle emploie avec elle-même (l. 17-18, 22-23) et qui relèvent d'une coquetterie qu'elle croit évanouie (l. 5-6) ; cette sincérité est le garant de *cette bonne foi-là* (l. 8) qui n'arrive qu'une fois dans la vie (l. 7), et de la profondeur de ses sentiments, qui ne se démentiront pas tout au long du roman.

**Conclusion**

On appréciera la fraîcheur et la subtilité de cette évocation romanesque de l'éveil à l'amour, que Marivaux, avec d'autres moyens, développe dans son théâtre.

## ÉCRIRE

Commencer par l'observation minutieuse des mentions de Valville et de son attitude, pour imaginer ses pensées et ses émotions (*Ce jeune homme… m'examinait*, l. 10). Puis faire en sorte de voir Marianne de l'extérieur (§ 1, regards fréquents et prolongés sur Valville ; l. 16, l'embarras de la jeune fille peut se traduire par des rougeurs, des regards dérobés ; l. 19-24 : attitude de regret).

## *PERSPECTIVES* (p. 397)

■ **Marivaux, *La Vie de Marianne*.**

**LIRE : Leçon de conduite**

**1- Aimer selon M^me^ Dutour**

• **Pour M. de Climal** (le dévot) : sentiment d'où toute connotation sensuelle est exclue ; sens du verbe rendu abstrait par l'emploi absolu (l. 22). L'amour est presque un état.

• **Pour une femme** (*je* ou Marianne) : forme d'engagement condamnable (l. 11), consentement coupable (l. 27, 30-32) : le contraire de ce que Marianne a pu ressentir en voyant Valville (élan irrépressible et sans arrière-pensée, engagement de tout son être).

**2- Manœuvres**

• M^me^ Dutour humilie Marianne en lui rappelant sa condition (l. 6-8, 25-26) ; elle fait l'aveu cynique d'une conduite intéressée (l. 9-11), hypocrite (l. 28, 31,33) ; la vertu n'est qu'un moyen parmi d'autres (l. 34).

• Elle emploie le *je* (*à votre place, je sais bien*, l. 5-6), le *nous* (l.17, 27), des formules générales ou proverbiales (l. 11-12, 15, 16-18, 35-37) pour suggérer à Marianne la banalité d'une telle conduite, normale pour la plupart des femmes qu'elle peut connaître. La responsabilité de la jeune fille disparaît : passage de *vous* à *une fille*, puis *on* ; parallèlement, passage de l'indicatif présent, constat de réalité (l. 20), à l'impératif (l. 21-28), puis au futur (l. 31-34), qui suppose acquis le consentement de Marianne.

**3- Des langages opposés**

Les formules générales, véhémentes, caractérisent socialement et moralement ce personnage vulgaire, ce qui renforce l'opposition avec la délicatesse de pensée et de sentiment de Marianne. Autant Marianne est réservée, hésitante ou prudente, autant M^me^ Dutour est brutale (*je sais bien*, l. 5 ; usage des impératifs) ; la sécheresse de ses phrases, courtes et martelées, caractérisées par la **parataxe**, s'oppose aux sinuosités de la pensée de Marianne (l. 16-18, ▶ p. 396), à ses ramifications syntaxiques (l. 13-15, 19-24).

## PISTES

■ **Pour une séquence : Les mémoires** (▶ *supra*, p. 282).

■ **Exercice complémentaire : Écriture**

Comparez le discours de la logeuse de Marianne à celui de Macette, p. 56.

■ **Lecture cursive :** Marivaux, *Le Jeu de l'amour et du hasard*.

■ **Bibliographie :** H. Coulet, *Le Roman jusqu'à la révolution*, éd. A. Colin, 1991.

# ▶ Le roman-mémoires

**Yourcenar**

# *Les Mémoires d'Hadrien* (p. 398)

## « Méditations sur l'avenir »

## APPROCHES

■ **Axes d'étude :** Le récit et le temps. Mémoires et roman (p. 396). La narration subjective.

■ **Préalables :** Préciser le moment de l'action : au II^e^ siècle de notre ère, c'est l'apogée de l'Empire romain ; le pessimisme d'Hadrien peut donc paraître paradoxal.

Rappeler l'essentiel sur Aristote (l. 1), philosophe grec du IV^e^ siècle avant J.-C., et Archimède (l. 1), savant grec du III^e^ siècle avant J.-C.

## LIRE : Les leçons de l'Histoire

**1- Personnalité(s) d'Hadrien**

À la fois philosophe et chef de guerre, homme de réflexion et homme d'action. La composition de l'extrait (§ 1 : réflexion ; § 2 : action) reflète ces deux aspects de sa personnalité.

Lassitude et pessimisme qui affectent la vision de la civilisation (l. 1-5), du peuple (l. 5-7), des politiques (l. 7-9). Conception aristocratique de la société (jugement sévère sur la masse, l. 5-6), dans la tradition de la Rome patricienne (*les bons esprits* = une *minorité*, l. 5). Anticipation mélancolique d'une décadence fatale inspirée par la nature humaine, incapable de progrès. Hadrien surmonte toutefois la tentation du désespoir par son sens des responsabilités (l. 24), sa force de caractère (insensibilité aux violences de la guerre, l. 25-26), sa morale pragmatique et son réalisme militaire et politique (l. 23-25).

### 2- Temps et pronoms personnels

• **Passé/présent :** récit d'une situation passée dans le § 2 : imparfait conférant une valeur itérative, durative ou indéterminée aux actions accomplies durant le siège. Méditations d'Hadrien rapportées au présent (§ 1) : extension de leur validité du moment de l'histoire (passée) au moment de la narration (présente) ; remarques sur le devenir et l'*avenir* (l. 21) de la civilisation hissées au rang de vérités générales : constat porté sur tout un siècle (*Nos sciences piétinent*, l. 1 ; *la masse demeure ignare*, l. 5-6) ; jugement d'ordre général sur l'homme et la nature (valeur proverbiale du présent, ton de la maxime : *le temps… n'est pas plus donné aux empires qu'aux hommes*, l. 9-10 ; *la nature préfère.*, l. 12-14).

• ***Je/nous* :** alternance qui recoupe celle des temps verbaux : le *nous* extensif *(nos/notre)* accompagne l'élargissement du présent (l. 1-2, 9) ; l'empereur parle alors au nom de l'empire : (*nous* = civilisation romaine, ses bâtisseurs : *nos sciences, nos progrès, notre ouvrage*). Il est solidaire du destin de sa cité. Quand il sort de sa méditation, il retrouve sa solitude de chef d'armée, les contraintes de son corps (*je bougeais, je glissais, j'étais réveillé*) et ses responsabilités immédiates (*ma tâche*, l. 24) : le système politique de la monarchie impériale lui donne un pouvoir personnel absolu.

### 3- Vision de l'Histoire

Hadrien reconnaît certains progrès de son temps (*progrès techniques*, l. 1-2, *avancement des idées*, l. 4) ; mais il mesure la fragilité de sa civilisation (l. 22). Le passé fournit des modèles inégalés : exaltation de la grandeur de la Grèce à travers l'évocation d'*Aristote* et d'*Archimède* (l. 1). Si *l'adoucissement des mœurs* permet le *bonheur* des *voluptueux* (l. 2-4), la faiblesse morale de la nature humaine condamne d'avance l'œuvre en cours : corruption des hédonistes blasés (l. 3), férocité incurable et égoïsme stérile du plus grand nombre (l. 5-6), vices des responsables (l. 7-9), tel est *l'ordre des choses* (l. 14). L'Histoire n'est donc pas une marche en avant vers une civilisation toujours plus accomplie, mais une permanence (l. 7), une répétition (l. 13), voire une dégradation (*compromis d'avance*, l. 8-9, *écroulement*, l. 22).

### Conclusion

À travers Hadrien, Yourcenar s'intéresse aux efforts d'un sujet aux prises avec le temps : si Hadrien s'interroge sur les moyens d'agir sur l'Histoire et sur les hommes, il est tout autant façonné lui-même par une époque qui détermine son discours et ses valeurs (une Rome marquée par l'héritage hellénique). Cette réflexion sur les rapports entre individu et civilisation vaut aussi, en ce sens, pour le présent de l'après-guerre.

## DIRE

On pourra reprendre l'une après l'autre les affirmations d'Hadrien et les reformuler par des questions : nos sciences piétinent-elles ? Nos progrès techniques résisteraient-ils à l'usure d'une longue guerre ? etc. Puis on invitera les élèves à classer leurs réponses (partagez-vous/contestez-vous) et à les illustrer par des exemples historiques, des références littéraires ou philosophiques.

## *PERSPECTIVES* (p. 399)

### ■ Yourcenar, *Carnets de notes des* Mémoires d'Hadrien.

**LIRE : « Longues recherches »**

### 1- Élaboration du projet

– § 1 : Comment faire entendre la voix d'Hadrien par-dessus tout ?

– § 2 : Découverte du bon point de vue.

– § 3 : Comment trouver le bon angle de vue rétrospectif ?

– § 4 : Comment jeter sur les lieux le regard même qu'Hadrien ?

Les quatre fragments manifestent la recherche du point de vue et de la voix. Yourcenar veut *organiser* (l. 6-7), *embrasser d'un seul coup la courbe* de la vie de son personnage (l. 15). Elle affronte un paradoxe : il lui faut adopter le même regard qu'Hadrien mais faire en sorte qu'Hadrien ait le même regard que nous ; fusion et distanciation simultanées (l. 19-20, 26).

### 2- Les difficultés

**Lenteur** du processus évoquée dans le § 1 par l'adverbe *longtemps* (l. 1) et la concession (*quoi que je fisse*, l. 3) ; difficulté de la recherche exprimée par les répétitions : *sans cesse, à droite, à gauche*, l. 11-12 ; *Matins… innombrables soirs, va-et-vient incessant*, l. 21-23. **Piétinement** suggéré par la parataxe : *le détail… les parties… la voix*, l. 4-6. Multiplication des synonymes : recherche du terme juste, du ton et de la personnalité les plus justes possibles (*connue, achevée, fixée*, l. 13 ; *la soupèse, l'examine*, l. 17).

### 3- Roman et *Carnets*

– **§ 1 :** La voix d'Hadrien prime l'ensemble : forme du récit-mémoires, où seul le narrateur personnage se fait entendre (*Je* unique).

– **§ 2 :** le point de vue d'Hadrien : tout est livré à travers son regard (passé et présent).

– **§ 3 :** Hadrien soupèse, examine, juge sa vie ; point de vue rétrospectif du deuxième paragraphe (*Je levais la tête*), jugement sur soi-même (*irrité contre moi-même…*, l. 20), *courbe tout entière* de sa vie englobée dans le passé et le présent des deux paragraphes (rappel d'un passé plus lointain : *les profils… me rappelaient*, l. 18-19).

– **§ 4 :** vision distanciée des lieux (l. 18-19).

## PISTES

■ **Pour une séquence : Argumentation : le pouvoir – pour quoi faire ?** (profession de foi et théories ; morale et politique ; argumenter par l'exemple ; voix et registres) : Beaumarchais, *Le Mariage de Figaro*, p. 83 ; A. d'Aubigné, *Les Tragiques*, p. 174 ; Montesquieu, *L'Esprit des lois*, p. 262 ; *Le Canard enchaîné*, p. 289 ; Sartre, *Les Mains sales*, p. 312.

■ **Exercice complémentaire : Lecture et écriture**

Faire lire aux élèves un extrait des *Vies des douze Césars* (ex : Néron et l'incendie de Rome), puis leur demander de réécrire le texte de Suétone selon le point de vue du personnage, en associant récit et méditation.

■ **Bibliographie :** H. Levillain, *Mémoires d'Hadrien de Marguerite Yourcenar*, éd. Gallimard, 1992 ; J. Savigneau, *Marguerite Yourcenar*, éd. Gallimard, 1990.

## Gogol

# *Journal d'un fou*

p. 400

## « Que leur ai-je fait ? »

### APPROCHES

■ **Axes d'étude :** Le journal fictif. Le point de vue. Manifestations de la folie.

■ **Préalables :** Expliquer que la folie a longtemps effrayé les esprits et dérouté les médecins, d'où l'enfermement des malades dans les hôpitaux ou les maisons de force. Les thérapeutiques restaient rudimentaires ou extravagantes (douches). À la fin du XVIIIe siècle, devant l'inefficacité des cures physiques, des soins psychologiques sont tentés ; c'est le XIXe siècle qui développe une **psychiatrie scientifique**, avec internement hospitalier (les asiles) et dialogue entre le malade et le médecin.

■ **Vérifier** que sont compris : *grand inquisiteur*, l. 2 (= chef suprême de l'Inquisition) ; *chanterelle*, l. 30 (= appeau imitant le chant des oiseaux pour les appeler).

### LIRE : Confusion et hallucination

#### 1- Le journal intime

• **Éléments du journal intime :** la fragmentation, la datation, le récit limité à une journée (*Aujourd'hui* + passé composé, l. 2), la confidence des états d'âme (*Non, je ne peux plus supporter*, l. 20).

• Le journal est par essence un **genre fragmentaire**, discontinu, qui permet les coq-à-l'âne (Jules Renard, ▶ p. 379) ; il est donc tout indiqué pour donner la parole au fou, dont le discours est disloqué, les idées incohérentes, sans ordre ni suite.

#### 2- La folie

• **Confusion spatio-temporelle :** perte des repères.

– Datation perturbée (fragmentation du mot *date* : *Da 34 te*, chiffres aberrants pour le jour comme pour l'année ; aggravation entre les deux datations).

– Vertige spatial : *tout tourne autour de moi* (l. 24-25) ; *Est-ce ma maison ? Est-ce ma mère ?* (l. 32).

– Confusion des pays : *roi d'Espagne* (l. 10), *tous les coqs avaient une Espagne* (l. 15) ; *machine de l'Anglais* (l. 18) ; *d'un côté c'est la mer, de l'autre l'Italie ; voici déjà des isbas russes* (l. 31).

• **Paranoïa :** mégalomanie (se prend pour Ferdinand VIII, l. 10) ; hallucination : le médecin est vu comme *grand inquisiteur* (l. 2). Le malade devient bientôt incapable d'identifier qui que ce soit (*ils*, l. 20, 22, 34). Délire de la persécution : *chassé* (l. 13), *menacé* (l. 16), triple négation (l. 21-22, 20-23) ; thème de la *torture* (l. 22, 24, 34) : *pas de place au monde pour lui, on le chasse* (l. 35-36).

• **Schizophrénie :** le personnage se dédouble, ne répond pas à son nom (l. 5-6), se prend pour un autre (l. 10-11), puis se voit de l'extérieur (emploi de la troisième personne, l. 33-36 : *sauve ton pauvre fils… sa tête qui a si mal… ils le torturent…*).

• **Incohérences** et coq-à-l'âne bouffons ou pathétiques : l. 15-16, 31, 33-36 : *Maman/orphelin* ; l. 35-36.

### Conclusion

Sous les apparences du journal, une tentative de description clinique de la folie, à travers la dégradation quotidienne des facultés mentales du personnage.

### *PERSPECTIVES* (p. 401)

■ **Richard Matheson, *Journal d'un monstre.***

#### LIRE : Monstre et monstruosité

#### 1- Perception et retranscription

Le narrateur relate des **perceptions brutes**, avec un **vocabulaire limité :** couleurs (*jaune* = lumière naturelle, jour ; *blanc* = lumière artificielle, l. 21 ; *rouge* = éblouissement, l. 3). La *grosse machine qui avale et roule* = voiture (l. 5-6) ; *mon liquide a coulé* = sang (l. 38).

Il ne sait pas interpréter les expressions du visage ni les gestes : surprise et horreur de la mère racontées sur un ton neutre (*sifflement, main sur sa bouche, yeux grands*, l. 31-32) ; fureur du père : *devenu laid, la colère, m'a battu* (l. 37-38). Même chose pour les propos paternels : *Ohmondieu* retranscrit en un seul mot incompréhension de l'invocation et du souhait meurtrier qu'elle recèle. Jette un regard détaché sur ce qui nous inspire effroi ou répulsion : *j'ai mangé des cafards* (l. 12) ; *une araignée toute noire marcher sur moi* (l. 45-46). Sa façon d'appréhender le monde révèle un être différent.

#### 2- Les indications de lieu

*Là-haut* (l. 1, 4-5, 11, 13, 16, 43) ; *la cave* (l. 3, 40) ; lieux intermédiaires (liens entre *là-haut* et la *cave*) : *l'escalier* (l. 16), *la porte* (l. 20, 24). **Opposition de deux mondes :** *Là-haut*, le monde interdit (*c'est défendu*, l. 26), celui des parents, des rires et de la chaleur humaine (l. 13,14, 23, 24, 27, 44), mais aussi de la douleur (*mes yeux avaient mal de la lumière*, l. 41 ; *il m'a battu*, l. 38). *La cave*, espace de vie du réprouvé, avec les *cafards* (l. 12) et l'*araignée* (l. 45), mais aussi son refuge : *Je voulais y retourner… ils n'ont pas mal*, l. 40-42).

#### 3- Les parents

• **Attitude des parents :** terreur : l. 30-32 ; hypocrisie : enfermement secret, respectabilité ostentatoire (*Elle a dit rien un plateau*, l. 34) ; cruauté : enchaînement (l. 8, 14, 30, 43), coups (battu jusqu'au sang, l. 39), souhait meurtrier du père *et il n'a que huit ans*, l. 47).

• **Le lecteur** prend le narrateur en pitié (lui, ne renie pas ses parents : *Papa, Maman*). Il reporte instinctivement la monstruosité sur les parents : dénaturation du sentiment paternel et maternel, absence de compassion, inhumanité du comportement. L'auteur suggère que la monstruosité ne réside pas tant dans la difformité physique que dans la cruauté des cœurs insensibles.

**ÉCRIRE**

On mettra l'accent sur l'expression de la surprise et de l'horreur (l. 30-32), ramenées ensuite à la contrariété : une soirée agréable (rires) gâchée par l'intrusion du monstre, stratagème pour détourner l'attention des invités (l. 34-35). On pensera aussi aux réflexions intimes sur ce terrible secret, aux spéculations sur les moyens de se débarrasser de cette honteuse progéniture, ou à des scrupules sur la manière de traiter son enfant.

## PISTES

■ **Pour une séquence : Écrire l'angoisse à la première personne** (formes/genres ; angoisse personnelle/métaphysique) Proust, *La Prisonnière*, p. 394 ; Michaux, *La nuit remue*, p. 237 ; Bernanos, *Journal d'un curé de campagne*, p. 402 ; Kafka, *Le Terrier*, p. 405.

■ **Exercice complémentaire : Écriture**
Imaginez le compte-rendu du médecin venu examiner Aksenty Ivanovitch.

■ **Lecture cursive :** Maupassant, *Le Horla.*

■ **Filmographie :** T. Browning, *Freaks*, 1932.

■ **Bibliographie :** A. Vinogradova, *Premières leçons sur les* Nouvelles de Pétersbourg, PUF, 1998.

## ▶ LE JOURNAL FICTIF

### Bernanos
# *Journal d'un curé de campagne*

p. 402

## « Ce hargneux silence de l'âme »

## APPROCHES

■ **Axes d'étude :** Le journal intime (p. 400). L'écriture fragmentaire. La solitude.

■ **Préalables :** Faire réfléchir les élèves sur le **genre** et la forme de l'œuvre : un journal intime supervisé par une instance supérieure anonyme : mention des pages arrachées, lettre finale de Louis Dupréty au curé de Torcy faisant suite au journal proprement dit, et consécutive à la mort du diariste.

■ **Préciser** que le curé est, sans le savoir, rongé par un cancer de l'estomac, d'où l'allusion à sa *douleur habituelle* (l. 27-28).

## LIRE : Confidence ou confession ?

### 1- Journal réel, journal fictif

• **Ressemblances** avec le journal réel : fragmentation (lignes de points marquant les moments d'écriture successifs ; alinéas nombreux) soulignée par les notations temporelles (*ce matin* ; l. 1, 7 ; *Il est une heure*, l. 11 ; *très tard, déjà l'heure de la messe*, l. 35-36). Style télégraphique et phrases nominales : *Vent et pluie* (l. 11) ; *Même solitude, même silence* (l. 12, 16-18).

• **Différences** : indices de la fiction : auteur (Bernanos) ≠ diariste (curé d'Ambricourt) ; la parenthèse finale en italique : de quelle instance émane-t-elle ? Narrateur omniscient ? Éditeur ? Elle suggère que le prêtre n'est pas l'unique scripteur de ce journal.

### 2- États d'âme

Le curé vit une nuit de solitude et d'agonie, comme le Christ au jardin des oliviers (voir Luc, XXII, 41-44, Matthieu, XXVI, 36-42 et Marc, XIV, 32-36) : *Ma tristesse était trop grande* (l. 5).

• **Angoisse** (l. 17) et tentation du désespoir : thème de la nuit (*j'aspire la nuit, la nuit entre en moi… Je suis moi-même nuit*, l. 13-15 ; *l'insondable Nuit*, l. 33-34) et du néant (*couché au bord du vide, du néant*, l. 22-23 ; *le grain de poussière… va s'éteindre*, l. 34). Allusion aux *défaillances* des saints (l. 8-9), du Christ lui-même ? (« *Père, s'il se peut, éloigne de moi cette coupe* »)

• **Solitude** angoissante : *On ne prie jamais seul* (l. 5) ; *Ma solitude est parfaite* (l. 12-13, 17) : dans l'Évangile, les apôtres s'endorment, le Christ est seul. Abandon de Dieu (Matthieu, XXVI, 46 : *Mon Dieu, Mon Dieu, pourquoi m'as-tu abandonné ?*) : *Il n'est pas venu* (l. 6) ; *ce hargneux silence de l'âme* (l. 9-10).

• **Abandon**, tentative d'*acceptation totale* : l. 20-22 ; rappel des paroles du Christ : « *Père… que ce ne soit pas ma volonté mais la tienne* », et : « *Entre tes mains je remets mon esprit* ».

### Conclusion

Si par certains aspects le personnage ressemble au Christ, il en est aussi l'image inversée : foi vacillante (que cachent les points de suspension des l. 7-10 ? image du feu qui s'éteint, l. 34), révolte et blasphème (l. 9, 20-26, 29), désespérance (pages arrachées, mention de l'indicible : *ceci*, l. 37), perte de l'amour (l. 16-17, 19) ; le curé, écartelé entre la grâce et le néant, vit une douloureuse Passion, comme souvent chez Bernanos.

## ÉCRIRE

**1.** Expliquer que l'**oraison** correspond à la définition que le curé donne de son journal : *conversation* avec Dieu, *prolongement de la prière*. La conversation se fait pourtant ici à sens unique, c'est pourquoi on a pu parler de « monologue sacerdotal » : questions posées (l. 5, 8), interruptions marquant l'attente (l. 8-10), exclamations suppliantes (*Dieu !*, l. 13 ; *Que ne donnerais-je pour souffrir !*, l. 27) ou provocatrices (*Si j'allais ne plus aimer !*, l. 19).

**2.** Le journal est aussi, conformément au genre, le **confident**, qui se substitue ici au Dieu muet : le curé y consigne toutes les angoisses et les tentations qu'aucun ami au monde ne pourrait entendre et comprendre (l. 37-38), fût-il prêtre lui aussi (journal confesseur ?).

## PISTES

■ **Pour une séquence : Le journal intime** (▶ *supra*, p. 295).

■ **Exercice complémentaire : Oral**
Exposez l'intérêt de la forme journal pour restituer l'état psychique du personnage.

■ **Lecture cursive :** Bernanos, *Sous le soleil de Satan.*

■ **Bibliographie :** Y. Rivard, *L'Imaginaire et le quotidien, Essai sur les romans de Bernanos*, Lettres modernes, 1978.

# LES SURPRISES DU « JE »

## Borges
# *L'Aleph*

p. 404

## La demeure d'Astérion

## APPROCHES

■ **Axes d'étude :** La nouvelle. Le fantastique. Le mythe.

■ **Préalables :** Rappeler ce qu'est un **mythe** : récit qui met en scène des êtres surnaturels, comme des dieux, des héros (au sens propre : demi-dieux) dans des actions imaginaires extraordinaires ; le mythe a généralement une portée **allégorique**. Expliquer que certains auteurs – dont Borges –, s'emparent des mythes les plus célèbres et les restituent sous la forme d'une version personnelle, souvent en en modifiant le sens et la portée, ce qui est une manière de contester l'imaginaire collectif et de s'affirmer comme créateur (romans et nouvelles de Michel Tournier).

## LIRE : Réécriture d'un mythe

### 1- Le mythe du Minotaure

Borges récrit ici le mythe du Minotaure, moins connu sous le nom d'Astérion. Mythe renouvelé par le **changement de point de vue narratif** : l'émergence d'un nouveau narrateur (l. 38-40) confirme que jusque-là le récit était pris en charge par le Minotaure, avant sa mise à mort par Thésée. Le lecteur est habituellement invité à partager la terreur des victimes du monstre (jeunes Athéniens livrés en pâture au Minotaure) ou l'angoisse de ses adversaires (Thésée) ; c'est au contraire ici le monstre qui dit *je*. C'est lui qui a peur (l. 13) ; il souffre de solitude, attend un *rédempteur* qui l'en délivre (l. 30-33), et finalement se laisse tuer (l. 39-40). Une telle version n'est pas courante : en prenant la parole, le Minotaure conteste les versions des *calomniateurs* (l. 9). La technique narrative détermine ainsi le contenu et l'interprétation.

### 2- Indices sur le narrateur

– *Je ne sors pas de ma maison* (l. 3) ; *une demeure comme il n'en existe aucune autre sur la surface de la terre* (l. 7) = le Labyrinthe, prison du Minotaure (l. 10) ; multiples galeries et portes (l. 3-4, 27, 30, 35).

– Un narrateur qui suscite la terreur (l. 15-17) et qui tue ses victimes (l. 24-30) selon un ordre rituel (*Tous les neuf ans, neuf êtres humains*, l. 24).

– *Le temple des* Haches (l. 19) renvoie à l'étymologie du mot *Labyrinthe*, « palais de la double hache » (du grec *labrus*, « hache ») ; Borges souligne à dessein le mot *Haches*.

– *Ce n'est pas pour rien que ma mère est une reine* (l. 21-22) : le Minotaure est né de l'union de la reine Pasiphaé, femme du roi Minos, avec un taureau ; d'où, pour cacher et enfermer ce fruit d'une union monstrueuse, la construction du Labyrinthe par l'architecte Dédale à la demande de Minos.

– *Ou sera-t-il comme moi ?* (l. 37) : la dernière série de questions implique logiquement que *comme moi*, ce n'est ni comme un taureau, ni comme un homme, ni comme un taureau à tête d'homme ; reste une quatrième hypothèse : comme un homme à tête de taureau.

### 3- Le Labyrinthe

Borges rappelle explicitement le lien originel du Labyrinthe avec la figure du Minotaure : c'est l'espace de la perte – perte des repères, perte du sens, perte des valeurs exposées à la menace du monstrueux. Le labyrinthe mythique représente le **labyrinthe intérieur du cœur humain**, qui doit vaincre les ténèbres qui l'habitent comme Thésée a vaincu le Minotaure.

### Conclusion

En donnant la parole au monstre, Borges ouvre les portes du labyrinthe, qui n'est plus seulement la prison du Minotaure. Si le monstre est moins monstrueux qu'on le prétend, l'homme est plus monstrueux qu'on le croit : nul ne sort de son labyrinthe, pas même l'écrivain, qui circule lui-même dans les galeries sans fin de sa bibliothèque (thème central chez Borgès). Fascination d'une Bibliothèque-labyrinthe aux rayons infinis, où l'on a plaisir à se perdre et à perdre ses lecteurs.

## ÉCRIRE

Quelques idées pour le loup du *Petit Chaperon rouge* : justification de l'errance dans les bois (en calquant Borges : *Il est exact que je sillonne la forêt de jour comme de nuit ; mais il est moins exact que c'est en solitaire absolu. M'accompagne qui veut.*) ; détractation des *calomniateurs* l'accusant d'actions inavouables, comme d'enlever des petites filles ; allusions aux mythes ou aux textes célèbres sur la cruauté du loup (qu'il taxera de *fables, inventions, rumeurs, ragots*) : le loup-garou, la bête du Gévaudan, *Le Loup et l'Agneau* (La Fontaine), *La Chèvre de M. Seguin* (A. Daudet).

Autres personnages possibles : l'Ogre (du *Petit Poucet*, ou Gilles de Rais), la sorcière (Fée Carabosse).

## PISTES

■ **Pour une séquence : Créatures énigmatiques ou monstrueuses** (portraits ; narrateur et personnage ; terreur et pitié ; symbolique) : Hugo, *La Légende des siècles*, p. 42 ; Cazotte, *Le Diable amoureux*, p. 89 ; R. Matheson, *Journal d'un monstre*, p. 401 ; Kafka, *Le Terrier*, p. 405 ; Dino Buzzati, *Le K.*

■ **Exercice complémentaire : Oral**
Imaginez un bref dialogue qui relate l'entrevue de Thésée et du Minotaure telle que Borges la suggère.

■ **Lecture cursive :** M. Tournier, *Le Roi des Aulnes*.

▶ LES SURPRISES DU « JE »

**Kafka**

# *Le Terrier*

p. 405

## « C'est ici mon château fort »

## APPROCHES

■ **Axes d'étude :** Le monologue. La solitude.

■ **Préalables :** Replacer ce texte et la nouvelle dont il est extrait dans l'ensemble de l'œuvre de Kafka, pour en montrer la cohérence et les **thèmes obsessionnels** : la recherche d'un sol où s'implanter pour pouvoir vivre (*Le Château*), la quête d'une tradition, au prix d'un labeur absurde (*La Muraille de Chine*), l'angoisse de l'enfermement et de la solitude (*La Métamorphose*). Préciser que l'absurde et le cauchemar sont toujours les manifestations imagées d'une **angoisse métaphysique**. Souligner que le titre de la nouvelle (*Le Terrier*) ne fournit aucune indication sur le genre du texte ni sur l'identité du personnage-narrateur.

## LIRE : Homme ou bête ?

### 1- Une identité incertaine

• **Indices ténus et contradictoires**

– En faveur de l'animalité : *mon terrier* (l. 1) ; *coups de griffes et de dents* (l. 9).

– En faveur de l'humanité : la mention de son *visage* (l. 3) ; les désignations de l'habitation par les termes *place forte* (l. 2), *citadelle* (l. 3), *château fort* (l. 8, 10) ; l'allusion aux outils (*bélier*, l. 9), l'évocation de *sentiments* (l. 13) et la comparaison avec *un enfant* (l. 16).

• Le *je* est-il homme ou bête ? L'auteur veut-il suggérer l'interprétation anthropomorphique d'une fable animale, comme La Fontaine, ou fait-il parler un homme sauvage ? Le lecteur reste indécis.

### 2- Un narrateur symbolique ?

• **Sentiments exprimés**

– Contentement, satisfaction de soi devant l'ouvrage accompli (l. 1-8).

– Attachement à sa terre jusqu'à la mort (l. 8-12) : *mon château fort que j'ai conquis… qui ne saurait appartenir à nul autre* (l. 8-10), *mon sang coulera ici dans un sol qui m'appartient* (l. 11-12).

– Bonheur : adverbes *paisiblement, joyeusement* (l. 14) ; *commodément, rêveusement, avec félicité* (l. 15-17) ; images : *comme un enfant* (l. 16) ; *comme nul nid n'entoure son oiseau* (l. 20).

• **Interprétation possible :** si on choisit de lire ce texte comme une fable, on peut voir dans le narrateur une **incarnation de Kafka :** un personnage solitaire, désireux de s'enraciner dans une terre où il pourra trouver le bonheur. Mais la portée de cette aventure individuelle peut être étendue à l'**humanité tout entière**, en proie à ses angoisses métaphysiques (D'où vient l'homme ? À quoi est-il destiné ? Quel sens peut-il donner à ses actions ?).

### 3- Un genre indécidable

Seule certitude : un narrateur qui dit *je*, donc un genre autobiographique – fictif. Ce n'est pas un roman autobiographique (pas de visée rétrospective, pas de présent de narration) ; ni un récit : pas d'action, seulement des réflexions, des spéculations, des supputations ; ce pourrait être une page de journal intime, mais rien ne le précise dans la forme du texte ; cette parole **s'apparente au monologue** de théâtre (le personnage exprime ses sentiments personnels pour lui-même), mais sur scène, le protagoniste est toujours identifiable par le spectateur. Il s'agit d'une fiction en prose, fantastique en raison de l'incertitude qui pèse sur l'identité du narrateur ; mais seul le texte intégral permet de reconnaître la structure d'une nouvelle. Dans les limites de cet extrait, il semble impossible de classer la parole de ce personnage mystérieux : à narrateur inconnu, genre inconnu.

### Conclusion

Un narrateur mystérieux qui ressemble à Kafka, « génie de la discrétion », « éperdument anonyme » (A. Vialatte). Mais ce mystère est aussi un artifice littéraire pour suggérer au lecteur de lire le texte comme une fable ou une parabole, de s'identifier au narrateur et de reconnaître en lui les angoisses exprimées par cette bête humaine.

## ÉCRIRE

• Situations possibles : solitude, vieillesse, crainte de la mort, peur de l'inconnu…

• On suggérera aux élèves de relire quelques contes d'Andersen (*La Petite Sirène, Le Vilain Petit Canard, Le Petit Sapin…*) qui retranscrivent ces angoisses à travers des histoires d'objets ou d'animaux.

## PISTES

■ **Pour une séquence**

• **Créatures énigmatiques et monstrueuses** (▶ *supra*, p. 312).

• **Écrire l'angoisse à la première personne** (▶ *supra*, p. 310).

■ **Exercice complémentaire : Langue**
Analysez et commentez la forme de la phrase « Quand je me tiens… et il ne sera pas perdu » (l. 2-12).

■ **Lectures cursives :** Kafka, *Le Château ; La Colonie pénitentiaire*.

# 3 L'épistolaire

## LA LETTRE AUTHENTIQUE

### Malherbe

### *Lettre à Mme de Malherbe*

p. 407

### « J'ai bien de la peine »

## APPROCHES

■ **Axes d'étude :** Les fonctions de la lettre. Le lyrisme (p. 518).

■ **Préalables :** On rappellera que la consolation est un genre ancien (*consolatio* de Sénèque) ; c'est même un topos pratiqué par les poètes (Ovide) comme par les philosophes (Marc-Aurèle), qui unanimement prêchent la résignation devant le sort commun, la mort. Les écrivains chrétiens (saint Augustin) pratiquent aussi ce genre avec des arguments guidés par la foi et l'espérance.

■ **Vérifier** la compréhension d'*office*, l. 12 (= service) ; *cet objet*, l. 13 (= cette image) ; *ennuis*, l. 19 (= chagrin, désespoir) ; *relevé*, l. 23 (= dispensé) ; *premier que vous*, l. 30 (avant vous, le premier). Souligner que de nombreux termes du vocabulaire classique se sont affadis de nos jours (*pitoyables, déplorables, étonnement*…).

## LIRE : Condoléances ou consolation ?

### 1- La forme épistolaire

Outre la date et la suscription (*À Mme de Malherbe, juin 1599*) :

• Emploi fréquent de l'**appellatif** pour la destinataire : *mon cher cœur* (l. 1, 22-23) ; *mon âme* (l. 2) ; *mon cœur* (l. 6, 8, 12, 26) ; *ma chère âme* (l. 17, 26). Ces apostrophes matérialisent et resserrent les liens du dialogue (fonction phatique) ; elles expriment la tendresse et la compassion : la nouvelle funèbre est censée être adoucie par ces termes affectueux qui ont eux-mêmes valeur de consolation.

• Référence constante à la **réalité de la lettre** (*vous écrire cette lettre*, l. 1 ; *vous l'entendrez par cette lettre*, l. 3-4), à son élaboration (*écrire*, l. 1 ; *en vous écrivant… que je les écrive*, l. 5 ; *vous écrire de si déplorables nouvelles*, l. 23-24), et à sa réception (*la lire*, l. 2 ; *les lire*, l. 6). Malherbe a conscience du décalage temporel entre l'écriture et la réception de sa lettre (mise en parallèle des verbes *lire* et *écrire*, l. 1-2, l. 5-6) ; la cruauté de son entreprise lui est une douleur supplémentaire. Évoquer la distance épistolaire est aussi une manière de la combler.

### 2- La prétérition

Figure où l'on prétend ne pas dire ce que l'on dit en fait. Malherbe annonce qu'il lui est impossible de consoler sa femme (*comment le ferais-je* ; *Recevez cet office d'un autre*, l. 11-12), mais la suite dément ce propos par des protestations d'amour et d'affection (l. 15-16, 21-23), un appel à la religion (l. 26), des considérations philosophiques de stoïcisme et de résignation (*eût vécu cent ans/il lui fallait toujours mourir*, l. 27-28 ; *ne la craindre plus*, l. 29).

### 3- Hyperboles et euphémismes

• **Hyperboles :**

– nombreux adverbes marquant l'intensité, et souvent redoublés : *bien de la peine… pas moins* (l. 1-2) ; *bien cruelle et bien regrettable* (l. 10) ; *ma très chère fille* (l. 13) ; *uniquement* (l. 16) ; *si déplorables* (l. 23) ;
– comparatifs (*plus… plus*, l. 20) et superlatifs de supériorité : *la plus… et la plus* (l. 2-3) ; *un de mes plus profonds ennuis* (l. 19, 25) ;
– comparaison : *une heure = un siècle* (l. 7-8) ;
– termes à valeur plus forte qu'aujourd'hui : *désolé* (l. 11) ; *déplorables* (l. 23-24) ; *étonnement* (l. 24).

• **Euphémismes :** *n'est plus au monde* (l. 4) ; *je n'ai plus ma très chère fille* (l. 13-14) ; *cet accident* (l. 19). Réticent à désigner explicitement ce qui bouleverse sa vie, Malherbe marque une extrême réserve à employer le mot *mort*, qui apparaît seulement à la fin du texte, dans le développement philosophique (l. 28-30), par délicatesse pour sa femme autant que du fait de son propre chagrin.

Prenant en compte les sentiments du destinataire, le chagrin s'exprime de manière contrastée : pudeur des sentiments, force de l'expression.

### Conclusion

Au-delà du mélange des consolations philosophiques et religieuses, païennes et chrétiennes, cette lettre est poignante à cause de l'expression du chagrin, vive et en même temps retenue par la tendre sollicitude dont l'auteur entoure sa femme.

## DIRE

On relèvera les similitudes entre les idées exprimées et les arguments employés (on finit toujours par mourir, strophes IV et V). On opposera ensuite les deux textes :
– par les **circonstances** : le poème console un étranger, fût-il un ami, d'où la fermeté du ton ; dans la lettre, l'auteur est le premier touché, et il est préoccupé du chagrin de sa femme, d'où la tendresse, le style parfois confus, fruit de l'émotion vraie ;

– par la **forme** : académisme des vers travaillés, des effets de rhétorique, des allusions mythologiques ; simplicité de la lettre qui reflète une douleur réelle, laisse parler le cœur.

## PISTES

■ **Pour une séquence : La lettre privée** (quels épistoliers ? fonctions de la lettre ; sentiments et tonalités) : Mme de Sévigné, *Lettres*, p. 410 ; Diderot, *Lettres à Sophie Volland*, p. 412 ; Flaubert, *Lettre à Louise Colet*, p. 414 ; Kafka, *Lettre au père*, p. 415.

■ **Exercice complémentaire : Écriture**

Rédigez la lettre que vous enverriez à un ami pour le consoler d'un chagrin personnel (accident, maladie, perte d'un être cher, revers de fortune...).

■ **Bibliographie** : G. Haroche-Bouzinac, *L'Épistolaire*, éd. Hachette, 1995.

# ▶ La lettre authentique

## Mme de Sévigné

## *Lettres* (p. 408)

### « La chose la plus étonnante »

## APPROCHES

■ **Axes d'étude :** La forme épistolaire (p. 406). Les fonctions de la lettre.

■ **Préalables :** Faire le bilan des regards sur la cour dans la littérature du XVIIe siècle, où les lettres sont inséparables du monde, plus qu'à aucune autre époque : poésie des salons (p. 156-157), littérature précieuse (p. 58), théâtre miroir du temps (p. 494), mémoires (p. 356 et 360), discours (p. 279), essais (p. 65) et regards ironiques des moralistes (p. 430) : ici un point de vue anecdotique, par une familière des gens de qualité (Fouquet, son cousin Bussy-Rabutin), mais plutôt de la « ville » que de la cour. Chronique ? potins ? reportage ?

■ **Vérifier** la compréhension de : *la berlue*, l. 11 (= éblouissement, vue faussée).

## LIRE : Une lettre-chronique

### 1- La manière d'annoncer

Pour Mme de Sévigné, l'excitation de la nouvelle stimule sa verve épistolaire ; la façon d'annoncer l'événement est aussi amusante que la révélation est surprenante ; et l'événement est tellement surprenant qu'il serait dommage de se contenter d'un « télégramme ». Toute la lettre est un exercice de style dont l'événement est le prétexte : plaisir de mystifier, plaisir d'écrire.

### 2- Les formes de la conversation

Conversation = échange dialogué + liberté, familiarité, brio. Ici :

• **énonciation du dialogue :**

– *Je*/*vous*, et l'emploi du présent actuel, le temps de l'écriture de la lettre ;

– les interrogatives : *Jetez-vous*..., (l. 13) ; et tous les procédés de la devinette (l. 13, 15, 22).

• **la conversation :**

– les appuis du discours : *Eh bien !* (l. 13) ;

– les verbes de parole : *dire*, (l. 12, 14, 20, 34) ;

– les expressions familières (*jeter sa langue aux chiens*, l. 13 ; *je vous le donne en trois, en quatre*..., l. 13, 15-16).

À quoi s'ajoute la conversation en abyme mimée (l. 16...) entre l'épistolière et Mme de Coulanges, femme du destinataire qui semble lire par-dessus son épaule : ce dialogue aux répliques enlevées (réponses par phrases nominales) fait corps avec la lettre qui enchaîne après lui (l. 20...).

Ces procédés donnent de la vie à ce qui autrement serait un article de gazette. Pour les provinciaux, c'est une sorte de retranscription ou de substitut des conversations mondaines qui se tiennent dans les salons parisiens.

### 3- Retardement et devinette

– L. 1 à 12 : emploi réitéré sept fois du mot abstrait *chose*, dans une phrase très longue, assortie de nombreux superlatifs : procédé destiné à éveiller la curiosité.

– Les incitations à deviner : *je vous le donne en trois* (l. 12-13) ; ... *en quatre*, ... *en dix* ... *en cent* (l. 15) ; ainsi que les fausses réponses qui retardent la révélation du nom (*c'est Mme de La Vallière* ... l. 16-20).

– Les phrases suspendues : *M. de Lauzun épouse*..., (l. 14) (manque le complément d'objet direct) ; les points de suspension (l. 21).

– Le métalangage et les appuis du discours : incidente de la l. 8 ; *ma foi ! par ma foi ! ma foi jurée !*, l. 22, qui retardent d'autant le propos.

Tous ces procédés visent à exacerber la curiosité du correspondant ; la lettre s'apparente à un jeu de salon mondain (l'énigme).

### Conclusion

Un sujet frivole (sur un mariage qui ne s'est finalement pas réalisé), mais la lettre la plus connue : le brio, la verve, le jeu.

## PISTES

■ **Pour une séquence : L'écriture épistolaire aux XVIIe et XVIIIe siècles** (la situation d'énonciation ; lettre privée, lettre publique ; styles et stratégies) : Galiani, *Lettre à Mme d'Épinay*, p. 73 ; Diderot, *Lettres à Sophie Volland*, p. 412 ; Molière, *Troisième placet pour « Le Tartuffe »*, p. 413 ; Voltaire, *Lettre au comte Algarotti*, p. 413.

■ **Exercice complémentaire : Écriture**

Recherchez un article relatant un événement spectaculaire dans la presse à sensation, et rédigez un paragraphe argumenté sur ce qui fait, par comparaison, la spécificité du texte littéraire.

On soulignera la différence de point de vue et de style entre le journaliste qui rapporte et juge, mais sans s'impliquer et l'épistolière, qui participe à l'événement ; et le goût de raconter, plus que d'informer, qui caractérise l'écriture de Mme de Sévigné, ainsi que la recherche de l'effet rhétorique ou poétique).

■ **Bibliographie :** M.-Cl. Gassi, *Lire l'épistolaire*, éd. Dunod, 1998.

*... Lettres* p. 409

## « Parlons d'autre chose »

### APPROCHES

■ **Axes d'étude :** La forme épistolaire (p. 406). Les fonctions de la lettre.

■ **Préalables :** La relation de Mme de Sévigné et de Mme de Grignan : un **monologue** (les lettres de Mme de Grignan sont perdues). Relations difficiles parfois (différence des caractères : mère expansive, fille réservée). Mme de Sévigné s'exprime spontanément, mais doit aussi séduire, amuser, d'où la variété des tons de certaines lettres.

■ **Vérifier** que sont compris : *embarras*, l. 13, *m'embarrasse*, l. 5 (= souci, torture, torturer) ; *ennuis*, l. 19 (= tourments).

### LIRE : La lettre « pot-pourri »

**1- Une conversation épistolaire**

– Verbes de parole : *demandez* (l. 1) ; *Vous me direz* (l. 17) ; *Mais parlons* (l. 20).
– Apostrophes : *ma chère enfant* (l. 1) ; *Ma fille* (l. 29) ; emploi de *nous, notre* (l. 30, 35).
– Nombreuses interrogations animant le propos (l. 6-12).
– Faux dialogue (l. 17-18).
– Expression plus familière dans le second paragraphe : *ce chien de* (l. 22) ; *vous réchauffer la pièce* (l. 24) ; *Vive donc notre vieil ami* (l. 35).

Dans le premier paragraphe, ces procédés donnent de la vivacité à une méditation par ailleurs inquiète ; ils mettent à distance, exorcisent l'emprise d'un sujet grave, et restituent la spontanéité d'une réflexion qui se déroule sous nos yeux. Dans le second, ce style confère de la légèreté à la critique : son ton badin préserve du pédantisme. Mme de Sévigné en cela reste conforme au modèle de l'« honnête homme ».

**2- Le paradoxe**

La religion, qui devrait être source de sérénité et d'espérance, devient elle-même cause d'interrogation. D'où la dominance de la forme interrogative (15 fois), qui exprime l'angoisse (lieu, moment, circonstances de la mort) et les inquiétudes du personnage quant à ses dispositions spirituelles au moment de la mort.

La résolution du paradoxe se fait par la fuite : elle refuse de s'attarder sur des pensées macabres et trouve refuge dans le divertissement (l. 13-14).

**3- Le bon goût**

• Chez **Racine**, peu de qualités ; tout au plus des *choses agréables* ; mais beaucoup de défauts : personnages froids, mauvaise observation, dénouement trop sanglant et mal préparé, *endroits froids et faibles*.

• Chez **Corneille**, peu de défauts : il peut écrire *de méchants vers* (= médiocres), mais il a le mérite de *tirades qui font frissonner* et de *divines et sublimes beautés qui nous transportent*.

Le « bon goût » ne réside pas ici dans la distinction ou le consensus social. Il définit un sentiment esthétique : le beau se reconnaît à ce qu'il provoque l'émotion, en respectant les règles du genre (dénouement préparé, pas trop sanglant). Le sublime, qui définit la tragédie, répond à ces exigences : la grandeur dans le cadre de la vraisemblance (au sens classique) des caractères et de l'action.

### ÉCRIRE

On accordera une égale attention aux deux termes de la citation :

– ***Se consoler*** : l'écriture apporte un adoucissement à la douleur de la séparation, surtout parce qu'elle donne l'illusion éphémère d'abolir la distance et l'éloignement (lettre conçue comme une conversation, ▶ **question 2**). Elle divertit aussi Mme de Sévigné de son chagrin en occupant son esprit à toutes sortes de sujets (mondanité, vie littéraire, réflexion philosophique).

– ***S'amuser*** : l'épistolière conçoit l'écriture comme un jeu, une distraction : prolixité du récit, virtuosité du vocabulaire, devinette, jeu avec les mots…

**Conclusion**

Les qualités d'épistolière classique de Mme de Sévigné s'épanouissent ici ; avec facilité et brio, elle passe de la méditation métaphysique à la chronique littéraire, de la gravité à la légèreté, du lyrisme à la mondanité.

### PISTES

■ **Pour une séquence : Méditations sur la mort aux XVIe et XVIIe siècles** (mort de soi, mort d'autrui ; l'expérience, la philosophie, la foi ; registres et genres) : Ronsard, *Hymne de la mort*, p. 165 ; Bossuet, *Oraison funèbre*, p. 279 ; Montaigne, *Essais*, p. 366 ; Malherbe, *Lettre*, p. 407 ; La Rochefoucauld, *Maximes*, p. 430.

■ **Exercice complémentaire : Écriture**
Étudiez l'humour (p. 519) de Mme de Sévigné dans le second paragraphe.

■ **Lecture cursive :** Bossuet, *Sermon sur la mort*.

*... Lettres* p. 410

## « Je ne respire que de vous revoir »

### APPROCHES

■ **Axes d'étude :** La forme épistolaire (p. 406). Les fonctions du langage.

■ **Préalables :** Faire réfléchir les élèves sur la **relation épistolaire** : distance, dans le temps et dans l'espace, à combler ; fonction phatique ; expression de l'intimité ; l'écriture qui parle de l'écriture.

■ **Vérifier** que sont compris : *je n'y saurais que faire*, l. 11 (= je n'y peux rien) ; *J'admire*, l. 25 (= je m'étonne).

## LIRE : Une lettre d'amour

### 1- Figures de style et expression des sentiments

– **Hyperboles :** *J'ai horreur... je me dévore... mille reproches* (l. 2-3) ; *des siècles* (l. 23) ; *entre mille autres choses* (l. 29).

– **Métaphores :** servent surtout à décrire la vitesse du temps qui passe (*échappent... vitesse... court et s'enfuit...*, l. 16-18 ; *je jette les jours*, l. 21-22 ; *c'est bien précisément cette lunette*, l. 27) ou à exprimer l'angoisse maternelle (*Ne vous poignardez plus... un poignard*, l. 31-33).

Ces deux figures se superposent fréquemment et se conjuguent pour exprimer l'inquiétude et la tendresse à la fois. Elles manifestent aussi l'élan et le caractère concret de l'imagination et de l'écriture *(poignard, lunette)* de l'amour maternel *(je jette)*.

– **Impératifs :** *commencez*, (l. 1) ; *N'abusez plus... N'écrivez guère... Ne vous poignardez plus... ne rendez point...* (l. 30-32).

Plutôt que des ordres, ce sont des prières que la mère formule afin que sa fille prenne soin de sa santé. Voir les précautions et les excuses préliminaires (l. 3-5 et 11-13) pour faire passer cette affectueuse gronderie.

### 2- Une double conception du temps

• **Lieu commun** de la relativité subjective du temps : trop long en l'absence de l'être aimé, on voudrait le voir passer plus vite ; toujours trop court quand l'aimé est là, on voudrait le retenir.

• **Réflexions néanmoins touchantes** car elles expriment en même temps l'angoisse de la mère pour la santé de sa fille, et non le sentiment individuel de la vie qui s'échappe. Le deuxième paragraphe, cependant, révèle une distance fugitive : M^me^ de Sévigné observe en elle les formes psychologiques de l'obsession et elle ressent la particularité de son point de vue (l. 25-28).

### 3- Des rapports complexes

Jeu subtil entre culpabilité et tendresse ; la **tendresse** émane de chaque ligne, la sollicitude anxieuse de toutes les réflexions. La **culpabilité** est tantôt rejetée sur la fille (M^me^ de Sévigné lui reproche de tromper le monde sur son véritable état de santé, l. 3-5), tantôt revendiquée par elle-même (l. 2-3, 32-33) ; la mère se sent envahissante (l. 11), mais accepte cette mauvaise image d'elle-même si elle peut améliorer la santé de sa fille (l. 12-13).

Ce va-et-vient constant entre reproches (l. 3-5, 9-10) et excuses (l. 11-13) révèle le conflit des personnalités (on peut faire dresser le portrait des deux femmes, et constater les oppositions et les ambiguïtés) et aussi la délicatesse dans l'expression de la relation d'amour.

### Conclusion

Toutes les fonctions du langage sont mises à contribution ici : convaincre, s'épancher, définir des sentiments complexes, garder le contact, évoquer la correspondance,... et faire de la littérature ! Derrière tout cela, la forme douce-amère de la passion maternelle est restituée dans toutes les subtilités de l'écriture.

## ÉCRIRE

L'expression classique des sentiments doit être restituée : réserve sur les réalités de la vie, force dans le choix des mots.

• **Sur le même ton :** réponse sincère, qui dit « naïvement » l'état de santé, qui fait écho aux plaintes sur l'absence, et manifeste la même impatience des retrouvailles.

• **De manière à rassurer sa mère :** inverser les considérations sur le temps, suggérer la brièveté de la séparation ; donner de bonnes nouvelles de sa santé et de ses forces (penser à l'habileté de M^me^ de Grignan à se tromper elle-même et à tromper les autres : l. 4, 9).

• **Avec un agacement contenu :** refus poli de l'étouffante sollicitude maternelle ; froideur des sentiments ; irritation sous les reproches.

## PISTES

■ **Pour une séquence**

• **Les relations entre parents et enfants** (▶ *supra*, p. 291).

• **La lettre authentique** (lettre privée/lettre publique ; visées et formes de l'argumentation ; tons) : Giono, *Lettre à Lucien Jacques*, p. 355 ; Malherbe, *Lettre à M^me^ de Malherbe*, p. 407 ; Molière, *Troisième placet au roi*, p. 413 ; Voltaire, *Lettre au comte Algarotti*, p. 413.

*... Lettres* **p. 411**

# « Cela fut fort plaisant »

## APPROCHES

■ **Axes d'étude :** Le comique (p. 518). La phrase (p. 520). Le récit.

■ **Préalables :** Souligner l'**importance de la lettre** à une époque où les moyens de communication sont rudimentaires ; adressée à M^me^ de Grignan, la lettre n'en est pas moins destinée à être lue en public : elle tient lieu de journal dans les réunions intimes ou mondaines.

■ **Vérifier** que sont compris : *Plus on y tâchait*, l. 14-15 (= plus on essayait) ; *manège*, l. 16 (= déroulement).

## LIRE : Une lettre-reportage

### 1- Formes du comique

**• Les tableaux**

– L. 4-6 : la « nudité » du maréchal de Bellefonds ;

– l. 7-10 : la perruque déplacée de M. de La Trousse ;

– l. 10-17 : l'accrochage grotesque de M. de Montchevreuil et de M. de Villars ;

– l. 17 à fin : l'« indécence » de M. d'Hocquincourt.

Ces brefs croquis, rapidement enchaînés, décrivent chacun un détail embarrassant, donnant l'impression d'une série de sketchs comiques, de gags cinématographiques. Le regard les a sélectionnés, mais, ainsi rassemblés, ils suggèrent que la cérémonie a été largement perturbée, et a ainsi perdu de sa dignité. Le comique naît du va-et-vient entre la vue d'ensemble et ces gros plans : la conjonction *Mais* (l. 10, 17, 27) marque les transitions en signalant les accrocs à la belle ordonnance (*mais* énonciatif).

**• Procédés comiques**

– **Commentaires humoristiques :** l'hyperbole, *une véritable nudité* (l. 6) ; *une telle furie* (l. 11) ; *Ce fut une grande pitié* (l. 23-24) ; contrastant avec *cela fut un petit chagrin* (l. 10), *cela fut fort plaisant* (l. 27).

– **Ironie :** antiphrase hyperbolique, *Toute la troupe était magnifique, M. de La Trousse des mieux* (l. 6-7).

– **Accumulations :** *les épées… clinquants, … mêlé, brouillé, embarrassé* (l. 12-13) ; *toute la cérémonie, toutes les révérences, tout le manège* (l. 15-16) ; où s'opposent l'ordre et la confusion dans la reprise du rythme ternaire.

– **Burlesque :** contraste entre la dignité des maréchaux, leur parure, et le grotesque de leurs difficultés (la parure même devient source de ridicule : perruque, épées, rubans). Même procédé sur le plan de l'écriture, entre la nature des difficultés décrites (problèmes de vêtements, voire de lingerie !) et les références héroïques (la comparaison avec l'Arioste, l'allure épique de la métaphore guerrière et des échos sonores : *les arracher de force, et le plus fort l'emporta* (l. 17).

Le comique est donc dans la situation et dans la manière de raconter.

### 2- Contrastes

Seul point commun aux deux lettres : la destinataire, M^me^ de Grignan ; la première : inquiétude maternelle, ton lyrique ; la deuxième : anecdote comique.

Ces lettres révèlent deux facettes de l'écrivain et de son style : lorsqu'il s'agit de sa fille, ses angoisses et son amour s'expriment librement et passionnément ; mais pour divertir la compagnie, son art du récit se conjugue avec son humour et son sens du détail. Facilité impressionnante d'adaptation du style au contenu et à l'humeur.

### Conclusion

Les dessous de la cour, croqués par une observatrice pleine d'esprit : M^me^ de Sévigné ou le plaisir de raconter…

## PISTES

■ **Pour une séquence : Récit et comique** (schéma de l'action ; comique de l'action, comique du récit ; humour et ironie de l'apologue) : Saint-Simon, *Mémoires*, p. 345 ; Voltaire, *L'Ingénu*, p. 82 ; *Essai sur les mœurs*, p. 346 ; M. Aymé, *Le Vin de Paris*, p. 342.

■ **Exercice complémentaire : Oral**
Une correspondance comme celle de M^me^ de Sévigné est-elle encore possible de nos jours ?

■ **Lecture cursive :** Fr. Chandernagor, *L'Allée du roi*, éd. Julliard, 1981.

▶ LA LETTRE AUTHENTIQUE

## Diderot
# *Lettres à Sophie Volland*

p. 412

### « Combien j'ai de choses à vous dire »

## APPROCHES

■ **Axes d'étude :** La forme épistolaire (p. 406). Lettre et conversation. L'introspection.

■ **Préalables :** Rappeler qu'au XVIII^e^ siècle les lettres sont une partie essentielle de l'activité littéraire : le plus souvent l'auteur en garde un double et obéit aux règles du genre (parler de soi sans s'appesantir sur ce qui est ennuyeux, s'inquiéter du destinataire, etc.). La lettre est donc une des approches de l'intime les plus sujettes à caution – d'où l'importance du sujet évoqué par Diderot : la sincérité avec soi-même est-elle compatible avec la lettre ?

■ **Préciser** le sens de *canonicat* (p. 413, texte de Molière, l. 9) : dignité de chanoine.

## LIRE : Lettre et méditation

### 1- Lettre et conversation

**Enchaînement des propos** rapide et aisé : d'une remarque concrète sur les aléas des courriers, Diderot débouche immédiatement sur l'expression de l'amour (*Mais… aussi bien*, l. 4). ; la pensée se laisse emporter par ce qu'elle évoque ou imagine : *un astronome… d'un astre* (l. 10-13), *tenir un registre exact* (l. 14) ; *écrire sur son registre* (l. 22-23) ; *Cette espèce d'examen* (l. 26) ; l'anaphore mime le cheminement progressif de l'idée : *toutes les pensées…, tous les mouvements…, toutes ses peines…, tous ses plaisirs…* (l. 14-16).

**Autres procédés :** marques d'oralité avec les questions (l. 1-3 ; 28-29) et des impératifs (*laissons*, l. 3 ; *Faites*, l. 29).

**2- Diderot et Rousseau**

La déclaration : *On s'accuserait peut-être plus aisément du projet d'un grand crime, que d'un petit sentiment obscur, vil et bas.* (l. 20-22) ; et l'exemple : l. 22-26.

Dans la lettre, c'est une idée exprimée sur le mode impersonnel (*on..., il en coûterait..., pour soi*), qui revêt donc une portée universelle. Diderot ne s'implique pas personnellement, puisqu'il affirme plus loin *dire tout* (l. 32) à sa correspondante. Chez Rousseau au contraire, bien que la déclaration soit formulée de façon proverbiale, elle reflète une expérience et un projet personnels ; elle suit le récit de la correction troublante administrée par Mlle Lambercier, dont l'aveu constitue « le premier pas et le plus pénible dans le labyrinthe obscur et fangeux » des *Confessions*.

**3- Correspondance et journal intime**

Quotidienne, la correspondance ressemble au journal intime par sa relation au jour le jour d'actions, de sentiments ou de désirs. Mais confiera-t-on à une personne réelle, fût-elle aimée (ou justement parce qu'elle est aimée) ses actions et ses pensées les plus secrètes, comme on peut le faire avec un journal muet dont on ne craint ni le regard ni le jugement ?

**Conclusion**

Un libre mélange de général et de particulier, de la conversation, de l'intime et du philosophique.

## *PERSPECTIVES* (p. 413)

1 **Molière, Troisième placet au roi.**

2 **Voltaire, Lettre au comte Algarotti.**

**LIRE : Des billets spirituels**

**1- Le placet de Molière**

• ***Placet***, du latin *placet* = il plaît : demande écrite présentée à un souverain pour lui demander une grâce, une faveur. Formules de requête : *si je puis lui obtenir une grâce* (l. 5) ; *Cette grâce, SIRE* (l. 8-9) ; *Oserais-je demander encore cette grâce* (l. 11) ; *j'attends... la réponse* (l. 18-19). C'est aussi l'occasion de remercier le roi, qui a fait lever l'interdiction du *Tartuffe* (*ressuscité par vos bontés*, l. 13), ► p. 494.

• **Les tons**

– **Héroï-comique :** métaphore de « la grande résurrection de Tartuffe » (comme s'il s'agissait du personnage) ; ton grandiloquent pour un sujet moyen (interdiction de la pièce à cause des intrigues des dévots).

– **Ironie :** dans la déférence marquée à l'égard du médecin : *dont j'ai l'honneur d'être le malade... veut s'obliger par-devant notaires*, (l. 1-3) (emprunt au style juridique, qui fait de la santé une affaire d'honneur), en contraste avec les sous-entendus sur son incapacité, *qu'il s'obligeât de ne me point tuer* (l. 8).

**2- La lettre de Voltaire**

• **Contenu :** aveu de sa satisfaction à se trouver en sécurité chez lui, même s'il est en mauvaise santé (l. 1-7) et invitation à Algarotti à venir le voir à Genève (l. 19-21).

• Le **message** manque de clarté car il brode longuement sur peu de matière, multipliant des références littéraires qui sont des clins d'œil : l. 1, appellatif incompréhensible sans la connaissance de Virgile ; idem avec la citation réduite à un seul mot : *linquenda*.

• **Fonctions** de la lettre : dire l'amitié, le plaisir d'être ensemble : lancer une invitation, accessoirement donner des nouvelles de sa santé ; se faire plaisir (élégance et brio des citations).

**3- L'auteur et son correspondant**

• **Diderot :** scripteur et correspondant sont face à face ; ce qui concerne l'un, dans le secret de son cœur, est précisément ce qui doit intéresser l'autre. Diderot essaye de créer, par le projet d'une sincérité absolue de la correspondance, une intimité, voire une fusion des deux êtres.

• **Molière :** la différence de rang social (souverain/sujet) justifie le respect, voire la flatterie, dont le texte est empreint ; mais le demandeur ne perd pas de vue l'objet de son billet, qu'il achève sur le renouvellement de sa requête (l. 18-19).

• **Voltaire :** beaucoup d'élégance dans l'art de parler de soi pour parler des autres et inversement (l. 7-11, et surtout l. 19-21). Entrelacement de l'intérêt pour soi et pour autrui, par une démarche qui fait de Voltaire à Ferney le centre du monde, suggérant le commerce aimable des gens du monde qui ont des idées à partager (l. 21-25).

**ÉCRIRE**

On fera réfléchir aux fonctions de la lettre et aux décalages pouvant exister entre le sujet abordé et le ton employé, entre la visée apparente et la visée réelle de la lettre.

• **Textes littéraires :** outre ces trois textes, on empruntera ceux de Mme de Sévigné (► p. 408-411), de Montesquieu (*Lettres persanes* : on opposera la lettre 30, satire de la société française, et la lettre 80, ► p. 336, toute de réflexion politique) et de Laclos, chaque lettre des *Liaisons dangereuses* illustrant un aspect différent (► p. 418-422).

• **Expérience personnelle :** Voir « Exercice complémentaire » ci-dessous ; lettres de requête, plaisir d'écrire (pour soi) ; invitation, nouvelles à donner, à demander, expression de l'amitié ou de l'affection... (pour autrui).

## PISTES

■ **Pour une séquence**

• **La lettre d'amour** (lettre réelle/lettre fictive ; thèmes et sentiments ; relation au destinataire et tonalités) : Malherbe, « J'ai bien de la peine », p. 407 ; Guilleragues, *Lettres portugaises*, p. 416 ; Mme de Sévigné, « Je ne respire que de vous revoir », p. 410 ; Flaubert, *Lettres à Louise Colet*, p. 414.

• **L'écriture épistolaire aux XVIIe et XVIIIe siècles** (► *supra*, p. 314).

■ **Exercice complémentaire : Écriture**

En vous inspirant des billets de Molière ou de Voltaire, rédigez une brève mais spirituelle lettre de sollicitation ou d'invitation.

▶ La lettre authentique

**Flaubert**

# *Lettres à Louise Colet* (p. 414)

## « Toujours je te revois »

### APPROCHES

■ **Axes d'étude :** La forme épistolaire (p. 406). Fonctions de la lettre. Le langage de la passion.

■ **Préalables :** Rappeler qu'il s'agit d'une des toutes premières lettres de Flaubert à Louise, aux débuts d'une passion violente. Rappeler aussi l'absence à l'époque des moyens de communication aujourd'hui privilégiés par les amoureux.

### LIRE : Rhétorique de la passion

#### 1- Une prose ardente

• **Phrases** souvent courtes, affirmatives : *Je voudrais l'être* (l. 19) ; *Oui, je te désire et je pense à toi* (l. 34) ; dialogue feint, où l'épistolier imagine les questions et les réponses (l. 11-12, 18-19, 40-42) ; d'autres, lyriques, sont plus longues et composées : les deux premières imitent les replis d'une âme tourmentée. L'**asyndète** généralisée crée un rythme inquiet, fiévreux, incisif.

• **Les figures : anaphores** (*toutes et tout*, l. 24-25 ; *je* dans tout le premier § ; *c'est que*, l. 41-45) à fonction impressive et visant à convaincre la destinataire de la sincérité de l'amant. Idem pour l'**hyperbole** (*brisé*, l. 1 ; *inouï*, l. 2 ; *personne plus que moi*, l. 13 ; *que la foudre m'écrase*, l. 28-29 ; et l'italique, l. 31). Les accumulations (l. 35-39), le **paradoxe** (*Ton amour m'a rendu triste*, l. 4-5 ; *Tant pis : tant mieux*, l. 12), **l'antithèse** (*humilies/grandeur*, l. 28 ; *enfant/vieillard, berceau/tombe, femme nue/squelette*, l. 43-45), la **métaphore** (*glisser sur la pente*, l. 11) et les **comparaisons** (l. 20, 23) suggèrent le déchirement, le doute au seuil de cette passion nouvelle.

Rhétorique amoureuse caractérisée par l'ardeur, l'intransigeance, l'inquiétude.

#### 2- Missions de la lettre

• **Déclaration d'amour :** par la forme des assertions (*Je te suis dévoué*, l. 32 ; *Oui, je te désire...*, l. 34) et le paradoxe (le malheur d'être amoureux) : la lettre sert à éclaircir la complexité de ses sentiments, pour l'auteur lui-même, et pour la destinataire, afin qu'elle n'interprète pas comme de la froideur ou de la distance ce qui est dû à un mal-être existentiel.

• **Autres fonctions :** confidence (l. 1-2), déploration (l. 6-9), serment (l. 29-33). La lettre réunit toutes les fonctions du langage : **référentielle**, livre un portrait de l'auteur ; **expressive**, lui permet de s'épancher ; **impressive**, vise à convaincre la destinataire de la nature des sentiments de l'amant ; **phatique**, assure une communication entre les amants séparés, tient lieu de leur présence en représentant cette communication en son sein (*Tiens*, l. 37) ; **poétique**, met en valeur le locuteur par la séduction de son style ; **métalinguistique**, décrypte le sens de la lettre comme les paroles échangées précédemment (l. 40-41).

#### 3- Portrait et autoportrait

• **Louise Colet :** portrait physique esquissé dans le souvenir de la première rencontre, avec l'**hypotypose** (*je te revois*, l. 35) ; coquetterie et romantisme (*papillotes* associées au bleu de la robe) ; beauté, douceur et sensualité (*épaules blanches*, émotion éveillée chez l'auteur). Portrait moral : une femme passionnée, entière et dévouée, *fraîche, neuve* et candide (l. 27), en quête d'un amour absolu et éternel.

• **Flaubert :** la passion amoureuse dans toutes ses dimensions ; une propension à l'auto-dépréciation (l. 22-23, 28) ; une mélancolie profonde qui lui fait toujours imaginer le pire ou la fin des choses, et un certain cynisme fait de lucidité (l. 14-16).

#### Conclusion

Contraste entre le lyrisme de cette écriture et la discrétion du narrateur dans les romans de Flaubert : le réalisme obtenu au prix d'une impitoyable mortification de soi-même.

### *PERSPECTIVES* (p. 415)

■ **Kafka, *Lettre au père*.**

**LIRE : Une communication impossible**

#### 1- Les griefs réciproques

• **Le père** accuse le fils d'ingratitude et d'indifférence : *une attitude étrangère, de la froideur, de l'ingratitude* (l. 42-43) ; il a *tout sacrifié*, Franz a *été préservé de tout souci*, le père attendait *un geste...un signe*, en vain, puisque son fils se cache, le fuit, évite de lui parler (l. 29), ne partage rien avec lui (l. 30-39).

• **Selon le fils**, la personnalité terrifiante et étouffante du père entrave leurs relations (l. 3-4, 59-60) ; ne se remettant jamais en cause, le père est borné (l. 13-14, 47).

#### 2- L'amélioration des relations

Elle est peu probable : cet exorde risque plutôt d'envenimer la situation. Le long rappel des griefs du père ne peut qu'exacerber sa rancœur (*tes incessants reproches*, l. 60), de même que l'entêtement de Franz, qui demande à son père de changer mais n'envisage pas de modifier son propre comportement (l. 55-56, 59-60). Kafka ne se fait d'ailleurs guère d'illusions, comme en témoignent l'emploi du conditionnel (*si je pouvais... ce serait*, l. 55-56) et la précision qui marque un recul (*non pas... mais... sinon*, l. 56-59).

#### 3- Kafka dans sa lettre

• **Expression de l'émotion :** impossibilité de dire clairement ses sentiments ; sous l'effet de la crainte, Franz renonce généralement à parler (l. 2-3, 6-7), même sa lettre restera *incomplète* (l. 9). Répétitions : obnubilé par une idée fixe, il emploie sans cesse les mêmes termes (*crainte*, *reproches, culpabilité*) et forge une expression pour exprimer ce qu'il a du mal à formuler : *non-culpabilité* (l. 54).

• **Portrait de Kafka :** un jeune homme craintif (répétition et variation sur le mot *crainte* dans le premier §), sensible à l'injustice qu'il tente de réfuter (*comme si j'en étais coupable, comme si j'avais pu*, l. 44-45 ; *cette non-culpabilité est aussi la mienne*, l. 54) et assoiffé de paix (l. 58-59).

**ÉCRIRE**

Faire dégager d'abord les **traits de caractère saillants du père** à partir de la question 1 : attitude terrifiante (leitmotiv de la crainte), psychologie primaire (*À tes yeux ... simplement*, l. 13-14 ; *Ton point de vue est en gros*, l. 16), jalousie (*je fais tout pour mes amis*, l. 38-39).

Faire réfléchir au **mode d'expression** le plus vraisemblable à partir du discours narrativisé ou cité du 2e § : acerbe et péremptoire, généralités et reproches précis, etc. Le ton peut donc être comminatoire, paranoïaque, larmoyant... ou les trois à la fois.

La réponse pourra se réapproprier les **griefs** du père (attitude étrangère, voire hypocrite du fils, qui ne parle pas « à cœur ouvert ») et même les réactiver (idée de l'ingratitude corroborée par l'audacieuse lettre de Franz).

## PISTES

■ **Pour une séquence**

• **La lettre d'amour** (▶ *supra*, p. 318).

• **La figure du père** (paroles et silences ; lois et interdits ; figures du passé) : Chateaubriand, *Mémoires d'outre-tombe*, p. 373 ; Stendhal, *Le Rouge et le Noir*.

■ **Bibliographie** : J.-P. Richard, *Stendhal, Flaubert. Littérature et sensation*, éd. du Seuil.



## Guilleragues
# *Lettres portugaises*

p. 416

### « Je connais bien que je me suis abusée »

## APPROCHES

■ **Axes d'étude :** Le roman épistolaire (p. 406). Le monologue.

■ **Préalables :**

Rappeler la **mode des lettres** à partir du XVIIe siècle comme genre littéraire, et la différence entre les vraies correspondances, comme celle de Mme de Sévigné, même si certaines lettres sont destinées à la publication, et le roman épistolaire, à une ou plusieurs voix, formé de lettres fictives écrites par le romancier.

Insister sur le **caractère sulfureux** de ces lettres d'amour d'une religieuse lors de leur parution.

■ **Vérifier** que sont compris : *fortune*, l. 20 (= réussite, pas seulement l'argent) ; *enchantement*, l. 35 (= ensorcellement, magie).

## LIRE : Un monologue épistolaire ?

### 1- Reconstitution

Marianne, Portugaise, aime un Français (l. 20 et 42), qui a fait un séjour au Portugal (l. 20). Il semblait très amoureux (l. 23-24, 30-31), mais il est rentré en France (l. 8, 42) en abandonnant Marianne (l. 5-6) ; cela fait plus de six mois qu'il n'a pas donné signe de vie (l. 16-17).

Ce récit par bribes livrées en désordre, entre deux plaintes amoureuses, évite l'ennui d'une relation chronologique, circonstanciée et peu naturelle. Le lecteur doit faire un effort de reconstitution ; c'est comme s'il participait à la création de l'œuvre. Ce procédé renforce la fiction de lettres authentiques surprises par un lecteur à qui elles n'étaient pas destinées.

### 2- Aveuglement et lucidité

Marianne insiste sur son aveuglement passé (*abusée*, l. 9 ; *aveuglement*, l. 17, *ne devais-je pas prévoir*, l. 18) pour s'excuser et au contraire souligner la fausseté de son amant ; le gentilhomme l'a trompée ; son aveuglement fait d'elle une victime. Elle exprime son amertume en même temps qu'elle s'innocente à ses propres yeux.

L'affirmation de sa lucidité présente (*je connais bien*, l. 8 ; *je ne connais que trop*, l. 24-25 ; *pour m'annoncer* l. 28 ; *Je vois bien*, l. 36) ne l'empêche pas d'espérer encore en vain : sa lettre attend visiblement une réponse, ses provocations veulent susciter des protestations amoureuses malgré le silence sans ambiguïté de son amant. Marianne reste donc aveugle sur la fin de sa liaison et la mort de l'amour chez son amant, qu'elle continue à imaginer (l. 14-15). Ce balancement entre lucidité et aveuglement donne son rythme à la lettre.

### 3- Images de soi et de l'autre

• **Elle :** Une amoureuse passionnée (l. 34-36), fidèle (l. 39-40) ; une victime (l. 38-41) ; une femme fière (l. 42-45).

• **Lui :** Ingrat (l. 6) ; hypocrite (l. 9, 35) ; infidèle (l. 41-42) ; égoïste (l. 19-21) ; concupiscent et cynique (l. 25-26).

Sa mauvaise foi vient de son absence de recul et d'objectivité ; par dépit, elle charge son ancien amant de toutes les fautes et de tous les mauvais procédés, se présentant comme une victime, alors qu'elle a été complice de son propre malheur (l. 8-9, 33-34 : elle voyait la tournure que ne pouvaient manquer de prendre les événements). Elle omet peut-être de dire que son amant ne lui avait fait aucune promesse quant à la durée de son séjour.

**4- La solitude**

Solitude du personnage suggérée par le thème de l'oubli (*un oubli qui me met au désespoir*, l. 6 ; *je n'ai pas reçu une seule lettre de vous depuis six mois*, l. 16) ; lamentation sur le vide de sa vie désormais (*je ne vous verrai jamais en ma chambre*, l. 23) et le désespoir que lui cause cet abandon (*indifférence*, l. 42). Elle s'inscrit aussi dans le dialogue avec soi-même (interrogations, l. 18-21, 24, 38 ; oppositions, l. 24, 37 : *mais, hélas !* ; réponses, *non*, l. 37).

Cette solitude accroît le pathétique du personnage, dont la voix se plaint inutilement dans le désert, sans espérance véritable ni consolation, condamnée à un soliloque.

**Conclusion**

Le long monologue des *Lettres portugaises* se caractérise ici par la force de l'expression et l'ambiguïté des sentiments, entre amour et reproches, élan et mauvaise foi. Une parole féminine audacieuse.

***PERSPECTIVES*** (p. 417)

■ **Stefan Zweig, *Lettre d'une inconnue*.**

**LIRE : Lettre et mystère**

**1- Justification de la lettre**

• C'est un **testament** ; l'inconnue se permet une lettre aussi audacieuse parce qu'elle est mourante (l. 1-3, 10, 13) et que son aveu est unique (*te parler une fois, rien que cette seule fois*, l. 4 ; *pour la première fois*, l. 7).

• Le romanesque l'emporte chez Zweig, en raison du mystère : le lecteur s'interroge sur cette curieuse histoire d'amour où le bien-aimé n'a jamais connu son amante (l. 5, 8-9). Malgré son caractère extraordinaire, la correspondance de Marianne est plus vraisemblable – la mystification de Guilleragues a remporté un véritable succès.

**2- Passion et déchirement**

• **La plus passionnée :** celle de Marianne. Quoique sa liaison avec le chevalier appartienne au passé, le souvenir en est brûlant et la plainte amoureuse violente ; souffrance et passion (du latin *patior*, souffrir) sont indissociables et s'expriment de concert (*j'aime mieux souffrir*, l. 37-39 ; *il vaut mieux souffrir*, l. 40-41). Celle de l'inconnue émane d'une voix d'outre-tombe : ses accents sont plus graves, moins sensuels.

• **La plus déchirante :** celle de l'inconnue ; un aveu unique (l. 4-7), au seuil de la mort (l. 1-2) et même morte à la réception de la lettre (l. 10, 17), *à l'heure de la mort de son unique enfant* (l. 25-26). Malgré son désespoir et sa souffrance, elle se confie à celui qui ne l'a pas connue (*ma douleur qui se réfugie vers toi*, l. 23) ; tandis que Marianne, tout occupée de sa passion, est prête à s'en contenter (l. 44-45), tout en entretenant l'espoir illusoire d'une lettre ou d'un retour.

**PISTES**

■ **Pour une séquence : La lettre d'amour** (▶ *supra*, p. 318).

■ **Exercices complémentaires**

• **Langue :** Identifiez et commentez la figure de style de la l. 28 : *l'excès funeste de mes délices*.

• **Écriture ou oral :** En vous fondant sur les l. 33-36 (*Je me souviens… vos protestations*), imaginez la scène évoquée sous la forme d'un bref dialogue théâtral.

■ **Lecture cursive :** Mme de Graffigny, *Lettres d'une Péruvienne*.

■ **Bibliographie :** L. Versini, *Le Roman épistolaire*, PUF, 1978.

▶ LE ROMAN PAR LETTRES

**Laclos**

## *Les Liaisons dangereuses* (p. 418)

### « J'ai bien besoin d'avoir cette femme »

**APPROCHES**

■ **Axes d'étude :** Le roman épistolaire (p. 406). L'art de la conversation. Le libertinage.

■ **Préalables :** La question de la sincérité des personnages est ici au centre du roman épistolaire (voir lettre 105, de la marquise de Merteuil à Cécile : on n'écrit pas pour soi, mais pour donner une image de soi à autrui) ; il faut donc toujours poser la question : à qui la lettre est-elle destinée ? Serait-elle identique si elle était écrite à quelqu'un d'autre ? Elle permet de s'interroger sur les **fonctions** de la lettre : information, moyen d'action ou de pression, confidence soulageant une conscience ou exhibition d'une conduite qui ne prend son sens que si elle est portée à la connaissance d'autrui.

■ **Préciser** que *Dépositaire* renvoie à *vous*, l. 1-2 ; il y a rupture de construction (*je vais*) : anacoluthe.

**LIRE : La lettre d'un libertin**

**1- Le dialogisme**

• **Marques :** Impératifs : *Ne vous fâchez pas et écoutez-moi* (l. 1), présentant son propos comme un discours oral.

RÉCITS DE VIE ET ÉCRITURE DE SOI

Fausse question : l. 3. Appellatifs : *ma belle amie* (l. 9) ; *ma très belle amie* (l. 42), et les nombreuses occurrences du *vous*.

• **La destinataire** est suggérée comme une personne vive et prompte à s'emporter ; c'est une *femme facile* (l. 40), mais dont le caractère demande des ménagements, même ironiques (*Je m'y prosterne... pardon*, l. 41).

• **Les épistoliers** sont des **confidents** (*je vais vous confier*, l. 2) qui se connaissent à fond (*Vous savez si...*, l. 32) et même des **complices** : ils se livrent à la séduction comme à un jeu, ligués contre leurs victimes ; ils aiment se lancer des défis puis se raconter leurs bonnes fortunes (*Que me proposez-vous ?* l. 3 ; *l'entreprise qui m'occupe*, l. 6-7). Cependant l'affection et la reconnaissance proclamées par Valmont (l. 9, 40, 42), teintées d'une ironie provocatrice (*femmes faciles... naturellement à vos pieds*, l. 40-41), laissent entrevoir des relations plus complexes.

### 2- La conquête amoureuse

• **Vocabulaire :** *conquérant* (l. 2) ; *livrée sans défense* (l. 4) ; *couronne*, *laurier* (l. 8), *triomphe* (l. 9) ; *attaque*, *ennemi* (l. 13) ; *se défendent* (l. 38) ; peuvent appartenir au **même registre** : *entreprise, succès* (l. 7). Ce vocabulaire est celui d'une guerre comprise comme le moyen de s'illustrer selon l'idéal aristocratique.

• **Relations amoureuses :** un **affrontement** entre adversaires dignes l'un de l'autre ; mais à cette égalité apparente s'oppose la situation de la **femme**, en fait **victime**, gibier (l. 4, 38-39) réduit à se défendre. La place dévolue aux sentiments est secondaire, du moins selon l'éthique du libertin (▶ question 3).

### 3- Les sentiments de Valmont

• **L'hyperbole** désigne la conquête comme un haut fait (*dévore les obstacles*, l. 33) et traduit l'énergie guerrière du libertin : la conquête amoureuse est **volonté de puissance** et exprime la violence du désir (*depuis quatre jours, livré à une passion forte*, l. 32 ; mentions du *désir* l. 33, 34). Ainsi les termes qui pourraient traduire la force de l'amour (et qui peut-être le traduisent...) sont disqualifiés et suggèrent un **double langage** (*Je n'ai plus... la nuit*, l. 34-35).

• Ce procédé permet à Valmont d'utiliser le langage de l'amour sans se donner le *ridicule* (l. 36) de passer pour réellement amoureux. Dans la suite, l'évocation de la prétendue supériorité féminine (*nous ne serions auprès d'elles que de timides esclaves*, l. 39) et de la définition traditionnelle de la femme comme « maîtresse » au sens propre du terme (conception courtoise de l'amour, ▶ p. 18) n'est là que pour être **tournée en dérision**, en une pirouette d'une rare insolence envers la marquise (l. 40-41).

### 4- La progression de la lettre

• **Valmont** répond à la marquise, et doit **se justifier** dans le 1er § ; il prépare son succès, non seulement sur sa proie, mais surtout (en apparence) sur celle dont il veut recueillir l'admiration (l. 10-11).

• À partir de là sa position semble **s'inverser** : il décrit avec complaisance son plan (l. 12-31) ; il se prétend alors dominé par une femme (la présidente), ou feint de l'être pour mieux la posséder en la trompant sur sa véritable nature (l. 29-31) – il se présente donc comme le maître du jeu. Mais il ne peut mener son action sans le plaisir d'en faire le récit et le commentaire (l. 32-39) à la marquise ; il est donc **dépendant de celle-ci**, tout en la provoquant. Le libertin est constamment soumis au regard d'autrui, il a besoin d'un **miroir**, d'un spectateur qui puisse apprécier en connaissance de cause ses mérites. C'est la faiblesse de tous les libertins – la marquise elle-même, qui se fait un mérite de n'avoir besoin de personne et de ne jamais laisser de trace écrite de ses méfaits, commet l'erreur d'en faire le détail à Valmont (lettre 81, ▶ p. 420). C'est ce qui causera sa chute.

### Conclusion

Alors même que les correspondants prétendaient jouer la carte de la sincérité, la lettre suggère l'ambiguïté des motifs (opaques au personnage même ?) et le danger des rapports de pouvoir qu'ils ont instaurés entre eux. Correspondance à décrypter.

## PISTES

■ **Pour une séquence : Liberté et libertinage au XVIIIe siècle** (▶ *supra*, p. 66).

■ **Exercice complémentaire : Écriture**

D'après l'observation minutieuse du § central (l. 18-31), imaginez une lettre de Mme de Tourvel à son mari pour lui faire le récit de ses journées ; vous n'omettrez pas son point de vue sur le personnage de Valmont.

■ **Lecture cursive** : Balzac, *Mémoires de deux jeunes mariées*.

■ **Bibliographie :** C. Cazenobe, *Le Système du libertinage de Crébillon à Laclos*, Oxford, Voltaire Foundation, 1991.

*... Les Liaisons dangereuses* p. 419

# « Mes transports »

## APPROCHES

■ **Axes d'étude :** Le roman épistolaire et les fonctions de la lettre (p. 406). Le double langage. Le libertinage.

■ **Préalables :**

On peut mettre en question (comme pour la lettre 4, p. 418) la **sincérité** dont Valmont est capable dans ses lettres à la marquise, la véritable nature de ses sentiments (peut-il aimer une femme qu'il bafoue de la sorte ?), et le rôle que joue la lettre pour les traduire, les rendre plus clairs ou au contraire les nier.

Ou partir de la **situation** pour définir le genre dont relève cette lettre : une scène de comédie (par l'utilisation d'un double langage), une scène libertine (par la présence physique de la courtisane qui sert de pupitre, et l'évocation constante des rapports sexuels).

Ou s'interroger sur l'intérêt de l'**adaptation filmée** du roman (*Valmont*, de Milos Forman : comparer notamment avec la lettre suivante, et la question 3) : Valmont est-il le personnage central du roman, comme on pourrait le croire puisque ce sont ses amours et ses conquêtes qui constituent l'essentiel de l'ouvrage ? Entre le tour de force (à tous les sens du terme) que constitue cette lettre et la méthode exposée par la marquise (p. 420), où est la plus grande perversité ?

## LIRE : La lettre sacrilège

### 1- Le double jeu

**• Les expressions à double sens**

**– La nuit de débauche** avec Émilie (*nuit orageuse… pas fermé l'œil*, l. 1-2) est d'abord désignée, suivie d'expressions qui indiquent les **activités amoureuses réitérées** de Valmont : *ardeur dévorante* (l. 3) ; *conserver assez d'empire sur moi* (l. 8) ; *sans être obligé de l'interrompre* (l. 10) ; *le trouble que j'éprouve… insensible* (l. 11-13) ; *passions actives* (l. 14) ; *je suis plus heureux que vous* (l. 16-17) – terme consacré, dont la présidente ignore le sens précis – ; *m'abandonner entièrement à l'amour* (l. 18) ; *le délire qu'il me cause* (l. 19) ; *Jamais je n'eus tant de plaisir* (l. 20-21) ; *émotion si douce, et cependant si vive* (l. 21-22) ; *transports… brûlant de volupté* (l. 22-23) ; *délire* (l. 26) ; *transports que vous ne partagez pas* (l. 27-28) ; *ivresse qui s'augmente à chaque instant* (l. 28-29). Les expressions vont crescendo (et pour cause). Le vocabulaire de la passion amoureuse est en même temps celui de la satisfaction sensuelle.

**– La fatigue** qui les suit est plusieurs fois évoquée : *entier anéantissement…* (l. 3) ; *calme dont j'ai besoin* (l. 5) ; *je cherche en vain…* (l. 33) ; *Après tant d'efforts réitérés…* (l. 33-34) ; *le regret d'en être privé* (l. 35-36). Ce qui entraîne à solliciter l'*indulgence* (l. 36), pour pareille faiblesse : l'impuissance momentanée apparaît comme la conséquence des « rigueurs » de la présidente – ce qui n'est pas faux, puisque Valmont a dû aller chercher des satisfactions ailleurs.

**– Le corps d'Émilie** est lui aussi désigné : *table… à cet usage* (l. 23-24) ; *autel sacré de l'amour… s'embellir à mes yeux* (l. 24-25) ; *j'aurai tracé sur elle* (l. 25). L'équivoque est soigneusement entretenue : tout le jeu réside là.

**• L'image de Valmont :**

– Pour **Mme de Tourvel**, Valmont est au comble du trouble et du désespoir ; l'évocation des conséquences physiques de ce trouble en manifeste le caractère excessif, voire inquiétant.

– Valmont cherche à prouver à **Mme de Merteuil** qu'il n'est pas réellement amoureux de la présidente, et qu'il est un virtuose du double langage – mais, on peut le supposer, il lui paraît un peu trop content, à la fois de ses prouesses physiques et de son procédé épistolaire : tous les échanges entre Valmont et Mme de Merteuil sont marqués par cette rivalité dans l'exploit.

**– Le lecteur** est avant tout sensible au comique de situation et de mots ; il pressent également que l'impudence de Valmont, sacrilège amoureux, le mène à la catastrophe : son piège pourrait bien se retourner contre lui, sa vanité l'empêchant de mesurer l'intelligence et la perversité de la marquise.

### 2- Le libertinage

Il se caractérise par le refus d'obéir aux normes habituelles de la **morale**, ou par leur **transgression manifeste** : ainsi la lettre adressée à l'aimée et placée sous le sceau de l'amour le plus respectueux évoque les réalités physiques les plus crues ; mais cet aspect (plus sensible dans la lettre 4, ► p. 418, l. 12-13) apparaît moins que le souci de briller par un **tour de force** épistolaire, chef-d'œuvre d'équivoque, et d'**être admiré** par une complice qui saura apprécier la performance à sa juste valeur (lettre 4, question 4).

### 3- Lettre et perversité

Valmont **profane la lettre d'amour**, le seul lien qui l'unit à la présidente quand celle-ci refuse de le revoir mais accepte une correspondance ; cette lettre a pour principale fonction d'être exhibée à autrui, donnée comme preuve. D'autre part elle est destinée à **tromper sa destinataire**, qui était justement apparue à Valmont comme une exception parmi les femmes qu'il pouvait connaître. Ce qui montre son **mépris** du sentiment amoureux et de la femme en général, simple instrument de son plaisir physique et intellectuel. La Merteuil est donc le témoin indiscret de ces ébats et de cette tromperie avilissante, une sorte de **voyeur**, et même de témoin pour lequel est organisée cette mise en scène. Mais le **lecteur** n'est-il pas exactement dans la même situation que la marquise ?

### Conclusion

Une écriture au service du narcissisme. Le libertin se délecte de sa propre virtuosité, la donne en spectacle à la marquise, s'offre le plaisir de l'outrage à l'égard de l'être qui lui résiste. Mais n'est-ce pas là se payer de mots ? La part du dépit à l'égard de la présidente et la part de la dissimulation à l'égard de la marquise obscurcissent le jeu.

## PISTES

**■ Pour une séquence**

**• Le libertin dans la littérature du XVIIIe siècle** (masculin, féminin ; le rapport à la morale et à la société ; la portée et les limites de la subversion) : Crébillon, *La Nuit et le Moment*, p. 84, *Les Égarements du cœur et de l'esprit*, p. 315 ; Sterne, *Vie et Opinions de Tristram Shandy*, p. 85 ; Laclos, *Les Liaisons dangereuses*, p. 418, 420, 422.

**• La lettre dans le roman épistolaire** (► *infra*, p. 325).

**■ Exercice complémentaire : Écriture**

Dans le cadre d'une lecture intégrale, comparez le personnage de Valmont à celui de Don Juan (libertinage amoureux/libertinage intellectuel ; hypocrisie ; insolence ; destin tragique).

**■ Lecture cursive :** Crébillon, *La Nuit et le Moment*.

**■ Bibliographie :** M. Delon *Le Savoir-vivre libertin*, éd. Hachette, 2000.

## « Mes principes »

### APPROCHES

■ **Axes d'étude :** Le roman épistolaire (p. 406). Les fonctions de la lettre. La place des femmes dans la société.

■ **Préalables :** On peut faire réfléchir par exemple sur les différents genres inscrits dans cette lettre : roman, lettre, récit autobiographique d'un apprentissage. On peut aussi partir des deux sortes de libertinage : de pensée, qui depuis le XVII^e siècle revendique la liberté de jugement dans tous les domaines, et de mœurs, qui au XVIII^e siècle affirme la liberté du corps et le plaisir aristocratique d'afficher dans un langage maîtrisé le mépris de la morale commune.

■ **Vérifier** la compréhension de l'expression *et presque sans intérêt,* l. 21, (= qui ne suscite pas d'intérêt, qui ne touche pas).

### LIRE : « Je suis mon ouvrage »

#### 1- Puissance du *je*

**• La première personne**

– 4 fois le pronom personnel (l. 1) ; la conclusion du paragraphe, *je suis mon ouvrage* (l. 5), constitue la définition que la marquise donne d'elle-même, l'image qu'elle veut imposer : orgueil immense affiché contre Valmont, qui affecte la supériorité du mâle dominateur (► p. 418).

– Répétition de *je dis* (l. 2, 5) : la marquise s'observe elle-même avec détachement et se place en position de **commentateur**, conformément au personnage traditionnel du libertin, qui aime à faire la théorie de sa conduite et à initier un personnage innocent (comme Versac avec Meilcour dans *Les Égarements du cœur et de l'esprit* de Crébillon) : Valmont est ainsi réduit au rôle de néophyte dont il faut faire l'éducation.

– Pronoms réfléchis *: Je me suis travaillée* (l. 17), *Ce travail sur moi-même* (l. 29) : dissociation qu'elle est capable de faire en elle-même entre sujet et objet, pour se dominer.

**• Les efforts accomplis**

– **Structure syntaxique :** participe apposé en tête de phrase, pour traduire un premier état que vient modifier le verbe principal : *Entrée dans le monde… j'ai su…* (l. 6-7) ; *forcée souvent… j'essayai* (l. 11-12) ; *Munie… j'en essayai* (l. 23).

– **Vocabulaire de l'attention** (*observer*, *réfléchir*, l. 7 ; *recueillais avec soin*, l. 9 ; *utile curiosité*, l. 10 ; *j'observais*, l. 25) ; de l'**effort** (*avec soin*, l. 9 ; *forcée*, l. 11 ; *j'essayai*, l. 12 ; *je tâchai*, l. 14 ; *je m'étudiais*, l. 15 ; *porté le zèle*, l. 16 ; *chercher*, *Je me suis travaillée*, l. 17 ; *j'ai su prendre*, l. 19 ; *j'en essayai*, l. 23 ; *Ce travail sur moi-même*, l. 29 ; *l'expérience m'a pourtant appris*, l. 31) ; du **gain** et du **progrès** (*profiter*, l. 7 ; *utile*, l. 10 ; *j'obtins*, l. 12 ; *j'ai su prendre…*, l. 19 ; *il m'était utile*, l. 28 ; *j'y gagnai*, l. 30 ; *je possédais déjà*, l. 33) ; de la **volonté** (*à mon gré*, l. 12 ; *régler de même les divers mouvements*, l. 14 ; *je m'étudiais à prendre*, l. 15 ; *douleurs volontaires*, l. 16 ; *réprimer*, l. 18 ; *puissance*, l. 19 ; *contre ma volonté*, l. 22-23 ; *je réglais*, l. 25).

– Comme Valmont, style volontiers **abstrait**, préférant la théorie aux descriptions ou aux exemples. Mais alors que Valmont use d'un style ironique, recourant aux antiphrases, à un double langage qui passe par des phrases sinueuses contrastant avec des phrases beaucoup plus brèves (lettre 4, l. 18-31), la Merteuil s'avoue sans détour, froidement : sa première qualité est la limpidité ; rien ne doit sembler échapper à son regard et à son analyse.

#### 2- De l'observation à l'action

• D'abord observation muette, pure **réceptivité** (l. 6-9), et **dissimulation passive** (l. 10-13), qui consiste à paraître ne rien penser ; puis **dissimulation active** (l. 13-20), ne pas laisser voir ses sentiments ; puis **tromperie** (l. 24-28), suggérer les sentiments qu'elle n'a pas ; cette connaissance et cette maîtrise d'elle-même lui donnent le moyen d'**analyser autrui**, d'en percer à jour le comportement (*ce coup d'œil pénétrant*, l. 30) et d'en tirer profit.

• Démarche progressive et méthodique, fondée sur la méfiance, dont chaque étape est présentée par une **phrase courte**, simple, privilégiant la parataxe (surtout l. 10-28) ; la future marquise tire parti de chaque progrès, pour adopter une attitude **de plus en plus active**, jusqu'à la maîtrise de la pensée d'autrui qui la caractérise tout au long du roman.

#### 3- Image de la société

La société est sans pitié pour les jeunes filles, laissées dans l'ignorance (comme l'est la jeune Cécile Volanges, à peine sortie du couvent), destinées à la passivité, ou endoctrinées sans qu'on cherche à les instruire vraiment : *vouée*, *silence*, *inaction*, *étourdie*, *distraite* (l. 6-8). L'hypocrisie y est nécessaire pour **se défendre** (l. 21-24), voire pour **exister** (*me la ravir ou me la surprendre contre ma volonté*, l. 22-23). Par ailleurs une société qui exige la vertu, du moins en apparence, contraint les femmes à pareille dissimulation.

#### 4- Un message imprudent

En filigrane, la marquise prévient Valmont qu'il aurait tort de s'attaquer à elle – femme volontaire et réfléchie, à l'orgueil indomptable, à la capacité de dissimulation sans limites, qui ne supportera ni les conseils protecteurs et la vanité de Valmont, ni la défaite dans la relation amoureuse ou dans les rapports de force. Cet avertissement est aussi une imprudence : il révèle la faiblesse de la marquise, qui a besoin d'avoir un témoin de sa supériorité, et rompt avec le principe de ne jamais laisser de preuve écrite de ses méfaits et de sa duplicité. Cette erreur la perdra.

#### Conclusion

Un personnage redoutable se dévoile ici, fascinant par son énergie et sa volonté de puissance. Mais Laclos dans l'ensemble du roman en suggérera les limites : dans le champ d'action rétréci de la société aristocratique du temps, ces qualités ne s'appliquent qu'au libertinage des ruelles.

## VOIR

Souligner le contraste entre la richesse du décor, de l'habit, la mise en valeur de la féminité par la robe décolletée, et la plume tenue à la main le temps de la réflexion, le port de tête altier, les lèvres serrées, le regard fixé hors du champ, et non pas perdu dans la rêverie. L'éclairage contrasté valorise encore l'opposition entre les apparences de la futilité et le danger d'une volonté implacable.

## PISTES

■ **Pour une séquence : La lettre dans le roman épistolaire** (qui écrit à qui ? style(s) épistolaire(s) ; fonctions de la lettre) : Guilleragues, *Lettres portugaises*, p. 416 ; Laclos, *Les Liaisons dangereuses*, p. 418-422.

■ **Exercice complémentaire : Langue**
Étudiez l'emploi des temps de l'indicatif dans les l. 21 à 32.

■ **Lecture cursive :** Vivant Denon, *Point de lendemain*.

■ **Bibliographie :** F. Calas, *Le Roman épistolaire*, Nathan, 1996.

## ... *Les Liaisons dangereuses* p. 422

# « Ce n'est pas ma faute »

## APPROCHES

■ **Axes d'étude :** Le roman épistolaire (p. 406). La lettre de rupture.

■ **Préalables :** La notion de **ridicule** : sur quoi est-elle fondée ? (voir *Ridicule*, le film de Patrice Leconte, qui joue sur de tout autres valeurs). Ici le ridicule est celui d'être amoureux (paraître faible dans une société où il faut sans cesse conquérir et bafouer), et de respecter des valeurs sentimentales identifiées aux valeurs bourgeoises.

■ **Vérifier** la compréhension de : *maligne,* l. 10 (= animée de mauvaises intentions, voulant faire le mal).

## LIRE : La lettre de rupture

### 1- Le stratagème de la Merteuil

La **mise en abyme** : la lettre dans la lettre (l. 15-31, signalée par des guillemets) instaure un double schéma de communication (*un homme/une femme* = Valmont/Merteuil) ; le procédé a une **fonction conative** : l'enchâssement du message principal est une manière détournée de suggérer une fin à la liaison du vicomte. La marquise le met au défi d'envoyer cette lettre, c'est-à-dire de rompre avec la présidente, de la salir rétrospectivement, de nier ses sentiments, de lui obéir et de se conformer à son personnage de libertin tout-puissant.

### 2- Le refrain

À sa première occurrence (l. 7-8), le « refrain », en italique, reprend une formule utilisée par Valmont et désigne une excuse que la marquise blâme ; à la seconde (l. 12), c'est un rappel ironique destiné à confirmer le rôle d'amie dévouée que prétend se donner la marquise. Dans le billet, il faut distinguer le **sens** de la formule, destinée à expliquer la faiblesse de l'être humain (*c'est une loi de la nature*, l. 15), son **double sens** (le billet est dû à la marquise, et si Valmont l'écrit, ce n'est effectivement « pas sa faute ») et son **usage itératif** : il s'agit de ridiculiser la destinataire en niant toute justification réelle à cette rupture.

### 3- Un billet insultant

Dans ce billet **ouvert et fermé** par l'apostrophe *mon ange*, marqué par les répétitions et les **symétries** (*un autre amant/une autre maîtresse*, l. 28 ; *je t'ai prise avec plaisir, je te quitte sans regret*, l. 30), les justifications spécieuses sur le thème « ce n'est pas ma faute » (*une loi de la nature*, l. 15 ; *la nature*, l. 26 ; *Ainsi va le monde*, l. 31) constituent en elles-mêmes une insulte aux sentiments des amants.

Mais par toute une série de procédés, cette liaison est **salie** et présentée sous le pire jour : désignée comme un pur caprice (*une aventure*, l. 16) ; les sentiments de la présidente relèvent de l'obstination, voire de l'acharnement (l. 21-22, 27), sa vertu n'a été pour Valmont qu'un stimulant (l. 18-20) ; il éprouve la même passion passagère pour une autre (*je t'ai trompée*, l. 21 ; *que j'aime éperdument*, l. 23) : moment dans une série, où une femme en vaut une autre (*une autre maîtresse*, l. 28 ; *je te reviendrai peut-être*, l. 30-31). Le jeu des **symétries** prend alors un autre sens : feindre d'attribuer à la jeune femme l'attitude désinvolte qui est la sienne (l. 28-29), c'est-à-dire la ravaler au rang des libertines.

### Conclusion

Le conflit des amours-propres conduit à une exécution en règle ; le rêve de pouvoir des deux libertins s'achèvera en tragédie. Les *Liaisons* auront été *dangereuses* non seulement pour les victimes mais pour les meneurs de jeu. Laclos moraliste ?

## PISTES

■ **Pour une séquence : La rupture dans le roman** (circonstances ; points de vue et tonalités ; portée) : Montesquieu, *Lettres persanes*, p. 337 ; B. Constant, *Adolphe*, p. 390.

■ **Exercice complémentaire : Voir**
En quoi l'image de la p. 422 vous paraît-elle illustrer les échanges épistolaires des *Liaisons dangereuses* ? (discrétion du cachet ; mystère et complicité du geste : manigance ? personnage invisible)

■ **Lecture cursive :** Montesquieu, *Lettres persanes*.

■ **Bibliographie :** T. Todorov, *Littérature et signification*, Larousse, 1967 ; M. Delon, *P.-A. Choderlos de Laclos : « Les Liaisons dangereuses »*, PUF, 1986.

## Verlaine
# *Fêtes galantes*

p. 423

## Lettre

### APPROCHES

■ **Axes d'étude :** La poésie galante (p. 156). Registres et tonalités (p. 518). Les nuances du comique.

■ **Préalables :** Rappeler le goût de la préciosité pour les emprunts à la mythologie et à l'Antiquité, notamment par le choix des surnoms pour les femmes (*Les Précieuses ridicules*, p. 59 : Cathos et Magdelon se sont donné les noms d'Aminte et Polyxène) et par l'intérêt porté à l'histoire antique : César et Marc-Antoine furent les amants successifs de Cléopâtre.

### LIRE : Une lettre en vers

#### 1- La forme épistolaire

L'apostrophe du v. 1 (*Madame*), qui tient lieu de suscription ; les formules de politesse stéréotypées (v. 13, 30) ; la référence de la lettre à elle-même (*missive*, *lire*, *écrire*, v. 31-32).

Par certains aspects, le texte ressemble à une lettre d'amour : thème de la séparation (*Éloigné de vos yeux*, v. 1), plainte amoureuse (v. 3-4).

#### 2- La poésie classique et sa parodie

Le vocabulaire galant (*soins*, v. 1 ; *languis et me meurs*, v. 3 ; *flammes*, v. 23) et hyperbolique (*lamentable émoi*, v. 10 ; *pour jamais*, v. 12) ; l'apostrophe solennelle au milieu du vers (*Madame*, v. 7, 20, 27) et le vouvoiement rappellent la tragédie, de même que la référence à l'histoire antique (v. 25-29).

Parodie de la tragédie classique : affectation de polythéisme païen (v. 2) ; emprunts aux formules de Racine (*Pour jamais* : *Bérénice*, IV, 5 ; *Je languis* : *Phèdre*, II, 5) ; peut-être aussi de la tragédie shakespearienne (*fantôme*, *enlacements vains*, *ombre*, v. 9-12).

#### 3- Mélange des genres et des registres

– Alternance de deux registres opposés, **tragique** (v. 1-12, 20-29) : grandiloquence, vocabulaire abstrait de la passion, phrases amples (v. 1-12, 20-24, 25-29) ; **comique** (v. 13-19, 30-32) : familiarité du style moyen (*moi*, v. 9 ; *je suis… ton valet*, v. 13 ; juron *palsambleu*, v. 18 ; *voilà trop causer*, v. 30), vocabulaire concret, voire trivial (énumération des animaux), traitement désinvolte du vers par les enjambements (v. 1-2, 3-4, 21-22).

– Par le choc des deux registres (souligné par la typographie : blancs, groupes de vers), le poète désavoue ses emprunts au style classique ; les irruptions de la familiarité (comme le passage du *vous* au *tu*, de *Madame* à *très chère*) cassent la gravité affectée de la déclaration amoureuse.

– L'ironie porte sur les excès du style galant, mais aussi sur la représentation conventionnelle de la relation amoureuse (l'amour courtois, p. 17-19), et peut-être sur le poète lui-même et son goût pour les subtilités du langage classique.

#### Conclusion

Verlaine brouille avec humour les frontières entre les genres et les registres, renouvelant ainsi de façon originale le topos de la déclaration amoureuse.

### PISTES

■ **Pour une séquence**

• **Préciosité ridicule** (moyens et fins de la parodie ; sens et valeurs de l'imitation) : Molière, *Les Précieuses ridicules*, p. 59 ; *Le Misanthrope*, I, 2 ; *Les Femmes savantes*, III, 2.

• **Déclarations d'amour en poésie** (motifs ; rhétorique ; registres et tonalités) : Magnard, *La Belle Vieille*, p. 161.

■ **Exercices complémentaires**

• **Oral :** Choisissez, pour réciter ce texte, des intonations et des gestes qui mettent en valeur le mélange des genres et des registres.

• **Écriture :** D'après le texte des *Liaisons dangereuses*, p. 422, récrivez la lettre de Valmont à M^me^ de Tourvel dans le style de cette lettre de Verlaine.

• **Proposition de corrigé**

**Lettre**

L'ennui, Madame, est une loi de la nature.
Et quoique depuis quatre mois notre aventure
M'ait occupé et parfois même enivré,
Aujourd'hui, las, elle m'ennuie, en vérité.
Il ne faut pas m'en vouloir, ce n'est pas ma faute !

Aussi, mon petit cœur, tu me vois désolé,
Mais, au risque de te peiner, chère beauté,
Il faut te l'avouer : mon amour a vécu,
Envolé, disparu – tout comme ta vertu…
Il ne faut pas m'en vouloir, ce n'est pas ma faute !

Certes, depuis quelque temps je vous ai trompée,
Et à une autre femme je vous ai sacrifiée ;
Car les hommes, Madame, n'ont que de la constance,
Quand les femmes, obstinées, ont la persévérance !
Il ne faut pas m'en vouloir, ce n'est pas ma faute !

Maintenant, ma chère, choisis donc un autre amant ;
Telle Ariane par Thésée abandonnée,
Prends ton Bacchus ; et par ses ardeurs consolée,
Tu t'en trouveras, mon ange, aussi bien qu'avant !
Il ne faut pas m'en vouloir, ce n'est pas ma faute !

Adieu, ma chère ; si je t'ai prise avec plaisir,
Je me lasse, et te quitte sans en souffrir.
Qui sait si je ne te reprendrai pas un jour ?
On est si capricieux, quand il s'agit d'amour !
Il ne faut pas m'en vouloir, ce n'est pas ma faute !

■ **Lecture cursive** : Ovide, *Héroïdes*.

# Le texte vivant : de l'écriture au spectacle

## 1 La genèse des textes

### LE TRAVAIL DU MANUSCRIT

**Montaigne**
*Essais* p. 427

**De l'expérience**

#### APPROCHES

■ **Axes d'étude :** Le manuscrit. L'autobiographie (p. 356, 364). L'essai philosophique (p. 256). L'humanisme (p. 22).

■ **Préalables :** Rappeler les grands principes successifs de la philosophie de Montaigne : expliquer épicurisme, stoïcisme, scepticisme. Définir les genres de l'essai et de l'autobiographie, en demandant aux élèves de donner des exemples pour chacun d'eux. Expliquer l'usage que fait Montaigne de la citation (argument d'autorité emprunté aux auteurs anciens). Expliquer l'absence de la lettre A : la première version du texte fait partie du livre III, et relève donc de la couche B.

■ **Vérifier** que sont compris : *en révérence*, l. 8 (= respectueusement) ; *iniques*, l. 10 (= injustes) ; *m'en agrée*, l. 11 (= en suis satisfait).

#### LIRE : Les « allongeails »

**1- Pour un épicurisme mesuré**

Montaigne conteste l'ascétisme, et toutes les doctrines – notamment religieuses – qui poussent à l'abaissement du corps et à la privation des plaisirs naturels. Dès lors que Dieu a créé la nature, on lui *fait tort* en ne l'acceptant pas.

À l'inverse, Montaigne revendique, en une philosophie très mesurée, proche de l'épicurisme antique, le droit à goûter les plaisirs de la vie : *boire et manger* (l. 2) ; plaisirs sexuels et sensations de toutes sortes (l. 4-5).

**2- Fonctions des allongeails**

Le texte comporte cinq allongeails :

– **l. 3-4 :** Montaigne précise que ses désirs sont modérés, et conformes à la nature. La première version du texte aurait pu laisser supposer chez lui un amour immodéré des plaisirs (la gourmandise ou l'ivresse…) ; or, il n'en est rien. Le sage épicurien aime les plaisirs des sens, mais se garde bien d'en abuser, car leur excès finit par être nuisible, et donc incompatible avec le plaisir même. La citation de Sénèque, philosophe de l'Antiquité, vient à l'appui de cette démonstration ;

– **l. 7-9 :** cet allongeail n'ajoute ni argument, ni précision. Sa fonction est ludique, humoristique et provocatrice. Montaigne reconnaît volontiers par ce clin d'œil au lecteur que la fonction reproductrice chez l'homme s'accompagne de plaisir sexuel (*voluptueusement*), et qu'il serait bien dommage de s'en passer, puisque la nature en a doué l'homme. La plaisanterie est signalée par une précaution oratoire (*en révérence*), sans comporter de tonalité grivoise ;

– **l. 10 :** le travail de Montaigne est extrêmement précis. *Et iniques* ajoute une tonalité morale et philosophique. La précision donne aussi de la solennité au propos, grâce au rythme binaire ainsi créé ;

– **l. 10-11 :** Montaigne signale son allégeance à Dieu, comme pour atténuer l'aspect peut-être un peu provocateur de ses propos ;

– **l. 13 :** réaffirmation de la sagacité de Dieu, et donc de l'excellence de la nature et de ses mouvements. La formule binaire et l'épanadiplose donnent à cette affirmation l'allure d'une maxime.

**Conclusion**

Ces strates successives de l'écriture de Montaigne peuvent passer inaperçues dans la version définitive : c'est le signe de la maîtrise de son style, et l'indice que la pensée rationnelle ne fonctionne pas forcément selon un mouvement linéaire. Penser, c'est aussi approfondir, nuancer, affiner.

## PISTES

■ **Pour une séquence**

• **L'écriture des *Essais*** (► *supra*, p. 200).

• **Montaigne, philosophe et autobiographe** (thèmes et motifs ; le personnel et l'universel ; sagesse de Montaigne) : *Essais*, p. 40 ; p. 257 ; p. 258 ; p. 259 ; p. 364 ; p. 366 ; p. 427.

■ **Exercices complémentaires**

• **Langue :** Relevez dans le premier texte (1588) les imparfaits du subjonctif. Justifiez leur emploi.

• **Écriture :** À la manière de Montaigne, améliorez votre dernier essai : en tenant compte des remarques faites en marge par votre professeur, « allongez » votre texte en le nourrissant d'exemples supplémentaires, de citations, de commentaires plaisants.

■ **Texte complémentaire**

**Montaigne, *Essais*, De la vanité, III, 9.**

*Montaigne commente ici sa technique d'écriture. On étudiera les images employées pour décrire le texte lui-même et la pratique de l'écrivain ; on appréciera la distance modeste avec laquelle Montaigne considère les effets du temps qui passe sur sa sagesse.*

Laisse, lecteur, courir encore ce coup d'essai et ce troisième allongeail du reste des pièces de ma peinture. J'ajoute, mais je ne corrige pas. Premièrement, parce que celui qui a hypothéqué au monde son ouvrage, je trouve apparence qu'il n'y ait plus de droit. Qu'il dise, s'il peut, mieux ailleurs, et ne corrompe la besogne qu'il a vendue. De telles gens il ne faudrait rien acheter qu'après leur mort. Qu'ils y pensent bien avant que de se produire. Qui les hâte ?

Mon livre est toujours un. Sauf qu'à mesure qu'on se met à le renouveler afin que l'acheteur ne s'en aille les mains du tout vides, je me donne loi d'y attacher (comme ce n'est qu'une marqueterie mal jointe), quelque emblème supernuméraire. Ce ne sont que surpoids, qui ne condamnent point la première forme, mais donnent quelque prix particulier à chacune des suivantes par une petite subtilité ambitieuse. De là toutefois il adviendra facilement qu'il s'y mêle quelque transposition de chronologie, mes contes prenant place selon leur opportunité, non toujours selon leur âge.

Secondement que, pour mon regard, je crains de perdre au change ; mon entendement ne va pas toujours avant, il va à reculons aussi. Je ne me défie guère moins de mes fantaisies pour être secondes ou tierces que premières, ou présentes que passées. Nous nous corrigeons aussi sottement souvent comme nous corrigeons les autres.

Mes premières publications furent l'an mille cinq cent quatre-vingt. Depuis d'un long trait de temps je suis envieilli, mais assagi je ne le suis certes pas d'un pouce. Moi à cette heure et moi tantôt, sommes bien deux ; mais quand meilleur ? Je n'en puis rien dire. Il ferait beau être vieil si nous ne marchions que vers l'amendement. C'est un mouvement d'ivrogne titubant, vertigineux, informe, ou des jonchets que l'air manie casuellement selon soi.

■ **Bibliographie :** J. Starobinski, *Montaigne en mouvement*, éd. Gallimard, 1993.

## ► LE TRAVAIL DU MANUSCRIT

## Montesquieu
# *L'Esprit des lois*

p. 428

### « Le droit de conquête... »

## APPROCHES

■ **Axes d'étude :** Le manuscrit. L'essai philosophique. La conquête. Le droit international. Morale et politique.

■ **Préalables :** Rappeler les dates de la conquête du Mexique par les Espagnols. 1519 : fondation de Veracruz par Cortès, qui fait raser la capitale indienne pour y construire Mexico. 1535 : le Mexique devient « vice-royauté de la Nouvelle-Espagne ». 1571 : l'Inquisition à Mexico se montre particulièrement redoutable. La conquête se poursuit jusqu'à la fin du XVIIe siècle. Les efforts d'éducation et d'évangélisation se font au prix de la destruction brutale des civilisations indigènes. Signaler la richesse des cultures aztèque et maya, et leur pratique cultuelle de sacrifices humains.

■ **Vérifier** que sont compris : *génie*, l. 2 (= influence, inspiration) ; *furieuse*, l. 4 (= excessive, dangereuse).

## LIRE : Le manuscrit

### 1- La civilisation productrice de barbarie : un paradoxe

• Le deuxième paragraphe est construit sur un système d'antithèses, dont on peut dresser un tableau :

| Ambitions civilisatrices | Réalités de la conquête |
|---|---|
| *leur donner une religion douce* (= la religion catholique) | *leur apportèrent une superstition furieuse* (= le fanatisme catholique, représenté notamment par l'Inquisition) |
| *rendre libres les esclaves* | *rendirent esclaves les hommes libres* (noter le chiasme, qui souligne le scandale) |
| *les éclairer sur l'abus des sacrifices humains* | *les exterminèrent* |
| *tous les biens qu'ils ne firent pas* | *tous les maux qu'ils firent* |

• Montesquieu dénonce un scandale : au lieu d'apporter les valeurs éclairées de la culture occidentale aux Indiens (supposés sauvages), les Espagnols ont détruit des civilisations et apporté de fausses valeurs à ceux qu'ils prétendaient éduquer. Ce paradoxe dévoile la mauvaise foi qui se cache derrière les ambitions civilisatrices des conquérants, en réalité assoiffés de pouvoir et de domination économique et culturelle.

**2- Les trois stades de l'écriture**

La première version, raturée (▶ p. 429), peut être comparée à la version mise au net (▶ p. 428), conforme au manuscrit. Celle-ci apporte des corrections nouvelles à celles qui ont été portées sur la première. Entre le premier jet et ses corrections, puis entre la première version raturée et la seconde version mise au net, Montesquieu travaille son style dans le sens d'une plus grande concision, d'une rhétorique plus frappante (répétition systématique de l'antithèse, introduction du chiasme). Il cherche à marquer l'esprit de son lecteur, à le convaincre par la force oratoire de sa démonstration.

Le dernier paragraphe, absent du manuscrit, a été ajouté au moment de l'impression. Il tire les leçons morales de l'exemple qui précède, en lui donnant une dimension universelle : Montesquieu définit la notion délicate de « droit de conquête », en fixant une contrepartie au tort fait au colonisé : le conquérant a le devoir de réparer ce tort en dispensant des bienfaits.

**Conclusion**

Montesquieu retravaille ses textes en aiguisant son propos pour le rendre plus convaincant : la rhétorique est avant tout un art de la persuasion.

## PISTES

■ **Pour une séquence**

• **Religion ou superstition ?** (différence théorique entre les deux notions, abus commis au nom de la religion, dégradation de la religion en superstition ; genres et formes de l'argumentation) : Marguerite de Navarre, *La Comédie de Mont-de-Marsan*, p. 30 ; E. Roïdis, *La Papesse Jeanne*, p. 91 ; Voltaire, *Candide*, p. 340 ; Montesquieu, *L'Esprit des lois*, p. 341.

• **Montesquieu penseur politique** (les formes du pouvoir, politique et morale ; l'esprit des Lumières) : *L'Esprit des lois*, p. 262, 263 ; *Lettres persanes*, p. 330, 336, 337.

■ **Exercices complémentaires**

• **Langue :** Analysez les propositions de la dernière phrase du 2e paragraphe (*Je n'aurais jamais fini...*). Expliquez les différentes formes verbales.

• **Écriture :** En trois paragraphes, analysez les motifs de telle guerre ou intervention militaire conquérante comparable à celle dont parle Montesquieu, que vous choisirez dans l'actualité ou dans l'histoire récente. 1er § : rappelez les faits militaires. 2e § : exposez les mobiles « nobles » de cette action. 3e § : dégagez les intérêts réels du pays conquérant.

• **Oral :** Heredia, *Les Trophées* (1893) [*Français seconde*, p. 372]. Heredia, descendant de Cortès, évoque dans *Les Trophées* les conquérants espagnols, dont il célèbre les rêves et les aspirations glorieuses. On comparera les deux perspectives, l'une héroïque (Heredia), l'autre démystifiante (Montesquieu).

■ **Bibliographie :** G. Benrekassa, *Montesquieu, la liberté et l'histoire*, L.G.F., 1987.

# LE TRAVAIL DU TEXTE ÉDITÉ

**La Rochefoucauld**

## *Maximes* (p. 430)

### « Les maux présents »

## APPROCHES

■ **Axes d'étude :** L'écriture fragmentaire. La maxime. Pouvoir et limites de la philosophie.

■ **Préalables :** Rappeler les circonstances dans lesquelles furent écrites les *Maximes* de La Rochefoucauld, qui s'est approprié un jeu mondain pour en faire un genre philosophique. D'autres auteurs ont repris cette forme elliptique, comme Chamfort, Vauvenargues et plus récemment Cioran (p. 135).

■ **Vérifier** que sont compris : *souffre*, l. 3 (= supporte) ; *les soutenaient*, l. 7, 10 (= leur faisaient face) ; *vertus*, l. 10 (= qualités morales).

## LIRE : La maxime et ses variantes

**1- La force morale**

• Le thème commun aux cinq maximes successives est la difficulté pour l'homme à exercer sa force morale :

– **maxime 22 :** la philosophie a beau nous permettre de comprendre la condition humaine par la réflexion rétrospective sur les causes des *maux du passé*, et par l'anticipation des *maux à venir* (vieillesse, perte des êtres chers, maladie, mort prochaine), elle laisse l'homme désemparé dans l'instant où ces malheurs se produisent, même s'il s'y était préparé moralement ;

– **maxime 23 :** l'homme ne sait pas affronter la mort, il la subit au lieu de s'y préparer ;

– **maxime 24 :** les coups du sort n'épargnent pas plus les puissants que les humbles, et leurs « vertus » ne leur donnent pas davantage de sagesse ;

– **maxime 25 :** un paradoxe : le sens commun imagine qu'il est plus facile (parce que plus agréable) de supporter le bonheur que le malheur. Selon La Rochefoucauld, c'est le contraire : le malheur autorise à se laisser aller à la plainte, un sort contraire laisse espérer des jours meilleurs ; l'homme heureux, lui, risque de se reposer dans une sécurité trompeuse, au lieu de rester vigilant ; il doit chercher à cultiver l'équilibre peut-être précaire sur lequel est fondé son bonheur et craint sans cesse de le perdre ;

– **maxime 26 :** une antithèse et une comparaison sous-entendue : le soleil est la métaphore de la vie, il s'oppose donc symboliquement à la mort, associée au sombre. Les

deux extrêmes se rejoignent : de même que l'on ne peut regarder le soleil, sous peine d'être aveuglé, de même on ne peut voir sa propre mort, c'est-à-dire l'affronter et s'en rendre maître.
• La succession des maximes permet de construire, en dépit d'éclairages différents, une vision pessimiste de l'homme, par nature limité dans sa capacité à faire face aux *maux* de sa condition. L'écriture fragmentaire n'exclut pas la cohérence de la pensée.

**2- Le travail de la formule**

– **A :** La Rochefoucauld adopte le ton de la correspondance entre amis cultivés : le raisonnement s'enchaîne avec souplesse, grâce à des propositions subordonnées (deux complétives, une relative).
– **B :** la proposition introductive disparaît. Les deux propositions complétives (*la philosophie ne fait…*, *mais elle n'a pas grande vertu…*) deviennent une principale et une indépendante. La valeur de vérité générale du présent, déjà mise en œuvre dans la *Lettre à Jacques Esprit*, se trouve renforcée par la simplification de la syntaxe.
– **C :** la formulation est encore plus stylisée : *ne fait des merveilles que contre* devient *triomphe aisément de*, formule reprise dans l'antithèse finale *mais les maux présents triomphent d'elle*. Par le choix du verbe *triompher*, plus éloquent, la maxime gagne en concision, en force conceptuelle et en puissance de l'image. Le chiasme à trois termes (*philosophie – triomphe – maux* / *maux – triomphent – elle*) fait ressortir l'ironie du sort, qui rend le philosophe aussi démuni que l'homme du commun contre le malheur.
– **D :** La Rochefoucauld « muscle » davantage sa maxime, en remplaçant la virgule par un point, ponctuation plus forte qui souligne encore l'antithèse.
– **E :** l'expression gagne encore en concision : la périphrase comprenant une relative *(de ceux qui ne sont pas prêts d'arriver)* devient complément de nom, *à venir*, et forme une antithèse plus nette avec *passés*.

La Rochefoucauld cherche des formules toujours plus ramassées, aux effets rhétoriques simples et forts, pour frapper l'imagination du lecteur et emporter son adhésion par leur force d'évidence.

## PISTES

■ **Pour une séquence : L'écriture fragmentaire** (► *supra*, p. 296).

■ **Exercice complémentaire : Écriture**
En trois paragraphes, consacrés successivement aux *maux passés*, *à venir* et *présents*, développez la maxime 22, à l'aide d'arguments illustrés d'exemples variés.

■ **Lecture cursive :** La Rochefoucauld, *Maximes*, GF, 1977.

■ **Bibliographie :** A. Montandon, *Les Formes brèves*, éd. Hachette, 1992.

# LE TEXTE DANS TOUS SES ÉTATS

**Flaubert**

## *Madame Bovary* (p. 431)

## *Plans et scénarios de* Madame Bovary (p. 433)

### « Un jeune homme à chevelure blonde la regardait »

## APPROCHES

■ **Axes d'étude :** Le manuscrit. Les brouillons. L'atelier de l'écrivain.

■ **Préalables :** Signaler les différences considérables entre les manières de travailler de divers écrivains. Au XIXe siècle, seuls deux grands écrivains vivent de leur plume littéraire : Balzac et Hugo, qui doivent écrire et publier très régulièrement pour vivre. Ce n'est pas le cas de Flaubert. Aussi prend-il tout le temps qui lui est nécessaire pour forger ses phrases, au prix de lourdes souffrances dont témoigne sa correspondance. Flaubert n'est pas au bout de ses peines : *Madame Bovary*, à sa parution, manque d'être censuré, et Flaubert est traduit en jugement pour offense à la morale publique (apologie supposée de l'adultère et du suicide).

■ **Vérifier** que sont compris : *clerc*, l. 17 (= employé aux écritures chez un notaire) ; *pompe*, l. 24 (= cérémonial) ; *apothicaire*, l. 37 (= pharmacien) ; *cabriolet*, l. 38 (= voiture à cheval légère et décapotable) ; *entérite*, l. 40 (= inflammation de l'intestin) ; *reliques*, l. 47 (= objets sacrés auxquels on attribue un pouvoir surnaturel).

## LIRE : Déchiffrer un manuscrit

**1- Le travail du scénario**

Le scénario est par nature lapidaire ; il constitue un document de travail à usage strictement personnel, d'où l'emploi approximatif de la ponctuation, des majuscules, et de graphies abrégées ; le recours fréquent au tiret, les renvois dans la marge (*A*, *X*). Sa correction fait apercevoir divers ajouts et ratures.

**• Ratures**

– La suppression de *vont se mettre à dîner* est compensée par le rajout de *c'est l'heure du dîner pr* : l'événement devient circonstance.
– Le remplacement de *triste* par *soucieux* effectue une correction sur l'analyse psychologique de Charles. Pourquoi est-il soucieux ? A-t-il peur de s'installer dans cette bourgade inconnue ? Pressent-il un malheur ?
– La rature de *Yonville plaît d'abord à Emma* est en réalité un déplacement : Flaubert choisit de narrer les débuts

de l'installation à Yonville avant de commenter les sentiments de l'héroïne.

– La suppression de *Léon ce qu'il est*, puis de *ce qu'est Léon*, instaure une certaine distance : le personnage n'est pas immédiatement dévoilé par un narrateur omniscient ; il est d'abord perçu à travers ses actes.

• **Ajouts**

– Développements du scénario : ajout *A* avec plan du passage à insérer – *conduits avec une lanterne – clair de lune sur la place – Emma se couche* ; – *résumé financier* – ; *couches – met Berthe en nourrice* ; ajout X.

– Précisions d'identité et de fonction sociale : *le percepteur, le clerc, aide-pharmacien.*

– Détails réalistes : *un peu bouffie – cheveux à la Clotilde* ; prénoms envisagés pour le bébé en marge.

– Prévision de dialogues : *cause d'abord avec la Vve du polonais – il me doit 15 cafés et une fine, plaisanteries sur le jeune citoyen qui *survient*, confidences à Binet.*

**2- Du scénario au roman**

Les phrases du scénario développées dans l'extrait de *Madame Bovary* : *arrivée de l'hirondelle* (§ 1) ; – *Mr et Me Bovary – dînent avec Léon – Homais leur tient compagnie et brille* (toute la fin du texte).

On apprécie l'ampleur du travail fourni à partir du scénario : développement des dialogues, des descriptions, des portraits, des détails révélateurs, des analyses psychologiques, etc.

## ▶ LE TEXTE DANS TOUS SES ÉTATS

**Flaubert**

## *Lettre à Louise Colet* p. 434

### « Que ma *Bovary* m'embête ! »

**LIRE : Du scénario au texte**

**1- Déclarations d'intentions**

• **Objectifs**

– Faire un portrait de groupe en situant les personnages les uns par rapport aux autres, en distinguant ceux qui sont sujets et ceux qui sont objets du discours (l. 5-7).

– Faire des descriptions ponctuelles et globales (l. 7-8).

– Faire des portraits individuels et laisser deviner au lecteur l'inclination naissante de Léon et d'Emma sans dévoiler la suite de l'intrigue (l. 8-10).

• **Difficultés**

– Sentiment de son impuissance (l. 4-5).

– Nécessité de revenir perpétuellement sur son ouvrage, par corrections successives (l. 15-19).

– Contraintes stylistiques : obtenir une concentration maximale (*Si j'avais de la place… être épaté*, l. 10-13), ne pas se perdre en détails inutiles, doser ses effets (*tout en me ménageant, pour la suite, d'autres détails qui là seraient plus frappants*, l. 13-15) ; trouver le mot juste dans les dialogues, véritable défi consistant à exprimer à l'écrit un discours supposé oral (l. 20-23).

**2- Mise en œuvre**

Technicien du style hors-pair, Flaubert trouve les solutions par un travail subtil de l'écriture.

• **Portrait de groupe :** les personnages ne sont pas tous de même importance ; l'alternance de récit, de description et de dialogue permet de les situer dans leurs rapports de force. **1er § :** vue d'ensemble sur les occupants de la voiture qui mettent pied à terre. **2e § :** l'entrée dans l'auberge est décrite du point de vue des arrivants, accueillis par les paroles de bienvenue d'Homais. **3e § :** focalisation sur Emma. **4e § :** contre-champ. **5e § :** présentation de Léon au point de vue omniscient. **Suite du texte** : dialogue au discours direct.

• **Portrait individuel** d'Emma : elle est ici privilégiée. Son portrait occupe un paragraphe entier. Flaubert l'intègre dans le portrait de groupe en adoptant une focalisation apparemment externe, mais potentiellement interne : l'éclairage (*Le feu l'éclairait*, l. 10 ; *une grande couleur rouge*, l. 12-13) donne un cadrage qui laisse à penser qu'Emma est observée. Par qui ? Dans le paragraphe suivant, le narrateur donne en une phrase simple une indication (*un jeune homme à chevelure blonde la regardait…*) sur le contrechamp visuel. Par ce jeu sur le point de vue narratif, les différents personnages sont situés les uns par rapport aux autres sans explication superflue : les rapports de force et de désir sont suggérés, et non pas explicités.

• **La description du lieu** (l'auberge) n'est pas présente pour elle-même ; elle est produite indirectement, comme cadre du portrait d'Emma (le feu de la cheminée) et du dîner (l. 24-25) ;

• **Le naturel dans le dialogue** est obtenu grâce à :

– l'alternance dans les formes du discours rapporté : narrativisé (*Homais se présenta… à Monsieur*, l. 4-5) avec formules du discours indirect libre (*Madame, Monsieur*), indirect (*dit qu'il était… étant absente*, l. 5-6) ; direct (fin du texte) ;

– la combinaison des exigences de l'écrit (absence de scories dans la conversation, correction de la langue) et de la vivacité de l'échange oral : interjection (*Ah !*, l. 44), expressions toutes faites (*Du reste*, l. 37 ; *en somme, rien de spécial*, l. 42 ; *à vrai dire*, l. 48).

**Conclusion**

Les avant-textes divers (brouillons, scénarios, correspondances) témoignent des exigences de Flaubert dans son métier d'écrivain, et permettent d'apprécier les difficultés vaincues dans la recherche d'une écriture qui tiendrait « par la seule force du style ».

**PISTES**

■ **Pour une séquence : Correspondances d'écrivains** (scripteur et destinataire, motifs, style et fonctions) : Giono, *Lettre à Lucien Jacques*, p. 355 ;

Malherbe, *Lettre à Mme de Malherbe*, p. 407 ; Madame de Sévigné, *Lettres*, p. 408, 409, 410 ; Diderot, *Lettres à Sophie Volland*, p. 412 ; Molière, *Troisième placet au roi*, p. 413 ; Voltaire, *Lettre au Comte Algarotti*, p. 413 ; Stendhal, *Réponse à Balzac*, p. 492.

■ **Exercices complémentaires : Écriture**

**1-** Réécrivez la dernière tirade d'Homais au discours indirect. Commentez.

**2-** Repérez, dans le portrait d'Emma, les verbes au passé simple, indiquant une action, et les verbes à l'imparfait, qui en indiquent les circonstances. Quel est l'effet obtenu ?

■ **Bibliographie** : G. Gengembre, *Madame Bovary*, PUF, 1990.

▶ LE TEXTE DANS TOUS SES ÉTATS

## Ponge

# *La Rage de l'expression*

p. 435

### « Le plaisir des bois de pins »

## APPROCHES

■ **Axes d'étude :** Poésie de la nature. La « fabrique » du texte. Carnets d'écrivains.

■ **Préalables :**

Souligner l'originalité de la démarche qui consiste à publier parmi les œuvres mêmes de l'écrivain ses brouillons. La réécriture fébrile et constante de son poème par Ponge relève d'une obsession de la perfection créatrice (voir *La Rage de l'expression*).

Rappeler la date d'écriture du poème, en pleine guerre. Le refuge dans la poésie de la nature n'est pas fuite loin des combats du monde. Il affirme aussi la nécessité de retrouver la source perdue de l'Être, dont nous détachent certaines barbaries historiques.

Expliquer l'exergue : la formule suggère la « modification-rectification de l'individu (arbre) par la société à laquelle il appartient […]. Le dispositif en croix permet plusieurs trajets de lecture, chaque composante du distique décasyllabique étant virtuellement autonome […]. Le croisement des flèches, souligné graphiquement, renvoie de façon iconique à l'entrecroisement des aiguilles vertes et des épingles à cheveux dans la première partie du texte. » (J.-M. Gleize et B. Veck).

■ **Vérifier** que sont compris : *créoles*, l. 13 (= Blanc né dans les Antilles) ; *sanatorium*, l. 35 (= maison de santé pour soigner la tuberculose).

## LIRE : La fabrique du texte

### 1- Au carrefour des genres

– **Le premier extrait** (l. 1 à 13) est un texte en prose. Il peut s'agir d'une description (puisque son objet en est un paysage), ou d'une définition (quelle est la nature du plaisir propre à la promenade dans une pinède). Certaines phrases sont verbales, d'autres nominales. La prose est modelée par certaines structures poétiques ; répétition syntaxique (anaphore de *il*), rythme ternaire (l. 7-8), accumulation (l. 5), métaphores (*meublent*, l. 6-7 ; *mâts*, l. 9…), comparaison (l. 2-3).

– **Le deuxième extrait** (l. 14 à 23) est un poème en vers libre, inachevé, comme en témoignent les deux accolades, qui laissent le choix ouvert.

– **Le troisième extrait** (l. 24 à 38) relève d'une énonciation différente : c'est un commentaire métapoétique sur le recentrage du sujet : il ne s'agit pas de décrire le bois de pins, mais de rendre compte du plaisir du promeneur. Mais le souci poétique est toujours présent : rythmes ternaires (l. 31, 33), l'antithèse *sans mollesse, mais assez confortablement* (l. 34), des constructions syntaxiques élaborées.

– **Le quatrième extrait** (l. 39 à 46) est un autre poème en prose, composé de phrases nominales : il réécrit le poème en vers libres du deuxième extrait.

– **Le cinquième extrait** (l. 47 à 53) est de nouveau un commentaire du poète sur son travail (ce dont témoigne la parenthèse de la l. 48, qui laisse à penser que le poète a noté ses lignes sur place, lors d'une promenade). Les notations brèves (l. 50) semblent prises sur le vif. Mais il s'agit peut-être d'une illusion, d'une impression sans garantie. La dernière phrase, humoristique, est un clin d'œil à soi-même et au lecteur.

– **Le sixième extrait** (l. 54 à 70) est constitué de définitions approximatives, élaborées par le poète lui-même. Les étymologies y jouent un rôle sémantique important. Ces définitions s'accompagnent parfois d'un commentaire sur l'usage qui peut être fait du mot (*voilà une confirmation magnifique*, l. 63 ; *convient mal*, l. 70).

– **Le dernier extrait** (l. 71-93) est une forme poétique en alexandrins, ouverte elle aussi (voir les trois choix ménagés par l'accolade), accompagnée d'une variante. En capitales, l'interruption humoristique du « Carnet du Bois de pins », confondue avec les limites du bois (*la campagne*) : un jeu sur la chose et sa représentation.

Le *Carnet du bois de pins* comprend des textes relevant de formes diverses d'énonciation : travaux préparatoires (notes prises sur le vif, commentaires rétrospectifs et réajustements programmés, recherches sémantiques et étymologiques), essais successifs en vers et en prose. Le poète donne à voir toutes les étapes d'une création qui n'est pas ordonnée selon un plan précis, mais se cherche perpétuellement.

### 2- Éléments invariants

Ponge cherche à faire sentir un certain nombre de caractéristiques essentielles du *plaisir du bois de pins*. C'est autour de ces éléments invariants que son travail se développe. Entrant en résonance les uns avec les autres, ils tissent plusieurs réseaux thématiques.

• **Odeurs, goûts, bruits, toucher, exotisme, sensualité :** **1er extrait** : *atmosphère réputée saine, parfum discret*, l. 7-8 ; *nègres ou tout au moins créoles*, l. 13. **2e extrait** : *comme un vieillard créole*, l. 16 ; *fruits serrés/Comme des ananas*, l. 22-24. **3e extrait** : *un salon de musique*,

l. 35-36. **4e extrait** : *odoriférantes*, l. 40 ; *auditorium*, l. 40-41 ; *odoriférante comme le peigne d'une rousse*, l. 46. **5e extrait** : *parfaite sécheresse*, l. 49 ; *vibrations et musicalité*, l. 49-50 ; *Quelque chose de métallique*, l. 50 ; *Présence d'insectes*, l. 50 ; *Parfums*, l. 50. **6e extrait** : *Fournaise*, l. 59. **7e extrait** : *épingles à cheveux odoriférantes*, l. 79 ; *Sèche aussitôt*, l. 91.

- **Opposition vie/mort ; vieillesse et santé : 1er extrait** : *atmosphère réputée saine*, l. 7. **2e extrait** : *comme un vieillard*, l. 16. **3e extrait** : *comme un sanatorium naturel*, l. 35. **4e extrait** : *caducité*, l. 41 ; *mâts séniles* [...] *vieillards créoles*, l. 43-44. **5e extrait** : *bois mort*, l. 48 ; *Surgissez*, l. 51. **6e extrait** : *Caduc, Caducité*, l. 57-58.
- **Éclairage et couleur : 1er extrait** : *grands mâts violets*, l. 9. **2e extrait** : *et verts*, l. 20 ; *qui tamisent la lumière*, l. 21. **3e extrait** : *abri contre le soleil*, l. 29. **4e extrait** : *solarium de myriades d'insectes*, l. 42. **5e extrait** : *Quelque chose de métallique*, l. 50. **6e extrait** : *Cosmétique*, l. 61. **7e extrait** : *miroirs*, l. 73 ; *pourpre, verts*, l. 74 ; *pénombre chaude entachée de soleil*, l. 75 ; *vermeille*, l. 78.
- **Verticalité (haut/bas) : 1er extrait** : *grands fûts*, l. 2 / *basses branches*, l. 4-5 ; *mâts*, l. 9. **2e extrait** : *Tels mâts*, l. 15 ; *Et portant au ciel*, l. 20. **3e extrait** : *à hauteur d'homme*, l. 33 ; *vaste cathédrale*, l. 36. **4e extrait** : *mâts*, l. 43 ; *poteaux*, l. 45. **5e extrait** : *Surgissez*, l. 51. **6e extrait** : *Encombre*, l. 62. **7e extrait** : *haut*, l. 74 ; *tant de cimes*, l. 80 ; *rubans tendus*, l. 93.
- **Nature accueillante, repos, confort, plaisir de l'abandon au sommeil : 1er extrait** : *bien débarrassés*, l. 4 ; *assied, à l'aise*, l. 6 ; *point d'anarchie, de fouillis de lianes, d'encombre*, l. 5. **2e extrait** : *Sans nulle gêne* [...] *cordes*, l. 17 ; *des tapis épais*, l. 19. **3e extrait** : *pièce bien délimitée* [...] *abri contre le soleil*, l. 28-29 ; *où l'on peut s'étendre* [...] *confortablement*, l. 33-34 ; *une chambre*, l. 36. **4e extrait** : *Halle, auditorium, temple*, l. 40-41. **5e extrait** : *agréable*, l. 49 ; *Présence*, l. 50. **6e extrait** : *Encombre*, l. 62. **7e extrait** : *mon plaisir aussi d'y goûter mon sommeil*, l. 81.
- **Objets, artisanat, art, poésie : 1er extrait** : *meublent*, l. 6-7 ; *bon goût*, l. 8. **2e extrait** : *planches*, l. 19 ; *tapis*, l. 19 ; *chapeaux*, l. 20 ; *voiles*, l. 22. **3e extrait** : *sanatorium, salon de musique, chambre, cathédrale*, l. 35-36. **4e extrait** : *épingles à cheveux*, l. 40 ; *temple*, l. 41 ; *cintres, auditorium*, l. 42, *fabrique* [...] *poutres*, l. 45 ; *peigne*, l. 46. **5e extrait** : *métallique*, l. 50 ; *dans la parole*, l. 51 ; *remarqués par F. Ponge*, l. 52-53. **6e extrait** : *Cosmétique*, l. 61. **7e extrait** : *miroirs*, l. 73 ; *Vénus sortant de sa baignoire*, l. 76 ; *épingles à cheveux*, l. 79 ; *écharpe*, l. 82 ; *rubans*, l. 93.

Ces éléments, grâce auxquels le poète rend la densité et la richesse du *plaisir*, soulignent cette « rage de l'expression » qui définit son entreprise poétique : mêmes matériaux inlassablement repris et modifiés (▶ question 3) dans la quête impossible d'une écriture toujours plus adéquate à son objet.

### 3- La dernière formulation et sa variante

Les deux dernières tentatives de « formulation poétique » révèlent certaines différences.

– Dans la première, l'énonciation est une apostrophe à la forêt (*Alpestre brosserie* [...] *Dans ta pénombre*) ; dans la variante, l'énonciation est descriptive (*L'alpestre brosserie* [...] *Dans la pénombre*).

– Dans la première, l'allusion mythologique à la naissance de Vénus est plus explicite (avec la substitution burlesque de la *baignoire* à la conque) ; elle est beaucoup plus elliptique dans la variante.

– Certains vers sont déplacés d'une version à l'autre (l. 75-90 ; l. 79-88 ; l. 80-89).

– La ponctuation est parfois modifiée (tirets introduits, l. 85 ; points de suspension supprimés, l. 92).

– Certains mots sont modifiés, ainsi le *ruban* (l. 93) remplace *l'écharpe* (l. 82-83).

– La variante ne comporte plus de choix ouverts, contrairement au dernier vers de la première version, qui comporte trois possibilités.

– La syntaxe de la variante est plus lisse que celle de la première version (notamment dans ses derniers vers).

Au total, la variante paraît plus « classique », plus achevée que la première version. Mais elle n'est qu'une variante, et non pas une forme plus définitive. Jusque dans la dernière forme, le poème échappe à la finitude de l'achèvement.

## DIRE

La formule est provocatrice. Elle consiste à mettre radicalement en cause (*tentative* [...] *d'assassinat*), dans l'expérience de l'écriture même, le *poème*, en tant que forme codifiée par la tradition (▶ « **Écrire** »). Elle est d'autre part intéressante par le problème qu'elle pose, celui du rapport entre le représentant et le représenté (l'objet, ici le bois de pins, irréductible à la *formule* qui en rendrait parfaitement compte), c'est-à-dire de la *mimesis*.

Comme dans *Le Chef-d'œuvre inconnu* de Balzac (▶ texte complémentaire, p. 334), l'objet semble résister à sa représentation : ce qui préoccupe l'artiste, ce n'est pas la question de la ressemblance, c'est celle de la restitution de l'effet produit par l'objet sur celui qui le perçoit. L'artiste est dans une position double : d'une part il est celui qui a perçu l'objet dans la réalité, d'autre part il se donne pour mission de transcrire artistiquement (avec des mots pour le poète, une toile et des couleurs pour le peintre) cette perception ; dans le texte de Ponge, cette perception porte le nom de *plaisir*. Cette notion de plaisir guide le poète dans sa recherche, c'est sur elle qu'il se recentre (l. 2, 26). Dans la dernière version, elle n'apparaît plus explicitement, mais c'est bien de cette notion que l'évocation rend compte.

L'impossibilité d'en finir avec le poème dit bien que l'objet résiste à son appropriation par l'art. Il comporte un résidu irréductible, car son être est fondamentalement étranger à celui de l'œuvre, qui a son ontologie propre.

## ÉCRIRE

Conseiller aux élèves d'analyser d'abord la citation, qui contient deux idées-forces (définition d'une esthétique du « chevauchement », qui serait celle de Ponge, puis affirmation paradoxale de la primauté du brouillon sur le texte achevé). Leur demander de développer leur commentaire en deux paragraphes, correspondant à chacune de ces deux idées-forces.

La lecture du texte n'est plus linéaire : il s'expose (s'exhibe) en des états multiples, sans que se manifeste un progrès vers un résultat final (▶ questions **1** et **2**). La chronologie des extraits le manifeste, puisqu'elle suppose des retours en arrière (l. 25-26), le développement inopiné d'une piste (l. 46 : *le peigne d'une rousse* donne naissance plus tard à l'image sensuelle de Vénus, l. 75-80), l'arrêt sur une même forme (*le bois de pins/variante*, l. 71-93). La notion même de poème s'efface : sont mises sur le même plan, sans hiérarchie, des productions aux statuts différents, qui se complètent et s'éclairent sous plusieurs rapports. La lecture se nourrit – s'enrichit de cette indistinction.

L'intérêt se déplace alors du texte vers la « fabrique » du texte, de l'objet évoqué (le bois de pins, *fabrique de bois mort*, l. 47) vers la tentative de sa création, en surgissement, *dans la parole* (l. 51), vers la recherche de la *formule* (l. 52). C'est l'activité créatrice dans son mouvement perpétuel, et la réflexion sur cette activité, qui deviennent simultanément l'objet et la fin de l'écriture. On comprend que seule une décision arbitraire *(À partir d'ici l'on sort dans la campagne)* décrète la « fin » des tentatives.

Conclure sur le caractère paradoxal de cette esthétique, sur sa force de subversion par rapport aux codes attendus de l'écriture poétique.

## PISTES

■ **Pour une séquence : L'artiste et son objet** (la *mimesis*, l'art et la nature, le travail d'écriture) : Baudelaire, *Petits Poèmes en prose*, p. 204 ; Balzac, *Le Chef-d'œuvre inconnu* ; Zola, *L'Œuvre* (texte complémentaire, p. 334).

■ **Exercice complémentaire : Écriture**

Comparez ce texte à ceux de Balzac et Zola (textes complémentaires, p. 334) : en quoi la démarche de Ponge est-elle positive, face à la question de la difficulté de la représentation ?

■ **Textes complémentaires**

**1- Balzac, *Le Chef-d'œuvre inconnu* (1831).**

*Le roman développe le thème de la quête de l'absolu qui détruit le chercheur, de « l'art tuant l'œuvre ». Maître Frenhofer, peintre génial, accepte enfin de montrer à deux artistes qui l'admirent, Porbus et le jeune Nicolas Poussin, le chef-d'œuvre auquel il travaille depuis dix ans. Le lendemain de cette visite, Porbus apprendra que le grand peintre est « mort dans la nuit, après avoir brûlé ses toiles ».*

En proie à une vive curiosité, Porbus[1] et Poussin coururent au milieu d'un vaste atelier couvert de poussière, où tout était en désordre, où ils virent çà et là des tableaux accrochés aux murs. Ils s'arrêtèrent tout d'abord devant une figure de femme de grandeur naturelle, demi-nue, et pour laquelle ils furent saisis d'admiration.

« Oh ! ne vous occupez pas de cela, dit Frenhofer, c'est une toile que j'ai barbouillée pour étudier une pose, ce tableau ne vaut rien. Voilà mes erreurs », reprit-il en leur montrant de ravissantes compositions suspendues aux murs, autour d'eux.

À ces mots, Porbus et Poussin, stupéfaits de ce dédain pour de telles œuvres, cherchèrent le portrait annoncé, sans réussir à l'apercevoir.

« Eh bien ! le voilà ! leur dit le vieillard dont les cheveux étaient en désordre, dont le visage était enflammé par une exaltation surnaturelle, dont les yeux pétillaient, et qui haletait comme un jeune homme ivre d'amour. – Ah ! ah ! s'écria-t-il, vous ne vous attendiez pas à tant de perfection ! Vous êtes devant une femme et vous cherchez un tableau. Il y a tant de profondeur sur cette toile, l'air y est si vrai, que vous ne pouvez plus le distinguer de l'air qui nous environne. Où est l'art ? perdu, disparu ! Voilà les formes mêmes d'une jeune fille. N'ai-je pas bien saisi la couleur, le vif de la ligne qui paraît terminer le corps ? N'est-ce pas le même phénomène que nous présentent les objets qui sont dans l'atmosphère comme les poissons dans l'eau ? Admirez comme les contours se détachent du fond ? Ne semble-t-il pas que vous puissiez passer la main sur ce dos ? Aussi, pendant sept années, ai-je étudié les effets de l'accouplement du jour et des objets. Et ces cheveux, la lumière ne les inonde-t-elle pas ? Mais elle a respiré, je crois ! Ce sein, voyez ? Ah ! qui ne voudrait l'adorer à genoux ? Les chairs palpitent. Elle va se lever, attendez.

– Apercevez-vous quelque chose ? demanda Poussin à Porbus.

– Non. Et vous ?

– Rien. »

Les deux peintres laissèrent le vieillard à son extase, regardèrent si la lumière, en tombant d'aplomb sur la toile qu'il leur montrait, n'en neutralisait pas tous les effets ; ils examinèrent alors la peinture en se mettant à droite, à gauche, de face, en se baissant et se levant tour à tour.

« Oui, oui, c'est bien une toile, leur disait Frenhofer en se méprenant sur le but de cet examen scrupuleux. Tenez, voilà le châssis, le chevalet, enfin voici mes couleurs, mes pinceaux. » Et il s'empara d'une brosse qu'il leur présenta par un mouvement naïf.

« Le vieux lansquenet[2] se joue de nous, dit Poussin en revenant devant le prétendu tableau. Je ne vois là que des couleurs confusément amassées et contenues par une multitude de lignes bizarres qui forment une muraille de peinture.

– Nous nous trompons, voyez », reprit Porbus.

En s'approchant, ils aperçurent dans un coin de la toile le bout d'un pied nu qui sortait de ce chaos de couleurs, de tons, de nuances indécises, espèce de brouillard sans forme ; mais un pied délicieux, un pied vivant ! Ils restèrent pétrifiés d'admiration devant ce fragment échappé à une incroyable, à une lente et progressive destruction. Ce pied apparaissait là comme le torse de quelque Vénus en marbre de Paros qui surgirait parmi les décombres d'une ville incendiée.

« Il y a une femme là-dessous », s'écria Porbus en faisant remarquer à Poussin les diverses couches de couleurs que le vieux peintre avait successivement superposées en croyant perfectionner sa peinture.

Les deux peintres se tournèrent spontanément vers Frenhofer, en commençant à s'expliquer, mais vaguement, l'extase dans laquelle il vivait.

« Il est de bonne foi », dit Porbus.

1. Porbus (1569-1622) et Poussin (1594-1665) ont réellement existé.
2. **Lansquenet :** fantassin allemand, servant en France comme mercenaire aux XVe et XVIe siècles ; allusion aux origines allemandes de maître Frenhofer.

**2- Zola, *L'Œuvre* (1886).**

*Dans* L'Œuvre, *Zola peint le milieu des artistes et étudie l'« effet singulier de l'hérédité transmettant le génie à un fils de parents illettrés ». L'artiste peintre Claude Lantier, fils de Gervaise, est en proie aux affres de la création ; les appétits physiques d'autres membres de sa famille deviennent chez lui des appétits intellectuels d'une violence prodigieuse : tel le peintre du* Chef-d'œuvre inconnu *de Balzac, il ne peut admettre que son art ne puisse égaler la vie. Christine, la femme qu'il aime et qui lui sert de modèle, jalouse de son œuvre, tente désespérément de le ramener à la raison.*

« Est-ce qu'on est bâtie comme ça ? est-ce qu'on a des cuisses en or et des fleurs sous le ventre ?.. Réveille-toi, ouvre les yeux, rentre dans l'existence. »

Claude, obéissant au geste dominateur dont elle lui montrait le tableau, s'était levé et regardait. La bougie, restée sur la plate-forme de l'échelle, en l'air, éclairait comme d'une lueur de cierge la Femme, tandis que toute l'immense pièce demeurait plongée dans les ténèbres. Il s'éveillait enfin de son rêve, et la Femme, vue ainsi d'en bas, avec quelques pas de recul, l'emplissait de stupeur. Qui donc venait de peindre cette idole d'une religion inconnue ? qui l'avait faite de métaux, de marbres et de gemmes, épanouissant la rose mystique de son sexe, entre les colonnes précieuses des cuisses, sous la voûte sacrée du ventre ? Était-ce lui qui, sans le savoir, était l'ouvrier de ce symbole du désir insatiable, de cette image extra-humaine de la chair, devenue de l'or et du diamant entre ses doigts, dans son vain effort d'en faire de la vie ? Et, béant, il avait peur de son œuvre, tremblant de ce brusque saut dans l'au-delà, comprenant bien que la réalité elle-même ne lui était plus possible, au bout de sa longue lutte pour la vaincre et la repétrir plus réelle, de ses mains d'homme.

« Tu vois ! tu vois ! » répétait victorieusement Christine.

Et lui, très bas, balbutiait :

« Oh ! qu'ai-je fait ?.. Est-ce donc impossible de créer ? nos mains n'ont-elles donc pas la puissance de créer des êtres ? »

Elle le sentit faiblir, elle le saisit entre ses deux bras.

« Mais pourquoi ces bêtises, pourquoi autre chose que moi, qui t'aime ?.. Tu m'as prise pour modèle, tu as voulu des copies de mon corps. À quoi bon, dis ? est-ce que ces copies me valent ? elles sont affreuses, elles sont raides et froides comme des cadavres… Et je t'aime, et je veux t'avoir. Il faut tout te dire, tu ne comprends pas, quand je rôde autour de toi, que je t'offre de poser, que je suis là, à te frôler, dans ton haleine. C'est que je t'aime, entends-tu ? c'est que je suis en vie, moi ! et que je te veux… »

Éperdument, elle le liait de ses membres, de ses bras nus, de ses jambes nues. Sa chemise, à moitié arrachée, avait laissé jaillir sa gorge, qu'elle écrasait contre lui, qu'elle voulait entrer en lui, dans cette dernière bataille de sa passion. Et elle était la passion elle-même, débridée enfin avec son désordre et sa flamme, sans les réserves chastes d'autrefois, emportée à tout dire, à tout faire, pour vaincre. Sa face s'était gonflée, les yeux doux et le front limpide disparaissaient sous les mèches tordues des cheveux, il n'y avait plus que les mâchoires saillantes, le menton violent, les lèvres rouges.

« Oh ! non, laisse ! murmura Claude. Oh ! je suis trop malheureux ! »

■ **Lecture cursive :** Ponge, *Le Parti-pris des choses*, éd. Gallimard.

■ **Bibliographie :** J.-M. Gleize, *Francis Ponge*, éd. du Seuil, 1988 ; M. Collot, *Francis Ponge entre mots et choses*, Champ Vallon, 1991.

# 2 L'imitation créatrice



## Du *Canzoniere* aux *Amours*

**Pétrarque**
***Canzoniere***

p. 439

### « Or haut or bas »

**Ronsard**
***Les Amours***

p. 439

### « Deçà delà »

### APPROCHES

■ **Axes d'étude :** La réécriture. Le pétrarquisme (p. 34). Le sonnet (p. 179).

■ **Préalables :**

Rappeler que dans la culture humaniste classique, l'**imitation des anciens** ou des contemporains n'est pas considérée comme du plagiat, mais comme une bonne école. La notion de propriété littéraire ne sera formalisée qu'au XVIIIe siècle. Au Moyen Âge, les textes appartiennent à tous, ils sont développés par différents clercs qui travaillent la même « matière », sans considérer avoir aucun droit sur leur œuvre.

Situer la **nouveauté de Pétrarque** en son temps : le sacre du *Canzoniere*, écrit en italien, marque la primauté accordée à la langue vulgaire sur le latin. C'est par là, et non pas seulement par la thématique de ses œuvres, que Pétrarque inspire les poètes de la Pléiade. Mentionner les difficultés de traduction d'une poésie volontiers obscure. Rappeler la définition du **décasyllabe**, employé ici par Ronsard. Le sonnet s'accommode au XVIe siècle du décasyllabe et de l'alexandrin (L. Labé, p. 147).

■ **Vérifier** que sont compris chez Pétrarque : *or... or*, v. 4 (= tantôt... tantôt). Élucider la syntaxe des v. 12-14 : Mon esprit doit suivre..., et malgré lui consentir à sa propre mort..., et à la mienne. Le poète évoque à la fois la mort de l'âme et celle du corps.

### LIRE : Les paradoxes de l'amour

#### 1- Les antithèses pétrarquistes

Les antithèses structurent le poème.

– À l'échelle du **vers**, elles instaurent des oppositions dans les deux **quatrains** : *éperonne/réfrène* (v. 1) ; *rassure/épouvante*, *brûle/glace* (v. 2) ; *agrée/dédaigne*, *appelle/chasse* (v. 3) ; *espérance/peine* (v. 4) ; *haut/bas* (v. 5) ; *plaisir/déplaît* (v. 7). Ces oppositions sont soulignées par des constructions binaires (*et... et, or... or*), des locutions signifiant l'ambivalence (*en même temps*) et une dérivation (*plaisir/déplaît*).

– L'antithèse se développe dans les **tercets**, en marquant un mouvement net, non plus de simultanéité des sentiments positifs et négatifs, mais un mouvement où se dessine, par opposition à l'espoir, la victoire de la mort.

L'antithèse sert ici à montrer les contradictions internes de l'amour, qui tout à la fois exalte et fait souffrir le sujet amoureux. Elle sert à peindre l'amour comme une passion de l'âme qui fait perdre à l'homme sa raison, comme un vertige illusoire.

#### 2- Traitement des *topoï* chez Ronsard

Ronsard reprend à Pétrarque certains clichés tout en les modifiant : l'image dynamique de l'amour, qui malmène le cœur et le force à l'errance (v. 1, 3, 5, 6, 13), se transforme en celle d'une bataille dont le cœur du poète est le lieu : *se campent* (v. 2) ; *vainqueur* (v. 3) ; *force* (v. 4) ; *captif, délivrance* (v. 8) ; *combattre* (v. 13) ; la sensation physique de chaud/froid (*brûle/glace*) se réduit, elle, au *froid de la peur* (v. 6).

Il reprend le schéma de l'antithèse dans les quatrains, soulignée par des tournures adversatives (*ores... ores, or... or, deçà delà*). Mais en centrant l'antithèse sur l'image guerrière, Ronsard unifie le système des oppositions, qui était plus varié, plus souple chez Pétrarque (termes d'équitation, v. 1 ; image de la chasse, v. 6 et métaphore spatiale : itinéraire aux voies opposées : *gué*, v. 9 ; *autre voie*, v. 13).

#### 3- L'épicurisme de Ronsard

• Après avoir évoqué le champ de bataille (*mon cœur*, 1er quatrain), Ronsard annonce sa tentative pour « délivrer » son *cœur captif* (2e quatrain). En deux questions parallèles, qui occupent chacune un tercet (*Verrai-je point...*), il espère (souhaite), *avant mourir*, de « mourir » dans les bras de la femme aimée.

• La vision de Ronsard est plus optimiste que celle de Pétrarque : chez celui-ci, l'amoureux, jouet de forces antagonistes, toujours objet et victime impuissante de l'amour, ne peut obtenir satisfaction. Il doit se résigner à la mort, celle de son âme et de son être tout entier. C'est un drame aux résonances presque religieuses qui se trouve esquissé : l'expression abstraite *où il espère être content* peut évoquer aussi bien, selon les commentateurs, le bonheur amoureux que la vie éternelle. Chez Ronsard, la femme aimée apparaît, ardemment désirée, comme l'exprime la métaphore voluptueuse des v. 10-11. L'amoureux est sujet (*je promets*, v. 8), et s'il rêve de succomber à son sentiment, de s'y abandonner, la mort dont il est question (v. 14) a valeur d'hyperbole : la sensualité des vers (*en ses bras enlacé, entre ses bras*) en témoigne.

**Conclusion**

Ronsard s'inspire librement de Pétrarque : s'il reprend certains lieux communs sur l'amour, c'est pour les adapter à une sensibilité épicurienne personnelle.

## PISTES

■ **Pour une séquence : Le pétrarquisme** (formes poétiques ; thèmes et figures ; constantes et variations) : Pétrarque, *Canzoniere, supra* p. 23 ; Maurice Scève, *Délie, objet de plus haute vertu,* p. 20 et 147 ; Ronsard, *Les Amours,* p. 35, 150, 153, 154 ; Marot, *Épigrammes*, p. 146 ; Louise Labé, *Sonnets*, p. 147 ; D'Aubigné, *Le Printemps*, p. 155.

■ **Exercices complémentaires**

• **Langue :** Expliquez la différence de graphie *ores/or* dans les vers 1 et 3 du poème de Ronsard. Analysez la forme du verbe *meure* dans le vers 14 du même poème.

• **Oral :** Observez la scansion des vers, en repérant les différents types de « e » caducs. Apprenez le poème de Ronsard, et récitez-le en marquant les silences commandés par la ponctuation, les fins de vers, les changements de strophe et la scansion.

■ **Texte complémentaire**

**Ronsard, *Les Amours*, 1552-1553, sonnet 11.**

*On pourra dégager ici une autre exploitation chez Ronsard de l'inspiration pétrarquiste (antithèses, images de la guerre, du mal d'amour, du chemin, variations sur la mort).*

Amour, amour, donne-moi paix ou trêve,
Ou bien retire, et d'un garrot[1] plus fort
Tranche ma vie, et m'avance à la mort,
Me bienheurant d'une langueur plus brève.

Soit que le jour ou se couche, ou se lève,
Je sens toujours un penser qui me mord,
Et contumax[2] au cours de son effort,
De pis en pis mes angoisses rengrève[3].

Que dois-je faire ? Amour me fait errer
Si hautement que je n'ose espérer
De mon salut que la désespérance.

Puisque Amour donc ne me veut secourir,
Pour me défendre, il me plaît de mourir,
Et par la mort rouver ma délivrance.

1. **Garrot :** flèche, trait d'arbalète.
2. **Contumax :** obstiné.
3. **Rengrève :** alourdit, aggrave.

■ **Bibliographie :** A. Gendre, *L'Esthétique de Ronsard*, SEDES, 1997 ; M.-C. Thomine, *Pierre de Ronsard,* Les Amours, PUF, 2001.

▶ IMITATION ET INSPIRATION

# Quatre écritures de *Lorenzaccio*

## Marguerite de Navarre

***L'Heptaméron*** p. 440

### « La nuit tant désirée... »

## APPROCHES

■ **Axes d'étude :** L'écriture de l'histoire : chronique et fiction. Action et temps dans le récit.

■ **Préalables :**

Rappeler que la définition et l'écriture de l'histoire ont évolué au cours des siècles. Au XVIe siècle, celle-ci se confond encore avec les hauts faits des princes et des guerriers, dont les « dates historiques » sont des jalons marquants : l'assassinat d'un monarque est un événement historique.

Lire le début de la nouvelle et dégager l'**image nuancée et contrastée** du duc et du gentilhomme : le duc a une femme très jeune avec laquelle il ne peut encore avoir de relation physique (rappeler les mariages politiques des princes) et il éprouve une passion véritable pour la sœur du gentilhomme, mais il a une réputation de cruauté ; le gentilhomme est aimé du duc qui l'a couvert de bienfaits, il est touché de sa douleur, mais peut-il s'engager à le servir dans ses amours ? Il y a eu entre eux une explication violente.

■ **Vérifier** que sont compris : *Si*, l. 1 (= Ainsi) ; *différend*, l. 1 (= désaccord) ; *délibéra*, l. 6 (= décida) ; *s'accoutrer*, l. 16 (= se vêtir, non péjoratif) ; *quérir*, l. 20 (= chercher) ; *qu'il n'eut loisir*, l. 26-27 (= qu'il n'eut le temps) ; *cœur*, l. 33 (= courage).

## LIRE : Chronique ou « roman » ?

**1- Détails réalistes**

Certains **détails concrets** donnent de l'authenticité au récit en créant un effet réaliste : le soin pris par le duc de *s'accoutrer de coiffes et chemises parfumées* (l. 16-17) ; les allées et venues du gentilhomme, constituant autant de préparatifs minutieux ; la posture du duc surpris dans son lit à travers le rideau ; le récit des différentes phases du corps-à-corps ; l'intervention du serviteur, attestée par Varchi ; les précisions sanglantes de la fin, l'assassinat (▶ question 3).

Toutes les circonstances du meurtre sont évoquées avec précision par le narrateur-chroniqueur :

– le lieu du crime : le lit aux rideaux tirés, qui seront ouverts par la victime (l. 28-29) ;

– les armes du crime : l'épée nue, puis le poignard du serviteur (l. 31, 39) ;

– la tenue de la victime, *tout en chemise* (l. 32) ;

– la lutte et la résistance de la victime : *prit le gentilhomme à travers le corps* (l. 33-34) ; *mordit… au pouce* (l. 35-36) ; *se défendit* (l. 36, 40) ; *tombèrent* (l. 36) ; *si liés ensemble* (l. 38) ; *par les pieds* (l. 39)… ;
– la mise à mort : recours à l'aide du serviteur (l. 37), *il s'essaya à couper la gorge du duc* (l. 40) ; *à coups de poignard le parachevèrent de tuer* (l. 43) ;
– les dernières précautions : la remise dans le lit du cadavre, et la fermeture des rideaux (l. 43-44).

### 2- Les mobiles du gentilhomme

Le mobile du crime est ici d'ordre strictement privé : Lorenzo veut protéger la vertu de sa sœur. Mais il ne saurait entraver les désirs du duc sans danger pour lui et les siens. La seule solution est donc le meurtre. Le mobile de la **vengeance de l'honneur** est privilégié par un long développement : il insiste sur l'exceptionnelle personnalité de la sœur, *l'une des plus femmes de bien qui fût en toute l'Italie* (l. 2) ; il met en évidence les deux conséquences inévitables de ce forfait : le déshonneur et la mort, en cas de résistance (*la vie de lui et des siens n'était pas assurée*, l. 5) ; il souligne que de ce fait le duc devient le *plus grand ennemi* du gentilhomme (l. 24). Chez George Sand et Musset, l'anecdote prendra une dimension politique plus large : au conflit d'ordre privé s'ajoute un enjeu politique, Lorenzo agissant pour favoriser la cause républicaine.

### 3- Un récit dramatique

Le récit romanesque dramatise le meurtre par :
– la mise en valeur du courage du duc et son absence de méfiance : il voit la mort se présenter à lui sous la forme de l'épée nue ; en chemise, sans arme, il se bat avec le gentilhomme, puis résiste au serviteur, se retrouvant seul contre deux ; il se défend jusqu'à la limite de ses forces ;
– les détails sur la mise à mort : perte du sang, coups de poignard ;
– l'adoption du point de vue omniscient d'un narrateur qui connaît les sentiments des personnages (*qui désirait*, l. 11 ; *ou il espérait avoir*, l. 14 ; *pensant qu'il lui amenât…*, l. 28 ; *qui n'était trop assuré*, l. 37) ;
– l'invention des dialogues qui donnent de la vivacité à la scène, et rendent les personnages présents par leur parole : promesse ironique du gentilhomme, fondée sur un sinistre jeu de mots (l. 20-22) ; interpellation du duc, qui souligne le parjure du gentilhomme : *Est-ce ci la promesse que vous me tenez ?* (l. 34) ;
– l'utilisation des intensifs (*tout*, l. 16 ; *qu'un seul homme*, l. 22-23 ; *si soudain*, l. 26 ; *tant*, l. 28 ; *toute*, l. 31 ; *n'avaient autres armes*, l. 35 ; *si faible*, l. 41) ;
– l'accélération du récit du meurtre par l'emploi de la subordination (*lequel*, l. 32, 40 ; *si… que*, l. 41 ; *où à coups de poignard*, l. 42-43), et par l'accumulation des verbes d'action.

Tout cela pour souligner l'horreur de la scène et répondre au goût de l'époque pour le réalisme violent. Ce romanesque noir annonce l'esthétique baroque (▶ p. 52).

### Conclusion

La forme narrative de la nouvelle nécessite une concentration des effets dramatiques. Marguerite de Navarre livre ici sa propre version d'un événement récent, qui faisait déjà couler beaucoup d'encre. Un fait politique historique est transformé en une scène de meurtre d'une extrême violence. Mais est également mis en évidence le dilemme entre reconnaissance envers le duc et vengeance d'honneur. La grandeur tragique de la scène tient à l'héroïsme du conflit intérieur tout comme à la résistance du duc, et à la violente présence physique de la mort.

## *PERSPECTIVES* (p. 441)

■ **Benedetto Varchi, *Chroniques florentines.***

**DIRE**

• L'extrait de **Varchi** concerne la seule scène du meurtre. Elle est plus circonstanciée que chez Marguerite de Navarre : le gentilhomme et son spadassin sont nommés ; les détails sont encore plus réalistes (mention des parties du corps, *index, pouce, main gauche*, etc ; Scoronconcolo passant l'épée entre les jambes de Lorenzo, l. 31-32), assortis d'explications anatomiques (l. 6-12) ; Varchi introduit peu de *pathos* : il livre les faits bruts, dans leur ordre chronologique.

• Le texte de **Marguerite de Navarre** est plus riche et plus varié : l'analyse des sentiments des personnages y est plus développée ; les dialogues introduisent de la vivacité ; le suspense est d'autant plus fort que les détails réalistes sont habilement dosés. L'auteur ajoute des éléments qui vont au-delà de la chronique : l'impatience sans méfiance de l'homme amoureux, le dévouement du serviteur qui obéit, *ignorant ce qu'il* [le maître] *voulait faire* (l. 25) ; il porte également des jugements de valeur sur le courage du duc : *dénué d'armes et non de cœur*, l. 32-33).

Néanmoins, il serait exagéré d'opposer systématiquement le style des deux textes : Varchi témoigne aussi d'une certaine complaisance dans l'horreur, et sa chronique comporte des éléments de dramatisation : intensifs, discours (l. 24), adresse au lecteur (l. 38-39)…

## PISTES

■ **Pour une séquence : L'écriture de l'histoire** (genres ; objets d'étude et objectifs ; partis-pris argumentatifs et procédés) : Condorcet, *Esquisse d'un tableau historique des progrès de l'esprit humain*, p. 268 ; Saint-Simon, *Mémoires*, p. 344-345 ; Michelet, *Histoire de la Révolution française*, p. 348 ; Sand, *Une conspiration en 1537*, p. 442 ; Musset, *Lorenzaccio*, p. 443 ; Bloch, *L'Étrange Défaite*, p. 349 ; Brecht, *La Résistible Ascension d'Arturo Ui*, p. 511.

■ **Exercice complémentaire : Langue**
Repérez les subjonctifs dans la nouvelle de *L'Heptaméron*, et justifiez leur utilisation.

... Quatre écritures de *Lorenzaccio*

## George Sand
## *Une conspiration en 1537*

p. 442

### « C'est au cœur, au cœur ! »

## APPROCHES

■ **Axes d'étude :** L'écriture de l'histoire. Scène historique et drame romantique.

■ **Préalables :** Au XVIIIe siècle et pendant la période romantique, la conception de l'histoire change : on perçoit qu'il existe un temps plus long de l'histoire, qui n'est plus celle des grands, mais des civilisations, du peuple. On cherche alors dans le passé des modèles pour comprendre le présent. Sous la Restauration et au début de la Monarchie de Juillet, le tyrannicide est un thème à la mode. Pour contourner la censure, on le traite à travers des anecdotes du passé. Les écrivains libéraux (Ludovic Vitet, Mérimée, Guizot) inventent la **scène historique**, destinée à la lecture. L'histoire y est racontée sous forme dialoguée, plus vivante que la forme romanesque. Le drame romantique s'inspire de la liberté formelle d'un genre qui échappe aux règles classiques des unités.

Dans *Lorenzaccio*, Musset développe en drame une scène historique de George Sand. La Florence de 1537 est le cadre qui permet, avec le recul du temps, de mieux penser la France du XIXe siècle ; certains thèmes se retrouvent d'une époque à l'autre : rapports de l'artiste à la société, de l'individu au pouvoir, choix difficile de la meilleure forme de gouvernement.

■ **Vérifier** la compréhension de : *sémillants*, l. 14 (= spirituels).

## LIRE : La scène historique

### 1- Répliques à double entente

• Le lecteur comprend les répliques de Lorenzo différemment du duc. Pour ce dernier, *dans ces sortes d'aventures* renvoie à la liaison amoureuse. Pour le spectateur, qui sait les intentions de Lorenzo, le mot renvoie au danger qu'il encourt. En cachant l'épée, Lorenzo la met hors de portée du duc : en faisant semblant de l'armer, en réalité il le désarme. La seconde question du duc est naïve : elle souligne l'ironie dramatique car le lecteur en sait bien plus que lui sur ce qui l'attend. La seconde réplique de Lorenzo est proleptique : elle annonce l'imminence du meurtre. *Troubler votre repos* est ainsi un euphémisme d'une ironie macabre. La capacité de se livrer à de tels jeux sur le langage indique le sang-froid du meurtrier.

• Cette double entente illustre la double énonciation théâtrale : le discours a un sens différent pour son interlocuteur fictif et pour le lecteur-spectateur, qui peut comprendre les rouages cachés de la conversation.

### 2- Une scénographie implicite

**• Le lieu**

Dans les scènes historiques, il n'y a pas d'unité de lieu : on passe d'une scène de rue à une scène d'intérieur très facilement, puisque le texte, fait pour être lu, n'exige pas de changements de décors. Le choix de la **chambre** est à la fois symbolique et dramatique : dramatique, parce que le lieu clos empêche le duc d'avoir recours à une aide extérieure ; symbolique, parce que la pièce censée servir à l'amour va servir à la mort. L'ambiguïté de la relation entre Lorenzo et le duc est ainsi soulignée : il y aura bien dans cette chambre un corps-à-corps, mais pas celui que le duc attendait. Le **foyer** de la cheminée (l. 1, 56) éclaire la scène tout en la maintenant dans une pénombre propice à l'horreur. Le feu qui y brûle est symbolique de la passion criminelle qui agite Lorenzo.

**• Les objets**

Nul objet inutile ici, la scène n'est pas réaliste : le dramaturge ne prend pas soin de décrire les meubles, les tentures, les décorations dans un souci de couleur locale. Les objets présents sont utiles au drame : le **manteau**, qui symbolise la puissance du duc (on parlait des « rôles à manteaux », c'est-à-dire des rôles nobles), est enlevé : signe de son affaiblissement ; le **lit** symbolise ici à la fois la luxure et la tombe ; l'**épée** est l'attribut phallique partagé du duc et de Lorenzo ; dépossédé de la sienne, le duc est dévirilisé ; le coup porté par Lorenzo avec la sienne est à la fois mortel et équivalent de la possession sexuelle ; la **dague** du serviteur, arme moins noble que l'épée, est l'indice scénique de la fonction subalterne de Scoronconcolo, et symbolise l'achèvement sordide du crime.

### 3- De la chronique au genre dramatique

Chez Varchi, Lorenzo tue le duc d'un coup de dague. George Sand lui prête l'attribut plus noble de l'épée. Ce coup ne suffit pas, l'intervention du spadassin est nécessaire. La *taillade au visage* (Varchi, l. 18) devient joue arrachée chez George Sand : le détail est plus horrible, plus sanglant. George Sand retient aussi le coup donné dans le matelas, la morsure au pouce, péripétie frappante, et le détail du couteau.

### Conclusion

Avec la scène historique, naît une nouvelle forme de l'écriture de l'histoire, dramatique et non plus diégétique. Jalon vers le drame romantique.

## *PERSPECTIVES* (p. 443)

■ **Musset, *Lorenzaccio*, IV, 11.**

### LIRE : La violence sur scène

### 1- Concentration dramatique

Musset modifie l'exécution du meurtre pour jouer davantage sur la concentration dramatique : le dialogue est bref, rapide, léger ; le meurtre est exécuté comme en un songe ; il supprime les détails sanglants, permettant à la scène de déployer toute sa dimension symbolique (▶ question 3) ; il rajoute des termes affectueux (*mignon*, l. 3 ; *Renzo*, l. 28) ; il introduit la métaphore de la *bague sanglante* (l. 33), là où ses prédécesseurs n'évoquaient qu'une simple morsure.

### 2- Les didascalies

Les didascalies ont une double fonction : d'une part elles aident le lecteur à se figurer une scène imaginaire, d'autre part elles donnent des indications scéniques au praticien (metteur en scène, décorateur, acteurs). Elles renseignent sur les conditions d'énonciation du dialogue (qui parle ? où ? quand ? comment ?).

– **Qui ?** Les noms de personnages qui précèdent les répliques font partie des didascalies.

– **Où ?** Les indications de lieu concernent à la fois le décor général et les entrées et sorties des personnages. La didascalie initiale (l. 1) illustre ces deux aspects. Celle de la l. 37 donne une indication sur le décor, et l'utilisation qui en est faite par le personnage. Les entrées et les sorties sont signalées au cours de la scène : c'est une rupture dramaturgique par rapport au code classique, qui veut que toute entrée ou sortie de personnage détermine un changement de scène. Musset renoue ici avec l'esthétique shakespearienne du tableau.

– **Quand ?** Les indications de temps figurent le plus souvent au début de la pièce. Ici, les didascalies servent à rythmer la scène en indiquant le déroulement des actions successives.

On remarquera aussi, dans ce théâtre à lire, des indications de lieu et de temps internes aux répliques : temps qu'il fait (l. 2, 45) et moment de l'action (l. 37-38) réels, qui entrent en contraste avec le décor, purement rêvé, que décrit un Lorenzo libéré un bref instant par le meurtre du duc (l. 37-38, 42-44).

– **Comment ?** Les indications de jeu renseignent sur les gestes accomplis par les protagonistes. Dans le théâtre classique, le primat est accordé à la parole (« Dire, c'est faire », selon l'abbé d'Aubignac). Dans le théâtre romantique, qui ne tient pas compte des règles de la vraisemblance et des bienséances, les gestes violents sont représentés : *Lorenzo rentre l'épée à la main* (l. 26), *Il le frappe* (l. 29).

**3- Noces de sang : symboles sexuels et amoureux**

L'attirance réciproque du duc et de Lorenzo est inventée par Musset ; elle rajoute une dimension supplémentaire à l'intrigue. Dans cette scène, les signes en sont : l'apostrophe *mignon* (l. 3) ; le monologue du duc, qui exprime sa goujaterie et sa misogynie (l. 18-26) ; le diminutif affectueux *Renzo* (l. 28) ; le meurtre muet et l'absence de défense du duc (qui se débat dans les autres versions), comme consentant ; le symbole de la *bague*, équivalent d'un anneau nuptial ; l'expression de la volupté et de l'harmonie cosmique pour Lorenzo après son assassinat. Au crime politique et à la vengeance d'honneur s'ajoute l'accomplissement d'une attirance homosexuelle dans la mort.

## ÉCRIRE

- Faire repérer aux élèves les signes textuels de l'appartenance de chaque texte à un genre précis (mode d'énonciation, temps des verbes, fonctions, visées...), et opposer textes narratifs/textes de théâtre.
- Leur faire mesurer les écarts, les inventions par rapport à la source la plus fiable (la chronique de Varchi) : « **Dire** », ► p. 441 ; « **Lire** », question **3**, ► p. 442 ; « **Lire** », questions **1** et **3**, ► p. 443.
- Pour les textes de Sand et de Musset, tenir compte de la distance temporelle entre le temps de la fiction et le temps de l'écriture : l'intérêt historique, du moins dans ces extraits, s'efface au profit de l'intérêt dramatique et psychologique. La personnalité des protagonistes, les rapports qu'ils entretiennent, les interprétations du meurtre, sont développés et renouvelés.

## PISTES

**■ Pour une séquence**

- **Le drame romantique** (► *supra*, p. 81).
- **L'écriture de l'histoire** (► *supra*, p. 338).
- **Le texte et ses sources** (d'un genre à l'autre, d'une époque à l'autre, reprises et variations) : Pétrarque, *Canzoniere*, Ronsard, *Les Amours*, p. 439 ; La Fontaine, *Les deux Coqs*, p. 444 ; Ésope, *Les deux Coqs et l'Aigle*, p. 445 ; Homère, *L'Iliade*, p. 445 ; *Évangile selon Matthieu*, p. 452 ; A. Gréban, *Le Mystère de la Passion*, p. 453.

**■ Exercices complémentaires**

- **Oral :** Apprenez la scène de *Lorenzaccio*. Imaginez un décor minimal. Répétez la « chorégraphie » du meurtre, puis jouez la scène.
- **Voir :** Comment Georges Lavaudant symbolise-t-il le motif des « noces » d'après la photo, p. 442 ?

**■ Texte complémentaire**

**Daniel Mesguich, Préface à *Lorenzaccio*.**

*Daniel Mesguich a mis en scène* Lorenzaccio *en 1986, (Théâtre Gérard Philipe, Saint-Denis). On explicitera sa conception du meurtre. On montrera comment la dimension politique de l'acte passe ici au second plan.*

Le meurtre n'a plus de goût pour le meurtrier lui-même, il est émoussé, épuisé, presque vide. Ni politique vraiment (Lorenzo n'est pas Brutus), ni vengeur (« Que m'avait fait cet homme ? »), il n'a plus de sens. Mais il n'est pas gratuit, absurde, de cette absurdité qui n'est que l'envers du sens (Lorenzo n'est pas Raskolnikov). Non, il est in-sensé, c'est-à-dire qu'il se situe au-delà du sens, au-delà de la loi, et donc de sa transgression : pur. Il ne renvoie à rien, il ne « veut » rien dire.

Plus se rapproche pour Lorenzo le moment de planter son épée dans le corps d'Alexandre, plus cette action, se vidant pour ainsi dire de tous les mots qui la nouaient, à travers des monologues, solitaires ou dialogués tous plus beaux les uns que les autres, va, dans une immense hémorragie de sens, perdre son tranchant, son acuité, sa présence, sa « brûlance ». Dans *Lorenzaccio*, il ne s'agit pas d'une « action d'acte », si l'on ose dire, mais d'une « lecture d'acte », de l'analyse et du pourrissement d'un acte. Il s'agit d'une décomposition.

Le meurtre dissout presque définitivement le sujet Lorenzo, il en est presque mort, mort-vivant, présent-absent, spectre de lui-même. Le purgatoire avant la vraie mort. *Lorenzaccio* est l'histoire d'un coma.

Il n'y avait pas de place pour un meurtre « véritable », ce meurtre, littéralement, n'a pas lieu, cet acte a la saveur d'un geste, dirait le Kean de Sartre. Cet acte historique n'était qu'un acte de théâtre.

Livre de poche, © Librairie générale française, 1986.

**■ Lecture cursive :** Musset, *Lorenzaccio*, GF, 1999.

**■ Bibliographie :** J.-M. Thomasseau, *Alfred de Musset. Lorenzaccio*, PUF, 1986 ; F. Naugrette, *Le Théâtre romantique. Histoire, écriture, mise en scène*, éd. du Seuil, 2001.

## La Fontaine
## *Fables* (p. 444)

### « Les deux Coqs »

## APPROCHES

■ **Axes d'étude :** La fable (p. 323). L'épopée (p. 464). La parodie. Action et temps dans le récit.

■ **Préalables :** Rappeler la légende troyenne à laquelle renvoient les noms propres du texte, et, plus généralement, l'importance de l'**épopée** au XVIIe siècle (Saint-Amant, *Moïse sauvé*, Chapelain, *La Pucelle*), raillée par les tenants du goût classique, mais dont les motifs imprègnent la tragédie. La malice de La Fontaine inscrit ici ce « grand genre » dans la forme de la fable, genre didactique ou satirique, mais non véritablement poétique.

■ **Vérifier** que sont compris : *retraite*, v. 11 (= asile, refuge) ; *fatal retour*, v. 24 (= retournement de situation voulu par le destin) ; *Fortune*, v. 29 (= allégorie du sort) ; *Défions-nous*, v. 31 (= méfions-nous).

## LIRE : Parodie

### 1- Le rappel de l'épopée

• **Termes :**
– vocabulaire du destin : *fatal* (v. 24) ; *Fortune* (v. 29) ; *sort* (v. 31) ;
– vocabulaire de la guerre et de la gloire (v. 2, 4, 6, 10, 13, 18-20, 32) ;
– termes nobles : *querelle* (v. 4) ; *flancs*, (v. 16) ; *ses amours* (v. 12, 22) ; *jalouse rage* (v. 18) ; *ongle* (v. 23) ; apostrophe à une abstraction (v. 3) : ils évoquent les univers de la tragédie et du style galant ;
– références mythologiques : *Troie* (v. 3) ; *Xanthe* (v. 5) ; *Hélène* (v. 9).

• **Mètres :** alternance des vers longs et courts : v. 2, contraste avec le v. 1 ; idem v. 22 : expression de la brutalité, d'où variations de rythme. Amplification par les enjambements (v. 3-5, 14-15).

• **Sonorités :** v. 26-27 : allitération en [k] suggestive des bruits de *basse-cour.*

Le **burlesque** provient du décalage entre la tonalité épique de l'apologue et la réalité triviale qu'il décrit : une querelle de basse-cour ; sans cesse les deux niveaux sont mêlés : périphrase noble pour désigner la volaille (v. 8) ; périphrase homérique ironique pour désigner les poules (v. 9) ; pluriel poétique (v. 13) ; *caquet ≠ femmes* (v. 27-28).

### 2- Morale de l'apologue

Les valeurs exaltées par l'épopée sont le courage, la volonté, l'héroïsme, la démesure, la noblesse de cœur : à cela La Fontaine oppose une morale de la prudence, fondée sur une mise en garde contre la vanité et l'amour-propre (le coq se gonfle d'orgueil, l'animal est particulièrement bien adapté à la démonstration) ; cf. aussi *Le Lion et le Moucheron*. Le mot *bataille*, point final de la fable, est ouvert à diverses interprétations (propres ou figurées : la guerre, mais aussi l'amour, la politique, la faveur…).

### Conclusion

Le texte est avant tout un jeu littéraire qui s'amuse peut-être des valeurs héroïques de l'épopée, mais surtout de cet exercice de style.

## *PERSPECTIVES* (p. 445)

1 **Ésope, *Fables*, Les deux Coqs et l'Aigle.**

2 **Homère, *L'Iliade*, III.**

### LIRE : Le modèle épique

### 1- Parodie de l'*Iliade* par La Fontaine

– L'épithète homérique : *à l'ombre longue* (l. 2-3), *les Achéens aux beaux jambarts* (l. 25-26) ; chez La Fontaine :… *Hélène au beau plumage*… (v. 9).
– L'adresse aux dieux : *Zeus, père* (l. 19) ; *Amour, tu perdis Troie* (v. 3) chez La Fontaine.
– Le duel : combat – victoire – gloire, selon un schéma récurrent.
– Les sentiments des personnages : belliqueux ou désespérés (*l'Atride gémit*, l. 17-18 ; chez La Fontaine : *Pleura sa gloire*…, v. 12) ; les sentiments et leurs manifestations sont marqués par l'excès.

### 2- Le rythme des récits

Dans la véritable épopée, malgré la fureur du combat, le rythme reste ample et solennel (*après l'avoir brandie*, l. 1-2 ; *en la levant*, l. 14 ; *gagnant*…, l. 29, beaucoup de participes incidents). Chez Ésope, le strict minimum est utilisé : les actions successives, et quelques indications psychologiques (*tout à son aise*, l. 7), enfin la morale. Chez La Fontaine, la vivacité et la rapidité miniaturisent toutes les scènes, et grossissant le trait à l'extrême, caricaturent l'épique (*Et voilà*…, v. 2 ; phrases brèves : v. 10 ; v. 19-20 ; *Adieu*…, v. 22, phrase nominale).

### ÉCRIRE

• **Inspiration simple :** reprise du canevas narratif d'Ésope, sur lequel La Fontaine brode en développant les épisodes, en ajoutant des détails et des commentaires psychologiques et moraux.

• **Parodie :** grossissement des traits, caricature, ironie, transformation burlesque des personnages par mélange des registres (de la Cour à la basse-cour).

## PISTES

■ **Pour une séquence**

• **Le texte et ses sources** (▸ *supra*, p. 340).

• **L'épique et ses variations** (thèmes et procédés ;

prose et poésie ; genres et formes) : Hugo, *La Légende des siècles,* p. 42 ; Malraux, *L'Espoir*, p. 132 ; D'Aubigné, *Les Tragiques*, p. 174 ; Homère, *L'Odyssée*, p. 457 ; *La Chanson de Roland,* p. 464.

■ **Exercices complémentaires**

• **Voir :** Quels sont les éléments parodiques dans le dessin de Jean Effel (p. 444) : graphisme, couleurs, décors, etc. ?

• **Style :** Étudiez le fonctionnement de l'allégorie dans *Les deux Coqs*.

On peut proposer de faire 3 colonnes : termes animaux, termes humains, ambigus.

– L'ambiguïté est entretenue par la désignation des participants : association burlesque du volatile et de l'humain (*Poule* = cause de guerre, v. 1-2 ; *gent / crête*, v. 8 ; *Hélène / beau plumage*, v. 9 ; *il eut des femmes*, v. 28).

– Les animaux ont des comportements humains : paix, guerre, vengeance. Ils éprouvent des sentiments humains : amour, haine, jalousie, orgueil (« ubris » – orgueil démesuré – du coq vainqueur, v. 20), dépit (*Pleura*, v. 12), vanité (v. 26).

L'ambiguïté est préservée par l'alternance des deux domaines et aussi par l'emploi d'expressions à double sens pouvant convenir aux deux univers (*sur les toits*, v. 19 ; *coquet*, v. 26).

La fable obéit ainsi à sa fonction de récit à tiroir (sens propre et symbolique) et à sa vocation didactique : se servir « d'animaux pour instruire les hommes ».

■ **Lectures cursives :** Ésope, *Fables*, traduction de D. Loayza, GF, 1995 ; P. Dandrey, *Jean de la Fontaine ou les Métamorphoses d'Orphée*, éd. Gallimard, 1995.

■ **Bibliographie :** P. Dandrey, *La Fabrique des Fables*, éd. Klincksieck, 1991.

## ▶ L'IMITATION LUDIQUE

## Hugo
## *Hernani* p. 446

### « C'est notre nuit de noce »

### APPROCHES

■ **Axes d'étude :** Le dénouement. Les didascalies. Théâtre et mise en scène. Le drame romantique (p. 104, 503, 506). La mort romantique.

■ **Préalables :**

**L'intrigue :** rappeler le sous-titre espagnol de la pièce (*Tres para una*) et le destin de chacun des trois rivaux : une fois élu empereur, le roi Don Carlos renonce à prendre Doña Sol de force, et la donne en mariage à Hernani. Mais Don Ruy n'est pas aussi généreux, il poursuit son jeune rival de sa vengeance.

**La mort des amants :** c'est un lieu commun de la littérature. Demander aux élèves d'en donner d'autres exemples : *Tristan et Iseut, Roméo et Juliette*.

**Les didascalies :** à qui sont-elles destinées ? aux acteurs et au metteur en scène, à qui elles donnent des indications pour la gestuelle, la mimique, le ton ; au lecteur, qui s'appuie sur elles pour concevoir sa mise en scène imaginaire. Rares dans le théâtre classique, elles sont plus nombreuses à l'époque romantique, notamment chez Hugo qui se préoccupait activement de la mise en scène de ses drames.

■ **Vérifier** la compréhension de : *Mon père, tu te venges / Sur moi qui t'oubliais* (voir III, 7, v. 1290).

### LIRE : La mort romantique

#### 1- « La fatalité s'accomplit »

• **Lexique de la fatalité :** *Mon père, tu te venges* (v. 5) ; *La fatalité s'accomplit* (v. 19) ; *béni soit le ciel* [...] *qui permet que* (v. 25-27).

• **L'ordre des trois suicides** doit être interprété :

– Hernani est le premier responsable, dans la mesure où il a juré, et où il est prêt à obéir à Don Ruy. Mais Doña Sol s'empoisonne avant lui, car elle ne veut pas lui survivre. Ayant bu le poison la première, elle ressent les douleurs avant Hernani, et tente de le dissuader de boire (v. 6 à 13). Mais Hernani choisit de la rejoindre dans la souffrance et la mort (didascalie : *Il boit et jette la fiole*). Il y a ensuite une sorte de chiasme dramatique (elle boit – il boit – il meurt – elle meurt) qui figure l'embrassement final, la réunion dans la mort.

– Le suicide final de Don Ruy est un coup de théâtre, suscité par le suicide de Doña Sol que le vieil homme amoureux n'avait pas prévu. Contrairement aux jeunes amants dont l'amour s'accomplit ici, le vieux jaloux est damné pour avoir causé la mort d'une innocente.

#### 2- La gestuelle

• Les **didascalies** donnent des indications précieuses :

– elles entretiennent le suspense entre les v. 6 et 15 (*Il porte la fiole à sa bouche* [...] *Il boit et jette la fiole*) ;

– elles invitent les acteurs à jouer sans pudeur excessive cette « nuit de noce » symbolique (*Ils s'asseyent l'un près de l'autre* [...] *Ils s'embrassent* [...] *échevelée* [...] *Elle retourne la figure d'Hernani*) : la mort n'empêche pas l'expression de la sensualité ;

– elles indiquent le moment de la mort, par un geste spectaculaire (*Il tombe* [...] *Elle retombe* [...] *Il se tue*). La gestuelle est ensuite redoublée par la parole des survivants (v. 31 et 35), sauf dans le cas de Don Ruy resté seul, que personne ne pleure, et sur qui le rideau tombe rapidement.

• La gestuelle de chacun des personnages contribue donc à l'intensité dramatique de la scène, en soulignant les péripéties de l'agonie des amants, leur extase dans la mort, l'impuissance et le désespoir de Don Ruy, face à un dénouement qu'il n'a pas entièrement prévu.

#### 3- L'accomplissement de l'amour dans la mort

L'amour des héros ne se sera pas concrétisé de leur vivant, Don Ruy ayant fauché les amants avant leur nuit de noces. Il s'accomplira sur leur lit symbolique, de mort et de noces, puisque dans cet extrait, le sommeil et la mort sont métaphores l'un de l'autre (v. 31 à 35). C'est Doña Sol qui formule le sens de leur double suicide (v. 4-5, puis v. 32-33). C'est elle qui, en buvant le poison la première, a pris l'initiative de ce dénouement typiquement romantique par l'accomplissement d'une fatalité apparemment tragique, celle d'Hernani, par sa dimension sublime (passion, sens de l'honneur et du sacrifice), par la valeur rédemptrice de l'amour.

**Conclusion**

Le drame romantique n'est pas mélodramatique : la fin n'est pas providentielle. Ici, la seule valeur salvatrice est l'amour. La modernité du dénouement réside dans l'exhibition et la poétisation de la mort des amants.

## PISTES

■ **Pour une séquence**

• **Le drame romantique** (▶ *supra*, p. 81).

• **La mort des amants au théâtre** (sens de la mort, langage théâtral, mise en scène) : Théophile de Viau, *Pyrame et Thisbé*, p. 52 ; Wagner, *Tristan et Isolde*, p. 470 (Thomas, *Tristan et Iseut*, p. 469).

■ **Exercices complémentaires**

• **Oral :** Commentez le sens des variations de la voix commandées par les didascalies : de quoi sont-elles le signe ? Lisez la scène à voix haute, en répartissant les trois rôles.

Les didascalies indiquent aux acteurs quel ton de voix adopter (*d'une voix affaiblie* [...] *d'une voix de plus en plus faible* [...] *d'une voix également éteinte* [...] *avec un soupir* [...] *D'une voix qui s'éteint*). La voix a ici une double fonction : elle porte la parole amoureuse des jeunes gens, et leurs derniers souffles de vie ; la raréfaction de la parole d'Hernani, marquée par les points de suspension (v. 29 et 31), annonce la mort imminente du héros. Même remarque pour Doña Sol, v. 36. La profération de ces derniers mots constitue le combat (l'agonie) final des amants.

• **Voir :** Commentez la photo de Jany Gastaldi dans la mise en scène de Vitez : éclairage, objet, costume, gestuelle et mimique de l'actrice.

■ **Lecture cursive :** Hugo, *Hernani*.

■ **Bibliographie :** F. Laurent et M. Vienes, *Le Drame romantique*, éd. Hatier, 1996 ; F. Naugrette, *Le Théâtre romantique*, éd. du Seuil, 2001.

# ▶ L'IMITATION LUDIQUE

**Lauzanne et Duvert**

## *Harnali ou la contrainte par cor*

p. 448

### « Tu m'empoisonnes ! »

## APPROCHES

■ **Axes d'étude :** La parodie. Le burlesque (p. 518).

■ **Préalables :** Faire citer aux élèves des **parodies de films** qu'ils connaissent (*Chicken run*, par exemple). Pour chaque œuvre citée, leur demander de distinguer : **1)** les éléments qui permettent d'identifier le modèle original ; **2)** les composantes stylistiques de la caricature ; **3)** les effets d'hommage rendu à l'original.

Signaler que les personnages de *Harnali ou la contrainte par cor* sont une troupe de comédiens : le burlesque est redoublé par le théâtre dans le théâtre.

■ **Vérifier** la compréhension de : *des Français*, v. 53 (= de la Comédie-Française).

## LIRE : La critique en action

**1- Réécriture de Hugo**

La parodie démarque de près son modèle, en lui empruntant ses principaux éléments : les rapports entre les trois personnages, la similitude des noms, la couleur locale espagnole (*andaloux*, v. 13), le dénouement (double suicide) par empoisonnement, le dialogue amoureux qui s'ensuit, l'ordre inversé des empoisonnements et de la mort (la femme puis l'homme s'empoisonnent, l'homme puis la femme meurent), la thématique (douleurs au ventre, fatalité, fusion dans la mort, lenteur de l'agonie).

**2- Travail du vers**

Les parodistes, fins stylisticiens, reproduisent quelques-unes des particularités du vers de Hugo :

– les répliques sont interrompues en cours de vers, parfois même plusieurs répliques occupent le même vers (*Hernani*, v. 15, 30-31 ; *Harnali*, v. 11) ;

– le vers est suraccentué : dans la métrique classique, la moyenne est de 3 ou 4 accents. Chez Hugo, on en trouve fréquemment 5, voire 6 (*Hernani*, v. 8, 31, 36 ; *Harnali*, v. 8, 17, 20) ;

– le concret rime avec l'abstrait (*Hernani*, v. 7-8 ; *Harnali*, v. 18-19) ;

– les enjambements, rejets et contre-rejets sont fréquents (*Hernani*, v. 5-6, 7-8, 8-9... ; *Harnali*, v. 17-18, 32-33, 42-43).

**3- La transposition burlesque**

Le burlesque tient au décalage entre style et sujet.

• **Forme noble** de la tragédie : pièce en cinq actes et en alexandrins, thématique de la mort sublime et sacrificielle.

• Sujet traité sur un **mode trivial :**

– comparaisons basses (le vieillard comparé à un *mulet*) ; le *poison* (arme tragique) devient une *boulette* empoisonnée ; l'apostrophe d'Harnali au poison n'en est que plus cocasse (v. 16-17) ;

– transformations des sensations visuelles délirantes mais sublimes (*Vois-tu des feux dans l'ombre ?*, v. 30) en perceptions auditives triviales (*J'entends chez le voisin un bruit confus de voix*, v. 36) ;

– insistance sur les fonctions corporelles : les *douleurs étranges* qui atteignent le *cœur* de Doña Sol (v. 6-9) deviennent explicitement des *coliques* (v. 3, 19) et du *vitriol* dans *l'estomac* dans *Harnali* (v. 21) ;

– dégradation des personnages : Quasifol (*Je t'ai gardé ta part*, v. 15) ne témoigne pas de la même grandeur d'âme que Doña Sol (*ne bois point*, v. 12) ; déformation des noms par paronomase : la passion de Doña Sol est rabaissée par son nom (= *quasi folle*) ; un jeu de mots sub-

til sur le nom du héros évoque l'hallali, appel de chasse sonné au cor, instrument par lequel Don Ruy Gomez signale sa mort prochaine à Hernani ;
– jeux de mots et/ou de registres : *Tu m'empoisonnes* (v. 11) ; *Pour extirper les cors* (v. 49).

On retrouve certains aspects esthétiques du drame romantique : réhabilitation du « bas corporel », démesure des sentiments, dénouement catastrophique, emprunts au mélodrame (le poison, le personnage du traître). Les parodistes repèrent astucieusement les particularités thématiques et stylistiques de leur proie, et les caricaturent en forçant le trait jusqu'au ridicule.

### 4- Clins d'œil au public de 1830

La parodie est une forme de « critique littéraire en action » (Marcel Proust). Ici, les auteurs multiplient les allusions au genre naissant qu'est le drame romantique en 1830 (1829 : entrée à la Comédie-Française de *Henri III et sa cour* de Dumas). La bataille d'*Hernani* opposa férocement les partisans du classicisme aux jeunes « lions » romantiques. Le théâtre dans le théâtre permet aux auteurs de la parodie *Harnali* de commenter aussi cette actualité houleuse :
– les allusions à la tragédie (la *boulette tragique*, v. 2 ; *jouer la tragédie*, v. 51) visent les prétentions du drame romantique à concurrencer la tragédie sur son propre terrain (la Comédie-Française, explicitement visée au dernier vers), contrairement au mélodrame qui se cantonnait aux scènes de second ordre ;
– les piques concernant la démesure de la gestuelle visent le nouveau style romantique, fondé sur la représentation expressionniste des élans de l'âme et du corps ;
– le drame romantique est présenté comme un genre à la mode (*je veux croquer aussi*, v. 2), avec ses lois propres, comme la mort attendue des héros (*il faut bien que*, v. 26) ou leur démesure délirante (v. 30 à 33). Les commentaires des acteurs (*fais vite ta folie*, v. 34) rabaissent l'esthétique au rang du procédé ;
– la dernière tirade de Quasifol dégénère en commentaires sur la bataille artistique en jeu : le public lui-même est pris à témoin.

### Conclusion

Au XIXe siècle, le théâtre est la première distraction culturelle. Les créations nouvelles sont donc l'objet d'une critique en action immédiate, la parodie, qui fleurit sur les boulevards. Démarche ambivalente : la moquerie, qui stigmatise les outrances et les tics des auteurs à la mode, est réversible en hommage au génie.

## PISTES

**■ Pour une séquence : Pastiches et parodies** (procédés et effets ; fonctions) : La Fontaine, « Les deux Coqs », p. 444 ; Jean-Louis Curtis, *La Chine m'inquiète*, p. 450 ; Reboux et Müller, *Troulala,* texte complémentaire, p. 78.

**■ Exercices complémentaires**

- **Écriture :** À votre tour, rédigez la parodie d'une célèbre scène du répertoire classique ou romantique (du *Cid* ou de *Ruy Blas* par exemple), après en avoir étudié les principales particularités stylistiques.
- **Voir :** Commentez la caricature de la bataille d'*Hernani* par Granville : quels traits sont soulignés ?

**■ Texte complémentaire**
**Gautier, *Victor Hugo*, 1902, posthume.**

*Théophile Gautier, écrivain et critique d'art, fut aussi un témoin de la période romantique. Il participa lui-même, à l'âge de dix-neuf ans, à la mémorable bataille d'*Hernani*, qu'il raconte à plusieurs reprises dans son* Histoire de l'art dramatique.

Cependant, le lustre descendait lentement du plafond avec sa triple couronne de gaz et son scintillant prismatique ; la rampe montait, traçant entre le monde idéal et le monde réel sa démarcation lumineuse. Les candélabres s'allumaient aux avant-scènes, et la salle s'emplissait peu à peu. Les portes des loges s'ouvraient et se fermaient avec fracas. Sur le rebord de velours, posant leurs bouquets et leurs lorgnettes, les femmes s'installaient comme pour une longue séance, donnant du jeu aux épaulettes de leur corsage décolleté, s'asseyant bien au milieu de leurs jupes. Quoiqu'on ait reproché à notre école l'amour du laid, nous devons avouer que les belles, jeunes et jolies femmes furent chaudement applaudies de cette jeunesse ardente, ce qui fut trouvé de la dernière inconvenance et du dernier mauvais goût par les vieilles et les laides. Les applaudies se cachèrent derrière leurs bouquets avec un sourire qui pardonnait.

L'orchestre et le balcon étaient pavés de crânes académiques et classiques. Une rumeur d'orage grondait sourdement dans la salle ; il était temps que la toile se levât ; on en serait peut-être venu aux mains avant la pièce, tant l'animosité était grande de part et d'autre. Enfin les trois coups retentirent. Le rideau se replia lentement sur lui-même, et l'on vit, dans une chambre à coucher du seizième siècle, éclairée par une petite lampe, doña Josepha Duarte[1], vieille en noir, avec le corps de sa jupe cousu de jais, à la mode d'Isabelle la Catholique, écoutant les coups que doit frapper à la porte secrète un galant attendu par sa maîtresse :

*Serait-ce déjà lui ? C'est bien à l'escalier*
*Dérobé…*

La querelle était déjà engagée. Ce mot rejeté sans façon à l'autre vers, cet enjambement audacieux, impertinent même, semblait un spadassin de profession, allant donner une pichenette sur le nez du classicisme pour le provoquer en duel.

– Eh quoi ! dès le premier mot l'orgie en est déjà là ? On casse les vers et on les jette par les fenêtres ! dit un classique admirateur de Voltaire[2] avec le sourire indulgent de la sagesse pour la folie.

Il était tolérant d'ailleurs, et ne se fût pas opposé à de prudentes innovations, pourvu que la langue fût respectée ; mais de telles négligences au début d'un ouvrage devaient être condamnées chez un poète, quels que fussent ses principes, libéral ou royaliste.

– Mais ce n'est pas une négligence, c'est une beauté, répliquait un romantique de l'atelier de Devéria[3], fauve comme un cuir de Cordoue et coiffé d'épais cheveux rouges comme ceux d'un Giorgone.

*… C'est bien à l'escalier*
*Dérobé…*

Ne voyez-vous pas que ce mot *dérobé* rejeté, et comme suspendu en dehors du vers, peint admirablement l'escalier d'amour et de mystère qui enfonce sa spirale dans la muraille du manoir ! Quelle merveilleuse science architectonique ! quel sentiment de l'art du XIVe siècle ! quelle intelligence profonde de toute civilisation.

L'ingénieux élève de Devéria voyait sans doute trop de choses dans ce rejet, car ses commentaires, développés outre mesure, lui attirèrent des *chut* et des *à la porte*, dont l'énergie croissante l'obligea bientôt au silence.

---

1. La duègne de Doña Sol.
2. Les tragédies de Voltaire triomphaient sur les théâtres officiels au XVIIIe siècle et au début du XIXe siècle.
3. Peintre romantique ami de Hugo. Giorgione est un peintre du début du XVIe siècle, coloriste célèbre.

■ **Bibliographie :** D. Sangsue, *La Parodie*, éd. Hachette, 1994.

## ▶ L'IMITATION LUDIQUE

### Jean-Louis Curtis
### *La Chine m'inquiète*

p. 450

## « Un tableau introuvable »

### APPROCHES

■ **Axes d'étude :** Le pastiche. La transposition anachronique. L'écriture de l'Histoire.

■ **Préalables :** Distinguer **parodie et pastiche** : la parodie transforme un texte (voir *Hernani* et *Harnali*) en lui faisant subir une dégradation moqueuse ; le pastiche au contraire est un texte inventé, mais écrit dans un style semblable à celui de l'auteur pastiché. Quand le pastiche ne s'avoue pas comme tel, mais se donne pour authentique, on parle de « forgerie ». Souligner l'humour de Curtis, qui pastiche Proust, lui-même grand auteur de pastiches.

### LIRE : À la recherche de Proust

#### 1- Identification de mai 1968

Le détail le plus net est la mention explicite des « *étudiants français* » (l. 7), repris ou annoncés par tous les termes qui évoquent des jeunes gens : *jouvenceaux* (l. 4), *pages* (l. 8), *juvénile* (l. 12). Il est complété par une allusion au mois de mai (*palpitation printanière*, l. 12-13), à l'atmosphère révolutionnaire et aux manifestations (*cortège*, *contestataires*, l. 12). S'y ajoutent des références aux célèbres *slogans* (l. 13) et à l'horizon idéologique (*révolution culturelle*, *Petit Livre rouge* et *Mao-Tsé-toung*, l. 13-14, 16-17, 19). À noter enfin ce qu'on pourrait appeler des *realia* de cette époque déjà lointaine pour les élèves : les jeans délavés et moulants, beaucoup moins courants alors que de nos jours, les cheveux longs, véritables signes de ralliement et la mode « hippie ».

#### 2- L'esthétique proustienne

Le plus immédiatement visible est la longueur de la phrase, faite d'enchâssements successifs (l. 1, 2), dans un système de subordination complexe, et de reprises elles-mêmes développées : on peut réduire ce long paragraphe à une phrase minimale et voir ensuite toutes ses arborescences.

La mention de Swann a valeur de signe : renvoyant à l'un des personnages les plus connus de Proust, elle met le lecteur sur la voie du pastiche. Elle explique la référence à l'art. Swann, amateur d'art raffiné et reconnu comme expert en la matière, ramène la vie quotidienne à l'art, au point de percevoir sa maîtresse Odette de Crécy à travers un tableau de maître italien. C'est ce que fait également J.-L. Curtis, l'effet comique provenant de l'incongruité du rapprochement.

## « On gueule d'horreur »

### LIRE : Voyage jusqu'au bout de Céline

On peut prendre pour modèles les textes qui figurent dans *Français Seconde* (▶ p. 12, 168, 169).

Le pastiche est comme une caricature : il restitue les traits les plus saillants d'un style sans se soucier de nuances. Il retient donc ici l'utilisation de l'argot. De même, voir la transposition de la langue orale : *y* pour *il* (l. 4) ; onomatopées ; syntaxe caractéristique de la langue populaire : *si qu'ils* (l. 12), avec reprise du *que*. Noter aussi l'énonciation à la première personne et bien entendu la syntaxe hachée, avec recherche systématique de la syncope, dont rend bien compte la ponctuation.

## « Comme autrefois, quand il n'y avait pas d'usine »

### LIRE : Que Giono demeure

On peut prendre pour modèle le texte qui figure dans *Français Seconde* (▶ p. 188).

#### 1- Giono et la Provence

Jean Giono, qui naît à Manosque en 1895 et qui y meurt en 1970, est considéré comme le chantre de la Provence, qui inspire une bonne partie de son œuvre : il y est notamment sensible à la nature, aux sensations, à la vie paysanne, à la communion avec la terre natale. *Colline* (1929), *Regain* (1930), *Le Chant du monde* (1934) et *Que ma joie demeure* (1935) en témoignent. L'allusion à la Provence a donc valeur de signe, au même titre que Swann dans le pastiche de Proust.

#### 2- Le berger et le colporteur

La Provence de Giono est très différente de celle de Pagnol ou de Robert Guédiguian, par exemple, qui évoquent surtout Marseille ou ses environs. La sienne est une Haute Provence rurale, austère, dont une des activités traditionnelles est la garde des troupeaux et la transhumance. Le personnage principal en est le berger.

Le décalage entre les deux hommes produit un effet

comique, fondé sur la différence entre les réponses données par le berger et les réponses attendues. Là où le colporteur et le lecteur attendent inquiétude ou indignation, le berger manifeste sa satisfaction. C'est un choc de culture. Il ne fait pas des événements de Mai 68 une lecture politique, il ne prend pas en compte des préoccupations de Parisien soucieux de voir la ville endommagée ou en régression économique. Il reste enfermé dans sa culture de rural qui ne voit que les défauts de la ville et de la civilisation. Mais, du même coup, il livre une certaine sagesse, celle du retour à la nature et à des valeurs simples. C'est bien là que se trouve le pastiche de Giono.

## PISTES

■ **Pour une séquence : Pastiches et parodies** (▶ *supra*, p. 344).

■ **Exercices complémentaires**

• **Langue :** Dégagez l'organisation syntaxique de la phrase dans le pastiche de Proust.

• **Oral :** Élucidez les allusions glissées par les auteurs du manuel dans les titres des trois rubriques « **Lire** » de ces deux pages.

• **Écriture :** À votre tour, composez un pastiche d'un auteur consacré (Hugo, Zola, Proust…) en prenant comme sujet un événement emprunté à l'actualité.

■ **Lectures cursives :** Proust, *Pastiches et mélanges* 1919 ; Reboux et Müller, *À la manière de…*, éd. Grasset, 1964.

# LES RÉÉCRITURES DE LA BIBLE

## *Évangile selon Matthieu*

p. 452

### « Et, se lavant les mains »

## APPROCHES

■ **Axes d'étude :** Les grands textes fondateurs. Personnages mythiques. Le verset biblique.

■ **Préalables :**

La traduction de Lemaître de Sacy, écrivain et théologien janséniste (1613-1684), suit les usages du XVIIe siècle (vouvoiement, étranger à l'Antiquité).

Présenter Pilate, tel qu'il apparaît dans la Bible. Procurateur romain de Judée de 26 à 36, il est surtout connu pour son rôle dans le procès de Jésus : il reconnaît l'innocence de celui-ci, mais, afin d'éviter une émeute populaire, il le livre au supplice infamant de la croix. Pour manifester qu'il n'est pas responsable de ce choix, il fait le geste de se laver les mains.

■ **Vérifier** que sont compris : *le gouverneur*, verset 11 (= Ponce Pilate) ; *princes des prêtres* et *sénateurs*, versets 12, 20 (= les membres du Sanhédrin, tribunal composé des prêtres, des Anciens, des scribes) ; *Pâque*, verset 15 (= fête juive commémorant la sortie d'Égypte du peuple hébreu).

## LIRE : Le texte sacré et son interprétation

### 1- Le verset biblique

La succession des versets numérotés donne au texte une double appartenance générique : il est à la fois **narratif** et **poétique**. Narratif, il raconte des événements, selon un « pacte de lecture » de vérité. Qu'ils se soient effectivement passés ainsi ou non, les événements sont présentés comme vrais. Telle est la valeur du passé simple dans la *Bible*. Poétique, il est construit sur la récurrence rythmique des versets, qui contribuent par leur forme solennelle à la sacralisation de la parole de l'Évangéliste. L'atmosphère sacrée est notamment créée par le style formulaire (*lui répondit*, *lui dit*, etc.) par l'anaphore de *or*, *alors*, *et* : les événements semblent avoir été destinés par une force supérieure à se produire ainsi.

### 2- S'en laver les mains

Quand, dans la langue courante, on dit qu'on se lave les mains de quelque chose, on signifie qu'on n'en veut pas être tenu pour responsable. « Si tu veux faire cela, c'est ton affaire, moi, je m'en lave les mains ! ».

Pilate, dont le geste est à l'origine de l'expression (on dit aussi « jouer les Ponce Pilate »), théâtralise le refus de sa culpabilité. Il agit comme si le sang du Christ coulait déjà et ne le reconnaît pas pour sien. Pour employer une autre expression figurée, il n'admet pas d'avoir « les mains sales » (▶ p. 312). Le geste et l'expression révèlent aussi le manque de courage, puisque, tout en niant sa culpabilité, Pilate, par calcul politique (ne pas affronter le Sanhédrin) et par démagogie (…*le tumulte s'excitait toujours*…), consent à une injustice.

### 3- Le verset 25

En rejetant sa responsabilité dans la mort du Christ que, d'après cette version de l'Évangile, il a voulu éviter, Ponce Pilate, dignitaire romain, en fait retomber la responsabilité sur les seuls juifs. Ainsi s'explique que ceux-ci aient été appelés « déicides », et qu'il s'en soit suivi au cours des siècles de nombreuses persécutions. Ainsi, par exemple, au Moyen Âge, les épidémies de peste donnaient lieu à des massacres de juifs, puisqu'on considérait que la maladie était une punition divine.

Le verset 25 insiste sur la revendication unanime de la mort du Christ *(tout le peuple)*. La faute initiale, en quelque sorte péché originel particulier à ce *peuple*, souillure indélébile, devra ainsi se payer de génération en génération *(nos enfants)*. Ce n'est que récemment que l'Église est revenue de ces positions qui ont alimenté le pire antisémitisme.

## PISTES

■ **Pour une séquence : Réécritures de la Bible** (Ancien et Nouveau Testament ; personnages et épisodes ; formes littéraires ; interprétations) Vigny, *Poèmes antiques et modernes*, p. 186 ; Hugo, *La Légende des siècles*, p. 190 ; Gréban, *Le Mystère de la Passion*, p. 453 ; Caillois, *Ponce Pilate*, p. 454 ; Schmitt, *L'Évangile selon Pilate*, p. 455.

■ **Exercice complémentaire : Voir**

Interprétez les signes principaux de la mosaïque du VIe siècle (p. 452-453) : horizontalité/verticalité, posture des personnages, costumes, jeu des regards, indifférenciation des traits du visage.

■ **Lecture cursive :** *Évangile selon Matthieu*.

■ **Bibliographie :** *Dictionnaire culturel de la Bible*, Cerf/Nathan, 1990.

## ▶ LES RÉÉCRITURES DE LA BIBLE

### Arnoul Gréban
# *Le Mystère de la Passion*

p. 453

### « Et crucifie-le nous »

## APPROCHES

■ **Axes d'étude :** Le théâtre médiéval. Réécriture de la Bible.

■ **Préalables :**

Préciser que l'extrait proposé est une traduction.

Jusqu'au XIIIe siècle, le théâtre médiéval est très lié aux cérémonies religieuses : mises en scène de certains passages dialogués des cérémonies sur le parvis des cathédrales, puis sur la place où elles se trouvent, mises en scène de personnages bibliques célèbres, comme Adam, ou de saints (voir *Le Jeu de saint Nicolas* de Jean Bodel, début du XIIIe siècle). Au XVe siècle apparaissent de nombreux mystères, drames parfois monumentaux comme celui d'Arnoul Gréban (un prologue et quatre journées, 34 754 vers). Ils ont pour thème la passion du Christ, et réinterprètent les informations trouvées dans les Évangiles.

■ **Vérifier** la compréhension de : *gibet*, v. 18, au sens général de « lieu de supplice ».

## LIRE : Pilate mis en scène

### 1- Le mystère : une forme dramatique

Le plus net est la mise en dialogue et les didascalies, ici les noms des différents personnages, propres au discours théâtral. Les interlocuteurs anonymes de Pilate sont individualisés. S'y ajoutent des propos qui favorisent la gestuelle, à commencer par des gestes de désignation (v. 2, 5, 17). Voir aussi le système des reprises, par exemple dans les propos d'Emilius et de Celsidon (v. 12-15), et dans ceux de Salmanasar et Phares, en l'occurrence accompagnés de répétitions qui permettent une gradation dans le ton (v. 22). Le débat souligne l'âpreté des accusateurs face aux arguments de Pilate.

### 2- Les discours de Pilate

Le discours qu'Arnoul Gréban prête à Pilate insiste pour le disculper. Il se déclare *éberlué*, se présente en fait comme l'avocat de Jésus, ne craint pas de « supplier » (v. 40) en sa faveur. Il ne se contente pas d'être indifférent à un conflit entre juifs qui ne le concernerait pas ; il prend parti pour Jésus, *Votre Christ*, *votre sauveur* (v. 8), *Votre roi* (v. 20). C'est ainsi qu'il retourne contre eux la propre loi des juifs et va jusqu'à les accuser (v. 33-36). Il semble contraint à condamner Jésus, explicitement déclaré *innocent* (v. 31). C'est l'antisémitisme médiéval qui s'exprime ici et réinterprète en le durcissant ce qui n'est que latent dans l'Évangile. La réécriture est idéologique.

## PISTES

■ **Pour une séquence**

• **Le texte et ses sources** (▶ *supra*, p. 340).

• **Réécritures de la Bible** (▶ *supra*, p. 347).

■ **Exercice complémentaire : Écriture**

Réécrivez sous forme de pastiche le texte d'Arnoul Gréban, en imaginant qu'au contraire Pilate est hostile à Jésus.

■ **Lecture cursive :** *Le Mystère de la Passion* d'Arnoul Gréban, dans une traduction partielle procurée par M. de Cambarieu du Grès et J. Subrénat, éd. Gallimard, 1987.

■ **Bibliographie :** E. Koningson, *L'Espace théâtral médiéval*, 1976 ; L. Petit de Julleville, *Les Mystères*, 1880.

## ▶ LES RÉÉCRITURES DE LA BIBLE

### Roger Caillois
# *Ponce Pilate*

p. 454

### « L'histoire future »

## APPROCHES

■ **Axes d'étude :** Réécriture de la Bible. Le narrateur et son lecteur.

■ **Préalables : La réécriture rétrospective de l'Histoire**, qui tient tout à la fois de la fausse science-fiction, du roman historique et du conte philosophique a souvent pris pour sujet la mort de Jésus. Cet événement capital dans l'histoire de l'humanité a inspiré tout particulièrement les intellectuels, à mi-chemin de la fiction et de la philosophie. Caillois recentre l'histoire de la Passion sur le personnage habituellement déprécié de Pilate, pour s'interroger sur ce moment-*carrefour* où la décision d'un individu fut déterminante.

■ **Vérifier** que sont compris le discours indirect libre des l. 5-7 ; les *espiègles lueurs*, l. 16 (= celles des lucioles qui volent dans la nuit).

## LIRE : Le jeu du visionnaire

### 1- Un autre Pilate

Présentés par un narrateur omniscient, les sentiments de Pilate, qui occupent dans le texte tout le 2e §, font de lui un personnage d'une épaisseur inattendue. Non pas un indifférent, un lâche ou un adversaire des juifs, mais un acteur conscient de l'Histoire, une sorte d'intellectuel philosophe méfiant vis-à-vis des excès (l. 23-24) et qui n'est, comme sa démarche auprès de Mardouk et la réflexion qui s'ensuit le prouvent, aucunement guidé par des événements qui le dépassent. Il est l'instrument privilégié d'une méditation sur l'Histoire.

### 2- Vérité et fiction

Un mélange ludique à plusieurs égards :

• **Entre le passé et le futur :** Caillois s'amuse à présenter comme des hypothèses d'érudit, au futur (*théologiens de l'avenir*, l. 8 ; *l'ère future*, l. 12 ; *l'histoire future*, l. 27 ; conditionnel à valeur de futur dans le passé, l. 9, 14) les développements de l'Histoire passée : les dates (l. 11-12), notamment, n'ont de sens que dans le cadre d'un calendrier chrétien qui n'existe pas au moment de la scène. Les deux mouvements se croisent : de Pilate et Mardouk vers le futur possible, du temps de Caillois (*l'écrivain français*, l. 13) et de son lecteur vers le passé réel.

• **Entre l'Histoire et l'histoire :** les dates et les noms (l'Histoire) émanent du discours de Mardouk (personnage de l'histoire). L'Histoire revêt les couleurs de la fiction, et réciproquement : Mardouk *compose*-t-il (l. 27) l'Histoire (une série cohérente de faits et de noms) ou une histoire (une belle épopée) ? Invente-t-il – ou *croit-il* inventer (l. 8)… ce qui va vraiment arriver ? En imaginant cette conversation prophétique, Caillois fait de l'Histoire réelle une voie parmi d'autres possibles : il met en question la nécessité historique, souligne la part de hasard romanesque qui préside à ces *carrefours secrets* (l. 6) où un seul homme peut faire basculer le destin de l'humanité.

• **Entre le vrai et l'invraisemblable :** l'imagination prophétique de Mardouk est d'une lucidité invraisemblable : comment prévoir, sur une étendue de deux millénaires, la *multitude infinie des événements* (l. 2) contenue en germe dans la condamnation de Jésus ? L'Histoire vraie de l'humanité apparaît ainsi comme une immense épopée fabuleuse (Mardouk *invente* ailleurs jusqu'aux noms de Baudelaire et de Delacroix…), alors que Pilate, Mardouk ou Procula, les personnages de la fiction, paraissent plus crédibles : c'est la réalité qui se trouve comme frappée d'irréalité ; le renversement affecte les frontières du vrai et du faux.

L'astuce de Caillois, qui greffe une fiction sur un événement historique, est de mêler avec humour (réflexivité, l. 12-15 : Mardouk le personnage « invente » Caillois son créateur…) les deux aspects pour inviter le lecteur à la méditation et lui faire partager un plaisir intellectuel raffiné. La réécriture est fondée sur la connivence intellectuelle, sur une culture commune et subtilement sollicitée.

### Conclusion

L'histoire de Pilate est ici l'occasion de réfléchir sur les rapports entre un individu et l'Histoire de l'humanité, mais c'est dans le registre d'une *histoire potentielle* ludique, magique et logique, dans l'esprit de Queneau.

## PISTES

■ **Pour une séquence : Réécritures de la Bible** (► *supra*, p. 347).

■ **Exercice complémentaire : Écriture**
Choisissez un fait historique marquant et un personnage qui en a été l'instigateur ou l'auteur ; imaginez son dialogue avec un intellectuel qui en expose les conséquences en vous appuyant sur des faits précis.

► LES RÉÉCRITURES DE LA BIBLE

## Éric-Emmanuel Schmitt
## *L'Évangile selon Pilate* p. 455

### « Yéchoua n'a enseigné qu'à des analphabètes »

## APPROCHES

■ **Axes d'étude :** Réécriture de la Bible.

■ **Préalables : Éric-Emmanuel Schmitt** est aussi dramaturge. Il s'est déjà intéressé à la question religieuse et aux questions que la modernité adresse aux textes sacrés (*Le Visiteur*, dialogue entre Dieu et Sigmund Freud). Le roman s'organise en deux parties : une *Confession* de Yéchoua (Jésus), et *L'Évangile selon Pilate*, lettres que Pilate adresse à son frère Titus. L'extrait figure dans les dernières pages du roman.

## LIRE : Le point de vue de Pilate

### 1- Les préjugés de Pilate

• **Les allusions à la vie de Jésus** : lieu de sa naissance et de ses prédications, *la Palestine* ; recrutement de disciples d'humble origine : Simon Pierre et André son frère étaient bien des *pêcheurs du lac de Tibériade* (l. 8-9), de même que Jacques et Jean, fils de Zébédée ; Matthieu était publicain, métier méprisé ; mention du disciple Jean (Yohanân), qui entend le grec (l. 9) ; caractère oral de l'enseignement de Jésus (l. 11), sous forme de paraboles pour un public populaire (l. 13).

• **Les préjugés de Pilate** : il n'envisage que des arguments admissibles dans son univers intellectuel et culturel. Il ne peut admettre une religion soumise à la seule exigence spirituelle (l. 1-3), hors d'un culte ritualisé ;

gouverneur romain, homme de pouvoir, il ne conçoit d'influence qu'en termes de géopolitique, de puissance sociale (l. 5-7, 12-14), de référence aux capitales de l'empire : politique (Rome), culturelle (Athènes). C'est un point de vue étroitement rationaliste qui domine le discours (l. 12-17). Pilate est à bien des égards le représentant du monde antique.

### 2- La conversion de Claudia

Le romancier s'appuie sur le verset 19 de l'*Évangile selon Matthieu* (▶ p. 452) pour imaginer la conversion de Claudia. La femme de Pilate adresse à celui-ci une mise en garde, alors que se décide le nom du détenu à gracier. Elle se place du côté de Jésus (*ce juste*), dont le sort l'a tourmentée dans un cauchemar. Le message semble suggérer à Pilate de ne pas se prêter à la condamnation de Jésus (trad. de Louis Segond : « Qu'il n'y ait rien entre toi et ce juste ; car aujourd'hui j'ai beaucoup souffert en songe à cause de lui. »).

### 3- Les arguments de Claudia

- Claudia a compris que, pour Jésus, « son royaume n'est pas de ce monde » et que la dimension capitale de son enseignement est la foi, qui précisément exclut les preuves décisives, puisque celles-ci s'imposeraient aux hommes avec la force de l'évidence (l. 23-29).
- **L'ironie du discours indirect libre** vient d'abord de l'attribution de la vérité historique à une femme, Claudia, qui devrait être moins au fait des réalités politiques que son mari. Mais ce renversement est tout de même significatif : le Christ bouleverse les situations acquises et s'adresse plus au cœur qu'à l'intelligence. La seconde ironie découle de la première : les arguments au discours indirect libre (l. 19-29) sont ceux des croyants d'aujourd'hui : Jésus témoin de Dieu qui respecte le libre arbitre des hommes, mystère divin. Les erreurs de Pilate, persuadé que la nouvelle religion *n'aura pas d'avenir* (l. 4), *troublé* mais *jamais convaincu* (l. 30), se trouvent rétrospectivement raillées. *L'hilarité* (l. 18) de Claudia, comme celle du lecteur, vise un personnage auquel, malgré ses efforts, la compréhension de l'Histoire a échappé.

### 4- Peut-on « sauver » Pilate ?

Pilate, en soi, n'est pas un mauvais homme, ni un esprit fermé. Il *explique souvent* (l. 5) son point de vue à sa femme et prend en compte les discours « troublants » de Claudia. Il est simplement prisonnier de la vision du monde dans lequel il vit. Il doute également. La ligne 30 est moins une prise de position en faveur de l'athéisme qu'une sorte d'agnosticisme qui n'exclut pas une ouverture vers la foi. « *Douter et croire sont la même chose, Pilate. Seule l'indifférence est athée.* » lui a dit Claudia peu auparavant.

## ÉCRIRE

- **P. 452 : *Évangile selon Matthieu* :** Un politique, lucide sur les motivations du Sanhédrin (verset 18), et qui tente de concilier le conseil de sa femme (mentionnée chez Matthieu seulement), sa conscience, et les intérêts politiques du pouvoir romain.
- **P. 453 : *Le Mystère de la Passion* :** Un honnête homme, qui, convaincu de l'innocence de Jésus, plaide vainement auprès d'une foule fanatisée par la haine.
- **P. 454 : *Ponce Pilate* :** Un individu conscient de son écrasante responsabilité dans une situation difficile, où il doit choisir le *chemin où s'engager lors d'un carrefour décisif*.
- **P. 455 : *L'Évangile selon Pilate* :** Un rationaliste qui essaie d'inscrire l'affaire Yéchoua dans des cadres connus et met en doute sa portée historique et spirituelle. Un salut possible cependant pour lui ?

Le personnage biblique pose des questions qui sont au cœur de tout pouvoir : « réalisme » politique ou devoir de justice ; contrainte ou marge de manœuvre face à des intérêts particuliers ou à la pression populaire ; responsabilité individuelle (ou culpabilité) du « décideur » au regard de l'Histoire ; conscience des enjeux liés à sa décision, ou aveuglement… Au XX^e siècle, M. Boulgakov, R. Caillois et É.-E. Schmitt fournissent des éclairages nuancés. Vu de l'intérieur, Pilate devient le symbole de la part faillible, trop humaine, du pouvoir.

## PISTES

■ **Pour une séquence : Réécritures de la Bible** (▶ *supra*, p. 347).

■ **Exercice complémentaire : Voir**

Comparez le tableau (p. 454) et la photo du film de Zeffirelli (p. 455) : point de vue, composition, personnages, style.

■ **Texte complémentaire**

**Mikhaïl Boulgakov, *Le Maître et Marguerite*, 1928-1940.**

*Le romancier russe explicite, perçus du point de vue de Pilate, les enjeux à la fois spirituels et politiques de la condamnation de Jésus. Le procurateur a demandé à Caïphe, le grand prêtre du Sanhédrin, de libérer Yeshoua, surnommé Ha-Nozri.*

Caïphe répondit calmement, mais fermement, que le sanhédrin avait pris connaissance de tous les éléments de l'affaire avec grand soin, et affirmait derechef que son intention était de relâcher Bar-Rabbas.

– Comment ? Même après mon intercession ? L'intercession de celui par la bouche de qui parle le pouvoir romain ? Grand prêtre, répète une troisième fois.

– Pour la troisième fois, j'affirme que nous libérerons Bar-Rabbas, dit Caïphe avec douceur.

Tout était terminé, et il n'y avait plus rien à dire. Ha-Nozri allait disparaître à jamais, et il n'y aurait plus personne pour guérir les terribles, les cruelles douleurs du procurateur, et il n'y aurait plus d'autre moyen de leur échapper que la mort. Mais ce n'était pas cette pensée qui, pour l'instant, bouleversait Pilate. La même angoisse incompréhensible qu'il avait éprouvée tout à l'heure sous les colonnes s'emparait de lui à nouveau, et tout son être en était transi. Il s'efforça tout de suite d'y trouver une explication, mais cette explication fut étrange : il sembla confusément au procurateur qu'il n'avait pas tout dit au cours de sa conversation avec le condamné, et que peut-être aussi, il n'avait pas tout entendu.

Pilate chassa cette pensée, et elle s'envola à l'instant même, aussi rapidement qu'elle était venue. Elle s'envola, et l'angoisse demeura inexpliquée, car pouvait-on considérer comme une explication cette autre pensée, très brève, qui s'alluma et s'éteignit comme un éclair : « L'immortalité… l'immortalité est venue… ». L'immortalité de qui donc ? Le procurateur ne le sut pas, mais l'idée de cette immortalité le fit frissonner de froid sous le grand soleil.

– Très bien, dit Pilate, qu'il en soit donc ainsi.

C'est alors que, jetant les yeux sur le monde qui l'entourait, il s'étonna du changement qui s'y était produit. Le buisson aux branches chargées de roses avait disparu, comme avaient disparu les cyprès qui bordaient la terrasse supérieure, et le grenadier, et la statue blanche dans sa niche de verdure, et la verdure elle-même. À la place de tout cela flottait une sorte de viscosité pourpre, où des algues ondulaient et nageaient on ne sait vers quelle destination, et parmi elles, nageait Pilate lui-même. Il se sentait maintenant emporté, étouffé, brûlé par la rage la plus terrible – la rage de l'impuissance.

– J'étouffe, proféra Pilate, j'étouffe !

*[Peu après, Pilate se laisse aller aux menaces.]*

– Je sais, je sais, répondit intrépidement le prêtre à la barbe noire et ses yeux brillèrent. Il éleva sa main vers le ciel et dit : Le peuple judaïque sait que tu le hais d'une haine féroce, et que tu lui causeras beaucoup de souffrances, mais jamais tu ne causeras sa perte ! Dieu le défendra. Il nous écoutera, il nous écoutera, le tout-puissant César, et il nous protègera du bourreau Pilate !

– Oh ! non ! s'écria Pilate, et chaque mot qu'il prononçait lui apportait un nouveau soulagement : plus besoin de simuler, plus besoin de choisir ses termes. Trop longtemps, tu t'es plaint de moi à César, maintenant mon heure est venue. Caïphe ! Envoyé par moi, un courrier va partir à l'instant même, et pas pour se rendre chez le légat d'Antioche ou à Rome, mais directement à Caprée, chez l'empereur en personne, pour lui apprendre comment vous soustrayez à la mort, ici à Jérusalem, des rebelles notoires. Et ce n'est pas avec l'eau de l'étang de Salomon, comme je voulais le faire pour votre bien, que j'abreuverai alors Jérusalem. Non, ce n'est pas avec l'eau ! Rappelle-toi que j'ai dû, à cause de vous, faire enlever des murs les écussons au chiffre de l'empereur, déplacer des troupes, et venir moi-même ici, figure-toi, pour voir ce que vous fabriquiez ! Alors, rappelle-toi ce que je vais te dire : ce n'est plus une cohorte que tu verras à Jérusalem, grand prêtre, oh ! non ! C'est toute la légion Fulminatrix qui viendra sous les murs de la ville, et la cavalerie arabe, et alors tu entendras des pleurs et des gémissements amers ! Alors tu te rappelleras avoir sauvé Bar-Rabbas, et tu regretteras amèrement d'avoir envoyé à la mort ce philosophe, avec ses sermons pacifiques !

Le visage du grand prêtre se couvrit de taches, ses yeux flamboyèrent. Comme le procurateur, il eut un rictus qui découvrit ses dents et il répondit :

– Crois-tu toi-même, procurateur, à ce que tu dis en ce moment ? Non, tu n'y crois pas ! Ce n'est pas la paix que nous apporte à Jérusalem ce séducteur du peuple, ce n'est pas la paix, et tu le sais très bien, chevalier ! Tu voudrais le laisser partir pour qu'il jette le trouble dans le peuple, qu'il outrage la Foi et qu'il mène le peuple sous le glaive de Rome ! Mais moi, grand prêtre de Judée, tant que je vivrai, je ne laisserai pas insulter la Foi et je défendrai le peuple ! Tu m'entends, Pilate ? (Caïphe leva un doigt menaçant) Écoute-moi bien, procurateur !

Trad. de Claude Ligny, révisée par Marianne Gourg

# Traduire Homère

**Leconte de Lisle, Victor Bérard, Philippe Jaccottet**
**Traductions de *L'Odyssée***
p. 457

« Viens, ô illustre Odysseus... »
« Viens à nous ! Ulysse tant vanté ! »
« Viens, Ulysse fameux... »

## APPROCHES

■ **Axes d'étude :** La traduction. L'Antiquité. L'épique et l'épopée (p. 518).

■ **Préalables :** Établir la différence entre poésie en prose, vers blanc et vers libre. Le poème en prose se développe au XIX^e siècle, notamment sous l'influence des traductions de plus en plus nombreuses de poésie étrangère (p. 194, 198-199). Un vers blanc est un vers métré (un hexasyllabe ou un alexandrin par exemple) caché dans un texte en prose. Un vers libre est un vers non métré, et qui ne rime pas nécessairement. Faire identifier ces trois formes par les élèves dans les trois traductions proposées.

■ **Vérifier** que sont compris : Leconte de Lisle : *Seirènes*, l. 2 (= sirènes) ; *nef*, l. 4 (= bateau). Philippe Jaccottet : *cargua*, v. 6 (= serra contre le mât) ; *Hypérion*, v. 12 (= Titan fils d'Ouranos et de Gaia, père d'Hélios, le soleil, dont il est souvent l'incarnation) ; *emplanture*, v. 15 (= socle dans lequel est enfoncé le mât).

## LIRE : Traduire le vers

### 1- Traduire les noms propres

• **Leconte de Lisle** garde une graphie et une phonétique archaïsantes, proches du grec ancien. Les noms de lieu et de personne ne sont pas traduits, mais juste transcrits phonétiquement. Ainsi, le nom d'Ulysse n'est pas traduit en français, mais maintenu en grec (*Odysseus*). La culture grecque antique est présentée dans son étrangeté radicale.
• Chez **Victor Bérard** et **Philippe Jaccottet**, les noms propres sont francisés : par exemple *Euryloque* et *Périmède*, et non *Eurylokhos* et *Périmédès*. Ainsi les personnages semblent plus proches, plus humains, moins mythiques.

### 2- La « belle infidèle » de Leconte de Lisle

Leconte de Lisle utilise des termes archaïsants : *nef* (l. 1) pour *navire* ; des adverbes recherchés : *promptement* (l. 2) pour *en vitesse* ; *ardemment* (l. 12) pour l'action de tirer les rames ; des hyperboles : *la grande Troiè* (l. 8) pour *les champs de Troade*. Il cherche donc à produire un texte qui soit lui-même poétique, sans se soucier du « mot à mot ».

### 3- Vers blancs ou vers libres : le rythme poétique

• **Victor Bérard** compose son texte entier en vers blancs, hexasyllabes et alexandrins. Exemple : § 1= un alexandrin ; § 2= hexasyllabe – alexandrin – hexasyllabe – alexandrin. L'hexasyllabe s'entend comme un hémistiche. D'où un effet incantatoire produit par la très grande régularité du rythme, scandé toutes les six syllabes.
• Le travail poétique de **Jaccottet** est très varié ; il porte à la fois sur le rythme, la syntaxe, le lexique et les images :
– utilisation du vers libre, sans majuscules systématiques en début de vers, mais seulement en début de phrase ;
– rythmes divers ; enjambements par exemple (v. 2-3 ; v. 4-5...) ;
– syntaxe retardée ou contournée par des inversions ou des incises (v. 1, 3) ; anacoluthe (v.19) ;
– omission des articles (v. 14, 15) ;
– archaïsmes (*aigu* pour pointu, acéré, v. 10 ; *Elles disaient*, v. 28) ;
– images insolites (*navire bondissant*, v. 18), métaphores et périphrases (*un plus lourd trésor de science*, v. 24).

### 4- Un épisode initiatique à valeur symbolique

Ulysse se montre un héros à plusieurs titres : chef des marins, il témoigne d'une plus grande sagesse, et leur commande. Il en tire le grand privilège d'être le seul à pouvoir entendre le chant des sirènes, dont ses compagnons ne sont pas dignes.

Il témoigne d'une force de caractère exceptionnelle : au lieu de demander sa délivrance, qui lui permettrait de rejoindre les créatures enchanteresses, il demande à ses compagnons de l'aider à résister.

Le symbolisme de cet épisode est clair : Ulysse est un modèle à suivre. Prévenu par la magicienne Circé, il apprend ici à résister aux tentations illusoires et dangereuses. On remarquera que, dans cet épisode, la simple force de caractère n'y suffit pas : il faut être entouré de fidèles compagnons.

### Conclusion

La traduction du vers pose des problèmes spécifiques. La question de la « fidélité » au texte est piégée : toute traduction suppose une interprétation, une adaptation à une autre langue et à une autre culture, donc des choix.

## DIRE

L'élève devra motiver sa préférence par des critères précis, fondés sur des comparaisons : classicisme/modernité ; étrangeté/familiarité ; prose/vers ; régularité/surprise, etc. On demandera quelques exemples précis, où les trois versions d'un même vers seront prises en considération.

## PISTES

■ **Pour une séquence : L'épique et ses variations** (▶ *supra*, p. 341).

■ **Exercice complémentaire : Voir**
Comparez les deux illustrations proposées de cet épisode. À quel contexte historique appartiennent-elles ? En quoi leurs styles diffèrent-ils radicalement ?

■ **Lecture cursive :** Homère, *L'Odyssée*, chant XII.

■ **Bibliographie :** P. Forget, *Il faut bien traduire. Marches et démarches de la traduction*, éd. Armand Colin, 1994.

▶ D'UNE LANGUE À L'AUTRE

# Traduire Shakespeare

## André Gide, Jean-Michel Desprats
## Traductions de *Hamlet*

p. 459

« C'était le crâne à Yorick... »
« C'était le crâne de Yorick... »

## APPROCHES

■ **Axes d'étude :** La traduction. La collaboration artistique. Le langage théâtral (p. 506).

■ **Préalables :**
Rappeler que le théâtre est à la fois un genre littéraire et un art du spectacle. Il est donc reçu à la fois par le biais de la lecture du texte et par le biais de la représentation. Le langage théâtral est particulier : il n'est pas l'image d'une conversation réelle, mais il en présente l'épure. Dans les adaptations contemporaines de textes classiques traduits, on tient compte de la capacité du texte à être « mis en bouche » par les acteurs.

Rappeler aussi que la langue de Shakespeare est très imagée, dans le registre sublime comme dans le grotesque. C'est ce mélange des genres qui a plu aux romantiques.

■ **Vérifier** la compréhension de : *Alexandre*, l. 25 chez Gide, l. 27 chez Desprats (= Alexandre le Grand).

## LIRE : Traduire la scène

### 1- L'espace scénique

L'espace du théâtre élisabéthain n'est pas mimétique : les fréquents changements de lieu s'y opposent. Quelques éléments suffisent à indiquer le lieu où l'on se trouve. Ici par exemple, quelques objets pour représenter, par métonymie, le cimetière : le crâne de Yorick, éventuellement une bêche pour le fossoyeur. Les tombes peuvent être représentées ou non, une seule permet de suggérer toutes les autres.

Les personnages sont proches les uns des autres, malgré leurs différences sociales : cette proximité signifie l'égalité des hommes devant la mort ; le prince manipule la tête de l'ancien bouffon, et converse avec un homme de rien, le fossoyeur.

Ici, on est loin des règles classiques des bienséances (représentation visuelle de la mort) et de la vraisemblance (conversation entre un prince et un fossoyeur, contraire aux usages). Le cimetière est à l'écart du palais, où se déroule l'essentiel de l'action. Le classicisme ne permettra plus cette dispersion des lieux.

### 2- Vertiges baroques

La scène traite du thème des vanités : tous les hommes sont égaux devant la mort, quel que soit leur niveau social, quels que soient les avantages dont ils jouissent dans la vie : le pouvoir, la richesse, la beauté. Il s'agit donc d'un *memento mori*, dont le crâne est un des motifs traditionnels.

La tonalité grotesque, présente dans l'esthétique baroque, fait voisiner le rire et la mort ; le crâne du bouffon est l'emblème de cette proximité.

### 3- Le mélange des niveaux de langue

On repère trois niveaux de langue : soutenu, courant et trivial.

**– Soutenu**

| Gide | Desprats |
|---|---|
| *Va donc à présent retrouver ma Dame dans son boudoir*, l. 20-21 | *va-t-en trouver Madame dans sa chambre*, l. 21-22 |
| *je t'en prie*, l. 23 | *Je t'en prie*, l. 24 |

**– Courant**

| Gide | Desprats |
|---|---|
| *À qui était-il ?*, l. 3 | *À qui était-il ?*, l. 3 |
| *Je l'ai connu, Horatio*, l. 13 | *Je l'ai connu, Horatio*, l. 13 |

**– Trivial**

| Gide | Desprats |
|---|---|
| *un brave fou de fils de putain*, l. 4 | *un sacré putaillon de fou*, l. 4 |
| *Qui croyez-vous bien que c'était ?*, l. 4-5 | *À qui croyez-vous qu'il était ?*, l. 4-5 |
| *Pouah !*, l. 28 | *Pouah !*, l. 30 |

Leur mélange crée une impression de vivacité, de naturel, et rapproche humainement les deux personnages, situés chacun à une extrémité de l'échelle sociale : le fossoyeur et le prince.

**4- Le texte et la scène**

Les deux traductions conviennent bien à une mise en scène. La syntaxe simple dans les deux rend leur diction assez aisée. On peut apprécier tout particulièrement dans la traduction de Jean-Michel Desprats la recherche de mots rares (*putaillon* plutôt que *fils de putain*), d'images originales (*mandibule en berne*, l. 21) qui donnent au texte une certaine étrangeté, restituant ainsi la force poétique du texte ancien.

**Conclusion**

Nécessité de trouver des équivalents poétiques, de rendre compte des différents niveaux de langue, de tenir compte du genre, de la visée du texte (spécificité du dialogue de théâtre). Il ne suffit pas de bien connaître une langue étrangère pour bien traduire : il faut aussi très bien connaître sa propre langue et se montrer inventif.

## ÉCRIRE

Montrer d'abord les qualités de lecteur et d'analyste nécessaires au traducteur, attentif aux caractéristiques stylistiques du texte qu'il traduit.

Montrer ensuite ses qualités propres de créateur. On pourra développer les points suivants :

– trouver l'équivalent des images poétiques d'origine ;
– trouver un rythme expressif ;
– opérer des choix stylistiques : opacité/clarté, jeu sur les niveaux de langue ;
– prendre en compte les contraintes génériques : équivalent du vers pour la poésie, nécessités de la scène pour le théâtre.

## PISTES

■ **Pour une séquence : L'esthétique baroque** (l'image de la vie et de la mort ; l'illusion ; liberté et démesure formelle) : Du Bartas, *La Semaine*, p. 48 ; Marino, *Adonis*, p. 49 ; Cervantès, *Don Quichotte*, p. 50 ; Calderón, *La vie est un songe*, p. 51 ; Chassignet, *Le Mépris de la vie et Consolation contre la mort*, p. 51 ; Viau, *Pyrame et Thisbé*, p. 52 ; Shakespeare, *Macbeth*, p. 53 ; D'Aubigné, *Les Tragiques*, p. 174-175.

■ **Exercice complémentaire : Traduction**

En collaboration avec le professeur de langue vivante, traduire l'extrait d'un classique étranger célèbre, en s'interrogeant sur les effets produits par les divers choix possibles.

■ **Lecture cursive :** Shakespeare, *Hamlet*.



# Du vers à la prose

**Baudelaire**
***Les Fleurs du mal*** p. 461

## L'Invitation au voyage

## APPROCHES

■ **Axes d'étude :** Les mètres courts (p. 178). Le refrain. Le voyage. Vers et prose (p. 198).

■ **Préalables :** Les poèmes d'amour de Baudelaire ont été inspirés par des femmes différentes (biographie, p. 522), mais la poésie lyrique gomme les repères autobiographiques ; le poème peut être compris sans eux. Plus intéressante est ici la manière de retravailler un thème traditionnel, la recherche du bonheur dans le voyage, subvertie par les références implicites à la peinture.

## LIRE : Le voyage immobile

**1- Vision picturale**

• **Les trois tableaux :** 1re strophe : contemplation des yeux de l'aimée ; 2e strophe : description de la chambre ; 3e strophe : description de la ville.

• Le mouvement général de la vision est l'**élargissement** ; en termes picturaux, elle passe du portrait à la scène d'intérieur, puis au paysage, à partir d'une analogie initiale (la femme-paysage : *Au pays qui te ressemble*, v. 6).

• **Notations picturales :** Le pluriel des *soleils mouillés*, des *ciels brouillés* (v. 7-8) désigne des compositions picturales ; certains peintres ont une technique et un intérêt particuliers pour les atmosphères (les Flamands J. ou S. Van Ruysdael, W. Van de Velde ; l'Anglais Constable, 1776-1837). *Là-bas* est peut-être le lieu peint sur un tableau ; la 2e strophe évoque un intérieur bourgeois comme on en trouve dans la peinture hollandaise (Vermeer) ; la 3e une ville de canaux, digne des paysagistes hollandais du XVIIe siècle ou de l'Italien Canaletto (vues de Venise).

• **Jeux de lignes :** perspective tracée par les meubles, les plafonds et les miroirs dans la strophe 2, horizon délimité par les canaux et les champs dans la 3e.

• **Jeux de couleurs :** peinture pastel du ciel dans la 1re strophe (étude de ciel voilé comme les yeux de la femme aimée), brillance des meubles et reflets de la nature morte dans la 2e, *chaude lumière* diffuse de la 3e (paysage).

• **La poésie** se fait ici transcription d'une peinture, selon le précepte adapté d'Horace : *ut pictura poesis* ; pour cela, elle utilise ses moyens propres, y compris sonores. Plus peut-être que du voyage, ce poème fait l'éloge de la peinture et de la poésie, sœurs rivales dans l'art de la représentation.

### 2- Le refrain

Le refrain exprime la sérénité et la plénitude, à la fois par son sémantisme, par le choix du même mètre dans le distique (sept syllabes), et par la rime plate. Son rythme suit un mouvement d'expansion : d'un élément (*Là*) à deux (*ordre et beauté*), puis à trois (*luxe, calme et volupté*). Mais dès le premier vers, le mouvement s'arrête : emploi du verbe *être* dans une tournure restrictive, suite de substantifs qui comblent en quelque sorte le vers.

Tout dit le désir obsédant du plaisir pur, d'une harmonie que ne viendrait perturber aucune douleur.

### 3- Le dernier voyage

• **Lexique** du **repos** et de l'**immobilité** : *mourir* (v. 5) ; *ordre, calme* (refrain) ; *Dormir* (v. 30) ; *couchants* (v. 35) ; *s'endort* (v. 39).
• On constate un tropisme vers l'immobilité tout à fait paradoxal pour une *Invitation au voyage* : s'il s'agit d'un voyage parmi des tableaux (une sorte de visite guidée d'exposition ou de musée imaginaires), le voyage ne peut être qu'immobile. Cette fascination pour l'immobilité, si fréquente chez Baudelaire (► « Le Port », « La Chevelure », dans les *Petits Poèmes en prose*), révèle un rêve de bonheur à deux dans l'apaisement d'un sommeil sensuel ; elle peut s'interpréter aussi comme une aspiration à l'éternel repos, au dernier voyage qu'annonce le v. 5 (► « La Mort des amants ») : pulsion suicidaire ? ► « Le voyage » : « Ô Mort, vieux capitaine… »

### Conclusion

Il existe une veine exotique chez Baudelaire : mais ce tableau n'y renvoie pas tout à fait, malgré son titre. Celui-ci, trompeur, amène le lecteur à réfléchir sur la destination mystérieuse de ce voyage intérieur.

## PISTES

■ **Pour une séquence**
• **Baudelaire, les voies de la modernité** (thèmes, écritures et formes) : textes p. 201-205 ; *Petits poèmes en prose*, p. 462.
• **Littérature et peinture** (la *mimesis* ; rivalité entre les arts ; moyens comparés) : Grainville, *L'Atelier du peintre*, p. 68 ; Baudelaire, *Petits Poèmes en prose*, p. 204 ; Proust, *La Prisonnière*, p. 471 ; Semprun, *La Deuxième Mort de Ramon Mercader*, p. 473.

■ **Exercices complémentaires : Oral**
1- Recherchez des tableaux de peinture hollandaise susceptibles d'illustrer ce poème. Exposez succinctement les raisons de votre choix.
2- Écoutez le poème de Baudelaire mis en musique par Henri Duparc. Quelles remarques cette adaptation vous inspire-t-elle ? Le compositeur vous paraît-il avoir rendu l'atmosphère de la rêverie baudelairienne ? Donnez vos raisons.

■ **Lecture cursive :** Baudelaire, *Les Fleurs du mal*.

■ **Bibliographie :** J.-P. Richard, « Profondeur de Baudelaire » *Poésie et profondeur*, éd. du Seuil, 1955.

## … Du vers à la prose

**Baudelaire**
***Petits Poèmes en prose*** p. 462

# L'Invitation au voyage

## APPROCHES

■ **Axes d'étude :** Poésie en prose (p. 199). La réécriture.

■ **Préalables :** Signaler que le passage à la prose est pour le poète Baudelaire une véritable reconversion. Après les *Fleurs du mal*, il projette d'écrire un pendant en prose au premier recueil. La mort l'empêche de mener à bien son projet. La prose lui apparaît plus propice que le vers à rendre compte de la modernité et des mouvements subtils de l'âme (p. 203).

■ **Vérifier** que sont compris : *carrière*, l. 4 (= libre cours) ; *revenez-y*, l. 33 (= souvenir) ; *florins*, l. 44 (= monnaie hollandaise) ; *correspondance*, l. 49 (= affinités secrètes entre les choses, selon la théorie de Swedenborg).

## LIRE : Le poème en prose

### 1- Vers et prose

• **Le poème en vers :** alternance originale de vers courts, de 5 et 7 syllabes. Ils créent un effet de grande légèreté et d'instabilité, qui s'accorde avec le thème de l'évasion. Verlaine, dans son « Art poétique », dira préférer l'impair. L'alternance est régulière (2 pentamètres, 1 heptasyllabe…), avec pause dans le refrain, constitué d'un distique d'heptasyllabes.
• **Le rythme de la prose :**
– aux strophes correspondent des paragraphes ; ils sont plus nombreux, et de longueur variable ;
– les répétitions impriment un rythme : rythmes binaire (l. 1), ternaire (l. 11-12, l. 17, l. 25, l. 42) accumulatif (l. 6, l. 29, l. 30) ; anaphores (l. 17 et 21 ; l. 42) ; variations sur un même thème (l. 46) ; anadiplose (l. 57) ;
– travail des cadences majeures (dernière phrase) et mineures (l.18-20).

Les effets rythmiques de la prose sont plus diversifiés, moins immédiatement perceptibles aussi, mais tout aussi prononcés.

### 2- Réalisme de la prose

Les choses sont plus directement nommées, moins suggérées que dans le poème en vers. Parmi ces *realia* : les meubles et objets de décoration (l. 30, l. 36-37), les noms de lieux (la Hollande est explicitement désignée par l'allusion à Sumatra, colonie néerlandaise, par le *florin*), les notations sensuelles.

### 3- Explicitation des thèmes

Les thèmes et les termes du poème en vers sont repris : *luxe*, *ordre* (l. 56) reprennent le refrain. L'isotopie du *parfum* est non seulement développée, mais aussi thématisée (l. 56). *Les soleils couchants* (l. 26) sont des éléments picturaux repris dans une thématique de la peinture plus explicite (l. 25). Les *plus rares fleurs* (v. 18) sont nommées (*tulipe noire* et *dahlia bleu*, l. 45). L'esthétisme suggéré dans le refrain (*et beauté*) est déployé par la richesse et le *luxe* des sensations visuelles, tactiles et olfactives.

**Conclusion**

Le poème en prose, par la précision et le développement des indications matérielles, est plus sensuel que le poème en vers, qui est, lui, plus éthéré, plus spirituel.

## PISTES

■ **Pour une séquence : Poème en prose et prose poétique** (effets de rythme ; rupture et modernité ; le renouvellement des genres) : Aloysius Bertrand, *Gaspard de la nuit*, p. 194 ; Baudelaire, *Petits Poèmes en prose*, p. 203, 204 ; Rimbaud, *Illuminations*, p. 208, 209 ; Lautréamont, *Les Chants de Maldoror*, p. 213 ; Saint-John Perse, *Neiges*, p. 226 ; René Char, *Feuillets d'Hypnos*, p. 229 ; Aimé Césaire, *Cahier d'un retour au pays natal*, p. 230.

■ **Exercice complémentaire : Écriture**

En suivant la méthode exposée dans la rubrique « Lire » p. 463, comparez « doublets » en vers et en prose de Baudelaire : « La Chevelure », « Un hémisphère dans une chevelure ».

■ **Lecture cursive :** Baudelaire, *Petits Poèmes en prose*.

■ **Bibliographie :** B. Johnson, *Défigurations du langage poétique*, éd. Flammarion, 1980.

▶ D'UN GENRE À L'AUTRE

# De l'épopée à l'article sportif

***La Chanson de Roland*** p. 464

## « La bataille est prodigieuse... »

## APPROCHES

■ **Axes d'étude :** La poésie épique. Le récit de guerre. La figure du héros.

■ **Préalables :**

*La Chanson de Roland* est le premier texte fixé à l'écrit (vers 1100) qui représente en littérature française le genre de la chanson de geste, manifestation privilégiée de la catégorie épique au Moyen Âge et chef-d'œuvre reconnu, considéré dès cette époque comme un modèle.

Il convient pour définir le genre de donner tout leur sens aux termes qui composent l'expression « chanson de geste ». Il s'agit de poèmes peut-être chantés, en tout cas psalmodiés par un professionnel du spectacle appelé « jongleur » qui s'accompagne souvent à la vielle. C'est donc, surtout au début du XIIe siècle, un genre oral, support à une mise en voix sinon à une mise en scène. Son thème caractéristique est une « geste ». Ce terme, issu du latin *gesta*, signifie après différents glissements « faits dignes de mémoire », « exploits » (voir l'expression moderne « faits et gestes »). La chanson de geste raconte donc en les embellissant des actions passées, dont le cadre historique se situe le plus souvent à l'époque carolingienne. Il s'agit d'un genre codifié qu'on ne saurait appréhender avec des codes issus du réalisme moderne.

■ **Vérifier** la compréhension de l'allusion à l'*archevêque* (l. 7-8) : il s'agit de Turpin, prototype du prélat guerrier qui légitime cette sorte de guerre sainte que représentent au début les chansons de geste, particulièrement *La Chanson de Roland,* écrite dans le contexte de la première croisade.

L'allusion aux sources, l. 14 : bien qu'elles déforment le substrat historique plus ou moins précis sur lequel elles s'appuient, les chansons de geste ont une prétention historique. Il se peut que *La Chanson de Roland* ait quelque dette lointaine à l'égard de vieilles chroniques carolingiennes. Mais l'essentiel ici est la caution que se donne le narrateur en évoquant, selon l'habitude médiévale, une *auctoritas* (une référence qui fait autorité).

## LIRE : Les valeurs épiques

### 1- Le regard du narrateur

Chaque paragraphe de la traduction transcrit une « laisse », groupe de vers homogène du point de vue du sujet traité et du point de vue des sons mis en fin de vers, qui sont en l'occurrence des assonances. Le premier paragraphe donne une vue générale de la bataille : affrontement global des Français et des Sarrasins. Le second se concentre, comme par un effet de « zoom », sur les deux héros principaux, Roland et Olivier, qui incarnent les valeurs épiques les plus représentatives : courage, valeur guerrière hors du commun, combat pour une grande cause qui dépasse les individus qui la défendent.

### 2- L'exagération épique

Elle est ici surtout visible dans :

– les chiffres (l. 14) ;

– les qualificatifs (l. 1, 8, 10) ;

– les interventions du narrateur, sans doute destinées à provoquer et canaliser les réactions du public (l. 2-3, 10) ;

– la présentation des exploits individuels (l. 7-10, 11-18).

## PISTES

■ **Pour une séquence : L'épique et ses variations** (▶ *supra*, p. 341).

■ **Exercice complémentaire : Oral**

Les chansons de geste donnaient lieu à une représentation : mise en scène élémentaire, et « mise en voix » d'un « jongleur » qui tenait compte des réactions et des attentes du public. Repérez les traces de cette énonciation du jongleur qui subsistent malgré la traduction. Essayez d'en tenir compte à la lecture du texte.

■ **Bibliographie :** J. Maurice, *La Chanson de Roland*, PUF, 1992.

... De l'épopée à l'article sportif

**Denis Lalanne**
*L'Équipe*

p. 465

## Le XV de France a maté l'Afrique du Sud

### APPROCHES

■ **Axes d'étude :** L'article journalistique. Le registre épique.

■ **Préalables :** En français moderne, de plus en plus, le terme « exploit » est accompagné de l'adjectif « sportif ». C'est dire que le domaine d'activité du sport est de plus en plus dépositaire de valeurs épiques. Par un hasard du signifiant, l'épique se retourne en « l'Équipe », le grand quotidien spécialisé du sport en France. Selon les événements, ses articles chantent les louanges de « héros » présentés comme surhumains (surtout dans le domaine du cyclisme, texte complémentaire) et comme les représentants d'une cause nationale.

■ **Vérifier** la compréhension de l'allusion au *sang néo-zélandais* : les rugbymen de Nouvelle-Zélande (les « All-Blacks ») sont parmi les meilleurs du monde.

### LIRE : L'épopée du « sport-roi »

#### 1- L'amplification épique

Denis Lalanne, pour rendre compte d'un événement qui fait date dans le monde sportif et qui est donc tout le contraire d'une information ordinaire, choisit de tourner le dos à un style plat, neutre, purement informatif. D'où les exclamations, les reprises, qu'on peut justement qualifier d'« épiques » (ex. « *Ils ignoraient, les Français...* »), l'exaltation des héros saturés d'émotion, le jeu sur les chiffres (par exemple, ce qui manifeste en quelque sorte la force d'énonciation épique de l'article en train de s'écrire et de se lire, on passe de « *90 000 spectateurs payants* » à « *100 000 Sud-Africains* »).

La dernière phrase, chute à la Victor Hugo, joue sur la surprise. Comme dans les chansons de geste, les forces apparaissent disproportionnées : foule/équipe, 100 000 spectateurs/quinze hommes, etc. De même cette phrase anticipe sur le résultat du « combat » avec un futur dans le passé (*allaient vaincre*) : tout le reste de l'article n'a plus qu'à présenter l'accomplissement d'un destin dans une Histoire dont le sens est ainsi tracé.

#### 2- Du match à l'affrontement « historique »

Le mouvement de transformation est donné dès le court premier paragraphe, qui oppose « le XV de France » à « l'Afrique du Sud » et qui reprend ainsi le titre de l'article. Ce sont deux nations qui semblent s'affronter. Ainsi s'expliquent les mentions de l'Histoire, des vertus ancestrales caractéristiques, du sang, du peuple et de son origine ethnique, du *Chant du départ*, chanson patriotique qui renvoie à une période clef pour la fondation de la nation française.

#### 3- De l'exaltation à l'ironie

L'écart entre le ton employé (*au nom de la France, pour la France...*) et l'événement, mineur à l'échelle de l'histoire de France, est trop affirmé pour que la parodie soit exclue. Elle est probable dans le choix de termes emphatiques comme « *hurlement* » ou « *haine* » et dans la « mondialisation » de l'événement : « *ce dernier match était livré aux yeux du monde entier* » ; un commentateur sportif aussi avisé que Denis Lalanne ne peut ignorer que le rugby est alors un sport encore très peu répandu, dans le monde autant qu'en France elle-même, où il est surtout à cette époque pratiqué dans le Sud-Ouest.

### PISTES

■ **Pour une séquence : L'épique et ses variations** (▶ *supra*, p. 341).

■ **Exercices complémentaires**

• **Écriture :** À la manière de Denis Lalanne, rédigez sur le mode épique le commentaire d'un événement sportif d'actualité (course de formule 1, championnat de football...).

• **Oral :** En quoi le texte de R. Barthes complète-t-il l'analyse du registre épique dans l'article sportif ? Quels sont les indices d'ironie ?

■ **Texte complémentaire :**

**Roland Barthes**, « Le Tour de France comme épopée », ***Mythologies***.

La géographie du Tour est [...] entièrement soumise à la nécessité épique de l'épreuve. Les éléments et les terrains sont personnifiés, car c'est avec eux que l'homme se mesure et comme dans toute épopée, il importe que la lutte oppose des mesures égales : l'homme est donc naturalisé, la Nature humanisée. [...]

L'étape qui subit la personnification la plus forte, c'est l'étape du mont Ventoux. Les grands cols, alpins ou pyrénéens, pour durs qu'ils soient, restent malgré tout des passages, ils sont sentis comme des objets à traverser ; le col est trou, il accède difficilement à la personne ; le Ventoux, lui, a la plénitude du mont, c'est un dieu du Mal, auquel il faut sacrifier. Véritable Moloch, despote des cyclistes, il ne pardonne jamais aux faibles, se fait payer un tribut injuste de souffrances. Physiquement, le Ventoux est affreux : chauve (atteint de séborrhée sèche, dit *L'Équipe*), il est l'esprit même du Sec ; son climat absolu (il est bien plus une essence de climat qu'un espace géographique) en fait un terrain damné, un lieu d'épreuves pour le héros, quelque chose comme un enfer supérieur où le cycliste définira la vérité de son salut : il vaincra le dragon, soit avec l'aide d'un dieu (Gaul, ami de *Phoebus*), soit par pur prométhéisme, opposant à ce dieu du Mal, un démon encore plus dur (Bobet, *Satan de la bicyclette*).

Le Tour dispose donc d'une véritable géographie homérique. Comme dans l'Odyssée, la course est ici à la fois périple d'épreuves et exploration totale des limites terrestres.

# L'opéra

**Mérimée**
***Carmen***

p. 466

## « Une vraie bohémienne »

**Bizet, Meilhac, Halévy**
***Carmen***

p. 467

## « L'amour est un oiseau rebelle... »

### APPROCHES

■ **Axes d'étude :** Le récit à la première personne. La couleur locale. Image de femme.

■ **Préalables :** Mérimée est un maître de la nouvelle, mais *Carmen* a dû surtout son succès à l'opéra de Bizet (1875), qui a marqué le début du mythe (au cinéma : Otto Preminger, *Carmen Jones* ; Antonio Gades, *Carmen...*) : le personnage est une sorte d'équivalent féminin du mythe de Don Juan ; pour certains critiques, son attitude libérée en fait un porte-parole de la cause féminine.

■ **Vérifier** que sont compris : *maréchal des logis*, l. 2 (= grade de sous-officier) ; *se signer*, l. 34 (= faire le signe de croix pour conjurer le diable) ; *gaillard*, l. 35 (= un peu trop libre).

### LIRE : La couleur locale

#### 1- Le récit enchâssé

Au XIXe siècle, la nouvelle procède souvent par enchâssement des récits : le narrateur premier rencontre un personnage intéressant, qui lui raconte son aventure. Le lecteur peut ainsi facilement s'identifier au narrateur destinataire de l'histoire, et éprouver une certaine sympathie pour le personnage principal. L'enchâssement crée aussi un effet de réel qui rend l'histoire plus vraisemblable (voir les adresses au narrateur : *Si vous êtes allé à Séville*, l. 3-4 ; *Vous saurez, monsieur*, l. 11 ; *que vous connaissez...*, l. 26 ; *Monsieur, cela...*, l. 52). L'acte de langage revendiqué par le narrateur premier est en effet le témoignage : il ne garantit pas que l'histoire est vraie, mais que son récit est authentique. Ici, de plus, les circonstances de la narration (confession d'un condamné à mort) donnent un accent tragique à ce récit rétrospectif.

#### 2- Le pittoresque

• Outre le vêtement et les attitudes de Carmen (▶ question 3), les éléments pittoresques concernent la géographie physique (le *Guadalquivir*, l. 5 ; la *fleur de cassie*, l. 32) et humaine (diversité de l'Espagne : *Navarrais*, l. 8 ; *Andalouses*, l. 22 ; *gitanilla*, l. 24), l'univers social (*la manufacture de tabacs à Séville*, l. 3 ; *Quand ils sont... dorment*, l. 6-7) et moral des cigarières (l. 13-19).

• Le rôle esthétique de ces éléments pittoresques est de produire une impression de réalisme et de vraisemblance. L'effet dramatique qui en résulte est un suspense croissant : le lecteur, comme le narrateur, s'attend à ce qu'un événement perturbateur vienne sanctionner l'intrusion d'un « étranger » dans ce pays d'Andalousie, présenté comme un univers dangereux, où les mœurs sont plus libres que dans la province d'où est originaire Don José.

#### 3- La bohémienne

Le portrait de Carmen représente une figure stéréotypée de la bohémienne, dans l'imaginaire collectif comme pour le héros pudique et provincial qu'est Don José : séduisante (*jupon rouge fort court ...couleur de feu*, l. 28-30) ; affichant un mélange de luxe et de gueuserie (*bas de soie blancs avec plus d'un trou*, l. 28-29) ; fort libre (*Elle écartait sa mantille*, l. 30) ; provocatrice (*une fleur de cassie dans le coin de la bouche* [...] *en se balançant sur ses hanches*, l. 31-33 ; *elle répondait à chacun* [...] *les yeux en coulisse, le poing sur la hanche, effrontée comme une vraie bohémienne qu'elle était*, l. 35-37) ; elle adresse la parole à Don José, se moque de lui, plaisante sur sa virilité (l. 44-45, 48-49), l'appelle *mon cœur* (l. 48), lance la fleur de cassie, comme une invite.

#### Conclusion

Carmen, la gitane qui ne reconnaît d'autres lois que celles de son peuple ? une nouvelle incarnation de la femme fatale ? une version féminine de Don Juan ? une héroïne moderne de la liberté féminine ? En tout cas subversive, comme l'attestent les efforts que Meilhac et Halévy ont déployés en vain pour l'édulcorer.

### LIRE : Chant d'amour et de liberté

#### 1- Comparaison

• **Les éléments repris de Mérimée** tiennent à la fois de la structure du passage et du réemploi de certains mots : annonce de l'arrivée de Carmen (le diminutif passe de *gitanilla*, l. 24, à *Carmencita*, v. 3) ; arrivée de Carmen ; adresse à Don José (reprise de *Compère*) ; geste de provocation de la fleur lancée ; désarroi de Don José resté seul (reprise de *l'effet d'une balle qui m'arrivait*, l. 53).

• Le passage du **genre romanesque** (qui raconte) à l'**opéra** (qui montre) implique des changements esthétiques : ainsi le portrait fait par le narrateur Don José est remplacé par un air, la *Habanera*, qui transpose le commentaire des l. 38-40 ; la liberté d'allure que trahissaient le vêtement et l'attitude de Carmen trouve un substitut dans la métaphore de l'oiseau. Les adresses au destinataire du récit enchâssé disparaissent. Les effets de foule (l. 10, 15-19, 46) sont matérialisés par le chœur (cigarières, jeunes gens qui interpellent Carmen).

**2- L'air de Carmen**

• **L'amour** est comparé à un *oiseau rebelle* (v. 11) puis à un *enfant de Bohême* (v. 21). Ces deux images ont une connotation commune : la liberté, l'absence d'attache, l'absolue indépendance du désir affranchi de toute loi sociale, son imprévisibilité totale.

• **Le chœur**, qui reprend l'air de Carmen, donne à son discours une légitimité et une force supplémentaires.

• **La modernité** de cette figure féminine réside dans sa revendication de liberté, dans sa confiance en elle-même, dans son dédain des lois, des conventions sociales et des hommes. C'est Carmen qui prend l'initiative dans les rapports amoureux avec Don José, et qui assumera jusqu'à la fin son destin.

**PISTES**

■ **Pour une séquence : La femme fatale dans la littérature moderne** : Baudelaire, *Petits Poèmes en prose*, p. 204 ; Rimbaud, *Poésies*, p. 206 ; Apollinaire, *Alcools*, p. 218.

■ **Lecture cursive :** Mérimée, *Carmen*.

■ **Bibliographie :** J. Freustié, *Prosper Mérimée. Le nerveux hautain*, éd. Hachette, 1982.

■ **Discographie :** Bizet, *Carmen* (Frühbeck de Burgos-Bumbry, 1970 ; Solti-Troyanos, 1975).

■ **Filmographie :** Bizet, *Carmen* , Francesco Rosi (Maazel-Migenes Johnson), 1982.

... L'opéra

**Thomas**

***Tristan et Yseut*** p. 469

## « Mort par amour pour elle »

**Wagner**

***Tristan et Isolde*** p. 470

## « Une plainte si merveilleuse et douce »

**APPROCHES**

■ **Axes d'étude :** La structure du récit. Le dénouement tragique. Mythe et littérature.

■ **Préalables :** Le mythe de Tristan et Yseut aura une fortune littéraire très grande. Le thème des amants contrariés par le destin, et qui accomplissent leur amour dans la mort, sera repris dans le *Roméo et Juliette* de Shakespeare, le *Partage de Midi* de Claudel, la comédie musicale *West Side Story*, le film de Truffaut *La Femme d'à côté*, etc.

■ **Vérifier** la compréhension de : *inconstance*, l. 34 (= infidélité).

**LIRE : L'amour-passion (p. 469)**

**1- Stylistique de la réciprocité**

Elle se manifeste dans le jeu sur les deux premières personnes du singulier (« vous » et « je », sous leurs formes atone et tonique et dans les possessifs), jeu mis en place dès la première phrase, dont les parallélismes de construction et les retournements, en quelque sorte, mettent en scène la fusion du couple. C'est pourquoi ce « je » et ce « tu » finissent par fusionner en « nous » (l. 14), préludant à l'union des corps même après la mort (l. 19-25).

**2- La position du narrateur**

Le discours direct donne à lire les propos d'Yseut, qui sont un véritable chant d'amour. Mais même dans le récit, le narrateur, à une époque où pourtant le désir et l'amour fou ne vont pas de soi, reprend à son compte cette tonalité du discours (l. 20-25). Le récit traduit en gestes ce que le discours avait mis en incantation.

**3- L'intervention de l'auteur**

Derniers vers du poème (l. 26-35) : cette intervention se situe dans le courant globalement courtois qui influence Thomas, courant qui aime les « jugements d'amour » prononcés par des auteurs qui s'assument clairement. Elle donne l'histoire de Tristan et Yseut comme exemplaire. En cela, elle devient subversive (de façon moins nette que chez Béroul cependant), car dans leurs derniers moments les amants n'ont pas eu un seul mot pour Dieu. Elle semble indiquer que, dès le Moyen Âge, on sent à quel point l'histoire de Tristan et Yseut est une référence.

**4- Le sens du dénouement**

Il renvoie à l'un des axes directeurs de la légende de Tristan et Yseut, répété de réécritures en réécritures : l'amour est plus fort que la mort, et même, ce qui est plus inquiétant, l'amour s'accomplit dans et par la mort. Il triomphe, quels que soient les obstacles qu'il rencontre.

**LIRE : L'amour à mort (p. 470)**

**1- Permanence du mythe**

Wagner prend pour source une adaptation médiévale allemande due à Gottfried de Strasbourg qui, s'inspirant du jongleur Béroul, présente la légende sous une tonalité un peu différente de celle qu'adopte Thomas. Mais les grands traits de la légende, communs à toutes les versions, demeurent : plainte d'Isolde, amour qui perdure au-delà de la mort, complicité active de celui qui raconte l'histoire (ici, l'auteur de l'opéra, qui s'exprime directement dans la didascalie, tout particulièrement à la l. 55.)

**2- L'apport de Wagner**

On a coutume de dire que, dans *Tristan et Isolde*, Wagner érige un « monument à l'amour absolu ». Chez Wagner, l'amour prend une dimension métaphysique, acquiert une portée symbolique. C'est pourquoi la scène, ici comme dans l'ensemble de l'opéra, fait l'économie de détails trop concrets comme la position des corps, par exemple. Au contraire, Isolde est sensible à l'harmonie universelle. La douceur qui émane du mort (v. 1-5) entre en harmonie avec la nature : *Doux* (v. 1), idée reprise avec *douceurs suaves* (v. 43) ; *lumineux* (v. 7) comme les *étoiles* (v. 10) ; cœur dilaté (v. 11-12), souffle (v. 15-20) en accord avec les *douces brises*, les *ondes de délicieux effluves* (v. 35-37). Isolde communie, dans et par Tristan, avec les forces cosmiques, *dans la respiration de l'univers, sous le souffle du tout* (v. 47-48). C'est pourquoi elle se trouve dans un état extatique : *se noyer, sombrer — inconsciente ! Extrême plaisir !* (v. 49-52). Elle semble faire l'amour avec Tristan, la nature et la mort. Wagner tire bien le mythe vers le symbolisme et la métaphysique.

**3- Un livret d'opéra**

Très simplement, le texte est fragmenté en courtes séquences entrecoupées de signes typographiques divers qui rendent compte de respirations liées aux inflexions de la musique. Ceci est conforme à la présentation habituelle des livrets d'opéra.

L'espace scénique n'a rien de réaliste. Il doit au contraire être très dépouillé pour permettre l'envol de la méditation. Wagner est considéré comme le précurseur du théâtre symboliste, très pauvre en décors, très hiératique, contrairement au théâtre naturaliste.

## PISTES

■ **Pour une séquence : La poésie de l'amour et de la mort** (aspects de la mort ; amour et mort : opposition, aboutissement, transcendance ; quels regards, quelles tonalités ?) : Tristan L'Hermite, *Les Plaintes d'Acante*, p.160 ; Ronsard, *Sur la mort de Marie*, p. 152 ; Viau, *Pyrame et Thisbé*, p. 52 ; Hugo, *Hernani*, p. 446.

■ **Exercice complémentaire : Oral**
Écoutez l'air d'Isolde : caractérisez les impressions produites par les sonorités du chant, la mélodie, l'accompagnement orchestral.

■ **Lecture cursive** : Béroul, *Tristan et Yseut*, lecture accompagnée par Jean Maurice, éd. Gallimard, 2000.

■ **Bibliographie :** E. Baumgartner, *Tristan et Yseut*, PUF, 1987.

▶ D'UN ART À L'AUTRE

# La peinture

**Proust**

***La Prisonnière*** p. 471

## « Petit pan de mur jaune »

## APPROCHES

■ **Axes d'étude :** Art et littérature. Le romancier et ses personnages.

■ **Préalables :**
Rappeler la distinction théorique entre auteur et narrateur dans le roman. Signaler le cas particulier de l'œuvre de Proust, ni autobiographique ni entièrement fictive (p. 392). L'auteur se projette manifestement dans un certain nombre de ses personnages. Outre le narrateur de ce vaste récit à la première personne, certaines figures emblématiques reflètent par certains aspects la sensibilité de l'auteur : Swann, mais aussi Bergotte, le personnage de l'écrivain.

L'une des caractéristiques de l'œuvre de Proust est la densité de son écriture romanesque, où s'entrelacent en permanence narration, description, et analyse – psychologique, linguistique ou sociale. Dans ce passage, le récit de la mort de Bergotte est à la fois un sommet dramatique et l'occasion d'une réflexion sur les rapports entre l'art et la vie.

■ **Vérifier** que sont compris : *palazzo*, l. 11 (= palais) ; *spirites*, l. 31 (= d'entrée en contact avec l'au-delà) ; *faix*, l. 34 (= fardeau, poids, charge).

## LIRE : Mort d'un esthète

**1- Le « petit pan de mur jaune »**

Le tableau de Vermeer n'est pas décrit dans son ensemble. Ce qui compte, c'est moins le compte-rendu objectif, la description minutieuse de l'objet d'art, que la traduction par les mots de l'impression qu'il produit. Un système de projection s'établit entre le personnage, le narrateur qui voit le tableau à travers ses yeux, l'auteur et le lecteur.

Certains éléments majeurs du tableau ne sont pas mentionnés : le ciel chargé d'un temps de pluie, qui donne au tableau véritable exposé à La Haye une coloration « mouillée » tout-à-fait saisissante, dont la reproduction sur papier ne saurait rendre compte ; ce ciel lourd et lumineux à la fois occupe les deux tiers (environ le nombre d'or) du tableau dans sa dimension verticale. Ou encore le croisement équilibré de la dimension horizontale (le fleuve avec ses bateaux) et de la dimension verticale, donnée par le ciel, donc, mais aussi par les bâtiments (maisons d'habitation, entrepôts, églises).

Le texte évoque principalement ce que précisément on ne repère pas au premier coup d'œil : les petits personnages, qui évoquent la vie quotidienne, les travaux et les jours ; le petit pan de mur jaune, d'ailleurs difficile à identifier (à droite), qui capte la lumière en train de revenir après la pluie. Éclairé par un changement météorologique, il est le symbole du retour cyclique du temps. Au moment de sa mort, c'est sur ce détail que l'œil de Bergotte est attiré, œil de connaisseur, d'esthète qui sait repérer l'élément original et signifiant d'une composition.

**2- Le passage du temps**

Le passage du temps est ici à la fois une dimension de base du suspense narratif, et un thème.

Nulle agonie, car l'attaque dont est victime Bergotte est foudroyante, mais une mort très rapide en quelques étapes (premiers symptômes, relativisation du mal, nouveau malaise, puis mort instantanée) : *Dès les premières marches* (l. 8) ; *Enfin il fut* (l. 12) ; *Un nouveau coup l'abattit, il roula* (l. 29-30). Le temps des verbes est étudié pour faire sentir cette irréversibilité du temps : avancée de Bergotte dans le musée au passé simple, contemplation du tableau à l'imparfait (comme si l'art se déroulait dans une autre dimension temporelle détachée de l'instant), mort au plus-que-parfait (*Il était mort*, l. 30-31) – voir exercice complémentaire. La mort est innommable, aussi se déroule-t-elle dans une ellipse temporelle.

La fin du passage est une réflexion sur le temps humain, qui n'est pas linéaire comme le temps mathématique. Influencé par la pensée de Bergson – dont le nom ressemble d'ailleurs à celui de Bergotte –, Proust conçoit le temps non comme une succession orientée de moments, mais comme une conscience de l'inscription du sujet dans le monde. D'où le développement sur la présence du passé dans le présent, qui débouche sur une affirmation de la nécessité philosophique de l'art dans la vie humaine.

### 3- L'art, la vie, la mort

La création artistique donne un sens à l'existence qui transcende les limites de la vie biologique (l. 35-37). En ce sens, elle est pour Proust « la vraie vie ». La mort devant le tableau, épisode dramatique fort, a donc aussi une signification symbolique : l'artiste tend à sacrifier sa vie individuelle au profit de l'art (l. 21-23), parce que tout se passe comme si (mais seulement comme si) l'art était un moyen pour les vivants d'échapper à leur condition mortelle. Dans le musée, le spectateur est déjà, avant de mourir, transporté.

### Conclusion

Une page particulièrement dense par cette rencontre d'un moment dramatique (la mort du personnage) et d'une réflexion sur la puissance intemporelle de l'art.

## PISTES

■ **Pour une séquence**
- **Littérature et peinture** (▶ *supra*, p. 354).
- **Récits d'agonie** (▶ *supra*, p. 279).

■ **Exercices complémentaires**
- **Langue :** Identifiez et expliquez la forme « *Il était mort.* » (l. 30-31). Il s'agit d'un plus-que-parfait, le verbe *être* étant ici un auxiliaire et *mort* un participe passé (*Il meurt :* présent ; *il est mort :* passé composé ; *il mourait* : imparfait ; *il était mort* : plus-que parfait).
- **Oral :** Dans un bref exposé, vous mettrez en évidence ce qui oppose les trois approches d'une œuvre d'art : celle de Diderot (pp. 87 et 96) et celle de Proust et de Jorge Semprun (p. 473).

■ **Bibliographie :** J.-Y. Tadié, *Proust et le roman*, éd. Gallimard, 1971.

## … La peinture

## Jorge Semprun (p. 473)

## *La Deuxième Mort de Ramon Mercader*

## « Une force obscurément lumineuse »

## APPROCHES

■ **Axes d'étude :** L'incipit. L'intertextualité. Littérature et peinture.

■ **Préalables :** Réviser avec les élèves les moments-clefs d'un roman : incipit (du latin « ça commence »), excipit ou dénouement, scènes attendues (rencontre amoureuse, premiers déboires, retournements de situation, etc). Certains romanciers jouent avec les attentes de leur lecteur : la fonction de l'incipit est en effet, au moins dans le roman réaliste, de donner clairement des informations sur les personnages, le temps et le lieu de la fiction, et la situation à partir de laquelle l'intrigue va se nouer. Trouver des exemples d'incipit qui jouent avec cette attente (Diderot, *Jacques le fataliste*).

■ **Vérifier** la compréhension de : *sourdre*, l. 5 (= surgir).

## LIRE : *Ut pictura poesis*

### 1- La rivalité littérature/peinture

- La formule « *ut pictura poesis* » vient d'Horace. Le contexte latin est le suivant : Horace dit qu'il faut regarder un texte littéraire à la bonne distance, comme une peinture, qui se regarde différemment selon l'endroit où l'on est placé. La formule, reprise à l'âge classique, subit un glissement de sens. Elle finit par signifier que la poésie (au sens large de littérature) doit décrire le réel aussi bien que la peinture, art mimétique par excellence. Au XVIIe siècle, la question de savoir quel art est le plus apte à la représentation du réel donne lieu à des débats.
- Le texte de Semprun est à l'évidence une « transposition d'art », c'est-à-dire une page de prose poétique cherchant à la fois à décrire le tableau, et à en donner un équivalent esthétique par les mots. La plupart des éléments du tableau de Vermeer sont mentionnés ou décrits : la plage (l. 24-25), le canal (l. 1), le ciel de pluie (l. 2-4), les quais (l. 7-8), les entrepôts (l. 15), les ponts (l. 10), les bateaux de commerce (l. 14), la découpe du paysage urbain sur le ciel – en anglais *skyline* – (l. 17, 23 et 31), les personnages (l. 33-34).
- Outre ces éléments représentés, Semprun rivalise poétiquement avec Vermeer :

– en situant le point de vue de son héros sur le paysage qu'il voit de manière absolument similaire à celui dans lequel Vermeer place son spectateur : quand on regarde le tableau, on croit se trouver sur *le sable jaune et roux de cette rive-ci* (l. 24-25), non pas en regardant droit devant soi, mais sur le côté gauche, selon cette *perspective légèrement oblique* (l. 23-24) que signale la ligne du rivage ;
– en adoptant une écriture qui imite par son style l'ambiance du tableau : la minutie de la peinture de paysage, l'effet « mouillé » de la surface, l'atmosphère de pluie

chaude, le contexte de richesse économique de ce lieu d'échanges commerciaux trouvent leur équivalent poétique dans l'accumulation des termes, les précisions qui sont comme autant de petites touches rajoutées, la longueur cossue des phrases, l'épanorthose (*incongrue, en tout cas inhabituelle*, l. 27), la recherche du mot pittoresque pour dire la couleur (*ocre et bleutée*, l. 8-9 ; *roussâtre*, l. 29 ; *violacée*, l. 31), la forme (*boursouflure*, l. 30) ou la texture des choses (*moussues*, l. 8).

Semprun rajoute à l'esthétique de Vermeer sa propre vision : l'impression générale est celle d'une dégradation lente (*un autre jour*, l. 13 ; *eau morte…*, l. 20), d'un envahissement du paysage par la mort et le silence (l. 32).

**2- Le narrateur et son lecteur**

En réalité, le personnage contemple le tableau de Vermeer. Mais le lecteur ne le sait pas encore ; cette information sera dévoilée plus tard. Certains indices permettent cependant de mettre le lecteur perspicace sur la voie.

- Le discours est ici régulièrement modalisé : par l'emploi systématique du conditionnel, par certaines tournures signifiant la position d'un spectateur-interprète (*semblaient*, l. 15-16 ; *pourrait-on croire*, l. 16 ; *immobile, contemplant*, l. 23), par la mention du silence (l. 32-34) qui caractérise un tableau par rapport à la présence dans la nature.
- À ces jeux avec le lecteur s'ajoute un clin d'œil par omission, « en creux » : Semprun réserve précisément le détail qui donnerait trop explicitement la clef du mystère, en omettant de mentionner le célèbre « petit pan de mur jaune » !

**Conclusion**

Intertextualité entre les arts et les lettres, quand la littérature se met à rivaliser avec les armes de la peinture. Ces jeux reposent sur une culture commune. Raffinement du texte de Semprun, qui fait de son lecteur un fin limier de roman policier en lui donnant à identifier un tableau-mystère.

## PISTES

■ **Pour une séquence : Littérature et peinture** (▶ *supra*, p. 354)

■ **Lecture cursive :** Jorge Semprun, *La Deuxième Mort de Ramon Mercader*, éd. Gallimard.

▶ D'UN ART À L'AUTRE

**Le cinéma**

# Les sources écrites et artistiques

p. 474

## VOIR

**1- Les minutes du procès**

Elles constituent des archives sur le déroulement, la chronologie et le contexte des événements. Ce type de document peut donc aider les scénaristes d'un film à concevoir la nature des actions (arrestation, jugement, exécution de la sentence), la structure du récit, la caractérisation des personnages (la figure de l'Inquisiteur par exemple), l'élaboration des décors (une prison médiévale) et des éléments de dialogue (l'interrogatoire de l'accusée).

**2- L'impression de mouvement**

Elle est créée par :

– le déplacement des personnages et leur disposition dans le cadre (contraste, ici, entre Jeanne d'Arc lançant son cheval de l'arrière-plan vers le premier-plan et la troupe marchant du premier plan vers l'arrière-plan) ;

– le jeu et la physionomie des acteurs (le visage expressif et les cheveux libres de Jeanne d'Arc s'opposent à l'anonymat des soldats représentés de dos et cachés par leurs casques et leurs armures) ;

– le mouvement des objets et la configuration du décor (la bannière déployée symbolise et redouble le dynamisme de l'héroïne, qui accompagne le mouvement vertical des épées, des lances et des haches en fer, prêtes au combat, par opposition au statisme, à l'horizontalité et à la relative fragilité des flèches et des fortifications en bois), l'animation de la nature représentée par le ciel traversé de nuages et les arbres agités par le vent, dans le flou de l'arrière-plan ;

– la composition de l'image qui, divisée en son milieu, ne comporte aucune ligne vraiment régulière.

À ces mouvements inscrits dans l'image s'ajoutent, au cinéma, les mouvements de la caméra ainsi que le mouvement créé par le montage, d'une part entre les plans, d'autre part entre l'image et le son.

**3- Les photos des deux films**

L'histoire de Jeanne d'Arc est assez mouvementée pour avoir permis à différents cinéastes d'illustrer des aspects variés de la vie de cette héroïne. **Besson** met l'accent sur les qualités de stratège, de guerrière et de meneuse d'hommes de Jeanne d'Arc, en la dépeignant comme une femme active, dynamique, capable de prendre en main la destinée d'un royaume. Elle réussit, en effet, à convaincre aussi bien le plus puissant (le Dauphin) que les plus humbles (les soldats) de sa capacité à vaincre l'ennemi.

La photo tirée du film de **Gastyne** la montre, au contraire, comme une victime, s'en remettant à sa foi en Dieu pour surmonter l'épreuve qui lui est infligée lors de son procès. À la figure épique de Jeanne d'Arc en armure, à cheval au-dessus de la mêlée, s'oppose l'image presque christique de la sainte, à genoux sur le sol poussiéreux, enchaînée, les yeux levés vers le Ciel.

**4- Jeanne d'Arc au pluriel ?**

Les différentes représentations du personnage, au combat, au sacre de Charles VII, devant ses juges, dans son cachot, résultent du choix personnel des artistes (enlumineurs, peintres, cinéastes), mais aussi des moyens techniques que leur offre leur art et du public auquel l'œuvre est destinée initialement :

– l'illustrateur des **minutes du procès** prend part à un travail documentaire, soumettant son art aux exigences

du texte, de l'événement, de la réalité historique, tout en y intégrant sa propre vision ;
– le **peintre** met en valeur la dimension politique et religieuse du personnage pour participer par son art à la célébration de l'Histoire de France ;
– les **cinéastes** trouvent en Jeanne d'Arc une figure propice à la réalisation soit d'un film dramatique, intimiste, presque mystique, privilégiant le contraste entre le noir et le blanc, les cadrages serrés et les plans fixes (Gastyne, Rossellini, Dreyer) soit d'un film d'action, faisant alterner scènes de bataille et complots, haut en couleurs et servi par une caméra très mobile et un montage rapide (Rivette, Besson).

Ces différentes interprétations ne sont donc pas contradictoires : la richesse du personnage historique autorise ces variations, qui tiennent à la fois à l'Histoire et aux possibilités propres à chaque moyen d'expression.

### PISTES

■ **Filmographie complémentaire :** C.-Th. Dreyer, *La Passion de Jeanne d'Arc*, 1928 ; R. Rossellini, *Jeanne d'Arc au bûcher*, 1954 ; J. Rivette, *Jeanne la Pucelle*, 1993.

▶ D'UN ART À L'AUTRE

# Les sources littéraires

## Chrétien de Troyes
## *Perceval ou le Conte du Graal*

p. 476

### VOIR

#### 1- Du texte au film

La photo tirée du film d'Éric Rohmer (▶ p. 476) correspond, dans le texte de Chrétien de Troyes, au départ de Perceval après sa visite chez le roi Arthur (l. 32-33) : le personnage éponyme a *tourn*[é] *la tête de son cheval* (l. 14) et quitte la salle où sont attablés le roi et les courtisans. Le cadrage de l'image et l'échelle de plans assez large pour laisser voir la tête et les flancs du cheval de Perceval montrent bien que le décor du film est inspiré de la situation (*au rez-de-chaussée*, l. 1) et de la dimension de la pièce décrite par Chrétien de Troyes (*aussi longue que large*, l. 2). La forte profondeur de champ et le jeu des acteurs permettent de représenter en une seule et même image l'ensemble des personnages du texte et leurs réactions : Perceval décidé à *retrouver le Chevalier Vermeil* (l. 33), les courtisans *le regardant* avec stupéfaction (l. 16), le roi *assis au bout d'une table* (l. 2-3) et *pensif* (l. 4 et 10), son sénéchal *irrité* (l. 29), Yonet *courtois* (l. 8) et compatissant, debout devant la table.

Le décor stylisé, avec ses fleurs de lys, ses colonnes et ses murs lisses et dorés tout comme les accessoires (coupes, nappe blanche, instrument de musique) et les vêtements (pourpoints, robes longues, bonnets) illustrent le caractère royal du lieu et plongent les spectateurs dans le monde médiéval, tout en soulignant comme dans le texte l'apparence incongrue du *jeune sauvage* (l. 15), Perceval, monté sur un cheval de labour et armé de flèches.

#### 2- La vision du Moyen Âge

Le Moyen Âge n'existe plus que dans les représentations qui nous en sont faites par les textes et l'iconographie.
– **Boorman** privilégie un monde mystérieux, magique et somptueux tel que le dépeignent les contes, les légendes et les récits épiques, notamment le cycle breton ;
– **Gilliam et Jones** tournent en dérision les reconstitutions historiques qui tentent de recréer le passé dans le cadre des sites médiévaux à l'aide d'objets et de costumes inspirés des collections de musées ;
– au contraire, **Rohmer** insiste sur le caractère construit et biaisé de notre vision du Moyen Âge qui se fonde sur des textes mêlant réalité et imaginaire et sur une iconographie codifiée et souvent symbolique ;
– **Bresson**, pour sa part, met l'accent sur la permanence de l'amour dans les représentations de la nature humaine, depuis la poésie courtoise jusqu'aux films contemporains.

#### 3- La mise en scène et le genre du film

Ces quatre photos de films donnent une impression commune de distance et d'étrangeté. Elles diffèrent cependant par les moyens employés et les effets produits.
– Le film de **Boorman** s'apparente au genre merveilleux ou fantastique : la symétrie et la profondeur de l'image soulignent l'harmonie des couleurs et des lignes courbes, l'aspect immatériel des armures argentées, le prolongement des tentures du décor intérieur par les arbres du décor extérieur, la présence d'un point de vue extérieur et dominant, qui contribuent à créer un monde mystérieux et somptueux au-delà de la référence historique.
– Le refus du réalisme chez **Rohmer** passe par le respect des indications fournies par le texte (▶ question **1**), auquel s'ajoute une mise en scène inspirée des enluminures et tableaux médiévaux : les couleurs du décor (or et bleu) et les objets représentés (personnages et lieux de cour) participent à l'élaboration d'un film historique qui revendique l'authenticité non pas de la réalité représentée, mais des sources utilisées pour cette représentation.
– La dimension parodique du film ***Monty Python, sacré Graal*** est sensible dans une image qui traduit une mise en scène proche de la farce et du théâtre comique, par la disposition acrobatique des personnages, la dispersion des regards, les mimiques des acteurs, le caractère artificiel des décors et costumes (casques, cottes et porte arborent le même motif).
– **Bresson** et son assistante achèvent de préparer Laura Duke-Condominas (sur le plan de l'apparence physique comme sur celui de la concentration mentale) pour une scène qui l'isole sur fond de mur nu dans une attitude recueillie, telle une sculpture de Vierge dans une église romane. L'originalité de Bresson vient de ce qu'il accomplit au cinéma la synthèse entre le travail théâtral (une direction d'acteurs exigeante) et la tradition plastique (une composition épurée de l'image).

## PISTES

■ **Exercice complémentaire : Écriture**
Comparez la photo du film de Rohmer et les miniatures du xve siècle présentées p. 143 et 144, en notant les similitudes et les différences entre les deux modes de représentation.

■ **Bibliographie** : André Bazin, *Qu'est-ce que le cinéma ?*, Cerf, 7e Art, 1983 ; Sylvie Rollet, *Enseigner la littérature avec le cinéma*, Nathan, 1993.

■ **Filmographie** : J. Delannoy, *L'Éternel Retour*, 1943 ; M. Carné, *Les Visiteurs du soir*, 1942 ; J.-M. Poiré, *Les Visiteurs*, 1992.

## ▶ D'UN ART À L'AUTRE

# L'écriture du film

## Sandrine Veysset
### *Y aura-t-il de la neige à Noël ?*

p. 478

## APPROCHES

■ **Axes d'étude** : L'incipit. L'écriture du dialogue (p. 320).

■ **Préalables :** Rappeler les fonctions et les types d'incipit du roman (*Français Seconde*, p. 82) ; les rapprocher de la scène d'exposition au théâtre (*Français Seconde*, p. 272)

■ **Vérifier** que sont compris : *int.* et *ext.* (= intérieur et extérieur, dans les indications sur le lieu de la scène) ; *off* (= voix d'un personnage hors champ).

## LIRE

### 1- Un incipit

L'incipit de ce scénario présente les données principales du récit à la manière d'un roman classique, en ce qui concerne le lieu, le moment et les personnages. Le lieu est situé très précisément dès la première phrase, il est ancré dans notre réalité géographique (*à soixante kilomètres de Cavaillon*), et la suite apportera une description complète de la ferme avec sa *grande cour carrée aux bâtiments de pierre* et sa *remise sous les toits*. Le récit commence en *fin de journée* par beau temps, sans doute en été puisque la mère est *pieds nus* et que sa peau est *hâlée par le soleil*. La famille apparaît immédiatement comme le lien entre le personnage principal et son entourage, *la mère* et ses nombreux enfants, ceux qu'elle appelle, Paul, Pierrot, Marie, et celui que la narration distingue, Bruno. Les autres personnages mentionnés dès le début et croisés par la mère ont aussi un lien de parenté : Yvon et Bernard sont frères. En outre, tous les personnages principaux sont caractérisés par leur âge et leur apparence vestimentaire.

Le début *in medias res* ne permet pas de dégager immédiatement l'enjeu de l'action, mais souligne l'absence d'un membre de la famille qui se révélera être un personnage important, le père.

### 2- Le scénario et les séquences

Dans un scénario standard, chaque séquence est numérotée et comporte une double indication spatiale (le lieu de l'action : *remise*, *cour de la ferme*, et la mention *intérieur* ou *extérieur*) et une indication temporelle (*jour* ou *nuit*) qui permettront à l'équipe de tournage de préparer le décor et l'éclairage des plans. La séquence présente ensuite les dialogues accompagnés de didascalies qui apportent, comme dans un texte théâtral, des précisions utiles aux acteurs sur les expressions, la gestuelle et les déplacements des personnages (*les enfants, excités comme des puces, continuent de se poursuivre, se croisent, cherchent à s'éviter…* , *La mère s'essuie le front*), ainsi que des informations sur les accessoires complétant le décor (*Le soleil y entre par un fenestron de bois*, *L'un porte des lapins morts*). Le scénario est un texte destiné à être transformé en images animées ; la scénariste, Sandrine Veysset, qui est aussi la réalisatrice du film, a donc veillé à respecter la fonction pratique de son texte en privilégiant les phrases courtes et les verbes d'action (*Au dehors, une femme appelle*, *La mère s'essuie le front*. *Les deux frères passent…* ), les indications de cadrage (*on aperçoit des visages, des bras, des bouts de jambes…* ), la description physique des personnages (*les cheveux longs sous la casquette*), les détails nécessaires à la prise de son (*La mère [criant vers la remise]*, *Les enfants [off]*). Le résultat est un texte sans effet de style qui reste un intermédiaire entre les idées de l'artiste et sa réalisation finale, le film.

### 3- Les dialogues

• Ils sont, dans ce scénario, représentatifs de la langue orale, du discours familier caractérisé par le recours à l'apocope (*T'en veux un ?*), la répétition (*je les crains ces lapins*), la suppression de l'inversion à la forme interrogative ou de la négation (*Les petits, où vous êtes ?* ; *vous en avez pas marre ?*), la ponctuation (notamment les nombreux points d'exclamation), les tournures elliptiques et segmentées (*Une minute encore, on est là…*) et les déformations phonétiques (*Ouais, M'man*). Outre ses particularités syntaxiques, ce dialogue présente un contenu tiré de la vie quotidienne, presque banal – une femme appelle ses enfants qui rechignent à interrompre leurs jeux – et n'a aucune prétention didactique, commentative ou argumentative.

• La dimension réaliste du cinéma, fondée sur l'image photographique, est ainsi renforcée par l'aspect quotidien de la forme et du sujet : dialogue plus elliptique et proche de l'oral familier qu'un dialogue de roman ou de théâtre. En outre, placé au début du film, ce dialogue a aussi pour fonction de fournir immédiatement des indications sur les protagonistes (les prénoms des enfants et le statut de la mère y sont indiqués) et leur caractère (la mère appelle avec insistance ses enfants et semble soucieuse de leur bien-être : *ces lapins. Ils sentent fort !*, *Vous respirez trop de poussière*). Il ne s'agit pas seulement d'une simple conversation, mais d'un dialogue construit pour remplir les objectifs d'un incipit, c'est-à-dire informer le spectateur.

## VOIR

L'image cinématographique ajoute à la série de dessins qui constituent le scénarimage un plus fort degré de réalisme : l'image photographique est, en effet, de nature indicielle, puisque la pellicule restitue la portion de réalité sélectionnée par le cadre de la caméra. Malgré les limites de l'éclairage, du cadrage et le travail sur la profondeur de champ (ici le flou de l'arrière-plan), l'image montre en détail le décor, les objets et les acteurs. Noter que le scénarimage, contrairement à la bande dessinée et à ses phylactères, ne porte pas d'indication sur l'environnement sonore du film à venir : c'est le scénario qui apporte les éléments nécessaires à la préparation de la bande-son (dialogues, bruits, musique).

## ÉCRIRE

Le synopsis indique en une page les actions essentielles du film, les personnages principaux, les lieux où se déroule l'action et l'époque où se situe le récit. Il se présente comme un résumé et ne comporte pas de dialogues développés.

## PISTES

**■ Exercices complémentaires**

• Modifiez l'extrait du scénario d'*Y aura-t-il de la neige à Noël ?* (p. 478) de manière à la transformer, soit en incipit du roman, soit en scène d'exposition.

• En quoi le texte de Marguerite Duras (p. 385) s'apparente-t-il à un scénario ?

**■ Bibliographie** : J. Aumont, M. Marie, *L'Analyse des films*, éd. Nathan, 1992 ; A. Roche et M.-Cl. Taranger, *L'Atelier du scénario*, éd. Dunod, 1999.

▶ D'UN ART À L'AUTRE

# L'analyse d'un film

**Émile Zola - Claude Berri**
***Germinal***

p. 482

## VOIR (p. 485)

### 1- Les changements de focalisation

• Dans l'extrait du **roman de Zola**, le **premier paragraphe** commence par une focalisation interne marquée (l. 1-9) qui permet aux lecteurs de partager le retour à la vie d'Étienne. Le paragraphe se clôt par un commentaire en focalisation zéro (ou omnisciente) où le narrateur donne son point de vue sur la portée universelle de l'événement rapporté. Ce passage de la situation individuelle d'Étienne à la *misère des générations* a englobé les lecteurs dès les premières lignes du récit en focalisation interne pour leur permettre de compatir avec Étienne et Négrel au sort pitoyable de l'ensemble des opprimés dans le monde.

• La scène correspondante dans le **film de Berri** commence en focalisation externe (▶ plan **1**) décrivant les recherches menées par Négrel, puis dès le plan 2 évolue vers une focalisation interne par et sur le personnage de Négrel : c'est sa vision que les spectateurs partagent dans les plans 2, 4 et 5, mais il figure également sur les plans 2 (en amorce) et 3 (de face). Le suspense est fondé précisément sur le fait que les spectateurs partagent la vision de l'ingénieur : ils éprouvent donc avec lui l'angoisse provoquée par une recherche incertaine, puis la joie de découvrir inopinément Catherine et Étienne, enfin l'inquiétude de savoir si les deux victimes sont encore vivantes et vont réagir à la lumière de la lampe.

• Après le détail des sensations recouvrées par Étienne et l'envolée lyrique du premier paragraphe, le **deuxième paragraphe de Zola** (l. 15-27) se caractérise par un récit en focalisation externe : l'auteur fait un rapport objectif, caractérisé par des verbes d'action (*jeta un cri, déchiraient, s'écartait*) et des épithètes dénotatives (*abattue, très longues, incessantes, assommé, fracassé*...). Cette alternance entre les trois types de focalisation donne un grand dynamisme à cette partie du récit, démontrant la virtuosité du romancier qui passe de l'évocation presque romantique de l'intériorité d'un personnage au commentaire philosophique avant de reprendre le style naturaliste. Il s'agit ainsi pour Zola de traiter un événement dramatique de divers points de vue – émotionnel, politique et documentaire –, pour en démontrer la dimension exemplaire.

• Dans le **film**, la remontée d'Étienne à l'air libre donne lieu à un plan (6) en focalisation externe établissant la situation au bord du puits. Les plans 7 à 11 constituent une suite de champs-contrechamps qui auraient dû mener à une alternance de la focalisation interne sur et par les deux protagonistes, la Maheude et Étienne. Or, la réaction de la mère de Catherine, cadrée en plongée aux côtés du visage exsangue de sa fille, incapable de parler (▶ plan **8**) et détournant enfin son visage du regard d'Étienne (▶ plan **10**), a pour effet d'en faire moins un sujet que l'objet de la vision d'Étienne. L'image construit donc une focalisation interne qui incite les spectateurs à partager la situation d'Étienne et ses sentiments : une compassion mêlée de culpabilité.

Le film suit ainsi un mouvement centripète qui va d'une approche externe de l'action – le sauvetage des survivants – au drame intime de la Maheude et surtout d'Étienne, à l'inverse du roman qui, par un mouvement centrifuge, part de l'intériorité du personnage pour remonter à l'auteur, dont le travail vise précisément à établir une certaine distance entre les lecteurs et l'événement, pour garantir le réalisme du récit.

### 2- L'évolution des plans

• La première scène (▶ plans **1-5**) présente un plan de demi-ensemble sur les sauveteurs (▶ plan **1**) suivi d'un plan moyen (▶ plan **2**) sur Catherine et Étienne allongés, puis d'un plan rapproché poitrine sur Négrel (▶ plan **3**) avant de montrer Catherine (▶ plan **4**) et Étienne (▶ plan **5**) en plan rapproché épaules. La variation de l'échelle de plans opère donc un mouvement de rétrécissement qui, de manière classique, permet de resserrer progressivement le cadrage sur les personnages principaux. Plus le personnage est important sur le plan narratif, plus il occupe d'espace dans le cadre, plus les spectateurs se concentrent sur son action et son état d'esprit. Le même procédé est employé dans la scène suivante. Ce parallèlisme renforce l'accent mis sur le personnage d'Étienne tout en substituant au sauveteur Négrel la Maheude éplorée, cadrée de manière similaire (▶ plan **8**) : cette répétition dans la variation des plans a pour effet de souligner le contraste entre le retour à la vie d'Étienne dans la première scène et sa confrontation avec la mort dans la seconde scène.

• Dans le texte de Zola, cette variation s'opère également au premier paragraphe de manière progressive mais suivant une trajectoire inverse, puisque le jeu sur la focalisation permet de passer de l'expérience sensorielle (*Étienne ressentit une secousse*, l. 1), puis émotionnelle d'Étienne (*il pleura*, l. 3) à un commentaire sur l'universalité de la situation vécue par les protagonistes (*toute l'humanité qui était en eux*, l. 12). Ce mouvement du particulier au général cède ensuite la place à un procédé très différent à la fois du premier paragraphe du texte littéraire et des deux scènes filmiques. Certes, la description (qui pourrait être reprise au cinéma par un panoramique ou un travelling sur les personnages assemblés ou allongés près du puits) suit le schéma qui consiste à aller de la masse indistincte (*Plusieurs cadavres*, l. 17) à l'identification de personnages secondaires (*Chaval…*, *un galibot et deux haveurs*, l. 18-19) avant de se concentrer sur le protagoniste (*Étienne apparut*, l. 24). Mais, dans ce paragraphe, à la linéarité d'une progression dynamique (que ce soit vers le plus intime ou vers l'universel), se substitue un mouvement partant de la Maheude (l. 15) et finissant sur elle (l. 25) qui tient davantage de la circularité et de la permanence, même si ses cris de douleur devant le cadavre de sa fille (l. 15-16) se transforment en silence terrifié à l'apparition d'Étienne (l. 26-27). Bien qu'on trouve dans le film une opposition similaire aux plans 8 et 10 entre la Maheude éplorée et la Maheude effondrée après la remontée d'Étienne, Zola semble toutefois lui donner une place plus importante — réservée à Étienne dans le film — par la structure du paragraphe commençant et finissant par elle, et par l'insistance dans les deux cas sur le comportement presque bestial du personnage, privé de parole.

### 3- Le champ lexical dominant

Le champ lexical prédominant dans le texte de Zola est celui du corps, sous tous ses aspects :

– **sensoriel :** le toucher est sollicité par *une secousse*, l'ouïe par le grondement des voix, la vue par *une lampe*, le goût par *des cuillerées de bouillon* ;

– **physiologique :** les réactions d'Etienne sont d'abord de l'ordre du réflexe (*ses yeux clignotants*, *ses dents serrées*) ;

– **pathologique :** dans le deuxième paragraphe, le corps est atteint dans son intégrité, blessé, mutilé (*les cheveux tout blancs*, *le crâne vide de cervelle*, *le ventre gonflé d'eau*, *des femmes s'égratignaient la face*) ;

– **affectif :** Étienne passe successivement des pleurs (l. 3) à l'extase (l. 4) et à la *tristesse*, la Maheude de l'abattement à la douleur (l. 15-16) et à l'hébétude (l. 26-27).

Cet extrait donne un aperçu de la méthode et de l'idéologie caractéristiques du naturalisme : il s'agit tout d'abord d'appliquer dans le « roman expérimental » le travail d'observation qui se pratique dans le domaine scientifique, ensuite de mettre la littérature au service de la cause des opprimés. Le champ lexical dramatise les effets terrifiants du travail de la mine sur les corps que Zola décrit avec détail et minutie : l'événement est ainsi représentatif de l'exploitation générale d'une partie de l'humanité par l'autre.

Le réalisme de l'image filmique permet d'insister sur la présence physique des personnages rendue encore plus évidente par l'échelle de plans, le montage, la composition de l'image et l'éclairage : la pâleur du cadavre de Catherine est soulignée par l'obscurité de la mine (▶ plan **4**), par l'isolement et la présence du personnage dans le cadre (▶ plans 4 et 10), par le contraste avec les autres visages soit dans l'alternance des plans (▶ plans **4** et **5**, **9**, **10** et **11**) soit dans le même cadre (▶ plans **6** et **8**). La présence constante de poussière de charbon sur les visages et les vêtements de tous les personnages descendus dans la mine constitue une sorte de motif qui permet à la fois de les distinguer physiquement des autres personnages et de symboliser la mainmise permanente de la mine sur les corps et les vies des travailleurs, faisant ainsi écho au message de Zola.

Malgré le réalisme inhérent à l'image photographique, le cinéma ne permet pas de représenter avec autant de précision que la littérature les sensations d'un personnage, tant sur le plan de la durée (le temps de réception d'un film est plus limité que le temps de lecture d'une œuvre littéraire) que sur le plan de la représentation sensorielle (le toucher et le goût sont difficiles à figurer au cinéma). Berri a donc recours à d'autres moyens que Zola pour obtenir des effets similaires : il renonce au spectacle de cadavres mutilés tout comme à la représentation des premiers secours apportés à Étienne, qui, par leur aspect sensationnel, auraient fait appel au voyeurisme des spectateurs. Il refuse l'objectivité narrative et sollicite la subjectivité des spectateurs : le silence et la sobriété des images laissent deviner le drame intérieur des personnages. Le paradoxe que constitue une utilisation minimale des ressources sonores et visuelles du cinéma contribue à créer une profonde empathie entre spectateurs et personnages, qui se rapproche de la compassion universelle évoquée par le romancier.

## ÉCRIRE

Un scénario dont la structure s'inspire plus précisément du texte de Zola pourrait reprendre l'enchaînement des phrases courtes et des verbes d'action présents dans le texte-source, utiliser les indications sonores suggérées par ce texte (silence de l'émotion dans le premier paragraphe, cris de douleur dans le second), suivre les changements de décor indiqués : refuge d'Étienne (l. 1-5), galeries de la mine (l. 6-7), galerie Réquillart (l. 8-14), abords du puits (l. 15-27).

Mais il faudra aussi veiller à transformer les mentions décrivant l'intériorité des personnages en didascalies destinées à faciliter le jeu des acteurs (l. 9-11 : *l'ouvrier révolté, le chef sceptique* se toisent ou hésitent avant de se jeter *au cou l'un de l'autre*). De même, l'utilisation du pronom impersonnel « on » et les commentaires de l'auteur (l. 12-14) devront être remplacés par un procédé plus spécifiquement cinématographique (personnages, dialogues, voix *off*, mise en scène).

Enfin, il sera nécessaire d'affiner la description des personnages (par exemple, les vêtements du galibot et des deux haveurs peuvent aider à les différencier des autres cadavres) et le détail du décor (galerie inondée, conditions climatiques, paysage du puits).

### PISTES

■ **Exercice complémentaire : Écriture**

À partir de l'extrait du film de Claude Berri, réécrivez les deux scènes en un texte narratif tenant compte des modifications repérées dans la mise en scène filmique.

■ **Bibliographie :** F. Casetti, *D'un regard l'autre*, Presses Universitaires de Lyon, 1990 ; A. Gaudreault et F. Jost, *Le Récit cinématographique*, éd. Nathan, 1990 ; F. Vanoye, *Récit écrit, récit filmique*, éd. Nathan, 1989.

▶ D'UN ART À L'AUTRE

# Les mouvements et les genres

p. 486

## VOIR

### 1- L'effet réaliste

Il est construit par la mise en scène. Le choix d'une échelle de plans large dans *Breaking the Waves* et *Riz amer* contribue à créer une image qui fait des spectateurs les témoins de la scène, sans pour autant leur garantir la meilleure perception possible. De même, l'éclairage, qu'il semble provenir d'une source artificielle dans *Le jour se lève* ou d'une source naturelle dans les deux autres films, respecte les conditions du réel, puisque les visages sont partiellement dissimulés par des zones d'ombres (*Le jour se lève*) ou des effets de contrejour (*Breaking the Waves, Riz amer*). Enfin, le jeu des acteurs accentue le réalisme : adapté à l'action, il reste naturel comme le montre la position des bras de Jean Gabin et d'Arletty nonchalamment accoudés dans *Le jour se lève*, la main qui soutient la tête de Gabriella dans *Riz amer*, le corps de la jeune femme appuyé contre le cabine téléphonique dans *Breaking the Waves*.

### 2- Décor naturel et théâtralité

• La rizière dans le film de Giuseppe De Santis et la route de campagne dans le film de Lars von Trier sont des lieux extérieurs, des décors naturels, par opposition aux décors construits en studio. L'effet de réel ainsi suggéré est renforcé dans le premier cas par la présence d'une pluie battante qui masque en partie les personnages, et dans le second cas par la présence d'objets familiers ou aisément identifiables : bicyclette, vélomoteur, cabine téléphonique britannique. Quelle que soit la particularité du drame mis en scène, l'environnement est proche de l'expérience quotidienne des spectateurs.

• Mais il s'agit cependant bien d'une mise en scène qui vise à asservir le paysage naturel aux nécessités de l'action :

– La composition de l'image, dans *Breaking the Waves*, combine les lignes horizontales de l'arrière-plan (la route, les collines, le vélomoteur) et les lignes verticales du premier plan (les personnages debout et la cabine téléphonique), et elle distribue de manière symétrique les deux personnages dans chaque moitié du cadre : ainsi, elle subvertit l'idée d'une représentation naturaliste et souligne la présence de la mise en scène rendue déjà évidente par l'opposition vestimentaire des personnages (noir et blanc). La position et la couleur de la cabine, à droite du cadre, derrière la protagoniste, montrent bien que le choix d'une portion du décor par le cadrage et la disposition des objets dans ce cadre obéissent à une fonction dramatique, à une exigence narrative.

– De même, dans le film de De Santis, la redondance des lignes verticales (les femmes, les arbres, la pluie) vise à renforcer le contraste avec l'élément horizontal prédominant, situé au centre du cadre, le corps de Gabriella. L'aspect théâtral est également souligné par une mise en scène qui oppose le visage du personnage central tourné vers les spectateurs et parfaitement visible aux visages des personnages secondaires masqués par la pluie et les capuchons. Enfin, dans les deux cas, du fait d'une profondeur de champ relativement affaiblie par le manque de repères à l'arrière-plan, et de l'accent mis sur l'action au premier plan, l'image construit une scène plus proche du théâtre que des espaces ouverts du réel. Cette scène est aussi limitée par les côtés latéraux du cadre, puisque le regard des spectateurs est concentré à l'intérieur de l'image au détriment du hors-champ, dans le film de Lars von Trier par le croisement des regards et la distance des deux personnages, et dans le film de Giuseppe De Santis par le centrement de l'image sur le personnage de Gabriella, l'attitude des autres personnages et la mise en scène filmique.

### PISTES

■ **Exercice complémentaire : Écriture**

Dégagez dans la photo du *Jour se lève* les éléments qui permettent de dater l'histoire du film (vêtements, attitude, jeu des acteurs, éclairage, noir et blanc).

■ **Bibliographie :** A. Gardies, *L'Espace au cinéma*, Méridiens éd. Klincksieck, 1993 ; V. Pinel, *Écoles, Genres et Mouvements cinématographiques*, Larousse, 2000.

■ **Filmographie** : V. De Sica, *Le Voleur de bicyclette*, 1948 ; J. Vigo, *L'Atalante*, 1934.

... Les mouvements et les genres
***Parodie et pastiche*** p. 487

## VOIR

**3- L'ange et le vampire**

• L'ange de Wenders rappelle le vampire de Murnau par son apparence et par sa mise en scène filmique. L'aspect monstrueux des deux personnages est fondé sur une ambivalence : homme par le visage et le corps, animal par les prolongements inquiétants que constituent les serres de Nosferatu ou les ailes de l'ange Daniel. La mise en scène souligne l'ambiguïté mystérieuse des deux personnages par le choix du noir et blanc et la valeur symbolique associée à ce contraste ; l'environnement – le ciel –, l'éclairage – mi-ombres, mi-lumière – et la contre-plongée concourent à isoler le personnage, à le présenter comme un être surnaturel de forme immatérielle, plus proche de la silhouette que du corps humain, donc à accentuer son pouvoir inquiétant.

• Murnau a choisi pour son film un traitement classique du fantastique hérité de la littérature : destiné à provoquer l'épouvante, le personnage principal se distingue par son aspect monstrueux, son ambivalence mi-homme mi-animal, sa situation spatio-historique (il vient d'un pays lointain et d'un autre temps pour hanter l'humanité), son érotisme destructeur qui le rendrait humain s'il n'était mortifère. La mise en scène implique les spectateurs dans cette inquiétude face à l'intrusion du surnaturel dans le quotidien : le vampire se dirige droit vers les spectateurs qu'il domine et qui ne peuvent cerner entièrement du regard, contrairement à l'ange qui, de trois quarts face, la tête baissée, ne représente aucune menace pour les spectateurs.

Wenders propose un fantastique proche du merveilleux : il s'agit d'associer les spectateurs à un monde qui ne lui est pas familier, mais semble acceptable : en dépit de ses ailes et de sa position spatiale, l'ange garde une apparence humaine par son visage et sa tenue, il se penche vers la cité qui l'attire et où il succombera à l'amour, preuve de son humanité latente.

**4- Traitement comique du fantastique**

Le film de Polanski est une imitation comique des films de vampires. Cette parodie consiste à reprendre les lieux, les actions et les personnages-types de ces films, en l'occurrence l'agression d'une jeune femme par le vampire, et à les tourner en dérision. Le vampire n'est plus un monstre immortel, mais un homme âgé aux cheveux poivre et sel dont la tenue – cape doublée de satin rouge, chevalière et costume de velours – l'apparente davantage à Monsieur Loyal qu'au personnage terrifiant de Murnau. Quant au personnage romantique de la jeune femme, il est placé dans une situation ambiguë : l'érotisme du corps dénudé et masqué est subverti par la mise en scène du quotidien (éponge, serviette, bain moussant). De même le décor de la salle de bain, choisi comme lieu propice au danger et à l'agression, donc propre à produire la terreur et à saisir les spectateurs, devient franchement burlesque quand on le compare au château sinistre de Nosferatu. Le comique est ici aussi fondé sur l'effet de distanciation que suscitent les nombreuses références intertextuelles associées à ce décor, notamment les scènes fameuses du tableau de la mort de Marat, la douche de *Psychose* ou la baignoire du film *Les Diaboliques*.

## PISTES

■ **Exercice complémentaire : Écriture**

Quelles sont les caractéristiques du film d'épouvante (film « gore ») sur le plan du contenu comme sur celui de la forme ? Pourquoi peut-on affirmer que ce type de film est une parodie du film fantastique ?

■ **Bibliographie** : G. Genette, *Palimpsestes*, Seuil, 1982.

■ **Filmographie** : H.-G. Clouzot, *Les Diaboliques*, 1954.

▶ D'UN ART À L'AUTRE

# La critique cinématographique p. 488

**M. Aubriant**
***Paris-Presse « Ce maître-farceur »***

**R. Durgnat**
***Le cas étrange d'Alfred Hitchcock « Une méthode esthétique »***

## LIRE : Points de vue sur *Psychose*

**1- Le style de la critique**

• L'article de **M. Aubriant** se caractérise par un ton sarcastique, enlevé, proche du discours oral, marqué par la brièveté des phrases (notamment en début de paragraphe) et leur caractère nominal (l. 9, 15-19, 29), une ponctuation expressive (points de suspension, points d'exclamation : l. 2, 11, 38), un style paratactique qui mène parfois au catalogue (l. 15-19, l. 35-38) ou à la répétition (l. 20, 24), l'emploi répété de la première personne (l. 11, 28, 30, 31) et l'utilisation de métaphores dévalorisantes ayant trait au domaine culinaire (l. 13) ou animal (l. 37). Il s'agit de prendre à parti le lecteur et de lui imposer l'avis de l'auteur, ici défavorable au film, sans lui ménager un espace de réflexion et de discussion. M. Aubriant renforce la validité de sa critique en arguant de sa compétence par le recours à une certaine recherche dans le choix des références (le *grand Robert*, l. 32-33), du vocabulaire (*médiumnique*, l. 28), et des effets de style (comme l'inversion des sujets, l. 6-8).

• La critique de **R. Durgnat** fait au contraire appel à la logique des lecteurs grâce à une structure syntaxique qui souligne les rapports de cause à effet (*pour*, l. 3 ; *de manière à ce que*, l. 4 ; *si… que*, l. 16) et développe les arguments (l. 13-14, 17, 19). Cet article n'hésite pas à compléter la démonstration par des ajouts didactiques (entre parenthèses, l. 8, et en italique, l. 11), tout en respectant ses lecteurs par la simplicité du vocabulaire (*hypnotique*, l. 16, par opposition au *médiumnique* de M. Aubriant) et par la nuance du propos (*en principe*, l. 14 ; l. 20 : euphémisme de la tournure négative). En outre, la comparaison est ici très valorisante puisque les personnages d'Hitchcock sont rapprochés des personnages raciniens. Enfin, alors que le commentaire de M. Aubriant se limite essentiellement au contenu du film (décor et personnages), R. Durgnat prête également attention à la mise en scène filmique (l'échelle de plans : *gros plans*, l. 7 ; le montage : *champ-contrechamp*, l. 7 ; le cadrage : *seuls à l'écran*, l. 6), pour fournir à ses lecteurs une analyse approfondie du fonctionnement de *Psychose*, plutôt qu'une opinion subjective et superficielle.

### 2- Instruments d'analyse et références

• Les deux textes font appel à l'intertextualité : M. Aubriant rapproche *Psychose* des œuvres littéraires (*L'Auberge rouge* de Balzac) et filmiques (adaptations de Jean Epstein et de Claude Autant-Lara) reprenant le fait-divers de *« l'Auberge des Adrets »* (l. 12). Le film est alors qualifié d'*antique mélo d'épouvante*, pour mieux dévaloriser Hitchcock en le comparant non pas aux grandes figures de l'art cinématographique mais à celles de la prestidigitation (l. 32-33). R. Durgnat fait référence aux *pièces de Racine* (l. 20), n'hésitant pas à comparer un film aux chefs-d'œuvre de la littérature classique.

• Alors que l'article de M. Aubriant repose sur une approche descriptive, tant pour l'analyse que pour le commentaire du film, et consiste essentiellement en une succession de jugements de valeur (*puérilité désarmante*, l. 6 ; *Rien de plus banal*, l. 9 ; *ces vieilleries*, l. 21-22), R. Durgnat propose une approche narratologique et sémiologique du cinéma. D'une part, le récit filmique est analysé selon la même méthode qu'un récit littéraire, sous l'angle de la structure (l. 13-14, 16), de l'énonciation (l. 2) et de la réception du texte (l. 4, 9) : ici, les personnages ne sont pas présentés sur le plan psychologique mais comme formes du récit, *schémas soigneusement prédéterminés* (l. 5), éléments construits par la mise en scène (*jeu des acteurs*, l. 15), le système des personnages (l. 11), leur *facture* (l. 14) et la position des spectateurs (l. 9-10). D'autre part, une attention spécifique est apportée au système de signes qui constituent un film, c'est-à-dire aux images animées, à leur composition (l. 6), à leurs composantes (l. 8) et à leur enchaînement (l. 7).

### 3- Les caractéristiques du film à suspense

Un film à suspense requiert la participation des spectateurs au piège tendu aux personnages. Le jeu sur la focalisation interne construit l'empathie du spectateur qui *voit et vit* comme les personnages, entraîné par *un manège de passes* irrésistible, une atmosphère *hypnotique*. Celle-ci est créée par l'enchaînement des actions dans le récit en *une sorte d'escalier de l'anormal* et par le cadre dans lequel se déroulent ces actions avec *les accessoires habituels du genre* (lieu isolé, ambiance nocturne, personnages inquiétants mais attirants, habitat étrange et pourtant familier). La mise en scène filmique contribue à souligner le suspense et à *détourner l'attention* par le biais de cadrages serrés et d'effets de montage qui masquent le danger en le dissimulant dans le hors-champ et *en effaçant le reste du monde*.

## ÉCRIRE

L'article rédigé pour la presse généraliste a pour objectif de permettre à son auteur d'exprimer ses réactions, ses émotions, ses idées après avoir vu le film et de convaincre le lecteur de partager son point de vue. L'article rédigé pour une revue spécialisée énoncera les qualités et les défauts du film, démontrera sa capacité à servir ou à subvertir le genre dont il relève, examinera la structure du récit, l'efficacité de la mise en scène et le fonctionnement des effets produits sur le public (terreur, émotion, comique, évasion…).

## PISTES

■ **Pour une séquence : L'argumentation critique** (subjectivité et objectivité ; les procédés argumentatifs ; convaincre et persuader ; le jugement esthétique) : Balzac, *La Revue parisienne*, p. 491 ; Stendhal, *Réponse à Balzac*, p. 492 ; Valéry, *Variété V*, p. 261 ; L. Jouvet, *Témoignages sur le théâtre*, p. 495.

■ **Bibliographie** : R. Bellour, *L'Analyse du film*, Calmann-Lévy, 1995 ; F. Casetti, *Les Théories du cinéma à partir de 1945*, éd. Nathan, 1999 ; C. Metz, *Le Signifiant imaginaire*, éd. Christian Bourgois, 1984.

# 4 De la lecture à la scène



## La parution de *La Chartreuse de Parme*

**Balzac**
***La Revue parisienne***
p. 491

### « Un défaut de travail »

**Stendhal**
***Réponse à Balzac***
p. 492

### « J'abhorre le style contourné »

## APPROCHES

■ **Axes d'étude :** La publication des œuvres. Relations maîtres/disciples. Champ littéraire.

■ **Préalables :** Préciser qu'à l'époque de cette correspondance, Stendhal n'est pas très connu. C'est un dilettante, et non un écrivain de métier comme Balzac, qui a déjà écrit de très grandes œuvres, comme *Le Père Goriot* (1834-1835), et qui occupe le devant de la scène littéraire. À l'époque romantique, les écrivains se considèrent libres de toute contrainte : il ne s'agit pas d'obéir à des lois du genre préexistant aux œuvres, de respecter une poétique, mais de créer du nouveau en obéissant à la seule règle du génie. Ainsi s'explique, plus que par l'orgueil individuel, la réponse de Stendhal à Balzac.

■ **Vérifier** la compréhension de : *M. Beyle*, p. 491, l. 1 (= vrai nom de Stendhal).

## LIRE : Maître et disciple

### 1- La critique de Balzac

**Ton professoral**, qui loue Stendhal (1er §), mais récuse des *fautes grossières* (l. 12), comme si le *vernis* (l. 13) pouvait être séparé du tableau et la forme du fond. Il énonce des vérités générales (l. 2, 3-4, 13-15, 21), établit des rapprochements (l. 8, 19), affirme (phrases assertives avec le verbe *être*), mais son apparente mesure (*assez grossières*, l. 12) et le jeu de la métaphore filée (l. 13-17) manifestent l'**aisance** de l'écrivain reconnu.

Balzac adopte ici la posture du critique littéraire (voir le nom de la revue où paraît son article), appuyé sur une notoriété à cette époque beaucoup plus importante que celle de Stendhal. Il occupe dans le monde littéraire une place prépondérante, qui peut contribuer à faire le succès d'un livre, à l'instar de certains journalistes tout-puissants qui apparaissent dans son œuvre, notamment dans *Illusions perdues*. Cette position l'autorise à pratiquer non « une critique de mouvement » (un membre d'une école littéraire, par exemple le romantisme, défend les goûts de cette école), non même une « critique d'humeur », lorsqu'un lecteur esthète livre ses impressions, moins encore une critique de type universitaire, mais une « critique des défauts » comparable à celles qui jugeaient par exemple du « vrai » classicisme d'une œuvre au XVIIe siècle. Il s'attribue une **position de maître**, révélant ainsi un aspect fondamental de la littérature, sa dimension institutionnelle.

### 2- La réponse de Stendhal

Stendhal commence par faire allégeance à Balzac, affirmant qu'il est excellemment traité, dans l'absolu (*Je pense… revue*, l.1-2) et relativement à la personnalité du louangeur (*par… matière*, l. 2). Mais il reste sur ses positions, retournant la critique de Balzac dès le début de sa contre-argumentation : l'emploi de l'expression *style contourné* (l. 6) sonne comme un désaveu de ce qui était la norme pour Balzac. Suit alors un **éloge de la sobriété stylistique** (où d'ailleurs Stendhal se montre à son tour aussi injuste que Balzac, par exemple à propos de Chateaubriand), éloge un peu polémique (voir la célèbre allusion au *Code civil*, l'emploi de termes comme *emphatiques*, l. 12, *déclamatoire*, l. 13, et tout le dernier paragraphe), d'autant plus que Stendhal adopte une écriture désinvolte (phrases brèves, affirmation du *je*). Il prend la posture du dilettante qui se laisse porter par les premiers mouvements de son goût et qui regarde un peu de haut ceux qui sont trop laborieux.

### 3- Ne pas « branler l'âme du lecteur »

Stendhal refuse l'emphase (*rien à rabattre*, l. 35) et prône l'économie des moyens. En développant ses arguments, il fait en quelque sorte une « défense et illustration » de son idéal d'écriture, en un style sec, précis (comme dans un texte de loi), aux phrases courtes et scandées par une ponctuation abondante qui les segmente (par exemple, l. 17-21). À bien des égards, il se réclame ainsi du mouvement des Lumières (voir la référence à Montesquieu et à Fénelon).

### Conclusion

Loin d'être irrévérencieux, Stendhal témoigne à Balzac de sa gratitude. Mais il ne reconnaît aucune loi extérieure à celle de son inspiration : posture romantique de l'écrivain libéré des contraintes qui se combine paradoxalement avec la revendication stendhalienne d'un idéal de sobriété classique.

### ÉCRIRE

Balzac reproche à la phrase de Stendhal sa négligence (l. 7), *l'absence de verbe* (l. 10), ses constructions fautives (l. 17-18). On peut relever dans le texte de *La Chartreuse de Parme* (▶ p. 316) des phrases sans verbes (l. 2) ou inachevées (*etc.*, l. 2), des liaisons asymétriques (*seulement*, l. 11 ; *et ce respect*, l. 13 ; *et* [...] *mais*, l. 22), une relative dissociée de son antécédent (*cette horreur... qui désormais*, l. 26). Mais ces « irrégularités » restituent précisément le naturel de l'échange oral et des personnages, la familiarité qui règne entre eux, leur indépendance par rapport aux conventions.

Par-delà le cas particulier de Stendhal, dont la postérité a précisément reconnu les qualités de styliste, on peut élargir le débat au droit à la diversité des écritures, à l'indépendance des écrivains par rapport aux normes, à l'impossibilité d'évaluer un style indépendamment du sens auquel il est nécessairement associé.

### PISTES

■ **Pour une séquence : Aspects de la critique** (arguments et enjeux esthétiques ; les tons ; littérature/cinéma ; la critique dans le temps) : Mme de Sévigné, *Lettres*, p. 409 ; M. Aubriant, p. 488 ; R. Durgnat, p. 489.

■ **Exercice complémentaire : Écriture**
Faites un pastiche de la lettre de Stendhal en défendant le style de votre écrivain favori.

■ **Lecture cursive :** Stendhal, *La Chartreuse de Parme*, livre I.

■ **Bibliographie :** Ph. Dufour, *Le Réalisme*, PUF, 1998.

▶ L'ACCUEIL CRITIQUE D'UN ROMAN

# Comment un roman devient mythique

**Proust**
***Du côté de chez Swann***
***Le Côté de Guermantes, II***

p. 493

## « Le nom de Parme »

### APPROCHES

■ **Axes d'étude :** L'intertextualité. Le nom : signifiant et signifié.

■ **Préalables :** Préciser que l'œuvre romanesque de Proust rend aussi compte d'une nouvelle perception du monde, à la lueur de certaines sciences contemporaines dont il a sinon la connaissance, du moins l'intuition, comme la psychanalyse ou la sociologie. Il en va de même pour la linguistique, qui va bientôt se constituer en discipline à part entière. Les travaux de Saussure sur l'arbitraire du signe trouvent ici un écho : le poète est celui qui va remotiver le signe arbitraire, trouver des correspondances secrètes entre le son et le sens des mots. Le langage, comme la pensée et le souvenir, sont le propre de l'homme : à un mot sont donc associés toutes sortes d'expériences personnelles, parmi lesquelles la lecture a une importance capitale (rappeler la formule de Proust, « la vraie vie, c'est la littérature »).

■ **Vérifier** que sont compris : *la Sanseverina*, l. 13 (tante du héros de *La Chartreuse de Parme,* femme désirable, libre et intelligente, qui exerce une fascination certaine sur son neveu) ; *la salle des pas perdus*, l. 23 (= grand hall voyageurs de la gare Saint-Lazare).

### LIRE : *La Chartreuse* selon Proust

#### 1- La littérature et le réel

La rêverie sur les noms repose sur un jeu d'association langagière entre le **son** et le **sens**. Des rêveries semblables sont développées sur les noms de Swann, Guermantes, Balbec... L'atmosphère générale du roman sentimental et d'aventures suscite la rêverie du narrateur enfant, qu'il projette sur le signifiant « Parme » : monosyllabique, le mot est *compact* (l. 2) ; harmonieux dans la succession de ses phonèmes et ouvert par le « e » caduc, il est *lisse* (l. 2) ; la couleur *parme*, violet-rose, est projetée sur le mot lui-même, que le narrateur imagine *mauve* ; la douceur légendaire de la campagne italienne, et peut-être aussi de la Sanseverina et de la jeune Clelia dans le roman de Stendhal, est transférée au mot lui-même. La vie et la littérature ne font qu'un (voir texte complémentaire).

#### 2- Le narrateur et son double

L'un des charmes du roman de Proust est la distance perpétuelle, faite de connivence, de bienveillance et d'auto-ironie, qu'instaure le narrateur avec l'enfant qu'il était. Dans le premier texte, le narrateur se montre conscient de la naïveté de l'enfant qu'il était : logique imperturbable du système des temps (imparfait *je désirais*/plus-que-parfait *j'avais lu*/conditionnel présent à valeur de futur dans le passé *je serais reçu*) ; modalisation (*je lui avais fait absorber*, l. 7).

Dans le second texte, les associations d'idées sensuelles et artistiques sont encore plus développées, ce qui provoque un effet burlesque quand la réalité est dévoilée dans sa crudité décevante (*aussi peu stendhalienne que*, l. 20-21), déception qu'explicite avec humour l'allusion triviale au quartier très urbain et peu pittoresque de la gare Saint-Lazare. L'exotisme, ramené au connu, perd tout mystère et tout charme. Le jeu de mots sur *inconnue* (l. 9-10) réduit aussi le romanesque à une métaphore mathématique.

Selon Proust, l'imagination embellit la réalité, or elle est en partie formée par les lectures d'enfance et d'adolescence ; le passage du temps est comparé à des opérations chimiques (l. 10-11, 13-16) qui soumettent le rêve à l'épreuve du réel. La vie est une lutte contre le désenchantement de l'expérience.

### Conclusion

Travail sur le signifiant à la fois poétique et métalinguistique. *À la recherche du temps perdu* est une œuvre d'une riche intertextualité, qui montre que la littérature se nourrit d'elle-même, mais aussi que la vie et la littérature sont absolument interdépendantes.

## PISTES

**Pour une séquence : Jeux de sons, jeux de sens en poésie** (les jeux : formes et enjeux) : Rimbaud, *Une saison en enfer*, p. 209 ; Gainsbourg, « La Javanaise », p. 233 ; J. Lescure, *Oulipo*, p. 235 ; Dadelsen, *Bach en automne*, p. 244.

**Exercices complémentaires**

- **Écriture :** À votre tour, présentez en un paragraphe de prose poétique les associations qu'évoque pour vous tel mot que vous avez lu ou entendu prononcer dans votre enfance.
- **Langue :** Étudiez la structure de la deuxième phrase (*Mais si… son origine*, l. 10-19.) : sur quels aspects de l'évolution du narrateur met-elle l'accent ?

### ■ Texte complémentaire

**Proust, *Le Temps retrouvé*.**

Le Temps retrouvé *est à la fois l'épilogue* romanesque et la conclusion théorique de la* Recherche. *Des sensations qui rappellent le goût de la petite madeleine permettent au narrateur d'atteindre l'essence des choses et de découvrir dans l'œuvre romanesque le moyen de l'exprimer. C'est ainsi qu'il décide de devenir écrivain. Au-delà du « réalisme » superficiel des romanciers qui se bornent à la pauvreté des apparences, l'Art doit viser la réalité profonde, la « vraie vie ».*

La vraie vie, la vie enfin découverte et éclaircie, la seule vie par conséquent pleinement vécue, c'est la littérature. Cette vie qui, en un sens, habite à chaque instant chez tous les hommes aussi bien que chez l'artiste. Mais ils ne la voient pas, parce qu'ils ne cherchent pas à l'éclaircir. Et ainsi leur passé est encombré d'innombrables clichés qui restent inutiles parce que l'intelligence ne les a pas « développés ». Notre vie ; et aussi la vie des autres ; car le style pour l'écrivain aussi bien que la couleur pour le peintre est une question non de technique mais de vision. Il est la révélation, qui serait impossible par des moyens directs et conscients, de la différence qualitative qu'il y a dans la façon dont nous apparaît le monde, différence qui, s'il n'y avait pas l'art, resterait le secret éternel de chacun. Par l'art seulement nous pouvons sortir de nous, savoir ce que voit un autre de cet univers qui n'est pas le même que le nôtre et dont les paysages nous seraient restés aussi inconnus que ceux qu'il peut y avoir dans la lune. Grâce à l'art, au lieu de voir un seul monde, le nôtre, nous le voyons se multiplier, et autant qu'il y a d'artistes originaux, autant nous avons de mondes à notre disposition, plus différents les uns des autres que ceux qui roulent dans l'infini et, bien des siècles après qu'est éteint le foyer dont il émanait, qu'il s'appelât Rembrandt ou Vermeer[1], nous envoient encore leur rayon spécial.

Ce travail de l'artiste, de chercher à apercevoir sous de la matière, sous de l'expérience, sous des mots quelque chose de différent, c'est exactement le travail inverse de celui que, à chaque minute, quand nous vivons détourné de nous-même, l'amour-propre, la passion, l'intelligence, et l'habitude aussi accomplissent en nous, quand elles amassent au-dessus de nos impressions vraies, pour nous les cacher entièrement, les nomenclatures[2], les buts pratiques que nous appelons faussement la vie. En somme, cet art si compliqué est justement le seul art vivant. Seul il exprime pour les autres et nous fait voir à nous-même notre propre vie, cette vie qui ne peut pas s'« observer », dont les apparences qu'on observe ont besoin d'être traduites et souvent lues à rebours et péniblement déchiffrées. Ce travail qu'avaient fait notre amour-propre, notre passion, notre esprit d'imitation, notre intelligence abstraite, nos habitudes, c'est ce travail que l'art défera, c'est la marche en sens contraire, le retour aux profondeurs où ce qui a existé réellement gît inconnu de nous, qu'il nous fera suivre.

1. Peintres hollandais du XVII^e s.
2. **Nomenclatures :** listes de mots qui servent à classer (dans les sciences, les techniques, etc.).

**■ Bibliographie :** G. Deleuze, *Proust et les signes*, PUF, 1964 ; G. Genette, *Figures III*, éd. du Seuil, 1972.

# Création : la querelle du *Tartuffe*

## Molière

## Préface du *Tartuffe*

p. 494

### « Les hypocrites n'ont point entendu raillerie »

## APPROCHES

■ **Axes d'étude :** Théâtre et société. L'artiste et le pouvoir. Préface et argumentation indirecte (p. 350).

■ **Préalables :** Rappeler les étapes de la querelle du *Tartuffe*, et le rôle joué par le roi dans cette affaire. Signaler la position précaire des artistes, entièrement dépendants économiquement (les pensions), et idéologiquement (les « privilèges ») de leurs mécènes, ainsi que le rôle politique de la littérature sous l'Ancien Régime (p. 46 et 72).

■ **Vérifier** la compréhension de : *bruit*, l. 1 (= scandale) ; *joue*, l. 2, 3 (= raille).

## LIRE : De l'utilité de la préface

### 1- La stratégie polémique de Molière

Molière reproduit les propos de ses adversaires au **discours indirect libre** à partir de la ligne 14 (*Elle est*) et jusqu'à la ligne 19 (*désavantage*). Les bornes de ce discours rapporté, qui produit un effet d'ironie, sont très nettes : le signe déclaratif *dans leur bouche*, d'une part, *expliquer* et le retour à la première personne d'autre part. Molière, sans reproduire les paroles exactes de ses ennemis (et donc en se donnant la possibilité de les interpréter à son gré et de prétendre qu'il n'attaque personne en particulier), suggère qu'ils cherchent à lui nuire avec mauvaise foi en se fondant sur des détails : voir le martèlement de *moindre* (l. 17), le choix de termes (*syllabes*, *branlement de tête*, *pas*) qui renvoient à des indices presque imperceptibles et en tout interprétables à l'infini. Leur discours est discrédité par son outrance, perceptible dans les hyperboles (*abominations*, l. 15).

Cela rejoint la tonalité générale du début de la préface, où Molière se dit victime d'une persécution (l. 2). Il se défend avec **indignation** et esprit. Il retourne contre eux les armes de ses adversaires, et tout en adoptant un ton modéré, souligne leurs manœuvres (*j'eusse la hardiesse… grimaces,… un métier… se mêlent*, l. 7-9).

### 2- Hypocrites et dévots

Molière s'attaque dans ses comédies aux vices de son temps et à des ridicules sociaux ou moraux (« *Castigat ridendo mores…* »). L'allusion à des pièces comme *Les Précieuses ridicules*, *George Dandin*, *Le Médecin malgré lui*, est transparente aux l. 3-4. Ces pièces ayant eu du succès et n'ayant provoqué aucune cabale, il replace *Tartuffe* dans cette production, banalisant cette dernière pièce, et suggérant donc la mauvaise foi de ses adversaires. Son autre habileté est de ne jamais parler de « dévots », mais d'« hypocrites ». Ainsi, il ne semble attaquer de front ni les croyants sincères, ni les autorités religieuses, mais ceux qui contrefont la foi, les **faux dévots**, c'est-à-dire des gens comparables à Tartuffe, que Molière a toujours présenté comme un simulateur qui insulte la véritable religion.

### 3- Molière et les puissants

Pressé par la nécessité, dépendant entièrement des **décisions du roi** et des pensions qui lui sont versées, Molière se place sous sa protection et sous celle de ses proches, susceptibles de l'influencer contre la cabale des dévots : **la reine, les princes, les ministres** (l. 21-22). La question est de savoir si oui ou non *Tartuffe* trouble l'ordre public ou moral du royaume et donc si la cabale est légitime. En rappelant l'approbation dont sa pièce a bénéficié en haut lieu, Molière se disculpe. Mais du même coup il souligne combien sa liberté créatrice est fragile, compte tenu des institutions de son époque et de l'encadrement idéologique qu'il subit. En arrière-plan se profilent aussi les conflits entre la monarchie française gallicane et le pouvoir religieux de Rome.

### Conclusion

Un texte où Molière préfère l'esquive et la feinte à l'anathème : la stratégie de la préface s'adapte aux ruses des hypocrites… Mais l'esprit du dramaturge ne dissimule pas son indignation devant un adversaire qu'il importe avant tout de démasquer.

## PISTES

■ **Pour une séquence : Argumenter pour la liberté d'expression** (arguments et stratégies aux XVIIe et XVIIIe siècles ; tonalités ; jeux et enjeux) : Galiani, *Lettre à Mme d'Épinay*, p. 73 ; Voltaire, *De l'horrible danger de la lecture*, p. 76.

■ **Exercices complémentaires : Oral**

**1-** Exposez, dans un registre sérieux, les griefs de Molière contre ses adversaires. En quoi leur présentation dans ce texte est-elle plus efficace qu'une attaque directe ?

**2-** Imaginez la même défense pour une production artistique contemporaine de votre choix, qui aurait été menacée de censure.

■ **Bibliographie :** G. Ferreyrolles, *Molière-Tartuffe*, PUF, 1987.

# Les interprétations modernes du *Tartuffe*

## Louis Jouvet

***Témoignages sur le théâtre*** p. 495

### « Tartuffe ne fait qu'accepter ce qu'on lui offre »

### APPROCHES

■ **Axes d'étude :** La mise en scène. Le personnage de théâtre.

■ **Préalables :** Préciser que Louis Jouvet (1887-1951) fut un des grands metteurs en scène du XX^e siècle. Il fit connaître de nouveaux auteurs (comme Giraudoux), et il renouvela la mise en scène de plusieurs dramaturges classiques. Il fut aussi un grand acteur de cinéma et de théâtre. Sont restées célèbres ses interprétations de Knock (Jules Romains), d'un Arnolphe « pathétique » dans *L'École des femmes* (1936), d'un Don Juan « métaphysique » (1948), d'un Tartuffe « mélancolique et sincère » (1950).

■ **Vérifier** la compréhension de *procès-verbal*, l. 1 (Jouvet choisit une encyclopédie au hasard ; il y trouve une forme standardisée de la tradition interprétative du personnage de Tartuffe).

### LIRE

Jouvet utilise un ton volontiers ironique et polémique (▶ p. 284) :
– utilisation des guillemets pour mettre en évidence la sottise supposée du commentaire du dictionnaire ;
– questions rhétoriques et ironiques (*pourquoi Tartuffe serait-il*, l. 6 ; *Pourquoi*, l. 9 ; *Où prend-on ?*, l. 15) ;
– ton de la conversation courante, avec prise à témoin de l'auteur de l'article critiqué (*Pourquoi dire*, l. 19 ; *relisez-la*, l. 31).

Jouvet met en avant sa conception du rôle en répondant systématiquement aux hypothèses critiques par une interprétation contraire, dite sur le mode thétique (affirmation d'une vérité). Son interprétation s'inscrit ainsi contre une tradition jugée mal fondée, contre laquelle elle invoque des éléments précis du texte ; elle prend ainsi la force de l'évidence. En faisant de Tartuffe un homme pieux et sincère, il accroît son intérêt dramatique en donnant du poids à sa démarche (lutter contre le démon de la chair et le sentiment amoureux).

**Conclusion**

La conception de Jouvet est stimulante, parce qu'en donnant du crédit au personnage, on recentre la problématique de l'œuvre sur des questions plus philosophiques que psychologiques. Les enjeux sont enrichis.

### PISTES

■ **Pour une séquence : Réception et interprétation du *Tartuffe*** (le texte et ses ambiguïtés ; du texte à la scène ; les lectures dans l'histoire) : p. 494-501.

■ **Exercices complémentaires : Oral**
À la lumière de l'interprétation de Jouvet, commentez les trois passages de la pièce présentés p. 500-501.

■ **Bibliographie :** *Revue d'Histoire du Théâtre*, 1987/1.

## ... Les interprétations modernes du *Tartuffe*

## Roger Planchon

**Mises en scène de 1962 et 1973** p. 496

### « Savoir confondre sa fausse dévotion avec la vraie »

### APPROCHES

■ **Axes d'étude :** Mises en scène contemporaines. Le texte et le spectacle.

■ **Préalables :** Préciser que **Roger Planchon** est auteur de théâtre (*La Remise, Le Cochon Noir, Gilles de Rais*), metteur en scène de théâtre (ses mises en scène de *Tartuffe* et de *George Dandin* ont fait date), et depuis peu réalisateur de cinéma (*George Dandin, Louis enfant-roi*). Il a longtemps dirigé le T.N.P. de Villeurbanne. Néoréaliste, Planchon montre les personnages dans leur épaisseur physique, dans la réalité de leur rapport au monde, dans leurs activités sociales. Il met ainsi au jour les relations économiques et sociales qui sous-tendent les conflits d'intérêts entre les personnages : ainsi des rivalités de classe dans son *George Dandin*, où le paysan parvenu, humilié par ses beaux-parents et sa jeune femme nobles, traitait lui-même durement ses domestiques.

■ **Vérifier** qu'est compris le statut de chacune des colonnes : à droite le texte de Molière, à gauche le relevé des principales actions scéniques dans la mise en scène de Planchon, consignées après coup (d'où l'emploi du passé) par Émile Copfermann.

### LIRE : Relire les classiques

**1- L'activité journalière**

En montrant ses personnages plongés dans les activités économiques concrètes, Planchon exhibe les **enjeux politiques, économiques et sociaux** de la pièce. La présence des domestiques et la représentation de leurs activités ménagères situent la famille d'Orgon dans la grande bourgeoise. C'est l'ordre moral au sein d'une grande maison bourgeoise qui est mis en avant, avec ses contradictions : la passion du rigorisme confine chez Orgon à l'attirance homosexuelle inavouée pour Tartuffe ; la sévérité excessive du chef de famille n'est plus attribuable à la seule folie individuelle d'Orgon, mais aussi au système du mariage bourgeois qui donne toute puissance au père sur le reste de la famille. On peut ajouter que l'inscription de l'intrigue dans le siècle est perceptible – après les troubles de la Fronde, où ont été compromises bon nombre de personnes. La problématique habituelle de la pièce, qui centre l'interprétation sur le personnage de Tartuffe (est-il un monstre ?) est donc minorée.

**2- La passion d'Orgon**

Les attitudes des personnages complètent leur discours. Au début de la scène, les deux personnages parlent peu (silences, lenteur, gêne dans le regard), ce qui correspond aux apartés des deux premières répliques. La tête d'Orgon inclinée sur l'épaule de Tartuffe indique sa soumission et sa peur de perdre l'être aimé qui fait du chantage au suicide (*et crois que j'en mourrai*). Le geste est d'autant plus fort que le spectateur voit alors Damis retraverser la maison pour sortir avec son baluchon, déshérité par son père. La passion des deux hommes se traduit ensuite par la violence avec laquelle Tartuffe se lève et s'apprête à quitter le terrain devant Orgon stupéfait (*Comment ? vous moquez-vous ?*), avant de tomber dans les bras d'Orgon (*ces mêmes rapports… écoutés*). Planchon joue de l'oxymore gestuel : à la colère succèdent la tendresse, puis le cynisme (le ricanement est redondant avec le discours de dénigrement qu'il tient dans les deux derniers vers).

Roger Planchon lit le texte à la lumière des sciences humaines, sociologie et psychanalyse. Une lecture fine du texte lui permet de dégager une dimension latente du rapport entre Orgon et Tartuffe, et de la rendre perceptible par la gestuelle et la mimique des acteurs : **la passion homosexuelle d'Orgon** pour son hôte. Dorine dit d'ailleurs à son sujet : « C'est son tout, son héros, il l'adore à tout coup, l'admire à tout propos » ; et : « pour une maîtresse, on ne saurait, je crois, avoir plus de tendresse » (I, 2). Voir I, 5.

**Conclusion**

À condition d'être cohérentes et fructueuses, c'est-à-dire d'expliquer un grand nombre d'éléments du texte à partir d'une hypothèse simple, de nouvelles interprétations d'un personnage sont possibles, à la lumière des nouvelles questions que la postérité pose aux œuvres longtemps après leur écriture.

## VOIR

Signes de la dévotion (statue du Christ aux épines assis dans les cintres), ange ou démon survolant la scène, statues et fresques baroques mêlées à l'univers familier : le grand drapé est-il attribuable aux effets de plis propres à l'esthétique baroque ? fait-il écho aux activités ménagères (le linge) représentées dans la mise en scène ? symbolise-t-il le poids du religieux ? des interdits ?

## PISTES

■ **Pour une séquence : Le théâtre, du texte à la représentation** (didascalies internes et externes ; richesse et ambiguïtés du texte ; texte et mise en scène) : Molière, *Le Tartuffe*, p. 500-501 ; Claudel, *Partage de Midi*, p. 311 ; Beckett, *En attendant Godot*, p. 136.

■ **Exercices complémentaires**

• **Écriture et oral :** Lors d'une représentation théâtrale d'une pièce classique, faites le relevé, pour une scène précise étudiée en classe, des principaux éléments du décor et de leur utilisation, des déplacements des personnages, des gestes qu'ils exécutent et que le texte n'indique pas explicitement, de leurs intonations. À l'oral, confrontez vos résultats avec ceux de vos camarades, et dégagez l'interprétation globale de la scène proposée par le metteur en scène et les comédiens.

• **Écriture :** En vous fondant sur les extraits du manuel, rédigez des indications de mise en scène proposant une interprétation radicalement différente de la scène entre Orgon et Tartuffe.

■ **Lecture cursive :** Molière, *Le Tartuffe*.

■ **Bibliographie :** É. Copfermann, *Théâtres de Roger Planchon*, UGE, 1977.

### … Les interprétations modernes du *Tartuffe*

**Antoine Vitez**

***Le Théâtre des idées***

p. 498

## « Tartuffe, Don Juan… »

## APPROCHES

■ **Axes d'étude :** Mises en scène contemporaines. Le personnage de théâtre.

■ **Préalables :** Préciser qu'Antoine Vitez fut l'un des plus grands metteurs en scène du XXe siècle, et notamment un grand rénovateur de l'interprétation des classiques. Ses mises en scène de *Faust* de Goethe, de *Hamlet* de Shakespeare, de *La Mouette* de Tchekhov, figurent parmi ses plus belles réalisations. En 1977, il monte en alternance dans un décor unique quatre pièces de Molière, *Tartuffe, Dom Juan, L'École des femmes* et *Le Misanthrope.* Ses dramaturgies, moins « claires » que celles de Planchon, jouent à mettre en relief les contradictions internes des personnages ; elles montrent la pluralité de leurs désirs. Le texte ancien n'est pas modernisé pour autant : Vitez laisse percevoir la part d'étrangeté radicale qui est le propre d'œuvres du passé dont le sens est en partie perdu pour le public contemporain.

■ **Vérifier** la compréhension de : *Rédempteur*, l. 5 (= le Christ, qui rachète les péchés des hommes).

## LIRE

L'arrivée de Richard Fontana sur scène était très surprenante : dans un premier temps, on voyait entrer un personnage tout de noir vêtu, l'air sournois, le dos courbé, qui marchait le long de l'avant-scène en regardant les spectateurs par en dessous. Le spectateur cultivé reconnaissait l'image traditionnelle de Tartuffe. S'ouvrait alors la porte du fond, Richard Fontana, enrubanné de frais, la démarche fringante et conquérante, jetait alors un petit paquet au premier personnage, en fait son valet, en lui disant : « Laurent, serrez ma haire avec ma discipline. »

L'avantage de faire de Tartuffe un personnage séduisant est multiple :

– **le physique avantageux** n'est pas interdit par le texte. Dorine le décrit « gros et gras, le teint frais et la bouche vermeille », ce qui au XVII^e siècle était signe de bonne santé ;

– **la résistance d'Elmire** n'en est que plus méritoire : si elle ne cède pas à ses avances, ce n'est pas parce que Tartuffe est un personnage immoral et libidineux, c'est parce que sa vertu est authentique ;

– **l'attitude d'Orgon** est plus compréhensible ; il ne s'agit pas d'une lubie inexplicable. Tartuffe, fascinant comme la figure du *Rédempteur* (l. 4-5), est perçu par lui comme la force surnaturelle qui lui permettra de se sauver ;

– **le spectateur,** séduit lui aussi, comprend mieux les personnages et renonce à les juger hâtivement selon des catégories psychologiques toutes faites.

Antoine Vitez procédait souvent de cette façon : il donnait leur chance aux personnages figés dans une tradition interprétative en bousculant les attentes. Ainsi, dans sa mise en scène de la tragédie de Racine, Phèdre était jouée par une toute jeune fille, ce qui n'est pas contraire au texte : ayant épousé Thésée en secondes noces, elle peut fort bien avoir le même âge qu'Hippolyte. Dès lors, elle n'apparaissait pas comme une femme d'âge mûr jalouse de sa jeunesse disparue, mais comme une épouse luttant désespérément contre un amour coupable.

**Conclusion**

La méthode de Vitez peut être utile pour l'explication des textes. Plutôt que de se livrer à une condamnation morale *a priori* d'un personnage, fondée sur des catégories psychologiques simples (il est fou, monstrueux, hypocrite, jaloux, etc.), il est parfois instructif de lui faire crédit de la sincérité de son discours. Des contradictions intéressantes apparaissent alors, qui mettent au jour le fonctionnement général du système des personnages.

## VOIR

La photo correspond à la seconde grande rencontre entre Elmire et Tartuffe (IV, 5) ; dans la scène III, 3 (▶ p. 500), ce dernier lui avait vainement fait sa cour. Pour le confondre, elle lui fait croire maintenant qu'elle accepte la relation, mais Orgon est caché sous la table (recouverte sur la photo d'une nappe). La posture des deux personnages, qui peut paraître osée, est riche de sens : les bras en croix de Richard Fontana figurent sa dimension christique ; l'abandon extatique de Jany Gastaldi dit la force de séduction du personnage, et introduit à ce moment une tension maximale qui n'est pas étrangère au texte : Elmire appelle son mari à l'aide en toussant et en tapant sur la table pour qu'il l'empêche de subir les derniers outrages. Le comique de la scène, dès la lecture, tient précisément à l'aveuglement persistant d'Orgon qui tarde tant à sortir de sous la table qu'il compromet lui-même l'honneur de sa femme.

## PISTES

■ **Exercice complémentaire : Écriture**

Sachant que *Dom Juan* a été écrit par Molière pendant les six ans qu'a duré la querelle du *Tartuffe*, vous exposerez les points communs entre les deux personnages, et dégagerez les problématiques communes aux deux pièces.

■ **Bibliographie** : A. Ubersfeld, *Antoine Vitez*, éd. Nathan, 1998.

## … Les interprétations modernes du *Tartuffe*

**Ariane Mnouchkine**
**Mise en scène de 1995** p. 499

# « Monter *Tartuffe* pour parler de l'intégrisme »

## APPROCHES

■ **Axes d'étude :** Mises en scène contemporaines. Actualisation d'un mythe. Théâtre et société.

■ **Préalables :** Présenter **Ariane Mnouchkine** et sa troupe, le **Théâtre du Soleil**, installées depuis de nombreuses années à la Cartoucherie de Vincennes. Son travail de metteur en scène a plusieurs facettes : créations collectives de la troupe (*1789, 1793*), mise en scène d'auteurs contemporains, comme Hélène Cixous, réinterprétation des classiques (Shakespeare, Molière). Elle a aussi réalisé un film sur la vie de Molière, interprété notamment par Philippe Caubère (Molière) et Joséphine Derenne (Madeleine Béjart).

■ **Vérifier** la compréhension de : *fontaine de jouvence*, l. 29-30 (= eau miraculeuse qui a le pouvoir de rajeunir).

## ÉCRIRE

### 1- Molière et le fanatisme religieux

Le propre d'une grande œuvre n'est pas d'être universelle (c'est ce que dit Mnouchkine dans le dernier paragraphe), mais de pouvoir, à certains moments de l'Histoire, prendre un sens différent et répondre à des questions nouvelles que l'auteur ne se posait pas à son époque. Ainsi, Molière ne pouvait avoir la prescience de l'intégrisme islamiste, mais son œuvre permet aujourd'hui de mieux comprendre comment fonctionne le fanatisme religieux au sein d'une communauté. L'exemple du passé (le fanatisme catholique) permet de mieux comprendre un présent face auquel, par définition, nous avons peu de distance.

Les élèves pourront développer notamment les similitudes suivantes : invocation du nom de Dieu pour justifier une oppression qui ne s'avoue pas comme telle ; immixtion dans la vie privée alors que le religieux est d'abord affaire de conscience ; soumission forcée des femmes ; obscurantisme.

### 2- Transposition d'époque

Le fait que de nouvelles interprétations soient possibles ne justifie pas qu'on fasse dire au texte n'importe quoi. Une bonne interprétation se doit d'être cohérente et fructueuse, c'est-à-dire éclairante. Faute de quoi, on fait dire au texte ce qu'il ne peut pas dire. La transposition dans une autre époque est possible si elle permet de faire comprendre des mécanismes historiques, ou de mettre en lumière des contradictions. Ainsi, dans sa mise en scène de *La Place royale* de Corneille, située dans la France des années 1960, Brigitte Jaques montrait qu'à certaines époques, la jeunesse éprouvant le besoin de se dégager du poids trop lourd de la tutelle parentale se heurte à une nouvelle contradiction, celle de la lutte des sexes. Cette question, que formulent les précieuses hostiles au mariage bourgeois arrangé, se pose de nouveau dans les années 1960 : la libération des mœurs s'accompagne d'une réflexion sur la condition féminine.

## PISTES

■ **Exercice complémentaire : Oral**
Quelles transpositions actuelles pouvez-vous imaginer pour la pièce classique de votre choix ? Imaginez quelques solutions concrètes de mise en scène (distribution des rôles, costumes, décors, bande-son). Justifiez votre réponse en montrant les similitudes historiques entre la période d'écriture et la période choisie pour la transposition.

■ **Bibliographie :** *Le Théâtre du Soleil*, éd. du CNRS, 1979.

# ► LECTURES DU THÉÂTRE

## Molière
## *Le Tartuffe*

p. 500

### « Seul à seul »

## APPROCHES

■ **Axes d'étude :** L'interprétation du personnage. Le discours théâtral.

■ **Préalables :** Rappeler la distinction fondamentale entre la fiction théâtrale et la fiction romanesque : il n'y a pas de narrateur au théâtre. Chaque personnage n'est donc présenté que par ses propos ou par d'autres personnages ; le dialogue est entièrement action, et c'est le système des personnages qui détermine le sens de l'intrigue. Les personnages fonctionnent donc en réseau et ne signifient rien par eux-mêmes.

## LIRE : Discours équivoques

### 1- L'ambiguïté des propos d'Elmire

Pour que la méprise de Tartuffe soit possible, et que donc, en effet, il puisse montrer au spectateur son *âme tout entière* (v. 10), il faut que les termes d'« accroche » conversationnelle d'Elmire entretiennent le quiproquo et donnent à Tartuffe autant de signes à interpréter dans le sens de son désir. C'est le cas de *en secret, affaire* (v. 1), *entretien* (v. 7), *votre cœur s'ouvre* (v. 8), *salut* (v. 16).

### 2- Vocabulaire amoureux et vocabulaire religieux

Tartuffe, par habileté (il pourra toujours dire qu'il ne pensait pas à mal et que c'est Elmire qui est perverse) ou par habitude (il est incapable de sortir des cadres de sa fausse dévotion), fait sa cour en employant des termes du vocabulaire religieux, ajoutant un sens supplémentaire à la scène (v. 5 ; *grâce*, v. 9 ; *âme*, v. 10 ; *transport de zèle*, v. 14 ; *pur mouvement*, v. 15 ; *ferveur*, v. 17 ; *excès de zèle*, v. 18). Tartuffe utilise ici les hyperboles et les images de la galanterie dont il réactualise la dimension spirituelle d'origine (divinisation de la dame, service de l'amant).

## VOIR

### La gestuelle

Comme l'indique la didascalie, Tartuffe en arrive à faire des avances à Elmire. Mais, en raison même des équivoques sur lesquelles repose la scène, le metteur en scène peut accentuer à son gré le côté religieux ou le côté séducteur de Tartuffe. Dans la mise en scène de Jouvet (► p. 495), Tartuffe est debout face à Elmire, de surcroît séparé d'elle par une chaise, figure du prie-Dieu et de l'obstacle de la piété et de la morale ; il conserve la posture du dévot : costume austère, visage grave et fermé, attitude raide à quoi répond le mouvement vers l'arrière de sa victime (mouvement de recul – ou bien début d'extase ?). Dans la mise en scène de J. Weber (► p. 500), Tartuffe est au contraire habillé comme un homme à la mode, comme un séducteur soucieux de sa personne. Il touche la chaise d'Elmire, en un geste qui équivaut à une tentative de possession, et surtout, il touche vraiment la robe d'Elmire, adoptant une attitude courbée qui préfigure celle de l'amant. Elmire est quant à elle repliée sur elle-même.

## *PERSPECTIVES* (p. 501)

**1 2 Molière, *Le Tartuffe* (I, 5, et IV, 1).**

### DIRE : Qui est Tartuffe ?

### 1- La situation de dialogue

Le propre du texte de théâtre est de n'avoir pas de narrateur central qui soit susceptible de prendre parti pour tel ou tel personnage, ou d'influencer la perspective que le lecteur aura sur lui. Au théâtre, c'est l'interprétation des acteurs et du metteur en scène qui s'en charge. Ainsi, toute l'action consiste en luttes de discours ; aussi, chaque personnage peut nous paraître crédible.

– **Elmire** bénéficie d'une bonne image depuis le premier acte (pondération, attaques de la ridicule M^me^ Pernelle) et résiste vaillamment aux assauts ; elle semble pécher ici par imprudence (mais voir l'avis de L. Jouvet, p. 495).
– **Cléante** parle au nom de la raison et occupe une place légèrement en retrait dans la famille, donc peut paraître plus objectif.
– En revanche, le discours d'**Orgon** est peu crédible :

sans s'en rendre compte, il donne à son interlocuteur des arguments contre Tartuffe, certains mots révélateurs lui échappent, comme *plus que moi six fois il s'en montre jaloux* (v. 12). Ici, la double énonciation théâtrale produit un effet comique : le spectateur comprend tout autre chose que ce que le personnage veut dire.
– Quant à **Tartuffe**, selon la façon dont il est interprété, ses propos apparaîtront sincères ou hypocrites.

On comparera l'interprétation de ces fragments à celle qui naît de l'analyse de la scène complète : du danger des textes extraits de leur contexte…

**2- Deux interprétations contradictoires**

L'élève devra à la fois expliciter la position des metteurs en scène dont il s'inspire, et citer très précisément le texte de Molière. Faire intervenir la notion de double énonciation pour rendre compte de la perception du spectateur. On envisagera concrètement les questions de mise en scène pour inscrire clairement sur la scène les interprétations du personnage.

**ÉCRIRE**

– Analyser la citation en expliquant l'image de la pièce d'or : richesse, rareté, beauté esthétique, valeur d'échange.
– Développer chacune de ces images dans le cadre du théâtre.
– Expliquer en particulier *jamais fini de rendre la monnaie* : idée de l'inépuisable richesse de l'œuvre ; impossibilité de faire tout dire à un texte, d'en rendre compte intégralement ; l'œuvre de théâtre reste toujours ouverte, incomplète, et s'enrichit des interprétations.
– Développer aussi l'idée que le sens que l'œuvre avait à sa création nous échappe toujours en partie.

## PISTES

### ■ Texte complémentaire

**Diderot, *Le Paradoxe sur le comédien.***

*Avec* Le Paradoxe sur le comédien, *auquel il travaille de 1769 à la fin de sa vie, Diderot écrit un des premiers traités sur l'art de l'acteur et de la mise en scène. Il y expose notamment sa conception d'un théâtre matérialiste, qui rende compte du fonctionnement de la société et des mécanismes comportementaux. Son approche est encore actuelle ; elle s'oppose à des méthodes plus psychologiques, visant l'identification du comédien à son rôle. Comme souvent dans les textes théoriques de Diderot, deux personnages dialoguent sur le ton de la conversation : au lecteur de tirer ses conclusions…*

LE PREMIER

Mais le point important, sur lequel nous avons des opinions tout à fait opposées, votre auteur et moi, ce sont les qualités premières d'un grand comédien. Moi, je lui veux beaucoup de jugement ; il me faut dans cet homme un spectateur froid et tranquille ; j'en exige, par conséquent, de la pénétration et nulle sensibilité, l'art de tout imiter, ou, ce qui revient au même, une égale aptitude à toutes sortes de caractères et de rôles.

LE SECOND

Nulle sensibilité !

LE PREMIER

Nulle. Je n'ai pas encore bien enchaîné mes raisons, et vous me permettrez de vous les exposer comme elles me viendront, dans le désordre de l'ouvrage même de votre ami.

Si le comédien était sensible, de bonne foi lui serait-il permis de jouer deux fois de suite un même rôle avec la même chaleur et le même succès ? Très chaud à la première représentation, il serait épuisé et froid comme un marbre à la troisième. Au lieu qu'imitateur attentif et disciple réfléchi de la nature, la première fois qu'il se présentera sur la scène sous le nom d'Auguste, de Cinna, d'Orosmane, d'Agamemnon, de Mahomet[1], copiste rigoureux de lui-même ou de ses études, et observateur continu de nos sensations, son jeu, loin de s'affaiblir, se fortifiera des réflexions nouvelles qu'il aura recueillies ; il s'exaltera ou se tempérera, et vous en serez de plus en plus satisfait. S'il est lui quand il joue, comment cessera-t-il d'être lui ? S'il veut cesser d'être lui, comment saisira-t-il le point juste auquel il faut qu'il se place et s'arrête ?

Ce qui me confirme dans mon opinion, c'est l'inégalité des acteurs qui jouent d'âme. Ne vous attendez de leur part à aucune unité ; leur jeu est alternativement fort et faible, chaud et froid, plat et sublime. Ils manqueront demain l'endroit où ils auront excellé aujourd'hui ; en revanche, ils excelleront dans celui qu'ils auront manqué la veille. Au lieu que le comédien qui jouera de réflexion, d'étude de la nature humaine, d'imitation constante d'après quelque modèle idéal, d'imagination, de mémoire, sera un, le même à toutes les représentations, toujours également parfait : tout a été mesuré, combiné, appris, ordonné dans sa tête ; il n'y a dans sa déclamation ni monotonie, ni dissonance. La chaleur a son progrès, ses élans, ses rémissions, son commencement, son milieu, son extrême. Ce sont les mêmes accents, les mêmes positions, les mêmes mouvements ; s'il y a quelque différence d'une représentation à l'autre, c'est ordinairement à l'avantage de la dernière. Il ne sera pas journalier : c'est une glace toujours disposée à montrer les objets et à les montrer avec la même précision, la même force et la même vérité. Ainsi que le poète, il va sans cesse puiser dans le fonds inépuisable de la nature, au lieu qu'il aurait bientôt vu le terme de sa propre richesse.

Quel jeu plus parfait que celui de la Clairon ?[2] Cependant suivez-la, étudiez-la, et vous serez convaincu qu'à la sixième représentation elle sait par cœur tous les détails de son jeu comme tous les mots de son rôle. Sans doute elle s'est fait un modèle auquel elle a d'abord cherché à se conformer ; sans doute elle a conçu ce modèle le plus haut, le plus grand, le plus parfait qu'il lui a été possible ; mais ce modèle qu'elle a emprunté de l'histoire, ou que son imagination a créé comme un grand fantôme, ce n'est pas elle ; si ce modèle n'était que de sa hauteur, que son action serait faible et petite ! Quand, à force de travail, elle a approché de cette idée le plus près qu'elle a pu, tout est fini ; se tenir ferme là, c'est une pure affaire d'exercice et de mémoire. Si vous assistiez à ses études, combien de fois vous lui diriez : *Vous y êtes !..* combien de fois elle vous répondrait : *Vous vous trompez !..* C'est comme Le Quesnoy[3], à qui son ami saisissait le bras, et criait : *Arrêtez ! le mieux est l'ennemi du bien : vous allez tout gâter*… Vous voyez ce que j'ai fait, répliquait l'artiste haletant au connaisseur émerveillé ; mais vous ne voyez pas ce que j'ai là, et ce que je poursuis.

Je ne doute point que la Clairon n'éprouve le tourment du Quesnoy dans ses premières tentatives ; mais la lutte passée, lorsqu'elle s'est une fois élevée à la hauteur de son fantôme, elle se possède, elle se répète sans émotion. Comme il nous arrive quelquefois dans le rêve, sa tête touche aux nues, ses mains vont chercher les deux confins de l'horizon ; elle est l'âme d'un grand mannequin qui l'enveloppe ; ses essais l'ont fixé sur elle. Nonchalamment étendue sur une chaise longue, les bras croisés, les yeux fermés, immobile, elle peut, en suivant son rêve de mémoire, s'entendre, se voir, se juger et juger les impressions qu'elle excitera. Dans ce moment elle est double : la petite Clairon et la grande Agrippine[4].

LE SECOND

Rien, à vous entendre, ne ressemblerait tant à un comédien sur la scène ou dans ses études, que les enfants qui, la nuit, contrefont les revenants sur les cimetières, en élevant au-dessus de leurs têtes un grand drap blanc au bout d'une perche, et faisant sortir de dessous ce catafalque une voix lugubre qui effraie les passants.

---

1. Personnages de tragédies de Corneille, Racine et Voltaire.
2. Grande tragédienne contemporaine.
3. Sculpteur belge du XVIIe siècle.
4. Rôle de la mère dans *Britannicus* de Racine.

■ **Lectures cursives :** Molière, *Tartuffe* ; *Dom Juan.*

■ **Bibliographie :** M. Descotes, *Les Grands Rôles du théâtre de Molière*, PUF, 1960.

# 5 Vers le théâtre moderne

## LE DRAME ROMANTIQUE

**Musset**
***Lorenzaccio***

p. 503

### « La débauche à la mamelle »

### APPROCHES

■ **Axes d'étude :** La scène d'exposition. Le dialogue de théâtre (p. 320). Le personnage. Le libertinage.

■ **Préalables :**

Signaler qu'il ne s'agit que du début de la scène 1. Interroger sur les renseignements attendus dans une **scène d'exposition** : lieu, temps, personnages. Indiquer que le théâtre de Musset était destiné à la lecture, non à la scène (1re représentation de *Lorenzaccio* : 1896), d'où la liberté dont il a pu faire preuve.

Faire le rapprochement avec la nouvelle de *L'Heptaméron* de Marguerite de Navarre (II 12) qui met en scène ces mêmes personnages (p. 440). Préciser la nuance entre « Lorenzo », nom d'un des personnages de la scène, et « Lorenzaccio », nom du **personnage éponyme**. Quelle question sur le personnage cette différence pose-t-elle au spectateur ?

■ **Vérifier** que sont compris : *filon*, l. 14 (= ressource : métaphore de la veine minière) ; *fantômes*, l. 17 (= imaginations).

### LIRE : Une exposition *in medias res*

#### 1- La situation dramatique

Le jardin au clair de lune des didascalies et l'heure de minuit mentionnée dans le dialogue (l. 4) laissent augurer un rendez-vous amoureux, ce que confirme le début de l'échange. Si l'on ignore les données historiques, on peut penser que Lorenzo est le valet ou le confident du jeune premier qui s'impatiente. C'est aux lignes 6-9 que le lecteur-spectateur commence à comprendre que la jeune fille attendue a été achetée. Révélation troublante pour lui : il ne sait plus exactement comment considérer les deux personnages en présence. Il se retrouve en position objective de complicité avec les deux débauchés, dans une situation qui relève de la plus basse corruption. La longue réplique de Lorenzo précise son rôle de pourvoyeur cynique de filles. On peut parler d'exposition *in medias res* dans la mesure où la scène ne débute pas sur une longue tirade explicative, mais où le spectateur comprend, au fur et à mesure des premières répliques des personnages, la nature de l'action engagée. Il voit et interprète en même temps, sans que personne n'ait besoin de lui situer l'action.

#### 2- Le langage des deux hommes

Le langage du duc est franchement grossier, contrairement à celui de Lorenzo. Le duc s'exprime avec des phrases simples, jure beaucoup (*de tous les diables*, l. 2 ; *Entrailles du pape*, l. 8 ; *Sacrebleu*, l. 29), parle en boutiquier de l'argent perdu (l. 8-9). Lorenzo au contraire est spirituel (l. 6-7), il utilise une langue délicatement poétique (► question **3**) pour faire valoir les charmes de la jeune fille attendue.

Les rapports entre les deux hommes sont pervers : Lorenzo est un rabatteur de conquêtes pour les plaisirs du duc ; il joue un rôle de *ruffian* dont le duc lui-même dépend. On ne sait si Lorenzo est aussi débauché que le duc en pratique, mais il maîtrise fort bien la théorie du libertinage moral ; une trouble fascination semble les unir (complicité du *Nous*, l. 10 ; délectation apparente de Lorenzo à évoquer les plaisirs du duc, l. 19-22).

#### 3- Poésie et cynisme

Dans sa tirade, Lorenzo se fait poète pour exposer sa théorie de la séduction-corruption : il utilise une langue riche en **images** (métaphores : *mamelle*, l. 12 ; *ensemencer… filon*, l. 13-14 ; *fantômes*, l. 17 ; *trésor*, l. 19 ; *chatte*, l. 21 ; *vernis*, l. 25 ; *flot… fleuve… couche de glace fragile qui craque*, l. 25-26 ; *arbuste en fleur… fruits… odeur*, l. 27-28 ; comparaisons : *comme une Flamande*, l. 22 ; périphrases : *ce qui l'effraye… ce qui la protège*, l. 17-18), des **rythmes suggestifs** (accumulation, l. 13 à 18 : débauche, mode d'emploi). Le point de vue est celui d'un esthète. Mais cette poésie si charmante s'applique à une réalité sordide : comment dépraver une jeune fille, dont Lorenzo souligne précisément l'extrême jeunesse (*la petite*, l. 10-11 ; *à la mamelle*, *enfant de quinze ans*, l. 12-13 ; *jeune chatte*, l. 21 ; *atmosphère enfantine*, l. 28). Certaines des images employées par Lorenzo peuvent cependant être comprises de manière équivoque : **images du sexe féminin** (le *trésor*, l. 19 ; la *chatte*, l. 21 ; le *fleuve magnifique*, l. 25 ; la *fleur*, l. 27 ; le *fruit*, l. 28) ; **images de l'acte sexuel** (*ensemencer… infiltrer le filon*, l. 13-14 ; *donner des corps à ses fantômes*, l. 17 ; *toucher ce qui l'effraye*, l. 17). Le spectateur est troublé, inquiété et intrigué par ce personnage, séduisant parce que beau parleur, mais dont le discours est pourtant si immoral.

#### Conclusion

Une scène d'ouverture qui esquisse des rapports de basse complicité entre le duc de Florence et Lorenzo, et qui définit l'atmosphère de corruption qu'ils font régner sur la ville ; mais l'alliance entre l'épais jouisseur et le lettré, poète du vice, ne peut qu'intriguer.

## VOIR

Les deux photos de *Lorenzaccio* présentent deux choix de mise en scène différents. Celle de Jean Vilar inscrit la pièce dans son contexte historique, jouant avec un décor connotant clairement l'époque, tandis que celle de Mesguich transforme le drame romantique en un drame intemporel. Les habits de Lorenzo permettent de faire la même analyse. Mesguich supprime toute trace d'historicité et joue sur le symbolisme : on peut penser qu'ici Lorenzo tend un cadre-miroir au duc, mais il n'y a pas de vitre, ce qui peut signifier que le duc et Lorenzo sont frères en débauche. Au contraire, Jean Vilar n'utilise pas d'objet symbolique, mais fait reposer la nature de Lorenzo sur le jeu de Gérard Philipe qui semble ici en retrait, prêt à fondre sur la victime qu'il guette.

## PISTES

■ **Pour une séquence : Le drame romantique** (▶ *supra*, p. 81).

■ **Exercice complémentaire : Langue**
Relevez et étudiez les désignations de la jeune fille dans la tirade de Lorenzo.

■ **Lecture cursive :** Musset, *Lorenzaccio.*

■ **Bibliographie :** J.-M. Thomasseau, *Lorenzaccio*, PUF, 1986.

# ▶ LE DRAME ROMANTIQUE

## Hugo
## *Ruy Blas*

p. 504

### « C'est une œuvre admirable »

## APPROCHES

■ **Axes d'étude :** Le drame romantique (p. 503). Les didascalies (p. 507). Le grotesque (p. 104).

■ **Préalables :** Partir du sens actuel courant du mot « **grotesque** ». Préciser que son acception dans l'esthétique romantique n'est pas péjorative. Rappeler les deux dimensions du grotesque : 1) le soulagement comique *(comic relief)* shakespearien, moment de détente entre deux scènes tragiques ; 2) dans l'esthétique hugolienne, il est l'envers du sublime, qu'il mine de l'intérieur. Ici, il s'agit du premier cas.

■ **Vérifier** que sont compris : le jeu de mots sur *spiritueux* v. 15 ; la didascalie du v. 19 *(Il met les morceaux doubles).*

## LIRE : Aspects du grotesque

### 1- Les didascalies

• Décrivent le **décor** : architecture (*mur, à gauche, qui fait le coin en pan coupé*, v. 5), meubles (*fauteuil*, v. 4 ; *petite armoire*, v. 5 ; *garde-manger*, v. 6 ; *petite table ronde*, v. 10 ; *buffet*, v. 18), objets (*flacons*, v. 9 ; *bouteilles, plats* [...] *verre, assiette, fourchette*, v. 10 ; *pâté*, v. 16 ; *verre, couvert*, v. 18).

• Indiquent les **déplacements** et la **gestuelle** du personnage : *Il se rassied sur le fauteuil, bâille, puis se relève presque aussitôt* (v. 4) ; *Il y va et l'ouvre* (v. 6) ; *Il va chercher* [...] *l'apporte* [...] *la charge* [...] *il ajoute* [...] *il prend* (v. 10) ; *Il emplit et boit* (v. 11) ; *Il s'assied, se verse* [...] *et boit* (v. 13) ; *Il boit* (v. 15) ; *Il entame* (v. 16) ; *Il mange* (v. 17) ; *Il va* [...] *rapporte* [...] *pose* (v. 18) ; *Il met* (v. 19).

• Indiquent la **mimique** du personnage : *Avisant* (v. 6) ; *Examinant* (v. 9).

Les didascalies dessinent un personnage insouciant, sans gêne, voire grossier, qui se comporte dans cette maison comme chez lui, s'installe dans un fauteuil en bâillant (v. 4), s'empare goulûment (*boit d'un trait*, v. 11 ; *Il met les morceaux doubles*, v. 19) de la nourriture et du vin qui lui tombent sous la main. Cette relation à la nourriture et à la boisson suggère un personnage grotesque.

### 2- Le monologue de Don César

Le monologue est une convention théâtrale, le personnage n'y parlant par définition à personne. Il s'adresse donc, du point de vue de la fiction, à lui-même, pour délibérer ou peupler sa solitude (questions, v. 1-4, 14, 21 ; injonctions, v. 6, 11, 16, 19...) ; du point de vue de la performance, au spectateur (v. 14 par exemple), dans un mode de communication qui risque de ruiner l'illusion théâtrale, si l'acteur se laisse aller à la parodie.

Dans cette scène, la difficulté tient à la longueur du monologue (88 vers en tout), à la multiplicité des gestes à accomplir, à la nécessité de faire rire (plaisanterie sur « lire », « livre », v. 11, 14, jeu de mots sur *spiritueux*, v. 15 ; comique de situation dû à l'intrusion du personnage dans une maison étrangère, comique de gestes dû à son pique-nique, clowneries diverses : il sort des couverts pour inviter son hôte, *il met les morceaux doubles*, v. 19-20), au délicat équilibre entre discours pour soi et clin d'œil au spectateur.

### 3- Un discours et un personnage grotesques

Le vers se rapproche ici du langage parlé, grâce aux interruptions des didascalies (de la gestuelle), aux exclamations (v. 1, 5, 8, 9, 10, 12, 15, 16, 17, 19), aux interrogations (v. 1, 2, 3-4, 14, 21), à la simplicité de la syntaxe. Prosaïque (v. 7-8, 16...) et imagé (v. 11-12), burlesque et inventif, le langage caractérise un héros à la fois truculent et poétique.

Don César est « grotesque » par son comportement désinvolte, insouciant, provocateur, par son goût de la bonne chère et du bon vin (le « bas corporel » selon Bakhtine). C'est un personnage paradoxal de gueux magnifique.

### Conclusion

Dans une scène d'un comique shakespearien, Victor Hugo campe un personnage picaresque. Mais cette présence va accélérer le drame ourdi par Don Salluste (ironie dramatique du v. 22). Ambivalence du grotesque, qui ne se limite jamais au comique pur.

## PISTES

■ **Pour une séquence**
- **Le drame romantique** (▶ *supra*, p. 81).
- **Le monologue de théâtre** (▶ *infra*, p. 387)

■ **Bibliographie :** V. Hugo, Préface de *Cromwell*.

## ... *Ruy Blas*

p. 505

### « Je m'appelle Ruy Blas, et je suis un laquais ! »

## APPROCHES

■ **Axes d'étude :** Le sublime. L'art du dialogue (p. 320).

■ **Préalables :** Souligner la spécificité de ce dialogue qui est en fait un **trilogue**, où deux personnages affrontent le troisième. L'originalité de cette scène repose sur l'évolution du trilogue : le personnage solitaire change au fil de la scène ; il s'agit d'abord de la reine, mais l'aveu de Ruy Blas place tout d'un coup Don Salluste dans la position du solitaire.

■ **Vérifier** que sont compris : *donjon sur roche*, v. 9 (= château érigé sur un rocher et marquant l'ancienneté de la noblesse) ; *fief*, v. 9 (= domaine concédé par le roi à un noble) ; *garrotté*, v. 19 (= lié).

## LIRE : Aspects du sublime

### 1- L'affrontement Salluste/Ruy Blas

Pour faire fléchir la reine, **Don Salluste** fonde d'abord son argumentation sur l'**intérêt** que celle-ci peut trouver à son abdication : éviter le déshonneur et l'enfermement au couvent qui suivrait (v. 6). Devant son hésitation (*Ô Dieu*, v. 6), il avance l'argument des sentiments – l'amour de César –, mais le soumet à l'argument d'intérêt qui, à ses yeux, importe seul (v. 7-10). Alors que Don Salluste ne conçoit que l'appât du gain et n'est mû que par l'obsession de la vengeance, **Don César-Ruy Blas** obéit lui au **code de l'honneur** qui régit normalement la noblesse : il rejette le bonheur promis (la reine) au profit de la morale (v. 15-16). Il y a donc une inversion des rôles et des codes sociaux : le valet se comporte noblement, tandis que le noble agit avec bassesse. C'est ce que, dans sa concision et son balancement, le vers 22 exprime parfaitement. Il oppose en effet l'apparence (*l'habit*) à l'essence (*l'âme*).

### 2- L'art du dialogue

Chacun des trois personnages développe un discours et une pratique du dialogue spécifiques :

– **Don Salluste** est insinuant et manipulateur ; il parle à l'oreille de la reine comme pour une confidence (didascalie, v. 1), observe des temps de silence, procède par question orientée (*qu'est-ce qu'une couronne ?* v. 1), par promesse (*Vous gagnez le bonheur*, v. 2), par menace (*Le scandale et le cloître*, v. 6). Le discours se fait pressant (*Eh bien ?*, v. 4), mais Don Salluste ne parle jamais en son nom, ne dit jamais « je », comme s'il n'avait aucun intérêt dans cette affaire. Son discours traduit ainsi son hypocrisie.

– La faiblesse de **la reine** est marquée par la brièveté de répliques qui suggèrent son impuissance : structure exclamative (*Ô Dieu !*, v. 6 ; *don César*, v. 13) ou interrogative (*Que dit-il ?*, v. 13) tournée vers Ruy Blas.

– Le discours de **Ruy Blas**, enfin, est celui de la force et de l'honnêteté qui s'avance à visage découvert : contrairement à Salluste, il dit « je » et affirme haut et fort son identité (v. 11, 12, 13, 14, 16, 20, 22). C'est aussi le « je » d'une colère longtemps contenue qui explose tout d'un coup (*enfin je me réveille*, v. 18). L'affirmation de sa propre parole (phrases assertives ; *Je dis*, v. 13, 15, 18) le libère de sa condition et de son imposture ; il s'affirme alors contre son maître (*vous, Monseigneur*, v. 17-22).

Ces trois modalités du dialogue dessinent trois personnalités : l'hypocrite comploteur, la femme faible et victime, le héros honnête et révolté.

### 3- Un passage sublime et tragique

La tirade de Ruy Blas touche au **sublime** en ce qu'il fait abstraction de ses intérêts (la richesse que lui procure sa fausse identité) et de son bonheur (l'amour que lui porte la reine) au profit de la vérité et de l'honnêteté. Au plan stylistique, le sublime est rendu par des vers frappés comme des sentences (v. 11, 13-14, 22).

La situation est **tragique**, avant la révélation de Ruy Blas, dans la mesure où la reine, pressée par Salluste, est prête à céder et à abdiquer. Elle est encore plus tragique après la révélation, puisque celle-ci rend désormais impossible l'amour entre la reine et le valet et inévitable le déshonneur par la révélation de l'adultère.

### Conclusion

Le coup de théâtre de la pièce, le moment où les masques tombent, où le sublime de Ruy Blas éclate. L'art du dialogue de Hugo accompagne ce renversement qui réduit Salluste au silence et donne à Ruy Blas la grandeur d'un héros tragique (il se suicide juste après avoir tué Salluste et meurt dans les bras de la reine qui se jette sur son corps, lui pardonne et l'appelle de son nom, Ruy Blas).

## VOIR

La photo présente les traits de caractère principaux des personnages : la fourberie de Salluste et la droiture de Ruy Blas, marquées par :

– **leur attitude respective :** Ruy Blas est redressé, fier de ce qu'il est, les mains sur la poitrine, prêt à affirmer son identité, tandis que Salluste, en retrait, comme dans cet extrait où il ne dit jamais « je » (▶ question **2**), l'enveloppe de sa bassesse et de son hypocrisie ;

– **les costumes :** même s'ils correspondent au statut apparent des personnages (Ruy Blas ministre / Salluste en disgrâce), ils traduisent ce double état : richesse et éclat pour celui de Ruy Blas, grisaille pour celui de Salluste ;

– **les regards :** ils indiquent clairement, pour Ruy Blas, la loyauté (il regarde fixement droit devant lui), pour Salluste, l'hypocrisie (il regarde Ruy Blas de biais).

– **Le contraste des âges** (jeunesse / maturité) accentue encore le caractère manichéen de l'opposition des personnages.

## PISTES

■ **Pour une séquence : Hugo, le grotesque et le sublime** (leur incarnation dans les personnages ; la poétique du grotesque et ses significations ; les valeurs du sublime) : *La Légende des siècles*, p. 42-43 ; *Le roi s'amuse*, p. 104 ; *Hernani*, p. 446.

■ **Exercice complémentaire : Écriture**

Réécrivez, sous une forme narrative, la scène où Ruy Blas dévoile son identité.

■ **Bibliographie :** A. Ubersfeld, *Le Drame romantique*, éd. Belin, 1993 ; *Lire le théâtre* III, éd. Belin, 1996.

# LE THÉÂTRE MODERNE

## Claudel
## *Le Soulier de satin*

p. 508

### « Ces mots qui arrêtent le cœur »

## APPROCHES

■ **Axes d'étude :** Le lyrisme. Le dialogue théâtral (p. 320). Le comique (p. 518). Le personnage de théâtre. Le verset (p. 250).

■ **Préalables :**

Partir du **couple traditionnel maître-serviteur** au théâtre : quelles potentialités en matière de contrastes, de changements de registre, d'incompréhension ou de conflits ? Un *Chinois* : à la distance sociale s'ajoute ici la différence culturelle, linguistique, ethnique.

Identifier les **personnages**, le **moment** et le **lieu** de l'action : dans le désert de Castille, la nuit, sous la voûte étoilée, à une époque où l'Espagne domine un immense empire colonial : ouverture du lieu scénique sur l'espace cosmique.

Suggérer l'**esprit** de la pièce, par exemple en citant la *captatio benevolentiae* paradoxale de l'Annoncier du début : « Écoutez bien, ne toussez pas et essayez de comprendre un peu. C'est ce que vous ne comprendrez pas qui est le plus beau, c'est ce qui est le plus long qui est le plus intéressant et c'est ce que vous ne trouverez pas amusant qui est le plus drôle. »

**N.B. :** L'initiale **v** renvoie ici aux versets.

## LIRE : Le poétique et le comique

### 1- La progression de l'action

Cette scène évolue grâce au dialogue entre Rodrigue et son serviteur chinois dont les questions et les remarques naïves (▶ question 3) permettent à Rodrigue de formuler son amour avec une intensité croissante, mais aussi, à la fin de l'extrait, avec une limpidité extrême (v. 34).

C'est la première scène où intervient Rodrigue : le spectateur est ainsi informé des circonstances dans lesquelles il a rencontré Prouhèze (v. 1-4) et de l'ampleur de son amour pour elle (v. 9, 11, 14-15, 25, 30, 34). Ce passage a donc une fonction surtout psychologique (il informe sur l'âme de Rodrigue) et poétique (il exprime par un réseau de correspondances et de symboles l'harmonie de l'homme et du monde). D'autres passages de la scène insistent davantage sur l'intention qu'a Rodrigue de rejoindre Prouhèze (il est *en route*, v. 11) et sur les efforts du Chinois pour l'en dissuader, donc sur l'action dramatique.

### 2- Un discours lyrique

Le **rythme** des propos de Rodrigue rappelle les procédés de reprise et d'expansion que Claudel utilise dans ses *Odes* (▶ p. 122) : un même mot sert de point d'appui pour plusieurs versets, plusieurs phrases, avec un mouvement d'amplification : *Déjà... Déjà...* (v. 9-12) ; *quand est-ce que... quand est-ce que...* (v. 13) ; *les mots qu'elle... Ces mots qu'elle...* (v. 14-15) ; *Ces mots qui... ces mots qui...* (v. 17).

Par les **images** (métaphore musicale, v. 20 ; comparaison anthropomorphique appliquée aux étoiles, v. 22 ; métaphore végétale, v. 32), le lyrisme amoureux s'élargit à un lyrisme cosmique : l'harmonie de l'amour s'intègre dans la *mélodie* (v. 20) universelle. La femme aimée est comparée ailleurs à une étoile.

Le discours de Rodrigue touche ainsi au lyrisme poétique lorsque le personnage se parle à lui-même, comme l'indique la didascalie du v. 25, et que l'expression d'un moi amoureux l'emporte sur les conventions dialogiques du théâtre (par ex. v. 3, 9, 11-13, 17, 20...).

### 3- Les répliques du Chinois

Les répliques du Chinois semblent **naïves** dans l'évocation de sa *vie antérieure* (v. 5-6) ; il avoue qu'il ne peut se hausser au niveau du lyrisme qui inspire Rodrigue (v. 16), et qu'il peine à suivre sa logique : *Ô ma tête, ma tête !* (v. 33). Il utilise des images concrètes : *préparation du papillon Isidore* (v. 6) ; *une grande rature de feu* (v. 19) ; *ce million de gouttes de lait* (c'est-à-dire la voie lactée, v. 26)... Le personnage rappelle en cela le Sganarelle de *Dom Juan* (v. 1-2).

Mais elles ne sont pas **ridicules** : d'une part, il amène Rodrigue à préciser ses pensées, influence et prolonge son discours (*à moins que...*, v. 7 ; *Cela aussi fait partie...*, v. 29) ; d'autre part, il attire l'attention sur le monde, sur son immensité, sa beauté, sa fécondité (v. 18-19, 23-24, 26).

Ce personnage joue donc un rôle complexe qui souligne, tout en le nuançant, le lyrisme de Rodrigue : il introduit des éléments **comiques** par le jeu des symétries et des échos qui redoublent le propos de Rodrigue sur un registre inférieur : *Déjà, mon cher parrain...* (v. 10) ; *Des mots qui vous ferment les yeux et à moi qui me ferment la bouche* (v. 16). Il désamorce l'emphase du lyrisme amoureux par de brèves exclamations : *C'est sûr !* (v. 8) ; *Il n'existe plus !* (v. 18). Il mêle à la rêverie amoureuse de Rodrigue son égoïsme naturel, transformant le couple en trio : *nous étions déjà ensemble tous les trois* (v. 8) ; *vous pensiez à me la donner pour marraine* (v. 10). Il attire l'attention sur la dimension charnelle de l'amour en ironisant sur le spiritualisme de Rodrigue qui a l'intention de le baptiser (v. 28, 33). Le passage s'achève sur un jeu de mots (v. 35) : ce n'était pas le Chinois qui *parlait chinois* !

### Conclusion

La touche comique de la scène, loin d'en altérer la poésie cosmique, la complète d'une indispensable dimension charnelle, sensible, concrète. Dans ses *Odes* aussi, Claudel associe la *grande force comique* à l'*amour de la vie* (▶ p. 222, v. 11). Le Chinois permet à Rodrigue de prendre du recul par rapport à ses sentiments et de mieux prendre conscience de leur vraie nature. C'est ainsi qu'une histoire d'amour singulière va prendre place sur la scène du monde.

## VOIR

Chacune des deux photos établit clairement la distance qui sépare les deux personnages. Dans la mise en scène de J.-L. Barrault, elle est marquée par leurs positions, maître debout et valet accroupi ; dans celle d'Antoine Vitez, c'est l'activité du Chinois et son attention portée aux objets du quotidien qui le distinguent de Rodrigue, dont les mains et le regard semblent en attente, disponibles pour l'amour. La coiffure du Chinois dans les deux mises en scène connote son origine ethnique, mais souligne aussi son rang inférieur ; les maîtres sont au contraire tête nue. La sobriété de la mise en scène de A. Vitez (costumes, attitudes, regards) met davantage l'accent sur l'intériorité des personnages (distance amusée du Chinois, profondeur méditative de Rodrigue).

## PISTES

■ **Pour une séquence**

• **L'expression de l'amour dans le théâtre du XIXe et du XXe siècle** (situations et personnages ; rhétorique ; registres, tonalité) : Hugo, *Hernani*, p. 446 ; *Ruy Blas*, p. 505 ; Maeterlinck, *Pelléas et Mélisande*, p. 122 ; Claudel, *Partage de Midi*, p. 311.).

• **Le monde en mots : une poésie cosmique** (l'énonciation ; différences théâtre-poésie ; métaphores et correspondances ; lyrisme et ironie) : Frère Luis de León, *Nuit sereine*, p. 32 ; Lamartine, *Méditations poétiques*, p. 184 ; Desnos, *Corps et biens*, p. 240 ; Césaire, *Cahier d'un retour au pays natal*, p. 230 ; Saint-John Perse, *Neiges*, p. 226 ; Claudel, *Cinq Grandes Odes*, p. 222.

■ **Exercice complémentaire : Écriture**

Quelle est, dans ce dialogue, la part du monologue ? Que traduit, pour chacun des personnages, le recours au monologue ?

■ **Bibliographie** : J. Petit, *Pour une explication du* Soulier de satin, éd. Lettres modernes, 1965 ; M. Lioure, *L'Esthétique dramatique de Paul Claudel*, éd. A. Colin, 1971.

▶ LE THÉÂTRE MODERNE

## Pirandello
# *Six Personnages en quête d'auteur*

p. 510

### « Puisque c'est écrit là ! »

## APPROCHES

■ **Axes d'étude :** L'illusion dramatique. La satire.

■ **Préalables :** Évoquer la fortune du thème du **théâtre dans le théâtre** en particulier depuis le XVIIe siècle (Shakespeare, *Le Songe d'une nuit d'été* ; Corneille, *L'Illusion comique...*) et la séduction de ce jeu de miroirs qui a aussi tenté le cinéma (Truffaut, *La Nuit américaine*). L'illusion se complique chez Pirandello du fait qu'il ne s'agit pas seulement de mettre sur la scène la représentation d'une pièce, mais, en abyme, sa perturbation par l'irruption d'un drame « réel » : pour le spectateur, ce drame est-il bien réalité ou nouveau degré dans la fiction ?

## LIRE : Jeux de miroirs

### 1- Un regard ironique sur le monde du théâtre

Cet extrait met en cause à la fois les pièces et le personnel du théâtre. Les pièces semblent insignifiantes si l'on en juge par l'indication de mise en scène que suggère cet extrait : un cuisinier est en train de battre des œufs. Ce rôle de cuisinier est en outre le premier rôle masculin, ce qui accentue encore l'aspect dérisoire de l'histoire représentée. Le directeur, dont on se gardera toutefois de confondre l'avis avec celui de Pirandello, met explicitement en cause la création dramatique contemporaine. Le jeu de miroirs empêche toutefois de prendre au pied de la lettre sa critique.

Les acteurs et le directeur sont en eux-mêmes ridicules. « Le grand premier rôle masculin », imbu de sa personne, juge dégradant le rôle qu'on lui confie et le directeur s'enferme dans le formalisme du texte à jouer : *Puisque c'est écrit là !* (l. 7).

**2- La fin de l'illusion réaliste**

Pirandello représente une répétition théâtrale. Si le comportement des différents interlocuteurs peut vraisemblablement correspondre à leurs fonctions (souffleur, premier rôle, directeur…), le seul fait de montrer au grand jour sur la scène les composantes du travail théâtral traditionnellement dissimulées (présence d'un souffleur, texte à apprendre, costumes arbitraires, pièces *fabriquées*) conduit à dévoiler les artifices qui engendrent l'illusion en soulignant leur aspect conventionnel. Les acteurs apparaissent comme des acteurs, non comme des personnages. Les ustensiles les plus réalistes (comme un bonnet de cuisinier) prennent un aspect ridicule, et le réalisme, poussé à l'absurde dans les consignes de mise en scène (*Vous aurez aussi à représenter la coquille des œufs que vous battez !*, l. 18), fait exploser l'illusion réaliste. Le clin d'œil au spectateur sur la critique des pièces de Pirandello (l. 10) parachève l'artifice.

**Conclusion**

On entrevoit ce qui fait la spécificité de la pièce : une manipulation vertigineuse des différents niveaux de réalité, quand la distance entre la scène et la ville paraît abolie. Jeu ironique qui met en cause les conventions classiques du théâtre, la pièce est aussi une réflexion existentielle sur la réalité des êtres qu'incarnent ces personnages.

## ÉCRIRE

Cette phrase peut s'interpréter comme la mise en cause de l'illusion théâtrale (► question **2**), mais aussi comme une réflexion sur le travail du comédien chargé d'interpréter les menus faits de la vie. À ce titre, et malgré son aspect de boutade, *représenter la coquille des œufs* que l'on bat évoque le travail du mime qui s'efforce de faire abstraction de sa propre identité pour en adopter une autre, celle d'un personnage le plus souvent, mais aussi parfois celle d'un objet, d'un arbre. *Représenter la coquille d'un œuf* que l'on bat peut ainsi apparaître comme un exercice d'art dramatique, presque une démarche spirituelle d'abstraction de soi : c'est tout un univers que doit restituer le jeu de l'acteur.

## PISTES

■ **Pour une séquence : La fin de l'illusion réaliste** (les thèmes ; l'écriture ; la mise en scène ; les visées) : les textes de la section, p. 510-514 ; Vitrac, *Victor ou les Enfants au pouvoir*, p. 130 ; Beckett, *En attendant Godot*, p. 136 ; Ionesco, *La Leçon*, p. 519.

■ **Lecture cursive** : Pirandello, *Ce soir on improvise*, éd. Circé, 1999.

■ **Bibliographie** : Jonand, *Introduction au théâtre de Luigi Pirandello*, PUF, 1997.



**Brecht**

# *La Résistible Ascension d'Arturo Ui*

p. 511

« Agissez au lieu de bavarder. »

## APPROCHES

■ **Axes d'étude** : Mise en cause de l'illusion théâtrale (p. 506). Théâtre, apologue et réflexion critique.

■ **Préalables** : Souligner le renouvellement que B. Brecht, depuis la R.D.A., a imprimé durablement au théâtre européen à son retour d'exil (1945). Dernière œuvre du dramaturge, écrite en 1941, *La Résistible Ascension…* n'a été ni publiée, ni jouée de son vivant. Rappeler les dates-clés de l'histoire du nazisme.

## LIRE : Un théâtre didactique

**1- Transpositions et dénonciation**

Les personnages historiques sont transposés par paronomases transparentes : Ui-Hitler ; Gobbola-Goebbels ; Gori-Goering ; Dollfoot-Dollfuss ; un élément de la biographie d'Hitler affleure (origines modestes, années de misère, v. 22-23) ; la progression du parti nazi (v. 24-25 ; v. 28-30), son expansionnisme agressif (v. 36-44) sont situés dans une Amérique de roman noir burlesque : gangsters, coups de main et choux-fleurs. L'écriteau donne la clé pour lire sous le *vote* à Cicero les élections truquées de l'Anschluss (1938).

La dénonciation met en évidence l'instauration de l'« ordre nouveau », celui de la terreur nazie, qui joue de la force brutale (élimination physique des opposants, v. 14-17 ; militarisation, v. 34-36), de la complicité extorquée des pouvoirs en place, politiques et économiques (Betty Dollfoot et les *marchands de primeurs*), d'une propagande spécieuse (idéologie de l'homme providentiel, v. 24 ; exploitation de réflexes sécuritaires, v. 37 ; ambitions hégémoniques, v. 37-42), de la lâcheté des démocraties occidentales (v. 43-44). Elle souligne avec efficacité le cynisme et les impostures de la politique hitlérienne par le jeu caricatural des contradictions : entre la menace et la possibilité de *choisir*, v. 1-4 ; entre l'exécution sommaire du naïf marchand de Cicero (v. 15-16) et le propos démocratique sur la *liberté* (v. 15-17) ; entre le discours de la *paix* et celui de l'agression (*paix*, v. 27, 29, 30, 32 ≠ *fanatisme*, v. 29 ; *réalité brutale*, v. 32 ; *mitraillettes, autos blindées…*, v. 34-36).

**2- Le spectateur et la « distanciation »**

Pour maintenir en éveil la conscience critique du spectateur (► question **5**, p. 506), Brecht joue d'une dramaturgie de la démystification : stylisation extrême de la situation et illustration éclair de la méthode nazie (didascalies, v. 14-20) ; « effet de pastiche » du vers iambique, décalé chez des gangsters et des marchands de choux ; jeu de mots/jeu de scène (*Les mains en l'air !*, v. 15) ; accompagnement musical de cirque ou de mascarade pour le boniment d'Arturo Ui ; pancarte indiquant le sens de la scène ; interpellation du spectateur (épilogue).

### 3- Titre et sous-titre de la pièce

D'après l'épilogue, les forces qui ont porté Hitler au pouvoir (sujet de la pièce) peuvent être vaincues, l'*ascension* était *résistible*. L'Histoire n'est pas placée sous le signe de la fatalité.

Dans les Évangiles, la parabole est une courte histoire dont doit se dégager une vérité morale. La scène finale, en montrant les méthodes d'Arturo Ui-Hitler, est déjà un appel à la réflexion lucide sur le passé. L'écriteau prend soin, d'ailleurs, de mettre en relation la fiction représentée et l'épisode historique. L'épilogue, lui, tire la leçon pour le futur : le devoir impérieux de la réflexion (*voir*), de l'action (*Agissez*), de la vigilance (*il ne faut/Pas nous chanter victoire*) : une incitation et une mise en garde.

### Conclusion

Une scène exemplaire du théâtre brechtien : la caricature et la dérision au service d'une didactique. Entre Picrochole et Ubu.

## VOIR

- **P. 511 :** Nudité de l'espace scénique ; une composition de groupe figée, costumes sobres, au garde-à-vous derrière un Ui menaçant ; le veston de la respectabilité pour le gangster, mais, détail discordant, sur un torse nu. Au-dessous, crânes et gants verts pour les marchands de choux : le masque de l'ordre miné par les touches du grotesque.
- **P. 512 :** Une symbolique dépouillée et inquiétante : verticalité d'un immeuble gris, fenêtres uniformément vides ; contraste cru de couleurs ; anomalie d'échelle ; au sommet Ui au micro, imperméable et chapeau de truand, lunette de pirate borgne : l'image froide et implacable d'un pouvoir prédateur et louche.

## PISTES

■ **Pour une séquence**
- **L'écriture de l'histoire** (▶ *supra*, p. 338).
- **La fin de l'illusion réaliste** (▶ *supra*, p. 384).

■ **Lectures cursives :** B. Brecht, *Grandeur et misère du III^e Reich* ; *La Résistible Ascension d'Arturo Ui*, éd. de L'Arche.

■ **Bibliographie :** B. Brecht, *Écrits sur le théâtre*, éd. de L'Arche, 1972.



## Beckett

# *Oh les beaux jours*

p. 513

### « Oh le beau jour encore que ça aura été »

## APPROCHES

■ **Axes d'étude :** Dialogue et monologue (p. 320). Le personnage de théâtre (p. 507). La crise du langage théâtral au XX^e siècle (p. 502).

■ **Préalables :**

**Un dénouement :** on se demandera en quoi ce texte est une **fin** – de quelle action ? de quelle relation ? de quel discours ?

**Le problème de la lecture :** comment lire, comment jouer ce texte ? Importance des silences, des didascalies : le texte signifie à la fois en deçà des mots (le mutisme de Willie et les silences de Winnie) et au-delà des mots (langage des yeux, du visage, du corps).

**Préciser** que la chanson vient d'une opérette très populaire de Franz Lehar, *La Veuve joyeuse* (1905).

## LIRE : Fragments d'un discours théâtral

### 1- Subversion du dialogue théâtral

Au sens strict, ce texte est un dialogue, et non un monologue : deux personnages sont présents sur la scène, Winnie s'adresse à Willie, l'interpelle, l'interroge, et Willie parle également (l. 38). Mais le dialogue est totalement déséquilibré : Winnie marque de multiples pauses (*Un temps*, l. 2, 3, 5, etc.) sans que Willie intervienne ; ses questions restent sans réponse (l. 6-10, etc.). Il n'y a donc pas d'enchaînement de répliques. Et les propos de Winnie sont eux-mêmes trop discontinus, trop suspendus à l'attitude de Willie, pour constituer une tirade avec une unité de sens et de composition.

Winnie, pour communiquer, recourt abondamment à la fonction phatique du langage : *tu sais* (l. 12), *Non ?* (l. 14, 20) ; *Oh mais dis donc* (l. 25). Les phrases interrogatives et injonctives se font pressantes, le nom de Willie est souvent prononcé pour faire réagir l'autre personnage presque muet ; Winnie change fréquemment de ton (l. 22-23, 33-35), et convoque leur passé commun (l. 2, 16, 29-32…). L'enjeu est moins le contenu que l'instauration même d'un échange.

### 2- Les didascalies

Elles soulignent les insuffisances de la parole, l'importance des langages non verbaux (déplacements de Willie interprétés par Winnie, expressions du visage de Winnie), la déchéance des corps (Willie à quatre pattes), le rôle de l'espace (le *mamelon*, l. 26, 32) et des objets (*chapeau et gants*, l. 24). Le *beau jour* de la mémoire est ainsi nié, au présent, par l'impossibilité de l'échange et du rapprochement : les didascalies rendent perceptible à la lecture le caractère discontinu, éclaté, de la relation humaine représentée, et le rythme saccadé et mécanique du discours.

Elles marquent en règle générale tous les incidents de la théâtralité : les pauses dans le discours (l. 2, 3, 5, etc.) ; les gestes et les mouvements (l. 3, 5, 10, 12-13… 24-26, 32-33) ; les intonations et les expressions du visage (*Mondaine*, l. 1 ; *Elle rit*, l. 5 ; *Choquée*, l. 22 ; *Véhémente*, l. 35 ; *Bas*, l. 35, 38 ; *Elle s'essaie à chantonner…*, l. 42) ; les éléments sonores ou visuels étrangers au jeu des acteurs : *Sonnerie perçante* (l. 54), et RIDEAU (l. 57), dernière didascalie prévisible.

### 3- Le personnage de Winnie

Le personnage de Winnie est contradictoire en ce sens que son discours allie le sens du bonheur et un fond de lucidité nihiliste. **Les éclairs de bonheur** se manifestent à la fois dans le propos : *Oh mais dis donc, c'est fantastique !* (l. 25) ; *Oh le beau jour encore que ça aura été* (l. 40), et dans l'expression indiquée par les didascalies : *Heureuse* (l. 22, 41) ; *Joyeuse* (l. 25). Les souvenirs (l. 2) aident à nier la solitude et la paralysie présente, à saisir les moindres signes d'espoir et de vie : *Allons, mon cœur, du nerf, vas-y, je t'applaudirai* (l. 26-27) ; *Win !* (l. 40).

Mais cette capacité d'émerveillement s'exprime **sur fond de lucidité nihiliste**. L'affirmation du bonheur s'accompagne de nuances : *quand même* (l. 18) ; *après tout* (l. 18-19, 41) ; elle masque mal la souffrance de la solitude et le constat d'un temps irréversible : *Repais tes vieux yeux* (l. 10-11) ; *Tu es devenu sourd* (l. 15) ; *Tes pauvres vieux restes de raison* (l. 36). Si l'on peut parler de jubilation à propos d'autres passages de la pièce, le mot est excessif ici.

**L'unité** du personnage tient peut-être à son indomptable vitalité qui s'inscrit dans la persistance de la parole, dans sa vacuité même. Le silence et le « rideau » final pourraient alors marquer, avec la fin de la parole, la dissolution et la mort du personnage – ou au contraire sa fusion dans l'unité du couple ?

### Conclusion

Cet épilogue ne marque pas la fin d'une *intrigue* au sens traditionnel : aucun conflit dramatique ne se résout ici. La pièce s'achève sur le lent épuisement d'une communication de plus en plus vaine, distendue, et sur l'enfermement progressif dans une solitude que concrétise l'enlisement du corps de Winnie, même si une petite lueur subsiste avec les éclairs d'optimisme de Winnie : Beckett confirme l'invention d'un nouveau langage théâtral, libéré des impératifs de l'action.

## ÉCRIRE

Les allusions au *beau jour* (l. 18, 40) éclairent l'ambiguïté du titre, qui exprime à la fois l'émerveillement devant la vie et la dérision de cet émerveillement même, la nostalgie amoureuse et sa caricature (l. 2-5, 15-18, 28-32, et le registre et les thèmes de la chanson) : parodie cruelle, grinçante, qui dévoile le temps comme dégradation et la condition humaine comme solitude inéluctable. L'interjection *Oh* dit à la fois la joie et le regret, le souhait et le rêve impossible, la naïveté enfantine et l'ironie amère. La dernière didascalie fixe cependant le temps. Ce *Temps long* de l'après-théâtre débute sur un regard laissé à l'interprétation du spectateur : les beaux jours sont-ils définitivement perdus ou bien les vieux amants ont-ils, *in extremis*, réussi à les fixer dans l'éternité qu'ouvre ce *Temps long* ?

## DIRE

Faire dégager au préalable les caractéristiques du dénouement classique : dans la tragédie et la comédie, le dénouement, qui se situe après la péripétie et le point culminant, est l'épisode qui résout les conflits et les obstacles. Il doit fournir toutes les réponses que l'on est en droit d'attendre sur l'action et les personnages que la pièce a mis en scène. Les dénouements de la dramaturgie moderne refusent au contraire de clore l'action. Ceux de *La Résistible Ascension d'Arturo Ui* et de *Oh les beaux jours* sont des dénouements ouverts : la pièce de Brecht s'achève sur l'image d'un avenir inquiétant où Arturo Ui s'apprête à étendre son pouvoir sur de nouvelles villes ; celle de Beckett laisse le spectateur dans l'incertitude : fin des beaux jours et mort, ou au contraire leur renouvellement dans l'éternité (► « **Écrire** ») ? À quoi s'ajoute chez Brecht la rupture de l'illusion dramatique avec le processus de distanciation qu'induit l'épilogue : le spectateur est renvoyé à lui-même et à son propre contexte social, ce qui ne saurait être aussi explicitement formulé dans un dénouement classique.

## VOIR

Le choix en lui-même d'une photo **noir et blanc** tend à traduire la grisaille de l'univers représenté et correspond à l'un des aspects du discours de Winnie, le nihilisme pessimiste. On peut penser que le metteur en scène, Roger Blin, a conçu son spectacle autour de cette dominante de noir et blanc. Le coup de **lumière** qui entoure Winnie est pourtant une trouée d'optimisme qui échappe au noir ambiant et, d'une manière plus générale, au néant qui caractérise toute l'œuvre dramatique de Beckett. La situation des **corps** des deux personnages montre leur irréductible éloignement ; c'est l'incommunicabilité des êtres que met ainsi en scène ce dénouement. Pourtant, Winnie et Willie tentent un rapprochement, l'un par le geste, l'autre par le regard. Le geste de Willie est désespérant car il ne peut aboutir, tandis que le regard de Winnie est encore porteur d'un espoir : il est à la fois dirigé vers Willie et tourné ailleurs par la position de la tête. L'attitude reflète la contradiction du personnage de Winnie (► question **3**). Les **objets** aussi semblent échapper aux êtres, livrés ainsi à eux-mêmes et au temps qui passe.

## PISTES

■ **Pour une séquence**

• **Images théâtrales du couple** (dialogues ; genres et tonalités ; amour et passion ; le couple et le temps ; représentations sociales du couple) : Racine, *Mithridate*, p. 62 ; Hugo, *Hernani*, p. 446 ; Ionesco, *Amédée ou Comment s'en débarrasser* (texte complémentaire) ; Musset, *On ne badine pas avec l'amour*, p. 306 ; Maeterlinck, *Pelléas et Mélisande*, p. 122.

• **Le monologue de théâtre** (formes et genres ; fonctions ; tonalités) : Marguerite de Navarre, *La Comédie de Mont-de-Marsan*, p. 30 ; Viau, *Pyrame et Thisbé*, p. 52 ; Schiller, *Les Brigands*, p. 98 ; Hugo, *Ruy Blas*, p. 504.

## ■ Texte complémentaire

**Ionesco, *Amédée ou Comment s'en débarrasser* (I)**

*Le vieux couple de cette « comédie en trois actes » rappelle plus la psychologie traditionnelle, par ses misères et ses angoisses, que Winnie et Willie chez Beckett.*

*Dans un appartement étroit où prolifèrent les champignons, l'écrivain raté Amédée et sa femme Madeleine sont confrontés à un cadavre envahissant qui figure la fatalité d'un temps destructeur.*

MADELEINE. – Qu'est-ce qu'il nous fait encore ? Qu'est-ce qu'il veut !

AMÉDÉE. – Il grandit de plus en plus vite !

MADELEINE. – Fais donc quelque chose.

AMÉDÉE, *désolé, désespéré*. – Il n'y a rien à faire, rien à faire. On ne peut plus rien faire, hélas ! Il a la progression géométrique.

MADELEINE. – La progression géométrique ! ?

AMÉDÉE, *du même ton*. – Oui… La maladie incurable des morts ! Comment a-t-il pu attraper ça chez nous !

MADELEINE, *éclatant*. – Mais qu'est-ce qu'on va devenir, mon Dieu, Qu'est-ce qu'on va devenir ! Je te l'avais bien dit… Je m'en étais doutée…

AMÉDÉE. – Je vais le plier en deux…

MADELEINE. – Il l'est déjà !

AMÉDÉE. – Je vais l'enrouler…

MADELEINE. – Ça ne l'empêchera pas de grandir. Il pousse de tous les côtés à la fois ! Où va-t-on le mettre, qu'est-ce qu'on va en faire, que va-t-on devenir !

*La figure dans ses mains, elle pleure.*

AMÉDÉE. – Madeleine, voyons, du sang-froid !

MADELEINE. – Ah ! non, c'est trop fort, c'est plus qu'on n'en peut supporter…

AMÉDÉE, *voulant la consoler*. – Tout le monde a des ennuis, Madeleine.

MADELEINE, *se tordant les mains*. – Ce n'est plus une vie ! Non, non, ce n'est plus possible.

AMÉDÉE, *même jeu*. – Tiens, mes parents, par exemple, ils avaient…

MADELEINE, *l'interrompant, en larmes*. – Il va s'amener ici avec tous ses champignons. Tu en as déjà trouvé deux, c'était un signe. J'aurais dû comprendre…

*On entend des craquements dans la chambre de gauche.*

AMÉDÉE, *même jeu*. – Il y en a de plus malheureux que nous !

MADELEINE *(sanglots, larmes, désespoir)*. – Tu ne te rends donc pas compte que ce n'est plus humain, non ce n'est plus humain, ce n'est vraiment plus humain ! *(Elle s'effondre sur une chaise. La tête entre ses main, elle sanglote ; de temps en temps elle répète :)* Ce n'est plus humain, non, ce n'est plus humain… humain… humain… humain…

AMÉDÉE, *pendant ce temps, reste debout, impuissant, les bras ballants ; il regarde tantôt Madeleine, fait un pas vers elle comme pour aller la consoler, renonce, tantôt regarde le mort, en s'épongeant le front ; à part*. – Et mes pièces, alors, je ne vais plus pouvoir les écrire… Nous sommes fichus…



■ **Bibliographie :** L. Janvier, *Pour Samuel Beckett*, éd. de Minuit, 1966 ; R. Thibault, *En attendant Godot/Fin de partie*, éd. Nathan, 1991.

# MÉTHODE

## 1. LA POÉSIE RÉGULIÈRE

p. 178

**1. Les mètres et leur emploi**

• **P. 146-148 :** le décasyllabe est au XVIe siècle, avant Ronsard, le grand vers lyrique. Son rythme 4-6 correspond, dans les dizains de Marot et de Scève et dans le sonnet de Du Bellay, à l'expression vibrante et raffinée de la souffrance amoureuse, tandis que l'alexandrin, dans le recueil des *Antiquités*, est réservé à des développements plus narratifs.

• **P. 157 :** sur le même thème, chez Benserade, la légèreté de l'octosyllabe convient aux ellipses du jeu littéraire ; chez Voiture, l'ampleur de l'alexandrin va de pair avec une écriture plus emphatique.

• **P. 169 :** cette ode de Ronsard associe les vers de 6 (hexasyllabes) et de 4 syllabes (tétrasyllabes) : brièveté et simplicité dans un poème où une nature familière et un ton léger apprivoisent la mort.

**2. Métrique et parodie dans *Les deux Coqs*** (p. 444)

• L'alexandrin est dominant (v. 1, 3, 5-8, 10-11, 13-16, 19, 23, 29-31) ; il évoque, au XVIIe siècle, le grand style de l'épopée, en particulier dans les motifs convenus du combat ou du désespoir du héros. Il sied également au sérieux apparent de la moralité finale (► questions **1** et **2**).

• Le décasyllabe (v. 20), vers épique à l'origine, joue ici de l'enjambement pour réduire l'épique au burlesque par le passage brusque au registre de la basse-cour (*S'alla percher*).

• L'octosyllabe, par contraste avec les vers longs, dégonfle l'emphase épique, en accueillant par exemple la phrase nominale (v. 2, 22). Il introduit en particulier le retour aux caquets familiers de basse-cour (v. 24-28) et la prudence finale (v. 32) : paradoxe et parodie.

**3. Rythmes réguliers chez La Fontaine** (p. 171, v. 26-40)

Nombreux alexandrins tétramètres (3-3/3-3) dans cette méditation lyrique ; leur régularité suggère un rêve de bonheur et d'harmonie, en liaison avec des parallélismes syntaxiques et le vocabulaire de la nature et du plaisir (v. 26, 27, 28, 33, 37) ; dans le v. 38, cette régularité correspond en outre à la solennité d'une parole qui est aussi acte de langage religieux.

**4. La Fontaine : libertés et variations rythmiques** (p. 324)

• **Libertés métriques :** alexandrins, décasyllabes (v. 20, 27) et octosyllabes associés librement.

• **Libertés rythmiques :**

– **enjambements** sur plusieurs vers suggérant un ton particulier (récriminations du financier, v. 10-12 ; émerveillement du savetier, v. 34-36) ; décalage des phrases et/ou des répliques par rapport aux vers, restituant le naturel d'une conversation à bâtons rompus (v. 15-21, 26-29) ou l'inquiétude (v. 44-47) ;

– **rejets** mettant en valeur une expression plaisante (*il fait venir / Le chanteur*, v. 14-15) ou mimant la rapidité d'un geste (*il enserre / L'argent*, v. 37-38).

Ces variations confèrent vivacité et humour à l'apologue.

**5. Le choix des rimes**

• **Malherbe** (p. 167)

Choix de la **régularité** : disposition en strophes (rimes croisées) ; rimes suffisantes ou riches (v. 1-3, 10-12, 17-19, 18-20, 21-23, 22-24, 25-27, 29-31, 34-36) ; parentés grammaticales associant des adjectifs (v. 1-3, 21-23), des participes (v. 5-7, 18-20), des substantifs (v. 13-15, 14-16, 17-19, 22-24, etc.), souvent de même volume.

• **La Fontaine** (p. 326)

Choix de la **fantaisie** : vers libres (par exemple dans les v. 1-14, rimes plates, embrassées, plates, croisées) en contrepoint avec l'hétérométrie ; rimes parfois reprises ou apparentées (v. 49-52, 59-63) ; rimes principalement suffisantes ou pauvres (v. 4-5, 11-13, 18-19, 21-22, 47-48), rarement riches (v. 25-26) ; variété grammaticale ou de volume.

Deux genres et deux registres (la consolation / la fable), mais aussi deux esthétiques et deux tempéraments d'écrivains (un docte législateur, un poète sans contraintes) aux deux extrémités du siècle.

**6. Les sonorités dans *L'Imitation du Psaume*** (p. 166)

• **Allitérations :** en [v] (*verre, faveur, vent, vanités*, v. 2-4) : mépris des vanités ; en [t], dans la dernière strophe, par exemple : grandeurs et chute.

• **Assonances :** en [ε] (rimes des v. 13-20) : l'orgueil des grands. (► **Lire 3**)

**7. Souplesse de la ballade** (p. 144-145)

Les deux poèmes comportent trois strophes sur les mêmes rimes et un envoi d'une demi-strophe. Mais les strophes ne sont pas « carrées » : 7 décasyllabes chez Charles d'Orléans, 8 décasyllabes chez Christine de Pisan. La ballade, moins rigide qu'on ne le dit, offre un cadre souple à la diversité de l'inspiration.

**VERS LE COMMENTAIRE**

**Malherbe, « Une juste cadence »** (p. 167)

Faire réfléchir les élèves sur le sens et les présupposés du sujet : cadence renvoie au rythme, opposition avec les prédécesseurs.

Mettre l'accent sur :

– la régularité externe du rythme : pas de rejets, seulement des enjambements poursuivant la phrase jusqu'à la fin du vers suivant ; alternance régulière de l'alexandrin et du vers de 6 syllabes (hexasyllabe) équivalant à la moitié du précédent ;

– la régularité interne : diérèse conforme à l'étymologie au v. 11 ; netteté de l'accent sur la sixième syllabe et régularité de la césure ; fréquence des tétramètres (v. 1, 3, 5, 23, 31, 33, 35) ; seconds hémistiches souvent en 3-3 (v. 9, 15, 17, 19, 25, 27, 29).

Les choix d'un théoricien de la régularité poétique sont ici en accord avec le genre et le ton de la consolation.

BIBLIOGRAPHIE : M. Aquien, *Dictionnaire de poétique*, « Les Usuels de Poche », Le Livre de Poche, 1993.

## 2. La poésie nouvelle

p. 198

**1. Effets de rythme**

• **Hugo** (p. 190) : outre des effets de rythme propres à traduire une vision épique (▶ **Lire 1**) et des ruptures frappantes entre la syntaxe et le vers (▶ **Lire 2**), on remarquera d'autres exemples de variations de rythme, mettant à mal la césure à des fins expressives : ainsi, entre les symétries ménagées dans les v. 2 et 4, le rythme du v. 3 met en valeur voyelles ouvertes et termes de l'attente sacrée (1 + 2 + 5 + 4) ; le v. 15, au rythme saccadé (1 + 3 + 1 +1 + 4 + 2), rend l'impression d'effroi qui précède l'image fantastique du v. 16.

• **Verlaine** (p. 210) : le rythme (▶ **Lire 1**) contribue à l'expression de la dérision : dans les v. 5 et 6 (3 + 3 / 4 + 2), il souligne parallélisme et échos sonores et isole ironiquement des fins de vers insolites (*Fil/e d'oies*, *ont lui*) ; régulier, il peut être contrarié par la ponctuation (3 + 3 + 3 + 3, v. 7) ; croissant, il annonce l'apaisement (3 + 3 + 6, v. 9) que les trimètres (4 + 4 + 4, v. 10-11) vont confirmer.

• **Rimbaud** (p. 206) : rejets (v. 5-6, 13-14), enjambements (v. 3-4, 7-8, 14-15, 15-16), contre-rejet (v. 11-12) dissocient la syntaxe du vers au gré de la rêverie érotique du jeune poète (▶ **Lire 2**). C'est aussi ce que suggère la régularité de certains vers (v. 1, 2, 9, 13) combinée avec des dissonances (3 + 3 / 1 + 5, v. 6 ; 4 + 2 / 2 + 4, v. 7 ; 2 + 4 / 2 + 4, v. 8).

• **Laforgue** (p. 212) : des rythmes heurtés (2 + 5 + 2 + 3, v. 8 ; 1 + 5 / 2 + 4, v. 16, par exemple), une césure souvent effacée, déplacée (v. 7, 11, 12, 15, etc.), joints à des sonorités rocailleuses (▶ **Lire 3**) : les déséquilibres d'un malaise associé à l'ironie.

**2. Les vers de « Zone »** (p. 216)

• **Alexandrins :** v. 1 (avec diérèse sur *ancien*). Plusieurs vers peuvent avoisiner les 12 ou 13 syllabes (v. 4, 6, 7, 8, 14), selon la diction adoptée.

• **Vers emboîtés :** v. 2 (6 + **10**) ; v. 3 (5 + **12**) ; v. 5 (**12** + 5) ; v. 8 (**8** + 6) ; v. 9-10 (9 + **6 - 6** + 9) ; v. 11 (6 + **8** + 6).

La difficulté tient au compte des *e* caducs non élidés (faut-il les compter pour les vers avoisinant 13 syllabes ?), à l'incertitude où l'on est pour les voyelles en hiatus (v. 5, diérèse pour le premier *religion* de manière à préserver deux mesures de 6 syllabes et l'assonance *seule/neuve* ?). L'impossibilité d'adopter une position cohérente sur ces points laisse le lecteur hésitant dans la recherche d'une régularité rythmique toujours approximative ; le mélange d'une diction familière (apocopes des *e* caducs) et d'une diction recherchée (diérèses, liaisons), comme au v. 14, symbolise la position de « Zone » à la charnière de l'ancien et du nouveau monde poétique.

**3. La ballade transformée**

• **Musset** (p. 192) : strophes hétérométriques, variation des rimes, absence de refrain et d'envoi (▶ **Lire 1**). En revanche, la reprise de la dernière strophe et la correspondance entre le nombre de syllabes dans une strophe (6 + 6 + 2 + 6 = 18) et les 18 strophes du poème peuvent évoquer la ballade médiévale.

• **X. Forneret** (p. 193) : la forme de la ballade n'est rappelée que par le nombre limité des rimes (une seule rime nouvelle par strophe), les huit derniers vers sur une même rime et le distique final pouvant, à la rigueur, être un lointain écho de l'envoi.

**4. Tristan Corbière et le sonnet** (p. 211)

Un sonnet inversé (2 tercets, 2 quatrains) : il rompt le schéma classique et disloque la dernière strophe (v. 14 isolé : parodie de la pointe finale du sonnet). Corbière brise le vers (ponctuation, coupes) et la phrase ; un mètre court (l'octosyllabe), assez peu employé, un jeu fréquent sur les mots monosyllabiques (v. 1, 4, 6, 8, 9, 12, 13) : la structure souple et liée du sonnet est systématiquement déconstruite, dans une esthétique de la dérision à l'égard des thèmes, des formes poétiques et de soi ▶ **Lire 2**. À comparer à « Résignation » (Verlaine, *Poèmes saturniens*).

**5. Baudelaire, poète de la modernité** (p. 202)

Le paysage urbain est élevé à la dignité de thème poétique, ce qui est nouveau à l'époque : poésie du tableau peint dans la 1re séquence (*l'atelier, les tuyaux*, signes de la révolution industrielle). La question qui se pose est celle du rôle de l'écrivain dans la société moderne : ambiguïté des tons et de l'attitude, dans la mesure où il contemple à distance la société moderne tout en se repliant dans sa tour d'ivoire pour ne pas participer à *l'Émeute*, symbole des révolutions politiques (▶ **Lire 4**).

L'écriture associe dans la contemplation les notations sonores et visuelles (v. 3-8), puis, dans la rêverie, les couleurs, les sons et le toucher (v. 17-19) ; les deux derniers vers, à travers la chaleur (*soleil, brûlants, tiède*), opèrent la fusion de l'intérieur et de l'extérieur.

**6. L'expérience poétique de Rimbaud** (p. 207, 209)
– Recherche d'une langue nouvelle, qui rompe avec la *vieillerie poétique* (▶ **Lire 3**, p. 207) ;
– dépassement des oppositions logiques et psychologiques traditionnelles (▶ **Lire 2**, p. 207) ;
– investissement personnel du poète dans sa recherche, indissociablement existentielle et poétique (▶ **Lire 1**, p. 207) ;
– développement systématique de l'imagination, pour trouver de nouvelles voies : tous les moyens sont bons (▶ **Lire 4**, p. 209).

**7. Le premier vers de « Don du poème »** (p. 215)

Mystère de cette présentation de *l'enfant* (qui apparaîtra comme métaphore du poème) à un destinataire inconnu ; étrangeté poétique, inquiétante, du moment et du nom propre aux consonances bibliques ; rythme régulier, solennel de l'alexandrin (3 + 3 / 3 + 3) ; fortes oppositions entre les sonorités ouvertes du premier hémistiche et la fermeture des [i] et des [γ] dans le second, encore adouci et feutré par les nasales ; modalité exclamative : l'impression d'une cérémonie sacrée fait la force évocatrice du vers.

**8. Aloysius Bertrand : poème en prose et poésie en vers** (p. 194)
– Pièce courte, refermée sur elle-même, autonome ;
– disposition en paragraphes réguliers semblables à des strophes ;
– anaphores, répétitions, parallélismes évoquant une structure rapportée ;
– rythme accumulatif et régularité graphique des tirets (trois premiers paragraphes).

**9. Baudelaire : du poème en vers au poème en prose** (p. 461-462)
– Un poème plus étendu, qui développe longuement la rêverie lyrique du poète (variations sur le mot « rêve », l. 1, 17, 40, 47, 50, 51), la projette dans le *pays de Cocagne, si calme et si rêveur* (l. 47) et l'élargit, de l'expression d'un désir personnel à une méditation sur celui que *chaque homme* (l. 51 ; *nous*, l. 53-54) porte en lui. L'entrelacement de l'individuel et de l'universel donne une tout autre ampleur, à la fois métaphysique et esthétique, à cette *nostalgie du pays qu'on ignore* (l. 12).
– Une exaltation progressive de l'être aimé, dont les désignations s'enrichissent, se nuancent (*une vieille amie*, l. 2 ; *mon cher ange*, l. 10 ; *la femme aimée, la sœur d'élection*, l. 19-20...), destinataire d'abord vouvoyée (l. 10), puis tutoyée (l. 11, 13, 35...), dans l'affirmation d'un dialogue (*Oui, c'est là*, l. 17 ; *Oui, c'est*, l. 21 ; *te dis-je*, l. 35 ; questions, l. 47-49) couronné par l'hymne du dernier paragraphe (*c'est toi. C'est encore toi*, l. 57 ; *Tu les conduis*, l. 60 ; *ta belle âme*, l. 61 ; *vers toi*, l. 63-64) : la femme-médiatrice réalise l'harmonie entre le poète, le monde et l'art.
– Un lyrisme qui naît du mouvement et des modalités de la phrase (exclamative, notamment), des effets de rythme (▶ **Lire 1**, p. 463) et de reprises (*pays*, par exemple), de la profusion émerveillée des détails (▶ **Lire 2** et **3**, p. 463).

Le poème en vers suggère, le poème en prose décrit, explique et amplifie.

**10. Francis Ponge : la poésie du prosaïque** (p. 238)
• Le sujet lui-même est très « prosaïque » : quoi de plus matériel et fugitif que la nourriture, quelle nourriture plus « quotidienne » que le pain ?
• Mais la poésie n'est pas dans le sujet traité, elle est dans la façon de le considérer, car elle donne une vision du monde ; ainsi, le pain est ici évoqué dans toute sa sensualité, et acquiert, par le jeu des images, une dimension cosmique (▶ **Lire 2**).
• D'autre part, la simplicité apparente de l'écriture repose sur un jeu subtil sur le sens des mots (▶ **Lire 3**) et sur les sonorités (l. 4-6, ***masse amorphe***, assonances en [γ], allitérations en [ʀ] et [s]...).
• Ponge lui-même refuse la distinction entre prose et poésie, comme le montre le titre de son recueil *Proêmes*.

## VERS LA DISSERTATION

**Le prosateur et le poète**

**• Étayer :**
– opposition générique entre prose et poésie confirmée par l'étymologie : en donner des définitions formelles précises (poésie marquée par certains traits stylistiques et formels contraignants) ;
– comparer les images du piéton et du cavalier à celles de la marche et de la danse chez P. Valéry : « La marche comme la prose a toujours un objet précis. Elle est un acte dirigé vers quelque objet que notre but est de joindre. Ce sont des circonstances actuelles, la nature de l'objet, le besoin que j'en ai, l'impulsion de mon désir, l'état de mon corps, celui du terrain, qui ordonnent à la marche son allure, lui prescrivent sa direction, sa vitesse, et son terme fini. [...] La danse, c'est tout autre chose. Elle est, sans doute, un système d'actes, mais qui ont leur fin en eux-mêmes. Elle ne va nulle part. Que si elle poursuit quelque chose, ce n'est qu'un objet idéal, un état, une volupté, un fantôme de fleur, ou quelque ravissement de soi-même, un extrême de vie, une cime, un point suprême de l'être... ».

*Propos sur la poésie*, © éd. Gallimard.

– idéal mallarméen de la poésie pure (▶ p. 214).

**• Réfuter :**
– prose et poésie ne sont pas de nature radicalement différente car elles sont fondées toutes deux sur le langage et son usage ; Ponge en explore simultanément toutes les ressources pour ses essais de « formulation poétique » (▶ **Lire 1** et **2**, p. 437) ;
– la prose n'est pas sans caractéristiques poétiques (elle n'a pas qu'une valeur communicationnelle, comme en témoignent le roman, le théâtre, le poème en prose..., toute la *littérature*) : ▶ **Lire 1**, p. 463 ;
– prose poétique et poème en prose remettent en cause l'opposition traditionnelle : voir comment Baudelaire reprend et renouvelle subtilement les mots-clefs d'un

poème en vers dans son équivalent en prose (▶ **Lire 3**, p. 463).

• **Discuter :**

– Musset reprend la distinction traditionnelle en la systématisant pour montrer la grandeur et les enjeux propres de la poésie, à laquelle les romantiques attribuent une mission supérieure (▶ *supra*, texte complémentaire, p. 18) ;

– le poème en prose, qui se développe dans la seconde moitié du XIXe siècle et au XXe siècle, constitue une révolution du langage poétique, que Musset n'est pas encore en mesure de penser en 1839.

BIBLIOGRAPHIE : M. Aquien, J.-P. Honoré, *Le Renouvellement des formes poétiques au XIXe siècle*, coll. « 128 », éd. Nathan, 1997. Cl. Millet, sous la direction de M. Jarrety, *La Poésie française du Moyen Âge jusqu'à nos jours*, ch. XIXe siècle, PUF, 1997. J.-Y. Tadié, *Le Récit poétique*, éd. Gallimard, 1994. M. Sandras, *Lire le poème en prose*, éd. Dunod, 1995.

# 3. ESPACES, RYTHMES ET SONORITÉS

p. 250

**1. Poésie « lettriste »**

La cohérence est à la fois rythmique et phonique : vers de sept syllabes, dont les mesures suivent un ordre croissant selon un dispositif régulier (2-2-3 / 3-4 / 2-2-3) ; sons vocaliques aigus et clairs ([i], [e] et [ɛ] prédominent), unité consonantique en [l] qui crée un écoulement continu, avec des variations de labiales (sonores d'abord [b], sourdes ensuite [p]) et de dentales (quatre [d] dans le deuxième vers). Le découpage graphique fait apparaître des unités analogues à des mots, souvent répétées (*bolli, é poy*), soumises à un processus d'expansion (*dlandéri - dlandérigô, poy - poyèl*). Les sonorités acquièrent ainsi une valeur expressive, voire un halo de sens : tonalité douce et joyeuse, harmonie liquide, babil léger et chantant qui évoque le gazouillis des oiseaux – comme le suggère le titre.

**2. L'invention verbale chez Michaux**

Onze verbes inventés en quelques vers : l'effet produit tient d'abord à leur accumulation même, et aux connotations de violence associées aux seules sonorités (*emparouille-pratèle, rague-roupète, endosque-tocarde-écorcobalisse*). Il tient aussi à la convergence d'éléments qui semblent provenir du vocabulaire connu, après torsions, déformations et recompositions, pour signifier une violence barbare que ne saurait exprimer la sagesse de la langue usuelle. Sans prétendre reconstituer une logique créatrice qui ne se réduit pas à une mécanique lexicale, on ne peut qu'être frappé par certaines parentés significatives entre les néologismes de Michaux et le vocabulaire commun ; par exemple :

– *emparouille* : proche de *s'emparer de* ; sens connoté ici : *prendre violemment* ;

– *endosque* : proche de *endosser* ; même préfixe *en-* (« dans ») que le précédent ; pourrait suggérer *mettre (l'adversaire) dos à terre* ;

– *rague* : le verbe existe dans le vocabulaire maritime (*raguer* signifie *user, déchirer par frottement* – un câble, etc.) ;

– *roupète* : paronyme de *rouspéter* – avec l'idée de choc et de brutalité contenue dans le radical *pèt-* ;

– *pratèle* rejoint par sa terminaison d'autres verbes qui signifient la violence : *écarteler, marteler* ;

– *libucque* : pas d'élément identifiable ;

– *barufle* : proche du nom *baroufle* (pop.), « boucan, tapage » et de *mufle* ;

– *tocarde* : verbe qui semble formé à partir de *tocard* (adjectif : *laid, mauvais* ; nom : *personne incapable*), d'où son sémantisme négatif ;

– *marmine* : peut-être un mot-valise à partir de *marmiter* (« bombarder ») et de *miner* (« attaquer, détruire ») ;

– *manage* : le verbe *manager* existe aujourd'hui au sens de « faire du management », ou « entraîner des sportifs », mais c'est un sens récent ; le verbe évoque ici, plus simplement, l'emploi de la *main* (radical *man-*, comme dans *manier* ou *manipuler*) ;

– *écorcobalisse* : préfixe *é-* (« hors de », comme dans *écorner* ou *écorcher*), verbe le plus long de la série, dont l'étrangeté plus sensible préserve en conclusion (*enfin*) le caractère inquiétant de cette suite d'actions.

Chaque décomposition demeure ici hypothétique : c'est l'effet cumulatif, renforcé par d'autres néologismes (les noms : *drâle, ouillais*), qui engendre le sens dominant – la violence d'un combat.

**3. La logique des sonorités chez Jean Lescure** (p. 235)

Le principe de la répétition syllabique qui engendre le poème (du type *Didyme* ou *leçon sombre*) impose des contraintes qui stimulent l'invention dans deux directions :

– d'une part, dans la **sélection** de mots qui contiennent eux-mêmes cette répétition sonore : noms communs (*murmures, cessaient*) et noms propres (*Didyme, Ararat, Marmara*), l'astuce consistant, pour ces derniers, à trouver une cohérence référentielle (toponymes qui renvoient tous à la Turquie) ;

– d'autre part, dans l'**association** de mots rapprochés dans la phrase pour produire cet effet, soit un pronom ou un déterminant d'usage courant suivi d'un verbe ou d'un nom (*tu tues, des désirs, qui quitte*), soit deux termes dont le sens n'appelle pas *a priori* ce rapprochement : *leçon sombre, temps tendre, Couvrez vraiment, été ≠ ténèbres, fûts funèbres*.

En outre, ce même principe entraîne souvent une segmentation de l'énoncé qui brise l'unité du mot au profit du signifiant sonore : *som/bre où brouiller, Mê/me et, a/rt à rats, Terre, tes r/uines, Pour pour/rir rire*. Ce qui est rare, c'est moins le lexique en lui-même que ce travail de décomposition et de recomposition qui lui donne un relief nouveau.

**4. Poésie du signifiant graphique**

• **Dans « Le Gymnaste » de Ponge** (p. 250)

Ponge cherche à accorder les mots et les choses, les lettres et les êtres : le signe graphique devient ainsi comme un portrait stylisé du personnage représenté. Le signe ressemble au référent. C'est en prenant le parti des lettres et des mots que le poète explore le monde par le langage, ajuste le signifiant (la lettre G) au signifié (le gymnaste), luttant par l'écriture, ainsi remotivée jusque dans la forme des lettres, contre « le défaut des langues » (Mallarmé).

• **Dans « Sur le nom de Bach » de Dadelsen** (p. 244)

L'extension des vers sur toute la largeur de la page rend d'autant plus sensibles à la fois l'image-mère de la gamme et de la partition musicale, relayée par celle de l'échelle, et la valeur singulière des vers courts, isolés par les blancs, notamment la chute sur le mot *âme* (v. 21). La peine d'un lent cheminement, matériel et spirituel, est ainsi concrétisée par la mise en espace du texte.

• **Différences :** alors que Ponge travaille ici sur l'unité textuelle minimale, la lettre, Dadelsen met en valeur surtout la visibilité globale de la page poétique. Il y a donc, d'un auteur à l'autre, un changement d'échelle qui est révélateur d'ambitions différentes : ce qui peut apparaître comme un simple jeu formel dans le portrait miniature de Ponge (si on se limite à l'extrait proposé) correspond chez Dadelsen à la gravité d'une tension spirituelle.

**5. Valeur du verset chez Claudel** (p. 222)

• **Pourquoi cette forme ?** Dans le verset s'exprime ici *le/Transport de cette mesure sacrée* (v. 21). Sa souplesse et sa puissance traduisent l'invasion progressive du poète par le souffle de l'inspiration et les transes de l'« enthousiasme » poétique (► **Lire 3**). Son ample respiration et ses ruptures correspondent aux trois images (la mer, l'enlèvement, l'ivresse) qui organisent le poème (► **Lire 1**). Sa parenté avec le verset biblique suggère la dimension mystique de l'inspiration.

• Le verset claudélien peut être considéré comme un **« anti-alexandrin »** :

– par sa **longueur**, variable, qui excède les limites de l'alexandrin (la plupart des versets ont plus de douze syllabes) et la perception d'une mesure fixe ;

– par ses **dissymétries** et ses discordances : il est à lui-même sa propre mesure (v. 4, 13) ; il accueille aussi bien plusieurs phrases (v. 8) qu'un fragment syntaxique (v. 21), qu'il regroupe et dissocie selon sa propre logique poétique (v. 18-19).

**6. Cadence et souffle du verset**

• **Chez Claudel** (p. 222)

Syntaxe : nombreuses phrases exclamatives, construites par expansion au moyen de subordonnées relatives (*encore la mer qui...*, v. 1 ; *Encore la nuit qui...*, v. 5) ou de groupes coordonnés (*Et je suis comme...*, v. 9 ; *Et elle ne regrette point... et tout son cœur...*, v. 11 ; *Hors de moi... et en moi... et le vin... et le mal...*, v. 12) ; effet d'amplification renforcé par les répétitions, notamment au début des versets (*Encore*, v. 1, 5, 7 ; *Comme*, v. 3, 4, 6 ; *Ah*, v. 8, 16, 18) ; dynamique des versets composés de groupes rythmiques inégaux, le plus souvent en cadence majeure (séquences de plus en plus longues, ► **Lire 3**), en accord avec l'emprise croissante du souffle de l'Esprit, qui *inspire* le poète (au sens physique : il le fait respirer).

• **Chez Saint-John Perse** (p. 226)

Phrases amples aussi, mais assertives, périodes harmonieuses et équilibrées, rythmées par les régularités internes (nombreuses mesures paires : hexasyllabiques, octosyllabiques, décasyllabiques... ► **Lire 1**). Composés de plusieurs phrases, les versets diffèrent aussi de ceux de Claudel par leur longueur (ils ne peuvent être dits d'un seul souffle, et s'apparentent à des strophes). Les répétitions, moins nombreuses que chez Claudel (*neiges*, l. 1 ; *haut*, l. 8-9 ; *nul n'a...*, l. 15 et 21 ; *le premier...*, l. 16 ; *sur... et sur...*, l. 18-21), renforcent les symétries bien plus qu'elles ne suscitent un élan ou une rupture.

**7. Poésie du fragment**

Les deux textes ont en commun d'**ouvrir l'espace** autour des mots : dans ces vers où il est question du *jour* (a) et de l'*air* (b), la mise en page *aérée* du fragment respecte cette ouverture du texte sur le monde.

**a) Jaccottet, *Airs***

Une seule phrase, qui met en relation le particulier (un oiseau) et le général (opposition *jour-nuit*), le concret (*la tourterelle*) et la pensée (*le souci*). La forme fragmentaire renforce les relations entre les mots, entre les vers, qui donnent à l'image sa densité : *rupture* entre la nuit et le jour rendue visible par le blanc qui sépare les deux premiers vers du troisième ; harmonie sonore dans la mise en valeur du contraste paradoxal entre le *jour* et la *nuit* (comme le remarquait déjà Mallarmé : du point de vue des sonorités, c'est *jour* qui est obscur, *nuit* qui est clair) – le mot *souci* intégrant ce contraste de manière condensée. En trois vers, donc, une belle image du matin, de tout matin, comme rupture, comme commencement (*premier pas*) essentiel.

**b) Guillevic, *La Forêt***

La présentation isolée du fragment souligne la fragilité du *moi* et la relation *matérielle* de l'être au monde (opposition *fluidité / opacité*). L'opacité affecte ainsi le langage lui-même, les mots figés sur la page. Le fragment dit en même temps l'affirmation (*l'air lui-même est...*) et l'indétermination (*n'est pas si..., un peu...*) : ce n'est que par approches partielles, par formules ténues et approximatives, que le langage poétique parvient à suggérer la vérité du *moi* dont l'*opacité* est irréductible. La poésie du fragment rejette l'illusion d'un langage transparent ouvrant l'accès à une connaissance totale : les failles et les trouées du texte laissent place au mystère de l'être et du monde.

**8. Poésie et chanson**

• **« Familiale » de Prévert** (p. 232)

Retour cyclique des mêmes mots-clés, notamment en début de vers, qui compose une ritournelle macabre : la

*mère* (v. 1, 3, 13, 16), le *fils* (v. 2, 7, 10, 11, 12, 13, 18), le *père* (v. 4, 9, 13, 15, 17, 19, 20), la *guerre* (v. 2, 7, 13, 14, 16, 21, 22), les *affaires* (v. 5, 8, 13, 15, 17, 21, 22, 23).
– Interrogations qui indiquent la présence personnelle d'un locuteur, comme celle du chanteur pour une chanson (v. 4 et 11).
– Langue familière (*qu'est-ce qu'il fait... ?*, v. 4 ; *Il trouve ça*, v. 9...), syntaxe simple, vocabulaire très courant, volontairement plat.
– Visée socio-politique, polémique, du texte, dans la tradition de la chanson populaire (qui remonte à Béranger au XIXe siècle).

On notera cependant qu'il manque à ce texte la régularité rythmique qui est souvent la condition d'une transposition musicale.

• **« Les jours bleuiront » de Norge** (p. 245)
Allégresse du rythme (décasyllabes 5/5, ▶ **Lire 2**).
– Refrains (*Eh bien, restez morts...*, v. 1, 20 ; *Les jours bleuiront...*, v. 2, 32).
– Style parlé (*ça*, v. 1, 20, 36 ; *C'est bien décidé... ?*, v. 16).
– Détournement de proverbes et de clichés (v. 9-10, 30).
– Apostrophes qui produisent le paradoxe d'une situation de communication vivante (v. 1, 6, 11, 17...).

Ce sont ces intonations d'une *voix* proche et vivante qui créent précisément le charme de ce texte, réponse sensible et humaine à la disparition d'êtres aimés.

**9. La chanson, texte et musique** (p. 233)

Exemple de « La Javanaise » : la version chantée multiplie les décalages et les discordances – entre la courbe mélodique de l'accompagnement musical et celle de la voix, entre le chœur féminin et la voix du chanteur, entre les couplets (dits plus que chantés, d'une voix monocorde) et le refrain (dont la mélodie se détache), entre le début (orchestration minimale) et la fin (crescendo des cordes) de la chanson... La « technique parlée » de Gainsbourg, mêlée aux modulations d'une orchestration subtile, crée un contrepoint et une polyphonie qui mettent en valeur le texte, notamment les allitérations (les v. 1-4 et 6-9 de chaque strophe sont liés) et le mot-thème (*amour*, détaché dans les v. 5 et 10, 15 et 20, etc.) : la mélodie fait ainsi percevoir un découpage du texte différent des unités strophiques de l'écrit.

Ces effets de discordance sont moins marqués dans « La chanson de Prévert », plus chantée que « La Javanaise ». Mais les principes de l'orchestration et de l'interprétation restent globalement les mêmes.

**10. La mise en espace du poème**

La *prisonnière* (v. 1) est l'âme du dormeur, prête à « renaître » à l'aube, au moment du réveil. La disposition des vers semble désordonnée, livrée au hasard. Cette « mise en espace » indécise reproduit un moment incertain, mais privilégié – **entre *nuit* et *lumière***, entre *coque* et éclosion, entre silence et parole : la poésie s'efforce de capter l'instant précieux, fragile, où l'emprise magique de l'ombre n'a pas encore disparu et où la lumière du jour fait déjà renaître les âmes. L'orientation oblique des vers matérialise sur la page le rayon de lumière ; à l'aspect massif des quatre premiers vers (qui correspondent à l'effet d'*amalgame* de l'ombre) s'oppose la disposition beaucoup plus espacée des derniers mots (qui correspondent au surgissement de la lumière). Les blancs entre les mots et la liberté typographique préservent le « cocon » de cet état intermédiaire, antérieur au langage clair, apparemment plus complet mais paradoxalement plus pauvre, de la conscience à l'état de veille.

## VERS LE COMMENTAIRE

**La poésie sonore et visuelle dans deux poèmes de Reverdy** (p. 242)

Les deux poèmes, malgré le désordre apparent des vers, préservent des homophonies finales, à la manière de rimes, qui tissent une harmonie sonore : assonances *ardo**ise** / **toit** / b**oi**vent* dans « Sur chaque ardoise » ; rimes croisées dans les quatre premiers vers de « Grand' route » ; rime en [ɛ] aux vers 7 et 9-11 ; écho perceptible entre *se fondent* (v. 6) et *monde* (v. 13). Les mots ainsi mis en valeur soulignent une disposition en vers qui est surtout frappante par son aspect visuel : les phrases de « Sur chaque ardoise », l'une oblique, l'autre horizontale, miment le toit et la gouttière dont elles parlent, comme dans un calligramme ; l'importance des blancs dans « Grand'route » dit l'incertitude et la fragilité d'un moment nocturne qui estompe les formes : reste l'hypothèse d'une *voix* (v. 10), dont le murmure se fait entendre dans les allitérations en [R] de la deuxième partie du poème (*derrière les arbres... encore resterait... s'en irait / Le soir / Faire le tour du monde*). C'est en grande partie cette parenté entre sensations visuelles et sensations auditives, les unes et les autres au bord de l'extinction, qui crée la poésie de ce texte, tout comme la « mise en espace » fait la singularité du précédent.

BIBLIOGRAPHIE : M.-C. Bancquart, *La Poésie en France du surréalisme à nos jours*, Ellipses, 1996. D. Briolet, *Lire la poésie française du XXe siècle*, Dunod, 1995.

# 4. ARGUMENTER

p. 294

**1. Le coup de force de Rameau** (p. 300)

La première réplique de Rameau est une **pétition de principe** : il construit de toutes pièces un argument qui vaudra comme réponse à toutes les objections du philosophe ; cet argument, « tout est vanité », a la force d'une citation célèbre : la sentence provient de la Bible, et a donc un poids d'**autorité**, mais Rameau la détourne de son sens originel pour en faire une arme nihiliste. Ce faux argument d'autorité se double d'une déviation systématique : au lieu de répondre aux questions du philosophe, Rameau enchaîne sur leurs présupposés : la *patrie* ? *Il n'y a plus de patrie* (l. 6), les *amis* ? *Est-ce qu'on a des amis ?* (l. 9)

Il compense l'insuffisance argumentative par la répétition, qui fait la force de l'argument, et par la ressemblance de celui-ci avec l'argument d'autorité.

**2. La démonstration rationnelle de Montaigne** (p. 259)

Montaigne utilise des arguments de logique, dont la présentation accentue la rationalité – parfois introduits par un ***car*** (l. 4, 10), posés sous forme de questions oratoires qui donnent un sentiment d'évidence, ordonnés par division successive de cas. Montaigne, avant de souligner que la torture est inhumaine, cherche à convaincre qu'elle est inefficace.

– § 1 : la torture est inefficace : thèse, l. 1-2 ; division en deux situations (celui qui supporte et celui qui ne supporte pas), l. 3-4 ; nouvelle division : on peut confesser la vérité ou la fausseté, l. 4-5 ; si l'innocent peut résister à la torture, elle peut servir le coupable, l. 5-8 ; reprise de l'argument, l. 10-14.

– § 2 et 3 : elle est inefficace et cruelle ; inclusion d'un argument par l'exemple.

– § 4 et 5 : objection (l. 22-23), réfutation par la conclusion du raisonnement ; appel aux sentiments du lecteur (*vous*, l. 27-29), et inclusion d'un exemple étendu (l'*exemplum* antique).

La volonté de démontrer rationnellement a une grande force sur un sujet passionnel, puisque les partisans de la torture sont par définition insensibles aux arguments qui mettent en avant les valeurs humaines, mais ils peuvent être convaincus par une question de pragmatisme et d'efficacité.

**3. L'argumentation par la valeur chez Robespierre** (p. 282)

Les arguments de valeur sont ceux qui ont trait au salut public, et qui expliquent la condamnation à mort du roi par la nécessité d'abolir la royauté comme régime et non le roi comme individu ; les mots sur lesquels s'édifient ces arguments sont en particulier ceux qui portent une majuscule : *État* (l. 2), *Nation* (l. 3), *Providence* (l. 4), *République* (l. 6, 13, 18), *Liberté* (l. 26), mots porteurs de raisons absolues, indiscutables comme la *révolution* (l. 21-22, 25) elle-même ; ils justifient que le procès même ne puisse avoir lieu, car faire un procès serait mettre en débat la légitimité de la révolution (c'est l'objet de la démonstration), et réfuter l'absolu de ces valeurs. Le ton adapté aux arguments de valeur est ainsi celui de l'**évidence** démonstrative.

**4. La concaténation argumentative dans le discours de Socrate** (p. 297)

– **Connecteurs** : *Or*, l. 2 (introduction de l'argument par le contraire) ; *car*, l. 15 (justification de la réfutation) ; *En conséquence*, l. 17 (nécessité de reprendre l'argumentation à zéro) ; *car*, l. 27 (justification de la démonstration à mener) ; suit la démonstration où, paradoxalement, les connecteurs sont absents, puisque Socrate fait prononcer à son interlocuteur les confirmations et les conclusions ; seul reste un *donc* triomphant, l. 42 (énonciation de la conclusion générale). Les connecteurs seraient à rétablir, si l'on veut, dans la démonstration déductive.

– La **démonstration** ne présente aucune faute de raisonnement, peut-être précisément parce qu'elle est faite à rebours, après formulation de la vérité.

– **Simmias** est en position de confirmation, de cheville du raisonnement de Socrate, quasi-spectateur de la perfection de ce raisonnement.

**5. L'enchaînement déductif dans le discours de Socrate** (p. 297)

C'est une déduction parfaite, sans ellipses ; la vérité est signalée comme préexistante, d'une part parce que la thèse est présentée avant le raisonnement, comme vérité moins à découvrir qu'à retrouver, à confirmer, d'autre part parce qu'il n'y a pas de place dans cette déduction pour la réfutation.

**6. Les étapes de la déduction chez Descartes** (p. 260)

On se reportera aux questions **1** et **2** de **Lire** pour dégager ce mouvement déductif à l'échelle du texte ; on pourra étudier aussi comment la syntaxe de la phrase de Descartes est caractéristique de ce type de raisonnement (▶ question **8**, p. 520).

**7. Les syllogismes dans *Émile*** (p. 280)

À plusieurs reprises, Rousseau met en place des syllogismes incomplets, où manque en particulier la conclusion à sa place attendue : l. 15-17, couple de prémisses qui trouve sa conclusion l. 21-23 ; l. 25-27, couple de prémisses en attente de conclusion, et qui sera en fait argument pour l'hypothèse d'une injustice divine. Le connecteur « or » est la marque habituelle de ces syllogismes, ainsi que le « donc » (l. 21) qui rend la réponse très bien repérable.

**8. Argumenter contre dans le *Traité sur la tolérance*** (p. 264)

– Le premier paragraphe est une réfutation rationnelle de la légitimité de la punition.

– Le paragraphe suivant se place d'un autre point de vue, quasiment fictionnel : revenant à la situation passée, Voltaire feint d'abord de reprendre les raisons de la partie adverse, et le texte devient polyphonique, réutilisant le discours d'autrui jusqu'à l'absurde ; puis il discrédite explicitement ce discours (*cette supposition était encore aussi absurde que l'autre*, l. 16-17) : il accumule les arguments sous forme de questions rhétoriques se renforçant l'une l'autre (régies par un seul et même *car*, construites symétriquement sur *comment*, qui souligne l'impossibilité du meurtre), et il use d'une rhétorique hyperbolique qui souligne le sentiment d'absurdité.

– Le troisième paragraphe juxtapose violemment deux formules inverses (l. 26 et 28), là encore pour souligner la contradiction de l'argumentation adverse, et imposer à un sentiment d'évidence une évidence encore plus forte.

– Le paragraphe conclusif formule enfin explicitement l'argument principal de Voltaire dans tout le texte : ce que les adversaires soutiennent est *inconcevable*.

Voltaire mêle donc les techniques de réfutation (argumentation rationnelle) et de disqualification (dans la reprise des raisons adverses), pour fonder son discours surtout en raison mais aussi en passion.

**9. Argumentation et dialogisme dans *Le Rêve de D'Alembert*** (p. 302)

Le dialogisme permet de partager avec l'autre la responsabilité d'hypothèses risquées :

– plusieurs interlocuteurs désignés servent d'instruments d'argumentation (*Père Castel*, l. 7 ; *Archytas*, l. 26) ou de repoussoirs (*pauvres philosophes*, l. 14, 23) ; ces interlocuteurs sont pris dans le mouvement du discours : d'objet de l'argumentation, le Père Castel devient interlocuteur (l. 7).

– D'Alembert se répond à lui-même, se dédouble, devient son propre interlocuteur : abondance des *Non* (l. 11, 16, 18, 28, 32), nombreuses questions oratoires (par exemple, l. 16-18).

L'alternance entre **énoncés particuliers** et **énoncés généraux** a un effet comparable : formuler l'hypothèse audacieuse tout en atténuant son audace : par exemple on passe de l'interrogation adressée, particulière (*qu'êtes-vous ?*, l. 26) à un questionnement métaphysique risqué (*Qu'est-ce qu'un être ?*, l. 27) ; elle permet aussi de circuler entre l'individu et le tout, exactement comme dans la *thèse* matérialiste.

L'argumentation adopte ainsi un mouvement circulaire, presque un effet de tourbillon en circulant entre les plans et en reprenant des arguments.

**10. Une leçon disqualifiée dans *La Condition humaine*** (p. 317)

Malraux tire ici parti de l'effet fondamentalement **polyphonique** du roman : alors même que le discours de Gisors semble valorisé (style de moraliste, présence de formulations générales, figure typique du maître : vieillard et père), sa personnalité et sa vie, que nous fait connaître le narrateur, le disqualifient : sa sagesse est surtout l'apaisement du drogué (on lit juste auparavant : *Depuis vingt ans il appliquait son intelligence à se faire aimer des hommes en les justifiant et ils lui étaient reconnaissants d'une bonté dont ils ne devinaient pas qu'elle prenait ses racines dans l'opium. On lui prêtait la patience des bouddhistes : c'était celle des intoxiqués.*)

Le narrateur ne « surplombe » pas l'échange en concluant par-delà les deux hommes ; la présence de l'auteur ne se lit alors que dans le fait qu'il juxtapose, sans choisir, les discours des personnages, et surtout qu'il n'individualise pas leur parole : Kyo et Gisors parlent au fond un même langage intellectuel, abstrait, celui de Malraux.

**11. Le comportement de l'étudiant dans *Le Meilleur des mondes*** (p. 332)

Le lecteur doit interpréter ce comportement. C'est la preuve que l'argumentation dans un roman peut être très diffuse ; elle ne se loge pas nécessairement dans un discours mais, en deçà de la parole explicitement persuasive, dans l'attitude d'un personnage : c'est le passage éclair de l'incompréhension à l'admiration – effrayante – chez l'étudiant qui disqualifie le discours du Directeur, en en *montrant* l'efficacité venimeuse.

### VERS LA DISSERTATION

**« La première lâcheté est la première ride d'un peuple ».**

– **Expliquer** la thèse, formulée clairement par la métaphore de la vieillesse : le refus de la guerre est pour un peuple l'annonce du déclin, le renoncement à la grandeur. Reprendre les arguments de Priam et de Demokos : c'est le courage des guerriers qui a fait la grandeur de la patrie ; la mort pour sa patrie est préférable à tout autre mort ; la jeunesse n'est pas une valeur indiscutable.

– **Réfuter** la thèse. D'une part en réutilisant les arguments d'Andromaque : les véritables courageux meurent à la guerre, ceux qui demeurent sont les lâches ; le véritable courage consiste à rechercher la paix ; mourir pour son pays n'est pas nécessairement mourir dans la guerre, mais aussi avoir pacifiquement vécu pour son pays. D'autre part en recherchant des arguments plus personnels, en particulier sur le rapport entre courage et action militaire que notre époque pense tout autrement.

– Le passage d'un groupe d'arguments à l'autre (pour chercher à ne pas se contredire) se fait surtout sur la **définition** du courage : est-ce nécessairement courage au combat ? et sur celle de la grandeur : est-elle forcément militaire, épique, mâle ?

BIBLIOGRAPHIE : J.-J. Robrieux, *Éléments de rhétorique et d'argumentation*, éd. Dunod, 1993. Ch. Plantin, *L'Argumentation*, coll. « Memo », éd. du Seuil, 1996.

## 5. LE DIALOGUE

p. 320

### 1. Modalités phrastiques et forme du dialogue

• ***Dialogue du Chapon et de la Poularde*** (p. 299) : modalité exclusivement assertive pour le chapon ; modalités affectives (exclamative et interrogative) pour la poularde ; cette spécialisation de chacun dans un rôle évoque le dialogue philosophique : la poularde dans le rôle de l'élève qui s'étonne et demande réponse, le chapon dans celui du maître qui détient le savoir et le livre avec assurance.

• ***Entretien du philosophe avec la maréchale de ****** (p. 301) : la répartition apparemment mécanique du début du texte, calquée sur le dialogue socratique, modèle didactique par excellence (le maître questionnant simplement pour demander confirmation de ses assertions), bascule l. 19 lorsque la maréchale s'assure elle aussi la possibilité de formuler des interrogations à valeur d'argument. Le dialogue est alors véritablement dialectique.

### 2. Les types de dialogues au théâtre

• ***Les Précieuses ridicules*** (p. 59), ***La guerre de Troie n'aura pas lieu*** (p. 254) : ce sont des cas où la discussion **dialectique** se transforme immédiatement en dialogue **polémique**. Chacun défend sa position avec une certaine agressivité de parole. Relever les commentaires ironiques sur l'échange, signe de ce que le locuteur refuse à l'autre la possibilité même d'avoir raison : argument de type *ad hominem* (▶ p. 294) pour *J'attendais la poésie à ce tournant. Elle n'en manque pas une* (l. 20, p. 254), remarque sur la forme et non sur le fond pour *Voici bien du haut style* (l. 61, p. 59) ; la forme passionnelle des arguments : *Vous nous ennuyez avec votre jeunesse*, alors même qu'il se fonde en raison : *Elle sera la vieillesse dans trente ans* (l. 29-30, p. 254).

• ***Mithridate*** (p. 62) : la scène d'aveu est un dialogue **informatif**, tendant d'ordinaire à un accord heureux entre deux jeunes gens, et marqué ici par l'autorité de Monime (v. 36). Elle prend une dimension **dialectique** puisque l'aveu d'un amour interdit débouche sur l'établissement d'une stratégie, et **polémique** par les objections douloureuses de Xipharès et par le déchirement intérieur de Monime qui avoue son amour pour aussitôt le dérober.

• ***Mon Faust*** (p. 303) : un dialogue **didactique**, puisque Faust expose quelque chose pour le Diable, mais marqué par le **polémique**, dans la mesure où cette situation même constitue un renversement des rapports ordinaires de pouvoir.

Il semble que tout dialogue de théâtre soit à quelque degré polémique ; c'est que le théâtre est une mise en scène de conflits, d'oppositions qui sont toujours les ressorts de l'action.

### 3. Le dialogue polémique au théâtre

• ***Nicomède*** (p. 304) : le dialogue polémique est retenu par les rapports de pouvoir familiaux (père/fils) et politiques (puissance de Rome) ; la polémique n'est pas nue, elle se déguise en rhétorique délibérative et judiciaire, chacun argumentant pour sa propre raison.

• ***Les Mains sales*** (p. 312) : le polémique se mêle au dialectique : malgré l'affrontement direct se construit un dialogue rationnel, exposant des prises de position philosophiques et politiques.

• ***Le Retour au désert*** (p. 313) : au contraire ici tout est polémicité, le dialogue est au sommet du conflit et réalise l'affrontement physique qui ne peut avoir lieu : deux blocs de texte entrent en collision.

### 4. *La Leçon*, caricature de dialogue didactique (p. 519)

Le statut des personnages (pas de nom, mais une fonction) et la distribution de parole sont distinguées à l'extrême : le professeur refuse la parole à l'élève, et même le droit de bouger ; c'est d'autant plus comique que le discours du professeur multiplie les *vous*, appels de type phatique, occasions d'intervenir pour l'élève, qui se transforment pourtant (l. 26 et surtout l. 7) en fermeture. La démonstration du professeur est tout aussi parodique, parasitée par une encombrante métaphore filée.

### 5. L'enchaînement des répliques

• ***Victor ou les Enfants au pouvoir*** (p. 130) : enchaînements serrés, efficaces, habituels pour une scène de théâtre jusqu'à la ligne 25 : enchaînements syntaxiques (réponses à une question, l. 3-4, 10-11, 14-15 ; reprise de modalités, l. 15-16) ; enchaînements thématiques (l. 5-6, 16-17), etc. Mais aux lignes 24-26, le texte se bloque sur un enchaînement sur le mot, d'apparence absurde puisqu'il s'agit d'une expression constituée, sur laquelle on ne devrait pas s'arrêter, mais qui donne lieu à un développement lyrique. Le langage acquiert ainsi une dimension absurde qui tient les personnages à distance.

• ***En attendant Godot*** (p. 136) : là encore dialogue serré avec des enchaînements efficaces : beaucoup de réponses à des questions (l. 1 à 16 par exemple), où l'on cherche à s'accorder précisément sur ce qui est dit, à maintenir le dialogue. La déficience du discours vient précisément du décalage entre la situation et l'échange ; elle se manifeste dans l'enchaînement paradoxal sur interruption, l. 29 ; mais le monologue qui suit retombe dans le même écueil : hypertrophie de la parole par rapport à l'action. Les personnages, purs êtres de parole, s'y montrent incapables d'agir. Impuissance et masques du langage ? pauvreté et faiblesses de la communication humaine ?

### 6. Enchaînements et types de dialogues

• ***Le Mystère de la Passion*** (p. 453) : dialogue didactique (Que voulez-vous faire de Jésus ?) où l'enchaînement se fait la plupart du temps sur les modalités : réponse aux questions, renchérissement de Pilate (à une exclamation ou une assertion il réplique par une nouvelle question). Il s'agit pour Pilate de mettre très explicitement ses interlocuteurs face à leurs responsabilités, de leur signifier que le choix de la mise à mort n'est pas le sien.

• ***Dialogue d'un prêtre et d'un moribond*** (p. 88) : les enchaînements très serrés, sur le thème (l. 2-3, 3-4), la syntaxe (l. 18-19, 29-30), ou le mot (l. 13-14 : *vie*) signalent un dialogue polémique, où chacun traque la contradiction ou le préjugé chez l'autre pour asseoir sa vérité. On remarquera que l'enchaînement se fait souvent sur la fin de la réplique précédente, chacun cherchant en quelque sorte à s'immiscer dans la démonstration de l'autre sans nécessairement la considérer dans son ensemble.

### 7. Enchaînements dans *Hygiène de l'assassin* (p. 319)

L'héroïne relance sans cesse le dialogue, par surenchère, en revenant sur un thème abandonné par l'écrivain, bref en forçant la liaison thématique, pour contrer la désinvolture de l'écrivain et sa tentation de mettre fin à l'échange. Elle lui donne une leçon sur la pratique respectueuse du dialogue, qui ménage à chacun une place dans l'échange, et implique l'obéissance à certaines règles : non-contradiction, sincérité…

### 8. Dialogue ludique dans le *Tiers Livre* (p. 314)

Enchaînements par jeux, chez Trouillogan qui cultive la non-pertinence (▶ **Lire 1**), mais aussi chez Panurge qui tend le bâton pour se faire battre, modulant simplement une même interrogation. La coopération des interlocuteurs consiste ici à faire durer le dialogue malgré son échec répété à chaque réplique ; pour Panurge cela consiste à forcer la réponse, et pour Trouillogan à donner à Panurge une leçon : sa demande n'aura pas de réponse parce que c'est d'abord la question qui est inadéquate : Panurge ne demande pas conseil, mais pronostic ; c'est moins une entrée en débat qu'un abandon de ses responsabilités.

**9. Dialogue et rapports de force dans *On ne badine pas avec l'amour*** (p. 306)

– D'abord deux tirades de Camille, simplement entrecoupées par une question et une exclamation de Perdican qui nourrissent et relancent ces tirades.
– Puis le texte s'équilibre (l. 27 à 38) : sans aller jusqu'à l'échange stichomythique, il procède par alternance serrée de répliques.
– Enfin le texte retrouve, mais inversée, la structure du début : deux tirades de Perdican, entrecoupées de répliques affectives de Camille.

Ce que cette structure symétrique manifeste, c'est une inversion des rapports de pouvoir : l'occupation de l'espace de la parole équivaut ici à une manifestation de force, la parole devient donc le lieu où se réalise une prise de pouvoir sur l'autre.

**10. Dialogue monologique dans *Les Brigands*** (p. 98)

La répartition des temps de parole est extrêmement dissymétrique, au profit de Karl, et les interventions de Spiegelberg ne modifient en rien le cours de la parole de Karl, dont les tirades s'enchaînent entre elles, et non sur les répliques de l'autre. Karl construit ainsi un discours abstrait, détaché de la situation et surtout poursuivi par-dessus son interlocuteur, qui n'entre en rien dans la dynamique de ce discours. Cette absence d'attention à l'interlocuteur présent est une autre façon pour le personnage de formuler ses convictions hautaines et sa fascination pour la grandeur passée.

**11. Les dialogues à plusieurs**

• ***Le Mariage de Figaro*** (p. 83) : quatre longues répliques de Marceline entrecoupées de courts commentaires de la part des hommes. Elle retourne graduellement la situation, affirmant de plus en plus vivement (voir les didascalies) l'injustice du sort fait aux femmes, et gagnant les hommes à sa cause. Ce retournement est servi par l'évolution des interventions de Figaro. La répartition des temps de parole est ici signe de la thèse même : les femmes ont des droits.

• ***Le roi s'amuse*** (p. 104) : les vers sont presque systématiquement segmentés, ce qui crée une impression de rapidité et de désordre dans la situation. Les gentilshommes jouent la confusion ; seul Triboulet garde longtemps la parole, mais sa prise de parole est moins signe de force que de désarroi (successivement colère, impuissance, désespoir) : il ne dispose justement que de mots pour lutter (*je vous dis*, v. 25, v. 29).

• ***Partage de Midi*** (p. 311) : par-delà la solitude des deux amants, l'impression est celle d'un seul et vaste discours lyrique segmenté entre les personnages (reprise, répétitions) ; tout est fait pour gommer le conflit, impossible socialement à communiquer (la communauté de désirs). La forme même du dialogue rend visible cet interdit.

Le partage de la parole est toujours signe de la situation et des rapports de force et de hiérarchie.

**12. Le dialogue amoureux au théâtre**

• ***Pelléas et Mélisande*** (p. 122) : une union symbolique : nombreuses marques personnelles et interaction, partage parfaitement symétrique de la parole, syntaxe haletante (interruption, domination de la modalité exclamative) qui mime un baiser, jusqu'à la fusion symbolique finale.

• ***Hernani*** (p. 446) : c'est une union dans la mort ; cette union est signalée dans la métrique même, le vers, disloqué, se distribuant entre les deux personnages, et les répliques plus longues se tournant vers un registre lyrique, commun aux deux.

La différence réside en particulier dans la conception de l'union : apaisée et tendue vers la fin chez Hugo, physique et presque violente dans la pièce symboliste.

**13. Infractions aux lois conversationnelles**

• ***Lorenzaccio*** (p. 443) : la loi de sincérité, dont Lorenzo fait un usage ironique en particulier lorsqu'il rend l'arme inopérante. Cela permet de tirer parti du phénomène de double énonciation (▶ p. 304) : Lorenzo et les spectateurs connaissent le projet d'assassinat, mais le Duc, premier concerné, est le seul à l'ignorer.

• ***Le Tartuffe*** (p. 500) : l'exigence d'univocité n'est pas respectée : s'accordant apparemment sur l'objet du dialogue, les deux personnages parlent de deux choses différentes : le mariage de Mariane, le désir de Tartuffe pour Elmire. Ce dysfonctionnement du dialogue, reposant sur un double sens, permet en fait de mettre en lumière la duplicité de Tartuffe.

**14. Rhétorique délibérative dans *En attendant Godot*** (p. 136)

Il s'agit d'un texte de délibération, dialogue **dialectique** pour décider d'une attitude à adopter dans la situation présente. Il fonctionne parfaitement dans la mesure où il y a bien dialogue, et effort particulier de chacun pour se mettre d'accord sur le sens des mots et collaborer dans l'échange. Mais il est absurde parce que cette attention des dialoguants au dialogue leur fait perdre la mesure d'urgence de la situation : la parole remplace l'action.

## VERS LE COMMENTAIRE

**Le jeu argumentatif dans un dialogue de théâtre**

**1. La volonté de persuasion d'Hortensius**

– Sa tentative de séduction directe ne fonctionne pas : l'éloquence flatteuse ne charme pas.
– Il cherche à lui substituer une séduction par la persuasion, avec la forme la plus stéréotypée d'usage de la rhétorique : le syllogisme.

**2. La mise en échec de l'argumentation**

– Par l'impertinence de Lisette qui se moque d'abord du langage d'Hortensius, puis par l'argumentation inverse par laquelle elle l'emporte enfin.
– Surtout par la situation : la raison ne peut faire naître ni remplacer l'amour, l'exhibition de la rhétorique est sans efficacité. Et, en effet, une stratégie rhétorique n'est utile que si on ne la dévoile pas aussi grossièrement.

Il s'agit non d'une scène de persuasion, mais de la mise en scène d'une situation de persuasion : le dramaturge joue sur l'inadéquation entre la situation des personnages et l'ambition argumentative de l'un d'eux. La rhétorique est montrée sous un jour ridicule, celui d'une technique savante détachée du monde, la nouvelle valeur qui prend son essor est le **naturel**.

BIBLIOGRAPHIE : S. Durrer, Le *Dialogue dans le roman*, éd. Nathan, 1999 ; C. Kerbrat-Orecchioni, « Pour une approche pragmatique du dialogue théâtral », *in Pratiques*, n° 41, 1984 ; P. Larthomas, *Le Langage dramatique*, PUF, 1972 ; D. Maingueneau, *Pragmatique pour le discours littéraire*, Bordas, 1990 ; F. Ruillier-Theuret, *Le Dialogue dans le roman*, Hachette, 2001.

# 6. LES STRATÉGIES INDIRECTES DE L'ARGUMENTATION p. 350

**1. Présupposition et radicalisation dans *Le Neveu de Rameau*** (p. 300)

L'enchaînement des deux répliques (l. 8-9) repose sur le présupposé logique d'**existence** : pour servir ses amis, encore faut-il avoir des amis. Rameau ne répond pas sur la question, mais sur le présupposé logique de la question, c'est un des éléments de la déviance de ses réponses. C'est aussi la manifestation de la radicalité de ses positions : il balaie les propositions de son adversaire, et répond par un nihilisme systématique.

**2. Les sous-entendus de Diogène** (p. 298)

Le véritable message de Diogène (l. 13-31) est dans l'implicite de ses questions : il sous-entend d'abord que la vieillesse est cause de ce qu'on ne devrait pas regretter la vie ; la parataxe opposant fortement l'assertion à l'interrogation (l. 14-15) manifeste la force de ce sous-entendu : Diogène tient l'idée pour évidente, il n'a pas à la justifier (c'est la force de l'implicite : il suffit que quelque chose ne soit pas au premier plan du discours pour passer en force dans l'argumentation) ; il sous-entend ensuite que seules certaines réalités pourraient faire légitimement regretter la vie : la puissance (l. 15-19), la richesse (l. 20-22). La thèse implicite est que rien ne justifie pour le vieillard le regret de la vie. La modalité interrogative, la surprise, l'hyperbole et l'impression de scandale sont ici les marques de l'implicite.

**3. Les insinuations de Perdican** (p. 306, l. 33-34)

– **Les marques de l'insinuation :** l'interrogation qui porte sur une expression modale, et surtout son statut d'interrogation oratoire (la réponse est orientée par la question). Perdican fait aussi passer l'implicite à la périphérie de la question : *son mari ou son amant*, sujet et non objet sur lequel porte la question (c'est donc qu'il peut très vraisemblablement y avoir un amant dans l'histoire), ***re-****venait* (cela s'est donc déjà produit).

– Il doit reformuler cette question oratoire en allant vers l'explicite parce que Camille feint de ne pas comprendre, et se montre, implicitement à son tour, scandalisée.

**4. Persuasion directe et persuasion indirecte dans *Jules César***

**a.** L'insinuation dans le discours d'Antoine repose sur la **répétition d'un même schéma** assez complexe : reprise ironique (polyphonique en l'occurrence) de l'accusation de Brutus (l'ambition), puis accumulation d'exemples réfutant cette accusation (l'ensemble des bienfaits et des qualités de César), enfin conclusion paradoxalement contraire à ce mouvement argumentatif : au lieu de conclure que César n'était pas ambitieux, il feint de se ranger à l'opinion de Brutus, faisant ainsi peser le soupçon sur cette opinion. La phrase répétée, *Brutus est un homme honorable*, est ainsi utilisée comme argument dans un raisonnement volontairement invalide, et c'est cette phrase qui devient alors objet de disqualification. Tout le discours est fait pour insinuer que justement Brutus n'est pas *un homme honorable*. Le talent d'Antoine consiste aussi à **nier son intention** : *Je viens pour ensevelir César, non pour le louer* (l. 20-21), *Je ne parle pas pour contester ce qu'a dit Brutus* (l. 34-35) : il s'agit de dénégations, puisque cette louange et cette contestation sont à l'évidence le but d'Antoine.

**b.** Le discours de Brutus use de **moyens de persuasion explicites** : pour convaincre le peuple qu'il a eu raison de tuer César, il cherche à le persuader que César était ambitieux, et il invoque la raison de l'État contre celle d'un seul individu. Le discours d'Antoine s'oppose donc à double titre à celui de Brutus : il réfute l'accusation d'ambition, et il oppose une argumentation indirecte, cachée, insinuante, à l'argumentation explicite et trop visible de Brutus. Le discours d'Antoine, plus subtil, détruit l'efficacité de celui de Brutus, et retournera l'opinion du peuple.

**5. L'ironie dans *Les Égarements...*** (p. 315)

• La coquette dit précisément le contraire de ce que Meilcour doit comprendre (l. 6-9) : il ne doit plus penser à elle, il va la haïr, et il lui sera reconnaissant de sa franchise. Tout est à inverser : il doit continuer à la courtiser, il l'aimera d'autant plus, il comprendra son habileté. C'est la situation qui permet ici de décoder et de retourner ces déclarations, le narrateur nous en donne d'ailleurs les clés (l. 22-24).

• Un même savoir sur les règles du monde unit le narrateur à Madame de Lursay, et tous deux se jouent du personnage : elle en le manipulant, le narrateur en soulignant ses ridicules.

• Il manque au jeune Meilcour de savoir décoder. C'est tout le chemin qu'il a parcouru entre son innocence et cette maîtrise qui fait d'ailleurs la profondeur temporelle du roman, et la raison du dispositif narratif.

**6. Décalage et ironie dans *Zadig*** (p. 338) **et chez Swift** (p. 339)

• La disqualification des querelles religieuses repose sur un effet de **disproportion** entre l'importance accordée au problème et le ridicule de son contenu effectif : une question de pieds. C'est là un signal d'ironie. Voltaire insiste sur cette disproportion propre à la satire : *L'univers avait les yeux sur ses deux pieds* (l. 13).

• Tout le paragraphe (l. 25-29) repose sur une radicalisation des oppositions (hyperbole) : *noirs* contre *blancs*, *orient d'hiver* contre *couchant d'été* ; l'opposition est ridiculisée par l'exagération identique des arguments de chaque côté : parallélisme syntaxique (l. 26-28), expressions synonymes (*c'était une impiété*, *Dieu avait en horreur*). Toute cette opposition s'annule dans la réponse indifférente de Zadig.

• Une disproportion semblable entre la cause (comment casser un œuf ?) et l'effet (une guerre terrible) sert de mécanisme ironique dans le texte de Swift.

**7. Une antiphrase généralisée dans *Candide*** (p. 340)

La force ironique du texte repose d'une part sur la satire systématique des pratiques inquisitoriales, d'autre part sur l'effet de relecture qu'impose la chute : retour à la case départ, l'autodafé n'a rien changé au tremblement de terre.

Sa puissance persuasive, qui se fonde entièrement sur l'ironie, où tout est à renverser, est grande : le lecteur ne peut pas conclure autrement qu'à l'impression d'absurde vers laquelle l'auteur le conduit.

**8. Discours rapportés et ironie dans *Le Meilleur des mondes*** (p. 332)

Le narrateur s'efface progressivement derrière le discours des personnages, pour que celui du Directeur se disqualifie de lui-même : d'abord discours indirect libre (*et, bien qu'il comprît*..., l. 1-7 ; l. 8-14), puis direct : aucune médiation n'intervient plus entre le lecteur et la parole terrifiante du Directeur.

La position de l'auteur se lit justement dans l'**agencement** de ces discours : il semble accompagner d'abord l'incompréhension de l'étudiant (perplexité commune dans les points de suspension, l. 5), se glisser dans le raisonnement scientifique du Directeur, puis il se contente de juxtaposer les explications du Directeur et l'admiration de l'étudiant. C'est dans le choc produit par cette rencontre entre les deux discours directs, et la discrétion du commentaire du narrateur (*éperdu d'admiration*, soulignant la terrible efficacité de cette persuasion) que peut se lire le point de vue de l'auteur.

**9. Ironie polyphonique dans un article satirique** (p. 289)

• **Les indices d'ironie :** le choix du terme ridiculisant (*poil*, l. 18), l'hyperbole (*fondamentale*, l. 19 ; *épineux*, l. 25), l'antiphrase (*sens de l'humour*, l. 5 ; *bien sûr*, l. 19), l'usage déplacé du jeu de mots (*ne coupe pas les cheveux en quatre*, l. 24-25), le décrochement énonciatif : *sic* (l. 24), l'effet d'absurde et de disproportion finale : *Le document ne précise pas si les imberbes sont pendus sur place* (l. 27-29).

• La polyphonie de l'ironie est ici très visible : les **citations** révoltantes sont comme exhibées, non pas réfutées mais utilisées à l'intérieur même d'un discours pour créer volontairement un effet d'absurdité.

• Le lecteur est amené à porter un **jugement** sur tous ces éléments, il ne peut pas rester hors jeu, tout est fait pour susciter l'indignation.

**10. Ironie citationnelle dans *Mon Faust*** (p. 303)

« Tentateur » est une désignation habituelle du diable ; ce simple mot fonctionne comme une citation manipulée : l'ironie réside évidemment dans le déplacement, puisque ce qui qualifie le diable est ici mis au compte de Faust par le diable lui-même. Cet usage polyphonique de la citation est à mettre soit au compte du diable lui-même, dans la coquetterie de l'autodérision, soit au compte de l'auteur, qui fait prononcer par le personnage la formule ironique dont il est pourtant la cible.

**11. L'allusion historique dans le dialogue voltairien** (p. 299)

C'est aux persécutions religieuses et aux guerres de religion qu'il est fait allusion (l. 26-29). La force de dénonciation du passage vient justement de ce que les guerres ne sont pas présentées comme une évidence, mais dans toute leur étrangeté, du point de vue de quelqu'un qui ne les saisit pas. L'ignorance du chapon sert à montrer tout ce que cette violence a d'incompréhensible, d'aberrant.

**12. L'allusion flaubertienne : les lieux communs pour cible**

Tout repose ici sur le fait de livrer des lieux communs en guise de définitions : Flaubert rapporte les stéréotypes les plus éculés, sans qu'il y ait aucune marque explicite de son jugement. L'ironie est simplement dans l'**accumulation** de ces lieux communs, dans le fait de les donner comme définitions d'essence, sous apparence de neutralité, sans marques subjectives, alors qu'ils sont justement l'obstacle à la définition, à la réflexion. Cette accumulation fait une espèce de portrait de l'esprit petit-bourgeois, ignorant et prescripteur (voir tous les infinitifs à valeur d'ordre), cible favorite de Flaubert.

**13. Humour et séduction dans un sonnet de Ronsard** (p. 153)

L'humour dans ce sonnet est précisément lié à un effet d'**auto-ironie** : le poète se moque de lui-même, présente son chant sous un jour un peu ridicule (il parle trop fort, c'est qu'il doit être sourd, et le mot est affublé d'un diminutif dépréciatif : *sourdaut*) ; il se plaint de ne pas vaincre la résistance de la dame, montrant la duplicité de celle-ci, qui ne donne raison ni au « parler haut » ni aux mots prononcés de plus près.

Le sourire provoqué chez celui qui écoute lui donne raison ; plus qu'il ne persuade, le poète essaie de séduire par le côté gracieux de cette casuistique parodiée.

**14. Humour et ironie chez Vialatte** (p. 290)

C'est surtout l'intention disqualifiante et la possibilité d'être localisée qui différencient l'ironie de l'humour. Le texte est donc plutôt humoristique, parce qu'il n'est pas ciblé d'emblée, ni directement disqualifiant : il dévoile progressivement, et comme une nouveauté, ce qui est déjà ancien, il feint la prudence, proposant précautionneusement ce qui existe déjà partout. Il fait rire, plutôt qu'il ne ridiculise. Mais l'ironie est parfois aisément identifiable, sous la forme d'antiphrases : *Quel progrès sur l'écran !* (l. 17), alors que c'est une régression apparente qui est désignée. Les armes du comique sont diffuses, mais reprennent aussi à l'ironie son fonctionnement plus visiblement antiphrastique.

### VERS LE COMMENTAIRE

**L'ironie dans *L'Essai sur les mœurs*** (p. 346)

**1. L'ironie qui vise les formes de superstition et les excès de la religion**

– Ironie **citationnelle**, feignant de reprendre aux adversaires leur discours pieux : par exemple la qualification absurde de *saints* pour les personnages, de leur vivant même.

– Discordances et disproportions dans la **situation** : la confusion entre le martyre des jeunes chrétiennes et la punition de vierges septuagénaires (l. 8-12) ; la punition par l'obligation d'un culte païen, mais dégradé (la nudité, l. 18-21) ; sauver la pudeur par la mort (l. 22-25), etc.

– Contraste entre la situation et l'**expression** : les signes de la vieillesse exhibés comme des stigmates dans une hagiographie (l. 16-17) ; la rhétorique de l'hyperbole (par exemple, répétition de *céleste*, l. 34-36 ; registre épique, l. 30 et suivantes).

**2. L'ironie qui porte sur le récit lui-même**

– Une écriture de **conteur** : usage répété du discours direct, rapidité, parataxe, absence de motivation dans la présentation des événements.

– Jeu ironique du narrateur avec le **lecteur** : au début du texte, mise en scène des réactions du lecteur chez l'auditeur parodique qu'est le cabaretier.

– Un jeu sur les croyances littéraires : insistance sur l'univers de la **légende**, reprise de lieux communs légendaires (le surnaturel dans l'épisode de l'orage par exemple). Or, précisément, tout le texte est conçu comme un combat contre le **mensonge** (voir le commentaire final du narrateur redevenu essayiste).

BIBLIOGRAPHIE : P. Hamon, *L'ironie littéraire. Essai sur les formes de l'écriture oblique*, éd. Hachette, 1996 ; A. Herschberg-Pierrot, « L'ironie », *in Stylistique de la prose*, éd. Belin, 1993 ; V. Jankélévitch, *L'Ironie*, éd. Flammarion, 1964 ; C. Kerbrat-Orecchioni, *L'Implicite*, éd. Armand Colin, 1986.

## 7. L'ANALYSE DU FILM

p. 480

**1. Cadrage et focalisation**

Dans les deux photos, l'attention sur le personnage féminin est marquée par :

– le cadrage (elles sont isolées dans chacun des deux cadres) ;

– l'échelle de plan serrée (plan rapproché épaules et plan rapproché poitrine de Cléo ; plan rapproché taille de Mia) ;

– la faible profondeur de champ : le reflet de Cléo et la banquette du restaurant bloquent toute vision de l'arrière-plan qui paraît flou et indistinct, par l'effet, soit d'une sous-exposition (manque de lumière) dans *Cléo de 5 à 7*, soit d'une surexposition (trop de lumière) dans *Pulp Fiction*).

Le personnage est donc l'objet unique, privilégié, de la vision des spectateurs. La photo de *Cléo de 5 à 7* confère une double position aux spectateurs : placés derrière le personnage de Cléo, ils partagent sa vision ; on peut donc parler ici de focalisation interne. En même temps, ils sont face à elle ou plus exactement face à son reflet dans le miroir, visible dans la moitié gauche du cadre, sans pour autant être interpellés par le personnage : Cléo ne les regarde pas. Ils peuvent ainsi à la fois participer à la situation du personnage, être en empathie avec le sujet, et lui rester extérieurs, le contempler par le biais d'une focalisation de type externe.

L'ambiguïté de cette position crée, d'une part, un effet d'empathie (partage du point de vue visuel et psychologique de Cléo) et, d'autre part, une impression de distance et de rejet à laquelle contribuent la composition recherchée de l'image (symétrie fondée sur la division du cadre, décentrement du personnage ainsi dédoublé) et la direction du regard (Cléo se regarde elle-même et exclut ainsi l'autre de son monde).

Cette dichotomie entre le sujet et l'objet de la vision peut avoir une valeur symbolique : le spectateur ne se regarde-t-il pas lui-même, comme Cléo, dans un miroir-écran ? N'est-il pas à la fois protégé par son statut de spectateur de cinéma et mis à nu par la complicité établie visuellement avec le personnage ?

Dans la photo de *Pulp Fiction*, les spectateurs se trouvent dans une position classique au cinéma : le montage en champ-contrechamp enchaîne alternativement des plans sur chacun des deux interlocuteurs ; il permet aux spectateurs de les voir l'un après l'autre et de suivre leur conversation sans être impliqués grâce à la position décalée de la caméra et à la direction des regards. Le personnage dans le cadre est donc objet du regard, et la vision de celui-ci correspond, du fait de l'échelle de plans et de la place des objets au premier plan (table et verres), à la vision de l'interlocuteur dont les spectateurs peuvent partager le point de vue. Ce type de montage produit un effet de focalisation interne alternée, variant avec l'alternance des points de vue sur les interlocuteurs.

**2. Le regard de Jeanne d'Arc** (p. 474-475)

• Dans la photo du film de **Gastyne**, Jeanne d'Arc regarde vers le haut : son regard se dirige donc soit vers le décor hors-champ, soit vers l'imaginaire du personnage : l'éclairage sur le lit et le sol de la cellule construit, dans l'esprit des spectateurs, la présence d'une fenêtre. Mais cette lumière vers laquelle Jeanne tourne son regard est aussi celle du ciel et de Dieu, selon la symbolique des représentations médiévales. Le hors-champ, par son absence, donne ainsi une double dimension, réaliste et symbolique, à l'action du personnage. L'ouverture du cadre est aussi un appel, non seulement à l'imagination du spectateur, mais aussi à une élévation mystique analogue à celle du personnage.

• Un effet similaire est présent dans le détail du tableau d'**Ingres** : le regard de Jeanne d'Arc vers le Roi et l'autel marque la concrétisation politique de sa mission sacrée. La franchise et la direction – droit devant elle – de ce regard, contrairement à celui des autres personnages du cadre qui baissent les yeux, ancrent le héros dans la réalité historique : la volonté divine s'accomplit dans le monde des hommes.

• Dans la photo du film de **Besson**, Jeanne d'Arc regarde vers le premier plan, c'est-à-dire vers les soldats qu'elle encourage et qui avancent dans sa direction, mais ce regard porte aussi vers le hors-champ, le « sixième côté », celui où se trouvent les spectateurs. Une mise en scène qui plonge ainsi les spectateurs dans l'histoire représentée et dans l'action en cours est caractéristique du film d'action : elle favorise l'adhésion des spectateurs et les associe aux aventures des héros.

### 3. Composition et mouvement : le scénarimage

(p. 479)

• Dans les trois dessins du scénarimage, on note une opposition entre la légère plongée sur l'avion et deux contre-plongées sur les personnages qui renforcent ainsi leur caractère menaçant. L'autre effet suggéré par les variations d'échelle de plans (plan de demi-ensemble sur l'avion, plan rapproché poitrine sur James Bond, plan moyen sur les soldats) est celui de la vitesse et de la dispersion de l'action. Mais la position centrale du personnage principal garantit son importance : il reste le pivot de l'action.

• La composition de ces images accentue la présence des lignes horizontales : la forme des ailes de l'avion, de la ligne d'horizon, du sol au premier plan, et les mouvements latéraux des personnages et des portes du hangar. Un mouvement de caméra panoramique suivant le déplacement du personnage au plan 2 (voir les flèches) pourrait accentuer le dynamisme ainsi créé par l'unité des lignes de force. De même un travelling vers l'avant au plan 1 peut permettre de suivre la progression de l'avion vers l'arrière-plan. Le regard des spectateurs suit également cette même trajectoire centrifuge : la forme ouverte du cadrage l'attire vers le hors-champ en isolant l'avion, au plan 1, et James Bond, au plan 2, de leur environnement par le biais d'une échelle de plans serrée sur l'objet principal du cadre.

• Le raccord sur le mouvement entre les plans 2 et 3 s'effectue par la présence d'un élément commun aux deux plans, à savoir le même mouvement latéral, comme le soulignent les flèches. L'autre raccord présent dans cet enchaînement est un raccord sur le regard entre l'objet de la vision (l'avion au plan 1) et le sujet de la vision (James Bond au plan 2).

• L'horizontalité et la latéralité ainsi produites par différents codes cinématographiques ont pour fonction d'assurer une certaine cohérence et une certaine homogénéïté à une action éclatée en plusieurs points de l'espace : la mise en scène filmique aide donc les spectateurs à suivre l'action.

### 4. *Madame Bovary* : couleur et éclairage

La couleur et l'éclairage accentuent le réalisme psychologique de la scène. La direction et la diffusion de l'éclairage laissent croire qu'il provient d'une lampe située dans la chambre. Les couleurs des objets et du décor sont discrètes et sans éclat : gilet noir, couverture et tissu d'ameublement beiges. C'est précisément ce manque d'originalité et cette monotonie chromatique qui permettent de traduire non seulement le quotidien, mais la banalité de la vie à laquelle a voulu échapper Emma ; en accord avec le teint cireux de l'agonisante, ils suggèrent lassitude, découragement et renoncement. Dans la blancheur lumineuse de sa chemise et du drap, Emma, contemplée passionnément par Charles resté dans l'ombre, semble cependant poétisée par l'approche de la mort : son rêve d'un ailleurs enfin réalisé ? Couleurs et éclairage ont donc une fonction narrative non seulement parce qu'ils permettent de construire le décor de l'histoire (fonction décorative), mais parce qu'ils participent à la narration du drame vécu par le personnage principal (fonction dramatique).

### 5. L'intériorité du personnage

Les idées, sentiments, émotions d'un personnage peuvent se représenter au cinéma, comme par exemple dans cette photo de *Citizen Kane* :

– par le **décor** : l'escalier monumental à l'arrière-plan, la porte inspirée du décor d'un château médiéval ou d'une église, les colonnades et les candélabres, la table immense presque recouverte par le jeu construisent une atmosphère d'opulence dépourvue d'intimité, comme l'indique aussi l'occupation du personnage ; le manque de fonctionnalité du lieu fait écho à la futilité de son passe-temps ; le décor révèle un luxe disparate, à la fois impersonnel et écrasant qui traduit la relation du personnage à son environnement.

– par le **cadrage** : les limites du cadre ne permettent pas de discerner où conduisent l'escalier et la porte, elles interdisent ainsi l'accès au hors-champ, à l'extérieur, et renforcent l'impression d'enfermement ; la profondeur de champ est totalement bloquée par le mur du fond, à la manière d'une scène de théâtre. La place de Susan en pleine lumière, presque au premier plan et dans l'angle en bas à droite du cadre, souligne cette dimension théâtrale immobilise le personnage tout en lui donnant une certaine instabilité : son corps est rejeté vers les limites du cadre, coupé par les bords de l'écran, vu de profil, et il n'occupe qu'une portion mineure de l'écran.

– par la **composition** de l'image : les zones d'ombre et les formes du décor (diagonales de la table et de l'escalier) produisent un effet de déséquilibre, tandis que les lignes verticales, d'habitude source de stabilité et de fermeté, sont fragilisées par l'ombre, pour les candélabres, et par les lignes horizontales du décor, pour la porte. Ce schéma pourrait s'appliquer au personnage de Susan, assise mais d'apparence fragile (tête baissée ; bras gauche mis en valeur, quasiment au premier plan, aux dépens du reste du corps).

– par le choix de l'**éclairage** : ici les zones d'ombre isolent Susan dans un angle du cadre ; elle semble perdue dans une pièce immense où seuls sont éclairés les murs de l'arrière-plan : l'impression de solitude glacée s'en trouve renforcée.

– par le **jeu de l'actrice** : de profil, penchée sur son puzzle et absorbée par le choix d'une pièce, elle paraît indifférente, voire nonchalante dans l'exécution d'un passe-temps sans réalisation possible dans l'immédiat ; la dimension symbolique de ce passe-temps renvoie peut-être aussi à la perplexité du personnage et à sa recherche de cohérence dans un environnement qui lui reste étranger.

Les codes cinématographiques concourent donc à faire partager aux spectateurs l'état d'esprit d'un personnage qui se sent marginal et isolé dans un espace qui le dépasse, l'enferme, et où s'est installé un sentiment de vacuité et d'inadéquation.

BIBLIOGRAPHIE : J. Aumont, M. Marie, A. Bergala, M. Vernet, *Esthétique du film*, éd. Nathan, 1983. M. Chion, *Le Son au cinéma*, Cahiers du cinéma/éd. de l'Étoile, 1992. M. Martin, *Le Langage cinématographique*, Cerf/7ème Art,

## 8. NOUVEAUX LANGAGES DU THÉÂTRE

p. 506

**1. Les personnages dans *On ne badine pas avec l'amour*** (p. 306)

• **Des types :** Camille et Perdican incarnent les emplois d'ingénue et de jeune premier ; leur conflit ressemble à une scène de dépit amoureux ; ils reproduisent des comportements stéréotypés (jeune fille impétueuse et romanesque, l. 2-26 ; jeune homme apparemment plus détaché, ► **Lire 3** et **4**) ; relation maître (*tu*) / élève (*vous*) ; chacun représente un type de comportement et parle au nom d'un groupe (*votre métier de jeune homme*, l. 6-7 ; *les femmes*, l. 10 ; *l'amour des hommes*, l. 58).

• **Des personnages complexes :** par le sens aigu de leur particularité individuelle (l. 20-28, 60-69) qui débouche parfois sur un discours monologique (l. 21-26) ; par la diversité et l'évolution de leurs sentiments (colère, tristesse, étonnement chez Camille, l. 28-29, 56 ; distance, proximité, véhémence chez Perdican, l. 50, 57) ; par leur aveuglement sur leurs propres motivations et sur leurs sentiments profonds (l. 19, 28-29).

**2. Simplicité des personnages hugoliens**

• ***Hernani*** (p. 446) : dans une scène classique (« la mort des amants »), les deux personnages sont conscients du rôle qu'ils incarnent et le revendiquent (*ô mon jeune amant*, v. 15 ; *pour une fiancée*, v. 18 ; *doña Sol souffrir, et moi le voir*, v. 20 ; v. 32-33) ; le troisième joue le rôle du chœur antique en commentant la scène (v. 29, 31, 36).

• ***Ruy Blas*** (p. 505) : même situation d'un couple d'amants face à son bourreau ; opposition presque caricaturale entre les bons et les méchants ; importance donnée par les personnages eux-mêmes à leur nom et à leur statut : *Il est…*(v. 10) ; *Je m'appelle Ruy Blas, et je suis un laquais !* (v. 11, 13-14) ; *J'ai l'habit d'un laquais, et vous en avez l'âme* (v. 22). Les jeux sur l'identité, entre l'apparence et la réalité, sont d'ailleurs au cœur du drame.

**3. Le nom des personnages et l'illusion réaliste** (p. 508-514, 519)

• **Désignations génériques :** elles occultent l'identité personnelle en renvoyant à une origine (*Le Chinois*), à une fonction ou à un rôle (*Le souffleur, Le grand premier rôle masculin, le directeur, Le professeur, L'élève*).

• **Noms propres :** conventionnels, empruntés au domaine littéraire (*Don Rodrigue* renvoie au *Cid*) ou à la vie courante (*Betty*) ; sans vraisemblance onomastique mais jouant de la paronomase pour une évocation caricaturale et transparente d'un personnage réel (*Ui, Gobbola* pour Goebbels) ; des étiquettes interchangeables (*Winnie, Willie*).

Ces références diverses au monde du théâtre soulignent aussi la dimension non-réaliste des personnages.

**4. Le théâtre et la fable**

• **Pirandello** (p. 510) : une scène de fable par la mise en abyme du spectacle théâtral ; l'humour du commentaire réflexif sur *Pirandello – rudement calé celui qui y comprend quelque chose !* (l. 12-13) ; la valeur allégorique des considérations sur l'art du théâtre (*Vous aurez aussi à représenter la coquille des œufs que vous battez !*, l. 18, ► **Écrire**).

• **Brecht** (p. 511) : une scène de fable par le parti-pris d'invraisemblance et les décalages comiques de registre (totalitarisme/*Nouw-Yorque*, choux-fleurs) ; les allusions à l'histoire qui donnent à la scène une valeur symbolique (► **Lire 1**) ; l'*écriteau* et l'*épilogue* qui explicitent nettement le sens de la scène, comme le ferait une moralité.

**5. Brecht : une nouvelle émotion théâtrale ?**

D'après Brecht, **la première conception** du théâtre occidental invite à la seule identification avec le personnage, dans lequel le spectateur reconnaît la vérité de sa propre expérience (l. 1-2), qu'il érige en vérité universelle et en loi du monde (l. 2-5). L'émotion qui en découle est de seule sympathie avec le héros (*Je pleure **avec** celui *qui pleure...*, l. 5-6). La **deuxième** invite au contraire à un étonnement (l. 7-8, 9, 12), une révolte de la conscience (*On n'a pas le droit*, l. 8 ; *Il faut que cela cesse*, l. 9-10), qui débouche sur la conviction que l'action est possible (l. 10-11). L'émotion découle d'une critique et d'un refus (*Je ris de celui qui pleure...*) de l'ordre injuste.

On fera réfléchir les élèves sur les moyens dont dispose le dramaturge pour provoquer cette prise de conscience (présence d'un récitant, de chants introduisant des pauses dramatiques, technique cinématographique par « juxtaposition de séquences » : le spectateur est invité à construire le sens du spectacle...) et sur leurs limites (le théâtre de Brecht ne suscite-t-il pas une nouvelle illusion, « celle de n'être pas dupe de l'illusion » ? M.-C. Hubert).

On pourra faire observer que la démarche de Brecht ne fait en réalité que retrouver celle du théâtre médiéval, tout autant fondé sur une identification (avec le Christ dans les mystères) que sur une mise à distance de l'ordre existant (théâtre des moralités et des sotties notamment).

### 6. Phrase, vers, réplique : l'émancipation du discours au XIXe siècle

• ***Le roi s'amuse*** (p. 104) : décalages systématiques entre ces structures dans le polylogue entre les courtisans :
– enjambements (v. 1-2, 2-3, 14-15) dissociant des éléments souvent brefs ; pas d'effet de suspens comme dans les rejets, mais effet de prose ;
– plusieurs phrases, voire plusieurs répliques dans un seul vers (v. 2, 7) ;
– répliques à cheval sur plusieurs vers, avec les discordances supplémentaires des divers destinataires (v. 4) et des discours à double sens (v. 2, 4-5).

À cette liberté (ou à ce désordre) s'opposent les tirades organisées de Triboulet (malgré son désarroi). C'est le père de tragédie qui s'exprime.

• ***Ruy Blas*** (p. 505) : un trilogue moins complexe et plus argumentatif, se réduisant à deux dialogues successifs. Rejet (v. 3-4) et contre-rejet (v. 8-9) exprimant le caractère insinuant de Don Salluste, mais surtout un morcellement interne du vers en plusieurs phrases (v. 12, 16) qui traduit la victoire de Ruy Blas sur son propre trouble.

Le discours se libère du mètre et prend un tour plus prosaïque, mais les tirades conservent la lisibilité au cœur du trouble. Le langage lui-même n'est pas en cause.

### 7. Dérèglements du langage au XXe siècle

• ***Victor ou les Enfants au pouvoir*** (p. 130) : dans le discours de Victor, traitement au sens propre de locutions figurées (*De but en blanc*, l. 26, 34 ; *J'ai la berlue*, l. 36-37 ; *Je faisais le fou*, l. 46) ; emploi du pronom *il* sans référent ; images surréalistes (▶ **Lire 2**) ; absence de continuité thématique avec la conversation qui précède.

• ***En attendant Godot*** (p. 136) : en apparence, extrême cohérence logique des propos et de l'échange. Mais des contradictions internes : *Ne perdons pas de temps en vains discours* (l. 29) est suivi d'une tirade de 13 lignes ; rectifications qui annulent le discours précédent (l. 30-32, 42-44) et révèlent l'inanité des lieux communs (▶ **Lire 2**).

Dans les deux cas, c'est plutôt la communication humaine que le langage qui se dérègle : Victor ne joue plus le jeu, démasquant ainsi l'artifice de relations fondées sur le mensonge et les phrases toutes faites ; Vladimir et Estragon jouent trop bien le jeu, dans un décalage avec l'urgence de la situation qui souligne la vanité de tout discours.

### 8. Tardieu et le dérèglement du langage

• Comme l'indique le titre ***Un mot pour un autre***, l'auteur joue sur les expressions stéréotypées du langage en remplaçant les substantifs et certains verbes (*sucrer*, l. 6 ; *nicher*, l. 10) par des mots qui semblent ne pas avoir de rapport avec la situation : ils présentent parfois quelque ressemblance de volume ou de sonorité avec le terme initial (*trous*, jours, l. 5 ; *puits*, nuits, l. 12 ; *carbure*, température, l. 12 ; *moussons*, boissons, potions, l. 13 ; *minette*, minute, l. 13) ou peuvent rappeler un signifié (*vitreuse*, l. 8, fait penser à yeux vitreux, connotant l'exténuation). Mais ils sont le plus souvent arbitraires, risibles par leur incongruité (on invitera les élèves à leur trouver des substituts, le même exercice étant possible pour une planche des *Schtroumpfs*, de Peyo).

• Les didascalies, la structure des phrases et les mots restés intacts permettent cependant de définir un schéma de **scène conventionnelle de vaudeville** : *Madame* reçoit à l'improviste la visite de sa meilleure amie, qu'elle n'a pas revue depuis longtemps : démonstrations d'amitié, étalage de politesses. Par le dérèglement des mots, Jean Tardieu met au jour *la comédie du langage*, si sensible dans les échanges mondains ; la perturbation est démystificatrice : elle montre « que nous parlons souvent pour ne rien dire, que si, par chance, nous avons quelque chose à dire, nous pouvons le dire de mille façons différentes [...], que dans le commerce des humains, bien souvent les mouvements du corps, les intonations de la voix et l'expression du visage en disent plus long que les paroles, et aussi que les mots n'ont, par eux-mêmes, d'autres sens que ceux qu'il nous plaît de leur attribuer. » (Préambule).

### 9. Fonction des didascalies

• ***Ruy Blas*** (p. 505) : elles indiquent les gestes, les costumes, les jeux de scène des personnages, mais aussi leurs mimiques et leurs états d'âme (*La reine, indécise et égarée, le regarde avec angoisse ;* LA REINE, *accablée*).

• ***Oh les beaux jours*** (p. 513) : ▶ **Lire 2**

Beaucoup plus nombreuses, variées et circonstanciées que dans le théâtre romantique, les disdascalies ne guident pas seulement le metteur en scène et le lecteur, mais approfondissent la crise du langage et de la communication qui affecte le personnage dans le théâtre moderne, et soulignent le tragique dérisoire de sa condition. En prenant de plus en plus d'extension, elles finissent par donner à la voix du dramaturge une importance toute particulière, et à brouiller la frontière entre genre théâtral et genre narratif.

**10. Passé et dérèglement du temps dans *Oh les beaux jours*** (p. 513)

• Le **passé** investit l'instant présent sous la forme de bribes de souvenirs heureux (déclaration d'amour, l. 2-3 ; beauté, l. 11-13 ; agilité des corps d'autrefois, l. 31-34), vite emportés (*sois à moi je t'adore et finie fleurette*, l. 16-17), d'un air d'opérette (l. 44-53) « Belle Époque ». Les quelques traces par lesquelles il survit (*tes vieux yeux*, l. 11 ; *Quelques restes ?* l. 12 ; *Tes pauvres vieux restes de raison ?*, l. 36) font saisir la capacité destructrice du temps (*Tu es devenu sourd... Muet ?* l. 15-16). Discontinu, le passé aboutit à un présent qui exclut le sentiment de cohérence et d'unité, comme les didascalies (*Un temps*) le soulignent.

• Le **dérèglement du temps** se manifeste par le brouillage des repères : on ne sait pas depuis et pendant combien de temps Winnie a perdu de vue Willie (*Où est-ce que tu étais tout ce temps ?*.., l. 7) ; elle ne distingue pas elle-même les époques de son passé (*Il fut une époque... Et une autre, avant*, l. 29-31) ; sa vie de couple semble connaître des intermittences non identifiables (*maintenant ... une petite saison peut-être ?.. Tu ne faisais que passer ?*, l. 14-15). Le temps est perçu dans la succession indifférenciée, privée de sens, des beaux jours (*D'un jour*, l. 5 ; *un beau jour..., encore un*, l. 18-19, 40-41) jusqu'à une limite tragique non précisée (*Plus pour longtemps*, l. 19 ; *Jusqu'ici*, l. 41). La *sonnerie perçante* (l. 54) marque-t-elle le début d'un *nouveau jour* ou l'engloutissement ultime ?

**11. Le temps dans *En attendant Godot*** (p. 136)

• **La progression dramatique :** contraste entre l'urgence de la situation (*Pozzo se tord, gémit, frappe le sol avec ses poings*, l. 1) et le piétinement du dialogue dialectique (► p. 320), qui devrait normalement déboucher sur une décision : contradiction entre les propos et le statisme des personnages (l. 29-30), approbation passive (l. 6, 9, 24, 43) ou silences d'Estragon (l. 36-37), valorisation par Vladimir de ses atermoiements (*en pesant, les bras croisés, le pour et le contre, nous faisons également honneur à notre condition*, l. 37-38, ► **Lire 2**), débat concernant plus la compréhension de la situation que l'action à mener (*Tu veux dire..., Ça a l'air intelligent*, l. 4-10, 23 ; *C'est une bonne idée*, l. 25 ; *une seule chose est claire*, l. 42), leitmotiv de l'attente (*nous attendons que Godot vienne.* [...] *Ou que la nuit tombe*, l. 42-44).

• **Le poids du temps :** il est sensible dans :

– la fragmentation du dialogue, qui progresse avec lenteur (l. 4-15, 42-44) ;

– le vocabulaire du temps présent et de l'urgence, en opposition avec celui de l'attente : (*Pour le moment*, l. 20 ; *d'un instant à l'autre*, l. 21 ; *Ne perdons pas de temps*, l. 29 ; *pendant que l'occasion se présente*, l. 30 ; *en ce moment*, l. 34 ; *Profitons-en, avant qu'il soit trop tard*, l. 35 ; *nous attendons que Godot vienne.* [...] *Ou que la nuit tombe*, l. 42-44) ;

– les didascalies matérialisant les retards et les silences (l. 26, 29, 36-37).

**12. Présence et fonction des objets dans *Ruy Blas*** (p. 504)

Meubles, objets et aliments sont omniprésents tant dans les didascalies qui alternent avec le discours que dans les propos, qui les désignent (v. 6), les nomment (v. 7), les comptent (v. 8), les évaluent et les poétisent (v. 11-15, 17). Ils constituent le cadre de la scène, l'objet des convoitises du personnage dont ils révèlent la personnalité, mais surtout les véritables interlocuteurs du monologue de Don César.

**13. Mises en scène : l'espace et sa représentation** (p. 136 et 508-514)

– Personnages perdus au milieu d'une vaste scène : figuration symbolique du monde ?

– Abolition de la différence entre l'intérieur et l'extérieur ; peu de décors et de meubles ; personnages assis ou couchés par terre : aisance ou isolement ?

– Décors symboliques (arbre, p. 136 ; immeuble, p. 512) favorisant une interprétation allégorique.

– Importance des jeux de lumière ; l'homme est au premier plan : solitude et absurde ?

Dépouillement et symbolisation mettent en valeur la dimension scénique du théâtre.

## VERS LA DISSERTATION

**« La tragédie du langage »** (p. 508-514)

On pourra centrer l'étude sur :

• **les difficultés d'expression :** dans le sentiment amoureux (p. 508), dans le jeu et la représentation théâtrale (p. 510) ;

• **les difficultés de communication :**

– simples décalages (*Maintenant je vous comprends et vous ne parlez plus chinois*, v. 35, ► p. 509) ;

– le langage comme violence faite à l'autre (► p. 511-512) ;

– le silence de l'autre dans un discours quasi monologique et l'échange verbal remplacé par les gestes et le regard (p. 513-514).

On pourra aussi nuancer le propos : l'indicible n'est pas forcément tragédie, ni même échec, mais parfois essence du monde (*ces mots* [...] *qui empêchent le temps d'exister*, v. 17, ► p. 508). En outre, le théâtre moderne évolue vers une vision de plus en plus noire : Claudel n'est pas Beckett.

BIBLIOGRAPHIE : R. Abirached, *La Crise du personnage dans le théâtre moderne*, éd. Grasset, 1978. M.-Cl. Hubert, *Langage et corps fantasmé dans le théâtre des années cinquante*, éd. José Corti, 1987. E. Ionesco, *Notes et contre-notes*, éd. Gallimard, 1966.

# 9. Les figures de style

p. 516

**1. Figures d'insistance chez Du Bellay**

• **P. 158 :** anaphore de *vu*, accumulant les obstacles à la création poétique (1er quatrain) ; répétition de plusieurs formes de *chanter* (polyptote, v. 4, 5, 6, 7, 8, 9, avec jeu de mots à la rime : *enchante*, v. 7) et de *pleurer*, entrelaçant plainte et consolation sur le mode élégiaque ; enchaînements entre les strophes souplement assurés par la reprise du verbe *chanter* (anadiplose, v. 4, 5, 8, 9) ; anaphore d'*Ainsi*, qui unifie les tercets autour de 6 comparaisons suivant des parallélismes savants (gérondifs/participes : *Ainsi chante l'ouvrier en faisant/ faisant, regrettant/ en songeant, en tirant/ maudissant*) ; reprise en chiasme de ceux du 2e quatrain (*en pleurant je les chante*, v. 6 ; *en les chantant,...je les enchante*, v. 7) : c'est un lamento obsédant qui se tisse de strophe en strophe.

• **P. 172 :** répétition des impératifs (1re personne du pluriel) ; anaphore d'*Allons* (v. 2, 3), relayée par celle de *Voyons* (v. 5, 6, 7, 8, 9), dédoublant ainsi *Allons voir* (v. 3) ; parallélismes (v. 2 et 3 ; *Voyons/Et voyons*, v. 5-6, 7-8) insistant sur l'attrait du mouvement et du spectacle : l'agitation et l'excitation fébrile du carnaval romain avant le retour des courtisans à de pieuses grimaces (▶ **Lire 1** et **2**).

**2. Figures d'insistance chez Mme de Sévigné** (p. 408)

Accumulation des superlatifs (l. 1 à 6) ; répétition de *une chose* (l. 6 à 11) ; parallélisme de *une chose* + proposition relative ; de *c'est Mlle*... (l. 17 à 19) ; répétition + gradation de *je vous le donne en (trois... cent*, l. 13-15) ; répétition de *Mademoiselle* et gradation dans les titres de la princesse (l. 21 à 26) ; répétition de la proposition conditionnelle *si vous*... + gradation des verbes (l. 28-31).

Ces figures sont des éléments à la fois expressifs (excitation de l'écrivain) et retardants ; elles doivent susciter la curiosité, l'impatience, et montrer le caractère extraordinaire et incroyable de la nouvelle.

**3. Figures d'opposition chez Du Bartas** (p. 48)

– À la limite de l'oxymore, *une forme sans forme* (v. 1), la tournure négative est ensuite reprise et amplifiée (v. 21, 22, 27, 28, 30), insistant sur l'inconcevable, dans des formules de plus en plus paradoxales (*Le feu n'était point feu*..., v. 23-24 ; *Un ciel non azuré*..., v. 31-32) (▶ **Lire 1**).

– Une accumulation d'antithèses (*liquide / sec* ; *rond / aigu* ; *froid / chaud* ; *dur / mol* ; *bas / haut* ; *amer / doux*, v. 6-9) combine des perceptions opposées et des éléments distincts (*terre*, *ciel*, etc. v. 10-14).

Les figures les plus heurtées traduisent le caractère indicible du désordre originel.

**4. L'oxymore chez Baudelaire** (p. 204)

• L'oxymore fréquent du *soleil noir* (Gautier, *Melancholia* ; Nerval, *El Desdichado* ; Hugo, *Ce que dit la Bouche d'ombre*...) est préparé ici par le souvenir d'une « apparition » mystérieuse (*celle qui m'est apparue*, l. 3 ; *elle*, l. 6,...) associée au *noir* (*nocturne*, *antres*, l. 9 ; *ténèbres*, l. 11) et à la lumière (*scintille*, *illumine comme l'éclair*, *explosion*, l. 10-11). La figure s'inscrit dans une comparaison que le poète commente (*un astre noir*, l. 12-13) puis corrige (*la lune sinistre... arrachée du ciel*, l. 17-23) dans un sens plus inquiétant.

• La vision de la femme est double : fascinante et dangereuse, source possible de *lumière* et de *bonheur* (l. 13-14), mais aussi prédatrice cruelle (l. 25-26), liée aux puissances de l'enfer (l. 17-19 ; l. 22), « une des formes séduisantes du Diable » (*Mon cœur mis à nu*). L'oxymore traduit ainsi, non seulement l'énigme de la beauté et la difficulté de la *peindre*, mais aussi l'ambivalence fondamentale de l'univers baudelairien où tout peut être à la fois salut et perte : femme, image de la beauté, recherche de l'absolu par l'art.

**5. L'oxymore chez Desnos** (p. 240)

Les oxymores structurent tout le poème, alliant des matériaux (v. 2), des formes (v. 6, 10), des moments (v. 8, 13), des sentiments (v. 4), des gestes et des situations (v. 1, 5, 7, 9, etc.) incompatibles, suivant des structures violentes qui relèvent aussi de l'antithèse (titre, v. 3, 11, 13...) ; le poète nie la logique ordinaire (▶ **Lire 1**) pour faire surgir un monde de cauchemar où tous les repères s'inversent, où les sujets (il, je, nous) et les temps se brouillent (passé simple, présent, imparfait) : un texte représentatif de la démarche surréaliste.

**6. Les figures de substitution chez Tristan l'Hermite** (p. 160)

– Périphrases (*Celle dont la dépouille*..., v. 1 ; *cette chère partie/D'un agréable tout*..., v. 10-11 ; *une si rare et si parfaite chose*, v. 5), synecdoque (*marbre*, v. 1) et métonymie (*ta cendre*, v. 14), euphémismes (*depuis qu'elle y dort*, v. 3 ; *Elle passa pourtant*, v. 7 ; *Enleva de mes bras*, v. 10) et litote (*La Mort... ne fut point divertie*, v. 9).

– Ces figures, par leur tour abstrait, poétisent la mort et le tombeau, idéalisent la chère disparue, dont elles suggèrent peu à peu la présence spirituelle (*ô divin esprit*, v. 12) dans *l'âme* d'Acante. Elles préparent ainsi la pointe finale, qui affirme la victoire de l'amour sur la mort. Au-delà de la convention précieuse, voire baroque, elles confèrent à l'élégie dignité et noblesse.

**7. Les figures de substitution dans *Nicomède*** (p. 304)

• Les désignations d'**Attale** (v. 13-19) : *ce fils que Rome vous renvoie*, v. 14 ; *son présent*, v. 15 ; *sa chère nourriture*, v. 18 : des périphrases méprisantes, proches de l'antiphrase (*un rare trésor*, v. 17), qui soulignent toutes l'asservissement d'Attale au pouvoir romain.

• Les désignations d'**Hannibal** (v. 20-31) : *Annibal*, v. 21 ; *Ce perfide ennemi de la grandeur romaine*, v. 22 (Flaminius) ; *mon maître*, v. 29 ; *ce grand homme*, v. 30 (Nicomède) : le nom seul et une périphrase péjorative pour le premier ; des formules d'allégeance et de respect pour le second.

C'est un conflit politique entre Rome, la puissance impérialiste (Flaminius), et le parti de la résistance à la conquête (Nicomède) qui se manifeste par noms interposés (le valet de Rome, Attale ; l'homme qui la fit trembler, Hannibal).

• **L'ironie du héros** (v. 35-41) : des antiphrases (v. 36, 38 : contradiction flagrante avec les protestations de Nicomède au début de l'extrait ; asyndète brutale et accents sarcastiques sur *Attale* et *Rome*, soulignés par le rythme : 2 + 4 // 1 + 5, v. 36) ; éloge hyperbolique d'Attale (répétition de *grand*, accentué, suivant une gradation croissante, *cœur*, *esprit*, *âme*, amplifiée par la dérivation, *et toutes les grandeurs*, et reprise en chiasme : *un grand roi*, v. 39-40) : ce sont les discours du Romain sur Attale que Nicomède rapporte là, comme l'indique le v. 41 (*en croire un Romain*...).

**8. Comparaisons et métaphores**

• ***Grands bois, vous m'effrayez comme des cathédrales*** (Baudelaire) : *grands bois* comparé, *cathédrales* comparant ; *vous m'effrayez* : caractéristique commune ; *comme* : outil de comparaison.

• ***Votre âme est un paysage choisi*** (Verlaine) : *votre âme* : comparé ; *paysage choisi* : comparant ; *est* : terme d'identification (métaphore) ; *choisi* : point commun.

• ***On se sent aux lèvres un baiser / Qui palpite là, comme une petite bête*** (Rimbaud) : *un baiser* : comparé ; *une petite bête* : comparant ; *qui palpite* : caractéristique commune ; *comme* : outil de comparaison.

• ***Le soleil s'est noyé dans son sang qui se fige*** (Baudelaire) : *le soleil* : comparé ; comparant sous-entendu : être vivant ; caractéristiques communes : la fin (du jour ou de la vie) et le rouge (du couchant ou du sang) qui la symbolise. Substitution des caractéristiques du comparant *s'est noyé*, *sang qui se fige* (métaphore filée par substitution).

• ***Bergère, ô tour Eiffel, le troupeau des ponts bêle ce matin*** (Apollinaire) : *tour Eiffel* : comparé ; *Bergère* : comparant ; *ponts* : comparé 1.a ; *le troupeau* : comparant 1.a ; *bêle* : comparant 1.b (métaphore filée, par identification).

**9. Les images dans « Une charogne »** (p. 205)

– Comparaisons : *vous serez semblable à cette ordure* (v. 37) ; *telle vous serez* (v. 41).

– Métaphores par identification : *Étoile de mes yeux*, *soleil de ma nature* (v. 39) ; *la reine des grâces* (v. 41). Cf. *Les formes*... *Une ébauche lente à venir* (v. 29-30).

– Métaphores par substitution : *la vermine /Qui vous mangera de baisers* (v. 45-46) ; *De mes amours décomposés* (v. 48). Cf. *de noirs bataillons / De larves* (v. 18-19).

**10. La comparaison chez Du Bellay et Ronsard**

• **Du Bellay** (p. 164) : ▶ **Lire 1**

La comparaison dynamise aussi le sonnet en opposant aux effets de symétrie entre les quatrains (comparants : *Comme*... *Et comme*...), le déséquilibre introduit par les tercets (comparés limités au 1er tercet et au 1er hémistiche du 2e tercet). Le mouvement est relancé par un nouveau comparant (2e tercet : *comme on voit le glaneur*...) qui laisse à deviner son comparé : l'héritage de la Rome antique.

• **Ronsard** (p. 152) : ▶ **Lire 1**

Ici aussi la comparaison ménage équilibre (entre les quatrains et le 1er tercet qui construisent en échos comparant et comparé), contraste et dissonance expressifs (rapidité foudroyante de la mort, v. 11). On soulignera comment l'offrande du 2e tercet, tout en dépassant la comparaison, en rappelle le comparant dans ce qu'il a de gracieux et de poétique : *Afin que vif et mort ton corps ne soit que roses*.

**11. Les métaphores chez Queneau** (p. 234)

– Une métaphore animale filée (v. 1-4) développe celle du titre (*Chair chaude des mots*) et fait du langage – le comparé (*ces mots*, v. 1) – une créature vivante, familière (*leur cœur qui bat comme celui du chien*, *leur poil*), remuante (*leurs pieds agiles*), à attraper et à apprivoiser dans une relation intime et tendre (*Prends ces mots dans tes mains*, *sens*... *Et sens*, *Caresse*..., *Mets-les sur tes genoux*), reprise et précisée par la chute du sonnet (*et vois comme ils sont faits*, v. 14).

– À la métaphore des mots vivants succède celle de leur mort (v. 5-8) : image des *sons* « abrités » des *rongeurs* dans *Une niche*, complétée par le champ lexical de la disparition (*devenus inutiles*, *fragiles*, *leur mort*, *s'essouffler*). La comparaison des dictionnaires avec *de grands cimetières* consacre cet enterrement, que le jeu de mots (*alphadécédets*, v. 11) commente avec humour.

Une allégorie de la création poétique : la métaphore invite à ne pas figer le langage en clichés, en usages convenus, mais à l'explorer et à le renouveler, comme ce sonnet, véritable art poétique (▶ **Lire 1**), en donne lui-même l'exemple.

**12. Les métaphores filées de Camille et de Perdican** (p. 306)

• **Camille** : une imagerie dépréciative appliquée à Perdican : la comparaison avec le *voyageur* (l. 13-15) dénonce sa légèreté et son vagabondage sentimental ; la métaphore monétaire (l. 15-18) dénie à son amour toute valeur. Elles traduisent l'indignation de Camille par la vivacité de leur mise en scène : la première amorce une petite scène de théâtre (*à qui l'on demanderait*... *et qui dirait : « Oui, j'y ai été » ; puis qui*...), la deuxième s'inscrit dans un jeu insultant de question/réponse, où le comparé (amour) est dévalué par rapport au comparant (*monnaie*) : une accusation amère et provocatrice.

• **Perdican** : les *blessures* (l. 40) saignantes (*gouttes de leur sang*, l. 41), les *cicatrices* (l. 43) désignent les souffrances amoureuses des nonnes, que Camille a confondues avec des élans religieux (comparaison : *comme devant les plaies de Jésus*, l. 43) ; la métaphore est dramatisée par une scène spectaculaire de corps suppliciés (*chaînes*, *poitrines sanglantes*, *meurtries* par un *poignard*, l. 48-49), d'un romantisme noir ; elle se résout en une série d'images de destruction : *branlantes*, *vieillesse flétrie*, *ruines*, *tocsin* : une métaphore filée violente pour démasquer l'influence perverse des religieuses, remettre en question Camille elle-même et la blesser. Perdican libère à son tour sa colère et sa frustration.

**13. Les figures de style dans le tableau de J. Ensor** (p. 208) (▶ **Voir**)

Une parade de masques, ou de visages outrageusement maquillés, des habits aux couleurs violentes et contrastées sur fond cru : le titre, L'Intrigue (soit « suite d'événements dans une pièce de théâtre », soit « pratique secrète, manœuvre souterraine »), donne à l'exhibition une valeur allégorique : c'est la comédie du théâtre (et du monde ?) qui se trouve représentée. Entre la marotte, le clown, un masque de comédie antique, un enfant pantin (Arlequin ?), les personnages pourraient en évoquer, par métonymie, les formes ; les sourires pourraient dire les variétés du comique (du plus franc au plus cauteleux et au plus inquiétant : rire du crâne à droite) et les ruses de « l'intrigue ».

### VERS L'ÉCRITURE D'INVENTION

**1. Les figures de style chez Érasme**

• **Hyperboles** multiples, qui font varier l'ordre des mots (procédés de mise en relief) ; la fonction : le sujet devient complément d'agent par transformation passive (*Tes pages m'ont apporté...Par tes pages une joie souveraine m'a été apportée*, l. 5-7) ; le lexique : synonymes de *lettre* (*épître, pages,* plus soutenus), des épithètes (*incroyable, nouvelle, merveilleuse, souveraine,* plus intensifs) ; de *tirer plaisir (retirer une jouissance, apporter une jouissance, enfanter une allégresse, concevoir une allégresse...)*, de *toi (Ton Excellence, Ta Grandeur)*.

• **Figures de substitution :** métonymie (*tes pages, tes feuillets*, pour *ta lettre*) ; périphrase *(celui qui m'a remis ta lettre* pour *ton courrier*).

• **Figures d'analogie :**

– comparaisons (*lettre = nectar, miel attique, sucre, lotus*, l. 9-12 ; *ta lettre pour moi = aux abeilles... le cytise, le feuillage des saules aux chevrettes, à l'ours le miel*, l. 14-16 ; joie = ivresse : *comme soûls d'un excès d'allégresse*, l. 21 ; développement de tous les éléments de la comparaison entre le plaisir de la lettre et le plaisir du goût : *Aucune friandise ne flatte ton palais autant que ta lettre caresse mon âme*, l. 24-25) ;

– métaphores : *des tombereaux de plaisirs, un Pactole de jouissances, un Océan de joies* (l. 26-30).

La drôlerie tient d'une part à la parodie (les contemporains d'Érasme reconnaissaient là tous les clichés en usage), d'autre part à la gradation dans l'hyperbole et dans les comparaisons et métaphores qui accentue le décalage entre comparés et comparants, comme si Érasme se prenait à son propre discours.

**2. Exercice de style** : ***Belle marquise, vos beaux yeux me font mourir d'amour***

Partir du texte du *Bourgeois gentilhomme* (II, 4) et reprendre les pistes d'Érasme : changements de l'ordre dans la phrase, utilisation de synonymes hyperboliques pour *beaux*, *belle*, *mourir*, de périphrases, de métaphores et de comparaisons pour *mourir d'amour* et pour *vos yeux*.

### VERS LE COMMENTAIRE

**Métaphores et comparaisons : la modernité de « Zone »** (p. 216).

**1. Poésie de la ville :** nouveauté des analogies :

– la campagne et la ville (métaphore filée *Bergère ô tour Eiffel, le troupeau des ponts*, v. 2 ; *Une cloche rageuse y aboie vers midi*, v. 20) ;

– la ville comme une seconde Nature (comparaison avec les *perroquets*, v. 22).

**2. Une esthétique du collage :** liberté dans la construction de l'image (v. 2, 42-43...), succession d'images comme un kaléidoscope, usage du vers libre permettant les associations d'idées.

**3. Valeurs anciennes et valeurs nouvelles :**

– hymne à la modernité et à la vie (*une jolie rue... elle était le clairon*, v. 15-16) ;

– religion et technique (v. 6) ; comparaison du siècle avec Jésus (v. 44) ;

– le lien avec le passé (► **Lire 1**) ;

– mélange des registres littéraire et familier, des tonalités lyrique et plaisante (► **Lire 4**).

BIBLIOGRAPHIE : C. Fromilhague, *Les Figures de style*, coll. « 128 », Nathan, 1995. *Langages*, n°54, juin 1979, Didier-Larousse.

## 10. REGISTRES ET TONALITÉS

p. 518

**1. Figures de style et dimension épique chez Hugo** (p. 190)

Épithètes hyperboliques (*monstrueux*, v. 1 ; *immense*, v. 2 ; *fatal*, v. 6 ; *suprême*, v. 8 ; *effroyable*, v. 10) ; parallélisme soulignant l'immutabilité de la présence divine (v. 4) ; image vertigineuse du gouffre (*au seuil profond des cieux*, v. 2 ; *insondable*, v. 11 ; *l'abîme*, v. 17 ; *au-delà*, v. 12), creusée par les indéfinis (*Quelque part*, v. 7 ; *quelqu'un*, v. 8 ; *...de tout*, v. 12 ; *de quoi que ce soit*, v. 13 ; *rien*, v. 15) ; personnification redoutable du clairon, dans son attente du *souffle* divin (v. 6, 10, 13, ► **Lire 3**).

Des figures caractéristiques du grandiose épique hugolien. Elles tirent aussi leur force de la perception d'une présence diffuse et des effets de brouillage fantastique : décor de brume (*nuée*, v. 1 ; *brume...qui tremble*, v. 11) et effacement des formes (v. 15 ; chiasme sur *nuage/spectre*, v. 16).

**2. Motifs du lyrisme amoureux à la Renaissance** (p. 146-155)

– Le tourment amoureux, autour de l'image du feu et de

la glace (Marot, p. 146) ; les contradictions de l'amour : plaisir et souffrance (Scève, L. Labé, p. 147).

– La célébration de la femme : la Belle matineuse (Du Bellay, p. 148 ; Rinieri, p. 149, puis Malleville).

– La dureté de la femme aimée (Ronsard, p. 150 ; Desportes, p. 151).

– La confidence amoureuse contrariée (Ronsard, p. 154).

– La *mort de Marie* ou le deuil de l'éphémère beauté (Ronsard, p. 152).

– La promesse de l'immortalité en échange de l'amour (Ronsard, p. 153).

– Le supplice de l'amant : une mise en accusation de la femme aimée (D'Aubigné, p. 155).

On fera observer la reprise des mêmes motifs, qui soulignent à la fois ou tour à tour la douleur et le bonheur d'aimer, les stratégies de la séduction et ses obstacles, le reproche et l'éloge.... Le lyrisme de la Renaissance ne prétend pas renouveler les thèmes, ni même les formes et les figures qu'il reprend à l'Antiquité, à Pétrarque, voire à la tradition courtoise. C'est dans leurs variations infinies que la sensibilité de chaque poète réussit à trouver des accents personnels.

**3. Sentiment personnel et aspiration à l'universel**

• **Byron** (p. 181) : une expérience intime, à la 1re personne, des vanités du monde, dont le héros dresse un bilan amer (CCXVI, CCXVII). Mais il l'inscrit dans une méditation au présent de vérité générale qui, citation (l. 9-10), comparaison (l. 14-15) et apologue (l. 20-23) à l'appui, l'explique par des traits de l'humaine condition (CCXVIII, CCXIX). (► **Lire 1, 3**)

• **Lamartine** (p. 184) : un dialogue purement intérieur : le poète, s'adressant à son âme, se livre à une plainte élégiaque sur la fuite du temps et la solitude qui le guette (v. 1-4), puis cherche l'apaisement dans une nature immuable (v. 5-8), reflet de l'ordre divin (9-20). Mais le dialogue est aussi partage, et le *tu*, si secret soit-il, peut concerner tout lecteur ; la réflexion métaphysique s'élargit (*Une voix à l'esprit parle...*, v. 19), et par une question rhétorique (*Qui n'a pas entendu cette voix... ?*, v. 20), fait de Dieu sensible au cœur une expérience universelle. (► **Lire 1**)

• **Senancour** (p. 389) : Oberman, le narrateur, analyse et déplore son désenchantement, face à un monde qui a perdu tout mystère et toute profondeur. Mais sa voix singulière (*mon être*, l. 7 ; *j'y cherchais*, l. 7 ; *J'ai vu*, l. 9...) se mêle constamment à des remarques générales (*chaque individu...un cœur jeune...*, l. 1-6 ; 11-12 ; 15-16), auxquelles le lecteur est invité à s'associer par l'anaphore des démonstratifs (1, 3, 4, 5, 6). Le *je* s'étend au *nous* (*nos jours*, l. 15). Le malaise du héros, en devenant *le mal*, *le malheur* (l. 26-27), dépasse le cas individuel pour se rattacher à une loi générale.

**4. Le tragique dans *Malaria*** (p. 118)

Les éléments tragiques sont associés au fléau qui frappe les paysans de l'Etna : à travers le sort de l'aubergiste, la *malaria* est évoquée comme une puissance cruelle (*les femmes, c'est la malaria qui les lui tuait*, l. 14 ; *qui lui volait ses femmes*, l. 28-29), qui, injustement, emporte les jeunes femmes tout en épargnant le vieillard (*elle le laissait toujours pareil, vieux et ridé*, l. 14-15). Injustice supplémentaire, la culpabilité, aux yeux des villageois, retombe sur le malheureux « Tues-femmes » (*Il mange son prochain comme un crocodile*, l. 8), victime et porteur d'une obscure malédiction. Plus généralement, l'abondance des moissons se paie d'un tribut en vies humaines à cette divinité maléfique (► note 4, et l. 29-34). Le cortège titubant des saisonniers calabrais, *courbés sous leur lourde besace* comme sous le poids du destin, peut figurer cette humanité vaillante, mais toujours menacée et le plus souvent condamnée.

**5. Le pathétique dans *Journal d'un monstre*** (p. 401)

Le *Journal d'un monstre* est pathétique dans la mesure où il fait pénétrer le lecteur à l'intérieur de la conscience handicapée du « monstre », de sa vision du monde et de son sort. Les indices de l'étrange (langage, ► **Lire 1** ; lieu, l. 3, 10 ; aspect physique, l. 8, 17-19, 39 ; conditions même de l'enfermement : chaîne, cafards, araignée,...) éveillent certes l'inquiétude ; la créature n'est-elle pas dangereuse et cruelle ? mais d'autres détails rapprochent le « monstre » de l'enfant (termes hypocoristiques : *la maman petite*, l. 6 ; *maman*, l. 28, 30 ; *Papa*, l. 40 ; âge : *huit ans*, l. 47 ; curiosité, plaisir du rire et de son partage, l. 12-14, 23-24, 26-27). Le motif obsédant de la souffrance le rattache aussi à l'humanité, d'autant plus pitoyable qu'il s'exprime maladroitement (l. 2, 28, 30, 41-42, 46-47). Le comportement de l'entourage (exclusion, séquestration, brutalités, toutes manifestations de peur et de haine) apparaît ainsi autrement plus monstrueux que les disgrâces énigmatiques du « monstre ». Le thème renouvelé de l'enfance martyrisée l'emporte ; le pathétique invite ainsi à redéfinir l'anormal. (► **Lire 3**)

**6. Un portrait caricatural chez La Bruyère** (p. 270)

Le portrait de N** est caricatural dans la mesure où il est simplifié autour de deux traits opposés : d'une part, une santé en ruine, d'abord inscrite dans le portrait physique (*goutte, colique néphrétique, décharné, teint verdâtre, qui menace ruine*, l. 2-3), puis traduite en actes (*en toussant et avec une voix frêle et débile*, l. 7-8 ; *il se promène... sur le bras d'un valet qui le soulage*, l. 8-9) ; de l'autre, l'activité débordante de N**, toute consacrée à la fructification de ses biens (*il fait marner*, l. 3 ; *il plante*, l. 4-5 ; *il fait bâtir*, l. 6 ; *il se promène... dans ses ateliers*, l. 8-9) et tendue vers l'avenir (*de quinze ans entiers*, l. 4 ; *en moins de vingt années*, l. 5 ; *qu'on ne verra jamais la fin*, l. 8 ; *ce qu'il a dessein de faire*, l. 10) : ridicule et vanité de telles ambitions face à la proximité de la mort. La leçon accentue encore la charge (l. 10-12) : tant d'efforts mis au seul service de la manie d'un mourant.

**7. Héroï-comique ou burlesque ?**

• **Boileau** (p. 176) : un ton plutôt **héroï-comique** : emphase des pluriels (v. 3, 23, 24, 25, 26...) et des chiffres (*cent coups de marteau*, v. 20 ; *mille cloches*, v. 23 ; *vingt fois*, v. 30) ; emploi répété de *tout*, v. 4, 6, 13 ; termes affectifs et intensifs (*lugubres*, v. 1, 36 ; *fâcheux*, v. 3 ; *affreux*, v. 17 ; *maudit*, v. 19) ; métaphore infernale (▶ **Lire 3**) et évocation de la colère divine (v. 1, 17, 28) ; clichés et lexique du registre littéraire noble (*plein de trouble et d'effroi*, v. 5 ; *durant la nuit obscure*, v. 11 ; *Tout conspire à la fois à troubler mon repos*, v. 13 ; *le Ciel en courroux*, v. 17 ; *Si le Ciel à ces maux...*, v. 28), soulignés par les accents de l'alexandrin : les embarras de la ville plaisamment élevés au vocabulaire et à la rhétorique des grands genres, épopée ou tragédie.

• **La Fontaine** (p. 444) : un ton plutôt **burlesque** : *L'Iliade* (v. 2-5, 9) transposée et dégradée dans un univers de basse-cour (▶ **Lire 1**), comme l'annonce l'attaque du 1er vers. Reine de légende et héros guerriers rabaissés à la condition animale (*Plus d'une Hélène au beau plumage*, v. 9 ; *La gent qui porte crête*, v. 8 ; *Il aiguisait son bec...*, v. 16 ; *caquet*, v. 27) ; schémas épiques retournés (un vainqueur éliminé et un vaincu récompensé, une morale héroïque inversée en leçon de prudence) ; rhétorique de l'épopée subvertie (parodie des épithètes homériques, v. 8, 9) : entre l'hommage et l'irrévérence à l'égard du grand modèle.

**8. L'humour de Vialatte** (p. 290)

Un exemple particulièrement éclairant de défamiliarisation : l'avenir est décrit comme s'il était devenu réalité, la réalité peinte comme si elle était devenue fiction : une réévaluation du nouveau et de l'ancien par la décentration du regard (▶ **Lire 1** ; ▶ question **14**, p. 351).

**9. Les jeux de mots de Rabelais** (p. 29)

• Rabelais remotive l'expression « jeu de mots » en la développant à la fois au sens propre et au sens figuré : Pantagruel et ses compagnons se divertissent à une bataille de *paroles gelées* dont la matérialité est sans cesse rappelée (formes, couleurs, sons, consistance) ; simultanément, c'est à une fantaisie sur la polysémie des mots que le narrateur et ses personnages se livrent : *mots de gueule* (l. 5, 41-42, 46) évoquant une couleur de blason, mais signifiant aussi mots hauts en couleurs et propos de table ; *mots dorés* (de couleur or, séduisants et trompeurs, et allusion au titre des *Mots dorés de Caton*, l. 7) ; *grosset* (gros et grossier, l. 11) ; *donner...vendre paroles* (pris à la lettre et au sens figuré : promettre... monnayer ses discours, se laisser acheter, l. 16-20) ; *Je vous vendrais plutôt silence...* (souvenir du proverbe « la parole est d'argent mais le silence est d'or », l. 20) ; *argentangine*, l. 22 (paronomase et jeu sur les signifiés, Démosthène ayant, d'après Plutarque, accepté de l'argent pour se taire) ; *paroles piquantes*, *sanglantes* (sens concret et métaphores désignant des injures, l. 25-26) ; *retourner au lieu...la gorge coupée* (jeu sur l'expression « faire rentrer les paroles dans la gorge », modifiée ici de manière à désigner une action impossible, l. 27-28).

• Au-delà du plaisir de manipuler les mots comme des objets, de les explorer jusqu'à épuisement de leurs sens, le jeu de mots, point de départ de la fiction, est au cœur de l'imaginaire et de la création chez Rabelais. Il est aussi une manière de redonner vie aux mots *gelés* du passé, de leur faire surmonter l'épreuve du temps et de la mort, de les « réchauffer » par leur utilisation ludique, puisqu'on ne peut les *mettre en réserve* (l. 42, 45), *comme l'on garde la neige et la glace*. Il participe d'une entreprise à la fois poétique et philosophique.

**10. L'humour des mots**

• **Queneau** (p. 234) : sous le patronage de Rabelais (▶ question **9**), l'humour des mots consiste à vivifier le langage par l'emploi de métaphores familières (▶ question **11**, p. 516-517), d'équivoques, de calembour (▶ **Lire 1** et **3**). Queneau met ainsi à distance, précisément dans la forme traditionnelle du sonnet, les usages conventionnels du langage.

• **Lescure** (p. 235) : l'humour tient à l'utilisation d'une contrainte oulipienne (le tautogramme, associé au calembour, aux jeux sur la rime et sur les sonorités) : à la fois parodie d'une poésie pour initiés, impertinence à l'égard du lecteur et auto-ironie (▶ **Lire 1** et **2**).

**11. Norge ou l'humoriste devant la mort** (p. 245)

Sur un rythme de chanson (▶ **Lire 2**), l'humoriste commence par tenir à distance la mort (v. 1-23) en feignant d'attribuer aux défunts une volonté délibérée, de l'ordre du caprice, de *reste(r) morts* (v. 1, 16-20) ; il affiche dans une interpellation provocatrice, au lieu du deuil, la fête de la vie (v. 7-15) que refuseraient malignement les disparus ; il annonce ensuite les retrouvailles entre les vivants et les morts (v. 24-31) dans les *petits palaces* des tombeaux (v. 31) ; il revendique le partage du même sort (v. 36), confondant le *vous* initial et le *nous* final dans la reprise impertinente du premier vers. L'humour consiste à faire de la mort et du discours aux morts le résultat d'une bouderie de peu d'importance. Par la légèreté du ton, le poète conjure le tragique d'une séparation qu'il présente comme librement choisie, assumée et provisoire.

**12. Humour et absurde dans *La Leçon***

Dans le discours du professeur, l'humour repose sur le développement au sens propre, concret, de métaphores lexicalisées (« saisir un mot au vol » ; des mots « légers », ou « en l'air » ; « lourds de signification », qui ne doivent pas « tomber dans l'oreille d'un sourd »). Ce développement « filé » des catachrèses bourgeonne toujours davantage (*saisis au vol par les ailes*, l. 1-2 ; *les sons remplis d'un air plus chaud... voltigeront, voltigeront*, l. 12-13 ; *tomber dans les oreilles des sourds*, l. 14 ; *à une altitude élevée dans les airs*, l. 21-22 ; *Seuls tombent... chargés... alourdis...s'écrouler*, l. 24), s'exalte jusqu'au délire, comme en témoigne le gonflement de la phrase (l. 12-22). Or, si on tient compte du sens figuré des métaphores, la leçon se réduit à un non-sens : il faut faire en sorte que les mots restent aussi légers – aussi insignifiants que possible.

D'où l'impression d'absurde, renforcée par un autre décalage : cet emballement de la parole sur la nécessité de son vide s'inscrit dans les formes d'un discours didactique et savant : annonce de l'idée directrice (l. 1-3) détaillée ensuite en deux temps (ce qu'il faut faire pour que les sons restent légers, l. 4-15 ; ce qu'il faut éviter pour qu'ils deviennent lourds, l. 24) ; recommandations (l. 1, 3-4) ; mise en application (*tenez, ainsi vous voyez*, l. 6 ; *comme ceci : Regardez*, l. 10-11) ; connecteurs logiques (*Par conséquent*, l. 3, *De cette façon*, l. 12, *Ainsi donc*, l. 28) ; précisions métalinguistiques (*c'est-à-dire*, l. 19) et techniques (l. 9-10).

Ces distorsions font ressortir l'inanité du discours professoral, qui pontifie et prolifère d'autant plus qu'il tourne à vide : dérision des masques d'un savoir emprunté, et de l'autorité qui l'incarne.

## VERS LA DISSERTATION

**L'humour ou la « politesse du désespoir » : Laforgue** (p. 123), **Verlaine** (p. 210), **Corbière** (p. 211).

Réfléchir au préalable à la construction grammaticale (la définition peut signifier une « politesse inspirée par le désespoir », ou « propre au désespoir » ou plus banalement la « politesse avec laquelle se manifeste le désespoir ») ; aux sens de « politesse » (délicatesse, art de vivre : sens vieilli ; respect des usages sociaux ; égards pour autrui…) et de « désespoir » (perte de toute espérance, extrême affliction).

**1. Le constat : la souffrance sous l'humour**

**a-** Corbière : le chant humilié du *poète tondu*, du *Rossignol de la boue* ; Verlaine : un « De profundis », ou, du fond de la déréliction, l'espoir d'une rédemption ; Laforgue : la corruptibilité inéluctable du corps humain.

**b-** Dans « Le Crapaud », une ironie qui vise la tentation lyrique du poète ; dans le cas de Verlaine et de Laforgue, l'alliance du pathétique et de la dérision (▶ **Lire 4**, p. 210 ; ▶ **Lire 2**, p. 123).

**2. L'humour, une forme de pudeur**

a- L'effacement du *je* : Corbière, l'allégorie du crapaud ; Verlaine, le dédoublement dans le *vous*, le *tu*, la dissolution du *moi* dans le *nous* et les formules impersonnelles et abstraites ; Laforgue, la voix intime masquée sous l'évocation de l'humanité tout entière.

**b-** La mise à distance de l'émotion chez les trois poètes par des variations burlesques (images, lexique, rythmes et syntaxe familiers), le ton de la conversation, le choix de la dissonance, l'autoparodie (chez Verlaine, notamment), qui masquent, relativisent (exorcisent ?) la détresse : le refus d'imposer au lecteur l'expression tragique et ennoblissante du malheur.

**3. L'humour, un savoir-vivre ?**

**a-** L'oubli de soi au profit du partage : l'appel à une connivence avec le lecteur par les références à des codes communs, l'intertextualité (clin d'œil aux clichés romantiques chez Corbière) et le jeu sur les formes poétiques (sonnet déconstruit chez Corbière, malmené chez Verlaine, chanson gouailleuse chez Laforgue).

**b-** L'invitation à la lucidité par des voies détournées et indirectes : au-delà de la dénonciation violente, de la révolte, de la leçon didactique, toutes attitudes qui supposent combativité et risque de conflit, l'humour appelle à l'étonnement, à la mise à distance et à la critique par le renouvellement du regard (chez Laforgue, par exemple : l'approche, pour le moins insolite, de la métaphysique par la chanson de rue).

À défaut de solutions radicales, l'humour, entre contrôle de l'émotion et complicité dans le jeu, même grinçant, apparaît bien d'après ces trois poèmes comme la « politesse du désespoir », non pas pour changer le monde mais le point de vue sur soi et sur lui.

BIBLIOGRAPHIE : R. Escarpit, *L'Humour*, PUF, 1960 (2ᵉ éd. 1981). F. Evrard, *L'Humour*, éd. Hachette, 1996.

# 11. De la phrase au texte

p. 520

**1. L'interrogation chez Démosthène** (p. 284)

Deux types d'interrogations :

– l'interrogation oratoire ou « rhétorique » qui équivaut à une assertion renforcée : interrogation positive (*Est-il possible…l'insolence ?*, l. 1) appelant une réponse négative ; interro-négatives (l. 3-9, 15-20) appelant une réponse positive ;

– l'interrogation véritable : *Quelle est donc la cause de ce mal ?* (l. 26) ; *Qu'était-ce donc ?* (l. 33).

Le premier type, alternant avec des assertions (*En vain les Grecs en sont témoins*, l. 9 ; *Voilà donc comment il nous traite tous*, l. 20-21), prend à partie l'auditoire et l'oblige à se rendre à l'évidence des faits plutôt qu'à une opinion de l'orateur. Le second, intervenant dans la seconde partie du discours, marque le passage à une relation plus intellectuelle : l'auditoire est invité à s'interroger et à répondre à des questions qui remontent des faits à leurs causes. Dans les deux cas, l'interrogation donne l'illusion d'une situation de dialogue où l'orateur laisse le dernier mot à ceux qu'il veut convaincre.

**2. Ellipses et phrases nominales**

• ***Le Neveu de Rameau* (p. 300)**

– **Phrases nominales** : les infinitifs à valeur injonctive (l. 2-4, 17-18) ; avec présentatif, *Voilà le secret*, l. 19 ; *mais peut-être un jour… de ma fille*, l. 24-25.

– Ellipses : tous les enchaînements entre les répliques (l. 5-21) peuvent être ramenés au schéma :

« MOI. — Défendre sa patrie n'est pas une chose importante ?

LUI. — Ce n'est que vanité. ».

Également dans un dialogue intérieur à une réplique (l. 16). L'abrègement permis par la succession des répliques donne de la vivacité à l'échange et souligne l'effet de répétition.

Légèreté, dynamisme et lisibilité du dialogue philosophique au temps des Lumières.

• **Le *Journal* de J. Renard (p. 379)**

– Phrases nominales : assertives en « style télégraphique » (l. 34-35, 41), posant le thème à la manière d'un titre (l. 13, 38), à valeur de notation (l. 5-6, 7, 16, 17-18, 25) ou de précepte (l. 33).

Rapidité, relief et brio du journal écrit au jour le jour par un auteur épris du *mot* (l. 5) et du style.

**3. Phrases nominales chez Rimbaud** (p. 207)

– **Phrases à un seul élément** : exclamations et/ou invocations : *Ô mon Bien ! Ô mon Beau ! Fanfare atroce…, Chevalet féerique !* (l. 1-2) ; *Ô maintenant nous… tortures !* (l. 5-6) ; *cette promesse, cette démence ! L'élégance, la science, la violence !* (l. 7-8).

– **Phrases à deux éléments** : *Hourra pour l'œuvre…* (l. 2-3) ; *Petite veille d'ivresse, sainte !…gratifié.* (l. 17-18) ; avec le présentatif *Voici* (l. 15, 21).

Densité, lyrisme, opacité d'un texte poétique fulgurant, vision, « illumination » et prière.

**4. *Voilà* chez Saint-Simon** (p. 345)

***– Les voilà au jeu*** (l. 10) et ***voilà un coup de foudre pour la princesse d'Harcourt*** (l. 14) : dans le récit, en proposition indépendante, ces *voilà* mettent l'action sous les yeux du lecteur, équivalents des présents de narration qu'ils encadrent, et permettent une transition temporelle sans heurt avec les passés simples (l. 4 et 11) ; ils expriment la rapidité de l'action, décidée (l. 7) ou imprévue (l. 10), suggérant l'envie de jouer de Mme d'Harcourt ou la force du destin !

***– dit que voilà des tours qu'on lui fait*** (l. 31) : dans le discours indirect, *voilà* transcrit tel quel le tour oral, pour restituer l'embarras et l'indignation comiquement vertueuse de la princesse : sorte de geste vers la situation où elle vient d'être surprise.

***– Voilà, Madame, […] tout mon crime*** (l. 40) : dans le discours direct, il conclut le récit de la maréchale dont il manifeste, par contraste avec le précédent, l'humour et l'aisance.

**5. La phrase simple dans *La Déclaration des droits de l'Homme*** (p. 90)

Dans un texte qui expose solennellement (*Déclaration*) les grands principes du droit qui doivent régir les conduites individuelles et collectives, la phrase simple apporte lisibilité et force. Elle donne au texte le statut de la vérité générale et de la maxime.

**6. Valeurs de la phrase simple**

• **Pascal** (p. 277) : liée au style fragmentaire des *Pensées*, la phrase simple convient à la réflexion philosophique : beaucoup de verbes d'état (*être, consiste*), structure sujet-verbe-attribut (la définition). Progression de la pensée par étapes successives.

• **La Rochefoucauld** (p. 430) : liée au style du moraliste, la phrase simple convient au constat général de celui qui observe et définit l'homme (22, 23, 26), et prescrit des règles morales (25). Sa densité la rend mémorisable et frappante : lien naturel avec le paradoxe (25, 26).

• **Michelet** (p. 348) : liée à une écriture poétique et romanesque de l'histoire (► **Lire 1** et **2**), la phrase simple alterne ici avec des phrases complexes ; elle exprime la fulgurance de l'histoire qui prend la figure d'un destin miraculeux et irrésistible, la simplicité et la force de l'action populaire, la ferveur contenue de l'écrivain. L'épique par la sobriété ?

**7. La phrase simple chez Hugo et Char**

• **Hugo** (p. 102) : en contrepoint avec d'amples phrases oratoires, la phrase simple donne à la voix du narrateur une dimension prophétique. Évidence d'assertions brèves (*C'est*) qui marquent les étapes d'une progression vers la nomination de l'indicible.

• **Char** (p. 243) : soulignée par l'isolement des blancs typographiques, la phrase brève, ici assertive, convient à la densité d'une parole poétique qui constate la vérité et aspire à restituer l'essentiel. Force et simplicité de l'aphorisme, entre la maxime et l'énigme.

**8. La phrase dans le *Discours de la méthode*** (p. 260, l. 12-22)

Phrase complexe mettant en œuvre le principe exposé dans la phrase précédente (*Ainsi*) :

• **1[re] principale** (*je voulus supposer*) :

– précédée d'une causale (*à cause que*), l. 12-13 ;

– suivie de sa complétive, elle-même complexe, l. 13-14 ;

• **2[e] principale** (*et* […] *je rejetai comme fausses* + relative) :

– précédée d'une causale (*pour ce que*), avec opposition (*même*), l. 14-16 ;

– précédée d'un participe, épithète détachée (*jugeant*) + sa complétive, l. 16-17 ;

• **3[e] principale** (*et enfin* […] *je me résolus de feindre*) :

– précédée d'un participe, épithète détachée (*considérant*) + sa complétive, l. 18-20 (elle-même complexe, temporelle et concessive) ;

– suivie de sa complétive, elle-même complexe l. 20-22.

Complexité, mais aussi extrême lisibilité due à la rigueur de l'organisation syntaxique et aux symétries. Les enchaînements traduisent la progression méthodique, rigoureuse et prudente, par laquelle Descartes élimine les illusions pour accéder aux certitudes (cf. la progression sémantique des verbes *supposer*, *jugeant*, *rejetai*, *considérant*, *me résolus*, où alternent réflexion et décision). Une véritable discipline mentale.

**9. Dans l'avant-propos des *Mémoires de Saint-Simon*** (p. 345)

La structure de base est ici une phrase simple attributive : *Écrire l'histoire…, c'est…*, qui progresse ensuite par énumération juxtaposée, les seules coordinations intervenant à l'intérieur des membres de phrase (l. 14, 23) entre deux complétives. La monotonie du schéma adopté fait écho au pessimisme de Saint-Simon et à sa conception moraliste, voire métaphysicienne de l'histoire ; tous les membres de phrase redisent la même chose : l'inanité de l'histoire des hommes.

**10. Syntaxe et mélodie chez Proust** (p. 392)

• **Syntaxe :** forte structuration autour d'un diptyque comparatif (*comme…, de même*). Le comparant explore une complexité (relatives imbriquées, *où… qui* ; énumération de verbes et de noms en asyndète, l. 71-72) qui restitue l'émerveillement de l'observateur devant un phénomène étrange. La principale part, elle, du multiple qu'elle organise par la coordination (*et*), la reprise (*tout cela*) et l'apposition (*ville et jardins*), avant l'aboutissement du verbe (*est sorti*).

• **Mélodie :** équilibre entre protase (l. 69-72) et apodose (l. 72-76) : cadence légèrement majeure correspondant à la structure syntaxique. Mais tension avec la cadence secondaire, dans la principale, fortement mineure (acmé après *solidité*, voire après *jardins*), soulignant une « naissance » spectaculaire.

Dans une phrase qui marque un aboutissement (*Et* conclusif initial), la structure syntaxique et mélodique suggère à la fois l'émerveillement du narrateur devant la remémoration et l'harmonieuse mise en ordre du vécu par l'art.

### 11. Les groupes rythmiques chez Chateaubriand
(p. 100, l. 14-16)

– *Le clocher… regards* : 6 / 9 / 9 ;
– *souvent… ma tête* : 7 / 6 / 9.

Les deux phrases obéissent à un schéma parallèle souligné par le chiasme (*a souvent attiré* ; *souvent j'ai suivi*) : trois groupes de longueur croissante, le troisième se caractérisant par son extrême régularité (3-3-3). L'évasion par le regard, qui est ainsi suggérée, s'amplifie dans la seconde phrase grâce à l'absence de ponctuation : expansion du cœur ?

### 12. Registres et longueur des phrases dans *Ultima verba* (p. 188)

– **V. 1-12 :** phrases brèves ou de longueur moyenne, coïncidant parfois avec le vers (v. 5, 6) ou même inférieures à lui (v. 1, 9, 10), parfois aussi décalées par rapport à la structure métrique (v. 1, 9). Grinçant du registre satirique.

– **V. 13-33 :** une seule phrase débordant sur plus de 5 strophes, opposant une série de subordonnées, temporelles (3 *tant que*) et concessives (7 *quand*) de plus en plus rapprochées, à une principale d'un hémistiche, en rejet strophique (*Je ne fléchirai pas !*). Ampleur du registre oratoire.

### 13. Ponctuation, enchaînements chez Diderot
(p. 302)

• **Points de suspension :**
– traduisent les pauses dans lesquelles la vision cède à la méditation : la pensée, exaltée, progresse ou bifurque, se stimulant elle-même (l. 5, 10, 26, 34…) ;
– créent la fiction du dialogue en matérialisant les objections supposées de l'interlocuteur (l. 16, 17…). La fin du texte réunit les deux valeurs, puisque le visionnaire prend en charge les deux voix (l. 26…).

• **Enchaînements** : caractéristiques du style coupé : questions, avec ou sans réponses ; reprises de mots (l. 7, 18) ; parallélismes (l. 31…) ; *et* marquant la provocation (l. 3, 13), ou la progression (l. 12, 29…) ; *donc* à valeur logique de conclusion (l. 10) ou affective (l. 17). Une phrase qui exprime la liberté de l'oral et de la vision, mais aussi la pensée en marche et la rationalité.

### 14. Les liens dans *Candide* (p. 340, 2e §)

Le paragraphe est fortement lié au précédent (*en conséquence*), comme la pratique à la théorie qui la fonde. Mais dans la suite du texte, les liens logiques disparaissent, sauf le *mais* (l. 14) qui souligne l'opposition des costumes, suggérant ainsi discrètement celle des attitudes (les flammes renversées indiquent que Candide s'est rétracté). L'asyndète renforce les parallélismes binaires ; les liens chronologiques marquent les étapes d'un processus judiciaire aussi arbitraire (*huit jours après*, l. 11) qu'absurde (*Le même jour*, l. 19). Ils minent de l'intérieur la « logique » de l'autodafé comme remède aux tremblements de terre ; la voix de Voltaire, empirique, démontre ainsi l'absurdité du dogmatisme triomphant.

### 15. La progression du texte

• **Rousseau** (p. 371, l. 8-21) : alternance de progression linéaire (l. 9, 16) et de progression à thème constant, allant de la chose contemplée (l'eau) aux sentiments qu'elle suscite (la rêverie). Souplesse qui correspond à la liberté de la pensée restituée dans celle de l'écriture autobiographique.

• **Char** (p. 229) : progression à thème constant (*c'est*) qui reproduit la célébration d'un moment d'équilibre mystérieux. Contraste fort avec la rupture de la dernière phrase qui enchaîne en fait sur l'énonciation (*alors*) : la célébration poétique éclate dans le défi de l'action.

• **Condorcet** (p. 268, l. 1-33) : progression à thème divisé : *trois questions* énumérées par avance (l. 2-3), puis traitées dans l'ordre des paragraphes (respectivement l. 4-11, 12-26, 27-33), et regroupées l. 34. Un texte de réflexion politique, qui se doit d'être clair et méthodique.

## VERS LE COMMENTAIRE

### L'art oratoire de Pascal (p. 276)

Mettre l'accent sur la méthode : cerner les traits dominants, cibler l'analyse sur des exemples précis. En s'inspirant des questions du **Lire 1** et **4**, on pourra dégager par exemple :

– le relief né du jeu des **contrastes** entre ampleur et brièveté : dans la longueur, la structure syntaxique, la mélodie des phrases ; sensible à l'échelle du paragraphe comme entre les phrases (par exemple, l. 15-19, ou 20-27) ou à l'intérieur des phrases (forte cadence mineure l. 5-6) ; jouant alternativement du crescendo (l. 44-49) et du decrescendo (l. 50-54) ;
– la **force** persuasive engendrée par les modalités (injonction, interrogation) ; les anaphores (*Je veux*, l. 28 ; *Que*, § 1 et 3) ; les liens logiques (*Mais*, l. 20 ; *Car enfin*, l. 44 ; *donc*, l. 50) ;
– la **beauté** des effets de symétrie (parallélismes et antithèses, l. 44-49), des régularités rythmiques (l. 2), des recherches sonores (allitération en [R], assonance en [a], l. 6).

Une écriture où s'entend une voix. Rencontre de l'argumentation, de l'éloquence, de la ferveur pour dire sans emphase le mystère de l'homme et du monde.

BIBLIOGRAPHIE : C. Fromilhague et A. Sancier, *Introduction à l'analyse stylistique*, Dunod, 1991.

# Index des séquences

(Le chiffre indique le numéro de page.)

## ARGUMENTATION : ESSAI, DIALOGUE, APOLOGUE



### Formes, genres



### Thèmes, motifs



## THÉÂTRE



## RÉCITS, BIOGRAPHIE, AUTOBIOGRAPHIES

# Index des textes complémentaires



# Alphabet phonétique international

## Voyelles

### Voyelles orales

| | | | |
|---|---|---|---|
| [a] | la, patte | [i] | si, lys |
| [ɑ] | âne, pâle | [y] | su, eu |
| [ɔ] | col, port | [u] | sou |
| [o] | eau, mot | [œ] | peur |
| [e] | les, thé | [ø] | peu, vœu |
| [ɛ] | lait, père | [ə] | le, refus |

### Voyelles nasales

| | | | |
|---|---|---|---|
| [ɑ̃] | dans, vent | [ɔ̃] | son |
| [ɛ̃] | lin, daim | [œ̃] | un, parfum |

## Consonnes

| | | | |
|---|---|---|---|
| [p] | pain | [ʃ] | chat, short |
| [t] | ta, lutte | [v] | vin, wagon |
| [k] | colle, quart | [z] | tison, bazar |
| [b] | bon | [ʒ] | jour, geai |
| [d] | dur | [l] | loi |
| [g] | gare, gui | [ʀ] | roi |
| [f] | fort, pharmacie | [m] | ma |
| [s] | son, cela | [n] | ni |
| | | [ɲ] | ligne |

## Semi-consonnes

| | |
|---|---|
| [j] | lieu, maille, yaourt |
| [ɥ] | bruit, suer |
| [w] | watt, ouate, soie |

Imprimé en France par IFC. Saint-Germain-du-Puy 18390. Composition : PCF
N° de projet : 10101809 - (II) - (3,5) - (OSB 80°) - Dépôt légal 1re édition : novembre 2001
Dépôt légal janvier 2003 . N° d'imprimeur : 02/1362